文典古籍叢書

安徽通志稿

藝文考 集部提要 整理 上

安徽省高校人文社會科學重大研究項目（SK2018ZD022）成果

安徽省哲學社會科學規劃項目（AHSKHQ2021D03）成果

安徽師範大學學術著作出版基金項目資助出版

江增華　謝慶◎整理

安徽師範大學出版社
ANHUI NORMAL UNIVERSITY PRESS

·蕪湖·

圖書在版編目（CIP）數據

《安徽通志稿·藝文考·集部提要》整理 / 江增華，謝慶整理 . — 蕪湖 : 安徽師範大學出版社，
2024.4

ISBN 978-7-5676-5890-5

Ⅰ.①安… Ⅱ.①江… ②謝… Ⅲ.①安徽－地方志－研究 Ⅳ.①K295.4

中國國家版本館CIP數據核字（2023）第192927號

《安徽通志稿·藝文考·集部提要》整理

江增華　　　謝　慶◎整理

ANHUITONGZHIGAO YIWENKAO JIBUTIYAO ZHENGLI

責任編輯 : 李慧芳　　　　　　責任校對 : 蔣　璐

裝幀設計 : 王晴晴　馮君君　　責任印製 : 桑國磊

出版發行 : 安徽師範大學出版社

　　　　　蕪湖市北京中路2號安徽師範大學赭山校區　　郵政編碼 : 241000

網　　　址 : http://www.ahnupress.com/

發 行 部 : 0553-3883578　5910327　5910310（傳真）

印　　　刷 : 蘇州市古得堡數碼印刷有限公司

版　　　次 : 2024年4月第1版

印　　　次 : 2024年4月第1次印刷

規　　　格 : 787 mm×1092 mm　　1/16

印　　　張 : 54.25　　　插頁 : 3

字　　　數 : 940千字

書　　　號 : 978-7-5676-5890-5

定　　　價 : 190.00元（全二冊）

凡發現圖書有質量問題，請與我社聯繫（聯繫電話 : 0553-5910315）

书影1

集部一　楚辭類

删王逸楚辭注十一卷

南北朝宋何偃撰偃字仲弘廬江灊人司空尚之中子州辟議曹從事顯秀
才官至吏部尚書卒贈散騎常侍金紫光祿大夫謚曰靖事蹟具宋書及南
史本傳隋書經籍志注云梁有楚辭十一卷宋何偃删王逸注亡道光光緒
通志皆著錄

楚辭釋音

宋吳棫撰棫字才老宣和六年進士終泉州通判案武夷徐蔵為棫韻補序
稱與棫本同里而其祖後家同安王明清揮塵三錄則以為舒州人疑明清
誤也光緒通志著錄

书影2

前　言

　　安徽襟江帶淮，吴頭楚尾，承東接西，連南系北，爲鍾靈毓秀之地，人文薈萃之所。亙古以來，歷代先賢文達生息繁衍於此，才俊睿智之士著書立説，創造了豐富璀璨的歷史文化，留存了浩繁的安徽地域性文獻史料，成爲安徽地域文化的重要載體，表徵出地域性文化風貌，逐漸形成了各具地方情韵的幾大地域性特徵的文化圈。如肇始於淮河流域的道家哲學、建安文學、魏晋玄學，集粹爲“淮河文化圈”；發端於皖南山區“東南鄒魯”之地的徽文化，稱“徽文化圈”；明清時期，宣城與桐城並稱爲江上“二城”，不僅是皖地文學淵藪，也是文壇的兩大重鎮，以桐城爲中心，形成了“桐城派”地域文化圈，以宣城爲中心，形成了“宣城體”文人集團。這些地域文化圈的形成，無不都是在地方文獻與地域文化的互動中鑄就的。

　　《安徽通志稿》，由安徽通志館編纂，共一百五十七卷，於民國二十三年（1934年）成書鉛印，其中《藝文考·集部提要》由潘季野、陳子言等編纂。《藝文考·集部提要》，三十六卷，裝訂十六册；頁四周單邊，黑口，單魚尾；一頁十一行，行三十字；全書近七十萬字。

　　《安徽通志稿·藝文考·集部提要》分五類，集部一爲楚辭類，集部二至集部二十九爲別集類，集部三十至集部三十二爲總集類，集部三十三爲詩文評類，集部三十四爲詞曲類，共收録歷代安徽名家撰著的集部著作三千多部，此書在形式上模仿《四庫全書總目提要》，系統記録了安徽地域文學的發展脉絡，蘊積着安徽地域文學、歷史文化的精髓，具有重要的文獻價值和學術價值。

　　《安徽通志稿·藝文考·集部提要》於戰火頻仍、民生凋敝、社會動亂的民國時期編撰，且經多人之手編撰而成，實屬不易。此書雖極富時代特色，爲民國時期安徽的大型、權威文獻，但細加審視，仍存在繁簡不同，卷次、作者生平、評述等部分引文遺漏、錯字別字等問題，有必要進一步考辨、勘誤補正。另《安徽通志稿·藝文考·集部提要》原著出版印數較少，如今存世數量不多，且古籍價格昂貴，主要被大型公共圖書館、重點院校圖書館所藏，流通量不大，讀者查閱確有不便。

　　鑒於此，《安徽通志稿·藝文考·集部提要》的整理，整理者主要從以下幾個方面展開工作：全書繁體録入；新式標點，力求準確；對底稿中文字錯訛、引文缺漏等予以校勘、補正；對底稿中生僻詞彙、典章故實、名物史乘等予以恰當的注釋，便於讀者閱讀、理解；另附書名索引，便於讀者檢索。

《安徽通志稿·藝文考·集部提要》涉及文獻體量龐大、數量衆多，且有的文獻年代久遠，一些未刊鈔本及稀見本難以尋找，資料缺乏，如何系統、深入地考察、分辨《集部提要》中與其他記載不一致之處，版本是否準確等問題，是本次整理面臨的一大难题；有關歷代安徽集部著作的分布規律、地域文化與詩文風貌的關係探討有待進一步深化，作者與作品的第一手資料紛繁復雜，收集難，故存在依賴二手資料的問題；由於部分集部著作流傳不廣，甚至未能刊刻，產生影響有限；涉及的文獻資料龐雜、零散，要想竭澤而漁式地窮盡資料頗爲不易。

整理者在《安徽通志稿·藝文考·集部提要》的整理過程中，利用現代科技手段廣泛搜尋相關電子文獻資源；仔細認真查閱、甄選同時代人的詩文集、詩文評、筆記、方志等，盡最大努力對之系統爬梳、輯録、校勘等，解決其中存在的訛誤、引文缺漏等問題，力求形成一部文本校勘無誤、標點準確、箋注精當，具有較高學術價值與應用價值的文獻著作，爲深度研究安徽歷史優秀文化夯實可靠的文獻史料基礎。

地域文化是在某個相對穩定區域，經長期的文化沉積與融通、開拓逐步孕育而形成的比較普遍的、穩定的價值觀念、情感方式、思維模式等具有地方特色的文化形態。雖然這種文化形態的形成具有開放性的一面，但地域文化總體上而言具有一定的相對穩定性，這種相對穩定性地域文化圈的獨特的文化共性，正是構成地域文化特徵的顯著要素。從事地域文獻整理與研究的重要目的之一，就是要歸結、厘清地域文化的特徵，鑒往知今，以便更好的承傳與弘揚地域文化的精髓。

安徽地域性文獻是地方文化的積澱，歷代先賢承傳、融通與開拓，在特定的人文、历史地理環境中，孕育出輝煌的安徽地域性文化。而歷史文獻與地域文化往往是互動的，相輔相成，文化的興盛與蘊積，勢必會造就地域文獻的浩繁；地域文化也要通過作爲鄉邦地域文化的重要載體的地域文獻得以積澱、承傳、成型，形成具有地域風貌的地域文化圈。《安徽通志稿·藝文考·集部提要》屬於地域文獻之一種，對此整理出版，可以考察安徽地域文學的特徵、藝術風貌嬗變軌跡，具有文學史意義；可以總覽安徽文人共同的審美情趣，形成的泛文學觀文學批評範式，是文學批評理論淵蔽之一，可拓展安徽文學的研究領域，具有一定的文學批評的理論價值；可以"知人論世"，探尋安徽文化的歷史根脉，具有"辨章學術、考鏡源流"的學術史價值；可以傳承安徽地方文化乃至中華優秀傳統文化，具有一定的學術與實用價值；可爲高等院校等提供教學、科研所需求的、可靠的參考文獻資料，促進教育科研事業的發展；可以減省研究者的翻檢之勞，極大地方便了安徽地域文學、歷史學、社會學、出版學和傳播學等學科領域的研究者和愛好者的使用；可以爲各地方志機構提供可信的修史、撰志的原始史料文獻，誠如章學誠所言："修志有二便，地近則易核，時近則迹真。"

　　總之，勾稽與發掘地域性文獻資料是地域性文獻整理與研究的首要的基礎性工作。今天我們不可能完全再現過去的歷史"真實"的原貌，只能憑依對存世的地域性文獻資料勾稽與發掘，盡可能地還原歷史的"本來面目"，尋覓地域文化的價值，促進古籍保護與利用，發展、弘揚安徽優秀傳統文化，傳承地域文化遺產。

江增華

癸卯年九月十六日

整理説明

《安徽通志稿》，由安徽通志館編纂，共一百五十七卷，於民國二十三年（1934年）成書鉛印，其中《藝文考·集部提要》三十六卷，由潘季野、陳子言等編纂。

一、底本、參校本。

本次整理，以安徽師範大學圖書館館藏《安徽通志稿·藝文考·集部提要》鉛印本爲底本，以安徽省、府、縣志書，地方詩文總集、別集等作參校本。

二、書名確定。

依首卷書衣題名《安徽通志稿·藝文考·集部提要》而確定。

三、卷次目録題名確定。

書中每卷卷次目録題名不統一，如題名有《安徽通志稿·藝文考》《安徽通志·藝文考》《安徽通志·藝文考稿》等，版心下端則標注《安徽通志·藝文考稿》，現依據卷首書衣題名及第一卷目録題名，將每卷卷次目録題名統一爲《安徽通志稿·藝文考》。

四、文本録入。

（一）繁體録入，對底本中明顯的异体字、古今字、舊字形等均改爲規范繁體字（人名、地名除外），一般不出校記。難辨認的字或缺字，以"□"代之。

（二）存疑即加注。如某字當爲某字之誤，或某字應（疑）爲某字。

（三）底本格式爲繁體竪排，整理時改爲横排（底本中含"左""右"的表述保持不變）。凡底本中有明顯脱、衍、訛、倒之處，盡可能的校勘爲正。如底本中"黟縣"寫成"黔縣"、"潁上"寫成"穎上"，直接勘誤更正，不出校記。

五、標點。

因著作作者小傳已有籍貫，故後文中的"縣志""府志""州志"等，不再校補全稱。如"世祥字雍伯，懷寧人……縣志稱其精治六書工反切。"後文不再校補爲《（懷寧）縣志》，而標點爲《縣志》。

六、輯補、校勘。

（一）引文輯補、校勘。如朱熹《楚辭集注》提要，底本原文爲"陳振孫《書録解題》謂：'爲此注在慶元退居時，序文所謂放臣棄子，蓋有感而托云云。"經查閲

資料發現原文缺漏 "怨妻去婦" 四字，予以輯補。再如周紫芝《楚辭贅說》提要，底本原文爲 "曾爲《哀湘賦》以反賈誼、揚雄之說，又爲此書，頗爲發明。" 此處及元馬端臨《文獻通考》（清浙江書局本）、清浦銑《歷代賦話》（清乾隆五十三年刻本）均著録《哀湘賦》，而據宋周紫芝《太倉稊米集》（四庫全書本）、宋陳振孫《直齋書録解題》（清武英殿聚珍版叢書本）、清孫梅《四六叢話》（清嘉慶三年吳興舊言堂刻本）均著録《哀湘累賦》，故勘正爲《哀湘累賦》。

（二）書名不完整者，儘量補全。如底本中 "陳振孫《書録解題》"，補全爲 "陳振孫《（直齋）書録解題》"；"繆荃孫《藏書記》"，補全爲 "繆荃孫《（藝風堂）藏書記》"；等等。

七、注釋。

整理者在整理過程對字詞作適當釋義，对典章故實、名物史乘作適當解釋，并舉例，便於讀者閱讀、理解。如 "孺慕：《禮記·檀弓下》：'有子與子游立，見孺子慕者，有子謂子游曰：予壹不知夫喪之踊也，予欲去之久矣，情在於斯，其是也夫。'鄭玄注：'喪之踊，猶孺子之號慕。'後謂對父母的哀悼、悼念。宋王安石《祭張安國檢正文》：'君孝至矣，孺慕以至死。'"

八、編制索引。

書後附《安徽通志稿·藝文考·集部提要》中詩文詞集名索引，以備依書名查檢。

目　録

安徽通志稿·藝文考

集部一　楚辭類

删王逸楚辭注十一卷

[南北朝·宋] 何偃撰。偃字仲弘，廬江灊人。司空尚之中子。州辟議曹從事，舉秀才，官至吏部尚書，卒贈散騎常侍、金紫光禄大夫，謚曰"靖"。事迹具《宋書》及《南史》本傳。《〈隋書·經籍志〉注》云，梁有《楚辭》十一卷，宋何偃《删王逸注》，亡。道光、光緒《（安徽）通志》皆著録。

楚辭釋音

[宋] 吳棫撰。棫字才老，宣和六年進士，終泉州通判。案：武夷徐葳爲棫《〈韵補〉序》，稱與棫本同里，而其祖後家同安。王明清《揮麈三録》則以爲舒州人，疑明清誤也。光緒《（安徽）通志》著録。

楚辭贅説四卷

[宋] 周紫芝撰。紫芝字少隱，自號"竹坡居士"，宣城人。紹興十二年廷對第三，歷樞密院編修，官右司員外郎，知興國軍，秩滿奉祠，居廬山。陳振孫《（直齋）書録解題》云，紫芝嘗爲《哀湘賦》①以反賈誼、揚雄之説，又爲此書，頗有發明。《文獻通考》著録同。《宋史·藝文志》作一卷。道光、光緒《（安徽）通志》皆著録。

---

① 此處據元馬端臨《文獻通考》（清浙江書局本）、清浦銑《歷代賦話》（清乾隆五十三年刻本）著録《哀湘賦》；據宋周紫芝《太倉稊米集》（四庫全書本）、宋陳振孫《直齋書録解題》（清武英殿聚珍版叢書本）、清孫梅《四六叢話》（清嘉慶三年吳興舊言堂刻本）均著録《哀湘累賦》。

楚詞集注八卷 辯證二卷 後語六卷

〔宋〕朱熹撰。熹有《周易本義》，已著録。是編以《離騷》《九歌》《天問》《九章》《遠游》《卜居》《漁父》凡七題二十五篇爲《離騷》，皆屈原作，定爲五卷。《九辯》《招魂》《大招》《惜誓》《吊屈原》《服賦》《哀時命》《招隱士》凡八題十六篇爲《續離騷》，定爲三卷，皆隨文詮釋，惟《離騷》一篇，每章皆系賦、比、興字，餘篇則否。其訓文文義之外，有當考者，則別爲《辯證》二卷，又刊補晁補之《續楚詞》《變楚詞》二書，録荀況至吕大臨凡五十二篇，爲《後語》六卷，皆自爲序。楚詞舊本，有東方朔《七諫》、王褒《九懷》、劉向《九嘆》、王逸《九思》，晁本删《九思》一篇，是編并削《七諫》《九懷》《九嘆》三篇，而益以賈誼二賦，則以《七諫》以下詞意平緩，意不深切，如無病而呻。至揚雄《反騷》本，舊録所無，乃反收入，則欲因反騷而著。蘇氏、洪氏之貶詞，以明大戒也。陳振孫《（直齋）書録解題》謂熹爲此注在慶元退居時，序文所謂放臣棄子，怨妻去婦①，蓋有感而托云云。案：是時方安置趙汝愚永州，至衡州卒。振孫所云有托者，蓋即指此。自序謂原著此詞至漢，未久，説者已失其趣，如司馬遷蓋未能免，又謂王、洪二注，或迂滯而遠於性情，或迫切而害於義理，乃定爲此注云云。瞿鏞《鐵琴銅劍樓書目》載嘉定六年刊本，有王泝序。繆荃孫《（藝風堂）藏書記》載萬曆②二十五年魏椿刊本，有陸長庚、莊（缺）二序。惟弘治十七年魏仁實堂刊本，《後語》在《辯證》前，與各本異，蓋翻自元本者。蕭穆《敬孚類稿》書是注後，則謂千古第一知騷者，莫如司馬遷；注事詳贍，莫如王、洪二注，其發明意旨，亦頗得本真。"朱注"但偶有獨得處，若因其一序而抹摋前人，則大謬云云，似尚爲平論也。道光、光緒《（安徽）通志》皆著録。

楚辭輯韵

〔明〕梁世祥撰。世祥字雍伯，懷寧人。選貢生，授福建南靖知縣，未上改霍山訓導。光緒《（安徽）通志》著録，無卷數。《縣志》稱其精治六書，工反切。

楚辭集解八卷 蒙引二卷 考異一卷

〔明〕汪瑗撰。瑗字玉卿，歙人。縣諸生。《（楚辭）集解》八卷，惟注屈原諸賦；《蒙引》二卷，皆辯證文義；《考異》一卷，則互校王逸、洪興祖、朱熹三本字句也。清《四庫存目》，道光、光緒《（安徽）通志》皆著録。瑗博雅工詩，與王世

---

① 據宋陳振孫《直齋書録解題》、元馬端臨《文獻通考》、清浦銑《歷代賦話》、清孫梅《四六叢話》，校補"怨妻去婦"四字。

② 萬曆：原文爲"萬歷"，後文凡"萬歷"，均改爲"萬曆"。

貞、李攀龍友善。

楚辭屈詁無卷數

[明] 錢澄之撰。澄之有《易學》，已著錄。是編止詁屈原所作，以朱熹集注爲主，而以己意論斷於後。本與所詁莊子稱《莊屈合詁》，以繼所撰《易學》《詩學》，清《四庫（全書）》錄入"子部・雜家"。道光《（安徽）通志》析入"集部"，題曰《楚詞屈詁》①，光緒《（安徽）通志》同，今依以著錄。案：《田間年譜》，澄之明末諸生，弘光朝遭黨禍，隆武朝薦授推官，永曆朝應制科官、翰林院編修卒，以遺逸終，是編蓋感遇而作。潘江《木厓續集》挽澄之詩云："手注莊騷訓詁辭，直通周易與毛詩。摘文重廣鯤鵬旨，感遇常懷蘭芷思。"謂此也。

擬騷

[明] 劉易撰。易字望之，宣城人，徙河南。振子。布衣。入清隱居。光緒《（安徽）通志》著錄，無卷數。易世其家學，又從孫鍾元游，文章一規秦漢，爲梅文鼎所服。

離騷副墨

[明] 吳光裕撰。光裕字寬生，青陽人。崇禎三年歲貢。《江南通志》及道光《（安徽）通志》、光緒《（安徽）通志》皆著錄，無卷數。《（青陽）縣志》稱其通經、善詩賦。

離騷圖注一卷

[明] 蕭雲從畫并注。雲從〔字尺木，號"無悶道人"，又號"鍾山老人"，又號"石人"（見本書凡例），蕪湖人。崇禎十二年、十五年兩中副貢，入清不仕。年七十八卒〕有《易存》，已著錄。是編凡三閭大夫《卜居》《漁父》合一圖，《九歌》九圖、《天問》五十四圖，圖後各載原文，并爲之注，述作圖之意。前有凡例六則并自序，《九歌》圖後有跋、《天問》圖前有總序，後有門人張秀璧跋。自序作於乙酉中秋，蓋明亡之後，圖此寄意；李楷序謂應宋荔裳之請，殆不然也。清乾隆四十七年高宗命內廷諸臣補繪爲二卷，錄入《四庫（全書）》。莫友芝《邵亭知見傳本書目》謂雲從奉勅補繪者，誤。近人上虞羅振常得刻本，與陳洪綬《離騷》圖同付景印。道光、光緒《（安徽）通志》皆著錄。

---

① 《楚詞屈詁》中"詞"，與標題《楚辭屈詁》中"辭"不一致。

屈辭疏指

[明] 寧時撰。時字際之，號"愚谷"，廣德人。郎中珂曾孫，入清隱居。光緒《（安徽）通志》著錄，無卷數。

離騷辨

[清][此據《（歙）縣志》，光緒《（安徽）通志》作"明"] 洪舫撰。舫字方舟，歙人。據康熙《（歙）縣志》，舫豪邁不羈，奉屈平、杜甫木主[①]，朔望[②]禮之，慨然有慕其人。光緒《（安徽）通志》著錄，無卷數。

離騷經貫

[清] 湯偉撰。偉字俊公，一字鵬乎，宣城人。康熙二十九年舉人，授江寧教諭，升國子監典籍，以老告歸，卒年九十三。據梅文鼎序，偉篤好楚騷，因朱熹《集注》益暢厥旨，且考訂輿圖，以推見被放往來之迹，又雜摭史傳，凡諸國有關楚事者，參互之，以揆當時事勢，厚責頃、襄，以復仇之義，而作騷之本末。具見光緒《（安徽）通志》著錄，無卷數。

離騷經正義一卷

[清] 方苞撰。苞有《周官集注》，已著錄。此《抗希堂十六種》之一。《楚辭》自王逸以下注者猥多，其僅釋《離騷》者，在宋有錢杲之《離騷集傳》，苞同時有方楘如《離騷經解》，稍後有顧成天《離騷解》、林仲懿《離騷中正》、龔景瀚《離騷箋》，或釋文義，或兼及名物、訓詁，短長互見。是編以正義名，但取明其義而不他及，以視諸書似較爲簡要也。光緒《（安徽）通志》著錄。

楚辭疏

[清] 吳世尚撰。世尚（字六書，貴池人。府學廩生）有《易經注解》，已著錄。是書撰於雍正五年丁未，前有自序略謂《離騷》難讀更難解，王逸、洪興祖逐句而晰，大義未明，朱子提挈綱維，開示蘊奧而於波瀾，意度尚多，略而未暢。林雲銘辨白二招，頗得之餘，亦尠[③]所發，撝[④]聊復疏此篇，木各附以論，或補前賢未備云。道光、光緒《（安徽）通志》皆著錄。

---

① 木主：也稱爲"神主"，木制的神主牌位。《史記·伯夷傳》："武王載木主，號爲文王，東伐紂。"
② 朔望：朔日與望日。農曆每月初一叫朔，十五叫望。亦指每逢朔望朝謁之禮。
③ 尠：音xiǎn，同"鮮"，指稀有的、罕見的。
④ 撝：音huī，誠摯、謙遜。唐呂溫《凌煙閣勛臣頌·房梁西元齡》："閑居臺輔，撝默自處"。

離騷補注

[清] 潘宗碩撰。碩字在澗 [光緒《(安徽)通志》作"間"，誤]，歙人。乾隆三十年舉人。光緒《(安徽)通志》著録，無卷數。宗碩師方棨如，程瑶田其門人也。

離騷箋注

[清] 胡珊撰。珊字佩聲，歙人。乾隆三十一年會試第一名，進士。光緒《(安徽)通志》著録，無卷數。

屈原賦注七卷通釋二卷音義三卷

《(屈原賦)注》及《通釋》，清戴震撰；《音義》，清汪梧鳳撰。震有《尚書義考》，梧鳳有《詩學女爲》，均已著録。是注自《離騷》迄《漁父》都二十五篇，凡七卷 (梧鳳稱是注九卷，蓋合《通釋》二卷計之)。《通釋》上、下二卷，上卷釋山川、地名，下卷釋草木、鳥獸、蟲魚，前有盧文弨序及自序，孔繼涵刻爲《戴氏遺書》之一種。《音義》三卷，後有梧鳳跋。讀屈賦者，或炫其文詞而昧其指趣，班固、顏之推、劉勰蓋不能免，震則謂其詞無不純，注亦多與前人不同，如謂"三后純粹"，指楚熊繹、若敖、蚡冒三君，康娛連文，篇中凡三見，不應以爲夏少康。《九章》無次弟①，不盡作於頃襄時，皆持之有故。其名《屈原賦》，則從《漢書·藝文志》也。梧鳳《音義》閱九年乃成，於昔人叶均之謬，一一考訂，兼考各本異同，震所不注者，并爲坿②益，亦頗便幼學。道光《(安徽)通志》作四卷，蓋據孔廣森《戴氏遺書序》，而無《通釋》及《音義》。光緒《(安徽)通志》亦作四卷，惟《通釋》及《音義》皆作一卷，則不知何據也。

屈子正音三卷

[清] 方績撰。績字展卿，一字青展，號"牧青"，桐城人。澤孫。乾隆諸生。是編篇次依王逸，惟據《史記》入《招魂》一篇，道光七年鄧廷楨刻於皖，前有自序及廷楨序，末附績子東樹《與廷楨啓》，又再從子宗誠撰傳。光緒六年方氏綱舊聞齋重雕。道光、光緒《(安徽)通志》作一卷，誤。自序謂以《廣韻》爲主，《廣韻》謬者，正以《古音韵》補，誤者亦正之。廷楨稱爲屈子音讀善本，惟書作於乾隆壬寅，其時顧氏書雖行，江氏、戴氏書猶未盛出，段氏又在其後，故其分部審音如魚侯蕭尤之類，不能無小失，因用朱熹《韓文考異》例附説於後，而以今按別之

---

① 弟：古同"第"，次序。

② 坿：音 pí，形聲。從土，卑聲。本義"增加"。《説文》："坿，增也。"

云云。内又有東樹按語、馬瑞辰説，又有稱同按者，疑爲管同而不能定，惟廷楨序又見東樹《考槃文録》，蓋東樹代廷楨作也。

楚辭蒙拾

［清］姚景衡撰。景衡原名烺，字庚甫，桐城人。鼐長子。乾隆五十七年舉人，江蘇泰興縣知縣。光緒《（安徽）通志》著録，無卷數。姚柬之《伯山集》載景衡著是書，多不守其父説。

離騷本意

［清］任自舉撰。自舉字學（此據《縣志》《府志》作“鶴”）坡，號“鰲築”，舒城人。乾隆歲貢。年六十七卒。光緒《（安徽）通志》著録，無卷數。《縣志》稱稿藏於家，貧不能梓。

離騷幽致集二卷

［清］吳大先［道光《（安徽）通志》作“文先”，《府志·藝文》作“大光”，惟“本傳”仍作“大先”，此據《縣志》及光緒《（安徽）通志》］撰。大先字維則，歙縣人。《江南通志》及道光、光緒《（安徽）通志》皆著録，無卷數，此據道光《府志》。大先守貧自樂，好携琴山水間，著書之暇，輒彈一曲爲娛，鳥語松風，互相響答。

離騷集注

［清］胡匡衷（字寅臣，號“樸齋”，績溪人，歲貢候選訓導）撰。匡衷有《儀禮釋官》已著録。是集《府（志）》《縣志》及光緒《（安徽）通志》皆著録，又見錢林《文獻徵存録》、胡培系《績溪胡氏書目》[①]云，今佚。

屈賦微二卷

［清］馬其昶撰。其昶有《周易費氏學》，已著録。是編采王逸至同時人之説，而附以已意，其稱《屈賦》。據《漢書·藝文志》入《招魂》一篇，據《史記》以《九歌》爲承懷王命作，據《漢書·郊祀志》以《禮魂》爲前十篇，通用不自爲篇，則用王夫之説。前有自序，光緒丙午合肥李國松刻入《集虚草堂叢書》。

---

① 據安徽省博物館藏清光緒十年世澤樓刻本題爲：《績溪金紫胡氏所著書目》（二卷）。

安徽通志稿·藝文考

集部二　別集類一

淮南王賦八十二篇

［漢］劉安撰。安有《淮南子》，已著録。《漢書·藝文志》載《淮南王賦》八十二篇，今惟劉向《別録》（御覽七百十二引）載淮南王有《熏籠賦》，又《藝文類聚》有《屏風賦》一篇（全上古三代文、古文苑同）。道光、光緒《（安徽）通志》皆著録。

淮南歌詩四篇

《漢書·藝文志》著録。郭茂倩《樂府詩集》（卷五十四）載《淮南王篇》一首。晋崔豹《古今注》曰淮南王，淮南小山之所作也。淮南王服食求仙，遍禮方士，遂與八公相携俱去，莫知所往，小山之徒思戀不已，乃作淮南王之曲焉。道光、光緒《（安徽）通志》皆著録。

淮南王集一卷

［漢］劉安撰。《隋志》著録。《新唐書·藝文志》作二卷。郭茂倩《樂府詩集》（卷五十八）載《八公操》一首。《八公操》一曰《淮南操》。《古今樂録》曰淮南王好道，正月上辛，八公來降，王作此歌。謝希逸《琴論》曰《八公操》，淮南王作也。道光、光緒《（安徽）通志》皆著録。

桓譚集二卷

［後漢］桓譚撰。譚有《新論》，已著録。是集凡二卷，《舊唐書·經籍志》著

録。《後漢書》本傳稱譚遍習五經，皆詁訓大義，不爲章句。能文章，尤好古學，數從劉歆、揚雄辨析疑異，所著賦、誄、書、奏，凡二十六篇。《藝文類聚》（七十八）載《仙賦》一篇。道光、光緒《（安徽）通志》皆作五卷。

尚書丁儀集一卷

[後漢] 丁儀撰。儀字正禮，沛國人。事迹附《王璨傳》及《陳思王植傳》。是集一卷，《隋書·經籍志》著録。《舊唐書》作二卷。《藝文類聚》（十二）載《周成漢昭論》一篇，又《刑禮論》一篇（五十四）。道光、光緒《（安徽）通志》皆著録。

黃門郎丁廙集一卷

[後漢] 丁廙撰。廙字敬禮，沛國人。儀弟。事迹附《王璨傳》及《陳思王植傳》。是集一卷，《隋書·經籍志》著録。《舊唐書》作二卷。《藝文類聚》（三十）載《蔡伯喈女賦》一篇。道光、光緒《（安徽）通志》皆著録。

魏武帝集無卷數

[魏] 太祖武皇帝撰。帝姓曹諱操，字孟德，沛國譙人。漢熹平初舉孝廉，官至丞相，領冀州牧，爵魏王。子丕受漢禪，追尊爲“武皇帝”。事迹具《三國志》。《隋志》載《魏武帝集》二十六卷、《魏武帝新撰》十卷，注：又載《武皇帝逸集》十卷，亡。《舊（唐書）》《新唐書》均載《魏武帝集》三十卷，今皆不可見。此本乃明太倉張溥編，首令、次教、次表、次奏事、次策、次書、次尺牘、次序、次祭文、樂府，爲《漢魏六朝百三家集》之一種。魏文帝《典論·自序》稱帝“雅好詩書文籍，雖在軍旅，手不釋卷”，其勤學可知。鍾嶸稱其詩古直悲涼，而列於下品，則未爲允也。道光、光緒《（安徽）通志》皆著録。

魏文帝集二卷

[魏] 文皇帝撰。帝諱丕，字子桓，沛國譙人。建安十六年爲五官中郎將、副丞相，二十二年立爲魏太子，太祖崩嗣位爲丞相，魏土延康元年受漢禪爲帝。事迹具《三國志》。《隋志》及《舊（唐書）》《新唐書》均載帝集十卷，《宋史》作一卷。此本乃明太倉張溥編，首賦、次詔、次令、次策、次教、次書、次序、次論、次議、次連珠、次銘、次文、次哀策、次誄、次制、次樂府、次詩，凡二卷，爲《漢魏六

朝百三家集》之一種，惟《魏志》稱帝務著述，自所勒①成垂②百篇，是本乃二百餘篇，其數轉溢。又鍾嶸《詩品》所稱之百許篇，似當專指其詩。是本所錄《樂府》及詩僅四十餘篇，所佚又似過半。隋、唐著錄之本既不傳，已無從取證。帝自言少誦詩論、五經、史、漢、諸子百家，靡不畢覽（《典論·自序》），論文一篇，尤不啻自道所得。鍾嶸列其詩中品，而許其《西北有浮雲》十餘首，又謂其源出李陵，有仲宣體則；劉勰則謂其樂府清越、典論辨要③，而以去植千里之説爲不然。勰固知言者，即帝之文可知矣！光緒《（安徽）通志》著録。

魏明帝集七卷

[魏] 明帝撰。帝諱叡，字元仲，沛國譙人。初封武德侯，黄初七年立爲太子，即帝位。事迹具《三國志》。《隋志》載帝集七卷，又注云梁五卷或九卷，録一卷，《新唐書》作十卷，今皆不傳。徐陵《玉臺新咏》録帝《樂府》二首，其一《昭昭素明月》，《文選》及郭茂倩《樂府詩集》俱作“《傷歌行》”；其二《種瓜東井上》，一作“《種瓜篇》”、一作“《春游曲》”。《樂府詩集》（卷七十七）之《樂府》十首，其一古詞，其二即此篇。《樂府詩集》又録帝《樂府》九首（卷三十《長歌行》一首、《短歌行》一首。卷三十二《燕歌行》一首。卷三十三《苦寒行》一首。卷三十六《善哉行》二首。卷三十七《步出夏門行》一首。卷四十《月重輪行》一首、《櫂歌行》一首），皆《玉臺新咏》所無。鍾嶸謂叡不如丕，列之下品。道光、光緒《（安徽）通志》皆著録。

高貴鄉公集四卷

[魏] 高貴鄉公撰。公諱髦，字彦士，沛國譙人。齊王廢，迎立爲帝，以自將討司馬昭被弒。事迹具《三國志》。《隋志》注云，梁又有《高貴鄉公集》四卷，亡。《新唐書》作二卷。今惟裴松之注載公《自叙始生禎祥》一篇。又甘露四年龍見井中，作《潛龍詩》自諷。又《藝文類聚》（三十四）載《傷魂賦》一篇。道光、光緒《（安徽）通志》皆著録。

曹子建集十卷

[魏] 曹植撰。植字子建，沛國譙人。封陳王。事迹具《三國志》本傳。案：本傳載植所著賦、頌、詩、銘、雜論，凡百餘篇。《隋志》載《陳思王集》三十卷，

---

① 勒：刻、寫。宋陸游《夜泊水村》：“腰間羽箭久凋零，太息燕然未勒銘。”

② 垂：接近，快要。

③ 辨要：論述能抓住要害。

《新唐書志》作二十卷，然復曰又三十卷，鄭樵《通志》亦并載二本。明焦竑《國史·經籍志》乃合二本爲一，作五十卷。清《四庫書目》謂三十卷，爲隋時舊本，二十卷爲後來合并重編，實無兩集者是也。宋陳振孫《（直齋）書録解題》亦作二十卷，然又謂其間有采取《太平御覽》《北堂書鈔》《藝文類聚》諸書中所有者，是已非《唐志》二十卷之舊。晁公武《郡齋讀書志》、馬端臨《文獻通考》皆作十卷（《晁志》作一卷，據《通考》所引，知一爲十之誤），蓋又非陳録之舊。道光、光緒《（安徽）通志》皆著録。考瞿鏞《鐵琴銅劍樓書目》載南宋本十卷，每半葉八行二十五字，凡賦四十三篇、詩六十三篇、雜文九十篇；卷四無《述行賦》、卷五無《七步詩》、卷七《班婕妤贊》在《禹妻贊》前、《漢高帝贊》在《巢父贊》前、卷八《謝賜奈①表》在《求自試表》前，"慎"字省筆，"敦""廓"字不省，知爲嘉定前刻。又《四庫書目》載嘉定六年翻刻本，凡賦四十四篇、詩七十四篇、雜文九十二篇，合之得二百十篇，較前刻多十四篇，然較之《魏志》所稱百餘篇者，其數皆溢。陸心源《皕宋樓藏書志》載明刊本十卷，有正德五年田瀾序，又周星貽手跋。丁丙《善本書室藏書志》載嘉靖刊本十卷，有吳郡徐伯虬序、郭雲鵬跋，又載朱墨印本，有李夢陽、施宬賓序，然郭跋稱吳中舊有活字印本，多舛錯脱漏，周跋稱所蓄天啓本，尚仍舊本次序。所謂舊本，當即嘉定本也。又萬曆休陽程氏刻本十卷，其賦、詩篇數與宋本同，雜文較宋本多三篇，然訛脱亦多。又張溥《（漢魏）百三家集》本，據《樂府解題》增《鼙舞》五篇，據《玉臺新詠》增《棄婦》一篇，似較程本爲優，然肌②改沿訛，亦復不少。清同治初，山陽丁晏據程、張二本并他書參校爲《曹集銓評》十卷，而附逸文一卷於後，正誤補脱，蓋出程、張二本上。江寧朱述之又合各本校定，并采取《類書》所引，爲《曹集考異》十卷、《年譜》一卷，零篇斷句無不掇拾，繆荃孫推爲曹集定本，今據以著録焉。

畫贊五卷

[魏]曹植撰。鄭樵《通志》著録，而注云漢明帝《殿閣畫》，曹植撰。《江南通志》及道光、光緒《（安徽）通志》皆作《殿閣畫贊》五十卷。

曹羲中領軍集五卷

[魏]曹羲撰。羲，沛國譙人。真子，爽弟，官至中領軍。事迹附《真傳》。本傳稱其著書三篇，陳驕淫盈溢之致禍敗，辭旨甚切。注又載其爲爽表一篇。《隋志》注云羲集五卷，録一卷，亡。《舊（唐書）》《新唐書》同。道光、光緒《（安徽）

---

① 奈：音nài，苹果的一种。通稱"奈子"，亦稱"花紅""沙果"。《广韵》："奈，果名也"。
② "肌"：當爲"肊"之誤。"肊"爲"臆"的异體字。

通志》皆著録。

夏侯霸集二集

[魏] 夏侯霸撰。霸字仲權，沛國譙人。淵子。正始中爲討蜀護軍右將軍，進封博昌亭侯，入蜀官徵北將軍。事迹見《（夏侯）淵傳》。《隋志》注云霸集二卷，亡，《舊（唐書）》《新唐書》同。道光、光緒《（安徽）通志》皆著録。

桓範集二卷

[魏] 桓範撰。範字元則，沛國人。官至大司農。事迹附《三國志·曹真傳》。《隋志》注云範集二卷，亡，《舊（唐書）》《新唐書》同。道光、光緒《（安徽）通志》皆著録。

夏侯惠集二卷

[魏] 夏侯惠撰。惠字稚權，沛國譙人。淵子。官樂安太守。事迹附父《（夏侯）淵傳》及《劉劭傳》。《文章叙録》（《魏志》注引）云惠幼以才學見稱，善屬奏議。《隋志》注云惠集二卷，録一卷，亡。《舊（唐書）》《新唐書》同。道光、光緒《（安徽）通志》皆著録。

夏侯玄集三卷

[魏] 夏侯玄撰。玄字太初，沛國譙人。尚之子。官終太常。事迹附《（夏侯）尚傳》。本傳載議一篇、《與司馬懿書》一篇。《魏氏春秋》（裴注引）載其嘗著《樂毅》《張良》及《本無肉刑①論》。《初學記》（十）又載《皇胤賦》一篇。《隋志》三卷，《舊（唐書）》《新唐書》均作二卷，道光、光緒《（安徽）通志》皆著録。

嵇②中散集十卷

[魏] 嵇康撰。康字叔夜，譙國銍人。拜中散大夫，景元中以事遇害。事迹附《三國志·王粲傳》（案：景元爲魏元帝奐年號，其時尚未爲晋，《晋書》列康傳者，誤）。《隋志》著録康集十三卷，而注云梁有十五卷，録一卷。《新（唐志）》、《舊唐志》、鄭樵《通志》并作十五卷，疑非其實。《宋志》及《崇文總目》、晁公武《（郡齋）讀書志》、陳振孫《（直齋）書録（解題）》、馬端臨《（文獻）通考》并十卷，

---

① 肉刑：殘害肉體的刑罰，古指墨、劓、剕、宮等。今泛指對受審者肉體上的處罰。《唐律·名例》："昔者，三王始用肉刑。"長孫無忌等疏："肉刑：墨、劓、剕、宮、大辟。"

② 嵇：原文爲"稽"，當誤，改爲"嵇"。

則所佚又多矣。今世通行者，惟明刻二本，一黃省曾校刊本，凡詩五十三首（清《四庫書目》作四十七，誤）、賦一首、書二首、雜著二首、論九首、箴一首、家誡一首、內雜著之稽①荀錄一首，有錄無書，實共詩文六十九首（清《四庫書目》作六十二，誤）。又附錄詩十三首、文四首，爲十卷，前有嘉靖乙酉省曾序。乙酉，嘉靖四年也。清《四庫（全書）》著錄即此本。一張溥《（漢魏）百三家集》本，首賦、次書各二首，次設難一首，次論九首，次贊六首，次箴、次誡各一首，次樂府七首，次詩四十七首，都七十六首，內《贈秀才入軍》十九首、《酒會》七首，皆以五言一首居末，《秋胡行》七首，即黃本之重，作四言詩七首，惟編題不同，又所增《懷香賦》，僅序而無賦，《琴歌》一首，即從《琴賦》中摘出，而無附錄諸詩文，其餘大略相同，然脫誤并甚。歸安陸心源據明吳匏庵叢書堂抄宋本互勘，則《答難養生論》"不殊於榆柳也"下脫"然松柏之生，各以良殖遂性，若養松於灰壤"三句，《聲無哀樂論》"人情以躁靜"下脫"專散爲應，譬猶游觀於都肆，則目濫而情放；留察於曲度，則思靜"二十五字。《明膽論》"夫惟至"下脫"明能無所惑至膽"七字，《答釋難宅無吉凶攝生論》"爲卜無所益也"下脫"若得無恙，爲相敗於卜，何云成相耶？"二句，"未若所不知"下脫"者衆，此較通世之常滯，然智所不知"十四字，及"不可以妄求也"脫"以"字，又誤"求"爲"論"，而謂其餘，缺、誤尚不可條舉。繆荃孫藏有過錄吳本，亦謂取黃本對核，不如吳本遠甚也［《藝風（堂）藏書續記》卷六］。道光、光緒《（安徽）通志》皆著錄。

薛綜集三卷

［吳］薛綜撰。綜字敬文，沛郡竹邑人。官至太子少傅。事迹具《三國志》本傳。案：本傳稱所著詩、賦、難、論數萬言，名曰《私載》，并載疏二篇，又載奉勅爲祝文二篇。又《初學記》（二十九）載《麒麟頌》一篇、《藝文類聚》（九十九）載《鳳頌》一篇。《隋志》注云綜集三卷，錄一卷，亡。《舊（唐書）》《新唐書》作二卷，道光、光緒《（安徽）通志》皆著錄。

二京賦音二卷

［吳］薛綜撰。"二京"者，漢張衡《西京（賦）》《東京賦》也。《吳志·綜傳》載綜述《二京解》，蓋即此注，今《文選》"二京"篇首，猶題薛綜注。據李善云舊注是者留之，其有乖謬，臣乃具釋，并稱臣善以別之，則凡無善名者，皆綜注也。《新（唐志）》《舊唐志》皆著錄，鄭樵《通志》載張衡《二京賦》二卷，而注云薛

---

① 稽：爲"嵇"之誤。

綜注并音，惟綜以吴赤烏五年卒，而注乃引王肅《易注》，又孫叔然始造反切，亦未必遽行於吴，皆不無可疑，以相傳已久故，仍著於録焉。光緒《（安徽）通志》作《〈二京賦〉注》二卷、《三都賦》三卷。

嵇喜①集一卷

［晉］嵇喜撰。喜字公穆，譙國銍人。中散大夫康之兄。官至揚州刺史宗正②。《隋志》著録喜集一卷，而注云殘缺，梁二卷，録一卷，《唐志》仍作二卷。康集附喜答詩四首，又《三國志》注載喜所爲康傳一篇。道光、光緒《（安徽）通志》皆著録。

薛瑩集二卷

［晉］薛瑩撰。瑩字道言，沛郡竹邑人，吴少傅綜次子。仕至光禄勛，入晉爲散騎常侍。事迹附《吴志·薛綜傳》。《隋志》著録瑩集三卷，《唐志》作二卷。華核稱其涉學既博，文章尤妙。本傳載獻詩一篇，又載其著書八篇，名曰《新議》。道光、光緒《（安徽）通志》皆著録。光緒《（安徽通）志》又載薛瑩《洞庭詩》一卷。據陳振孫《（直齋）書録解題》，撰《洞庭集》之薛瑩，乃唐文宗時人，蓋同姓名而别一人，今削不録。

曹志集二卷

［晉］曹志撰。志字允恭，譙國譙人。魏陳思王植孽子③，封濟北王。入晉降爲鄄城縣公，官終散騎常侍卒，謚曰“定”。事迹具《晉書》本傳。志少好學，以才行稱。本傳載奏議一篇，《隋志》注云志集二卷，録一卷，亡。《舊（唐書）》《新唐書》同，道光、光緒《（安徽）通志》皆著録。

夏侯常侍集不分卷

［晉］夏侯湛撰。湛字孝若，譙國譙人。泰始中舉賢良方正，官至散騎常侍卒，事迹具《晉書》本傳。《隋志》及《舊（唐書）》《新唐書》均載湛集十卷，《江南通志》作三卷。此本乃明太倉張溥編，首賦、次設難④、次序、次誥、次贊、次傳、次

---

① 嵇喜：原文爲“稽喜”，當誤，改爲“嵇喜”。

② 宗正：職官名。秦設置，掌管王室親族的事務。漢魏以後，皆由皇族擔任。後多沿用其制，明清時稱爲“宗人府”。

③ 孽子：即“庶子”，非正妻所生之子。現指不孝之子。

④ 設難：謂設詞詰難。章炳麟《文學説例》：“《文選》不録口説，此後人所宜法。惟録宋玉《對楚王問》，蓋與《漁父》《卜居》同爲設難，非具有此對，故獨取爾。”

詩，都四十五篇，爲《漢魏六朝百三家集》之一種。湛與潘嶽友善，及卒，嶽爲誄，云飛辯摛藻，華繁玉振。本傳亦稱其文章弘富，善摛新詞，又稱其著論三十餘篇，別爲一家言，今不傳。鍾嶸列其詩下品。張溥稱其《抵疑》爲班固《賓戲》、蔡邕《釋誨》之流，《昆弟誥》規模帝典，僅能形似，即其短長，可知矣。《文選》録《東方朔畫贊》一首。道光、光緒《（安徽）通志》皆著録。

夏侯淳集二卷

〔晋〕夏侯淳撰。淳字孝冲，譙國譙人。湛弟。官至弋陽太守。事迹附《湛傳》。本傳稱其有文藻，與湛俱知名。《隋志》注載淳集二卷，亡。《舊（唐書）》《新唐書》均作十卷。鍾嶸《詩品》稱其見重安仁，列入下品。道光、光緒《（安徽）通志》皆著録。

何充集四卷

〔晋〕何充撰。充字次道，廬江灊人。官至中書，監録尚書事，卒贈司空，謚"文穆"。事迹具《晋書》本傳。《隋志》著録充集四卷，又注云梁五卷，《舊（唐書）》《新唐書》均作五卷。光緒《（安徽）通志》著録作"宋人"，誤。

嵇紹集二卷

〔晋〕嵇紹撰。紹字延祖，譙國銍人。康子。起家爲秘書丞，官至侍中，殉難贈太尉，謚"忠穆"。事迹具《晋書》本傳。《隋志》著録集二卷，《唐志》同。本傳載疏一篇、書一篇。鍾嶸《詩品》云七君詩，并平典不失古體，而二嵇微優。"七君"謂紹與阮瑀、歐陽建、應璩、阮侃、棗據及紹從子含也。道光、光緒《（安徽）通志》皆著録。

嵇含集十卷

〔晋〕嵇含撰。含字君道，自號"亳丘子"，譙國銍人。紹從子。楚王瑋辟爲掾，官至廣州刺史卒，謚曰"憲"。事迹具《晋書》本傳。《隋志》注云含集十卷，録一卷，亡。《唐志》仍著録。本傳載吊文一篇，又《初學記》（十三）載《祖道①賦序》一篇，《藝文類聚》（六十）載《木弓銘》一篇。鍾嶸列含詩下品。道光、光緒《（安徽）通志》皆著録。

---

① 祖道：古代爲出行者祭祀路神，并設宴送行。明葉憲祖《易水寒·第三折》："有一杯酒爲君祖道，待俺先把盞者！"

曹攄集三卷

〔晉〕曹攄撰。攄字顏遠，譙國譙人。官至徵南司馬，死寇難。事迹具《晉書》本傳。《隋志》注載攄集三卷，録一卷，亡。《唐志》仍著録。鍾嶸列其詩中品，而云季倫、顏遠并有英篇。季倫謂石崇也。《江南通志》及道光、光緒《（安徽）通志》皆著録。

曹毗集十五卷

〔晉〕曹毗撰。毗字輔佐，譙國人。郡察孝廉，累遷至光禄勛卒。事迹具《晉書》本傳。案：本傳載所著文筆十五卷，《隋志》作十卷，而注云梁十五卷，録一卷，《唐志》仍著録十五卷。本傳稱毗少好文籍，善屬詞賦，桂陽張碩爲神女杜蘭香所降，毗嘲以二詩，并續《蘭香歌詩》十篇，甚有文彩，又著《揚都賦》，亞於庾闡，又載所撰《對儒》一篇，又《初學記》（九）載毗《黄帝贊》一篇。道光、光緒《（安徽）通志》皆著録。

戴逵集九卷

〔晉〕戴逵撰。逵字安道，譙國人，徙會稽剡縣，累徵不至。事迹具《晉書》本傳。《隋志》著録逵集九卷，而注云殘缺，梁十卷，録一卷，《唐志》仍作十卷。本傳稱其博學善屬文，總角①時作《鄭玄碑》，爲文自鐫之，詞麗器妙②，并載所著論一篇。又《廣弘明集》載《釋疑論》一篇，《藝文類聚》（三十六）載《閑游贊》一篇。鍾嶸列其詩下品。道光、光緒《（安徽）通志》皆著録。

桓温集十一卷

〔晉〕桓温撰。温字元子，譙國龍亢人。宣城太守彝之子。拜駙馬都尉，官至侍中大司馬，封南郡公，贈丞相。事迹具《晉書》本傳。《隋志》著録温集十一卷，而注云梁有四十三卷；又有《桓温要集》二十卷，録一卷。《唐志》作二十卷，本傳載疏五篇。又《太平御覽》（二百三）載《省官表》一篇。道光、光緒《（安徽）通志》皆著録。《江南通志》作四十卷。

---

① 總角：古代未成年人把頭髮紮成髻，形如兩角，故稱。借指童年、幼年時期。晉陶潛《榮木》詩序："總角聞道，白首無成。"

② 據《晉書》卷九十四列傳第六十四《隱逸傳》（清乾隆武英殿刻本）文爲："少博學好談論，善屬文，能鼓琴，工書畫，其餘巧藝，靡不畢綜。總角時，以鷄卵汁溲白瓦屑作《鄭玄碑》，又爲文而自鐫之，詞麗器妙，時人莫不驚嘆。"

桓玄集二十卷

［晋］桓玄撰。玄字敬道，一名靈寶，譙國龍亢人。大司馬温之孽子。事迹具《晋書》本傳。《隋志》《唐志》著録，卷數同。本傳稱其善屬文，并載疏一篇、文一篇、書二篇。又《弘明集》載《與遠法師書》一篇。道光、光緒《（安徽）通志》皆著録。

何瑾之集十一卷

［晋］何瑾之撰。瑾之，廬江灊人①，官車騎參軍。鄭樵《通志》著録。《江南通志》及道光、光緒《（安徽）通志》皆作十卷。

何尚之集十卷

［宋②］何尚之撰。尚之字彦德，廬江灊人。官至侍中中書令，贈司空，謚曰"簡穆"。事迹具《宋書》及《南史》本傳。《隋志》注載《尚之集》十卷，亡。本傳載《表》一篇、《議》一篇，又載其著《退居賦》，以明所守。《江南通志》及道光、光緒《（安徽）通志》皆著録。

何偃集十九卷

［宋③］何偃撰。偃有《删王逸楚辭注》，已著録。《隋志》著録偃集十九卷，而注云梁十六卷，《唐志》作八卷。郭茂倩《樂府詩集》（卷七十四）録《冉冉孤生竹》一首。《江南通志》及道光、光緒《（安徽）通志》皆著録。

劉瓛集三十卷

［南齊］劉瓛撰。瓛字子珪，沛國相人。宋大明四年舉秀才，歷彭城、會稽郡丞卒，謚"貞簡"。事迹具《南齊書》及《南史》本傳。《隋志》注載瓛集三十卷，亡。本傳載《與張融王思遠書》一篇。道光、光緒《（安徽）通志》皆著録。

劉璡集三卷

［南齊］劉璡撰。璡字子璥，沛國相人，瓛之弟，宋泰豫中舉秀才，官至射聲校尉卒。事迹具《南齊書》及《南史》本傳。《隋志》注載璡集三卷，亡。《江南通志》及道光、光緒《（安徽）通志》皆著録。

---

① 廬江灊人：原文爲"廬江潛人"，當誤，應爲"廬江灊人"。後文凡"廬江潛人"均改"廬江灊人"。灊：古地名。
② 宋：應爲"南朝宋"。
③ 宋：應爲"南朝宋"。

周興嗣集十卷

〔梁〕周興嗣撰。興嗣字思纂，陳郡項人，世居姑孰。南齊時舉秀才，除桂陽郡丞，入梁官給事中直西省。事迹具《梁書》及《南史》本傳。《唐志》著録《興嗣集》十卷。本傳稱其所撰有《休平賦》《儺馬賦》《光宅寺碑》《銅表銘》《栅塘碣》《北伐檄》《次韵王羲之書千字》諸文。道光、光緒《（安徽）通志》皆著録。

李諧集十卷

〔北魏〕李諧撰。諧字虔和，頓邱人。襲彭城侯，官至秘書監。事迹具《魏書》及《北史》本傳。《隋志》著録集十卷。《唐志》同本傳，載《述身賦》一篇。光緒《（安徽）通志》著録。

劉宣摯集十卷

〔隋〕劉臻撰。臻字宣摯，沛國相人。梁時舉秀才，入隋官至儀同三司左僕射。事迹具《隋書》本傳。案：是集見本傳，隋唐志均未載，光緒《（安徽）通志》著録。

劉臻妻陳氏集五卷

〔隋〕劉臻妻陳氏撰。《新唐書·藝文志》著録。

安徽通志稿·藝文考

集部三　別集類二

李敬玄文集三十卷

〔唐〕李敬玄撰。敬玄，亳州譙人。貞觀末以薦召入崇賢館侍讀，官終揚州大都督府長史，卒贈兗州都督，諡“文憲”。事迹具《唐書》本傳。文集三十卷，《唐志》著録。宋計有功《唐詩紀事》録詩二首，清《御定全唐詩》同。

吴少微集十卷

〔唐〕吴少微撰。少微，新安人。長安元年進士，中興初拜右臺監察御史，事迹具《唐書·文苑傳》。《新（唐志）》《舊唐志》均著録《少微集》十卷。《舊唐書·文苑傳》作文集五卷。本傳稱少微與富嘉謨善，屬詞皆本經典，文體一變，稱爲“富吴體”，又稱其《崇福寺鐘銘》詞最高雅。郭茂倩《樂府詩集》録《怨歌行》一首、《長門怨》一首；《唐詩紀事》録詩二首；清《御定全唐詩》録六首。《江南通志》及道光、光緒《（安徽）通志》皆著録。

劉太真集三十卷

〔唐〕劉太真撰。太真字仲適，宣州人。天寶十三年進士，終信州刺史。事迹具《新（唐書）》《舊唐書》本傳。集三十卷，有顧況序。《新唐書》著録，光緒《（安徽）通志》同，道光《（安徽）通志》作一卷。太真與兄太冲俱師蕭穎士，善屬文，尤長詩句。穎士贈序，推爲其門首選，顏真卿、韋應物亦稱之。《全唐詩》録三首、《宛雅初編》録二首。

王司馬集八卷

[唐] 王建撰。建字仲初，穎川人。大曆十年進士，太和中出爲陝州司馬。《唐書·藝文志》著録建集十卷，《宋志》同。清胡介祉刊本，凡古體二卷、近體六卷，蓋後人所合并也。清《四庫（全書）》著録即此本。建工樂府，與張籍齊名，宮詞百首，尤傳誦人口。《唐詩紀事》《全唐詩話》均録其詩，《全唐詩》録五百二十八首，編爲六卷。道光、光緒《（安徽）通志》皆著録。

張司業集八卷

[唐] 張籍撰。籍字文昌，和州烏江人。貞元十五年進士，官至國子司業。事迹附《唐書·韓愈傳》。按：愈《張中丞傳後序》有"愈與吳郡張籍"語，王安石有"蘇州司業詩名老"句，又籍《寄蘇州白使君》有"題詩今日是州民"句，據此似籍爲吳郡人，然韓愈《與孟東野書》又有"張籍在和州居喪，家甚貧"語。蓋籍本吳郡人而居和州，故又爲和州人也。據陳振孫《（直齋）書録解題》，集爲張洎所輯，自丙午至乙丑歷二十年，僅得四百餘篇，編爲十二卷，名《木鐸集》并序。宋鄱陽湯中又以世傳歷陽、盱江二本編次不倫，字亦多誤，家藏元豐八年寫本，以樂府首卷、絶句繫後，既有條理，古詩亦多二本十數首，乃合三本校定爲《張司業集》八卷，復録韓愈、白居易、劉禹錫酬贈詩爲《附録》一卷并序，魏峻刻於平江。明正德間河中劉成德得沁水常倫所藏録本，有詩三百十一首，又搜得八十二首，共三百九十三首，亦編爲八卷。萬曆中和州張尚儒購得劉本，參以朱蘭嵎金陵刊本，得詩四百四十九首，并録《與韓昌黎書》二首，訂爲八卷，即清《四庫（全書）》著録本。此本卷一五古四首七古三十七首、卷二五律百二十首、卷三排律十二首、卷四七律七十六首、卷五五絶二十首、卷六七絶百二十二首、卷七樂府三十三首，實三十一首、古風二十七首，實二十八首、卷八今體及聯句共十九首，總四百六十九首。內卷七《岸花》一首，已見卷五，《秋山》《山禽》二首已見卷六，《野居》一首已見卷一，又卷七之《野草》即卷五之《野田》，卷八之《山中春夜》即卷二之《山中秋夜》共重出六首，實四百六十三首。前有張洎及劉成德序，而無《與韓昌黎書》，似即劉本，惟首數與劉序不符，即較之張尚儒本，亦復溢出。考丁丙《（善本書室）藏書志》載明刊本，編次與此同，或即此本所據。至各書著録籍詩卷數亦互有出入，多至十二卷［陳振孫《（直齋）書録解題》《宋史·藝文志》］，或八卷［《（直齋）書録解題》、清《四庫書目提要》］、七卷（《新唐書·藝文志》《崇文總目》），少至三卷或五卷［晁公武《郡齋讀書志》《（直齋）書録解題》《文獻通考》］。今本雖非張洎之舊，然其數不甚相遠，似無所佚。籍古今體并工，尤長樂府，與元稹、白居易、孟郊號"元和體"，又與王建稱"張王"，同時如韓愈、白居易、姚合及宋之

王安石均推服無異詞，蓋繼李、杜而自成一家者也。道光、光緒《（安徽）通志》皆著録。

張友正文一卷

［唐］張友正撰。友正字正甫，歙州人。據明萬曆《歙縣志》："貞元末，宣歙副使魏弘簡建披雲亭於城陽山，請爲記。"後携以遍贊於朝，無不高其才，是友正德宗時人也。《（徽州）府志》著録文一卷，光緒《（安徽）通志》著録，無卷數，而以"友"爲"有"，又以爲宋人，尤誤。今依《（徽州）府志》著録。姚鉉《唐文粹》、程敏政《新安文獻志》皆録其文。

追昔游集三卷

［唐］李紳撰。紳字公垂，亳州人。敬玄曾孫。元和元年進士，官終檢校右僕射平章事，節度淮南，卒贈太尉，謚"文肅"。事迹具《唐書》本傳。詩凡一百一首，皆紀歷官及遷謫之作，前有開成戊午八月自序。《新唐書·藝文志》、《宋史·藝文志》、《崇文總目》、晁公武《（郡齋）讀書志》、陳振孫《（直齋）書録解題》、馬端臨《文獻通考》、清《四庫書目》著録，卷數并同。紳與李德裕、元稹號"三俊"。古體有注：效謝惠連、梁簡文、邱遲、鮑明遠者，其取法可知。白居易詩有云："苦教短李[1]伏歌行"，似歌行非紳所長。今觀是集，歌行雖不多，然如《南梁行》《悲善才》等篇，殆亦《琵琶》《長恨》之亞也。《全唐詩》作"潤州無錫人"，誤。《江南通志》及道光、光緒《（安徽）通志》皆著録。

批答一卷

［唐］李紳撰。見《唐書·藝文志》。鄭樵《通志》入別集"制誥"類。光緒《（安徽）通志》著録。

費冠卿詩一卷

［唐］費冠卿撰。冠卿字子軍，青陽人。元和二年進士，長慶二年拜右拾遺不赴。《宋史·藝文志》著録《冠卿詩》一卷，清《御定全唐詩》録十一首，此劉世珩輯本，亦十一首，蓋即鈔自《全唐詩》者，并附文一首，爲《貴池先哲遺書》之第二種。《唐詩紀事》《全唐詩話》均録其詩。道光、光緒《（安徽）通志》皆著録。

---

① 短李：指唐代詩人李紳。《新唐書·李紳傳》："（紳）爲人短小精悍，於詩最有名，時號'短李'。"唐白居易《代書詩一百韻寄微之》："笑勸迂辛酒，閑吟短李詩。"自注："辛大丘度，性迂嗜酒，李二十紳，形短能詩，故當時有'迂辛''短李'之號。"

陳商集十七卷

[唐]陳商撰。商字述聖，當塗人。元和七年進士，歷禮部侍郎秘書監。集十七卷，《唐書・藝文志》著錄，鄭樵《通志》同。商未第前，以文求益於韓愈，愈答書稱其語高旨深。光緒《（安徽）通志》著錄。《江南通志》及道光《（安徽）通志》作一卷。

釋元孚詩

[唐]釋元孚撰。元孚，宣城開元寺僧，與許渾同時，則太和、大中間人也。《全唐詩》錄二首。道光、光緒《（安徽）通志》皆著錄。

汪遵咏史詩一卷

[唐]汪遵撰。遵，涇縣人。咸通七年進士，寓楚卒。《宋史・藝文志》著錄作"王道"，而注云"道"一作"遵"，鄭樵《通志》、盧懷《抒情録》皆作"江遵"，明胡震亨《唐音戊籤》、清杜詔等《唐詩叩彈續集》皆作"王道"，李調元《五代詩（鈔）》作"江遵"，而注云一作"王遵"，一作'汪遵'，惟宋計有功《唐詩紀事》及清《御定全唐詩》皆作"汪遵"，爲不誤。遵善絕句，以《長城》詩得名。《唐詩紀事》録四首，《全唐詩》《五代詩（鈔）》皆録六十一首，然有《題李德裕平泉莊》及《咏酒》二首，不盡爲咏史詩也。道光、光緒《（安徽）通志》皆著錄。

許棠詩一卷

[唐]許棠撰。棠字文化，宣州涇縣人。咸通十二年進士，官江寧丞。詩一卷。《唐（書・藝文志）》《宋（史）・藝文志》及鄭樵《通志》、陳振孫《（直齋）書錄（解題）》并同。《中興館閣書目》云舊題《文化集》，其字也。棠與張喬、喻坦之、劇燕、任濤、吳宰、張蠙、周繇、鄭谷、李棲遠、溫獻、李昌符稱"十哲"。嘗賦《洞庭詩》云："四顧疑無地，中流忽有山。"遂稱"許洞庭"，計有功録入《唐詩紀事》。據《涇縣志》，康熙間南陵汪越刻《唐詩十哲》分編，得左冕手輯棠詩本，有不盡者，購得《唐音戊籤》完之，其書今不得見，惟清《御定全唐詩》録百五十七首，分爲三卷。道光、光緒《（安徽）通志》皆著錄。

周繇詩一卷

[唐]周繇撰。繇字爲憲，池州人。咸通十二［《（直齋）書録解題》《文獻通考》"二"皆作"三"］年進士，歷檢校御史中丞卒。陳振孫《（直齋）書錄解題》、馬端臨《文獻通考》并載《周繇集》一卷，清《御定全唐詩》録二十三首。此貴池

劉世珩所輯，僅今體二十三首，蓋即鈔自《全唐詩》者，附賦一首，爲《貴池先哲遺書》之第四種。縣與許棠、張喬、鄭谷、李昌符、喻坦之、吳宰、張蠙、李棲遠、溫憲齊名，謂之"咸通十哲"，又與段成式、韋蟾、溫庭筠（一作"皓"，一作"皎"）同游襄陽徐商幕府，唱和爲多。《江南通志》及道光、光緒《（安徽）通志》皆著録。

顧雲詩一卷文一卷

［唐］顧雲撰。雲字垂象，池州人。咸通中登第［此據宋計有功《唐詩紀事》，陳振孫《（直齋）書録解題》作"咸通十五年進士"。案：咸通無十五年，陳氏誤也］，官至虞部郎中［此據《唐書·藝文志》注及《（直齋）書録解題》，《唐詩紀事》作"員外郎"］，乾寧初卒。此本詩、文各一卷，詩僅七古、七律、七絶三體，都八首，文僅奏、啓、序、記四體，都二十三首，乃清劉世珩所輯爲《貴池先哲遺書》之第五種。雲與杜荀鶴、殷文圭友善，又受知宰相令狐綯，嘗爲高駢從事，避亂居霅川，以著書爲事。《唐詩紀事》謂駢章疏不恭，皆雲之詞。是集所載《代上僖宗奏》，尤可考見也。

顧氏編遺十卷

［唐］顧雲撰。《唐書·藝文志》著録，鄭樵《通志》同。

苕川總載十卷

［唐］顧雲撰。《唐書·藝文志》著録，《宋史·藝文志》同，而注云"苕"一作"昭"。鄭樵《通志》作"《苕川總載集》十卷"。

纂新文苑十卷

［唐］顧雲撰。《唐書·藝文志》著録，鄭樵《通志》入"表章"類，而注云"顧雲別紙[①]"。《江南通志》及道光、光緒《（安徽）通志》皆入總集。

啓事一卷

［唐］顧雲撰。《唐書·藝文志》著録，《宋史·藝文志》同。

---

① 別紙：猶言他紙也。與"別楮"義同。唐白居易《因繼集重序》："晨興一章，録在別紙。"

賦二卷

［唐］顧雲撰。《唐書·藝文志》著録，《宋史·藝文志》同。《江南通志》及道光、光緒《（安徽）通志》皆著録。

集遺具録十卷

［唐］顧雲撰。《唐書·藝文志》著録，鄭樵《通志》同。

顧雲集遺十卷

［唐］顧雲撰。《宋史·藝文志》著録，疑即《唐志》之《集遺具録》十卷。

苕亭雜筆五卷

［唐］顧雲撰。《宋史·藝文志》著録，而注云“苕”一作“昭”。案：《唐詩紀事》即作“昭”。

纂新十卷

［唐］顧雲撰。《宋史·藝文志》著録，疑即《唐志》之《纂新文苑》十卷。

顧雲編稿十卷

［唐］顧雲撰。《宋史·藝文志》著録，疑即《唐志》之《顧氏編遺》十卷。

鳳策聯華三卷

［唐］顧雲撰。《宋史·藝文志》著録，鄭樵《通志》，馬端臨《（文獻）通考》并同。《唐詩紀事》作“《鳳策聯華編稿》三卷”。陳振孫《（直齋）書録解題》云多以擬古爲題，蓋行卷①之文。道光、光緒《（安徽）通志》皆著録。

投知己啓事一卷

［唐］顧雲撰。鄭樵《通志》著録，疑即《唐（志）》《宋志》之《啓事》一卷。

李昭象詩

［唐］李昭象撰。昭象字化文。池州刺史方玄之子，父卒因家焉。懿宗末以文

---

① 行卷：唐代習尚，應舉者在考試前把所作詩文寫成卷軸，投送朝中顯貴以延譽，稱爲行卷。因也稱士子於考試前所上顯貴的詩文。宋尤袤《全唐詩話·李播》：“播以郎中典蘄州，有李生携詩謁之，播曰：‘此吾未第時行卷也。’”

干①相國路巖，薦於朝，將召試，會巖貶，遂還秋浦，移居九華。與張喬、顧雲輩友。龍紀②中楊行密招之，不從。《唐詩紀事》錄五首，《全唐詩》錄八首。道光、光緒《（安徽）通志》皆著錄。

豐溪存稿一卷

舊題唐呂從慶撰。從慶字世膺，自號"豐溪漁叟"，大梁人。從祖伸官金陵，廣明元年避黃巢亂，走歙之堨田，朱溫簒唐，遯居旌德山中，至南唐時乃卒，年九十七。事迹具清任啟運撰傳。是集一卷乃裔孫元進手錄，乾隆五年裔孫積祚刻，有黃之雋、邵泰、儲大文序。元進爲積祚從叔，高祖蓋明時人也。其集歷代史志、書目皆不著錄，論者頗以爲疑。清《四庫存目》、《江南通志》及道光、光緒《（安徽）通志》皆著錄。

張喬詩集二卷

［唐］張喬撰。喬，池州人。清《御定全唐詩》載喬咸通中進士。案：宋計有功《唐詩紀事》載喬咸通中試，《月中桂詩》擅場，李頻主試以許棠老於場屋，首薦。又陳振孫《（直齋）書錄解題》云喬《月中桂詩》擅場，而登科記無名，蓋不中第也。《唐詩紀事》又載棠咸通十二年進士，咸通僅十四年，則喬不得爲咸通中進士，明矣！《唐詩品彙·爵里考》載喬大順進士，《貴池志》亦載喬大順二年進士，殆爲近之。喬集中又有《哭陳陶詩》，陶南唐昇元中猶在。咸通末，下距昇元初已六十餘年，喬咸通末應試有詩名，必非甚少，則其壽當八九十矣。《唐書·藝文志》及鄭樵《通志》均著錄喬詩集二卷，陳振孫《（直齋）書錄解題》、馬端臨《文獻通考》、《宋史·藝文志》皆作一卷，《全唐詩》錄喬詩一百七十一首，編爲二卷，此劉世珩刻本，亦百七十一首，蓋即鈔自《全唐詩》者，後附文一首，爲《貴池先哲遺書》之第六種。喬與許棠、喻坦之、劇燕、任濤、吳宰、張蠙、周繇、鄭谷、李棲遠、溫憲、李昌符等號"（咸通）十哲"，又受知於鄭薰、薛能。明胡震亨《唐音戊籤》、清李調元《五代詩鈔》均錄其詩。丁丙《（善本書室）藏書志》載明仿宋刊本，作四卷，繆荃孫《（藝風堂）藏書續記》載傳鈔明刻本，作一卷。道光、光緒《（安徽）通志》皆著錄。

唐風集三卷

［唐］杜荀鶴撰。荀鶴字彥之，號"九華山人"，池州人。大順二年進士，朱全

---

① 干：求，求取。明馬中錫《中山狼傳》："時墨者東郭先生將北適中山以干仕。"

② 龍紀：889年正月至十月，是唐昭宗年號。

忠表授翰林學士，主客員外郎，知制誥，天祐初卒。集有顧雲序，稱其詩三百篇，蓋荀鶴所自編也。晁公武《（郡齋）讀書志》、馬端臨《文獻通考》皆作《唐風集》十卷、鄭樵《通志》作《杜荀鶴詩集》一卷、《宋史·藝文志》又作二卷，惟陳振孫《（直齋）書錄解題》作三卷。案：瞿鏞《鐵琴銅劍樓書目》汲古毛氏所刊，用南宋分體本，北宋不分體，首行題《杜荀鶴文集》，下題《唐風集》，目錄前題"九華山人杜荀鶴"，以毛本相校，字句多不同。顧雲序中爲之序錄下有"乃分爲上、中、下三卷，目曰《唐風集》"十三字。又得如《周頌》下有"《魯頌》者，別爲之次序。景福元年夏太常博士修國史顧雲撰序"二十四字，毛刻《周頌》下別載數行皆無之。又卷一多《和吳太守罷郡》《山村偶題》二首，卷二多《送人遇亂湘中》一首，知南宋本之舛訛。清《四庫（全書）》著錄《唐風集》三卷，則毛刻本也。此貴池劉世珩刻本，卷上今體五言、卷中今體七言、卷下五七言絕句，共三百一十七首，又從《全唐詩》《劇談錄》得逸詩九首，斷句二韵，都三百二十六首，并附《松窗雜記》八則於後，爲《貴池先哲遺書》之第七種。晁公武《（郡齋）讀書志》及計有功《唐詩紀事》皆載荀鶴天祐初卒，《唐詩紀事》又載荀鶴擢第，年四十六，而集中有《哭陳陶》詩。陶南唐昇元中猶在，自大順二年下距昇元初又四十餘年，荀鶴當九十餘歲，其爲他詩竄入，抑《（郡齋）讀書志》《唐詩紀事》之誤？今已不可考矣。道光、光緒《（安徽）通志》皆著錄。

舒道紀詩

［唐］舒道紀撰。道紀，自號"華陰子"，婺源人。赤松山黃冠師與貫休友善，則唐末人也。《全唐詩》錄二首。道光、光緒《（安徽）通志》皆著錄。

曹松詩集三卷

［唐］曹松撰。松字夢徵，舒州人。天復元年進士，特授秘書省正字。《新唐書·藝文志》著錄松集三卷，晁公武《郡齋讀書志》作一卷。又陳振孫《直齋書錄解題》云別本與印本互有詳略，但別本《大游仙詩》十三首，乃曹唐詩，是松集在宋時固有二本也。清丁丙《善本書室藏書志》載明翻宋本松集一卷，前無序目，不分體，中多五律，"玄""匡""樹"等字仍同宋刻缺筆，詩凡一百首云云。案：清《御定全唐詩》錄松詩二卷，凡百四十首。李調元《全五代詩》錄松詩二卷，凡百三十六首。丁丙亦云前人據《唐音戊籤》鈔補三十七首，則宋本實未爲完備。松詩學賈島，時有異句。惟據《昭宗實錄》，松登第時，年五十四。晁公武謂與王希羽等皆七十餘，則誤也。道光、光緒《（安徽）通志》皆著錄。

王希羽詩一卷

[唐] 王希羽（一作"希白"，又作"王羽"）撰。希羽，歙州人。天復元年進士，授秘書省正字。事迹具宋羅願《新安志》。《宋志》著録詩一卷，清《御定全唐詩》及李調元《五代詩（鈔）》均録一首。光緒《（安徽）通志》著録。

許堅詩

[唐] 許堅撰。堅字介石，廬江人。《全唐詩》録六首。道光、光緒《（安徽）通志》皆著録。

殷文圭集一卷

[楊吳①] 殷文圭撰。文圭字袁儒，小字桂郎，池州人（《唐書》以爲西華人，誤）。唐光化元年進士 [案：《唐書·本紀》昭宗甲寅正月乙丑改元乾寧，凡四年，戊午八月甲子，復改元光化。舊志載文圭乾寧五年登第，然乾寧無五年。又文圭試禮部《春草碧色》詩，明注光化戊午。乾隆《（池州）府志》改列光化元年，不爲無據，今從之]。吳武義元年，拜翰林學士，終左千牛衛將軍。陳振孫《（直齋）書録解題》、馬端臨《文獻通考》皆載《殷文圭集》一卷。此本詩一卷，僅五七言、排律、七律、七絶四體，都二十七首，又斷句二韵，附文一首，乃清劉世珩從《唐百家詩》及《全唐詩》輯録，光緒三十年刻爲《貴池先哲遺書》之第八種。《唐詩紀事》載文圭携梁王表薦及第，尋爲裴樞宣諭判官，至梁又薦之，既由梁馳歸，又載文圭不應朱全忠辟②。既登第即南歸，已不免自相乖刺。劉城《游殷村記》（《嶧桐文集》卷八）辨之綦詳③，亦可證無梁王表薦及第及宣諭至梁之事也。李調元《五代詩鈔》録二十二首。道光《（安徽）通志》著録。

冥搜集二十卷

[楊吳] 殷文圭撰。《宋史·藝文志》著録。鄭樵《通志》作"吳湯文圭"。案：文圭本姓殷，後避宋廟諱改。《江南通志》及道光、光緒《（安徽）通志》皆著録。

登龍集十五卷

[楊吳] 殷文圭撰。《宋史·藝文志》著録，鄭樵《通志》作"吳湯文圭"《登龍

---

① 楊吳：五代十國時期的吳國。因其建立者爲楊行密，故稱"楊吳"。宋徐鉉《稽神録·徐善》："江南僞中書舍人徐善，幼孤，家於豫章，楊吳之尅豫章，善之妹爲一軍校所虜。"

② 辟：徵召來授予官職。《後漢書·張衡傳》："舉孝廉，不行，連辟公府，不就。"

③ 綦詳：辨析得很詳細。綦：通"極"。極：很。

集》十卷。《江南通志》及道光、光緒《（安徽）通志》皆著録。

從軍稿二十卷

［楊吳］殷文圭撰。《宋史·藝文志》作“商文圭”、鄭樵《通志》作“吳湯文圭”，入“軍書類”。案：文圭避宋諱，改湯，亦或爲商。《宋志》以殷文圭、商文圭分著於録，似爲兩人，誤也。《江南通志》及道光、光緒《（安徽）通志》皆著録。

鏤冰録二十卷

［楊吳］殷文圭撰。《宋史·藝文志》録入“集部”，作“商文圭”，鄭樵《通志》作“宋殷文圭”。《鏤冰集》亦入“集部”。《江南通志》入“雜家”，道光《（安徽）通志》兩存。

筆耕詞二十卷

［楊吳］殷文圭撰。《宋史·藝文志》作“商文圭”。道光、光緒《（安徽）通志》皆著録。

殷文圭四六三卷

［楊吳］殷文圭撰。鄭樵《通志》著録，而注云趙文翼注。案：鄭樵以殷文圭、湯文圭分著於録，又或繫吳或繫宋，似爲二人，亦誤也。

屠龍集五卷

［五代·晉］熊曒撰。曒，貴池人。後唐清泰二年進士，爲延安劉景巖從事。天福中説景巖歸朝，擢右司諫，坐累黜，終商州上津令。晁公武《（郡齋）讀書志》、陳振孫《（直齋）書録解題》、鄭樵《通志》、馬端臨《（文獻）通考》、《宋史·藝文志》皆著録。《屠龍集》五卷，前有陶穀序。黃伯思《東觀餘論》稱其《上①國音書絶》二十篇，又《晉末感興》諸詩，忠誠可取，陳沅亦賞其《早梅》詩，清《御定全唐詩》、李調元《五代詩鈔》均録二首，道光、光緒《（安徽）通志》皆著録。

南金集二卷

［後唐］熊皎撰。皎自稱“九華山人”，貴池人。曒之弟。《宋史·藝文志》著録。《雅言雜載》《事文類聚》均録其詩，《全唐詩》録四首，《五代詩鈔》録十首。

---

① 此處原文爲“二”，據黃伯思《東觀餘論》卷下《跋石晉熊曒詩後》（宋刻本、明萬曆覆刻宋本）校改爲“上”字。

《江南通志》及道光、光緒《（安徽）通志》皆著録。

伍喬集一卷

[南唐] 伍喬撰。陸游《南唐書》載喬，廬江人，舉進士，仕至考功員外卒。《後主本紀》又載乙亥歲（宋開寶八年）命户部員外郎，伍喬於圍城中放進士孫確等三十八人及第，是喬實仕至户部員外也。計有功《唐詩紀事》亦作“廬江人”，而康熙《池州志》載喬貴池人，保大十三年進士第一，南唐亡，隱九華山以歿。疑喬本廬江人，而遷貴池也。陳振孫《（直齋）書録解題》、馬端臨《文獻通考》均載《伍喬集》一卷，清《御定全唐詩》録喬詩二十二首。此本僅七律二十一首，又斷句一韵，乃劉世珩所輯爲《貴池先哲遺書》之第九種。喬幼學詩，聲調寒苦，有瘦童羸馬之嘆。李調元《五代詩鈔》亦録二十一首。《江南通志》及道光、光緒《（安徽）通志》皆著録。

安徽通志稿·藝文考

集部四　別集類三

張師黯集五十卷

[宋]張洎撰。洎字師黯，改字偕仁，滁州全椒人。南唐進士，官清輝殿學士，入宋終刑部侍郎，贈刑部尚書。事迹具《宋史》本傳。集五十卷，其子安期所編，咸平五年上之，有吳淑序。晁公武《（郡齋）讀書志》、馬端臨《文獻通考》、《宋史·藝文志》并著録。洎博涉經史，多知典故，文采清麗，太宗稱其"援引故實，皆有依據"；又稱其"富有文藝，江東士人之冠"①。賜詩有"翰長老儒臣"之句。本傳載對狀一篇、奏一篇、疏一篇。《江南通志》及道光、光緒《（安徽）通志》皆著録。

吕文仲集十卷

[宋]吕文仲撰。文仲字子臧，歙州新安人。南唐保大進士，官大理評事，入宋官刑部侍郎，集賢院學士卒。事迹具《宋史》本傳。文仲富詞學，器韵淹雅②。預修《太平御覽》《太平廣記》《文苑英華》諸書。本傳載集十卷。光緒《（安徽）通志》著録。

湯悦集三卷

[宋]湯悦撰。悦本姓殷，名崇義，池州人（《全唐詩》作"陳州西華人"，誤）。文圭子。南唐保大十三年進士，官至司空，知左右内史事，入宋避宣祖廟諱改

---

① 據《宋史》卷二百六十七列傳第二十六（清乾隆武英殿刻本）文爲："謂近臣曰：'張洎富有文藝，至今尚苦學，江東士人之冠也。'"

② 器韵：器局與風度。淹雅：寬宏儒雅，猶高雅，猶淵博。

姓名，入史館預修《太平御覽》等書，晋金紫光禄大夫上柱國陳縣男，食邑三百户。《宋史·藝文志》著録集三卷、清《御定全唐詩》録詩五首、李調元《五代詩鈔》録四首。悦嘗撰《揚州孝先寺碑》，周世宗讀而嗟嘆。《南唐書》"檄""教""誥"皆出其手。光緒《（安徽）通志》著録。

廬嶽集

［宋］邵拙撰。拙字拙之，宣城人。歸宋後嘗上書獻所爲文，請應制科詔，赴闕次舒州卒。事迹具馬令《南唐書》及《十國春秋》。集有尚書孫邁序。道光、光緒《（安徽）通志》皆著録。《宣城志》及《江南通志》皆列拙於唐，光緒《（安徽）通志》又列拙南唐，然拙上書在宋初，不得云唐人及南唐人也。今依道光《（安徽）通志》改歸宋代。拙好學工詩，水部郎趙慶贈詩云："邁古文章金鸑鷟①，出群行止玉麒麟"，然名位不達。拙初爲詩云："萬國未得雨，孤雲猶在山"，蓋讖也。清厲鶚《宋詩紀事》録其詩。

仙都集五卷

［宋］李含章撰。含章字時用，宣城人。太平興國五年進士，天聖初起知江陰軍，數月卒，贈中奉大夫太常少卿。集五卷，《江南通志》及道光、光緒《（安徽）通志》皆著録。含章少居玉山，好學工文。廷試《春雨如膏賦》，太宗稱善。既以戇直得罪，益嗜酒、遨游山水，哦咏自遣。《宛雅初編》録二首。

姚寶之文集二十卷

［宋］姚鉉撰。鉉字寶之［此據《宋史》，道光、光緒《（安徽）通志》皆作"寶臣"］，廬州合肥人。太平興國八年進士，官終本州團練副使。天禧四年卒，年五十三。事迹具《宋史·文苑傳》。集二十卷，亦見本傳。道光、光緒《（安徽）通志》皆著録。鉉文詞敏麗，善筆札。清厲鶚《宋詩紀事》録《賞花》《松江》二律及"疏鐘天竺曉，一雁海門秋"之句。

齠年集十卷

［宋］洪湛撰。湛字惟清，休寧人。昇州上元籍，雍熙二年進士，官比部員外郎，坐事流儋州，移惠州卒。事迹具《宋史·文苑傳》。是集十卷，見本傳。《徽州府志》著録："湛幼好學，五歲能爲詩"。《齠年集》者，未冠所著也。

---

① 鸑鷟：鳳凰，舊以爲祥瑞之鳥。《國語·周語上》："周之興也，鸑鷟鳴於岐山。"韋昭注曰："鸑鷟，鳳之别名也。"

比部集十五卷

[宋] 洪湛撰。羅願《新安志》載集十五卷，《宋史》作十卷，《（徽州）府志》及《江南通志》、道光《（安徽）通志》皆作十五卷，光緒《（安徽）通志》作十卷，今從《新安志》著録。湛文采遒麗，廷試《廷燎賦》《淡交如水詩》①，特升第三人。曲宴賦詩，深被賞激。

龍圖集二十卷

[宋] 查道撰。道字湛然（一作"字真之"），歙州休寧人。南唐工部尚書文徽孫，建州觀察判官元方子。端拱元年進士，官至龍圖閣待制，進右司郎中，出知虢州卒。事迹具《宋史》本傳。是集二十卷，亦見本傳。《宋史·藝文志》作"《湛然集》二卷"，光緒《（安徽）通志》著録。道喜親筆硯，未冠以詞業稱，預修《册府元龜》。

許昌集二十卷

[宋] 梅詢撰。詢字昌言，宣州宣城人。端拱二年進士，官至翰林侍讀學士，累遷給事中，知審官院，出知許州。康定二年卒，年七十八。事迹具《宋史》本傳。《江南通志》作"《梅昌言集》"、道光《（安徽）通志》作"《許昌集》"，皆無卷數，《宣城事函》作二十卷，有王安國序，《府志》及光緒《（安徽）通志》亦作二十卷，今依以著録。歐陽修《志墓》稱其好學有文，尤善爲詩②。《宛雅初編》録十二首、厲鶚《宋詩紀事》録《寄吕許》③《送楊可及第還鄉》《武林山十咏》十餘首。

吕文靖公集二十卷

[宋] 吕夷簡撰。夷簡字坦夫，壽春人。咸平（《省志》作"淳化"，誤）三年進士，官至司徒，監修國史，以太尉致仕，贈太師中書令，謚"文靖"。事迹具《宋史》本傳。陳振孫《（直齋）書録解題》、馬端臨《文獻通考》皆作五卷，與本傳異。振孫稱："其詩清潤和雅，未易及。"④道光、光緒《（安徽）通志》皆著録。

---

① 據（淳熙）《新安志》卷六（清嘉慶十七年刻本）文爲："令再試，帝復御崇政殿内，出《廷燎賦》《淡交如水詩》，得湛以下七十六人并賜及第，以姓名附本等。湛以文采遒麗，特升第三人。"

② 據宋歐陽修《歐陽文忠公集·居士集》卷第二十七（四部叢刊景元刻本）文爲："《翰林侍讀學士給事中梅公墓志銘》：'……公好學有文，尤喜爲詩。爲人嚴毅修潔而材辯敏明，少能慷慨見奇。'"

③ 據清厲鶚《宋詩紀事》卷五（清乾隆十一年樊榭山房刻本）題爲：《寄吕許公》。

④ 據宋陳振孫《直齋書録解題》卷二十（清武英殿聚珍版叢書本）文爲："文靖不以文鳴，而其詩清潤和雅，未易及也。"

吕文靖試卷一卷

［宋］吕夷簡撰。乃咸平二年壽州應舉程文①，所習曰《春秋何論大義》，所問各十條，逐條答才數句，或一言，或直稱未審，考官二人花書②其上并批通否。又禮行於郊，賦《建侯置守執優論》。又雜文《時務策》則不復存，前有家狀，真本藏太史氏，見陳振孫《（直齋）書録解題》③、馬端臨《文獻通考》。道光、光緒《（安徽）通志》皆著録。

蘄春集十卷

［宋］聶冠卿撰。冠卿字長孺，歙州新安人。大中祥符五年進士，官至判昭文館兼侍讀學士。事迹具《宋史》本傳。是集十卷，見羅願《新安志》及本傳，《宋史·藝文志》亦著録。冠卿嗜學，手未嘗釋卷，以文謁楊億，大器賞之。奉使契丹，其主謂曰嘗觀《蘄春集》，歌詩極清麗，因自擊毬縱飲，命冠卿賦詩，禮遇甚厚。按：冠卿嘗通判蘄州，詩蓋其時作也。

河東集三十卷

［宋］聶冠卿撰。見羅願《新安志》。道光、光緒《（安徽）通志》皆著録。

觀時感事詩一卷困編一卷

［宋］邱濬撰。濬字道源，黟縣人。天聖五年進士，官至殿中丞。事迹具羅願《新安志》。是集各一卷，《宋史·藝文志》著録。《新安志》載《寄茅山道友》七律一首、《古今詩話》載《寺中聞射》七絶一首、《翰府名談》載《看牡丹》七律一首、《贈五羊太守》七絶一首，斷句二韻。

邱道源（此據《縣志》，舊志作"原"）文集十五卷

［宋］邱濬撰。《（徽州）府志》及道光《（安徽）通志》皆著録文集十五卷。光緒《（安徽）通志》作詩文集十七卷，蓋并《觀時感事詩》及《困編》乃有此數。

---

① 程文：科舉考試時，由官方撰定或録用考中者所作，以爲範例的文章。明代以後特指試官擬作者。明劉元卿《賢奕編·閑鈔下》："次科戊辰，加刻程文，自後永爲定式。"

② 花書：即"花押"，在文書、契約上簽名或記號。

③ 據宋陳振孫《直齋書録解題》卷十七（清武英殿聚珍版叢書本）文爲："丞相許國文靖公壽春吕夷簡坦夫撰，咸平二年壽州應舉，此其程文也。真本藏范太史氏，前有家狀，大略與今同。其所習曰《春秋何論大義》。何論者，當是何晏論語也。其所問各十條，皆非深義，逐條所答纔數句，或止一言，或直稱未審。考官二人花書其上并批通不，又禮行於郊，賦《建侯置守執優論》，其所習又稱雜文《時務策》，則不復存，此可以見國初塲屋事體、文法簡寬、士習純茂、得人之盛，後世反不能及，文盛則實衰，世變蓋可睹矣。"

楊宣懿集二十卷

[宋] 楊察撰。察字隱甫，合肥人。景祐元年進士，官至户部侍郎，充三司使，贈禮部尚書，謚"宣懿"。事迹具《宋史》本傳。集二十卷，見本傳。《江南通志》及道光、光緒《（安徽）通志》皆著録。察敏於屬文，其爲制誥初若不用意，及稿成皆雅緻有體，當世稱之。

工部文集一百卷

[宋] 孫抗撰。抗字和叔，黟縣人。寶元元年進士，官至尚書工部郎中，皇祐二年卒，年四十五。事迹具羅願《新安志》。是集一百卷，道光、光緒《（安徽）通志》皆著録。抗少孤力學，步行借書數百里，升樓誦之而去其階，遂博極群書。爲文操筆布紙，數百千言已就。自少及終，以類集之至百卷。天德、地業、人事之治，無所不言，而詩爲多。《縣志》又載有《映雪齋詩集》一卷。

宛陵集六十卷附録一卷

[宋] 梅堯臣撰。堯臣字聖俞，宣城人。詢從子，以麿補太廟齋郎，仁宗朝召試賜進士出身，官至尚書都官員外郎，卒年五十九。事迹具《宋史》本傳。據歐陽修《書聖俞詩稿後》稱聖俞將告歸，求其稿寫之，又詩集序稱聖俞詩不自收拾。謝景初取自洛陽至吳興以來所作，次爲十卷，輒序而藏之，其後十五年聖俞疾卒，索其家，得遺稿千餘篇并舊所藏，掇其尤者六百七十七篇爲十五卷，惟今本載是序至輒序而藏之句止，無其後十五年以下云云，又以十卷爲六十卷，殊不可解。考陳振孫《（直齋）書録解題》稱詩五十九卷，他文、賦一卷，謝景初所集。清《四庫書目》譏其未詳考序文，然振孫時已云六十卷，即不出自景初，其來固已久矣。又據紹興十年知宣州軍州事汪伯彥後序稱聖俞詩集遭兵火，靡有全者，幸郡教官有善本，命學官董①其事鏤板，似其詩原有刊本，伯彥又爲重刊。明正統初宣城守袁旭得其本於堯臣後裔重刻之，有正統己未（四年）楊士奇後序，又萬曆丙子（四年）南畿督撫宋儀望以裔孫一科所藏繕本命宣城令姜奇方刻之，并爲之序，又有寧國知府陳俊及奇方後序。清徐七來又刻於康熙壬午（四十一年），有宋犖序。惟丁丙《（善本書室）藏書志》載萬曆間裔孫刊本，即祖袁本，後有附録三卷，似萬曆固有刊本也。姜刻詩五十九卷、文一卷、拾遺詩二首、文一首、附録一卷。清《四庫（全書）》著録即此本，惟《（四庫總目）提要》稱拾遺及附録不知何人所附，今案袁刻楊序，但云六十卷，又徐刻無拾遺、附録及姜刻之宋、陳、姜三序，而有汪、楊二序，似

---

① 董：監督，督察。《書·大禹謨》"董之用威。"傳曰："董，督也。"

袁刻據汪刻、徐刻，又據袁刻其增拾遺及附錄，當在袁刻之後，又拾遺二詩，乃堯臣八世孫叔章所藏手迹《會慶堂記》，乃石刻提要，疑係後人就外集錄出，亦未必然。宋初臺閣唱和，宗李商隱，號"西崑體"，堯臣起而矯之，王文康曙①嘆爲二百年無此作。劉克莊《後村詩話》亦謂爲本朝開山功，不在歐尹下。自司馬光、王安石、蘇軾以至陸游、方回咸推服無異詞，至歐陽修撰墓志銘，載文集四十卷。陳振孫《（直齋）書錄解題》、馬端臨《文獻通考》皆載外集十卷，《宋史·藝文志》又載後集二卷，然明刊本已無之，疑佚已久矣。《江南通志》及道光、光緒《（安徽）通志》皆著錄。

池州後詩五卷

〔宋〕梅堯臣撰。《江南通志》、光緒《（安徽）通志》皆著錄。

華陽集六十卷附錄十卷

〔宋〕王珪撰。珪字禹玉，成都華陽人。後徙舒州，慶曆②二年進士，官至尚書左僕射兼門下侍郎，封岐國公，卒贈太師，謚"文恭"。事迹具《宋史》本傳。諸家著錄是集皆一百卷，自明以來，久已湮没。清四庫館從《永樂大典》輯爲六十卷、附錄十卷，則所輯遺聞逸事及後人評語也，惟青詞③、密詞、道場文、齋文、樂語之類，刊本則概削焉。道光、光緒《（安徽）通志》皆著錄。

王岐公宮詞一卷

〔宋〕王珪撰。陳振孫《（直齋）書錄解題》、馬端臨《文獻通考》皆著錄。

王知微詩集二十卷

〔宋〕王知微撰。知微字幾之，宣城人。慶曆二年進士（《宣城志·宦業傳》作"慶曆壬辰進士"，《選舉志》作"壬午"。案：慶曆無壬辰，傳誤也），官龍川倅致仕。是集二十卷，道光、光緒《（安徽）通志》皆著錄。知微與王安石同年進士，而不附之，坐是④不用。

---

① 王文康曙：即王曙（963—1034），字晦叔，河南人。北宋宰相。謚號"文康"。

② 慶曆：原文爲"慶歷"，后文凡"慶歷"均改爲"慶曆"。

③ 青詞：亦作"青辭"。道士上奏天庭或徵召神將的符籙。用朱筆書寫在青藤紙上，故稱，又稱"綠素"。後作爲一種文體。《明史·顧鼎臣傳》："詞臣以青詞結主知，由鼎臣倡也。"

④ 坐是：因是之故，因此。明胡應麟《少室山房筆叢·莊嶽委談下》："李名德顯著，坐是不得入賢祠。"

青山集三十卷續集七卷

[宋] 郭祥正撰。祥正字功父，自號"醉吟先生"，又號"漳南浪士"，當塗人。慶歷初進士，官至汀州通判，攝守漳州，罷歸。事迹具《宋史·文苑傳》。晁公武《（郡齋）讀書志》、陳振孫《（直齋）書録解題》、《宋史·藝文志》皆載《青山集》三十卷，而無續集，《宋史》亦不著録。其本原藏清朱筠家，前後無序跋，《四庫書目》謂詩格確出祥正，非後人依托是也。又嘉慶八年，縣人葛錞等刻本《青山集》亦三十卷，《續集》僅五卷，附賦二篇、記一篇，前有大興朱珪序，惟陸心源《（皕宋樓）藏書志》載抄本《青山集》三十四卷，其數轉溢，豈四卷？即《續集》、抄本未分別歟！史稱祥正少有詩聲，梅堯臣至嘆爲李白後身。王安石亦稱其天才非學所能，雖周紫芝謂其最無法度（陳天麟《太倉稊米集序》），張浮休謂其適口者少（《文獻通考》），然其才究不可及。王士禎《跋青山集》（《蠶尾集》卷九）謂："祥正多與安石唱和，不及蘇黃一字。李之儀晚居姑孰，與有隙，至爲詩相排詆甚力，蓋各有所主也。方安石當國，祥正請以天下計，專聽區畫，罷一切異議者，其人可知云云。"[1]案：《（直齋）書録解題》載祥正與之儀争名，至詆以俚語，魏文已謂文人相輕，積習使然，此何足怪？至《東坡集》有《郭祥正家醉畫竹石壁上郭作詩爲謝且遺二古銅劍》[2]一首。王十朋《東坡集注》又有《祥正觀東坡畫雪有感》詩二首[3]，似不如士禎所云，特其詩集已失載耳。朱珪謂諛頌安石，或其少年所爲，安石矯枉沽直，遂至流傳詬病，一節不檢未足定其邪正之歸，其論固較爲平恕也。道光、光緒《（安徽）通志》皆著録。

石力臣文集

[宋] 石禹勤撰。禹勤字力臣，蕪湖人。皇祐元年進士［光緒《（安徽）通志》作"元祐丙辰進士"。案：元祐無丙辰，此據《縣志》］。歷知建州、撫州，爲提舉曾孝廉所陷，卒於獄。子振訴於朝，得雪。黃庭堅爲表墓。事迹具《縣志》。《江南通志》及道光、光緒《（安徽）通志》皆著録，無卷數。

---

① 據《跋郭祥正青山集》，王士禎《帶經堂集》卷七十一《蠶尾文》七（清康熙五十年程哲七略書堂刻本）文爲："祥正多與王安石倡和之作，而集中不及蘇黃一字。李端叔晚居姑孰，與祥正有隙，至爲詩相排詆最力，蓋各有所主也。方安石當國，祥正上言請以天下計，專聽相公區畫，罷一切異議者，其人可知己。"

② 據宋蘇軾《東坡集》卷十四（清光緒三十四年至宣統元年寶華盦翻刻明成化本）題爲：《郭祥正家醉畫竹石壁上郭作詩爲謝且遺古銅劍二》。

③ 據清紀昀《四庫全書總目》卷一百五十四（清乾隆武英殿刻本）文爲："考《東坡集》，有郭祥正家醉，畫竹石壁上，郭作詩爲謝，且遺《二古銅劍》一首。王十朋《東坡集注》又有《祥正觀東坡畫雪有感》詩二首，《青山集》俱失載，而續集亦無之，疑不免有所散佚，然較比謝氏之本則完備多矣！"

雲溪文集一百卷

[宋] 王（舊志作"汪"，誤）汝舟撰。汝舟字公濟，晚號"雲溪翁"，婺源人。皇祐五年進士，官至朝散大夫、夔州路提點刑獄告歸。卒年七十九。事迹具羅願《新安志》。是集一百卷，亦見《新安志》。道光、光緒《（安徽）通志》皆著録。汝舟始筮仕，南豐曾鞏贈詩云："身役簿書雖擾擾，力窮文史尚桓桓[①]。"

無爲集十五卷

[宋] 楊傑撰。傑字次公，自號"無爲子"，無爲軍人。嘉祐四年進士，官至禮部員外郎，出知潤州，除兩浙提點刑獄。卒年七十。事迹具《宋史·文苑傳》。據紹興癸亥知無爲軍趙士㲄序，稱"歲在重光作噩，假守是邦，首詢公文歲餘，搜獲不一，因删除蕪纇，取有補教化者，詩、賦、碑、記、雜文、表、啓共分爲十五卷，釋道二家詩文則見諸別集云云"[②]。清《四庫（全書）》著録即此本。咸豐間南城李之鼎假[③]録洪初琴所藏傳抄南宋刻本，刻於咸豐己未，刊將半乃獲校文津閣庫本，亦互有訛，奪其十四、十五兩卷，先刻致脱字未能補入，均著校記，中又三、四兩卷中，詩兩本編次互有參錯，然篇章俱全，并無出入，惟見本集之《上茹都官明堂圖》[④]二十篇見《名迹記》之陳師孟《建豫章溝記》一篇，見《建昌府志》之《仙居山》五律一首，集均不載，知所佚已多，至別集十卷，皆爲釋老作，而釋又居十之九，見陳振孫《（直齋）書録解題》，則佚已久矣。《江南通志》及道光、光緒《（安徽）通志》皆著録。

查清容文集二十卷

[宋] 查深撰。深字道源，廣德軍人。治平間郡守錢公輔薦於朝，辭不赴，乃爲築堂於城西玉溪之上，名曰"清容"，學者稱"清容先生"。事迹具《（廣德）州志》。文集二十卷。《江南通志》及道光、光緒《（安徽）通志》皆著録。

吕正獻公集二十卷

[宋] 吕公著撰。公著字晦叔，壽州人。夷簡子。恩補奉禮郎，登進士第，官至

---

① 桓桓：勇武、威武貌。《尚書·牧誓》："勗哉夫子！尚桓桓。"孔傳：桓桓，武貌。

② 據宋楊傑《無爲集》卷首（民國九年南城李氏宜秋館刻宋人集本）文爲："歲在重光作噩之冬，士㲄誤恩假守是邦，服膺侍講公之名舊矣，視事之初，首詢公文於縉紳間歲餘，搜獲不一，公遺辭典麗，立意奧妙，因删除蕪纇，取有補於教化者，編次成集，將以爲學者標準，上佐吾君偃武修文之意，不其韙歟？其詩、賦、碑、記、雜文、表、啓共分爲十五卷，若釋道二家詩文則見諸別集云。"

③ 假：《廣雅》："假，借也。"兼指借出和借入。《左傳·僖公五年》："晋侯復假道於虞以伐虢。"

④ 據宋楊傑《無爲集》卷十一（民國九年南城李氏宜秋館刻宋人集本）題爲：《上茹都官明堂圖書》。

司空、同平章事。元祐四年卒，年七十二，贈太師申國公，謚"正獻"。事迹具《宋史》本傳。據汪應辰序，集以黨禁藏匿，遂不復見。應辰知成都始得之，蓋非當時全書，既授其曾孫企中，企中又屬其兄子大麟、大虬考訂，刻爲二十卷。馬端臨《文獻通考》著録，焦竑《經籍志》作六十卷。道光、光緒《（安徽）通志》皆著録。

柯山集十卷

[宋] 李孝先撰。孝先字介（一作"玠"）叔，宣城人。含章孫。以蔭歷虞部員外郎，通判池、杭二州，改朝散郎卒。是集十卷，有陸游序，《江南通志》及道光、光緒《（安徽）通志》皆著録。孝先交盱江李覯、無爲楊傑、當塗郭祥正，皆當世名士。陸游稱其"規橅[①]思致，弘放簡遠，自宛陵出"。

陵陽集二十卷

[宋] 鍾世美撰。世美字公實，旌德人。元豐初由上庠升内舍，以獻書授將仕郎，充太學正，累遷至諫議大夫卒。事迹具《縣志》本傳。是集二十卷。《江南通志》及道光、光緒《（安徽）通志》皆著録。《縣志》作數十卷。

游定夫先生集六卷

[宋] 游酢撰。酢字定夫，建陽人。元豐五年進士，官終知濠州。事迹具《宋史·道學傳》。案：《（游定夫先生）年譜》載：酢罷歸寓歷陽，因家焉，卒葬和州含山縣，是酢已由建陽遷和州而爲和州人也。集本四卷，題曰《游廌山集》，清乾隆丙寅裔孫文遠重刻，前有桐城左宰序，《四庫（全書）》著録即是本。同治初和州知州游智開得文遠本，屬方宗誠重編，首論語雜解，次孟子雜解，次中庸義，次易説、詩二南義，次録二程語，次遺文、遺詩，凡六卷，又首末二卷，同治六年刻於和州官舍。酢論孟雜解、中庸義及所録二程語，朱熹既取入精義，集注章句，輯略諸書，及所編《二程遺書》，清欽定諸經，亦頗采其説，舊本蓋即據以編入，惟中庸義，僅據輯略，不及集解，又易説、泰象傳條範之使有常下後復重出。詩二南義、詩綱領條，本論語雜解興於詩章語；詩序文王受命作周條，本中庸義，無憂者以下解詩經傳説彙纂，采入首卷，詩綱領中及小序均與二南無涉，又《二程遺書》僅卷四，原題酢録卷五至卷八，均注云不知何人所記，舊本俱入集中，亦誤。宗誠既據莫友芝校刊《中庸輯解》本全録酢原文，而於易説、二程語去其重出及誤采者，并據陳廷

---

① 規橅:規模,法度。橅:同"模"。

桂《歷陽典録》增入《彭衛墓志》一篇，又節《朱熹或問》附論孟、中庸各條下。舊本卷首及附録詩文甚多，今卷首僅存本傳、賜誥、墓志、年譜、諸儒論述，卷末附録僅存祭文、祠記、祝文及左序、修墓記共七篇，固較文遠本爲善也。

姑溪居士集五十卷後集二十卷

［宋］李之儀撰。之儀字端叔，景城人。元豐中進士，崇寧初坐草范純仁《遺表》及《行狀》，編管太平，遂家焉，久之徙唐州，終朝請大夫。事迹具《宋史》本傳。乾道三年天台吳芾守當塗，求遺稿於其家，已散落，間得之邦人，類聚之，命郡士戴翬厘爲五十卷，鋟板於學并爲之序，後集二十卷不知何人所編。陳振孫《（直齋）書録解題》、馬端臨《文獻通考》、《宋史·藝文志》并著録。之儀嘗從蘇軾定州幕府，軾稱其尺牘入刀筆三昧。吳芾亦謂其言思清婉，有晋宋風味，與黄庭堅、晁補之、張耒、秦觀相頡頏。"姑溪居士"，其居太平所自號也。道光、光緒《（安徽）通志》皆著録。

汪仲容文集三十卷

［宋］汪澥撰。澥字仲容，宣州旌德人。元豐八年進士，官至顯謨閣待制，知應天府提舉崇福宮請老，卒年七十五，贈"宣奉大夫"。事迹具《宋史》本傳。是集三十卷。光緒《（安徽）通志》著録。道光《（安徽）通志》作"涇縣人"。澥少從胡瑗學《易》，既從王安石游，遂通諸經。安石著《三經義傳》，澥與其議，又首傳其説。汪藻撰《（汪澥）神道碑》稱其奏賦。崇寧中，天子嗟賞掌帝制，温厚閎深，一篇出，人争誦之。

樂章一卷

［宋］汪澥撰。見《（汪澥）神道碑》。道光《（安徽）通志》著録。

秋浦集十卷

［宋］曹緯撰。緯字元象，貴池人。官翰林學士。事迹具《縣志》。是集十卷。《江南通志》及道光、光緒《（安徽）通志》皆著録。緯以文名。元祐間與劉燾、崔執柔、劉正夫號"四傑"。

青溪集十卷附録一卷

［宋］汪革撰。革字信民，歙縣人，徙臨川。紹聖四年試禮部第一登甲科，官楚州教授。蔡京當國，召爲宗子博士不就，年才四十卒。是集十卷、附録一卷，吕本

中序。陳振孫《（直齊）書録解題》、馬端臨《文獻通考》并著録。革從吕希哲學，故本中尤推尊之。清厲鶚《宋詩紀事》録其詩。道光、光緒《（安徽）通志》皆著録。

漫浪編五卷

[宋] 程邁撰。邁字進道，黟縣人。元符三年進士，官至顯謨閣直學士，知福州提舉江州太平觀，終於家，贈左中大夫，爵文安縣開國子。事迹具羅願《新安志》。是集五卷，《江南通志》及道光、光緒《（安徽）通志》皆著録。程森撰傳，又載有奏議、表啓三十卷，詩二百餘篇。

橘林集十六卷

[宋] 石懋撰。懋字敏若，自號“橘林居士”，蕪湖人。禹勤孫。元符三年進士，崇寧中又中博學弘詞科（《宋詩紀事》作“宣和元年中詞科，官密州教授），卒年三十四。是集十六卷，《宋史·藝文志》著録，惟以“懋”爲“柔”，則誤。據胡仔《苕溪漁隱叢話》，《橘林集》之詩與汪藻《龍溪集》相犯甚多，如“鳥聲應爲故人好，梨雪欲將春事空。”“山色總兼溪色好，松聲長作雨聲寒。”“負郭生涯千畝竹，長年心事四愁詩。”“千里江山漁笛晚，十年燈火客氈寒。”“日邊人去雁行斷，江上秋高楓葉寒。”“天闊鳥雙下，山寒人獨歸。”及《阻風餘千渡》《咏水晶數珠》《次蘇養直韵》《寄黃元公阻風雨避邪渡》《寄王仲誠》《客至》《夏夜示友人》等詩，皆全篇見於兩集，未知誰作，是懋集在宋時已與他集相混不能辨。別其曰“橘林”者，初懋隨父彭澤尉任，讀書三巖，黃庭堅爲銘有曰“橘林三少者”，謂懋兄弟也。清厲鶚《宋詩紀事》録其詩。道光、光緒《（安徽）通志》皆著録。

浮溪集三十六卷

[宋] 汪藻撰。藻字彦章，婺源人。居德興。崇寧二年進士，歷顯謨閣學士，封新安郡侯，罷居永州卒，年七十六，贈端明殿學士。事迹具《宋史·文苑傳》。孫覿作藻集序，云鄱陽人，陳振孫《（直齋）書録解題》云婺源汪藻撰，《宋史·文苑傳》則云饒州德興人，清《四庫書（目）提要》從《宋史》，并考《宋史·地理志》“德興”屬鄱陽，覿蓋舉其郡名，而於婺源則不之及。今按本集《謝授新安郡侯表》有“適臨本郡，仍胙鄉州”語、《謝徽州到任表》有“付以本州”語、《永州玩鷗亭記》尾署“新安汪藻記”、《歙硯銘》有“出吾州虹貫之巖”語、《徽州到任謝丞相啓》有“世聯編籍，乃平生父母之邦”語、《安人汪氏墓志銘》有“安人世家新安，

予伯兄槃之女,合葬婺源何村"①語、《徽州班春》②有"守昔在閭里,先疇每躬耕"語,皆可證藻爲婺源人。又《贈端明殿學士程公神道碑》③有"公饒州樂平人,藻少以同郡登公之門"語、《贈左大中大夫致仕陳君墓志銘》有"君奉使治鄱陽,藻歸鄱陽與君游最久"語,亦可爲德興人之證,然考《奉議公行狀》云:"汪氏五季自歙黃墩徙婺源,還珠於公爲九世祖,子孫因家焉",又有"棄官老於龍溪,葬於龍溪源晁木塢"語,《左朝請大夫知全州汪君墓志銘》云:"新安汪氏,五季之亂有自黃墩徙婺源者,以資雄饒歙間數世",又有"卒於饒州德興縣居第,葬於德興縣龍溪源"語,"奉議"藻之父,"朝請"藻之兄子,據此是藻本婺源人,而居德興,故《跋李伯時畫》,或署鄱陽,或署新安,提要直歸之德興,則疏於考矣。晁公武《(郡齋)讀書志》載集十卷、陳振孫《(直齋)書錄(解題)》、馬端臨《(文獻)通考》、《宋史・藝文志》并載集六十卷,趙希弁《(郡齋)讀書後志》又載《猥稿外集》一卷、《龍溪文集》六十卷。趙汸《跋羅願小集》則謂藻文再更變故,失傳頗多。此爲清乾隆四十六年紀昀等從《永樂大典》輯本,雖較胡堯臣所刊《浮溪文粹》增多,然亦非當日之舊。藻雖以儷語名,他文亦深醇雅健。其《次韵賈仲遠還浮溪猥稿》④云:"誰教去踏曉鼓朝,也學兒童攻偶儷",其不自喜可知,世但以儷語推藻,失其真矣。楊萬里《誠齋詩話》又摘藻草《李綱鄂州居住制》⑤謂其與綱不叶。按:李心傳《繫年要錄》載建炎元年八月張浚論綱擅易詔令,竊庇姻親等十數事,十一月又論綱素有狂愎,無上之心,懷怏怏不平之氣,當置之嶺海,乃命鄂州居住。草制蓋據浚前後論章,此何能爲藻病,又藻有《賀李綱右丞啓》,擬以張良、謝安、李晟、郭子儀,推挹甚至,豈能因草制而謂其不叶。羅願《新安志》載藻有《瓊林宴謝頒冰表》《賜高麗詔》,今不見集中。張邦基《墨莊漫錄》載其《謝賜冰表》,云:"試漱潤而咮清,得除煩而滌穢,順時致養,俯同幽雅之春開,受命知榮,固異衛人之夕飲。"又云:"深防履薄之危,不昧至堅之漸。子孫傳誦,記御林金盌之香,生死不忘,動宮井玉壺之潔。"而非全文,然藻文亡佚頗多,固不僅此二篇矣。《江南通志》及道光、光緒《(安徽)通志》皆著錄。

---

① 據宋汪藻《浮溪集》卷二十八(清武英殿聚珍版叢書本)文爲:"安人汪氏世家新安,余伯兄大中大夫槃之女也。……合葬於婺源縣何村。"

② 據宋汪藻《浮溪集》卷二十九(清武英殿聚珍版叢書本)題爲:《徽州班春古巖寺呈諸僚友》。

③ 據宋汪藻《浮溪集》卷二十四(清武英殿聚珍版叢書本)題爲:《尚書刑部侍郎贈端明殿學士程公神道碑》。

④ 據宋汪藻《浮溪集》卷三十(清武英殿聚珍版叢書本)題爲:《次韻賈仲遠還浮溪猥藁之什》。

⑤ 據宋汪藻《浮溪集》卷十二(清武英殿聚珍版叢書本)題爲:《李綱落職鄂州居住制》。

浮溪文粹十五卷

［宋］汪藻撰。不知所人所編，詩文凡八十五篇。據丁丙《（善本書室）藏書志》，明弘治十七年廬郡守某（原缺姓名）過南京從吳寧庵翰學得是編攜歸郡刻之，并有正德改元識語，原本附孫覿撰藻墓銘，又羅願《陶令祠堂記》，程邁、胡伸二傳，凡三篇，刻本去祠記，而存程胡二傳，以祠記已載願集，而二傳則本集所遺也。又以本傳附墓銘後，末有正德紀元、西充馬金後序。嘉靖三十四年永州知府海鹽錢芹重刊，同知戴維師校正，前有守土湖南西蜀胡堯臣序，萬曆四十三年署永州知府王景勛更修其版行之，然則是集明有二刻本。清《四庫（全書）》著錄稱胡堯臣刊，即嘉靖重刊本，有堯臣序者也。道光、光緒《（安徽）通志》皆著錄。

臨川詩選一卷

［宋］汪藻撰。藻得王安石別集，皆罷相山居時老筆①，過江失之，遂於《臨川集》錄出。陳振孫《（直齋）書錄解題》、馬端臨《文獻通考》并著錄。

胡少師總集六卷

［宋］胡舜陟撰。舜陟字汝明，晚號“三山老人”，績溪人。大觀三年進士，官終知靜江府（據《新安文獻志》）。爲秦檜所惡死於獄，後贈少師（此據《新安文獻志》《胡氏譜》作由少師，晋贈太師）。事迹具《宋史》本傳。據《新安文獻志》及《府（志）》《縣志》，舜陟有《論語義》《師律陣圖》《奏議文集》《咏古詩》，又據胡仔《苕溪漁隱叢話》，有《三山老人語錄》，皆不傳，惟奏疏、詩文尚時見他書。考宋景定《胡氏譜》載舜陟有奏略、有咏古詩、有文集，是三者本各自爲書，清嘉道間裔孫培翬輯入家乘，復訪之杭州汪氏振綺堂及書賈，共得靖康元年至紹興八年奏議四十一篇、文三篇、詩十首、句二聯、詞二闋、語錄二十四則、筆談一則，編爲六卷，篇末各注所采書名，或附案語，至各書所載奏議不同，怛②據善本，其月日依《靖康要錄》，有據別本者，始注明詩詞異同，則注於各字下，另采史志、本傳爲卷首一卷，前有道光十三年、十九年同縣汪澤序記及道光十九年培翬識語。咸豐板毀，同治三年裔孫肇智重刻於福州，有徐宗幹序。惟據《靖康要錄》載元年五月以舜陟言罷，詳議司十一月以舜陟言籍没譚稹財產。《建炎以來繫年要錄》載靖康初用舜陟言大治濫賞、《三朝北盟會編》載孫覿論舜陟請遷都、《胡氏譜》載舜陟論郭京不可用，又劾秦檜奸、訟岳飛冤，方回《漁隱叢話考》亦載舜陟詆郭京事、《新安文獻志》載舜陟諫假金人名號，又諫遣康王出使，金寇壓境，奏陳備御之計，又乞以康

---

① 老筆：老練嫻熟的筆法。唐李白《題上陽臺》詩：“山高水長，物象千萬，非有老筆，清壯何窮？”
② 怛：憂傷，悲苦，引申爲“恐懼”。《詩・齊風・甫田》：“勞心怛怛。”

王爲元帥，元祐皇后聽政，奏請留勤王兵，邀還二聖各疏，今皆不傳。又舜陟《請罷趙野疏》，自言兩劾蔡懋，《論宦官之害疏》①自言兩劾李彀，今劾懋疏不存，劾彀疏止存其一，是奏議亡者已多。又據陳（櫟）《定宇集》載舜陟文有云："孫子曰：'水之形避高而就下。兵之形避實而擊虛。光武之破尋邑衝其中堅；李光弼破史思明兵擊其最堅處，因其亂也，亂則堅易擊，堅破則眾潰矣。"宋景濂《孔子生卒歲月辨》述舜陟言，主司馬遷謂如公羊、穀梁所書，則孔子出處之年與經史諸子皆不合，此二篇全文皆不可見。咏古詩亦鮮存者，是舜陟詩文散佚尤不少。道光、光緒《（安徽）通志》僅據《宋詩紀事》著録。《（胡）舜陟詩集》，培璧積二十餘年，搜訪輯爲是編，雖所存無多，然讜論②危言猶可藉以考見，至請褫鄭修年等職疏，載鄭居中之子修年、億年，劉正夫之子卓（《宋史》作"卓"）民、阜民，余深之子章（《宋史》作"日章"），白時中之子彦暉并落職，爲《宋史》所未載，亦可資考證也。

湘（《府志》作"相"）潭集十九卷

[宋] 章夏撰。夏字彦明，寧國人。大觀三年進士，官潭州通判。事迹具《（寧國）府志》。是集十九卷，道光、光緒《（安徽）通志》皆著録。清厲鶚采入《宋詩紀事》。

榮遇集

[宋] 王彦成撰。彦成字粹道，全椒人。大觀三年進士，累官太僕寺少卿。事迹具《縣志》。光緒《（安徽）通志》著録，無卷數。彦成嘗爲左丞薛昂所舉，徽宗召諭之曰："比覽《榮遇集》，見卿文理優贍，特授秘書省校書郎。"

玉谿集二十二卷

[宋] 倪濤撰。濤字巨濟，本永嘉人，其父始徙居廣德，爲廣德軍人。大觀三年進士，官至司勛左司員外郎，燕山之役誦言其非，謫監茶陵船場，卒年三十九。事迹具《宋史·文苑傳》。是集二十二卷，有曾吉父序。陳振孫《（直齋）書録解題》、馬端臨《文獻通考》并著録。本傳載濤有《雲陽集》傳於世，集名與此異。《明一統志》作《雲陵集》二十餘卷，又似即一書。陵陽則以形近誤也。道光、光緒《（安徽）通志》皆著録。

---

① 據宋胡舜陟《胡少師總集》卷四（清道光十九年金紫家祠刻本）題爲：《奏論宦官之害疏》。

② 讜論：指正直之言，直言。宋歐陽修《爲君難論》："忠言讜論，皆沮屈而去。"

灊山集三卷

［宋］朱翌撰。翌（字新仲，自號"省事老人"，舒州人。政和三年登第，南渡後官中書舍人，忤秦檜謫韶州，晚召還居四明）有《猗覺寮雜記》，已著録。陳振孫《（直齋）書録解題》、馬端臨《文獻通考》并載《灊山集》三卷，《宋史・藝文志》亦載詩三卷，惟焦竑《經籍志》作二卷，竑所載蓋亦詩集，而二卷乃三卷之訛也。集無傳本。清四庫館從《永樂大典》輯出，仍厘爲三卷。道光、光緒《（安徽）通志》皆著録。翌父載上從蘇軾、黃庭堅游，家學具有淵源。周必大序集，尤稱其詩。劉克莊《後村詩話》、陳鵠《耆舊續聞》、王應麟《困學紀聞》、王明清《揮塵後録》、劉壎《隱居通議》皆摘其佳句，歙鮑廷博又輯補遺文詞，刻入《知不足齋叢書》。

朱翌集四十四卷

［宋］朱翌撰。蓋其文集。《宋史・藝文志》著録四十五卷，惟周必大序稱其子軾等類遺稿，凡四十四卷，屬予序之。必大同時人，當不誤，今依以著録。道光、光緒《（安徽）通志》皆作《潛川文集》四十五卷。

東山稿四十卷

［宋］羅汝楫撰。汝楫字彦濟，徽州歙縣人。政和二年進士，官至吏部尚書龍圖閣學士，知嚴洲，請祠歸。紹興二十八年卒，年七十，贈開府儀同三司。事迹具《宋史》本傳。羅願《新安志》載有《東山稿》、奏議、外制①數十卷。道光、光緒《（安徽）通志》載《東山稿》無卷數，惟《（徽州）府志》作四十卷，今依以著録。汝楫在辟雍②以文爲司業胡伸、博士毛友所知數置優等，教授郴州、眉山。唐庚過郴賞其詩。清厲鶚録入《宋詩紀事》。

韋齋集十二卷

［宋］朱松撰。松字喬年，別號"韋齋"，婺源人。政和八年同上舍出身，官至吏部員外郎，主管台州崇道觀。紹興十三年卒，年四十七。子熹撰行狀，稱有《韋齋集》十二卷，外集十卷。陳振孫《（直齋）書録解題》、馬端臨《文獻通考》皆載《韋齋小集》十二卷，《宋史・藝文志》則作《韋齋集》十二卷，又小集一卷，外集、小集已佚。是集十二卷，卷一至卷三古詩、卷四卷五律詩、卷六絶句、卷七奏議、

---

① 外制：中書門下正規机构所撰拟的詔敕。

② 辟雍：亦作"辟雝"。本爲西周天子所設大學，校址圓形，圍以水池，前門外有便橋。東漢以後，歷代皆有辟雍，除北宋末年爲太學之預備學校（亦稱"外學"）外，均爲行鄉飲、大射或祭祀之禮的地方。元方行《送賈彦臨訓導霍邱》詩："承恩自合歸宣室，論道安能老辟雍？"

卷八策問、卷九書、卷十序記題跋、卷十一表疏啓、卷十二行狀墓志銘祭文。淳熙中熹守南康，刻於江西，前有淳熙七年河陽傅自得序。入元版本已亡，至元初婺源守吳郡干文傳得於松遠孫勳，以授廬陵劉性刻於旌德學，前有至元三年劉性序，明任邱鄺璠刻於弘治九年，傳本亦稀，裔孫昌辰又刻於清康熙四十九年，即《四庫（全書）》著錄本。松童時出語驚人，及去場屋，始致意爲詩文，然不事雕飾（行狀）。嘗言古之詩人貴衝口直致，因舉陶潛"采菊東籬下，悠然見南山"、韋應物"諸生時列坐，共愛風滿林"、陳與義"開門知有雨，老樹半身濕"之句，謂可見其人之蕭散清遠。傅自得亦謂其聞二程遺論，以所得發於詩文，非有意求工，然《皇宋百家詩選》又載松刻苦爲詩，紹興初綦崇①禮每哦其詩，最愛一絶，云："春風吹起籜龍②兒，戢戢滿山人未知。急喚蒼頭劚烟雨，明朝吹作碧參差。"蓋前人筍詩有曰："急忙喫著不可遲，一夜南風變成竹。"松點化精巧，是又未嘗不工也。道光、光緒《（安徽）通志》皆著錄。

玉瀾集一卷

［宋］朱橒撰。橒字逢年，婺源人。松弟。集一卷，詩數十首，有淳熙辛丑梁谿尤袤跋，原別本自行，故陳振孫《（直齋）書錄解題》與松集各自著錄，清孫星衍藏宋時單行本，謂明弘治中任邱鄺氏嘗附刊《韋齋集》後，據丁丙《（善本书室）藏書志》載影寫元本，《韋齋集》十二卷，《玉瀾集》一卷，疑元時先已附刻也。袤稱其厄窮而節愈屬、氣益高，其詩閑暇，不見悲傷憔悴之態，尤稱其《春風》一篇、《感事》三篇，及自作《挽歌詞》爲深於道。玉瀾者，橒嘗夢游玉瀾堂，紀以詩，因以名集也。道光、光緒《（安徽）通志》皆著錄。

張邵文集十卷

［宋］張邵撰。邵字才彥，歷陽烏江人。登宣和三年上舍第，官終敷文閣待制，提舉江州太平興國宮，知池州，再奉祠③卒，累贈少師。事迹具《宋史》本傳。集十卷，亦見本傳，光緒《（安徽）通志》著錄。據清陳廷桂《歷陽詩囿》，集今失傳，僅《奉天通志》有所撰《宜州大奉國寺續裝兩洞賢聖碑》。

---

① 崈:古同"崇"。

② 籜龍:竹筍的異名。宋蘇轍《喜雨》詩:"時向林間數新竹,籜龍騰上欲迎秋。"

③ 奉祠:宋代五品以上官員,年老不能任事或退休,多被任爲宮觀使等官,實無職事,只領俸祿,稱爲"奉祠"。宋陸游《奉祠》詩:"乞得奉祠還自愧,猶將名姓到中朝。"

輶軒唱和集一卷

[宋] 張邵撰。邵，建炎三年使金被囚，紹興十三年和議成，與洪皓、朱弁南歸，此其歸塗唱和之作也。道光、光緒《（安徽）通志》皆著録，無卷數，此據《歷陽詩囿》，集已失傳。

張晉彥文集

[宋] 張祁撰。祁字晉彥，歷陽烏江人。以兄邵奉使恩補，官累遷直秘閣、淮西轉運通判。事迹見《宋史·張邵張孝祥傳》。《江南通志》及道光、光緒《（安徽）通志》皆著録，無卷數。

總得翁集

[宋] 張祁撰。《江南通志》及道光、光緒《（安徽）通志》皆著録，無卷數。祁好吟詩，有劉白風格，時雜以選體。方回《瀛奎律髓》稱其《渡湘江》，賦詩通首壯浪；《詩藪》亦謂可參唐集。《歷陽詩囿》録四首，其《答周德友覓茶》二絶，今在其子孝祥《于湖集》中。據《清波雜志》，乃祁偶病俾孝祥代書，後遂誤刊。其曰總得者，祁晚嗜禪學，號“總得翁”，因以爲名也。

雲溪野老集

[宋] 方蟠德撰。蟠德字元相，南陵人[康熙《（寧國）府志》作“涇縣人”]。宣和四年賜上舍出身（此據《新修南陵志》，《涇縣志》作“宣和三年進士”），歷鄂州刑曹、湖州武康縣尉、晉陵丞、知錢塘縣，後知廣德軍，未赴卒。事迹具《縣志》。光緒《（安徽）通志》著録，無卷數。

金忠獻文集三十卷

[宋] 金安節撰。安節字彥亨，歙州休寧人。宣和六年進士，官至吏部尚書兼侍讀，以敷文閣學士致仕，乾道六年卒，年七十七，累贈開府儀同三司少保。事迹具《宋史》本傳。是集三十卷，《江南通志》及道光、光緒《（安徽）通志》皆著録。安節幼穎悟，日記千言，博洽經史，尤精於易。

雲巖集

[宋] 王昺撰。昺字晉卿，一字偉文，婺源人。宣和六年進士，以排和議左遷知吉州致仕，卒贈光禄大夫。事迹具《縣志》本傳。《江南通志》及道光、光緒《（安徽）通志》皆著録，無卷數。昺少讀書數行俱下，終身不忘，及長下筆數千言。

相山集三十卷

[宋] 王之道撰。之道字彥猷，自號 "相山居士"，無爲軍人 [《四庫（全書）總目》作 "廬州人"，此依《江南通志》]。宣和六年進士，累官湖南轉運判官，以朝奉大夫致仕，追贈太師。事迹具尤袤所撰《神道碑》。《宋史·藝文志》作《相山居士集》二十五卷，陳振孫《（直齊）書録解題》作二十六卷，《寶祐濡須志》及《濡須續志》均作四十卷，惟尤袤碑作三十卷，原集久亡。清四庫館從《永樂大典》輯出，依尤碑編爲三十卷。《江南通志》及道光、光緒《（安徽）通志》皆著録。之道登第，對策即極言燕雲用兵之非，紹興和議成，移書吏部侍郎魏矼①、司諫曾統②，論九不可和。又上疏繳進前書，忤秦檜意，謫監南雄鹽税，二書今在集中。他論事札子，亦多可見施行，詩有真樸之致。

桐川集十卷

[宋] 沈虛中撰。虛中字太虛，廣德軍人，宣和六年進士，官至吏部尚書。事迹具《（廣德）州志》。光緒《（安徽）通志》載是集，無卷數，今據《（廣德）州志》著録。《山堂肆考》作三卷。

擬寒山詩

[宋] 釋守訥撰。守訥本姓鄭氏，號 "莫莫翁"，吳人。初業進士，游錢塘净慈寺，誦《圓覺經》有悟，始祝髮③由太平吉祥院徙涇之金峰。宣和中郡守錢昂聘持廣教，及卒，李彌遜爲碑銘。事迹具《涇縣志》。《江南通志》作 "明人"，誤。詩凡百篇。道光、光緒《（安徽）通志》皆著録。寒山者，唐貞觀中天台廣興縣僧居於寒巖，有《寒山子詩集》，守訥蓋擬其詩也。《縣志》録《和李白水西詩韵》一首。

澹巖集四十卷

[宋] 張澂（《舒城志》作 "徵"，此據《宋史》）撰。澂字達明（《舒城志》作 "字新仲"，此據《宋詩紀事》），自號 "澹巖居士"，舒州人。靖康建炎間，歷監察御史、中書舍人、御史中丞、守尚書右丞兼中書侍郎，罷居衡州。事迹見《欽宗（本紀）》《高宗本紀》及《續（資治）通鑑》。集四十卷，載《宋史·藝文志》。清厲鶚録入《宋詩紀事》。道光、光緒《（安徽）通志》皆著録。

---

① 據宋王之道《相山集》卷二十四（清乾隆翰林院鈔本）題爲：《紹興八年六月十二日上侍郎魏矼書》。
② 據宋王之道《相山集》卷二十五（清乾隆翰林院鈔本）題爲：《紹興九年五月二十二日上諫議曾統書》。
③ 祝髮：削髮受戒爲僧尼。《新唐書·桓彥範傳》："元琰知禍未已，乃詭計請祝髮事浮屠，悉還官封。"

臨淮集十卷

[宋] 李植撰。植字元直，泗州臨淮人。兩舉於鄉，靖康初以薦補迪功郎，官至中奉大夫，寶文閣學士致仕，諡"忠襄"。事迹具《宋史》本傳。文集十卷，有廬陵胡銓序。《江南通志》及道光、光緒《（安徽）通志》皆著錄。植幼客蘇軾門，晁无咎目爲國士，晚與胡安國、劉錡相往還，師友具有淵源。其名"臨淮"，以寓居醴陵，示不忘舊也。

郴江百詠一卷

[宋] 阮閱撰。閱字閎休，舒城人。建炎初以中奉大夫知袁州。事迹不詳。據清《四庫書目》，詩原出屬鶚家，僅七絕九十二首，乃宣和初知郴州時作，前有宣和甲辰二月中和日自序。甲辰，宣和六年也。道光、光緒《（安徽）通志》皆著錄。

松菊集

[宋] 阮閱撰。已佚。光緒《（安徽）通志》著錄。

安徽通志稿·藝文考

集部五　別集類四

溪堂集四卷

〔宋〕王相如撰。相如字次卿，宣城人。知微曾孫。建炎初爲賊得，令草檄不從，遇害。事迹具《一統志》。是集四卷，凡三百七十餘篇，乃歿。後僧毅達所得，有周紫芝序。《江南通志》及道光、光緒《（安徽）通志》皆著録。相如孤貧嗜學，吕好問守宣州得士四人，詹友端、李弘及紫芝、相如也。

新鄭舊詩一卷

〔宋〕朱弁撰。弁（字少章，徽州婺源人。建炎元年爲通問副使使金被留，紹興十三年和議成始得歸，以初補官易宣教郎直秘閣轉奉議郎，十四年卒，事迹具《宋史》本傳）有《曲洧舊聞》，已著録。是集一卷，見本傳、《江南通志》著録。弁少穎悟，讀書日數千言，既冠入太學，晁説之見其詩奇之，與歸新鄭，妻以兄女。趙良錦《雲林脞録》載弁爲朱松從父行，松宣和間登第，拜弁於鄭州，弁有詩《別百一侄寄念二兄》云：“昔我別汝父，見汝立扶牀。汝今已婚宦，我鬢宜俱蒼。自來青雲器，不佩紫羅囊。竹林我未孤，玉樹汝非常。青衫初一尉，遠在子真鄉。念將南來歸，拜我潄洧旁。上能論道義，次猶及文章。自慚老猶僻，何以相激昂。日暮嵩雲飛，秋高塞鴻翔。了知還家夢，先汝渡江航。迢迢建業①水，高臺下鳳凰。鼻祖有故廬，勿令草樹荒。我欲種松菊，繼此百年芳。汝歸約吾兄，晚歲同耕桑。請召②葛陂龍，來尋金華羊。”弁詩清四庫不著録，蓋已失傳，窺豹一斑，猶可知其概也。

---

① 據《（弘治）徽州府志》卷十二（明弘治十五年刻本）爲“鄴”。
② 據《（弘治）徽州府志》卷十二（明弘治十五年刻本）爲“策”。

聘游集四十二卷

[宋] 朱弁撰。是集四十二卷，見本傳，蓋其留金十七年所作。《（徽州）府志》著録，卷數同，惟《（婺源）縣志》及《江南通志》，道光、光緒《（安徽）通志》皆作四十卷，不知何據，今依本傳著録。弁爲文慕陸贄，援據精博，曲盡事理；詩學李商隱，詞氣雍容，不蹈險怪奇澀之弊。金國名王、貴人多遣子弟就學，弁因文字往來，説以和好之利。其《奉送徽宗大行文》云：“嘆馬角之未生，魂消雪窖；攀龍髯而莫逮，淚灑冰天。”高宗讀之感泣，蓋弁文本足傳，不僅以節重也。

南歸詩文 一卷

[宋] 朱弁撰。是集一卷，見本傳，乃其歸國時作。《江南通志》著録。

竹溪詩稿三十卷

[宋] 張珏撰。珏字公予，婺源人。以從韓世忠討湖寇功，累官朝請郎。建炎三年使金還，乞病歸。事見程敏政《新安文獻志》。詩三十卷，朱熹爲之跋。《江南通志》及道光、光緒《（安徽）通志》皆著録。珏嘗代弟罪徙邊，熹跋稱孝友絶人，蓋即指其事。竹溪者，珏世居溪東，環宅多竹，高宗書“竹溪逸士”賜之，因以名集也。

狷庵集二十卷

[宋] 羅頌撰。頌字端規，歙縣人。汝楫子，以父任補承務郎，官至朝奉大夫，知鄆州，紹興二年卒。是集二十卷，光緒《（安徽）通志》著録。《江南通志》作“羅願”，誤。頌弟頎撰墓志，稱其詩文藏稿數十，筆力高古，時出奇詭跌宕，識者以爲有西漢風。《鄂州集》附文十一首。

雪溪集八卷

[宋] 王銍撰。銍（字性之，汝陰人，自稱“汝陰老民”。紹興初爲樞密院編修官）有《補侍兒小名録》，已著録。陳振孫《（直齋）書録解題》、馬端臨《文獻通考》、《宋史・藝文志》并載《雪溪集》八卷，清《四庫（全書）》著録僅五卷，蓋非完帙。銍宋初周易博士昭素之後，父萃嘗從歐公學，銍又爲曾紆婿，其子明清也。嘗撰《七朝國史》以薦詔，視秩史官，給札奏御會秦檜柄國中止，書竟不傳。王士禛跋《雪溪集》（《蠶尾集》卷九）謂：“詩不能佳，獨《曉發石牛》一絶，寫景頗工。其詩云：‘匆匆車馬出清晨，日淡風微已仲春。松竹陰中山未盡，梅花林外有行

人。'"案：士禛論詩主神韵，故所取如此。嚴長明《千首宋人絕句》錄鋌《憶昔》《春郊》各一絕，風調正與此同，故知士禛非定論也。道光、光緒《（安徽）通志》皆著録。

汪若容文集三十卷

［宋］汪若容（《省志》"容"作"溶"）撰。若容字正夫，歙縣人。紹興五年進士，官至將，作監丞，以金人犯淮，慨憤卒。事迹具《縣志》。是集三十卷，道光、光緒《（安徽）通志》皆著録。

東萊詩集二十卷

［宋］吕本中撰。本中（字居仁，壽州人。元祐宰相公著曾孫、希哲孫、好問子，以公著遺表恩授承務郎，紹興六年特賜進士出身，八年遷中書舍人兼侍讀，權直學士院，以《草趙鼎遷僕射制》忤秦檜被劾罷，提舉太平觀卒，學者稱"東萊先生"，謚"文清"。事迹具《宋史》本傳）有《春秋集解》，已著録。是集二十卷，據乾道二年贛川曾幾後序，乃本中即世後吳郡守儀真沈公雅所裒集，鋟置郡齋。公雅本中通家①子，且嘗從之游也。又慶元二年陸游序稱公詩已孤行於世，嗣孫祖平又盡裒他文若干卷，屬游爲序，是游所序乃文集，此本無文。又《文獻通考》別載有集外詩二卷，此本亦無之，蓋皆佚矣。本中詩法出黄庭堅，嘗作《江西宗派圖》，而以己殿其末，然所撰《紫微詩話》，頗極口李商隱，未始不兼采西崑。論詩謂須參活法而取喻彈丸，其宗旨可知。曾幾序稱使山谷老人在，其推稱宜不在陳無已下，然幾贛人，又與本中相知，而不入派，亦可見昔人之不苟爲同也。光緒《（安徽）通志》著録。

紫微集十卷

［宋］王銍撰。銍字時可，石埭人。紹興八年進士，官至中書舍人，兼直學士院侍講。《宋史·藝文志》有《王銍集》二十三卷。是集十卷，《江南通志》及道光、光緒《（安徽）通志》皆著録。《（石埭）縣志》稱其毀於兵。至清《四庫（全書）》著録《月洞吟》一卷之王銍，乃宋末括蒼人，字介翁，蓋同姓名而非一人也。

程叔達詩文全集六十八卷

［宋］程叔達撰。叔達字元誠，黟縣人。紹興十二年進士，官至華文閣學士宣奉

---

① 通家：指彼此世代交誼深厚，如同一家。《後漢書·孔融傳》："語門者曰：'我是李君通家子弟。'"

大夫，爵新安郡開國侯。據楊萬里撰《墓志》[①]，所著曰玉堂制草、曰玉堂備草、曰表牋、曰論諫、曰承華故實、曰詩牋、曰弘詞賦頌、曰歌詩書啓記序雜文凡六十八卷。程敏政《新安文獻志》作制草、論諫、雜文共三十卷。《江南通志》《安徽通志》皆作詩文稿十六卷，卷數參錯不一，然墓志據家狀，當得其實，今依以著錄。

太倉稊米集七十卷

[宋] 周紫芝撰。紫芝有《楚辭贅説》，已著錄。是集樂府詩四十三卷、文二十七卷，乃其子所掇錄，前有自序。隆興二年鄉人陳天麟得於其家，以示九江守眉山唐文若且爲之序，乾道二年天麟帥襄陽乃序而刻之，然校勘不精，舛錯凡三百八十有五，爲字千餘。淳熙八年襄陽學官陳公紹從其仲子疇得家藏善本，命工修整，有淳熙癸卯（十年）識語，并陳光遠、王牧、程恭、孫光祖及公紹等銜名。陳振孫《（直齋）書錄解題》、馬端臨《文獻通考》、《宋史·藝文志》并著錄。紫芝得詩法於張耒、李之儀，先嚴格律，然後及句法，且言郭祥正最無法度，其宗旨可知。清《四庫書目》摘其秦檜父子生日詩，以爲玷。案：《宣城志》載檜愛紫芝“秋聲歸草木，寒色到衣裘”之句，每一篇出，擊賞不已，頗厚遇焉。後和御製詩云：“已通灌玉親祠事，更有何人敢告猷”，檜怒其諷已出之，蓋非甘心附檜者。其名“太倉稊米”，取黃庭堅告其甥之語也。《宛雅初編》錄九首。道光、光緒《（安徽）通志》皆著錄。

山房集

[宋] 魏杞撰。杞字南夫，壽春人。紹興十二年進士，官終資政殿大學士。淳熙十一年卒，贈特進，諡“文節”。事迹具《宋史》本傳。道光、光緒《（安徽）通志》皆著錄，無卷數。清厲鶚采入《宋詩紀事》。《壽州志》錄詩一首、詞一闋。

晦庵集一百卷續集十一卷別集十卷

[宋] 朱熹撰。熹（字元晦，一字仲晦，號“晦庵”，亦號“雲谷老人”，更號“滄洲病叟”，又更名“遯翁”，徽州婺源人。紹興十八年進士，歷官寶文閣待制，落職奉祠卒，累贈寶謨閣直學士，諡曰“文”，理宗贈太師，封徽國公。事迹具《宋史》本傳）有《周易本義》，已著錄。《宋史·藝文志》載熹前集十四卷、後集九十一卷、續集十卷、別集二十四卷。陳振孫《（直齋）書錄（解題）》載《晦庵集》一百卷、《紫陽年譜》三卷，不云其集誰編，亦不載續集。馬端臨《（文獻）通考》、

---

① 據宋楊萬里《誠齋集》卷一百二十五（宋端平二年刻本）題爲：《宋故華文閣直學士贈特進程公墓志銘》。

焦竑《經籍志》、錢曾《也是園書目》并止百卷。據明嘉靖十一年潘潢跋，文集本熹季子在①編，慶元學禁所在毀棄，淳祐以來區區掇拾，而《王會之祝伯》《和虞伯生家藏》《與陸王帖》《梅花賦》諸篇尚逸弗錄，集中紀載牴牾、可疑，亦復不鮮云云②。又朱玉《朱子文集大全類編》稱在所編實八十八卷，合續集、別集乃成百卷，是百卷之本已非在編之舊。又據淳祐五年王遂《續集序》③，續集十卷，遂蓋得之蔡覺軒及劉文昌家，付劉叔忠刊，煩考實云云④。是《續集》，即遂所輯，其卷十一則《與劉充迪帖》十四通後，有淳祐十年徐幾跋，蓋幾得之充迪孫觀光者，遂序雖不言卷數，然目錄固明載十一卷。又據咸淳元年黃鏞《別集序》，正、續集，潛齋、實齋二公已鏤板，書院余師魯又采掇得十卷爲《別集》，標目一仿乎前，每篇必書所從得云云⑤，是《別集》本爲十卷。又據明成化十九年黃仲昭跋，閩浙舊皆有刻本，浙本不知輯於何人，洪武初取置南雍，閩藩本則在所編，仲昭取浙本校閩本，增入《劾唐仲友》數章，唐質夫、章德懋、林一中及熹九世孫伯承等刻之⑥。嘉靖十一年閩板又壞，張大輪、胡嶽等又刻之，有蘇信序、潘潢跋，板心有"朱子大全"四字。考瞿鏞《鐵琴銅劍樓書目》，浙、閩二本，字句頗不同，篇次亦互異，如《書濂溪光風霽月亭》《游密庵記》，浙本在卷七十九記類，閩本在卷八十四跋類，又《皇考吏部

---

① 朱在，字敬之，熹季子，建安人。嘉定十六年兩浙轉運副使。謹按舊兩浙鹺志作浙西提舉。

② 據朱熹《晦庵先生朱文公文集·文集序》（四部叢刊景明嘉靖刻本）文爲："慶元間學禁方厲，片詞隻字所在毀棄，每讀《請詹帥罷鋟梓書》，未嘗不掩卷太息，惡小人之罔極！淳祐以來區區掇拾，已非復公季子在初類次本，而《王會之祝伯》《和虞伯生家藏》《與陸王帖》《梅花賦》諸篇，往往尚逸弗錄，集中記載牴牾可疑，亦復不鮮。"

③ 據朱熹《晦庵先生朱文公文集·文集序》（四部叢刊景明嘉靖刻本）題爲：《文公續集序》。

④ 據朱熹《晦庵先生朱文公文集·續集序》（四部叢刊景明嘉靖刻本）文爲："歲在癸卯遂假守建安，從門人弟子之存者而求，其議論之極，則王潛齋已刻之方冊，間從侍郎之子請亦無所獲，惟蔡西山之孫覺軒早從之游，抄錄成秩，劉文昌家亦因而抄掇，悉以付友人劉叔忠刊落其煩，而考訂其實，繼是而有得焉！固無所遺棄也。"

⑤ 據朱熹《晦庵先生朱文公文集·別集序》（四部叢刊景明嘉靖刻本）文爲："文公先生之文，正集、續集，潛齋、實齋二公已鏤板，書院蓋家有而人誦之矣。建通守余君（師魯）好古博雅，一翁二季自爲師友，搜訪先生遺文，又得十卷，以爲別集，其標目則一仿乎前，而每篇之下必書其所從得，且無外書不能審所自來之恨，真斯文之大幸也！"

⑥ 據朱熹《晦庵先生朱文公文集》卷一百（四部叢刊景明嘉靖刻本）文爲："閩浙舊皆有刻本，浙本洪武初取置南雍，不知輯於何人。今閩藩所存本則先生季子在所編也。其後又有續集若干卷，別集若干卷二本亦并刻之，歷歲既久，刓缺浸多，讀者病焉！成化戊子仲昭自翰林謫官南都偶得閩本，公暇因取浙本校之，其間詳略微有不同，如《劾唐仲友》數章，閩本俱不載其所劾事狀，世之鄙儒多以是疑先生異論，紛起故悉增入，使讀者知仲友蠹政害民之實，而無所惑於異論也，其他無大關係者則仍其舊，惟正其亥豕魯魚之訛。而已歲丙申閩憲使山陰唐公質夫、僉憲蘭溪章公德懋，閱舊板磨滅日甚，遂以仲昭所校本補之，未及訖工而二公相繼去任，尋復殘缺。僉憲天合林公一中至，慨然以爲己任，久未暇，及壬寅秋乃謀於先生九世孫都轉運伯承君，復以仲昭所校本精加讐訂訛者、正之腐者、易之缺者，補之至是，始無遺憾矣。"

府君遷墓記》①，浙本在《先妣孺人祝氏壙志》②後，閩本則在前，又閩本卷六十七《仁説》小注云，浙本誤收南軒先生作，而以先生作爲《仁説序》，固不僅《劻唐仲友》數章爲閩本所不載，至潘跂稱《續集》十卷、《別集》十一卷，與王遂、黃鏞序不同，當是互誤，惟清康熙戊辰蔡方炳、臧眉錫刊本，僅《續集》五卷、《別集》七卷，而蔡跋仍稱《續集》十卷、《別集》十一卷，與潘跂同。《四庫（全書）》既據蔡本入録，而疑蘇序、蔡跋爲誤。又引潘跂作《續集》五卷、《別集》七卷，殊不可解，又謂《續集》不得主名，朱玉亦云無考，而不引王遂序，又謂大全之名起於明中葉以後，考趙希弁《（郡齋）讀書後志》云《朱文公帖》六卷，可以補晦翁大全集之闕者爲多，則其名實起於宋，不得謂非千慮之一失也。道光、光緒《（安徽）通志》皆著録。

韓文考異十卷

［宋］朱熹撰。熹因方崧卿《韓集舉正》去取多以祥符杭本、嘉祐蜀本及李昂、謝克家所據館閣本爲定，而尤尊館閣本，雖有謬誤，往往曲從，他本雖善，亦棄不録，乃悉考諸本同異，一以文勢、義理及他書可證驗者決之苟是矣，雖民間近出小本不敢違，有所未安，雖官本、古本、石本不敢信，又各詳著其所以然，爲考異十卷，前有慶元丁巳自序，又書考異前一篇，門人張洽刻。卷一之《陪杜侍御游湘西兩寺詩》、卷四之《原性》、卷七之《曹成王碑》，并有洽《補注》三條。書本別行，至宋末福州王伯大始將《考異》附於正集本文下，又采洪興祖《年譜辨證》③、樊汝霖《年譜注》④、孫汝聽、韓諄、祝充等解爲之音釋，附各篇末，元時書肆本又以伯大音釋附入正集，不獨非張刻之舊，亦非王本之舊矣。清康熙間安溪李光地假吕葆中所藏宋槧原本重刻并爲之跋。《四庫（全書）》著録，但言出自光地而不及葆中。案：葆中字無黨，浙江石門人。留良子。康熙四十五年一甲二名進士，纂修諸人，殆以留良故諱之也。道光、光緒《（安徽）通志》皆著録。

　　① 據朱熹《晦庵先生朱文公文集》卷九十四（四部叢刊景刊明嘉靖刻本）題爲：《皇考左承議郎守尚書吏部員外郎兼史館校勘朱府君遷墓記》。

　　② 據朱熹《晦庵先生朱文公文集》卷九十四（四部叢刊景刊明嘉靖刻本）題爲：《尚書吏部員外郎朱君孺人祝氏壙志》。

　　③ 據宋魏仲舉《新刊五百家註音辨昌黎先生年表卷第十》卷一（宋慶元六年魏仲舉家塾刻本）題爲：《韓文年譜辨證》。

　　④ 據宋魏仲舉《新刊五百家註音辨昌黎先生年表卷第十》卷九（宋慶元六年魏仲舉家塾刻本）題爲：《韓文公年譜》。

朱子大同集十三卷

［宋］朱熹撰，門人陳利用編。凡詩一卷、文九卷，皆熹官同安主簿時作。大同則同安古名也。元至正間鄱陽都璋寓居同安，重刊并纂《年譜節略》①列卷首，有孔公俊序，明正嘉間同安林希元復增輯爲十三卷，清四庫存目。

感興詩注一卷

［宋］朱熹撰，門人蔡模注。詩凡二十篇，前有熹自序，又有嘉熙丁酉（元年）蔡模識語。丁丙《（善本書室）藏書志》著録。

武夷櫂歌注一卷

［宋］朱熹撰，元寧德陳普注。詩凡十首，乃淳熙甲辰（十一年）仲春所作，前有熹自題，後有元大德甲辰（八年）武夷劉槃跋。丁丙《（善本書室）藏書志》著録。

文公感興詩通一卷

［宋］朱熹撰，元新安胡炳文集注并序。《感興詩》初有四家注，炳文廣之爲十家，其參以己説者，別之爲“通”，曰與《四書通例》同。十家者，長樂潘柄、楊庸成，建安蔡模、真德秀、詹景辰、徐幾、黃伯暘，鄱陽余伯符，新安胡升、胡次焱也。瞿鏞《鐵琴銅劍樓書目》著録。

晦庵文鈔六卷詩鈔一卷

［宋］朱熹撰，明常熟吳訥編。訥於《（朱子）大全集》衆體中各録數篇，彙成六卷，凡經書、序説及性理書所載者不再録，有宣德五年自序，又鈔《（朱子）大全集》，五古始於擬古，終於感興諸作，得二百首爲一卷，有宣德十年自序，及四明陳敬宗後序，又成化十八年巡按直隸御史莆田邱山、琴川周木二序，蓋即刻於其時。丁丙《（善本書室）藏書志》著録，清《四庫（全書）》録崔銑《晦庵文鈔續集》，而不録是編，蓋未進四庫館也。

晦庵文鈔續集四卷

［宋］朱熹撰，明安陽崔銑編。銑以吳訥《晦庵文鈔》未備，復續輯而略釋大意於每篇之末，目録以七卷爲始，亦合訥書計之也。清《四庫存目》。

---

① 據清蔣光煦《東湖叢記》卷一（清光緒間江陰繆氏刻雲自在龕叢書本）題爲：《宋太師徽國文公朱先生年譜節略》。

晦庵題跋三卷

[宋] 朱熹撰。明常熟毛晉刻入《津逮秘書》，即《朱子大全》之八十二至八十四卷，惟無八十四卷之最後三篇後有晉跋。

朱子文集大全類編一百十一卷

[宋] 朱熹撰，[清] 朱玉編。玉，福建建陽人，熹十六代孫。是編合熹正、續、別三集爲一，諸體各以類從，每體之中又以編年爲先後，分爲八冊，一冊首道學淵源、次世系、次題贊、次事實、次年譜附祭文行狀、次褒典、次祠院曆紀，次祠院記序及門人姓氏并附錄，凡三卷，前有魏了翁、王柏、汪仲魯、孫原貞、孫叔拱、丘錫年譜序，戴銑、李夢陽、汪愈實紀序，又李默十一世孫凌、朱家楳年譜序。二冊首賦、次詞、次琴操、次詩、次詩餘、次詩集補遺、次附載訓蒙詩，凡十卷，前錄熹論詩四十則。三冊封事、奏札，凡二卷。四冊首政績、次宮觀、又次政績、次經筵、次謝表、賀表、疏文，凡十一卷。五冊書札，凡十四卷。六冊問答，凡三十五卷。七冊雜著，凡十五卷。八冊首序、次記、次祝文、次祭文、次碑、次行狀、次墓表、次墓志銘、次事實、次年譜、次遺事、次傳、次庭訓、次墨迹、次附記、編著書目，凡二十一卷。自二冊至八冊，玉各爲引述，《四庫存目》謂不及原本能存其舊，然大全集賦僅三篇，此多《梅花賦》《遂初堂賦》二篇，惟八冊庭訓目内《家居要言》，即清朱用純之治家格言，不知何以編入也。

朱子文集十八卷

[宋] 朱熹撰，[清] 儀封張伯行輯。首書答八卷，次記二卷，次序一卷，次雜著二卷，次贊銘箴題跋一卷，次祭文、行狀、墓志銘、墓表各一卷，康熙四十七年伯行巡撫福建刻入《正誼堂叢書》。同治五年福州書局重刻伯行序，稱熹所著書品目繁多，簡帙浩大，謹先輯其至精粹者，以資記誦，猶之吳訥之《晦庵文鈔》、崔銑之《（晦庵）文鈔續集》也。

攖寧居士集十卷

[宋] 陳天麟撰。天麟字季陵，宣城人。紹興十八年進士，官至集英殿 [此據《宣城志》，光緒《（安徽）通志》作"集賢院"] 修撰。淳熙四年卒。是集十卷，《江南通志》及道光、光緒《（安徽）通志》皆著錄。天麟幼警悟，日誦數千言，晚益苦學，詩凡三千余篇。《宛雅初編》錄四首。

吴友堂詩文五十卷

［宋］吴昶撰。昶字叔夏，號“友堂”，歙縣人。以薦徵爲郡校書不就。事迹具《縣志》。是集五十卷，《江南通志》及道光、光緒《（安徽）通志》皆著録。昶師朱熹，而友洪邁、程大昌，經史皆有著述。

東隱集

［宋］程先撰。先字傳之，號“東隱”，休寧人。以父全死於金，辭恩禄不受，隱邑之東山。事迹具《縣志》。是集道光、光緒《（安徽）通志》皆著録，無卷數，《縣志》稱其毀於兵。先嘗以書問道於朱熹，并遣子永奇從學。厲鶚《宋詩紀事》録其詩。

尊德性齋集三卷

［宋］程洵撰。洵（字允夫，號“克庵”，婺源人，吉州録事參軍）有《三蘇紀年》十卷，已著録。是集三卷乃洵卒後，其婿黄昭遠所輯，凡十卷，有廬陵周必大、莆田方直孺、同縣王炎序，明弘治中族裔孟河得敝稿於從兄仲松，所授從子資，資以質宣城梅鶚爲補其脱者，八訂其訛者，十約爲三卷，刻於嘉靖九年，有大庾劉節序及資序。清嘉慶十二年族裔續等得縑本於同族文謨家，其弟綝刻於十五年，有續重刊序。宣統元年族裔慊重付排印并跋。惟周必大序稱詩百餘篇，記、序、書、銘各二，跋四，説一，志表、行狀、祭文八，叙事、札子五，啓五十一（文共七十七篇），劉節序稱詩四言一，五古二十六，七古十五，五絶五，七絶三十三，五律二，七律三十九（共詩百廿一首），札子十七，表十一，啓二十七，書二，序二，記三，銘二，跋四，行狀三，墓表一，祭文一（共文七十三首）。排印本卷一古今體詩百二十四首（五古三十、七古十五、五律二、七律三十九、五絶五、七絶卅三）。卷二銘二、跋四（附朱熹書後一）、序二、記四（較周序多二首，較劉序多一首）、説一（劉序無）、祭文一、札子七（較周序多二首，較劉序少十首）、書二。卷三表十一（周序無其志表之，表疑當指墓表）、啓二十七（較周序少廿四首）、行狀三（附朱熹跋一）、墓表一，都文六十五首，較周序少文十二首，較劉序多詩四首，少文八首，今無舊本可證，莫喻其故。洵師朱熹，顧好三蘇詩文。必大稱其議論平正，詞氣和粹。直孺稱其文簡而潔，粹而雅，優游恬淡而無畢露之華。王炎稱其理勝而詞采附之，陶鍊檃括[1]俱不苟作。朱熹《與董叔重帖》亦稱其所作《董府君墓表》尤佳，近世難得此文，其爲時推重如此。清四庫未著録，蓋是集雖刻於嘉靖初，至清初已罕

---

① 檃括：亦作“檃栝”。矯正竹木邪曲的工具。揉曲叫檃，正方稱括。泛指矯正。後指就原有的文章、著作加以剪裁、改寫。《宋史·文苑傳五·賀鑄》：“尤長於度曲，掇拾人所棄遺，少加檃括，皆爲新奇。”

傳本也。《江南通志》及道光、光緒《（安徽）通志》皆作十卷。

格齋稿四十卷

[宋] 程永奇撰。永奇字次卿，號"格齋"，休寧人。先子。江西制閫①請爲白鹿洞書院山長不就。事迹具《縣志》。是集四十卷，乃所著詩文，《江南通志》及道光、光緒《（安徽）通志》皆著録。永奇從朱熹游，其曰"格齋"，以大學工夫始於格物也。

自勝齋集

[宋] 吳昷撰。昷字基仲，休寧人。光緒《（安徽）通志》著録，無"齋"字，《（徽州）府志》有之，今依以著録。昷私淑朱熹，黨事起，所志不移。

程文簡集二十卷

[宋] 程大昌撰。大昌（字泰之，休寧人，紹興二十一年進士，官至權吏部尚書，出知泉州、建寧府明州，尋奉祠以龍圖閣直學士致仕，卒諡"文簡"。事迹具《宋史》本傳）有《易原》，已著録。是集二十卷，每卷皆分上下，實四十卷。陳振孫《（直齋）書録解趙②》、馬端臨《文獻通考》《宋史·藝文志》并著録。振孫稱其博學，長於考究，著述甚多。《江南通志》及道光、光緒《（安徽）通志》皆著録。

漫翁詩集一卷

[宋] 陳尚文撰。尚文字質夫，休寧人。紹興二十一年登第，仕止簿尉。事迹具《縣志》。是集一卷，光緒《（安徽）通志》著録。尚文以杜鵑詩知名，號"陳杜鵑"。

于湖集四十卷

[宋] 張孝祥撰。孝祥字安國，歷陽烏江人。祁子。紹興二十四年進士第一，官至顯謨閣直學士致仕。事迹具《宋史》本傳。集凡四十卷，卷一賦、辭、頌、樂章，卷二至卷五古詩，卷六至卷九律詩，卷十至十二絕句，卷十三、十四文記，卷十五序、銘、説、贊，卷十六至十八奏議，卷十九內外制，卷二十表，卷二十一至二十三啓，卷二十四書，卷二十五、二十六疏文、青詞③、釋語，卷二十七祝文、致語，

---

① 制閫：謂統領一方軍事。

② 趙：誤，當爲"題"。

③ 青詞：道士上奏天庭或徵召神將的符籙。用朱筆書寫在青藤紙上，故稱，又稱"綠素"。後來成爲一種文體。

卷二十八定書①、題跋，卷二十九、三十墓志、祭文，卷三十一至三十四樂府，卷三十五至四十尺牘，前有門人謝堯仁及弟孝伯序，惟後附禁榜一首，又附錄一卷，不知何人所增。《（直齋）書錄解題》、《文獻通考》、《宋史·藝文志》、清《四庫總目》并著錄。《江南通志》作《于湖居士集》，無卷數。孝祥讀書過目不忘，下筆頃刻數千言，魏了翁謂其有英姿奇氣，洞庭所賦在集中最爲傑特②（《鶴山集》），明瞿佑謂其《讀中興碑》，可繼黃、張（《歸田詩話》），惟劉克莊《後村詩話》載《題蔡濟忠所摹御府米帖》，無“上清虛皇手自擇”以下十句，周去非《嶺外代答》載《秦城詩》“南防五嶺北防胡，猶復稱兵事遠圖”。皆與本集異，其爲傳寫之誤，抑孝祥自改，今不可考。趙希弁《郡齋讀書附志》、祝穆《方輿勝覽》、范成大《驂鸞錄》、潛説友《咸淳臨安志》、岳珂《桯史》咸錄其詩。道光、光緒《（安徽）通志》皆著錄。

古風律詩絕句三卷

［宋］張孝祥撰。《宋史·藝文志》著錄。

竹洲集二十卷

［宋］吳儆撰。儆字益恭，初名偁，避秀邸諱改，休寧人。紹興二十七年進士，官至奉議郎通判邕州，召除知州兼廣南西路安撫使，親老丐祠，主管台州崇道觀致仕，卒謚“文肅”。是集二十卷乃曾孫資深裒輯，嘉熙二年表上有端平乙未（二年）程珌、淳祐七年呂午、嘉熙戊戌（二年）洪揚祖、嘉熙改元外曾孫婿陳塤四序，端平甲午（元年）羅任臣跋，惟羅跋稱《竹洲集》近始刊出，遂獲盡觀其全，似端平初其集已刻，陳序稱公之子載將梓公集，又似其時尚未刻者。程序後羅跋且一年，初刻究在何時？今不可考。陳振孫《（直齋）書錄解題》、馬端臨《文獻通考》、《宋史·藝文志》皆不著錄。明弘治初十世孫雷亨重刊，前列原序四篇，又弘治六年同縣程敏政序，後附儆兄俯《棣華雜著》一卷，又附錄勅誥、進書、表文、謚議、行狀、傳贊及往來投贈諸作。考清丁丙《（善本書室）藏書志》載舊寫本《竹洲集》，僅十卷，卷一至卷九爲奏議、政議、表啓、書、記、序、祭文、雜著、銘贊、賦詩、樂府，卷十爲《棣華雜著》，前有程珌、呂午、洪揚祖三序，後附陳亮、陸兒齡、張杙、朱熹序、贈書簡及程卓撰行狀、進書表、謚、誥、勅牒，又稱其賜謚、勅牒款

---

① 定書：即“定帖”，宋代訂婚時雙方交換的帖子。其上寫明家庭、本人及有關的詳細情況。後來成爲一種文體。

② 據宋魏了翁《跋張于湖念奴嬌詞真迹》，見《重校鶴山先生大全文集》卷六十（民國八年上海商務印書館四部叢刊景宋刻本配明嘉靖安國銅活字本）文爲：“張于湖有英姿奇氣，着之湖湘間，未爲不遇，洞庭所賦在集中最爲傑特，方其吸江酌鬥賓客萬象，時詎知世間有紫微青瑣哉？”

式，當出自宋槧或編次在二十卷以前云云。案：進書表本云臣徹文集總爲一十冊，疑十卷即表進之書後乃分爲二十卷也。道光、光緒《（安徽）通志》皆著録。徹十歲能文，又與陳亮、辛棄疾、陳傅良、葉適、范成大、吕祖謙、張栻、朱熹游。張、吕并稱其才，其《尊己堂記》，朱熹謂可見其所存論恢復，謂進太鋭，退太速，屢失事機，寖至自沮，尤爲至論，非但以詞章重也。《棣華雜著》已别著録。

茅堂詩集

[宋] 程令説撰。令説字彥舉，休寧人。紹興二十七年進士，授鄱陽簿、調知理定縣卒。光緒《（安徽）通志》著録，無卷數。《縣志》稱其精通經學，爲鄉里宗法。

方司農詩十卷

[宋] 方有開撰。有開字躬明，歙縣人。隆興元年進士，官至轉運判官兼廬帥。事迹具《縣志》。是集十卷，道光、光緒《（安徽）通志》皆著録。其曰方司農，以有開曾官司農丞也。

鳳山集二十卷

[宋] 吴天驥撰。天驥字伯駿，休寧人。隆興元年進士，官至户部員外郎卒。事迹具《縣志》。是集二十卷，《江南通志》及道光、光緒《（安徽）通志》皆著録，惟“吴”皆作“洪”，此據宋羅願《新安志》進士題名，當不誤也，《（徽州）府志》亦作“吴”。

尊白堂集六卷

[宋] 虞儔撰。儔字壽老，寧國人。隆興元年進士，累官兵部侍郎奉祠卒。據陳貴誼《原序》，集本二十四卷。此本詩四卷、文二卷，乃清四庫館從《永樂大典》輯出，道光、光緒《（安徽）通志》皆著録。儔慕白居易爲人，以“尊白”名堂，并以名集，所作韵語，亦頗近之。文僅制誥、札子二體，於當時廢弛積弊，言之尤切。

李尚書文集二十卷

[宋] 李嘉言撰。嘉言，廣德軍人。隆興元年進士，官至尚書，歷知常、饒二州。事迹具《州志》。文集二十卷，《江南通志》及道光、光緒《（安徽）通志》皆著録。

鄂州小集五卷拾遺一卷附録一卷

［宋］羅願撰。願有《爾雅翼》，已著録。是集宋劉清之編并刻，元鄭玉又序而刻之，歲久皆佚，元明間七世孫宣明得文九十二篇，厘爲五卷（見趙壎序），復得雜文若干首，附於五卷之末（見王褘序），未及刻而卒，有趙汸、趙壎、李宗頤、宋濂、王褘、馬城、蘇伯衡、林公慶序。據趙汸序，汸嘗得陳櫟本以校宣明寫本，去其續編之不類而補其闕逸，并録所序編目歸之，然已非劉刻之舊。弘治戊午十一世孫文達等以曹涇手抄舊本校補家藏録本，并附願兄頌遺文十一首刻之（見文達跋、祝允明序），有祝允明序、文達跋，又從裔孫朗刻於天啓丙寅、歙縣程哲刻於康熙癸巳。朗本五卷，附《鄞州遺文》一卷，後有朗跋，哲移諸家評論於首，并輯遺文一卷，而去附録之羅似臣文一篇，詳見所撰序例中。光緒癸巳黟縣李宗煝重刻，所據蓋即程本。今案：李本篇數與趙壎序所稱相符，似爲元明以來相傳之舊，惟據《鸚鵡洲後賦序》，《鸚鵡洲賦》乃願兄頌所作，程刻凡例稱已改正，今仍在集中。又《四庫（書目）提要》稱有《新安志小序》二篇，又稱後二卷附願侄似臣之文，是本皆無之。似臣文，程刻所去，《新安志小序》，則不知何人所删，似諸本又不無同異。至願文有先秦、西漢風，爲樓鑰、朱熹、方回所推，固早有定評也。道光、光緒《（安徽）通志》皆著録，《宋史·藝文志》作小集十卷。

棣華雜著一卷

［宋］吳俯撰。俯字益章，休寧人。乾道二年進士，終太學。録《（棣華）雜著》一卷，附弟儆《竹洲集》後，清《四庫（書目）》及道光、光緒《（安徽）通志》皆著録。俯與儆并以詩文名，太學爲之語曰"眉山三蘇""江東二吳"。

知非集

［宋］葉楠撰。楠字元質，貴池人。薈之子。乾道二年進士，官績溪令。事迹具《縣志》。光緒《（安徽）通志》著録，無卷數。《縣志·藝文》以《知非集》爲葉梓撰。案：《縣志·葉薈傳》但云子梓，字元材，善治生，不言其有著述，疑藝文作梓者誤，今依光緒《（安徽）通志》著録。

蟹螯集四卷

［宋］章元崇撰。元崇字德昂，歙縣人。乾道五年進士，終奉議郎。事迹具《縣志》。是集四卷，光緒《（安徽）通志》著録。元崇博通諸經，尤長《春秋》，築讀書堂於杏城溪，人號"環溪先生"。

雙溪文集二十七卷附錄一卷

[宋] 王炎撰。炎字晦叔，婺源人。乾道五年進士，官至軍器大監、金紫光禄大夫、婺源縣開國男，食邑三百户。嘉定十一年卒，年八十一。是集有三本，一明嘉靖裔孫懋元刊本，凡十七卷，有嘉靖癸巳（十二年）汪玄錫、嘉靖甲午（十三年）汪恩、嘉靖十二年同縣潘滋及三山鄭昭先序。一萬曆刊本，乃萬曆二十四年尚寶司丞王鏻得舊本於沈一貫家重刻者，凡賦樂府一卷、詩詞九卷、文十七卷。一康熙中族孫祺等刊本，凡十二卷。清《四庫書目》僅云有二本，蓋未知有嘉靖本也，惟丁丙《（善本書室）藏書志》載，瞿鏞《鐵琴銅劍樓書目》、繆荃孫《（藝風堂）藏書記》皆載嘉靖本十七卷、陸心源《（皕宋樓）藏書志》乃載嘉靖本二十七卷，又附錄一卷，"二"字蓋誤衍。道光、光緒《（安徽）通志》皆著錄。炎受學張栻，其詩頗爲世稱。雙溪者，所居武水之曲，雙溪合流，因以爲號也。吳之振錄入《宋詩鈔》。

盤隱集

[宋] 汪義端撰。義端字充之，黟縣人。勃孫，作礪子，爲叔父作舟後，乾道五年進士，官至徽猷閣待制，知鄂州卒。事迹具《縣志》。光緒《（安徽）通志》著錄，無卷數。《浙江通志》作"汪彥端"，誤。

寶峰詩五十卷

[宋] 湯巖起撰。巖起，貴池人。乾道五年進士，知營道縣秩滿，再起判徽州，奉祠歸。事迹具《縣志》。是集五十卷，《江南通志》及道光、光緒《（安徽）通志》皆著錄。巖起葺寶峰小圃，閉户著述，其詩所以名也。

軒山集十卷

[宋] 王藺撰。藺字謙仲，無爲軍人 [《宋史》作"廬江人"，清《四庫總目》作"廬州人"，不言何縣，惟《江南通志》作"無爲人"。案：《（直齋）書錄解題》《文獻通考》皆作"濡須人"，濡須即今無爲也，故從《江南通志》]。之道子。乾道五年進士，官至樞密使帥湖南罷歸奉祠，卒謚"獻肅"。事迹具《宋史》本傳。是集十卷，陳振孫《（直齋）書錄解題》、馬端臨《文獻通考》并著錄。道光、光緒《（安徽）通志》又載有別集十卷，考《無爲志》無之，不知其何據也。

湖山十咏

[宋] 王希吕撰。希吕字仲行，宿州人，寓居嘉興。乾道五年進士，官至端明殿

學士，知紹興府歸卒。事迹具《宋史》本傳。道光、光緒《（安徽）通志》皆著録，無卷數，清厲鶚采入《宋詩紀事》。

蜀阜集

［宋］錢時撰。時（字子是，號"融堂"，《宋史》作"淳安人"。據程敏政《新安文獻志》載錢時母墓記，乃歙縣人。以易冠漕司薦授秘閣校勘，出佐浙東倉幕，召爲史館檢閱，授江東帥屬歸。事迹附《宋史・楊簡傳》）有《融堂書解》，已著録。是集《江南通志》及道光、光緒《（安徽）通志》皆著録，無卷數。時爲楊簡門人，丞相喬行簡特薦之朝，詔守臣以所著書來上。

寒松閣集三卷

［宋］詹初撰。希①字以元（厲鶚《宋詩紀事》作"子元"，誤），休寧人。淳熙二年以薦爲太學録，上疏忤韓侂胄罷歸。集本名《流塘》凡二十一卷，毀於火，其子陽於族人處得殘本藏之，至明嘉靖三十七年十六世孫景鳳、十七世孫璧等始分爲三卷，改名《寒松閣集》刻之。首卷翼學十篇，述學問大旨，又序經二篇，序論語上下篇義；次卷目録五十五條，分上下二篇；三卷古今體詩四十九首，附往來書簡，末有宋饒魯、李士英及嘉靖間田怡等跋，陽、景鳳、璧等亦各有跋。清《四庫（全書）》著録。《徽州府志・藝文志》著録唐婺源詹初《寒松閣集》三卷，而注云《四庫總目》列於宋，作休寧人，今從《婺源縣志》，而《（婺源縣志）人物志》又據《婺源（縣）志》載唐詹初，字元載，號"黃隱"，隋東陽郡贊治，蓋同名而別一人，且如所云亦隋人，而非唐人。《婺源（縣）志》既誤，《（徽州）府志》又不能辨，而從之，斯誤之甚也。道光、光緒《（安徽）通志》皆著録。

九華詩百篇

［宋］程九萬撰。九萬字鵬飛，號"雙峰居士"，青陽人。淳熙二年進士，官至華文閣待制，襄陽安撫使，封青陽縣開國公。事迹具《縣志》。是集詩百篇，道光、光緒《（安徽）通志》皆著録。清厲鶚録入《宋詩紀事》。

溪齋類稿

［宋］滕璘撰。璘字德粹，號"溪齋"，婺源人。洙子。淳熙八年進士，官至浙東、福建帥司參議官，以朝奉大夫致仕。事迹具《縣志》。《江南通志》及道光、光

---

① 希：當爲"初"之誤。

緒《（安徽）通志》皆著録，無卷數。璘從朱熹、陳傅良問學，及卒，真德秀爲撰墓志銘。

李頓集

[宋] 方雄圖撰。雄圖字思遠，休寧人。淳熙十一年上舍科進士，官至建昌軍教授卒。光緒《（安徽）通志》著録，無卷數。雄圖博學强記，以明經講授，所居植李，四方學者築室其旁，號“李頓先生”。

仙居集十五卷

[宋] 王柏撰。柏（號“仙居”，蕪湖人。淳熙間領鄉薦，以特恩監南嶽廟）有《蕪湖志》，已著録。是集十五卷，道光、光緒《（安徽）通志》皆著録。《江南通志》作“王侶”，誤。柏力學不第，與崔與之、樓鑰、滕强恕交最善。

恕齋集

[宋] 汪綱撰。綱字仲舉，黟縣人。簽書樞密院勃之曾孫，以祖任入官，淳熙十四年中銓試，官至户部侍郎致仕，卒贈宣奉大夫。事迹具《宋史》本傳。光緒《（安徽）通志》著録，無卷數。綱刻意問學，兵、農、醫、卜、陰陽、律曆靡不研究，爲文長於論事，援據古今，辨博雄勁。《縣志》又載有《漫存録》，無卷數。

延溪集五十卷

[宋] 丁黼撰。黼字文伯，石埭人。淳熙十四年進士，官至四川制置副使，兼知成都府。嘉熙〔《（石埭）縣志》作“端平”〕三年元兵薄城戰死，贈顯謨閣待制、銀青光禄大夫，謚“恭愍”。事迹具《宋史·忠義傳》。集五十卷，《江南通志》及道光、光緒《（安徽）通志》皆著録，《（石埭）縣志》稱其毀於兵。

李孟達集一卷

[宋] 李兼撰。兼字孟達，自號“雪巖”，宣城人。孝先曾孫。官宗正丞，知台州卒。是集一卷，見陳振孫《（直齋）書録解題》、馬端臨《文獻通考》。《江南通志》及道光、光緒《（安徽）通志》皆著録。光緒《（安徽）通志·宦績傳》作“《雪巖集》”。兼與吴柔勝交，博學工詩。陸游謂其淵源二祖而能不愧（李孝先集序）。楊萬里亦謂其有推官句法。“二祖”謂唐李咸用及孝先、“推官”亦謂咸用也。《宛雅初編》録一首。

洺水集三十卷

［宋］程珌撰。珌字懷古，休寧人。以先世居洺州，自號“洺水遺民”。紹熙四年進士，累官端明殿學士致仕。淳祐二年卒，年七十九，贈特進少師。事迹具《宋史》本傳。文集本六十卷，又《内制類稿》十卷，《外制類稿》二十卷，皆曾孫景山輯刻。元季毁於兵，明嘉靖三十四年族裔曰霖、曰霄以家藏六十卷本殘缺失次，與應元、以善、日升、夢龍等重定爲二十六卷，表疏按歷官年月，余文各以類從，附轉官制詔及狀傳，其内外制僅程敏政《新安文獻志》所載七篇别附卷首，冠以珌自序及裔孫元昺序。崇禎二年裔孫雲遠重編爲三十卷，即清《四庫（全書）》著録本。珌十歲咏冰云：“白日黄流漲渭城，三更風緊盡成冰。莫言此物渾無用，曾向滹沱渡漢兵。”識者奇之。其撰《岳鄂王改謚制》云：“爰易嘉稱用、彰實美，鄙奸夫之遺臭，不崇朝而肉寒，偉烈士之英風，將千秋而髮豎，遺廟峨峨，雖或游神於古鄂英靈凛凛，豈能忘意於中原?”[①]措詞尤爲得體也。道光、光緒《（安徽）通志》皆著録，《江南通志》作“十六卷”，誤。

翠微南徵録十一卷附雜記一卷

［宋］華嶽撰，［清］郎遂編。嶽（字子西，號“翠微”，貴池人。武學生，開禧元年上書請去韓侂胄，貶建寧。侂胄誅，放還復入武學，登嘉定武科第一，爲殿前司官屬，以謀去史彌遠，杖死。事迹具《宋史》本傳）有《翠微北徵録》，已著録。是集乃竄建寧時作，明嘉靖間有王崇志刻本，而世罕見。清康熙二十八年黄虞稷從史館抄出，以貽遂。遂編詩爲十卷，首五古、次七古、次五律各一卷，次七律四卷、次七絶二卷，次五言排律一卷，而以《上寧宗書》[②]爲卷首，并移原本卷尾《宋史》本傳於前，次以劉廷鑾《里宅記》[③]、吴非《書畫記》[④]、元楊載詩、明佘翹論，凡一卷，雜記一卷，則遂所輯也。前有自序及吴非序，并例目、凡例，後題辛未爲康熙三十年，意即刻於其時。《四庫（全書）》著録。光緒十五年縣人用郎本排印，内卷三脱第四葉，又佚《丹青閣》七律一首。二十四年劉世珩據文淵閣本互勘脱葉、佚詩俱在，惟卷六以下與排印本叙次不同，卷六、卷七七律與卷五重出四首（《皤

---

① 據宋程珌《程端明公洺水集》卷一（明崇禎元年程志遠刻本）題爲:《太師鄂王岳飛改謚忠穆制》。文爲:“爰易嘉稱用、彰實美,鄙奸夫之遺臭,不崇朝而肉寒,偉烈士之英風,將千秋而髮豎,果孰得而孰失,抑可勸而可懲! 今有名孫久司兵饟,得非忠義之報,足驗天人之符,噫! 遺廟峨峨,雖或游神於古鄂英靈凛凛,豈能忘意於中原?”

② 據宋華嶽《翠微南征録》卷一（清影宋鈔本）題爲:《開禧元年四月二十七日上皇帝書》。又據清莊仲方《南宋文範》卷二十四（清光緒十四年江蘇書局刻本）題爲:《上寧宗皇帝諫北伐書》。

③ 據清刘世珩《貴池先哲遺書》（民國九年貴池劉氏唐石簃刻本）題爲:《華狀元里宅記》。

④ 據《（光緒）安徽通志》卷三百四十一《藝文志》（清光緒四年刻本）題爲:《池州書畫記》。

溪先生托廨大中僧舍名曰斗齋次題壁韵》①《謝仵判院惠米》《除夜大雪》《囚中記貧》），二十六年世珩依閣本重刻而去其重出者，并爲之跋。據凡例稱原本五七古相雜，且七古先五古，七律先五律，排律又先律詩，悉以次訂正云云。然郎本五古之《富沙道中述懷》一首乃仄韵，五律《苦蝨》一首乃仄韵，五絶七古之《月巖》一首乃拗體，七律編次亦未盡審。又劉跂稱《四庫（全書）》本作十一卷，疑詩本十卷添雜記爲十一卷云云。案：《四庫（總目）提要》明云第一卷《上皇帝書》，餘詩十卷，似所謂十一卷者，雜記不在其内。嶽以忠節著，詩骯髒②不平，略無忌諱，然聲調豪放，格律高舉，亦可想其丰采嶽嶽，秉正嫉邪之概焉。道光、光緒《（安徽）通志》皆著録，《江南通志》入“史部”。

西園康範詩集一卷附録外集一卷康範實録一卷續録一卷

[宋]汪晫撰。晫（字處微，績溪人。三領鄉薦，授文學。開禧三年待舉闕下，以兵事歸，遂不求仕。真德秀擬薦未果，紹定間袁甫將薦於朝，復力止之，年七十六卒，縣令李遇謚曰“康範先生”，咸淳末贈通直郎。事迹具《縣志》）有《曾子子思全書》，已著録。是集一卷，有元至元戊寅（後至元四年）孫夢斗跋，至正己丑（九年）張純仁序，又明弘治乙丑（十八年）瀼川章瑞序、嘉靖辛丑（二十年）裔孫茂槐序、裔孫珪跋，《外集》載當時唱酬之詩，及朱允升所撰詮次，發明傷寒書序，又明人所作書後序記。《（康範）實録》載行狀、墓碣、誄詞、祭文及曾子子思全書諸序，《續録》則夢斗進《曾子子思全書表》及《褒贈通直指揮》二篇。清《四庫（全書）》著録即此本。據夢斗跋，晫《雜著》二十篇，《靜觀常語》三十餘卷，亡於兵火，惟詩詞共七十首草本僅存，又張純仁序稱述作不盡傳，此幸存未泯者，五世孫疇徵予文鋟板云云。是其集刻於元末，而重刻則在明中葉也。道光《（安徽）通志》著録同。光緒《（安徽）通志》既録《康範集》，又録《環谷集》，無卷數。考“環谷”爲績溪縣南五里山名，晫蓋嘗廬此。又考道光七年晫裔孫澤輯《登原題咏略》載《環谷集》正作一卷，卷數與此相同，集名雖不同，實即一書。至《（徽州）府志》《（績溪）縣志》本傳，皆作《環谷存稿》，與光緒《（安徽）通志》小異，殆非有二。晫從休寧汪文振學，又與蘇轍游。其學以孔孟爲宗，詩詞似其餘事。純仁謂其典雅和平，無晚宋氣習，曠達恒依乎理，未嘗墮晋人之弊云。《縣志》録詩二首、朱彝尊《詞綜》録詞一首。

---

① 據宋華嶽《翠微南徵録》卷六（清影宋鈔本）題爲：《鬥齋——磻溪先生托廨大中僧室有齋名鬥示詩次韵》。

② 骯髒：音 kǎng zǎng，高亢剛直的樣子。元元好問《古意》詩：“梗楠千歲姿，骯髒空谷中。”

劉證甫詩文二十卷

[宋] 劉伯證撰。伯證字證甫，歙縣人。真德秀、魏了翁相繼論薦不就。事迹具《縣志》。是集二十卷，有德秀、了翁序。《江南通志》及道光、光緒《（安徽）通志》皆著録。《（徽州）府志》作"劉伯諶"。案：伯諶乃伯證之兄，形近誤也。

麟坡集

[宋] 吳山撰。山字鎮國，休寧人。嘉定元年以薦官宣州通判。事迹具康熙《府志》。光緒《（安徽）通志》著録，無卷數。

竹坡類稿

[宋] 吕午撰。午字伯可，歙縣人。嘉定四年進士，官至中奉大夫，贈華文閣學士，通奉大夫。事迹具《宋史》本傳。道光、光緒《（安徽）通志》皆著録，無卷數。清厲鶚《宋詩紀事》録其詩。

退庵遺集二卷

[宋] 吳淵撰。淵字道父，號"退庵"，宣州寧國人。秘閣修撰柔勝第三子。嘉定七年進士，累官參知政事，封金陵公，卒贈少師，諡"莊敏"。事迹具《宋史》本傳。是集二卷，乃明末宣城梅鼎祚編并序，十二世孫伯與刻。清倪燦《補宋史·藝文志》[①]著録。厲鶚《宋詩紀事》録一詩、一聯，《宛雅三編》録一首。《江南通志》及道光、光緒《（安徽）通志》皆著録，無卷數。

履齋遺集四卷

[宋] 吳潛撰。潛字毅夫，號"履齋"，宣州寧國人。秘閣修撰，柔勝第四子。嘉定十年進士第一，官至左丞相，封許國公，謫化州團練使，安置循州卒。德祐元年復官贈少師。事迹具《宋史》本傳。原集久佚，是集詩一卷、詩餘一卷、雜文二卷，乃明末宣城梅鼎祚所輯，十二世孫伯敬刻。清《四庫（全書）》著録。《宛雅初編》録詩四首，道光、光緒《（安徽）通志》皆著録，《江南通志》有《鴉塗集》。

方壺存稿八卷

[宋] 汪莘撰。莘字叔耕，自號"方壺居士"，休寧人。嘉定間布衣。事迹具《縣志》。集本自編，初名"柳塘"，同時徐誼帥江東嘗牒縣録取，至明已多不存，裔

---

① 《補宋史·藝文志》，當誤，應爲《宋史·藝文志補》。

孫璨尚和顯應（一本顯應作"學海"，或作"孝海"）等重輯爲八卷，卷一書、辨、序、説、頌，卷二賦、歌行，卷三至卷七古今體詩，卷八詩餘，附録李以申撰行狀及朱熹、徐誼、真德秀三書，并載端平乙未（二年）洺水程珌、咸淳重光叶洽（七年）山陰孫嶸叟、浚儀王應麟三序、嘉定戊辰（元年）閩風劉次皋跋。書與序跋皆以手迹摹刻，前有張應元序，後有休寧汪循跋，蓋即循所訂。又萬曆重刻本，增入《税科提舉邵公行狀》一篇，又淳熙壬申（案：淳熙無壬申，二字必有一誤）華陽宇文十朋跋，乙丑改元（開禧元年）鄞史唐卿跋。清《四庫（全書）》著録即重刻本。嘉定間下詔求言，莘三上封事①論天變、人事、民窮，吏弊不報，楊簡、真德秀見其書，謂真愛君憂國之言，然嶸叟序作於咸淳七年，已謂三疏不可見，知所佚已多。瞿鏞《鐵琴銅劍樓書目》作九卷，蓋并附録計之，據其所言亦即八卷本也。道光、光緒《（安徽）通志》皆著録，《江南通志》作"《柳塘集》"。

宮詞集句一卷

[宋] 胡偉撰。偉字元邁，績溪人。舜申子。《胡氏譜》載以蔭入仕，由天台令歷江西宣撫使。厲鶚《宋詩紀事》謂爲嘉定間布衣，非也。集凡七絶百首，乃上元倪燦所得宋雕本，朱彝尊見而録副，屬胡循齋鋟木并爲之序。《宋詩紀事》僅載六首，裔孫培鞏訪全帙十餘年不得，後吳門陳碩甫假得康熙刊本，録全詩并朱序郵寄，道光十九年乃附梓舜陟集後，同治二年裔孫肇智重刻仍之。道光《（安徽）通志》著録，無卷數。

竹山遺略一卷附録一卷

[宋] 謝璡撰。璡字公玉，號"彦德"，別號"竹山"，又稱"菊窩先生"，祁門人。寶慶二年由特奏名進士，授迪功郎，歷蘄州、黃州助教，紹定二年致仕。是集僅文七篇，詩二篇，又取他文與璡有關者爲附録一卷。據《附録》璡所撰蘄州語録、日録及遺文，元至正十二年兵變散逸，至明嘉靖元年裔孫應龍撰《竹山紀略引》，内稱所爲文若干篇，蓋即指此書。十三年裔孫鎰復爲之跋，然皆未刻。清乾隆三十九年裔孫敏取應龍所爲《（竹山）紀略》，仍旁采邑乘、宗譜、碑記等文彙成一編，顔曰《竹山遺略》并爲之記，裔孫正儀刻，有乾隆四十四年同縣吳書升序、族裔文濤跋。五十三年水災鋟板漂没，原稿亦佚，僅裔孫汝琦有抄本，其子維甸重加校訂，去原刊附録中之郡邑乘、儒林傳、墳墓志，并《重建東山書院》《重建文公祠碑記》及引文、贈詩而采家譜之墓表後跋，裔孫復《西山類稿》之省墓、祭墓詩及《紫陽

---

① 封事：密封的奏章。古時臣下上書奏事，防有泄漏，用皂囊封緘，故稱。

志》①《學繫録》②諸書入之并爲之跋，道光十七年刻，有桂超萬、饒世恩序，此則同治十三年重刊本也。璀游朱熹之門，講性命之旨。是集雖掇拾之餘，然是宋人集要，可貴也！

訥齋文集

[宋] 程元鳳撰。元鳳字申甫，歙縣人。紹定二年進士。官至少保觀文殿大學士致仕，咸淳五年卒，贈少師，謚"文清"。事迹具《宋史》本傳。《江南通志》及道光、光緒《（安徽）通志》皆作詩集，此據本傳及《（徽州）府（志）》《（歙）縣志》。又清厲鶚《宋詩紀事》録《明堂大禮慶成》一首、《升祔高宗禮成》③三首，或元鳳別有詩集也。

秋崖小稿八十三卷

[宋] 方嶽撰。嶽字巨山，號"秋崖"，祁門人。紹定五年進士，官終知袁州，以忤丁大全被劾罷，年六十四卒。清《四庫書目》作"歙人"，案：《嶽文集》卷十九《與繆路鈐》云："某家新安萬山之底。"卷三十七《秀錦樓賦序》云："汪侯守歙之明年，作'秀錦樓'，使其民方嶽賦之。"卷三十八《徽州平糶倉記》尾署郡人方某記，卷三十九《徽州重建慶豐橋記》云："新安郡浮橋成，太守魏侯使其民方嶽記之。"又《在庵記》尾署新安方嶽書，卷四十《滕和叔尚書大意序》云："吾州以經名者多矣！至溪齋先生與其弟，學者謂之新安兩滕。"④卷四十三《王周卿注鶴山詩》《李氏唐告》《郭氏種德庵記》《忠烈劉公遺事》凡四篇尾皆署歙方某，又《跋桐嶺書院本末》⑤尾署新安方某，又詩集卷十二《泊歙浦》云："此路難爲別，丹楓似去年。"卷十三《入歙》云："野竹吾鄉路，逢人似故知。"又云："山邀到歙詩。"下即接《到家》詩，卷二十四《送韓寺丞守新安》⑥云："君家集有陸參序，老筆夸張歙大州。"又云："沃沃桑麻山雨外，歸與呡亦買贏牛。"又云："吾州可但佳山水，薰沐詩書自不同。牧守曾留今相國，郡人況有我文公。"卷二十六《題東塘晦翁亭》⑦

① 據《（光緒）重修安徽通志》卷三百三十九《藝文志》（清光緒四年刻本）題爲：《紫陽書院志》。

② 據《（光緒）重修安徽通志》卷三百三十八《藝文志》（清光緒四年刻本）題爲：《新安學繫録》。

③ 據清厲鶚《宋詩紀事》卷八十四（清乾隆十　年樊榭山房刻本）題爲：《寶祐五年史院修高孝光寧四朝國史成上進九月明堂升祔高宗禮成進詩三章稱賀》。

④ 據宋方嶽《秋崖先生小稿》文集卷四十（明嘉靖五年方謙刻本）文爲："吾州以經名家者多矣！書爲最以書名家者，加多矣！滕爲最書自程文昌、王大監皆有所論著，天下所謂程泰之禹貢圖志、王晦叔尚書小傳者也。至溪齋先生與其弟合淝令君同登晦翁之門，學者謂之新安兩滕。"

⑤ 據宋方嶽《秋崖先生小稿》文集卷四十三（明嘉靖五年方謙刻本）題爲：《跋許兄桐嶺書院本末》。

⑥ 據宋方嶽《秋崖先生小稿》詩集卷二十四（明嘉靖五年方謙刻本）題爲：《送寺丞韓君守新安》。

⑦ 據宋方嶽《秋崖先生小稿》詩集卷二十六（明嘉靖五年方謙刻本）題爲：《寄題朱塘晦翁亭》。

云：“吾州斷雲邊，山水則大好，不知幾何年，有一晦翁老。”似嶽爲歙人，又文集卷十九《與吳運使》云：“鄉郡陳教曰夢高，往年尉祁門與之交，甚稔。”卷二十四《回吳丞》云：“某惟祁在萬山底。”卷三十三《工部草堂上梁》云：“東朝暮，祁山望，眼中繭，窩上梁。”①云東祁山橫展玉屏風，卷三十八《野堂記》云：“祁雖在萬山間。”“工部草堂”及“野堂”，嶽所居，“繭窩”，嶽自營葬處也。卷四十五《徐公墓志》②云：“始予耕祁下。”又詩集卷三十四《題祁門嶽王廟》云：“皇畀予邑於祁間，聞王有像北山岡。”又似嶽爲祁門人。予意祁歙同屬徽州，稱歙或新安者，舉其郡其居，固在祁也，故依舊志作祁門人。嶽集有二本，一爲《秋崖新稿》，凡三十一卷，乃宋寶祐五年所刊，一爲《秋崖小稿》，凡文四十五卷，詩三十八卷（案：三十八卷內有詞四卷），文首表、次奏狀、次奏札、次制誥、次啓、次書、次簡、次樂語、次上梁文、次雜文、次榜、次祝文、次賦、次記、次序、次銘、次贊、次箴、次題跋、次祭文、次墓志銘，都六百六十七首，詩首五絕、次六絕、次七絕、次五律、次七律、次五古、次七古、次詞，都一千三百六十一首（內詞七十五首），前有明嘉靖六年李訊序，嘉靖五年裔孫謙序及洪焱祖撰傳。據李序，是集一刻於開化，再刻於建陽。嶽之後咸淳進士曰貢孫、寶祐進士曰石（案：本集石，乃嶽孫）者，又翻刻於竹溪書院（案：方謙序稱勝國時，竹溪書院有刻本，勝國謂元也。則翻刻當在元初，開化、建陽二刻當在宋末）。元季板佚於兵，明高廟求遺書，有司搜以進，此稿遂泯，弘治中程敏政自中秘錄出十二卷，授嶽九世孫舜舉。嗣淵之知蘄州得五卷，舜明訓導江右得十卷，舜中教授江浙得十卷，舜文家藏三十卷，舜玉客吳下得十五卷，嘉靖四年十世孫廷孚等取前後所得，參考互訂、補闕、正訛而成是編。惟文集卷四十四之《祭嶽武穆文》即詩集卷三十四之題《祁門嶽王廟》七古，又詩集卷二十六之《徐仁伯挽詩》③，卷二十九之《新晴》，均五言排律而入五古，卷三十一《送徐太博守莆中》，卷三十三之《效演雅》均七言排律而入七古，又以近體次古體前，編次蓋未盡善。又據瞿鏞《鐵琴銅劍樓書目》稱宋刻卷六《牡丹多不開花》題有二首，嘉靖本遺第二首，其詩云：“韶風萬玉照吾廬，昨歲駢頭今并疏。自是愛花心不足，何知物物有乘除。”卷十九《山行》題本十首，嘉靖本僅七首，其八云：“高卧只消雲半閑，隨緣栽果與猿攀。不將此手遮西日，安用吾文移北山。雙燕來時春晻靄，一牛耕處月寬閑。溪居已息機心久，莫遣驚鷗去不還。”其九云：“亦笑吾身立兩間，古人轍迹渺难攀。斯文在昔豹窺管，吾力不量蚊負山。有識共知方寸好，

---

①　據《秋崖集》卷三十四《上梁文雜文》（清文淵閣四庫全書補配清文津閣四庫全書本）文爲：“東朝暮，祈山望，眼中霜，韭雪菘。”

②　據宋方嶽《秋崖先生小稿》文集卷三十三（明嘉靖五年方謙刻本）文爲：《朝奉大夫知道州徐公墓志銘》。

③　據宋方嶽《秋崖先生小稿》文集卷四十五（明嘉靖五年方謙刻本）題爲：《徐仁伯侍郎挽詩》。

無才偏得幾多閑。一春大欠渠詩在，準擬晴時到處還。"其十云："老子浮沉田里間，犢車轔轔許野人攀。飲中仙去東西玉，行處人傳大小山。天且莫教三月盡，我今無負一生閑。春寒正愜牛衣暖，富貴從渠畫錦還。"又文集第四十四卷末宋本多《祭費宰》一首，其辭云："土山焦兮金石流，赫炎曦兮燉予輈。公之來兮山幽幽，梧桐凋兮楊柳黃。星闌干兮澹不芒，公之去兮山茫茫。仕何樂兮忽今古，以輀歸兮秋月苦，君之別兮萬山阻"，是其本亦未爲完備。姚鼐嘗以寶祐、嘉靖兩本互校，嘉靖本固多於寶祐本，然亦有寶祐本所有而嘉靖本所無者，詩文各數十首，統編爲一集，定爲八十三卷。四庫館又就鼐所編增入別本所多書札六首，勒爲四十卷，是爲四庫著錄本，今未得見。光緒二十一年知祁門縣清江黃澍芬得嘉靖本，又從其裔得原刊板爲補刻闕葉，後有澍芬跋，今據以著錄。丁丙《善本書室藏書志》載邵懿辰稱嶽詩有逸氣，清韵如嚼冰雪，又謂嶽爲趙葵作書白其兄范，乃屈於主人之命，而以鼐論爲近苛，當時纂修諸人蓋皆不免此失也。道光、光緒《（安徽）通志》皆作四十卷，《江南通志》無卷數。

吟嘯集

[宋] 趙戣撰。戣字成德，休寧人。試南宮不利，遂隱居。事迹具《縣志》。光緒《（安徽）通志》著錄，無卷數。《府志》作"《雲屋集》"，案：《雲屋集》乃戣從子彌忠著，《（徽州）府志》誤也。戣以詩文自娛，程珌、呂午、方嶽、劉克莊皆重之。

山泉類稿四十三卷

[宋] 汪儀鳳撰。儀鳳字祥甫，歙縣人。兩中江東漕試 [靳①修《（歙）縣志》列於嘉熙元年]，又連中浙漕，漕使淮闈，累奏遺逸，賜文學出身，歷官淮東制置大使，司幹辦公事。咸淳初議以史館處之，謝不顧，以通直郎致仕。事迹具《縣志》。是集四十三卷，《江南通志》及道光、光緒《（安徽）通志》皆著錄。儀鳳六歲能文，師吳自牧、程元鳳，晚築山泉亭，人稱"山泉先生"。

月華山人集二十四卷

[宋] 章汝鈞撰。汝鈞字和叔，自號"月華山人"，建平人。淳祐元年進士，官至秘書郎兼莊文太子教授，卒於官。事迹具《廣德州志》。集二十四卷，《江南通志》及道光、光緒《（安徽）通志》皆著錄。

---

① 靳：即"靳治荊"，清漢軍鑲黃旗人，字熊封，號書樵。歷任安徽歙縣知縣、江西吉安知府。

艮山集

[宋] 孫嵩撰。嵩字元京，休寧人。以薦入太學，宋亡歸隱海寧山中，自號"艮山"，示不復仕。《府志》列於元人，誤也。清道光、光緒《（安徽）通志》皆著錄，無卷數。嵩杜門賦咏，凄斷淪絕，以寄其無涯之悲。婺源許月卿、江愷、汪炎昶俱從之游。其詩悲壯激烈，方回得而嘆曰：持此以見朱文公可無愧矣！厲鶚録入《宋詩紀事》。

爽山集

[宋] 孫巖撰。巖字次皋，號"爽山"，休寧人。嵩弟。清道光、光緒《（安徽）通志》皆著錄，無卷數。巖嘗袖詩訪方回於武林，回爲之序稱其清勁苦淡，如其爲人。厲鶚録入《宋詩紀事》。

先天集十卷附錄二卷

[宋] 許月卿撰。月卿（字太空，更字宋士，晚號"山屋"。小名千里駒，字曰駒父，婺源人。以軍功補校尉，理宗時換文資就舉，以易冠亞選。淳祐四年登第，官至承直郎幹辦浙西宣撫司公事。事迹具《縣志》）有《百官箴》，已著錄。集凡十卷，裔孫亮校正、熙類編，前有嘉靖十三年南京禮部尚書湛若水序，蓋即刻於其時。附錄二卷，則行狀、公牒、府縣志、鄉賢錄諸文也。清《四庫（全書）》錄月卿《百官箴》，而無是集，阮元亦不進呈，僅屬鶚《宋詩紀事》列其名，吳之振《宋詩鈔》錄其詩。月卿師董夢程、魏了翁，聞六經之要，廷對專攻史嵩之。時徐元杰攻史，史陰殺之，乃率三學生伏闕訟冤，又數上書斥丁大全、賈似道奸邪。宋亡衰服深居，三年不言，門人江愷叩其故，書"范粲寢所乘車[①]"事付之。又二年卒，年七十。謝枋得嘗自書其門曰："要知今日謝枋得，便是當年許月卿。"可想見其人矣！道光、光緒《（安徽）通志》皆作"《山屋集》"，無卷數。

古逸民先生集三卷

[宋] 汪炎昶撰。炎昶字懋遠，自號"古逸民"，學者稱"古逸先生"，婺源人。不仕，卒年七十八。門人趙汸撰《行狀》及黃虞稷《千頃堂書目》皆載炎昶集五卷。此本詩文各一卷、附錄一卷，蓋係後人所輯。清嘉慶時錢塘姚瑚得之，親串亂帙中，歙鮑廷博首借抄，好事者因爭傳錄，杭城遂有數本，廷博又以抄本贈黃丕烈并各爲

---

① 晋人范粲（202—285），因舊主曹芳被司馬師廢黜，爲表其對魏之忠心，除以白衣送別曹芳之外，寢於所乘車中，足不踐地，三十六年未發一言。許月卿借此典故以表示對宋的忠心。

之跋，阮元録入《四庫未收書目》并《擘經室外集》。炎昶幼能詩，《次新竹韵》云："待成竿後節方見，自作筍時心已虛。"既從孫嵩、江愷游。文奇而有法，詩微婉遒勁，亦時悲壯激烈，方回、虞集見之皆極稱嘆！宋濂撰《墓志》亦推重焉。五卷之本，藏書家未有蓄之者，程敏政《新安文獻志》録炎昶詩文僅數篇。此雖非當時原本，要爲罕覯之秘籍矣！道光、光緒《（安徽）通志》皆著録。

煙水集

［宋］程炎［光緒《（安徽）通志·隱逸傳》作"程炎子"，誤］撰。炎字子充，涇縣人。淳祐六年漕貢。事迹具《縣志》。光緒《（安徽）通志》著録，無卷數。炎隱琴高臺，文天祥守宣州嘗過之，名其樓曰"森翠"，蓋取唐人"峻嶺森翠微"之句云。

蘭畹斐作 圖南課

［宋］夏達才撰。達才字行可，休寧人。《縣志·文苑傳》載達才丙午（案：丙午爲淳祐六年）中浙省第一，明年丁未上春官不利歸。《選舉志》又載夏行可，淳祐七年丁未張淵微榜進士，而注云別院省元，一書自相乖刺，殊不可解。光緒《（安徽）通志》著録，無卷數。達才師宋士嘉、曹提幹，以聖賢之學爲本。趙彌忠、趙象元、吳瑛、吳瓊皆出其門。

放翁集

［宋］夏弘毅撰。弘毅，休寧人。達才子也。光緒《（安徽）通志》著録，無卷數。

南牕詩集二卷

［宋］程洙撰。洙，休寧人。珌從弟。淳祐十年進士，歷貴池、上元主簿，德祐元年元兵入建康，自縊死。事迹具《縣志》。《江南通志》著録，無卷數，道光《（安徽）通志》作"《南窗稿》"，亦無卷數，此據《府志》及光緒《（安徽）通志》。洙好吟咏，忠義之氣悉形於詩。清厲鶚録入《宋詩紀事》。

山窗集

［宋］程元嶽撰。元嶽字遠甫，歙縣人。元鳳從弟。寶祐元年進士，歷武學博士侍御史，以集英殿修撰知太平州，未任卒。事迹見《宋史·度宗本紀》及《縣志》。《江南通志》及道光、光緒《（安徽）通志》皆作"《山莊集》"，無卷數，此據

《縣志》著録。元嶽嘗上疏極言時事，又上言帝王致壽之道在修德，修德之目有三：曰清心、曰寡欲、曰崇儉，上嘉納之。

寶章閣遺稿三十二卷

[宋] 梅應發撰。應發字定夫，廣德軍人。寶祐元年進士，官至中奉大夫，直寶章閣致仕。元初召起，以疾辭，卒年七十八。事迹具《州志》。集三十二卷，道光、光緒《（安徽）通志》皆著録，《江南通志》無卷數。

烏衣集二卷　圻南集二卷　曉山吟稿一卷

[宋] 陸夢發撰。夢發字太初，歙縣人。寶祐四年進士，官至太府寺丞，以簿録蔡御診貲産與賊戰，歿於水，方回爲表墓。事迹具《府（志）》《縣志》。《江南通志》及道光、光緒《（安徽）通志》皆著録，無卷數，此據《府志》。

容齋雜著十卷

[宋] 唐廷瑞撰。廷瑞字君祥，號“容齋”，歙縣人。寶祐四年進士，授福州文學，轉遂安簿、知郡錢可則參政，馬光祖辟入幕，授儒林郎銅陵丞，未赴終於家。事迹具《縣志》。是集十卷，《江南通志》及道光、光緒《（安徽）通志》皆著録。

北游集一卷

[宋] 汪夢斗撰。夢斗字以南，號“杏山”，績溪人。晫孫。景定二年江東漕貢進士（據夢斗進《曾子子思子全書表》）授承節郎江東司制幹官，咸淳初遷史館編校，入元以尚書謝昌言薦，特召赴京授徽州路學教授，卒不受官放還。乾隆《縣志》載夢斗入元以薦爲將仕郎，似夢斗曾受元官者，不知何據。是集都百十五篇，乃北游紀行之作，末附《杏山撫稿》數條，則後人所集夢斗講學語也。道光《（安徽）通志》著録。據乾隆《縣志》，集爲來孫湛刻，有同縣侍御章端序，稱其辭華耽寂，浮雲富貴，又稱其微婉以諷事，悲鳴以泄不平，蓋即指其不受官。言又夢斗《羈燕賦歸》[①]云：“不死雖然如管仲，有生終是愧淵明。”《見謝尚書》[②]云：“執志只期東海死，傷心老作北朝臣。”又云：“正須自愛不貲身。”亦可證其無受元官之事也。舊本與其祖晫《康範詩集》合題曰《西園遺稿》，今分著於録。

---

① 據宋汪夢斗《北游詩集》（民國九年南城李氏宜秋館刻宋人集本）題爲：《羈燕四十餘日歸興殊切口占賦歸八首》。

② 據宋汪夢斗《北游詩集》（民國九年南城李氏宜秋館刻宋人集本）題爲：《見禮部尚書謝公昌言號敬齋蜀省魁》。

雲間集

［宋］汪夢斗撰。光緒《（安徽）通志》著録，列元代。

古梅吟稿六卷

［宋］吴龍翰撰。龍翰字式賢，號"古梅"，歙縣人。咸淳鄉貢（靳修《縣志》列於咸淳元年甲子，案：甲子爲景定五年，咸淳元年則乙丑也）以薦授迪功郎，編校國史院實録文字，元至元十三年（即宋端宗景炎元年）鄉校請充教授，尋棄去。是集六卷，末附方嶽和百韵詩并龍翰書後。前有程元鳳序。清《四庫（全書）》著録。龍翰及見劉克莊，又師方嶽。其詩具有淵源。元鳳稱其句老意新，咀之雋永，殊非苟作。《江南通志》及道光、光緒《（安徽）通志》皆著録。

鐵崖自娛集

［宋］汪昌壽撰。昌壽字伯叙，號"鐵崖"，旌德人。咸淳元年進士，官浙西帥司主管機宜文字，杭州失遂歸，元至元中典鄉校。事迹具《縣志》。光緒《（安徽）通志》著録，無卷數。昌壽先以能賦聞，既讀《易》心會其微，爲文若不經意，然踔厲①不可躋攀。

東林叩角集

［宋］汪昌壽撰。光緒《（安徽）通志》著録，無卷數。昌壽築室曰"東林"，題其堂曰"與造物游"。

梅巖文集十卷

［宋］胡次焱撰。次焱字濟鼎，號"餘學"，又號"梅巖"，先世唐宗室，五代時育於胡氏，因冒姓胡，婺源人。咸淳四年進士，授湖口簿，以母老改貴池尉，德祐元年元兵至池州，都統制張林納降，次焱奉母亡歸，或勸之仕，賦《媒嫠問答》詩見志。元大德十年卒。事迹具元洪焱祖撰傳。詩文本未編集，明正德初族孫潚鈔於潘嵩陽、程質齋，潚子埏又鈔於程篁墩、戴翀峰、土宗植，凡賦詩、雜文八卷，附録二卷則同時往來贈答之作也。埏并撰《梅巖墓圖記》於前，屬甥潘滋校正刻之，前有正德三年胡潚序，嘉靖十年潘滋序，十八年、二十一年胡璉識語。清《四庫（全書）》著録。據潚序，次焱注四書、周易，曾梓行，纂修譜牒序、論、跋、贊藏

---

① 踔厲：雄健，奮發。明湯顯祖《與易楚衡書》："海內知游，在貴郡者，英沉踔厲，意氣皆足千秋。"

於家，并得所注唐詩、雲峰《通書》《西銘》二通，《明經書院試録》《石邱先生詩集》。又據璉識語，次焱注《朱子感興詩》，少尹葉括蒼刻之縣齋。注書詩，僉憲潘石磷刻之關中，又據本集有《贅箋唐詩絶句》，今皆不傳。丁丙《（善本書室）藏書志》載舊鈔本《梅巖文集》，乃明嘉靖間同派孫升等所刻，乞遼東巡撫潘珍爲序，雖亦有潘滋序，似當時別一刊本也。《新安文獻志》《宋詩紀事》皆録其詩，道光、光緒《（安徽）通志》皆著録。

紫巖集

[宋] 汪宗臣撰。宗臣字公輔，婺源人。咸淳四年進士，入元不仕。道光、光緒《（安徽）通志》皆著録，無卷數。清厲鶚采入《宋詩紀事》，《縣志》作"《紫氣集》"。

蘭皋集三卷

[宋] 吳錫疇撰。錫疇字元倫，自號"蘭皋子"，休寧人。廣南西路安撫使儆之從孫、處士昰之子。咸淳間南康守葉閶聘主白鹿洞書院不赴。集乃晚年自定，凡三卷，有淳祐九年吕午、寶祐二年方獄、咸淳改元程鳴鳳、咸淳七年王應麟、陸夢發、咸淳九年方回及宇文十朋、羅椅諸序跋。清《四庫（全書）》著録。錫疇研精理學，師事程若庸，詩亦刻意清新，五言如"螢光水上下，林影月高低""簞瓢自鐘鼎，風月即勳名""草色迷幽徑，禽聲出晚山""高峰明落日，危石響幽泉""人世如無夜，勞生事更繁"，七言如"輕薄楊花芳草岸，淒凉杜宇夕陽山""幽夢長隨孤月上，寸心難逐片雲通""清風千載梅花共，説着梅花定説君""燕未成家寒食雨，人如中酒落花風"諸句，尤爲吕午、方獄、方回所稱至。丁丙《（善本書室）藏書志》載《小山堂抄本》僅二卷，而舊傳佳句皆在，則卷有分，并非有二本也。道光、光緒《（安徽）通志》皆著録。

秀山集十卷

[宋] 汪若楫撰。若楫字作舟，休寧人。咸淳間紫陽書院山長，歷官宣城尹。事迹具《縣志》。道光、光緒《（安徽）通志》著録，無卷數，此據《（徽州）府志》。若楫精研理學，尤工詩。清厲鶚采入《宋詩紀事》。《（徽州）府志》以爲元人，蓋宋亡後尚存也。

九華詩集一卷

[宋] 陳巖撰。巖字清隱，號"九華山人"，青陽人。咸淳朝屢舉進士不第，入

元隱居不仕，大德三年卒。事迹具《縣志》。巖築室高陽河，遍游九華，一處紀以一詩，凡七絶二百十一首。舊版兵毀不全，至大元年同縣方時發繪山之東西圖綉梓并重梓是集，且爲之序。清《四庫（全書）》著録，則山圖已佚，至後附釋希坦詩十一首，乃後人從《池州府志》録入，以可與巖詩互證也。據丁丙《（善本書室）藏書志》，舊有縣人楊少愚詩序，亦佚。《縣志》録四首。《江南通志》、光緒《（安徽）通志》皆著録，道光《（安徽）通志》作二卷。

鳳髓集

［宋］陳巖撰。乃集杜甫詩句爲之。《江南通志》著録，無卷數。

方秋宇吟稿

［宋］方秋宇撰。秋宇，歙縣人。隱居黄山不仕。事迹具《縣志》。光緒《（安徽）通志》著録，無卷數。秋宇讀書博覽，尤長於詩，吟咏以樂其志。

西岸草堂詩集四卷

［宋］汪權經撰。權經字公衡，婺源人。藻裔孫，以上舍待補授迪功郎，親老不仕。集四卷，《江南通志》及道光、光緒《（安徽）通志》皆著録，惟以“汪”爲“王”，則誤，今據《縣志》更正。權經由浮溪遷還婺西溪，故以西岸名其堂并以名其集也。

盤隱集

［宋］程介撰。介號“盤隱”，婺源人。光緒《（安徽）通志》著録，無卷數。

古瓢詩丸一卷

［宋］江砢撰。砢字石卿，號“巢枝室主”，婺源人。事迹具《（婺源）縣志》。集一卷，有方回序。光緒《（安徽）通志》著録作“元人”，蓋據《（徽州）府志》。案：集有方回序，其人當在宋末元初，又以其號“巢枝”推之，當爲宋之遺民，今據《（婺源）縣志》改列宋代。

星巖詩集

［宋］滕琭撰。琭一名迥，字仲塞，婺源人。生於宋末，入元不仕。事迹具《縣志》。光緒《（安徽）通志》著録，無卷數。琭會朱陸之學而得其同，爲文不蹈襲古

人，自成一家。嘗命兄子舜卿求文天祥遺墨，得所書《過金陵驛》[1]詩以歸，璊日懸於堂，焚香拜泣。又拜岳飛墓，賦詩云："相對無言石翁仲，老衰無淚落秋風。"[2]《縣志》作"《星涯集》"。

嚼蠟集

[宋] 吳晦之撰。晦之字元用，寧國人。少游江淮，周覽名勝，晚隱道山，築生香亭以居。光緒《（安徽）通志》著録，無卷數。

清谷居士集一卷

不著作者姓名。據《石埭縣志》及《池州府志》，"清谷居士"不知何許人，元初隱居石埭七里之南山，有貴池唐蟄者與唱和，當路幣聘不應，蓋宋遺民也。集一卷，《江南通志》及道光、光緒《（安徽）通志》皆著録，《（石埭）縣志》録《南山謠》一首。

孝順詩一卷

[宋] 范酉新撰。酉新字孟申，別號"青山"，滁州人。仲淹後裔。據王褘是集序，知爲宋季人，又稱其嘗贊閫幕[3]，教郡庠，其他則不詳也。詩凡三十篇，明初其孫常守姑孰刻於郡齋。《江南通志》及道光、光緒《（安徽）通志》皆著録。酉新設教鄉間，患後生小子不省孝弟之道，因極言父母孕育教養之勞，與人子之所以爲孝，其親者用以垂訓。王褘稱其情切理明，義正實備，質而不俚，詳而不紊，使人孝弟之心油然而生，誠有補於世教云。

擊壤集

[宋] 王繼撰。繼字道承，號"述齋"，蕪湖人。《縣志》不詳時代，而次其傳韋許後，又次其集張孝祥後，則南宋人也。光緒《（安徽）通志》著録作"明人"，誤。繼盧縣南孤山之陽，殫究經史，足迹不入城市。其詩皆口占而成，故以"擊壤"名。

---

① 文天祥題名《金陵驛》的詩有兩首，見宋文天祥《文山先生全集》卷之十四別集，四部叢刊景明刻本。

② 據明程敏政《新安文獻志》卷八十八（明弘治十年祁司員刻本）文爲："過西湖拜嶽將軍墓，賦詩以伸其鬱，有'相對含悲石翁仲，老衰無淚落秋風'之句，其忠義，蓋天性也。"

③ 閫幕：古代將帥的府署。宋周密《癸辛雜識續集·羅椅》："未幾，師憲移維揚，月山仍參閫幕。"

安徽通志稿·藝文考

集部六　別集類五

嬰寧集二卷

[金]劉瞻撰。瞻字嵒老，自號"嬰寧居士"，亳州人。天德三年南選舉人，官史館編修。事迹具《（亳）州志》光緒《（安徽）通志》著録，無卷數。此據《（亳）州志》"嬰"一作"攖"。

雲峰文集十卷

[元]胡炳文撰。炳文（字仲虎，號"雲峰"，婺源人。歷道一書院、明經書院山長，調蘭溪州學正不赴，事迹具《元史》本傳）有《周易本義通釋》，已著録。是集本二十卷，兵燹散逸，明成化中七世孫用光及其子溍先後搜得凡百篇爲前編，又輯本傳、行實及序、記、碑、贊有關者爲後編，縣人汪舜民復取新安文集及周子建抄本爲之校正，并更其舊，編類分之，弘治初知縣東萊藍章刻，有莆田陳音、海陵儲巏及舜民序，旋毀於火。正德間溍子璉復訪得六十餘篇，都爲百五十余篇，知府何歆、知縣羅綰重刻并摹遺象、墓圖於首，有林瀚、汪循序，何歆書後及溍後序。清道光間族孫成浚得此集於海陽吳玉圃，十一年族孫積城重刻，凡八卷，首書、次論、次記、次序、次題跋（内《題汪松坡上梁文》，有目無文）、次字説、次碑、次墓志、次傳、次上梁文、次啓（内《酬仁靜招書社啓》《請開學啓》二首，無目有文）、次箴、次銘、次賦、次辭、次詩、次詩餘，都百五十九篇，其九、十兩卷，則附録也。惟錢塘丁丙《善本書室藏書志》卷三十三載是集正德刊本，爲掌祠生奉祀生員愈裔孫縣學生員嘉章重輯，今是集所載正德重刊序無及愈嘉章名者，莫詳其故。又詩題《廖塢鶴煙》乃與下《朱塘鷗雨》爲對，《四庫總目》作《晚煙》，亦不知何

據。炳文生宋理宗淳祐十年，卒元順帝元統元年，年八十四。其《隨齋記》作於乙亥三月，爲宋帝顯德祐元年，即元世祖至元十二年。記有云夜漏下未二三刻，胥徒叫囂禁燈戢行，甚嚴！予不復課夜讀，隨時客問天下事，予咄咄①不敢出諸口，隨天有訹②之仕者③，大笑不答隨我。又《拜岳飛墓》詩云："有公無此日，再拜淚交頤。"④其亡國之哀，固隱然言外也。道光、光緒《（安徽）通志》皆著録。

前村吟

［元］程直方撰。直方字道大，號"前村"，婺源人。宋亡不仕。事迹具《縣志》。道光、光緒《（安徽）通志》皆著録，無卷數。直方讀書，十年不下樓，《易》《書》《詩》《春秋》皆有著述，方回亟稱其爲人。

曉窗吟稿

［元］劉光撰。光字玄輝，歙縣人。生宋季，行省差充寧國路學正不赴。事迹具《縣志》。光緒《（安徽）通志》著録，無卷數。光性恬澹，不與物競，閉門授徒五十餘年。詩學陶潛，短篇尤佳，其《問田夫》一首爲方回所稱。

雲樓野稿

［元］程樞撰。樞字伯機，婺源人。隱居不仕。《江南通志》及道光、光緒《（安徽）通志》皆著録，無卷數。《縣志》本傳作"宋人"，"雲"作"雪"，藝文又列元代，作"雲"，一書自相乖剌，今依舊通志著録。

直軒集

［元］吳浩撰。浩字義夫，號"直軒"，休寧人。錫疇子。隱居不仕。事迹具《縣志》。光緒《（安徽）通志》著録，無卷數。

黃山詩稿

［元］陳俁撰。俁字玉峰，以字行，太平人。宋寶祐四年進士，以薦官廣縣尹。卒年八十。事迹具《縣志》。《江南通志》及道光、光緒《（安徽）通志》皆著録，

---

① 咄咄：感嘆聲，驚怪聲。唐袁郊《紅線》："嵩聞之，日夜憂悶，咄咄自語，計無所出。"

② 訹：引誘，誘惑。《漢書·韓安國傳》："今大王列在諸侯，訹浮臣邪説，犯上禁，橈明法。"

③ 據元胡炳文《雲峰集》卷八（清文淵閣四庫全書本）文爲："夜漏下未二三刻，胥徒叫囂禁燈戢行，甚嚴！予不復課夜讀，日曛則扃柴門，闇坐隨時客問天下事如何？予咄咄不敢出諸口，隨天有訹之仕。"

④ 據元胡炳文《雲峰集》卷二（清文淵閣四庫全書本）題爲：《拜岳鄂王墓》。詩云："有公無此日，再拜淚交頤。大義君臣重，孤忠天地知。"

無卷數。倜通《尚書》《春秋》，嘗慨然曰陶彭澤何如人？乃爲五斗折腰，遂隱黃山不再出。

復齋集

[元] 陳宜孫撰。宜孫字行可，休寧人。宋開慶元年同進士出身，授瑞昌主簿，至元初差知本縣事，充郡庠教授，授將仕郎知開化縣，遷通州判官。事迹具《縣志》。《江南通志》及道光、光緒《（安徽）通志》皆著錄，無卷數。《縣志》作"《弗齋集》"。

野趣有聲畫二卷

[元] 楊公遠撰。公遠字叔明，歙縣人。集本一卷，下卷爲後人續輯，前有咸淳六年吳龍翰序、至元丁亥盧摯題詞，後有至元乙酉方回跋。又明嘉靖十五年汪玄錫跋云："予嘗聞冰翁云家鏤《有聲畫》，淳元時已散失，此稿予族子得之以示予，予歸之芳溪先生云云。"清《四庫（全書）》著錄。公遠與方回爲友，回疏薦固辭不仕。回跋稱其《回溪道中》一首爲《溪山村落圖》，全篇熟而不腐，新而不怪，其詩云："山東溪流窄徑迂，眼前景物入詩無。田中科斗古文字，柳下春鋤春畫圖。巨室藏茶供客販，小旗夸酒誘人沽。行行不記幾多里，回首林端日又晡[①]。"所謂一邱一壑，亦有佳致者也。道光、光緒《（安徽）通志》皆著錄。

桐江集八卷

[元] 方回撰。回（字萬里，號"虛谷"，歙縣人。宋景定三年登第，知建德府。入元爲建德路總管兼府尹，遷通議大夫）有《續古今考》，已著錄。戴表元《剡源文集》有《桐江集序》，稱其垂老守嚴多爲詩，州人爲刻其《桐江集》者六十五卷，其書不傳，清阮元《四庫未收書目》錄《桐江集》八卷，而疑即黃虞稷《千頃堂書目》所錄之《虛谷集》。丁丙《（善本書室）藏書志》載鮑廷博抄本，僅四卷，其目爲賦、爲序、爲説、爲記、爲跋、爲辨、爲評、爲書、爲表、爲露布、爲青詞、爲上梁文、爲墓銘、爲祭文、爲考，卷數雖與阮異，然文體皆備，或出未分以前原帙。又陸心源《（皕宋樓）藏書志》載舊抄本《桐江集》二十卷、補遺一卷，并載鮑廷博手跋，蓋抄自汪氏振綺堂，又借維揚秦氏石研齋所藏弘治十四年范文恭手錄本重校者，其本亦出鮑氏，而卷數多寡懸殊，莫詳其故，今姑依阮氏著錄。回學問議論一尊朱熹，集中上書如數賈似道十罪，又言似道與其客廖瑩中皆當即誅，又請罷王

---

① 晡：申時，即午後三點至五點。《資治通鑒·唐紀》"晡時，門壞。元濟於城上請罪，進城梯而下之。"

爐平章，并確有所見。至瞿鏞《鐵琴銅劍樓書目》載抄本《桐江集》亦四卷，凡賦、序、説、記、考辨、跋、書、疏、論議、墓志、事狀、祭文之類共二百一篇，内見續集者十六篇。較之丁志卷雖同，而目復異，知抄本互有出入，不能一律也。

桐江續集三十七卷

[元] 方回撰。《千頃堂書目》作五十卷，清《四庫（全書）》著録，僅詩二十九卷、文八卷，詩缺卷一、卷二、卷三、卷二十一、卷二十三、卷二十四、卷二十六、卷三十二、卷三十四、卷三十六、卷三十九、卷四十、卷四十一，共十三卷，中又頗有缺葉。又丁丙《（善本書室）藏書志》載是集總目僅四十八卷，缺後二卷，卷一、卷二爲文，卷三至卷四十二爲詩，卷四十三至卷四十八又爲文，又載全缺之卷爲卷三、卷十四、卷二十一、卷二十三、卷二十四、卷三十二、卷三十四、卷三十六、卷三十九、卷四十、卷四十一，凡十一卷，合之所缺後二卷，實存三十七卷，又卷一、卷十九、卷二十七中缺數葉，卷七缺後數葉，其本乃鮑廷博從元刻抄録者，而所缺之卷與《四庫（全書）》不無異同，殆不可解。回自序稱詩自壬午至戊子二十卷，卷百首，然據總目詩實三十卷，則二字爲三字之誤。又程敏政《新安文獻志》録回文二十九首，除九首載《桐江集》外，僅二首見是集，知回文散佚已多。道光、光緒《（安徽）通志》皆著録。回幼從叔父瑑學，詩文爲吕午、方嶽所稱，其詩雖主西江，然所作《秋晚雜書》十首及《羅壽可詩序》[1]，兼推陶潛、陳子昂、李白、韓愈、柳宗元、歐陽修、梅堯臣、蘇舜欽、蘇軾、王安石、朱熹、尤袤、楊萬里、范成大、陸游、蕭德藻、趙蕃、韓淲。《桐江集·自跋》又稱七言决不爲許渾，妄希黄（庭堅）、陳（師道）、老杜，力不逮則爲白居易、張耒，惟不取"西崑"及晚唐。戴表元亦稱其於詩無所不學，於陶、謝學其紆徐，於韓、白學其條達，於黄、陳學其沈鷙，而居常自説欲慕陸放翁，其宗旨可知。《四庫（全書）總目》據周密《癸辛雜識》，謂其卑污無人理。案：密所云居鄉騙脅[2]，既無事實，至云老而貪淫，不過以《悵惋》二詩爲逃婢周勝雪作者，然《癸辛雜識》於饒魯、王應麟且有微詞，何況於回。嘉靖《（徽州）府志》謂密或有私憤，故極詆之，遂據以論回，則過也。又有《碧（一作"璧"）流集》不傳。

水西詩集

[元] 倪水西撰。水西，涇縣人。以薦官本路教授。事迹具《（涇縣）縣志》。集爲涿州盧摯編并序，今不傳。道光、光緒《（安徽）通志》皆著録，無卷數。水

---

① 據元方回《虚谷桐江續集》卷四十八（清乾隆鈔本）題爲：《送羅壽可詩序》。

② 騙脅：欺騙威脅。

西工詩，與同縣凌希惠齊名，《青虹閣詩評》云："水西風雅之儁，如天台、雁宕雄踞東南，承流一角，不足當其顧盼。"盧摯贈詩云："建安詩骨銷磨久，留得風流扇賞溪。"明張應泰録入《涇獻遺音》。《（涇縣）縣志》録七律二首。

雲屋集

[元] 趙彌忠撰。彌忠字資敬，號"雲屋"，休寧人。戣[1]從子。廉使察舉校官不就。事迹具《（休寧）縣志》。光緒《（安徽）通志》作宋人，今依《（休寧）縣志》改列元代。方回稱其詩有朱松之體，文有羅願之風。

雙湖文集十卷

[元] 胡一桂撰。一桂（字庭芳，號"雙湖"，婺源人。方平子。宋景定五年領鄉薦。事迹具《元史》本傳）有《朱子詩傳附録纂疏》，已著録。是集十卷，清康熙間刻，有裔孫廷佐序。道光、光緒《（安徽）通志》皆未著録。一桂生而穎悟，好讀書，尤精於《易》。初饒州德興沈貴寶受《易》於董夢程，夢程又受朱熹之《易》於黃幹，而一桂之父方平及從貴寶、夢程學，著《易學啓蒙通釋》。一桂之學出於方平，得朱熹正傳。既試禮部不第，退而講學，同郡趙汸，朱升皆師之。雙湖者，以所居前有二小湖，自號"雙湖居士"，因以名集也。

書稿五卷文稿五卷韵稿五卷儷稿五卷講義四卷

[元] 曹涇撰。涇字清甫，號"弘齋"，休寧人。宋咸淳四年殿試丙科，授迪功郎、昌化縣主簿，轉修職郎，德祐元年權知縣事，至元十五年（宋祥興元年）充紫陽書院山長，十九年辭歸。事迹具《縣志》。《江南通志》及道光《（安徽）通志》皆著録。《書稿》《文稿》《韵稿》各五卷，光緒《（安徽）通志》於《書稿》《文稿》《韵稿》外又著録《講義》《儷稿》，無卷數。案：《縣志》載《講義》四卷、《儷稿》亦五卷，是《講義》《儷稿》乃二書，舊志合爲一者，誤。今依《縣志》著録。涇幼穎悟，八歲能誦五經，尤精詣朱熹之書，爲文典古有法，與方回齊名。馬端臨，其門人也。

陶陶翁文集

[元] 江囅撰。囅字天澤，晚號"陶陶翁"，婺源人。宋咸淳七年進士，歷晦庵書院山長、蘭溪主簿。事迹具《縣志》。《江南通志》及道光、光緒《（安徽）通志》

---

① 戣：音 kuí，古代戟一類的兵器。戣，周制侍臣執戣立於東，垂兵也。《説文》："從戈，癸聲。"

皆著録，無卷數。《縣志》作宋人。

秋浦集

[元] 楊少愚撰。少愚，青陽人。隱居不仕。考《縣志·選舉》，載楊仲愚至元三十年癸巳進士，以名字推之，少愚當爲兄弟行，則元初人也。《江南通志》及道光、光緒《（安徽）通志》皆著録，無卷數。少愚少好學，經史無不該貫[①]，著作甚富。《縣志》録詩一首。

養浩集二十卷

[元] 汪漢卿撰。漢卿字景良，號“菊坡”，黟縣人。宋末以祖綱蔭知貴池縣，入元官至翰林修撰，至大三年以國子監丞致仕。事迹具《縣志》。《江南通志》及道光、光緒《（安徽）通志》皆著録，無卷數，又列於祁門人，今據《黟縣志》及《（徽州）府志》更正。漢卿在翰苑十餘年，凡討論典故，衆不能識者，皆叩之。

定宇集十六卷別集一卷

[元] 陳櫟撰。櫟（字壽翁，號“定宇”，休寧人。延祐元年鄉貢，不就禮部試。元統二年卒，年八十三。事迹具《元史》本傳）有《書傳纂疏》，已著録。是集文十五卷、詩及詩餘一卷、別集一卷則附録序、記、志、狀之類，族孫嘉基刻。清《四庫（全書）》著録。櫟三歲誦《論語》《孝經》，五歲即涉獵經史，尤力崇朱熹之學。揭傒斯志墓與吳澄并稱，然汪炎昶撰行狀又稱方回、曹涇皆號文場老手，櫟與切磋，甚爲二人敬服，是亦兼致力詩文，集中《和回上南行詩十二首》[②]，回選五首附刊於集，足證炎昶之言非虛。“定宇”其所居堂名也。道光、光緒《（安徽）通志》皆著録。

菟庵文集

[元] 王儀撰。儀字仲履，婺源人。延祐元年鄉舉，授本州學正，轉池州教授。事迹具《縣志》。《江南通志》及道光、光緒《（安徽）通志》皆著録，無卷數。

汪友雲集

[元] 汪文龍撰。文龍字濟卿，自號“東山雲友”，太平人。舉茂才，歷旌德、銅陵文學掾，常州、湖州、鉛山等教諭，以臨安主簿致仕。事迹具《縣志》。《江南

---

① 該貫：博通。《續資治通鑒·元成宗大德元年》：“日與諸儒討論經、史、性理、陰陽、術數，靡不該貫。”

② 據元陳櫟《陳定宇先生文集》卷十六（清康熙陳嘉基刻本）題爲：《和方虛谷上南行十二首》。

通志》及道光、光緒《（安徽）通志》皆著録，無卷數。文龍同時如歐陽玄、虞集、揭傒斯皆贈詩推重，汪澤民至比之漢伏生。

南山詩集

［元］汪珍撰。珍字聘之。太平人。隱居黃山。事迹具《縣志》。《江南通志》及道光、光緒《（安徽）通志》皆著録，無卷數。珍博學工詩，盧摯雅重之，汪澤民尤敬其爲人，每稱“南山先生”。《元百家詩傳》稱其淵渟①雅贍，卓有古風，《宛雅初編》録二十五首。

巢燕稿 深山稿 宛陵稿

［元］汪澤民撰。澤民字叔志，自號“堪老貞逸”，宣州宣城人。延祐五年進士，官至集賢直學士，以禮部尚書致仕。至正十六年長槍賊陷城被執不屈，死年七十，贈資善大夫、江浙行中書省左丞、追封譙國郡公，謚“文節”。事迹具《元史》本傳。據宋濂撰《神道碑》，其先歙人，五季之初有道安者始遷婺源，至宋贈少傅，穀又自婺源遷德興，穀生藻，藻生愃，又自德興遷宣城，子孫遂爲宣城人。愃生修舉爲澤民高祖，史作婺源，乃其原籍也。《江南通志》及道光、光緒《（安徽）通志》皆著録《宛陵》《巢燕》二稿，而無《深山稿》，此據《縣志》增入。又據清顧嗣立《元詩選》，三稿已散亡，存者僅見《宛陵群英集》《宛雅》二書。其罵賊詩云：“江城欲破竟何爲，獨有孤臣謹自持。罵賊肯教雙膝曲，忠臣不顧一身危。”可以想見其人焉。《宛雅初編》録十七首，《旌德志》録文一首。

東湖遺稿一卷

［元］汪德鈞撰。德鈞字叔達，婺源人。事迹具《縣志》。集有宗人禮部尚書澤民序。《江南通志》、道光《（安徽）通志》皆著録，無卷數。光緒《（安徽）通志》作一卷。《縣志》本傳作宋人，《藝文》又列元代，一書自相乖刺。案：德鈞名字似與德馨兄弟行，且有澤民序，《省志》《府志》皆作元人，今從之。

菊坡集

［元］汪德馨撰。德馨字伯衛，婺源人。隱居不仕。《江南通志》及道光、光緒《（安徽）通志》皆著録，無卷數。《縣志》本傳作宋人，《藝文》又列元代，一書自相乖刺。又云與宗人禮部尚書澤民纂修族譜。案：《元史》澤民以至正十六年遇

---

① 淵渟：深靜。宋陸游《上史運使啓》：“恭惟某官英姿山立，大度淵渟。”

害，年七十，德馨既與澤民纂修族譜，則不得爲宋人明矣。《府志》《省志》皆作元人，今從之。

雲林詩集六卷附錄一卷

[元] 貢奎撰。奎字仲章，自號"雲林子"，宣城人。以薦授太常，奉禮郎兼檢討，官至集賢直學士，天曆二年卒，追封廣陵郡侯，謚"文靖"。事迹具《縣志》。奎所爲詩文曰《雲林小稿》、曰《聽雪齋紀》、曰《青山漫吟》、曰《倦游集》、曰《豫章稿》、曰《上元新稿》、曰《南州紀行》，凡百二十卷。明永樂朝徵入秘府，家無副本，遂不傳，惟宋濂所序《雲林小稿》存其曾孫蘭家，洪熙元年南京國子助教福州陳璲爲之序，附錄則天曆二年門生李黼撰行狀、馬祖常奉勅撰碑銘、臨川吳澄後跋也。弘治初裔孫欽（字元禮）復搜諸元大家集，得律詩若干篇，又附錄《天游亭記》《稽法師碑》《游長春宮詩序》三篇（《四庫（總目）提要》作二篇誤），有弘治十三年天台范吉識語，清四庫著錄即此本，惟錢塘丁丙《善本書室藏書志》載明八世孫靖國刊本，析爲十卷，卷數與此不同。貢文爲吳澄所推，惜已不傳，詩則不在虞揭下也。道光、光緒《（安徽）通志》皆作十卷。

環谷集八卷

[元] 汪克寬撰。克寬（字德輔，一字仲裕，祁門人。泰定二年鄉舉，明洪武二年徵修《元史》，不受官歸，卒年六十九。事迹具《明史·儒林傳》）有《禮經補逸》，已著錄。是集八卷，乃克寬八世孫宗豫所輯，祁門三汪集之一，卷一賦，卷二辭詩，卷三策論，卷四序，卷五記，卷六說，卷七銘、跋、贊、啓、疏，卷八碑表碣傳狀，前列像贊、行狀、年譜、疏記、墓表，末附汪澤民等序文，乃爲胡傳纂疏諸書作者，又有孫枝蔚《三汪集序》，及徐乾學《環谷集序》。徐序作於清康熙十八年，集當刻於其時，《四庫（全書）》著錄即此本。克寬師吳仲迁，而友鄭玉、汪澤民，學以朱熹爲宗，文章似其餘事，然吳國英稱其文，略不經意，渾融典雅。枝蔚謂其詩在李賀、蘇軾間，文不作晉魏後語。乾學亦稱其根極理要，貫串古今，又稱其簡質無所摹仿，識見既醇，持論復正，是其詩文，亦未嘗不工。環谷者，所居山谷環繞，學者因稱"環谷先生"，遂以名集也。道光、光緒《（安徽）通志》皆著錄。

筠軒集十三卷

[元] 唐元撰。元字長孺，號"筠軒"，歙縣人。泰定四年以文學授平江路儒學錄，歷建德路分水縣教諭、南軒書院山長，以徽州路學教授致仕卒。據朱文選行狀，

元有《敬堂雜著》《思樂雜著》《吳門雜著》《分陽雜著》《金陵雜著》《老學叢稿》幾七千篇，分爲五十卷，乃其子桂芳所輯。此爲明程敏政編，卷一至卷三五古，卷四七古，卷五五律，卷六、卷七七律，卷八五絕、六絕、七絕、四言詩，卷九序，卷十記，卷十一説、跋，卷十二辭、墓銘、銘，卷十三贊、祭文、雜文、賦，爲《唐氏三先生集》之第一種。元與洪焱祖、俞趙老號"新安三俊"。又嘗以詩謁方回，回亟賞《藝圃》三詩。杜本撰墓志稱其詩慕陶、杜、黃、陳，文入歐、曾，知尚非阿好也。

玩齋集十卷拾遺一卷附年譜一卷

［元］貢師泰撰。師泰字泰甫，別號"玩齋"，宣城人。奎季子。泰定四年進士（《縣志》本傳作天曆二年擢第，此據《選舉志》），官至戶部尚書，至正二十二年召爲秘書卿，道卒。事迹具《元史》本傳。師泰集名不一，初爲門人豫章塗穎、會稽何昇所編，曰《友迂集》，有余闕序。曰《玩齋集》，門生逎穆泰、楊綱、桂鬱、鄭貫等刻，凡詩數百篇，有至正十五年乙未門人邯鄲趙贊序。曰《玩齋文集》有金華王禕序，又至正十五年黃溍後序。曰《東軒集》有至正十八年戊戌新安程文序。又有戛戛①、閩南等集，見李國鳳序，《蟩窾集》見《縣志》，然不無亡缺，至正十九年門人上虞謝蕭、新安胡彥舉、錢塘劉中、海昌朱鑸等力加搜訪，得古賦、歌詩、論辯、書啓、記序、表狀、碑志、贊頌、雜著凡若干卷，先取詩歌三百餘篇，題曰《玩齋詩集》，蕭及桐川錢用壬、會稽楊維楨爲之序，未刻（據《鐵琴銅劍樓書目》）。鑸又撰《年譜紀年錄》，二十一年辛丑門人劉中、鄭桓復以友迂、玩齋、戛戛、東軒、閩南等集類編爲《玩齋文集》，有山東李國鳳序，明天順初寧國守會稽沈性從裔孫武欽得《玩齋稿》并《年譜》，首尾已脱落，乃博求之卷軸、碑版，合前所得友迂、東軒二集爲詩、賦、序、記、傳、説、箴、銘、贊、頌、問辯、題跋、碑銘、志表、雜著，共六百五十三首，編爲十卷，又拾遺一卷，年譜則別爲一卷，刻於天順七年，前有性序，拾遺有性跋，至嘉靖初板已漫漶，西蜀葛（一作"徐"）萬璧、李默爲言於郡丞徐君補刻之，萬璧、默并有跋，清《四庫（全書）》著錄即此本。惟據趙贊序，臨川危素亦有序，而是集無之，又無逎賢《金臺集序》、黃溍《玩齋集原序》，知殘佚已多。師泰承家學，又嘗親炙②虞集、揭傒斯，且及吳澄門，當時評其文者列之六大家之次，序其詩者謂可與虞集并觀。維楨亦謂其馳騁虞、揭、馬、宋諸公間，未知孰爲軒輊云。道光、光緒《（安徽）通志》皆著錄，又據《江南通志》著錄友迂、東軒等集，無卷數。

---

① 戛戛：音 lié jié，頭斜的樣子。比喻心胸狹隘，性情乖戾，即俗人謂胸次不坦夷、舉事拗捩以乖忤人者。

② 親炙：親承教誨。《孟子·盡心下》："非聖人而若是乎，而況於親炙之者乎？"

杏庭摘稿一卷

[元] 洪焱祖撰。焱祖字潛夫，號"杏庭"，歙縣人。官終遂昌縣主簿，天曆元年以休寧縣尹致仕卒。集爲其子在所編，有宋濂、危素二序，清《四庫（全書）》著錄。盧文弨《補元藝文志》作十卷，而注云一作五十卷，不知何據。焱祖及接方逢辰，又從方回、戴表元游，而友高郵龔璛、吳興姚式、南城李澹，師友具有淵源。危素稱其文根極理要而憂深思遠，超然游意於語言之表。杏庭者，焱祖所居有銀杏大百圍，故以爲號，因名其集云。

黟南生集三十八卷

[元] 程文撰。文字以文，號"黟南生"，婺源人。天曆中預修《經世大典》，例授儒學教授，官至禮部員外郎，晚寓杭，主貢師泰所，張士誠遣使就謁，臥不顧。事迹附《元史·陳旅傳》。集三十八卷，曾刊於西湖書院。《江南通志》、道光、光緒《（安徽）通志》皆著錄。文在南昌儒學與陳旅齊名，修大典時虞集、揭傒斯爲總裁，而文隸揭館，官御史，時與余闕爲忘年友。其文明潔精深，爲虞集所稱。

蚊雷小稿

[元] 程文撰。光緒《（安徽）通志》著錄。

土苴集

[元] 馮勉撰。勉字彦思（一作"修"），建德人。至順元年（《縣志·文苑傳》作"二年"，此據《縣志·選舉表》）進士，官韶州路推官（《縣志·文苑》作"僉判"，此據《縣志·選舉表》）。事迹具《縣志》。《江南通志》及道光、光緒《（安徽）通志》皆著錄，無卷數。勉幼有文章，應天曆二年省試，策對東南公田之弊，計口授鹽之害，極剴切。《清廟瑟賦》辭采華贍，拔第一。《縣志》又載《潔已臺記》一篇。

環翠山房集

[元] 葛聞孫撰。聞孫字景先［《縣志》、康熙《府志》、光緒《（安徽）通志》皆作"景元"，蓋以形近而誤，此據余闕撰墓表①］，合肥人。隱居巢湖，嘗爲頓文學［《縣志》、康熙《府志》、光緒《（安徽）通志》皆作"州文學"，《續修府志》作"頓州文學"，此據余闕撰墓表］，以養母歸，後以宰相薦擢翰林國史院編修官，不赴

---

① 據元余闕《青陽先生文集》卷七《墓表》（四部叢刊續編景明刻本）題爲：《葛徵君墓表》。

而教授於家。至正五年卒，年六十一。考余闕《青陽山房集》《葛徵君墓表》稱聞孫十九而孤，能自策勵，爲學天性警敏，日誦數千言，終身不忘，文章平實，稱其爲人，有文集若干卷，藏於家。康熙《府志》謂其散佚不存，惟載《同知拜公政績記》一篇，蓋已佚矣。環翠山房者，在舍旁湖水之曲，其延來學之地也。《江南通志》及道光、光緒《（安徽）通志》皆著錄，無卷數。

青陽先生文集九卷附錄二卷

[元] 余闕撰。闕字廷心，一字天心，唐兀氏，世居河西武威，以父官廬州，遂家焉。元統元年進士，累官淮南行省左丞，分守安慶，至正十八年正月陳友諒陷城自到死，年五十六，贈行省平章，封豳國公，謚"忠宣"（《程國儒集序》作謚"文忠"，進封夏國公）。事迹具《元史》本傳。據瞿鏞《鐵琴銅劍樓書目》及丁丙《（善本書室）藏書志》，是集八卷，門人淮西郭奎輯，第九卷爲維揚張毅增輯，洪武初張彥剛刻，有青城王汝玉、鄱陽程國儒、雲陽李祁、弘農許贊序。附錄二卷亦署名毅輯，則采集記傳，慨悼、追挽之作也。又正統間沅陵縣丞高誠重刻本，亦九卷，有正統十年高穀序，序後附程文《青陽山房記》一首。又繆荃孫《（藝風堂）藏書續記》載正德刻本，僅四卷，有正德辛巳（十六年）劉瑞序。又陸心源《（皕宋樓）藏書志》載嘉靖三十三年廬州守雷逵刻本，六卷，有嘉靖三十三年羅洪先序、雷逵跋、嘉靖乙卯（三十四年）陳嘉謨跋。又載明刊本，亦六卷，有附錄一卷，前有宋濂撰傳并程國儒、李祁、高穀、劉瑞諸序，似正嘉間又不止兩刊本也。清嘉慶八年廬州知府張祥雲與宋包拯《奏議》、明周璽《垂光集》合刻爲《廬陽三忠集》，僅五卷，其編次首五古，次五律、七律、五絕、七絕共一卷，都九十七首，次策、次表、次書，共一卷，次序、次記、次雜著各一卷，都六十七首，内惟《送張有恒》一首係五律，乃厠入五古中。道光末涇縣潘錫恩刻入《乾坤正氣集》，凡文五卷，其編次首序、次記各一卷，次碑銘、墓銘、墓表共一卷，次策、次書共一卷，次書後、次贊、次文、次批、次祝文、次表、次箋、次説、次題跋共一卷，與張刻異，又張刻有《廬州城隍廟記》，而潘刻無之，以上二刻均無附錄。案：《四庫（全書）》著錄僅四卷，無附錄。盧文弨《補遼金元藝文志》、錢大昕《補元史藝文志》均載闕集六卷，而附錄則二卷。道光、光緒《（安徽）通志》皆作八卷，亦無附錄。據程國儒、李祁序，皆稱郭奎所輯僅數十篇，疑編卷多寡雖不同，文固無甚出入，至集名或題"余忠宣"（嘉靖本）或題"青陽"（《四庫總目》，又盧《補遼金元藝文志》）或題"青陽山房"（錢《補元史藝文志》，又張刻本），今依丁丙著錄。元趙汸序郭奎《望雲集》云："闕尚選學，不取後來變體，尤不欲爲近體。虞集論詩取陰、何、庾、鮑，而闕與之同，所賦高雅渾厚，非齊梁作者可及，李祁亦謂其文出入經傳，援引

百家，旨趣精深，議論弘達。青陽者，其山房名，據程文記，在廬州東南六十里，巢湖之上，因山以爲名，闢讀書處也。"

桂芳家集

[元] 吕枋撰。枋字汝芳，旌德人。《縣志》載其入右庠，至元乙亥避地新安，郡守辟紫陽書院山長，又辟攝録事并不就，後任采石書院山長，秩滿卒於家。案：前後至元皆有乙亥，一爲世祖至元十二年即宋帝㬎德祐元年；一爲順帝至元元年，《縣志》但云至元乙亥，不能定其前或後也。《江南通志》及道光、光緒《（安徽）通志》皆著録，無卷數。

采江吟稿

[元] 吕枋撰。蓋任采石書院山長時作，光緒《（安徽）通志》著録，無卷數。

雲嶠集

[元] 陳柏撰。柏字新甫，號"雲嶠"，泗州人。平章孫，後至元五年官余姚州同知。道光、光緒《（安徽）通志》皆著録，無卷數。柏性豪宕，自言前身爲泗州僧人，以陳顚稱之。倪元鎮、張伯雨皆慕與之交，《輟耕録》載其《雪中騎牛拜米南宫墓》詩，云："少年不解事，買駿輕千金。何如小黄犢，踏雪空山深。小小雙牧童，吹笛穿松林。醉拜南宫墓，地下有知音"，言世上無知音也，其豪氣可想見焉。

三分稿

[元] 汪時中撰。時中字天麟，學者稱"查山先生"，祁門人。至正間辟都事不就。事迹具《縣志》。光緒《（安徽）通志》著録，無卷數。時中從蘭溪吴師道游，又與從兄克寬講學。師道受學於金履祥、許謙，其學具有淵源。《縣志》稱《三分稿》不傳，傳者惟詩二首，其《懷師道》五古云："危石坐夜永，澹然對青山。青山明月出，窈窕芙蓉顔。流光入我懷，相忘在雲端。此時有所思，所思渺河關。美人明月然，仰之不可攀。蕭條歲方晏，徘徊起長嘆。"《冬日有感》七律云："久向紅塵絶往還，閑中今古任憑闌。窗前梅瘦和煙折，門外山高帶雪看。老去只愁霜鬢染，憂來全借酒杯寬。未須眼底悲搖落，擬與青松結歲寒。"

吴克敏集五卷

[元] 吴訥撰。訥字克敏，休寧人。至正十年以鄭玉、楊維楨薦授建德路判官，兼義兵萬户，十七年拒明兵，戰敗自刭死，年二十七。事迹具《縣志》。是集五卷，

《江南通志》及道光、光緒《（安徽）通志》皆著録。《縣志》及清顧嗣立《元詩選》皆作《萬户集》，蓋稱其官也。訥負才略，學兵法、習騎射，以詩謁維楨，維楨奇之，其會軍昱關也。維楨送以文勉以張睢陽事，卒致命成仁，可謂不負舉主。今集中《破紅巾》《昱關行》《戰昱嶺關》諸詩，皆其軍中作。其自到也，又題"怪石有痕龍已去，落花無主鳥空啼"一聯於石壁，維楨謂其才勇忠義，得於天性，詩皆筆櫝①之餘，然豪邁不羈，乃與維楨相出入，不僅以人重也。

東山存稿七卷附録一卷

[元] 趙汸撰。汸（字子常，休寧人。至正間授江南行樞密院都事，明洪武二年召修《元史》，書成將授官，固辭歸，旋卒，年五十二。事迹具《明史》本傳）有《周易文詮》，已著録。是集詩詞一卷，文六卷，附録一卷，先是汸卒後門人汪蔭輯遺文爲一編，范準又搜羅補綴，汪仲魯爲之序，但稱若干卷，而不詳其數，至嘉靖間鮑志定之父棠野以汪、范所輯未備，復收摭遺文，總彙成集，潛川汪豫庵亟請綉梓，有嘉靖三十七年志定序，清康熙二十年縣人趙吉士重刻并跋，集中詩文間注本事，有似汸自注者，有稱爲先生，疑汪、范二人所附，又卷六《虞集行狀》闕三葉，則趙刻已然。清《四庫（全書）》著録。汸年十二咏蟋蟀，驚其長老，既從九江黄澤游，又由虞集以溯吴澄，其學具有淵源，文議論有根柢，波瀾意度均有典型；詩詞亦頗近"元祐體"。東山者，汸所築精舍名，學者稱"東山先生"，故以名其集也。道光、光緒《（安徽）通志》皆著録。

雲坡樵唱集

[元] 汪斌撰。斌字以質，婺源人。事迹具《縣志》。《江南通志》及道光、光緒《（安徽）通志》皆著録，無卷數。斌至正間從縣人汪同起兵捍鄉里。又有《壬辰稿》，則紀元季離亂事也。

德新詩稿

[元] 方伯鑑撰。伯鑑，婺源人，至正間有司屢辟不起。事迹具《縣志》。《江南通志》及道光、光緒《（安徽）通志》皆著録，無卷數。伯鑑問學博洽，日與名士賡吟。《縣志》本傳作宋人，《藝文志》又列元代，一書自相乖剌。案：至正爲元順帝年號，其時已際元末，伯鑑於此時屢辟不起，似不得爲宋人。《府志》亦作元人，今從之。

---

① 筆櫝：猶信函。櫝：函。凡緘藏物件者稱櫝。元吴萊《嚴陵應仲章自杭寄書至賦此答之》："門垣成隱逸，筆櫝到畊樵。"

程可紹詩集

[元] 程可紹撰。可紹字致和，婺源人。隱居不仕。《縣志》稱其至正十二年爲粥賑飢，紅巾寇亂避衢、饒以終，蓋元末人也。光緒《（安徽）通志》著録，無卷數。可紹從世父復心學，又游胡炳文門，精通易學，兼善詩，及卒趙汸表其墓。

玉泉寓意稿

[元] 謝俊民撰。俊民字章甫，祁門人。隱居不仕。事迹具《縣志》。集有自序。《江南通志》、道光《（安徽）通志》皆著録《玉泉集》，光緒《（安徽）通志》作《玉泉寓意集》，皆無卷數。考《縣志》本傳，載《玉泉文集》《寓意詩稿》，似二書，藝文乃僅載《玉泉寓意稿》，蓋即光緒《（安徽）通志》所據，今依以著録。俊民與汪克寬友，講明道學。自序稱壬辰以來，田蕪家毀，竄逸山林，遇景成詩，解釋鬱結，雖不足仿佛古人，而固窮守道，豈無所用心云云。壬辰，至正十二年也。

師山文集八卷遺文五卷附録一卷

[元] 鄭玉撰。玉（字子美，歙縣人。至正十四年以翰林待制徵不起，十七年明兵至，自縊死。事迹具《元史》本傳）有《春秋經傳闕疑》，已著録。是集凡八卷，蓋玉自編，初名《餘力稿》，有至正丁亥程文序及至正庚寅玉自序，又洪武三年王褘序及楊士奇跋。遺文五卷，不知何人所編，附録一卷則當時酬贈詩文及後人題咏，有嘉靖壬午裔孫崑識語。潘錫恩輯《乾坤正氣集》載是集，僅十一卷，蓋非全本，今依清《四庫（全書）》著録。玉雖講學而無門户之見。汪克寬撰行狀，謂其明正道、扶世教。歐陽元亦謂其嚴而有法云。道光、光緒《（安徽）通志》皆著録。

雲中稿 雲屋稿

[元] 王壎撰。壎字仲肅，婺源人。以太保定住薦授袁州路經歷，歷台州判官，明兵下台州死之。事迹具《縣志》。《江南通志》、道光《（安徽）通志》皆著録，無卷數。光緒《（安徽）通志》作“汪壎”，誤。

友石山人遺稿一卷附録一卷

[元] 王翰撰。翰字用文，自號“友石山人”，廬州人。先世本齊人，没於西夏，元初從下江淮，授領兵千户，賜姓唐兀氏，鎮廬州，遂家焉。翰襲爵仕至福建、江西行省郎中。陳友定表授潮州路總管兼督循、海、惠三州，友定敗，爲黄冠栖永泰山中十載（《元詩選》作“居永福縣東之觀獵山”，此據《明史》）。明太祖强起之，

自刎死。事迹附見《明史·陳友定傳》。據瞿鏞《鐵琴銅劍樓書目》遺稿一卷，題靈武王翰用文，後附吳海所作墓志銘、傳、哀辭、贈序、真贊①、譜序及母孫氏墓志，又徐𤊹、謝肇淛、陳鳴鶴、陳薦夫詩，前有廬陵陳仲述序，後有其子偁跋。清《四庫（總目）提要》云後附（墓）志銘、表詞等七篇，皆吳海作，則徐𤊹諸人詩闕也。《江南通志》及道光、光緒《（安徽）通志》皆著録，無卷數。考清顧嗣立《元詩選》載翰再被辟，嘆曰："女豈可更適人哉？"以子偁屬友人吳海且賦詩見志云："昔在潮陽我欲死，宗嗣如絲我無子。彼時我死作忠臣，覆祀絶宗良可耻。今年辟書親到門，丁男屋下三人存。寸及在守顧不惜，一死了却君親恩。"翰雖不藉文詞重，然從容慷慨兼而有之，殆與伯顔子中之《七哀詩》同垂不朽云。

貞素齋集七卷附録一卷北莊遺稿可庵搜枯集共一卷

［元］舒頔撰。頔字道原，號"貞素道人"，績溪人。後至元三年辟貴池教諭，至正十年轉台州路儒學正不赴，明洪武初屢召不出。事迹具《縣志》。頔有《古淡稿》《華陽集》皆不傳。此本乃明嘉靖十九年裔孫朝陽及七世孫旭、八世孫孔昭所輯，績溪知縣遂寧趙春刻，前有頔自序及自作小傳，唐仲實撰遺像贊，正德二年章瑞舊序、嘉靖十九年戴嘉猷、胡文彬、汪用章、張孟元、胡耀及朝陽序，後有旭、孔昭及方桂、董黃槐跋。附録一卷，爲《貞素齋銘》《記花萼圖記》《行狀》《墓志銘》等篇。卷八則舒遠《北莊遺稿》、舒遜《可庵搜枯集》。遠字仲修、遜字士謙，皆頔弟。遜洪武中屢薦不仕，與長史程通侍郎、朱同稱詩於鄉，孔昭因摘其詩附焉。清《四庫（全書）》著録作《貞素齋集》八卷，《北莊遺稿》一卷者，誤。道光、光緒《（安徽）通志》又沿《四庫》之誤，且以《北莊遺稿》爲舒遠遜著，似遠、遜爲一人，尤誤。今據本集著録。頔與同郡朱升、鄭玉、程文講學，又受於姑執李青山，辭召之後，名齋曰"貞素"。有寄興詩云："湖海半生客，乾坤一布衣。義哉周伯叔，飽食首陽薇。"②可以知其志矣。《新安文獻志》《列朝詩集》皆録其詩文。

鳴球集

［元］汪逢辰撰。逢辰字虞卿，歙縣人。歷官嘉興簿致仕。事迹具《（歙）縣志》。光緒《（安徽）通志》著録，無卷數。

退密老人詩八卷

［元］汪巽元撰。巽元字稱隱，自號"退密老人"，休寧人。歷漳、饒二州教授、

---

① 真贊：對人物畫像的贊語。宋沈括《夢溪筆談·辯證一》："予家有閻博陵畫唐秦府十八學士，各有真贊。"
② 據元舒頔《貞素齋集》卷六（清鈔本）題爲：《春日雜言十絶》。

將仕郎、安仁、錢塘主簿，以建康路總管府判官致仕。事迹具《縣志》。集八卷，《江南通志》及道光、光緒《（安徽）通志》皆著録。

學稿　復稿　隨筆稿

[元] 程鼎新撰。鼎新字煒文，婺源人。官京學諭。《江南通志》、道光《（安徽）通志》皆著録，無卷數。光緒《（安徽）通志》以程鼎新爲程鼎，以學稿爲新學稿者，誤。今據《縣志》更正。

南湖集七卷

[元] 貢性之撰。性之字友初（《歸田詩話》作“有初”），宣城人。尚書師泰族子。由國子生除簿尉，補閩理官。明洪武初徵録師泰後人，有以性之薦者，乃改名悦避居會稽以終，門人私謚“貞晦先生”。事迹具《縣志》。是集七卷，有四代孫欽序。《明史·藝文志》道光、光緒《（安徽）通志》皆作二卷，《縣志》《江南通志》皆作《理官集》，無卷數，今依清《四庫（全書）總目》及《寧國府志》著録。性之居會稽，耕漁自給，邑人芮麟嘗邀與俱歸，辭以詩，有云：“游絲落絮皆成恨，社燕秋鴻各自飛。杜宇叫殘孤館夢，西風吹老故山薇。”每有所感則泫然泣下，慷慨悲歌，勸之仕不應，即其人可知矣。

翬山樵唱集

[元] 余宗益撰。宗益字允欽，一字舜欽，績溪人。隱居不仕。事迹具《縣志》。光緒《（安徽）通志》著録作明人。案：宗益和舒頔詩云：“年已當强仕，干戈兩鬢霜。無心冀軒冕，有意在綱常。”又云：“細書妨老眼，好爵讓群公。”蓋元之遺民也。康熙《（徽州）府志》作“俞宗益”。

秋齋野趣稿一卷

[元] 王善慶撰。善慶字仕積，歙縣人。元末避亂石門，明初轉居環溪鄉飲，屢召不出。事迹具《縣志》。《江南通志》及道光、光緒《（安徽）通志》皆著録，無卷數，又列於明人，今據《縣志》及《（徽州）府志·藝文》更正。

後圃存稿四卷

[元] 黃樞撰。樞字子運，休寧人。明初徵爲校官不就。事迹具《縣志》。樞詩文不留稿，殁後子則惠輯爲文三卷、詩一卷，有洪武十六年門人李本立、姻友程叔春序，門人戴比玉校刻。丁丙《（善本書室）藏書志》著録。樞受業趙汸，隱居講

學，詩文亦合古人法度。後圃者，樞所居故址，讓二弟於後圃構屋而居，故以爲號也。清《四庫（全書）》未收，道光、光緒《（安徽）通志》亦不著録。

陌庵集

［元］左德道撰。德道字以中，號"陌庵"，涇縣人。與其兄震道俱爲劉基器重，勸之仕不應。事迹具《縣志》。光緒《（安徽）通志》作《陌巷集》，左德著。案：《府志》《縣志》及光緒《（安徽）通志·隱逸傳》皆作德道，以其兄名震道推之，知藝文脱道字，且誤"庵"爲"巷"也。德道幼穎異，長樂恬退，惟以吟咏自娛。《縣志》録五律一首。

楊斛山文集

《江南通志》及道光、光緒《（安徽）通志》皆著録《楊斛山文集》，次葛聞孫後，王翰前，蓋以爲元之合肥人，而不著其名。《廬州府志·藝文略》著録《斛山文集》，而注云合肥楊斛山著，亦次葛聞孫後，惟府縣志各傳皆無楊斛山其人，惟《明史·藝文志》著録《楊爵斛山稿》六卷。又考《明史·楊爵傳》（《明史》卷二百九列傳第九十七）爵字伯珍，陝西富平人。嘉靖八年進士，官御史，二十年二月以言事下獄至二十六年十一月始得釋，居家二年卒，隆慶初復官贈光禄卿，萬曆中賜謚"忠介"，是爵乃明人而非元人，且非合肥人，其爲舊志之誤，抑別有一楊斛山，今不能定，姑仍舊志著録而存其疑，俟考焉。

安徽通志稿·藝文考

集部七　別集類六

高皇帝御製文集三十卷

〔明〕太祖高皇帝撰。帝姓朱氏，諱元璋，字國瑞，濠州鍾離人。事迹具《明史·本紀》。帝集初爲翰林學士樂韶鳳編，有劉基、郭傳、宋濂序，洪武七年刻。焦竑《國史·經籍志》列太祖文集二十卷，又三十卷。清黃虞稷《千頃堂書目》則著録《太祖文集》三十卷，而注曰甲集二卷，乙集三卷，丙集文十四卷、詩一卷，丁集十卷。又《太祖文集類編》十二卷，詩集五卷，御製書稿三卷，合之亦五十卷。又萬曆十四年姚士觀等刻本，分十八類，卷一、卷二詔，卷三曰制、曰誥，卷四誥，卷五書，卷六至卷八敕，卷九敕命，卷十曰策問、曰敕問、曰論，卷十一樂章，卷十二樂歌，卷十三文，卷十四曰碑、曰記，卷十五曰序、曰説，卷十六雜著，卷十七、卷十八祭文，卷十九古詩、歌行，卷二十五律、排律、七律、五絶、七絶，前仍列洪武七年十二月甲寅臣劉基序，未載萬曆十年臣姚士觀識語，卷數與竑所列前一本合，然士觀識語但云據舊本，刻於中都，亦不言編自何人也。清《四庫（全書）》著録即姚刻本，惟陸心源《（皕宋樓）藏書志》載明初刊本，即二十卷，又與四庫所云僅五卷者不合，莫詳其故，今姑依前志著録，而著其同異於此焉。

御製文集四集三十卷

〔明〕太祖高皇帝撰。甲集文二卷，乙集文三卷，丙集文十四卷、詩一卷，丁集文十卷，前有制誥一篇，與《國史·經籍志》所載之第二部、《千頃堂書目》所載之第一部，卷數相符，即《四庫（總目）提要》所謂三十卷，今未見傳本者是也。丁丙《（善本書室）藏書志》著録。

元宮詞一卷

〔明〕周定王朱橚撰。橚（太祖第五子，洪武三年封吳，十一年改封周，命駐鳳陽，十四年之國，洪熙元年薨。事迹具《明史》本傳）有《普濟方》，已著録。是集詩一百首，前有永樂四年自序，稱永樂元年欽賜一嫗，乃元后之乳姆女，知宮中事最悉，間訪之備陳其事，故予詩皆元宮實事云云，惟不著撰人名氏，後有毛晋跋，亦不知爲何許人，宛平劉效祖序稱周恭王撰，或又作周憲王。朱彝尊《静志居詩話》乃定爲橚所撰。《明史》本傳稱橚好學，善詞賦，作元宮詞百章，蓋即用彝尊説也。清《四庫存目》、《江南通志》及道光、光緒《（安徽）通志》皆著録，《明詩綜》録六首。

獻園集

〔明〕蜀獻王朱椿撰。椿太祖第十一子。洪武十一年封，十八年命駐鳳陽，二十三年就藩成都，永樂二十一年薨。事迹具《明史》本傳。《江南通志》及道光、光緒《（安徽）通志》皆著録，無卷數。椿博綜典籍，帝呼爲蜀秀才，在鳳陽時辟西堂延李叔荆、蘇伯衡商榷文史，既封國即聘方孝孺爲世子傅，名其齋曰“正學”，“方正學”之名自此始也。《明詩綜》録《送震孺》四言一首，又稱其集罕傳於世，疑已佚矣。

采芝吟

〔明〕寧獻王朱權撰。權（太祖第十七子。洪武二十四年封，二十七年就藩大寧，永樂元年改封南昌，正統十三年薨。事迹具《明史》本傳）有《神隱志》，已著録。《江南通志》及道光、光緒《（安徽）通志》皆載是集，無卷數。權博學好古，於書無所不窺，旁通釋老，尤長於史。晚搆精盧，著書其間。志慕冲舉[①]，自號“臞仙”。嘗令人往廬山囊雲以歸，結屋曰“雲齋”，每日放雲一囊，如在巖洞也。《明詩綜》録三首。

橄欖集五卷

〔明〕李習撰。習字伯羽，當塗人。叙長子。元延祐初領鄉薦授書院山長，至正十五年太祖渡江偕門人陶安迎謁，即以爲太平府知府。卒於官，年八十餘。事迹附見《陶安傳》。《江南通志》及道光、光緒《（安徽）通志》皆著録，無卷數。習與

---

① 冲舉：舊謂飛升成仙。明袁伯修《袁宗道傳》：“自古之冲舉者，豈盡枯槁耶？”

弟翼師舅氏姚和中，時稱"二李"。吳萊謂習文簡密嚴奧、翼文豐腴縟麗①云。《縣志》錄記一首。

楓林集十卷

[明] 朱升撰。升 [字允升，學者稱"楓林先生"，萬曆四十四年休寧范淶撰是集序，稱吾休朱先生，《明史》及清《四庫總目》遂皆作休寧人，然《歙（縣）志》入"儒林"，《休（寧縣）志》入"儒碩"，二志并載，未詳孰是。據《采訪冊》升居歙南之石門，而生於休，石門又接休界，故前人誤爲休人，是升乃歙人也。元末登鄉貢進士，至正八年授池州路學正，太祖下徽州以鄧愈薦官至翰林學士，請老歸卒。事迹具《明史》本傳] 有《周易旁注》，已著錄。是集前八卷詩文，而以官誥及太祖手勅編入卷一之首，卷九載《徽州府志》本傳一首、廖道南所撰詩贊一首，并《翼運節略》②十餘則，卷十爲附錄，皆當時投贈詩文，乃裔孫時新所輯錄，前有萬曆四十四年休寧范淶序。《明史·藝文志》及道光、光緒《（安徽）通志》皆著錄。升幼師同郡陳櫟，又偕趙汸從九江黃澤學，師友具有淵源。清《四庫存目》謂文非所長，詩學《擊壤集》而不成，然升學宗程朱，於諸經皆有著述，詩文固其餘事也。道光《（安徽）通志》作十二卷，誤。

陶學士集二十卷

[明] 陶安撰。安字主敬，當塗人。元至正八年中浙江鄉試，爲明道書院山長，入明官至江西行省中書參知政事，卒於官，贈"姑孰郡公"。事迹具《明史》本傳。據弘治十二年鉛山費宏序，安詩文存者，在元有《辭達類鈔》、在中書有《知新近稿》、赴武昌有《江行雜咏》、守黃岡有《黃岡寓稿》、在桐城有《鶴沙小紀》，本各自爲集，鉛山張祐分體編次，首四言、五言共一卷，次七古一卷，次五律二卷，次七律三卷，次七絶二卷，次歌、賦、詞共一卷，次序四卷，次引一卷，次記一卷，次説一卷，次墓銘、行狀、哀詞、壙志③、祭文共一卷，次雜文一卷，都二十卷，冠以費宏所錄事迹，太平知府徐時中、項誠之刻於府署。《明史·藝文志》、清《四庫（書目）》并著錄，道光、光緒《（安徽）通志》著錄同。《江南通志》作《玉堂稿》八卷、《知新稿》五卷、《黃岡寓稿》一卷。縣人夏炘嘗購得二部，以一贈安化陶澍，一毀於亂，同治初復得一部於浙，至五年炘弟燮刻於江西永寧官署，而以炘所撰年譜并跋附後，即此本。夏刻之前澍曾命縣人張氏重刻，改題《陶文憲公集》。據計用

---

① 縟麗：繁飾華麗。梁劉勰《文心雕龍·哀悼》："禰衡之弔平子，縟麗而輕清；陸機之弔魏武，序巧而文繁。"

② 翼運：猶承運。意爲承奉天命。節略：概要，摘要。

③ 壙志：墓志。明胡侍《真珠船·墳碑之制》："《大明會典》：五品以上許用碑，六品以下許用壙志。"

賓《明季南略》、顧炎武《聖安紀》（此刊入《荊駝逸史》與《明稗（史）》本互異）。弘光朝追諡安"文獻"，則作"憲"者非，故夏刻仍從明本。炘又謂全集刻於弘治，無再鐫者。太平爲安桑梓①，亦鮮藏本，惟存《陶祠》一部。今案：安《龍江詩序》云："癸卯七月閱兵龍江，臣某忝侍從。"又《鐃歌曲序》云："某忝侍從，親覿大戰於彭蠡湖。"《明史·夏煜傳》太祖徵陳友諒，儒臣惟劉基與煜侍，鄱陽戰勝草檄賦詩而不及安，即安傳亦無之，蓋亦未見安集。安《姚江類抄略引》云："早治科舉業，既讀韓、柳、歐、曾等集。又自史漢、左傳泝而求之四氏之書，非魯鄒、周程朱遺旨不道。"費宏謂其深醇釀鬱，辭備理正。夏炘亦謂其淵源洛、閩，吞吐韓、歐，知安之自序非夸也。《明詩綜》錄詩二首。

雪厓集

[明] 程國儒撰。國儒字邦民，歙縣人，徙居江西德興。元至正進士，授余姚州判官，攝紹興錄事，洪武初知南昌府，被逮暴卒。道光、光緒《（安徽）通志》皆著錄，無卷數。《明詩綜》錄三首。

茂齋集

[明] 葉保翁撰。保翁字宗茂，以字行，休寧人。元至正十二年與汪同起兵御寇，入明官至饒州知府，坐誣謫濡須，子仁上書請代得免歸。事迹具《縣志·宦業傳》。《江南通志》及道光、光緒《（安徽）通志》皆著錄，無卷數。保翁幼以敏洽聞，從余復卿受《禮記》。

鳳池山房集

[明] 姚璉撰。璉字叔器，又名廷用，歙縣人。元至正中爲太平教授，後棄官歸。諸帥交薦皆不就，太祖至徽召對賜粟帛。事迹具《縣志·儒林傳》。《江南通志》及道光、光緒《（安徽）通志》皆著錄，無卷數。《明詩綜》錄二首。

姚叔器先生集一卷

[明] 姚璉撰，乃與錢思復、徐大章、張光弼、杜清碧贈答之詩，有圈點并評語，卷端題晉陵錢振先、薛寀評、武進吳審度、裔孫宗衡，又姚湘、姚臣、姚溫、姚紹鼎、姚翯、姚驥、姚彰、姚一夔同校，後附諸友分韵詩，乃至正丁酉十月金華孫履、烏傷王禕、建中史炳、蘭溪徐原、潨江吳沈、星源朱升、廣陵李師、西浙陶

---

① 桑梓：也作"梓里"。古代常在家屋旁栽種桑樹和梓樹。後人用"桑梓"比喻故鄉家園。唐柳宗元《聞黃鸝》詩："鄉禽何事亦來此？令我生心憶桑梓。"

安、雙溪何穆、會稽屠性、浦陽戴良、烏傷宋濂、天台楊英游四賢書院，觴於璉之西軒，取《赤壁賦》四句十六字分韵賦詩，集而爲卷，屠性爲之序者也。丁丙（《善本書室藏書志》）、陸心源《（皕宋樓）藏書志》皆著錄。

白雲稿七卷

[明] 唐桂芳撰。桂芳一名仲，字仲實，以字行，號"白雲"，又號"三峰"，歙縣人。教授元第五子。元至正中薦歷崇安縣教諭、南雄路學正，太祖至歙召對稱旨，命之仕，以瞽辭，尋攝紫陽書院山長，年七十三卒。事迹具《縣志·儒林傳》。是集七卷，程敏政所編，卷一五古，卷二七古，卷三五律、七律，內附其子文虎、文鳳五律各一首，卷四首五言排律、七言排律、次五絕、次七絕、次賦、次辭、次詩餘，卷五序，卷六記，卷七首跋、次說、次上梁文、次祭文、次頌、次哀辭、次墓志銘、次墓表，又次墓志銘、次銘、次碑、次文、次贊、次擬表、次書，又次銘，又次贊，又次頌、次傳，又次哀辭，爲《唐氏三先生集》之一種，清《四庫（全書）》著錄即此本。惟《明史·藝文志》及《（徽州）府（志）》《（歙）縣志》皆載《白雲集略》四十卷，又是集卷五《題江湖寓稿序》云："詩文自己卯迄己丑具存編錄。"己卯元至元五年、己丑至正九年也。又卷七《奉陳浩書》[①]云："奈遭亂離，片紙隻字煨燼夷滅。"《（徽州）府志》《（歙）縣志》及《明詩綜》又載有《武夷小稿》疑皆在四十卷中，今已不可見矣。桂芳從洪焱祖學，又受詩於錢水村鄭玉，危素咸折節與交。嘗謂"文不可學而能，氣可以養而致"（《奉陳浩書》）；廬陵鍾晦撰行狀亦稱其文以氣爲主云。道光、光緒《（安徽）通志》皆著錄。《明詩綜》錄詩一首。

邇言錄十卷

[明] 黃禮撰。禮字文敬，蕪湖人。元至正間領浙江鄉薦，任山長，明初徵授浙江龍游縣主簿，未幾稱疾歸。事迹具《縣志·文學傳》。光緒《（安徽）通志》著錄作《馮禮邇言集》，又列於元代，誤，今據《縣志》更正。禮教授子弟，一時公卿名士多出其門。《縣志》錄七律一首，稱其集已散失。

浪淘集

[明] 詹同撰。同字同文，初名書，太祖賜今名，婺源人。元至正中舉茂才，除郴州路學正，又仕陳友諒爲翰林學士承旨，入明官至吏部尚書，兼翰林學士承旨致仕，謚"文憲"。事迹具《明史》本傳。道光、光緒《（安徽）通志》皆著錄，無卷

---

① 據明唐桂芳《白雲文稿》卷二十《唐氏三先生集》(明正德十三年張芹刻本)題爲：《奉陳養吾書》。

數。同幼穎異，爲虞集所稱，又與吳濬仲、樂韶鳳、宋濂齊名，號"四學士"。吳、樂韵語寥寥，濂亦非本色，於四子中遂爲翹楚①。《（徽州）府志》又載有文集二卷。

海涓集一卷

［明］詹同選。道光、光緒《（安徽）通志》皆載是集，無卷數，今據《（徽州）府志》著録。

天衢舒嘯詩集一卷

［明］詹同撰。道光、光緒《（安徽）通志》皆作《天衢吟嘯集》，無卷數，今據《（徽州）府志》著録。宋濂稱其襟期②瀟灑，濟以雄博之學，故體物瀏亮，鏗鏗作金石聲。《明詩綜》録十二首，亦作《天衢舒嘯集》。

樗庵類稿二卷

［明］鄭潛撰。潛字彥昭，歙縣人。元末由内臺掾官至泉州路總管，入明官至潞州同知致仕。事迹載程敏政《新安文獻志》。是集二卷，乃清四庫館從《永樂大典》輯出，凡古體詩五十首、近體詩百四十六首，皆其在元所作，又程以文、貢師泰、揭法原序三篇。道光《（安徽）通志》著録。光緒《（安徽）通志》作《樗庵集》，無卷數。潛及接鄭玉、揭傒斯，嘗築樓讀書，玉命曰"讀書巢"，爲文以記，傒斯爲書扁。其詩詞意軒爽③，視元末纖穠之格，特爲俊逸。程以文稱其格高律熟。《明詩綜》録一首。

白沙稿

［明］鄭潛撰。《江南通志》及光緒《（安徽）通志》皆著録。

浯溪集十卷

［明］汪仲魯撰。仲魯初名叡，以字行，婺源人。元季授浮梁州同知，洪武十七年召授左春坊左司直，以疾歸。事迹附見《明史·劉三吾傳》。是集十卷，道光、光緒《（安徽）通志》皆著録。道光《府志》作十四卷，考康熙《府志》已作十卷，

---

① 翹楚：語本《詩·周南·漢廣》："翹翹錯薪，言刈其楚。"鄭玄箋："楚，雜薪之中尤翹翹者。"本指高出雜樹叢的荆樹。後用以比喻傑出的人才或突出的事物。宋辛棄疾《賀新郎》詞："王郎健筆夸翹楚，到如今，落霞孤鶩，競傳佳句。"

② 襟期：襟懷，志趣。宋韓淲《鷓鴣天》："莫道龐公不入州。爲誰歌酒也遲留。襟期別乘真難事，領略同游豈易謀。"

③ 軒爽：開朗，爽快。顯豁明快。《儒林外史》第十回："先生言論軒爽，愚兄弟也覺得恨相見之晚。"

疑《道光（府）志》誤也。仲魯幼從族祖炎昶學，又與同鄉倪士毅、鄭玉、朱升、趙汸討論。《縣志》稱其文深博古雅，賦頌詩歌咸歸於正。程敏政采入《新安文獻志》，作《蓉峰集》，《縣志》錄文一篇。

汪洸遺稿一卷

[明]汪洸撰。洸字彥暉，號"養晦"，休寧人。事迹具《縣志·篤行傳》。集一卷，光緒《（安徽）通志》著錄。洸從朱升、趙汸、汪叡講明性理之學，詩文高古，稱"養晦先生"。

清意味集

[明]李道生撰。道生字本立，休寧人。洪武初隱居不仕。事迹具《縣志·風雅傳》。光緒《（安徽）通志》著錄，無卷數。道生師黃樞，以詩名。《明詩綜》錄一首。

藥溪集

[明]吳買撰。買字漢臣，休寧人。洪武初累徵不就。事迹具《縣志·隱逸傳》。《江南通志》及道光、光緒《（安徽）通志》皆著錄，無卷數。買性敏嗜學，通五經，尤明於《易》，文章古雅。

本初集

[明]任原撰。原字本初，休寧人。明兵下徽州，原出佐軍，以功授顯武將軍雄鋒翼管軍萬戶。事迹具《縣志·武職傳》。道光、光緒《（安徽）通志》皆著錄，無卷數。原始從祁門汪克寬受《春秋》，又從學趙汸。其詩本互見唐桂芳《白雲集》中，程敏政《新安文獻志》始定爲原作。《明詩綜》錄二首。

仁山遺稿

[明]程彌壽撰。彌壽字德堅，祁門人。明初從下江西，授行樞密分院都事辭歸，屢召不起，終於家。事迹具《縣志·武功傳》。《江南通志》及道光、光緒《（安徽）通志》皆著錄，無卷數，又列於元代，誤，今據《縣志》更正。《祁詩合選》錄五律一首、七絕三首。

盤谷遺稿

[明]李勝原撰。勝原字源澤，號"盤谷"，當塗人。從太祖領兵取江洲辭歸。

事迹具《縣志·宦迹傳》。《江南通志》及道光、光緒《（安徽）通志》皆著録，無卷數。勝原有武略，兼能文。《明詩綜》録一首。

斐然集

［明］江敬弘撰。敬弘，休寧人。洪武初以吏謫濠梁，後免歸。事迹具《縣志·隱逸傳》。光緒《（安徽）通志》著録，無卷數。敬弘少師趙汸，謫濠梁時與會稽唐肅、錢塘董嘉、吳中王端、臨川元瑄、甬東王冑、天台梁楚材、劉昭文結詩社，亦皆謫濠者也。《府志·藝文》作“歙汪敬宏”，誤。

白沙行稿二卷

［明］朱模撰。模字子範，休寧人。貢生，官六安州判，洪武三年捕賊遇害。事迹具《縣志·宦業傳》。道光、光緒《（安徽）通志》皆載是集，無卷數，今據《縣志》著録。模幼從陳櫟游，繼師三山余載。爲文有史漢風，詩亦清麗。張伯雨稱其有虞、揭遺響。《明詩綜》録一首。

鋤雲集

［明］邵誼撰。誼字思宜，號“瓜圃鋤雲”，休寧人。洪武初舉文學，授本縣儒學訓導，轉黟縣教諭。事迹具《縣志·隱逸傳》。道光、光緒《（安徽）通志》皆著録，無卷數。誼善篆隸，尤工繪事，爲侍郎朱同、中書詹希原推重。《明詩綜》録詩一首。

竹西堂詩

［明］王士謙撰。士謙字孟益，自號“竹西翁”，宣城人。洪武初以辟官訓導，又召修《永樂大典》。事迹具《縣志·宦業傳》。《江南通志》及道光《（安徽）通志》皆著録，無卷數。光緒《（安徽）通志》作《竹西堂集》。

全室外集九卷續集一卷

［明］僧宗泐撰。宗泐字季潭，天台（《明詩綜》作“臨海”、清《四庫總目》作“臨安”、《涇縣志》作“天台”。案：宗泐《送裕上人歸天台》詩云：“我家赤城東。”似作天台爲是，臨海猶屬台州，臨安則屬杭州矣。疑臨安又因臨海而誤也）人。住持涇縣水西寶勝寺，洪武初舉高行沙門，授右善世，尋往西域求遺經，欲授以官固辭，晚歸鳳陽之槎峰。胡惟庸獄詞連及，有司奏當大辟，詔免死。事迹具《涇縣志》。是集首二卷，爲應制詩及樂府、供佛贊佛諸曲，卷三至卷八爲古近體詩，

卷九爲疏及題跋，有徐一夔序。續集詩文合編，而詩文之間闕四葉，所存者詩三十六首、題跋十五篇。清《四庫（全書）》著録。道光、光緒《（安徽）通志》皆作十四卷，考《千頃堂書目》《明史·藝文志》及《涇縣志》皆作十卷，蓋合續集一卷言之，疑通志誤也。宗泐兼通儒術，帝呼爲“泐秀才”，嘗奉詔制贊佛樂章，帝嘉嘆且和其詩百四十五首。一夔謂其學博才瓌，不淪枯寂江湖山林，殊方異域衆體畢具。朱右、王達善、顧玄言亦極推之。其曰外集者，釋氏以佛經爲内，故詩文爲外也。《明詩綜》録三十七首、《明詩别裁》録二首、《涇縣志》録四首。

西游集一卷

［明］僧宗泐撰。乃洪武中奉使西域求遺經往返道中之作。道光、光緒《（安徽）通志》皆著録。考《千頃堂書目》《明史·藝文志》皆載是集，然清乾隆間開四庫館已云未見其本，則存佚殆不可知。徐禎卿《剪勝野聞》謂宗泐奉使西域未至其地，蓋亦未知有是集也。

虀甕稿 西游率稿 謬稿 塞白稿 何陋軒稿

［明］范準撰。準字平仲，休寧人。洪武十一年以明經舉本縣訓導，十四年擢工部主事，逾月卒，年四十八。事迹具《縣志·儒碩傳》。稿凡五種。光緒《（安徽）通志》著録，無卷數，《江南通志》、道光《（安徽）通志》僅録《虀甕稿》《西游率稿》。準性敏善記，甫冠讀經史百家之書殆盡，復力求聖賢之學，師事朱升、趙汸、汪叡。至正寇起，又從升避地三年，日以講學爲業，游於閩，從學者益衆，嘗曰孝弟忠信學之本，記誦詞章抑末耳。其文弘論闊議，大要在發明孔孟云。《明詩綜》録詩一首。

覆瓿集七卷附録一卷

［明］朱同撰。同（字大同，自號“紫陽山樵”，翰林學士升之子。洪武中貢生，十三年舉人才，官至禮部侍郎，坐事死。事迹附《明史·朱升傳》）有《新安志》，已著録。是集詩三卷，多元末之作，文首序、次記、次説、次銘、次跋、次賦、次書、次啓、次傳、次墓志銘、次祭文，凡四卷，又附録一卷，亦裔孫時新所輯録，前有萬曆四十四年范淶引，後有淶從子檩[①]跋。清《四庫（全書）》及道光、光緒《（安徽）通志》皆著録。同傳家學，通群經諸藝。淶稱其文羽翼六經，詩盛唐風致，猶想見國初渾噩景象焉。《明詩綜》録詩一首。

① 據《四庫總目提要》及《覆瓿集·跋》（清文淵閣四庫全書本）知，此跋作者爲“范𣟴”，故“檩”當爲“𣟴”。

望雲集五卷

［明］郭奎撰。奎字子章，巢縣人。太祖命參朱文正軍事，文正得罪，坐不諫誅。事迹附見《明史·王冕傳》。是集首五古，次詞、歌曲，次五律，次七律，次排律、絕句并雜詩，凡五卷都二百有三首，末附書三首，有趙汸、宋濂序。清《四庫（總目）》著録，道光、光緒《（安徽）通志》著録同。據汸序，友人有欲請而傳之者，乃述所聞書於卷端云云，又據嘉靖辛卯郡後學吳廷翰序，舊刻於盧，今巢邑亦有之，歲久字多漫滅，間取稍正之，付括守吳亞夫校刊云云。是集曾再刻，至廷翰又爲重刊，惟廷翰序不言有書三首，似又爲後人附入，民國初縣人劉原道借抄江南圖書館所藏新安汪氏裘杼樓抄本，刻入《居巢詩徵》并附校記於後。奎從余闕游，五古宗漢魏、近體兼宗唐宋。王世貞謂其詞藻清麗，品格在張徐之次。曹溶謂其以骨勝，一洗元人穠麗之習（《明詩綜》引）。朱彝尊《靜志居詩話》謂其詩格清剛，句無浮響，頗近汪廣洋所選。《明詩綜》録三十首，蓋自趙汸以來皆推服無異詞，惟陸心源《皕宋樓藏書志》載是集，有永樂二年吳廷恒後序、何景晹跋，而是本無之。《四庫（總目）提要》亦不之及，似亦未之見。光緒《（安徽）通志》又載奎《青陽集考》。《青陽集》爲余闕撰，奎所輯。道光《（安徽）通志》僅録《望雲集》而無《青陽集》，疑光緒《（安徽）通志》誤也。

丹崖文集

［明］洪仲遵撰。仲遵名道，以字行，晚號“丹崖老逸”，建德人。明初參田無禽、朱文輝軍，洪武十八年以薦領本縣訓導，永樂三年召備顧問，賜璽牒歸。事迹具《縣志·儒林傳》。集有柯暹、徐紳序。《江南通志》及道光、光緒《（安徽）通志》皆著録，無卷數。《縣志》稱其通《易》《春秋》，尤長詞賦。

溝斷集 初月梅軒集

［明］游芳遠撰。芳遠字蘭仲，婺源人。事迹具《縣志·隱逸傳》。光緒《（安徽）通志》著録，無卷數，又脫“遠”字作“游芳”，今據《縣志》補正。芳遠受學汪仲魯，通五經，隱居教授，出其門者，皆有詩名。《縣志》僅録《溝斷稿》，《府志》并録二集。

韞玉山房集

［明］吳斌撰。斌字蘊中，休寧人。洪武中用薦授平陽縣主簿。道光、光緒《（安徽）通志》皆著録，無卷數。汪淮謂其《醉歌行》章短氣長，學李白神似。

《明詩綜》録二首。

擊壤集

[明]潘植撰。植字公年，廬江人。洪武時以秀才舉判廣安州。事迹具《縣志·廉正傳》。光緒《（安徽）通志》著録，無卷數，康熙《府志》録七律一首。

貞白遺稿十卷附顯忠録二卷

[明]程通撰。通字彦亨，號"貞白"，績溪人。洪武二十三年舉應天鄉試第一，授遼府紀善。燕師起，從王歸京師，上封事陳防御策，進左長史，從王徙荆州，事發死於獄。事迹具《明史》本傳。通所著百餘卷，悉毁於官，永樂末弟彦迪謁遼王，授以所圖通像及遺稿，嘉靖中從孫長等乃搜集詩文二百餘篇，爲六卷，又附遼王并同時諸人贈言及傳狀爲四卷，有縣人胡松序。天啓中，從裔孫樞及子應階又集建祠、請諡之文，爲《顯忠録》二卷附之，有桐城吳道軾序。清《四庫（全書）》著録即此本。乾隆時族孫等重刻，有姚鼐序。道光、光緒《（安徽）通志》皆著録。通游南雍[1]，與方孝孺、周是修相友善，其應鄉試時，遺諸王將兵行邊以封建策士，通對以置子當置之艱阻備嘗之中，不當置之膏肥美麗之地，又言垂流之久或有意料之所不及，太祖親擢第一，其策今在集中，防御封事獨有題無文。鼐謂其策足括後世之變，可謂通人名論，其封事必有可觀，惟封建策乃二篇其爲當時重問，抑誤收他作，今已不可考矣。

黃侍中詩文集

[明]黃觀撰。觀字瀾伯，一字尚賓，貴池人。洪武二十四年進士第一，官至右侍中掌尚寶司事，建文四年奉詔募兵至安慶，聞金川門不守，投李陽河死，萬曆二十四年追諡"文貞"。事迹具《明史》本傳。《江南通志》及道光、光緒《（安徽）通志》皆著録，無卷數。《明詩綜》録二首。

閩南集一卷 關隴行稿一卷 歸來稿一卷 隨稿一卷 檜亭稿一卷

[明]鄭桓撰。桓字居貞，歙縣人。潛子。洪武中舉明經，官至河南布政司左參政，永樂初坐方孝孺黨論死。事迹見《明史·方孝孺傳》。光緒《（安徽）通志》載是集，無卷數，今據《府志》著録。桓嘗從父於閩，孝孺教授漢中，又作《鳳雛行》贈之，《閩南》《關隴》二稿，蓋其時作。《明史》云閩人，誤也。《明詩綜》録五首。

---

① 南雍：亦作"南廱"。明代稱設在南京的國子監。清孔尚任《桃花扇·闖丁》："捧爵帛，香芹早薦。列班聯，敬陪南雍釋奠。"雍：辟雍，古之大學。

樂清齋詩集

[明] 鄭桂芳撰。桂芳字時舉，涇縣人。洪武間以薦爲錢塘令。事迹具《縣志·文苑傳》。詩凡數百首，有金華蘇伯衡序。光緒《（安徽）通志》作《樂清集》，今據《縣志》著錄。《青虹閣詩評》謂其風調如"澄江靜練，秋水落霞"。徐天章亦謂其"有李白胸次"。《縣志》錄七律二首、聯句一首。

冲玄稿

[明] 孫鎮撰。鎮字希武，號"冲玄子"，合肥人。洪武中諸生，卒業太學，除戶部主事，以言事戍雲南，建文元年用薦拜衛輝知府，靖難兵起，堅守不下，永樂登極，戍山海關，宣德初赦回，除上饒丞不就。事迹具《縣志·人物傳》。《江南通志》及道光、光緒《（安徽）通志》皆著錄，無卷數。

甕天集一卷

[明] 蘇大撰。大字景元，休寧人。事迹具《縣志·隱逸傳》。光緒《（安徽）通志》載是集，無卷數，今據道光《府志》著錄。大學於趙汸。富春李玉昂贈詩云："東山儒者師，先生能繼續。"嘗輯洪武以來詩爲《皇明正音》，其書不傳。《明詩綜》錄一首。

海天清嘯集

[明] 潘子安撰。子安名仁，以字行，一字伯濟，和州人。官夔州府同知。事迹具《州志·文苑傳》。道光《（安徽）通志》著錄，無卷數。光緒《（安徽）通志》作元人，考清朱彝尊《明詩綜》錄子安詩二首、陳廷桂《歷陽詩囿》亦作明人。廷桂和州人，宜不誤也。子安工詩好游，嘗至雲南，又寓湖北之沔陽州。彝尊稱其題畫詩全篇清婉，《湖海耆英詩集》亦錄其詩。《州志》作《海天吟嘯集》，《歷陽詩囿》作《海吟天嘯集》。

秦高岡遺稿

[明] 秦鳳撰。鳳字子儀，舒城人。建文二年進士［康熙《府志·人物（志）》作"洪武進士"，此據《縣志》］，官終衛輝府同知，卒於官。事迹具《縣志·名臣傳》。《江南通志》及道光、光緒《（安徽）通志》皆著錄，無卷數。鳳永樂時所著有《太平歌皇嘉祥詩》（康熙《府志》作"《白玉禎祥詩》"疑"白玉"爲"皇"字之誤，此據《縣志》）《營建宮闕賦》。洪熙初又進輔政策二十五道，詔付史館。《府

志》録七絶一首。

玩易軒詩集

[明] 鄭瀾撰。瀾字用常，涇縣人。桂芳從子。永樂二年進士，官至户科都給事，以忤旨歸。事迹具《縣志·文苑傳》。集有永豐曾棨序，光緒《（安徽）通志》著録，無卷數。瀾工詩，不假修飾而風旨高亮。《青虹閣詩評》云："黄門清雅，與大阮錢塘君雙峰并秀。"錢塘君，謂桂芳也。《縣志》録七律一首。

虚庵集十卷

[明] 劉璃撰。璃字伯玉，當塗人。永樂二年進士，官福建閩縣丞致仕。事迹具《縣志·文學傳》。光緒《（安徽）通志》著録，無卷數，今據《縣志》著録。璃以授徒讀書爲事，時時行歌不輟，卒年九十餘。

友雲集

[明] 龍源撰。源字有本，合肥人。其先許州人，宋南渡時避地姥山，因家焉。永樂初徵修大典，授工科給事中，坐誣免官。事迹具嘉慶《縣志·人物傳》。道光、光緒《（安徽）通志》皆載是集，作明合肥龔源著。考《府（志）》《縣志》皆無龔源其人，惟《府志·藝文》載《友雲集》，合肥龔源著，而注云《通志》作"龍"。案：道光、光緒《（安徽）通志》既皆作"龔"，則《府志》所謂《通志》作"龍"，當指《江南通志》，是《江南通志》猶作"龍"後，乃誤作"龔"也。又考熊文舉《姥山記》[①]有"予飲龍生草堂"語（嘉慶《縣志》卷三十二），是姥山猶有龍氏居之，亦可爲"龔"當作"龍"之證，今據《縣志》著録。

東岡集十卷

[明] 柯暹撰。暹字啓暉，更字用晦，建德人。永樂四年中會試乙榜，官至雲南按察使致仕，成化三年卒，年七十九。事迹附見《明史·鄒緝傳》。集爲暹晚年自訂，有劉定之序。清《四庫存目》、光緒《（安徽）通志》同。《江南通志》、道光《（安徽）通志》皆無卷數。暹年十六領鄉薦，與修《永樂大典》，選入翰林，預機宜文字，尤爲解縉、胡若思所賞識，其聰明早達，亦略與縉同。定之稱其詩文奇崛，出入意表，清瑩無滓。吳與儷稱其詩深沉幽永。宋爾章亦稱其清淡古雅，得意處追

① 據明熊文舉《雪堂先生文集》卷五《姥山記》（清初刻本）文爲："余飲龍生草堂，生告余是村跬步之外皆水，非筏不通，乃居人土俗醇祀外，户可以不閉，余笑語龍生，是何必問津武陵，若使春來一棹，經過桑麻楚楚，四面桃花，水天一色。"

踪盛唐。《明詩綜》録一首。

雪窩稿七卷

［明］苗衷撰。衷字秉（一作"公"）彝，號"雪窩"，定遠人。永樂九年進士，景泰朝官至兵部尚書，以疾予告歸。越十有一年卒，贈少保，謚"文康"。事迹具《縣志·仕迹傳》。衷章奏悉焚棄不存。是集七卷，皆游歷、酬應諸作。光緒《（安徽）通志》著録，《江南通志》道光《（安徽）通志》著録，無卷數。《明詩綜》《縣志》各録詩一首。

胡大年集

［明］胡紀撰。紀字大年，舒城人。永樂十二年舉人，官山東布政司左參議。事迹具《縣志·孝友傳》。道光、光緒《（安徽）通志》皆著録明舒城《紀大年集》，無卷數。道光《（安徽）通志》又注云《明詩綜》蓋其所本。考《明詩綜》（卷十九下）乃作胡紀字大年，非紀大年。又考《府（志）》《縣志·藝文》雖皆載《紀大年集》。而《人物（志）》則但有胡紀，無紀大年，知《通志》及《府（志）》《縣志·藝文》皆誤，以名爲姓也，今據《明詩綜》著録。紀以詩畫書得名，稱"淮西三絶"。《明詩綜》録七絶二首。

怡庵集十五卷

［明］方勉撰。勉字懋德，歙縣人。永樂十三年進士，官至湖廣布政司右參議，兼督運糧儲，天順四年致仕，進階亞中大夫。事迹具《縣志·文苑傳》。《江南通志》及道光、光緒《（安徽）通志》皆著録，無卷數，《府志》作十五卷，今依以著録。勉嘗應詔作《聖德瑞應》《麒麟》《騶虞》《白鳥》諸賦，《擊毬》《射柳》諸詩[①]。景泰六年以聖節赴京，陳言二十二事，有曰堯舜之道，孝弟而已。時英廟在南宮，意蓋以諷諫也。

梧岡集十卷

［明］唐文鳳撰。文鳳字子儀，號"夢鶴"，以字行，歙縣人。桂芳次子。永樂中薦授興國知縣，改趙府紀善，年八十六卒。事迹具《縣志·宦迹傳》。據五世孫澤撰墓表，文鳳著述在鄉校者曰《朝陽類稿》、在興國者曰《政餘類稿》，又曰《章貢

---

① 據（弘治）《徽州府志》卷七（明弘治十五年刻本）文爲："嘗應制作《麒麟賦》，奏回畢姻蒙准給驛，又賜寶鈔，既而復任，扈從赴北京應制作《聖德瑞應賦》……宣德三年賜歷代臣鑒應制作《騶虞》《白鳥》等賦，《擊毬》《射柳》等詩。"

文稿》、在藩府者曰《進忠類稿》、在洛陽者曰《洛陽文稿》、歸田後曰《老學文稿》。
是集卷一五古，卷二七古，卷三五律、七律、五排、七排，卷四七絕、雜體，卷五
序，卷六記，卷七跋，卷八行狀、墓志銘，卷九贊、傳、銘、賦、祭文，卷十頌、
疏、箋書，乃程敏政所編爲《唐氏三先生集》之一種。清《四庫（全書）》著錄作
詩文各五卷，道光、光緒《（安徽）通志》又作八卷，皆誤，今據本集著錄。文鳳
詩文皆不失家法，其《題李白玩月圖》，滕與善謂"當於古人求之"（本集卷二）。
"梧岡"者，趙王所書賜二大字也（本集卷四）。

丹湖集

[明] 祖雋撰。雋字遠志，當塗人。永樂中召修大典，當得官辭歸。事迹具《縣
志·隱逸傳》。《江南通志》及道光、光緒《（安徽）通志》皆著錄，無卷數。雋有
詩名，既歸，放浪兼葭、蓮芰間，縣令張嵒延與唱和，吟稿甚富。《縣志》錄七律
一首。

楚游稿一卷 樂志園集四卷

[明] 張建節撰。建節字子行，號"咸虛"，五河人。永樂朝襲福建都指揮僉事。
事迹具《縣志·鄉賢傳》。集二種，光緒《（安徽）通志》著錄。建節雖以武顯，而
一意爲古文辭，欲以經術垂世。爲文醇雅精當，有輕裘緩帶①之風。

居隱詩集

[明] 馮敏政撰。敏政，績溪人。永樂間布衣。事迹具《縣志·隱逸傳》。光緒
《（安徽）通志》著錄，無卷數。敏政好學能文，以兄弟皆先卒，隱居事親，賦詩
自娛。

媒皋集

[明] 黃莘撰。莘字世瑞，休寧人。樞之孫。事迹具《縣志·風雅傳》。光緒
《（安徽）通志》著錄，無卷數。《縣志》稱其博學好古，考據極精。詩文雅澹，蓋
能承其家學者也。

郭愛集

[明] 郭愛撰。愛字善理，鳳陽人。賢而有文，宣宗召至京，入宮二旬病卒，贈

---

① 輕裘緩帶：本指穿著輕暖的皮衣，繫着寬大的衣帶。後常用以形容態度閑適從容。《晋書·羊祜傳》："在軍常
輕裘緩帶，身不被甲。"

國嬪。事迹具《明史·后妃傳》。道光、光緒《（安徽）通志》皆著録，無卷數。愛自知死期，書楚聲以自哀，其詞云："修短有數兮，不足較也；生而如夢兮，死則覺也；先吾親而歸兮，獨（《明史》無"獨"字，此據《明詩綜》）慚予之不（《明史》作"失"，此據《明詩綜》）孝也；心凄凄而不能已兮，是則可悼也。"顧玄言謂其源出蔡琰，得性情之正。《淑秀集》《明詩綜》并載其事。

白雲稿一卷

［明］楊寧（道光《府志》作"凝"，蓋避諱改）撰。寧字彥謐，歙縣人。父昇，本錢塘人，以官徽州府教授，遂家焉。宣德五年進士，官終南京刑部尚書致仕。事迹具《明史》本傳。《江南通志》及道光、光緒《（安徽）通志》皆載是集，無卷數，今據道光《府志》著録。

卧雲稿

［明］楊寧撰。《江南通志》及道光、光緒《（安徽）通志》皆著録，無卷數。

養浩齋集二十卷

［明］汪思敬撰。思敬初名敬，以字行，祁門人。江西巡撫楊寧薦於朝，屢徵不起。事迹具《縣志·文苑傳》。道光、光緒《（安徽）通志》皆載是集，無卷數，今據《縣志》著録。思敬從進士周昌游，葺曾祖時中查山書堂，閉户著書，率遵族曾祖克寬之説。《祁詩合選》録五古四首，七古、五律、七絶各一首。

王瑄文集

［明］王瑄撰。瑄字俊温，旌德人。宣德十年舉人，官至遼東前屯衛學教諭，成化元年致仕。事迹具《縣志·文苑傳》。光緒《（安徽）通志》著録，無卷數。

襪綫稿 學仙稿

［明］汪神驚撰。神驚字孟禎，休寧人。洗玄孫。光緒《（安徽）通志》著録，無卷數。神驚所居雲水山房，克世其學。道光《府志》作"神駕"，誤。

榆莊集 容軒稿

［明］程信撰。信字彥實，其先休寧人。洪武中戍河間，因家焉。正統七年進士，官至南京兵部參贊機務致仕，卒贈太子少保，謚"襄毅"。事迹具《明史》本傳。《江南通志》及道光、光緒《（安徽）通志》皆著録，無卷數。《縣志》又載有

《晴洲集》《南徵録》，《府志》又載有《尹東稿》。

休庵詩稿一卷

［明］汪回顯撰。回顯字汝光，自號“見一山翁”，祁門人。正統十三年進士，官至惠州知府致仕。事迹具《縣志·宦迹傳》。道光、光緒《（安徽）通志》皆載是集，無卷數，今據道光《府志》著録。《祁詩合選》《明詩綜》各録七絶一首。

樗庵集

［明］劉清撰。清字廉夫，別號“樗庵”，又號“水月主人”，滁州人。衷曾孫。正統十三年進士，官至刑部右侍郎，左遷四川參政，卒年四十五。事迹具《縣志·名臣傳》。《江南通志》及道光、光緒《（安徽）通志》皆著録，無卷數。《縣志》録詩一首。

菊潭集三卷

［明］姚旭撰。旭字景暘，號“順庵”，改號“菊泉道人”（見卷二《紀夢詩序》）。景泰二年進士，官至雲南布政使司右參政，乞歸。事迹具《縣志·宦迹傳》。據十五世孫永概跋，是集惟見於《龍眠風雅·小傳》，姚氏新舊譜及先德傳俱未言有此本，蓋佚已久。光緒辛巳姚濂得抄本於民家，己丑永概父潛昌刊於安福縣署，詩凡二百八十九篇，舊無卷數，至永概乃分爲三卷，卷一初仕至謫判鄭州時詩、卷二守南安時詩、卷三參政雲南時詩，末二詩則似歸里後作也。道光、光緒《（安徽）通志》皆著録，無卷數。《縣志》作《菊泉集》一卷。旭事不載《明史》，然去鄭時，民遮道留鞾[1]、守南安有嘉禾之應、參政雲南平昌明蠻，皆於是集見之，固可補史缺也。《明詩綜》《龍眠風雅》《桐舊集》皆録其詩。

東山稿一卷

［明］孫仁撰。仁字世榮，貴池人。景泰三年進士，官至户部右侍郎，乞歸，成化二十五年卒，年七十。事迹具《縣志·宦迹傳》。《江南通志》及道光、光緒《（安徽）通志》皆載是集，無卷數，今據《縣志》著録。

槐瀬集

［明］程孟撰。孟字文實，號“槐瀬”，歙縣人。事迹具《縣志·士林傳》。康熙

---

① 遮道：猶攔路。指地方上挽留官吏。留鞾：表達誠懇的挽留。鞾：音xuē，同“靴”。

《府志》載歙鮑凝著《天原發微辨正》，孟之力居多，又載凝景泰五年與修《府志》，孟既與凝同時，則亦景泰時人也。光緒《（安徽）通志》著録，無卷數。

建橐集

[明] 王清撰。清字一寧，合肥人。世襲濟寧衛指揮，升廣東都指揮，死寇難。事迹具《縣志·人物傳》。《江南通志》及道光、光緒《（安徽）通志》皆著録，無卷數。《明詩綜》録《塞上感懷》云：“西風關外雪初晴，懷古思鄉百感生。玉帳枕戈人萬里，鐵衣傳箭夜三更。夢回絶域烏桓地，戰罷空山敕勒營。烽火微茫天路遠，月中鴻雁起秋聲。”

茗苧集

[明] 王貞慶撰。貞慶字維善，一字善甫，定遠人。駙馬都尉永春侯寧之子。集有羊城陳廷器序。道光、光緒《（安徽）通志》皆著録，無卷數。貞慶，懷慶公主所出，生於侯門而能脱去紈綺之習，築別業聚寶山中，闢一軒繞以桂樹，因自號“金粟主人”。能書、善飲酒，故集以“茗苧”名。《明詩綜》録一首。

省庵集

[明] 方佑 [道光、光緒《（安徽）通志》作“祐”，誤] 撰。佑字廷輔，桐城人。天順元年進士，官終廣西桂林知府，托病免歸。事迹具《縣志·宦迹傳》。《江南通志》及道光、光緒《（安徽）通志》皆著録，無卷數。《龍眠風雅》録二十六首，《桐舊集》録六首，字句小異（《送簿之官》五律第三句“楊花風外舞”，“舞”作“落”，《三十六灣南阻風》七律第三句“喬口有山雲礙樹”，“喬”作“夏”）。

儆庵集

[明] 秦民悦撰。民悦字邦約，一字崇化，舒城人。鳳子。天順元年進士，官至南京吏部尚書，乞休歸卒，贈太子少傅，謚“莊簡”。事迹具《縣志·名臣傳》。《江南通志》及道光、光緒《（安徽）通志》皆著録，無卷數。《縣志》録文五首。

仕優稿

[明] 汪溥撰。溥字源學，績溪人。天順三年舉人，官至廣西按察司副使，整飭柳慶、南寧等處兵備道，卒於官。事迹具《縣志·經濟傳》。《江南通志》及道光、光緒《（安徽）通志》皆著録，無卷數。

缶鳴集

［明］潘積撰。積字景徽，六安州人。御史嶽子。天順四年進士，官至四川左布政使致政歸。事迹具《州志·宦迹傳》。《江南通志》、道光《（安徽）通志》皆著録，無卷數。光緒《（安徽）通志》作“潘楨”，誤。《州志》録文二首。

聯錦集　聯錦續集　零金碎玉集

［明］夏宏撰。宏字仲寬，當塗人。署松藩儒學教諭。事迹具《縣志·文學傳》。是集皆集唐人詩句約千首，有學士劉定之序。光緒《（安徽）通志》著録，無卷數。《縣志》稱屬對精切①，原詩不及也。

西山類稿十一卷

［明］謝復撰。復（字一陽，自號曰“廢翁”、曰“無慮子”、曰“南塘漁隱”，晚徙西山之麓，學者稱“西山先生”，祁門人。事迹見《明史·吳與弼傳》及《縣志·儒林傳》）有《日抄語録》，已著録。是集乃復卒後，門人裒集，類次凡十一卷（據族裔孫維甸《西山類稿跋》），刻於嘉靖十二年，有吕柟、方謙二序。清初續刻有陳二典序。《四庫存目》作五卷。道光、光緒《（安徽）通志》皆著録。咸豐二年族孫維甸删節重刻，僅文二十二篇、詩百二十三首，蓋非原刻之舊。復從吳與弼游，詩文特其餘事。方謙謂其文渾厚典則、詩中正和平。《祁詩合選》録七古、五律、五絶各二首，七絶一首，《明詩綜》録一首，作歙人，誤。

竹南集

［明］詹貴撰。貴字存中。休寧人。道光、光緒《（安徽）通志》皆著録，無卷數。《明詩綜》録一首，次成化前，蓋天順時人也。

湖山吟稿

［明］程文杰撰。文杰字思周，休寧人。道光、光緒《（安徽）通志》皆著録，無卷數。《明詩綜》録一首，次成化前，蓋天順時人也。

三邱山人什一草

［明］唐世靖撰。世靖字介福，歙縣人。縣學生。《江南通志》及道光、光緒《（安徽）通志》皆著録，無卷數。

---

① 屬對：謂詩文對仗。文辭中以兩句聯綴而成對偶。《舊唐書·元積傳》：“韵律調新，屬對無差。”精切：精當貼切。南朝梁鍾嶸《詩品》卷中：“文典以怨，頗爲精切，得諷諭之致。”

可筠稿

［明］吳遜撰。遜字以恭，歙縣人。事迹具《縣志·士林傳》。《江南通志》及道光、光緒《（安徽）通志》皆著録，無卷數。遜精易理，善詩文，尤工樂府歌曲。

襪綫集

［明］汪德撰。德字以名，學者稱爲“尚古先生”，休寧人。屢徵不仕。事迹具《縣志·隱逸傳》。光緒《（安徽）通志》著録，無卷數。德精研理學，尤工詩。程敏政采入《新安文獻志》。

蚓鳴稿

［明］孫陽撰。陽字士輝，休寧人。事迹具《縣志·隱逸傳》。光緒《（安徽）通志》著録，無卷數。《縣志》稱其穎敏能詩。

韓樵野文集

［明］韓廉撰。廉，婺源人。事迹具《縣志·質行傳》。光緒《（安徽）通志》著録，無卷數。廉博學多能，兼工畫詩，得陶、柳體，時目爲三絶。

安徽通志稿·藝文考

集部八　別集類七

篁墩集九十三卷外集十二卷別集二卷行素稿一卷拾遺一卷雜著一卷

[明]程敏政撰。敏政(字克勤,號"篁墩",休寧人。兵部尚書襄毅公信之子。成化二年進士,官至禮部右侍郎,卒贈禮部尚書。事迹具《明史·文苑傳》)有《宋遺民錄》,已著錄。是集九十三卷,爲敏政自訂,歿後七年門人輩摘而刻於徽州,名曰《篁墩文粹》。論者以爲未盡其選,正德二年徽州知府何歆暨休寧知縣張九逵、王鍇徵於其子壎得全稿刻之,凡文集九十三卷、拾遺一卷,有歆及長沙李東陽序、門人祁門李汎後序。《千頃堂書目》載《篁墩集》九十三卷,又外集十二卷、別集二卷、行素稿一卷、拾遺一卷、雜著一卷,合之爲百十卷。清《四庫(全書)》著錄僅九十三卷,而疑其餘皆別行。《(徽州)府志》及道光、光緒《(安徽)通志》又皆作百二十卷,不知何據,疑"二"字衍也。敏政十歲以神童薦,召試聖節及瑞雪詩并經書義論各一篇,援筆立就。詔讀書翰林院,李賢、彭時咸愛重之。爲文一本經史,李東陽稱其弘博偉麗[1],自成一家,故京師有"天下文章程敏政"之語,雖李時遠謂其著述甚富,體格不高,朱彝尊亦謂其存詩數千,究乏警策[2],然當明之中葉人病空疏而敏政獨以淹博稱,不可謂非豪傑之士也。《明詩綜》錄九首。

絅軒小稿

[明]汪奎撰。奎字文燦,婺源人。成化二年進士,官至右副都御史,巡撫貴

---

① 弘博:猶博大。晉葛洪《抱樸子·勖學》:"夫童謠猶助聖人之耳目,豈況墳索之弘博哉!"偉麗:壯美、英俊。南朝梁劉勰《文心雕龍·雜文》:"觀枚氏首唱,信獨拔而偉麗矣。"

② 警策:形容文句精煉扼要而含義深切動人。亦指精煉扼要而含義深切動人的文句。《文選·陸機·文賦》:"立片言以居要,乃一篇之警策。"

州。事迹具《明史》本傳。道光、光緒《（安徽）通志》皆著録，無卷數。

止庵集

［明］李廷璋撰。廷璋字子純，號"止庵"，石埭人。成化二年進士，官至雲南按察司副使，引疾歸，年八十二卒。事迹具《縣志·賢哲傳》。《江南通志》及道光、光緒《（安徽）通志》皆著録，無卷數。《縣志》録詩五首。

梅峰小稿

［明］汪顯德撰。顯德字孔昭，祁門人。成化初布衣，弘治元年舉修《憲廟實録》。事迹具《縣志·文苑傳》。光緒《（安徽）通志》著録，無卷數。顯德少從族兄回顯學《春秋》，兩舉不第，肆力經史百家，尤工詩賦。《祁詩合選》録五古、五律各一首。

東園集

［明］謝理撰。理字一卿，號"罋庵"，又號"東岑子"，當塗人。蹇子。成化八年進士，養親不仕。事迹具《縣志·文學傳》。光緒《（安徽）通志》著録，無卷數。理優游博望山中，扁其室曰"浩然"，與諸弟子講貫其中。《縣志》稱其文理勝而不求富麗，詩本情性之正，不事穿鑿，録序一首、七律一首。

梅巖小稿三十卷

［明］張旭撰。旭字廷曙，休寧人。成化十年舉人，歷官孝豐、伊陽、高明三縣知縣。是集詩二十二卷、文八卷。清《四庫存目》，道光、光緒《（安徽）通志》皆著録。詩長於集句，位置聯絡如出自然。

靜庵集二卷

［明］趙瑞撰。瑞字子祥，宣城人。成化十三年舉人，官至彰德府知府致仕，年八十五卒。事迹具《縣志·宦業傳》。集二卷，《江南通志》及道光、光緒《（安徽）通志》皆著録。《宛雅初編》録七絶一首。

靜軒稿

［明］汪舜民撰。舜民字從仁，婺源人。奎從子。成化十四年進士，官至右副都御史，巡撫鄖陽，改南京都察院道卒。事迹具《明史》本傳。《江南通志》及道光、光緒《（安徽）通志》皆著録，無卷數。又誤爲旌德人，今據《明史》更正。舜民

讀書博學，一守朱熹之説。《縣志》作《靜軒文稿》，《府志》作《靜軒行稿》。

代思集

[明] 王珦撰。珦字克温，祁門人。成化十四年進士，官至廣西參議，引疾歸。事迹具《縣志·宦迹傳》。道光、光緒《（安徽）通志》皆著録，無卷數。《祁詩合選》録五古一首。

水東文集

[明] 夏祚撰。祚字天錫，當塗人。成化十四年進士，官至福建左布政，歸卒。事迹具《縣志·宦迹傳》。《江南通志》及道光、光緒《（安徽）通志》皆著録，無卷數。《縣志》録七古一首。

默庵集

[明] 祝富撰。富字堯臣，舒城人。成化十四年會試乙榜，官伊府長史、進嘉議大夫致仕。事迹具《縣志·文苑傳》。《江南通志》及道光、光緒《（安徽）通志》皆著録，無卷數。富博學工詩。《府志》録七律一首。

素亭集

[明] 方向撰。向字與義，桐城人。成化十七年進士，官終廣東瓊州知府，入覲卒於京。事迹見《明史·姜綰傳》。道光、光緒《（安徽）通志》皆著録，無卷數。方學漸《邇訓》載知縣蔡子晉登投子寺，見向題壁詩，嗟賞！因悉剷去他作，獨留向詩。其詩云："深山深夏似深秋，葵扇桃笙不用謀。只是夢魂猶未穩，去來栩栩岳陽樓。"《龍眠風雅》録三十四首、《桐舊集》録十六首，字句多不同（《山中雜咏》第一首"時"作"草"，第三首"笑言"作"言笑"、"暑"作"燠"、"心"作"遥"、"停孤"作"滋停"；《遇饒風嶺》"足下起"作"起足下"、"攀"作"折"、"似蝸殼"作"蝸牛居"、"亂"作"倒"、"毛豎"作"慄然"、"莫到此"作"到此際"；《雷港大風行》"惡"作"春"、"帆脚"作"布帆"、"那吹"作"勝風"、"船窗脱落斜蘸水"作"船櫺欹側舷傾水"、"傾欹"作"戰兢"、"小"作"兒"、"淚空"作"泣頻"、"指"作"齒"，又無"敗榸無數被江流，滿岸行人牙擊齒"二句、"拼永爲泥"作"分委泥沙"、"公然"作"何期"、"山飛鳥"作"上鳥任"、"須臾浪息風亦靡"作"風息猶看浪靡靡"、"縮頭吐舌"作"慰勞神魂"、"讙聲"作"歌吟"、"休"作"將"、"已無知"作"葬無所"、"仍不"作"争難"、"所務"作"挂帆"；《夜坐感懷》"四"作"近"、"一"作"挑"；《送妻元善》"莫"作"不"、"途頻"作"游

偏";《寄皖中諸友》"自此令人"作"漠漠"、"江城雨"誤"雨海南";《雜咏》"紀"作"記")。又《雜懷》《田家謠》《過三兄十竹軒》《投子寺題壁》四絶爲《(龍眠)風雅》所無,合之尚得三十八首,《明詩綜》《清御選明詩》均録其詩。

東江集

《江南通志》及道光、光緒《(安徽)通志》皆題明丁鎡撰,無卷數。考《南陵志·名臣傳》,鎡字永時,永樂中以書法徵入國子監,預修《永樂大典》,官至刑部左侍郎,請告歸,而不言有是集。又《鄉獻傳》載明陳效字志學,成化十七年進士,官至鹽運使,以忤劉瑾歸,著《東江集》,似是集爲陳效撰。今姑依前志著録,而著其疑於此焉。

龍山集

[明]鮑楠撰。楠字良用,歙縣人。成化二十年進士,官南京户部員外郎。道光、光緒《(安徽)通志》皆著録,無卷數。《明詩綜》録一首。

甘棠集 三觀稿 澹翁稿 雲萍唱和展驥集

[明]潘珏撰。珏字玉宇(一作"汝"),婺源人。成化二十年進士,官至福建按察僉事。事迹具《縣志·名臣傳》。道光、光緒《(安徽)通志》皆以《甘棠》《三觀》二集屬之珏,而以《澹翁》《展驥》二集爲雲萍撰,是誤以雲萍爲人名也。今據《縣志》著録。

湖亭集

[明]貢欽撰。欽字元禮,宣城人。成化二十年進士,官順德府知府。事迹具《縣志·文苑傳》。集有徐元太及從孫安國、忠國序。《江南通志》及道光、光緒《(安徽)通志》皆著録,無卷數。欽幼穎異,才氣跌宕[1],李東陽、程敏政極稱之,有秋水芙蓉之目。安國謂其不屑唐人格局,然清縟溜麗出自胸臆,風韻灑然一洗安排之迹;忠國亦謂其清婉靚麗,無事雕琢而天然之趣,暢適於風埃之表云。《宛雅初編》録七律四首、七絶一首。《縣志》録五律一首。

敬亭集

[明]張綸撰。綸字大經,宣城人。順天籍參政曄之孫。成化二十年進士,官至

---

① 跌宕:亦作"跌蕩"。卓越,不同尋常。清吕留良《〈賴古堂集〉序》:"櫟園以卓犖跌蕩之材,夙負令譽。"

右都御史致仕，年七十卒，贈太子少保。事迹具《縣志·名臣傳》。《江南通志》、光緒《（安徽）通志》皆著錄，無卷數。道光《（安徽）通志》作"張倫"，誤。綸詩效李東陽，渾厚清婉。《宛雅初編》錄七律三首。《縣志》錄七律一首。

舫齋集

[明]李貢撰。貢字惟正，號"舫齋"，蕪湖人。永次子。成化二十年進士，官至兵部右侍郎，歸卒。贈南京工部尚書。事迹具《縣志·宦迹傳》。《江南通志》及道光、光緒《（安徽）通志》皆著錄，無卷數，又作當塗人，誤，今據《蕪湖志》著錄。《縣志》稱其學有淵源，文詞清贍①，錄七律一首。

徐傑詩文集

[明]徐傑撰。傑字元定，更名興之，繁昌人。成化二十年進士，官淄川知縣，歸卒，年四十六。事迹具《縣志·隱逸傳》。光緒《（安徽）通志》著錄，無卷數。傑在官僅數月，直指行部至縣，傑但長揖，遂挂冠歸，結廬馬人山，以詩歌自娛。游金陵爲魏國公上客。《縣志》錄詩十五首。

東澗集

[明]黃金撰。金字良貴，號"東澗"，定遠人。成化二十年進士，官至廣西布政司參議。事迹具《縣志·仕迹傳》。光緒《（安徽）通志》著錄，無卷數。金結廬泉塢，以文史自娛。《縣志》錄詩一首。

五城集五卷（一作"三卷"）

[明]董傑撰。傑（字萬英，號"五城"，涇縣人。成化二十三年進士，官至右副都御史，巡撫江西，爲宸濠②所酖卒。事迹具《明史》本傳）有《五城奏疏》，已著錄。是集五卷，有徐冠序。《江南通志》及道光、光緒《（安徽）通志》皆著錄。《青虹閣詩評》云："萬英如一鶚橫秋，百鳥斂翻。"《縣志》錄七律一首。

碧溪文集

[明]吳泰撰。泰本姓汪，贅於吳，以其姓入學，字碧溪，宿松人。成化選貢，官湖廣武岡州知州。事迹具《縣志·文苑傳》。《江南通志》及道光、光緒《（安徽）通志》皆著錄，無卷數。泰嘗游蘇州，雪夜吟梅花詩百首，盛傳於時，是集外當更

---

① 清贍：清新豐富。南朝梁江淹《袁友人傳》："文章倜儻，清贍出一時。"

② 宸濠：即寧王朱宸濠。

有詩集單行，然《縣志·藝文》已不載，蓋已佚矣。

槐軒詩集

［明］黃文魁撰。文魁字君仲，寧國人。成化間太學生，任廣西慶遠府知府。事迹具《乾隆府志·文苑傳》。光緒《（安徽）通志》作《槐軒集》，無卷數，今據《府志》著録。文魁喜吟咏，皆自出新意，不經人道語。

東溪詩集

［明］王源撰。源字惟遠，南陵人。成化間處士。事迹具《縣志·隱逸傳》。光緒《（安徽）通志》著録，無卷數。源慕陳獻章、莊昶爲人，以耕漁自足，暇則讀書，縣丞謝文祥造廬賡咏①，必竟日始去。

西園集二卷

［明］貢鏞撰。鏞字元聲，宣城人。師泰裔孫。事迹具《縣志·隱逸傳》。是集二卷，道光、光緒《（安徽）通志》皆著録。鏞學宗程頤，又從會稽劉師部學。居嘗力耕，足不至城府，手録古隱士有迹無名者，以自况。《縣志》録詩二首、《宛雅初編》録詩十七首。

山林清趣集十卷

［明］戴恭撰。恭字伯敬，婺源人。事迹具《縣志·隱逸傳》。光緒《（安徽）通志》載是集，無卷數，今據《縣志》著録。恭穎敏嗜學，善琴耽吟咏。

雲邀摘稿八卷拾遺一卷

［明］鄭鯨撰。鯨字騰海，歙縣人。早卒。事迹具《縣志·詩林傳》。遺稿爲妻汪所藏，以付其弟虬，請程敏政采擇爲八卷，卷一至卷三詩，首五古、七古，次樂府，次五律、七律，次五絶、六絶、七絶，都百十七首，卷四至卷七文，首序、次記、次志、次題跋、次傳、次銘、次頌、次贊、次墓志銘、次墓表、次哀辭、次祭文、次雜著，都二十八首，卷八附録，爲行狀、哀挽之屬，前有弘治六年程敏政序。拾遺一卷，都詩二十四首，則裔孫澹成所輯也。光緒《（安徽）通志》著録，無卷數。敏政稱其好學，詩文力追古作者，使天假之年②所得又寧止此云。

---

① 賡咏：相繼咏和。宋陳巖肖《庚溪詩話》卷上：“君臣會遇，形於賡咏，此與唐虞賡載，事雖異而意同也。”

② 天假之年：指上天賜給足够的年壽，能享其天年。《左傳·僖公二十八年》：“天假之年，而除其害。”

管天稿

〔明〕程充撰。充自號"復春居士"，休寧人。玩子。事迹具《府志・風雅傳》。光緒《（安徽）通志》著録，無卷數。充天性開爽，初業儒，後以親疾習醫，結族之賢者爲詩社。

士齋集三卷

〔明〕鄒賽貞撰。賽貞號"士齋"，當塗人。贈監察御史謙之女，蕭山知縣魯之妹，同縣濮琰妻，弘治九年進士翰林院編修韶之母。事迹具《縣志・列女傳》。集凡詩二卷、雜文一卷，知府傅鑰迎母至署，賽貞爲作《東山愛日亭記》，鑰嘆服爲梓，是集有女夫大學士費宏序。清《四庫存目》，道光、光緒《（安徽）通志》皆著録。潘之恒謂其詩文端嚴典雅，惜未免寒酸氣。《明詩綜》録一首，《縣志》録一首，《東山愛日亭記》亦見《縣志》。

南峰小稿四卷

〔明〕程質撰。質字文夫，婺源人。事迹具《縣志・隱逸傳》。光緒《（安徽）通志》載是集，無卷數，今據《府志》著録。質弘治初與修《憲廟實録》，又佐程敏政修《程氏宗譜》、編《新安文獻志》。

祁閶雜咏一卷續稿一卷梅花百咏一卷春雨軒稿二卷

〔明〕汪璪撰。璪字文亮，祁門人。思敬子。弘治初徵修《憲廟實録》。事迹具《縣志・文苑傳》。光緒《（安徽）通志》著録。璪恒居一小樓，治經史。《祁詩合選》録五古、五律各一首。

柏巖明善稿

〔明〕程復撰。復字用初，祁門人。隱居石山，弘治初薦修《憲廟實録》。事迹具《縣志・文苑傳》。光緒《（安徽）通志》著録，無卷數。復博通經史，尤善《春秋》。《祁詩合選》録五律二首。

歲寒亭稿

〔明〕范如岡撰。如岡復姓方，字埜夫，南陵人。弘治五年舉人，嘉靖間撫按交薦，辭不就。事迹具《縣志・儒林傳》。光緒《（安徽）通志》著録，無卷數。如岡潛心性學，以詩自娛。郡守胡東皋屢造其盧，人兩賢之。《縣志》録文一首、詩二首。

靜齋詩集

〔明〕陳孜撰。孜，南陵人。弘治五年舉人，官至寧羌州知州，致政^①歸，年八十三卒。事迹具《縣志·宦業傳》。《江南通志》及道光、光緒《（安徽）通志》皆著録，無卷數。孜與兄都運效俱以文名。《縣志》稱其閉門吟咏，不入公庭。嘉慶《縣志》作《靜庵詩集》。

顧起亭集

〔明〕顧伯謙撰。伯謙字有終，臨淮鄉人。尚書佐之子。弘治五年舉人，未仕卒。事迹具《鳳陽縣志·鄉賢傳》。《江南通志》及道光、光緒《（安徽）通志》皆作“顧伯諫”，蓋以形近而誤。《縣志》載《白石山》七律一首。

蒲塘集

〔明〕胡爟撰。爟字仲光，號“蒲塘”，蕪湖人。弘治六年進士，官戶部主事，十四年乞養歸卒。事迹具《明史》本傳。《江南通志》及道光、光緒《（安徽）通志》皆著録，無卷數，又作當塗人，誤，今據《蕪湖志》著録。《縣志》録五古二首，稱其文雄偉精當。

缶音集一卷

〔明〕余存修撰。存修一名長生，號“鈍齋”，歙縣人。事迹具《縣志·詩林傳》。是集一卷，李夢陽序。光緒《（安徽）通志》著録。存修游河南以詩名，自周藩而下靡不敬禮之，稱爲逸士。

潛虯山人集十卷 羹墻集四卷

〔明〕余育撰。育字養浩，歙縣人。存修子。事迹具《縣志·士林傳》集二種，光緒《（安徽）通志》著録，道光《府志》作《羹墻録》。

霞城集二十四卷

〔明〕程誥撰。誥字自邑，歙縣人。事迹具《縣志·詩林傳》。集二十四卷，清《四庫存目》，道光、光緒《（安徽）通志》皆著録。誥好游，所至輒紀以詩，嘗過河南謁李夢陽，又與鄭元撫輩十五人結社天都峰下。夢陽謂其神境融會，足以散置

---

① 致政：猶致仕。指官吏將執政的權柄歸還給君主。《淮南子·氾論訓》：“成王既壯，周公屬籍致政，北面委質而臣事之。”高誘注：“致，猶歸也。”

名家。王寅則謂其篇章過富，珠以沙迷，反滋識者之憾云。《明詩綜》録十一首。

方山子詩選

[明] 鄭作撰。作字宜述，自號"方山子"，歙縣人。事迹具《縣志·詩林傳》。詩爲李夢陽選并序，道光、光緒《（安徽）通志》皆著録，無卷數。作家本商賈，搆精舍方山，讀書苦吟，與同縣程誥并著詩名。游河南師李夢陽，夢陽爲作《方山精舍記》并贈詩云："近時好事最者誰，徽州鄭生差①愛我。"王寅謂其雄渾跌宕有風骨，朱彝尊亦謂其俊利勝五嶽山人。《明詩綜》録四首。

風木哀情集一卷

[明] 葉蕴撰。蕴字德敷，祁門人。弘治八年 [《縣志》作"乙酉"。案：弘治無"乙酉"，此據道光《（安徽）通志》] 舉人，官廣西慶遠知府，晋參政。事迹具《縣志·宦迹傳》。道光、光緒《（安徽）通志》皆載是集，無卷數，今據道光《府志》著録。

仁峰文集二十四卷外集一卷

[明] 汪循撰。循（字進之，學者稱"仁峰先生"，休寧人。弘治九年進士，歷永嘉、玉山知縣，遷順天府通判，正德初乞養歸。事迹具《縣志·儒碩傳》）有《帝祖萬年金鑑録》，已著録。是集文十七卷、日録二卷、詩五卷，末附詩話數則。外集一卷，附録救命、行實、墓銘、祭文之類，嘉靖十年書林劉氏刻。其子戩跋謂先刻其强半，蓋尚非全稿也。清《四庫存目》，道光、光緒《（安徽）通志》皆著録。循從莊昶游，凡有德望者均禮爲師友，獨與王守仁論學，諄諄反覆，謂不能無疑者，四足②爲妄詆朱子之戒，然《答程曈書》又謂朱子著書立言，皆欲使人明理反求諸心，後之學者徒知排比章句、辨析詞理，朱子之學果如是乎？持論亦頗中流弊。《縣志》謂其爲文務關世教，折衷古今人物不輕許，可蓋以此也。《明詩綜》録詩一首。

默齋稿二卷

[明] 李嘉祥撰。嘉祥字時鳳，貴池人。弘治九年進士，官至南京戶部員外郎。事迹具《縣志·宦迹傳》。《江南通志》及道光、光緒《（安徽）通志》皆載是集，

---

① 差：略微，比較。

② 四足：四隻脚，指獸類。亦指四肢，此是對人的蔑稱。《禮記·曲禮下》："羽鳥曰降，四足曰漬。"孔穎達疏："四足曰漬者，牛馬之屬也。"

無卷數，今據《縣志》著録。

南岡集四卷

[明] 唐澤撰。澤字沛之，號"南岡"，歙縣人。弘治十二年進士，官至都御史，巡撫甘肅，卒於任，贈户部左侍郎，謚"襄敏"。事迹具胡承熙《獻徵録》。是集四卷，見《府志》。《江南通志》及道光、光緒《（安徽）通志》皆著録，無卷數。

泰山攬勝詩

[明] 高誨撰。誨字廷弼，合肥人。弘治十四年舉人（康熙《府志·人物》作"正德辛酉舉人"。案：正德無辛酉。《選舉》作"弘治辛酉"，不誤，今從之），授山東青城知縣，判萊州轉廣西養利州不赴。事迹具《縣志·人物傳》。光緒《（安徽）通志》著録，無卷數。《縣志》録七古一首、記一首。

兩峰存稿一卷

[明] 潘珍撰。珍字玉卿，婺源人。弘治十五年進士，官至兵部左侍郎，以言事落職，尋復官致仕，卒贈右都御史。事迹具《明史》本傳。道光、光緒《（安徽）通志》皆載是集，無卷數，今據道光《府志》著録。

瀛洲詩 北歸稿 類庵稿

[明] 趙永撰。永，臨淮鄉人。弘治十五年進士。集三種，《江南通志》及道光、光緒《（安徽）通志》皆著録，無卷數。

梅林詩集三卷

[明] 蕭世賢撰。世賢字若愚，桐城人。弘治十八年進士，官浙江嘉興知府，升湖廣副使未至道卒。事迹具《縣志·宦迹傳》。集三卷，《江南通志》及道光、光緒《（安徽）通志》皆著録。潘江《龍眠風雅》稱其詩文，力追漢晉。子姓零落，集不可得，僅於志中搜一詩以存，徐璈《桐舊集》亦録是詩，而字句小異（"借問"作"步履"、"小兒"作"兒童"、"繪"作"畫"、"孤"作"懷"、"蕾縮"作"影瘦"）。考《潛山志》載世賢《次胡可泉下潛嶽韵》七古一首，二集蓋皆未之見，其詩云："舒州太守謫仙才，天柱峰前騎鶴回。群仙撫掌歌且送，青天萬丈芙蓉開。千年神秀吐幽秘，山靈自獻誰能催。鶴背答歌停留雲，天風吹落音鏗哉。洞虎鼓瑟巖獅舞，公胡爲乎不徘徊。步兵古調酬山谷，魯公鐵畫鑱崔嵬。柱史繫馬牛女石，黄門醉卧香泥苔。此時梅塘主人從不得，嗅花索笑空繞寒泉隈。"

金臺遺稿一卷

〔明〕程定撰。定字靜夫，別號"後野"，績溪人。弘治十八年進士。事迹具
《縣志·文苑傳》。是集一卷，四川張鵬刻，光緒《（安徽）通志》著録。定幼穎敏，
日記數千言，肄業南雍，爲章懋、羅欽順所賞，又與增城湛若水、上海陸深友善。
張鵬稱其不事雕刻而奇氣自見。

後野集

〔明〕程定撰。四川張鵬刻。光緒《（安徽）通志》著録，無卷數。

眉軒漫稿

〔明〕汪生民撰。生民字本仁，婺源人。事迹具《縣志·隱逸傳》。集有黃佐序，
光緒《（安徽）通志》著録，無卷數。生民與修《孝宗實録》。黃佐謂其詩格得陶
韋，文尺度韓歐，人謂之知言。眉軒者，生民嘗自言人有五官，而眉不用，予兄弟
凡五，以學爲世用者三，其一能幹其家，獨予無用猶眉也。

桂山摭稿一卷

〔明〕江銓撰。銓字元衡，婺源人。事迹具《縣志·隱逸傳》。光緒《（安徽）
通志》載是集，無卷數。又以"江"爲"汪"，今據《縣志》及《府志》著録。銓八
歲讀書了大意，十五能詩，聞王守仁倡道往見之，縣令曾忭嘗與參定《諭俗禮要》。

天香館詩集

〔明〕金一梅撰。一梅字元夫，潛山人。事迹具《縣志·文苑傳》。《江南通志》
及道光、光緒《（安徽）通志》皆著録，無卷數。一梅好學能文，絶意仕進。

躭竽稿　閨範集

〔明〕程暾撰。暾字孟陽，歙縣人。府學生。事迹具《縣志·士林傳》。光緒
《（安徽）通志》著録，無卷數。暾著作甚富，其言一秉[1]六經。

西巖集

〔明〕汪本撰。本字以正，歙縣人。正德二年舉人。年三十二卒。事迹具《縣

---

① 秉：保持，堅持。《詩·小雅·小弁》："君子秉心。"

志·詩林傳》。道光、光緒《（安徽）通志》皆著録，無卷數。《府（志）》《縣志》皆作《西巖遺稿》。本十歲能詩，游學南畿。程敏政嘆爲鳳雛麟種①。王寅輯《新都秀運集》，以本詩壓卷，稱其“愁邊草木歇，夢裹關山多”之句，蓋是時新都風氣，咸宗敏政。本獨以古爲師，故亟取之也。《明詩綜》録一首。

老女吟

［明］丁相撰。相，懷寧人。正德三年選貢，官順德府通判。事迹具《縣志·文苑傳》。詩凡數十首，蓋以自况。《江南通志》及道光、光緒《（安徽）通志》皆著録，無卷數，《府志》録一首。

方塘文集

［明］潘鑑撰。鑑字希古，婺源人。正德三年進士，官至兵部尚書兼右副都御史，提督兩廣軍務，未至卒，贈太子太保，謚“襄毅”。事迹具《縣志·名臣傳》。道光、光緒《（安徽）通志》皆載是集，無卷數。道光《府志》載鑑《古泉集》二卷，而注云一作《方塘文集》，似一集而有二名。《明詩綜》亦載《古泉集》，又似方塘爲文集，而《古泉》爲詩集也，今仍依前志著録。

和溪文集

［明］程昌撰。昌字時言，祁門人。布政泰之子。正德三年進士，歷官湖廣、四川按察使，謝政歸。事迹具《縣志·宦迹傳》。道光、光緒《（安徽）通志》皆載是集，無卷數。考道光《府志》，又載程泰《和溪文集》四卷，集名與昌相同，莫喻其故，今依《縣志》著録。《祁詩合選》録五古三首、五絶一首。

篁谿集

［明］祝鑾撰。鑾字鳴和，號“篁谿”，當塗人。正德三年進士，官至福建參政致仕歸。事迹具《縣志·宦迹傳》。集有翁正春、章嘉正序。《江南通志》及道光、光緒《（安徽）通志》皆著録，無卷數。《明詩綜》録二首，《縣志》録序、記、七律各一首。

留都小稿一卷 中都行稿一卷 嶺南類稿一卷

［明］江一桂撰。一桂字伯馨，婺源人。正德五年舉人，由建寧知縣升南京户部

---

① 鳳雛麟種：即“鳳雛麟子”，比喻貴族子孫或稱譽傑出子弟。唐李咸用《輕薄怨》詩：“鳳雛麟子皆至交，春風相逐垂楊橋。”

主事，督中都、提九庫，出知廣西太平府、晉副使卒。事迹具《縣志·宦迹傳》。道光、光緒《（安徽）通志》皆載是集，無卷數，今據道光《府志》著錄。

沙塘晬稿 補拙稿

［明］章棟撰。棟字四可，青陽人。正德五年舉人，官沅州知州。事迹具《縣志·儒林傳》。《江南通志》、道光《（安徽）通志》皆著錄，"晬"作"粹"、光緒《（安徽）通志》"沙"又作"山"，今據《縣志》著錄。棟博洽經史百家，至老不倦，人稱"四可先生"。

蓉川集七卷

［明］齊之鸞撰。之鸞初名"雲鸞"，字瑞卿，號"蓉川"，桐城人（《明詩選》作"無錫人"，誤）。正德六年進士，累官河南按察司提學副使，遷順天府丞，未之官卒。事迹具《明史》本傳。康熙己未修《明史》，檄取之鸞《入夏錄》送官，曾孫山等因袞爲是集，凡五種，一曰《南徵紀行》詩八十三首、附賦一首，從徵宸濠時作；一曰《悠然亭雜詩》一百六首、附記序三首，官南京時作；一曰《開堰集》詩二十二首，在安慶時作；一曰《歷官疏草》，起正德九年訖嘉靖八年，凡二十六首，以上每種爲一卷；一曰《入夏錄》析爲三卷，前二卷詩，後一卷雜文，乃其僉事寧夏時作，有張嘉祥、管律、陳式、王官諸序跋。惟據《陳式序》尚有《何永紹序》，而此無之，末附汪玄錫等贈言，而總冠以小傳、行狀、年譜，前有韓菼、錢澄之、潘江、馬教思序，後有山跋。潘序、山跋均題"康熙辛酉"且有"鐫既竣"語，當即刻於其時。清《四庫存目》，道光、光緒《（安徽）通志》皆著錄，然世少傳本，光聰諧曾刻入《龍眠叢書》，遭亂并毀。同治、光緒間徐宗亮得原編上海，僅前四卷，缺《入夏錄》三卷暨行狀、贈言及跋，乃移疏草於卷一并增《明史》列傳於前，光緒丁酉刻於桐城，前有宗亮識語。朱之蕃《盛明百家詩選》稱其詩多遒勁之氣；朱彝尊《靜志居詩話》稱其入夏諸詩，山川險隘，誦之有如聚米，與尹耕并工，二朱皆知言者；《四庫（總目）提要》謂詩非所長，殆不然也。《龍眠古文》錄文八篇、《龍眠風雅》錄詩九十五首、《桐舊集》錄三十二首、《明詩綜》錄十五首。

東峰集二卷

［明］汪玄錫撰。玄錫字天啓，婺源人。休寧籍正德六年進士，官至戶部侍郎，卒贈尚書。事迹具《明史》本傳。道光、光緒《（安徽）通志》皆載是集，無卷數，今據道光《府志》著錄。玄錫七歲能詩，程敏政奇之。《明詩綜》錄一首。

唐山集

[明] 貢珊撰。珊字廷甫，宣城人。正德六年進士，官唐山知縣，入覲卒於京。事迹具《縣志·宦業傳》。《江南通志》及道光、光緒《（安徽）通志》皆著録，無卷數。《縣志》録五古一首，《宛雅初編》録七絶二首。

思補亭集

[明] 金蓁撰。《江南通志》及道光《（安徽）通志》作明金憲撰，光緒《（安徽）通志》作明金蓁撰，考《潛山志·隱逸傳》，蓁字尚美，又《文苑傳》，憲字廷紀，廩生，皆載有《思補亭集》，而《藝文志》又以是集專屬之蓁。憲，蓁之子也。光緒《（安徽通）志》蓋據《縣志》，今依以著録。

和齋集 籟野集 瀛海集 燕市吹劍集 湖涯集

[明] 貢汝成撰。汝成字玉甫，宣城人。鏞之子。正德八年舉人，官翰林院待詔，卒於官。事迹具《縣志·文苑傳》。《江南通志》及道光、光緒《（安徽）通志》皆著録，無卷數。《縣志》作《吹劍集》《湖涯賦草》，餘同《通志》。汝成早慧博洽，與旌德梅鶚齊稱。嘉靖初與修《祀儀成典》及獻《郊廟賦》，又預校録經史，上《復古治策十五事》，凡三萬七千餘言。貴溪夏言嘗稱爲博雅學者云。《縣志》録文三首、詩二首，《宛雅初編》録詩二十二首。

心庵文集

[明] 唐皋撰。皋字守之，號"心庵"，歙縣人。正德九年進士，官至侍讀學士。《江南通志》及道光、光緒《（安徽）通志》皆著録，無卷數。皋爲文下筆立就，或請其改竄，輒迅筆更撰，不襲一字，人以是服其才。《明詩綜》録詩一首。

承庵文集七卷

[明] 胡松撰。松字茂卿，績溪人。正德九年進士，官至刑部尚書，引疾歸，卒年八十三。事迹附《明史·滁州胡松傳》。是集七卷，道光、光緒《（安徽）通志》皆著録。

恭川遺集一卷

[明] 李崧祥撰。崧祥號"密嚴"，貴池人。正德九年進士，官至四川左布政使。事迹具《縣志·宦迹傳》。《江南通志》及道光、光緒《（安徽）通志》皆載是集，無卷數，今據《縣志》著録。

考功集十卷

〔明〕薛蕙撰。蕙（字君采，號"西原"，晚號"大寧居士"，亳州人。正德九年進士，官至吏部考功司郎中罷歸，嘉靖二十年卒，年五十三，崇禎二年贈太常寺少卿。事迹具《明史》列傳）有《老子集解》，已著録。是集十卷，卷一首賦、次四言詩、次樂府，卷二、卷三五古，卷四七古，卷五五律，卷六排律，卷七七律，卷八絶句，卷九書，卷十序記、雜著，前有嘉靖十四年李宗樞序，後附南充王廷撰行狀，武進唐順之撰墓志銘，長洲文徵明撰墓碑銘。《明史·藝文志》、清《四庫書目》并著録。考《州志》載《西原集》十卷，有晉江何喬遠、會稽錢象坤、沔陽陳文燭及嘉靖癸亥（四十二年）南充王廷序，又附原校姓氏：何景明、李夢陽、孫一元、鄭善夫、王廷陳、顧璘、孟洋、邊貢、王廷相、高叔嗣、馬理、文徵明、唐順之、孔天允、黃省曾、李攀龍、王世貞、汪道昆、徐中行、屠隆、余寅、李維楨、焦竑、湯顯祖、虞淳熙、黃汝亨、何喬遠、周羔；重校姓氏：鄭三俊、程注、吕維祺、侯恂、侯恪、吳甡、洪瞻祖、解學龍、王思任、姚永濟、方震孺、文震孟、陳仁錫、倪元璐、陳盟、蔣德璟、方逢年、王鐸、徐時泰、倪嘉善、夏曰瑚、張國維、朱又焕、許世藎、宋權、馬如蛟、吳道昌、喬可聘、吳從周、田用坤、金光宸、王三德、張元佐、王抒、陳觀陽、丁啓睿、徐日曦、胡守恒、李清、方士亮、鄧汝舟、高登瀛、馬光國、彭堯俞、柴世基、劉懌；參訂姓氏：張元徵、顧懋樊、聞啓祥、周兆斗、錢震瀧、劉士鱗、龔五韺、張墉、洪吉臣、黃樞、陸運昌、朱天璧、張垮，都八十七人，此本皆無之。據何序稱先生書，舊各自爲一部，世孫大年（大年名邦瑞，天啓壬戌進士，知晉江縣，官至浙江水利道。蕙支族也）來知吾縣，乃示予訂正合刻之，錢序稱所刻少作，歲久漫漶，世孫大年來憲吾浙復裒集遺文合刻之。陳序稱《考功集》者，薛西原先生著，其孫鳳翔（鳳翔，蕙嗣孫）問序於金陵，王序稱《西原集》并早年作，先生與故相（嚴嵩）交厚，其刻集并贈貽詩刪焉，予爲蘇州托文衡山詮擇詩文爲《考功集》四卷行世，猶藏遺書一卷，屬沈艾陵校正付梓云云。是集本名"西原"爲蕙所自編刻，其易名"考功"當在大年重刻時，王廷又別刊爲四卷，惟丁丙《（善本書室）藏書志》既載嘉靖刊本，《考功集》十卷，附録一卷，爲《四庫著録》，又載嘉靖刊本《西原集》二卷，爲乙亥（正德十年）至癸未（嘉靖二年）之詩，蓋即蕙自刻本也。蕙七歲能屬文，十二能詩，王廷相判亳，稱爲何、李之流，然蕙論文主復簡質①（卷九《答王廷相論文》），論詩主兼才學（卷十《楊慎詩序》），又《戲成五絶》有云："俊逸終憐何大復，粗豪不解李空同（卷八）。"於

---

① 簡質：簡樸。清張英《讀元道州賊退示官吏詩慨然有作》："我愛元次山，詩篇獨簡質。"

何、李復明示從違，蓋卓然自立，不爲風氣所囿者也。道光、光緒《（安徽）通志》皆著録，《明詩綜》録四十四首。

西原遺書二卷

［明］薛蕙撰，皆與人講學、書札，乃户部侍郎南充王廷所藏，屬沈艾陵校正，嘉靖四十二年刻於揚州。清《四庫（總目）》既録入“子部·雜家”，復互見“集部”，據《提要》所稱引，今皆在《考功集》卷九《與人書》中。道光《（安徽）通志》著録作《西原集》。

豐山集

［明］孫存撰。存字性甫，全椒人。序子。正德九年進士，官至河南左布政使。事迹具《縣志·宦迹傳》。道光、光緒《（安徽）通志》皆著録，無卷數。《明詩綜》録一首，作滁州人，誤。

方塘集十卷

［明］汪思撰。思字得之，婺源人。正德十二年進士，官至雲南副使乞養歸。事迹具《縣志·文苑傳》。道光、光緒《（安徽）通志》皆載是集，無卷數，今據道光《府志》著録。《縣志》録文一篇。

鳧山集四卷

［明］梅鷟撰。鷟字百一，號“鳧山”，旌德人。正德十二年進士，年四十五卒。事迹具《縣志·文苑傳》。集四卷，光緒《（安徽）通志》著録。據鷟《送吳東溪序》，自述所著有《讀易志》《易稽疑》《讀書志》《讀詩志》《讀禮志》《讀戴記志》《大學中庸稽疑》《諸經會通例》《讀論語志》《論語會通例》《讀孟子志》《孟子會通例》《孔孟異同》《讀荀志》《述小學篇》《韓昌黎文辨誣》《周子罪言》《朱子會通例》《讀素問志》《讀參同契志》《讀葬書志》《葬書復古編》，凡二十二種。《縣志》稱其著作未經讎校，遺稿多散佚，惟《鳧山集》四卷傳世，是其集尚存也。《縣志》録文三首。

昌黎詩辨注

［明］梅鷟撰。《江南通志》及道光、光緒《（安徽）通志》皆著録，無卷數。考鷟《送吳東溪序》，稱韓昌黎之文雄視百代，而著書闢邪，旨不謬於六經，後人過

而非之，真所謂爲郅支①報仇者，則爲之辨誣云云（《縣志》卷九）。《縣志·藝文》亦惟載《韓文公辨誣》，《續志·藝文》則載《韓昌黎文辨誣》，皆無《昌黎詩辨》，注不知《通志》何據？又考《縣志》稱鶚著作未經讎校而卒，遺稿多散佚，惟《梟山集》四卷傳世，是編蓋已佚矣。

獅山文集十卷

［明］柯相撰。相字元卿，貴池人。正德十二年進士，官至都察院右副都御史，巡撫陝西改撫河南，又改督兩廣不赴，告歸卒。事迹具《縣志·宦迹傳》。《江南通志》及道光、光緒《（安徽）通志》皆載是集，無卷數，今據《縣志》著錄。《縣志》又載《獅山題咏》二卷。

蘇原全集

［明］吳廷翰撰。廷翰字崧伯，號"蘇原"，無爲州人。正德十五年進士，官至山西參議致仕。事迹具《州志·仕績傳》。集有馮開之序。《江南通志》及道光、光緒《（安徽）通志》皆著錄，無卷數。廷翰生而穎異，綜覽博洽，嘗上書王守仁，又與歐陽南野、余玉崖往復辨論，晚年手不釋卷，郡中論品學推爲魁楚云。《州志》錄文七首。

湖山小稿

［明］吳廷翰撰。《江南通志》及道光、光緒《（安徽）通志》皆著錄，無卷數。廷翰致仕年甫四十餘，晚築室城東，攬湖山之勝。《州志》錄詩五首。其《繡溪》詩云："楊柳深深沙塢起，桃花短短野津通。亭臺不斷雙溪上，鳧鷺來游一鑑中。白石青山看盡見，錦檣畫舫照應同。已堪高興隨王子，更可清狂醉賀公。"

吳兵部集一卷

［明］吳橄撰。橄字用宣，號"皖山"，桐城人。正德十六年進士，官至陝西參政。事迹具《縣志·宦迹傳》。集一卷，有嘉靖十七年四川蔣芝序。道光、光緒《（安徽）通志》皆作《皖山集》，無卷數。朱彝尊《明詩綜》亦稱曰《皖山集》，蓋即是集而稱其號也，今據《天乙閣書目》著錄。橄嗜古力學，長於詩，蔣芝稱其

---

① 郅支：匈奴單于。呼韓邪單于之兄，名呼屠吾斯。漢宣帝五鳳元年，獨立爲郅支骨都單于。元帝初，叛漢。建昭三年，爲西域副校尉陳湯攻殺，斬郅支首及名王以下千餘級。後世因以"郅支"代稱外寇。清張維屏《三元里》詩："一戈已揕長狄喉，十日猶懸郅支首。"

言達實茂，洵^①爲大雅質的云。《龍眠風雅》録三十四首，《桐舊集》録九首，内《春日》一首爲《（龍眠）風雅》所無，其他字句亦小異（《過涿郡》五古，"霧"作"雰"、"登高岡"之"登"作"在"、"遡"作"遵"；《霍邱訪胡公擇》五律，"敝舍"作"舊宅"；《西原》五律，題無"園中"二字，"雨"作"酒"；《哭叔羽》七律，"孤"作"虚"，題亦異；《過張侯園亭》七律，"從"作"隨"）。《明詩綜》録二首。

朱遜泉集

［明］朱勛撰。勛字汝德，滁州人。指揮源子。正德十六年歲貢，授安福訓導，升泉州府教授致仕歸。事迹具《縣志·宦績傳》。光緒《（安徽）通志》著録，無卷數。《（滁）州志》作詩集。勛少從王守仁游，有《上喬太宰瘦馬吟》云："歷盡風沙古戰場，骨高毛竦減精芒。櫪間斗粟何由飽，市上千金未許償。戀主肯辭勞汗血，逢人多是品驪黃^②。天寒日暮燕臺下，鳴向孫陽也自傷。"

筆峰集

［明］屠崑撰。崑字致大，號"筆峰"，全椒人。正德歲貢，官山東巨野訓導，升掖縣教諭。事迹具《縣志·文苑傳》。光緒《（安徽）通志》著録，無卷數。

佐黄集

［明］邢嵩撰。嵩字維嶽，阜陽人。正德間以貢入太學，授黄州府通判。事迹具《縣志·文苑傳》。光緒《（安徽）通志》著録，無卷數。嵩邃經學，爲湛若水所器。《府志》録《嘉穀亭記》一首。

雲寥樂府十卷

［明］詹惟修撰。惟修字六宏，婺源人。府學生。事迹具《縣志·文苑傳》。是集一卷，光緒《（安徽）通志》著録。惟修耽奇嗜古，每謂婺承朱熹後理學雖著，而古文詞風格萎苶^③，因以李夢陽自命，又好引後進，縣人士口先秦兩漢，率惟修力也。

---

① 洵：誠然，確實。《鏡花緣》："功有九轉之妙，洵爲希世奇珍。"

② 驪黃：鳥名，黄鸝，黄鶯。也指黑馬和黄馬，泛指馬。亦指鑒識人才不可拘於細節。元揭傒斯《曹將軍下槽馬圖》："畫圖仿佛余驪黃，華山之陽春草長。"

③ 苶：音 niè，疲倦。《莊子·齊物論》："苶然疲役而不知其所歸。"

玉臺集一卷

［明］郎文韶撰。文韶，貴池人。特用郡丞致仕歸。事迹具《縣志·文苑傳》。《江南通志》及道光、光緒《（安徽）通志》皆著録，無卷數，且列於宋代，今據《縣志》更正。文韶卜宅玉臺山麓，積書充棟，其集所以名也。

林下集一卷

［明］劉岐撰。岐字鳴鳳，號“石溪子”，貴池人。國子生，官直隸河間縣丞，爲内監所傾歸。事迹具《縣志·文苑傳》。《江南通志》及道光、光緒《（安徽）通志》皆載是集，無卷數，今據《縣志》著録。岐築猗園，鼓琴賦詩其中，嘗作《拙賦》一篇，自比於李夢陽《賦鈍》、何景明《賦蹇》之義。《縣志》又載《北征集》一卷。

蘿峰集二十卷

［明］游泰亨撰。泰亨字之逵，婺源人。布衣。預采《武廟實録》。事迹具《縣志·隱逸傳》。光緒《（安徽）通志》著録“泰亨《雲樵集》”，案：《雲樵集》，乃婺源葉獻芝撰，今據《縣志》更正。泰亨記覽强博，崇尚實學，詩文該洽悲壯。震得、再得，其子也。《縣志》録詩一首。

天香館集

［明］金憲撰。憲字廷紀，潛山人。蓁子。廩生。事迹具《縣志·文苑傳》。光緒《（安徽）通志》著録，無卷數。《縣志》作二十餘卷，惟集名與金一梅同，《縣志》亦并著録，莫喻其故。光緒《（安徽通）志》蓋據《縣志》，今姑依以著録。憲爲詩文，筆不加點，家多書史，吟咏自得。

石山吟稿

［明］黃鑑撰。鑑，黟縣人。事迹具《縣志·藝術傳》。光緒《（安徽）通志》著録，無卷數。

安徽通志稿·藝文考

集部九　別集類八

光霽集

[明] 周頌撰。頌字德音，號"光霽"，績溪人。嘉靖元年貢生，授山東蒲臺訓導，丐歸，卒年六十九。事迹具《縣志·儒碩傳》。光緒《（安徽）通志》著録，無卷數。頌幼敏悟，爲胡富所異，居業光霽軒中，揭"誠意正心"四字於壁，學者稱"光霽先生"。

思亭集二卷

[明] 周頌撰。光緒《（安徽）通志》著録。頌丁内外艱，盧墓哀毀，高安敖銑以"又思"表其閭。《縣（志）》（本傳）、《府志》本傳皆作《又思亭集》。

激流勇退集一卷

[明] 周頌撰。光緒《（安徽）通志》著録。頌由蒲臺行取至京，時宰招之不就，請老歸。道光《府志》著録"激"作"急"。

林泉嘉會集二卷

[明] 周頌撰。光緒《（安徽）通志》著録。

西野集

[明] 郎鈇撰。鈇，貴池人。嘉靖元年貢生。《江南通志》及道光、光緒《（安徽）通志》皆著録，無卷數。

蓮峰集二卷

〔明〕葉份撰。份字原學，婺源人。參政天球子。嘉靖二年進士，官至山東提學副使，年三十五卒。事迹具《縣志・名臣傳》。道光、光緒《（安徽）通志》皆載是集，無卷數，今據道光《府志》著録。《府志》又稱份詩文數十卷，是所撰尚不止此也。汪淮稱其平妥中有逸思。《明詩綜》録一首。

鼓缶集

〔明〕焦煜撰。煜字伯升，太平人。嘉靖二年進士，官至福建參議。事迹具《縣志・宦迹傳》。道光、光緒《（安徽）通志》皆著録，無卷數。

赤山集八卷

〔明〕周易撰。易字時伯，號“赤山”，蕪湖人。嘉靖二年進士〔光緒《（安徽）通志・宦績傳》作“嘉靖癸丑進士”，癸丑爲嘉靖三十二年，又《縣志・宦績傳》作“正德癸未進士”。案：正德無癸未。《縣（志）・選舉志》作“嘉靖癸未進士”，則嘉靖二年也〕，官至布政司右參議致仕，年五十九卒。事迹具《縣志・宦績傳》。《江南通志》及道光、光緒《（安徽）通志》皆著録，無卷數，又作當塗人，誤，今據《縣志》著録。《明詩綜》録五律一首、《縣志》録七律一首。

東莊詩集一卷 東莊論草一卷

〔明〕胡大武撰。大武字東莊，貴池人。嘉靖三年貢生，官福建永定知縣，逾年歸。事迹具《縣志・孝友傳》。《江南通志》及道光、光緒《（安徽）通志》皆載是集，無卷數，又誤詩集爲論集，今據《縣志》著録。大武善同縣李呈祥，母瞽不離側者，八年目復明，呈祥爲作《愛日詩》紀其事。

斗陽集

〔明〕金琯撰。琯，潛山人。蓁從子。嘉靖四年舉人，官德興知縣。事迹具《縣志・文苑傳》。《江南通志》及道光、光緒《（安徽）通志》皆著録，無卷數。琯藏書五萬卷，與從父燕齊名。善詩歌，與同縣徐桂唱和。

南淙稿

〔明〕方見撰。見字惟素，號“南淙”，晚號“空石”，桐城人。向子。嘉靖五年歲貢（《桐舊集》作“成化間歲貢”，此據《龍眠風雅》及《縣志》）。《江南通志》

及道光、光緒《（安徽）通志》皆著録，無卷數，又誤"淙"爲"溪"，今據《龍眠風雅》更正，見十七賦。《黃鶴樓詩》，興寄超遠①。年四十隱於赤城湖山之間，嘗於知縣蔡鋭坐，賦詩應聲成韵，蔡曰不意建安劉王近在座中，又過其鄉賦詩云："古木寒鴉集，溪橋老衲迎。欲共南淙語，黃昏到赤城。"其爲時推重如此。南淙者，見別墅在縣東南，負山面湖，環以長河，其東南赤城寺門首有石梁，每春雨時降水與石激，有聲淙淙，因以自號也。《龍眠風雅》録三十二首、《桐舊集》録六首，字句小異（《晚霽》五律"露"作"淚"、《送別章惟仁》五律"先生又説"作"行人正值"、"栗"誤"粟"。《即事》題不同二，"墳"字均作"墓"）。

寶齋集

[明] 謝九成撰。九成字鳳儀，號"仁峰"，繁昌人。嘉靖五年進士，官至吏部郎中，投劾②歸。事迹具《縣志·文苑傳》。《江南通志》及道光、光緒《（安徽）通志》皆著録，無卷數。九成精研理學，如《論帝舜非黃帝之裔證》《二妃非祖姑之論》《辨晋元帝牛出之誣》，論議多關風教。《縣志》録文三首。

雨山集

[明] 龍映撰。映字仲光，別號"雨山"，望江人。嘉靖七年貢生，官湖廣穀城知縣。事迹具《縣志·宦業傳》。集爲門人朱大韶所輯。《江南通志》及道光、光緒《（安徽）通志》皆著録，無卷數。映以詞賦雄一時。《縣志》録文一篇。

周恭節公全集二十六卷年譜一卷

[明] 周怡撰。怡初名愭，字順之，號"都峰"，改號"訥谿"，別號"都華野人"，太平人。嘉靖七年進士，官至太常寺少卿，私謚"莊簡"，天啓二年追謚"恭節"。事迹具《明史》本傳。集凡奏疏一卷、文録十卷、詩録八卷（《善本書室藏書志》作九卷）、尺牘四卷、雜録三卷，皆弟恪所輯，始刻於萬曆元年，六世孫元錡重刻於清乾隆元年并取門人吳達可所編年譜一卷刻之，十一世從孫勝彌又刻於光緒二十七年，前有洪朝選、許穀、姚三辰、李鳳翥、宋敎、王綬、洪亮吉、汪廷珍、萬承風、白鎔、胡敬、張鱗、郭承恩、鄂木順額、卜士雲、車克慎序，後有趙青藜、田榕、方澍跋及《祠堂圖詩》，有屠羲英序，年譜冠以誥命，史傳有鄭江後序。《江

---

① 興寄：指寄托在作品中的思想感情。超遠：超脱，高超深遠。清惲敬《答伊揚州書四》："所惠香山老人畫，是其晚年之筆，意境超遠，體勢雄厚。"

② 投劾：古代棄官的一種方式。呈遞彈劾自己的狀文。宋蘇軾《自金山放船至焦山》詩："行當投劾謝簪組，爲我佳處留茅庵。"

南通志》及道光、光緒《（安徽）通志》皆作《訥溪文集》二十七卷，《明詩綜》又作《訥齋集》，今據本書著錄，惟奏疏後附岑用賓、詹沂二疏。據詹疏，有吳達可哀集遺稿，鄒元標序之語，鄭江序又謂元標序年譜，今集與年譜皆無鄒序，又詩錄卷一《祝太孺人誕辰》（案：“辰”原作“宸”，乃形近而誤）“薄言撻之下”，語氣未完，卷二“今日良宴會”，後有空白七行。尺牘卷三“慰唐荆川公子”後有空白十八行，是原輯已有闕佚，又詩錄卷一之《閔鶴》似應入七古，卷四擬古一首，又自有感至偶成口號，凡廿首，自《漫懷》至《天界寺》凡六首，似均應入五古，編次亦不無可商。怡從鄒守益、王畿學，又以忠節顯。王綏謂其論譔、雜記、吟咏，雖其餘事，然皆性真流出，有見道語，非苟作者。汪廷珍亦謂其雖無意爲文，而生氣遠出，刻鏤章句者不能及云。《明詩綜》錄詩一首。

桃穀集　閩蛋集

〔明〕潘滋撰。滋字汝霖，婺源人。珏孫。嘉靖七年舉人，官福建建寧府通判。事迹具《縣志·文苑傳》。光緒《（安徽）通志》著錄，無卷數。滋幼嗜古文，醞藉弘深①，詩沉鬱，嘗登樓作賦，時人稱絕。《縣志》錄文一篇。

汪莆山集

〔明〕汪景撰。景字道夫，一字希道，南陵人。嘉靖七年舉人，歷嘉興、汝寧兩府推官，乞歸。事迹具《縣志·儒林傳》。《江南通志》及道光、光緒《（安徽）通志》皆著錄，無卷數。景從湛若水游，鄒守益、錢德洪咸以爲畏友，晚築樓深山，歌咏徜徉不知老之將至云。《縣志》錄詩文各二首。

水臺集

〔明〕張爤撰。爤字汝明，阜陽人。嘉靖七年舉人，授太湖知縣，卒年九十一。事迹具《縣志·文苑傳》。案：《縣志》載爤有《思保堂集》，爲其孫嗣軫所掇拾，而無是集，今依光緒《（安徽）通志》著錄。道光《（安徽）通志》作“張濂”。

周潭集

〔明〕汪尚寧（《府志》作“凝”）撰。尚寧字延（《府志》作“廷”）德，歙縣人。嘉靖八年進士〔《縣志》作“成化進士”，此據《府志》，又光緒《（安徽）通志·選舉志》嘉靖八年進士，有歙汪尚齡，“寧”“齡”，蓋以音近而誤，非有二人

---

① 醞藉：寬和有涵容。元劉壎《隱居通議·詩歌六》：“二詩意雖同，然論其醞藉，則黃（黃伯厚）句爲勝。”弘深：寬廣深沉。指博大精深。《周書·武帝紀上》：“至道弘深，混成無際，體色空有，理極幽玄。”

也］，累官都察院右副都御史。事迹具《縣志·儒林傳》。光緒《（安徽）通志》著錄，無卷數。尚寧生數歲，聞陳獻章、湛水^①名，即思爲聖人之徒，以不阿權貴，左遷^②歸，時年甫四十七也。

崔筆山文集十卷

［明］崔涯撰。涯字若濟，號"筆山"，太平縣人。嘉靖八年進士，官至監察御史，以劾冢宰^③汪鋐斥歸。事迹具《縣志·名臣傳》。是集卷一至卷七爲奏疏及雜著，卷八爲古今體詩，卷九爲虎異，卷十爲鵲異，兩卷之末各附頌德詩文。清《四庫存目》，道光、光緒《（安徽）通志》皆著錄。涯從湛若水游，晚築室桐山，與縣令劉元凱相贈答。所謂虎異者，涯巡視山西時，有虎自入神廟爲人所殪；鵲異者，涯巡視福建時，有葉氏爲奴殺憑鵲訴冤，涯皆自紀其事而所屬縉紳各歌頌之，因彙刊集後云。

章諫議集

［明］章允賢撰。允賢，青陽人。嘉靖八年進士，官至禮科都給事中。事迹具《縣志·宦績傳》。《江南通志》及道光、光緒《（安徽）通志》皆著錄，無卷數。允賢疏論武定侯郭勛及都御史胡守忠諸不法事，風力甚著。

光化亭稿一卷

［明］劉昺撰。昺字晋初，號"望岑"，鳳陽人。嘉靖八年進士，官至山東分巡濟寧道，卒於官，年三十九。事迹具《縣志·鄉賢傳》。《江南通志》及道光、光緒《（安徽）通志》皆作《光化堂集》，無卷數，今據《縣志》著錄。昺少英特，以聖賢自期，工古文詞，濡毫^④立就，暇則咏歌忠孝，發爲篇章。《縣志》載《偃柏行》七古一首、《東湖賦》一首。

篋中集

［明］劉昺撰。《江南通志》及道光、光緒《（安徽）通志》皆著錄，無卷數。

---

① 湛水：應爲"湛若水"。湛若水字元明，號"甘泉"，廣東增城人。王陽明心學的後繼者，明代著名理學家。

② 左遷：降低官職，即"降官"。猶言下遷。漢代貴右賤左，故將貶官稱爲左遷。《汝寧府志》："居諫院而以敢言左遷，若大中丞遠公志。"

③ 冢宰：職官名。周制，爲百官之長，六卿之首。後世稱吏部尚書爲"冢宰"。《文選·劉琨·勸進表》："冢宰攝其綱，百辟輔其治。"

④ 濡毫：濡筆。謂蘸筆書寫或繪畫。吳沛霖《淡卿出團扇索詩爲題兩絶》之一："擬將雅意深深却，看汝濡毫興已狂。"

《縣志·藝文》作《篋中記》。

胡莊肅集六卷

[明] 胡松撰。松（字汝茂，滁州人。嘉靖八年進士，官至南京吏部尚書，卒贈太子少保，謚"莊肅"。事迹具《明史》本傳）有《滁州志》，已著録。是集惟第二卷末附載詩賦，餘俱雜著，卷首有凌約《東游稿序》，鄒宗源、趙大綱《南游稿序》，徐獻忠《西游集序》，田汝成、徐渭《浙垣稿序》，蓋各集本別行，此其彙刻之本也。清《四庫存目》、光緒《（安徽）通志》著録。《江南通志》、道光《（安徽）通志》著録，無卷數。《明詩綜》録一首。

別本胡莊肅集八卷

[明] 胡松撰。凡文六卷、詩二卷，較六卷之本稍有增刪，而大致相同。清《四庫存目》、道光《（安徽）通志》著録。

東澗集

[明] 張秼撰。秼字孔謙，號"東澗"，全椒人。嘉靖十年舉人，歷四川巴州、雲南馬龍州知州，升湖州府同知。事迹具《縣志·文苑傳》。是集刻於雲南，光緒《（安徽）通志》著録作"張秉"，誤。

栗齋文集十一卷

[明] 金瑶撰。瑶字德温，休寧人。嘉靖十一年選貢，歷會稽、廬陵丞，擢桂林中衛經歷，以母老不赴。事迹具《縣志·文苑傳》。集十一卷，光緒《（安徽）通志》著録。瑶早有才名，歐陽德、吕柟與論學，深器之，又與鄒守益、聶豹交莫逆。林居三十年，談道①、著述至九十不倦，《會稽志》稱其學邃政醇。

巖居集十卷

[明] 王廷幹撰。廷幹字維楨，號"巖潭"，涇縣人。達曾孫。嘉靖十一年進士，官至九江知府，乞休歸，年六十二卒。事迹具《縣志·文苑傳》。是集十卷，有吉水胡世亨序。《江南通志》及道光、光緒《（安徽）通志》皆作《玉巖潭集》十卷，"玉"字蓋因其姓誤衍，"巖潭"則因其號而誤也，今據《縣志》著録。廷幹七歲能文，讀書日以寸計，邑中碑版、志銘多出其手。

---

① 談道：談説義理。明歸有光《送狄承式青田教諭序》："青田在萬山中，足以讀書談道，優游自適。"

巖潭詩集

［明］王廷幹撰。道光《（安徽）通志》著録，無卷數。《青虹閣詩評》云："維楨詩如家籠鵬①鵠，回翔容與②。"《明詩綜》録五律二首，《縣志》録五律、排律各二首，七律一首。

風光軒稿八卷　友竹亭稿二十卷

［明］左鎰撰。鎰（字應衡，號"東井"，涇縣人。嘉靖十一年進士，官至尚寶司卿，年三十二卒。事迹具《縣志・文苑傳》）有《東井誥勅》，已著録。據趙紹祖《東井誥勅後識語》（《續涇川叢書》），鎰文集甚多，有《風光軒》《友竹亭》諸稿并散佚不存。又據《縣志・藝文》，《友竹亭稿》有温陵楊佩訓、同縣趙善政序。道光、光緒《（安徽）通志》皆著録。《江南通志》著録，無卷數。鎰與修《宋史》并校《五經》《四書》《性理大全》諸書。世宗時景雲見京師，奏賦被稱賞。《青虹閣詩評》云："應衡上追漢魏，下薄三唐，如雲門獨奏、俗樂啞聲。"《縣志》録五律一首、排律三首。道光《（安徽）通志》作"左鑒"，誤。

幼學稿一卷　未信稿一卷　破蟋蟀集一卷

［明］余世儒撰。世儒字汝爲，學者稱"念山先生"，婺源人。嘉靖十三年舉人，歷瑞安、南康知縣、四川合州知州，謝病歸。事迹具《縣志・儒林傳》。集三種，各一卷，光緒《（安徽）通志》著録。世儒八歲能文，一日中兩試，瑞麥③表詞無復者，年十六即與周怡共究聖學，嘗言文章爲立身歧路，詞翰爲行己外篇，周汝登謂與程伯子相似云。《縣志》録詩一首。

得全堂詩一卷

［明］陳桂撰。桂字汝芳，貴池人。嘉靖十三年選貢，授蠡縣知縣。事迹具《縣志・宦績傳》。是集一卷，道光、光緒《（安徽）通志》皆著録。

北游草二卷

［明］韋傑撰。傑字謙甫，號"南明"，建平縣人。嘉靖十三年選貢，官至永州府推官。事迹具《廣德州志・文苑傳》。是集二卷，光緒《（安徽）通志》作三卷，又誤"韋"爲"章"，今據《州志》著録。

---

① 鵬：鳥名。尾長，雄的背爲白色，有黑紋，腹部黑藍色，雌的全身棕緑色。

② 容與：安閑自得。宋張孝祥《水調歌頭・隆中三顧客》詞："綸巾羽扇容與，爭看列仙儒。"

③ 瑞麥：一株多穗或異株同穗之麥。古代以爲吉祥之兆。

杜律注四卷

〔明〕韋傑撰。五言注、七言注各二卷，門人霍韜序。光緒《（安徽）通志》著録。

丹臺集

〔明〕徐桂撰。桂字子芳，潛山人。嘉靖十四年進士，官湖北鄖陽知府。事迹具《縣志·宦績傳》。《江南通志》及道光、光緒《（安徽）通志》皆著録，無卷數。桂在鄖陽與王世貞友善，世貞有《紀交游詩》四十韵，桂與皇甫汸、莫如忠、梅鼎祚與焉。

紫芝社稿

〔明〕吳瓊撰。瓊字邦珍，休寧人。嘉靖十四年進士。事迹具《縣志·風雅傳》。道光、光緒《（安徽）通志》皆著録，無卷數。瓊家多藏書，手不停披，豪於吟咏，開紫芝社，風雅冠一時。《明詩綜》録三首，作婺源人。

古林摘稿

〔明〕沈寵撰。寵字思畏，號“古林”，宣城人。嘉靖十六年舉人，官至湖廣僉事，遷廣西布政使司左參議，母老不赴。事迹具《縣志·儒林傳》。《江南通志》及道光、光緒《（安徽）通志》皆著録，無卷數。寵少師同縣貢安國及歐陽德，又從王畿、鄒守益游，講明理學，晚主志學書院，與郡守羅汝芳、同縣梅守德相切劘①，學者稱“古林先生”。

讓溪甲集四卷乙集十卷

〔明〕游震得撰。震得（字汝潛，婺源人。嘉靖十七年進士，官至福建巡撫，以興化失守罷歸，隆慶時起督轄南京糧儲。事迹具《縣志·儒林傳》）有《周易傳義會通》，已著録。是集震得自定，甲集四卷，皆講學之語，乙集十卷，則詩文、雜著也。清《四庫存目》，道光、光緒《（安徽）通志》皆著録。震得雖與歐陽德、鄒守益游，然生平以希聖爲志，求仁爲功，嘗謂近日學者喜妙悟②而疏踐履③，崇虛談而鮮實用，惓惓以窮行未得爲訓，其崇尚蓋在其鄉朱熹。讓溪者，震得所居北涯瀬灊

---

① 切劘：切磋相正。劘：音 mó。清葉燮《原詩·外篇上》：“詩道雜而多端，而友朋切劘之義，因之而衰矣。”

② 妙悟：猶言神悟。黄賓鴻《題朱生君實延齡遺墨》詩：“班馬濃香屈宋艷，妙悟繪事皆同源。”

③ 踐履：本爲足踏地之意。《詩經·大雅·行葦》：“敦彼行葦，牛羊勿踐履。”後轉爲步行、經歷等義，再引申爲行動、實行、實踐。

於水，割其半以讓於溪，郡守鄭題"讓溪書屋"，學者稱"讓溪先生"，因以名集也。

楚游稿 蓮華山人集

［明］游再得撰。再得字汝見，婺源人。震得之弟，諸生。事迹具《縣志·儒林傳》。光緒《（安徽）通志》著録，無卷數。再得兄弟相師友，又從學湛若水、羅洪先、鄒守益之門，嘗作四箴規兄，兄斂容謝曰：弟吾師也。《縣志》録詩一首。

陳野軒詩一卷

［明］陳尚質撰。尚質字野軒，貴池人。嘉靖十九年歲貢，官湖廣崇寧縣訓導，辭歸。事迹具《縣志·宦績傳》。《江南通志》及道光、光緒《（安徽）通志》皆載是集，無卷數，今據《縣志》著録。

滄洲稿 無文漫草

［明］梅守德撰。守德字純甫，號"宛溪"，宣城人。嘉靖二十年進士，官至山東曹濮道兵備副使，改督學政，遷雲南參政，以母老不赴。事迹具《縣志·名臣傳》。《滄洲稿》有許穀序、《無文漫草》有馮叔吉序。《江南通志》及道光、光緒《（安徽）通志》皆著録，無卷數。守德少善同郡周怡，又爲通判李默所器，怡與楊爵、劉魁繫獄，作《三君咏》寄之，及歸建書院，與沈寵講學，世稱"宛溪先生"。《縣志》録文一首、詩八首，《宛雅二編》録詩四首。

居諸集

［明］梅守箕撰。守箕字季豹，號"文嶽"（一作"文山"），宣城人。縣學生，年四十五卒。事迹具《縣志·文苑傳》。是集皆騷、賦、四五言、古詩，有王世貞序，從子臺祚評。《江南通志》、道光《（安徽）通志》皆著録，無卷數。光緒《（安徽）通志》作《居諸録》，誤。守箕九歲能文，與從子蕃祚、嘉祚、臺祚、咸祚、國祚、鼎祚稱七子。游南京與湯顯祖、曹學佺、何無咎、潘之恒、馮具區、屠隆相唱和，又與茅坤訂忘年交，陶周望、邱謙之咸推服，以爲不可及。同縣湯賓尹贈詩云："座上若無梅季豹，也容他輩得昌狂。"其見重如此；世貞謂其騷賦取材屈馬，而別具悲慨、婉冶之態，五言於漢魏合者，并氣度、色澤得之，惟四言不能窺風雅藩要，之陳梁而後絕影。朱彝尊《靜志居詩話》亦謂其咏懷諸作，恐鼎祚亦當避席云。《宛雅二編》録三十首，《明詩綜》録九首。

瞻竹堂詩集五卷

〔明〕徐紳撰。紳號"五台"，建德人（建德，今改至德）。嘉靖二十年進士，官至右僉都御史，巡撫順天以俺答深入逮問，隆慶元年釋歸，萬曆十七年卒，年七十四。事迹具《縣志·宦績傳》。集五卷，裔孫建盛抄本，前有萬曆二十四年資政大夫禮部尚書文淵閣大學士門生張位序，《江南通志》及道光、光緒《（安徽）通志》皆著録，無卷數。考《明史》，位，新建人，又考《縣志》，紳巡按江西，監戊午鄉試稱得人，如習宮講、張元輔、袁司馬皆爲時名臣，元輔即謂位也。序稱詩鏘然唐韵，然非先生經世大旨，兹不具論，獨論其章疏。此本僅詩五卷，無章疏，不知其別行，抑佚去。又潘江《龍眠風雅》載《盛德鳳山八景詩》，僅後四首，餘不可考，今案是集有題盛《古泉鳳山八景詩》，八景曰鳳石朝陽、獅崖暮雪、古井甘泉、仙橋活水、虎跑靈迹、兔河風帆、萬家煙樹、九華雲峰，賴此猶可窺其全，惟"靈泉"作"靈迹"，"晴峰"作"雲峰"，與《（龍眠）風雅》小異。又題阮清宇《春元百壽圖》，所述皆阮鶚事，春元蓋稱進士。案：鶚子自華，號"澹宇"，萬曆二十六年進士。紳卒於十七年不及見，惟自嵩字峻之，號"知竹"，嘉靖三十五年進士，疑詩爲自嵩作，清宇，或自嵩別號也。鳳山即桐城之投子山。古泉，名汝謙，德之子，與紳同年進士。鶚見《明史》列傳。

石屏集

〔明〕邵廷相撰。廷相字翊之，滁州人。嘉靖二十年歲貢，任奉化訓導，擢泗水教諭。事迹具《州志·選舉志》。光緒《（安徽）通志》著録，無卷數。

倦吟集

〔明〕田鰲（《縣志·選舉》作"鰲"）撰。鰲號"蒙泉"，全椒人。嘉靖二十二年河南籍舉人，官汝寧府教授。事迹具《縣志·文苑傳》。光緒《（安徽）通志》著録，無卷數。鰲，王守仁門人也。

無聞堂稿十七卷

〔明〕趙釴撰。釴（字鼎卿，一字子舉，號"柱野"，桐城人。嘉靖二十三年進士，官至僉都御史，巡撫貴州調南京太僕寺少卿，遂告歸。事迹具《縣志·宦績傳》）有《古今原始》，已著録。是集文十二卷、詩五卷，乃其子鴻賜所編，清《四庫存目》，道光、光緒《（安徽）通志》皆著録。釴及與羅汝芳、王慎中往還，又與陸樹聲、余文獻、朱日藩俱以文名，稱"嘉靖四傑"。黄宗羲稱其詩文無蹊徑，匠心而作，固是能者（《明文授讀》）；潘江稱其詩清逸俊爽，談理而無理障①，尤當時所難（《龍眠風雅》）。《龍眠古文》録文十八篇、《龍眠風雅》録詩百二十八首、《桐舊集》録二十九首，内《雨坐》五古、《題秋亭畫》五絶、《蒲圻道中》七絶、《從軍行》七古，乃《（龍眠）風雅》所無，其他字句間亦小異（《募兵行》五古"驚"作"鳴"、"晏"作"安"、"不能"作"不肯"、"不肯"作"不能"、如山之"如"作"爲"、"無乃海波平"句下無"海波如可平，天地亦無情"二句、"苟"作"忽"、"足"作"自"、"兄弟"作"弟兄"。《送錢實行》七古"飛"作"流"、"游"作"列"、"躋屬擔簽"作"擔簽攝嶠"、"深"作"但"、"還"作"看"。《喜方東穀遠訪》五律"堪誰"作"誰堪自"。《辰州從舟下桃源適阮憲副至共問勝迹有感》五律"從"作"泛"、"問"誤"間"、"半"作"共"。《游宥氏源》五律"迎"作"臨"。《卜居五嶺》五律"逐"作"追"。《環山樓獨坐》七律"殘"作"遺"、"對水"作"倦眼"、靜業之"靜"作"净"、"清净"作"名士"。《賀林未軒》七律"何"作"正"。《寺臺有感》七律春望之"春"作"初"。《華巖堂》五絶之"巖"作"嚴"、"定"作"净"、"山之"作"青山"。《石門》五絶"垣"作"門"、"空盤"作"盤空"。《蓮華峰》五絶"玄"作"物"。《送曹龍田》七絶"只説"作"只道"、"莫道"作"莫謂"）。《明詩綜》、清《御選明詩》亦録其詩。

南華山房集一卷（一作南華先生遺詩鈔）

[明] 汪一中撰。一中字正叔，歙縣人。嘉靖二十三年進士，官至江西按察副使，閩廣寇至戰死，贈光禄寺卿，諡"忠愍"。事迹具《明史·忠義傳》。道光、光緒《（安徽）通志》載是集，無卷數，又誤爲婺源人，今據《縣志》及《府志》著録。汪淮稱其近體典雅雄渾，有盛唐矩度。《明詩綜》録一首。

華委堂集

[明] 江珍撰。珍字民璞，歙縣人。嘉靖二十三年進士，官至貴州左布政使，引疾致仕。事迹具《縣志·宦績傳》。道光、光緒《（安徽）通志》皆作婺源人，字民璜，光緒《（安徽）通志》又誤"江"爲"汪"，今據《縣志》著録。汪淮稱其五律溫厚典雅，蓋枕藉②唐人而有得者。《明詩綜》録一首。

---

① 理障：佛教語。謂由邪見等理惑障碍真知、真見。明何良俊《四友齋叢説·尊生》："思索文字忘其寢食，禅家謂之理障。"后指詩作中陷於説理而少情趣的現象。

② 枕藉：枕頭與墊席。引申爲沉溺，埋頭。漢桓寬《鹽鐵論·殊路》："夫重懷古道，枕籍《詩》《書》，危不能安，亂不能治。"

偃松集

[明] 畢鏘撰。鏘字廷鳴，號"松坡"，石埭人。嘉靖二十三年進士，官至户部尚書，予告歸。年九十三卒，贈太子太保，謚"恭介"。事迹具《明史》本傳。《江南通志》及道光、光緒《（安徽）通志》皆著録，無卷數。《縣志》録詩四首、文七首，其《丁恭愍（懃）褒忠祠祭田記》亦頗有考證也。

太函集一百二十卷

[明] 汪道昆撰。道昆（字伯玉，號"南溟"，歙縣人。嘉靖二十六年進士，官至兵部左侍郎，乞終養歸。事迹附《明史·王世貞傳》）有《增訂五車霏玉録》，已著録。是集文一百六卷、詩十四卷，卷首有自序及目録六卷，萬曆十九年刻。清《四庫存目》、光緒《（安徽）通志》著録。道光《（安徽）通志》著録，無卷數，又作休寧王道坤，誤。考《明史》，道昆與張居正、王世貞同年進士，居正父七十壽，道昆文當其意，居正亟稱之；世貞筆[①]之，《藝苑卮言》曰文繁而有法者，於鱗簡而有法者，伯玉由是名大起。晚官兵部左侍郎，世貞亦嘗貳兵部，天下稱"兩司馬"，世貞頗不樂，嘗自悔獎道昆爲違心之論云，即其短長得失可知矣。《明詩綜》録三首。

南溟副墨二十四卷

[明] 汪道昆撰。刻於《太函集》之前。清《四庫存目》作五卷，蓋非完帙，今據《千頃堂書目》及《府志》著録。

汪次公集十二卷

[明] 汪道貫撰。道貫字仲淹，歙縣人。道昆弟。年十四補弟子員，尋入太學。事迹具《縣志·詩林傳》。是集十二卷，有李維楨序，光緒《（安徽）通志》著録。清《四庫存目》作休寧人，誤。道貫與道昆號"二汪"，又與從弟道會字仲嘉者，稱"二仲"。嘗謁平湖陸光祖不即見，留書讓[②]之，光祖讀書驚異亟謝過，因定交焉，尤爲同縣江珍所重。維楨稱其才情，節奏出入陶、韋、王、孟間。《明詩綜》録三首，作《汪仲淹集》。

---

① 筆：書寫，記載。《史記·孔子世家》："至於爲《春秋》，筆則筆，削則削，子夏之徒不能贊一辭。"

② 讓：責備。《小爾雅》："詰責以辭謂之讓。"

小山樓稿

[明] 汪道會撰。道會字仲嘉，歙縣人。道昆從弟，諸生。事迹具《縣志·詩林傳》。光緒《（安徽）通志》著錄，無卷數。道會游太學，屢試見遺，乃棄舉業，習先秦以後諸書。李維楨稱其秀色天然，盡去雕飾。《明詩綜》錄一首，作休寧人，誤。光緒《（安徽）通志》又載有《二仲集》。案：《府（志）》《縣志》皆云道會與兄道貫字仲淹者齊名，稱"二仲"，則《二仲集》不得專屬之道會也。《府志·藝文（志）》僅錄《小山樓稿》，今從之。

陶山集

[明] 李一元撰。一元字調卿，號"陶山"，建德人。嘉靖二十六年進士，官至兵部右侍郎，巡撫江西告歸。事迹具《縣志·宦績傳》。《江南通志》及道光、光緒《（安徽）通志》皆著錄，無卷數。嘉隆間海內有"四君子"之號，一元爲"清君子"云。

方建元詩集十二卷續集一卷

[明] 方于魯撰。于魯（初名大澂，後以字行，改字建元，歙縣人）有《方氏墨譜》，已著錄。是編前集十二卷，以各體分編，總名《佳日樓集》。續集一卷，僅詩二十九首、文一首，題曰《師心草》，則其子嘉樹續刻也。清《四庫存目》、光緒《（安徽）通志》著錄。道光《（安徽）通志》作十六卷，誤。于魯與汪道昆聯姻，招入豐干社唱和，然屠隆謂其詩不盡稟道昆；梅守箕亦謂其有唐風。《明詩綜》錄二首。

六水山人詩集二卷

[明] 陳有守撰。有守字達甫，自號"六水山人"，一曰"天瀛山人"，又曰"斗下老人"，休寧人。府學生。事迹具《縣志·文苑傳》。光緒《（安徽）通志》作《陳山人集》，無卷數，今依《府志》著錄。有守好游，自比沈麟士、王孺仲。文溯司馬遷、祖左氏；詩宗大曆，溯漢魏，祖離騷，非秦漢前語不道。汪道昆輩皆推爲祭酒[①]。徐子與謂其體裁完密，大雅不群；朱彝尊謂其取材目前，不甚鎔鍊。六水者，以郡有南浦六州，水胥[②]匯於川注海，遂自號也。《明詩綜》錄二首。

---

① 祭酒：古代饗宴時酹酒祭神的長者。後亦以泛稱年長或位尊者。明許浩《兩湖塵談錄》："按古禮賓客得主人饌，則老者一人舉酒以祭於地，示有先也，故謂祭酒，蓋尊重之稱也。"

② 胥：都，皆。《詩·小雅·角弓》："爾之教矣，民胥效矣。"

青藜閣草

[明]程一枝撰。一枝字仲木，休寧人。府學生。事迹具《縣志·文苑傳》。光緒《（安徽）通志》著録，無卷數。一枝博極群書，一意追古作者，王世貞、汪道昆咸重之。青藜閣者，其所搆讀書處也。

秫陵集　今言詩文遺稿

[明]余養元撰。養元字食其，婺源人。府學生。事迹具《縣志·學林傳》。光緒《（安徽）通志》著録，無卷數。養元師汪道昆，又與屠隆等結社，師友具有淵源。《縣志》稱其詩文逼漢魏、盛唐，爲理學中所罕云。

山房斧藻　三天子鄣紀游詩

[明]余羡元撰。羡元字無且，別字不其，婺源人。養元弟。事迹具《縣志·士林傳》。光緒《（安徽）通志》著録，無卷數。羡元淹貫群書，工詩文，終身未嘗應試。知縣萬國欽表其閭，曰“布衣祭酒”，時稱“星江兩其”。《晚聞堂集詩注》（一卷），載有《詒穀山房集》五十卷。

吾廬集一卷

[明]張孟元撰。孟元字貞（《府志》作“正”）甫，別號“蕉庵”，績溪人。嘉靖二十八年歲貢。事迹具《縣志·文苑傳》。是集一卷，光緒《（安徽）通志》著録。孟元九歲能詩，爲文自成一家，同縣戴竹庵尤稱之。吾廬者，孟元搆室東皋，扁以是名也。

素園存稿十八卷

[明]方弘靜撰。弘靜字定之，學者稱“采山先生”，歙縣人。嘉靖二十九年進士，官至南京戶部右侍郎，致仕歸，年九十五卒，贈工部尚書。事迹具《縣志·宦績傳》。集有葉向高序。《千頃堂書目》作二十卷，清《四庫存目》十八卷又云目録祇十六卷，蓋初刻十六卷，後增至十八，又增至二十，而目則未改也。道光、光緒《（安徽）通志》皆著録。王寅稱其祖述盛唐，尤近王、孟。若“流水不知處，幽禽相與飛。不知春色減，忽見林花飛。永日空山寂，幽然時一吟”，宛然二君遺響也。《明詩綜》録一首。

北園粹稿

[明]沈應乾撰。應乾號“蒞川”，五河人。嘉靖二十九年進士，官至密雲兵備

副使〔《縣志·選舉（志）》作"山東按察司副使"，此據《縣志》本傳〕，以忤嚴嵩免歸。事迹具《縣志·鄉賢傳》。《江南通志》及道光、光緒《（安徽）通志》皆著録，無卷數。應乾弱冠入太學，見賞於尚書霍韜，命與其子同讀書。《縣志》録文五首、詩十二首。

西洲集

〔明〕吳景明撰。景明字復陽，休寧人。嘉靖三十一年舉人，歷湖南常寧知縣、廣西上石西州知州致仕。道光、光緒《（安徽）通志》皆著録，無卷數。《明詩綜》録《赴西州任道中即事》一首。

道南集

〔明〕白夏撰。夏字履忠，阜陽人。嘉靖三十一年河南舉人，官至承天府同知。事迹具《縣志·仕績傳》。光緒《（安徽）通志》著録，無卷數。道光《（安徽）通志》作《白夏道集》，誤。《縣志》録詩一首。

近勇軒存稿

〔明〕許汝驥撰。汝驥字德卿，寧國人。萬相子。嘉靖三十二年進士，仕終河南副使。事迹具《寧國府志·宦績傳》。《江南通志》及道光、光緒《（安徽）通志》皆著録，無卷數。

覆瓿集

〔明〕張澡撰。澡字子新，六安州人。參政諧子，襲六安衛指揮使職，嘉靖三十四年武舉人，官至總兵挂徵蠻將軍印鎮廣西，以南京都督僉事致仕。事迹具《州志·宦績傳》。《江南通志》及道光、光緒《（安徽）通志》皆著録，無卷數。

關中集

〔明〕方新撰。新字德新，青陽人。嘉靖三十五年進士，歷監察御史，疏論水灾、斥爲民。隆慶初復職，終湖廣參議。事迹附見《明史·楊思忠傳》。道光、光緒《（安徽）通志》皆著録，無卷數。

工部詩集文集

〔明〕沈桂撰。桂字子木，號"萬川"，無爲州人。嘉靖三十五年進士，授鄱陽知縣，改會昌，遷工部主事，未任卒，年五十一。事迹具《州志·仕績傳》。光緒

《（安徽）通志》作《沈桂詩文集》，無卷數，今據《州志》著錄。桂淹貫子史，爲禮經名家，又從湛若水、鄒守益往復論難，蓋潛心理學者。《州志》錄詩、賦各一首。

止止堂集五卷

[明] 戚繼光撰。繼光（字元敬，定遠人。世襲登州衛指揮僉事，官至鎮守薊州永平、山海等處總兵，官中軍都督府左都督加太子太保，改廣東總兵，官罷歸卒，謚"武毅"。事迹具《明史》本傳）有《紀效新書》，已著錄。是集五卷，分二子目，曰《橫槊稿》三卷，卷上詩，卷中、卷下文；曰《愚愚稿》二卷，皆雜説，有萬曆二年工部尚書汶上郭朝賓序。清《四庫存目》内"楊王啓運"一條、"宋瀛國公"一條、奏准抽毁，又末缺數葉。光緒十四年山東書局依四庫館明本重刊。《橫槊稿》上附錄詩二十五首，其一見《盤山志》，餘俱見年譜，蓋其後人所輯，有光緒十五年福山王懿榮序。繼光倜儻負奇氣，好讀書，通經史大義，軍中有暇輒與文士接席賦詩，然生平方略欲自見於西北者，十未展其三，故其詩多感激、悲壯、抑塞、偃張之詞，君子讀而悲其志焉。《明詩綜》錄二首。

十嶽山人詩集四卷

[明] 王寅撰。寅字仲房，一字亮卿，自號"十嶽山人"，歙縣人。卒年八十餘。事迹具《縣志·遺佚傳》。集四卷，清《四庫存目》，道光、光緒《（安徽）通志》皆著錄。考萬曆《縣志》列寅"文苑"，康熙《府志》、乾隆《縣志》皆列寅"隱逸"。《府志》稱寅少負氣、喜大略、通陰符、遁甲二氏之學。棄諸生，北學於李夢陽，又受拳技於少林寺僧，乃遍游四方，冀得不死藥，後與戚繼光游，入胡宗憲幕，幕客多諂事宗憲，寅獨侃侃多所匡正，終以未究其用，鬱鬱不得志，一泄於詩。晚學禪於僧古峰，古峰謂海外別有五嶽，因自號"十嶽山人"，有詩集若干卷云云。又《明史·徐渭傳》，渭有盛名，總督胡宗憲招致幕府，與歙余寅、鄞沈明臣同掌書記。寅字仲房，有詩名，亦頗負崖岸[1]，以侃直見禮，然《府（志）》《縣志》皆止有王寅，無余寅，惟道光《府志·藝文（志）》有余寅《農丈人集》二十卷，詩八卷，而無王寅，光緒《（安徽）通志》遂并錄二集。考朱彝尊《明詩綜》載余寅字君房，一字僧杲，鄞人，萬曆八年進士，官至太常少卿，有《農丈人集》，是余寅乃別一人，其誤由《明史》，道光《府志》、光緒《（安徽）通志》又沿其誤，而莫之正也。道光《（安徽）通志》又著錄寅《秀運集》。據《縣志》，《秀運集》乃寅所輯新安

---

① 崖岸：山崖，堤岸。引申爲操守，節概。清李漁《鳳求鳳·畫策》："一個男子漢，大丈夫，也要立些崖岸。難道爲著一個女子，好去投河上吊不成。"

詩，今削余寅《農丈人集》不録，而以《秀運集》改隸總集，并訂其誤於此焉。《明詩綜》録二首。

雪雲樓集

[明] 雷鳴春撰。鳴春號"龍舒"，懷寧人。嘉靖三十八年進士，官至南陽知府，升右參議謝歸。事迹具《縣志·儒林傳》。光緒《（安徽）通志》著録，無卷數。《縣志》作詩集。鳴春治禮經，與桐城方學漸、趙鴻賜爲性命交，以講學明理、闢二氏自任。

考溪集

[明] 翟臺撰。臺（字思平，號"震川"，涇縣人。嘉靖三十八年進士，官至南京車駕司主事，告歸年七十餘卒。事迹具《縣志·儒林傳》）有《水西答問》，已著録。是集有宣城沈懋學序，光緒《（安徽）通志》著録，無卷數。《縣志》又載有《震川詩集》十卷，吳尚默跋，疑此爲其文集。考溪其所居也。

樂谿軒詩一卷

[明] 柯一鳳撰。一鳳字梧岡，貴池人。嘉靖四十年舉人，官終魯府紀善。事迹具《縣志·宦績傳》。道光、光緒《（安徽）通志》皆載是集，無卷數，今據《縣志》著録。

笥蕉集 蠡測集

[明] 孫楠撰。楠字木所，青陽人。嘉靖四十二年貢生，歷廣昌縣丞、興安知縣。事迹具《縣志·理學傳》。《江南通志》及道光、光緒《（安徽）通志》皆著録，無卷數。

繩樞集

[明] 張高撰。高字汝抑，來安人。衮兄子。嘉靖四十二年歲貢，授江西安義訓導、升衡府教授。事迹具《縣志·文苑傳》。《江南通志》及道光、光緒《（安徽）通志》皆著録，無卷數。

桃源集一卷

[明] 江來岷撰。來岷字本初，歙縣人。嘉靖四十三年舉人，鄮縣知縣。《江南通志》及道光、光緒《（安徽）通志》皆載是集，無卷數，《府志》作一卷，今依以

著録。來岷詩文與王世貞、汪道昆相頡頏[1]，嘗從直指[2]游衡山，代作《朱陵洞天碑文》，爲時稱。祀南嶽仿騷製，迎神、送神曲，至今歌之。

郎嶁集

［明］張聘夫撰。聘夫字時珍，婺源人。嘉靖四十三年舉人，官至國子助教卒。事迹具《縣志·文苑傳》。是集乃官郎陽教授及助教時作，陸仲鶴刻於江西。道光、光緒《（安徽）通志》皆著録，無卷數。聘夫私淑[3]薛瑄，居郎六載，以博雅爲都撫王世貞推重，楚志草創潤色，蓋多出其手云。《縣志》録詩一首。

客窗漫興集

［明］張廷佐撰。廷佐字汝翼，全椒人。嘉靖四十三年歲貢，任城武訓導，調胙城教諭，署知縣。事迹具《縣志·宦績傳》。光緒《（安徽）通志》著録，無卷數。

許文穆集十六卷

［明］許國撰。國字維楨，號“潁陽”，歙人。嘉靖四十四年進士，官至吏部尚書，建極殿大學士，太子少傅，卒贈太保，謚“文穆”。事迹具《明史》本傳。是集原有二本，一萬曆三十九年子立言刻，凡六卷，門人焦竑序，《明史·藝文志》據以著録者也；一天啓五年孫志才刻，跋稱得疏草於葉向高、得丁卯至辛未詩於畢東郊，又旁求博訪，厘爲三十卷，《徽州府志》據以著録者也，清乾隆朝毀禁。此本爲族裔孫同莘編，民國十三年印於無錫。據跋稱合二本參校重編，并據家乘補入書札十一首，而刪其無關弘恉者，厘爲十六卷，道光、光緒《（安徽）通志》皆作二十卷，“二”蓋“三”之誤，今據最後本著録。國詩文渾涵爾雅，茅坤、王世貞、汪道昆、吳國倫、李維楨皆極稱之（見志才跋），固不徒以位重也。《明詩綜》録二首。

闡道集十卷卷末一卷

［明］查鐸撰。鐸字子警，號“毅齋”，涇縣人。嘉靖四十四年進士，累官廣西提刑按察司副使，移疾歸。事迹具《明史》本傳。集爲門人蕭彥所輯，凡二十卷，道光、光緒《（安徽）通志》皆著録。清嘉慶初縣人趙紹祖刻《涇川叢書》，求全集

---

[1]　頡頏：鳥上下飛，泛指不相上下，相抗衡。《晋書·文苑傳序》：“藩夏連輝，頡頏名輩。”

[2]　直指：官職名，朝廷設置的專管巡視、處理各地政事的官員，也稱“直指使者”“直指使”，因出巡時穿着綉衣，故又稱“綉衣直指”，或稱“直指綉衣使者”。章炳麟《訄書·商鞅》：“縣弘、湯、仲舒之法，終於盗賊滿山，直指四出，上下相蒙，以空文爲治，何其與鞅反也。”

[3]　私淑：没有得到某人的親身教授而又敬仰他的學問并尊之爲師的，稱之爲私淑。明唐寅《謁故福建僉憲永錫陳公祠》詩：“私淑高風重拜謁，秋林殘日古城西。”

僅存十卷，遭亂板又被毀，光緒十六年查氏重刻，卷一奏疏，卷二、卷三書札，卷四、卷五語錄，卷六至卷十文類，卷末一卷則行略、墓志之屬，前有樊良樞、趙青藜序。鐸從王畿、錢德洪游，講良知之學，文特其餘事也。

李中丞詩文集

［明］李得陽撰。得陽字伯英，號“景渠”，廣德州人。嘉靖四十四年進士，官至工部左侍郎兼攝通政，卒於官，年七十九，贈南京户部尚書。事迹具《州志·名臣傳》。《江南通志》及道光、光緒《（安徽）通志》皆著錄，無卷數。得陽曾官楚撫，故集以中丞名。《州志》錄《鄒守益祠記》一篇。

二峰集三卷

［明］葉伯鳴撰。伯鳴字雲羽，休寧人。嘉靖縣學生，援例入監，官至趙王府審理正。事迹具《縣志·宦業傳》。集三卷，《江南通志》及道光、光緒《（安徽）通志》皆著錄，道光《府志》作四卷。

孤山集

［明］王廷考撰。廷考字思道，號“震陽”，涇縣人。諸生。事迹具《縣志·隱逸傳》。光緒《（安徽）通志》著錄，無卷數。《縣志》作《震陽集》。廷考與羅汝芳、查鐸講學，蕭良榦嘗作《孤山》詩四章致慕，既讀所著論，嘆曰今日始知王叔子前身，莫即邵堯夫，其推重如此。《縣志》錄七律二首。

江山人集七卷

［明］江瓘撰。瓘（字民瑩，歙縣人。諸生。事迹具《縣志·詩林傳》）有《名醫類案》，已著錄。是集詩五卷、文二卷，末附《武夷游稿》《游金陵詩原序》二篇。清《四庫存目》已稱二集皆未見，《府（志）》《縣志》又載瓘游黃山、武夷、匡廬諸名山，皆有記咏，是尚不止武夷、金陵二集也。瓘以病謝舉業，專事吟咏。汪道昆爲作傳。道光、光緒《（安徽）通志》皆著錄。

荃塞居詩文集　文養山房稿

［明］程之魯撰。之魯字禹璜，懷寧人。泰亨子。嘉靖歲貢，歷寧國府訓導、温江教諭。事迹具《縣志·文苑傳》。詩有阮自華序，《江南通志》及道光、光緒《（安徽）通志》皆著錄，無卷數。之魯博洽經史，肆力古文辭。自華謂其詩妍秀瑰奇，有“雲浮波騰之致”。《縣志》作《荅塞居文集》。

慎庵文集二卷

[明] 丁言撰。言（字伯行，潛山人。嘉靖拔貢，河南內鄉知縣。事迹具《縣志·儒林傳》）有《不寐錄》，已著錄。是集二卷，《江南通志》及道光、光緒《（安徽）通志》皆著錄。言以理學自勵，在南雍時與歸有光爲金石交[①]。

涉江詩選七卷

[明] 潘之恒撰。之恒（字景升，歙縣人。太學生。嘉靖間官中書舍人。事迹具《縣志·詩林傳》）有《黃海》，已著錄。是集二十卷，公安袁弘道删爲甲、乙集，各三卷，丙集一卷。清《四庫存目》，道光、光緒《（安徽）通志》皆著錄，惟《縣志》稱之恒有《鸞嘯集》，《明詩綜》稱之恒有《金閶》《東游》等集，《府志》又載《景升詩》八卷，集名不同，卷數復互異，莫詳其故。汪道昆舉白榆社，之恒與焉，又受知王世貞，既從袁弘道兄弟游，弘道又稱其不入汪、王蹊徑，蓋出入二家之門，而無所專主者也。《明詩綜》錄二首。

亦樂堂稿　擊缶集

[明] 汪大倫撰。大倫字叔叙，婺源人。嘉靖中貢生，歷寧都、永豐分教。事迹具《縣志·宦績傳》。光緒《（安徽）通志》著錄，無卷數。

雪崖集

[明] 程鑒撰。鑒字本虛，合肥人。襲指揮僉事，嘉靖間官至副總兵，鎮守廣西，母喪歸，年五十三卒。事迹具《府志·武功傳》。光緒《（安徽）通志》著錄，無卷數。鑒卒業經史，將鑑諸書，爲將與廣右沈希儀齊名，而文學過之，嘗登元覽臺雅歌，有儒將風。

迎暉閣集　雙桂堂集

[明] 吳宗洙撰。宗洙字惟孔，懷寧人。嘉靖諸生，年八十四卒。事迹具《縣志·隱逸傳》。光緒《（安徽）通志》著錄，無卷數。宗洙隱處讀書，李維楨詣門請見，堅匿不出，維楨趨入臥內，得盡所懷而去。

---

① 金石交：比喻像金石一樣牢不可破的交情。交：交情。《漢書·淮陰侯傳》："今足下雖自以爲與漢王爲金石交，然終爲漢王所擒矣。"

巽麓草堂詩集

［明］汪瑗撰。瑗字玉卿，歙縣人。諸生。事迹具《縣志·詩林傳》。光緒《（安徽）通志》著録，無卷數。瑗博雅工詩，爲王世貞、李攀龍所重。

黄元龍詩集八卷附尺牘二卷

［明］黄奐撰。奐（一名允文，字元龍，歙縣人。事迹具《縣志·詩林傳》）有《元龍小品》，已著録。是集八卷，附尺牘二卷，光緒《（安徽）通志》著録。奐博涉經史，工詩文，爲汪道昆所器，所居羅穎樓，考核①先世遺書，裒藏其中，著詩文甚富。

雲樵集

［明］葉獻芝撰。獻芝，婺源人。份子。嘉靖縣學生。事迹具《縣志·儒林傳》。光緒《（安徽）通志》著録，無卷數。獻芝與兄茂芝相師友，又師事吕巾石，聞變化氣質之學。

卧雲集

［明］桂一龍撰。一龍號“在田”，石埭人。縣學廩生。事迹具《縣志·隱逸傳》。本傳載一龍遠祖元卿生元末，六傳生一龍，又載一龍子應蟾十四喪父，以萬曆庚子（二十八年）舉於鄉，則一龍嘉靖時人也。《江南通志》及道光、光緒《（安徽）通志》皆著録，無卷數。《縣志》作《卧雲詩集》。

柳峰集

［明］齊述撰。述號“柳峰”，桐城人。之鸞長子。嘉靖太學生。事迹具《縣志·文苑傳》。光緒《（安徽）通志》著録，無卷數。《龍眠風雅》録《題黄山清隱卷》七律一首、《桐舊集》録同，字句小異（“優”作“幽”、“石”作“嶽”、“風松”作“松風”、“憾”作“和”、“月”作“韵”、“露竹”作“竹露”、“山”作“屐”、“無妨”作“有時”、“還可”作“終欲”、“王”作“通”、“染”作“到”、“我”作“手”）。

彭澤稿

［明］秦嘉禾撰。嘉禾字吾田，自號“大龍山人”，桐城人。嘉靖間處士。事迹

---

① 考核：研究考证。北齊顔之推《顔氏家訓·音辭》：“共以帝王都邑，參校方俗，考核古今，为之折衷。”

具《縣志·文苑傳》。是集乃奔其彭澤丁氏姊喪往還江上之作，前有自序，光緒《（安徽）通志》著錄，無卷數。嘉禾嘗手録是稿二通，一藏於家、一貽周甥。潘江輯《龍眠風雅》，又從人家卷軸紙幀間得數首，所録凡三十七首，稱其清越遒宕[1]，無郊島氣。《桐舊集》録五首，字句小異（《小孤山》五律"木"作"石"、"過"作"絕"。《秋興》七絕"吹"作"吟"。《汎湖》七絕"聽"作"有"、"携"作"騎"）。《明詩綜》《清御選明詩》皆録其詩。

汪山人集十八卷

［明］汪少廉撰。少廉字古矜，休寧人。嘉靖中布衣。事迹具《縣志·風雅傳》。集凡十八卷，卷一賦，卷二至十六詩，卷十七、十八雜文，詩於分體中又各分類，每類中又注編年於下。清《四庫存目》，道光、光緒《（安徽）通志》皆著録。《縣志》作《湖隱山人集》。少廉貧而豪於詩，與范如珪、吳十龍輩結盟。《明詩綜》録《邊憤》一首。

咏史詩

［明］楊大濂撰。大濂字潔甫，號"斗野"，無爲州人。嘉靖布衣，督學耿定向疏薦不就。事迹具《州志·隱逸傳》。光緒《（安徽）通志》著録，無卷數。

囂囂集

［明］江應曉撰。應曉字覺卿，歙縣人。監生，官四川涪州州判。事迹具《縣志·士林傳》。《江南通志》及道光、光緒《（安徽）通志》皆著録，無卷數。應曉讀書駐蹕山麓，學者稱"山城先生"。

梧野集

［明］鄭玄撫撰。玄撫字思祈，歙縣人。道光、光緒《（安徽）通志》皆著録，無卷數。《明詩綜》録一首，次隆慶前，蓋嘉靖時人也。

大石山人稿

［明］程栩撰。栩字來周，休寧人。道光、光緒《（安徽）通志》皆著録，無卷數。《明詩綜》録一首，次隆慶前，蓋嘉靖時人也。

---

[1] 清越：清超拔俗。《聊齋志異·黄九郎》："婦約五十許，意致清越。"遒宕：遒勁跌宕。清平步青《霞外攟屑·論文下·言大非夸》："吳蕭《卷施閣乙集》題詞云：'樸質若中郎，遒宕若參軍。'"

九野稿

［明］孫良器撰。良器字貢甫，休寧人。道光、光緒《（安徽）通志》皆著錄，無卷數。《明詩綜》錄一首，次隆慶前，蓋嘉靖時人也。王寅謂其才清思暢，言簡意微，《過姑蘇》一首，亂離在目，讀之不覺凄然。

石川集

［明］翟祐撰。祐字思順，涇縣人。諸生。事迹具《縣志·儒林傳》。光緒《（安徽）通志》著錄，無卷數。祐出湛若水門，闡良知之旨。鄒守益、錢德洪推爲主盟，貢安國亦推重焉。

檗庵集二卷

［明］汪禔撰。禔（字介夫，別號“檗庵”，祁門人。諸生。事迹具《縣志·儒林傳》）有《投壺儀節》，已著錄。是集二卷，清《四庫存目》，道光、光緒《（安徽）通志》皆著錄。禔幼慕薛瑄、吳與弼之爲人，既讀周程朱子書，益以自勗[1]。方壯棄舉業，專意聖賢之學，尤力行朱子家禮，故其文亦皆本禮以立言，其《上學使》一書，乃因官吏凌躒[2]士子而發。《四庫總目》謂其猶明代學校舊習，可以不作，則過也。

石西集八卷

［明］汪子祐撰。子祐字受夫，別號“石西”，祁門人。集凡詩六卷，賦一卷、文一卷，乃玄孫宗豫搜輯屬汪懋麟等所定。清《四庫存目》作“石門人”，誤。道光、光緒《（安徽）通志》皆著錄，無卷數。子祐性喜爲詩，自二十歲至七十歲皆編年爲集。吳綺稱其詞博而昌，調清而越。《祁詩合選》錄二十首，《明詩綜》錄二首。

綠窗詩稿四卷

［明］端淑卿撰。淑卿，當塗人。教諭廷弼女，文學芮儒妻，年九十餘卒。事迹具《縣志·列女傳》。集有康熙間知縣祝元敏序。《江南通志》及道光、光緒《（安徽）通志》皆著錄，無卷數，今據《明史·藝文志》著錄。淑卿讀書能詩，觸目成韵，知縣章嘉正修禮見答以詩云：“數年逢水旱，采蕨此朝昏。喜有親民牧，曾無吏打門。”章大稱賞。《明詩綜》錄一首，《縣志》錄二首。《江南通志》又載有續稿。

---

① 勗：音xù，勉力，勉勵。《後漢書》：“奮忠毅之操，躬史魚之節，董臣嚴綱，勗臣懦弱。”

② 凌躒：亦作“凌轢”，干犯，欺壓。《史記·魏其武安侯列傳》：“凌轢宗室，侵犯骨肉。”

西游稿

［明］詹景鳳撰。景鳳字東圖，休寧人。隆慶元年舉人，官至廣西平樂府通判卒。事迹具《縣志·文苑傳》。景鳳曾官四川保寧府教授，奇益部山川，輕車周覽，所至題咏幾遍。《江南通志》及道光、光緒《（安徽）通志》皆著録，無卷數。道光《府志》載景鳳詞賦、雜著七十卷，是所著尚不止此也。

程幼博集六卷

［明］程大約撰。大約字幼博，休寧人。是集雜文二卷、詩四卷，乃于慎行所選，前有焦竑序。清《四庫存目》，道光、光緒《（安徽）通志》皆著録。竑稱其骯髒之姿，不爲世俗所約結，持論侃侃，脂韋突梯[1]之人多所不悦，而亦爲慷慨好義者之所深與[2]云。《府志·藝文志》又載有《圜中草》三卷。

達意稿

［明］吳肇東撰。肇東字敬堂，太湖人。隆慶二年進士，官至福建按察司副使，以忤張居正謫長沙遂歸，年九十卒。事迹具《縣志·宦績傳》。《江南通志》及道光、光緒《（安徽）通志》皆著録，無卷數。《縣志》録文二篇。

江岷嶽文集四卷

［明］江以東撰。以東字貞白，號“岷嶽”，全椒人。隆慶二年進士，官至江西提學副使，引疾歸。事迹具《縣志·宦績傳》。集凡詩一卷、文三卷，門人謝廷諒、謝廷贊、舒日敬、晏文輝等同編，惟卷一目録僅載奏疏二篇，而集中并載諸記，又割卷二中序數篇附之。清《四庫存目》，道光、光緒《（安徽）通志》皆著録。

方初庵集十六卷

［明］方揚撰。揚字思善，號“初庵”，歙縣人。隆慶五年進士，官至杭州府知府，以病乞歸。事迹具《縣志·忠節傳》。揚本有《山中》《燕中》《中州》《南署》等稿。是集卷一語録，卷二箴、論，卷三、四詩，卷五至十六雜文，末附蒞官時諸告條，乃其門人賀燦然所合編，清《四庫存目》，道光、光緒《（安徽）通志》皆著

---

① 脂韋：油脂和軟皮。《楚辭·卜居》：“寧廉潔正直以自清乎？將突梯滑稽如脂如韋以絜楹乎？”後因以“脂韋”比喻阿諛或圓滑。突梯：圓滑貌。《文選·屈原〈卜居〉》：“將突梯滑稽，如脂如韋，以絜(jié，通“潔”)楹乎？”呂向注：“突梯滑稽，委屈順俗也。”

② 與：稱贊，贊揚。《商君書》：“上以功勞與，則民戰；上以《詩》《書》與，則民學問。”

録，《明詩綜》録一首。

肖軒集

[明] 趙善政撰。善政（字以德，號"肖軒"，涇縣人。瑎子。隆慶五年進士，官至廣東副使致仕。事迹具《縣志·文苑傳》）有《賓退録》，已著録。據《縣志·藝文（志）》，是集有《仙居稿》《東陽稿》《養志餘編》三種，古越趙祖烏序。光緒《（安徽）通志》既著録《肖軒集》，又著録《仙東詩稿》，則復出也，今依《縣志》道光《（安徽）通志》著録。《青虹閣詩評》云："以德如紅蓮映水，碧沼浮萍，玉盤零露，清甘可人。"《縣志》録五律四首，五絶、七絶各一首，"仙居""東陽"，皆其作令地也。

天逸閣集四卷

[明] 蕭良翰撰。良翰（字以寧，號"拙齋"，涇縣人。隆慶五年進士，官至陝西左布政使，歸卒，年七十餘。事迹具《縣志·儒林傳》）有《拙齋學測》，已著録。是集四卷，有其子思作序。道光、光緒《（安徽）通志》皆著録，《青虹閣詩評》云："以寧臺閣崢嶸，而有煙水空明之致。"《縣志》録五律、七律各二首，七絶一首。

襟日樓草

[明] 許夢熊撰。夢熊號"印峰"，南陵人。隆慶五年進士，官終順天府通判。事迹具《縣志·名臣傳》。《江南通志》及道光、光緒《（安徽）通志》皆著録，無卷數。《縣志》録奏疏三首、詩二首。

一鶴齋文集

[明] 梅淳撰。淳號"凝初"，當塗人。隆慶五年進士，官至雲南左布政致仕歸。事迹具《縣志·宦績傳》。《江南通志》及道光《（安徽）通志》皆著録，無卷數。光緒《（安徽）通志》誤爲《鶴齋文集》，梅淳一著，今據《縣志》更正。

浮槎山房詩稿

[明] 黃道年撰。道年字延卿，合肥人。隆慶五年進士，官四川漢州知州。事迹具《縣志·人物傳》。光緒《（安徽）通志》著録，無卷數。《縣志》録七律一首。

萬竹山房集八卷

[明] 吳中英撰。中英字孟育，號"卓山"，全椒人。參政璋孫。隆慶五年進士

乙榜，官至禮部主事。事迹具《縣志·宦績傳》。道光、光緒《（安徽）通志》皆載《萬竹山房詩集》，無卷數，今據《縣志》著録。中英與弟中賁受古文法於唐順之。中賁著有《平倭記本末》，惜早卒。

汪禹乂詩集八卷

［明］汪淮撰。淮字禹乂，休寧人。隆慶間諸生。集爲淮自編，前有陳履、王世貞、劉鳳、汪道昆、吳子玉諸序，清《四庫存目》，道光、光緒《（安徽）通志》皆著録，《府志》作《蘿山詩稿》八卷。淮家本富，以好稱詩，中落尤工，書爲董其昌所許。《明詩綜》録一首。

巢雲軒詩集六卷續集五卷詩餘一卷

［明］吳宗儒撰。宗儒字次魯，號“黃麓”，晚號“止耕”，休寧人。道光、光緒《（安徽）通志》著録。詩集六卷、續集五卷，而無詩餘，今據清《四庫存目》著録。宗儒工於聲律。《明詩綜》録二首。

浮邱山人集

［明］李敏撰。敏字功甫，號“東麓”，別號“浮邱山人”，休寧人。事迹具《縣志·風雅傳》。道光《（安徽）通志》著録是集，無卷數，又載敏《新安詩集》。《江南通志》、光緒《（安徽）通志》皆載《新安詩集》，而無是集。考《府志》本傳，載敏與陳有守、汪淮共撰《新安詩集》，似《新安詩集》非敏一人所撰，《藝文》載是集，而注云一作《新安詩集》，又似一書而有二名，今依《府志》著録。王寅稱其切事①嚴偶，五言如“窗間樹雞栅，籬落晒牛衣。宛然山居之，風前未道及”。《明詩綜》録一首，《縣志》列清代，又載有《東麓山堂集》《白嶽游稿》《擷芳集》。

白鳳館集四卷

［明］彭光祖撰。光祖字虎少，全椒人。卒年二十二。事迹具《縣志·文苑傳》。集四卷，道光、光緒《（安徽）通志》皆著録。光祖八歲出語驚人，未冠名播江南北東。明穆文熙選明七言律，獨推之；鄞屠隆亦謂其刻意摹古，精光橫射，只此已足命世，少需之復何可當云。

---

① 切事：切合情事。南朝梁劉勰《文心雕龍·比興》：“蓋寫物以附意，颺言以切事者也。”

江上草 雲母山房稿

［明］彭昌鼎撰。昌鼎，全椒人。光祖子。事迹附《光祖傳》。光緒《（安徽）通志》著録，無卷數。

蒼耳齋詩集十七卷

［明］方問孝撰。問孝字胥成，號“癯丈人”，歙縣人。隆萬間隱居不仕。事迹具《縣志·詩林傳》。集十七卷，清《四庫存目》，道光、光緒《（安徽）通志》皆著録。《（四庫總目）提要》謂《歙縣志》無其姓名。考《歙縣志》，載問孝十歲能詩，每一詩出，人競傳寫，邢侗稱爲詞壇真龍。于慎行初見其詩，疑爲魁然丈夫，後介傅伯俊而友之，曰豈所謂短小精悍者乎？何得云無其姓名。《府志·藝文》作三十二卷，疑《四庫（全書）》所載尚非全帙也。

澗山集

［明］高必光撰。必光（懷寧人。漸孫。事迹附《縣志·漸傳》）有《經辨纂》，已著録。光緒《（安徽）通志》載是集，無卷數。

華影集 煮字齋集

［明］凌立撰。立字爾三，別號“衣白山人”，歙縣人。事迹具《縣志·士林傳》。光緒《（安徽）通志》著録，無卷數。立酷嗜書史，或解衣易之，即突無煙不顧也。

皖江集

［明］張列宿撰。列宿（字環北，太湖人。增生。事迹具《縣志·文苑傳》）有《易醒》，已著録。光緒《（安徽）通志》載是集，無卷數。

龍都集 雷聲稿

［明］戴偉撰。偉字當世，績溪人。事迹具《縣志·學林傳》。光緒《（安徽）通志》著録，無卷數。偉工詩，尤摭情莊子，天目徐公讞獄[①]來績，試《吳中捷報詩》，閱偉作曰：“此垂天之翼，何不一息九萬邪？”與唐正音等結社龍都，共興雅道。欲修遼金元史，未就卒。

---

① 讞獄：審理訴訟，審問案情。宋王禹偁《薦戚綸上翰林學士錢若水啓》：“向因讞獄宛丘，坐系烏府，廷尉議罪，聽以曠論。”

吟窗稿一卷

〔明〕劉正蒙撰。正蒙字養卿，貴池人。國子生，由浙江湯溪縣丞遷襄府工正歸。事迹具《縣志·文苑傳》。《江南通志》及道光、光緒《（安徽）通志》皆載是集，無卷數，今據《縣志》著錄。正蒙工文，詩宗元和體。

南溪遺稿

〔明〕王世禄撰。世禄字南溪，青陽人。縣學生。事迹具《縣志·理學傳》。《江南通志》及道光、光緒《（安徽）通志》皆著錄，無卷數。世禄學宗良知，聚徒於九華李白祠講學。湖廣布政一楨，其子也。

玉山樵唱集

〔明〕任扃撰。扃字啓敬，別號"玉山"，滁州人。事迹見《州志·藝文志》。《江南通志》及道光、光緒《（安徽）通志》皆著錄，無卷數。

靜中自樂詩集

〔明〕駱俊撰。俊字世良，滁州人。事迹見《州志·藝文志》。《江南通志》及道光、光緒《（安徽）通志》皆著錄，無卷數。

引睡集

〔明〕王可立撰。可立，滁州人。《江南通志》及道光、光緒《（安徽）通志》皆著錄，無卷數。《州志》錄七律三首。

安徽通志稿·藝文考

集部十　別集類九

遠霽集

［明］高維嶽撰。維嶽字君翰，宣城人。惠連裔孫。萬曆元年舉人，歷官興國州知州，投劾歸。事迹具《縣志·文苑傳》。集有梅鼎祚序，《江南通志》及道光、光緒《（安徽）通志》皆著録，無卷數。維嶽善詩賦古文，與鼎祚及沈懋學爲敬亭詩社，然嫻於政事。焦竑每謂其誦詩達政[①]，有元結之風；鼎祚稱其温厚和平，而無叫噪怒張之弊，本於自然而無牽率補苴[②]之勞。《宛雅二編》録八首。

翠雲亭集

［明］高維嶽撰。《江南通志》及道光、光緒《（安徽）通志》皆著録，無卷數。

丁海陽遺編十八卷

［明］丁旦撰。旦字惟寅，貴池人。萬曆元年歲貢，官衡州府通判，卒於官。事迹具《縣志·儒林傳》。是集十八卷，《江南通志》及道光、光緒《（安徽）通志》皆著録。旦師同縣李呈祥，更從鄒守益、王畿、錢德洪、歐陽德游，以私淑王守仁。督學耿定向舉旦文行異等，卒後題其碣曰"名賢丁君之墓"。

---

① 達政：猶達治。《南史·孔琳之傳》："乃舉朝大議，精才達政之士，莫不以宜復用錢。"
② 牽率：猶草率，牽强附會。明文徵明《送提學黃公叙》："學者至於摘抉經書，牽率詞義，以習其説。"補苴：補綴，縫補。引申爲彌補缺陷。《明史·武宗紀贊》："猶幸用人之柄躬自操持，而秉鈞諸臣，補苴匡救，是以朝綱紊亂，而不底於危亡。"

顏素詩文集

[明] 顏素撰。素（字質卿，號"與檏"，懷寧人。萬曆二年進士，官至應天府丞卒，私諡"簡一先生"。事迹具《縣志·儒林傳》）有《易研》，已著錄。光緒《（安徽）通志》著錄是集，無卷數，《縣志》作數卷。素之學得於程灝、陸九淵，又與袁宗道、焦竑、周汝登、潘雪松諸人相切劘，天台耿定向嘗奇其文而賞之。《府志》錄詩一首。

晞陽文集十二卷

[明] 范淶撰。淶字元易，號"晞陽"，休寧人。萬曆二年進士，官至福建左布政使，辭歸。事迹具《縣志·儒碩傳》。道光、光緒《（安徽）通志》皆載是集，無卷數，今據道光《府志》著錄。淶年十三經闕里，即有必爲聖人之志。學宗程朱，期以實踐。嘗作《休寧理學先賢傳》，僅取程大昌、吳儆、程若庸、陳櫟、倪士毅、朱升、趙汸、范準、汪循九人，論者稱其綜核云。《明詩綜》錄詩一首。

貝葉齋集

[明] 李言恭撰。言恭（字惟寅，盱眙人。岐陽武靖王文忠裔孫。萬曆二年襲封臨淮侯，守備南京，入督京營，累加少保。事迹見《明史·李文忠傳》）與都杰同撰《日本考》，已著錄。是集有王世懋、屠隆二序，《縣志》著錄，無卷數，其書今存北平圖書館。言恭與王世貞、李攀龍、胡應麟游，尤善應麟，嘗留旬日不聽出，集中多與山人、名士往還之作。世貞、攀龍、應麟等集亦時涉及言恭。《明史》稱其好學能詩，折節寒素。屠隆謂其曰跏趺蒲團，與衲子伍，即其人可知已。

青蓮閣集　游燕集

[明] 李言恭撰。《縣志》著錄，無卷數。

楚游集

[明] 李言恭撰。見同治上元、江寧兩縣志。

瑞陽阿集十卷

[明] 江東之撰。東之（字長信，歙縣人。萬曆五年進士，官至右僉都御史，巡撫貴州，罷歸。事迹具《明史》本傳）有《臺中廷中撫黔奏疏》，已著錄。是集十卷，奏議居其半。清《四庫存目》，道光、光緒《（安徽）通志》皆著錄。東之立朝著風節，詳見魏禧所爲傳中。瑞陽阿者，東之嘗築室瑞金山中，故以名也。

郊居遺稿十卷

〔明〕沈懋學撰。懋學字君典，宣城人。廣西參議寵子。萬曆五年進士第一，授翰林院修撰，年四十卒，弘光朝追謚"文節"。事迹附見《明史·田一儁傳》。是集詩三卷、雜文七卷，晋江何喬遠輯訂，萬曆三十三年兄子有容刻於福建，有葉向高及喬遠序。清《四庫存目》、光緒《（安徽）通志》著録，道光《（安徽）通志》作六卷。懋學當趙用賢、吳中行論張居正奪情被杖，有《擬救建言諸臣令大學士張居正奔喪》一疏，略謂元輔之去留，爲天常所系，言官之忠佞爲國是所關，臣觀某等所言誠不忍居正之陷於不孝，言官之陷於不忠耳，今赫然震怒撻直臣、正士之氣，異日雖有良謀至計，誰肯爲陛下，言者格不得上，今其稿在集中。喬遠又謂其論學則懲良知末流之弊，而以躬行實踐爲宗；論政則鄙當時綜核之嚴，而以王道寬大爲本，蓋學問、文章出於正義，非徒用一節，自皎皎者云。《明詩綜》録三首。

劉永麟詩賦文集

〔明〕劉永麟撰。永麟號"象衡"，南陵人。萬曆七年舉人，考授通判，以母老不仕，年六十四卒。事迹具《縣志·文苑傳》。光緒《（安徽）通志》著録，無卷數。永麟少聰穎磊落，鄉試出范景文門。《縣志》稱其不事帖括[①]，詩賦多驚人語。

楊道行集十七卷

〔明〕楊于庭撰。于庭（字道行，號"冲所"，全椒人。萬曆八年進士，官至兵部郎中罷歸，卒贈寶少卿。事迹具《縣志·儒林傳》）有《春秋質疑》，已著録。是集十七卷，于庭自編。清《四庫存目》，道光、光緒《（安徽）通志》皆著録，《縣志》作三十卷。于庭詩沿何李之派，故擬騷、擬樂府古詩不能變化蹊徑，惟五古時露清挺[②]，本色尚存。《明詩綜》録一首。

西墅草堂集十二卷

〔明〕吳沛撰。沛字海若，全椒人。萬曆初廩生。事迹具《縣志·文苑傳》。集十二卷，道光、光緒《（安徽）通志》皆著録。沛性穎異，一目十行，長益肆意經史，又有論文十二則爲學者宗尚。

---

① 帖括：唐制，明經科以帖經試士。把經文貼去若干字，令應試者對答。後考生因帖經難記，乃總括經文編成歌訣，便於記誦應時，稱"帖括"。比喻迂腐不切時用之言。後泛指科舉應試文章。《儒林外史》第四十六回："論余大先生的舉業，雖不是時下的惡習，他要舉國初帖括的排場，却也不是中和之業。"

② 清挺：清新挺拔。清何世璂《然鐙記聞》："詩要清挺。纖巧濃麗，總無取焉。"

匡廬遺集十卷

〔明〕劉汝芳撰。汝芳字抱素，宣州衛人。萬曆十年舉人，官江西南康府同知，年近百歲卒。事迹具《宣城志·選舉表》。是集十卷，《江南通志》及道光、光緒《（安徽）通志》皆著錄。汝芳嘗主白鹿洞教事，故集以匡廬名。《宛雅二編》錄《巖臺寺》一首，詩云："巉岏①巖下路，繚繞鏡中游。樹接晴嵐暮，泉飛急雨秋。寒光清佛閣，繁響亂溪流。爲問松根下，殘碑幾字留。"

復初集三十六卷

〔明〕方承訓撰。承訓號"郂邨"，歙縣人。集爲承訓自編，集首冠以"原初漫談"七條，於李、杜、韓、柳無不排擊②，前有萬曆十一年自序，清《四庫存目》，道光、光緒《（安徽）通志》皆著錄。

滌元館稿 尚友集

〔明〕邵庶撰。庶字明仲，休寧人。萬曆十一年進士，官至太常少卿。事迹具《縣志·宦業傳》。《江南通志》及道光、光緒《（安徽）通志》皆著錄，無卷數。庶居鄉倡明理學，創"還古書院"，又總裁《縣志》，稱詳核焉。

白水集六卷

〔明〕徐榜撰。榜（字薦所，涇縣人。萬曆十一年進士，官至浙江右布政。事迹具《縣志·儒林傳》）有《濟南紀政》，已著錄。是集六卷，有趙健、蕭思似二序。舊本殘缺，清乾隆四十年裔孫必敬校訂重刻，道光、光緒《（安徽）通志》皆著錄。《青虹閣詩評》云："薦所風韵悠雅，氣格似唐。"《縣志》錄七律一首。

北游草 夢雪軒集 歸與集 濟偉集

〔明〕何自謙撰。自謙字益之，銅陵人。萬曆十一年選貢，授廣東瓊州府通判，遷審理、叙平黎功進階長史致仕。事迹具《縣志·政事傳》。《江南通志》及道光、光緒《（安徽）通志》皆著錄，無卷數。又《北游草》作《北游集》、《夢雪軒集》作《夢雪集》，今據《縣志》著錄。《縣志》錄七律一首。

---

① 巉岏：音 chán wán，形容山、石高而尖銳，借指險峻的山。《東周列國志》第二十一回："雪薄薄兮日生寒，我驅車兮上巉岏。"宋韓維《送趙員外之官憲州》詩："西游秦函穀，崆峒上巉岏。"

② 排擊：排斥、抨擊。清彭紹升《後序》："而於時有當湖陸子者出，復以排擊王學爲功，又因王子而并罪高子。"

學易齋詩文稿

[明] 吳應賓撰。應賓（字尚之，又字客卿，號"觀我"，桐城人。布政一介季子。萬曆十四年進士，官翰林院編修，以目疾歸。天啓初特召不克赴，加左春坊右諭德兼翰林院侍讀，崇禎七年卒，年七十，私諡"宗一先生"。事迹具《縣志·理學傳》）有《學庸釋論》，已著錄。《江南通志》及道光、光緒《（安徽）通志》皆著錄。是集無卷數。據《龍眠風雅·小傳》，應賓理宗儒釋，詩特其駢枝[①]，嬰[②]目疾，爲文數萬言，口授子弟錄之，又周岐撰謚議，稱其取《檀弓》《左氏》、竺乾、老莊、兩漢、魏晋鎔鑄爲文，蓋應賓雖不必以詩文名，其所得亦不可及。《龍眠古文》錄文十七篇，内有目無文者三篇；《龍眠風雅》錄詩百二十三首；徐璈《桐舊集》錄詩十七首，内《宿地藏寺》《禮地藏塔》《登東巖》三首錄自《九華山志》，似璈已不見其集，其他與《（龍眠）風雅》亦有小異（《感興》五古，"疏竹"作"木末"、"幻"作"物"、"吁"作"咨"。《浮山》七律，"漩"作"回"、"話"作"活"、"窟"作"窗"。《乾寧神室》七律，"粟"作"粒"。《宮詞》七絶，"官"作"宫"）。《明詩綜》錄二首。

駱丞集注四卷

[明] 顔文選注。文選字巽之，宣城人。萬曆十四年進士，官至户科給事中，以言事謫外，卒贈光禄寺少卿。事迹具《縣志·宦業傳》。駱丞集者，唐駱賓王所撰也。據湯賓尹序，注蓋作於建言忤旨後，其子心聖等校刻，序尾題乙卯爲萬曆四十三年，當即刻於其時。清《四庫書目》稱文選之外，別無注本。案：湯序明言陳君注而給諫補之，卷端亦題補注，疑陳注未別行，後遂不之及也。

黄德卿詩集

[明] 黄道月撰。道月字德卿，合肥人。道年弟。萬曆十四年進士，官中書舍人，年三十九卒。事迹具《縣志·人物傳》。《江南通志》及道光、光緒《（安徽）通志》皆著錄，無卷數。《縣志》錄五律二首，稱其集不存。

黄荆卿詩集

[明] 黄道日撰。道日字荆卿，合肥人。道月同母弟，諸生入國子監。事迹具《縣志·人物傳》（康熙《府志·人物》載道日舉於鄉，而選舉志不載，疑傳誤也）。

---

① 駢枝：駢拇枝指，指大拇指或無名指旁長出來的多餘的手指。比喻多餘無用、不必要的東西。傅專《次韵答今希并示約真》之四："罪言横議總駢枝，文字由來不療時。"

② 嬰：遭受，遇。明宋濂《懷遠大將軍于君墓志銘》："君以一書生，嬰亂世，乃能倡義旅以捍鄉邦。"

《江南通志》、道光《（安徽）通志》皆誤作黃道月撰，光緒《（安徽）通志》不誤，今依以著録。《縣志》録五律二首、議二首。

大鄣山人集五十三卷

〔明〕吳子玉撰。子玉（字瑞穀，休寧人。萬曆十六年貢生，授應天府訓導，撫按薦入史館，卒官。事迹具《縣志・文苑傳》。清《四庫存目》作"嘉靖中貢生"，此據《縣志》）有《茗洲吳氏家記》，已著録。是集五十三卷，分體二十，皆以某部爲題。清《四庫存目》，道光、光緒《（安徽）通志》皆著録。《府（志）》《縣志》皆作《瑞穀詩文》二集，蓋即此書。《江南通志》別載《瑞穀詩文集》者，誤。

少孺集九卷

〔明〕金應宿撰。應宿字少孺，休寧人。事迹具《縣志・學林傳》。光緒《（安徽）通志》載是集，無卷數，今據《縣志》著録。應宿屢舉不第，築舍岑山，日事著作、吟咏。與季父瑶及吳子玉友善。《縣志》又載有《詩集》十卷。

讀史百二咏

〔明〕金應宿撰。光緒《（安徽）通志》著録，無卷數。

柏庵集十卷

〔明〕許雍撰。雍，桐城人。諸生。光緒《（安徽）通志》載是集，無卷數。今據《縣志》著録。

寧澹居詩集十三卷

〔明〕方大鎮撰。大鎮（字君靜，號"魯嶽"，自號"野同翁"，桐城人。學漸長子。萬曆十七年進士，官至大理寺左少卿，乞休歸，年七十卒，私謚"文孝先生"。事迹具《縣志・理學傳》）有《易意》（見《龍眠風雅・小傳》）已著録。道光、光緒《（安徽）通志》皆載是集，無卷數，今據《縣志》著録。大鎮淵源父學，又與高、顧、鄒、馮講學首善書院，魏璫毀書院，遂乞休。朱彝尊《靜志居詩話》載《歲杪聞召》詩云："仕途百折如浮海，客邸孤踪似出家。"謂足占其所守。《龍眠風雅》録十八首、《桐舊集》録五首，内《答涂捊宇》一首，乃《（龍眠）風雅》所無，其他字句亦小異（《富池驛》七古。此鳥之"鳥"作"烏"。《抵舍》題不同。《長安春興》七律，"塞"作"舍"。《謁先祖天台會洞》題不同，"天地"作"父老"、"黯絶麟"作"薦渚蘋"、"入藻蘋"作"供飲醇"）。《明詩綜》録一首。

寧澹居文集十二卷

[明]方大鎮撰。道光、光緒《（安徽）通志》皆著録，無卷數。今據《縣志》著録。《龍眠古文》録奏疏四篇。《方氏七代遺書》録遺文一卷，亦僅五篇。曰《荒政議》《度支議》《審治篇》《明刑篇》《體國篇》，疑其集已佚也。

葉玉成全集四卷附録二卷

[明]葉永盛撰。永盛字子沐[光緒《（安徽）通志》作“木”]，涇縣人。萬曆十七年進士，官至太僕寺少卿，年七十六卒。事迹具《明史》本傳。是集雜文一卷、奏疏三卷，裔孫沃若等刻，末附《名宦録》一卷，皆萬曆中請祀案牘及去思德政碑①，又《鄉會中式録》一卷，則永盛倡建崇文書院，疏請許商人占籍應試，因紀歷科中式姓氏，所載至清康熙中，蓋後人所續入也。清《四庫存目》，道光、光緒《（安徽）通志》皆著録。萬曆中永盛以御史巡鹽浙江，有百户高時夏者，奏浙閩餘鹽歲可得三十萬上，以屬稅璫②劉成，永盛露章③抗争，乃詔撫按等官會議，卒議定課二萬六千鋪墊等費，視課數三分之一歲，省浙直税十五萬，其詳具所上五疏及所撰《浙釐紀事》中。案：《明史·食貨志》載高時夏事，巡撫金學曾勘奏皆妄，又載浙解三萬七千有奇，與紀事所云二萬六千及劉撫院左右提挈者不合，疑璫既墮永盛計，遂以所議鋪墊等費，不敢復匿而并進之，時浙撫爲劉一焜，史云金學曾或是閩巡撫也，是亦可以證史矣。

環翠樓集三卷

[明]蕭思似撰。思似字伯轂，一字若拙，涇縣人。良榦子。萬曆十九年順天舉人，官至江西廣信知府致仕。事迹具《縣志·儒林傳》。是集三卷，有豫章徐良彦序，道光、光緒《（安徽）通志》皆著録。思似師顧憲成、病黃勉齋之窮，索顔山農之放縱，而以“誠明”二語爲梯航，時方詆僞學，獨講論不輟，人擬之柴中行云。

浮齋集 翠微集 白下游草

[明]佘翹撰。翹字聿雲，號“燕南”，銅陵人。按察敬中子。萬曆十九年舉人。

---

① 思德政碑：即“思碑”與“德政碑”。思碑，碑志之一種。舊時官吏離任時，地方士紳頌揚其“德政”，著文勒碑，表示去後留思之意。德政碑，舊時爲頌揚官吏政績而立的碑石。《南史·蕭恭傳》：“恭至州，政績有聲，百姓請於城南立碑頌德，詔許焉，名爲‘德政碑’。”

② 稅璫：掌管稅收的宦官。明時各省稅收皆由宦官掌握，故有此名。明吕坤《與喬聚所撫臺書》：“即一二稅璫，駕馭有法，爲害能幾何哉。”

③ 露章：公開奏章糾彈内容，讓被彈劾的人知道而服罪。後泛指上奏章。清阮葵生《茶餘客話》卷七：“雍正六年，奉旨，停止科道密奏，各用露章。又奉旨，露章之外，亦准密奏。”

事迹具《縣志·文學傳》。《翠微集》有焦竑序，《江南通志》及道光、光緒《（安徽）通志》皆著録，無卷數。翹四歲授書，稍長一目數行，遂悉究經史，湯顯祖奇之，呼爲小友。論者稱其文類孫樵，詩似許渾、司空圖云。浮齋者，翹治一舫，遍訪名勝，故以名也。《縣志》録七律一首。

寒玉山房集十六卷

[明] 吳用先撰。用先（字體中，號"本如"，桐城人。萬曆二十年進士，官至兵部侍郎，總督薊遼，璫禍起致仕，歸卒。事迹具《縣志·宦迹傳》）有《周易筌語》（見《龍眠風雅·小傳》），已著録。是集十六卷，《江南通志》及道光、光緒《（安徽）通志》皆著録。今惟《龍眠古文》録文十三篇、《龍眠風雅》録詩三十一首、徐璈《桐舊集》録詩九首，内《嚴瀬》四首，乃《（龍眠）風雅》所無，其他字句亦異（《重九雨阻》五古，"霜露忽凄零"作"零雨何凄清"，又無"片雲挾雨飛，寒風蕭蕭生"二句，佳序"當九日下"無"虛負登高情，謀婦具杯酒"二句，"向"作"酒"，又無"佳樹牖中列，鳳臺階下陳"二句，"仰"作"瞻"、"聽"作"仰"、"樂"作"意"、"吾欲"作"且用"、《八功德水》五律，"宮"作"空"、"室"作"馨"。《答湯義仍》七律，"琅函展誦"作"清詞協曲"、"如"作"與"、"凌"作"陵"）璈已云其集罕有傳本，疑已佚矣。《明詩綜》《釣臺集》皆録其詩。

旭山集十六卷

[明] 金忠士撰。忠士（字元卿，一字葵之，號"麗陽"，宿松人。原籍休寧。萬曆二十年進士，官至右僉都御史，巡撫延綏，卒贈兵部右侍郎。事迹具《縣志·名賢傳》）有《金巡撫奏疏》，已著録。是集詩止一卷，餘皆雜文，清《四庫存目》，道光、光緒《（安徽）通志》皆著録。縣人吳主敏有抄本，爲賦二首、五古十六首、七古九首（内七言排律一首）、五絶十六首、七絶三十二首、六絶四首、五律三十五首、七律百零六首，猶足當一卷，文僅序二十二篇，蓋非其全。考朱書《杜谿集·與萬斯同書》，稱忠士立功榆林，讀《旭山集》及《杜將軍破賊歌》，每想見發踪指示[1]，意必有超出尋常者，惜當時賓僚未能悉記其事。忠士又以勞卒官，遺文散失，故知是編可考見《三邊事略》，韜鈐[2]政績皆在焉。《明詩綜》録二首。

緑滋館稿九卷

[明] 吳士奇撰。士奇（字無奇，號"恒初"，歙縣人。萬曆二十年進士，官至

---

① 發踪指示：發現野獸的踪迹，指示獵狗跟踪追捕。比喻在幕後操縱指揮。
② 韜鈐：古代兵書《六韜》《玉鈐》的并稱，後因以泛指兵書。借指用兵謀略。也借指武將。

太常寺卿，致仕歸，卒贈工部右侍郎）有《史裁》，已著録。是集文八卷、詩一卷，清《四庫存目》、光緒《（安徽）通志》著録。其文不蹈王李贗古之習。朱彝尊《靜志居詩話》謂其長在史學，詩特餘藝。《明詩綜》録一首，《府志》又載有《西青集》二十卷。

關中集四卷

［明］余懋衡撰。懋衡（字持國，號"少原"，婺源人。萬曆二十年進士，官至南京吏部尚書。事迹具《明史》本傳）有《經翼》，已著録。是集四卷，論、説、雜文共七十八篇，前有自序，清《四庫存目》，道光、光緒《（安徽）通志》皆著録。懋衡巡按陝西作正學書院，引馮從吾闡明關學，集蓋其時作也。

乾惕齋集

［明］余懋衡撰。《江南通志》及道光、光緒《（安徽）通志》皆著録，無卷數。《縣志》又載有《太和軒集》。

太涵賸存一卷

［明］謝存仁撰。存仁字生甫，號"大涵"，祁門人。萬曆二十年會試中式，二十三年廷對成進士，官至雲南巡撫都察院右副都御史告歸。事迹具《縣志·宦迹傳》。是集乃族裔孫維甸所輯，僅文二十二篇、律詩六首，冠以萬、啓、禎三朝誥勑五道，末附倪思輝撰行狀及合學請祀鄉賢公呈，清咸豐六年刻，前有徐大綸序、譚琨題詞，後有維甸跋。據跋，有所撰序文、傳記，曾鋟板者，板不存語。是存仁原刻有集，後已佚，故此以賸存名也。《祁詩合選》録五律二首。

越游草

［明］張應泰撰。應泰（字大來，號"東山"，涇縣人。萬曆二十年進士，官至户部員外郎，升江西吉安知府，未任卒。事迹具《縣志·文苑傳》）有《史疑》，已著録。應泰聞亡友武林許中丞耗[1]，挐舟[2]往哭，因遍歷吳越名勝，詩蓋其時作。光緒《（安徽）通志》著録，無卷數。《縣志》作《游越編》。

白門草十卷

［明］張應泰撰。蓋官南京工部主事時作，有從子一卿序。道光、光緒《（安

---

① 耗：消息、音信。《董西廂·卷七》："自是至秋，杳無一耗。"
② 挐舟：撑船。清吳偉業《梅花庵同林若撫話雨聯句》："挐舟浮碉曲，扶杖度山崦。"

徽）通志》皆著錄。

藝葵園草五卷

[明]張應泰撰。胡應麟序。道光、光緒《（安徽）通志》皆著錄。

晚香亭稿

[明]張應泰撰。光緒《（安徽）通志》著錄，無卷數。《青虹閣詩評》云：“大來組織工麗，與東井、巖潭後先輝映。”“東井”，左鎰號。“巖潭”，王廷幹號也。《縣志》錄五古、五律各一首，七律三首。

陳一典詩文集

[明]陳一典撰。一典，盱眙人，廩生。事迹具《縣志・人物傳》。光緒《（安徽）通志》著錄，無卷數。一典學於舅氏馮應京。考《明史》，應京萬曆二十年進士，三十五年卒，則一典萬曆時人也。

解慍堂集　粵游草　濟上詩

[明]胡瓚撰。瓚（字伯玉，號“心澤”，桐城人。效才子。萬曆二十三年進士，官至江西右參政，予告歸。事迹見《明史・劉東星傳》）有《泉河史》，已著錄。《江南通志》及道光、光緒《（安徽）通志》皆載是集，無卷數，又誤爲吳瓚，今據《縣志》著錄。《龍眠古文》錄文二十二篇，內一篇有目無文，《龍眠風雅》錄詩六首、《桐舊集》錄三首，字句小異（《太公泉》五律，“在”誤“存”、“槎”作“風”。《和何康侯南池》七律，“淋浪”作“琳琅”、“亂”作“餘”、“雄”作“才”、“塵”作“同”、“平生只”作“壺觴且”）。《濟上詩》者，瓚初授工部都水主事，分司南旺，詩蓋其時作也。

睡庵稿二十五卷

[明]湯賓尹撰。賓尹字嘉賓，號“霍林”，宣城人。萬曆二十三年進士，官至南京國子監祭酒罷歸。事迹具《縣志・文苑傳》。集凡二十五卷，分體編次，首書序（卷一至六）、次贈序（卷七至八）、次壽序（卷九至十二）、次記（卷十三）、次碑次記（卷十四）、次墓志銘（卷十五至十九）、次墓表（卷二十）、次傳（卷二十一）、次行狀（卷二十二）、次題贊（卷二十三）、次題跋、次疏偈（卷二十四）、次祭文（卷二十五），都四百四十三篇，內卷十三之《招寶紀行》《臺宕紀行》目下注“補刻”二字，均無文，又卷二《關中轉餉詩序》目漏未載，實四百四十二篇，前有湯

顯祖、梅守箕二序，梅序作於萬曆三十年，湯序作於萬曆三十九年，當即刻於其時，惟《明史·藝文志》載《睡庵初集》六卷，似尚有初集，又二序皆稱其詩，此僅文，疑非完帙，清乾隆朝毀禁。光緒《（安徽）通志》著録，無卷數。賓尹慷慨負氣，好談安危大計。集内涉遼事者，如卷一《皇明開天玉曆序》[①]云："今以天下全盛之勢，防胡日惴惴焉，不暇給"；《白師清疏草序》云："東方之枰累歲不定"，師清瞑語曰："乃貽倭奴笑而爲北虜所窺"；《上東事邊防》兩疏，將吏鼓氣。卷五《建平楊氏族譜序》云："頃奴酋之亂，屠荼不忍言，吾等幸不爲遼民，不爲援遼將卒[②]"；《嚴元龍謀藝序》云："元龍游京師，度遼出入山海，忽忽不樂，急棄縟[③]歸，未幾遼諸路陷没[④]"。卷七《大中丞健庵劉公晋大司馬序》云："涇陽劉公之撫順天九年，有紅草溝之捷，虜氣挫數年，頃虜數騎躪塞垣，公第驅出塞而止[⑤]。"卷八《杜太公擢憲陝右序》云："國論甫息，虜酋大舉，盈朝遑顧，莫可誰何[⑥]"；《劉司理奏滿序》云："傾天下以御虜迄無休，計東南民力弱矣。"卷十《沈士弘六十序》[⑦]云："其在西北虜來則飽以子女，不來則飽以金繒"，又云："往與劉敬夫論邊事[⑧]，防虜亡，如多募民實塞"，下又云："遼之役熊侍御親督士卒，築城堡、墾土田、勞身苦，體任督臣、撫臣之事，而督撫轉相格，未十一，棄歸[⑨]。"卷十六《柱宇林公墓志銘》[⑩]云："東方事起，本兵首輔共主封，力疏其不可封，事果壞。"《潘公墓志銘》[⑪]云：

---

① 據明湯賓尹《睡庵稿》文集卷一（明萬曆三十八年刻本）題爲：《皇明開天玉律序》。

② 據明湯賓尹《睡庵稿》文集卷五（明萬曆三十八年刻本）文爲："頃奴酋之亂，愴不忍言，予每以牘人曰'吾等幸不爲遼民，不爲援遼將卒，又幸罷老歸。"

③ 縟：彩色的繒帛，帛邊。書帛裂而分之，合爲符信，作爲出入關卡的憑證。棄縟：表示决心在關中創立事業。後用爲年少立大志之典。唐王績《晚年叙志示翟處士》詩："棄縟頻北上，懷刺幾西游。"

④ 據明湯賓尹《睡庵稿》文集卷五（明萬曆三十八年刻本）題爲：《嚴元龍課義》。文爲："元龍名諸生，久擬改上太學，游京師，度遼出入山海、旗亭、堡燧間，忽忽不樂急棄縟歸，□□諸路陷没。"

⑤ 據明湯賓尹《睡庵稿》文集卷七（明萬曆三十八年刻本）文爲："涇陽劉公之撫順天九年於兹矣。前是邊備稍弛，公至輒嚴堡墩、明紀總，屬兵秣馬、信賞罰，於是有紅草溝之捷，斬獲大倍虜，是以氣挫數年，咋指不敢一矢相加遺公，又時前諸將吏拳拳以操守愛養相訓、戒輯税使，使不敢闖關而暴吾畿民，畿東大浸，蠲鍰抵税，又風道若郡以下糜活之歲以不灾。頃虜人不戒，數騎直躪薊垣，公第申舊約勒弩驅出塞而止。"

⑥ 據明湯賓尹《睡庵稿》文集卷八（明萬曆三十八年刻本）文爲："盈朝遑顧，莫可誰何擔事之人。"

⑦ 據明湯賓尹《睡庵稿》文集卷十（明萬曆三十八年刻本）題爲：《内兄沈上弘六十壽序》。

⑧ 據明湯賓尹《睡庵稿》文集卷十（明萬曆三十八年刻本）文爲："與劉敬夫極論邊事。"

⑨ 據明湯賓尹《睡庵稿》文集卷十（明萬曆三十八年刻本）文爲："防虜亡如多募民實塞下，防倭亡如禁民不得入海，爲鄉道遼之役，熊侍御親督士卒，築城堡、墾土田、勞身苦，體任督臣、撫臣之事，而督撫轉相格，未十一，棄歸。"

⑩ 據明湯賓尹《睡庵稿》文集卷十六（明萬曆三十八年刻本）題爲：《太僕寺少卿柱宇林公墓志銘》。

⑪ 據明湯賓尹《睡庵稿》文集卷十六（明萬曆三十八年刻本）題爲：《南京國子監助教陞湖廣辰州府同知冲和潘公暨配姚氏合葬墓志銘》。

"東方方擾議封貢，大醒私語曰封事必敗，已而果然。"卷二十《任齋趙公墓表》[1]云："未幾督遼左餉李成梁數出塞，金穀應手，歲捕首虜獨多，會有議開牽馬嶺，度諸乘障者，嶺實廣，寧扼塞處，公固不可後，數歲虜果道此，蟄內地。"《嗣山曹公墓表》[2]云："公又言防河如防虜，虜曰邊防，防其入。"又云："往款貢議始，廷臣十九非是，竟利賴之，至今惜無乘款之暇力急邊備者。"卷二十一《林太僕傳》云："使當事者精心早爲之，至今可無張皇於東事矣。"諸如此類，皆可徵被禁之由，亦可見當時措置乖方，卒亡其國而後已也。

睡庵詩集

[明]湯賓尹撰。光緒《（安徽）通志》著錄，無卷數。《宛雅二編》錄六首，《明詩綜》錄一首。

由粲集

[明]王尚循撰。尚循字淡父，阜陽人。給事謨子。事迹具《縣志·文苑傳》。是集詩千余首，乃萬曆二十五年自編。光緒《（安徽）通志》著錄，無卷數。《縣志》錄七絕一首。

陶瓶集　麗崎軒詩文集

[明]查應光撰。應光字賓王，休寧人。萬曆二十五年舉人。事迹具《縣志·風節傳》。光緒《（安徽）通志》著錄，無卷數。應光搆池草閣，日手一編，崇禎九年巡按劉令譽疏薦，辭不赴。《明詩綜》錄一首。

焉文草一卷

[明]查維鼎撰。維鼎字幼安，休寧人。應光第三子。事迹具《縣志·學林傳》。光緒《（安徽）通志》載是集，無卷數，今據道光《府志》著錄。維鼎博綜經史，以詩文自娛。

龍山遺稿二卷

[明]崔師訓撰。師訓（字惟承，號"弘臺"，太平縣人。萬曆二十六年進士，

---

① 據明湯賓尹《睡庵稿》文集卷二十（明萬曆三十八年刻本）題爲《四川按察司副使進階亞中大夫資治少尹任齋趙公墓表》。文爲："未幾督遼左餉大將軍李公成梁數出塞，金穀應手，士馬飽騰，歲捕首虜獨多，多公之功，會有議開牽馬嶺，度諸乘障者，嶺實廣寧扼塞處，公固不可後，數歲虜果道此，蟄內地。"

② 據明湯賓尹《睡庵稿》文集卷二十（明萬曆三十八年刻本）題爲《通議大夫工部右侍郎兼都察院右僉都御史嗣山曹公墓表》。文爲："公又言防河如防虜，虜曰邊防，防其入；河曰隄防，防其出所。"

官至福建福寧道參政、攝左布政，卒於官。事迹具《縣志·名臣傳》）有《大成易旨》，已著錄。是集二卷，乃其後人所輯，皆宦途紀載酬應之作，惟抄本字多訛誤，文與目錄亦參差不符。《江南通志》及道光、光緒《（安徽）通志》皆著錄，無卷數，今據《府志》著錄。

何長人集

[明] 何慶元撰。慶元字長人，號“六陽”，六安州人。萬曆二十六年進士，授工部主事，歷郎中，出爲雲南按察副使，乞養歸。事迹具《州志·宦績傳》。《江南通志》及道光、光緒《（安徽）通志》皆著錄，無卷數。《州志》錄詩二首、文四首，《明詩綜》錄二首，作《蓬來室存稿》。

連理堂集

[明] 方學漸撰。學漸（字達卿，號“本庵”，桐城人。萬曆二十六年歲貢，私謚“明善先生”。事迹具《縣志·理學傳》）有《易蠡》，已著錄。道光、光緒《（安徽）通志》皆著錄是集，無卷數。學漸闡明理學，高攀龍、顧憲成皆推爲職志，然好古，善屬文，詩宗盛唐。朱彝尊《靜志居詩話》謂其東徵詩，宛然空同、華泉遺響。連理堂者，學漸娶於趙，有奩田①以奉其兄，庭左楓杞連理，故以名也。《龍眠古文》錄文四篇、《龍眠風雅》錄詩四十四首、《桐舊集》錄詩八首，字句間與《（龍眠）風雅》異（《再游浮山》五律第四首，“展”作“履”。《龍眠精舍》五律，“未隱”作“長隱”。《東徵》七律，“寇源”作“塞垣”、“鼉”作“鯨”。《水帝洞》五絕，“帝”作“流”、“此”作“自”）。《明詩綜》、清《御選明詩》、《方氏詩輯》皆錄其詩。

卷石山房詩稿

[明] 方學箕撰。學箕字紹卿，號“少洲”，桐城人。效子，附監生②。光緒《（安徽）通志》著錄，無卷數。學箕遨游吳越，所交盡一時名宿，晚歸隱梅花館，賦詩飲酒，有謝靈運之風。卷石山房者，壘石爲巖，以名其居，并以名集也。《龍眠風雅》錄二十七首、《桐舊集》錄五首，字句小異（《綠漪亭》七律，“驚翼”作“飛鳥”、“亂”作“片”、“林園麗”作“園林雋”、“具”作“麗”、“翠紫”作“紫翠”。《訪友不遇》七律，“味”作“饌”、“爲”作“詩”。《劉慎吾贈石》五絕，“處”

---

① 奩田：陪嫁的田產。魯迅《華蓋集續編·不是信》：“我祖宗沒有遺產，老婆沒有奩田，文章又不值錢，只好以此暫且糊口。”

② 附監生：地方舉薦進入國子監讀書的書生。

作“得”。《春行》六絕，“淑”作“渚”）。《明詩綜》錄一首。

霧靈詩集

[明]阮自華撰。自華字堅之，號“澹宇”，桐城人。鶚季子。萬曆廿六年進士，官福建邵武府知府告歸，年七十七卒。事迹具《縣志·文苑傳》。集有王世貞、于慎行序，《江南通志》及道光、光緒《（安徽）通志》皆著錄，無卷數。自華守慶陽，爲李夢陽桑梓，作《懷賢賦》寓景仰，又嘗謂其從孫大鍼，曰詩是吾家事，宜單出獨樹杼柚，予懷其厚，自期許可知。潘江謂其劌心刻腎[①]，力去陳言；朱彝尊稱其詩不求工，獨抒襟抱，合此二説，其詩亦可知。《龍眠風雅》錄七十四首，《桐舊集》錄三十六首，内古體如《答鄭蓬仙》《聞笛寄内》《東飛伯勞歌》《將進酒》，近體如《歸路九日》、《送張十萬歲山》、《答湯義仍》、《送吳幼元》（三首）、《送徐茂吳》（二首）、《楊柳枝》（三首）、《江南》，共十七首，皆《（龍眠）風雅》所無，其他字句亦多異（《擬古詩》，“醴”作“酒”、“群”作“芬”、“壺”作“瓚”、“斗升”作“升斗”、“叫”作“訡”。《南箕北有斗》，“良友”作“故人”、“客見故人不”作“客來見故人”、“亦來”作“一來”、“登天”作“翔天”、“不自”作“自不”、“君自有”作“君自爲”、“自象”作“象有”、“亂”作“囊”、“因親”作“宗親”、“出歌火浣上”有“布字良醖出”、“淄青”作“酒千”、“日出中山薑菲下”多“貝錦”二字、“稀稗”作“節蒡稀米”。《行路難》“鳴”誤“明”、“雀”作“鶴”、“階”作“巖”、“有媚”作“匪石”、“戰兢”作“護惜”“愛惜防檢畏酒杯”作“防檢畏慎驚蛇杯”，又無“一朝蒙棄擲但聞，原思克伐曾參愚。無可奈何坐忘去，喪家之狗爲誰户。小星照我命不猶，何能慷慨爭蛾眉？”六句。《送忍之》五律，“南方”作“東南”。《碧雲寺泉》五律，“磬”誤“馨”。《寄吳客卿》五律，“大”誤“太”、“池”作“花”、“莖”作“函”、“字”誤“字”。《支鍼問趙凡夫不值》，“鍼”誤“研”、“循”作“緣”。《晚步宣氏莊山麓》，無“山麓”二字、“窮”作“游”、“道”作“省”、“還石鏡”下無“上築堤”三字、“爲老計”下無“或迂之賦以答”六字、“藪”作“松”、“同鹿豕”作“留井里”、“咏冰網燈紈”作“丸出守慶陽雜作”、“翰”作“瀚”、“潤”作“共”、“縱”作“醉”、“大雷賊劉虞平飲至詩，“平”字在“大”字上、“瞻”作“擅”、《福唐葉臺山先生大拜聞喜詩》末三字，作“喜而有作”、“悄”作“拱”、“大”作“巨”、“闥”誤“關”、“女”作“虎”、“勒”作“勤”、“庖”誤“庀”、“代”誤“化”、“微”作“星”、“簹”作“筮”、“柱”作“跓”、“麓”作“録”、“斧”作“宸”、“寒寒”作“藩藩”、“約”作“紀”、“勝”作“義”、“知”作

---

① 劌心刻腎：形容窮思苦索，刻意爲之。

"難"、"幣"作"帛"、"駕雛"作"鵃鸞"、"舜"作"肆"、"殷"作"筵"、"因"作"圍"、"阡"作"芉"、"滿"作"溢"、"怦"作"抨"、"熱"作"蓺"、"水"作"几"、"堵"作"肆"、"能"作"宅"、"弦"誤"絃"、"臂三"作"肱屢"、"市骨"作"逝鵠"、"冠"作"丸"、"客"作"容"、"朝"作"相"）《明詩綜》錄一首。

西清集二十卷 管浶集五卷

［明］畢懋康撰。懋康字孟侯，歙縣人。萬曆二十六年進士，官至南京戶部右侍郎，督糧儲，引疾歸。事迹具《明史》本傳。《江南通志》及道光、光緒《（安徽）通志》皆著錄。道光《府志·藝文志》作"畢懋良著"，下注云《江南通志》作"懋康"，而《宦業傳》引康熙《府志》又作"懋康著"，乃自相違反。《縣志·懋康傳》亦載二集，知《府志·藝文（志）》誤也。懋康弱冠工古文。汪道昆、許國、方弘靜皆引爲忘年友。懋良其族兄，亦有清譽，時稱"二畢"者也。《明詩綜》錄一首，"浶"作"滏"。

薊門草一卷 白門草一卷

［明］詹軫光撰。軫光字君衡，別號"問石"，婺源人。萬曆二十六年會試乙榜，官至廣西平樂府知府。事迹具《縣志·儒林傳》。光緒《（安徽）通志》載二集，無卷數，今據道光《府志》著錄。軫光公車過金陵訪道耿定向，遂留受業，或勸以計偕宜亟行，笑謝之，可以想見其人也。

巢雲集

［明］鄭三俊撰。三俊字用章，號"元嶽"，自號"巢雲老人"，建德人。萬曆二十六年進士，官至吏部尚書，乞休歸。國變後十餘年乃卒，年八十四。事迹具《明史·列傳》。《江南通志》及道光、光緒《（安徽）通志》皆著錄，無卷數。三俊聞思宗哀詔，披緇入山，築室曰《影庵》，洪承疇造訪避不見，又著有《影庵集》。

南銓小草

［明］黃一騰撰。一騰字仲昇，號"問瞿"，寧國人。萬曆二十六年進士，官至山東布政司參議，備兵永平，丁艱歸，服闋赴補，卒於京。事迹具乾隆《府志·宦績傳》。是集乃官南京吏部文選司時所作。《江南通志》及道光、光緒《（安徽）通志》皆著錄，無卷數。一騰嘗上武備十議，傳誦一時。

石丈齋集四卷

[明] 葛應秋撰。應秋字萬説，學者稱"石照先生"，績溪人。萬曆二十八年舉人，授浙江遂昌教諭，卒於官。事迹具《縣志·文苑傳》。集凡四卷，卷一詩，卷二、卷三雜文，均不分體，有評點，卷四則諸家序、應秋制義及祭文、墓志之屬，凡十二首，前有雲南羅萬鐘序，崇禎初門人鄭之槃編次，附以己集，金壇張明弼選定，曰《葛鄭合集》，有明弼及當湖趙維寰序，子道一刻，清康熙四十九年板毁於火，雍正十二年曾孫十韜重刻單行本，光緒《（安徽）通志》著録，無卷數，又作《石文齋集》，誤。應秋文藪理窟①、窮研深鈎而出之以自然。萬鍾謂其力追成弘先正。馮夢禎、董其昌皆推服焉。集末附其父懋學、梅邱唔言，已析入"子部"。

徐董園集

[明] 徐萬春撰。萬春字懋梅，貴池人。萬曆二十八年（《府志》作"四十六年"，此據《縣志》）副貢。《江南通志》及道光、光緒《（安徽）通志》皆著録，無卷數。萬春耽山水，嘗讀書無錫山中，善屬文，下筆千言立就。

南嶽集

[明] 崔涓撰。涓字震水，號"鶴汀"（一作"鶴樓"），蕪湖人。起之裔。萬曆二十九年進士，官吏部郎中。事迹具《縣志·宦績傳》。《江南通志》及道光、光緒《（安徽）通志》皆作"崔昌"，又作"當塗人"，誤，今據《縣志》著録。涓愛山水，喜爲古文詞。《縣志》録五古一首。

花月樓稿　陽春亭稿

[明] 陳元祥撰。元祥，祁門人。履祥弟。隱居不仕。事迹具《縣志·隱逸傳》。《宣城志》載履祥《地藏碑記》，後題萬曆二十九年，則元祥亦萬曆間人也。光緒《（安徽）通志》著録，無卷數。元祥隱開元山，窮究經史。《縣志》又載有《長嘯臺稿》。

穎西社集　天游稿

[明] 陳昭祥撰。昭祥號"味川"，又號"玉芝居士"，祁門人。事迹具《縣志·隱逸傳》。光緒《（安徽）通志》著録，無卷數。昭祥不求聞達，好游名山，所歷多

---

① 理窟：義理的淵藪。謂富於才學。唐陸龜蒙《麈尾賦》："理窟未窮，詞源漸吐。"

題咏，晚與南京祝世禄游，尤莫逆，世禄造其盧，爲築玉芝園，額以"昭代大儒"。《祁詩合選》録七古、七絶各一首。

横山集

［明］戴縵撰。縵字滄浪，天長人。萬曆三十一年舉人。事迹具《縣志·人物志》。《江南通志》及道光、光緒《（安徽）通志》皆著録，無卷數。縵於書無所不讀，江西章世純、陳際泰，河南張林宗皆服膺延譽。詩文燼於流寇，僅《縣志》録絶句二首、記一首。

淯水詩鈔一卷

［明］劉胤[①]昌撰。胤昌（字燕及，號"淯水"，桐城人。萬曆三十二年進士，官至南京大理寺評事。事迹具《縣志·宦績傳》）有《劉氏類山》，已著録。是集一卷，乃七世從孫叢蘭等所輯，都八十九首。考潘江《龍眠風雅》，卷十二録胤昌詩九十四首，今取以互校，有《（龍眠）風雅》，有是集無者。七古如《村店夜半放歌》《汪公頭上蠅子行》，五律如《苻離道中》《新豐市》《九華山青蓮祠》，七絶如《舟中得野人贈菊弟》三首，《龍井雜咏》弟六首（咏茶），《少年船》（三首），《赤壁懷古·古意》共十二首，然是集有《（龍眠）風雅》無者，七古如《古柏行》《喜雨》《口號》《喜陸仰峰遷比部郎入都》，五律如《夏日同吳侍御景韓劉文學孔昭汪山人休伯游延慶摩訶萬壽諸庵率爾成咏》《印公禪房小卧》，七律如《避暑摩訶庵歷覽招提勝地》《盛夏游功德寺玉泉金山諸處》《夜宿碧雲寺大雨》《來青軒望湖亭》，七絶如《聞蟬》亦十一首，又兩本字句多不同，短長亦互見，似輯者未得見《風雅集》也。《風雅·小傳》稱僅見《遷草》《覲草》《游草》三種，是胤昌詩在清初已多散逸，今即益以《（龍眠）風雅》所録，亦僅百零一首而已。胤昌負才傲世，湯顯祖有當代名，必欲踞其上，顯祖亦莫敢與之攖[②]，其人可知；潘江稱其詩不假思索、衝口而出，往往有仙氣，間有似白居易者，非素所規橅云云，其詩亦可知。《明詩綜》《清御選明詩》《桐舊集》皆録其詩。

次醉齋稿

［明］劉胤芳撰。胤芳字未沫，號"白林"，桐城人。胤昌弟。萬曆縣學生，年七十卒。事迹具《縣志·文苑傳》。考潘江《龍眠風雅》卷三十八《胤芳小傳》，《次醉齋稿》不下二千首，兵燹僅存什一，又《龍眠古文·胤芳小傳》，詩不下二千餘首，

---

① 胤：同"胤"。因避諱缺筆劃。

② 攖：觸也，迫近也。《孟子》："虎負嵎，莫之敢攖。"

兵燹數燼，子鴻儀（字超宗）摭拾以傳，是亂芳詩曾刊行。《（龍眠）風雅》錄十四首，清嘉道間七世從孫叢蘭等輯遺詩僅十三首，即《（龍眠）風雅》所錄而字句多不同［《寄謝中隱》首句"塵"字，《（龍眠）風雅》作"方"，三句"初接地"，《（龍眠）風雅》作"初地接"。《出塞》首句"磺"字，《（龍眠）風雅》闕，《桐舊集》作"虜"。《別文姬》二句，"州"字，《（龍眠）風雅》作"舟"。《送汪君酬之陰湖》，《（龍眠）風雅》作"《湖陰》"，餘異同無甚關係，不錄］。又《兗州刺史行》一首有目無詩，蓋亦未見《（龍眠）風雅》集也。宜興路宣卿錄入《詩史》。徐璈《桐舊集》錄八首，并謂其著有《詩經永論自序》云云。案：《龍眠古文》，《詩經永論》乃方孔炤（字仁植）著，而亂芳爲序之，據《重刊龍眠古文》吳庭煇識語，璈固曾見《龍眠古文》者，不知何以有此誤也。

空原園草　崔園草　元覽集

［明］馬人龍撰。人龍字霖汝，太湖人。萬曆三十二年進士，官至湖廣右布政，引疾歸。事迹具《縣志·宦迹傳》。《江南通志》及道光、光緒《（安徽）通志》皆著錄，無卷數。《縣志》錄詩二首、文一篇，又"崔園"作"蕉園"。

黃言六卷

［明］余懋孳撰。懋孳（字舜仲，號"瑤圃"，婺源人。萬曆三十二年進士，官至禮科給事中。事迹具《縣志·名臣傳》）有《禮垣疏草》，已著錄。是集文五卷、詩一卷，乃懋孳自編，清《四庫存目》，道光、光緒《（安徽）通志》皆著錄。懋孳與兄懋學相師益，學問得於家庭，其曰黃言者，蓋取黃稗之意，自謂學而無當於道者稗學；言而無當於道者《黃言》[①]也。《江南通志》載有《春明草》，而以《黃言》入子部儒家者，誤。《縣志》又載有《龍山彙牘》。

龍城署草

［明］梅綿祚撰。綿祚字公衍，宣城人。萬曆三十二年會試副榜，官至廣西柳州府知府。事迹具《縣志·宦業傳》。《江南通志》及道光、光緒《（安徽）通志》皆著錄，無卷數。《縣志》作《龍城草》。

梅禹金集二十卷

［明］梅鼎祚撰。鼎祚（字禹金，宣城人。守德子。諸生。萬曆四十三年卒，年

---

① 黃，似穀的雜草，可作飼料。《孟子·告子上》："五穀者，種之美者也，苟爲不熟，不如黃稗。"以《黃言》名集，蓋謙辭，謂所言細微不足道。

六十七。事迹具《縣志·文苑傳》）有《才鬼記》，已著録。是集詩二十卷，分三子目，曰《庚辛草》四卷，曰《與元草》《予寧草》皆八卷，清《四庫存目》，道光、光緒《（安徽）通志》皆著録。鼎祚少即稱詩，與同縣沈懋學齊名，年十六廩諸生。知府羅汝芳召致門下，王畿常呼爲小友，然不喜經生業，與王世貞、汪道昆游，名在世貞四十咏中。懋學謂其天才駿發，詩如王子晋緱嶺[1]，清吹冷然；王寅亦謂其確守風格乖僻，不生奇宕時作；歐楨伯謂其五古蒼然骨立，七古馳驟，樂府時極杜陵之致，近體氣純而完聲，鏗以平思，麗而雅合，此數説其詩可知。《宛雅二編》録九十四首、《明詩綜》録七首、錢謙益録入《列朝詩集》。

靜居詩一卷

［明］金文光撰。文光字朴只，石埭人。萬曆三十二年武進士，官至江西南贛參將，以平九連洞寇功升總戎不赴，年七十二卒。事迹具《縣志·武勛傳》。詩一卷，《江南通志》及道光、光緒《（安徽）通志》皆著録。文光雖習武而飲酒賦詩，有輕裘緩帶之風。《縣志》録詩二首。

冬青園草

［明］方際明撰。際明（字奉嚴，宿松人。萬曆三十四年副貢，官太平府訓導。事迹具《縣志·名賢傳》）有《易解枝言》，已著録。《江南通志》及道光、光緒《（安徽）通志》皆載是集，無卷數。際明學紹[2]程朱而友左光斗、瞿九思。督學徐鑑擬疏薦，稱其著述根極理要，有功經傳，以母老固辭不果上。"冬青園"，其居宅名也。

左忠毅公文集五卷

［明］左光斗撰。光斗字共之，號"蒼嶼"，桐城人。萬曆三十五年進士，官至左僉都御史，削籍[3]歸。天啓五年被逮斃於獄，崇禎元年贈右副都御史，再贈太子少保，謚"忠毅"。事迹具《明史》本傳。據其子國材跋，光斗遭禍時家人取所著投火，即《典兵疏》《二魏交通三十二可斬疏》皆不存。是集爲其弟光先搜輯，初刻於建寧、國材刻於南京，又刻於廣東，然皆未成善本，乃校訂重刻凡奏疏二冊，尺牘、雜文一冊，詩一冊，有方震孺、陳子龍、方中履序，光先、國材跋。清乾隆四十一

---

① 緱嶺：即緱氏山。源見"王喬控鶴"。指王子喬修道成仙的緱氏山。亦借指修道成仙之山。清吳偉業《七夕即事》詩之四："淮南丹未熟，緱嶺樹先秋。"

② 紹：繼承；緊密連續。《書·盤庚》："紹復先王之大業。"

③ 削籍：革職。明陳繼儒《大司馬節寰袁公家廟記》："公（袁可立）司理吳中，執簡柱下，上書忤當路，削籍二十六載。"

年諭光斗等書籍即有一二語傷觸本朝，但須酌改不忍，并從焚棄，然是集仍在禁書中，《四庫（全書）》不著錄，僅《明史·藝文志》載奏議三卷、文集五卷而已。道光二十六年湘鄉左輝春與左懋弟《忠貞集》合刻，凡五卷，附錄一卷。又道光二十九年左氏祠堂刊本，僅奏疏二卷，詩一卷，缺尺牘、雜文，光緒間縣人馬其昶重編爲奏疏二卷，尺牘、雜文分二卷，古近體詩、四書文各二卷，奏疏又略依時事年月爲次，總八卷，統名《左忠毅公文集》，刻於天津廣仁堂。各本卷數互有出入，今依《明史》著錄。光斗大節在國史，似不必以詩文傳，然史可法祭文謂其著作取法韓、歐；朱彝尊《靜志居詩話》亦摘其佳句，謂多晚唐風韻。《龍眠風雅》《龍眠古文》《明詩綜》《桐舊集》《古桐鄉詩選》皆錄其詩文，固不僅以人重也。

涉園擬詩

[明] 劉有源撰。有源字仲開，號"工峰"，南陵人。萬曆三十五年進士，官終江西按察使，引疾歸，年八十四卒。事迹具《縣志·名臣傳》。《江南通志》、道光《（安徽）通志》皆著錄，無卷數，光緒《（安徽）通志》作"陟園"，誤。《縣志》錄文一首、詩二首。其《涉園即景》云："幽栖小築傍溪隈，選勝漳淮迥絕埃。兩派遠從山澗落，一泓近抱草堂來。浦連隄樹雲常暗，波映軒窗影倒開。曠絕橋頭深夜月，移情恍惚向蓬萊。"

思居草

[明] 仙克謹撰。克謹字仲恒，寧國人。萬曆三十五年進士，崇禎初官至副都御史，巡撫山西，引疾歸。事迹具乾隆《府志·名臣傳》。《江南通志》及道光、光緒《（安徽）通志》皆著錄。無卷數。《府志》錄詩一首。

宗城詩集

[明] 李宗城撰。宗城字汝藩，號"葵嶽"，盱眙人。言恭子。萬曆中倭陷朝鮮，兵部尚書石星主封貢，薦授都督僉事，充正使，至釜山而倭中變，易服逃歸，下獄論戍。事迹見《明史·李文忠傳》。《縣志》著錄，無卷數。宗城幼喜讀書，寒暑不輟，年十八即以詩名。

懸榻齋詩一卷

[明] 李尚賢撰。尚賢，貴池人。《縣志》作"李尚質"。《江南通志》及道光、光緒《（安徽）通志》皆載是集，無卷數。今據《縣志》著錄。

艾凡草一卷

［明］陳光虞撰。光虞，貴池人。《江南通志》及道光、光緒《（安徽）通志》皆載是集，無卷數。今據《縣志》著録。

丁文恪集十卷續集六卷

［明］丁紹軾撰。紹軾字文遠，貴池人。旦子。萬曆三十五年進士，官至武英殿大學士，年六十卒，贈太保，謚“文恪”。事迹具《縣志·宦績傳》。集十卷、續六卷，道光、光緒《（安徽）通志》皆著録，《縣志》作内外集二十八卷。

梅塢集一卷

［明］陳光寧撰。光寧，貴池人。《縣志》作“陳光宇”。集一卷，《江南通志》及道光、光緒《（安徽）通志》皆著録。

秋浦吟一卷

［明］李盤撰。盤，貴池人。集一卷，《江南通志》及道光、光緒《（安徽）通志》皆著録。

萼緑齋詩二卷

［明］方元美撰。元美，貴池人。《江南通志》及道光、光緒《（安徽）通志》皆作一卷，今據《縣志》著録。

痀僂（《縣志》作“瘻”）洞稿

［明］丁燧撰。燧字仲介，貴池人。大學士紹軾次子，以父廕補中書舍人。事迹附《紹軾傳》。集有同縣胡士瑾序。《江南通志》及道光、光緒《（安徽）通志》皆著録，無卷數。

紫煙閣集

［明］沈有則撰。有則字士範，號“逸少”，宣城人。修撰懋學伯子。萬曆三十八年進士，官行人，四十年母歿，以毁卒，年五十三。事迹具《縣志·文苑傳》。光緒《（安徽）通志》著録，無卷數。有則師同縣孫弘，又與鄒守益、焦竑講學，著《九邊策要》數十萬言，悉經世巨務。《縣志》録詩一首、《宛雅二編》録詩二首。

留香草四卷

〔明〕沈天孫撰。天孫字七襄，宣城人。修撰懋學第三女，鄞屠隆子金樞妻，早卒。事迹見《明史·屠隆傳》。《江南通志》著録是集，無卷數，又作寧國屠金樞妻，似不知金樞爲鄞人。道光、光緒《（安徽）通志》既據《明詩綜》著録宣城沈七襄詩，又據《江南通志》著録寧國屠金樞妻沈天孫《留香草》，而不知"七襄"爲天孫之字。考《明史·屠隆傳》載子婦沈氏與女瑶瑟并能詩，隆有所作兩人輒和之，兩家兄弟合刻其詩曰《留香草》。《藝文志》又載沈天孫《留香草》四卷，知舊志皆誤也，今據《明史》著録。懋學與隆交甚歡，遂通婚姻，天孫既歸屠氏，日與其女論詩，隆妻亦知文，值有諷咏輒就商訂，隆詩有云："封胡與遏末[①]，婦總愛篇章。但有圖書篋，都無針線箱。"又云："姑婦歡相得，西園結伴行。分題花共笑，奪錦句先成。"《宛雅三編》録四首、《明詩綜》録一首。

樂饑吟

〔明〕申大志撰。大志字泊甫，號"冲元"，阜陽人。萬曆四十年舉人，官河南榮澤知縣，卒於任。事迹具《縣志·文苑傳》。光緒《（安徽）通志》著録，無卷數。據劉體仁《申榮澤詩叙》，大志托性高奇，孤吟遠眺，卜築潁河北岸，花藥分蒔，左圖右書，盡日閑靜，若未嘗炊爨，間一入城，則人競相告，曰申孝廉渡河矣，以爲異事。

讀書堂稿八卷

〔明〕葉燦撰。燦字以冲，號"曾城"，自號"天柱山人"，桐城人。萬曆四十一年進士，官至南京禮部尚書，以病乞休，年七十八卒，弘光朝追謚"文莊"。事迹具《縣志·理學傳》。是集八卷，清乾朝禁毀。《江南通志》及道光、光緒《（安徽）通志》皆著録。燦畜書數萬卷，手自讎勘，聞有異本必購致之。其學無所不窺，尤研究性理。詩文皆真氣溟涬[②]，自成家數。《龍眠風雅》録詩三十三首、《龍眠古文》録文四篇，内有目無文者一篇、《桐舊集》録詩二首，其《寄題朱太常園林》一首，與《（龍眠）風雅》小異（"自"作"欲"、"灑"作"射"、"喜得"作"禮數"）、《明詩綜》録一首。

---

① 封胡與遏末：即"封胡羯末"，均爲兄弟的小名，封指謝韶，胡指謝朗，羯指謝玄，末指謝琰。而據劉孝標注："封胡爲謝韶小字，遏末爲謝淵小字。"後用以稱美兄弟子侄之辭，比喻優秀子弟。南朝宋劉義慶《世説新語·賢媛》："一門叔父，則有阿大、中郎，群從兄弟，則有封胡、遏末，不意天壤之中，乃有王郎。"

② 溟涬：天地與先天一氣未形成前，世界混混沌沌的樣子。泛指自然之氣。明張羽《金川門》詩："江光合海氣，溟涬神攸存。"

天柱集

［明］葉燦撰。光緒《（安徽）通志》著録，無卷數。考《龍眠古文·小傳》，燦天啓中落籍，築室栲栳峰下，賦詩適志，自號"天柱山人"，足迹不入城市，亦不通問當道①，是集當是其時所作。

廡下草

［明］葉燦撰。疑寓居南京時作。光緒《（安徽）通志》著録，無卷數。又誤"草"爲"筆"。

素雯齋集

［明］吳伯與撰。伯與字福生，原名伯際，字見可，號"師每"，宣城人。萬曆四十一年進士，官至廣東按察使司副使。事迹具《縣志·文苑傳》。集凡正、續二種，《江南通志》及道光、光緒《（安徽）通志》皆著録，無卷數。伯與好讀書，耳目所接，悉播之詩，有《黄山》《衡嶽》《西湖》《洞庭》諸篇。李維楨謂其兼陶、韋、白、蘇之長；董其昌謂其體，齊梁之綺靡，兼燕趙之悲壯；黄貞父謂其高、岑、韋、柳惟所汲取，而激越時近杜牧；朱彝尊《静志居詩話》則謂雖無與鍾惺酬和之作，似亦降心從之者，合此數說，其詩可知。《宛雅二編》録十六首、《明詩綜》録一首、《縣志》録三首。

方孩未偶然剩稿一卷雜録一卷

［明］方震孺撰。震孺（字孩未，壽州人。萬曆四十一年進士，官至右僉都御史，巡撫廣西，卒於任。事迹具《明史》本傳）有《奏疏》，已著録。《偶然剩稿》一卷，爲詩百四十二首，皆獄中作，前有震孺自題。《雜録》一卷，爲文十首，無序跋，疑後人所輯，清嘉慶十八年武進李兆洛刻爲全集之第八、第十五卷。道光、光緒《（安徽）通志》皆載全集十五卷，今全集中之《奏疏》四卷、《年譜》一卷、《報恩録》一卷、《禍由録》一卷、《筆記》六卷，已録入史、子二部，故僅以二卷著録，惟全集附刊有邱石常《幾灰草序》，蓋亦震孺獄中詩，其書未得見，不知與此異同。震孺自言被禍以來，偶爾感賦，當付祖龍②，其焚而不盡，及於時無悖者，聊存一二，其輕淺率真類元、白；深情苦語類李、孟，不求工，以存其本色云云；石常則謂其近不失格，遠不失情，靈心遠韵，非詩人筆墨所能到云。《明詩綜》録一首，

---

① 當道：指執政者，掌權者。清百一居士《壺天録》卷中："曹恣情不諱，觸怒諸當道。"
② 祖龍：秦始皇的别稱。後借指其他帝王。《史記·秦始皇本紀》："今年祖龍死。"裴駰集解曰："祖，始也；龍，人君像。謂始皇也。"唐温庭筠《湖陰詞》："祖龍黄鬚珊瑚鞭，鐵驄金面青連錢。"

兆洛又録入《小山嗣音》。

霞起樓詩集十卷

[明]方大任撰。大任（字玉成、一字逢吉，號"赤城山人"，桐城人。萬曆四十四年進士，官至副都御史，巡撫順天，予告歸。事迹具《縣志·宦迹傳》）有《易解囈語偶存》（見《江南通志》），已著録。是集十卷，前有自序，《江南通志》及道光、光緒《（安徽）通志》皆著録，無卷數，今據《龍眠風雅》著録。大任與同縣葉燦唱和，比於元、白、皮、陸。自序云生有吟癖，未嘗一日廢，每歲必裒成一帙，故其集甚夥。潘江稱其學殖該博①，工力深厚，匠意鑄詞，務極底實，皆盛唐流響。《龍眠風雅》録一百六首、《桐舊集》録七首，字句多異（《咏懷》五古，"聽"作"欣"、"生"作"道"、"子"作"貧"、"候"作"正"、"鎌"作"鐮"、"鳥"作"烏"、"赤"作"層"。《夜雨懷以冲》七古，"骯髒"作"落落"、"橫"作"滿"、"落"作"綴"、"每"作"倍"、"路"作"途"、"奔"作"馳"、"長"作"遠"、"空"作"愁"。"更坐"作"携手"、"話却"作"却話"。《定居示思拔思實二弟》五律，"愜"作"息"。《送靈嶽上人之九華》五律，"九子"作"九華"、"九子"作"九十"、"栖禪"作"高眠"。《同君靜君節兩兄游胡水部莊》七律，"負郭從"作"一徑尋"、"愛此"作"水石"、"幽期曉赴忍"作"沙平草淺涉"、"擬賣"作"好借"、"不"作"繫"、"直"作"自"、"晚涼嵓徑佳何限，短杖輕裾進所如"作"如何作客天涯去，忘却家山畫不如"）。《明詩綜》録三首、《龍眠風雅》又載有《强舌吟》《胥靡②吟》《歸田草》《出塞吟》《後出塞吟》諸集。

紉蘭閣集十四卷

[明]方孟式撰。孟式字如耀，桐城人。大理少卿大鎮女，山東布政使張秉文室，崇禎十二年清兵陷濟南，投大明湖死，贈一品夫人。事迹具《縣志·列女傳》。集十四卷，有孫昌裔妻鄭氏、翁爲樞妻吳氏、翁佩玖、蔣玉君等序跋，道光、光緒《（安徽）通志》皆著録。《明史·藝文志》作八卷。案：《龍眠風雅》亦作十四卷，《明史》誤也。《龍眠風雅》録四十二首、《桐舊集》録二十一首，內九首《（龍眠）風雅》所無，其他字句亦異（《破癥》五古，"綿纏"作"纏綿"。《病中思歸》五律。"月色"作"看月"。《寄盛夫人》七律，"泣"作"與"、"黑鬢已辭泉下路"作

---

① 學殖：《左傳·昭公十八年》："夫學，殖也；不殖將落。"杜預注："殖，生長也；言學之進德，如農之殖苗，日新日益。"原指學問的積累增進，後泛指學業、學問。清黃景仁《將北行留贈沉楓墀》詩："見君學殖堅，愧我舊業廢。"該博：也作"賅博"。學識淵博。唐李德裕《次柳氏舊聞序》："臣德裕非黃瓊之練習，愧史遷之該博，唯次舊聞，懼失其傳。"

② 胥靡：古代服勞役的奴隸或刑徒。亦爲刑罰名，特指腐刑。

"青草早封原上塚"、"靜"作"畫"、"杯酒樓頭"作"知否濟南"、"楚天微"作"舊漁磯"。《過東林寺》七律，"夕"作"又"、"三十"作"六十"。《山路雜興》七律，"繁絲急管雜"作"劃然鳶鶴奏"、"去"作"日"、"遍"作"入"。《江上聽潮》七絕，"州"作"舟"、"語"作"雨"、"寒"作"落"。《芝城寄女》七絕，"嚴"誤"蓮"。《田家樂》六言，"茅屋"作"靜僻"）。《明詩綜》録三首、《清御選明詩》録十六首。

清芬閣集七卷

［明］方維儀撰。維儀字仲賢，桐城人。大理少卿大鎮仲女，同縣姚孫榮室，年十八寡居，八十四卒。事迹具《縣志·列女傳》。集七卷，《明史·藝文志》及道光、光緒《（安徽）通志》皆著録。維儀與伯姊孟式、從妹維則、娣婦吳令儀皆以文史爲織紝，維儀尤傑出，教其侄以智，儼如人師。其詩一洗鉛華，歸於質直，集中句如"白日不相照，何況他人心。高樓秋雨時，事事異疇昔①"。朱彝尊謂其似孟郊。《龍眠風雅》録八十首、《桐舊集》録二十二首、《明詩綜》録六首、《清御選明詩》録十首、《明詩別裁》録三首。《龍眠風雅》又載有《楚江吟》《歸來嘆》諸稿。

茂松閣詩二卷

［明］方維則撰。維則，桐城人。户部主事大鉉女，同縣諸生吳紹忠室，年八十四卒，旌節孝。事迹具《縣志·列女傳》。道光、光緒《（安徽）通志》皆著録，無卷數，今據《縣志》著録。《龍眠風雅》録五首、《桐舊集》録四首，內《題竹》一首，乃《（龍眠）風雅》所無，又《寄弟爾止客白門》一首，《方氏詩輯》所載不同（首二句作"石子岡前野草花，白門疏雨又啼鴉"，四句"隔晚霞"作"急暮笳"，五句作"嚴武有時客杜甫"，六句"仲"作"魯"，七句"秋聲寂寂"作"賓鴻寥落"，八句"屈指"作"縱擬"、"天漢斜"作"鬢已華"），《清御選明詩》《明詩綜》各録一首。

環中堂詩集二卷

［明］方孔炤撰。孔炤（字潜夫，號"仁植"，桐城人。大鎮子。萬曆四十四年進士，官至副都御史，巡撫湖廣，坐兵敗，戌紹興，崇禎末用薦復官，以右僉都御史屯田山東、河北兼理軍務，命下而京師陷，歸隱白鹿山，洪承疇、陳名夏屢薦不

---

① 疇昔:往昔、日前、以前。指往事或以往的情懷。清袁枚《隨園詩話補遺》卷五:"今年,渡江與趙偉堂學博游焦山,見其徒孫巨超以詩見示,追憶疇昔,不覺凄愴。"

出，操江①李日芃請主皖江書院亦不應，隱居十餘年卒，私諡"貞述先生"。事迹具
《明史》本傳）有《周易時論》，已著録。是集二卷，有莆田余颺序及其孫中履跋，
清乾隆朝毀禁。道光、光緒《（安徽）通志》皆著録。颺稱其憂患坎壈②之時多，優
游泮涣③之日少，莊語若思諧語若笑、痛哭語使人哀、怒罵語使人泣。《龍眠風雅》
録四十三首、《桐舊集》録十七首，字句多異（《香油坪行》"恨無救兵發一矢"句
下無"予調回裏八百里，夷陵歸州持重是"二句、"掣"作"撃"。《井中鐵》七古，
"瓊"作"群"、"山"作"麓"、《密議嘆》七古，"榴"作"擄"、"外廷"作"外人"、
"飛嚴"作"嚴飛"。《謁方正學祠》七律，"祀"作"紀"、"銘"誤"名"、"緇"作
"留"。《春興長安》七律，"竹書"誤"行書"）。《明詩綜》録四首。

環珠室集二卷

[明] 吴令則撰。令則，桐城人。諭德應賓長女，同縣諸生何應瓊妻。集二卷，
光緒《（安徽）通志》著録，道光《（安徽）通志》作《吴令則集》，無卷數。令則
博通經史，少從父學詩，聲調婉麗。環珠室者，令則艱於嗣廣畜媵侍，著此以見志
也。《龍眠風雅》録六首、《桐舊集》録二首。其《憶玉之（應瓊字）》一首，乃
《（龍眠）風雅》所無。《清御選明詩》《明詩綜》各録一首。

吴令儀集

[明] 吴令儀撰。令儀字棟倩，桐城人。諭德應賓仲女，同縣兵部侍郎方孔炤
室。事迹具《縣志·列女傳》。集爲方維儀搜輯，道光、光緒《（安徽）通志》皆著
録，無卷數。令儀喜讀女傳，作長短句。《龍眠風雅》録十四首，《桐舊集》録四首，
《明詩綜》録一首，《清御選明詩》録二首。

咏懷堂詩四卷　外集二卷　丙子詩一卷　戊寅詩一卷　辛巳詩二卷　丙子詩補遺一卷

[明] 阮大鋮撰。大鋮字集之，號"圓海"，懷寧人。萬曆四十四年進士，官至
兵部尚書兼右副都御史。事迹具《明史》本傳。詩爲大鋮自刊，《咏懷堂詩》分體編
卷，首四言，次樂府，次五古、七古，次五律、七律，次五言、排律，次五絶、七
絶，凡四卷，有葉燦、鄺露序及自序。外集分甲乙兩部，凡二卷，有自序，丙子詩
卷上一卷，有自序及馬士英序。又戊寅詩一卷，皆丁氏八千卷樓舊藏。辛巳詩二卷，
有張福乾序，丹徒柳詒徵得於舊書肆，以上皆民國十七年印。丙子詩卷下一卷，常

① 操江：官名。明朝設此官，又名提督操江，掌管江防事務。以副僉都御史任之。
② 坎壈：困頓，不順利。唐杜甫《丹青引》："但看古來盛名下，終日坎壈纏其身。"
③ 泮涣：自由放縱，無拘束。

熟丁初我所藏，傳抄本十八年印，葉序作於崇禎九年乙亥，内稱大鋮里居八年，詩不下數千百首，是《咏懷堂詩》乃崇禎元年丁卯至八年甲戌所作，又丙子詩自序，自乙亥後系曰咏懷堂某年詩，然丙子至戊寅中隔丁丑，戊寅至辛巳中隔己卯，庚辰又戊寅詩有卷下無卷上，袁中道有序，此亦無之，蓋已不無闕佚。大鋮論詩推三百篇、離騷、漢魏及阮籍、陶潛、沈佺期、宋之問、陳子昂、王維、儲光羲、高適、王昌齡、常建、謝翱諸家，而不及李、杜、蘇、黃，其宗旨可知。《明史》稱大鋮有才藻，而削其詩不登《藝文志》。清《四庫（總目）》及《安徽通志》亦不收錢謙益，雖録其詩七首，亦不加評騭；朱彝尊《明詩綜》附論於李忠毅詩前，曰僉壬[1]反覆，雖有咏懷堂詩，吾不屑録之；又《靜志居詩話》論阮自華詩有云君子誦詩論世，寧舍咏懷堂而取《霧靈集》云云；潘江《龍眠風雅》載自華謂大鋮曰詩是吾家事，宜單出獨樹杼柚[2]，予懷以子之才，不千秋是圖而日與某某相酬唱，吾悲其風之日下也，言已輒相持涕泗久之。自華，大鋮從祖也。據葉序，崇禎甲戌桐城民變，大鋮嘗助餉請兵定亂，是大鋮於桐城不無關係，乃《龍眠風雅》於寓公録懷寧汪之順、汪宗魯；續集亦録范又蠡、楊昭雍，均不及大鋮，至近人始盛推之，胡先驌謂其五古、五律最工，七古、七律、七絕非所長，既歷舉其佳句，又謂其所缺在天性不足，言不由衷，價值亦因之稍貶云。

一麈吟

〔明〕吴尚默撰。尚默（號“元垣”，涇縣人。萬曆四十四年進士，官至湖廣右布政，卒於任。事迹具《縣志·名臣傳》）有《周易闡要》，已著録。是集蓋謫承天府知府時作。道光、光緒《（安徽）通志》皆著録，無卷數。尚默以論救輔臣錢龍錫，謫承天九載，自述云吊古、咏史、感物、賦懷，約有千章，題爲《一麈吟》，志郢也。《縣志》云兵燹散逸。

秋水居遺稿

〔明〕吴尚默撰。詩凡數十首，乃按蜀及謫郢時作，爲其後人所抄録者，裔孫孔暄刻，有趙青藜序。道光、光緒《（安徽）通志》皆著録，無卷數。尚默講學東林，

---

① 僉壬：小人，奸人。僉：通“憸”。清魏源《書明史稿二》：“從古僉壬不可修史，王司徒言未可非也。”

② 杼柚：織布機上的兩個部件，即用來持緯（横線）的梭子和用來承經（直線）的筘。亦代指織機。比喻詩文的組織、構思。《文選·陸機》：“雖杼軸於予懷，怵佗人之我先。”李善注：“杼軸，以織喻也。”

又以楊漣、左光斗薦擢御史。《青虹閣詩評》云："元垣折檻埋輪[1]，鷹鸇逐雀[2]，風烈拂拂五七字中。"《縣志》錄七律二首。

博望山人稿二十卷

[明] 曹履吉撰。履吉字根遂，號"元甫"，當塗人。萬曆四十四年進士，官至光禄寺少卿（清《四庫總目》作"官至河南提學僉事"，此據《縣志》），投劾歸，崇禎十五年卒。事迹具《縣志·宦績傳》。是集詩六卷、文十一卷、尺牘三卷，乃履吉歸田後自編，崇禎二年刻。據卷首所載書目，尚有《漁山堂》《携謝閣》《青在閣》《辰文閣》諸稿未刻，則此猶非全集也。清《四庫存目》，道光、光緒《（安徽）通志》皆著錄。履吉幼受知於知縣王思任，曰東南之幟在子矣。詩文闖漢唐作者室，論者謂胸中當世，筆下古人，兩無愧云。《縣志》錄記二首，五絕、五律各一首，七律二首。

香雪庵集十二卷

[明] 許如蘭撰。如蘭（字湘畹，合肥人。萬曆四十四年進士，官至廣西巡撫，進副都御史。事迹具《縣志·人物傳》）有《奏議》，已著錄。是集十二卷，《江南通志》及道光、光緒《（安徽）通志》皆著錄。此僅詩一卷，民國十八年縣人楊開森得於縣城冷攤[3]，同縣李國瓌重印，前有開森序，謂如蘭山居及知光州遷部郎時作。按詩有《丙辰早朝》一首，次句"秋色霏微上紫宮"詩當作於丙辰秋，丙辰爲萬曆四十四年，即如蘭成進士之年也。又有予成進士九年始出守越一首，詩云："五載浮光吏，三年起部郎。"據此則如蘭成進士後此數年之詩，又考《香雪庵集》在清乾隆四十三年應繳違礙書目中，此雖殘帙，然吉光片羽[4]，彌可珍貴也。《縣志》錄七律一首。

---

① 折檻：典出《漢書·楊胡朱梅雲列傳·朱雲》。漢槐里令朱雲朝見成帝時，請賜劍以斬佞臣安昌侯張禹。成帝大怒，命將朱雲拉下斬首。雲攀殿檻，抗聲不止，檻爲之折。經大臣勸解，雲始得免。後修檻時，成帝命保留折檻原貌，以表彰直諫之臣。後因爲直言諫諍的典故。埋輪：典出漢安元年選派張綱等八人巡視全國，糾察吏治，餘人皆受命之部，而綱獨埋其車輪於洛陽都亭，曰："豺狼當路，安問狐狸！"遂上書彈劾梁冀，揭露其罪惡，京都爲之震動。事見《後漢書·張綱傳》。後以"埋輪"爲不畏權貴，直言正諫之典。

② 鷹鸇逐雀：鷹與鸇。比喻忠勇的人。語出《左傳·文公十八年》："見無禮於其君者，誅之，如鷹鸇之逐鳥雀也。"後因以"鸇雀"比喻忠勇者誅戮奸惡。

③ 冷攤：不引人注意的小攤。清平步青《霞外攟屑·時事·周文忠公與週二南書》："己卯八月二十三日《申報》，載有周文忠公與二南言廣西時事書，雲丹徒吳暢亭得之冷攤，爲文忠親筆，字迹飛舞，是初撫廣西時所作。"

④ 吉光片羽：也作"吉光片裘"。吉光：古代神話中的神獸名。片羽：一片毛。比喻殘存的珍貴文物。明李贄《李氏焚書序》："斷管殘沈，等於吉光片羽。"

惕庵詩集

[明]胡世及撰。世及字伯承，涇縣人。萬曆四十六年舉人，官南京國子監丞，年八十卒。事迹具《縣志·文苑傳》。集有《爨餘草》《嶽觀堂詩草》《清舫居詩稿》《南雍稿》諸種，桐城方拱乾序。光緒《（安徽）通志》著録《爨餘》《嶽觀堂》《清舫居》三種，而無《南雍稿》，且不載其集總名，今據《縣志》著録。世及詩宗盛唐，不尚時趨。《青虹閣詩評》云："伯承詩如列子御風，不沾塵土，又如殷彝周鼎，古意獨存。"《縣志》録五律、七律各三首。

黄士甫詩六卷

[明]黄尚志撰。尚志字士甫，貴池人。集六卷，《江南通志》及道光、光緒《（安徽）通志》皆著録。

澄觀堂存稿

[明]陳以運撰。以運字時可，貴池人。桂孫。萬曆四十六年舉人，官至福建邵武府同知，告歸。事迹具《縣志·宦績傳》。《江南通志》及道光、光緒《（安徽）通志》皆著録，無卷數。

超凡文集 擊缽吟

[明]胡尚英撰。尚英字超凡，號"瑶宇"，歙縣人。萬曆四十七年進士，官至南京國子監祭酒，移詹事卒。事迹具《縣志·文苑傳》。《江南通志》及道光、光緒《（安徽）通志》皆著録，無卷數。《府（志）》《縣志》皆作《超凡集》。尚英館選時，主者閲其卷，稱爲陸贄後身。

焚餘草

[明]徐廷宗撰。廷宗字季曾，號"見輿"，建德人。萬曆四十七年進士，官至山東副使罷歸，年八十五卒。事迹具《縣志·宦績傳》。《江南通志》及道光、光緒《（安徽）通志》皆著録，無卷數。《縣志》稱其肆力詩文，稿多散佚不傳。

沁心集

[明]李之讓撰。之讓（字太初，太湖人。萬曆歲貢，官桃源教諭。事迹具《縣志·儒林傳》）有《易解枝言》［案：《易解枝言》，光緒《（安徽）通志》著録作"宿松方際明撰"］，已著録。《江南通志》及光緒《（安徽）通志》皆載是集，無卷數，又誤"之讓"爲"之譔"，今據《縣志》著録。之讓學宗良知，設王守仁像

祀之。

香署彙稿　越楚行吟　濟水新吟

［明］龍子甲撰。子甲字汝成，望江人。萬曆貢生，歷浙江上虞、湖南新化學官、山東濟陽知縣，歸卒，年七十七。事迹具《縣志·理學傳》。《江南通志》及道光、光緒《（安徽）通志》皆著録，無卷數。子甲倡明理學，文辭亦蒼秀深渾[1]。《縣志》録詩四首。

性靈稿二卷

［明］朱師孔撰。師孔字時行，歙縣人。家於武昌。萬曆中歲貢生。集二卷，清《四庫存目》，道光、光緒《（安徽）通志》皆著録。師孔爲吳國倫弟子，其詩不出七子軌轍。

吹萬齋集

［明］鄭汝礪撰。汝礪，號"浣溪"，績溪人。恭孫。萬曆歲貢，三任教職。事迹具《縣志·學林傳》。光緒《（安徽）通志》著録，無卷數。《縣志》稱汝礪博洽，尤邃理學。

邵味泉遺稿

［明］邵溶撰。溶字元靜，號"味泉"，全椒人。事迹具《縣志·隱逸傳》。光緒《（安徽）通志》著録，無卷數。溶與吳峻、但謙、黃梅輩結詩社。彭槃稱其"結間亭子和雲住，種塊瓜兒帶月鋤"之句，其風趣可知云。

無氈堂文集

［明］彭槃撰。槃字玉潤，號"海鶴"，全椒人。萬曆歲貢，官宣城訓導。事迹具《縣志·文苑傳》。光緒《（安徽）通志》著録，無卷數。槃在官日與沈懋學、梅鼎祚結詩社，以母年八十歸養。《通志》又載《劍餘草》，無卷數。案：《縣志》載槃《説劍餘草》入子部，《通志》誤也，今削不録。

---

① 蒼秀：形容文句、書法、繪畫等蒼勁俊秀。清韓泰華《無事爲福齋隨筆》卷上："《蜀徼訪碑圖》，嘉興布衣文後山鼎所作也，時年八十有一，老筆蒼秀。"深渾：厚重質樸。明馮時可《雨航雜録》卷下："建安風骨道上，而深渾不足。"

鷄鳴集

[明] 成清撰。清字介甫，晚號"初水"，和州人。萬曆間歲貢，官巢縣訓導，遷仁和教諭。事迹具《州志·鄉賢傳》。《江南通志》及道光、光緒《（安徽）通志》皆著録，無卷數。

蓀堂集十卷

[明] 吳文奎撰。文奎字茂文，歙縣人。是集詩六卷，雜文四卷，前有李維楨序。清《四庫存目》，道光、光緒《（安徽）通志》皆著録。文奎受業於興國吳國倫，所作亦效之。

吳應鉉詩集

[明] 吳應鉉撰。應鉉字幼玉，懷寧人。萬曆諸生。事迹具《縣志·文苑傳》。光緒《（安徽）通志》著録，無卷數，《縣志》作數卷。應鉉喜讀莊、列書，尤深於詩，晚年古樸奇崛[①]，不學步古人而歸於自然。《府志》録一首。

衍回文詩

[明] 侯珣撰。珣，桐城人。萬曆間諸生，不仕。《江南通志》及道光、光緒《（安徽）通志》皆著録，無卷數。據方學漸《邇訓》、王士禎《居易録》，珣以蘇蕙回文詩，白居易讀至五百首，猶未之盡，遂衍之爲三言、四言、五言、六言、七言，斜直圓方，周旋出入，得詩八百首，嘉道間徐璈輯《桐舊集》已云求之渺不可得，蓋已佚矣。《桐舊集》録《春詞》七律一首，亦回文詩也。

四箴堂詩文集

[明] 姚實虞撰。實虞（字伯功，號"聞唐"，桐城人。萬曆間縣學廩生，卒年四十一。事迹具《縣志·儒林傳》）有《易經辨僞》，已著録。光緒《（安徽）通志》著録是集，無卷數。《桐舊集》録七首，有《贈金聲》《答陳際泰》二詩。

栖玄閣草

[明] 李遇芳撰。遇芳字德林，號"庭實"，桐城人。萬曆諸生。事迹具《縣志·儒林傳》。光緒《（安徽）通志》著録作《栖霞閣集》。《縣志》及《桐舊集》皆作"栖真"，今據《龍眠風雅》著録。遇芳博洽多才，豪於詩酒，所交皆海内知名，

---

① 古樸：樸拙有古風。清李文炤《儉訓》："每見閭閻之中，其父兄古樸質實。"奇崛：奇特；奇拔。謂筆墨新奇剛健。明謝榛《四溟詩話》卷四："此篇多使實字，奇崛有骨。"

家徒四壁而嘯咏不輟，時以方①孟浩然。《龍眠風雅》録十二首、《桐舊集》録三首，字句小異（《席上答胡賓甫》無"問予隱居"四字、"儂居處"作"予家住"、"或"作"欲"。《晚眺》七律，"僧"誤"基"。《美人看花圖》無"爲袁聖基題"五字）。

姚休郟遺稿十二卷詩集一卷外集三卷

〔明〕姚康撰。康（初名士晉，字康伯，自號"休郟居士"，又稱"人兖道人"，桐城人。萬曆末諸生。崇禎十三年舉賢良方正不就，清順治十年卒，年七十六。事迹具《縣志·儒林傳》）有《貨殖傳評》，已著録。是集乃康六世從孫灼輯，卷一論、説、雜著，卷二文、序，卷三、四壽序，卷五題跋，卷六書，卷七、八傳，卷九狀，卷十墓志銘，卷十一記，卷十二祭文，附詩集一卷、外集卷一二尺牘，卷三四六（四六僅詩序二篇，餘皆箋啓），光緒十一年印。據灼序，凡鄉里藏書，靡不掇拾，而得於族人植齋與吳汝綸爲多，原集名不可考，總曰《休郟遺稿》，其傳寫訛脱，除取校《龍眠風雅》外，餘悉仍舊。又稱流離轉徙未嘗一日去身，是以得全。考吳宗易跋《貨殖傳評》，吳乳星藏康稿較康孫弘孝尤富。又《龍眠古文·小傳》，康全集藏左國鼎家，貧不能梓。又錢澄之《太白劍序》稱康所著甚多，未嘗編比成集；南昌陳士業嘗屬表章方若珽任梓行，然多方搜諸里人，所梓僅《貨殖傳評》一帙。又姚鼐撰墓表，文代作與自爲者相半，凡十餘卷藏於家，惟《評貨殖傳》《黃巢傳》刻傳於世，是康集原未刻，賴灼得傳，惟編次不無可議，如序既分文序、壽序，又以《吳司馬生日序》入文序，以《浮渡募造準提文》《募修竺隱庵文》《題韓橋周洞》，然《空不空像贊》《皖監軍石侯頌》凡五篇入題跋，以《太僕李公神道碑》《邑侯溫陵陳公碑》及《絶筆》入記，詩既分體而以五律、五言、長律、五絶集唐五律，次五古、後七言長律、次七絶，後均未當。又康《絶筆》稱侄珩雅癖，兖言（康別號"人兖"）所蓄甚衆，至是益令收輯成集，名曰《掌慧》云云，是康固有集名。又據蕭穆《敬孚類稿》，灼編集時曾商之穆，穆答書亦云得手書并《掌慧集》五册，今乃云原集名不可考，殊不可解。康師同縣吳應賓，於文好《考工記》及《史記》，然爲文取快己意，亦不純似於明人，好王世貞，故有"弇州夢斷見吾衰"句。姚鼐文後集，吳德旋《聞見録》②，均稱何如寵志周宗建墓出康手，史家據爲傳，今取周傳互校，乃與墓志異，然當時文震孟極賞此文，宗建子長生至，欲更屬一文，直以康名行之，固不以史之采否爲重輕，世又傳史可法《答清攝政王書》③，亦康代作。

---

① 方：比擬。《漢書·衛青霍去病傳》："贊票騎亦方此意。"注："方，比類也。"

② 據清吳德旋《初月樓聞見録》十卷（清道光二年刻本）題爲：《初月樓聞見録》〔十卷，清吳德旋撰，清道光二年刻本〕。

③ 據明史可法《史忠正公集》卷首（清同治光緒間金谿趙氏紅杏山房補刻重印趙氏藏書本）題爲：《復攝政王書》。

蕭穆謂其文不類是矣，又謂康當時必亦有擬稿，則非康從可法在揚州，已前至可法鎮揚，已以老病謝歸，何自爲之擬稿。顧炎武《日知録》載可法《募餉勤王檄》，爲桐城諸生姚士晋之詞，士晋乃康原名；《明季南略》載全文，此乃未搜及，後有重編斯集者，所亟宜補入也。

韞待集

[明] 吳應寰撰。應寰字與甫，桐城人。布政一介第三子。萬曆間縣學廩生，早卒。事迹具《縣志·儒林傳》。集爲子道謙刻，弟應賓題曰"韞待"，光緒《（安徽）通志》著録作"待韞"，誤，今據《縣志》更正。

鶉居集

[明] 袁鶴聲撰。鶴聲字汝鳴，別號"清溪居士"，宣城人。萬曆府學生。事迹具《縣志·隱逸傳》。光緒《（安徽）通志》著録，無卷數。鶴聲師吳伯融而友湯定之，棄舉業以吟咏自適。《縣志》録五首、《宛雅二編》録三首。

放庵集

[明] 張大有撰。大有字若無，號"放庵"，蕪湖人。萬曆諸生，年五十五卒。事迹具《縣志·文學傳》。光緒《（安徽）通志》著録，無卷數。大有學宗宋儒，兼通内典①，詩文援筆疾書輒數千言。

跪石齋吟草

[明] 趙鴻賜撰。鴻賜（字承玄，學者稱"樅江先生"，桐城人。鈇長子。萬曆中太學生，年七十四卒。事迹具《縣志·理學傳》）有《無甚高論》，已著録。是集有同縣齊琦名、范一謨序及自序，光緒《（安徽）通志》著録，無卷數。琦名稱其眼前情事矢口成韵，如飛天仙人，偶游下界，凡氣都盡；一謨稱其不屑屑王孟而語帶霞氣，字存彝筐。跪石齋者，鴻賜得一石於披雪洞，置窗前因以名。《龍眠風雅》録三十三首、徐璈《桐舊集》録九首，内《游龍眠山》《餞劉明府》《送芻泉》三首，乃《（龍眠）風雅》所無，似璈尚見其集也（《元對樓遲月》五律，"天"誤"大"。《酬吳臨川》七律，"在"作"滿"、"又"作"已"、"玄"作"元"。《午睡》七絶，"落"作"伴"）。

---

① 内典：佛教徒稱佛經爲内典。柳亞子《燕子龕遺詩序》："君精通内典，然未嘗見其登壇説法。"

潘象安詩集四卷

[明] 潘緯撰。緯字仲文、一字象安，歙縣人。萬曆中監生，以貲官武英殿中書。事迹具《縣志·詩林傳》。緯原有《養痾》《游淮》《園居》諸集，此其彙刻本中有許國、區大相評語。清《四庫存目》，道光、光緒《（安徽）通志》皆著錄。王寅稱其年少攻詩，不甘常調，雖羽翼方翔而風力厚負。《明詩綜》錄一首。

夢草堂稿十二卷

[明] 胡鎮撰。鎮字子重，歙縣人。萬曆中賈人。詩十二卷，以宮、商、角、徵、羽分五集，每卷又以天時園圃等門分類，各有評點，清《四庫存目》、光緒《（安徽）通志》著錄。

程仲權詩集十卷文集十二卷

[明] 程可中撰。可中字仲權，休寧人。事迹具《縣志·風雅傳》。是集分體編卷，每卷不過數葉，六言律、七言排律及賦頌諸體，以一首爲一卷，清《四庫存目》，道光、光緒《（安徽）通志》皆著錄。《府志》集名作《汉上》，然卷數相同，實即一書也。董次元謂其詩肖題[①]已爾，不挨別門蹊徑，寫情已爾，不共古人生活；陳伯璣謂其出王穉登、潘之恒上。《明詩綜》錄三首。

映玉齋文集

[明] 柯日東撰。日東字朝陽，建德人。沂州知州鑑子。萬曆布衣。事迹具《縣志·文苑傳》，《江南通志》及道光、光緒《（安徽）通志》皆著錄，無卷數。

百子花庵集

[明] 劉鍾嶽撰。鍾嶽字長秀，懷寧人。諸生。事迹具《縣志·文苑傳》。光緒《（安徽）通志》作《百子花集》，又列於清代，皆誤，今據《縣志》著錄。鍾嶽力學，嗜古，爲文高古奇肆，與同縣阮自華結海門詩社。自華萬曆二十六年進士，崇禎初官福建邵武知府，則鍾嶽亦萬曆間人也。

李行季遺詩一卷

[明] 李達撰。達字行季（《府志》作“行可”，誤），貴池人。萬曆末廩生，崇禎二年卒，年四十。事迹具《縣志·文苑傳》。是集詩一卷，首五古，次七古，次五

---

① 肖題：切題。明馮夢龍《挂枝兒·粽子》評注：“字字肖題，却又自然。”

律，次七律，次五言排律，次五言、六言、七言絕句，都九十七首，附詩餘十九首，前有吳應箕、丁煜、劉城序，吳光裕題詞。縣人章學文得於李士銓家，民國五年劉世珩刻爲《貴池先哲遺書》之第十二種并跋。光緒《（安徽）通志》著録《李達詩文集》，無卷數，今據本書著録。達師光裕而友應箕等，爲詩文頃刻立就，然不甚珍惜，故多亡失，卒後城索諸其兄斌以屬煜，煜又以屬應箕删存什之二三，蓋即是本。煜稱其夙慧博聞强記，《北徵》諸什尤工；城稱其敏贍①自喜，不加點竄，又稱其森秀②條穎，華整芊綿③云。

金陵草二卷廣陵草二卷姑蘇草二卷豫章草二卷

[明]吳兆撰。兆字非熊，休寧人。《江南通志》、道光《（安徽）通志》皆載兆《秦淮鬥草篇》，今據《府志》及光緒《（安徽）通志》著録。兆詩學謝靈運，沿及盧駱，近體學岑參，最爲侯官曹學佺所賞。朱彝尊謂其清而能麗，綺而不靡，風調與學佺儷。《明詩綜》録十一首；沈德潛《明詩別裁》又載兆《與學佺宿碧峰寺愚公房》④云：“入寺昏煙斂，雙橋竹澗通。僧歸殘磬裏，客夢亂山中。燈暗窗沾雨，枝喧鳥墮風。他鄉寥落夜，語笑喜能同。”論者謂其與學佺同調而意新，理愜過之，蓋以此也。

愛日齋詩集

[明]許以忠撰。以忠字君信，南陵人。由儒士官至戶部山東清吏司主事。事迹具《縣志·文苑傳》。詩有何喬遠序，光緒《（安徽）通志》著録，無卷數。以忠友孔願之、張孟雨，名在屠隆、王穉登間。喬遠稱其舒徐不迫，篤摯⑤不浮，類唐人《河嶽英靈》《間氣》《又玄》諸集云。《縣志》録五、七律各一首。

汪遺民詩一卷

[明]汪逸撰。逸字遺民，歙縣人。是集詩一卷，皆與馬時良、仲良兄弟唱和之作，本編入《友聲集》，此又録出別行，首載内黄司迺疆《友聲序》一篇，末附汪以俊詩二首。以俊字用章，亦與馬氏兄弟爲詩友者也。清《四庫存目》、光緒《（安

---

① 敏贍：敏捷而豐富。清梁紹壬《兩般秋雨盫隨筆·侯元經》：“侯元經，號夷門，台州才士也。詞賦敏贍，屢困場屋。”

② 森秀：清秀，秀異。明方孝孺《答張廷璧》：“足下之詩，刻削森秀，爲世俗異味，其辭信奇矣。”

③ 芊綿：草木茂盛貌、綿延不絕貌。謂富有文采。清梁紹壬《兩般秋雨盫隨筆·西湖竹枝詞》：“（陶月山先生）《西湖竹枝詞》二十首……清麗芊綿，情文斐亹。”

④ 據清沈德潛《明詩別裁集》卷十（清乾隆刻本）題爲：《同曹學佺過宿碧峰寺愚公房》。

⑤ 篤摯：指真誠，真摯。語出明沈德符《野獲編·宮闈·英宗重夫婦》：“憂患者，積年，伉儷情更加篤摯。”

徽）通志》著録。《明詩綜》録二首，作《逋屋吟》。

環翠堂坐隱集選四卷

[明] 汪廷訥撰。廷訥字無如，休寧人。廷訥本有《環翠堂集》三十卷，又摘選爲此集，凡詩一卷、詞一卷、南北曲一卷、隨録一卷，前有蕭和中序，清《四庫存目》，道光、光緒《（安徽）通志》皆著録。廷訥耽情詩賦，兼愛填詞，結環翠亭與湯顯祖、王穉登、陳繼儒、方于魯、李贄諸人游，興酣聯句。嘗集唐人詩云：“狎鳥無機任往來，一川晴色鏡中開。竹間駐馬題詩去，松下殘棋送客同。緑樹碧檐相掩映，落花飛絮共徘徊。物情多與閑相稱，莫惜芳時醉酒杯。”“坐隱”，其園名也。《明詩綜》録一首。

梁園集一卷燕臺集一卷

[明] 邵正魁撰。正魁字長孺，休寧人。國子監生。事迹具《縣志·風雅傳》。光緒《（安徽）通志》載《邵長孺集》，無卷數，今據道光《府志》著録。正魁早孤貧，傭書[1]以讀，及長以詩文名，游縉紳藩府間，多折節焉。《明詩綜》録三首。

四六綺合

[明] 張一卿撰。一卿（字次公，涇縣人。副貢，年七十四卒。事迹具《縣志·文苑傳》）有《續史疑》，已著録。是集有洪維翰序，光緒《（安徽）通志》著録，無卷數，據趙紹祖《續史疑識語》，已佚。一卿七歲能文，李維楨目爲王世貞、汪道昆之流。

掃花集　尋徑集

[明] 吳時舉撰。時舉字熙伯，當塗人。事迹具《縣志·隱逸傳》。光緒《（安徽）通志》著録，無卷數。時舉從焦竑游，搆澹寧齋樂道自娛，不干[2]仕進。竑贈詩曰：“照人古道能維俗，冠世才華獨著書。”《縣志》録詩一首。

松圓浪淘集十八卷

[明] 程嘉燧撰。嘉燧（字孟陽，歙縣人。寓居嘉定，年七十九卒。事迹見《明史·唐時升傳》）有《破山興福寺志》，已著録。光緒《（安徽）通志》載《松圓閣

---

[1] 傭書：指中國古代受人雇傭以抄書爲業。魏晋、南北朝時稱經生，唐代稱“鈔書人”。南朝梁任昉《爲蕭揚州薦士表》：“既筆耕爲養，亦傭書成學。”

[2] 干：追求，求取。舊指追求職位俸禄。《公羊傳·定公四年》：“伍子胥父誅乎楚，挾弓而去楚，以干闔廬。”

集》，無卷數，今據《府志》著錄。嘉燧工詩，兼善書畫。崇禎中常熟錢謙益以侍郎罷歸，築耦耕堂，邀嘉燧讀書其中，閱十年，謙益於李、何、王、李無不訾謷，獨推嘉燧爲"松圓詩老"，幾與高啓、李東陽相埒[1]，宜興邵長蘅復摘其累句非之。長洲沈德潛則謂嘉燧自有真詩，氣清格整，不得因謙益过許而毛舉其疵以掩之也；四明謝三賓知嘉定縣，合唐時升、婁堅、李流芳詩刻之，曰《嘉定四先生集》。《明詩綜》錄八首，作休寧人，誤。

綺咏一卷綺咏續集一卷

[明] 汪汝謙撰。汝謙字然明，歙縣人。事迹具《縣志·詩林傳》。前集一卷，有陳繼儒序；續集一卷，亦繼儒所選定，清《四庫存目》，道光、光緒《（安徽）通志》皆著錄。汝謙與董其昌、文徵明及繼儒善，明末避地武林，置舟西湖，題曰"不繫園"，縱情詩酒，爲風雅領袖。其名綺咏，以皆徵歌選妓之作也。

春星堂詩集十卷 夢草齋集

[明] 汪汝謙撰。光緒《（安徽）通志》著錄。

畫響無卷數

[明] 李永昌撰。永昌字周生，休寧人。詩僅五絕一體，分爲四册，皆自題所畫之作前，有林古度序。清《四庫存目》作徽州人，今據《府志》著錄。《府志》又載永昌善書畫，董其昌甚重之。

憨山夢游集三十一卷

[明] 釋德清撰。德清（初字澄印，易號"憨山"，俗姓蔡，全椒人。出家南京報恩寺，尋入五臺栖牟山，坐劾逮繫戍雷陽，卒於曹溪，年七十八。事迹具《縣志·宗教志》）有《大學綱目決疑》，已著錄。是集亦門人通炯編輯，曰書問凡六卷，曰序凡三卷，曰記凡五卷，曰塔銘凡三卷，曰傳一卷，曰題跋凡二卷，曰贊凡三卷，曰頌箴銘共一卷，曰偈凡二卷，曰説、曰疏文各一卷，曰夢游詩集凡三卷，都三十一卷，詩前有自序。錢謙益序稱謙益手校，次爲四十卷，毛子晋獨任鏤板，子晋歿，三子褒、表、扆等聿追[2]先志，遂告成事云云，後題上章困敦之歲，蓋清順

---

① 相埒：相等。《明史·楊守阯傳》："守阯博極群書，師事兄守陳，學行相埒。"

② 聿追：《詩》云："匪革其猶，聿追來孝。"鄭玄注："聿，述也。"今本《詩·大雅·文王有聲》作"遹追"。聿，遹本助詞，然後人往往訓聿爲述，因以"聿追"謂追述先人德業。《隋書·煬帝紀上》："聿追孝饗，德莫至焉，崇建寢廟，禮之大者。"

治十七年也。今案是編尚有《法語》十二卷，《楞嚴懸鏡》《法華擊節》《楞嚴通議補遺》各一卷，《楞伽補遺》《大學綱目決疑》共一卷，《觀老莊影響》《憨山緒言》共一卷，《徑山雜言》《化生儀軌》《淨土會語》（原缺）《性相通說》共一卷，《曹溪中興錄》三卷，《自叙年譜》二卷，附錄一卷，共五十五卷，蓋非錢編之舊。自《法語》以下二十四卷，已別著錄，故只三十一卷。會稽陸夢龍撰傳，稱其詩文，天才駿發，少入長安，王元美誨以詩法，師不答，瞠目視之；謙益亦謂大師著述援筆立就，文不加點，字句不免繁苀①，段落間有失次，今茲讎勘，借②有改竄，實稟承墜言云云，合此二說，可以知其概矣。道光、光緒《（安徽）通志》著錄《憨山集》《夢游集》《東游集》無卷數。

畫偈一卷

　　[明] 釋弘仁撰。弘仁字無智，號“漸江”，俗姓江，名韜[此據王泰徵撰傳，道光《（安徽）通志》作名“舫”]，字六奇，歙縣人。是集四言十首、五言二十三首，皆題畫之作，前有許楚序、王泰徵、湯巖夫撰傳，又許楚送歸塔文十供文。民國二十一年《安徽叢書》編印處據歙黃氏所藏傳鈔本影印。許楚謂其畫宗倪、黃，書宗顏真卿，詩在惠詮③、清順④間。

江允凝詩集四卷

　　[明] 江注撰。注字允凝，歙縣人。是集凡四卷，曰《川上草》古今體廿九首，曰《岑山詩》古今體三十八首，曰《湖上草》古今體四十六首，曰《宛陵詩》古今體四十二首，民國二十一年《安徽叢書》編印處據歙黃氏所藏傳鈔本影印，附釋弘仁《畫偈》後，注為弘仁從子。畫學弘仁，為高弟子；字學倪迂，賦性閑曠，凡所游歷皆紀以詩，著有《適意草》，見《徽州府志》，又《施閏章集》，與注同游，酬贈之作頗多。湖上、宛陵，則其游西湖、宣城詩也。

泉山集

　　[明] 佘應龍撰。應龍，銅陵人。事迹具《縣志·隱逸傳》。《江南通志》、道光《（安徽）通志》作《泉山諸集》，光緒《（安徽）通志》又作《泉山著集》，考《縣志》，載應龍著有《觳音》《泉山》諸集，則舊志誤也，今據《縣志》著錄。應龍

---

　　① 繁苀：音 fán réng，繁復雜亂。
　　② 借：音 jiàn，古同“僭”。
　　③ 惠詮：一作“守詮”，北宋中期浙江杭州西湖梵天寺僧，生卒年、俗姓、籍貫及事迹皆無考。與同時代的蘇軾、黃庭堅均有交往。
　　④ 清順：字怡然，北宋中期浙江杭州西湖北山垂雲庵僧。生卒、俗姓、籍貫均不詳。與同時代的蘇軾有交往。

棄舉業，以詩文自娛，游吳越與陳繼儒、何偉然爲師友。《縣志》録七律一首。

石琴齋集

〔明〕佘遂撰。遂字三甫，銅陵人。事迹具《縣志·隱逸傳》。《江南通志》及道光、光緒《（安徽）通志》皆著録，無卷數。遂年三十，即隱青山，春揄①不繼，絃誦自如，飲頗豪，少酣輒有脱帽揮毫之概。

①春揄：指春米。搗米於臼曰春，自臼取出曰揄。

安徽通志稿・藝文考

集部十一　別集類十

余紹祉詩草四卷賦草一卷雜文二卷

　　[明] 余紹祉撰。紹祉 [字子疇，別號"元邱子"，更號"疑庵居士"，婺源人。一龍孫。泰昌府學生。乙酉爲僧，更名大疑，又自號"西山放民"，清順治五年卒，年五十三。事迹具《縣志・忠節》《（縣志）隱逸》二傳] 有《元邱素話》，已著録。詩有黄龍光、邱禾嘉、戴澳序及自序，又從兄鳳翔後序。據其子藩卿撰行實，詩賦皆刻於崇禎八年，又據《晚聞堂稿・例言》，紹祉梓天啓元年以前詩，曰《山中吟草》，嗣又梓崇禎七年以前所作，未有集名，《賦草》亦梓行，但係陸續分刻，未及合訂，是紹祉詩不盡梓於崇禎八年也。光緒《（安徽）通志》載《詩草》《賦草》，無卷數，又無雜文，今據自撰墓志著録。紹祉師黄龍光，盡得其學，而交禾嘉及聶尹思、金蘭、馮元飈、顧瑞屏、周鑣、吳石渠、梁于涘、唐良懿、劉潛、張自烈、方以智、詹軫光、余啓元、余懋衡諸人，方外交僧薄塵、李隱雲，又參密雲和尚。爲僧居高湖，與從子維樞唱和。於詩愛李賀、白居易，當時則太初、天池、石公、秋潭、伯敬，尤喜中峰石屋，論詩主性靈，且能爲拙句。自序謂意到輒吟，興盡則已，句不求工，律不必葉[①]，其詩可知。知縣曹士琦嘗使維樞爲書招之，答以詩云："一園荒草使（一作"儘"）人愁，風雨關情又到秋。君勸我當爲絡秀[②]，吾何敢許是巢由。隱餘禮數全生澀，病後聰明盡廢（一作"已盡"）休。所見不如聞者好，從來顯晦不（一作"莫"）相謀。"即其人亦可知。惟《感時》詩云："奇哉貪封侯，

---

　　① 葉：同"協"。協調，相合。《新唐書・李逢吉傳》："逢吉與李程同執政，不葉。"
　　② 絡秀：周顗母李氏，名絡秀，汝南人。顗父周浚爲安東將軍，出獵遇雨，止絡秀家。浚見而求爲妾。父兄不許。絡秀曰："門户殄瘁，何惜一女？若連媾貴族，將來或大益。"父兄從之。後生顗及嵩謨，并列顯位。李氏家族亦得正當禮遇。後因以指有才識之女子。

引敵薄輦轂。嗟哉以一人，而食萬姓肉。"蓋指袁崇焕事。案：《明史》崇焕之死，由清之設間當時，遂誣其引敵脅和。紹祉卒於清順治五年，無由見《明史》，詩蓋據當時傳聞，不足爲怪。又《胡星來校士序》末云："他曰芝嶽老人爲君侯紀功德焉。"余龍光注云：紹祉家芝山麓，故稱"芝嶽老人"。案：此序之前爲《唐我求校士録序》，乃代何如寵作。如寵，號"芝嶽老人"，疑此亦代如寵作，非紹祉自謂也。

晚聞堂集十三卷

［明］余紹祉撰。初紹祉梓天啟元年以前詩，曰《山中吟草》(泰昌庚申刻)，嗣又梓崇禎七年以前所作，無集名，其《山居瑣談》《元邱素話》(天啟七年刻成)《訪道日録》《賦草》(崇禎八年刻成)亦俱梓行，但係陸續分刻，未及合訂，而八年以後詩及散文之未梓者尚多，從孫知章輯爲《晚聞堂集存稿》，然已散佚大半。清道光九年余龍光輯已刻、未刻諸稿，所亡不過十之一二，其集名則仍知章之舊，惟紹祉自梓崇禎七年以前詩，編年不分體，知章易爲分體，各體中次序錯亂尤甚，龍光則仍從編年之舊，并分《山中吟草》爲二卷，又推作者之意，自天啟二年至崇禎十六年所作，以歲支爲名，曰《戊寅草》《卯午草》《未戌草》《亥卯草》《辰未草》區爲五卷，爲僧後曰《方外草》爲一卷，共詩八卷、雜文五卷，《山居瑣談》《元邱素話》《訪道日録》各一卷，都十六卷，《山中吟草》原有黃龍光、邱禾嘉、載①澳序暨自序，又從兄鳳翔後序，亦仍其舊，并采《明史》《府（志）》《縣志》《余氏譜》及舊聞，爲之注，閱數年始成，同縣單士修刻於道光十七年，前有龍光題詞、周沐潤序及傳狀、行實、例目之屬，末有龍光後序，惟知章所輯目録，有表、判、策論、辨騷諸作，而此已佚，又《客問纂》一卷、《秀才詩》四十首及楹帖，此并删去。晚聞堂者，取下士晚聞道，聊以拙自修之義也。其瑣談、素話、日録三種已析入子部，故今以十三卷著録焉。

懶園漫稿六卷

［明］王寰泫撰。寰泫字仁子，別稱"澤漁"，一曰"龍潭"，亳州人。天啟元年恩貢部試，擬授知縣，未補官卒。事迹具《縣志·文苑傳》。集初爲其子玄樞刻，前有崇禎元年江寧顧起元序，又嚴有容題語及玄樞附紀，後有張霈撰像贊、墓表，起元撰墓志銘，涇王坰跋。明季流寇躪亳，書板并毀，清順治十一年曾孫垣始購得舊本重刻，凡詩四卷、文二卷，詩首五古、七古，次五律、七律，次五言排律，次五言、七言、六言絕句，都三百八十六首；文首序，次記，次傳，次論，次疏，次啟，

---

① 載:應爲"戴"(《山中吟草序》，見《晚聞堂集》，清道光十七年單士修刻本)。

次帳詞①，次墓志銘，次祭文，都二十二首。然據垣重刻識語，舊本已亡什之三，存者又半毀於蟲鼠，所刻才什之五耳，今重刻本亦多漫漶，帳詞"滿江紅"調原缺末三字，又《四庫存目》載是集，詩三卷、文二卷。道光、光緒《（安徽）通志》亦皆作五卷，與此不合，以無別本可證，莫詳其故。寰洽七歲能詩，爲婺源詹軫光所器，謂當踵其鄉薛蕙；起元稱其宗法漢唐，出入三國、六朝，庀材②博、操律嚴、抽思精、遣辭當云。

西湖草　嘯月集

[明] 李鑱撰。鑱原名芳春，字華仲，別號"膽山子"，巢縣人 [光緒《（安徽）通志》作"合肥人"，此據《縣（志）》《府志》]。天啓元年舉人，崇禎九年選沂州學正，丁父憂以毀卒。事迹具《縣志·文苑傳》。《江南通志》及道光、光緒《（安徽）通志》皆著錄，無卷數。鑱精通内典，嘗游西湖，董其昌譽爲李白復出，又登天童晤密雲，陳繼儒擬以東坡、佛印，所著《西湖草》《嘯月集》，繼儒及劉曰珽序而刻之。其詩多近禪機，僧蓮印嘗示《晏起未見雪》詩云："意謂夜時雪，朝來可縱看。未消林際薄，不敵日光寒。"鑱即代轉云："誰言未見雪，指點縱君看。林際難逃色，花頭自放寒。"蓮印言下有省，遂請序其詩。《居巢詩徵》錄《西湖草》二十七首、《嘯月集》七十五首、附文二篇。

芝林居集詩文六卷

[明] 郭建邦撰。建邦，號"宣嶽"，旌德人。天啓二年進士，官至工部侍郎，以疾乞歸卒。事迹具《縣志·名臣傳》。《江南通志》及道光、光緒《（安徽）通志》皆著錄，無卷數，又脫"林"字，今據本傳著錄。《縣志》錄奏疏一首。

陽春館詩集

[明] 王養廉撰。養廉字維張，一字雲鴻（一作"和"），阜陽人。天啓二年進士，授行人司行人③，尋卒。事迹具《縣志·文苑傳》。光緒《（安徽）通志》著錄，無卷數。據劉體仁《王行人詩序》，養廉椵户讀書，人罕見其面，好彈琴，間破墨作寒花，甚有意態，驟值之躁釋矜平④，人殊不自覺也。

---

① 帳詞：即幛詞。寫在賀幛上的頌詞。明沈德符《野獲編·評論·汪南溟文》："江陵封公名文明者七十誕辰。弇州、太函，俱有幛詞，諛語太過，不無陳咸之憾。"

② 庀：應爲"庀"。準備、具備。庀材：準備材料。

③ 行人：官名。《周禮·秋官》中有行人的記載。春秋、戰國時各國都設有行人。漢代大鴻臚屬官有行人，後改稱大行令。明代設行人司，復有行人之官，掌傳旨、册封、撫諭等事。

④ 躁釋矜平：指心平氣和，有涵養。

左侍御詩一卷

[明] 左光先撰。光先（字述之，一字羅生，號“三山”，桐城人。天啓四年舉人，光斗弟，官至監察御史，巡按浙江，入清隱居，順治十六年卒，私謚“貞介”。事迹附《明史·左光斗傳》）有《奏疏》二卷，已著録。是集一卷，道光《（安徽）通志》著録。《龍眠風雅》録詩三首、《桐舊集》録一首，字句小異（“伏波”作“薏珠”、“無”作“何”）。

求存室詩稿

[明] 吳應琪撰。應琪字景孟，號“東南”（《桐舊集》作“巒”，此據《龍眠風雅》），又自署“皖國男子”，桐城人。天啓四年武舉人（《龍眠風雅》作“崇禎間武舉”，此據《縣志》）。光緒《（安徽）通志》著録，無卷數。應琪少爲儒，久困童子科，遂棄去讀兵法，國變放懷詩酒，雅志著撰，嘗欲作《金陵賦》，攟摭[1]閎博，所咏《金陵篇》其一斑也。潘江稱其麤[2]豪自恣，多魁壘[3]用壯之思。《龍眠風雅》録十四首、《桐舊集》録二首，字句小異（《燕邸下第有感》七律，“路”作“客”、“子弟”作“弟子”。《春闈》七絶，“莎”作“荷”）。

鍾堂集

[明] 王之璘撰。之璘字伯玉，青陽人。天啓四年恩貢，兩中副榜，考授通判，崇禎八年徵賢良方正辭不起。事迹具《縣志·懿行傳》。道光、光緒《（安徽）通志》皆著録，無卷數，又列於清代，今據《縣志》著録。之璘嗜學好古，遍交諸名公。夏雲鼎、蔡復一皆稱其文似韓愈。

江干小草

[明] 王焞撰。焞字次公，號“赭玉”，繁昌人。天啓四年歲貢，歷旌德訓導、蒙城教諭、終金山衛教授。事迹具《縣志·文苑傳》。光緒《（安徽）通志》著録，無卷數。焞與蕪湖張一如、當塗吳士琇、徐人龍稱“萬曆四子”。工詩文，尤長尺牘，坊刻多懸金購之。嘗爲關吏苛索書一扇，貽之司権閱之，驚曰此繁陽王次公也，登舟厚贈而別，其爲時推重如此。《縣志》録文三首、詩五首。

---

① 攟摭：音 jùn zhí，摘取，搜集。《漢書·刑法志》：“三章之法，不足以御奸，於是相國蕭何攟摭秦法，取其宜於時者，作律九章。”

② 麤：音 cū，同“粗”。

③ 魁壘：心情鬱悶，盤結不解。明宋濂《安道堂記》：“江淮之間豪傑魁壘之士，翕然附從。”

楚嶽游草

[明] 孫晋撰。晋（字明都，號"魯山"，自號"餘庵"，又曰"遯翁"，桐城人。天啓五年進士，官至兵部侍郎兼都察院右副都御史，總督山西、宣大諸軍事，以疾歸，入清隱居，江督馬國柱疏薦不出，康熙十年卒，年六十八，私謚"孝節先生"。事迹具《縣志·宦績傳》）有《冬垣奏草》，已著録。是集見禁書目。道光、光緒《（安徽）通志》皆不著録。考《龍眠古文》卷二十載晋《南嶽游記》云庚戌冬大雪游南嶽，七宿齋禱觀日不得，與僧大錯龍山盡夜唱酬半月乃下山，衡州鎮守副總戎羅君錫留度歲復宿大錯別院，詩蓋其時作。庚戌爲清康熙九年，即晋卒之前一年。大錯者，鎮江錢邦芑，國變爲僧；君錫，晋舊部也。今惟《龍眠風雅》録晋詩百首，然不皆游南嶽詩，蓋已佚矣。《龍眠風雅》又載有《東甌》《黃山》《廬山》《曹溪》諸游草。

空谷居詩集二卷

[明] 盛世鳴撰。世鳴字太古，號"空谷居士"，鳳陽人。國子監生。事迹具《縣志·文苑傳》。是集二卷，有福清葉向高序。《江南通志》、道光《（安徽）通志》皆著録，無卷數。光緒《（安徽）通志》作《空谷居士集》，《明詩綜》作《盛鳴世谷中集》，今據《縣志》著録。世鳴詩清新秀拔。無錫孫繼皋與訂交并薦之向高。錢謙益謂其剪刻鮮淨，措置清穩，盡削常調，實爲一時之隽，并舉其"烏啼白門夜，月上一樓霜"之句，擬以錢郎；朱彝尊亦謂其五言圓潤貼妥，源出郎士元，所選《明詩綜》録六首。乾隆《縣志》録五律一首，并稱未見其集，疑已佚矣。《縣志》又載有《太古集》。

潛德居詩集五十卷

[明] 吴道新撰。道新字湯日，號"無齋"，晚署"舊山隱者"，或稱"函雲頭陀"，桐城人。布政一介第九孫。天啓七年舉人，官工部都水司主事，國變隱縣東白雲巖，年八十二卒。事迹具《縣志》。是集五十卷，乃道新自定，前有潘江序。道光、光緒《（安徽）通志》皆載《潛德居詩文集》五十卷。考潘江《龍眠風雅續集》，稱《潛德居詩集》五十卷、文集略相埒，則《通志》誤衍文字也。《（龍眠）風雅》録七十五首、《桐舊集》録十七首，內《晚望》一首爲《（龍眠）風雅》所無，餘字句亦多異。《感舊集》《明詩綜》亦録其詩。

潛德居文集

[明] 吴道新撰。據潘江《潛德居文集序》（《木崖文鈔》卷一），集亦道新自

定，嗇於貲未刻。道光、光緒《（安徽）通志》皆著録，無卷數。道新論文主寫生，又自言少愛曹植、陸機、江淹之文，暮年喜讀遂東、牧齋二集，其宗旨可知。潘江稱其感時懷古，榛苓釜鬵①之思，間托卮言、讔語②以見意。《龍眠古文》録七篇，又有目無文者十二篇。

松聲閣集二卷二集八卷三集八卷續集一卷文集一卷

［明］吴坤元撰。坤元字璞玉，一字至士，桐城人。吴道謙女、潘金芝妻、潘江之母，清康熙十八年卒，年八十，旌"節孝"。事迹具《縣志·節孝傳》。集原刻於康熙初，乾隆四十五年因其子江《木厓集》牽連焚毁，初集已佚，二集亦缺五、七古二卷，此本五、七古各一卷，乃其裔孫田從《龍眠風雅續集》所輯録，然不能知爲初集，抑二集之詩，故統爲《松聲閣集》二卷。二集存五、七律，五、七言排律，五、七言絶句，共六卷，據潘江撰《先妣行略》（《木厓文鈔》卷二），初二集原有方孔炤、何采、曹大瀬序，亦佚。三集卷一五古，卷二七古，卷三五律，卷四七律，卷五七言排律，卷六五絶，卷七七絶，卷八詩餘，乃康熙元年以後作，有康熙十年王士禄、張英，十一年陳焯序。續集一卷，不分體，附詞三闋，有錢澄之序。文集一卷，凡八篇，無序跋。《江南通志》及道光、光緒《（安徽）通志》皆載《松聲閣集》，無卷數，今據本書著録。坤元幼奇慧，從從祖③應賓受書，輒成誦，十歲知屬文詩，與同縣方維儀、章有湘并稱。陳焯謂其典樸清真，無柔曼綺靡之習；士禄亦謂其天真爛漫，漸歸平淡，録入所選《燃脂集》，惟澄之《田間集》又有《書松聲閣集後》云："太君既善詩，又能於古今詩之體格氣韵，一一定其高下，予每入城出其稿屬爲點訂，蓋太君好苦吟，一字未穩，數自改易，經予訂而後信以爲穩云云。"是集乃無之。據其所言，蓋已在坤元歿後，各集皆前刻，故未及載也。曾燦《過日集》、徐璈《桐舊集》皆録其詩。

載園詩稿

［明］趙相如撰。相如字又漢，桐城人。鋭曾孫。天啓間廩生，弘光時參畫戎幕，入清隱居卒。事迹具《縣志·儒林傳》。光緒《（安徽）通志》著録，無卷數。相如師史可法而與同縣范世鑑齊聲，時人語曰"范經趙史"，崇禎四年詔求直言，上治平十二策，阻權貴不果進。潘江《龍眠風雅》録四十九首，稱其愛君忠國、憂時

---

① 榛苓釜鬵：榛苓，榛木與苓草。《詩·邶風·簡兮》："山有榛，隰有苓，云誰之思？西方美人。"南宋朱熹《詩集傳》："賢者不得志於衰世之下國，而思盛際之顯王，故其言如此。"後因以"榛苓"喻指賢者各得其所的盛世。釜鬵：音 fǔ qín，釜和鬵，皆古代炊具。

② 讔語：寄托有隱伏費猜内容的遁詞詭譬。清唐孫華《讀二十四韵》："毁形人莫識，讔語世難詮。"

③ 從祖：祖父的兄弟，即伯祖父或叔祖父。《爾雅·釋親》："父之世父、叔父爲從祖父。"

愍①俗、諷諭婉約、怨而不怒，有詞人之風。《桐舊集》錄十五首，字句多與《（龍眠）風雅》異（《雨夜》五古，"齊"作"鬱"、"肅殺"作"凄肅"、"萬物徒營營"下無"始知天地大，至教難爲名"二句、"縣"作"庶"。《招寶山觀海》五古，"空遥"作"遥空"。《薛仲翊見遺近著賦贈》七古，"寒楫"作"月倒"、"蔭居巢"作"陰巢湖"、"握"作"拂"、"孤城不見登陴者"作"不見孤城心胆寒"、"鳳"作"淮"、"能"作"預"、"善綢繆"作"綢繆計"、又無"梁甫高吟夢，未覺長沙太息淚頻流"二句、"殊草草"作"苦秋風"、"澄清愧不致身蚤"作"愧不跳身事五公"、"看君"作"君今"、"當封侯"作"多材武"、"空潦倒"作"醒醉中"、"天下大勢已如此"作"中原沸沸洪波似"。《同葉潛之飲龍舒朱綬若宅賦贈》五律，題無"龍舒賦贈"四字、"鼓晋"作"送魏"、"若輩"作"樹節"、"超"作"誰"。《寄張恢生》七律，"到"作"半"。《甲申仲春感事》七律，"題"作"春"、"初四爵"作"五等從"。《李彦卿贊畫乞醫方》七律，"麼"作"摩"。《海上詞》七絶，"風"作"花"。《西湖即事》七絶，"全"作"羞"）。《明詩綜》錄二首。

載園文集

[明] 趙相如撰。光緒《（安徽）通志》著錄，無卷數。潘江稱其震蕩捭闔、奇氣鋒出。《龍眠古文》錄二篇。

果園稿

[明] 朱延祚撰。延祚字能及，桐城人。天啓間諸生。事迹具《縣志·文苑傳》。集有方拱乾序，光緒《（安徽）通志》著錄，無卷數，《龍眠風雅續集》作十餘卷。延祚少蜚文譽，居"龍眠六駿"之一，晚居西鄉種花果以供嘯咏，自題其居曰"花果園"，人尊之曰"果園先生"。《風雅續集》錄詩七十二首、《桐舊集》錄三首，字句小異（《信宿山家》七律作《宿山家》、"的"作"靜"、"留人"作"人家"、"夜"作"葉"。《晚歸》五律，"遍"作"斜"、"條"作"枝"、"池"作"泉"）。

嵞山全集二十一卷

[明] 方文撰。文字爾止，又名一耒，字明農，別號"淮西山人"，又號"忍冬"，初名人文，一作孔文，桐城人。大鉉子。天啓末諸生。清康熙八年卒。事迹具《縣志·文苑傳》。文詩集本三十卷，分體編年，起崇禎十七年甲申至順治十四年丁酉，吳百朋刻於吳門（王澤弘《北游集序》）。此本分前集、續集、再續集三種，亦

---

① 潛：憂患，痛心的事。《說文》："潛，痛也。"《左傳·昭西元年》："吾代二子潛矣。"注："憂也。"

分體編年，都二十一卷，乃康熙二十八年其婿王槩所刻。前集十二卷，卷一至卷二五古，卷三七古，卷四至卷五五律，卷六至卷九七律，卷十五七言排律，卷十一五絕，卷十二七絕，乃崇禎九年丙子至順治十四年丁酉，凡二十二年之詩（目録標前集自戊寅至丙申，卷首又注自丙子訖丁酉，詩亦自丙子起，莫喻其故），爲黄州王澤弘所定，有關中李楷、同里姚康序。續集分四子目，以一目爲一卷，曰《北游草》，乃順治十四年丁酉冬至十五年戊戌作，爲陳台孫、宋琬、嚴沆、吳百朋所定，有舊京王潢及李楷、王澤弘序。曰《徐杭游草》，乃順治十六年己亥作，爲胡介、李枝翹、顧有孝、邱象隨所定，有吳百朋及南州李明睿序，江寧紀映鍾、海寧范驤題詞。曰《魯游草》，乃順治十七年庚子作，爲康范生、陳允衡、汪觀、梅磊所定，有福州林古度、夔州李長祥、黄岡杜濬序。曰《西江游草》，乃順治十八年辛丑作，爲紀映鍾、潘陸、孫枝蔚、范良所定，有薊門周體觀、大梁周亮工、盱江徐芳、新建陳弘緒、宣城施閏章序。再續集五卷，卷一五古，卷二七古，卷三五律，卷四七律，卷五五言排律、五七言絕，乃康熙元年壬寅至八年己酉作，爲王槩所訂，有吳興嚴胤肇序，孫枝蔚及京口談允謙、陽羨陳維崧、蘭陵鄒祗謨、梁溪錢陸燦、新安方熊題詞，并王蓍所臨《戴蒼畫像》及文自題七律一首，後有潘江跋。續集後絕句三首，又附和文《降乩》七絕一首、《贈王槩》七律一首、又槩跋二篇，惟蕭穆《敬孚類稿》載《盍山集》附刊朱書撰傳（卷七《跋杜谿文集》），今無之，是已不無闕佚。至澤弘《北游草序》謂甲申至丁酉凡三十卷曰《盍山集》，明睿《徐杭游草序》、弘緒《西江游草序》皆謂《盍山集》二十四卷，是皆指丁酉前詩而言，然皆與王刻前集十二卷之數不合，蓋王之所據爲遺稿定本，始爲三十卷，繼删爲二十四，繼又删爲十二也，乾隆朝毁禁，今據王本著録。文國變棄諸生，咏宋遺民十五章見志，每歲三月十九必痛哭賦詩以爲常，或勸之應舉，答以詩有"聊爲魯兩生[①]"之句，其他觸事、感吟動關節義，而以欷歔鳴咽出之。論詩謂三百篇、屈宋而後，惟漢人樂府足繼之，杜甫、白居易皆源出於此，雖氣格聲響不能畫一，而風旨先後同揆[②]，苟推白之坦逸合於杜之雄渾、開闔頓挫，自爲一氣，方足據作者之壇（周亮工《西江游草序》），又謂樸老真至，詩之則也（李楷《前集序》），其旨可知。潘江謂其陶冶

---

① 魯兩生：亦作"魯二生"。典出《史記·劉敬叔孫通列傳》："叔孫通使徵魯，諸生三十餘人。魯有兩生不肯行。曰：'公所事者且十主，皆面諛以得親貴。今天下初定，死者未葬，傷者未起，又欲起禮樂。禮樂所由起，積德百年而後可興也。吾不忍爲公所爲。公所爲不合古，吾不行。公往矣，無污我！'叔孫通笑曰：'若真鄙儒也，不知時變。'"後因以"魯二生"指保持儒家節操、不與時俗同流合污的代表人物，亦指迂腐不知時變者。清錢謙益《戊辰七月應召赴闕車中言懷》詩之二："長吟頗惜齊三士，撫卷誰知魯二生！"

② 同揆：同一法則，同一道理。

性靈、流連物態，不屑屑章繢句繪①，間有徑率之句，然實苦吟、含咀鍛鍊，凡人所輕忽者，皆其嘔心刻腑而出之；李明睿亦謂其長於序事；王棨則謂李之言足括全集，潘之言尤中窾綮云。“崏山”本《楚辭·天問》，即《尚書》之“塗山”，或云在會稽，而文則取其在鍾離者也。《龍眠風雅》錄二百三十首、《桐舊集》錄六十九首，内三十七首爲《（龍眠）風雅》所無，餘字句亦異（《田居雜咏》五古，“氣”作“契”、“笑”作“嗤”、“復”誤“後”、“挺”作“推”、“浩”作“喜”、“諧”作“狗”、“誰”作“難”。《華不注》五古，“故”作“乃”、“罕識字”作“昧其音”、“乃”作“亦”、“音”作“稱”。《再游焦山》五古，題少“再”字。《左蠡行》七古，“漂”作“飄”。《贈徐五善生》七古，“凌”作“陵”、“此中”作“顔中”、“能”作“然”、“知化”作“盡變”、“皆”作“多”、“廟碑塔碑”作“祠廟塔石”、“遲”作“衰”、“赤”作“尤”、“游”作“儔”、“仍”作“猶”、“亦”作“自”、“留我飯”作“飯我飢”、“言笑綿綿”作“笑語蟬聯”、“雅南”作“南雅”、“古”作“里”。《題張大風山人松石圖》七古，“陳時”作“陳朝”。《除夕嘆》七古，“同小”作“牽弱”。《奉酬吕霖生》五律，“題”作“酬”。《吕霖生吏部送沈治先歸宛陵兼寄令兄眉生二首》，題無下八字，“計”作“事”、“漁”作“魚”、“沙”作“河”。《湯仍三宅即事四首》，題作《湯氏宅》、“張燈”作“巡簷”。《將歸別内》七律，“懷”作“爲”。《劉遠公有扁舟江上圖命予題之》七律，題不同，“問”作“醉”。《賦得鍾山梅下僧贈蕭尺木》七律，“無一”作“一不”。《贈智劍大師》七律，“劍”誤“創”、首句無“麻城梅槁木棄百萬家資學道故云”十四字注，末句注“師曾爲史閣部參軍屢破賊”，多八字。《戲贈左子直納妾用二十藥名》排律，題少二字。“結實定青箱”下無“馬齒休嫌老，蜂窩一任狂。天門魂蕩颺，地芐水微茫”四句，收句缺“淫羊”二字，又無“芐音户即地黄”六字注。《竹枝詞》七絶，“泛”作“蕩”、“解吴”作“善客”。《潯陽夜泊》七絶，“苦”誤“若”。《送張楚材之碭山》七絶，“四”作“季”，無“漢高帝行四朱温行三皆徐人”十二字注。《贈滕鍊師》七絶，“曾”作“親”。《雪後懷林茂之先生》，題少二字。《題王元倬先生小像》，題少三字）。《樅陽詩選》錄百七首，《明詩綜》錄十五首、《明詩別裁》錄一首、《明詩正鈔》《詩持》《感舊集》《篋衍集》均錄其詩。

巖園集　蝶庵集

[明] 趙士先撰。士先字元振，號“辰石山樵”，桐城人。銳孫、鴻賜子，天啓末諸生（《龍眠風雅》作“萬曆間諸生”，考《龍眠古文》卷十六方文撰《趙辰石六

---

① 章繢句繪：雕琢文辭，修飾章句。陶曾佑《中國文學之概觀》：“唐初沿江左餘風，繢章繪句，固盧、駱、王、楊之特色也。”

十序》，稱與辰石同補博士弟子，文爲天啓末諸生，則《（龍眠）風雅》誤也），入太學，私謚"貞隱先生"。事迹具《縣志·儒林傳》。光緒《（安徽）通志》著録《蝶園集》，無卷數。考《龍眠風雅·小傳》（卷二十八），士先著有《甓園》《蝶庵》諸集，方文撰六十序，亦云家有《甓園》，志勤也，里中第傳其《蝶庵》詩云云。是《甓園》《蝶庵》乃二集，舊志作"《蝶園》"，誤也，今據《（龍眠）風雅》著録。士先淵源家學，嗜詩文，嘗自言出則爲士，行處則爲元亮，其志可知。方文亦謂其衰然[1]大雅學士家，知與不知讀蝶庵詩與筆函諸書，且謂與《無聞堂稿》無甚高論，并傳不朽云。

晚研堂稿

[明] 趙士先撰。光緒《（安徽）通志》著録，無卷數。《龍眠風雅·小傳》云："士先性至孝，研究性理，以父祖之學自任，追述先集，有《永思録》《晚研堂稿》，孝思纏綿，鬱勃行間。"

筠墅柳隱詩文稿

[明] 吳德風撰。德風，桐城人。道光、光緒《（安徽）通志》皆著録，無卷數。

華鬘集

[明] 王世薦撰。世薦字見思，潛山人。諸生。事迹具《縣志·文苑傳》。《江南通志》及道光、光緒《（安徽）通志》皆著録，無卷數。道光《（安徽）通志》作"草鬘"，誤。世薦博極群書，爲文疾如風雨，詩歌力追漢魏盛唐。

西溪集

[明] 陳鎬撰。鎬字子穀，太湖人。事迹具《縣志·隱逸傳》。光緒《（安徽）通志》著録，無卷數。鎬有志性理之學，隱居華林原，教授生徒。

之粤草

[明] 劉應召撰。應召字元禮，宿松人。事迹具《縣志·文苑傳》。是集乃入合浦知縣潘肇科幕時作。光緒《（安徽）通志》著録，無卷數。考肇科以天啓七年署宿松教諭，遷合浦知縣，則應召天啓時人也。應召又有《百花春館吟草》。

---

① 衰然：傑出、出衆的樣子。《舊唐書·哀帝紀》："輝王祚幼彰岐嶷，長實端良，衰然不群，予所鍾愛。"

秋鴻草

[明] 汪宗訊撰。宗訊字君疇，黟縣人。事迹具《縣志·儒行傳》。光緒《（安徽）通志》著録，無卷數。宗訊問業鄒元標，以程朱爲的，士林宗之。

亦世堂集

[明] 王徽撰。徽字慎五，涇縣人。諸生。年三十四卒。事迹具《縣志·文苑傳》。集有從孫國彦序。道光、光緒《（安徽）通志》皆著録，無卷數。徽列名復社，姚希孟、顧九疇、陳際泰皆賞其文，與結交。

門山草堂詩集

[明] 蔣延姬撰。延姬字孔緒，懷寧人。諸生。事迹具《縣志·篤行傳》。光緒《（安徽）通志》載是集，列清代，今據《縣志》著録。《縣志·文苑》又載蔣延祐字孔篤，崇禎十年以次應歲薦，棄弗顧，以名字推之，當爲兄弟行，則延姬啓禎間人也。

荃園草

[明] 容士賓撰。士賓字寅生，懷寧人。諸生。事迹具《縣志·文苑傳》。《江南通志》及道光、光緒《（安徽）通志》皆著録，無卷數。士賓少穎異，讀書日數卷，甫髫賦四時歌行，後益工，長篇多至百餘韵，無不奇縱幽異。

蟋蟀窩詩集十卷遺文一卷

[明] 張度撰。度初名孟度，字齡若，一字仲友，號“獅崖”，桐城人。啓禎間布衣，甲申後不應試，以教授終，康熙三十年卒，年六十八。事迹具《縣志·文苑傳》。度詩集甚夥，歿後三年，子鑒等請姚文燮選定爲十卷刻之，前有陳式、范宋二序，又文燮所撰傳、度自撰《蟋蟀窩説》，光緒《（安徽）通志》著録。書板久佚，民國三年縣人馬振憲得姚選前五卷於皖書肆，度族孫皖光借抄重印，時爲民國八年，既二年皖光又得抄本二册於族弟道一家，兩册皆不分卷，惟上册與姚選同而多五首，下册卷首似有脱落，皖光以意分爲五卷，又從《龍眠風雅續集》增輯詩二十餘首附後，連前五卷印於十三年，雖未必適合姚選之舊，然度詩大略具是矣。遺文一卷，清道光二十七年縣人馬必啓所輯，僅文四篇，前有姚文然所撰壽序、馬潛所撰傳、馬敬思贈詩，抄本原藏馬其昶家，皖光增行狀、帖跋二篇附印詩後，又從《風雅續集》得度父學博詩三首并小傳印於度詩前，惟《龍眠古文》卷二十載度《深園記》，

皖光未補。度好高岑、王孟及許渾、陸游，往往神合。蟋蟀窩者，度自名其居，謂在野、在字、在户，如蟋蟀之遷徙無定所也。

石渠稿

［明］張馥撰。馥字合之，別號"石渠"，祁門人。啓禎間處士。事迹具《縣志·文苑傳》。道光、光緒《（安徽）通志》著録，皆列清代，今依《縣志》更正。馥尊程朱、斥佛老，尤邃於易，爲文根極理要。

佛圖集 古越草 竹桂文集

［明］戴君德撰。君德（太湖人。諸生。崇禎十五年流賊陷城不屈死。事迹具《縣志·忠義傳》）有《古史斷》，已著録。《江南通志》及道光、光緒《（安徽）通志》皆著録是集，無卷數。《縣志》作《吴越草》《竹桂草》。

管涔集二卷

［明］丁惟暄撰。惟暄字以舒，休寧人。南京國子生。事迹具《縣志·風雅傳》。是集二卷，光緒《（安徽）通志》著録。《縣志》稱惟暄博洽，古今名賢多折節焉。

霞思草一卷

［明］程昌誼撰。昌誼字越未，婺源人。諸生。事迹具《縣志·文苑傳》。光緒《（安徽）通志》載是集，無卷數，今據道光《府志》著録。《縣志》稱其詩入唐人閫奥[1]。

未成堂文集

［明］程昌誼撰。光緒《（安徽）通志》著録，無卷數。昌誼七歲能屬文，同縣余懋衡妻以孫女，遭時艱，不樂仕進，築室西山之麓，顏曰"未成堂"，課子侄以性理之學。《縣志》稱其文古茂典雅、理醇詞博，皆經世之言。

汪都擬古詩

［明］汪都撰。都字瀛海，婺源人。少保應蛟孫。官亳州吏目。事迹具《縣志·方技傳》。光緒《（安徽）通志》著録，無卷數。都工書畫文詞，而畫尤絕技，晚以筋代筆自賦詩云："自識丹青絕世無，幾年磊落在江湖。老來不用貍毛筆，雙筋能揮

---

① 閫奥：本爲深邃的内室。比喻學問或事理的精微深奥所在。宋蘇軾《和寄天選長官》："藩籬吾未窺，敢議窮閫奥。"

十丈圖。”

匏山集

[明] 吳秉肅撰。秉肅，青陽人。縣學廩生。事迹具《縣志·儒林傳》。光緒《（安徽）通志》著録，無卷數，且列於清代，今據《縣志》著録。秉肅嗜學稽古，鼙期不倦，督學御史詹侍講扁曰“孝廉文學”。

陽華集

[明] 汪應明撰。應明，青陽人。副貢（此據《縣志》本傳，然《選舉志》不載）。事迹具《縣志·儒林傳》。光緒《（安徽）通志》既列於明代，又於清代復出，今據《縣志》著録。應明學務闇修①，詩文特餘技也。

曠園集　隱几集　黄葉庵詩

[明] 李澹然撰。澹然字公永，合肥人。事迹具《縣志·人物傳》（卷二十三）。光緒《（安徽）通志》著録，無卷數。又“隱几”作“隱居”，今據《縣志》及《府志》著録。澹然棄舉業，喜讀莊騷、楞嚴，與同縣陳系讀書朝霞山，創一亭，有丹楓數十株，顔曰“楓庵”，故魏伯陽煉丹處也。系崇禎元年貢生。

門山蕊閣集

[明] 方都韓撰。都韓（字大方，懷寧人。崇禎元年選貢，清康熙十三年卒，年六十三。事迹具《縣志·篤行傳》）。有《禮經搜義》，已著録。光緒《（安徽）通志》載是集，無卷數。乙酉左兵陷城執其父，都韓以身代父得免。其集唐諸詩，尤稱絶調。

肆雅堂詩選十卷

[明] 孫臨撰。臨字克咸，改字武公，桐城人。崇禎元年恩貢（《縣志》作“崇禎元年恩貢”。案：臨死於丙戌，年三十六，崇禎元年當爲十八歲，臨妻《方氏命子説》載臨十九舉秀才，旋膺恩薦。左國鼎撰傳亦稱臨十九歲舉博士弟子員，似不得爲崇禎元年恩貢，然臨孫元衡撰傳則載臨年十六冠膠庠②補上舍，旋獲恩薦。《龍眠風雅·小傳》亦載臨十六補博士，及舉明經不欲赴選，皆與《縣志》合，今從之）。

---

① 闇修：暗自修行砥礪，不爲人所知。指暗自修行砥礪的人。《明史·儒林傳·胡居仁》：“居仁闇修自守，布衣終其身。”

② 膠庠：音 jiāo xiáng，指周代學校的名稱。膠指大學，庠指小學，後以膠庠通稱學校。

隆武朝以楊文驄薦授兵部職方主事，拜福建監軍道按察副使，監文驄軍，丙戌八月與清兵戰敗被執不屈死，年三十六，私諡"忠節"。事迹見《明史‧楊文驄傳》。清乾隆朝通諡"節愍"。據臨妻《方氏命子說》，臨丙子入圍見擯，遂有《肆雅堂集》之刻，嗣有《大略齋詩文稿》《我恫集》《楚水吟》諸刻，又臨孫元衡撰傳，稱臨著作多散佚，存者僅《肆雅堂集》《大略齋集》《我恫集》。前軍中作曰《楚水吟》、後軍中作曰《焚餘草》百餘卷，新城王士禎選行於世，是臨詩不止一種且多已刻行。是集樂府一卷，五七古、五七律各二卷，五七絕句合一卷，共詩七百餘篇，乃元衡屬鄒平張實居所編，蓋即士禎所選者，有實居、士禎二序，元衡兄曰書刊臨詩示弟云："漁洋山人善采詩，長白山人篤好之。"漁洋謂士禎，長白謂實居也。《江南通志》及道光、光緒《（安徽）通志》皆不著錄。臨幼從兄頤學，十歲能文，與同縣方文、方以智、左國柱、周岐、吳道凝結澤園文社，稱"六子"，又與復社、永社、幾社諸人相引重。實居謂其詩紆鬱[1]憤悶、慷慨激烈；士禎亦謂其和平怡愉之詞寡，幽憂憤痛之詞多，其詩可知。余懷《板橋雜記》載臨被執并縛其姬葛嫩，主將欲犯之，嫩大罵，嚼舌碎，含血噀其面，將手刃之。臨見嫩抗節死，乃大笑曰："孫三今日登仙矣"，亦被殺。考元衡所撰《葛姬傳》，臨舉兵震澤，以軍餉登岸，兵來不虞，騎見姬貌逼之，姬大罵，嚼舌含血噀其面，冒刃越水死。臨作詩吊之，有"壯士未曾酬馬革，芳魂先自裹鴟夷[2]"之句，其事蓋在乙酉秋，詩今在集中，是嫩實先臨一年死於震澤，足證《板橋雜記》之誤。汪有典《史外》誤與余懷同，蓋皆未見其集也。《龍眠風雅》錄百四首、《桐舊集》錄二十八首，內《括蒼夜思》一首為《（龍眠）風雅》所無，餘字句亦多異（《相逢行》五古，"是君家"作"君所居"、"金玉"作"黃金"、"雙"作"丹"、"名"作"神"、"極"作"盡"、"楚歌"作"秦歌"。《錄別》五古，"有明"作"中天"、"識察"作"察識"。《過宋子建明月軒》五古，"天漢"作"天津"、"朋"作"情"。《古別離》[3]五古，"親戚自此"作"徵途日以"、"前日置尊酒"作"憶昨走相送"、"殽"作"餐"、"佩雙"作"雙佩"、"歸來"作"來歸"。《白紵舞歌詞》樂府，"鈴"作"匝"、"張"作"障"、"過長廊"作"珥明璫"，又無"首飾琅玕金懸璫，含商咀羽斷君腸"二句、"舞罷龍轉"作"停歌罷舞"、"雞子"作"曉日"。《兵車行》七古，"多"作"皆"、"立"作"住"、"亦"作"要"、"觀"作"地"、"老奴"作"奴子"、"獨"作"單"、"廢"作"發"、"去"作"退"。《章臺柳》七古，"燕"作"柳"、"翠"作"畫"、"老奈"作"落思"、"許多"作"多情"、"絲"作"思"、"畫"作"青"、"昔"作"昨"、"嘶定"作"嘶

---

① 紆鬱：委屈鬱結。《楚辭‧劉向‧九嘆‧憂苦》："願假簧以舒憂兮，志紆鬱其難釋。"

② 鴟夷：借指春秋吳伍員。明高啓《行路難》詩之二："鉤弋死雲陽，鴟夷棄江沙。"

③ 古別離：樂府雜曲歌辭名。

馬”、“燒石葉”作“沉水香”、“歸去”作“願歸”、“鱗”作“魚”、“信”作“悔”、“夕陽”作“青陵”、“失”作“怨”、“叫殘”作“滯絕”、“上”作“天”、“願不”作“難共”、“保儂身許”作“儂身許嫁”、“朱”作“侯”、“助飛禪”作“照明蟾”、“寶馬一鞭”作“一鞭寶馬”。《金陵感懷》五律，“罪”作“獄”。《焦山暮游》五律，“孤”作“旅”、“吹”作“橫”、“照”作“上”、“落”作“近”。《懷吳子遠》五律，“作”作“慕”、“誰者”作“者誰”。《吳鑑在自閩來浙相遇湖上各道旅況》七律，題少下四字，第三句無“鑑在有逃僕事”六字注、“無”作“廢”、末句無“鑑在是日有約”六字注。《渡淮》七律，“白”作“清”、“千村”作“村回”、“一望”作“地極”。《吊長安》七律，“裏”作“際”、“雲衰”作“離披”、“赦”作“緩”、“寫”作“鑄”。《靈隱寺》七律，“馴”作“行”。《建業寄陳卧子》七律，“日日”作“歲月”。《東甌曉發》七律，“閣對平帆夜雨中，人從天外盼歸鴻”作“際曉連檣挂席同，不煩邪許喚篙工”、“烟樹搖新綠”作“宿鳥飛逾白”、“村”作“寒”、“淡遠”作“颭不”、“兩岸椰鳴”作“半嶺霞殘”、“火”作“雨”、“流”作“日”。《拜嶽墓》七律，“續”作“喚”、“猶”作“常”、“嘗”作“猶”。《淮上遇許霞城先生》排律，題無末二字，“端”作“湍”、“風秋”作“秋氣”、“離”作“脱”、“辨”作“累”、“堯”作“生”、“無”作“銷”、“疑”作“凝”、“元規”作“西風”、“足”作“滿”）。《明詩綜》錄二首。

金太史集九卷

〔明〕金聲撰。聲字正希，原字子駿，休寧人，嘉魚籍崇禎元年進士，累官兵部右侍郎兼都察院右僉都御史，明末保徽州被執不屈死，贈禮部尚書，諡“文毅”。事迹具《明史》本傳。清乾隆中諡“忠節”。熊開元撰傳，載聲《尚志堂集》、禁書目載聲《燕詒閣集》，又《金太史文稿》皆無卷數，《明史·藝文志》著錄聲集九卷，道光、光緒《（安徽）通志》皆不著錄。是集有三本。一道光七年嘉魚知縣邵勷刻本，即勷等所輯，前載乾隆四十年十一月初十日上諭《欽定勝朝殉節諸臣錄》，又熊撰《金忠節傳》，又邵勷序、黃岡龔斗南識語，後有蔣時淳、周大鈞跋、裔孫楠識語，光緒三年重刻。一爲《乾坤正氣集》之一種。一光緒十四年黟縣李宗煝刻本。邵勷本僅八卷，正氣集較邵本多文三十篇，又語錄一卷，然邵本有正氣集無者，如《比九五泰九二説》《與黃劬庵書》《城南葉氏四續譜序》《嘉魚文廟碑記》《募建關聖祠亭疏》《題伯翁仰山公像》亦六篇，李本無語錄，而所錄之文大致與正氣集同，惟據《明史》有《薦申甫疏》，據熊傳，有《請代題終制疏》《辭謝起用疏》《與釋海門書》《過山溪詩》，又據趙吉士《寄園寄所寄》，有《初辯揭復吳兵尊札》《與朱震青書》《與程希吕書》（此另一書），此亦不載，是聲文已多散佚。聲以忠節顯，文亦雄秀奧衍①，如陳壽所謂公誠之心形於文墨者也。《明詩綜》錄一首。

止庵遺集八卷

［明］江天一撰。天一字文石，號"止庵"，歙縣人。諸生，金聲門人，與聲同起兵偕死。事迹具《明史》本傳。清乾隆中諡"節愍"。集八卷，乃其弟文月所輯，門人洪祚永校錄授梓，有永豐湯來賀、宣城吳肅公序。道光、光緒《（安徽）通志》皆著錄。天一《次蕪湖家書》云："我文雖無大用，實有關係，三弟可爲收錄，傳諸後世。"又謂"事有關係，議有裨補，方可采錄，若徒采吾無取焉"，則其所爲文可知。來賀稱其英詞生氣、洋溢楮墨②，雖或感憤嫉俗，時有過情，然皆義關君父、生民之所繫命；肅公謂其敷陳竑議、感痛奸回，遇幽貞至孝，若負創者之呻吟籲訴，其感發塊磊，雖應酬題跋、閑篇短牘，必於世道人心肫肫亹亹③云。潘錫恩刻入《乾坤正氣集》。

崇禮堂詩一卷

［明］汪伯薦撰。伯薦字士倩，祁門人。子祜曾孫。崇禎元年恩貢（《縣志》作"選貢"，此據《四庫書目》）。事迹具《縣志·孝友傳》。詩一卷，子宗豫刻，附子祜《石西集後》，清《四庫存目》。

東皋詩集

［明］胡茂學撰。茂學字海嶼，蕪湖人。崇禎元年恩貢，年七十三卒。事迹具《縣志·文學傳》。光緒《（安徽）通志》作"胡茂"，誤，今據《縣志》著錄。茂學經史諸子無不貫串行文，思遲而致永，每一篇出人爭傳誦。

蒯緱集

［明］楊四知撰。四知字畏生，號"瓠庵"，六安州人。崇禎元年進士，官至山西道監察御史，巡視兩關，卒於居庸，年四十八，贈太僕寺少卿。事迹具《州志·宦績傳》。《江南通志》及道光、光緒《（安徽）通志》皆著錄，無卷數。四知疏陳江北被寇之弊，請于安、廬間添設巡撫，與楚、豫相犄角，後安慶設巡撫，議自四知發也，又《上銓政京營漕運》及《被寇地方求改折色》等疏，俱允行。《州志》又

---

① 奧衍：謂文章内容博大精深。宋秦觀《李狀元墓志銘》："其詞奧衍，有漢唐遺風。"

② 楮墨：紙與墨。借指詩文或書畫。清曹寅《尚中索書真州東園》詩："楮墨向千載，咳唾猶芳鮮。"

③ 肫肫：誠懇的樣子。《禮記·中庸》："肫肫其仁，淵淵其淵，浩浩其天。"亹亹：勤勉不倦貌。《漢書·張敞傳》："今陛下游意於太平，勞精於政事，亹亹不舍晝夜。"

載《游記》二首、五律七律各一首。

漢江集

[明] 楊四知撰。四知，初知漢陽縣，調江夏、黃岡、襄陽，乃擢御史，故集以"漢江"名。《江南通志》及道光、光緒《（安徽）通志》皆著錄，無卷數。

雙巖詩文全集四十卷

[明] 金光辰撰。光辰字居垣，亦字天樞，號"雙巖"，全椒人。崇禎二年進士，官至左僉都御史，以救劉宗周鎸三級調外，弘光時起故官，未赴國變，以僧服寄居歷陽西山，卒年六十九。事迹具《明史》本傳。道光、光緒《（安徽）通志》皆載《金御史集》，六十九卷，然考《縣志·藝文·集部》，載《雙巖詩文全集》四十卷，又別載《金御史奏疏書牘》五十六卷，入史部，《通志》所載不知何據，今據《縣志》著錄。

指南稿

[明] 方大普撰。大普字君周（《桐舊集》誤"用"），號"中渡"，桐城人。崇禎三年舉人，官福建建寧知縣，國變後歸隱，私諡"文節先生"。事迹具《縣志·宦績傳》。光緒《（安徽）通志》著錄是集，無卷數。考《龍眠風雅·小傳》，大普詩文隨手散去，其孫遷搜之敝篋中及嘗所口授記憶者若干首，是大普詩在當時已不盡傳也。《龍眠風雅》錄十八首、《桐舊集》錄二首，字句多異（《途中苦風》七律，"風"誤"雨"、"涉間"作"滯江"、"沱"作"池"、"須借"作"應待"、"置我"作"艷説"。《水中雁字次舅氏吳客卿太史韵十首》，題不同，"清"作"澄"、"菱芡"作"葵芳"、"覺"作"似"、"天外散"作"散天外"、"古在"作"昔怨"）。

茗糧齋稿

[明] 李蕘撰。蕘字源常，貴池人。崇禎三年舉人，十五年卒。事迹具《縣志·文苑傳》。《江南通志》及道光、光緒《（安徽）通志》皆著錄，無卷數。《縣志》本傳作《茗種齋稿》，《藝文》又以爲其弟蕘撰，皆誤。蕘佐鄭三俊主京察，除魏黨殆盡。吳應箕爲公揭防亂復與焉，爲文戛戛獨造[①]，或數日不成一字，神理一會則立就云。

---

① 戛戛獨造：音 jiá jiá dú zào，別出心裁，富有創造性。清梁紹壬《兩般秋雨盦隨筆·瓶水齋詩》："諸聯戛戛獨造，真無一語拾人牙後慧者。"

野查集

[明] 李㲲撰。㲲字敬仲，貴池人。蕙弟。崇禎諸生，國變感憤，卒年四十，時清順治四年也。事迹具《縣志·文苑傳》。考劉城《嶧桐文集·李㲲傳》（卷十），其集皆以古文手書，未嘗示人，殁後弟鯷、兄子時爲掇拾平昔詩文若干篇，與是集藏於家，是其集未刻也。《江南通志》及道光、光緒《（安徽）通志》皆著録，無卷數。㲲讀書嗜古，不樂與人接，詩淹雅蒼潤，有開元、大曆風。既削諸生籍益自匿，或泣、或舞、或熟睡、或誦離騷，礪佩刀以爲常，自刻印章曰“瞻彼日月悠悠我思”，而其幽愁憂思、抑鬱纏綿之意則於五七言、古近體發之云。

八行詩集十卷

[明] 吳本義撰。本義，貴池人。集十卷《江南通志》及道光、光緒《（安徽）通志》皆著録。

游梁集 飲和舍草 天台游草 秋山樵唱一卷

[明] 吳光裕撰。光裕（字寬生，青陽人。崇禎三年歲貢，五年卒，年六十一。事迹具《縣志·儒林傳》）有《詩經札觀》（觀字疑誤），已著録。是集四種，《江南通志》及道光、光緒《（安徽）通志》皆著録。考劉城撰墓志銘（《嶧桐集》卷十），稱光裕肆力經學、善賦諸體詩，所著又有《四書執兩》《詩經札觀》《離騷副墨》《申椒園集》《辛酉八月詩》《明妃曲》若干首，焦澹園、李大泌、屠緯真、顧鄰初、鍾伯敬、余聿雲爲之序，而無《秋山樵唱》，又“舍”作“社”、“台”作“臺”。又稱其詩爲族子所竊，竄已名以質人，是其集在當時已多散逸也。光裕推服同縣施達爲畏友，又與潘景升、梅季豹、唐宜之、林子邱、（林）茂之交，其人可知。《游梁草》者，篆宰蘭水鄭公守歸德時迎之衙齋，詩蓋其時作也。

申椒園集

[明] 吳光裕撰。《江南通志》及道光、光緒《（安徽）通志》皆作明東流金宗范著。《東流志·文學傳》，宗范字洪冶，號“二水居士”，萬曆十三年舉人，署望江教諭，而不言其有是集，又考光緒《（安徽）通志·文苑傳》，光裕與宗范合傳，有《申椒園集》，藝文蓋緣此致誤，又劉城撰墓志銘稱光裕晚搆申椒園，所著有《申椒園集》，城爲光裕故人，其志多耳目所覩，記尤可正前志之誤，今據以著録焉。

懷茲堂詩文集十二卷

[明] 吳國琦撰。國琦（字公良，號“雪厓”，桐城人。崇禎四年進士，官至南

京兵部主事。事迹具《縣志·宦績傳》）有《易占》，已著録。是集十二卷，《江南通志》及道光、光緒《（安徽）通志》皆著録。《龍眠風雅》載《懷茲堂集》八卷，有福建曹學佺序，疑八卷爲詩，合文乃十二卷也。國琦從方大鎮講學，又與汪國士同出何如寵門，詩品亦在王、孟間。潘江稱其《渡江九策》切中時務，詩歌力去陳言，持擇矜慎①。《龍眠古文》録文六篇，内三篇有目無文、《龍眠風雅》録詩七十一首、《桐舊集》録十三首，字句多異（《桐江望釣臺禮嚴先生》七古，第五句"雙石"作"雙星"、"坐"作"座"、"桐江東流"作"渺渺桐流"、"哲哉先生真可思"作"先生千載繫人思"。《坐趙瀛陽先生蒼莨閣》五律，題不同，"此"作"凉"。《中秋前一日登西山便尋爽園靈泉寺》五律，題不同，"倩"作"藉"。《泊舟》五律，"鷦鴣"作"烏争"。《自漢興至建安郡舟行》五律，題不同，"紅"作"江"、"芳"作"香"。《孫本芝招集郡齊同郭完赤姜青門》七律，"推"作"思"、"重"作"憶"、"看"作"疑"。《秋夕方坦庵以所叙汪君酬燕鐫并自訂白門新詩見寄答之》七律，題不同，"經"作"輕"。《午憩古榆庵柬諸上人》七絶，題少一字，"輿"作"驚"。）《釣臺集》録其詩，《縣志》又載有《水香閣集》。

淥漁（一作"魚"）客草　言思閣詩集

[明] 張一如撰。一如字來初，蕪湖人。崇禎四年進士，官至湖廣荆南參議，以病歸，年六十三卒。事迹具《縣志·文學傳》。道光、光緒《（安徽）通志》皆作《綠漁草言從閣集》，又列於清代，今據《縣志》著録。一如讀書東臯②別業，與同縣俞邦奇唱酬。《縣志》録五古、七律各一首。

知非堂文集十卷

[明] 張九如撰。九如字石初，蕪湖人。一如弟。事迹具《縣志·文學傳》。光緒《（安徽）通志》載《知非堂集》，無卷數，今據《縣志》著録。九如病青盲時，命諸子誦所藏書聽之，工詩賦。

藎庵集二十四卷

[明] 戈簡撰。簡字行可，號臣在，廣德州人。崇禎四年進士，歷福建晋江、南安知縣，兩居憂致疾卒。事迹具《州志·循吏傳》。是集二十四卷，見《戈氏譜》及《州志》《江南通志》及道光、光緒《（安徽）通志》皆著録，無卷數。簡爲臨川艾

---

① 矜慎：謹嚴慎重。梁啓超《雷庵行》："文章一出驚海内，立言矜慎恒躊躇。"

② 東臯：東方的田野或高地。多指歸隱後的耕地。《文選·阮籍·奏記詣蔣公》："方將耕於東臯之陽，輸黍稷之稅，以避當塗者之路。"

南英所賞，蔡道憲、鄭羽儀、張廷榜皆出其門。

秋水堂文集　夢莊詩草

[明] 夏雨金撰。雨金字漢雲，改字韓雲，休寧人。湖廣江陵籍崇禎七年進士，官至河南衛輝道副使，入清不仕。事迹具《縣志·風節傳》。《江南通志》及道光、光緒《（安徽）通志》皆著錄，無卷數。雨金鄉會試出黃景昉、文震孟門，以氣節相礪，詩文才思迅發，托酒自豪。入清改字寒雲，與野老①歌咏以終。

文嘻堂詩集三卷

[明] 朱芾煌撰。芾煌字子衷（《州志》作“阿衷”），號“玉瑠”，自號“濡須江漁”，無爲州人。崇禎七年進士，官至兵部武選司郎中。事迹具《州志·仕績傳》。集三卷，有商邱宋犖序，末有其孫端跋，清《四庫存目》。芾煌樂府學李賀，間出張籍、李商隱間；古近體出入三唐，嘗自題詩稿卷首云：“詩須有爲而作，文至無心乃傳。”又云：“從前各夢事，見我篋中詩。”其宗旨可知。徐釚謂其紀事之作，和而不流、哀而不激，七絕尤擅場；尤侗亦謂其思深志遠，然《州志》載其《村居》詩云：“蝸居小舍寂如庵，僮事耕桑女事蠶。夢自屏間回薊北，山從枕上見江南。輞川住有王摩詰，趙國人推張孟談。風過漁舟殘醉處，湖光一片柳毵毵②。”又頗有閑適之致，又載《城南》一首，則紀州人沈志傑擊賊被殺事也。《明詩綜》錄五首。

梅花集

[明] 劉餘清撰。餘清字不疑，懷寧人。鴻臚丞若實子。崇禎間舉賢良方正未就，官蕪湖訓導歸卒，私謚“貞恪”。事迹具《縣志·儒林傳》。《江南通志》及道光、光緒《（安徽）通志》皆列是集清初，今據《縣志》著錄。餘清游桐城方大鎮、吳應賓門，又受業姜日廣，在蕪修舉陽明書院，及卒自謂不負方、姜諸先生之教云。《縣志》又載有《山居集》。

無他技堂稿十六卷

[明] 蔣臣撰。臣字一个，初名姬胤，字子卿，桐城人。崇禎貢生，八年舉賢良方正，十五年以范景文、倪元璐薦授戶部司務、晉主事，甲申後爲僧，號“誰庵遯史”。事迹具《縣志·宦績傳》。是集十六卷，有張廷璪序、劉城書後，清乾隆朝毀

---

① 野老：村野老人。北宋蘇軾《尋春》：“江城白酒三杯釅，野老蒼顏一笑溫。”

② 毵毵：細長的樣子。《詩·陳風·值其鷺羽疏》：“白鷺青脚，高尺七八寸，頭上有毛十數枚，長尺餘，毵毵然與衆毛異。”

禁，道光、光緒《（安徽）通志》皆不著録，今惟《龍眠風雅》録詩十八首、《龍眠古文》録文五篇，内一篇有目無文、又蕭穆《敬孚類稿跋》，臣所撰《劉城行略》，有"後讀無他技堂稿"語，是穆猶得見其集，穆卒後藏書散出，已不知流落何所矣。《劉城行略》今載貴池劉世珩所刻《嶧桐集》卷首，蓋亦得自穆也。臣少與同縣胡效憲、劉鴻乙、葉組、姚孫森、方拱乾善，號"六駿"，又爲張溥、張采所知，注名復社。城稱其詩文涕洟、千古感遇、淋漓醖藉，視昔人爲難言；朱彝尊則謂其雖乏渾涵①，亦自蕭散②有致。《桐舊集》録七首，字句與《（龍眠）風雅》異（《感遇贈劉伯宗》五古，"鴻"作"厷"、"嗇"作"邱"、"流"作"彼"。《讀心史偶題其後》五律，題少二字，"止"作"祇"。《劉憲石招游虎邱次韵奉答》五古，題少三字，"異"作"勝"、"暫"作"欣"。《庚辰秋杪③客清湖所期不至留滯數日戲拈壁間韵意緒無聊偶爾成詩索詩題不得也》三首，題不同，又復出）。《明詩綜》録二首。

竹莊詩集

　　[明]許鵬撰。鵬字廷舉，號"竹莊"，定遠人。舉賢良方正。事迹具《縣志·隱逸傳》。《江南通志》及道光、光緒《（安徽）通志》皆著録，無卷數。鵬至京陳時務，詞多過直，乃於策尾作詩自陳己志，不顧入選。竹莊者，鵬卜築城南種竹數千竿，因以爲號并以名其詩也。

杲園詩文集三十卷

　　[明]鄧森廣撰。森廣字東之，號"顛厓"，又號"薑庵"，桐城人。崇禎八年貢生，年六十一卒（《縣志》作"六十二"，此據《龍眠風雅》），私謚"文任先生"。事迹具《縣志·儒林傳》。道光、光緒《（安徽）通志》皆載是集，無卷數，又以"杲"爲"果"，光緒《（安徽）通志》又列之清代，今據《龍眠風雅》及《縣志》著録。森廣少負才略，入皖撫張亮黄配玄幕，晚築室北山，與李雅、李銓、徐壽、方幾輩觴咏爲樂。潘江稱其文元本經術、穿穴史學，詩含嚼風騷、浸淫三唐；施閏章稱其文焕屬廉悍、風發泉湧，詩含英咀華、引商刻羽，有開拓萬古、推倒一時之概；徐璈謂其七律工力獨擅、對屬渾成、氣格蒼健、首尾完好、無賸字弱句，庶幾義山、山谷學杜之亞。《龍眠風雅》録詩百二十一首、《龍眠古文》録文四篇、《桐舊集》録詩三十四首，字句多與《（龍眠）風雅》異（《咏懷》五古，"矢"作"繳"。

---

　　① 渾涵：博大深沉。清錢泳《履園叢話·科第·鼎甲》："子文元氣渾涵，如玉在璞中，其光必發。"

　　② 蕭散：形容舉止、神情、風格等自然，不拘束。清紀昀《閲微草堂筆記·灤陽消夏録三》："先生襟懷蕭散，僕亦倦於儀文，但得神交，何必定在形骸之内耶！"

　　③ 杪：據明蔣臣《無他技堂遺稿》卷十六《詩》（清康熙四十九年刻本）爲"抄"字。

《古別離》五古，題作"《古離別》"，"何猶猶"誤"何悠悠"。《述懷》五律，"展"作"揚"、"謷"作"登"、"閑殺"作"寂莫"。《古意》七古，"萍"作"藻"、"邊"作"中"、"清彈曲罷"作"彈罷"、第六句無"深夜"二字、"杅"作"梭"、第七句無"三"字、"胡"作"何"、"良人遠向"作"望遠野圍"。《感賦》七律，"藥"作"葉"。《過大羅庵贈與疏屆遠兩上人》七律，"芘"誤"托"。《咏懷詩次四松先生原均》七律，題無"原"字、"難"誤"唯"。《次還山均再贈半僧》七律，題無"再"字、多"徐"字、"言"誤"年"、"笑我"誤"我笑"。《喜孫隨印歸里兼得司馬公書》，"印"誤"邛"、"到"作"滅"。《李生》七律，"李"誤"素"、"乳"作"龍"。《遣懷》七律，"盤"作"鎜"、"改"作"絶"、"落"作"羸"。《元旦》七律，"洛"作"朔"、"玉"作"帝"。《喜价人捷賢書兼别又漢歸里》七律，"捷"作"登"、"鹵簿"作"宿哲"、"有"作"在"。《贈杜開之開鎮皖口》七律，題少二字、"槳"作"楫"、"知"作"成"。《僧話》七律，"溼到"作"雨濕"、"白"作"蓮"、"因"作"應"、"便"作"遍"、"酥趂"作"蔬稱"。《送單達卿還臨川》七律，"豐"作"風"。《贈龍玄士》七律，"假"作"偁"。《送恤部侯赤社北上》七律，"飛"作"求"。《次還青見訪》七律，"須終"作"終須"。《咏懷次四松先生原均》七律，"霜"作"雷"。《贈副憲程卓庵先生建牙江上》排律，題不同，"徵"作"爭"、"紅"作"絳"。《游女曲》七絶，"著"作"浣"）。《明詩綜》録一首。

率素齋詩文集

[明] 陳文顯撰。文顯字徽之，太湖人。崇禎八年進士，歷南城知縣、雷州推官，擢工部主事未上，入清屢薦不起，年八十卒。事迹具《縣志·隱逸傳》。光緒《（安徽）通志》著録，無卷數。《縣志》録文三篇、詩一首。

卓觀堂詩文集

[明] 葛遇朝撰。遇朝字鼎如，號"介庵"，巢縣人。崇禎八年進士，官至户部員外郎，乞病歸。事迹具《縣志·宦業傳》。道光、光緒《（安徽）通志》皆列清代，光緒《（安徽通）志》又作詩集，今據《縣志》及《居巢詩徵》著録。遇朝嗜學，年八十手不釋卷。康熙《府志》載《聽書港》七律一首、《重修儒學記》一首、《居巢詩徵》載《金庭洞小憩》七律一首。

韓文徵

[明] 施達撰。達字下之，青陽人。崇禎九年尚寶卿張瑋以隱士薦不赴卒。事迹具《縣志·理學傳》。《江南通志》及道光、光緒《（安徽）通志》皆著録，無卷數。

達研精理學，不應科舉，隱天柱峰講學，聽受者常數百人，稱"天柱先生"，門人即天柱講堂祠之。

濠上吟

[明] 何陞撰。陞字望宸，鳳陽人。崇禎九年選貢，授南安通判，擢贛州知府，署南昌道，左遷藩府長史告歸，弘光朝授兵備監左軍，辭不就，隱定遠永康鎮，年八十四卒。事迹具《縣志·鄉賢傳》。光緒《（安徽）通志》著錄《濠上吟志草》，又作定遠人，列清代，考《定遠志·藝文》，《濠上吟》《志草》乃二書，又《鳳陽志》列陞明代，今據以著錄。陞家居奉母，不與外事，垂老一編，弗間寒暑，蓋明之遺民也。

藕花墅集三十卷

[明] 任文石撰。文石字伯介，號"蟄庵"，宿州人。崇禎九年歲貢，官揚州訓導。事迹具《州志·名賢傳》。集三十卷，《江南通志》及道光、光緒《（安徽）通志》皆著錄，《州志》本傳作二十卷，藝文仍作三十卷，疑傳誤也。文石潛心關洛之旨，嘗上救時策萬餘言，史可法奇重焉。藕花墅在州之相山下，其所居也。《州志》錄詩三首。

梅湖草堂近詩刪三卷

[明] 汪之順撰。之順字禹行，號"平子"，晚自署"梅湖老人"，懷寧人。崇禎初廩生，入清隱居，棄歲貢不就，康熙十六年卒，年五十七。事迹具《縣志·隱逸傳》。集本之順自定，有文德翼、周亮工二序。又續稿刪乃康熙十年以後詩，亦之順自定，前有自序，嘉慶間族孫德鉞擬刻未果，有嘉慶十三年姚鼐序，道光十四年縣人陳世鎔刻入《皖江三家詩鈔》，僅一卷，蓋非其全。考方都秦《梅谿文集》，有《汪梅湖詩序》，稱之順卒前二日尚手自編摩，而至今全帙不可得見云云，是之順固有全集也。族孫某有繕本三巨冊，其子失於陝西，此為族孫培實所輯，首古體，次五律、附排律二首，次七律、附七絕三首，七律則錄自陳選益以家藏殘本十餘首，都四百餘首，前載文、姚二序及續稿刪自序暨德鉞所撰家傳，原有周亮工序已佚，民國十八年族孫學啓印，雖非自定之舊，然視陳選固已增多，惟古體中《如醉吟》一首、《蔣素書孟康子同飲》一首、《立月》一首、《西風》一首、《戲答文燈嚴》一首，皆拗體七律，編次不無可商，又《月下懷舊游遠人》一首，案：詩意"遠人"二字，當為衍文，又《月下懷舊游》一首，案：詩意舊游當為遠人，蓋傳寫之誤。之順讀高岑詩云："常侍龍門水，嘉州幽澗泉。奏響各有異，神聽同自然。李杜滿天

下，無人彈此絃。一撫再三嘆，清風生八埏①。"其宗旨可知。集中如《咏高隱》十四首、《田園雜咏》三十六首，皆可見其志尚，而悲憤之情亦時時寓焉。德翼謂其傷時感事、吊古懷人、峻筆如霜、孤懷似雪；姚鼐謂其清韵悠邈不必廣博，而塵埃濁翳無纖毫可入；世鎔謂其有陶潛雅尚、間及時事，亦與《飲酒》《荆軻》等篇同旨；潘江録入《龍眠風雅》，亦謂其蕭閑淡遠，有孟浩然、韋應物之風，合此數説其詩亦可知。梅湖者，在懷寧西北鄉，其所居也。《龍眠風雅》録八首、《桐舊集》録三首，字句多與本集互異〔《客來》五古，"慘懍物色悴"，《（龍眠）風雅》作"物色慘以悴""緬懷夙昔志，雄圖期壯游"《（龍眠）風雅》作"夙昔負大志，緬邈思壯游"、"擊楫"《（龍眠）風雅》作"擊汰"、"抒寫"《（龍眠）風雅》作"輸寫"、"支離"《（龍眠）風雅》作"出離"、"迂拙妻孥羞"句下《（龍眠）風雝②》多"半菽日難飽，遑論終歲謀"二句、"明經卒見收"句下《（龍眠）風雅》多"從容待次薦，爵禄沾爾儔"二句、"默坐"《（龍眠）風雅》作"塞默"，又多"甚感客意厚，甚愧客念周"二句、"兹焉非所求"句下《（龍眠）風雅》多"平生幽獨意，不爲升斗愁"二句、"千斤"《（龍眠）風雅》作"千鈞"、"委壑溝"《（龍眠）風雅》作"壑與溝"、"與子宜痛飲"《（龍眠）風雅》作"勸子且飲酒"。《得丁漢公孫不害及家園長詩》《（龍眠）風雅》作《得丁漢公孫子穀家園長寄詩》，"林中"《（龍眠）風雅》作"竹中"、"及早"《（龍眠）風雅》作"又早"、"湖滿處"《（龍眠）風雅》作"千里夢"、"雨來時"《（龍眠）風雅》作"一群思"。《山行》五律，"秋深"《（龍眠）風雅》作"春深"、"一輈"《（龍眠）風雅》作"一轎"、"春溪暖"《風雅》作"春溪緩"、"寄園長兼懷孫不害"《（龍眠）風雅》作"寄瑤若兼柬不害"、"念所爲"《（龍眠）風雅》作"憶所爲"。《飲隣家》七律，"春酒"《（龍眠）風雅》《桐舊集》皆作"脣春"、"飲隣家"《桐舊集》作"隣翁"、"膏粱"《（龍眠）風雅》《桐舊集》皆作"高粱"、"堪訏"《（龍眠）風雅》《桐舊集》皆作"堪羨"、"安步"《桐舊集》作"健步"。《同蔣吾章劉麈山丁漢公孫不害錢班朗飲瑤若荷亭分得侵字》《（龍眠）風雅》作"《同麈山漢公不害集園長荷亭分侵字》"、"狂歌"《（龍眠）風雅》作"狂談"。《泊青山舟中看月》，《桐舊集》"看"作"對"。《郡邸》七律，《桐舊集》"邸"誤作"村"、"海門濤"《桐舊集》作"海門潮"〕。光緒《（安徽）通志》著録《梅湖集》，無卷數。

---

① 八埏：即"八殥"，八方邊遠之地。《史記·司馬相如傳》："大漢之德，逢湧原泉，汸濔漫衍，旁魄四塞，雲尃霧散，上暢九垓，下泝八埏。"南朝宋裴駰集解："埏音延，地之際也。言其德上達於九重之天，下流於地之八際也。"

② 雝：應爲"雅"。

藏山閣集二十卷

[明] 錢澄之撰。澄之（字飲光，號"西頑"，又號"田間"，初名秉鐙，字幼光，桐城人。崇禎初諸生。隆武朝以黄道周薦試吏部、補延平府推官，永曆朝授禮部主事，又以瞿式耜薦應召試、授翰林院庶吉士改編修，管誥敕）有《易學》，已著録。是集二十卷，澄之自定，卷一至十四詩，内分《過江集》二卷、《生還集》七卷、《行朝集》三卷、《失路吟》二卷（蕭穆跋作"《失路吟》《行脚詩》"，各一卷，誤。案：《行脚詩》乃詩題，非集名也），起崇禎十一年戊寅迄清順治八年辛卯，都一千五十六首，皆二十七至四十歲作。卷十五至二十文，首書疏、次書、次序、次議論、次傳紀、次雜文、都二十五首，據《生還集自序》，斷自弘光元年乙酉迄永曆二年戊子冬止，約計四載，得詩六卷（案：《生還集》實七卷，序云六卷，蓋誤），付諸剞劂①，目曰《生還集》云云。又《行朝集·別羊城》詩云："荒寺九旬成底事，游裝初刻難餘詩。"是《生還集》曾刻於廣東，晚乃并《生還集》前後之詩，益以文六卷爲是集也。又據《田間尺牘·與姜奉世》云："道積命卒《藏山閣》之刻，今已始事，序能拈筆否，但得數百字略述本末足矣，書固未能行世云云。"②又《與廖明府》云："拙刻全部呈覽，尚有一集亦已授梓，皆在貴鄉與嶺南所作，未免略涉忌諱，不便印行，俟更續寄云云。"③是此集確已授梓，特以忌諱未即印行，光緒十五年縣人蕭穆始見錢特手抄本於其孫香圃家并爲之跋，至光緒三十四年歙縣汪德淵乃從穆子幼孚抄副印於上海，即此本。集中詩文皆紀弘光、隆武、永曆三朝事，如《髩絶篇》④《皖髩紀略》載，阮大鋮死於仙霞嶺上，蓋出耿獻忠所述，足正野史之誤。又《梧州雜詩》第十四首注云："郳國入覲，有欲借之驅山陰者，以黨五人爲罪，予曰五人舊參嚴公，今力救此，大臣體也，郳公首肯，議遂寢⑤。"郳國謂高必正，山陰謂嚴起恒也。《通鑑》載或説必正，不言何人，亦足補史缺。書疏如請棄閩蹕⑥贛、請經營江西策，吉安破，贛必不守，又言："贛州降不可信，欲救南昌當以

---

① 剞劂：雕板，刻印。清況周頤《蕙風詞話續編》卷一："明末海虞毛氏，始取《花庵》《尊前》諸前，及宋人詞稿，盡付剞劂。"

② 據錢澄之《田間尺牘》卷一（清光緒三十四年刻本）文爲："道積命卒《藏山閣》之刻，今已始事矣。相見時爲致謝萬一，時事如此，交游當慎，此語尤爲東海一門，儆有言未敢盡也。徐俟齋近狀如何？鄒孫知覺益進，欣望欣望！藏山閣乞序，能爲拈筆否？但得數百字略述本末，以弁於端足矣，書固未能行世也。"

③ 據錢澄之《田間尺牘》卷三（清光緒三十四年刻本）題爲：《與休寧令寥明府》。文爲："拙刻全部呈覽，尚有一集亦已授梓，皆在貴鄉與嶺南所作，未免略涉避諱，不便印行，俟更續，寄去《秋九月又晤余不遠於崑山》云。"

④ 據錢澄之《藏山閣集》詩存卷九（清光緒三十四年刻本）題爲：《髩絶篇聽司空耿伯良叙述詩以紀之》。《髩絶篇聽司空耿伯良叙述詩以紀之》。

⑤ 寢：停止，平息。《漢書·刑法志》："三代之盛，至於刑錯兵寢者，其本末有序，帝王之極功也。"

⑥ 蹕：音bì，古時帝王出行時，實施交通管制，禁止人車通行，稱爲"蹕"。

偏師綴南康，而以大隊出湖東西，不必先下贛州。"①後皆如所言，亦足見經世之略。又《生還集》自序云："樂府以新事諧古調，本諸王世貞，自謂過之五言，遠宗漢魏、間取沈謝，唐則惟杜甫耳，七言及諸近體，出入初盛間，有爲中晚者，亦斷非長慶以下比。"蕭穆亦謂其無意求工而聲調流美、詞采焕發、自中繩墨，錢謙益《吾炙集》著録，多知其自序非夸也。

田間詩集十卷

〔明〕錢澄之撰，子法祖輯。據《自序》，皆自粤歸後十年作，原千數百首，左國棟、國材，潘江孫中鳳，戴研删其過悲者，存八百五十有奇，姚文燮刻并序。清乾隆朝毀禁，道咸間縣人光聰諧刻入《龍眠叢書》，遭亂并毀。案：《年譜》澄之生萬曆四十年壬子，自粤歸爲清順治八年辛卯，年四十歲，此云粤歸後十年作，則四十一至五十之詩，又尺牘《與潘江書》云："拙集本不宜删，删者可存，存者正多可删云云。"②蓋所删特以避忌，非論工拙也。文燮謂其"上自漢魏，下迄中晚"，"感慨諷諭，婉而多風，得三百篇之旨"③。

田間詩集二十八卷

〔明〕錢澄之撰。據尺牘《與宋實穎》云："宛平、東海諸公爲梓拙集，去夏始事、今秋告成，有集六種已刻，其五詩集二十八卷、文集三十卷，刻板仍留吳中，弟明歲八十云云。"④案：姚刻止於五十歲，此當爲五十後作。又案：《年譜》澄之生萬曆四十年壬子，至清康熙三十年辛未，年八十歲，此云明歲八十，是刻於康熙二十九年庚午。宛平謂王崇簡、東海謂徐乾學也。乾隆朝禁毀，光緒《（安徽）通志》著録《錢秉鐙詩集》，無卷數。澄之論詩重氣韵神悟（《示石漢昭趙又彬》⑤），不肯

---

① 據錢澄之《端州擬上第二疏（戊子）》，《藏山閣集》文存卷一（清光緒三十四年刻本）文爲："贛州必不降，欲解南昌之圍，當分出湖東西兩路，不必先下贛州。"

② 據錢澄之《田間尺牘》卷二（清光緒三十四年刻本）題爲：《與潘木厓》。文爲："拙集本不宜删，删者可存，存者正多可删，以此自悔蒙獎許，愧甚！愧甚！"

③ 據姚文燮《錢西頑田間集序》，見《無異堂文集》卷二（民國五年石齋鈔本）文爲："感慨諷諭，婉而有風，真得古三百篇之旨。"

④ 據錢澄之《田間尺牘》卷二（清光緒三十四年刻本）文爲："宛平、東海諸公高誼爲梓拙集於去夏始事，今秋告成，羈滯吳門，兩易寒暑，有集六種已刻，其五禍棗灾梨抑已甚矣。……弟所刻經解有《田間詩學》《易學》二種，又《莊屈合詁》一稿，詩集二十八卷、文集三十卷……弟頃已買棹返里，刻板仍留吳中，弟明歲八十矣，倘精力未憊，尚可東來奉書請教也。"

⑤ 據錢澄之《田間詩文集》文集卷二十六（清康熙刻本）題爲：《説詩示石生漢昭趙生又彬》。文爲："學才人之才在聲光，詩人之才在氣韵；學人之學以淹雅，詩人之學以神悟，聲光可見也，氣韵不可見也，淹雅可習也，神悟不可習也。"

一字假設①（《湖南游紀略》），又好苦吟，一字必數經改竄（《陳昌箕文序》②），又謂詩者，文之最精，一句而有數折，一字足當數轉（《論李杜詩說》③），凡文之數十百言，不能盡者詩以一句；盡之數十百言作轉者，詩以一字轉之，其事至難、其法至巧（《詩說贈魏丹石》④）。鄭方坤詩人小傳謂其格每進而益上，思屢變而不窮，得白陸神髓而融會出之，昔人論陶潛詩云心存忠愛、地處閑逸，情真、景真、事真、意真，田間一集，庶幾近之；韓菼謂其冲淡深粹，出於自然，度王孟及陶⑤；沈德潛謂其似陶在神理，不在字句。《樅陽詩選》錄八十八首、《桐舊集》錄六十七首、《明詩綜》錄三十首、《明詩別裁》錄八首、錢謙益《吾炙集》、陳維崧《篋衍集》、朱笠亭《明詩鈔正集》亦錄其詩。

田間文集三十卷

〔明〕錢澄之撰。分體編次，都二百八十八首，清康熙二十九年刻於蘇州，有唐甄、韓菼序。乾隆朝毀禁。光緒《（安徽）通志》著錄《錢秉鐙文集》，無卷數，宣統二年族孫品三重印，後附年譜一卷，止於六十一歲，則澄之子攜禄所述也。文多涉明末遺事，如《與澹歸禪師書》注云："澹歸即金給事堡，昔在端州與同官時宴集劉客生寓中，自不請客，予嘲之曰：'張天師命虎請客，中途虎飢食其客'，天師大怒虎曰：'我從來祇知喫人，幾時會請人來此，語喧傳致諸君，有五虎之目，道隱以是被杖垂死，與史載五虎說異，可廣異聞。⑥'" 又《方子留墓表》⑦云："乙酉鄉試與同學相戒不赴，有臧生者，竊往試獲雋，大罵與絕交。"案：子留名授、臧生名天格。《龍眠風雅》載授《懷臧三》《哭臧三》二詩，但深致惋惜，似無大罵絕交之事。

---

① 據錢澄之《田間詩文集》文集卷二十六（清康熙刻本）文爲："吾爲詩一字不肯假設。"

② 據錢澄之《田間詩文集》文集卷十三（清康熙刻本）題爲：《陳昌箕文集序》。文爲："生平於詩好苦吟，雖不能如古人之十年始成一句，然每一字必數經改竄，要諸穩而後已，爲文亦然，必再易稿而始成。"

③ 據錢澄之《田間詩文集》文集卷八（清康熙刻本）題爲：《與雲閑張寄亭論李杜詩說》。文爲："又曰晚節漸於詩律細，蓋一句而有數折，一字足當數轉，中無不盡之義，而外無可見之痕，故律之細古今惟子美獨也，太白之詩特妙於古風、絕句，諸體、律體非其所長。"

④ 據錢澄之《田間詩文集》文集卷八（清康熙刻本）文爲："詩也者，文事中之最精者也。凡文字中數百十言所不能盡者，詩以一句盡之；一句中常有數轉，凡文字須數百十言轉者，詩惟以一字轉，故其事至難，而其法甚巧。"

⑤ 據徐世昌《晚晴簃詩匯》卷十五（民國十八年退耕堂刻本）文爲："其爲詩冲淡深粹，出於自然，度王孟而及於陶矣。"

⑥ 據錢澄之《田間詩文集》文集卷五（清康熙刻本）文爲："澹歸即金給事堡道隱也。昔在端州與同官時，宴集劉客生寓中自不宴客，余嘲之曰聞張天師命黑虎請客，中途虎飢食其客，反命天師問客所在，虎對以飢食之矣，天師大怒，訶叱虎曰過在天師，我從來祇知喫人，幾時會請人，來閑堂一笑，此語誼傳致諸君，後有五虎之目，道隱以是家杖垂死，今出世爲僧與余相值吳門話舊，悲慨見贈以詩，詩後作數百十字皆諧言也云。"

⑦ 據錢澄之《田間詩文集》文集卷二十四（清康熙刻本）題爲：《方處士子留墓表》。

又《哭仲馭墓文》《祭徐復奄文》①均有克咸磔死霞關語。案：克咸爲孫臨字。据《孫氏家傳》乃戮死，非磔死。又《黃得功救桐城紀事》②與潘江《黃公生祠記》所述多不同，蓋傳聞異詞，不足爲病。澄之自言文必再易稿後成，若縱筆無所揀擇，意到筆隨，自然結搆，亦間有之，然終非所長（《陳昌箕文序》）；韓菼稱其理明、詞達雅，不欲附一家，絕去塗飾；唐甄謂其清瑩甘潔，縈紆不滯，使讀者目明心開，合觀二説可以得其概云。

田間尺牘四卷

［明］錢澄之撰。蓋其晚年尺牘，什九皆丐貲刻集，縣人蕭穆藏有抄本，光緒三十四年，歙縣汪德淵抄副印於上海，内與姜奉世、方受斯、廖明府、黃平子四首③，皆可證《藏山閣集》已經授梓也。

映月軒詩草四卷

［明］李銓撰。銓初名在銓，字當衡，晚號“石逪老人”，桐城人。崇禎初府學生。是集四卷，光緒《（安徽）通志》著録，列清代。考潘江《木厓文鈔·李石逪七十序》云先生生萬曆間，受書爲博士弟子，改物④之初，年才四十即棄去，有兩子亦不營仕進，則明之遺民也。《龍眠風雅續集》録三十首、《桐舊集》録一首。

筆花齋集

［明］江旭奇撰。旭奇字舜升，婺源人。一鵬孫。府學生，崇禎初入太學，進所撰《孝經疏義》，授安嶽丞，年七十卒。事迹具《縣志·學林傳》。道光、光緒《（安徽）通志》皆著録，無卷數。旭奇早失怙，從母授書以表章聖學爲己任。

江栖閣集八卷

［明］王楫撰。楫字汾仲，號“江栖”，黟縣人。居金陵上新河。《縣志·文苑》列清代，考魏禧撰六十序，稱其壯年好義，嘗被禍拷訊不肯及一人，及事釋隱居教授，賣字給食，蓋明之遺民也⑤。集八卷，有南豐湯來賀序，光緒《（安徽）通志》

---

① 據錢澄之《田間詩文集》文集卷二十五（清康熙刻本）題爲：《哭徐復奄文》。
② 據錢澄之《田間詩文集》文集卷二十六（清康熙刻本）題爲：《竇黃二公救桐城紀事》。
③ 據錢澄之《田間尺牘》（清光緒三十四年刻本）題爲：《與姜奉世》《與方受斯》《與休寧令廖明府》《與黃平子》。
④ 改物：改變前朝的文物制度。多指改正朔、易服色。後因以指改朝換代。
⑤ 據魏禧《魏叔子文集外篇》文集卷十一（清寧都三魏全集本）題爲：《王汾仲六十叙》。文爲：“汾仲壯年好義，常被大禍，金鐵嬰於頸、三木交於踝脛，拷訊備至，而密然不肯及一人。當是時汾仲之幾死於犴狴者屢矣，及事釋而汾仲隱居教授，或賣字給口食，夷然若於世無所輕重，吾以是來金陵必主汾仲也。”

著録，道光《府志》作二卷。楫交游如南昌彭士望、江寧朱貞之、桐城錢澄之、海寧查慎行，皆故老名士。來賀稱其慷慨沉雄、古風矜練[1]，追踪魏晋；禧亦稱其凄音古節，得騷雅之遺。朱豫《詩萃》[2]、孫維龍《樵貴谷詩選》皆録其詩。

休盦前集後集

[明] 盛於斯撰。於斯字此公，初名鑅，字鏗侯，南陵人。崇禎諸生。事迹具《縣志·文苑傳》。前集首賦、次詩，後集首詩餘、次序跋、次贊、次雜文，附《哭金冶王詩》，清順治五年，浚儀周亮工刻，前有佟國鼐、陳周政、甘大奎及亮工序，後有梁一跋。光緒《（安徽）通志》著録《盛於斯遺稿》，無卷數，又列於清代，誤。於斯十數齡即能讀等身書，長肆力爲古文詞，好爲詩，目既盲，猶聽他人誦，更番不令休，有所撰述，數人不能供筆札，然無子弟爲之收拾，著書咸爲人取去，此則其母授之亮工者也，惟嘉慶《南陵（縣）志》載亮工徵遺稿，僅得《休庵影語》一帙，《藝文志》亦著録。《影語》而無前集、後集之名，莫喻其故，志又載於斯清初，考亮工叙稱於斯之殁在其成進士前，又考前《國史·列傳》，亮工崇禎十三年進士，則於斯不得爲清人，可知《縣志·藝文》又録《影語》於明，已不免自相違異也。

樗庵集二卷

[明] 王泰徵撰。泰徵字嘉生，號"蘆人"，歙縣人。崇禎十年進士，官至禮部主事，國變歸隱縣西檀山，年七十六卒。事迹具《縣志·文苑傳》。集二卷，光緒《（安徽）通志》著録。泰徵杜門教授，日與其徒講習經史百家，學者宗之。

九公山人集

[明] 郝錦撰。錦字絅卿，號"于庵"，六安州人。崇禎十年進士，官至福建道監察御史，謝病歸。事迹具《州志·宦績傳》。《江南通志》及道光、光緒《（安徽）通志》皆著録，無卷數。錦既歸結廬九公山、不與外事，清總督馬國柱欲薦其才，力辭之。《州志》録文二首、詩三首。

客滇集一卷

[明] 汪蛟撰。蛟字辰初，歙縣人。儀真籍崇禎十二年舉人，《府志》稱蛟走閩、粵、滇、緬二十餘載，藩帥聞於朝，原職升用，以母老辭歸。考錢澄之《汪辰初文

---

① 矜練：同"矜鍊"，謹嚴而精煉。清陳田《明詩紀事丁籤·錢福》："修撰雖以敏捷見推，然合格之作亦頗矜練。"
② 據朱豫《國朝詩萃》（清乾隆三十年光霽堂刻本）題爲：《國朝詩萃》（十二卷，有清乾隆三十年光霽堂刻本）。

集序》（《藏山閣文集》卷三），蛟乙酉冬入閩試天官，得瓊州，閩敗匿山中三年，端水再興至行在浮沈郎署者一載，旋補勛司①，庚寅冬隨駕至南寧，以司官行部事，甲午冬從至滇升詹事府，詹事與楊在同主雲南鄉試，逾年上移緬，蛟追至楚雄玉龍關，遇掠溺水幾死，因遘重疾遂止留滇十餘載，路通仍全家以歸，是蛟歷官非由藩帥且未至緬。澄之與同時同官，所言蓋據蛟日紀，當得其實。《府志》又載奏疏及詩、古文數十種，澄之亦稱出諸集屬序，是其所著甚多。光緒《（安徽）通志》著錄，無卷數，今據《府志》著錄。

三峰文集八卷

[明] 萬應隆撰。應隆（初名龍，字道吉，號"三峰"，又號"佚叟"，又號"漫叟"，又稱"平贅人"，涇縣人。崇禎十二年舉人。事迹具《縣志·文苑傳》）有《三峰史論》，已著錄。是集八卷，道光、光緒《（安徽）通志》皆著錄。應隆與沈壽民倡南社，後合於吳爲應社，皆爲主盟。集中有文曰誓志者，蓋以當自序，其中有曰方吾盛壯之時，執牛耳以誓同聲，擁皋比②而率合志高業弟子稽頌而受道，名公巨卿捧手以論交，蓋實錄也。

三峰詩集四卷

[明] 萬應隆撰。卷一壬子詩，附自序及《致周伊人柬》各一；卷二癸丑詩，附存甲子至辛亥舊詩三十四首，又附可山叔、胡惕庵詩序各一篇；卷四丙辰至戊午詩，附譜序、疏序各一篇，又附《趙元毓答詩》《楚水步畢恭介韵》七律各一首；卷五戊午、己未詩，又貽謀十則、申戒一則，又附弟婦吳氏壽序一篇，前有趙瑞國、左重二序及自序，趙序作於清康熙十三年，時應隆尚存，自序凡二，其一序第三刻即丙丁戊三載之詩，又據自序甲寅三百首失稿、乙卯無吟，是卷三原刻已缺，又據壬子詩自序，辛亥以前詩隨手散佚，然倔強不肯遵四聲，有一句一韵、三句一韵、五句三韵者，年七十乃屈首爲四聲云云。《青虹閣詩評》稱應隆詩意氣皎皎，百怪慌惚如河朔健兒鬢鬣戟張，其詩亦可知，惟卷五《續天問》云："宰予以赤族，殉田常貽謀。"第十《守訥》云："宰我不誠，殉陳傾族。"案：殉田常者，乃闞止字子我，非宰予，此則沿《史記》之誤而未之正也。道光、光緒《（安徽）通志》皆著錄。

---

① 據錢澄之《藏山閣集》卷三（清光緒三十四年龍潭室鉛印本）文爲："予與辰初交，蓋於乙酉冬閩中行朝同試天官時也。既同官同選，君得瓊州，予得延平，閩敗皆棄官，守初服，爲居民所憐，匿之山中三年。端水再興，兩人同時至行在例，得擢用當事。有嫉予者并抑君，因資俸悉同，故不能獨異也，於是浮沈郎署者一載，其冬予以御試入史館，君亦旋補勛司，居止相并，舟亦聯檣，蓋無時不聚首云。"

② 皋比：虎皮。古人坐虎皮講學，後因以指講席。南宋朱熹《橫渠先生畫像贊》："早悅孫吳，晚逃佛老。勇撤皋比，一變至道。"

松虯集

[明] 萬麟撰。麟字道瑞，涇縣人。應隆弟。事迹附《應隆傳》。《縣志》載《松虯儷語》，存有自序，疑即是集，光緒《(安徽)通志》著録，無卷數。麟工詩文，列名復社。

梅花堂遺稿

[明] 蕭雲從撰。雲從(字尺木，號"無悶道人"、又號"鍾山老人"，蕪湖人。崇禎十二年、十五年兩中副榜，入清不仕，年七十八卒。事迹具《縣志·文學傳》)有《易存》，已著録。道光、光緒《(安徽)通志》皆載是集，無卷數，又列於清代。考黃鉞《壹齋集·附蕭湯遺詩合編》，稱雲從詩文集藏蕪湖沈氏，今不知所在，乾隆間訪其後人，僅一擔水夫，旋老病死。詩僅七律一體，爲選存三十首云云。鉞所選存未必即爲是集，然當鉞時已云沈氏所藏不知所在，是集存佚蓋已不可知矣。雲從博學能文，與弟雲倩有二陸之譽。梅花堂者，其居在城東近夢日亭遺址，築室種梅，號曰"梅築"，故以名也。《縣志》録七古一首、七律十二首。

看劍集

[明] 朱合明撰。合明字弢之，號"子孟"，無爲州人。通政萬春長子。崇禎廩貢，兩副鄉榜。事迹具《州志·文苑傳》。集分類自題，光緒《(安徽)通志》作"朱道合"，誤，今據《州志》著録。合明藏書萬卷，丹黃[①]校閲，又與文起美、蕭雲從、陳繼儒交，兼工書法。《州志》録詩五首。

吟父感遇詩

[明] 王日如撰。日如字弗如，號"石崖"，廣德州人。崇禎十二年副貢。事迹具《州志·文苑傳》。是集乃晚游閩楚作，有新安許啓洪序。光緒《(安徽)通志》著録，無卷數。日如家貧，好吟咏，興到疾書，多牢騷寄托語。論者謂其匠心獨照，不向世人索解也。

嶧桐集二十卷

[明] 劉城撰。城(字伯宗、改字存宗，貴池人。諸生。崇禎十二年以史可法、張秉文薦，考授郴州知州，皖撫黃配玄檄任九江同知均不赴。鼎革隱居，永曆己丑

① 丹黃：舊時點校書籍用朱筆書寫，遇誤字，塗以雌黃，故稱點校文字的丹砂和雌黃爲丹黃。清黎庶昌《序》："宋元明以來，品藻詩文，或加丹黃，判別高下，於是有評點之學。"

召爲給事，道遠未達，明年卒，年五十三，私諡"貞文"，事迹具《縣志·隱逸傳》）有《春秋左傳人名錄》，已著錄。城詩有《何來集》，爲崇禎十一年戊寅至十四年辛巳北征時作，有己丑自序、又癸未有吳應箕序，皆刻於明清間，歿後子廷變彙已刻、未刻稿，屬和州戴移孝編爲文詩各十卷，有康范生、余懷、吳非序，清康熙十七年戊午督學邵嘉出俸佐刻并爲之序，閱十二年乃訖工，乾隆間被禁不行。道光《（安徽）通志》作十卷，誤。光緒十八年貴池劉世瑋重刻，然所據本多訛舛，詩九卷，又奪二十九、三十兩葉，劉世珩假得六合黃氏所藏康熙本，則脫葉俱在，與吳應箕《樓山堂集》合刻爲《貴池二妙集》，并從蔣臣《無他技堂稿》增入題後一首。康范生謂其詩擬杜甫，文擬陸贄；余懷亦謂其甲申後詩，伯仲杜甫；蕭穆《敬孚類稿》則謂其論古今及紀事，均有真知實見，論兵及池州防守議，上史黃張鄭諸書，具見經世之略云。其以嶧桐名集，則以無兄弟，取嶧陽孤桐之義也。《明詩綜》錄七首。

養慵堂詩文集

[明] 顏渾撰。渾字伯通，懷寧人。崇禎十三年進士，官至吏部稽勛員外郎，予告歸。事迹具《縣志·仕業傳》。光緒《（安徽）通志》著錄，無卷數，《縣志》作數十卷。渾乙酉夏栖止宣城山中，作筠溪百咏祈死，卒得噎疾，不食月餘卒。《江南通志》、道光《（安徽）通志》作"桐城顏渾"，誤。

閩津草 江瑟草

[明] 方若洙撰。若洙字無聖，一字劬生，號"蓮江"，桐城人。學漸冢孫。崇禎十三年歲貢，廷試道卒，私諡"貞隱先生"。事迹具《縣志·儒林傳》。光緒《（安徽）通志》著錄《閩津江瑟草》，考《龍眠風雅》，載所著有閩津、江瑟諸草，則閩津、江瑟非一書，今據《（龍眠）風雅》著錄。若洙游覽所至，盡發於詩。《龍眠風雅》錄四十五首、《桐舊集》錄七首，字句多異（《怨婦詞》五古，"用"作"日"、"容瓶"作"深井"、又無"春風搖歷亂，曉烟籠嬋娟"二句、"緯"作"繹"、"可長"作"寧久"、又無"井邊楊柳枝，相附沃相濺"二句、"意氣相"作"恩盡難"、"君情別有緣"下無"妾心百種凝，君情良徒然"二句、"五"作"七"、"新絃辭故琴"作"新琴辭故絃"、"抱"作"無"、"尋"作"聽"。《和潛夫弟舊嘉州歌》七古，"仗"誤"伏"、"訪古"作"恣清"、"供奉拾遺稱"作"拾遺供奉自"、"問"作"詢"、"一"作"稱"。《午日泛潞河同潛夫弟時弟初罷官》五律，題不同，"陰"作"曲"、"蒲觴"作"杯盤"、"尋"作"斟"、"映"作"閃"、"喧客看"作"連日春"、"冤深"作"湘陰"。《夏日舟中贈潛夫弟》七律，"邱"作"林"、"却"作

"爲"。《紀游集》古六言，題不同，"瞿塘灩澦"古作"灩澦瞿塘"、有"夔府荆州勝"作"荆州夔府來"。《秦蜀竹枝詞》，題不同，"上"誤"土"）。又"閩津"作"關津"。

軍城歌一卷

［明］方若洙撰。光緒《（安徽）通志》著錄。《龍眠風雅·小傳》云："晚年因寇逼危城，嬰陣①固守，著《軍城歌》一卷，論者有詩史之目。"

博依集二卷

［明］方以智撰。以智（字密之，號"曼公"，又號"鹿起"，自稱"龍眠愚者"，桐城人。孔炤長子。崇禎十三年進士，官翰林院檢討，永曆朝歷右中允侍講學士、禮部侍郎、東閣大學士，庚寅爲僧，名"弘智"，在天界爲"無可"，入匡廬爲"五老子"，在壽昌爲"藥地"、爲"墨歷"，或訛爲"木立"，最後居浮山稱"愚者"，又合浮山、匡廬而號曰"浮廬"，清康熙十年卒，私諡"文忠"。事迹具《明史·方孔炤傳》及《通鑑輯覽》）。有《易餘》，已著錄。是集二卷，詩數百篇，蓋其少作，有文震孟、陳子龍、徐世溥序，道光、光緒《（安徽）通志》皆著錄。以智論詩主內發性情、外嫻節族、中邊皆到，必陶鑄騷雅、蒸涪漢魏，後可與解衣盤礴②，其宗旨可知。子龍謂其兢兢體裁，勿逾古則。世溥謂其樂府古風駸駸漢魏，又能備擬歷代兼擅衆長，高深蒼鬱，一振唐風三百年所僅見；震孟亦謂樂府歌行直追漢魏，筆陣縱橫在晋唐間云。

流寓草二卷

［明］方以智撰。蓋明末避地金陵時作，所言皆悲感亂離、發泄幽憤，有陳子龍、徐世溥、李雯序，清康熙朝毀禁。道光、光緒《（安徽）通志》皆著錄。雯稱其才鋒穎出，不得早見於世，世有知者亦將讀其詩而憐其志云。

浮山全集四十卷

［明］方以智撰。清乾隆朝毀禁。光緒《（安徽）通志》著錄，無卷數。據《龍

---

① 嬰陣：圍繞。《文選·司馬遷〈報任少卿書〉》："其次剔毛髮嬰金鐵受辱。"呂延濟注："嬰，繞也。"陣，城上女墻。借指城墻。《左傳·成公六年》："師還，衛人登陣，晋人謀去絳。"

② 解衣盤礴：出自《莊子·田子方》："昔宋元君將畫圖，衆史皆至，受揖而立，舐筆和墨，在外者半，有一史後至，儃儃然不趨，受揖不立，因之舍，公使人視之，則解衣盤礴，臝。君曰：'可矣，是真畫者也。'"解衣：脫衣。盤礴：箕踞而坐。指神閑意定，不拘形迹。後亦指行爲隨便，不受拘束。清施閏章《就亭記》："俗儉訟簡，賓客罕至，吏散則閉門，解衣盤礴移日，山水之意未嘗不落落焉在予胸中也。"

眠風雅·小傳》，以智詩文、奏議，喪亂後多半散佚，其子中履搜求之四方，編成四十卷，分前集、後集、別集，總名曰《浮山全集》行世，《縣志》作《浮山前後集》二十二卷，又前後編十六卷，共三十八卷，而無別集之名。今據《（龍眠）風雅》著錄。以智九歲善屬文，十五通十三經、史漢諸書，比冠著書數十萬言，與陳子龍力倡大雅。潘江稱其讀書深識力厚、才大筆老，故能驅使古今奇正，因創各極其至；朱彝尊亦謂其樂府古詩磊落嶔崎[1]，五律亦無浮響，卓然名家云。《龍眠風雅》錄詩二百五十一首、《龍眠古文》錄文十四篇、《桐舊集》錄詩八十四首、《明詩綜》錄詩二十首、《清御選明詩》及《感舊集》《明詩續鈔》《明詩別裁》皆錄其詩。

稽古堂文集二卷

［明］方以智撰。據《何如寵序》云，年甫弱冠。又以智《寄張自烈書》云，弱冠灾木[2]，數十萬言皆詞賦，當即指是集。然今集中無詞賦，又《俟命論上》注："丁亥天雷苗中作"，"丁亥"爲清順治四年，其他未注者類此尚多，非如寵所得見，疑後人編輯所增，非其原本也。裔孫昌翰刻入《方氏七代遺書》。

宜閣詩文集四卷

［明］潘翟撰。翟字副華，桐城人。按察副使映婁仲女，同縣方以智妻，年八十二卒。事迹具《縣志·列女傳》。《江南通志》及道光、光緒《（安徽）通志》皆著錄，無卷數，今據《縣志》著錄。考《龍眠風雅續集·小傳》，《宜閣詩集》成帙失於回禄[3]，子中德、中通爲追所記并綿惙[4]時訣別詩十餘首，以存崖略，惜未獲全稿云云，是其集已佚也。《風雅續集》錄十九首、《桐舊集》錄二首。

時術堂遺詩六卷

［明］方其義撰。其義字直之，號"次公"，桐城人。孔炤仲子。崇禎初諸生，清順治六年卒，年三十一，私諡"孝節"。事迹具《縣志·儒林傳》。是集六卷，殁後子中發輯刻，有太倉吳偉業、同縣陳焯序，乾隆朝毀禁。道光、光緒《（安徽）通志》皆作五卷，《縣志》作十卷，今據《龍眠風雅》著錄。其義五歲能辨別四聲，屬對如流，稍長喜爲詩，即席數十韵援筆立就。乙酉後絕意仕進，陳名夏以少宰假還問所欲，其義曰君激於權奸而失身，方爲君惜，吾尚何欲哉？集中《一見陳少宰

---

① 磊落嶔崎：比喻品格卓異出群。康有爲《〈人境廬詩草〉序》："嶔崎磊落，輪囷多節，英絕之士，吾見亦寡哉！"

② 灾木：猶"灾梨"。謂刻印無用的書，灾及作版的梨木。常用作刻印的謙詞。

③ 回禄：傳說中的火神。《左傳·昭公十八年》："郊人助祝史除於國北，禳火於玄冥，回禄。"杜預注："回禄，火神。"後用以指火灾。

④ 綿惙：音mián chuò，病情沉重，氣息僅存。

即書》詩云："從此肝腸投白水，故人原不羨高官。"即謂其事。《龍眠風雅》錄五十六首，稱其才氣蠭涌①，多愾怳憤盈②之詞，《桐舊集》錄十九首，內《出門行》《和侍御孩未伯贈范質公諫謫歸里》③二首爲《（龍眠）風雅》所無，又《聞劉念臺掌憲金天樞僉憲同日蒙譴》④，即吳德操之聞劉念臺、金天樞兩都憲同日蒙譴，惟"下"作"上"、"行"作"情"，《和李舒章燕臺懷古》⑤即吳德操之《燕臺懷古》，惟"萬里飄風自"作"猶憶龍旗漠"、"牧"作"飲"、"誰能窺"作"直教臨"、"終不"作"誰敢"、"夷"作"兵"。"恢復諸臣多計議，早清鐵嶺賀蘭間"作"側席祗今勞聖主，諸臣何以策時艱"，不知究爲誰作，餘字句亦多與《（龍眠）風雅》異（《酉變紀略成感書》五古，"酉"誤"西"、"記"作"紀"、"書"作"賦"、"報"作"忌"、"詔"誤"訟"。《夜泊赤壁秉燭游》⑥之七古，"酹"作"酬"。《柬孫克咸》五律，"仲謀"作"興公"、"卜"作"驗"。《客雲間聞楚警送杜于皇歸白門與宋轅文徐惠朗共得安字》，"與"作"同"、"共"作"分"、"仗"誤"伏"、"長"誤"江"。《送張五叙北上》七律，"五叙"作"叙五"、"宰相"作"相國"。《贈吳駿公少司成》七律，"過"作"盛"、"拮据"二字缺、"濟"作"世"。《哀秋浦》七律，"爲屬鬼"作"强屬散"。《懷范小范》七律，"堪求"作"求能"。《明月謠》五絕，"終"作"一"。《答默公午夢詩》七絕，"春梅"作"梅花"）。《明詩綜》錄二首。

亦園詩集六卷

〔明〕姚孫棐撰。孫棐字純甫，號"戊生"，自號"瑞隱"，又自署"樗道人"，桐城人。之蘭第四子。崇禎十三年進士，官至兵部職方司主事，入清隱居，康熙二年卒，年六十六。事迹具《縣志·宦績傳》。是集以年分曰初、二、三、四、五、六集，一集爲一卷，起萬曆三十五年丁未訖康熙元年壬寅，凡五十六年之詩。初集有汪國士序及自撰《樗傳》；二集有兄孫榘序；三集有自序；四集有吳道新序；五集有方拱乾序；六集有門人陳式序，孫棐歿後其孫士暨刻於江寧，乾隆朝毁禁。據三集自序，初、二、三集孫棐存時皆已刻行。又考孫棐子文然《與王士祿書》，嘗請其爲集首序，是本無王序，其爲未作抑佚去，今不可考。孫棐自言韵語一道，童而習之，

① 蠭涌：亦作"蜂湧"。像群蜂飛舞一樣擁擠向前。清昭槤《嘯亭雜録·孝感之戰》："余命諸將鳴鼓吹角以致賊師，賊果蠭湧至，余據地勢，殺傷頗相當。"

② 愾怳：失意貌。漢王褒《洞簫賦》："悲愾怳以惻恫兮，時恬淡以綏肆。"憤盈：煩悶，心中有所不平。憤恨之極。漢蔡琰《悲憤詩》："心吐思兮胸憤盈，欲舒氣兮恐彼驚。"

③ 據方其義《時術堂遺詩》（清康熙刻本）題爲：《和侍御孩未伯韵贈范司馬質公諫謫歸里》。

④ 據方其義《時術堂遺詩》（清康熙刻本）題爲：《聞掌憲劉念臺先生僉憲金天樞先生同日蒙譴與黙公作》。

⑤ 據方其義《時術堂遺詩》（清康熙刻本）題爲：《和李舒章燕臺懷古詩》。

⑥ 據方其義《時術堂遺詩》（清康熙刻本）題爲：《夜泊赤壁秉燭游之》。

雖愁苦相侵，羽書頻警，而觸物紀事，一一寄之於詩①，今卷一所載《中秋前一夕集飲》絕句，即十一歲時作。國士謂其濃不近習、嫻能振雅，與陶孟偕征；道新謂其骨取高岑、肉取錢劉；拱乾謂其標俊駕錢劉，疏宕勝元白，其詩可知，惟卷六己亥詩《中秋前一夕錦叢堂賞桂》五律注云：“昨夜城守達旦，今知賊已出界。”己亥爲順治十六年，是年七月明鄭成功兵克瓜洲、鎮江、趨江寧，張煌言率所部至蕪湖，成功旋敗退，八月初七日煌言與清兵遇於銅陵，戰不利乃由桐城走英山。詩注所云“城守”當即指煌言過桐事，其他亦無違礙字句，不知何以被毀。亦園者，孫棐爲國子生時所卜築在縣郭西，時桐鼎盛多名園，孫棐曰吾亦園耳，故以名。至詩不盡得於亦園而皆以亦園名，不忘初也。《龍眠風雅》錄百七十四首、《桐舊集》錄十九首，內《謁竇將軍祠》一首《（龍眠）風雅》所無，餘字句亦多異（《白叔明宅醉杏花》五古，題下無“同方仁植年伯白瑕仲劉五玉”十二字，“醉曰杏千章”句下無“我心如花心，爽發無覆藏”二句、“呼”作“傾”、又無“高人聚一堂，酣餘覓芳徑”二句、“重”作“共”、“惠風散林端”句下無“花人酒共香，遙嶺雲意白”二句、“帆”作“波”、“間綠黃”作“何悠颺”、“晦積時”作“積時晦”、“拜”作“揮”、“花神”作“來侶”。《夏興》五古，“則知”作“脩然”、“蓬華怡襟抱”下無“北窗小眠餘”以下十句。《都門過水關共憩環碧亭方蕭之沽酒小酌》②七古，“入望”作“菁葱”、“數”作“素”、“意中”作“朋輩”、“釋重負”作“出國門”、“同儕緩步”作“緩步相將”、“水”作“岸”、“蒹葭搖風水面來”下無“似與南人相賓主”一句、“青尚柔”作“連宿渚”，又無“蘚沿老岸綠成古，耳目若置城西隅，朝昏繪出林水譜”三句、“陽”作“楊”、“醉”作“酒”。《張侶仲先生惠酒榼卻謝》③五律，題少四字。《草堂雜咏》五律，“移”作“沈”。《寓中得文然都門書》七律，題下無“然兒舊秋補庶常今春授禮垣”十二字。《僦居》七律，“聊”作“堪”。《方使至自寧古塔詢坦奄近況》七律，題不同。《出山赴吳湯日之招同方夢名江向若夏廣生戴盂庵》賦排律，“筍”字缺、“閑”作“間”、“升”作“盈”、“豈”作“即”。《月閏》四咏之三《望》，題多一字、“夜光”作“清輝”。《寓中偶然作》七絕，題不同。《官橋鎮聞新蟬》七絕，“深依”作“依林”）。

琅嬛集

[明] 高翼耀撰。翼耀字斂之，潁上人。天祐子。崇禎十三年以特用授懷仁知

---

① 據姚孫棐《亦園全集》四集（清初刻本）文爲：“道人以樗，故於世事無一解，惟吟咏一道，則童而習之，已是以令瀏令峴雖備嘗勞劇，而情事所觸，一一寄之於詩。”

② 據姚孫棐《亦園全集》三集（清初刻本）題爲：《過水關共憩環碧亭方蕭之沽酒小酌》。

③ 據姚孫棐《亦園全集》初集（清初刻本）題爲：《謝張履中先生惠酒榼》。

縣，入清起爲直指使不赴。事迹具《縣志・仕績傳》。光緒《（安徽）通志》著録，無卷數。《縣志》録文一首、詩三首，其《題石烈婦》云：“寄語翻顏禄仕①人，何如一餓名不朽？”亦可以知其志矣。《府志》録文一首。

劉南高文集

[明] 劉日耀撰。日耀字弢（《縣志》誤“發”）伯，號“南高”，桐城人。崇禎十四年歲貢，授歙縣訓導。事迹具《縣志・隱逸傳》。道光、光緒《（安徽）通志》皆列清代。考潘江《龍眠風雅續集》，載日耀國變後歸里，卜居合明之麓，不入城市者三十餘年，卒年九十有一，則日耀固明之遺民也。《（龍眠）風雅》録詩一首，不言有文集，蓋已佚矣。

退修庵集

[明] 李東生撰。東生字屬春，蒙城人。惟一孫。崇禎十五年舉人。事迹具《縣志・名賢傳》。光緒《（安徽）通志》著録，無卷數。東生七歲能文，選貢入都，南雍司成倪元璐奇其才。《縣志》録詩十一首。

樓山堂集二十七卷

[明] 吳應箕撰。應箕（字風之，更字次尾，貴池人。崇禎十五年副貢，乙酉起兵應金聲，牒授池州推官，監紀軍事、進道秩，兵敗不屈死，年五十二。事迹具《明史》本傳）有《啓禎兩朝剥復録》，已著録。案：應箕詩有《前東游草》，崇禎四年辛未游吳越作；又《後東游草》，崇禎七年甲戌作，有新建蘇桓序；又《丙丁集》，崇禎九年丙子十年丁丑作，有劉城序；又《梁谿唱和詩》，崇禎十一年戊寅作，有周鑣序及自序；又《己卯詩》，崇禎十二年己卯作，有陳子龍序文；有《擬進策》《兵事策》各十、《時務策》七，崇禎九年丙子作，有周鑣序，然皆一時或一地之作，崇禎十二年諸弟子始搜散逸，刊《樓山堂集》於南京，有張自烈、劉廷鑾序，乙酉後鏤板不可復得，清順治十年劉廷鑾、吳非始合已刻、未刻編爲廿七卷，并訂正於張自烈，吳遇又采掇細碎入之，十一年冬授梓，十五年秋刻成，有李時跋，乾隆間被禁不行。《明史・藝文志》作廿八卷，道光、光緒《（安徽）通志》皆作四十七卷，四蓋爲二之誤。道光二十八年涇縣潘錫恩刻入《乾坤正氣集》，僅十八卷，内缺第七、八兩卷，以九卷作七卷、二十卷作十八卷，又卷八《兵事策》缺第一至第四，

① 禄仕：食俸禄而居官。《詩・王風・君子陽陽序》：“君子遭亂，相招爲禄仕，全身遠害而已。”鄭玄箋：“禄仕者，苟得禄而已，不求道行。”孔穎達疏：“今言禄仕，止爲求禄。”清劉大櫆《方府君墓志銘》：“近代以來，貴禄仕而賤幽貞。”

卷九《時務策》缺《問兵》一首，卷十六缺"記"六首，卷十八缺"賦"二首，又卷七《擬進策》十首不載，標題、序亦奪六十五字。咸豐三年南海伍崇曜刻入《粵雅堂叢書》第二集，而侯方域、陳名夏、劉城所撰序傳仍各有缺葉，此外有逢原齋活字本，又十行廿一字本，無序跋，皆不知何人所刻。同治四年當塗夏燮刻於江西永寧官廨，并增編年譜一卷。光緒六年貴池王用賓又刻之。燮卒，書不復印，板亦零落，惟王刻板存貴池公所，光緒廿四年貴池劉世珩得夏刻本與劉城《嶧桐集》合刻爲《貴池二妙集》，并從《〈留都聞見録〉注》增入五律一首，今據以著録。應箕嘗云文自韓歐蘇後，幾失其傳，吾文足起而續之（見《侯方域序》），又謂古文惟樸與堅，斯其至者，詩何必不然（見《劉城丙丁詩序》），又喜稱説杜詩（見《梁谿唱和集自序》），亦時口李何王李（見劉城撰傳）。張自烈謂人與文似陳亮，詩旨似屈平；陳維崧謂其高文遠識，成一家言，有極筆之嘆，蓋應箕文自足傳，不僅以人重也。《明詩綜》録詩六首。

薖園集

［明］吴国鼎撰。国鼎字玉鉉，號"樸齋"，全椒人。沛長子。崇禎十六年進士，授中書舍人，卒年六十七。事迹具《縣志·文苑傳》。《江南通志》及道光、光緒《（安徽）通志》皆著録，無卷數。國鼎丙戌丁内艱，廬墓不復出，自榜其堂云："世多君子扶皇極，天放閑人養太和。"臨終復自誄以見志云。

二可堂集 亦悦居草

［明］濮陽長撰。長字長公，號"震初"，自號"天遯居士"，廣德州人。崇禎十六年恩貢，授教諭不就。事迹具《州志·文苑傳》。光緒《（安徽）通志》著録二集，無卷數。長從陳寒山游，又立桐溪社講學，錢禧、楊廷樞、沈壽民咸重之。

河村文集八卷詩稿十卷詩餘一卷

［明］戴重撰。重字敬夫，號"蒿民"（見本集卷一《村塾記》《栖雲觀記》、卷二《南游草序》），亦號"蒿子"（見卷二《陟岵草序》、卷三《危太僕墓》），又稱"威道人"（見卷二《九九書序》），以居西河村，又稱"河村"，和州人。崇禎十七年歲貢（《州志》作"拔貢"），授湖州推官，改廉州未任。弘光元年戰湖州，被流矢，絶粒卒，私謚"文節"。事迹具《州志·忠節傳》。是集乃其子本孝等所輯，張自烈刻并序。張序雖不言卷數，據劉城撰傳，載文集八卷、詩稿十卷、詩餘一卷，當即本孝等所輯也（陳廷桂《歷陽詩囿》載重詩文集十一卷，又稱其集不知何人所定，似未見張序、劉傳者，殊不可解），清乾隆朝被禁，書板并毁。

《江南通志》及道光、光緒《（安徽）通志》皆著録《河村集》，無卷數。含山鮑吉孚藏抄本，文集僅四卷，首賦、次記、次序、次辯、次銘、次贊、次箴、次跋、次書後、次雜著、次碑、次傳、次志、次表、次祭文、次制義、次判，都八十七篇，内《修忠烈廟記》後附《宋謝德興周侯生祠堂記》①一篇，前有張自烈序、劉城撰傳并跋，又《四朝成仁録》《遺民詩傳》《戴重傳》，吉孚殁，其本歸從子友益，民國十四年和縣知事合肥高壽恒假録付印，後附詩五十七首、詞一闋，乃壽恒從《歷陽典録》《歷陽詩囿》二書録出，爲原抄本所無，前有黎遂球序，注從《明文在》録出，蓋亦壽恒所輯，又附録蕭雲從撰《張秉純乙酉殉節紀實》一篇。秉純字不二，含山諸生，先重絕粒死者也。惟抄本不無闕佚，據海寧陳氏所藏原刻本互勘，卷一《再游鷄籠山記》"于是祝導予使下，訇然越澗"上脱六十六字（履崩厓曰，昔有勇者，嘗自投焉，脛折腸决而色不病，號佛者三而絕，予曰勇於仁義而亡其身，哲也！勇於從死而忘其身，惑也！是其哲與惑、與有轉巨石以爲戲者，觸擊奔躍）。卷三《書葬書後》，自漢以來下其術者乎，上脱八十二字（讖緯之學，或得之師授，出之巧思，數十年乃有所通，何今之陋夫略聽涂説、拾殘簡，輒自詫其能轉相傳會，非大繆與且參軍之智，不保其身，何者福不可求而禍不可辟也；福不可求而禍不可辟，雖有術如參軍無所用之，而况無）。卷四《王宏山墓志銘》②，"江淮大亂"下"不他徙"脱四字（以善拒避）、"福能始以"下"就師友焉"上脱五字（儒易農入郡）。《陰陽和而萬物得制義》③，"夫且向偕以紀仁"下脱百零一字（義，夫且奇偶以體，纖微而犂然各當，豐殺之不勝物者，無有也，然後知外心詡傳内心精微，尤盛於作述大備之際而昧焉者。遺本事末，不亦滑其和也哉！雖然禮者，理也，理而後和，故禮先而樂後乃六律，萬事根本，損益相生，王者以爲統陰陽之命，則樂又先之矣）。"私役鋪兵判行旅"上脱二十二字（十里一堠，晝旗夜析，一亭五卒，夏暍冬風，來往公移送迎）。又卷一《陀公庵泉記》，據陳廷桂《歷陽典録》，乃重長子本孝作，典録成於清乾隆朝，距重世近，當不誤，是又不免他文羼入至重文，見典録者，頗有同異，疑廷桂所易，非集誤。重文好韓非，詩宗杜甫。王士禎《感舊集》、朱彝尊《明詩綜》、鄧漢儀《詩觀》皆録其詩，固不僅以人重也。

息壤集三卷

〔明〕趙炯然撰。炯然字心陌，一字薪脈，號"亘中"，壽州人。廩生。甲申之

---

①　據戴重《河村集》卷一（清鈔本）題爲：《宋謝德興歷陽周侯生祠堂記》。

②　據戴重《河村集》卷四（清鈔本）題爲：《處士王宏山偕配節婦趙孺人合葬墓志銘》。

③　據戴重《河村集》卷四（清鈔本）題爲：《陰陽和而萬物得》。

變，慟哭歐血五日卒。事迹具《州志·儒林傳》。集爲炯然自訂，卷一五古、七古、歌行，卷二五律、七律、五絕、六絕、七絕、五言、七言排律；卷三雜體，都百八十五首，乃崇禎六年、七年作，十二年、十三年刻，前有崇禎七年自序及崇禎十二年略言，又崇禎十三年鳳陽雷其象題詞。雍乾間州人汪喬年得殘版，閱十餘年至乾隆十二年復得原印本，據以補刻并爲之序。嘉慶初州人孫克依訪得之，字多漫漶，又得鄧旭所撰行略稿爲之傳，附合肥周大槐、王永烈，壽州周簜、孫克依、蕭景雲，江寧鮑瑚、鮑昌德題詞。光緒《（安徽）通志》著録，無卷數。炯然七歲能詩。其象謂其才兼仙鬼；克依謂其幽怨婉約，得騷雅之遺；吳江吳育撰傳則謂其勃鬱奇宕，有追怪物出宇宙之氣，合此數説，其詩可知。惟據略言，是集之前有《筍支集》已刻，是集之後有《極思集》未刻，又《大明中極圖説》亦未刻，諸書當喬年時已云不獲見，克依亦謂著述甚富，多不傳，蓋已佚矣。

極思集

［明］趙炯然撰。乃崇禎八年至十二年作，光緒《（安徽）通志》著録，無卷數。

任定子詩文集

［明］任柔節撰。柔節字定子，號“九廿”，宿州人。崇禎十七年選貢，入清不仕。事迹具《州志·儒林傳》。道光、光緒《（安徽）通志》皆作清人，今據《州志》著録。柔節隱居相山，積書七千餘卷，閉户研索，遠近有桓譚之稱，同時漢陽熊伯龍、崑山徐元文、金壇蔣超、合肥龔鼎孳皆重之。《州志》録記一篇、七律三首。

三奔浙江草 浙游四集 奉川草

［明］方授撰。授字子留，一字季子，更名留，號“明圃”，又自號“圃道人”，桐城人。太僕大美孫、應乾子。崇禎末諸生，國變爲僧，癸巳（清順治十年）自天門山往石浦探海上消息，以疾卒於象山，年二十七。潘江《龍眠風雅》載授有《三奔浙江草》《浙游四集》《奉川草》諸集，光緒《（安徽）通志》著録，無卷數。道光《（安徽）通志》僅録《奉川草》，惟皆誤爲“秦川”，今據《（龍眠）風雅》著録。全祖望《方子留湖樓記》（《鮚埼亭集外編》卷二十）載授詩文集共一卷，乃鄞人陸宇燨所收拾（見祖望撰《陸披雲阡表》），董劍鍔序之，附櫬以歸，蓋非其全。授師宣城唐允甲而交華亭夏完淳，爲僧事天界道盛，居鄞友華夏、王家勤、陸宇燨、宇燨、范兆芝、宗誼諸人。丁亥五君子之難，授本參其事，歸復預英霍山寨捕入獄，

皆幸得脫，其居鄞也。寓陸嵑湖、樓宇燝及毛聚奎、董德偁、紀五昌、李文繢、周昌時、沈士穎結西湖詩社（見祖望撰《董曉山墓版文》）。及卒，湖上詩人罷詩會，期年潘江稱其《夜悲歌》二十七首，一字一淚，當入之《遺民錄》中。《（龍眠）風雅》僅錄其五，蓋有所避忌，然錢澄之撰墓表（田間文集卷），載其自悼詩云："遙知青草墓，花向本朝開。"望祖墓詩云："試問邵村墓，何朝太僕墳。"《出門》詩云："山河若不歸光武，從此飄零到白頭。"志事固可概見。澄之又稱授與同學相戒不赴試，有臧生者竊往試獲雋[1]，因大罵，與絕交。臧生名天恪，字壽平，亦桐城人，崇禎末與授結聞雞文會，入清中順治二年舉人，授有《懷臧三》《哭臧三》二詩，其《哭臧三》詩云："十月苕水歸，顛毛共僧祝。訪子莫愁湖，顧子顏色恧[2]。子拜爲我言，而翁相迫躄。不死亦不仕，終難供饘粥。違心事功名，無面對松菊。聞我有氈衣，假之入場屋。我爲詩責子，其義頗嚴肅。亦復知子貧，養親無恥穀。"似臧之試爲授所知，授但深致惋惜，而無大罵絕交之事，澄之所言，蓋未符其實。三奔浙江者，初其父強之試，遂遁居四明，久之歸，父積怒不容見，不得已復往寧波，已聞父更舉子歸，請于宅左營庵，營未就往寧波募助。授詩有云："三別庭闈三次恨，一過陵寢一番愁。"蓋謂此也。《龍眠風雅》錄百八首、《桐舊集》錄十五首，內《野外》一首即《（龍眠）風雅》所錄。有《懷家君鄉行雜咏》之第二首，不知何以別出，餘亦字句多異。《明詩綜》錄一首。

化碧錄一卷

[明]曹大鎬撰。大鎬字兆京，又字京山，貴池人。寄籍廣信。桂王時以巡撫程應昌薦授總兵，官旋授恢勦直、浙江、閩總督，節制三十六營，文武稽核，將吏功過，聯絡各路官、義兵馬，賜蟒玉尚方劍，兼理糧餉、便宜行事，兼兵部尚書，挂平海大將軍印，中軍都督府左都督少保兼太子太保，封"定南侯"，永曆五年辛卯四月被執不屈死。事迹具《縣志·忠節傳》。大鎬在獄裂衣刺血作家書，處分後事，既見戮，兄大鑑齎以歸。道光五年貴池修志，後裔以血書并遺詩送志局，凡書十一首、詩九首，縣人蔣淦生錄副，顏曰《化碧錄》，并爲序跋。民國元年劉世珩刻爲《貴池先哲遺書》之第十九種，其補遺《別兄》二首，則世珩弟世瑗從高承埏《自靖錄》錄出也。據大鎬與弟晟書，殉難詩百首，此僅什之一，又遺囑十事亦亡其三，然其請死三書，從容慷慨、百折不回，抑亦《正氣歌》之續也。

---

[1] 獲雋：會試得中。亦泛指科舉考試得中。清洪亮吉《北江詩話》卷五："胡吏部萬青等，會試皆以對策獲雋。"

[2] 恧：音nǜ，自愧。《説文》："恧，慚也。從心，而聲。"三国稽康《幽憤歌》："内負宿心，外恧良朋。"

怒成草

[明] 張載述撰。載述字又彭，涇縣人。應泰孫。縣學生，永曆朝官給事中，以沮①孫可望秦封②被害，事見《明史》及《勝朝殉節録》③。道光、光緒《（安徽）通志》皆著録，無卷數。

---

① 沮：音jǔ,阻止。
② 秦封：同"秦封大夫"，謂受恩知遇。清吴偉業《松化石》詩："穀城相遇處,肯復受秦封?"
③ 據清紀昀、舒赫德等《欽定勝朝殉節諸臣録》(清嘉慶二年刻本)題爲:《欽定勝朝殉節諸臣録》。

安徽通志稿·藝文考

集部十二　別集類十一

竹堂詩集

[明] 韓長世撰。長世字克長，懷寧人。恩貢。事迹具《縣志·文苑傳》。光緒《（安徽）通志》著録，無卷數。長世明季避地金陵，歸隱於黄荻坂，家無斗筲①，賦詩自若。

釣吟六卷

[明] 范又蠡撰。又蠡原名景仁，字小范，國變更今名，懷寧人。崇禎間諸生。事迹具《縣志·隱逸傳》。光緒《（安徽）通志》著録，無卷數，今據《龍眠風雅續集》著録。又蠡少工文詞，與同縣汪之順、任塾相頡頏，又與桐城方文、錢澄之、陳焯、方其義、吳日昶、方授、潘江友善，晚隱大雷之漳湖。潘江集唐人詩爲聯贈之曰：“釣竿欲拂珊瑚樹，詩韵如聞渌水琴。”又稱其詩品在陶潛、王維間，神味亦無不似。惟據《風雅·小傳》，又蠡尚有《釣吟續稿》。《（龍眠）風雅》所録二十九首，其十二首爲續稿中詩，知其詩不傳者尚多也。《桐舊集》録二首，字句與《（龍眠）風雅》小異（《寓皖樓中偶作》，“《桐舊集》”作“《皖樓》”，“黑”作“黯”、“二”作“三”、“如何不”作“携尊爲”）。

夜光集

[明] 蔣瑶芝撰。瑶芝字素書，晚號“老客”，懷寧人。諸生。事迹具《縣志·

---

① 斗筲：古代十升爲斗，一斗二升爲筲。斗和筲容量小，也常比喻氣量窄，見識短。《論語·子路》：“斗筲之人，何足算也。”筲：音 shāo。

文苑傳》。詩凡五百餘首，光緒《（安徽）通志》著錄，列清代。案：《縣志》稱其離黍興悲①、不樂仕進、激昂慷慨見之於詩，蓋明之遺民也，今改列明代。瑤芝詩宗杜甫，與同縣汪之順、汪宗周、范又蠡唱和，論詩謂學古人在精神不在字句，必有一段不可磨滅處，骨氣神理乃能逼真，古人故曰："法尚應捨，何況非法，世以爲知言。"

昇元閣詩集

［明］吳日永撰。日永字化國，號"南蒼"，桐城人。應琦家孫。崇禎廩生，年二十四卒。事迹具《縣志·儒林傳》。光緒《（安徽）通志》著錄，無卷數。據潘江《龍眠風雅》，日永所著如《史論》《史斷》《樂府》《擬樂府變》諸遺稿十五種，已不啻②等身③之富，及采詩於其家，所作《邊紀詩》《金陵懷古》及擬盛唐諸名家詩皆不可得，并其已刻《昇元閣古詩》亦亡之，惟曩從友人家得手錄稿一帙授其婿葉旦中，而別存副墨錄其什九云云，是其集已佚也。日永嘗與潘江約觀《函史》上、下編，三月卒業及卒，江爲詩百二十韵哭之，又爲之傳。《龍眠風雅》錄五十七首、《桐舊集》錄六首，然皆采自《（龍眠）風雅》也。

執宜集

［明］周岐撰。岐（字農父，號"需庵"，桐城人。崇禎貢生，以薦參宣大總督孫晉軍，叙功④授開封府推官，弘光朝以僉事參史可法軍，國變歸。事迹具《縣志·儒林傳》）有《孝經外傳》，已著錄。是集有方孔炤、李雯序。光緒《（安徽）通志》著錄，無卷數。岐與孫臨、方文、方以智、左國柱、吳道凝結澤園社，又交陳子龍、夏允彝、陳弘緒、陳名夏、李雯，著聲復社。清順治初名夏欲薦以官，爲《嫠女吟》以答，其志可知。李雯謂其根柢漢魏、條潁六代、茂成乎初盛唐，情深才達，非徒以形埒者；朱彝尊《靜志居詩話》亦謂復社諸君，多以文章經濟自負，韵語不甚究心，若桐城之方以智、錢澄之、周岐、孫臨皆婟⑤群雅而繼國風，岐詩雄

---

① 離黍：典出《詩·王風·黍離》，其序曰："《黍離》，閔宗周也。周大夫行役至於宗周，過故宗廟宮室，盡爲禾黍，閔周室之顛覆，仿徨不忍去，而作是詩也。"後遂以"離黍"爲慨嘆亡國之典。

② 不啻：不只，不止，不僅僅，不亞於。《書·多士》："爾不克敬，爾不啻不有爾土，予亦致天之罰於爾躬。"

③ 等身：重量或高度與自身體重或身高相等，多形容數量極多。李漁《閑情偶寄·詞曲上·結構》："生平所著之書，雖無神于人心、世道，若止論等身，幾與曹交食粟之軀等其高下。"

④ 叙功：評定功勛。明王鐸《兵部尚書節寰袁公夫人宋氏行狀》："後叙功加太子少保，予誥，公（袁可立）辭加銜。"

⑤ 婟：音 ān，依違從人，敷衍逢迎。唐韓愈《石鼓歌》："中朝大官老於事，詎肯感激徒婟婗。"

奮，亞以智、澄之。惟又謂其晚參楊文驄軍，死於浙右，則誤[1]。《龍眠風雅》錄七十七首、《桐舊集》錄四十三首，內十一首爲《（龍眠）風雅》所無，餘字句亦多異（《咏懷》五古，"詫"誤"記"、"豈曰"作"寧復"、"昂畢"作"畢昂"、"芝"誤"茫"、"懷"作"情"。《擬李陵別蘇武詩》，"無色"作"騷屑"、"多"作"何"、"三載"作"久要"。《經淮陰漂母祠懷古》題少上三字，"千"誤"十"、"惡"作"安"。《送豫章萬茂先秋浦劉伯宗應徵辟》五古，"辟"作"召"、"通"作"朝"、"判苦"作"苦判"、"聖代"作"盛時"、"適"作"逸"、"功"作"名"、"得"作"際"。《嫠女吟答陳百史》五古，"將書委筐箱"下無"偏諸緣繡緥，胡珠綴琳琅"二句、"書意"作"素書"、"稱"作"成"、"置筐"作"筐箱"。《官兵行》七古，"畏"作"虎"、"鷄與豚"作"豚與鷄"、"倉"作"甕[2]"、"甕"作"康缶"、又無"恣搜括排墻"五字、"難支特"作"勢難支"、"被河"作"溝壑"、"兒女"作"女兒"、"一旦"作"傳道"、"夜"作"曉"、"橐重"作"捆載"、"捕"作"捉"、"行至前村計復生"作"行途餘勇縱復橫"、"竟"作"怒"、"爲"作"是"、"丁男殺盡丁女擄"作"殺得丁男擄丁女"、"唱"作"告"、又無"君不見！賊去人歸猶纍食，官兵所過生荆棘。痛哉！良民至死不爲非，無如官兵勢逼民爲賊"四句。《同秋浦吳次尾顧子方飲左子直昆弟宅席中賦贈》七古，題無"秋浦""昆弟""席中"共六字、"孤"作"虎"、"曄曄"作"煜煜"、"好談"下無"射策"二字、"不復"作"何從"、又無"人前"二字、"今"作"茲"、"自"作"斯"。《風雪夜山中偶賦》七古，題無"夜"字、"冽"作"裂"、"喁喁"作"中宵"、"足"作"被"、"鴉"作"鳴"。《梅花落》五律，"雨"作"靜"。《阻風燕子磯登懸壁半閣》五律，題不同。《吳城謁張東平王廟即依睢陽聞笛原均[3]》五律，題少三字。《懷錢幼光》五律，"幼"作"飲"、"始"作"欲"、"沾"作"零"、"飛"作"行"。《太史姚現聞先生招飲席中賦》七律，題不同，"哀"作"齟"。《喜迎中丞方仁植先生還里門》七律，題不同，"天威"作"神機"、"秋"作"歸"、"江"作"秋"。《古意》七律，"久"作"滴"。《自宣大參

---

① 據清朱彝尊《靜志居詩話》卷二十一"周岐"條（清嘉慶二十四年扶荔山房刻本）文爲："復社諸君多以文章經濟自負，韻語不甚專心，若桐城之方密之、錢幼光、周農父、華亭之陳卧子、吳江之吳日生、長洲之陳玉立、崑山之顧寧人，是皆嫻群雅而繼國風者與！農父貢入京師即上書宰相，言時政得失，馮公鄴仙薦之參宣督軍務，隨授河南推官，參陳君元倩軍，復以按察僉事銜參史公道鄰軍，晚又參楊龍友軍，死于浙右。識者比之陳琳、阮瑀，其詩歌雄奮，亞于密之、幼光。"

② 甕：一种盛水、酒等的陶器。《莊子·讓王篇》："桑以爲樞，而甕牖二室。"註曰："屈桑條爲户樞，破甕爲牖，各一室也。"

③ 均：音yùn，古代音樂術語。在十二律中，以任何一律爲宮所建立的音節都稱"均"，如黃鐘均。又爲古代校正樂器音律的器具，在這個意義上又引申爲和諧的聲音，這個意思後來寫作"韵"。原均：即"原韵"，和他人詩詞時，稱所和詩詞的韵爲原韵。

軍還長安李舒章贈詩步原均》七律，"肯"作"守"。《紀事》七律，弟①四句缺、"字"作"塞"、"万"作"枯"、"枯將滿"作"寧論万"、"初"作"來"。《病中雜咏》七律，"鷄"作"肌"。《懷方密之游姑熟》七絶，題無"游"字。《秋日野望》七絶，"剩山殘水"作"殘山剩水"）。《明詩綜》録八首，《清御選明詩》《明詩鈔續集》亦録其詩。

燼餘稿

［明］周岐撰。光緒《（安徽）通志》著録，無卷數。

白描齋文集十卷

［明］李雅撰。雅字士雅，別號"芥須"，又號"草窗道人"，桐城人。廣東高州籍永曆拔貢，署江西崇義縣教諭，庚寅（清順治七年）棄官歸。事迹具《縣志·文苑傳》。光緒《（安徽）通志》載是集，無卷數，且列之清代，今據《縣志》著録。《龍眠風雅續集》載雅詩文甚富，同人釀貲梓文集什之一二，而雅亦有謝程松皋、方東來餉金刻集詩，是其集曾刻行。《龍眠古文》載方畿《白描齋文集序》，擬之同縣姚康而謂異已者，即不非之恐，未必知其風旨、興寄所在云。雅又有《吹簫詩集》，亦畿爲序，未刻。

越巢詩文集二十卷又詩集三卷

［明］左國材撰。國材字子厚，改名櫟，別號"霜鶴"，桐城人。光斗季子。崇禎縣學生，入清隱居，年八十卒。事迹具《縣志·儒林傳》。《江南通志》及道光、光緒《（安徽）通志》皆載《越巢齋集》一百卷，疑并他著乃有此數。《江南通志》又載有《陵江草》，無卷數。考《陵江草》乃其兄國林撰，蓋以其名形近而誤，今據《縣志》著録，惟舊志皆列清代，考潘江《木厓集·左霜鶴六十序》，甲申後絶意干禄，龍眠有先公遺築，隱居其中，則國材固明之遺民也。國材幼爲史可法所器，弱冠與金聲、陳子龍、方以智主盟文壇，海内稱"龍眠四左材"，與兄棟名尤藉。潘江稱其左圖右史、矻矻窮年②，自經史以逮漢魏三唐之詩，靡不討論，是正卓然成一家言。今惟《桐舊集》録詩二首，疑其集已佚矣。

杜詩解頤

［明］左國材撰。道光、光緒《（安徽）通志》皆著録。

---

① 弟:古同"第"，次序。

② 矻矻窮年:一年到頭的辛勤勞作。矻矻:音kū kū，勤勞不懈貌。

羹湖集

[明] 王繼統撰。繼統字伯祥，號"羹湖"，桐城人。明季諸生，國變不就試。事迹具《縣志·隱逸傳》。光緒《（安徽）通志》著録，無卷數。繼統扁舟草服、放情山水間，一日倚櫂而歌，適清英王道江上，與語異之，出札迫與俱、堅謝不受。詩無刻本。王灼稱其五言冲淡，有陶潛風。《樅陽詩選》録五首、《桐舊集》録一首，其《仲春》詩云："仲春氣候暖，微雨旋已晴。晨起念佳旭，欣然出柴荆。溪頭杏花白，墻角春鳩鳴。植杖語鄰叟，東皋從耦耕。"

晞髮集

[明] 夏承春撰。承春字廣生，桐城人。崇禎縣學生。事迹具《縣志·篤行傳》。光緒《（安徽）通志》著録，無卷數，《龍眠風雅》作數十卷。承春與姚孫棐僚婿①，又文然妻父也。乙酉後隱龍眠，不與世事，文然買屋曰"小隱"，兩人時游息其間，呼觴擊鉢輒至夜分。《龍眠風雅》録七十七首、《桐舊集》録十六首，字句多異（《同江向若戴東先吴湯日赴姚戊生瑞隱窩之招分得樹字》五古，題無末四字，"抒"作"豁"、又無"林鬧酣花蜂，溪閑窺魚鷺"二句、"最"作"良"、"覺"作"及"。《歸汎彭蠡舟中望匡廬》五古，題無首二字，"向"作"鄱"、"霄"作"雲"、"卑"作"列"、"傾欹"作"嶔崎"、"支"作"搘"、"想"作"懷"、"死葬骨也"作"葬骨亦同"。《初寒》五古，"一"作"同"、"亦斂"作"斂寒"。《悼亡》五古，"舊"作"遺"、又無"乖別當暮年，哀至淚反溢。更無同心人，與我性相習"四句、"落"作"斜"。《偕李當衡訪山刹因留宿即事》五古，"踐罷"作"已踐"、"磴轉筇力弱"下無"危巒拔地起，勢可并廬霍。迤從一徑通，三面形如削"四句、"屢休方得躋"作"深林邁躋攀"、"層"作"岑"、"烟中辨墟落"下無"巖深日易沈，可以理歸屬。同來三五人，留者我與若。逍遥石巖畔，乳泉當一勺"六句、"早"作"掩"、"寬僧律"作"僧律寬"、"有"作"陳"、"陰"作"明"、"馨梵"作"梵馨"、"忽"作"看"。《新燕來》五律，"深"作"殊"、"畏人"作"靜誰"。《夏日游姚若侯山齋》五律，"達"作"繞"、"顔"誤"歌"、看荷花句"迎"作"盈"。《同姚聖林左子兼家弟仲寬過別峰庵》七律，"摧"誤"催"、"青"作"晴"。《送四弟之建寧》七律，"值"作"際"、"徵"作"沾"、"錢"誤"前"。《哭内兄倪玄度》七律，"亦"作"共"、"開"作"結"、"恨"作"惜"。《立秋日喜秋葵便開》七絶，"有"作"看"）。

---

① 僚婿：姊妹丈夫之互稱或合稱。《爾雅·釋親》："兩婿相謂爲亞"。晋郭璞注："今江東人呼同門爲僚婿。"

西菩近業霞濤集 紅泉社弓草 行素草 不求聞達草 四刪草 吳越吟 廣陵吟 江漢吟

[明] 吳天放撰。天放原名時逢，字素夫，別號"頑叟"，桐城人。崇禎諸生。光緒《（安徽）通志》著錄，無卷數。考《龍眠風雅》，惟載有《閩越吟》《江漢吟》《齊魯吟》，而無其他諸集，閩越與吳越異，不知《通志》何據也。天放居金陵數十年，四方名士皆聞其聲，納交推爲裘領。甲申後罷去帖括，遨游山水，所至輒傾其地主以重客遇之。《龍眠風雅》錄廿一首、《桐舊集》錄七首，字句多異（《咏懷》五古，"忽忽"作"惚惚"、"夾"誤"來"、"當遄"作"遄當"。《漢江》七古，"行"作"舟"、"浴"作"看"、"是"作"有"。《晚泊》五律，"亂"作"落"。《沔口逢羅弘可率爾言別》七律，"已期"作"舟同"、"呼"作"期"、"悔未"作"馬異"、"逢何太"作"踪太息"、"尊酒"作"游子"、"難道"作"何之"。《閩寓夢白下》七律，"朔"作"帆"、"三山"作"千門"、"花"作"山"、"取"作"出"。《江南弄》七絕，"莫"作"好"、"易盡是"作"盡處想"、"溪"作"歌"、"百"作"一"）。

絳雪堂詩稿二卷

[明] 姚亮撰。亮（字揆采，號"峽巢"，桐城人。明季布衣。事迹具《縣志·文苑傳》）有《易存》，已著錄。亮詩以年分卷，殁後子孫零落，已無片楮，清乾隆間縣人陳家勉於市購得一冊，凡二卷，前有題詞，蓋年七十時作。光緒《（安徽）通志》著錄，無卷數，《縣志》作十二卷，"十"字蓋誤衍，今據《樅陽詩選》著錄。王灼稱其《擬古樂府》諸篇，入閩六十韵，鋪陳富麗，蓋有學者孫豹人、龔子棟當時名士，皆與往來，讀其詩可以想見其人焉。《樅陽詩選》錄三十六首、《桐舊集》錄五首。

煮字齋初集二集無卷數

[明] 徐薵撰。薵字羽先，一字半僧，桐城人。布衣。世傳薵幼販魚遇仙授紅丸，遂工爲詩，又傳其吟詩吐丹卒。墓前有塘名吐丹，池水常赤，語近怪，然祝祺序稱薵兒時遇異人餌藥粒；李雅序亦稱其少遇神人授金丹；《桐舊集》又載其遇仙授朱果食之；又薵自題《煮字齋》卷末云："記服仙丸六十年，詩思瀲濆倒長川。而今返棹西湖上，花月扁舟自在天。"又似實有其事，惟潘江《龍眠風雅續集》載薵爲病苦投水死，意吟詩吐丹，或因薵詩及投水附會之耳。兩集皆薵自刻，有劉城、潘江、李雅、祝祺序。潘序凡二，蓋分序初集、二集，此其族人重印本。今以《（龍眠）風雅續集》所錄薵詩互校，除《約劉貞士見過》一首、《俠客行》一首、《村秋》一首，皆在初集中，《（龍眠）風雅》乃在所錄二集詩後，又《舟泊梅渚同漁翁夜話》

三首，依本集應在所錄《春村》詩前，《（龍眠）風雅》乃在《喜雨》詩後，其餘次第悉合，似爲照原本翻印者。又二集，潘木厓《惠芥片》一首，《（龍眠）風雅》至"幔亭枉戰桃花水"句止，本集尚有"前君嶽降值天中，竹醉文星耀福祉。《（龍眠）風雅》虁聲海宇膺，祝詞遠近懸千紙。北堂曾夢到青蓮，長庚光孕龍眠裏"六句，然語意與上不屬，似從《（龍眠）風雅》爲長。又《村夏》弟一首，"捍堤梅雨足，卜日稻粱收"，《（龍眠）風雅》作"十日"，蓋字形相近而誤。《宿月珠庵》一首重出，則編次偶誤也。壽詩爲吳應箕、劉城所賞，又爲小引募刻其詩，以比溫李。潘江謂其嗜奇好古、烹煉漢唐、沈浸醲鬱、自成一家，又謂其敓[①]華就實，如月明水化、渙然油然變而益上，觀此可以知壽詩矣。

蟲吟

[明] 吳道隆撰。道隆字易水，桐城人。九歲出家於郭西太霞宮，崇禎末徙居靖南黃公祠，年八十一卒。事迹具《龍眠風雅·小傳》。是集有自序及涇陽李念慈序，曾刻行。道光、光緒《（安徽）通志》皆著錄，無卷數。道隆從盛東陽游，嘗携之見盛汝謙，汝謙目而異之，曰此瑤臺貝闕中人也。好畜書，凡真經秘籙以及儒墳梵筴，靡不裝潢標記，充牣[②]篋衍[③]，念慈以爲唐吳筠後身云。《龍眠風雅》錄八首、《桐舊集》錄三首、《明詩綜》錄二首，字句小異（《謁黃公》二首下注云"虎山將軍"、《明詩綜》作"虎山黃公祠"、《桐舊集》作"謁黃公祠"、"死賊退三舍，生靈全一城"《桐舊集》作"奔北驅三舍，安全慰一城"、"至今遺老祭"，《明詩綜》"祭"作"祀"、"丹心死不降"，《明詩綜》"死"作"矢"，又第一首末注"援"桐二字、第二首末注"殉難"二字，《明詩綜》《桐舊集》皆無之。《游齊山》"鵬舉亭前亂暮鴉"，《桐舊集》作"武穆亭前聚暮鴉"），然皆采自《（龍眠）風雅》也。

瑤草山房全集

[明] 金道合撰。道合（字洞觀，潛山人。崇禎貢生，歷余姚訓導、羅田教諭，告歸。事迹具《縣志·文苑傳》）有《史評》，已著錄。《江南通志》及道光、光緒《（安徽）通志》皆載是集，無卷數，《縣志》作八十餘卷。道合官余姚時，與王思任、倪元璐相友善。

---

① 敓："奪"的本字。"强取"之義。

② 牣：通"仞"。充滿、豐足。《文選·司馬相如》："珍怪鳥獸，萬端鱗崒，充牣其中，不可勝記。"李善注引《廣雅》："充、牣，滿也。"

③ 篋衍：竹製的方形竹箱，盛物之器。

竹浪館文集

［明］金道寓撰。道寓（字晴嵐，潛山人。事迹具《縣志·儒林傳》）有《朱陸異同辨》，已著録。《江南通志》及道光、光緒《（安徽）通志》皆載是集，無卷數。竹浪館，其所居也。

兼山堂集

［明］汪延造撰。延造字深之，潛山人。事迹具《縣志·文苑傳》。道光、光緒《（安徽）通志》皆列清代，光緒《（安徽）通志》又誤"汪"爲"王"，今據《縣志》著録。延造博習群書、工詞賦，曾六上書於史可法。又游黃道周、譚貞默之門，晚築"博易齋"，專事著述。

酣齋歌

［明］周期應撰。期應字維新，太湖人。諸生。事迹具《縣志·隱逸傳》。光緒《（安徽）通志》著録周期應《醒齋歌》，無卷數，《县志》作周期應《酣齋歌》。案：《縣志》稱其甲申後，耽情麴蘖①，則作酣齋爲是期，斯形近，疑《通志》誤也，今依《縣志》著録。

居此居集

［明］楊逢泰撰。逢泰字開甫，宿松人。御史春芳孫。事迹具《縣志·文苑傳》。光緒《（安徽）通志》著録，無卷數。逢泰生當明季，厭薄功名，尤耽内典，故是編亦頗雜玄旨②云。

秋鳴集

［明］黃偉成撰。偉成字位中，徽州人。杭州府學生。道光、光緒《（安徽）通志》皆著録，無卷數。《明詩綜》録一首在卷八十下，蓋明末人也。光緒《（安徽）通志》作"緯成"，誤。

青巖集十二卷

［明］許楚撰。楚字芳城，號"旅亭"，又號"青巖"，歙縣人。諸生。鼎革隱居。事迹具《縣志·遺佚傳》。是集十二卷，卷一至卷六古今體詩，分二子目，曰

---

① 麴蘖：亦作"麴孽"，或作"麴櫱"，本为"酒麴"，后借指酒。《宋书·颜延之传》："交游闒茸，沉迷麴蘖。"

② 玄旨：深奥的義理，多指道家。晋道恒《釋駁論》："昧玄旨，則顔冉無以參其風；去紛穢，則松喬無以比其潔。"

《南村草堂詩》四卷、曰《白華堂詩》二卷，都六百零五首；卷七至卷十二文，首賦、次序、次傳、次傳狀志銘、次記、次雜文、次銘，都百零九篇，《白華堂詩》下注"彙訂諸游草"五字、《新安江賦》下注"男正茹集注"五字，乃清康熙五十年及五十四年其孫象緝所編刻，前有葉高標、俞綏原序二篇（據族孫士佐文集跋，集有葉、江、俞、王諸序，此本葉序爲原序一，俞序爲原序三，而無原序二，則所缺乃江序也）。又萬雲國《西陵竹枝詞序》（序稱其詩三十四篇，是集卷五存十七首）、吳雯清《渡河詩序》、林雲銘、王泰徵、陳鵬年《新安江賦序》、詩文後皆有族孫士佐跋，吳序撰於順治十八年、林序撰於康熙六年、陳序撰於康熙五十二年、士佐詩集跋撰於康熙五十年、文集跋撰於康熙五十四年，蓋即刻於其時。道光間八世孫濤重整遺板印行，有道光十三年黃豫記，惟據文集卷八《蠐餘草自序》，楚詩文授次子正邁等抄輯，合四十六卷，己亥秋（順治十六年）掠於叛兵，其友捃集得鵝城、舊京、西陵、桐江數草與散文雜咏百餘首，命曰《蠐餘》。又俞綏序，稱及門諸子收緝殘稿，得詩文二十卷，是集僅十二卷，則所佚已多。《江南通志》、道光《（安徽）通志》著錄《青巖文集》，無卷數，光緒《（安徽）通志》作十二卷，又著錄《南村草堂集》，而不知爲其詩之子目，且皆列於清代，今據本書著錄，并改列明代。楚文學篤志東漢，曾見賞於張溥，稱爲"許子將"。王士禎見所撰《新安江賦》，曰："三百年無此作矣！"贈詩有"一賦曾高六代名，無人不識許芳城"之句，其爲時引重如此。俞綏稱其詩蒼凉古澹、文幽奧[①]特兀，皆非讀三代以下書所有云。

一木堂詩稿十二卷

〔明〕黃生撰。生（一名琯，字扶孟，一字黃生，歙縣人。縣學生。國變棄去。事迹具《縣志·遺佚傳》）有《字詁》，已著錄。是集十二卷，清乾隆間銷毀，光緒《（安徽）通志》載《黃生詩集》，無卷數，又列於清代，今據《縣志》著錄。

一木堂文集十八卷

〔明〕黃生撰。光緒《（安徽）通志》載《黃生文集》，無卷數，今據《縣志》著錄。

杜詩説十二卷

〔明〕黃生撰。以杜甫詩分體注釋，於句法、字法逐一剖別，亦間有考證。清《四庫存目》。朱之荆摘其句法及俗字、俗語，附增訂唐詩摘抄後。

---

① 幽奧：深遠，深奧。《後漢書·馮衍傳下》："覽天地之幽奧兮，統萬物之維綱。"李賢注："幽奧，深邃也。"

拜經齋集　致道堂集　正己居集

［明］鄭皎撰。皎字慕倩，歙縣人。布衣。事迹具《縣志·遺佚傳》。光緒《（安徽）通志》著録列清代。考《縣志》，載皎僧服隱於狂疾，或有言觸往事者，輒哭不休，或望空下拜，簪紱①中人願有近者，亦哭以拒之，或先避去，雖堅請不出，是皎固明之遺民，今改列明代，從其志也。

鳶飛魚躍集

［明］汪益亨撰。益亨字德裕，歙縣人。事迹具《縣志·遺佚傳》。光緒《（安徽）通志》著録，無卷數。益亨少負才名，與江天一、汪沐日、江聯季友善，甲申後南走閩粤，歸老金陵，號“鍾山逋客”，蓋明之遺民也。

翁山集

［明］羅斗撰。斗字兼儀，歙縣人。明亡隱居。光緒《（安徽）通志》著録作“羅斗明”，誤，今據道光《府志》更正。斗善古文詞，王泰徵、黄景昉皆欽之。

省靜堂集

［明］程守撰。守字非二，號“蝕庵”，歙縣人。錢塘籍諸生。年七十一卒。事迹具《縣志·詩林傳》。《縣府》志皆作“清人”，然本傳稱甲申後謝去諸生，一意爲詩，則守固明之遺民也，今依光緒《（安徽）通志》著録。守詩刻畫多創語，不肯寄人籬下。王爾綱録入《名家詩永》。

采藻軒集

［明］王氏撰。王氏，歙縣人。吳鶴翔妻。《江南通志》及道光、光緒《（安徽）通志》皆著録，無卷數。道光《府志》作“汪氏”。

高雪堂集　詩嶽初集

［明］王環撰。環號“石農”，休寧人。諸生。鼎革後不仕。事迹具《縣志·風雅傳》。《縣（志）》《府志》皆列清代，今據光緒《（安徽）通志》著録。環幼從金聲游，壯歲專精古文詩詞，有陶、韋之風。

---

① 簪紱：音zān fú，簪，冠簪。紱，纓紱，絲質的帽帶。簪紱爲仕宦者的禮服佩飾，借指榮顯富貴。

霜崖集

[明] 汪荀撰。荀字淑子，休寧人。縣諸生，鼎革後棄去。光緒《（安徽）通志》著録，無卷數。《府志》稱其善古文，爲詩歌自娛，其詞鮮秀古雅。

星溪文集

[明] 汪佑撰。佑字啓我，號"星溪"，休寧人。入清隱居，年七十四卒。事迹具《縣志·隱逸傳》。光緒《（安徽）通志》著録，無卷數。佑私淑朱熹，嘗與楊廷樞講學蘇州，又與歙汪知默、汪德元、江恒、胡胐講學紫陽、還古兩書院，以"實心窮實理，實功成實修"二語自勵，文章蓋其餘事云。

誠齋文集二卷

[明] 施璜撰。璜（字虹玉，號"誠齋"，休寧人。布衣。）有《詩繹注》，已著録。是集二卷，乃所著雜文，清《四庫存目》、道光《（安徽）通志》著録。璜學宗朱熹，與歙吳日慎講學紫陽、還古兩書院垂四十餘年，皆勗以朱子之學，嘗謂王氏之道不熄，朱子之道不著，故是集中亦皆排擊陸王之語也。原附《西銘問答》一卷，已析入"子部·儒家"。

朱弘文集一卷詩集一卷

[明] 朱弘撰。弘字潛臣，休寧人。事迹具《縣志·學林傳》。光緒《（安徽）通志》載文詩集，無卷數，今據《縣志》著録。弘嘗欲志子路之志，學曾子之學，以喜聞己過、省身、慎獨爲要。《縣（志）》《府志》皆列清代，然《縣志》又載弘與施璜、汪惕若聯會講學、切磨甚密，則弘固明末人也。

一枝山房集

[明] 方里撰。里，休寧人。明末布衣。光緒《（安徽）通志》著録，無卷數。

遜敏居遺草

[明] 程用楫撰。用楫字濟臣，休寧人。道光、光緒《（安徽）通志》皆著録，無卷數。《明詩綜》録八首，載弟八十一卷上，蓋明末人也。《靜志居詩話》謂其清真堅老，卓然成家。

悠然草

[明] 汪璲撰。璲字文儀，學者稱"默庵先生"，休寧人。光緒《（安徽）通志》

著録，無卷數。璨九歲善屬文，從無錫高世泰游，而友吳日慎諸人。爲學一遵朱熹，熊賜履極稱之。

非非集

[明] 汪端聞撰。端聞，休寧人。諸生。光緒《（安徽）通志》著録。無卷數。端聞工詩文，爲前輩艾南英所重。道光《府志》作"清人"。

桐阜集

[明] 汪如撰。如字無波，休寧人。事迹具《府志·風雅傳》。光緒《（安徽）通志》著録，無卷數。如以善書名。

蚓竅稿

[明] 程隱撰。隱，休寧人。光緒《（安徽）通志》著録，無卷數。

佩蘭閣草二卷　夢餘草二卷

[明] 徐簡簡撰。簡簡字文漪，嘉興人。休寧吳璵妾。道光、光緒《（安徽）通志》皆著録，無卷數。道光《府志》著録各二卷，惟《夢餘草》作"《夢居集》"，與《通志》異，《通志》蓋據《明詩綜》，未知孰是也。朱彝尊《靜志居詩話》謂其緣情有餘，風格未老，然亦閨中之秀。《明詩綜》録三首。

天經堂文集　頑石居詩集

[明] 余藩卿撰。藩卿字翰臣，婺源人。紹祉子。縣學生。事迹具《縣志·隱逸傳》。光緒《（安徽）通志》著録，無卷數。藩卿游張自烈門，攻苦博洽，甲申棄諸生，寄情溪山三十年，時以詩文見志，有傳自烈以薦將出者，上書止之。詩文高古超脫，有父風。《縣志》録詩二首、道光《府志·藝文》作"余紹祉"，誤。

排青閣詩集

[明] 王春光撰。春光庠名斌衡，字寅初，婺源人。崇禎間選拔將才，鼎革隱居。事迹具《縣志·隱逸傳》。光緒《（安徽）通志》作"《排青閣集》"，今據《縣志》著録。春光憂時感事一見於詩，雅慕陶潛，詩之澹遠①亦如之。

---

① 澹遠：恬澹廣遠。明袁宏道《至日集山響齋送陶孝若諭祁門限韵》之一："蕭然心澹遠，自振乃孤蓬。"

菊軒遺草

[明]李彭庚撰。彭庚字又籛，婺源人。事迹具《縣志·文苑傳》。光緒《（安徽）通志》著録，無卷數。彭庚讀書不屑章句，爲文多奇氣，詩尤嶔崎歷落①，多不留稿，戴移孝、俞塞咸以畸人目之。菊軒者，以性喜蒔菊名也。《縣志》作“清人”。

聽石吟一卷

[明]汪偉撰。偉字位三，黟縣人。崇禎中恩貢。事迹具《縣志·儒行傳》。集一卷，光緒《（安徽）通志》著録。偉築室深山，勵志聖賢之學，每月朔望率弟子歌詩、習禮以爲常。

緑滿軒詩文集四卷

[明]汪勛撰。勛字無功，自號“安安道人”，黟縣人。明末廩生。事迹具《縣志·文苑傳》。是集四卷，光緒《（安徽）通志》著録，《縣志》稱勛博極群書、工詩文，有詩集十七卷、文集十三卷，是所撰尚不止此，今姑依舊志著録。《縣志》又載汪勛字曰放者，《節婦余氏傳》一篇，又《山麓》四言詩三首，《桃源烈婦》五古，二首字雖不同，疑即一人也。

墨莊集

[明]周士暹撰。士暹字鏡玉，績溪人。崇禎選貢。事迹具《縣志·文苑傳》。光緒《（安徽）通志》著録，無卷數。士暹契同郡金聲，隱於醫，尤精春秋，或勸應試，作《貞女答問詞》以謝之。

大鄣山人詩稿七卷

[明]周士先撰。士先字尚仲，自號“大鄣山人”，績溪人。明末歲貢。詩分體編卷，首五言（附四言一首）、次七古、次五律、次排律、次七律、次五絶、次七絶，凡七卷都二百六十九首，前有金焦外史唐大雅序，後有長洲浦驃跋，天啓七年刻。驃稱其剡精劌采、著力字句，暗符漢魏、初唐間，有比事、假托、謔浪②、卮言，大抵玩世而泄不平云。

---

① 嶔崎：形容有骨氣、品格卓越不凡。宋秦觀《南都新亭行寄王子發》詩：“亭下嶔崎淮海客，末路逢公詩酒共。”歷落：磊落，清高超俗。《晋書·桓彝傳》：“茂倫嶔崎歷落，固可笑人也。”

② 謔浪：戲謔浪蕩。《大宋宣和遺事·元集》：“多道市井淫媒謔浪之語，以蠱上心。”

耕塢山人詩文集

［明］唐允甲撰。允甲字祖命，號“耕塢”，宣城人。公靖子。弘光朝官中書舍人，入清隱居。事迹具《縣志·文苑傳》。集有周亮工、沈壽民、施閏章序，房慎庵刻。光緒《（安徽）通志》著錄，無卷數，《縣志》作數十餘卷。允甲幼爲湯賓尹所器，又交壽民及周鑣。其《書懷》詩云：“殘花野蕨圍荒砦[1]，破帽疲驢避長官。祠下徘徊雙玉筯，傷心終始只存韓。”閏章謂其多《小雅》《離騷》之遺以此也。《縣志》錄詩一首、《宛雅三編》錄二十六首。

孤山八集

［明］梅士玹撰。士玹字象先，一字同叔，號“孤山人”，宣城人。綿竹知縣國祚第四子。太學生，官潛山縣丞。事迹具《縣志·文苑傳》。光緒《（安徽）通志》著錄作“清人”，今據《宛雅》改列明代。《梅氏詩略》稱士玹著述數百餘卷，已刻者曰《浦草》、曰《移居詩》、曰《黃池草》、曰《嗣音》、曰《宴語》、曰《暇樓四六》、曰《瞿硎文草》，疑即是集子目也。《黃池草》有梅朗中序。《宛雅二編》錄詩五首、《縣志》錄詩四首。

書帶園集十六卷

［明］梅朗中撰。朗中字朗三，宣城人。鼎祚孫。崇禎縣學生，年三十六卒。事迹具《縣志·文苑傳》。是集十六卷，有侯方域、施閏章序，光緒《（安徽）通志》著錄。朗中少好學，發先世藏書，旁搜極覽，聲籍吳越間，馮元飇、周鑣、陳子龍咸推之。方域稱其采六代之華、標三唐之製，長歌短律胥臻精妙。《宛雅二編》錄六十二首、《明詩綜》五首、《縣志》錄四首。

承露集

［明］梅以俊撰。以俊字子彥，號“承露”，宣城人。國祚曾孫。縣學廩生，入清隱居。事迹具《縣志·文苑傳》。光緒《（安徽）通志》著錄，無卷數。以俊生有異稟，外大父劉振愛之甚，又見重于沈壽民、吳肅公。晚游金陵與諸名士結吟社，好事者錄其詩傳誦焉。《縣志》錄近體五首，稱其文豪宕有奇氣、詩古雅清腴，浸淫漢氏。《梅氏詩略》又稱其詩文甚富，不自點檢，稿多散佚刖[2]，是集存否未可知？《宛雅三編》錄詩一首。

---

① 砦：同“寨”。守衛用的柵欄、營壘。《宋史·宗澤傳》：“今河東東西不從敵國而保山砦者，不知其幾。”

② 刖：音 yuè，割，砍斷。漢焦贛《易林·艮之需》：“根刖殘樹，華葉落去。”

吳季野遺集一卷

〔明〕吳坰撰。坰①字季野，宣城人。宋左丞相潛之後。縣學生，清順治末卒。事迹具《縣志·文苑傳》。集一卷，卒後從子蕭公刻，清《四庫存目》，道光、光緒《（安徽）通志》皆著錄。坰爲吳應箕、沈熺、張自烈、沈壽民所推許，甲申謝去舉業，壹意古文，嘗作《準言》以擬《權書》。王士禎謂其《正學》《觀時》《斂禍》諸篇，可自作一子。

吳季野集四卷

〔清②〕吳坰撰。光緒《（安徽）通志》著錄。《縣志》及《宛雅三編》各錄詩一首。

街南文集二十卷續集七卷

〔明〕吳蕭公撰。蕭公字雨若，號"晴巖"，一號"逸塢"，自署"匏道人"，宣城人。宗周來孫③。事迹具《縣志·儒林傳》。是集二十卷，吳承勵編，首論、次議、次辨、次書、次序、次壽序、次記、次説、次傳、次墓志、次行狀、次祭文、次對、次書後、次跋、次書事、次銘、次贊、次雜著，有李清、王方岐、吳于繢序，承勵識語，唐岸書後；續集七卷，程士琦、士璋編，首論、次書、次序、次記、次説、次傳、次志銘、次雜著，有潘一元題語，皆清康熙二十八年吳懋叔刻（此據續集卷一《告叔父墓》《再答張子尉書》、又卷七《吳懋叔哀詞》，排印本作康熙乙巳梓，案："乙巳"爲康熙四年，二十八年乃"己巳"蓋形近而誤），乾隆朝毁禁，民國十三年七世孫澍等重印。蕭公從叔父坰學，又游同縣沈壽民門，其學以"明誠"爲宗旨，"慎獨"爲樞紐，於明文頗推徐渭，嘗謂李夢陽雄而不粹、王世貞瞻而弗高、歸有光粹而弗古、王慎中、唐順之大而弗簡，而渭庶幾備之，惟大猶有憾（文集卷十八《書文長集後》），其宗旨可知。于繢謂其文大旨有二，講學辨析毫厘、論世推見至隱，諸酬答之作亦因事寓懲，俾可以垂世立訓而後已；唐岸則謂其文格似韓愈，而簡潔、變化出入左史、蒙莊云。"街南"，其所居名也。

萍庵集

〔明〕孫于王撰。于王字羽辰，號"萍庵"，宣城人。縣學生。事迹具《縣志·

---

① 坰：音jiōng，離城遠的郊野。

② 清：誤，應爲"明"。

③ 來孫：玄孫之子，從自身算起的第六代。亦泛指遠孫。《爾雅·釋親》："孫之子爲曾孫，曾孫之子爲玄孫，玄孫之子爲來孫。"宋林景熙《題陸放翁詩卷後》詩："來孫却見九州同，家祭如何告乃翁！"

文苑傳》。光緒《（安徽）通志》著録，無卷數。于王絶意進取、留連時事、托詩見志，吳肅公嘗推服焉。《縣志》録二首、《宛雅三編》録五首。

章甫集二十卷

［明］劉易撰。易有《擬騷》，已著録。光緒《（安徽）通志》載易詩文集，無卷數，今據《宣城志》著録。易世其家學，文規秦漢，同縣梅文鼎推服焉。卓爾堪録入《明遺民詩》。

水雲詩草

［明］洪載撰。載字野鶴，涇縣人。年九十二卒。事迹具《縣志·隱逸傳》。道光、光緒《（安徽）通志》皆著録，無卷數。載隱居嗜古，詩有陶孟風。《青虹閣詩評》云野鶴殫精一生，鎣毛不輟，元白之儔。《縣志》録五律、七律、五絶各一首。

半庵詩集

［明］朱苞撰。苞（字以九，涇縣人。一麟子。事迹具《縣志·文苑傳》）有《些子會心》，已著録。是集有《黄山詩紀》《何如草》《咏物詩》數種，苞自撰序，光緒《（安徽）通志》著録，無卷數。苞工詩文有聲幾社，自言因時、付象、借境、致意，如雲蒸海變、風搏物擊、盡天下之奇。《青虹閣詩評》亦謂其雄大仿杜甫、飄逸仿李白、拗折仿黄庭堅云。《縣志》録五七律、七絶共三首。

文燕齋遺稿

［明］趙崇禮撰。崇禮字叔厚，一字谿叔，涇縣人。諸生。事迹具《縣志·文苑傳》。據《趙氏淵源集》及《縣志·藝文》，崇禮所撰《叔厚詩草》久已散失，殁後百餘年，從玄孫校與其弟曙輝采之所自書僅存什一，名曰《文燕齋遺稿》刻之，有族孫良霽序。道光、光緒《（安徽）通志》皆著録，無卷數。崇禮詩爲書掩，然知者嘗有書不如詩之嘆！趙知希《涇川詩話》載崇禮所居名“文燕齋”，一日施閏章來訪，報之詩云：“窮巷應門無稚子，華裾織翠過昌黎。”施大咨賞，以爲不减陸游。又《送林柱》云：“殘陽橫馬影，孤笳冷秋聲。”林笑曰子常謂予畫中有詩，此可謂詩中有畫；鄭相如《青虹閣詩評》亦謂其風骨高峭，如翠金駝峰[①]、瑶觴法醖[②]、兄

---

① 翠釜:指精美的炊器。唐杜甫《麗人行》:"紫駝之峰出翠釜,水精之盤行素鱗。"駝峰:駱駝背上的肉峰。古代作爲珍饈之一。宋周密《癸辛雜識續集上·駝峰》:"駝峰之雋,列於八珍。"

② 瑶觴:玉杯。唐王勃《越州秋日宴山亭序》:"銀燭摛華,瑶觴抒興。"法醖:音fǎ yùn,即"法酒",古代朝廷舉行大禮時的酒宴。因進酒有禮,故稱。泛指宮廷宴飲時所飲的酒。

樊川而弟山谷云;《趙氏淵源集》録四十四首、《縣志》録五律五首、七律二首,内五首爲《(趙氏)淵源集》所無(《九日登幕山》《響山庵》《崑潭》《再登□山》《花朝過寶勝寺》)。

歙閣詩集

[明]趙司直撰。司直字維生,涇縣人。歲貢,兩中副榜,鼎革隱居,年九十六卒。事迹具《縣志·文苑傳》。集有知縣侯世潍序,道光、光緒《(安徽)通志》皆著録,無卷數。司直列名復社,與吳應箕、劉城、沈壽民、萬應隆交最厚。世潍序云維生詩命景抽靈、匠心軌哲、抒奇碩磊落之胸,而調以淵懿渾浩之氣,蓋深有得於性情之正者,并録入所刻《賞音》,推爲集中冠冕;壽民稱其近體大雅不群、不染近時習氣;應隆亦稱其宗法漢唐;《青虹閣詩評》則謂其沉理絃趣、高絶塵表,如幽谷芳蘭、碧漢閑雲,其詩可知。《趙氏淵源集》録三十七首、《縣志》録八首,其《幕溪夜行》《大觀亭》《巖潭》《硃砂庵》《承流峰》五首,爲《(趙氏)淵源集》所無。

檮齋詩集

[明]鄭過撰。過字原右,涇縣人。乙酉後棄諸生。事迹具《縣志·隱逸傳》。集有《梅花諸咏》《柈庵慧頭陀序》,光緒《(安徽)通志》著録,無卷數。《青虹閣詩評》云原右詩風調蒼勁,四愁七哀之遺。《縣志》録五七律各一首。

杜詩外傳

[明]鄭汝薦撰。汝薦字一鶚,號"嘆庵",更字陋如,明末涇縣人。事迹具《縣志·懿行傳》。《江南通志》及道光、光緒《(安徽)通志》皆著録,無卷數。汝薦初留意詩畫,及讀朱熹語録,遂專志理學,師青陽施達,爲所深器,講業水西書院,從游者往往得其感發云。《縣志》又載有《南園雜咏》《山莊漫賦》二種。

水村集

[明]胡簡文撰。簡文號"闇齋",寧國人。明季諸生。事迹具《縣志·隱逸傳》。據本傳,有《水村文集》《水村孤嘯》等編,今依光緒《(安徽)通志》著録。簡文喜藏書,爲杜濬、顧夢游、方文、蔡大美等所推重,後棄舉業,入山佯狂日書,空作咄咄①狀,蓋明之遺民也。

---

① 咄咄:表示呵叱、吃驚,形容氣勢洶洶,盛氣凌人,使人難堪。《後漢書·逸民傳·嚴光傳》:"咄咄子陵,不可相助爲理邪?"

商歌集

[明] 湯燕生撰。燕生字玄翼，號"巖夫"，太平人。府學生。甲申後流寓蕪湖。事迹具《縣志·隱逸傳》。道光、光緒《（安徽）通志》皆著録，無卷數。考清當塗黃鉞《蕭湯二老遺詩合編·小傳》，《商歌集》不傳，僅《明詩綜》録《赭山》二首，鉞從簡翰裒集得六十篇，與蕭雲從詩合編，附鉞《壹齋集》後，雖非原集之舊，然欲觀燕生詩，固舍此莫由矣。

松巖集

[明] 胡泉撰。泉字白水，號"松巖"，太平人。諸生。事迹具《縣志·儒林傳》。光緒《（安徽）通志》著録，無卷數。泉學宗程朱，嘗問業金聲，而與周鑣、黃道周、劉宗周、張溥、楊廷樞皆友善。《縣志》作"《世經軒集》"。

六息齋集

[明] 項淦撰。淦字素澄，太平人。縣學生。事迹具《縣志·文苑傳》。光緒《（安徽）通志》著録，列清代。案：《縣志》稱淦尤邃於《易》，嘗夜觀乾象知明祚①將終，遂隱居養親。所居遍縣治，足迹不至，則淦固明之遺民也，今改列明代。《縣志》作文集，又稱其殁後散佚。

梅溪逸叟集

[明] 高映斗撰。映斗字孟文，貴池人。諸生。事迹具《縣志·隱逸傳》。光緒《（安徽）通志》著録，無卷數。映斗游吳應箕門，嘗參其軍事。應箕死節，執心喪禮，晦迹深藏，與柯青、吳有功善。

鹿莊詩集 游草 自鳴集

[明] 楊培撰。培字植生，貴池人。事迹具《縣志·隱逸傳》。光緒《（安徽）通志》著録，無卷數。甲申之變，培年十四痛哭欲以身殉，因親在不果，遂棄舉業。親殁服闋，遍游名勝，尤工詩，其《不寐》詩云："此夜愁無奈，凄凉夢不成。心悲思故國，淚滴數殘更。未許汪錡死，徒偷管仲生。可憐窗外月，不似舊時明。"

---

① 祚：福，賜福；皇位。《東都賦》："往者王莽作逆，漢祚中缺。"

斐園集

[明] 姜可久撰。可久字又久，貴池人。事迹具《縣志·文苑傳》。《江南通志》、道光《（安徽）通志》皆列明代，光緒《（安徽）通志》列清代。案：本傳稱可久受業吳應箕、劉城之門，家貧教授自給，知縣趙衍禮致之不往，蓋明之遺民也，今依《江南通志》、道光《（安徽）通志》列明代。

丹崖集　九華詩艸

[明] 吳世閱撰。世閱字子功，青陽人。崇禎縣學生。事迹具《縣志·儒林（傳）》《（縣志）隱逸（傳）》二傳。光緒《（安徽）通志》著録，無卷數。世閱工詩文，友同縣施達，後棄諸生，結廬廣勝山中，爲“九華六逸”之一。

有我集二集

[明] 江允鶚撰。允鶚字叔峙，青陽人。諸生。事迹具《縣志·隱逸傳》。集二卷，光緒《（安徽）通志》著録。允鶚明亡棄諸生，隱於童橋野肆，屠沽自污。

雙峰詩

[明] 吳鐘撰。鐘字空之，青陽人。明亡隱居，著書以卒。事迹具《縣志·隱逸傳》。《江南通志》及道光、光緒《（安徽）通志》皆著録，無卷數。鐘少孤嗜學，有文名。雙峰在九華，鐘所卜築，即宋劉放隱處也。王爾綱《名家詩永》録五律二首。

劉冲山人集

[明] 吳鐘撰。《江南通志》、道光《（安徽）通志》，次吳鐘《雙峰詩後》，而無撰者姓名，蓋即以劉冲爲人姓名。光緒《（安徽）通志》作“《劉山人集》，劉冲著”。考《縣志·隱逸傳》，鐘善詩文，明亡隱九華之劉冲，人稱“劉冲先生”。劉冲在少微峰北，爲唐費冠卿隱居故地，是劉冲乃地名，非人姓名也，今據《縣志》著録。

青浦集　雙柑園集

[明] 何煜撰。煜字寤明，青陽人。事迹具《縣志·隱逸傳》。《江南通志》及道光、光緒《（安徽）通志》皆著録，無卷數。煜薄舉業、肆力詩文，築雙柑園城東，隱居自樂。後遍游江湖，客死金陵。王爾綱《名家詩永》録七律一首。

仙峰稿

[明] 唐子初撰。子初號“仙峰”，石埭人。事迹具《縣志・隱逸傳》。《江南通志》及道光、光緒《（安徽）通志》皆著録，無卷數。

道之園集

[明] 孔尚大撰。尚大字德載，號“五若”，又號“茶塢老人”，建德人。監軍道青城季子。縣學生，入清隱居。事迹具《縣志・隱逸傳》。《江南通志》、道光《（安徽）通志》皆列清代，今據《縣志》及光緒《（安徽）通志》著録。尚大博通經史，工詩畫。王爾鋼録入《名家詩永》。

郭仲庸詩集二十種

[明] 郭登名撰。登名字仲庸，號“箴抑”，當塗人。宗堯子。監生，選兵馬司副指揮，半載歸，入清屢舉鄉飲賓不赴，年八十餘卒。事迹具《縣志・隱逸傳》。《江南通志》、道光《（安徽）通志》皆列清代，今依光緒《（安徽）通志》著録。登名買田凌家山南，爲宋李之儀垂釣處，署別業曰“小嚴灘”、建樓曰“鼎閣”，觴咏其中。《縣志》作詩文二十餘種。

竹樾集

[明] 戚嘉緒撰。嘉緒字公佩，號“愉靜”，蕪湖人。事迹具《縣志・卓行傳》。光緒《（安徽）通志》著録列清代，今據《縣志》著録。嘉緒好法書名畫。灌園之暇、琴尊自娛。竹樾，其齋名也。

雪壺集

[明] 王永年撰。永年字雪壺，廬江人。崇禎恩貢授中書舍人。事迹具《縣志・義行傳》。光緒《（安徽）通志》著録，無卷數。《縣志》録祭文一首、絶句一首。

郭五先稿

[明] 郭士豪撰。士豪字光斗，初字無文，嘗咏蝶頃成百首，時又稱“蝶公”，舒城人。崇禎歲貢，以薦任御史，官至金衢兵備道。事迹具《縣志・文苑傳》。集有艾南英序，光緒《（安徽）通志》著録，無卷數。士豪少志周、程之學，與章世純、陳際泰及南英爲文壇四傑。南英稱其文包孕百氏，一字句不自古人不言也。又以其

餘治神仙、黄白①、方技、迂怪之説，以爲文之寓言。五先者，取孟子苦心志、勞筋骨、餓體膚、空乏、拂亂之言，以名其稿也。

嘯巖集

[明] 孫昌裔撰。昌裔字秋我，號"嘯巖"，舒城人。崇禎副貢，入清隱居。事迹具《縣志·文苑傳》。昌裔著述頗富，家貧未梓，是集乃其外孫徐叔麟所刻。光緒《（安徽）通志》列清代，今據《縣志》著録。昌裔與龔鼎孳結詩社唱和。康熙十一年詔舉隱逸，鼎孳欲以昌裔應，昌裔寄詩拒之云："貧誰似我兼衰至，少不如人況老來。"鼎孳亦不强也。王鳳翽謂其《夜起》詩清真綿麗，無愧作者，録入《松園詩話》。

埜墅吟

[明] 錢若愚撰。若愚字智叟，號"柴子"，無爲州人。諸生。鼎革棄去。事迹具《州志·隱逸傳》。光緒《（安徽）通志》著録，無卷數。《州志》録《汉江野墅》自述云："不負鷗盟早拂衣，卜居惟傍釣魚磯。林泉自可争今古，時事何須問是非。道子畫令能事畢，廣陵調合賞音稀。夜闌每出觇牛斗，漫説荒江有少微。"

蠅吊軒詩集一卷

[明] 謝鳳毛撰。鳳毛字儲有，一號"殊有"，無爲州人。府學生，入清隱居，年七十六卒。事迹具《州志·文苑傳》。據陳純儒及從孫邦光序，蓋嘗以全稿屬二人選定并爲序。此本僅一卷，乃道光初合肥蔡邦霖所選，光緒二十五年印。鳳毛詩必數易稿後就，嘗云劉脊虛之傳以十四首。鍾惺謂選而後作，自是作家三昧，其宗旨可知；邦光謂其運意隱深、摘辭韶秀，剂量②於竟陵、公安間，一洗滯響俗艷，然袁弘道兄弟矯王李之弊，倡以清真，鍾惺復矯其弊而爲幽深孤峭，今觀是集，蓋猶竟陵一派，而無公安淺率之弊。《州志》録《道經文孝祠》七律一首，爲是集所無，或即邦霖所未選者也。

北樵集

[明] 朱智撰。智字子固，無爲州人。事迹具《縣志·隱逸傳》。光緒《（安徽）通志》著録，無卷數。智鼎革後棄舉業，與陸品、吳爾康唱和。《州志》録五古一首。

---

① 黄白：指術士所謂煉丹化成金銀的法術。唐白居易《郊陶潛體詩》之十四："入山燒黄白，一旦化爲灰。"

② 剂量：猶衡量。宋劉克莊《代陳玄謝啓》："潤色廟謨，不假丹青之力；剂量人品，尤嚴皂白之分。"

薆溪詩選

[明] 吳爾康撰。爾康字乂人，一字孟凱，號"薆溪"，無爲州人。歲貢之默子，以痛父罵賊死，棄舉業，鼎革隱居城南薆溪，年五十三卒。事迹具《州志·隱逸傳》。集爲歿後其友所梓，道光《（安徽）通志》以"爾康"爲"爾庸"、"薆溪"爲"薆江"，又列於清代，均誤。今依光緒《（安徽）通志》著録，《州志》録二首，其薆溪詩云："小艇洄沿兩岸青，林扉猶帶曉煙屇。清光坐怯蒲葵扇，遠色看移水墨屏。懶性畏人同夏日，素懷問友但晨星。雙荷欲載漁歌去，惆悵菰蔣杜若汀。"

放言集

[明] 陸品撰。品字居一，號"士巖"，無爲州（州今爲縣）人。南京國子生。事迹具《州志·隱逸傳》。光緒《（安徽）通志》著録，無卷數。品少豪俊，游覽嘯歌，終日不輟，亂後卜居閑園，額其堂曰"巖栖"。《州志》録五律一首。

懶蠶居士遺稿七卷

[明] 季步騧撰。步騧字子尾，號"尾孫"，別號"懶蠶居士"，無爲州人。諸生。事迹具《州志·文苑傳》。步騧詩最富，隨手散去，所存僅什一，傳寫復多謬誤，清乾隆四年族孫舒等屬歙縣王夢鯨遴選，然謬誤未加考定，十四年同州汪有典復取王選增損，存詩二百九十首、詞十六首，分類編爲七卷刻之，前有王、汪二序及陳廷樂撰傳，後有族孫重識語，光緒二十二年族孫萬植等重刻，即此本。道光、光緒《（安徽）通志》皆不著録，《州志·文苑》列步騧清初。案：王序稱時當鼎革，先生屏迹荒江墟市，與一二野僧、逋客吊古懷人，篇什流布未廣，姓字有未之知者，此百年來缺陷云云。王序作乾隆四年已稱百年，則步騧之歿當在順治初，猶是明之遺民也。志又稱嘗上書當事，鬱鬱不得志。案：卷四《悲憤詩》云："十載搜窮賈董策，平陂①治亂若前知。文章不在臨書幌，事業還宜起釣絲。求劍刻舟今已遠，好竽工瑟古來癡。袖中惆悵三千字，裾曳何門未有期。"蓋即指上書事。《州志》録二首，其《飲張玉華園》，題作《飲孔山園亭》、四句"午夜"作"五夜"，又《延福寺齋居》詩二句"任"作"有"、"窺牖"作"驚夢"、五句"每日"作"幾度"、七句"無端靜掩"作"攤書靜向"，則所據傳寫本之不同也。

---

① 平陂：平地與傾斜不平之地。後亦常指事物的變遷不定或世道的盛衰興亡。

孤臺小稿

[明]①張轍撰。轍字良濟，號"度庵"，無爲州人。事迹具《州志·隱逸傳》。光緒《（安徽）通志》著録，無卷數。轍卜築陽山，誅茅壘石，顏曰"孤臺"。《州志》録七律一首。

槃澗集

[明]丁最撰。最字文選，號"槃澗"，無爲州人。事迹具《州志·隱逸傳》。光緒《（安徽）通志》著録，無卷數。最與徐少游、董仝唱和，仝尤莫逆，吳廷翰亦忘迹同游。《州志》録詩二首，其《西山別墅》云："遙對西山爽，幽通六月凉。破苔長怪鶴，爲月每移牀。久住漁樵狎，無心盥櫛忘。坐來渾不厭，白日到羲皇。"

飯牛山人詩文集

[明]徐少游撰。少游字善可，又字勉之，號"瀾溪"，晚號"飯牛山人"，無爲州人。事迹具《州志·隱逸傳》。光緒《（安徽）通志》作"《飯牛集》"，今依《州志》著録。少游絕意進取，搆瀾溪草堂，讀書其中，與丁最、董仝唱和，吳廷翰結爲忘年友。《州志》録詩六首。

月當樓詩稿一卷詞一卷

[明]季孟蓮撰。孟蓮字叔房，號"石蓮"，無爲州人。諸生。年四十八卒。事迹具《州志·文苑傳》。崇禎間石首夏雲鼎嘗輯董其昌、李明睿、王思任、陳繼儒、楊文驄、曹學佺、譚元春及孟蓮詩，合刊爲八家集，板存季氏之漫滅不全，清乾隆十四年裔孫世澤悉出已刻、未刻諸詩詞，請同州汪有典合并遴選爲八卷。卷一樂府、卷二五古、卷三七古、卷四五律、卷五七律、卷六五言排律、卷七七絕、卷八詞，族孫舒等重刻，前有王思任、王在晋原序，又王夢鯨及有典序，侄孫運隆等撰傳略，後有世澤跋，道光二十五年裔孫邦鑑重印，有同州汪禧并邦鑑跋。此係抄本，詩二百九十三首、詞百十六首，又卷一樂府有目無詩者九首。道光、光緒《（安徽）通志》皆不著録。孟蓮爲思任、明睿所知，明睿并延課其子，其論樂府謂不如以新意寓古題，而不取李攀龍，論七律，謂李商隱源出徐庾，雖隱僻而森刻幽艷，與杜牧皆一時奇才，宗旨可知。有典謂其才高道廣，於鍾、譚諸流派亦時時效響，以見其無不可而其不爲。鍾、譚者，故卓卓著見於篇中。月當樓者，去江不數里，其所居也。《明詩綜》録一首、《州志》録三首，又載有《月當樓後集》《偶爽軒集》。

---

① 底本中没有"明"字，據上下文朝代爲"明"而增補。

素吟集八卷

[明] 崔冕撰。冕（字貢收，一字九玉，號"素庵"，巢縣人。龔鼎孳舉應博學弘詞科不就。事迹具《府志·文苑傳》）有《綜括廿一史》，已著錄。是集分體編卷，都六百四十五首，有康熙十一年自序。咸豐板毀，僅存古體四十一首，今體二百四十六首，内有七律七首，乃得之《居巢詩略》者，後有玄孫璧跋，爲《居巢崔氏詩存》之一種。冕與杜芥冐①、國柱游，足迹半天下，一發於詩，多鬱塞不平之氣。素吟者，取子思素位②、莊舄越吟③之意也。

片月樓稿

[明] 楊尚渾撰。尚渾字無鑿，懷遠人。鎮遠知府嘉猷子。嘗佐父靖邊任，阻黄臺吉三娘子之賞歲，省數萬金，督撫以邊功題叙酌用不受，清順治九年卒，年七十一。事迹具《縣志·耆舊傳》。集有桐城何如寵序，光緒《（安徽）通志》著錄，無卷數。據佟國弻撰墓志，尚渾文戰不勝，究心典籍，流連歌咏，嘗云："即獲朝榮如千秋，何問其志可知矣？"

岫雲閣草

[明] 楊尚渾撰。未刻。光緒《（安徽）通志》著錄，無卷數。據佟國弻撰墓志，尚渾晚搆岫雲小閣儲書，尤耽謝榛《吳川樓稿》，臨終索筆，書一絶云："牀頭別兒女，泉下謁君親。生平願足矣！何用淚橫衿。"

芥子堂詩鈔一卷

[明] 唐亮撰。亮字寅工，懷遠人。事迹具《縣志·耆舊傳》。亮所作多散佚。是集一卷，詩僅百餘首，蓋後人所抄撮，光緒《（安徽）通志》著錄。亮與鄉人秦偉人、沈健翮皆以詩鳴，尤工七律。性嗜酒、慷慨悲歌，頗存故國之思。

楚游稿 蜀游稿 閩游稿

[明] 潘世美撰。世美字濟美，號"十八"，六安州人。侍御嶽六世孫。明季入閩，歿於三山。事迹具《州志·文苑傳》。光緒《（安徽）通志》著錄，無卷數。世

---

① 冐：同"冒"。《正字通·冂部》："冐，俗冒字。"

② 素位：謂現在所處之地位。語出《禮記·中庸》（有一種説法《中庸》是子思所寫）："君子素其位而行，不願乎其外。"孔穎達疏："素，鄉也。鄉其所居之位而行其所行之事，不願行在位外之事。"

③ 莊舄越吟：莊舄（生卒年待考），亦稱越舄，越國人。莊舄出身貧寒，仕楚，位高權重，但雖富貴不忘故國，病中吟越歌以寄鄉思。後遂以"莊舄越吟""莊舄思歸""越吟"等表達不忘故國家園、愛國懷鄉的感情。

美爲楊四知甥，文名藉甚而艱於遇，又有《返棹^①無家》《廉下秋柳》諸稿，兵餘多散失。《州志》録詩五首。

聶繼皋詩文稿

[明]聶繼皋撰。繼皋字恤之，號"紫峰"，六安州人。指揮有禄孫。事迹具《州志·文苑傳》。據本傳，詩稿爲桐城齊維藩評定，孫之臺識其原委，曾孫燾藏於家。光緒《（安徽）通志》著録，無卷數。繼皋留心墳典，交游盡一時名士。嘉禾王毗翁令霍山與酬唱最多，巡撫張亮尤禮之，諮政治焉。

惜陰集

[明]潘紹徵撰。紹徵字見九，滁州人。年八十四卒。事迹具《州志·文苑傳》。光緒《（安徽）通志》列清代，今依《州志》著録。案：光緒《（安徽）通志》著録明桐城何瑭《柏齋集》十一卷，考清《四庫總目》録明何瑭《柏齋集》文十卷、詩一卷，乃嘉靖二十八年瑭外甥鄭世子載堉所刻，并録所撰《醫學管見》入醫家、《柏齋三書》入雜家，載瑭字粹夫，懷慶衛人，弘治十五年進士，歷官禮部右侍郎，其非桐城人甚明，又考《桐城志·理學傳》載何唐字尊堯，號"省齋"，正德十六年進士，官南京兵部主事告歸，而無何瑭，唐亦僅撰有《日省録》，而無他書，《縣志·藝文志》、道光《（安徽）通志》亦不載，知光緒《（安徽）通志》誤也，今削不録而附正其誤於此。

---

① 返棹：亦作"返櫂"。乘船返回。泛指還歸。

安徽通志稿·藝文考

集部十三　別集類十二

可處堂詩文集

[清] 姚孫森撰。孫森字繩先，號"珠樹"，桐城人。湘潭知縣之騏仲子。明天啓四年副貢，崇禎八年舉賢良方正，順治初以薦署浙江龍泉訓導，歸卒。事迹具《縣志·儒林傳》。詩有同縣吳道新、錢澄之、方孝標序，康熙五年仲子文燮刻於建寧。《江南通志》及道光、光緒《（安徽）通志》皆著錄，無卷數。孫森少與同縣蔣臣、葉組、方拱乾友，號"六駿"。其詩初學鍾惺，喜刻露①，既乃出入錢、劉，要以性情爲主，不襲王、李膚調。《龍眠風雅》錄六十三首、《桐舊集》錄十一首，内《集杜》一絶，爲《（龍眠）風雅》所無，餘字句亦多異。《龍眠古文》錄文六首。

意搆園集　蠅客軒集

[清] 江寧魁撰。寧魁字梅臣，婺源人。應天籍明天啓四年府學生。事迹具《縣志·文苑傳》。光緒《（安徽）通志》著錄，無卷數。寧魁幼通五經，過目成誦。《縣志》稱其文閎博雄奇，詩善李賀體，時比之徐渭云。道光《府志》"寧"作"凝"，蓋避諱改也。

端楚材詩稿

[清] 端茂杞撰。茂杞字楚材，當塗人。明崇禎三年舉人，入清官至户部主事，乞休。事迹具《縣志·宦績傳》。《江南通志》及道光、光緒《（安徽）通志》皆著錄，脱"材"字，今據《縣志》著錄。

---

① 刻露：猶畢露，完全顯露。宋歐陽修《豐樂亭記》："風霜冰雪，刻露清秀，四時之景，無不可愛。"

定山堂詩集四十三卷

[清] 龔鼎孳撰。鼎孳（字孝升，號“芝麓”，合肥人。孚肅子。明崇禎七年進士，歷湖北蘄水知縣、兵科給事中，入清官至禮部尚書，康熙十二年卒，諡“端毅”。事迹具前《國史•列傳》）有《奏疏》，已著録。按：鼎孳《過嶺集》刻於南京、《尊拙堂集》刻於江西，然皆非全集，此爲姜子羲纂輯，五、七古各二卷，五律十一卷，七律十七卷，五、七言排律、六言絶句各一卷，七律八卷，都四十三卷，康熙十二年三韓吳興祚刻，至十五年始刻成，前有興祚序及鼎孳子士積跋，有周亮工、吳偉業、尤侗、錢謙益、王鐸、李元鼎、葉襄、杜濬、余懷等序。錢序凡二，其二序《過嶺集》、杜濬亦序《過嶺集》、李元鼎序《尊拙堂集》，雍正間因錢序板入藩庫，乾隆三十九年通諭列爲禁書，其板則某布政攜往甘肅，同治間十四世孫彥緒照原目抄録成書，刻於光緒九年，有彥緒識語及李鴻章序。道光、光緒《（安徽）通志》皆作四十卷，今據本書著録。鼎孳與錢謙益、吳偉業齊名，顧有孝合爲《江左三家詩鈔》。王晫《今世説》稱其天才弘肆、數千言可立就，詞藻繽紛，都不點竄[①]；王士禎《池北偶談》亦謂其“流水青山送六朝”，爲才子語，今觀其詩多和韵、疊韵、限韵之作，層出不窮，其才固不易及也。

定山堂文集六卷

[清] 龔鼎孳撰。子士稚輯，康熙二十六年擬刻於湖北，適裁兵煽亂而止，龔志説乃擇集中小品爲二卷刻之，龔照瑗復輯刻續集、補遺四卷，至民國十四年龔心釗并選奏疏彙編成六卷刻之，後有心釗跋，蓋非士稚原輯之舊。吳偉業《梅村詩話》載鼎孳與書，讀者無不以爲徐庾復出。是集雖體兼駢散，然鼎孳富於才情，固當以駢體爲長也。

定山堂古文小品二卷續集一卷

[清] 龔鼎孳撰。龔志説擇文集中小品爲是集，刻於康熙間，道光十五年龔永孚重刻，光緒六年龔照瑗又取從子樹梓抄本并所得諸本，屬胡方宿參校刻之，即此本。

西塞詩

[清] 吳山濤撰。山濤字岱觀，號“塞翁”，歙縣人。錢塘籍明崇禎十二年舉人，入清授甘肅成縣知縣，罷歸。事迹具《縣志•詩林傳》。山濤既罷官，秦撫延之幕

---

① 點竄：修整、改動字句，潤飾。《三國志•武帝紀》：“公又與韓遂書，多所點竄。”

府，因得遨游塞外爲是集。光緒《（安徽）通志》著録，無卷數。《杭郡詩輯》録其詩。

野樵吟

［清］阮士鵬撰。士鵬號"巖山"，宣城人。崇禎十二年舉人，入清官至河南許州知州，致政歸。事迹具《縣志·宦業傳》。《江南通志》及道光、光緒《（安徽）通志》皆著録，無卷數。《縣志》録一卷。

盡性齋文集

［清］金光昊撰。光昊號"侶樵"，全椒人。參議九陛子。明崇禎十五年舉人，康熙五年官長子知縣，卒於官。事迹具《縣志·宦績傳》。光緒《（安徽）通志》著録，無卷數。

虛直軒文集十卷

［清］姚文然撰。文然字若侯，號"龍懷"，桐城人。孫棐第三子。崇禎十六年進士，順治三年以安撫李猶龍薦官至刑部尚書，康熙十七年卒，年五十九，謚"端恪"。事迹具前《國史·列傳》。集十卷，前四卷奏疏，餘皆雜著，乃歿後子士暨等所輯，十九年刻，有韓菼、徐秉義、潘江三序，道光九年重刻。道光、光緒《（安徽）通志》皆著録《姚端恪詩文集》二十二卷，今據本書著録。文然幼與方亨咸同學，方作《賊風論文》、文然作《德風論》駁之。潘江謂其通達治體、曉暢事情，全乎歐陽之文。《龍眠古》録三十三篇、李祖陶《國朝文録續編》録二卷。

虛直軒詩集十二卷

［清］姚文然撰。凡十二卷。文然少即工詩，林居時尤肆力，嘗謂古詩温柔，澹折其質也，至其神氣生動，思婦、羈人之情狀，千年而下如見其形，若聞其聲，或密而疏、似直而曲，建安則曹植庶幾近之？唐惟李白得其一二，杜甫雖自成一家言，未是此中入室云云。論詩如此，其取法可知。潘江謂其沉浸醲鬱、調高響亮，在李杜間；韓菼亦謂其蘊藉醇厚有古風。《龍眠風雅續集》録一卷、《桐舊集》録十三首，字句多與《（龍眠）風雅》異。

心遠堂集四十二集

［清］吳國龍撰。國龍字玉驪，號"亦巖"，全椒人。國對弟。明崇禎十六年進士，授户部主事，順治初以薦，官至禮科掌印給事中，假歸卒。事迹具《縣志·宦

續傳》。集四十二卷,《江南通志》及道光、光緒《(安徽)通志》皆著錄。本傳稱詩文稿甚富,人多以書法逼古藏去①之,子晟更輯遺集行世,不知是否此集也。《縣志·藝文》作三十四卷,王爾綱《名家詩永》錄其詩。

梅谿文集六卷

[清]方都秦撰。都秦字百二,懷寧人。明崇禎諸生。事迹具《縣志·文苑傳》。都秦少壯之文,一毀於順治二年之兵燹,再毀於康熙十年之水災,十亡八九,是集乃其子倓所輯。卷一曰論、曰記,卷二曰辨、曰序,卷三曰傳、曰祭文,卷四曰賦、曰書、曰説,卷五以下皆代作爲序、爲記、爲壽、爲祭文,都九十三篇,同訂者爲門人范珫、黃甲高,同校者爲女夫黃甲新、韓馭、戴鏞、劉起鳳,同參者爲從子位偷,僅共九人,前有阮樫、潘江、任塾、佟世思序及自序,後有黃甲新跋(抄本跋不全然稱都秦,曰外舅,又自稱曰新知即同校之,黃甲新也),阮、任序皆作於康熙十九年,佟序作於二十年,潘序又稱剞劂垂竣,函其副本屬爲之序,蓋即刻於其時,惟據卷四《與家樓岡(方孝標字)書》,方孝標亦嘗爲集序,而是本無之,蓋已佚也。光緒《(安徽)通志》著錄,"谿"作"溪",今據本書著錄。都秦自言文者,貫道之器,儒者之言,必求近道,其宗旨可知;潘江尤稱其論辨之文。梅谿,其所居也。

嶺雲詩集六卷

[清]方都秦撰。光緒《(安徽)通志》著錄。《縣志》載是集,無卷數。王爾綱錄入《名家詩永》。

木厓集五十六卷

[清]潘江撰。江(原名大璋,字蜀藻,一字耐翁,別號"木厓",桐城人。明崇禎初諸生,康熙十九年、二十一年兩舉,隱逸皆以疾辭,四十一年卒,年八十四。事迹具《縣志·文苑傳》)有《六經蠡測》,已著錄。是集詩文共五十六卷,康熙乙卯、丙辰間知縣陽信王凝命刻,乾隆四十五年禁毀。光緒《(安徽)通志》著錄《木厓詩集》八十卷,蓋并續集三十卷而言,非確數。此本乃裔孫田從《風雅續集》《木厓詩鈔》暨他書輯錄。首賦,次樂府,次五古、七古,次五律、七律,次五言、七言排律,次五絕、七絕,次詩餘,編爲十一卷,又考作詩之時與事爲之注,原撰《木厓集考異》亦散入各句下而錄。《木厓詩鈔》所載張英序、潘義炳跋、錢澄之

① 藏去:收藏。《漢書·游俠傳·陳遵》:"性善書,與人尺牘,主皆藏去以爲榮。"顏師古注:"去,亦藏也。"

《田間集·潘蜀藻詩序》及《風雅續集》例言一則於前，原有徐徽之、吳道新序，已佚。據《木厓續集》卷二十二《思舊詩》原注：吳江顧有孝《百名家詩鈔》曾録江詩并載徐徽之序及諸家評語，三原孫枝蔚嘗選詩亦録江《梁園草》，此二集今皆不可見。又康熙末上元朱豫選《國朝詩萃》録江詩，前有《尊酒行》《戰城南》二首，今考此二詩見《龍眠風雅續集》卷二，乃方亨咸詩，一詩錯出兩人之集，固不能定爲誰作，惟《（龍眠）風雅》乃江所輯，不應以己詩爲他人之詩。此本所采有《浮山志》《皖典類編》、王爾綱《名家詩永》、徐釚《續本事詩》，而不及《詩萃》，不爲無見。又徐璈《桐舊集》録江《清明上河圖詩》，與《（龍眠）風雅》不同，而《（龍眠）風雅》較勝，不知璈所據何本。又《自桐至定陶》第五首、第六首，《桐舊集》誤爲《寄劉爾雅詩》，《寄劉爾雅》第二首又誤爲《出紫荆關》第二首，此亦於考異中加以訂正。江論詩古體祖蘇、李、陶、謝，近體宗開元、大曆。錢澄之稱其學白居易，亦時出入錢劉[1]；張英謂其兼杜、白之勝，直寫胸臆而不傷其涵蓄高淡；吳道新亦謂其不專仿長慶；方文《嵞山集》有《過潘蜀藻談香山詩甚快》[2]詩云："貪看酷嗜無如爾，短諷長吟不論篇。自是性情真契合，豈因朋好故周旋。往時刻畫杜工部，近日沉酣白樂天。異地何曾相告語，同心不覺自鑽研。君才通敏摹應[3]似，我筆粗疏恨未全。"合之集中《讀香山詩》十韵，可以知其旨趣所在云。

木厓續集三十卷

〔清〕潘江撰。編年分卷，卷各有子目，曰《丙丁餘草》一卷，曰《萊戲草》、曰《倚廬草》，各三卷，曰《卜築吟》二卷，曰《河墅詩》十三卷，共二十二卷，乃康熙十五年丙辰十月至三十二年癸酉十一月十七年之詩，卷二十三至三十闕。自一至六卷，刻於康熙二十年辛酉，自七至十五卷刻於康熙二十四年乙丑、自十六至二十二卷刻時未詳，前有吳道新、張英、何永紹、方中履及門人戴名世、謝淳序，吳鳳占題詞，卷末一卷，乃裔孫田所輯，皆二十二卷以後之詩，然不能知爲何卷，詩亦不多，故統爲卷末附後。又卷二十二《錢西頑挽詞》第三首以下，多被蠹蝕，亦無從抄補，至《戴名世序》，《南山集》無前一段，其餘亦有異同，當爲名世後來所自刪改也。

---

① 錢劉：中唐詩人錢起、劉長卿。二人均工五言，尤長五律。

② 據《嵞山集》卷十（清康熙二十八年王槩刻本）題爲：《秋日歸里飲潘蜀藻茅堂談香山詩甚快有贈并示從弟井公（癸巳）》。

③ 應：據《嵞山集》卷十（清康熙二十八年王槩刻本）爲"多"字。

木厓詩鈔二卷文鈔二卷

[清] 潘江撰。雍正十一年縣人胡宗緒膺安撫書院之聘，拉江孫義炳共事，義炳以《木厓集續集》年久不無蠹蝕，且全集繁重難於印摹，與同學諸子取前刻約鈔詩文各二卷。詩鈔卷上首賦、次樂府、次五七古，卷下首五七律、次五七言排律、次五七絶、次詩餘，前有目録并張英舊序。文鈔卷上，首序、次題詞，卷下首記、次行狀、行略，次祭文、哀詞，次議、次墓志銘、次傳，前有目録，後有義炳跋，張廷玉刻。民國元年族孫陞重印文鈔，有繆荃孫序并傳，惟《詩鈔》與《木厓續集》及《風雅續集》卷末所載多互異，詳見裔孫田所撰《木厓集考異》。文鈔如齊蓉川、姚端恪、徐羽先諸集序，送張如三序、族譜後序、祖妣及亡妻諸行略、從祖緋郎墓志、項烈婦傳暨諸譜傳，按之各本集及張氏所藏贈序，暨潘譜亦多不同，其爲江晚年更訂，抑重刻所改，皆不可知。《木厓集》既遭禁毀，《續集》亦缺後八卷，江文及前集中詩，猶賴此以存什一也。

清溪集

[清] 戴閎閶撰。閎閶字式其，桐城人。耆顯子。明崇禎縣學生。事迹具《縣志·文苑傳》。光緒《（安徽）通志》著録作"戴宏開"，《桐舊集》作"戴宏閶"，皆誤，今據《縣志》及《龍眠風雅》著録。閎閶好古力學，詩文博雅。左光斗以女妻之。《龍眠風雅》録二首、《桐舊集》録一首、《縣志》又載有《感遇詩》。

杜律分注

[清] 戴閎閶撰。光緒《（安徽）通志》著録"集部·箋注類"，無卷數。

水村詩鈔一卷

[清] 吳道坦撰。道坦字次履，號"易齋"，桐城人。道新弟。明崇禎末諸生。道光、光緒《（安徽）通志》皆作"《易齋詩集》一卷"，今據《縣志》著録。《延陵詩鈔》系傳云道坦晚居雙溪，築室環以竹，顏曰"水村竹屋"，喜秣陵風景，留題幾遍。《桐舊集》録五首。

葵園集二十卷

[清] 左國鼎撰。國鼎字夏子，號"騑楚"，桐城人。光先長子。明崇禎末諸生，早卒。事迹具《縣志·儒林傳》。道光、光緒《（安徽）通志》皆著録，無卷數。考《龍眠風雅·小傳》，稱所著詩文有《濟細草》《袚閏集》《類觸編》，《龍眠古文·小傳》亦載有《拂雲》《類觸》諸稿，皆不云有是集，惟《縣志》本傳載是集三册，

《藝文》又作二十卷，今據以著録。國鼎從姚康學古文，其所爲康傳，潘江謂置之《掌慧軒集》中，幾不可辨。掌慧，康集名也。《(龍眠)風雅》録詩二十三首。《桐舊集》録三首，字句多異。

辰山詩文集

［清］吳昌猷撰。昌猷字閭圃，桐城人。差强子。崇禎末處士。道光、光緒《(安徽)通志》皆著録，無卷數。《龍眠風雅》録詩八首、《桐舊集》録二首。

醉竹吟三卷

［清］陳赤撰。赤字貞士，號"懷丹"，自號"醉竹子"，本揚州人，明季避迹壽州之正陽，遂爲壽州人。諸生。事迹具《州志·儒林傳》。詩三卷，凡四百餘首，乃其子所刻，有雍正四年州人俞化鵬序，刊本藏孫氏琅琊山館。光緒《(安徽)通志》著録《陳赤詩文集》，無集名、卷數，今據《州志·藝文》著録。赤抱經濟才，未遂厥志，往往發露於詩。李兆洛稱其專工律體，品格在白陸間。《小山嗣音》録五律二十一首、七律五十一首。

芝嶼集六卷

［清］趙獻撰。獻字方叔，本巢縣人。明進士。一韓孫。清初避禍於無爲州，遂爲(無)爲州人，廩生。事迹具《州志·文苑傳》。光緒《(安徽)通志》著録，無卷數。又作"獻可"，誤，今據《州志》著録。擁書千卷，口誦手披寒暑不輟。《州志》録七律一首。

鶴林詩文集

［清］魯士清撰。士清字啓我，懷寧人。卒年二十四。事迹具《縣志·文苑傳》。光緒《(安徽)通志》著録，無卷數。《縣志》作"《鶴林集》"。士清質穎，力學好爲詩，與劉若寅、白瑜唱和。

遡游集　石倉詩藝

［清］蔣愚撰。愚字潛伯，桐城人。明户部主事臣長子。府學廩生。事迹具《縣志·文苑傳》。光緒《(安徽)通志》著録，無卷數。

後笑齋文遴十卷

［清］楊森撰。森字嘉樹，桐城人。事迹具《縣志·文苑傳》。光緒《(安徽)

通志》著録《文遜》，又著録《後笑齋集》，皆無卷數，今據《續修縣志・藝文》著録。《桐城文録》録其文。

後笑齋詩遜

[清] 楊森撰。光緒《（安徽）通志》著録《詩遜》，無卷數。考潘江《龍眠風雅續集》初刻本目録，卷二十五有森名，詩已佚，又考建德王爾綱《名家詩永》，卷九録森《和姜鐵夫苦雨見懷》七律一首，貴池郎遂《池陽韵紀》，卷四録森《題沈石雲萬軸樓讀書圖》七古一首，皆作江西東郷人，疑森本籍江西，亦如王宣本金谿人，而家桐城，然《縣志》不詳，今不可考。其詩云："懷中流水瀉齊州，天下蛟龍不自謀。鼕麥一年又手過，鶯花三月閉門休。風塵杜甫無茅屋，今古嚴陵有敝裘。寄語少微雲霧裏，光芒遥射謫仙樓。"又云："沈君家有藏書樓，築在龍巖之山陬①。畫山與樓懸樓上，置身樓上山樓頭。山下著樓高百尺，樓上山皴半天碧。山内之山樓内樓，却以一身分主客。手持一本兩本書，架插千卷萬卷餘。畫中畫外交相問，我讀此罷君何如？當代藏書首黄子（原注謂俞邰），七萬卷皆通大旨。和硃研露千頃堂，坐卧未能有山水。沈君用意遠且閑，豈但藏書兼藏山。金馬門前幾時去，書樓縹渺煙雲間。"森詩既不傳。《（名家）詩永》《（池陽）韵紀》又皆孤本，故録以備考焉。

黄草草

[清] 羅逸撰。逸字遠游，歙縣人。事迹具《縣志・詩林傳》。光緒《（安徽）通志》著録，無卷數。逸工詩，爲李大泌、鍾退谷所賞。

鴻逸堂稿

[清] 王煒撰。煒一名艮，字不庵，歙縣人。貫一子。事迹具《縣志・文苑傳》。光緒《（安徽）通志》著録，無卷數。煒世傳理學，與顧炎武游。

廬山集

[清] 閔麟嗣撰。麟嗣字賓連，歙縣人。事迹具《縣志・文苑傳》。光緒《（安徽）通志》著録，無卷數。據《縣志》，麟嗣踪迹遍天下，所至皆有詩，所著詩草三種，魏禧、施閏章爲之序，是麟嗣詩固不止一集也。閏章稱其得山川之助，隱秀麗則殆兼有之；沈德潛稱《廬山》一集，尤膾炙人口。《（清詩）別裁集》録五古

---

① 山陬：山角落。借指山區偏僻處。

二首。

太璞山人集

[清] 項琳撰。琳字人玉，歙縣人。事迹具《縣志·文苑傳》。集有吳偉業、徐秉義序，光緒《（安徽）通志》著録，無卷數。琳一再試不售，遂棄去，專力古文詞，一時名宿皆慕與之游。

攬芷軒詩存

[清] 鄭燾撰。燾字溥如，歙縣人。諸生。是集乃燾歿後子重光所輯，萊陽姜安節汰其什之二三，前有宗元豫、程夢簡序及安節跋各一。燾早歲從李本寧、王遂東游，嘗倡東園社，真州遭亂，窮始甚。元豫謂其清新如王孟、寒瘦如郊島、雅鍊如錢劉、穠鬱如温李；孟簡①亦謂其原本騷雅、參以三唐、哀怨纏綿、寄托深隱。

方省齋詩稿三卷

[清] 方兆曾撰。兆曾字沂夢，號"省齋"，先世歙人，寓蕪湖。布衣。事迹具《蕪湖志·流寓傳》。光緒《（安徽）通志》著録，無卷數。據《蕪湖志》，兆曾無子，卒後陳鸞遍搜遺什，彙爲是稿存其家，又據黃鉞《畫友録》，兆曾所著詩三卷，在蕪湖蕭璟家未刊行，蓋即鸞所輯也，今據以著録。兆曾弱冠棄舉業，攻古文詞，爲蕭雲從所稱賞，又與湯燕生同居十七年，近體咏物工雅在崔鄭間，至避兵東村諸詩及古樂府諸咏，則又寤寐②杜甫，燕生其父友也。王爾綱録入《名家詩永》。

冠清樓集 五臺游草

[清] 汪瑶光撰。瑶光字文岫，歙縣人。道昆孫。府學生。事迹具《縣志·詩林傳》。《江南通志》及道光、光緒《（安徽）通志》皆著録，無卷數。

香林草

[清] 汪瑶光撰。光緒《（安徽）通志》著録，無卷數。

軒轅閣詩集

[清] 王元度撰。元度字符素，歙縣人。諸生。事迹具《縣志·詩林傳》。光緒

---

① 孟簡：即"程夢簡"，故"孟"當爲"夢"之誤。

② 寤寐：醒與睡。常用以指日夜。引申指日夜思念、渴望。明李東陽《與方石先生書》："今聖天子方重士風，采輿論，有寤寐英賢之意。"

《（安徽）通志》著録列明代，《縣（志）》《府志》皆作“清人”，今據以著録。元度姿禀超邁，讀書一過成誦，游心周秦以上古文詞，晚逃於禪。

韜文吟稿一卷

[清] 畢著撰。著字韜文，歙人。崑山王聖開妻。事迹具《縣志·雜記拾遺》。光緒《（安徽）通志》著録，無卷數。光緒《（安徽）通志》作一卷，蓋據《府志》，今依以著録。考沈德潛《（清詩）別裁集》，德潛曾見著稿於兄來遠處，録五古、七絶各二章，來遠殁，遍索不得，因録二首於《（清詩）別裁集》，是其集存否，已不可知。著父守薊邱與流賊戰死，尸被擄，著即夜率精鋭入賊營手刃其渠①，輿尸還葬，時年二十歲。《（清詩）別裁集》所録《紀事》五古，即咏此事也。

垂虹集一卷

[清] 戴昭撰。昭字廷明，休寧人。事迹具《縣志·風雅傳》。光緒《（安徽）通志》載是集，無卷數，又列之明代，今據《縣志》及《府志》著録。昭工詩，與兄廷昶齊名。

緑曉草堂稿

[清] 程長銘撰。長銘字銘也，休寧人。錢塘籍諸生。事迹具《府志·文苑傳》。光緒《（安徽）通志》著録，無卷數。長銘游幕於閩，晚始歸故，生平著作得於閩者爲多，黄周星、曹溶皆重之。

山居詩一卷　瓿遺草一卷　凝玉堂詩集二卷

[清] 李之芬撰。之芬原名卓，字子約，婺源人。上元籍明諸生，入清復隸婺爲廩生，年四十八卒。事迹具《縣志·學林傳》。光緒《（安徽）通志》著録。之芬少穎悟，涉獵經史，王南陔雅重之。

謌巖集　謌巖後集

[清] 程賜榮撰。賜榮字天愍，號“謌巖”，婺源人。諸生。事迹具《縣志·文苑傳》。光緒《（安徽）通志》著録，無卷數。賜榮數歲即工吟咏、辨聲病，受業從叔昌誼，又從汪志稷、曹鳴遠、余維樞講學。嘗論王、李流弊，以爲活剥生吞、性

---

① 另有文記載：“國初時著父剿流賊陣亡，尸爲賊所得，衆議請兵復仇，著謂請兵則曠日賊知備，即於是夜率精鋭入賊營，賊方飲酒驚駭間，著手刃其渠，衆潰以兵追之，多自相踐踏死者，輿父尸還葬於金陵。”（清余金輯《熙朝新語》卷一，清嘉慶二十三年刻本）

情幾汨，我則寧曲無直、寧新無腐、寧受怪俗無苟悦庸耳云。

漁山詩選二卷

［清］孫光啓撰。光啓字石麟，號“漁山”，黟縣人。事迹具《縣志·文苑傳》。光啓性嗜游，嘗走吳越、齊楚、燕趙，所至皆有詩輒棄去，其友汪有光掇拾散逸爲是選并爲之序。光緒《（安徽）通志》作一卷，今據道光《府志》著録。《縣志》録詩三首。

薛荔集

［清］汪有光撰。有光字謙子，黟縣人。縣學生。事迹具《縣志·儒行傳》。光緒《（安徽）通志》著録，無卷數。有光中歲棄諸生業，與休寧張膽講道石林三十餘年，蓋明末清初人也。《縣志》録文三首。

補峰詩集

［清］許尚遠撰。尚遠字文羽，號“補峰”，黟縣人。事迹具《縣志·文苑傳》。光緒《（安徽）通志》著録，無卷數。尚遠性恬澹、不樂仕進、博覽群書、工吟咏，書畫皆學米芾，黟之工山水者，江仲璧後罕有其匹也。《縣志》録一首。

困庵詩集

［清］余士升撰。士升字困庵，黟縣人。縣學生。事迹具《縣三志·文苑傳》。光緒《（安徽）通志》著録，無卷數。士升嘗與程功、許尚遠、王懋賞、余煒十餘人游林歷山，有詩泐石，蓋清初人也。

林歷山館詩草

［清］余廷芳撰。廷芳字丹五，黟縣人。增生。事迹具《縣三志·文苑傳》。光緒《（安徽）通志》著録，無卷數。廷芳講學林歷山，與王懋賞尋得新洞，闢松島、竹泉諸勝，蓋亦清初人也。

虯松子詩稿

［清］汪文渡撰。文渡字于岸，績溪人。事迹具《縣志·隱逸傳》。道光《（安徽）通志》“渡”作“度”、光緒《（安徽）通志》“汪”作“王”，今據《縣志》著録。文渡結茅舟山，與知己徜徉其中。

浮筠軒集

[清] 吳鋑撰。鋑字若金，宣城人。伯敷子。府學生。事迹具《縣志·文苑傳》。光緒《（安徽）通志》著録，無卷數。鋑制義①與沈壽民齊名，時稱"吳沈"，詩尤清拔②。《縣志》録一首、《宛雅三編》録二首。

澗影詩文集六十卷

[清] 俞綬撰。綬字去文，號"澗影"，宣城人。諸生。年七十六卒。事迹具《縣志·文苑傳》。是集六十卷，光緒《（安徽）通志》誤爲明汪念顯著，今據《縣志》更正。綬爲詩文詞不加點，長於叙事，得史漢法，或徐步微吟，茗飲數杯立盡十餘紙。泗州施端教令范縣嘗聘修縣志。《宛雅三編》録詩三首。

西湖邅嘯集

[清] 孫竹撰。竹字稊君，宣城人。給諫襄從弟。事迹具《縣志·文苑傳》。光緒《（安徽）通志》著録，無卷數。考《縣志》，襄明崇禎七年進士，順治元年授刑科給事中，則竹清初人也。《縣志》稱其尤長於詩，雕刻奇創類李賀。《宛雅三編》録三首。

衡山詩稿

[清] 釋衡範撰。衡範字衡山，銅陵人。俗姓錢，遭亂爲僧，住宣城廣法寺，康熙四十年卒於語山清涼庵。事迹具《寧國志·仙釋傳》。《江南通志》及道光、光緒《（安徽）通志》皆著録，無卷數。《寧國志》録斷句三韵。

雲屋和尚集

[清] 釋音住撰。音住字雲屋，寧國人。明清之季卓錫③白雲山奉聖禪院。事迹具《縣志·仙釋傳》。《江南通志》及道光、光緒《（安徽）通志》皆作"衡範"，誤，今據《縣志》著録。《宛雅初集》録五律二首。

---

① 制義：即八股文。明清科舉考試制度所規定的一種文體，也叫時文、制義、制藝、時藝、四書文、八比文。這種文體有一套固定的格式，規定由破題、承題、起講、入手、起股、中股、後股、束股八個部分組成，每一部分的句數、句型都有嚴格的限定。

② 清拔：形容文辭清秀脱俗。《舊唐書·文苑傳下·温庭筠》："庭筠著述頗多，而詩賦韵格清拔。"

③ 卓錫：卓，植立；錫，錫杖，僧人外出時所用。因謂僧人居留爲卓錫。

安徽通志稿·藝文考

集部十四　別集類十三

麟定堂詩集

〔清〕劉應縉撰。應縉字晋雲，宿松人。順治二年恩貢，選儀徵訓導、遷青陽教諭，裁缺①歸，年八十卒。事迹具《縣志·文苑傳》。光緒《（安徽）通志》著録，無卷數。應縉幼能詩、千言不竭。《縣志》又載有《燕游草》《華峰游草》《琅月吟》三種未刊。

陟山堂集

〔清〕韓献撰。献字公碩，號"夢懶"，六安州人。順治二年舉人，官福建古田知縣，罷歸，年七十餘卒。事迹具《州志·宦績傳》。《江南通志》及道光、光緒《（安徽）通志》皆著録，無卷數。考徐致覺《遁史詩稿》（卷五），有《韓公碩詩稿梓成走筆索之》七律一首，是集曾刻行也。《州志》録三首。

休休軒集八卷

〔清〕金輝鼎撰。輝鼎，全椒人。順治三年恩貢。集八卷，道光、光緒《（安徽）通志》皆著録。

---

① 裁缺：謂官吏免去原任官職，等候補缺。清鈕琇《觚賸·粵藩預定》："顔方伯敏裁缺家居，久不得調。"

十松園古文一卷

[清] 程如熊撰。如態①字桓子，號"毅庵"，又號"十松"，桐城人。順治三年、康熙十一年兩中副榜，年九十五卒。事迹具《縣志·文苑傳》。光緒《（安徽）通志》載是集，無卷數，今據《縣志》著錄。如熊七歲能詩文，與鍾惺、陳明卿、王綱伯、孟東圃、蔣臣、葉燦游，搆十松園，顏其堂曰"尚友"。其文凡三變，由俊快、奇麗而疏宕云。

集蔞齋稿　玉煙園稿　淮游稿　七十後稿

[清] 程如熊撰。光緒《（安徽）通志》著錄，而并《淮游七十後稿》爲一則，誤，今據《縣志》更正。如熊詩亦三變，由悲壯、雄渾而清淡云。

愚山文集六卷

[清] 俞邦奇撰。邦奇字庸幼，蕪湖人。順治四年歲貢。事迹具《縣志·文學傳》。文六卷，光緒《（安徽）通志》著錄。邦奇藏書萬卷，丹黃幾遍，晚潛心內典②，卒之日爲詩別諸友，投筆而逝。

中裕堂集　皇華草

[清] 程芳朝撰。芳朝字其相，號"立庵"，桐城人。順治四年一甲第二名進士，官至太常寺正卿告歸，康熙十五年卒，年六十六，私謚"文純"。事迹具《縣志·宦績傳》。《桐舊集》載芳朝有《太常集》。考潘江《木厓續集》卷一《挽芳朝詩》注云，公有《中裕堂集》及《皇華草》，曾屬予點定。潘、程同時，又定其集，今據以著錄。芳朝家貧嗜學，同縣葉燦嘗延訓子。詩不求工聲律，然間一興寄，春容溫雅，得殿閣體。《皇華草》，其使安南詩也。《龍眠風雅》錄八十四首、《桐舊集》錄十五首。《龍眠古文》錄文九篇。

大指齋集十二卷

[清] 吳道凝撰。道凝字子遠，一字至之，號"虛來"，桐城人。明諭德應賓子。順治四年進士，歷山東長清、浙江奉化知縣，挂議歸。事迹具《縣志·宦績傳》。集十二卷，光緒《（安徽）通志》著錄。道凝長於詩賦，古文援筆千言立就。潘江

---

① 前著錄"清程如熊撰"，此又著錄爲"如態"，其必有一誤。考清何紹基撰光緒《重修安徽通志》卷三百四十四，其著錄有："十松園文集程如熊著""集蔞齋稿程如熊著""玉煙園稿程如熊著""淮游七十後稿程如熊著"四條，故當爲"如熊"，"如態"爲誤。

② 內典：佛教徒對佛經的稱呼。宋王禹偁《左街僧錄通惠大師文集序》："釋子謂佛書爲內典，謂儒書爲外學。"

《龍眠風雅》録詩六十一首，稱其含咀漢魏、灛汋①三唐，有朱絃清廟之遺，又謂轉徙以來，其集不可復得。《己酉録》未刊，詩數十首亦歸烏有，僅從《遇江集》及舊抄本采若干篇，是其集在康熙時已不免零散也。《桐舊集》録十六首，其六言絶句一首爲《（龍眠）風雅》所無。

澹吾廬集

［清］張畢宿撰。畢宿字兆蘇，號“六園”，當塗人。順治四年進士，官江西上高知縣，年七十四卒。事迹具《縣志·文學傳》。《江南通志》及道光、光緒《（安徽）通志》皆著録，無卷數。畢宿與桐城方以智、武進吕蒼忱立正音會，推爲僑肸②。

兩松稿

［清］張鶴撰。鶴，當塗人。畢宿從子。事迹具《縣志·文學傳》。光緒《（安徽）通志》著録，無卷數。

林屋詩集九卷

［清］鄧旭撰。旭字元昭，號“林屋”，壽州人。順治四年進士，官翰林院檢討、改甘肅洮岷兵備道按察司副使，引疾歸。康熙二十二年卒，年七十五。事迹具《府志·政事傳》。旭前後集有《岱游詩》《游嵩詩》《秦中紀游》《吳越游詩》《楚游詩》《浮黄集詩》諸目。是集九卷，乃旭歿後門人常熟錢陸燦所定，存十之六七，有康熙二十三年陸燦序，道光、光緒《（安徽）通志》皆著録。旭酷好李賀，故古體多奇語。陸燦謂其排奡詰屈③、鈌劀洗鍊④，在石鼎莎栅⑤間，近體古淡、香艷則出入王孟温李云。林屋者，旭先世家蘇州西洞庭山林屋洞，明初徙富户，實鳳陽傳四世，又自臨淮徙壽，至旭居南京又入籍焉，然常欲結廬、洞庭，以老故以爲號并以名集也。

---

① 灛汋：音jì yuè，井水時有時竭。《爾雅·釋水》：“井一有水一無水爲灛汋。”

② 僑肸：指春秋鄭大夫公孫僑（子産）和晋大夫羊舌肸（叔向）。二人友善，并以才智見譽於當世。明張煌言《答趙安撫書》：“不佞與執事葷從容羊陸之交，往來僑肸之好。”後用以借稱哲人賢士。

③ 排奡詰屈：排奡，矯健，形容文筆剛强有力。詰屈，文詞艱澀難讀。明胡應麟《詩藪·古體中》：“樂府至詰屈者，《朱鷺》《臨高臺》等篇。”

④ 鈌劀：謂雕琢。明李東陽《麓堂詩話》：“李長吉詩，字字句句欲傳世，顧過於劀鈌，無天真自然之趣。”洗鍊：簡練。多形容語言、文字、技法、動作、藝術風格等。清陳廷焯《白雨齋詞話》卷六：“樊榭造句多幽深，穀人措詞則全在洗鍊，又不逮樊榭遠甚。”

⑤ 石鼎莎栅：指韓愈創作的《石鼎聯句》《莎栅聯句》詩。在此借指韓愈詩文風格。案：韓愈詩文具有遣詞雕琢務新、語言晦澀艱深、聲韻險急聱牙、文風雄健奇崛之特色，因鄧旭詩風多奇語、排奡詰屈、鈌劀洗鍊，與韓愈詩文風格相近，故錢陸燦曰其“在石鼎莎栅間”。

李兆洛《小山嗣音》錄七十三首、《（清詩）別裁集》錄二首。

柱雪山房文集

［清］盧璣撰。璣字爾琛，潛山人。順治五年恩貢，官至浙江温州知府，卒官，年五十九。事迹具《縣志・宦績傳》。道光、光緒《（安徽）通志》皆著録，無卷數。

慈崖詩文集

［清］張問明撰。問明字心鏡，盱眙人。順治五年恩貢，官宣化府經歷。事迹具《縣志・貢舉》《（縣志）人物》二志。光緒《（安徽）通志》作“問名”，誤，今據《縣志》著録。

餘齋集

［清］方膏茂撰。膏茂字敦四，號“寄山”，桐城人。少詹事拱乾第四子。順治五年舉人，十五年以弟章鉞科場案謫寧古塔，居二年釋歸。事迹具《縣志・文苑傳》。光緒《（安徽）通志》著録，無卷數。《龍眠風雅續集》目録卷二十五，有“膏茂”名下注“嗣刻”二字，而無詩，《（清詩）別裁集》《桐舊集》《方氏詩輯》皆僅録《歸家》五律一首，疑集已佚矣。郎遂《杏花村志》録《鐵佛寺》五律一首。

龍巖集

［清］許允成撰。允成字展也，號“龍巖”，南陵人。順治五年舉人，歷潁州學正、金壇教諭。卒官。事迹具《縣志・文苑傳》。光緒《（安徽）通志》著録，無卷數。《縣志》録《均役闓解碑記》《論復鄉兵酌處夫馬》二書，皆關地方利弊。

年草一卷

［清］王絲撰。絲字言如，合肥人。順治五年舉人，官湖北黄州府推官，左遷裕州僉判，以老乞歸。事迹具《縣志・人物志》。是集一卷，始明崇禎五年壬申迄順治十七年庚子，都古今體百四十六首，有南州熊文舉及弟綱序，順治十七年刻。裔孫象明藏抄本，有民國十九年縣人楊開森序，詩後多附評語，而無姓名，中有稱伯兄者，疑皆出其弟綱。《府志・宦績傳》作“《年初草》”、《藝文》又作“《年初集》”，今據本書著録。絲出同縣范應謙門，見賞於文舉而友宋犖。文舉稱其性情孤

異、風韵蕭閑①。開森又稱有《續年草》一卷。

四松齋集

[清] 方畿撰。畿字奕于，一字少游，號"還青"，又號"四松居士"，桐城人。大美孫、應乾子。順治六年恩貢，授河間府推官，攝保安州，遷漢中府同知。事迹具《縣志·宦績傳》。光緒《（安徽）通志》著録，無卷數。潘江《龍眠風雅》録畿詩三百十一首，凡一卷，惟又稱其詩近萬首，則所録尚不及三十分之一也。畿早工吟咏，入仕益苦吟不輟，家人曰得無妨公事乎？遂挂冠歸，晚卜築龍眠，與李雅、左國棟、國材、鄧束之、錢澄之、李銓、潘江、姚文焱、何永紹唱和。其詩瓣香②岑參、蘇軾，佳處亦往往似之。四松齋者，其所居楊灣東園有四松，故以名。徐璈《桐舊集》録十六首，字句較《（龍眠）風雅》多不同，疑璈所改也。

光啓堂文集

[清] 方玄成撰。玄成字元錫，一字孝標，別號"樓岡"，避諱以字行，桐城人。順治六年進士，歷內弘文院侍讀學士，充經筵講官十四年，以江南科場事株連謫寧古塔，居二年釋歸。事迹具《縣志·文苑傳》。光緒《（安徽）通志》著録，無卷數。考懷寧方都泰《梅谿文集》有《鈍齋二集序》，蓋爲玄成作，稱其無一語吞剥③史漢、依傍④韓歐，自成一方子之文。

鈍齋詩選二十二卷

[清] 方玄成撰。凡二十二卷，卷一至卷四五古、卷五卷六七古、卷七至十二五律、卷十三至卷十九七律、卷二十五言排律、卷二十一五絕、卷二十二七絕，有吉州劉砥、青原弘智序及自序。光緒《（安徽）通志》著録《鈍齋詩集》，無卷數。民國七年湖北周退舟得刻本於書肆并爲之跋，惟卷首闕序二葉、卷十六闕前半葉、卷十七闕第二葉，縣人光雲錦録副，此又從光本傳抄者，今據以著録。孝標七歲學詩，有"溪聲益雨添新響，山谷移雲作晚峰"之句，初效李何、王李，亦雜鍾譚，繼省所學，皆非始悉力於古。集中如《論事詩》⑤（卷二），謂太子、定王皆死於賊，乃地藏庵僧法乘親見，永王亦死於劉宗敏，南北太子皆僞，又《交水驛遇折臂翁》（卷

---

① 蕭閑:瀟灑悠閑,寂靜。唐顧況《山居即事》詩:"下泊降茅仙,蕭閑隱洞天。"

② 瓣香:師承,敬仰。清洪亮吉《北江詩話》卷一:"近來浙中詩人,皆瓣香厲鶚《樊榭山房集》。"

③ 吞剥:生吞活剥。比喻不加領會,生硬套用。

④ 依傍:參照,模仿。明陸時雍《詩鏡總論》:"依傍前人,改成新法,非其善也。"

⑤ 據清方孝標《鈍齋詩選》卷二(清鈔本)題爲:《論事詩與某友作》。

四），紀明末滇黔事，亦可與史相證，又《上靖南王》①《贈靖南王世子》②《投贈劉開府》③三詩（卷二十），皆注丁未作，時爲康熙六年，又《上祝平西王一百韻》④，下注庚戌作，時爲康熙九年，又有《滇南留別》四詩及由滇入湘沿途之作（卷十八），似客滇未久即歸者。三桂以康熙十二年舉兵，據孝標詩，是其時已去滇，與近人方、戴兩家書，案：所云三桂反時，孝標被留、佯狂逸去之説不合，惟《上平西詩》，自詭世交托於猶子，謂其父拱乾載明烈皇講筵，有以片語保全，三桂之事并遠蒙垂問、重感寄書等語，似孝標本與三桂有連，其來滇三桂實招之至，當時謂其受三桂官，或即因此也。

學餘文集二十八卷詩集五十卷外集二卷

[清] 施閏章撰。閏章（字尚白，號“愚山”，宣城人。順治六年進士，官至江西參議，分守湖西道，裁缺⑤歸，康熙十八年召試博學弘詞，官翰林侍讀，卒於任，年六十六，事迹具前《國史·文苑傳》）有《矩齋雜記》，已著録。閏章詩有《燕游草》《越游草》《觀海集》《歸舟雜興詩集》《湖上吟》《北徵詩》《嵩洛集》《台蕩草》諸名，金長真曾爲刻數卷。《觀海集》有自序、《湖上吟》有錢謙益序，然皆一時或一地之作，殁後同縣高咏編爲文集二十八卷，都四百六十首；詩集五十卷，都三千首，康熙四十七年曹寅刻於江寧，有汪琬、魏禧、梅庚序。外集二卷，爲《硯林拾遺》《試院冰淵》，又《年譜》四卷，曾孫念曾所編，有乾隆十二年仁和杭世駿序，《四庫存目》，道光、光緒《（安徽）通志》皆著録。《江南通志》作《雙溪詩文集》，無卷數。閏章習聞家學，又從周鑣、沈壽民游，而友邢昉、顧夢游，官刑部時與張譙明等唱和，稱“七子”，又與宋琬齊名，稱“南施北宋”。吳之振《八家詩選》，閏章其一也。詩以五律較多，亦較工。自言自少至丁酉得四百餘首，删存三百餘首，然可删者尚多，又云寧使淡樸、毋近前人單詞隻字，又謂以詩文爲竿牘⑥、代羔雁⑦已屬陋習，今更連篇百咏、望塵獻諛、炫玉求售，百端可厭云云，持論如此，其詩可知。文雖少，亞於詩，魏禧謂其意樸氣靜，不欲馳騁張皇、自傷體法，尚爲能得其實。惟據《宛雅三編》，尚有李元鼎、徐乾學、陳弘緒、毛先舒、熊文舉、鄧漢儀

---

① 據清方孝標《鈍齋詩選》卷二十（清鈔本）題爲：《上靖南王四十八韻》。

② 據清方孝標《鈍齋詩選》卷二十（清鈔本）題爲：《贈靖南王世子四十韻》。

③ 據清方孝標《鈍齋詩選》卷二十（清鈔本）題爲：《投贈劉開府五十韻》。

④ 據清方孝標《鈍齋詩選》卷二十（清鈔本）題爲：《上祝平西親王一百韻》。

⑤ 裁缺：謂官吏免去原任官職，等候補缺。清鈕琇《觚賸·粵藩預定》：“顏方伯敏裁缺家居，久不得調。”

⑥ 竿牘：即竹簡。借指書札。《莊子·列御寇》：“小夫之知，不離苞苴竿牘。”陸德明釋文引司馬彪曰：“竿牘，謂竹簡爲書，以相問遺。”

⑦ 羔雁：小羊和雁。原本是古代用爲卿、大夫的贄禮。後用作徵召、婚聘、晋謁的禮物。

諸序，而此無之，蓋咏編集時去之也。

五待吟

［清］潘運暐撰。運暐字熙仲，號“西沆”，滁州人。紹徵次子。順治六年進士，官內翰林國史院中書舍人，罷歸。事迹具《州志·宦績傳》。道光、光緒《（安徽）通志》皆著録，無卷數。運暐嗜學，爲詩文走筆千言，諸盛典制誥多所草定。

世書堂集四十卷

［清］吳國縉撰。國縉字玉林，號“峙侯”，全椒人。順治六年會試中式，九年殿試成進士，官江寧府教授，卒官，年七十四。事迹具《縣志·宦績傳》。集正續共四十卷，係自訂。道光、光緒《（安徽）通志》皆著録。國縉性開敏①，於書無所不讀，尤苦心著述。朱豫録入《詩萃》。

遁史詩集十卷

［清］徐致覺撰。致覺字先衆，號“莘叟”，又號“五休居士”，人稱“洗耳鹿裘公”，六安州人。明嘉靖進士必進孫。諸生。守訓次子。順治六年進士，官翰林院編修，十一年典試湖北，移疾歸，康熙十九年卒，年六十五，私謚“文敏先生”。事迹具《州志·宦績傳》。是集十卷，卷一五古、卷二七古、卷三至卷七七律、卷八九五律、卷十七絶五絶，都一千三百九十七首，前有康熙四十七年安徽按察使湖北姚諧、六安州知州嵩陽傅而保二序、黃岡杜岕撰生壙銘、同里外弟潘彬撰傳、後有侄銓成跋，次子亶成刻。道光、光緒《（安徽）通志》皆著録，惟卷六《除日偶得》三句遂續成一首，係古體乃編入七律，又以五律、五絶，次七律、七絶後，編次均未當。致覺詩初以蘇軾爲入門，一變爲李商隱之藻艷，再變爲徐渭、袁弘道之奇峭俊爽，最後乃皈依杜甫，取材六代、熏陶融液、自成一家。嘗自言得指授於錢謙益，懲鍾譚之晦澀、屏王李之華穠，性靈、學問相劑而出。又《示子亮成亶成作詩法》云：“一樣畝收兩樣穀，一般綱獲兩般鱗。詩中那有多餘字，會得推敲便勝人。”其旨可知。而保則謂其性靈所禀、學問所得，力始終乎？遯而無悔悶，豈謙益所能指授云。

---

① 開敏：通達明敏。宋陸游《薦舉人材狀》：“從政郎前隨州州學教授王田，學問淹貫，議論開敏。”

嘯閣集韵詩全稿八卷

[清] 施端教撰。端教（字匪莪，盱眙人。順治七年歲貢，官至東城兵馬司指揮。事迹具《縣志·人物志》。《四庫書目》作"明人"，誤）有《讀史漢翹①》，已著録。是集八卷，集詩經迄六朝、唐、宋、元句爲詩至萬首，爲其師鄒之麟、文震孟、張盛美、章世純、吳鍾巒、黃襄點定，黃文焕、孫自式、查繼佐、康范生、杜濬、顧夢游、施男、王潢、黃周星、王雲龍、沈士柱、曹之錦、閔派魯、唐允甲、巢震林、陳咨稷、王昕、凌質、貢彧、俞綏、劉廷鑾、蔡蕘春、高咏、麻乾齡、梅清、吳貞度序。孫自式序作於順治十二年，當即刻於其時。《江南通志》及道光、光緒《（安徽）通志》皆著録《嘯閣集古詩》，無卷數，今據本書著録。端教每遇一題，立就數十首，少亦數首，且依韵賡酬，如次邢昉至四十首，尤爲前此所無。貞度謂其屬詞比事、妙合天然。《縣志》録二首。

春江別曲集唐詩四卷

[清] 施端教撰。以"春江別曲"爲題，都五七絶三千首，爲朱遂初定，王潢、顧夢游、黃周星、陳臺孫、王仕雲訂，有林古度、朱徽、熊文舉、蔡蕘春序及文舉題詞。古度謂其一題一事而作三千詩，又爲集句，然無句非春江無句，非別曲驅使前人，皆爲我有，亦大奇云。

假山堂詩文集

[清] 熊時定撰。時定字六貞，本江西南昌人，明南京兵部尚書明遇從子，鼎革後寓鳳陽，順治七年以流寓預試，補諸生，遂入籍。康熙中貢成均，未仕卒。事迹具《縣志·文苑傳》。光緒《（安徽）通志》著録，無卷數。時定肆力古文辭、耽吟咏，縣人尹端、劉馥、何國祥引入詩社相唱和，苦思冥搜、鍊句，必出人意表。

壯游草

[清] 何國祥撰。國祥字紫雯，鳳陽人。陛次子。順治八年選貢，歷雲南易門、浙江歸安知縣，擢西城兵馬司正指揮，以老致仕。事迹具《縣志·鄉賢傳》。光緒《（安徽）通志》著録誤"壯"爲"北"，又作"定遠人"，考《定遠志·流寓》，載陛父子實鳳陽人也，今據《鳳陽志》著録。《縣志》録七律一首。

---

① 翹：啓發。《禮記·儒行》："蠱而翹之，又不急爲也。"鄭玄注："蠱，猶疏也，微也。君不知已有善言正行，則觀色緣事而微翹發其意使知之。"孔穎達疏："翹，啓發也。"

草亭詩略

[清] 方都鎬撰。都鎬字周士，號 "卧雲"，懷寧人。都秦弟。順治初廪生（三年入府學、八年食餼[①]），康熙十四年卒，年五十一。事迹具《縣志·文苑傳》。光緒《（安徽）通志》著録 "亭" 作 "堂"，考都秦撰傳（《梅谿集》卷三），都鎬别構一草亭雲峰下，有終焉之志，著《草亭詩略》，友人及從游者，號曰 "草亭先生"，則《（安徽）通志》誤也，今據《梅谿集》著録。都鎬中年好游，下吴越、泝荆楚，又走齊魯、燕趙間，游筇所歷詩文甚富。都秦稱其擬古效陶，及論史詩興象風標，欲追漢魏。

萬青閣全集八卷

[清] 趙吉士撰。吉士（字天羽，號 "恒夫"，休寧人。杭州籍順治八年舉人，官終國子監學正，康熙四十五年卒。事迹具前《國史·循吏傳》）有《續表忠記》，已著録。是集吉士自編，凡雜文二卷、詩一卷，《勘河詩紀》等十三種，共一卷，《制藝》一卷，《平交山寇公牘詩文》一卷，《讞牘》一卷，實止七卷，與標目八卷者不合。《四庫存目》，道光、光緒《（安徽）通志》皆著録。

萬青閣文集二卷

[清] 趙吉士撰。集爲吉士自訂，卷一首制策、次奏疏、次論、次序、次祭文、次記、次傳、次跋、次像贊、次啓、次書、次言、次行述，有康熙二十九年江闓、三十三年姜宸英序；卷二首文牒、次策、次論、次序、次記、次募疏、次説、次辨、次跋、次書、次啓，有康熙八年龔鼎孳，十二年李文繽、陳之渼，十四年卓人皋序，内卷一之《休寧縣志序》《祭章斐庵文》《祭李靖如文》《祭圃庵侄文》《祭李母崔太夫人文》《祭祖考文》《祭徐母馬安人文》《祭于太翁文》《祭胡道南徐敬庵趙怡齋三先生文》《祭朱晦庵諸公文》《祭張太翁文》《祭王母宋夫人文》《張陶庵傳》《題汪籬隱像》《汪紫滄集唐跋》《嚴敷五燕山草跋》《徵刻續新安文獻志啓》《張亢友集唐詩跋》《韓鶴嶽梅花三十韵跋》《詩簡啓陳太翁》《捐粟惠民録跋》。卷二之《都門育嬰堂募疏》凡二十二篇，均目録所無。又卷二牒，《交城社稷》《南壇》《八蜡》文本三篇目并爲一。《重修交城志序》，附編目、凡例并小序，凡三十五篇，又除卷一《家嚴七十乞言》後附沈荃等公啓，卷二《募修定慧寺疏》後附《兄端卦山》《文昌閣疏》二篇，外都二百三十六篇，卷二題牧愛堂原本删存，則吉士令交城時，曾刻有《牧愛堂集》也。惟卷一題《李南枝像》，乃七絶二首不應入，文卷二文牒有《祭文》六篇，分隷亦未當。據江闓序稱邐歸林下，彙輯生平諫草、古文詩詞、書啓、制藝、

---

① 食餼：明清時經考試取得廪生資格的生員享受廪膳補貼。清紀昀《閲微草堂筆記·槐西雜志三》："泰興有賣生者，食餼於庠，而癖好符籙禁咒事。"

吏牘成集云云，與《四庫總目》所載大略相同，此本僅文二卷，當爲全集之一種也。

林卧遥集二卷千疊波餘一卷續編一卷補遺一卷

[清] 趙吉士撰。康熙二十七年，吉士由户部給事中罷職寓京城宣武門西之寄園，三十年金壇于漢翔寄七律四首，吉士次答，嗣凡有作皆疊其均，共得詩千首，命曰《疊均千律》，分爲上下二卷，皆漢翔及汪灝評點，又附子景行七律一首（卷上），卷首有小照并灝題語，前有康熙三十六年熊一瀟、三十五年徐秉義及趙士麟序、馮雲驌識語，後有汪光被後序、嚴允弘跋。《千疊波餘》一卷，詩五百八首，有康熙三十五年戴名世序。續編一卷，詩五百四十八首，有康熙三十八年翁叔元、三十七年煙霞隱者序。補遺一卷，詩二十八首，前有康熙三十九年自識，都二千八十四首，《四庫（全書）》著録僅三卷，千五百首，光緒《（安徽）通志》著録同，蓋皆未見續編與補遺也，今據本書著録。《疊均》自元白春生、春深唱和各二十首、徐積和路家新居十五首、中峰禪師梅花百咏外，從未有一均疊至五百餘者，至疊均中爲藥名、詞名、數目、度權量、五色、八音、花月吟拗體回文疊字等體，尤前此所無。吉士自言思路險而愈入人心、境闢而愈開良然，惟卷下《哭夏駟》詩注有"予林卧初唱，宛來作序語"，宛來蓋駟字。今集無夏序、名世序，今《南山集》亦無之，至煙霞隱者，據吉士所撰《寄園寄所寄》，乃明末凌義渠降乩所署名也。

中臺文集詩稿

[清] 余維樞撰。維樞字中臺，婺源人。戀衡孫。順治九年歲貢，官至兵部主事卒。事迹具《縣志·宦績傳》。《江南通志》及道光、光緒《（安徽）通志》皆著録，無卷數。維樞潛心理學，更從鄒德泳游，詩文祖漢唐。道光《府志》又載有《池上樓詩集》十卷。

林蕙堂文集十二卷續刻六卷亭皋詩鈔四卷藝香詞鈔四卷

[清] 吳綺撰。綺（字園次，號"聽翁"，歙縣人。江都籍。順治九年拔貢，官至浙江湖州知府罷歸。事迹具前《國史·文苑傳》）有《嶺南風物記》，已著録。是集凡四六、詩、詞三種，四六曰《林蕙堂文集》，首賦、次記、次啓、次疏、次序、次題詞、次傳、次文、次誄、次贊、次引、次碑、次説、次露布①、次表、次書、次跋、次墓表、次墓志銘，凡十二卷，乃龔鼎孳所定，乾隆三十九年刻。又文集續刻，首賦、次記、次啓、次序、次題詞、次跋、次引、次疏、次傳、次頌、次碑，凡六

---

① 露布：不緘封的文書。亦謂公佈的文書，泛指佈告、通告之類。《後漢書·李雲傳》："雲素剛，憂國將厄，心不能忍，乃露布上書。"

卷。詩曰《亭皋詩鈔》，首五古、七古，次五律、次七律，次五排、七排、五絕、七絕，凡四卷。詞曰《藝香詞鈔》，首小令、次中調、次長調、附散曲九闋，亦四卷，皆吳琥繡所訂，乾隆四十一年刻，有康熙四年龔鼎孳序、二十三年吳興祚序及吳琥繡序暨綺自傳，又一序末無姓名，未詳爲何人所作，《四庫（全書）》著録即此本，惟以文集續刻六卷爲詩，則誤。光緒《（安徽）通志》既著録《林蕙堂集》二十六卷，又別出《亭皋集》，而不知《亭皋集》即在二十六卷之中，今據本書著録。綺自言爲文好徐庾、詩不規模初盛，務言其性之所近詞，則兒童女子皆能習之。有毗陵閨秀日誦其"把酒囑東風，種出雙紅豆"二語，故又號"紅豆詞人"。鼎孳目爲才子，固應不愧。惟文集卷十二有《擬浙江大兵平大蘭山土寇舟山逆賊捷報露布》，考全祖望《鮚埼亭集·外編》，大蘭在四明之西北境，明兵部右侍郎王翊於此屯兵，舟山則明監國魯王所駐，庚寅秋清兵會於大蘭，翊以親兵入翁洲，辛卯秋清兵三道下翁洲，翊招兵奉化被執死之，亡何[①]舟山亦陷，定西侯張名振奉魯王航海。庚寅、辛卯爲順治七、八年，綺尚未膺貢入仕，當時措詞或不得不然，然大蘭、舟山固皆殘明之義旅也。

滁岑詩文前後集十卷

[清] 陳焯撰。焯字默公，號"越樓"，晚號"登叟"，桐城人。朝棟子。順治九年進士，授兵部主事，以耳聾不仕，年七十四卒，私諡"文潔先生"。事迹具《縣志·宦績傳》。《江南通志》及道光、光緒《（安徽）通志》皆載是集，無卷數，今據《縣志》著録。焯七歲能詩文，明末建海屯議，陳子龍上其策，不果行。其《寶帶橋看月歌》乃少作，吳人王紫稼譜入管絃者也。《桐舊集》録詩十九首、《桐城文録》録其文。

晛鶴亭文集四卷詩集六卷

[清] 王綱撰。綱字思齡，號"燕友"，合肥人。順治九年進士，官至通政司參議。事迹具《縣志·人物傳》。道光、光緒《（安徽）通志》皆載《晛鶴亭全集》，無卷數。案：楊開森序綱兄絲《年草》，稱綱文集四卷、詩集六卷。開森其縣人，宜有據，今依以著録。

燕臺游草

[清] 沈志彬撰。志彬字文宜，無爲州人。順治九年進士，授江西臨江府推官，

---

① 亡何：不久。

以省親卒於家。事迹具《州志·文苑傳》。光緒《（安徽）通志》著録，無卷數。志彬少聰穎嗜讀書，文筆英妙，雅著時名。

鞞庵集

[清] 杜時舉撰。時舉字直卿，號“鞞庵”，蕪湖人。順治十年貢生，官山東昌邑知縣，引疾歸，年八十五卒。事迹具《縣志·文學傳》。光緒《（安徽）通志》著録，無卷數。時舉與同縣蕭雲倩、周旭起、朱穎鉉、潘右枚唱和。

樸巢詩集八卷

[清] 祝祺撰。祺字山如，桐城人。順治初諸生。事迹具《縣志·儒林傳》。是集八卷，卷一樂府雜體、卷二五古、卷三七古、卷四五律附排律一首、卷五七律、卷六五絶、卷七七絶、卷八六絶，始明崇禎十六年迄順治十七年，凡十八年之作，前有同縣姚文焱、陳式、潘江、李雅、姚文燮、方里、許來惠、何永紹、馬敬思、張英諸序，英其門人也，乾隆四十三年毀禁，光緒《（安徽）通志》著録，無卷數，今據本書著録。祺積書數千卷，手自標識。論詩謂如美人纖縑，可玄可黄，而不可浣以油膩；高士烹茶，可泉可雪，而不可雜以香塵，所志凡數變，由豪放而憂憫、而隱退，詩亦隨之，懷古、憑弔諸作，尤多黍離、麥秀①之感。潘江謂其博奧蕭遠，有張籍、王建之風。樸巢，其所居名也。《龍眠風雅》録百二十九首、《桐舊集》録五十首，内二十二首爲《風雅所無》，餘字句亦多異。

舒力齋詩集一卷

[清] 舒嘉聲撰。嘉聲字中白，號“力齋”，黟縣人。順治初諸生，康熙三十一年卒。詩一卷，乃其子所集，同縣黄元治序。嘉聲潛心程朱之學，晚館吳正治所，成《四書偶質》一編，元治稱其詩文皆醇雅，出乎自然。《縣志》録三首（采訪册）。

二樓詩集

[清] 許裔蘅撰。裔蘅字杜鄰，合肥人。明廣西巡撫如蘭長子。順治十一年拔貢，養親不仕。事迹具《縣志·人物傳》。光緒《（安徽）通志》著録，無卷數。《縣志》録五律一首、《皖雅初集》録七律二首。

---

① 麥秀：典出《史記·宋微子世家》：“箕子朝周，過故殷虚，感宫室毀壞，生禾黍，箕子傷之，欲哭則不可，欲泣爲其近婦人，乃作《麥秀之詩》以歌咏之。其詩曰：‘麥秀漸漸兮，禾黍油油。彼狡僮兮，不與我好兮！’”後常以箕子的《麥秀之詩》爲感嘆家國破亡之痛的典實。晋陸機《辯亡論》下：“《麥秀》無悲殷之思，《黍離》無湣周之感矣。”宋王安石《金陵懷古》詩之一：“《黍離》《麥秀》從來事，且置興亡近酒缸。”

栲舟詩集十九卷

［清］方育盛撰。育盛字與三，別號"栲舟"，桐城人。少詹事拱乾第三子。順治十一年舉人，十五年以弟章鉞科場案謫寧古塔，居二年釋歸。事迹具《縣志·文苑傳》。光緒《（安徽）通志》載是集，無卷數。《龍眠風雅續集》稱膏茂有集十九卷，今據以著録。《（龍眠）風雅》又稱晚年《晋游草》《隨成草》最工。《隨成草》爲康熙庚申還里之什，予爲序而行之。《縣志》又稱有《天目集》，疑皆其集子目也。育盛性僻耽佳，所至成帙，卒前一日某太守召宴猶即席，長歌數百言。《風雅續集》録一百八首，《隨成草》居什之七八、徐璈《桐舊集》録二首，其《洗象行》一首，至"率舞虞階聽大韶"句止，較《（龍眠）風雅》少十句，蓋璈所删也。王爾綱《名家詩永》録五律三首。

天延閣詩前集十六卷後集十三卷附花果會唱和詩一卷贈言集四卷

［清］梅清撰。清初名士義，字淵公，號"瞿山"，宣城人。順治十一年舉人，考授内閣中書，康熙三十六年卒，年七十五。事迹具前《國史·文苑傳》。是集係自訂，前集十六卷，曰《樂府》、曰《稼園草》、曰《新田集》、曰《燕徵草》、曰《宛東草》、曰《休夏集》、曰《驅塵集》、曰《越游草》、曰《匣琴集》、曰《寒江集》、曰《歸舟集》、曰《岳雲集》、曰《梅花溪上集》、曰《雪廬草》、曰《菊間草》、曰《唱和詩》，以一集爲一卷，卷各有序（《休夏集》王露序、《驅塵集》顧景星序、《匣琴集》梅庚序、《歸舟集》鄒祗謨序、《岳雲集》梅銅序）。後集十三卷，自康熙十三年至二十七年，或以一年爲一卷、或以二年爲一卷，末附《花果會唱和詩》一卷，《贈言》四卷，則皆同人宴游酬答之作也，有汪琬、施閏章序。《四庫存目》，道光、光緒《（安徽）通志》皆著録。清詩凡數變，年壯氣盛、叱詫成篇，久之删舊作過半，其沈摯纏綿之意，則見於崎嶇、喪亂、巖栖、旅食者爲多。《縣志》録八首、《宛雅三編》録三十一首。

瞿山詩略三十三卷

［清］梅清撰。《天延閣前後集》爲六十七歲以前之作，板毀於火，故又取未刻三卷合編爲是集，《四庫存目》，道光、光緒《（安徽）通志》皆著録。

廣閣文集　東岸草堂詩稿

［清］潘大京撰。大京字南二，婺源人。鑑玄孫。順治十二年歲貢，官來安訓導。事迹具《縣志·學林傳》。光緒《（安徽）通志》著録，無卷數。大京幼穎敏，

日誦數千言，嘗與同縣諸名士講學正社，時有“十二子”之稱。

筆花集 過江草

［清］孫中麟撰。中麟字振公，號“甲符”，桐城人。明侍郎晋長子。順治十二年進士，臚傳[①]甫五日卒，年三十三。事迹具《縣志·儒林傳》。光緒《（安徽）通志》著録，無卷數。中麟九歲能文，明崇禎時文震孟、黄道周擬以神童薦，寓華亭最久，宋子建、徐武静咸與結分[②]。《龍眠風雅》録五十四首，稱爲大雅遺音、《桐舊集》録十八首，字句多異。

栖月堂詩集

［清］孫中彖撰。中彖字易公，號“蓮（《桐舊集》作‘蓬’）溪”，桐城人。晋第三子。順治十一年舉人。康熙六年卒。事迹具《縣志·儒林傳》。光緒《（安徽）通志》著録，無卷數，《龍眠風雅》作十餘卷。中彖少穎慧、工詩賦，遨游塞上，多感遇不平之作。《（龍眠）風雅》録七十九首、《桐舊集》録十三首，字句多異。

越游草

［清］孫中彖撰。光緒《（安徽）通志》著録，無卷數。

七頌堂集十四卷

［清］劉體仁撰。體仁（字公㦷，潁州人。廷傳子。順治十二年進士，官吏部郎中。事迹具前《國史·文苑傳》）有《識小録》，已著録。體仁詩隨手散去，晚始檢存數百首，首五古、次五古、次樂府、次五律、次七律、次五言排律、次五絶、次七絶，編爲八卷，有康熙十五年九月施閏章序、十七年十月徐乾學序。又文集四卷、《空中語》一卷、《尺牘》一卷，皆歿後子元嘆刻，《四庫存目》。咸豐兵燹，書板并毁，惟詩及《空中語》無恙，同治四年六世孫瓚重刻，至六年始刻成，又附詩餘一卷於後，爲《四庫存目》所未載，有同治五年孫家鼐序及瓚識語，文則十毁八九，全者僅二十首，瓚從朱琦所輯《清古文彙抄》得六首，合之《汝潁詩集小序》二十五首、《尺牘》三十七首爲一集，不分卷，同治七年刻，前有涇朱榮實《詩文雜著》合刻紀言，後有瓚識語，又同治九年永康胡鳳丹詩文集序，蓋非《四庫存目》之舊。

① 臚傳：亦作“臚唱”。科舉時，宣旨唱名，傳呼新進士晋見天子。明湯顯祖《牡丹亭·第五一齣》：“文字已看詳，臚傳須唱。”

② 分：疑筆誤，當爲“友”字較爲合理。

道光、光緒《（安徽）通志》皆著録，與四庫同，今仍以十四卷著録，而著其同異備考焉。

瑟齋詩集

［清］何一化撰。一化字生伯，號"瑟齋"，南陵人。順治十二年拔貢。事迹具《縣志·文苑傳》。集有施閏章序，光緒《（安徽）通志》著録，無卷數。一化工詩，閏章稱其清真閑遠、不膚附古作者，至其雄警特拔，類有李杜之遺。瑟齋者，取縝密及蕭瑟二義也。《縣志》録三首。

叢桂樓詩集

［清］戴之瑾撰。之瑾字其懷，號"長溪"，太湖人。順治十三年歲貢，官繁昌訓導。事迹具《縣志·宦績傳》。道光、光緒《（安徽）通志》皆著録，無卷數。《縣志》録七律一首。

雪堂詩集　浮山詩

［清］劉蕃撰。蕃字古處，號"匡瀑"，桐城人。順治十四年歲貢，康熙十八年授江蘇桃源縣訓導，二十一年卒。事迹具《縣志·文苑傳》。光緒《（安徽）通志》著録，無卷數。《縣志》"浮"作"溪"。《龍眠風雅續集》録十八首。

病餘吟

［清］劉蕃撰。光緒《（安徽）通志》著録，無卷數。考《龍眠風雅續集·小傳》，康熙壬戌冬染寒，疾卧病四十九日，每丙夜①不寐，輒起作詩數首自遣，未幾歿於官署，蓋即是集也。

雪瀑集

［清］黄中撰。中字平子，號"雪瀑"，舒城人。應宫子。順治十四年舉人。事迹具《縣志·儒林傳》。光緒《（安徽）通志》著録，無卷數。中十歲作《淮陰論》，御試瀛臺賦《平定湖南露布》，千言立就。

東麓山堂集

道光、光緒《（安徽）通志》皆題清潁州李敏撰，次劉體仁後。考《潁州府

---

① 丙夜：三更時，爲晚上十一時至翌日凌晨一時。《顏氏家訓·書證》："或問：一夜何故五更？更何所訓？答曰：漢魏以來，謂爲甲夜、乙夜、丙夜、丁夜、戊夜，……亦云一更、二更、三更、四更、五更，皆以五爲節。"

志·人物志》，李敏乃明人，洪武五年由辟舉官工部尚書，而不言有是集，又《選舉志》載李敏孫順治十四年河南舉人，會試中式，十六年殿試成進士，授推官而無傳，疑李敏爲李敏孫之誤，而不能定，今姑仍舊志著録。

自怡集

[清] 唐益撰。益字任（《縣志》作"朕"）虞，宣城人。事迹具《縣志·文苑傳》。（《縣志》本傳作"順治十四年、十七年，康熙二年中副貢"，《選舉志》作"康熙十六年歲貢"）。集有從兄允甲題詞，光緒《（安徽）通志》著録，無卷數。益尤喜爲詩。允甲稱其七古奇麗聳拔、七律縟整多雋、五律清韵疏秀，足追王、儲。《宛雅三編》録八首、《縣志》録一首。

櫟園集

[清] 洪啓權撰。啓權字玉衡，自號"櫟園子"，寧國人。順治十五年進士，授江西安福知縣，以忤大吏歸。事迹具《府志·宦績傳》。道光、光緒《（安徽）通志》皆著録，無卷數。櫟園者，啓權家居日持書一卷，吟咏大櫟間，既以自號并以名其集也。

筑吟　秋舫集

[清] 徐文烜撰。文烜字又章，一字龍山，號"芝元"，青陽人。順治十五年進士，授山西太原知縣，卒於官。事迹具《縣志·宦績傳》道光、光緒《（安徽）通志》著録，無卷數。《縣志》録五古一首、記一首。

容齋千首詩八卷

[清] 李天馥撰。天馥字湘北，號"容齋"，合肥人。河南永城籍順治十五年進士，官至武英殿大學士，康熙三十八年卒官，謚"文定"。事迹具前《國史·列傳》。詩原三四千篇，毛奇齡删存千首，以一體爲一卷，首四言、次五古、次七古、次五律、次七律、次排律、次五絶、次七絶、惟卷八附五言聯句一首，前有王士禛、陳廷敬及奇齡序。道光、光緒《（安徽）通志》皆著録《容齋詩集》，無卷數，今據本書著録。民國九年合肥王氏今傳是樓用闞氏因是閣藏本影印，爲《廣德壽重光集》第一輯之第一種。天馥七歲能詩，始在翰林與士禛、廷敬倡復古學、刊[①]僞體，又與汪琬、宋琬、劉體仁、梁熙、葉芳藹相商榷，既登相位，復狎主齊盟。士禛謂其以

---

① 刊:删除。晁公武《郡齋讀書志》:"誠不刊之典。"

南、雅爲經、以史、漢、騷、選、古樂府爲緯，取材博而不雜、持格高而不亢、托興深而不詭、遣詞婉而不靡、敷采麗而有則，今觀其詩蓋如士禎所言，固不得以名位掩之也。

賜書樓集二十四卷

[清] 吳國對撰。國對字玉隨，號"默巖"，全椒人。國縉弟。順治十五年一甲第三名進士，官至翰林院侍讀。事迹具《縣志·文苑傳》。集二十四卷，道光、光緒《（安徽）通志》皆著錄。國對才學優贍。陳廷敬撰墓志，稱其於古文研論最深，而工於騷賦之作，故獨喜爲詩，其愁憂、懽愉、離合、諷諭、警戒之旨，恒發於詩；儀真方嶟亦謂其詩文與王士禎齊名（《文木山房集序》）。《歷陽典録》録詩一首。

無異堂文集十二卷

[清] 姚文燮撰。文燮字經三，號"羹湖"，一作"耕壺"，又號"聽翁"，桐城人。孫森次子。順治十六年進士，官至雲南開化府同知、攝阿迷州，乞養歸，卒年六十六。事迹具前《國史·循吏傳》。是集十二卷，爲體十五，曰序、曰祭文、曰壽序、曰跋、曰賀序、曰引、曰疏、曰賦、曰題辭、曰送序、曰傳、曰記、曰議、曰說、曰文，都百零九篇，其編次序凡八見、祭文凡三見、壽序、跋、引、疏、傳、記皆再見。又卷一《昌谷詩注序》後附李長吉考五則，卷六《重修雄縣志序》後附小序十四篇、又創建社學規則八則，卷八《雲南通志序》附小序三十篇，凡例二十三（原注二十四，誤）則，每篇後皆有評，前有李長祥序，乃其子（士）萊、士蘁等編輯。道光、光緒《（安徽）通志》皆未著錄。考姚瑩《姚氏先德傳》，文燮十歲能文，自爲諸生，文益博麗，一時文社名士皆推之，集中如《易盪序》《通雅序》（皆卷一）、《錢西頑田間集序》《祝山如樸巢詩序》（皆卷二）、《龍眠詩傳徵詩引》（卷四）、《武陵楊太傅詩序》《洪經略傳》《劉梅塢傳》（皆卷五）、各志書序（卷六、卷八、卷九）、《羈縻議治桐説》（皆卷十）皆有關文獻及掌故，《創建雄邑社學碑記》《治渾河記》《修築隄岸記》《清厘雄邑賦役記》《圈占記》《投充記》《雄邑驛傳記》（皆卷七）、《請免雄邑狐皮議》《祭渾龍文》《請減雄邑鹽引文》（皆卷十），亦可見其政績，惟編次無緒、題次復多與目異（《龍眠詩傳徵詩引文》次《重建錢倉橋引》後、《修開元寺塔疏》題作《引追薦長山夫子疏》題無"疏"字，限草有"題辭"二字，《滇行草自序》文次《送許鶴沙序》前，《呂黍字何山草堂集序》題作《呂黍字何山草堂》，《辛壬癸三集序》《雲南通志小序》次亦與目異），至《昌谷詩注序》與《龍眠叢書》所載亦小異，當是後來自改也。

昌谷集注五卷

〔清〕姚文燮撰。《昌谷集》則唐李賀詩也。書之上方附蔣楚珍（金壇人，蔣超之父）、陳二如（名式，桐城人）、錢飲光（名澄之，桐城人）、周玉鳧（蘇州人）、黄秋涵、吳炎牧（名循，桐城人）、蔣潛伯（名愚，桐城人，蔣臣之子）諸評語，前有萊陽宋琬、同縣方拱乾、錢澄之序及自序并凡例，康熙初刻於建寧，則其爲推官時也。注賀詩者，前有宋吳正子及明徐渭、董懋策、曾益、余光、姚佺五家，文燮獨以賀命題，命意、命詞，皆深刺當世之弊，切中當世之隱，而以史事釋之於舊注，亦多所是正，如謂《箜篌引》之吳質爲吳剛，字質馬、詩第二十首之譎高州爲指高力士《屏風曲》之“銀交關”爲“以銀爲軸”，《貴主徵行樂》之“奚騎”爲奚官；《追賦畫江潭苑》第四首之“廬龍”爲鍾山西北之廬龍山、《仁和里雜叙》之“宗人”爲賀自稱，皆較舊注爲長。宋琬謂其考證精核，不爲影響鑿空之論；王琦彙解亦謂其借古人成一家言，其當處不可易，惟凡例據杜牧序推賀之年，謂其生在建平二年辛酉，與所謂卒於元和十二年丁酉二十七歲不合，王琦已糾之，然千慮一失不足爲病也。

殘本昌谷集注四卷

〔清〕姚文燮撰。道光末縣人光聰諧刻入《龍眠叢書》，而去其上方評語，遭亂書版并毀，今存者卷一、卷二，各闕二十五、二十六共四葉，卷三闕三至六，又二十一、二十二、二十五、二十六共八葉，卷四闕五、六兩葉，又闕第十四葉以後及外集一卷，又無凡例及方、錢二序、自序，夫匡鼎説詩而令下亦闕，隨非全帙，然原刻傳本甚稀，賴此得窺其略，不得以殘缺少之也。

聚星堂文稿

〔清〕羅蒼期撰。蒼期字姬生，歙縣人。順治十六年進士，官至内閣中書。事迹具《府志·宦業傳》。《江南通志》及道光、光緒《（安徽）通志》皆著録，無卷數。

長安吟　紫山文集

〔清〕汪宥薦撰。宥薦字剡華，號“紫山”，婺源人。順治廩生，十六年選入國學，考授州佐，康熙二十八年官湖北大冶縣丞，以疾乞休。事迹具《縣志·宦績傳》。光緒《（安徽）通志》著録，無卷數。

方象山詩二卷

〔清〕方兆彌撰。兆彌字子克，號“象山”，桐城人。順治十七年歲貢。事迹具

《縣志·文苑傳》。詩僅七律七十六首、五絶三首、七絶六十四首，蓋非完帙，抄本舊藏縣人方宗誠家。考潘江《龍眠風雅》，卷五十四録兆弼詩百六十九首，各體俱備，此本所載雖有爲《（龍眠）風雅》所録者，而未録者尚多，合之可得二百八九十首，猶可成一集，今分古今體爲二卷。鄧森廣《論龍眠風雅諸子詩》有云："蛟臺兩詩雄，失志行蓬纍。弼也怒濤生，及也波雲委。"弼謂兆弼及謂其兄兆及也。潘江亦謂其四十而後牢籠負涵、波詭雲譎，乃至沉吟眩瞀、酣㽔[1]淋漓、洵爲詩人之雄。徐璈《桐舊集》録十二首，大抵抄自《（龍眠）風雅》也。

江在湄文集三十卷詩集四十一卷

［清］江皋撰。皋字在湄，號"磊齋"，桐城人。之湘孫。順治十八年進士，官至福建興泉道參政，罷歸卒，年八十一。事迹具前《國史·循吏傳》。《江南通志》及道光、光緒《（安徽）通志》皆載《江在湄詩文集》，無卷數，今據《縣志》本傳著録，惟《縣志·藝文》又載皋《實地齋集》四卷、《入覲草》一卷，考錢澄之《田間集·入覲草序》，乃由九江府同知入覲作，疑二集皆其詩之子目也。皋轉餉賀蘭作《籌邊九策》，尤耽吟咏，凡君國之憂、民生之戚，皆於詩發之。徐璈《桐舊集》録其詩。方宗誠《桐城文録》録其文，似二人猶及見其集也。

芸圃近詩一卷

［清］張茂稷撰。茂稷字子藝，號"芸圃"，桐城人。秉貞長子。廕生。年四十六卒。是集僅近體百餘首，順治十八年刻，有同縣夏鼎序。

芸圃詩集十卷

［清］張茂稷撰。茂稷客死武昌，詩多散佚。是集卷一五古、卷二七古，卷三卷四五律、卷六至卷八七律、卷九五絶、卷十七絶，乃康熙二十三年同縣錢勗仍選定，有方畿、李雅、姚文燮、方中履、張英及勗仍序，子廷瑋等校刻。茂稷詩凡數變，初爲西崑香奩、繼爲元和長慶，又沉酣於王維、韋應物、孟浩然、孟郊，遡建安、黄初以迨大曆諸名家，尤工近體。曾燦《過日集》、潘江《龍眠風雅續集》、徐璈《桐舊集》均録其詩。

緘秋閣遺稿

［清］姚宛撰。宛字修碧，桐城人。尚賓卿孫，棨女，張茂稷室，年二十三卒。

① 㽔：古同"暢"。

詩亦子廷瑋等校刻，附《芸圃集》後。宛幼讀書史，好吟咏，與茂稷唱和如良友，其病中別夫子詩，尤爲藝林傳誦。《龍眠風雅》録二十二首。《桐舊集》録四首。

敦好堂集

［清］汪宗周撰。宗周字瑶若，懷寧人。御史猶龍子。順治歲貢，官江西德化縣訓導。事迹具《縣志·文苑傳》。光緒《（安徽）通志》著録，無卷數。《縣志》作"《詩集》"，稱其不事雕琢，真趣宛然。

涉江草　醉翁石照詩稿

［清］方式玉撰。光緒《（安徽）通志》著録，列於桐城，而注云："傳見《歙縣·文苑》"，考《歙縣志·選舉志》，載式玉順治歲貢，崑山訓導，《士林傳》又載式玉字玉如，善詩，仕爲鹿城訓導，而不云有詩集，道光《府志》則載式玉順治中以貢授鹿城訓導，著有《涉江草》《醉翁石照詩》，舊志既云傳見《歙（縣志）文苑》，又列其集於桐城，殊不可解，今姑仍舊志著録，而著其疑於此焉。

脉望公集

［清］汪濟淳撰。濟淳字公龐，歙縣人。順治中歲貢。光緒《（安徽）通志》作"《望公集》"，誤，今據《府志》著録。濟淳善同縣程宏志，宏志築荇庭館之。

游夢草

［清］章熊撰。熊字于牧，號"耳山"，祁門人。順治歲貢。事迹具《縣志·文苑傳》。光緒《（安徽）通志》著録，無卷數。熊嘗北游燕趙，又搆拓園，自爲記云："予爲詩文伏几得者十之一，散步得者十二三，就枕得者亦十二三。"《祁詩合選》録詩七首。

稻香樓集

［清］龔鼎孳撰。鼎孳字孝緒，合肥人。孚肅子。順治歲貢，官浙江臨安訓導、署仙居知縣。事迹具《縣志·人物傳》。集有許自俊序，《江南通志》及道光、光緒《（安徽）通志》皆著録，無卷數。稻香樓在城南，其別墅也。

天門詩集六卷文集六卷

［清］吳盛藻撰。盛藻字采臣，又字觀莊（一作"壯"），和州（今爲縣）人。順治拔貢，官至廣東按察司副使。事迹具《州志·宦績傳》。詩文集各六卷，有戴移

孝、汪璽二序。《四庫存目》，道光、光緒《（安徽）通志》皆著錄。移孝謂其長於樂府，從軍諸什激宕頓挫、奇氣迅發，不可羈絏；陳廷桂則謂其古詩有奇氣，然神鋒太儁，樂府多出於漢魏六朝，時作奇崛語，律體《秋興》八首最工，又謂其七律位置當在陳子龍、吳偉業間，於鄉里詩老中亦不居龔鼎孳下也。《歷陽詩囿》錄十三首。

東山集

［清］朱襫撰。襫字素公，桐城人。順治副貢。事迹具《縣志・文苑傳》。光緒《（安徽）通志》著錄，無卷數。襫少負敏才，退老東皋，講學不倦。

絅園集

［清］黃元治撰。元治字自先，號"涵齋"，黟縣人。順治副貢，官至雲南澂江府知府，告病歸。事迹具《縣志・宦業傳》。道光、光緒《（安徽）通志》皆載《黃山草》《燕晋游草》各一卷，道光《府志》（載）《燕晋游草》《黃山草》外，又有《滇南草》《西山紀游》《朝京草》《入黔草》各一卷，《縣志》惟載《絅園集》而無其他各集。考黃啓蓉、黃信孚公《黃海紀游跋》（《黟縣四志》卷十四），稱元治《絅園集》中有《黃山紀游》一卷，刻於滇中，以此推之，知《府志》所載皆是集之子目也，今據《縣志》著錄。《黃山草》有安邱曹貞吉、休寧汪士鋐序，餘不詳。絅園，其別業名也。《縣志》錄詩六首、文三首。

忍齋詩文集

［清］吳循撰。循字炎牧，桐城人。道新長子。順治廩生。事迹具《縣志・文苑傳》。光緒《（安徽）通志》著錄，無卷數。循工詩，得於庭訓者多，道新謂其七言近體在文房、義山間，同人以爲公鑒。《龍眠風雅》錄二十一首、《桐舊集》錄六首，然皆《（龍眠）風雅》所收也。

竹西詩草

［清］徐道知撰。道知字子諭，別字竹西，潛山人。順治廩生。事迹具《縣志・文苑傳》。光緒《（安徽）通志》著錄，無卷數。

莊庵詩文合集二十卷

［清］劉猗蕃撰。猗蕃字心室，阜陽人。順治廩生。年八十八卒。事迹具《縣志・文苑傳》。光緒《（安徽）通志》著錄脫"合"字，今據《縣志》著錄。猗蕃銳

意詩文，尤熟於史。壽州翰林鄧旭居史館，欲汲引之，謝不應。《府志》録七律一首。

髻山堂詩文全集二十四卷

［清］丁傮撰。傮字彼雲，原字漢公，桐城人。順治間縣學生。事迹具《縣志·文苑傳》。是集二十四卷，詩有孫枝蔚、鄧漢儀序，光緒《（安徽）通志》著録，無卷數，今據《縣志》著録。傮好古博物，少即鋭意詩文，以古作者自命，殁後潘江得其全集，嘆爲大雅復作，録入《龍眠風雅》，凡八十首，又謂其文遒宕雅健，亦八家正則；枝蔚則謂其體旁薄、其音平和，不專主一家而歸於清真；漢儀亦謂其堅蒼①卓邁，古體尤極頓挫跌宕②、淋漓之致云。《桐舊集》録二十二首。

西疇文集

［清］丁傮撰。前有自序，光緒《（安徽）通志》著録，無卷數。

浮鷗集　螺岑集

［清］丁傮撰。光緒《（安徽）通志》著録，無卷數。

西江草一卷

［清］丁傮撰。光緒《（安徽）通志》著録，無卷數，今據《縣志》著録。《龍眠風雅·小傳》云，江右制府董公聘入幕府，三載方歸，署中花鳥之作，頗寓興比，可以觀其志焉。

從軍草一卷

［清］吳儼撰。儼字若思，號“畏庵”，宿松人。應秋長子。順治諸生。年八十二卒。是集一卷，都七十四首，除七古二首外，餘皆近體，又附弟宗秀詩三首，前有朱書撰傳及殷自渠撰宗秀傳。《縣志》作“《從征草》”，今據本書著録。宗秀官雲南廣羅鎮游擊③，儼在軍中，總兵趙良棟見所爲書記，亦客之，又欲薦羅平州教授，以親老辭。今集中有《偕趙擎老泗城討賊》《苦雨送趙擎老歸秦省親》《送趙擎老出師安仁》三詩皆爲良棟作，至《縣志》謂儼爲《宗秀武功傳》，然考《宗秀傳》，實未附儼事，且是兄而非弟也。

---

① 堅蒼：喻文筆蒼勁有力。清王夫之《薑齋詩話》卷二：“萬曆之季，李愚公始以堅蒼驅軟媚，方孟旋始以流宕散俗亢。”

② 跌宕：謂音調抑揚頓挫。宋陸游《自喜》詩：“狂歌聲跌宕，醉草筆橫斜。”

③ 游擊：武職官名。始於漢，稱游擊將軍。自唐至清，仍沿用爲武官的官階，從三品，次於參將一級。清紀昀《閱微草堂筆記·如是我聞四》：“乾隆庚寅，游擊劉存仁摹刻一木本，灑火藥於上，燒爲斑駁，絶似古碑。”

菜香園集十二卷

[清] 馬繼融撰。繼融字愚公，號"昉齋"，桐城人。之瑛三子。順治監生，康熙十七年徐乾學舉應博學鴻詞，辭不就。事迹具《縣志·文苑傳》。詩十二卷，有歸允肅、姚文燮序，光緒《（安徽）通志》著録。繼融入成均爲祭酒，吳偉業所重，負盛名。《馬氏詩鈔》録百十六首、《桐舊集》録二十首。

蒲稗集

[清] 嚴治瑻撰。治瑻字素臣，來安人。順治布衣，年九十卒。事迹具《縣志·文苑傳》。光緒《（安徽）通志》著録，無卷數。治瑻好吟詩，獨嗜幽峭，高者入王孟之室。《縣志》録五律五首。

萊山堂集

[清] 何棐撰。棐字篤侯，懷寧人。早卒。事迹具《縣志·文苑傳》。集有文德翼、方都秦序。光緒《（安徽）通志》著録，無卷數。棐弱冠從方都鎬游，又選有《古文况》，亦都秦爲序（方都秦《梅谿文集》卷二）。

掃煙樓遺詩一卷

[清] 丁舟巘撰。舟巘字玉及（《桐舊集》誤作"友"），桐城人。倬子。增貢生，未三十卒。事迹具《縣志·文苑傳》。遺詩一卷，乃卒後其父所刊并序，光緒《（安徽）通志》著録，無卷數，今據《縣志》著録。舟巘六歲即辨四聲，十歲後能成短章。倬有《閲兒子詩喜示》云："吾兒學步時，騰踔過乃翁。經營頗慘淡，穆然成歌風。"又謂其風流藻麗，在錢劉、温李間。《龍眠風雅》録五首、《桐舊集》録三首。

吳氏咏史詩

[清] 吳氏撰。氏，桐城人。道光、光緒《（安徽）通志》皆著録，無卷數。沈德潛《（清詩）別裁集》從鄧漢儀《詩觀》録其詩二首，而不詳其名字。考漢儀康熙十八年舉博學鴻詞，年老授正字歸，則吳氏當爲清初人。又考徐璈《桐舊集》，載氏號"栖梧閣主人"，年二十五而寡，好讀史，老而彌篤，名字亦不詳。德潛謂其組織史事，殊爲難得云。

書澤堂集 蜨園詩草 江海吟

[清] 孫中礎撰。中礎字肖武，又字發一，桐城人。臨長子。順康間諸生，尚書

李振裕擬薦博學弘詞，辭不就，年四十五卒。事迹具《續修縣志·文苑傳》。集三種，光緒《（安徽）通志》著録，無卷數。《龍眠風雅續集》録二百二十二首，凡一卷、《桐舊集》録七首，皆抄自《（龍眠）風雅》者。光緒《（安徽）通志》著録又載有《盤盂吟》，考《風雅·小傳》，稱中礎彙古事爲三卷，名《盤盂集》，其非詩可知，今別著録。

滄螺集二卷　遂阿詩鈔四卷

[清] 陳度撰。度字官儀，號“曉青”，別號“灌園翁”，桐城人。昉第三子。順康間處士。事迹具《縣志·文苑傳》。光緒《（安徽）通志》著録“阿”作“河”，今據《縣志》著録。王灼《樅陽詩選》録二十九首、徐璈《桐舊集》録十二首，并載方中履、方正玢二序，似璈尚及見其集也。錢澄之有《陳官儀詩説》，今在《田間集》中，《縣志》又有《石舫詩鈔》二卷。

方處厚詩一卷

[清] 方渾撰。渾字處厚，桐城人。詩僅五律五十五首，抄本舊藏縣人方宗誠家，據詩前題長洲尤侗選，又有贈孫豹人、黃俞邵、姚耕壺、陳官儀諸詩，知爲順康間人。又有《稻花齋次兄子素北韵詩》，按光緒《（安徽）通志》，素北，名中履，以智少子，知爲以智兄弟行，又據《自訂拙集》，詩注引嚴羽論江淹詩，不以擬古入集，知此爲殘帙。《龍眠風雅》兩集及《方氏詩輯》《桐舊集》均未載。按《（龍眠）風雅》集刻於康熙十七年、《（龍眠風雅）續集》刻於康熙二十八年，意其時渾或尚存，故未得入，然不可考矣。

陪翁集七卷續四卷

[清] 方中通撰。中通（字位白，號“陪翁”，桐城人。以智仲子。府學生，考授州同知。事迹具前《國史·儒林傳》）有《易經深淺説》，已著録。道光、光緒《（安徽）通志》皆載《迎親集》一卷，蓋據《方氏詩輯》。考《縣志》，載《陪翁集》七卷、續四卷，《桐舊集》亦載有《迎親》等集，是《迎親》乃其集之子目，不足該其全也，今據《縣志》著録。中通繼承先緒、研究天人、律曆、音韵、六書之學，又闡明四世理學，著《心學宗續編》及《繼善録》諸書。《龍眠風雅續集》録詩九十首、《桐舊集》録九首，內《厓門》《過兹園》二首，《（龍眠）風雅》所無，《桐城文録》録其文。

文閣詩集一卷

[清] 陳舜英撰。舜英，溧陽人。名夏女，桐城方中通妻，年七十七卒。事迹具《縣志·孝慈傳》。道光、光緒《（安徽）通志》皆著録，無卷數，今據《縣志》著録。《龍眠風雅續集》録十首、《桐舊集》録二首。

汗青閣文集二卷詩集二卷

[清] 方中履撰。中履（字素北，號“合山”，別號“小愚”，私諡“文逸”，桐城人。以智第三子。順康間處士。事迹具《縣志·孝友傳》）有《古今釋疑》，已著録。是集詩文各二卷，前有兄中德序，子正瑗編刻，《陳維崧集》有《方素伯集序》，此乃不載。道光、光緒《（安徽）通志》皆著録詩集二卷，無文集。中履爲以智少子，才情敏妙，人擬軾之有過。中德謂其根柢忠孝、原本經術，所抒之蘊必繫名教；吳兆騫《拜經樓詩話》謂其詩多危苦之詞，《四時宮詞》頗得唐人遺意。《感舊集》《龍眠風雅續集》《桐舊集》《方氏詩輯》皆録其詩、《桐城文録》録其文。裔孫昌翰又刻入《方氏七代遺書》。

雲亭文集

[清] 石頌功撰。頌功號“雲亭”，宿松人。思琳次子。順康間府學廩生。事迹具《縣志·文苑傳》。光緒《（安徽）通志》著録，無卷數。頌功於康熙十二年應聘修《縣志》，又主講禹江書院，同縣朱書嘗以詩文就質。《縣志》稱其文優入漢魏，兼有唐宋大家風格，不在《杜谿稿》①下云。

東山詩文集

[清] 潘曦撰。曦字少明，號“漏齋”，婺源人。順康間諸生。事迹具《縣志·文苑傳》。光緒《（安徽）通志》著録，無卷數。《縣志》稱曦博覽群書，根極理性而達諸用。

對松閣詩集

[清] 翟斗生撰。斗生字乾若，涇縣人。康熙五十年卒，年七十餘。事迹具《桃花潭文徵·小傳》。斗生詩最富，稿多不存。是集乃卒後其子所輯，有金壇王步青、同縣翟可先序。光緒《（安徽）通志》著録，脱“生”字，今據《（桃花潭）文徵》及《縣志·藝文志》著録。斗生生明季，既棄舉業，築對松閣吟嘯其中，暮年愈不

---

① 據清朱書《杜谿文稿》四卷（清乾隆元年梨雲閣刻本）題爲：《杜谿文稿》。

合時宜，牢騷之意托物以賦。步青稱其怨而不怒、肆而不流，卒歸於正，近體尤工；鄭相如《青虹閣詩評》亦謂其寄興高遠、遣詞平淡，如紫燕受風、翩翩足賞云。對松閣，其讀書處，以李白"石壁望松寮"之咏而名也。《桃花潭文徵》錄八十七首，《縣志》錄五古、七絶各一首。

菊軒詩草

［清］胡祈撰。祈字以甘，貴池人。原籍休寧，布衣。光緒《（安徽）通志》著錄，無卷數。祈所居皆種菊，無雜卉，李觀察永標聞而訪之，唱和相得，題其軒曰"康俊嵩年"，時已九十六矣。郎遂《池陽韵紀》錄七律五首。

杜律解

［清］陳醇儒撰。儒字蔚宗，當塗人。光緒《（安徽）通志》著錄"集部・箋注類"，今改隸"別集"。考《縣志》，無醇儒傳，惟潘江《龍眠風雅》卷三十二，題采石陳醇儒參，則順康間人也。

柳村存稿

［清］奚自撰。自字公石，蕪湖人。順康間布衣。事迹具《縣志・卓行傳》。自詩甚多，晚删削爲是集并序，光緒《（安徽）通志》著錄，無卷數。自慕陶潛爲人，儲書萬卷，日夕嘯咏其間。柳村，其所居也。

青崖居士集

［清］孫紹撰。紹字子啓，阜陽人。諸生。事迹具《縣志・文苑傳》。光緒《（安徽）通志》著錄脱"士"字，今據《縣志》著錄。紹與同縣劉碌歌吟贈答，始終不渝。碌，體仁第四子也。

蘆瀬詩草

［清］王贊育撰。贊育，盱眙人。貢生。事迹見《縣志・貢舉》《（縣志）・人物》二志。光緒《（安徽）通志》著錄，無卷數。

安徽通志稿·藝文考

集部十五　別集類十四

問齋杜意二十卷

[清] 陳式撰。式字二如，號 "問齋"，桐城人。康熙元年恩貢。事迹具《縣志·文苑傳》。是集二十卷，《江南通志》及道光、光緒《（安徽）通志》皆著録，無卷數，今據《縣志》著録。考《龍眠風雅續集·小傳》，式於唐詩酷嗜少陵，嘗酒酣耳熱爲坐客諷①杜詩，溯原訖委、箋釋疑義、且吟且解、音節頓挫瀏灕，聽者忘倦，因爲句櫛字比、貫穿義類、劃剥神理，名之曰《問齋杜意》。神明變化、伐毛洗髓②，殆從來箋注家所未有，吳副憲五厓爲授梓云云。又考《木厓集》《篤素堂集》《龍眠古文》一集，潘江、張英、方畿皆有《問齋杜意序》。張序稱予在京時見此書，擊節③嘆絶，今請假還里，適見是編刻成。據英子廷玉撰行述，英以康熙二十一年假歸營葬，七月抵里，則是書固刻於康熙二十一年也。吳五厓，名子雲，字霞蒸，亦桐城人。順治十二年進士，官至河南提學道，蓋嘗招式入其幕云。

梅根集二卷

[清] 劉廷鑾撰。廷鑾字興父，號 "梅根"，貴池人。城長子。康熙元年恩貢，考授州同知，未仕卒。事迹具《府志·文苑傳》。是集皆傳記之文，多備池州故實④。

---

① 諷：誦讀。許慎《説文》："諷，誦也。"《周禮·春官·大司樂》："以樂語教國子興、道、諷、誦、言、語。"鄭玄注："倍文曰諷，以聲節之曰誦。"

② 伐毛洗髓：比喻徹底滌除自身的污穢。

③ 擊節：指打拍子。後用來形容對別人的詩、文或藝術等的贊賞。

④ 故實：指出處，典故，以往的有歷史意義的事實。語出《國語·周語上》："賦事行刑，必問於遺訓而咨於故實。"

《江南通志》及道光、光緒《（安徽）通志》皆著錄，無卷數，今據《縣志·藝文志》著錄。廷鑾承家學，又師吳應箕，盡得其傳，詩文偉麗，爲一時壇坫所推。王爾綱《名家詩永》錄其詩。

獅嶺草堂詩稿

[清] 蔣生芝撰。生芝字鍾玉，懷寧人。康熙元年歲貢，官江蘇寶應縣訓導，引疾歸。事迹具《縣志·文苑傳》。光緒《（安徽）通志》著錄，無卷數。獅嶺在皖口，其所居也。

柳浪草河干吟雲樓集共六卷

[清] 陸龍騰撰。龍騰字少文，一字軺文，自號"雲樓老人"，巢縣人。康熙元年歲貢。事迹具《縣志·文苑傳》。光緒《（安徽）通志》著錄，無卷數，今據《縣志》著錄。龍騰能詩文，兼工書畫，王士禄、馬世俊、龔鼎孳咸重之。士禄寄書云昔探微著稱於繪事，內史擅美於詞章，竊謂古來能事咸萃，平原已爲異事，門下乃復兼綜衆妙、各臻峰極，直可驅鍾王於筆端、卧蘇米於腕下，都中有"南蕭（謂"從雲①"）北陸"之目，恐區湖老子毫穎頽禿，未可方駕齊鸞也。知縣于覺世贈詩有"逸興揮毫凌顧虎，新詩鏤管號雕龍。江左由來推大陸，風流端不愧儒宗"之句。其詩貧不能刊。《居巢詩徵》錄七首，有斷句八韵。

偶存草一卷

[清] 吳孟堅撰。孟堅（字子班，號小山，貴池人。應箕長子。諸生。）有《讀史漫筆》已著錄。是集一卷，首序、次記、次引附歌、次解、次論、次賦，都二十八首，前有康熙四十八年季夏，秋浦令王鈞序。內缺《吊西楚霸王》以下十二首，其《大哭》《小哭》二賦，則縣人劉世珩從《縣志》本傳錄出，後有宣統二年世珩跋，爲《貴池先哲遺書》之第二十三種。孟堅九歲而孤，從世父非暨劉廷鑾學，文多寓慘淡之況，集中如《逸民心略序》《南都紀略序》《浪游自序》《舊語序》《和梅花百韵詩序》，皆其所著，爲《縣志》所未載者也。

雁字詩一卷

[清] 吳孟堅撰。凡上下平韵七律三十首，乃戊戌六月和端尼坡作，僅一日而成，前有建德孔尚大序及自序，後有戊戌仲冬陳銘跋。宣統三年縣人劉世珩刻并跋

---

① 從雲:經考索,未有其人,當爲"雲從"之誤。

爲《貴池先哲遺書》之第二十四種。案：孟堅《浪游自序》稱乙酉歲先子殉難，予甫十齡，又《韓弟遺詩序》又稱歲乙酉遭家國之難，予甫九齡，陳跋稱孟堅方弱冠，則戊戌爲順治十五年，孟堅正二十餘，陳跋又稱孟堅所撰《學古篇》《銘心錄》《南游草》《柳齋新詩》《湘澤行吟》《讀史》《詩斷》若干卷，亦皆《縣志》所未載者也。

河汾集

[清] 江闓撰。闓字辰六，自號"牂牁①生"，歙縣人。貴州新貴（縣後裁）籍康熙二年舉人，薦舉博學鴻詞，官至山西解州知州，擢員外郎，未赴卒。事迹具《縣志・宦績傳》。光緒《（安徽）通志》著錄，無卷數。闓婿於吳綺，又爲王士禛門人。士禛序其詩謂游覽山川，詩歌有奇氣；尤侗亦謂其風流吐納，不減婦翁也。

舫園集

[清] 任光世撰。光世字昭茲，舒城人。御史天成子。康熙二年舉人，年未四十卒。事迹具《縣志・文苑傳》。光緒《（安徽）通志》著錄，無卷數。光世嘗於龔鼎孳座間，刻燭一寸得七律六首。

深莊詩集文集

[清] 劉鴻儀撰。鴻儀字超宗，號"深莊"，亦號"石航"。康熙二年、十六年兩中副榜，授國子監典簿，年八十一卒。事迹具《縣志・文苑傳》。據文集，深莊《自序》，《深莊文集》《（深莊）詩集》已脫稿，令兒孫校讎云云。又《桐舊集》卷二十五錄鴻儀詩十一首，小傳稱有《石航詩集》，集名不同，然深莊、石航，皆鴻儀號，當即一書也。又《澄響堂五世詩鈔》卷二"鴻儀小傳"云文集、詩集遭火，板籍殘缺，存者什一，是鴻儀詩文板印皆毀於火。道光間裔孫叢蘭乃搜得詩百五十六首、文三十六首刻之，惟文集《諸葛武侯全集序》，首云予向作《武侯論》，以爲聖人之徒，語載《光啓堂初集》。又云後至史館受業武陵胡夫子云云。案：《光啓堂文集》，乃桐城方孝標撰。孝標本名玄成，以字行，順治六年進士，授庶吉士，故有史館之語。鴻儀以副貢授國子監典簿，不得云史館，此灼然②爲孝標作，不知何以誤收也。

鷺㴲詩文集

[清] 江蕃撰。蕃字宣子，婺源人。康熙三年進士。事迹具《縣志・文苑傳》。

---

① 牂牁：音 zāng kē，亦作"牂柯"，船隻停泊時用以係纜繩的木樁。牂，古水名，在今貴州省。柯，古同"柯"，係船的木樁。牂牁，亦指漢代的牂牁郡，遺址位於今貴州省東南的黔東南自治州最西北的黃平縣舊州鎮。

② 灼然：明顯貌。漢徐幹《中論・審大臣》："文王之識也，灼然若披雲而見日，霍然若開霧而觀天。"

光緒《（安徽）通志》著録，無卷數。蕃三四歲授毛詩即能成誦，既長盡得其父彥明之學，才藻益煥發，嬉笑怒罵皆成文章。

秋潭詩集

［清］王履同撰。履同字莘來，無爲州人。康熙三年進士，授推官未任卒。事迹具《縣志·文苑傳》。道光、光緒《（安徽）通志》皆著録，無卷數。履同好苦吟，有郊島、李賀之風。《州志》録五絶一首。

待廬存稿

［清］曹風撰。風字扶三，貴池人，號“莅山”。康熙三年舉優行。事迹具《縣志·文苑傳》。《江南通志》及道光、光緒《（安徽）通志》皆作“侍”，今據《縣志》著録。風才思敏捷，有神童稱。王爾綱《名家詩永》、郎遂《池陽韵紀》皆録其詩。

素園閑咏一卷

［清］汪應魁撰。應魁字文可，休寧人。國學生，隱於市。事迹具《縣志·學林傳》。詩一卷，前有康熙五年弟姬生序。應魁觴咏自娛。姬生稱其力去雕飾，一任性靈，有蟪蠓①富貴、糠秕②流輩之致。

巢雲閣集

［清］龍雲澍撰。雲澍字天士，號“雷巖”，當塗人。康熙五年舉人。事迹具《縣志·孝義傳》。《江南通志》及道光、光緒《（安徽）通志》皆著録，無卷數。雲澍以射策③中，亞魁典試。徐旭齡、鄭秀稱爲經世才。

遂初堂詩文集四卷

［清］任塾撰。塾字克家，號“鸛峰”，懷寧人。康熙六年進士，官至禮部郎中，歸卒。事迹具《縣志·仕業傳》。《江南通志》及道光、光緒《（安徽）通志》皆作“《鸛峰詩文集》”，無卷數，今據《縣志》著録。《縣志》又載有《嶺南詩鈔》《曾矩堂存稿》。

---

① 蟪蠓：比喻小人物。唐儲光羲《登秦嶺作時陷賊歸國》詩：“網羅蟪蠓時，顧齒熊羆鋒。”

② 糠秕：谷皮和瘦穀。比喻粗劣而無價值之物。南朝梁沈約《與陶弘景書》：“先生糠秕流俗，超然獨達。”

③ 射策：古代科舉考試時，士子針對皇帝策問，提出一套治理政事的方略。南朝梁劉勰《文心雕龍·議對》：“又對策者，應詔而陳政也；射策者，探事而獻説也。”

存誠堂應制詩五卷詩集二十五卷篤素堂詩集七卷文集十二卷

〔清〕張英撰。英（字夢敦，一字敦復，號"圃翁"，桐城人。秉彝子。康熙六年進士，官至文華殿大學士，四十年告歸，四十七年卒，年七十二，謚"文端"，贈太傅。事迹具前《國史·列傳》）有《易經衷論》，已著錄。是集《應制詩》五卷，首講筵、應制，次歸田紀恩，又太皇太后挽詞，又南巡扈從詩，都三百三十四首，前有自序。《存誠堂詩集》二十五卷，卷内古體八卷，近體十七卷，乃順治十六年至康熙三十一年所作，前有陳廷敬序及自序。《篤素堂詩集》七卷，以年月爲次，乃康熙三十二年後作。文集十二卷，分體編次，卷一賦、卷二頌、卷三表疏、卷四至卷六序、卷七論、卷八記、卷九雜著、卷十祭文、卷十一行狀、卷十二墓志銘，前有韓菼、趙士麟序，均康熙間刻，咸豐板毀，光緒二十三年裔孫紹華、紹棠重刻於江南官書局。據蕭穆《敬孚類稿·與溥玉岑書》，有"爲張氏校刊《文端全書》八種，共十二册"之語，則重刻校勘固出穆手也。《四庫（全書）》著錄《文端集》四十六卷，内《應制詩》作四卷，文集作十卷，較重刻本少三卷，英子廷玉撰行述，又作《篤素堂詩集》六卷，道光、光緒《（安徽）通志》著錄同《四庫（全書）》，今據重刻本著錄。英自言自少至老止，言其志之所在而無暇計論工拙；廷敬亦謂其神明寄托常在岑寂[①]之地，尚能如其所言；惟文集所載韓菼序，據《有懷堂集》，乃送英致政歸桐城，非序其集，殆後來誤入。又重刻本文集卷十三爲《南巡扈從紀略》、卷十四爲《恒産瑣言》《飯有十二合説》、卷十五十六爲《聰訓齋語》，已錄入史子二部，故僅以十二卷著錄焉。

南汀詩集六卷

〔清〕張佑撰。佑字吉如，號"南汀"，桐城人。明布政秉文第四子。縣學生。事迹具《縣志·文苑傳》。是集六卷，有同縣劉鴻儀及兄英序。《江南通志》及道光、光緒《（安徽）通志》皆著錄，無卷數，今據《縣志》著錄。佑性卓犖[②]，自放於山水間，詩亦淡泊自喜。英謂其全首絶類陸游者，陳廷敬、王士禎亦以爲然；鴻儀則謂其古詩似漢魏、近體似盛唐。《桐舊集》錄十首。

集古山房文集六卷

〔清〕汪士漢撰。士漢（字闇然，婺源人。貢生，考授州同。事迹具《縣志·學

---

① 岑寂：高而静。亦泛指寂静，寂寞。《文選·鮑照〈舞鶴賦〉》："去帝鄉之岑寂，歸人寰之喧卑。"李善注："岑寂，猶高静也。"

② 卓犖：卓絶超群。《後漢書·班固傳》："卓犖乎方州，羡溢乎要荒。"李賢注："卓犖，殊絶也。"

林傳》）有《秘書二十一種》，已著錄。是集六卷，光緒《（安徽）通志》著錄。士漢幼即能文，潘之祥見而奇之，晚寓秣陵，日以著述爲務。

西園詩集八卷

[清] 李枝芃撰。枝芃字芃士，號"西園"，泗洲籍，居盱眙。康熙八年歲貢（戚玾序詩集，己酉舉明經。己酉，康熙八年也。《盱眙志》載枝芃貢生，而無年分）。事迹具《縣志·人物志》。詩原三千首，不自收拾，此乃其子嶟瑞等所輯刻，卷一五古、卷二七古、卷三五律、卷四至卷七七律、卷八排律絕句，前有黃岡杜濬、秀水曹溶、華亭沈荃、同縣戚玾序及自序，光緒《（安徽）通志》著錄，無卷數。枝芃詩以性情爲主，才識、工力亦足以赴之，又嬰①足疾二十餘年，一發於詩。曹溶擬以高岑、韋柳。西園者，在盱東雲山之麓，其所居也。

寒燈閣詩存

[清] 孟安世撰。安世字康子，懷寧人。康熙八年舉人，官江蘇邳州學正。事迹具《縣志·仕業傳》。《江南通志》及道光、光緒《（安徽）通志》皆作"桐城人"，誤。今據《懷寧（縣）志》著錄。

讀書堂內外集

[清] 孟安世撰。光緒《（安徽）通志》作"《讀書堂文集》"，今據《縣志》著錄。

嶽青堂詩一卷

[清] 朱絃撰。絃字皁公，黟縣人。康熙八年武舉。事迹具《縣志·文苑傳》。詩一卷，有杜濬、紀映鍾二序，光緒《（安徽）通志》作"詩文集"，無卷數，道光《府志》作"詩存二卷"，道光《（安徽）通志》據采訪刊本，當不誤，今依以著錄。絃所交如孫枝蔚、鄧漢儀、黃雲、余賓碩、曹溶、施閏章，皆一時名士。濬稱其深婉秀潤、時露胸臆，見忠孝之情，又稱其有橅②古最肖者，尚務去之以至於盡，即其詩之得失可知。《縣志》錄三首。

嶽青堂文集　黃山游草　蒼霞閣草

[清] 朱絃撰。光緒《（安徽）通志》著錄，無卷數。

---

① 嬰：遭受；遇。明宋濂《懷遠大將軍于君墓志銘》："君以一書生，嬰亂世，乃能倡義旅以捍鄉邦。"

② 橅：音 mó，古通"摹"，照着樣子畫或寫。

紺園詩集

［清］何大觀撰。大觀字爾光，號"秋濤"，無爲州人。康熙九年歲貢。事迹具《州志·文苑傳》。光緒《（安徽）通志》著録，無卷數。吳元桂録入《昭代詩鍼》。《州志》録七古二首、七律一首、《皖雅初集》録七律二首。

尚古堂詩文四卷

［清］江德新撰。德新字懋昭，歙縣人。御史秉謙孫。康熙九年進士，官内閣中書。事迹具《縣志·文苑傳》。集四卷，光緒《（安徽）通志》著録。德新與弟德中、銘勛，皆以文名，時目以"三鳳"，施閏章曾贈以詩。

治讀堂詩文集　楚游草一卷　粵游草一卷

［清］江銘勛撰。銘勛，歙縣人。德新弟。諸生。事迹具《縣志·文苑傳》。光緒《（安徽）通志》著録。

華嶽堂集

［清］許孫荃撰。孫荃字友蓀，又字生洲，號"四山"，合肥人。裔蓀長子。康熙九年進士，歷刑部主事、户部員外郎，以親老歸。事迹具《縣志·人物傳》。是集乃提學陝西時作，道光、光緒《（安徽）通志》皆著録，無卷數。鄧漢儀《詩觀》録三十首、冒襄《同人集》録四首、彭廷梅《國朝詩選》録二首、沈德潛《（清詩）別裁集》録六首、陳廷桂《歷陽典録補》、嘉慶《縣志》各録一首。德潛稱其激昂悲壯，多燕秦之聲。《江南通志》載《慎墨堂詩集》。案：孫荃有《慎墨齋詩選》，乃鈔選他人之作，今改入"總集"。

錢紹文集

［清］錢世熹撰。世熹字紹文，號"康侯"，五河人。康熙九年進士，未仕卒。事迹具《縣志·鄉賢傳》。《江南通志》及道光、光緒《（安徽）通志》皆著録，無卷數。世熹工制藝兼工詩古文，惜多散佚。《縣志》録序二篇、七古一首。

一莖草

［清］釋興斧撰。興斧（字山足，號"荆堂"，江西永寧人，俗姓張。康熙九年主桐城浮山華嚴寺，二十二年主九華，二十七年卒於京師觀音寺，歸塔於浮山，世壽五十三，僧臘①三十四。事迹具《龍眠風雅續集·小傳》）有《浮山志》，已著録。

---

① 僧臘：僧尼受戒後的年歲。明宋濂《孤峰德公塔銘》："世壽七十又九，僧臘六十有二。"

是集爲江寧張總選，有總及桐城吳道新、錢澄之、張英序。《江南通志》及道光、光緒《（安徽）通志》皆作“安慶僧荆堂斧”，誤，今據《龍眠風雅》著録。興斧年十九入金陵幽栖寺，爲石谿禪師剃度，秉戒於萬松響谷禪師，遂參天界、謁青原，受法弘智，爲曹洞三十世法嗣，其主華嚴，弘智命也。澄之謂其有灑脱之趣，出語吐氣絶去膠滯[①]；張英亦謂其極刻畫處皆極自然。《龍眠風雅續集》録二十九首、《桐舊集》録三首、王爾綱《名家詩永》亦録其詩。

五五草　東山律陶

[清] 釋超易撰。超易，安慶僧。《江南通志》及道光、光緒《（安徽）通志》皆著録，無卷數。

心齋詩鈔四卷　聊復集一卷　友聲集一卷　咏物詩一卷

[清] 張潮撰。潮（字山來，號“心齋”，歙縣人。江都籍。習孔子。康熙初歲貢，入貲授翰林院孔目[②]。事迹具《縣志·文苑傳》）有《焦山古鼎考》，已著録。集四種，光緒《（安徽）通志》著録作“解心齋”，誤。今據《縣志》著録。

楚香亭詩集六卷

[清] 許夢麒撰。夢麒字仁長，號“雙谿”，合肥人。孫荃長子。歲貢，官光禄寺典簿。事迹具《縣志·人物志》。集六卷，光緒《（安徽）通志》著録“麒”作“麟”，今據《縣志》著録。夢麒年十四賦雙松詩，傳誦都下，王士禎雅重之。鄧漢儀《詩觀三集》録七首，《縣志》録一首，《縣志》又載有《雙谿詩鈔》《樹百堂詩集》《雙青集》。

潘希崖詩文集

[清] 潘金章撰。金章字仲聲，號“希崖”，桐城人。東陽知縣士璜次子。康熙十一年歲貢，候選知縣，未任卒。事迹具《縣志·文苑傳》。光緒《（安徽）通志》著録，無卷數。金章博通經史、工詩文，爲崐山徐元文所重。

遺山詩集四卷

[清] 高咏撰。咏字阮懷，號“遺山”，宣城人。康熙十一年歲貢、十八年召試

---

① 膠滯：拘泥，不超脱。明宋濂《送季芳聯上人東還四明序》：“吾佛之學，明心而已矣。然心未易明也，結習之所膠滯，根塵之所蓋纏，沉冥於欲塗，顛倒於暗室，而不能自知。”

② 孔目：清代在翰林院中置孔目，爲低級事務官，從九品。

博學鴻詞，授翰林院檢討，假歸卒。事迹具前《國史·文苑傳》。集四卷，有施閏章、顧夢游序、陳允衡跋，張菊水刻。《江南通志》及道光、光緒《（安徽）通志》著録，無卷數。《縣志》并《蕭江游草》《若巖堂集》作五十卷，今據本書著録。咏詩名與同縣施閏章埒，號"宣城體"，閏章亦謂其優入古人。其《寄雲樓瑞雪圖歌自序》云："寄雲樓爲施愚山讀書處，有梅一株己未夏忽作二花，茆君楚畹、孫君予立及第之信適至，越數日復花仍二焉，而予二人以召試得館職，花分東西向，則適直四人居所也，梅孝廉清繪圖作長句，同志多有和者，予戲題其後云。"愚山爲閏章號、楚畹爲茆薦馨字、予立爲孫卓字，四人皆籍宣城，又同時入翰林且皆有文學詩畫流傳，不可謂非佳話也。《（清詩）別裁集》録五首、《縣志》録四首、《宛雅三編》録三十一首。

蕭江游草

〔清〕高咏撰。陳弘緒序，光緒《（安徽）通志》著録，無卷數。弘緒稱爲左徒遺響。

若巖堂集

〔清〕高咏撰。《江南通志》及道光、光緒《（安徽）通志》皆著録，無卷數。

小輞川集

〔清〕王震撰。震字雨辰，號"葦庵"，南陵人。康熙十一年歲貢。事迹具《縣志·文苑傳》。光緒《（安徽）通志》著録，無卷數。《縣志》録二首。

槐蔭詩草

〔清〕王天祚撰。天祚字卜年，號"松濤"，蕪湖人。康熙十一年歲貢，官崑山訓導。事迹具《縣志·文學傳》。光緒《（安徽）通志》既以天祚爲明人，又以朱履素所撰《續枕香亭詩集》爲天祚撰，皆誤，今據《縣志》著録。天祚在崑山搆與成堂講學，徐乾學尤稱之。

竹田集

〔清〕吳度撰。度字叔子，歙縣人。康熙十一年拔貢（《選舉志》作"歲貢"），年六十八卒。事迹具《縣志·文苑傳》。光緒《（安徽）通志》著録，無卷數。度於書無不讀，或諏^①以典故，娓娓談不倦。

深園詩三卷古文五卷

〔清〕姚士堅撰。士堅（字庭若，號"靜齋"，桐城人。文然第三子。康熙歲貢。事迹具《縣志·篤行傳》）有《不可不可録》，已著録。道光、光緒《（通志）》皆載《深園詩文集》，無卷數，《縣志》本傳作"詩三卷""文五卷"，姚瑩《（姚氏）先德傳》亦作"詩文集八卷"，與《縣志》合，惟《龍眠風雅續集》稱士堅詩凡十餘卷，要不及其文什之二三，是文當更多，然所載無確數，今仍依《縣志》著録。士堅師同縣張度，年十二作《漢景帝論》，王大礽驚爲史才。詩雖非所好，然興至援筆直抒胸臆，不屑綷章繪句^②。《（龍眠）風雅續集》録百六十二首、《桐舊集》録四首。深園在龍眠之水木灣，近李公麟舊址，張度所命名并爲之記也。

松巖詩集八卷

〔清〕姚士基撰。士基字履若，號"松巖"，桐城人。文然第四子。康熙十一年舉人，湖北羅田知縣，卒官。事迹具《縣志·宦績傳》。詩凡八卷，前有長洲朱陵、外甥馬源二序，光緒間來孫濬昌重刻於江西安福縣署。《縣志》載《清聚山房詩》八卷，蓋即是集，今據重刻本著録。士基師同縣張度，詩亦與度近，其《蕪城市》《板子磯》二篇紀左良玉、黃得功事，尤可資異聞。《桐舊集》録十七首。

咏花軒詩集　長嘯草堂文集

〔清〕姚士珍撰。士珍字席臣（《桐舊集》作"席居"），號"怡齋"，桐城人。康熙間縣學生，入國子監，舉博學弘詞及德行才猷，皆不應。事迹具《縣志·文苑傳》。光緒《（安徽）通志》著録，無卷數。《桐舊集》録詩四首。

桂留堂集

〔清〕吳之騄撰。之騄字耳公，歙縣人。儀徵籍康熙十一年舉人，官鎮江府教授。事迹具《縣志·文苑傳》。光緒《（安徽）通志》著録，無卷數。

南窗散集九十卷　東白詩集八卷

〔清〕唐慎徽撰。慎徽字輯五，號"東白"，晚號"六億子"，績溪人。康熙歲

① 諏:音 zōu,商量,咨詢。《國語·晋語四》:"諏于蔡原而訪于辛尹。"

② 綷章繪句:雕琢文辭,修飾章句。宋真德秀《謝除翰林學士表》:"變綷章繪句之習,豈薄技之能堪;以救時行道爲賢,尚前猷之可仰。"

貢，授崑山訓導不就。事迹具《縣志·文苑傳》。光緒《（安徽）通志》著録。慎徽淹貫[1]群書，下筆數千言，詩宗李白、蘇軾，晚年著作益多，教諭吴之騄嘆爲新安名宿。

弘雅堂集四卷

［清］黄士塓撰。士塓字伯和，號“瀛山”，休寧人。浙江石門籍，康熙十二年進士，官翰林院編修，年五十三卒。事迹具《縣志·宦業傳》。光緒《（安徽）通志》載是集，無卷數，今據《府志》著録。士塓性嗜經史，自諸生至通籍，常手一編不釋。詩文皆超然越俗，尤工五言古詩。

亦薪集

［清］吴世基撰。世基字念祖，號“定林”，無爲州人。明兵部侍郎光義孫、臨湘知縣漢嗣子。康熙十二年進士，授内閣中書，年四十卒。事迹具《州志·文苑傳》。世基著作甚富，其詩古藏稿總名《一薪集》，有韓葵序，光緒《（安徽）通志》著録，無卷數。《皖雅初集》録詩四首。《州志》録七古二首。

逸巢焚餘稿

［清］方仲舒撰。仲舒字南董，號“逸巢”，桐城人。上元籍。教諭幟子。康熙監生。年七十卒。事迹具《縣志·文苑傳》。據其子苞遺詩跋，仲舒少耕牧樅陽黄華，有《江上初集》，既遷六合，有《棠村集》，康熙甲寅還金陵舊居，有《愛廬集》，庚午後有《漸律草》，辛巳後有《卦初草》，計三千首有奇，歿後四年苞以《南山集》被逮，凡寫本皆雜燒，諸集遂無遺，惟女夫曾退谷口熟五律五百六十三首、斷句二百四十五聯，又於里人篋藏壁，揭者得各體九十八首，校録諸板，即是集也。原有戴名世序，今載《南山集》中，光緒《（安徽）通志》除著録《棠村集》《卦初草》外，無《江上集》，有《甲新草》，又誤并愛廬、漸律二集爲《愛廬軒律草》，今據《桐舊集》所載集名著録。仲舒少好老莊書，與黄岡杜濬、杜芥、同縣錢澄之、族祖文唱和論詩，謂當於讀書中求詩，時時手一編不置，然不競時名。泰州鄧漢儀嘗録入《詩觀二集》，再致書毁所刻後止，苞請録副亦弗許。名丗謂其跌宕淋漓、雄渾悲壯，有古人之風。《桐舊集》録二十五首。

白鹿山房詩集五卷

［清］方中發撰。中發字有懷，號“鹿湖”，桐城人。其義子。康熙廩貢，考授

---

① 淹貫：博通、深通。深通廣曉。《新唐書·柳芳傳》：“淹貫群書，年六十餘，始仕宦。”

州同知，年八十三卒，私謚“和靖先生”。事迹具《縣志·孝友傳》。是集五卷，有錢澄之及從弟中履序，道光、光緒《（安徽通志）》皆著錄。中發好深湛之思，一字未安，竄易①十反，不工不已。澄之稱其感今念昔、托物比類，事關名教，慷慨傷懷；中履亦謂其倉皇欝塞②，一寄之紙墨，言本孝友，可泣鬼神。《桐舊集》錄十八首。

白鹿山房文集十五卷

［清］方中發撰。乾隆四十三年毀禁。

紹聞堂詩集

［清］趙襄國撰。襄國字以贊，號“湛齋”，又號“東岑”，別號“幻翁”，桐城人。士先長子。附監生，康熙間考授州同知，年六十五卒。事迹具《縣志·文苑傳》。光緒《（安徽）通志》著錄，無卷數。襄國耽禪悅③、喜詩歌，同縣方若斑、方中履、吳會、王咸平、顧有孝咸稱之。有孝謂其清真和雅、絕去矜囂④，知其爲人必恬淡寡欲、志凝氣靜者也。《龍眠風雅續集》錄詩一卷，凡一百八首，《桐舊集》錄十首。

山水清音集

［清］湯士玕撰。士玕字子將，號“眉山”，無爲州人。任尹子。康熙十三年歲貢。事迹具《州志·文苑傳》。光緒《（安徽）通志》著錄，無卷數，《州志》作數卷。士玕肆志邱壑、放情詩酒，與弟士琬并以詩名。《州志》錄七律一首。

中江紀年詩集四卷

［清］袁啓旭撰。啓旭字士旦，號“中江”，宣城人。康熙諸生。事迹具《縣志·文苑傳》。是集四卷，啓旭從弟又安編，自康熙十三年至三十二年，凡二十年之詩，初刻於乾隆十二年、再刻於光緒十七年、三刻於民國十二年，前有錢澄之、李振裕、汪士鋐、孫喆、魏禧、宋實穎等原序，後有袁泮、袁克仁後序。光緒《（安徽）通志》著錄《中江詩鈔》，無卷數。啓旭師吳肅公，又游王士禛門（士禛《蠶尾

---

① 竄易：改動。明沈德符《野獲編·詞曲·太和記》：“曾見楊親筆改定祝枝山咏月玉盤金餅一套，竄易甚多。”

② 倉皇：也作“倉黃”“倉惶”“蒼惶”，恐懼忙亂的樣子。唐陳鴻《長恨傳》：“倉皇輾轉，竟就死於尺組之下。”欝塞：鬱悶，不舒暢。明高啓《登金陵雨花臺望大江》詩：“我懷欝塞何由開，酒酣走上城南臺。”

③ 禪悅：佛教語。謂入於禪定，使心神怡悦。南朝陳徐陵《東陽雙林寺傅大士碑》：“非服名香，但資禪悅。”

④ 矜：自尊自大，自夸。囂：輕浮，輕薄。《三國志》：“形色囂然，自矜得遇滋甚。”

集》有《題門人袁士旦寫真》絕句），然其詩奔軼①汪洋，乃與士禎不類。實穎謂其以秦風之悲壯，兼楚騷之哀怨，前可以方駕梅村，近則其年②得其豐腴，漢槎③有其英概，今觀其詩，雖較之吳偉業未知如何，然置之《湖海樓（集）》《秋笳（集）》二集間，固堪鼎足也。《宛續三編》④錄五十首。

韞玉齋集

［清］邢清撰。清號“淡僊”，繁昌人。康熙十四年恩貢，任江蘇婁縣訓導，擢直隸魏縣丞，卒官。事迹具《縣志·文苑傳》。光緒《（安徽）通志》著錄，無卷數。清天姿穎悟，善爲文，尤長於詩。

悔齋全集

［清］汪楫撰。楫（字舟次，號“悔齋”，休寧人。儀徵籍康熙十六年歲貢，官贛榆縣訓導，十八年召試博學弘詞，官至福建布政使，内升京卿⑤，歿於途。事迹具前《國史·文苑傳》）有《中山沿革志》，已著錄。《江南通志》及道光、光緒《（安徽）通志》皆載是集，無卷數。考道光《府志》載楫《悔齋集》一卷、《山聞詩》一卷、《山聞詩續集》一卷、《消寒集》一卷、《觀海集》一卷、《京華集》一卷，共六卷，蓋即全集之子目也。楫少工詩，與三原孫枝蔚、泰州吳嘉紀齊名。王士禎謂其以古爲宗、以潔爲禮、以清冷峭蒨⑥爲致，尤爲周亮工稱服。嘗游西山白嶽，詩境幽深。枝蔚謂其變利爲鈍，不可測識，入詞館後，又易幽峭爲臺閣，則汪琬所稱蓄富養深，無施不可者也。沈德潛《（清詩）別裁集》、阮元《淮海英靈集》皆錄其詩。

恕齋行稿 玉山詩集

［清］虞吉撰。吉字孚躬，宿松人。康熙十七年舉人。事迹具《縣志·文苑傳》。《江南通志》及道光、光緒《（安徽）通志》皆著錄，無卷數。《仙田詩在》錄其詩多晚年作。

---

① 奔軼：也作“奔逸”，奔放，縱逸。明李贄《答周友山》：“獨余不知何説，專以良友爲生……明知不可必得，而深思奔逸，不可得而制也。”

② 其年：陳維崧字其年，號迦陵，宜興（今屬江蘇）人。

③ 漢槎：吳兆騫字漢槎，號季子，清初詩人，吳江松陵鎮（今屬江蘇蘇州）人。

④ 《宛續三編》：當爲“《宛雅三編》”之誤。

⑤ 京卿：清代對某些高級官員的稱呼。如都察院、通政司、詹事府、國子監及大理、太常、太僕、光禄、鴻臚等寺的長官，概稱京堂。在官文書中稱京卿，一般爲三品、四品官。清代中葉以後，京卿成爲一種虛銜。

⑥ 峭蒨：鮮明貌。元辛文房《唐才子傳·綦毋潛》：“詩調屹峚峭蒨，足佳句，善寫方外之情，歷代未有。”

岸舫詩一卷　阮溪深柳堂詩一卷

［清］汪舟撰。舟號“岸舫”，歙縣人。康熙十七年舉人。事迹具《縣志·詩林傳》。光緒《（安徽）通志》載《岸舫詩》一卷，又載《阮溪詩》《柳塘詩》，無卷數，今據道光《府志》著録。

梳山堂集

［清］危映璧撰。映璧字東園，貴池人。康熙十七年舉人，官内閣中書。事迹具《府志·文苑傳》。《江南通志》及道光、光緒《（安徽）通志》皆著録，無卷數。映璧文名重京師，其請爲吳應箕立祠文，尤爲時傳誦。王爾綱《名家詩永》、郎遂《池陽韵紀》皆録其詩。

閑峰集

［清］戴宏鑄撰。宏鑄字叔冶，號“翻岡”，桐城人。明僉事完曾孫。康熙十八年歲貢，選蒙城訓導不就，卒年八十五。事迹具《縣志·文苑傳》。光緒《（安徽）通志》著録，無卷數。宏鑄師韓孺初，日探索宋儒奧義，以圖史自樂。

報循堂全集二十卷

［清］馬教思撰。教思字臨公，號“巖沖”，桐城人。之瑛四子。康熙十八年第一名進士，官翰林院編修，歸卒，私諡“文懿”。事迹具《縣志·宦績傳》。光緒《（安徽）通志》著録馬教思詩古文十卷，今據《縣志》著録。考姚通意《賴古居詩話》，云遺編散佚，於《皖江詩選》得數十首，則其集已佚也。教思才氣卓犖，嘗侍外舅方以智，賦《梅花》七言詩三十篇，當夕立就，既歸，益殫心撰述。《馬氏詩鈔》録十八首、《桐舊集》録十首。

寒檜軒詩二卷

［清］馬方思撰。方思字江公，號“屏庵”，桐城人。之瑛第六子。縣學廩生，年二十五卒。事迹具《縣志·文苑傳》。光緒《（安徽）通志》著録，無卷數，今據《縣志》著録。《龍眠風雅》録十三首、《桐舊集》録十首、《馬氏詩鈔》録四十三首。《縣志》又載有古文一卷。

凝暉齋集二卷陸舟吟二卷玉臺新咏一卷

［清］姚氏撰。姚氏（桐城人，尚書文然長女、廩生馬方思妻，年二十五守節。

事迹具《縣志·節孝傳》）有《閨鑑》，已著録。集三種共五卷，有韓菼序，道光、光緒《（安徽）通志》皆著録《凝暉閣詩集》五卷，而無《陸舟吟》及《玉臺新咏》，今據《縣志》著録。姚氏夙工吟咏，具有風格。張英嘗言龍眠閨閣前有"清芬閣"，後有"凝暉齋"。"清芬閣"謂明方維儀也。《馬氏詩鈔》録二十二首、《桐舊集》録六首。

雙溪草堂詩集一卷附游西山詩一卷

[清] 汪晉徵撰。晉徵字符尹，號"涵齋"，休寧人。康熙十八年進士，官至户部侍郎。事迹具《府志·宦業傳》。集爲晉徵自定，以編年爲次，始康熙十二年，終四十七年。《四庫存目》"汪"作"王"，道光《（安徽）通志》同，今據光緒《（安徽）通志》及《府志》著録。

罷社齋詩稿

[清] 孫卓撰。卓字予立，號"如齋"，宣城人。給事襄次子。康熙十八年一甲第二名進士，官翰林院編修，二十二年奉使册封安南，道卒，年三十六。事迹具《縣志·文苑傳》。集有張希良序，《江南通志》及道光、光緒《（安徽）通志》皆著録，無卷數。希良稱其清新俊逸兼庾、鮑之長。《皖雅三編》録十八首、《縣志》録一首。

燕游草 梅溪文集

[清] 茆薦馨撰。薦馨字楚畹，號"一峰"，宣城人。浙江長興籍康熙十八年一甲第三名進士，官翰林院編修。事迹具《縣志·文苑傳》。《江南通志》及道光、光緒《（安徽）通志》皆著録，無卷數。薦馨少游京師，爲吳綺所禮，勸游北雍，祭酒宋德宜亦目以國士。蜀平獻詩復邀上獎，卒前數日，夢之帝所，寤而賦詩云："半年消渴望蓬萊，夢裏君王賜藥來。隱隱龍舟競渡去，香風天上五更回。"《縣志》録詩二首、《皖雅三編》録詩三首、《兩浙輶軒録》亦録其詩。

畫溪草堂遺稿

[清] 茆薦馨撰。光緒《（安徽）通志》作"《畫溪堂稿》"，無卷數，今據《縣志》著録。

讀書草堂文集

[清] 丁宗閔撰。宗閔字再騫，號"青麓"，當塗人。孝子大相曾孫。康熙十八

年進士，官雲南禄豐知縣，攝安寧州事，丁艱歸卒。事迹具《縣志·宦績傳》。《江南通志》及道光、光緒《（安徽）通志》皆著録，無卷數。

野香亭集十三卷

[清] 李孚青撰。孚青字丹壑，合肥人。大學士天馥長子。康熙十八年進士，官翰林院編修，丁憂歸，不復出，五十四年卒，年五十二。事迹具《縣志·人物傳》。是集編年分卷，起康熙二十五年丙寅訖三十七年戊寅，凡十三年，以一年爲一卷，有王士禛、王槩、戴名世、費錫璜、田雯、陳廷敬、姜宸英、徐嘉炎、章藻功、費密、毛奇齡序，查嗣瑮、湯右曾、彭孫遹跋。名世序稱丙子春乃得讀《野香亭集》，已又集數年以來之詩付之雕刻，而悉以示予；密序稱自庚午至今約千餘篇，其行世者已見諸序，今復合甲戌後作梓之；嗣瑮跋稱丁丑再入都，前集已付刊，續集蓋自甲戌至丁丑春所成者。案：庚午爲丙寅後四年、丁丑爲戊寅前一年，知其詩本陸續付刊，後乃合爲是集也，《四庫存目》，道光、光緒《（安徽）通志》皆著録。民國九年合肥王氏今傳是樓用闞氏因是閣藏本，影印爲《廣德壽重光集》第一輯之第二種。孚青宰相子，又早通籍[①]，詩境冲澹乃不類其人。士禛謂其承家學，少變爲清新綿婉，《漁洋詩話》又摘其“秋來張掾多歸思，事去王郎少宦情”句，爲有言外意，洵[②]爲定論。惟《四庫（總目）提要》稱是集起戊寅訖己亥，又謂年未四十歿，均誤。案：戊寅至己亥凡二十二年，不得云十三卷。又孚青成進士年十六，若終於己亥則五十六矣，亦不得云未四十歿。王尚辰跋孚青《道旁散人集》，謂歿於乙未，年五十二，殆爲近之；沈德潛《（清詩）別裁集》亦云未四十，則沿《四庫（總目）提要》之誤，而不之考也。

盤隱山樵集八卷

[清] 李孚青撰。卷各有子目，卷一《蓬櫳集》、卷二《江東集》、卷三《舒州集》、卷四《淮豫集》、卷五《恕病集》、卷六《黄楊館集》、卷七《夢影草堂集》、卷八《消寒集》，都四百五十一首，合肥王尚辰謂爲康熙三十八年己卯至四十二年癸未五年作，蓋即《野香亭（集）》以後詩也。前有錢晁仍序并晁仍《答孫韓稚書》，卷四有王士禛、方嵩年題後，道光、光緒《（安徽）通志》著録《盤隱集》，無卷數。民國九年合肥王氏今傳是樓用李氏集虛草堂藏本，影印爲《廣德壽重光集》第一輯之第三種。孚

---

① 通籍：做官。“籍”是二尺長的竹片，上寫姓名，年齡，身份等，挂在宮門外，以備出入時查對。“通籍”謂記名於門籍，可以進出宮門。因此後來便稱做官爲“通籍”。新官通報名籍於朝廷。朝廷中已有他的名籍。唐杜甫《夜雨》詩：“通籍恨多病，爲郎忝薄游。”

② 洵：假借爲“恂”，誠然，確實。《鏡花緣》：“功有九轉之妙，洵爲希世奇珍。”

青己卯十月外艱歸不復出，詩境較前又變。士禎謂其能參活句[①]，得曹洞禪三昧[②]；嵩年亦以杜甫"詩罷地有餘，篇終語清省"爲舉似。晁仍字扶升、號"雁湖"，翰稚名曰琦，嵩年字東來，皆桐城人。孚青蓋介韓稚以求序於晁仍，故答書云云也。

道旁散人集五卷

［清］李孚青撰。卷各有子目。卷一《南澗集》、卷二《赤玉山房集》、卷三《臥禪榻集》、卷四《西笑回車集》、卷五《負瓢集》，起康熙四十三年甲申訖五十四年乙未五月，凡十二年，都一百八十五首，未刻。光緒十五年縣人王尚辰得同縣褚啓彥手錄本於冷攤并爲之跋，三十年李國松刻入《集虛草堂叢書》中，并采載記、詩評爲附錄一卷，民國九年王氏今傳是樓又用李本，影印爲《廣德壽重光集》第一輯之第四種。尚辰謂其晚境尤嗇[③]、詩益清省靈妙，似不食人間煙火者。良然《野香（集）》《盤隱（集）》二集雖刊行，且不甚顯，是集乃於二百年後得之鼠蠹之餘，世人因以得窺全集，亦其精氣光怪，有不容泯沒者也。

懷古堂詩稿二十四卷

［清］劉允升撰。允升字嚴遇，號"雲芝"，桐城人。康熙間諸生。事迹具《縣志·文苑傳》。光緒《（安徽）通志》著錄，無卷數，今據《縣志》著錄。考王灼《樅陽詩選》，允升詩稿，凡二十餘册，尾葉皆以草書記其次第，乙巳、丙午歲大饑，其孫質米於懷寧路氏，今求之不可復得，存者惟第十七、第二十一兩册，中多爲他人代作云云。灼乾嘉間人，乙巳、丙午當爲乾隆五十年及五十一年，後又遭咸豐之亂，其集存否已不可知矣。允升嘗以七言百韵上合肥李天馥，館之於家，與其子孚青切劘爲文，陳廷敬亦目以國士，然竟以諸生終。《樅陽詩選》錄二十九首，而《淮上遇史曰旦》與《哀烈婦》二篇，乃從友人抄本補入。曰旦，蓋可法孫。《桐舊集》錄六首，然皆本自《樅陽詩選》也。

聽雪齋集

［清］錢晁仍撰。晁仍字扶升，號"雁湖"，桐城人。康熙間府學生。事迹具《縣志·文苑傳》。光緒《（安徽）通志》著錄，無卷數。《縣志》本傳載《聽雪齋》初、二集，《藝文志》又載《雁湖古文四集》十卷，而注云《府（志）》《縣志》尚

① 活句：佛教禪宗指含意深刻、非從言外之意深參而不能了悟的語句，後宋人論詩時亦用以指含蓄生動而有深意的句子。宋嚴羽《滄浪詩話·詩法》："須參活句，勿參死句。"

② 三昧：佛教的修行方法之一，意爲排除一切雜念，使心神平靜，指禪定境界，系修行者之心定於一處而不散亂之狀態。

③ 嗇：通"澀"。阻塞不通。《史記·扁鵲倉公列傳》："所以知韓女之病者，診其脈時，切之，腎脈也，嗇而不屬。"

有一集、二集，疑其集本有詩文之分，而《聽雪齋》爲詩集也。李孚青《盤隱山樵集序》附勗仍《答孫韓稚書》，云僕少喜爲詩，追棄帖括[1]，始攻其奥，又爲饑驅走四方，凡經過、閲歷，無一不寓於詩，比[2]家居時且什伯[3]，但多散佚，餘不什一，學子爲授梓，懶不讎校，以故舛訛實甚！是其集曾刻行。《縣志》稱其歲得數百篇，雖音節悲壯而辭旨歸於和平，又載有《西江游草》《汴游草》。《桐舊集》録二首、《桐城文録》録其文。

髣山詩文集十卷

［清］馬霳撰。霳字千仞，號"髣山"，桐城人。教思次子。諸生。事迹具《縣志·文苑傳》。是集十卷，詩有李孚青序，光緒《（安徽）通志》著録。霳八歲能詩，與兄霄齊名。孚青謂其丹砂空青、自然珍麗；江聲松韵、節奏天成，游蜀詩峭筆精思，尤爲勝境。《馬氏詩鈔》録三十八首、《桐舊集》録十二首。

杜注考證十卷

［清］馬霳撰。光緒《（安徽）通志》著録"集部·箋注類"，無卷數，今據《縣志》著録。

宕渠叢稿八卷

［清］馬潛撰。潛字仲昭，號"宕渠"，桐城人。方思次子。康熙初廪生，年四十一卒。事迹具《縣志·文苑傳》。集八卷，子棻臣輯，張廷玉序，光緒《（安徽）通志》著録。潛少讀書過目不忘，下筆數千言。與兄源及外兄姚孔鈞、孔鏞，號"龍眠四子"。廷玉謂其追摹古人，意度[4]波瀾、幽奇突奥[5]，無不曲肖[6]。《馬氏詩鈔》録九十首、《桐舊集》録十首。

鑑亭詩鈔二卷

［清］左沅撰。沅原名淵，字湛含，號"鑑亭"，桐城人。康熙間諸生。事迹具

① 帖括：唐制，明經科以帖經試士。把經文貼去若干字，令應試者對答。後考生因帖經難記，乃總括經文編成歌訣，便於記誦應時，稱"帖括"。比喻迂腐不切時用之言。後泛指科舉應試文章。明時亦用指八股文。明董其昌《袁伯應詩集序》："二十年來，破觚爲圜，浸淫廣肆，子史空玄，旁逮稗官小説，無一不爲帖括用者。"

② 比：及，等到。《史記·陳涉世家》："比至陳，車六七百乘，騎千餘。"

③ 什伯：亦作"什百""什佰"。謂超過十倍、百倍。清李漁《閑情偶寄·器玩》："予初觀《燕幾圖》，服其人之聰明什伯於我。"

④ 意度：揣测，设想。唐皎然《诗式·诗有四深》："意度盘礴，由深於作用。"

⑤ 突奥：屋的東南角謂突，西南角謂奥。比喻隱暗之處。

⑥ 曲肖：曲似，完全相似。清周亮工《題蕉堂索句图》："无强爲作此图，當時皆以为曲肖。"

《縣志·文苑傳》。光緒《（安徽）通志》載是集，無卷數，今據《縣志》著録。沆師同縣江皋，而與太湖魯之裕及同縣方貞觀、馬樸臣、倪之鏽唱和。其詩多自寫胸臆。《桐舊集》録二十二首。

籍溪詩鈔一卷

[清] 江瑤撰。瑤字墨莊，桐城人。參政皋女孫、同縣諸生左沆妻。早卒。詩一卷，有康熙十八年張令儀序，光緒《（安徽）通志》作“《籍溪吟草》”，無卷數，今據《縣志》著録。瑤嫻吟咏，與沆酬唱，極閨閣之樂，其《夜話》云：“莫因無識者，輕碎伯牙琴。”《雨窗偶成》云：“得閑應不偶，知命頗忘憂。”《野薔薇》云：“莫羨上林花事好，飄零一樣混蒿萊。”令儀謂其樂道安恬，得風人之旨，蓋不虛也。《桐舊集》録六首。

鹿村詩集

[清] 方士琯撰。士琯字西城，歙人。事迹具《縣志·詩林傳》。琯詩不自收拾，卒後其孫聖述始搜遺著，請長洲李果選定，并爲之序，時爲乾隆五年，又有魏禧贈別序，首云庚申三月，則康熙十九年，時士琯甫逾三十也。

吳門草

[清] 潘仁樾撰。仁樾字括蒼，號“小林”，一號“林翁”，桐城人。江第六子。康熙二十年歲貢（一作“廩貢”），歷吳縣、滁州訓導、宿州學正。是集乃其初任吳縣訓導時作。道光間徐璈輯《桐舊集》録七首，蓋猶及見其集也。

念堂詩鈔一卷文鈔一卷

[清] 潘義炳撰。義炳字蔚友，號“念堂”，自號“逍遙居士”，桐城人。江冢孫。康熙間附監生（此據義炳《七十自序》，《桐舊集》作“雍正間諸生”，誤）。詩文各一卷，皆自定。詩鈔內附張廷瓘、方正觀七十壽詩，文鈔內附《答汪師韓論詩書》，又附《麻衣負土圖》諸題咏，則其葬親時所繪也。前有方正瑗序，後有子嘉禮跋，雍正十一年刻。義炳少承祖訓，几歲能詩，又問詩法於錢澄之，其《答汪師韓論詩書》，有曰一代有一代之風氣，一人有一人之懷抱；蛾眉不同貌，而俱動於魄；芳草不同氣，而皆悅於魂，其各抒性情一也。又曰學詩者，沉酣乎經史以裕其原、浸淫乎漢魏以厚其質、涵泳乎六朝、唐宋以腴其華滋。又曰詩貴立體，而忌俗者五，一曰俗體、二曰俗意、三曰俗句、四曰俗字、五曰俗韵，持論如此，其詩可知。陳

焯謂其幼耽吟事，大有祖風，今觀其詩鍊格、鍊句，與其祖不盡同，蓋魯男子[①]之學柳下惠，而非虎賁之似蔡邕[②]也。《桐舊集》録詩十四首。

天咫閣詩文集

　　[清] 程功撰。功字次立，號"拙存"，黟縣人。康熙二十年歲貢，授南陵訓導。事迹具《縣志•文苑傳》。集係自訂，光緒《（安徽）通志》著録，無卷數。功少壯好學，耄期不倦，如乙酉、戊子、己亥、甲寅四紀事，皆關順治、康熙兵事，書林歷山雜事，亦資考古，惟己亥紀事有鄭國性踞臺灣語，考黃宗羲《賜姓始末》（案：《賜姓始末》不著撰人姓名，據全祖望《鮚埼亭集》，乃宗羲撰）載朱成功，鄭芝龍之子，初名森，隆武帝立，入朝賜今姓名，故或稱爲國姓，今訛姓爲性，而以爲人名者，誤。功固自言草野之人，遠不能詳其事，蓋不足爲病也。《縣志》録文五首、詩一首。

梅聽山詩鈔

　　[清] 梅庚撰。庚字耦長，一字子長，號"雪坪"，晚號"聽山"，宣城人。朗中子。康熙二十年舉人，官浙江泰順知縣，以老告歸。事迹具前《國史•文苑傳》。《江南通志》及道光、光緒《（安徽）通志》皆著録，無卷數。本傳作《天逸閣集》，考施閏章《梅耦長詩序》（《學餘文集》卷七），稱其詩甚多，將有所待以成集，今所刻三卷，謂之《山栖詩略》，又稱其年垂三十，尚困於布衣，知所序乃少作，非是集也。庚爲朱彝尊所得士，復游王士禛門。曹溶稱其原本雅頌、極之漢魏三唐，盡馳騁之致，卒不溢於法外。嘗作《修船謠》，人比《舂陵行》焉。《縣志》録十七首、《（清詩）別裁集》録二首、《宛雅三編》録八十六首。

漫與集

　　[清] 梅庚撰。吳師洛序，《江南通志》及道光、光緒《（安徽）通志》皆著録，無卷數。

---

　　① 魯男子：《詩•小雅•巷伯》："哆兮侈兮，成是南箕。"毛傳："魯人有男子獨處於室，鄰之釐婦又獨處於室。夜，暴風雨至而室壞，婦人趨而托之，男子閉户而不納。婦人自牖與之言曰：'子何爲不納我乎？'男子曰：'吾聞之也，男子不六十不閒居。今子幼，吾亦幼，不可以納子！'婦人曰：'子何不若柳下惠然？嫗不逮門之女，國人不稱其亂。'男子曰：'柳下惠固可，吾固不可。吾將以吾不可，學柳下惠之可。'"後因稱拒近女色的人爲"魯男子"。

　　② 虎賁之似蔡邕：即"虎賁中郎之似"，典出《後漢書•孔融傳》："與蔡邕素善，邕卒後，有虎賁士貌類於邕，融每酒酣，引與同坐，曰：'雖無老成人，且有典型。'"虎賁：勇士。

桐引樓集

[清] 王可第撰。可第字次雲，號"筠原"，宣城人。縣學廩生。事迹具《縣志·文苑傳》。光緒《（安徽）通志》著録，無卷數。可第工詩。梅庚謂其有關名教，不徒風雲月露之詞。《縣志》録七首、《皖雅三編》録一首。

南湖古文集八卷詩集八卷

[清] 章永祚撰。永祚字錫九，別號"南湖"，貴池人。世德子。康熙二十年舉人，官至工部都水司主事，雍正四年乞養歸。事迹具《縣志·宦績傳》。是集文詩各八卷。文分體編次，首奏疏、次表、次頌、次呈、次啓、次原、次議、次論、次書、次策、次序、次記、次説、次書後、次跋、次傳、次志銘、次墓表、次賦、次雜文，凡二十類，前有蕭士泰、檀震坤題識，共六十一則。詩按年編次，卷一曰《南湖集》、曰《閩游草》、曰《邗江游草》、曰《金陵游草》，卷二曰《泊江旅夢録》、曰《北徵存稿》、曰《驢背吟》、曰《小草》，卷三曰《南湖二集》、曰《北徵續存稿》、曰《續小草》，卷四曰《西徵草》、曰《塞垣吟》、曰《秦中游草》，卷五曰《軍供草》、曰《張掖游草》、曰《涼州夜游草》，卷六曰《歸省録》、曰《南湖三集》，卷七曰《入覲吟》、曰《南湖四集》、曰《應召吟》、曰《水部吟》，卷八曰《恩旋録》、曰《南湖五集》，凡二十五子目，前有四明盧遠題詞，《南湖集》《泊江旅夢録》《驢背吟》《小草》，前均有自記。民國四年縣人劉世珩刻入《貴池先哲遺書》，前載《縣志·宦績傳》，其後有世珩跋。據跋，集向未付梓，縣人章兆鴻得文集抄本一册，僅前九類，後十一類則從新昌胡思敬所藏抄本增入，詩集抄本一册，亦兆鴻所得。總目凡八卷，缺五至八四卷，册尾亦多殘蝕。《縣志》及光緒《（安徽）通志》均載文集八卷、詩集四卷，蓋皆不知詩實八卷也。今案：文集卷四《西徵合草自序》，稱取《張掖游草》《涼州游草》合爲西徵一帙云云，是卷五之張掖、涼州二草，又名《西徵合草》。又卷五《翠微山人集序》（案：《翠微山人集》，貴池吳維鄰撰），稱余曾刊《軍供詩草》，君爲序云云，是《軍供草》，固有刊本別行，特全集未付梓耳。又卷七《雍正朝詞跋》云："臣以雍正乙巳供職水曹、出入禁闥①者，匝歲②就所見聞得七絶四十首云云。"今詩無此目，疑即卷七之《水部吟》，又是刻字句頗多脱誤，其爲抄誤抑刻誤？今不可知。永祚鄉試出朱彝尊門，詩文淵雅樸茂，亦與曝書亭近。文如《請祀張岳二公名宦呈》《原馬田》《原條編③畫一》《上清溪黃公祠碑記》《岳公壙公

---

① 禁闥：音 jìn tà，指宮廷門户，亦指宮廷、朝廷。唐王翰《相如歌辭·蛾眉怨》："琳琅禁闥遥相憶，紫翠巖房晝不開。"

② 匝歲：音 zā suì，滿一年。清紀昀《閲微草堂筆記·如是我聞三》："太夫人于歸，甫匝歲，贈公即卒，遺腹生子。"

③ 編：《南湖集鈔》（章永祚撰，民國九年貴池劉氏唐石簃刻《貴池先哲遺書本》）中爲"糧"。

禁碑記》、蘇太僕、張方伯、岳職方、袁御史、古牛耕者、石林農者、儲明經諸傳，
尤爲關文獻也。王爾綱《名家詩永》、郎遂《池陽韵紀》皆錄其詩。

北黟山人集十卷

[清] 吳苑撰。苑字鱗潭，號"楞香"，歙縣人。康熙二十一年進士，官至國子
監祭酒，以母老乞歸，三十九年卒，年六十三。事迹具前《國史·文苑傳》。道光
《（安徽）通志》載《北黟集》，無卷數。據《縣志》所著書十餘種，綜名爲《北黟
山人集》。光緒《（安徽）通志》作十卷，今據以著錄。苑少穎異，博通今古，詩多
和平噤緩之音。《（清詩）別裁集》錄四首。

楓庵集

[清] 章世德撰。世德字天彝，貴池人。康熙二十一年進士，授福建南平知縣，
卒官。事迹具《府志·守令傳》。《江南通志》及道光、光緒《（安徽）通志》皆著
錄，無卷數。世德幼穎敏，日記數萬言，遂工文筆。王爾綱《名家詩永》錄其詩。

俟秋吟集

[清] 劉希天撰。希天字子一，號"白水"，桐城人。康熙二十二年歲貢（《桐
舊集》作"雍正諸生"，此據《縣志》）。事迹具《縣志·文苑傳》。光緒《（安徽）
通志》著錄，無卷數。《桐舊集》錄一首。

虞淵文集九卷詩集八卷

[清] 黃曉撰。曉字秋涵，號"虞淵"，六安州人。康熙二十二年歲貢，官宜興
訓導。事迹具《州志·宦績傳》。是集文九卷詩八卷道光、光緒《（安徽）通志》皆
著錄。《州志》錄文三篇、詩一首，作二十卷。

西麓遺稿

[清] 汪振蕆撰。振蕆字臨士，旌德人。康熙二十三年舉人，揀選知縣。事迹具
《縣志·文苑傳》。光緒《（安徽）通志》著錄，無卷數，《縣志》作"數帙"。振蕆
曰手一編，至老不倦，發爲文章，皆粹然儒者之言。《縣志》錄記一篇。

漉餘詩稿

[清] 王溥撰。溥字天一，定遠人。康熙二十三年舉人，考授内閣中書，改知
縣，乞養歸。事迹具《縣志·文學傳》。光緒《（安徽）通志》著錄，無卷數。溥力

學好古，有文名。《縣志》錄五律二首。

陳檢討四六注二十卷

［清］程師恭注。師恭（字蜀材，一字叔才，懷寧人。從大子。康熙二十四年拔貢，授四川永知縣，乞休歸卒。事迹具《縣志·文苑傳》）有《歷朝史斷》，已著錄。《陳檢討四六》者，宜興陳維崧撰，凡二十卷，師恭爲之注，前有例言十一則，又康熙三十二年張英序、三十三年吳苑序，《四庫（全書）》著錄。師恭十歲通五經，仇兆鰲箋杜詩，曾與證訛誤，其爲時推重，可知《（四庫總目）提要》雖摘其疏舛數事，然杜預注《左傳》、顏籀注《漢書》，尚不無後議，要不足爲師恭病也。

靜遠堂集

［清］徐千之撰。千之字用勉，潛山人。康熙二十四年拔貢，官至國子監學正。事迹具《縣志·宦績》《（縣志）·文苑（傳）》二傳。光緒《（安徽）通志》著錄，無卷數。

叢桂堂文集

［清］錢光夔撰。光夔字龍友，號"歐（一作'鷗'）舫"，桐城人。康熙二十五年歲貢。事迹具《縣志·文苑傳》。光緒《（安徽）通志》著錄，無卷數。光夔爲澄之從子。澄之以其姿性不凡，特招之京師，曰與群公相切琢，於是學益進，光夔又授之從孫笰，蓋能承其家學者也。

歐舫渾漫吟一卷客燕詩集一卷青溪游草一卷粵吟一卷嶠外攟殘説一卷慮尊粵騷一卷容傲軒放言詩一卷

［清］錢光夔撰。光緒《（安徽）通志》著錄《客燕詩集》《粵騷》《青溪游草》《渾漫吟》《放言集》，皆無卷數，又無《粵吟》及《嶠外攟殘説》，《縣志》本傳亦無卷數，惟載《渾漫吟》《放言（集）》各二百首，藝文又僅載《歐舫詩集》四卷，與本傳互異。許雨田撰傳則載《游燕集》《粵吟集》《青溪游草》，凡四卷，賦一卷，雜著、嶠外説二卷，俱梓行，未刻者《放言詩》二百首，《渾漫吟》二卷稿藏於家，今據《續修縣志·藝文》著錄。光夔入都，主徐元文家，又游廣東、福建，一肆志於詩。《桐舊集》錄一首。

梧亭詩集

［清］馬世機撰。世機字濟臣，號"梧亭"，太湖人。康熙二十五年拔貢。事迹

具《縣志·文苑傳》。光緒《（安徽）通志》著録，無卷數。世櫆友何焯、朱書，并爲督學李振裕所知，顏其園曰"怡"，偕昆季唱酬其中。《縣志》録七律三首。

拙得集

[清] 譚文昭撰。文昭字士遠，旌德人。康熙二十五年拔貢，候選教諭。事迹具《縣志·文苑傳》。集爲知縣戎式宏鑒定刊行。光緒《（安徽）通志》著録，無卷數。《縣志·藝文》作"《掘得書》"。文昭與兄學昭皆受業於吕啓運，有"二陸"之譽，學使李振裕以奇才賞之。《縣志》録序一篇。

笑門詩集二十五卷

[清] 戚玾撰。玾字莞爾，又字緩耳（《四庫存目》作"後升"，蓋以形近而誤），盱眙人。泗洲籍康熙優貢，授知縣，二十六年游福建，病歸道卒，年五十餘。事迹具《縣志·人物志》。玾十歲至二十之詩，一刻於蓉江，戚价人再刻於楚中，馮密庵名之曰《世一書》，皆爲之序，然玾詩幾萬首，刻僅十之一，即爲黃周星所定藏於家者，亦不過十之三，歿後，長子慎衷集遺稿及已刻、未刻五七言古六卷，五七言律十四卷，五七言排律二卷，五七言絶句三卷，都二千四百四十六首，四十四年女夫林任刻，明年刻成，有黃周星、李天馥、施端教、劉果、黃沇、葛翊宸、馬璣舊序及康熙四十五年林任序。《四庫存目》，道光、光緒《（安徽）通志》皆著録。玾幼嗜李賀體，既乃追王孟、錢劉。周星爲賦《奇才吟》；天馥亦極稱之。《泗洲志》録五古一首、五律二首。

鶴岡集　義方堂文集

[清] 潘華撰。華字肇夏，號"鶴岡"，婺源人。顯道子。康熙歲貢（案：歲貢廷試停於康熙二十六年，《縣志》本傳載華廷試則在二十六年以前也），官蒙城訓導卒。事迹具《縣志·學林傳》。光緒《（安徽）通志》著録，無卷數。華學宗朱熹，著《存畏篇》，以"主敬"爲"明誠"之本，嘗謂宗朱未至，不失爲畏聖言之君子；從王過高，將陷爲侮聖之小人。王，謂守仁也。

水竹居文集　看山閣詩稿

[清] 余杲撰。杲字漢泉，號"鐵庵"，婺源人。太僕卿一龍玄孫、藩卿子。康熙歲貢（《縣志》本傳有廷試語，蓋亦在二十六年以前），考授訓導，年七十卒。事迹具《縣志·學林傳》。光緒《（安徽）通志》著録，無卷數。道光《府志·藝文》"看山"作"香山"。

雙桐閣文集

〔清〕金一鳴撰。一鳴字于岡，當塗人。鼎祚從孫。康熙二十六年舉人，授江蘇嘉定教諭，未任卒。事迹具《縣志·文學傳》。光緒《（安徽）通志》著録，無卷數。一鳴與弟一蘭鑽研經史，晚偕朋輩徜徉山水間論文賦詩。

驥沙草 壽春草 金臺草 歸田草

〔清〕王孔祚撰。孔祚字衍泗，號"東山"，蕪湖人。康熙二十六年舉人，歷靖江教諭、壽州學正，擢國子監學正，歸卒，年八十餘。事迹具《縣志·文學傳》。集有自序，光緒《（安徽）通志》著録，無卷數。孔祚幼好爲詩，至老不輟，中有自得，寓之吟咏。嘗次韓愈、王維韵，以吐露襟期云。

泳園詩集十二卷

〔清〕姚士蕌撰。士蕌字綏仲，號"華曾"，桐城人。文燮子。康熙二十七年進士，官春坊左贊善。事迹具《縣志·宦績傳》。是集十二卷，《江南通志》及道光、光緒《（安徽）通志》皆著録，惟《江南通志》、光緒《（安徽）通志》又載有《瞻雲草》《南歸草》《餘齋詩集》。考《桐舊集》，載唐華孫、楊大鶴《南歸草序》，乃康熙三十一年春假歸省親作，疑與瞻雲、餘齋皆其集之子目也。《縣志》亦僅録是集，今據以著録。士蕌少工詩文，張英謂其深醇和雅，有劉向、曾鞏遺風。泳園者，文燮別業，在桐城南郭山上。王士禎《送士蕌歸省詩》云："再憶城南飲，籃輿到泳園。梅花横石磴，風雪啓衡門。"謂此也。《桐舊集》録二十四首。

戴有祺文集 尋樂齋詩集

〔清〕戴有祺撰。有祺字丙章，休寧人。金山籍康熙二十七年進士，三十年廷對第一，官翰林院修撰。事迹具《府志·文苑傳》。光緒《（安徽）通志》著録，無卷數。有祺通籍後，連居父母喪，乃築室家居，有終焉之志。人謂其文似柳宗元、詩幽曠條達①，略同陸游。

藕浦詩文集四十卷

〔清〕劉輝祖撰。輝祖字北固，桐城人。若宰孫、餘璜子。康熙二十九年第一名舉人。事迹具《縣志·文苑傳》。集四十卷，《江南通志》及道光、光緒《（安徽）

---

① 幽曠：幽深曠遠。宋梅堯臣《次韵答郭功甫》："朝聽已孤高，暮聽轉幽曠。"條達：暢達，通達。清侯方域《南省試策五》："篆書章奏之文，體在條達。"

通志》皆著録。《桐舊集》録詩一首。

冠山文集十卷

〔清〕徐必泰撰。必泰字和珍，號"冠山"，當塗人。章達次子。康熙二十九年舉人，官浙江桐鄉知縣，甫一年告歸。事迹具《縣志・宦績傳》。集十卷，光緒《（安徽）通志》著録。

知本堂詩文稿

〔清〕汪灝撰。灝字紫滄，以字行，休寧人。康熙三十年歲貢、教習、知縣，四十一年以獻賦召入内廷，明年賜進士，授翰林院編修。事迹具《府志・文苑傳》。道光、光緒《（安徽）通志》皆著録，無卷數。《縣志》載有《嘯虹集》《披雲閣詩詞》。

樹人堂讀杜詩二十四卷

〔清〕汪灝輯，胡履亨讀。履亨字和軒，籍署銀城。據李兆洛《歷代地理志韵編》，今釋銀城，隋唐縣，今陝西榆林府神木縣南，是履亨乃神木人。集凡二十四卷，合年譜於詩目，自開元二十四年至大曆五年共編詩千四百七首。卷二十四則照錢謙益本附録四十八首、仇兆鼇本附録三首及表、賦九首也。卷首爲墓銘、本傳、序記等，前後無序跋，僅讀杜凡例十則，贉①題道光壬辰麥浪園藏版。壬辰爲道光十二年，當即刻於其時。履亨，疑亦道光間人。又凡例所言，讀法似皆出履亨，蓋原本灝所輯，讀法則履亨所增也。

赤嵌集四卷

〔清〕孫元衡撰。元衡字湘南，桐城人。貢生，官至山東東昌府知府，母喪去官。事迹具《縣志・宦績傳》。集凡四卷，皆官臺灣同知時作，以地有赤嵌城，因以爲名，前有蔣陳錫、王頊齡、仇兆鼇、汪灝、萬經、張實居序、王士禎評六則，後有方正玭、趙沈壎、弟曰凱跋。《四庫存目》，道光、光緒《（安徽）通志》皆著録。士禎謂其歌行騰踔凌屬，當爲第一。又謂五言如"落日鎔天海"。七言如"谷鳥一聲流竹徑，山雲幾片就茅檐。亂山斷處天應盡，一髮窮時鳥不飛。噓雲睍日千金纜，腹海邊天兩碧環。"皆必傳無疑。沈德潛《（清詩）別裁集》録一首、徐璈《桐舊集》録四十三首。

---

① 贉：音dàn，書册或書畫卷軸卷頭上貼綾的地方。亦稱"玉池"。

片石園詩四卷

〔清〕孫元衡撰。道光、光緒《（安徽）通志》皆著錄，無卷數。今據《縣志》著錄。張實居稱其巉刻①之中加以蒼老。

飄風過耳集二十卷

〔清〕程瑞祊撰。瑞祊字姬田，號"槐江"，休寧人。康熙三十年歲貢，候選中行評博②。事迹具《府志·文苑傳》。集二十卷，光緒《（安徽）通志》著錄。瑞祊友王士禎、杜濬、鄧漢儀、黃儀逋，嘗自言詩不必專師一家，要不可不自成一家。

藜牀囈語六卷

〔清〕程瑞祊撰。光緒《（安徽）通志》著錄"語"，誤作"詩"，今據道光《府志》著錄。

黄山紀游草一卷

〔清〕程瑞祊撰。光緒《（安徽）通志》載是集，無卷數，今據道光《府志》著錄。瑞祊入成均，當得令不就，歸而訪黄山諸峰之勝，讀書練江精舍，詩蓋其時作也。

南徐紀游草一卷

〔清〕程瑞祊撰。光緒《（安徽）通志》著錄，無卷數，今據道光《府志》著錄。

槐江詩鈔四卷

〔清〕程瑞祊撰。凡四卷，據康熙五十二年自序，自甲戌迄癸巳奔走閩越、浪游燕趙，紀游之句隨手散佚，今年三月長兒世繩始抄録藏之。甲戌，康熙三十三年；癸巳，康熙五十二年也。又乾隆二年沈德潛序，稱令嗣付工鋟板，蓋即刻於其時。端祊客輦下，與龐塏、袁佑、孔尚任唱酬。德潛謂其性情過人、學殖深厚，江山又足以助之。《府志》作八卷，與此異。

---

① 巉刻:本義險峻陡峭。形容詩文風格清峭瘦硬。清王士禎《漁洋詩話》十七:"詩學陶韋,巉刻處似孟東野。"
② 中行評博:官名。清代對中書、行人、評事、博士等官的合稱。

寶稼堂集十六卷

〔清〕吳昺撰。昺字永年，號"頵山"，全椒人。國龍子。康熙三十年一甲第二名進士，官至翰林院侍講，督湖廣學政，五十一年卒於任，年四十八。事迹具《縣志·文苑傳》。集十六卷，道光、光緒《（安徽）通志》皆著錄，朱豫錄入《詩萃》。《縣志》又載有《卓望山房集》《玉堂應奉集》。

月潭集

〔清〕吳旦撰。旦字卿雲，全椒人。國對長子。增監生，考授州同知，早卒。事迹具《縣志·孝友傳》。道光、光緒《（安徽）通志》皆作"吳旦原"，今據《縣志》著錄。

永翠堂詩集

〔清〕王裒撰。裒字石倉，號"兩溟"，合肥人。絲孫。康熙三十年進士，官山東商河知縣，以終養歸。事迹具《縣志·人物傳》。詩凡百餘首，有康熙三十七年江都王方岐序，乾隆間刻。道光、光緒《（安徽）通志》皆著錄，無卷數。民國二十年縣人楊開森得原刻本於裔孫象明，選錄七十六首爲一卷并爲之序。裒游王士禎門，詩宗唐人。方岐稱其風氣警迢、興寄婉悷、雲霞風雨、含吐於行墨之間[1]。

孫起山遺稿一卷

〔清〕孫維祺撰。維祺字以介，號"起山"，廬江人。康熙三十年進士，官直隸河間、淶水知縣。事迹具《縣志·文學傳》。是集一卷，族孫書麟所輯，僅文二十篇、詩四首，前有事略及門人任世清撰傳，未刻。維祺七歲能文，爲知縣東莞祁文友所器，又友戴名世、方苞。案：王鳳翽《松園詩話》載維祺工文，不多作詩，有自題選本，句湛深禪理，其句云："聽到長江都是月，拈來小雨亦成花。"陳詩《廬州詩苑》亦僅載此二句，蓋皆未見此稿，然吳元桂《昭代詩鍼》錄維祺五絕四首，此亦未搜及，所亟宜補入也。

---

① 問：當爲"間"之誤。

安徽通志稿·藝文考

集部十六　別集類十五

潘任園詩賦古文集三十卷

〔清〕潘鈁撰。鈁字殿聲，號"肖巖"，桐城人。時迅孫、士璜子。本歙人，移居桐。康熙三十一年歲貢。事迹具《縣志·孝友傳》。集三十卷，光緒《（安徽）通志》著録。鈁晚精易理，著述甚富。翁叔元撰傳，謂其詩出入李杜、文變化經史云。

燕石集　唾餘集

〔清〕宣祖尼撰。祖尼，繁昌人。康熙三十一年歲貢，候選訓導未仕。事迹具《縣志·文苑傳》。光緒《（安徽）通志》著録，無卷數。《縣志》作"《唾餘大小集》"。

空明閣集四卷

〔清〕姚士陛撰。士陛字玉階，號"別峰"，桐城人。文熊次子。康熙三十二年舉人，三十八年以急友難越閩，卒於錢塘，年三十六。事迹具《縣志·文苑傳》。光緒《（安徽）通志》著録，無卷數，今據《縣志》著録。士陛既道卒，所爲詩多散失，後三十年長子孔厥彙遺稿爲是集，并附詩餘一卷刻之，前有張廷玉序。士陛負才聰穎，於書無不讀，隨宦秦越，益得江山之助。張英嘗携其詩至直廬，澤州陳廷敬、華亭王頊齡、靜海勵杜訥皆稱爲才子；廷玉稱其緣景會情、曲折善肖、靈心潛發、藻采橫流；鄭方坤亦謂其鏗鏘陶冶、光景常新，録入《名家詩鈔》；梁紹壬《秋雨盦隨筆》載《西冷感舊》四律，作"姚士陞"，則以形近而誤也。《桐舊集》録十六首。

依園詩略一卷星硯齋存稿一卷垢硯吟一卷葆素齋集三卷如是齋集一卷

〔清〕方登嶧撰。登嶧字凫宗，號“屏垢”，桐城人。兆及子。康熙三十三年貢生（一作“康熙二十六年例貢監”），工部都水司主事，坐《南山集》累謫黑龍江卜魁塞，雍正六年卒。事迹具《縣志·宦迹傳》。集凡七卷，《依園（詩略）》《（齋存稿）星硯》爲少作，及官京師作《垢硯吟》，以下則謫戍作也。前有乾隆十八年北平黃叔琳序，孫觀承刻爲《述本堂詩集》之一種。道光、光緒《（安徽）通志》著錄《依園詩略》作四卷，而無《（齋存稿）星硯》以下各集，今據本書著錄。登嶧性朗豁，居絕塞十餘年，忘其身之在難。叔琳稱其取法杜甫，情思刻至、音節朗屬，而歸於和雅；張維屛《聽松廬詩話》亦稱其古詩得樂府神理，近體蒼健[1]云。《樅陽詩選》錄十首、《桐舊集》錄十四首、沈德潛《（清詩）別裁集》錄九首。

續學堂文鈔六卷詩鈔四卷

〔清〕梅文鼎撰。文鼎（字定九，號“勿庵”，宣城人。康熙三十四年歲貢，四十四年召對授之官，以老辭，六十年卒，年八十九。事迹具前《國史·儒林傳》）有《曆算全書》，已著錄。是集文六卷，首札子、次賦、次辯、次書、次說、次序、次引、次記、次傳、次書後、次題辭、次行略、次祭文、次銘、次贊、次箋，有高淳張自超、潛山張必剛序，遂安毛際可撰傳、姪庚補傳、李光地恭紀、方苞撰墓表。詩四卷，自康熙八年己酉至三十五年丙子，又三十七年戊寅至六十年辛丑，共三百六十八首，有施閏章、曹溶、沈起元及姪庚序，目錄後有孫毂成識語，詩文皆毂成校刻。詩原二千餘首，此則以起元之說而刪存者也。《四庫存目》，道光、光緒《（安徽）通志》皆著錄。文鼎擅長曆算，詩文乃其餘事。自超謂其即事言理、因文見意；閏章亦謂其清真靜遠、稱心爲言；梅庚尤稱其《答金長真》《寄薛儀甫》《送章穎叔》諸作。續學堂者，以聖祖賜“續學參微”額而名也。《宛雅三編》錄十三首。

鐵廬集三卷外集二卷後錄一卷

〔清〕潘天成撰。天成字錫疇，號“鐵廬”，江蘇溧陽人，寄籍桐城，爲安慶府學生，年七十四卒。是集共六卷，門人荆溪許重炎編，冠以小傳、年譜。卷一《默齋訓言》，乃天成述其師湯之錡語；卷二《雜著》，乃天成詩文；卷三《語錄》，乃重炎與蔣師韓記天成語。《外集》卷一爲《勿庵訓言》，乃天成記其師梅文鼎語；卷二《雜著》乃天成遺文，後錄一卷，則墓記之類也。《四庫（全書）》及光緒、道光

---

① 蒼健：蒼勁有力。

《（安徽）通志》皆著録。天成幼與父母相失，年十五乞食行求，遇於江西界，迎歸傭販①以養。其學源出王守仁，詩文皆抒所欲言。《京江②耆舊集》録詩一首。

貽園詩八卷

［清］吳御撰。御，桐城人。道坦子。康熙三十五年歲貢。集八卷，道光、光緒《（安徽）通志》皆著録，《縣志》作六卷。王爾綱《名家詩永》卷十二目録有吳御，而無詩。

續枕香亭詩集

［清］朱履素撰。履素字行初，號“印泉”，蕪湖人。宗讓子。康熙三十五年歲貢，選祁門訓導，未任卒，年七十六。事迹具《縣志·文學傳》。光緒《（安徽）通志》著録作“明王天祚”，誤。考《蕪湖志》，天祚字卜年，號“松濤”，康熙十一年歲貢，任崑山訓導，著有《槐蔭詩草》，且清人而非明人，今據《縣志》著録。履素讀書羅漢寺，顧錫疇亟稱之，晚尤耽《易》，村左有大樹蔭數畝，日則吟哦其下云。

楊烎詩文集

［清］楊烎撰。烎字前民，號“辯僧”，一號“墨耘”，六安州人。明侍御四知孫。康熙三十五年歲貢。事迹具《州志·文苑傳》。光緒《（安徽）通志》著録，無卷數。烎研窮經史、精詩畫，與弟兹齊名，時稱“雙鳳”。

汪獻其存稿 金谷行稿

［清］汪鴻璵撰。鴻璵字獻其，祁門人。康熙三十五年舉人。事迹具《縣志·文苑傳》。光緒《（安徽）通志》著録，無卷數。鴻璵少出同縣張瑗門，肆力三禮、兼工詩文，有青藍之目，嚴虞惇尤稱之。

補心集

［清］鄧光遠撰。光遠字孔昭，號“潛夫”，蕪湖人。康熙三十五年舉人。事迹具《縣志·孝義傳》。集爲陽城張中丞刻并序，光緒《（安徽）通志》著録，無卷數。

---

① 傭販：雇工和負販。亦泛指地位卑下者。清顧炎武《旅中》詩：“混迹同傭販，甘心變姓名。”
② 京江：即長江流經江蘇鎮江市北的一段，因鎮江古名京口而得名。唐杜牧《杜秋娘詩》：“京江水清滑，生女白如脂。”

篆步集

［清］徐時盛撰。時盛字文虎，來安人。康熙三十六年歲貢。事迹具《縣志·文苑傳》。光緒《（安徽）通志》著録，無卷數。

秋影樓集

［清］汪繹撰。繹字玉輪，號"東山"，休寧人。常熟籍康熙三十六年進士，三十九年廷對第一，官翰林院修撰，假歸。事迹具《府志·文苑傳》。光緒《（安徽）通志》著録，無卷數。《（清詩）別裁集》録其詩。

亦草堂文集

［清］杜芳治撰。芳治字功著，貴池人。康熙三十七年拔貢，由教習用知縣、改江蘇沐陽教諭。事迹具《府志·列傳》。光緒《（安徽）通志》著録，無卷數。

素庵集

［清］黄位中撰。位中字其相，號"素庵"，廬江人。康熙三十七年拔貢。事迹具《縣志·文學傳》。光緒《（安徽）通志》著録，無卷數。位中文章古茂[①]而醇和淵懿[②]，則得之聖經爲多。

劉志圻詩文集

［清］劉志圻撰。志圻字禹甸，阜陽人。康熙三十七年拔貢。事迹具《縣志·文苑傳》。光緒《（安徽）通志》著録，無卷數，《縣志》作數卷。

陶杜詩集注

［清］劉志圻撰。光緒《（安徽）通志》著録，無卷數。

柿葉草堂近體詩

［清］鄭同甸撰。同甸字禹山，英山人。康熙三十七年拔貢。事迹具《縣志·文苑傳》。光緒《（安徽）通志》著録，無卷數。

---

① 古茂：古雅美盛。清蔣士銓《一片石·宴閣》："沉鬱古茂，情文兼至。"
② 淵懿：淵深美好。清方宗誠《記張皋文後》："惟憤世嫉俗之作，蘊畜淵懿遜三家；而其記事之文，固復乎不可尚矣。"

雲巢詩稿拾遺一卷

[清] 吳喆撰。喆字愚士，號"雲巢"，宿松人。宗秀子。康熙廩生，五十四年卒，年五十五。是集一卷，都二百九首，皆近體，前有傳紹祖撰傳。《縣志》作"《雲巢居士詩草》"，本傳又載有《斷虀草》《伴蕉草》《偶存草》，當是其詩子目，今據本書著錄。喆家有小園，植花木數十，本集中咏梅至百二十首，他如綠萼梅、海棠、蓮、菊、老來嬌、疏柳、紅葉，亦十餘首或數首，其注己卯、庚辰、辛巳、庚寅者，則康熙三十八年、三十九年、四十年、四十九年也。

魯門詩集無卷數

[清] 羅笏豫撰。笏豫字志行，青陽人。明太常寺卿尚忠孫。詩凡二百四十七首，孔傳鐸、傳錥選定，顧彩校正，後有康熙四十七年叔有士跋。笏豫爲衍聖公甥，客曲阜凡十三年，集中詩有作於庚辰、癸未、甲申、乙酉、丙戌者，庚辰爲康熙三十九年、癸未至丙辰爲康熙四十二年至四十五年，又有《寄郎趙客詩》，蓋康熙間人也。

蠹窗詩集十四卷二集六卷

[清] 張令儀撰。令儀（字柔嘉，桐城人。大學士英第三女、同縣諸生姚士封妻）有《錦囊冰鑑》，已著錄。是集十四卷，卷一、卷二古體，卷三至卷十二近體，都一千二十五首，卷十三詩餘八十九首，卷十四古文雜述十二篇，有吳泳、方正玉序、父英題辭、弟廷玉序及自序，雍正二年佺女姚仲芝刻。二集原數千首，同縣方貞觀別擇爲六卷，内《北游草》二卷，則就養京師作也，前有弟廷玉、廷璐序，乾隆八年刻。道光《（安徽）通志》著錄《蠡窗集》，無卷數，光緒《（安徽）通志》著錄《蠹窗詩集》，十四卷，無二集，今據本書著錄。令儀工古文、不專韻語，端本殖學，如韋逞母之授經。《桐舊集》錄二十三首、《（清詩）別裁集》錄五首。仲芝字嗣徽，有《畹香閣詩集》，今不傳。

澄懷園詩選十二卷

[清] 張廷玉撰。廷玉字衡臣，號"硯齋"，桐城人。英次子。康熙三十九年進士，官至保和殿大學士，晋三等伯加太保，乾隆十四年致仕，二十年卒，年八十四，謚"文和"。事迹具前《國史·列傳》。先是康熙辛丑、壬寅間，廷玉自次所爲詩二千餘首爲二十四卷，名曰《傳經堂詩集》并自序，未刻，雍正元年夏稿毀於火，嗣追憶得詩千首分體編爲十四卷，仍以壬寅爲斷，名曰《傳經堂焚餘集》，有雍正五年蔡世遠序及自序，蓋即刻於其時，然以所存恕且訛字多封置書簏，乾隆二年乃汰舊

集什三，而續以癸卯後作，首古體、次近體，都千一百二十二首爲十二卷，以雍正十三年乙卯爲斷，名曰《澄懷園詩選》，刻於浙江，有乾隆二年吳華孫序及自序，咸豐板毀，縣人蕭穆得原刻於上海，光緒十八年來孫紹棠重刻并有識語，《四庫存目》及道光、光緒《（安徽）通志》皆載《澄懷園全集》三十七卷，蓋合文存十五卷、《載賡集》六卷、《澄懷園語》四卷，乃有此數，今分著於錄。廷玉自言十二學詩，竊窺風雅之義，然牽於官守，不得專一思慮，故卷中之詩不能如意中之詩；世遠則謂其藻耀春容而出以慎厚平中；華孫亦謂其優游夷愉如歐陽子之文，合之自序，其詩可知。澄懷者，聖祖所賜書後，以名其賜居之園也。《桐舊集》錄十一首、《（清詩）別裁集》錄五首。

載賡集六卷

［清］張廷玉撰。皆乾隆元年以後作。爲《四庫存目》全集中之一種。

澄懷園文存十五卷

［清］張廷玉撰。首賦頌，次表奏、議疏，次策問，次序跋題、後記、題詞，次傳、碑墓志、墓表、行狀、行述凡十五卷，乃廷玉自定，初刻於乾隆十三年，再刻於道光十一年，三刻於道光二十年，前有自序及汪由敦撰墓志，後有曾孫元偉、來孫紹文二跋。廷玉精力絕人，未爽趨朝，逮暮歸第，舉竟日聞見細書秘冊，無稍遺訛。禮親王《嘯亭雜錄》嘗述其概，以爲才不可及；自序亦謂屬文搆思輒於輿中、馬背。廷玉雖不以文名，然政典所關，固治國聞者，所不廢也。

西游草一卷　三吳游草三卷

［清］張廷玠撰。廷玠字稼書，號“靜軒”，桐城人。事迹具《縣志·文苑傳》。光緒《（安徽）通志》載是集，無卷數，今據《縣志》著錄。廷玠性恬澹好讀書，同堂弟兄多貴顯，獨不樂仕進，訓迪[①]後進不倦。

善卷堂四六注十卷

［清］吳自高撰。自高字若山，號“慈受”，桐城人。張廷玉延爲記室、奏隨直辦事、累官刑部員外郎，引疾歸。事迹具《縣志·文苑傳》。《善卷堂四六》者，錢塘陸繁弨所撰，本止四卷，自高爲之注，乃分爲十卷，又從他書得逸文四篇，爲原刻所無者，名曰《拾遺》，附簡末，前有乾隆九年張廷玉序，蓋即刻於其時。光緒

---

① 訓迪：教誨開導。宋周煇《清波雜志》卷八：“前哲訓迪後進，拳拳如此，爲後進者，得不服膺而書紳！”

《（安徽）通志》著録"集部·箋注類"，無卷數，今據本書著録。自高家富藏書，博通群籍。是注自雍正十二年夏訖乾隆七年秋，凡九年乃成，自謂引據必確切，文義所引必詳某卷某篇，足爲注家之法。《縣志》載自高他著、詩文、筆記多佚，僅此行世。《四庫總目》又載自高官翰林院待詔，蓋據廷玉序，乃其初授之官也。

襄山詩草

［清］謝舉安撰。舉安字又石，號"襄山"，無爲州人。鳳毛季子。康熙三十九年進士，湖南長沙知縣，卒官。事迹具《州志·仕績傳》。據陳廷綸、汪有典序，集蓋刻於殁後。合肥蔡邦霖謂其詩格近歐、蘇、梅，五律追杜甫；華亭張興鏞謂其冲和閑雅，與其父不同；有典謂其詩不僅才韵所爲可貴，又謂其詞拍肩①秦、柳，今已不可見矣。《州志》載《泥汊口》五古一首、《重建時薰樓》七律一首，爲是集所無，又《寶晋齋》七古，字句亦多互異。《廬州詩苑》録詩二首。

黄山拜下堂稿

［清］釋海嶽撰。海嶽字中州，江南鎮江人。黄山慈光寺僧。是集乃集句《黄山賦》，有張潮集句序及康熙四十一年蕭山毛奇齡序。海嶽受記福巖儒而入佛。奇齡謂其上取六經下及百氏，文與學實兼之。慈光寺地，屬太平明普門禪師所創也。

黄山木蓮花百咏

［清］釋海嶽撰。慈光寺有木蓮花高數丈，四月始花，經月達萬朵，海嶽成長句百首，有吳綺、洪嘉植序。

鴻皋集一卷

［清］吳楚奇撰。楚奇字南英，號"鴻皋"，亳州人。康熙四十一年解元。事迹具《州志·文苑傳》。光緒《（安徽）通志》著録，無卷數，今據《州志》著録。楚奇性瀟灑不羈、工詩善畫。《州志》録《瑞麥行》七古一首，又載有吳越、西江游覽圖咏各一卷。

榆青閣詩文集

［清］張有右撰。有右，含山人。康熙四十一年舉人。光緒《（安徽）通志》著録，無卷數。

---

① 拍肩：輕拍別人的肩膀。表示友好或愛護。清蔣士銓《香祖樓·蘭因》："形相愛，影相憐，肯向洪厓又拍肩。"

白香山詩集四十卷附年譜二卷

〔清〕汪立名編。立名（號"西亭"，歙人。由內閣中書升郎中、出知順寧、長州兩府、攝兵備道。事迹具《縣志·宦迹傳》）有《鐘鼎字源》，已著錄。是編《長慶集》二十卷、後集十七卷、別集一卷，又搜輯各本爲補遺二卷，而以新定年譜一卷，舊本陳振孫年譜一卷并元稹《長慶集序》《舊唐書》本傳冠首，又采諸書之有關白詩者，分注其下，其刊詩不及文，據《宋齊語》題曰《香山集》，則據元稹序也，康熙四十二年刻，有朱彝尊、宋犖序及自序。據《春明退朝錄》，居易自勒文集五十卷，後集二十卷，皆寫本，藏東林、香山二寺，後東林本爲高駢取去，香山本經亂亦不存，後唐明宗子從榮又寫本置普明僧院，蓋即今傳本。又據陳振孫《（直齋）書錄解題》，吳郡守李伯珍知忠州、漢嘉①何友諒皆嘗刻是集，各有年譜一卷，然二本編次不同，又有外集一卷，皆非居易自記之舊，其本今莫知存佚。舊傳明郭武定侯本爲最，馮班猶謂其失次第，然此本今亦罕見。世所行者，有蘇州錢考功、松山馬元調二本，然編次紊雜，而錢爲甚，至明胡震亨《唐音丁籤》所錄分體太瑣，以一題割隸二卷，所注前後集亦頗有誤，皆不得爲善本。是編引用凡一百二十餘家，所校有萬閑堂本、苕溪草堂本、泰興季侍御依宋刻校本，其辨《海圖屏風》爲諷王承宗事及元白隙終之謬，皆與陳譜闇合，又謂《歸田詩》當係元和六年，"香山九老"無狄兼暮、盧貞，有李元爽、僧如滿。致仕在會昌二年，年七十一歲，皆足補前人之疏略也。

春暉樓集十卷

〔清〕汪芳藻撰。芳藻字蓉洲，休寧人。康熙拔貢，由教習選江都知縣，以事落職，雍正十一年舉博學鴻詞，部駁不與試。事迹具《府志·文苑傳》。光緒《（安徽）通志》著錄，無卷數，《詞科掌錄》作十餘卷，今據《府志》著錄。是本文二十七篇，無序跋，亦無卷數。內吳孟麟《蛩吟草序》原缺一百九十字，蓋其殘帙。芳藻工駢文，爲吉水李振裕、德清蔡之定所識拔，一時酬應之作皆出其手。

春暉樓百花偶吟

〔清〕汪芳藻撰。自梅花至荔枝凡七律一百首，作於康熙四十二年，前有雍正二年蔚縣李周望序，又雙江王思軾、蔚縣李暄亨題詞。

---

① 漢嘉：即漢嘉郡。三國蜀漢章武元年改蜀郡屬國置，治漢嘉縣(今四川蘆山縣)。屬益州。

留餘堂詩集

[清] 寧謙撰。謙字皆吉，號"朗齋"，廣德州人。時從子。康熙四十二年歲貢。事迹具《州志·儒碩傳》。集有自序，光緒《（安徽）通志》著錄，無卷數。時嘗選諸門人，詩名集曰《詩留》謙詩亦在選中，後謙自刻集皆詩留中所未選者，改名《留餘寓》，不忘其師之意也。《州志》錄五律一首、七律二首。

杜谿文鈔十一卷

[清] 朱書撰。書（字字綠，號"杜谿"，宿松人。光陛子。康熙四十二年進士，官翰林院編修，卒官。事迹具《縣志·名賢傳》）有《游歷記》，已著錄。是集舊有刊本，凡十卷，前有宋潛虛（即戴名世）序暨方苞撰墓表，乾隆朝禁毀，僅存抄本，又多摩滅錯亂，道光十一年族孫麟將爲梓行，屬方東樹爲序，東樹因爲正其脱謬，更其卷第，首論辯、次序跋、次書札、次記、次送序、次傳、次家傳、次賦、次頌表判論策，凡六十二篇，内佚《竹閣田居記》一篇，實六十一篇，又卷三附《李顒書》一篇、《張鼐書》四篇、《王源書》二篇，後附子曙《白崖文稿》一卷，然麟旋卒，實未及刻。今惟桐城方氏藏有抄本而已，道光三十年縣人石廣均乃搜羅散佚編校付梓，其篇次悉準蕭選，卷一賦、卷二至卷四詩、卷五序、卷六書附答書、卷七記及碑記、卷八傳、卷九論辯跋、卷十雜著，附康熙《壬午鄉墨》、論、表、判、策，前有廣均序、次爲方東樹、宋潛虛序，後附方苞撰墓表、省縣志本傳、《從祀鄉賢錄》，另附《白崖文稿》一卷。板毀於咸豐兵燹，光緒十九年縣人黃修礽別梓文集七卷於廣東書局，删去詩三卷及白崖集而以汪刻之《游歷記》存入焉，前雖有東樹序，而編次首賦頌、次序、次書、次記及碑記、次傳、次論辯跋、次雜著，都五十七篇。今就二本互勘抄本，有黃本無者《宋潛虛文集序》《族子英墓表》《擬上萬幾餘暇揮灑宸翰頒賜大學士以下部郎等官珠璣璀璨炳若日星群臣謝表》《官員赴任過限判》《人户以籍爲定判》《致祭祀典神祇判》《縱放軍人歇役判》《修理橋梁道路判》《文所以載道論》、又《試策》五首，共十四篇，又《答王崑繩書》附崑繩原書及崑繩《與李中孚書》，黃本亦無之，然抄本無黃本有者，《擬漢神魚舞河頌》《評點東萊博議序》《劉大山時文序》《告同郡徵纂皖江文獻書》《郡伯劉公監兑糟糧記》《書村塾二十四孝傳後》《藥説》《阽壁答言》亦八篇，再合二本，去其重復，實存文六十九篇。惟方文《嵞山集》附刊書所撰《方嵞山先生傳》，又王士禛《分甘餘話》載書爲作《御書帶經堂記》，又戴名世《南山集·恭紀睿賜慈教額序》載書有《汪母劉太夫人墓志銘》，又光標《片舫齋詩集》卷十七有《讀字綠文集爲先給諫闡揚感賦詩》。給諫謂時亨也。又近人胡祥翰所輯《金陵勝迹志》載書《靈谷寺樹記》一篇，以上五篇二本皆無之，是書尚不無佚文。道光《（安徽）通志》著錄《杜谿詩集》三卷、

文集七卷，光緒《（安徽）通志》作《朱恬齋詩文集》，無卷數，今據抄本著録。書預武英殿修書，與萬斯同、梅文鼎、閻若璩、何焯等并駕角立，而與方苞、戴名世交最契。苞稱其文章雄健，尤熟有明遺事，抵掌[1]論述，不遺名地，今觀其《皖寨紀事》等篇良然。賀長齡《經世文編》録書文二篇，一《游苦縣瀨鄉記》、入禮政部，一《實相寺記》，入户政部，而以《實相寺記》爲武進吕星垣作，則不知因何致誤也。

杜谿詩集三卷

[清] 朱書撰。凡三卷，都百二十餘首，石廣均與文集合刻。據蕭穆《杜谿文集跋》，稱王源《居業堂文集》卷十四有《朱字緑詩序》，稱其《過韓侯嶺詩》《和予友昝雨圖作》，識力甚偉，蓋得昌黎之骨而烹鍊[2]之工，直追顏謝，至序事之妙，尤卓然逾出流輩云云。今集無《過韓侯嶺詩》，亦無王序，知亦非其全也。

白崖文集四卷

[清] 朱曙撰。曙字東御，一字東谷，宿松人。書次子。附貢，考授教習，議叙知縣。事迹具《縣志·文苑傳》。據蕭穆《杜谿文集跋》稱石廣均刊《杜谿文集》末附《白崖文稿》九篇，并標原集四卷，今止存一卷，字樣是曙文，亦不全。惟據方苞撰書墓表，曙實書之次子，廣均以爲長子者，誤。《方氏抄本》僅文八篇。

吴瞻泰古文十卷古今體詩十卷

[清] 吴瞻泰撰。瞻泰字東巖，歙縣人。祭酒苑長子。康熙諸生。事迹具《縣志·文苑傳》。詩文各十卷，光緒《（安徽）通志》著録。《縣志》稱其冲夷[3]簡淡、不假修飾、妙合自然。

陶詩彙注六卷

[清] 吴瞻泰撰。凡四卷，卷一四言、卷二至卷四五言，又首末二卷，卷首載梁蕭統撰傳、宋吴仁傑、王質二家年譜、卷末爲諸家詩話并附其叔崧論陶於後。又據《遜齋閑覽》以《歸田園》第六首爲江淹詩。據郎瑛《七修類稿》以《問來使》一首爲蘇子美詩，據許顗《彦州詩話》，以《春水滿四澤》一首爲顧愷之詩，均删去，而

---

① 抵掌：側手擊掌。形容興奮激揚的樣子。《文選·潘嶽·西徵賦》：“入鄭都而抵掌，義桓友之忠規。”

② 烹鍊：提煉，錘煉。清袁枚《隨園詩話》卷三：“東坡近體詩，少蘊釀烹煉之功，故言盡而意亦止。”

③ 冲夷：冲和平易。清龔自珍《與人箋一》：“足下示吾近作，勇去口吻之冶俊，爲汪洋鬱栗冲夷，是文章之祥也。”

以《讀史》《述九章》爲四言韵語附卷四之末，其注則采宋湯漢，元劉履，明何孟春、張爾岐、黄文煥及同時汪洪度、王棠諸家之説。履未嘗注陶，蓋自其選詩補注摭出也。康熙四十四年門人程釜刻，前有宋犖序及自撰序例，《四庫存目》。光緒二十二年石屏許印芳刻入《雲南叢書》集部并續抄清人詩話附後。

杜詩提要十四卷

［清］吴瞻泰評選。凡十四卷，乃就一己所得，簡要以爲讀本，故仍分體便讀，而各體次序則本明單復年譜爲多，各本字句不同，亦多從單本，典故、文義則箋其隱晦，析其僞誤，止求達意而止，所采宋元以來箋注及同時黄生、汪洪度、王棠、弟瞻淇之説，悉署其名，大旨以論法爲歸。初名《杜詩則》，乾隆二十一年質之其師山東田雯爲改今名，又數年客揚州羅挺爲刻行，版歸同縣江春，前有挺、洪度、春序及自序，并略例十則。江春謂其雖一家之説，亦學者所不廢，惟《四庫書目》謂單譜未免附會，此多從之。又復洪武中爲漢陽河泊官，此以爲元人，亦誤也。光緒《（安徽）通志》著録作八卷。

息廬詩集

［清］汪洪度撰。洪度字于鼎，歙縣人。康熙諸生。事迹具《縣志·文苑傳》。集爲王士禛定，道光、光緒《（安徽）通志》皆著録，無卷數。洪度與弟洋度并有才名。王士禛尤賞其《建文鐘篇》，謂中有史筆，非苟作者；沈德潛則謂集中不見此詩，是其詩佚者尚多也。《（清詩）別裁集》録八首。

燕在閣文集五十卷詩集一卷

［清］王棠撰。棠字勿剪，一字名友，歙縣人。泰徵子。事迹具《縣志·文苑傳》。文五十卷，詩一卷，光緒《（安徽）通志》著録，道光《府志·藝文》著録同，而本傳乃云詩集五十餘卷，《縣志》本傳又作詩集五十餘首，今姑仍舊志著録。棠於書無不讀，隨讀隨筆而不自修飾，家貧負米游，輒有詩以寄其傀儡①云。

楚游草 珠樹堂集

［清］朱瑞昌撰。瑞昌字儀仁，號“慶南”，無爲州人。康熙廩生，四十四年應貢，適丁外艱服闋卒。事迹具《州志·文苑傳》。光緒《（安徽）通志》著録，無卷數。瑞昌篤學、工詩文。《州志》録七律一首。

---

① 傀儡：亦作“傀壘”。比喻鬱結在心中的悶氣或愁苦。傀，通“塊”。廖仲愷《雙清詞草》：“右詩詞若干首，爲予幽禁中窮極無聊之作，藉以排遣胸中傀儡，工拙不計也。”

寧山堂文稿

〔清〕宣魯撰。魯字紹曾，懷寧人。康熙四十四年舉人。事迹具《縣志·文苑傳》。集有吳士玉序，光緒《（安徽）通志》作"《寧山堂集》"，今據《縣志》著録。

繩繩山房詩文集

〔清〕吳紹方撰。紹方字繁仲，號"日山"，桐城人。康熙四十四年舉人，年六十八卒。事迹具《縣志·文苑傳》。光緒《（安徽）通志》著録，無卷數。紹方少孤苦學，爲世父道新所愛。

匡廬集二卷

〔清〕吳崧撰。崧字綺園，歙縣人。苑季弟。康熙四十四年舉人，授內閣中書。事迹具《縣志·士林傳》。是集《游廬山記》及詩各一卷，前有同縣程元愈序，後有瀘州先著、桐城戴名世、方山、蔡擎、廣陵張師孔跋。光緒《（安徽）通志》著録。

白嶽集二卷　四明集二卷　御覽集二卷

〔清〕吳崧撰。光緒《（安徽）通志》著録。

一溉堂詩集一卷

〔清〕余光耿撰。光耿字覿文，一字介遵，號"念齋"，婺源人。康熙四十四年舉人，榜後病歿，年五十三。事迹具《縣志·學林傳》。集一卷，道光、光緒《（安徽）通志》皆著録。《四庫存目》謂光耿爲明萬曆壬辰進士，懋衡子，距康熙百十四年，斷不相及，而疑《江南通志》作康熙乙酉舉人，爲誤。考《婺源志》光耿乃順治九年歲貢，兵部主事維樞子，維樞爲懋衡孫，光耿乃衡曾孫，《四庫（存目）》蓋疏於考也。光耿嘗謂人品貴正大、文品貴切實，若詭隨從俗，俱謂之無品，故其詩亦樸實平近，不尚藻采云。

緑影草堂集

〔清〕汪越撰。越（字師退，又字季超，初字卓人，號"大農山"，本姓王，南陵人。康熙四十四年舉人。事迹具前《國史·文苑傳》）有《讀史記十表》，已著録。道光、光緒《（安徽）通志》皆載，是集無卷數。《縣志》稱其詩文冲淡、典博，後進咸師效之。

蕊淵集 耦亭集

〔清〕楊曦撰。曦字待如，號"耦亭"，當塗人。錫汝子。康熙四十四年舉人，官寧國教諭，丁艱毀卒。事迹具《縣志・文學傳》。光緒《（安徽）通志》著録，無卷數。

後圃編年稿十六卷

〔清〕李嶟瑞撰。嶟瑞字蒼存，又字簣齋，別號"後圃"，盱眙人。康熙四十四年副貢，由教習議叙知縣，歷唐縣知縣、安州知州，卒於官。事迹具《縣志・人物志》。集十六卷，《四庫存目》，道光、光緒《（安徽）通志》皆著録。據《縣志》，嶟瑞十四五即喜爲詩，十八九知聲病，然康熙十五年至十九年之詩不下二千首，悉付一炬，存者曰《焚餘稿》，乃二十年九月至二十八年三月之作，有二十八年自序及二十九年慈溪姜宸英、三十三年四明萬斯同序。曰《歸來稿》凡百餘首，乃三十年出都南歸至三十二年再入都以前之作，有三十三年壽州俞化鵬序，又三十二年至三十五年之詩凡三百餘首，有三十六年上元朱元英序。曰《歸來續稿》二卷，乃三十六、七兩年之作，有四十一年宿松朱書序，又考編年，續稿始三十八年，知是集始康熙二十年，終三十七年，所謂《焚餘（稿）》《歸來（稿）》，疑皆其子目也。嶟瑞自言出入李何、王李、鍾譚之間凡五六年，既乃悟文之不可强同如其面，悉棄少壯所作。鄭方坤《名家詩鈔・小傳》亦謂其鏗匐陶冶自成一家言云。《（清詩）別裁集》録三首，作"嶟端"，誤。

後圃編年續稿十四卷

〔清〕李嶟瑞撰。凡十四卷，乃康熙三十八年以後之詩，有四十七年王士禎、五十一年孔尚任序，又乾隆四年荊溪儲大文序，則其孫彥先所請，時嶟瑞已歿也。光緒《（安徽）通志》著録。嶟瑞嘗問業士禎，而與同縣戚玾齊名，世稱"戚李"。士禎謂其古風長歌，縱橫有奇氣云。

菊莊集

〔清〕韓寵撰。寵字第七，懷寧人。明大參一光後。康熙四十五年歲貢。事迹具《縣志・文苑傳》。光緒《（安徽）通志》著録，無卷數。《縣志》作詩集，稱其五律尤勝。

何迪詩古文詞集

[清]何迪撰。迪字訓侯，潛山人。康熙四十五年歲貢。事迹具《縣志·文苑傳》。光緒《（安徽）通志》著録，無卷數。《縣志》作十卷，未梓。

望溪集不分卷

[清]方苞撰。苞（字靈皋，號"望溪"，桐城人。仲舒次子。康熙四十五年會試中式，未廷試，以母疾歸，五十年坐《南山集》累編旗籍，五十二年召入南書房，官至禮部侍郎，乾隆四年落職，越三年賜侍講衔歸，年八十二卒。事迹具前《國史·列傳》）有《周官集注》，已著録。其文散在徒友間，失稿者十且三四，初門人大興王兆符嘗録苞經説、古文，雍正元年復手録文集爲之序，又滿洲顧琮嘗録苞文十之四，其由郵致者十之二，乾隆五年亦編録爲之序，然皆未刻，至乾隆十一年門人歙縣程崟始就王、顧所録及所得近稿刻之，凡二百五十九篇，各以類從，不分卷，已又增刻百二十二篇，然亦有已刻而撤去者。世傳爲苞自定，據蕭穆《敬孚類稿》，穆曾見初刻本，載師友門生批評凡三百二十五條，都一百四十餘人，後悉削去，又據戴鈞衡重編集序增刻本，篇數多寡，亦微有不同，最多之本爲三百八十四篇，即鈞衡所據本也。惟全祖望《鮚埼亭集·方定思墓志》（案：定思名道章，苞長子）載苞謂祖望文未出者十九，願異日與吾兒整頓之，蓋即指程刻以外之文。苞父子既先後卒，祖望亦卒於乾隆二十年，終未踐整頓之約，蓋程刻之文，皆苞所稱意者，其他作尚夥，或其時尚有避忌，或尚待改訂，亦尚有不欲存者，皆程刻所不及知，雖後來迭有增輯，而以苞所云十九未出者論之，尚多闕佚，其顯見者如《兩朝聖恩恭紀》內載《湖南洞苗歸化碑文》《黃鐘爲萬事根本論》《時和年豐慶祝賦》《叙交》內載"三事""九篇之書"，今皆不傳。又《敬孚類稿》載寧化吳賢湘藏苞《與雷鋐尺牘》數十紙，伊秉綬分其半，縣人汪志伊得六紙，而鈞衡所搜集外文并補遺，亦無之，則流落何可勝計？道光《（安徽）通志》據《四庫目録》作八卷，似程刻外有別本，不可考。苞論文主義法，嘗謂南宋以來義法不講久矣！吳越遺老尤放恣，無一雅潔者，古文不可入語録語。魏晉六朝人藻麗俳語，漢賦中板重字法，詩歌中雋語，南北史佻巧語，素不喜班史及柳文，條舉所短而詆之人，或以爲過，而苞守其説彌篤。萬斯同嘗勸其勿溺於文，遂壹意窮經，尤嗜宋五子之言，其論行身祈嚮，曰學行繼程朱之後，文章在韓歐之間；兆符謂苞於是言實身肩而力取之；李光地亦謂爲韓歐復出，其文體正法嚴，蓋能以韓歐之筆，闡程朱之理者也。

望溪集外文無卷數

[清]方苞撰。案：濰縣韓夢周及苞次子道興皆嘗輯苞遺文，韓本未刊，道興本

交震澤任兆麟，亦未行世，是集乃苞曾孫傳貴所輯，凡五十二篇，嘉慶十七年刻并跋，惟《書符節婦任氏家傳》即程刻《二貞婦傳》，《與清河書》即程刻《與蔣相國論征澤望事宜書》，《與喬介夫書》即程刻《答友書》，又《葛君墓志銘》《王彥孝妻墓碣》已見程刻，實止四十七篇。據傳貴跋，《與喬介夫書》但著其同異不更刊，而是刻仍有之莫詳其故，又姚鼐《惜抱軒文後集》有《望溪外文序》，傳貴跋稱問序於當世名人，蓋即指此。又據苞來孫恩露遺文跋集外文之刊，皆經鼐手訂是，又不僅作序，戴鈞衡重編集外文録各序跋，而遺鼐序，殆失之目睫也。

望溪文集十八卷集外文十卷補遺二卷附年譜二卷

〔清〕方苞撰，戴鈞衡編。就程刻最多之本三百八十四篇編爲文集十八卷，又就方傳貴所刻集外文，合之邵懿辰、蘇惇元、王寶仁、方恩露各家所鈔輯，去其重復，附以諸友所得尺牘，都一百八十二篇編爲集外文十卷，又以惇元所輯年譜二卷附後，均刻於咸豐元年，刻既成，又從湯品三得文一篇、單爲鏓①得文十九篇，《讀書筆記》六十則，邵懿辰得《史記評語》九十餘條，益以時文《自記》二則、《與沈廷芳》尺牘三通，《聞見録》三則，編爲集外文補遺二卷，刻於咸豐二年。内奏議一體，方氏曾鋟板而不入集，光聰諧刻入《龍眠叢書》，遭亂并毀，此與所載祠規，皆懿辰抄自方譜，雖韓夢周所編逸集、任兆麟所藏逸稿，皆未得見，然較傳貴所得已多至數倍，其爲功於苞集，蓋非淺鮮。光緒《（安徽）通志》所載卷數與此同，惟以補遺爲四卷，而無年譜則誤也。

望溪文集補遺一卷

〔清〕方苞撰，榮成孫葆田輯。葆田從商邱宋氏抄本得文三十三篇、高密單氏本得文四篇、武陟陳恪勤鵬年廟得碑銘一篇，共三十八篇，光緒二十九年刻於河南并序，刻既成又從宋氏抄本《舊雨集》得詩一首，而李世賚、李皋侯兩志，已見戴刻補遺，又據錢儀吉《碑傳集》，《陳公廟碑》爲曹一士作，皆删去，實止文三十五篇。

望溪文集再續補遺四卷

〔清〕方苞撰，廬江劉聲木輯。聲木得《望溪集》舊抄本并從王又樸《易翼述信》、陳鵬年《道榮堂集》、朱緒曾《金陵詩徵》、許承祖《西湖漁唱》、謝章鋌《稗販雜録》、蕭穆《敬孚雜鈔》諸書共得文三十三篇、詩十三首，民國十八年排印并序，惟卷二之《與顧用方書》即戴刻補遺之與《顧用方尺牘》、卷三之《送佘西麓

---

① 單爲鏓：字伯平，號"芙秋"，高密人，衛輝府通判單可玉子，嘉慶十八年拔貢，官栖霞教諭。

序》已見文集、卷七《行人司司副張君墓志銘》已見孫輯補遺，至《武陟陳公廟碑》，則孫輯原有而又刪去者也。

耕石詩鈔二卷

[清] 童蔚撰。蔚字大文，號“耕石”，桐城人。康熙歲貢。事迹具《縣志·文苑傳》。光緒《（安徽）通志》載是集，無卷數，又誤“童”爲“董”，今據《縣志》著録。蔚及事錢澄之，而善太湖魯之裕，同縣方苞、方貞觀、方式濟、葉故生、錢源逢諸人。《樅陽詩選》録三十首、《桐舊集》録九首。

緑蘿山人集二卷

[清] 佘華瑞撰。華瑞字朏生，號“西麓”，歙縣人。康熙諸生，選授桐城訓導，雍正十三年舉博學鴻詞。事迹具《縣志·文苑傳》。光緒《（安徽）通志》載是集，無卷數，今據道光《府志》著録。華瑞與方苞爲執友[①]，詞科即苞所舉，及試畢又欲舉爲太學六館師，兼纂《（大清）一統志》，決意歸。今苞集有送華瑞二序，又序其文稿，又爲其父兆鼎撰墓志銘。序稱其博學有文，名稱蓋州部，苞固不輕許者也。

柯庭餘習十二卷

[清] 汪文柏撰。文柏（字季青，號“柯庭”，休寧人。寄籍嘉興。森弟。監生，官北城兵馬司指揮罷歸。事迹具《府志·文苑傳》）有《杜韓集韻》，已著録。是集分體編次，卷一、卷二五古，卷三七古，卷四、卷五五律，卷六、卷七七律，卷八五言、七言排律、七言小律，卷九五言、六言絕句，卷十、卷十一七言絕句，卷十二樂府，都千九百七首，又五古附録六首、七律附録一首，前有康熙四十六年朱彝尊序。光緒《（安徽）通志》著録《司城詩集》，無卷數，蓋即是集，今據本書著録。彝尊稱其去陳脱近，獨出新裁，并舉其“夜燈千匹練，秋雨半湖菱”之句，以爲直造唐人。

小方壺存稿十八卷

[清] 汪森撰。森字晋賢，號“玉峰”，休寧人。徙浙江桐鄉。康熙監生，官至户部郎中告歸。事迹具前《國史·文苑傳》。是集古今體詩十八卷，皆森自定，前有朱彝尊序。光緒《（安徽）通志》著録，惟森又有《裘杼樓詩稿》六卷，前有同郡程世英序，集名、卷數皆與此異，蓋別一書。森少工韻語，與周篔、沈進相切劘，

---

① 執友：志同道合的朋友。《禮記·曲禮上》：“僚友，稱其弟也；執友，稱其仁也。”

又與黃宗羲、朱鶴齡、潘耒及彝尊商榷。五古得力於陶，七古有高岑風格，近體則浸淫大曆諸家。彝尊謂其汰沙礫、采菁華、得之於心，足以自信斯可信於天下。小方壺者，在府城東之甪里街，宋處士汪莘有別業名方壺，森其後人也。

兩衡詩集

〔清〕潘彬撰。彬字兩衡，號"寄嵐"，六安州人。明侍御嶽六世孫。事迹具《州志·文苑傳》。彬無子，所作多散佚，是集乃其友所録，醵貲刻之者，有康熙四十七年吳江潘耒序。光緒《（安徽）通志》著録，無卷數。彬受知州牧王所善，數奇不售。耒稱其天才駿發，下筆千言，中年痛自繩削，務在汰除膚辭，吐露真骨，意取生新，詞貴刻畫，寧爲皮、陸，不爲錢、劉；寧爲徐、袁，不爲王、李，雖途徑欹仄，而意象一新，可謂匠心獨運、不蹈時趨者。康熙《廬州府志》録七律一首。

後村雜著三卷

〔清〕王文治撰。文治字後村，歙人。是集三卷，卷上首序、次書、次論、次說、次記、次題跋、次文，都二十三篇。卷中史論，自伍員至明季，都二十六篇。卷下《讀史筆記》，自秦始皇至舊京敝俗，都四十四則，前有康熙四十七年自序，從子天印、子昕等校刻。文治自言少多病，時覽諸史以遣時日，故其文亦以論史爲多。

杜鑛詩文稿

〔清〕杜鑛撰。鑛，貴池人。康熙四十七年恩貢。事迹具《府志·文苑傳》。光緒《（安徽）通志》著録，無卷數。

黃葉村莊文集八卷詩集二十四卷

〔清〕金永撰。永字方思，懷寧人。康熙四十七年歲貢，官江蘇上元縣訓導，年八十餘卒。事迹具《縣志·文苑傳》。是集文八卷、詩二十四卷。光緒《（安徽）通志》著録無"村"字，今據《縣志》著録。永早歲能文，爲靳輔所賞。《縣志》稱其文有真氣、詩兼孟浩然之逸、柳宗元之潔。

誦芬堂詩古文集

〔清〕徐穀瑞撰。穀瑞（原名穀少，字展成，懷寧人。康熙四十七年舉人，雍正間官直隸文安知縣。事迹具《縣志·儒林傳》）有《四書圖考》，已著録。光緒《（安徽）通志》列是集明代，誤，今據《縣志》著録。

口絲集　南枝集　乃吾盧集　小樺坡集

[清] 方元履撰。元履字高度，號"樺坡"，桐城人。康熙四十七年順天副貢，五十二年以《南山集》累隸旗籍，雍正元年赦歸。事迹具《縣志・文苑傳》。光緒《（安徽）通志》著錄作"元禮"，《縣志》亦作"元禮"，考劉大櫆《海峰集・方府君墓志銘》乃作"元履"，大櫆與同時相知，當不誤，今據以著錄。元履幼倜儻，初至京，一時縉紳多重其才，願與交，既遭族禍，仍時從賢豪、長者詩酒共娛嬉，蓋不以屈伸窮達，沮喪其志意者也。

金聲武詩古文集

[清] 金聲武撰。聲武字以立，霍山人。康熙四十七年副貢，官蕭縣教諭卒。事迹具《縣志・文苑傳》。光緒《（安徽）通志》著錄，無卷數。聲武自以質魯，讀書恒倍，其功久乃穿穴貫通，所讀之書皆手自抄錄、評點。詩文出入唐宋，年逾六十事鉛槧[①]不輟。

閔焕詩集

[清] 閔焕撰。焕字小文，號"鶴嶺"，懷遠人。明孝子、魁曾孫。康熙四十八年歲貢，任桃源訓導。事迹具《縣志・耆舊傳》。光緒《（安徽）通志》著錄，無卷數。焕嗜學能文，致仕時年八十六，猶手不釋卷。

南山集十四卷補遺三卷年譜一卷

[清] 戴名世撰。名世（字田有，一字褐夫，號"藥身"，又號"憂庵"，別號"南山"，世人隱其名，稱曰"宋潛虛"，以宋爲戴族所出也，桐城人。康熙四十八年一甲第二名進士，授翰林院編修，五十二年以《南山集》論死，年六十一）有《四書朱子大全》，已著錄。名世文集名不一，有《蘆中集》《問天集》《困學集》《巖居川觀集》，禁書目有《孑遺錄》《意園文集》《憂患集》《偶抄》《戴田有集》《戴田有全集》，除《孑遺錄》外，餘皆不復見存者，惟尤雲鶚所刻《南山集偶抄》僅百餘篇，爲其文五之一，道光二十一年縣人戴鈞衡得吳氏、許氏兩本合之，尤刻汰六十餘篇，存二百五十餘篇，編爲十四卷。首論説、次序、次書、次贈序、次傳、次墓志、次記、次雜著、次紀行、次孑遺錄，前有朱書、方苞、尤雲鶚序。《孑遺錄》本別自爲書，方正玉曾爲刻行，有王源、汪灝及正玉序，鈞衡又采本集及戴譜編爲年譜，然皆未刻行，光緒十六年桐城教諭合肥王哲始得抄本排印，雖有戴編年譜，然

---

① 鉛槧：音 qiān qiàn，古人書寫文字的工具。鉛，鉛粉筆；槧，木板片。後指寫作，校勘；也指文章，典籍。宋陸游《即事》詩："所慚貪坐睡，鉛槧少新功。"清曹寅《送程起士》詩："自我離群久廢學，懶從鉛槧搜糟粕。"

爲文二百五十爲卷十六，編次尤雜糅，據凡例并有增入若干篇。又有光緒十八年印本，卷一無《史論》《左氏辯》《肓者説》、卷十無《贊理河務陳君墓表》、卷十一無《樊川書院碑記》，凡五篇。又卷一有《田字説》《褐夫字説》《鳥説》凡三篇，無重印序跋，不知何人所印。至二十六年縣人張仲沅乃取戴本及他本參校，得文二百六十二篇，又輯補遺三卷，共文十四篇，又增徐宗亮所撰後序及傳，凡王本有張本無者十三篇，除《庚辰會試墨卷序》《永康令沈君募助説》二篇外，餘已入補遺，雖排印亦多訛誤，然尚存戴本之舊。此後印本猥多，如宣統二年國學扶輪社所印，僅六卷，文百五十六篇，蓋非足本。徐宗亮稱名世文多散佚，戴本如《四紀略》皆未載，其他可知。蕭穆撰《名世事略》稱搜得紀略四首、他雜文百餘首、詩三十首，擬合戴本重編，蕭殁後藏書散出，今已不知所在。名世少師潘江，傳其學。江稱其有遷、愈風，名世亦以自負然。名世實有志《明史》，今可見者，僅《孑遺録》及《四紀略》與諸《忠義傳》。魏文帝所謂美志不遂，良可痛惜者也。

陸塘初稿一卷出關詩一卷

［清］方式濟撰。式濟（字渥源，號“沃園”，桐城人。登嶧子。康熙四十八年進士，官内閣中書，五十年以《南山集》累戍黑龍江卜魁城，年四十二卒。事迹具前《國史·文苑傳》）有《龍沙紀略》，已著録。是集各一卷，《陸塘初稿》一百三十七首、《出關詩》九十一首。子觀承校刻《述本堂詩集》之一種，有雍正十一年蔡世遠序。道光、光緒《（安徽）通志》皆著録《陸塘初稿》，無《出關詩》，今據本書著録。式濟與諸老宿唱和，又從同縣劉輝祖游，既侍父出關，復以吟咏承歡。世遠稱其秀骨獨異、清音自遠、優柔和平、寬裕自得，不類覉人遷客之爲。沈德潛亦稱其詩格清真，樂府尤矯然拔俗。《（清詩）別裁集》録十首、《桐舊集》録十三首。

南堂詩集六卷

［清］方貞觀撰。貞觀初名世泰，以字行，號“履安”，別號“南堂”，一號“洞佛子”，桐城人。章鉞孫。康熙中諸生，五十八年以《南山集》累隸旗籍，雍正元年赦歸，乾隆元年孫嘉淦薦應博學弘詞科不赴。事迹具《縣志·文苑傳》。貞觀詩有三本，懷寧任氏初刻於京師，詩一百七十一首，皆少作。乾隆三年歙縣汪廷璋再刻於揚州，凡六卷，其前二卷即任刻之詩第三卷，名《卷葹集》爲入旗後作，第四卷以下爲南歸後作，有常山李可淳序，《卷葹集》并有自序。方觀承別刻《南堂詩鈔》，凡一百七十五首，其爲世傳誦者或不録，前有觀承序。惟張廷玉《澄懷園文集·方貞觀詩序》稱貞觀梓其詩五卷，計古今體二百五十首，與任刻、方刻首數既不同，與汪刻卷數亦不合，莫喻其故。光緒《（安徽）通志》著録《南堂詩稿》，無卷數，

《縣志》作八卷，今據汪刻著録。貞觀論詩重比興、咏嘆及音韵，而以李賀爲魔道。其詩初學張籍、王建、孟郊、白居易，後乃沉淫於貞元、大曆間，洎遭患難，屈鬱抑塞往往形之歌咏，南歸以後則益近平淡自然矣。《桐舊集》録三十九首。李調元《雨村詩話》、袁枚《隨園詩話》皆録其詩。

春及草堂詩集四卷

[清] 方世舉撰。世舉字扶南，晚號"息翁"，桐城人。康熙監生，五十八年以《南山集》累隸旗籍，雍正元年赦歸。乾隆元年舉博學弘詞不就。事迹具《縣志·文苑傳》。是集乃自定，自初集至四集，以一集爲一卷。其詩始雍正元年，少作無一人者，殁後從子觀承又稍有去取刻之并序。此本桐城程氏所藏，乃道光九年世舉曾孫祖謀過録張曾獻批本以付其弟祖瑞字象儀者，中有世舉自批及曾獻父若駒識語。若駒字志袁，號"北軒"，世舉女夫；曾獻字小令，號"未齋"，祖謀外舅也。光緒《（安徽）通志》著録《春及草堂稿》，無卷數，《縣志》作"二卷"，誤，今據本書著録。世舉少師朱彝尊，多見古書秘本。詩學杜甫、李商隱，晚酷嗜韓愈，爲之注。觀承稱其長篇蕩譎、不斤斤繩墨，年八十餘頃刻數百言，精采不少減；沈德潛亦稱其熔鑄古今、自開生面（見二集《寄沈德潛詩》原注），録入《（清詩）別裁集》；惟袁枚《隨園詩話》稱其《滕王閣詩》足稱絕調。晚嫌爲少作删去，又稱其《周瑜墓詩》嘗經三改，愈改愈謬。觀承刻集時，亦以初本較佳，命若駒換版（見《若駒識語》）。今初本、改本均在。二集初本云："誰吟烏鵲月明中，千里旌旗一夜風。大帝君臣同骨肉，小喬夫婿是英雄。行間老將醇偏醉，座上清歌曲未終。何事不如張子布，墓前飛過白頭翁"，改本云："周郎束髮領元戎，指顧堪收宿將功。池上蛟龍防得雨，月中烏鵲破東風。小喬薄命胭脂落，大帝包羞翡翠通。遺恨不如張子布，墓前飛過白頭翁。"又世舉自批云，原本起二句泛而時猶以飛舞稱之，中二聯凌雜，改本三四以蜀魏寫其經濟，五六惜其死而吳臣魏矣，結以遺恨格局、流走渾成。世舉此論，蓋所謂得失寸心知者。觀承序云，未敢同俗，酸鹹以失本趣，而不免同於袁枚之説，不可謂非，千慮之一失也。《桐舊集》録十五首。

韓昌黎詩集編年箋注十二卷

[清] 方世舉撰。凡十二卷，都詩四百八首，附詩五首，則舊偽而今訂爲真者，三首舊真而今辨爲偽者二首也，前有自撰序例，并乾隆二十三年盧見曾序，書即見曾刻。道光、光緒《（安徽）通志》皆著録"集部·箋注類"，今改隸別集。注韓詩者，自宋人五百家注，至清顧嗣立於箋皆有未詳，嗣立增訂諸家年譜，舛訛亦時有，世舉乃考之史，證之集、參之他書，勒爲是編。見曾又於其注之重復者，習見者以

詩注，復以賦注者，不須注者、訛舛者，加之刪正，惟凡例稱并新舊二史，本傳亦不必列，而此仍載舊書本傳，當係見曾增入。考歙徐寶善《壺園尺牘·上黃鉞書》，云方注以詩繫年，考證精確，如以《記夢》作之爲鄭綑、《遣謔鬼》①之爲李逢吉、《東方朔雜事》之爲刺張宿、《南山有高樹》之爲李宗閔、《咏雪》之爲王播入相，皆其大者，其援據賅傳②，似出顧注右，顧亦有未諦者，如以《和李相公攝事南郊》③《杜相公太清宮》④二詩爲僞，以逢吉僉壬而詩中措語乖方，愈必不爲此諂諛，至謂以耒耜興周、輴欙建夏比玄元皇帝，爲非愈平日論二氏之旨，則未免膠柱鼓瑟⑤。一王之制，臣下敢不凜遵⑥，即頌揚豈爲害道善意？此作未見其僞，特非愈佳製耳，至以《嘲鼾睡》二作爲真，且云鄙俚中，文詞博奧。夫博，則非鄙；奧，則非俚，未容一視善。謂此二章，乃愈所云無理只取鬧者，即夫子亦定爲非云云。則其短長亦互見也。

李義山詩集箋注三卷附年譜一卷詩話一卷

舊題吳江朱鶴齡元本、江都程夢星刪補、乾隆癸亥江都汪增寧刻并序。考蕭穆《敬孚類稿》卷十二《方息翁傳》，稱又有《李義山詩集箋注》，其表弟江都程夢星借刊，世多有其書云云。"息翁"爲方世舉號，據此是編固出世舉手也。《李商隱詩集》在宋有劉克、張文亮二注，俱失傳，故元好問有"却恨無人作鄭箋"之句，明末釋道源始創爲箋注，鶴齡又取道源草本，增删刊布，惟鶴齡祇詳徵隸事來歷、句釋字疏，至作者精神、意旨，不過一二發明，蓋不免擇未精、語未詳，得其似、未得其真之病。又朱箋多取錢龍惕、陳帆、潘畊之說，自箋僅什百之一，此則反復本文，或以彼詩證此詩，或以文集參詩集，復博稽史傳，詳考時事，某篇爲某事而發，某什係某時所抒，一一考辯系各詩下，注雖多從朱氏，亦間有增改。又以朱編年譜於時事多疏漏，重加考訂并采詩話附後，雖後來馮浩注本謂所定義山生卒，誤甚於朱，然浩固云，安知後人不更嗤予之尚有遺憾，考訂之事以探討而致精，蓋不足爲世舉病也。

---

① 《遣謔鬼》：據魏仲舉《五百家注昌黎文集》卷七(清文淵閣四庫全書本)題爲"《譴瘧鬼》"。

② 賅傳：疑爲"賅博"之誤。"淵博"之意。清況周頤《蕙風詞話》卷五："楊用修席芬名閥，涉筆瑰麗。自負見聞賅博，不恤杜譔肆欺。"

③ 據魏仲舉《五百家注昌黎文集》卷七(清文淵閣四庫全書本)題爲：《和李相公攝事南郊覽物興懷呈一二知舊》。

④ 據魏仲舉《五百家注昌黎文集》卷十(清文淵閣四庫全書本)題爲：《杜相公太清宮十六韵紀事上李相公因和元潁》。

⑤ 膠柱鼓瑟：用膠把柱粘住以後奏琴，柱不能移動，就無法調弦。比喻固執拘泥，不知變通。《史記·廉頗藺相如列傳》："藺相如曰：'王以名使括，若膠柱而鼓瑟耳。括徒能讀其父書傳，不知合變也。'"柱：瑟上調弦的短木。

⑥ 凜遵：嚴格遵循。《鏡花緣》第六十八回："今蒙皇上諄諄勸諭，敢不凜遵。"

五峰集一卷

[清] 方正瑴撰。正瑴字序左，號"五峰"，桐城人。中通第五子。康熙間諸生，雍正五年詔府縣學各舉一人，正瑴被舉，固辭。事迹具《縣志·文苑傳》。集一卷，皆近體。道光、光緒《（安徽）通志》皆著錄。方于毂《方氏詩輯》載正瑴以族難，從外家改姓陳，所刊詩文集皆然。案：方氏坐《南山集》譴戍及隸旗籍者，以雍正元年赦歸，則正瑴復姓，當在雍正初也。《桐舊集》錄六首。

杜詩淺説

[清] 方正瓀撰。正瓀字玟士，號"寓安"，康熙間廩貢，官訓導。事迹具《縣志·文苑傳》。光緒《（安徽）通志》著錄"集部·箋注類"，無卷數，今改隸"別集"。

芋畹詩集六卷越游草一卷池陽游草一卷

[清] 許七雲撰。七雲字耕華，別字"畫林"，桐城人。康熙諸生。事迹具《縣志·文苑傳》。原刻久佚，裔孫鎮藩就家藏抄本重編付印。《芋畹集》分體編次，凡六卷，都四百十八首，附王三德詩六首、程本川詩二首。《越游草》一卷，今體五十七首，有昝霽林序。《池陽游草》一卷，古今體八十八首。光緒《（安徽）通志》著錄《芋畹集》《越游草》無卷數，而無《池陽游草》，又"游"誤"浮"，《縣志》又著錄《芋畹詩鈔》二卷，今據本書著錄。惟據徐璈《桐舊集》，《芋畹集》有周聘侯、陳璐二序，此不載，蓋已佚也。七雲與同縣方貞觀、馬樸臣、嚴蝠巢、劉圭峰、吳直、左二松唱和，間一出游，動輒成帙。陳璐稱其研練精造、刊落浮華而幽閑澹，肆極其性情，自具眾妙。芋畹，其堂名也。《桐舊集》作"香畹"集，誤。

沈鎬詩古文稿

[清] 沈鎬撰。鎬字新周，望江人。康熙四十八年進士，選授四川屏山知縣，任滿歸，年七十八卒。事迹具《縣志·儒林傳》。光緒《（安徽）通志》著錄，無卷數。鎬究心史學。《縣志》錄記一篇、序二篇、七絕二首。

青笠山房詩文集

[清] 許登蓬（《府志》作"逢"）撰。登蓬字亦士，舒城人。康熙歲貢。事迹具《縣志·文苑傳》。光緒《（安徽）通志》著錄，無卷數。登蓬從桐城戴名世游，遼陽劉在園觀察河南聘掌書記，凡建置碑版多出其手。

青溪文集續編八卷

[清] 程廷祚撰。廷祚（初名默，字啓生，號"縣莊"，自號"青溪居士"，本歙人。曾祖應夔遷江蘇上元。康熙諸生，乾隆元年舉博學鴻詞，十六年舉經學皆罷歸，三十二年卒，年七十七。事迹具前《國史·儒林傳》）有《易通》，已著録。是集八卷，卷一論，卷二序、記，卷三傳、雜著、書後，卷四至卷七書，卷八尺牘、行狀、志銘，都六十二篇，乃從孫兆恒、從玄孫雲松所編，前有上元朱緒曾序，後有雲松跋，道光十八年刻。惟據《先正事略》，廷祚詩文各三十卷，又據是集序跋，《青溪文集》有姚鼐、汪廷珍及兆恒序，道光十七年刻，此則其續編也。廷祚於學推顔元、李塨，參以黃宗羲、顧炎武，而非墨守漢宋者，集中如《論易》《論詩》《論佛》及論性學、經學諸書，皆可見爲學大旨。嘗代方苞撰《林孺人傳》。苞謂其文甚古；鼐亦謂其明辨可喜，蓋亦兼長於文，其《紀〈方輿紀要〉始末》，《與吳敏軒書》及《與友人樊某》二書又可與《儒林外史》相證也（第三十三回"遲衡山朋友議禮"、三十四回"議禮樂名流訪友"即與書之樊某，三十五回"盧信侯藏書遇禍"即藏《方輿紀要》之劉著，四十一回"沈瓊枝押解江都縣"即吳敏軒所談之茸城[1]女士也）。

柯山集

[清] 王時舉撰。時舉字友奚，號"柯山"，貴池人。康熙五十年歲貢，官鳳陽府學訓導。事迹具《府志·列傳》。光緒《（安徽）通志》著録，無卷數。

茗溪文集

[清] 曹騰進撰。騰進字升五，婺源人。嘉第五子。康熙五十年舉人，授内閣中書。事迹具《縣志·文苑傳》。光緒《（安徽）通志》著録，無卷數。騰進與兄焕、從弟選相砥礪，時號"清溪三鳳"。

中江草堂集

[清] 王璐撰。璐，號"松崖"，蕪湖人。銓子。康熙五十一年歲貢，年七十六卒。事迹具《縣志·文學傳》。光緒《（安徽）通志》著録，無卷數。《縣志》稱其陶冶性靈、不假雕琢。

---

① 茸城：即"華亭"。今上海松江區，位於上海市西南部，歷史文化悠久，有"上海之根"之稱。

燭門詩五卷

[清] 陳以剛撰。以剛字燭門，天長人。康熙五十一年進士，官池州府學教授，乾隆元年舉博學弘詞，擢浙江歸安知縣。事迹具《縣志》。詩五卷，光緒《（安徽）通志》著錄。《皖雅》錄五古一首。

若庵集五卷

[清] 程庭撰。庭字且碩，號"若庵"，歙縣人。是集文一卷、次詩一卷、次詩餘一卷、次《停驂隨筆》一卷，乃康熙五十二年至京祝釐①，隨日紀行所作，附以詩詞，次《春帆紀程》一卷，則自揚州至歙省墓作，亦附詩詞，有成都費滋衡序。《四庫存目》，道光、光緒《（安徽）通志》皆著錄。

毅齋詩賦四卷

[清] 寧驤撰。驤字士伯，阜陽人。康熙五十二年歲貢，授安陽縣訓導，辭不就。事迹具《縣志·孝友傳》。集四卷，光緒《（安徽）通志》著錄。《府志》錄七律一首。

柘澗山房詩草二卷

[清] 王惠撰。惠字惕存，懷寧人。康熙五十二年武進士，官浙江處州衛守備卒。事迹具《縣志·仕業傳》。光緒《（安徽）通志》載《柘澗山房稿》，無卷數，今據《縣志》著錄。

錫老堂集五卷

[清] 吳襄撰。襄字七雲，號"懸水"，別號"匏夫"，青陽人。康熙五十二年進士，官至禮部尚書，卒諡"文簡"。事迹具《縣志·宦績傳》。集五卷，道光、光緒《（安徽）通志》皆著錄。襄於書無所不讀，比老目難久視，猶令子侄侍旁朗誦。每言老眼觀書，見解多創獲，惟目力衰爲可恨，故詩文至暮年益高老。沈德潛《（清詩）別裁集》錄三首，亦謂其詩品殊高，不入三唐以下，又謂《雨花庵》一首，和作總未及其自然，《送徐澂齋奉使詩》，彙成卷軸，然頌揚得體無逾襄者。錫老堂者，以官學士時蒙賜"老成端諒"額，嘗擬葺舊盧爲是堂也。《縣志》錄七古、七律、五律各一首、七絕二首。

---

① 祝釐：祈求福佑。《漢書·文帝紀》："今吾聞祠官祝釐，皆歸福於朕躬，不爲百姓。"

錫老堂詩鈔

［清］吳襄撰。首古體、次近體，都五百九十四首（内《梅尚書讀書處》一首，乃七律一首，誤爲七絶二首，實五百九十三首）。每葉二十行、每行二十一字，首行有硃筆記云此本從徐薑園、章天石二人抄本借抄，吳禮園有全集未得借觀，又附錄失題七言排律一首、詞二闋、陰隲文①題後一首。古體第一首《將進酒》約七行，缺過半，文僅存七行，後缺。附錄排律注云，一作映山，作錫老堂改。考盧見曾《山左詩鈔》，吳綋字映山，自號“九華逋客”，青陽人。父官陽穀主簿，生綋於濟寧，遂爲諸生家焉，有遺詩一卷。又考《青陽志》，吳禮園，名翼成，字振彩，乾隆附貢，以薦官中書舍人，充武英殿分校官，乞養歸。徐薑園、章天石其名俟考。

松影長嘯詩集

［清］孫士鈞撰。士鈞字以鴻，青陽人。諸生。事迹具《縣志·文苑傳》。集有同縣吳襄序，則康雍間人也。光緒《（安徽）通志》著錄，無卷數。

楓溪吟四卷

［清］程御龍撰。御龍字翼山，歙縣人。康熙五十二年舉人。事迹具《縣志·文苑傳》。集四卷，光緒《（安徽）通志》著錄。御龍出張伯行門，與弟襄龍相師友，以考訂典籍爲事，間爲詩文自娛，得句則誦於父側，蓋以詞章爲色養②也。

雪崖文稿

［清］程襄龍撰。襄龍字夒侶，歙縣人。御龍弟。拔貢（《選舉志》不載）。事迹具《縣志·文苑傳》。文凡數百篇，光緒《（安徽）通志》著錄，無卷數。襄龍好學不倦，嘗撰御龍行狀凡千言，甚詳！晚年文益醇，家益落，竟以貧死。

二峰文集四卷

［清］王朝玥撰。朝玥字丹玉，號“二峰”，婺源人。康熙間官繁昌教諭，五十三年祀鄉賢。事迹具《縣志·學林傳》。集四卷，光緒《（安徽）通志》著錄。朝玥學宗朱熹，嘗曰修齊、治平在正心；誠意而慎獨爲要。王步青謂得聖賢心印③。

---

① 陰隲文：舊時勸善書。清沈曰霖《晋人麈·異聞》：“（金見星）生平崇奉陰隲文，晨起盥漱畢，即莊誦一過。”

② 色養：人子和顏悦色奉養父母或承順父母。唐權德輿《蒙十六叔寄示喜慶感懷三十韵因獻之》：“經術弘義訓，息男茂嘉聞。筮仕就色養，宴居忘食貧。”

③ 心印：佛教禪宗語。謂不用語言文字，而直接以心相印證，以期頓悟。理學家藉以指對聖人學説在心性上的領會，後泛指内心有所領會。

培桂堂集

[清] 王朝珊撰。朝珊字墀聲，婺源人。附監生。事迹具《縣志·賢行傳》。光緒《（安徽）通志》著録，無卷數。

草草草

[清] 李柯中撰。柯中，廣德州人。康熙五十四年歲貢。集有上郡高拱乾、吳江計東序。光緒《（安徽）通志》著録，無卷數。拱乾，廣德州知州也。

補青集

[清] 葛一夔撰。一夔，潛山人。康熙五十五年歲貢。光緒《（安徽）通志》著録，無卷數。

陳箭泉集四卷

[清] 陳捷撰。捷字露書，青陽人。康熙五十五年歲貢。事迹具《縣志·儒林傳》。集四卷，道光、光緒《（安徽）通志》皆著録。捷通經學，治易尤精。考陳芳《華溪草堂詩集》附捷七律一首，陳堅《鉎門詩草》附五律、五絶各一首。《讀化城橋碑記》云：“溪亭寂歷暮寒增，水落平沙凍欲凝。疏樹隔橋煙冪䆥[①]，奇峰當檻雪崚嶒。幾家帘影人沽月，一路鈴聲馬踏冰。先世清芬遺碣在，拂塵捫讀亟挑燈。”《從容堂》云：“戰艦連雲下，江城勢益孤。將軍私納款，女子共捐軀。碧血留千古，丹心照九區。從容尤不易，芳躅想堂隅。”《無極洞》云：“雪峰晴欲吐，秀色靄眉字。細路曲如蛇，桃花映洞户。”芳，捷之孫、堅，捷曾孫也。

餖飣[②]集二卷

[清] 凌賡臣撰。賡臣字以成，歙人。康熙五十六年舉人，選六安州學正，未仕卒。事迹具《縣志·士林傳》。集二卷，光緒《（安徽）通志》著録。

杜詩考注

[清] 凌賡臣撰。光緒《（安徽）通志》著録“集部·箋注類”，今改隸“別集”。

---

① 冪：覆蓋，遮，蒙。白居易《廬山草堂記》：“冪窗用紙。”䆥：《集韻》《類篇》郎狄切，音歷。穿也。

② 餖飣：指擺設的多而雜的食品。比喻堆砌、雜湊。也指詞句的安排羅列。清孔尚任《桃花扇·凡例》：“詞中所用典故，信手拈來，不露餖飣堆砌之痕。”

怡雲堂集

［清］吳泰龐撰。泰龐字師淳，青陽人。康熙五十六年舉人，歷常熟武進、涇（縣）、江寧教諭。事迹具《縣志·文苑（傳）》《（縣志）宦迹（傳）》二傳。光緒《（安徽）通志》著録，無卷數。

環碧軒集

［清］章應奇撰。應奇字健可，貴池人。康熙五十七年歲貢。光緒《（安徽）通志》著録，無卷數。

湘臯存稿四卷

［清］釋元理撰。元理號“覺文”，俗姓崔，太平人。康熙間住持涇縣水西寺。事迹具《涇志·仙釋傳》。集四卷，道光、光緒《（安徽）通志》皆著録。《縣志》録五古二首，皆紀康熙五十七年蛟灾事。《府志》録七絕三首。

咏花軒詩六卷

［清］張廷璐撰。廷璐字寶臣，號“药齋”，桐城人。英第三子。康熙五十七年一甲二名進士，官至禮部左侍郎，乾隆九年致仕，十年卒，年七十一。事迹具前《國史·列傳》。是集六卷，前有沈德潛序。道光、光緒《（安徽）通志》皆著録。廷璐秉承家訓、學問淵粹。德潛稱其登臨酬答、隨物肖形、寫難狀之景、言人之所不能言，其志廉以達、其音和以舒，其氣寬厚，弘博而無急言竭論之態，臺閣山林公固兼之。又録入《（清詩）別裁集》，稱其如水之瀠洄、春之和盎。袁枚《隨園詩話》、張維屏《詩人徵略》亦録其詩。《桐舊集》録三十九首。

梅墩遺草

［清］王三綱撰。三綱字鴻士，當塗人。康熙五十九年歲貢，官黟縣訓導。光緒《（安徽）通志》著録，無卷數。三綱與同縣吳銳齊名，詩文清幽憂絕。

獨笑軒詩集

［清］潘岵撰。岵字孝瞻，號“白華”，蕪湖人。康熙五十九年歲貢。事迹具《縣志·文學傳》。光緒《（安徽）通志》著録，無卷數。岵貧而有守，同縣王墅贈詩云：“半世無書干宰相，千秋有業傲神仙。”嘗五日乏治，具與婦酌菖蒲白水，戲示詩云：“長飲不愁終日醉，一杯真似舉家清。”其風趣可想也。

連理山人全集十八卷

[清] 方正瑗撰。正瑗（字引除，號"方齋"，桐城人。中履子。康熙五十九年舉人，官至陝西布政司參議，分守潼商道，罷歸。事迹具《縣志·宦迹傳》）有《方齋補莊》，已著錄。道光、光緒《（安徽）通志》皆著錄《連理山人詩鈔》二卷，蓋據《方氏詩輯》。考《縣志》本傳，載有金石、江淮、京華、關河、瀟灑等詩集。《桐舊集》載《江淮集》有顧嗣立序、《關河集》有王蘭生序、《瀟灑集》有魯之裕序，之裕序稱正瑗未仕，有金石、江淮諸集，既仕有京華、關河諸集，歸田後有《瀟灑集》，嗣立序又稱《江淮集》三卷，是其詩不止二卷也。《縣志·藝文》又載《連理山人全集》十八卷，今據以著錄。正瑗官潼商，創關西書院講學，詩其餘事，然古茂醇正、蔚然成一家言。沈德潛《（清詩）別裁集》、張維屏《詩人徵略》皆錄其詩。《縣志》又載有《白沙文集》。

殘本連理山人詩鈔九卷

[清] 方正瑗撰。僅金石、關河二集。《金石集》四卷，詩五百十六首，乃康熙四十二年至五十六年作，又附詩十七首，有同縣江皋序及自序，張廷球刻。《關河集》五卷，詩六百五十八首，乃雍正五年八月出都至乾隆二年十一月出關作，又附詩二十九首，有交河王蘭生、西吳晏斯盛序及乾隆二年自序。

環石齋詩集八卷

[清] 趙知希撰。知希字太音，號"環石"，涇縣人。司直曾孫。康熙五十九年舉人，官至直隸晉州知州，以憂歸，年六十八卒。事迹具《縣志·宦業傳》。集凡八卷，乾隆間刻，前有雍正三年翟思旺序、雍正十三年張璪序、乾隆九年弟青藜序、乾隆十五年胡蛟齡序，又乾隆九年弟際飛、再侄帥跋。道光、光緒《（安徽）通志》皆著錄。知希詩取材中晚，出入宋元，集中近體擅長，七絕尤妙。趙友廣錄入《蘭石詩鈔》，稱其雋永生新、戛戛獨造、耐人咀味；《趙氏淵源集》錄一百三首、《縣志》錄九首。

集李昌谷詩七律一卷

[清] 趙知希撰。詩凡三十首，有同縣周虬序。道光《（安徽）通志》著錄，無卷數，今據《趙氏淵源集》著錄。

笠草堂詩草一卷

〔清〕釋福仁撰。福仁號"湘月"，俗姓倪，康熙間住持涇縣水西寺。事迹具《縣志·仙釋傳》。詩一卷，道光、光緒《（安徽）通志》皆著錄。《縣志·藝文》作"《笠堂詩草》"。趙知希有《重九赴湘月約》七律二首，則康雍間人也。《縣志》錄七律一首。

虹玉堂文集二十二卷詩集七卷

〔清〕鄭相如撰。相如字漢林，號"愿廷"，又號"南亭"，涇縣人。康熙五十九年副貢。事迹具《縣志·文苑傳》。是集文二十二卷、詩七卷，詩有真江伍起、武林方壺序。道光、光緒《（安徽）通志》皆著錄。相如取縣中古迹編爲樂府。趙知希《涇川詩話》以比李東陽、楊維楨；趙友廣亦稱其閑靜古雅、逸致蹁躚[①]，錄入《蘭石詩鈔》。《縣志》錄詩十四首。

漢林四傳一卷

〔清〕鄭相如撰。四傳者，曰白雲蘭生，謂茶開明君、謂眼鏡楮先生、謂紙雙童子，謂瞳子也，蓋仿韓愈《毛穎傳》而作。趙紹祖刻入《涇川叢書》，有嘉慶六年識語。

天放閑吟四卷

〔清〕包眉齡撰。眉齡號"松巖"，涇縣人。事迹具《縣志·隱逸傳》。集四卷，有古越范正輅序。光緒《（安徽）通志》著錄，無集名，《縣志·藝文》又作《松巖詩集》，無卷數，今據本傳著錄。眉齡好游山水，每作詩以紀其勝，老隱烏龍山以終。鄭相如《青虹閣詩評》云山人刻意詞家、詩亦麗藻煥發。《縣志》錄五律一首。

蒼泉詩草

〔清〕周虬撰。虬字蒼泉，號"藥亭"，涇縣人。康雍乾間布衣。事迹具《縣志·文苑傳》。光緒《（安徽）通志》著錄，無卷數，《縣志·藝文》作"《药亭詩集》"。虬性豪邁，工詩，晚貧甚不以屑意。鄭相如《青虹閣詩評》云蒼泉如駿騎戎裝，射鵰欲落；趙友廣謂其清姿麗態、情韵盎然，錄入《蘭石詩鈔》。《縣志》錄七絶八首、《桃花潭文徵》錄七絶四首。

---

① 蹁躚：形容儀態曼妙。宋蘇軾《後赤壁賦》："夢一道士,羽衣蹁躚。"

抱膝吟一卷　伊村賸稿

［清］吳葵撰。葵字穉湖，號“伊村”，別號“梅腹道人”，原名旗，字龍爲，宿松人。儼曾孫、助一子。康熙末諸生，雍正九年卒，年三十六。是集皆近體，都二百二首。《伊村賸稿》僅文五篇，前有同縣陳金蘭撰傳，係抄本。據本傳，《抱膝吟》外，有《綠蘿村草》《半間廬草》《松柏齋雜著》，不下數十卷，《縣志》亦載《伊村詩古文集》四卷，已刊行，此蓋非其全。葵於文推司馬、韓歐，尤耽山水詩，多山居時作。

香屑集十八卷

［清］黃之雋撰。之雋字石牧，號“唐堂”，休寧人。華亭籍康熙六十年進士，官至右春坊右中允，降編修，復坐事革職，乾隆元年薦舉博學鴻詞，罷歸，又十餘年卒。事迹具前《國史·文苑傳》。是集十八卷，卷一《自序》偶體文一篇，集唐及五季人文句，凡二千八百餘言（《四庫總目》作“二千六百餘言”，誤），卷二《和韓偓香奩題次韵》，凡五律、五排、七律三體，卷三五古，卷四七古，卷五至卷九五律，卷十至卷十五七律，卷十六五排、五絕、六絕，卷十七七絕，皆唐人句爲之，卷十八集杜五律、七律，都九百三十首（《四庫總目》作“九百餘首”，誤），又卷首詩話八則、卷末自題絕句十二首，乃康熙己卯前作，有焦袁熹序、雍正十二年海寧陳邦直刻并跋、同治十年重刻，光緒《（安徽）通志》著錄。之雋鄉試連斥，乃爲此以寫憂，自題絕句有云“三十功名志未伸”，其時蓋猶少壯，集中句無重出，每首中人無叠見，其波及五代、闌入詩餘，皆沿全唐詩例爲之，又句繫人、人繫題，俱考諸專集，其有一刻某人者，從所知一作某字者，從所用集杜亦通首無復題，通卷無復句，至通集中重出三十許句，則緣最後所集不及與前一例。其名香屑，以所咏皆綺羅、脂粉，而又割綴瑣碎也。

㽏堂集六十一卷

［清］黃之雋撰。凡五十卷，又補遺二卷、續集八卷，皆之雋手編，附冬錄一卷，則自撰年譜也。《四庫存目》，光緒《（安徽）通志》著錄。之雋六歲即解四聲，初入翰林以奏《中元祭聖祖文》稱旨，召見授編修。爲學尊程朱，而綜覽浩博，下筆不能自休，蓋學殖①富而才力又足驅使之云。

---

① 學殖：原指學問的積累增進，後泛指學業、學問。《左傳·昭公十八年》：“夫學，殖也；不殖將落。”杜預注：“殖，生長也；言學之進德，如農之殖苗，日新日益。”清洪亮吉《北江詩話》卷二：“然非二公之才望學殖，亦不能做此詩也。”

鑿餘天集

[清] 翟士竃撰。士竃字永維，涇縣人。斗生弟。康熙六十一年歲貢。事迹具《縣志·文苑傳》。集有宣城吳璟侯序（見《桃花潭文徵》卷五），光緒《（安徽）通志》著録，無卷數。據趙青藜跋（《桃花潭文徵》卷五），士竃自題曰"鑿餘天老人詩文"，知其集爲詩文合編也。士竃於書無不讀，早年應試，即有秦碑漢鼎之目。璟侯稱其辨教二篇在原道本論之上，他詩文亦原本經史，卓然成一家言；青藜稱其文奧衍渾、堅老潔樸，至兼管荀之勝、詩亦從怪變入平淡；《青虹閣詩評》則謂其詩如灌夫座上目無武安云。《桃花潭文徵》録文十五首、賦一首、詩四十五首，《縣志》録七絶二首。

竹薆草堂文稿

[清] 洪載撰。載字又張，號"對山"，績溪人。康熙六十一年拔貢，考取鑲藍旗教習、候選知縣。事迹具《縣志·文苑傳》。光緒《（安徽）通志》作"《竹薆堂文集》"，今據《縣志》著録。

文木山房集四卷附春華小草一卷靚妝詞鈔一卷

[清] 吳敬梓及其子烺撰。敬梓（字敏軒，一字文木，全椒人。康熙末諸生，雍正十三年薦舉博學弘詞。事迹具《縣志·文苑傳》）有《詩説》、烺有《五音反切圖説》，均以著録。《文木山房集》，凡四卷，卷一賦四首，卷二、卷三詩百三十一首，附蕪湖朱卉、江都李本宣同作七絶各一首，卷四詞四十七首，乃敬梓四十前作，據年譜，乾隆初儀徵方嶟刻，前有上海唐時琳、會昌吳湘皋、上元程廷祚、儀徵方嶟、江寧黃河、江都李本宣序，詞有山陰沈宗淳序。《春華小草》一卷，詩五十二首，《靚妝詞鈔》一卷，詞二十五首，乃烺二十歲前作，附刻《文木山房集》後，有金兆燕序，民國十年胡適得初刻本，十四年上元金還任爲排印，旋病卒，二十年乃由上海亞東圖書館印行，後附適所撰年譜。道光、光緒《（安徽）通志》皆作《文木集》八卷，今據本書著録。敬梓友程廷祚、程晋芳、金兆燕、嚴長明、樊明徵諸人，尤契廷祚。本宣謂其詩皆紀事言情、登臨吊古、述往思來，無關係者不作，見時賢分題角勝，則謝不敏，其詩可知；方嶟謂其詩賦力追漢唐；黃河亦謂其直逼溫李，又出入李顏、常建間，詞庶幾白石、玉田，蓋非阿好，今觀其集如《移家賦》《丙辰除夕述懷詩》《庚戌除夕減字木蘭花詞》①《移家秦淮買坡塘詞》②《識舟亭阻風減字木

---

① 據清吳敬梓《文木山房集》卷四（清乾隆刻本）題爲：《減字木蘭花——庚戌除夕客中》。

② 據清吳敬梓《文木山房集》卷四（清乾隆刻本）題爲：《買陂塘——癸丑二月自全椒移家寄居秦淮水亭諸君子高宴各賦看新張二截見贈餘既依韵和之復爲詩餘二闋以志感焉》。

蘭花詞》①皆可與所撰《儒林外史》互證。至作序之唐時琳，官江寧府學教授，蓋即外史之虞博士也。烺集中有十五歲所作雜詩三首，從父檠謂其氣味聲調直逼黃初，其天才尤不可及云。

文木山房集十二卷

［清］吳敬梓撰。《全椒志》著錄。據上元金和《儒林外史跋》，凡文五卷、詩七卷未刻。和藏有抄本，亂後遺失，蓋已佚矣。王韜原《丁辛老屋集·書文木山房詩集後》十首之二注，引敬梓詩云：“如何父師訓，專儲制舉材。”方刻本不載，蓋即是集中詩也。

麻山文集二卷

［清］孫學顏撰。學顏字用克，一字爾堯，號“周冕”，亦字舫山，號“華農子”，以居麻山，又以爲號，桐城人。雍正十二年以呂留良案論死，年五十八，文蓋獄中手訂。咸豐之亂縣人文漢光得一冊於麻山人家，旋失去，咸豐八年縣人蕭穆又得一冊於族人士彬家，內有獄中文數篇，蕭穆并爲書後，同治十三年族孫雲錦屬同縣方宗誠重編，乃删去一二無關係者，訂爲二卷，又補編文七篇，都五十六篇，光緒初雲錦刻。學顏學宗宋儒，尤服膺呂留良，其序留良《東莊文集》云：“宋五子後，以儒者之言、發揮聖賢經訓，功莫盛於晚村先生。予少有志先生之學，即以不獲盡讀著述爲恨，因與同志相約訪求遺文，及今僅得若干篇，特繕寫以付剞劂云云。”又集中《與嚴寒村書》《送王敬朗序》《車南東四十序》，亦皆留良案內牽連之人。寒村字庚臣，浙之歸安人，疑即嚴鴻逵；敬朗名豫，號“立甫”，浙之長興人，全祖望撰墓志，作“字敬所”，《東華錄》又作“王立夫”，然實一人；南東名鼎貫，字須上；序內所稱雙亭，乃鼎貫之兄，名鼎豐字遇上，湖南邵陽人。《東華錄》載學顏罪名爲陰相援結，今觀其文可以悉其師友淵源，亦可知其得禍之由也。

麻山先生遺詩三卷

［清］孫學顏撰。詩凡三卷，卷三爲《破戒吟》，乃雍正七年赴訊後作，前有十一年自記，據文集方宗誠序及蕭穆書後，詩蓋藏方東樹家，穆從其孫濤假録。東樹爲方澤曾孫，澤與學顏友，故詩在其家也，民國十八年印。学顏生康熙十六年，然不應試，以講學會友爲事，詩尤獨往獨來、自吐胸臆，如《迢迢谷》云：“北風當面吹，講席必南向。”《病中》云：“輟耕忘太息，拜鬼炫遭逢。”《看梅》云：“幸有南

---

① 據清吳敬梓《文木山房集》卷四(清乾隆刻本)題爲：《減字木蘭花——識舟亭阻風喜遇朱乃吾王道士崑霞》。

枝慰岑寂，况無羌笛損精神。"《華農耕舍》云："薄海幾家非塞外，空山片壤是華餘。"又云："汐社風流原不朽，莫教踪迹愧諸賢。"又云："筳篿決計吟梁父，會見南陽氣象新。"《放歌》云："且看皋羽西臺記，莫讀犁眉覆瓿詩。"《感興》云："海霧山雲腥復羶，誰能忍辱强稱仙。石人未露眼一隻，鐵匣空傳書幾篇。曾記謝玄功蓋世，應知王猛罪通天。無端袖手鍾山下，未免哀號負杜鵑"，《題荆樂圖》云："武靈裝樣滿江南，俗筆傳神最懶看"，《贈野鹿翁》云："商颷攬鐘皁，王氣失所歸。"又云："高城吹胡笳，憑渠久與暫。"《贈友》云："買醉江樓看明月，旄頭星欲墮胡塵。"《觀芸田》云："懸知大有逢今歲，合仿苻秦舊例書。安得朱虛歌一曲，看君笑墮華山驢。"《雁》云："漢業看何在，音書莫浪郵。"集中類此者，不一可以想見其人。又《黃河清詩》云："辦矢射天狼，明年戊申矣。"考張廷玉《澄懷園文存·河清頌序》云："雍正四年十二月初九日至五年正月黃河澄清，自陝州至桃源二千餘里，境連四省，期邁三旬云云。"查嗣瑮《查浦詩集》、藍鼎元《鹿洲初集》所紀亦同。戊申爲雍正六年，曾靜以是年遣張熙説、岳鐘琪，就此詩推之，學顔似與聞其事也。

安徽通志稿·藝文考

集部十七　別集類十六

粵東懷古詩一卷

［清］吳騫撰。騫字益存，號“樂園”，當塗人。翼子。康熙歲貢，官至山東按察使，召補京堂，病歸，年七十六卒。事迹具《縣志·宦迹傳》。騫歷廣東惠州、韶州、肇慶等府知府，署鹽法道，詩蓋其時作，前有雍正八年自序，并凡例八則，後有雍正十二年德州孫勷跋。道光、光緒《（安徽）通志》著録皆作二卷，今據本書著録。其詩不論世代、次序、爵位崇卑，而於道學特詳，意在尚友古人，下礪末俗，至不列仙釋、閨媛，則不欲相混也。

潭影堂集　前後燕游草

［清］秦咸撰。咸字虞桓，合肥人。寵曾孫。康熙歲貢，入太學，彙考中書第一。事迹具《府志·文苑傳》。光緒《（安徽）通志》著録，無卷數。又無“前後”二字，今據《縣志·藝文》及《府志》本傳著録。咸負性豪邁、不樂仕進、日與名流唱和。潭影園，其所居也。《合肥詩話》録七律一首、《縣志》又載有《酣緑亭詩集》。

陶陶居文稿

［清］王作霖撰。作霖字雨臣，號“容齋”，婺源人。康熙歲貢，官江蘇丹陽訓導，告歸，卒年九十。事迹具《縣志·學林傳》。光緒《（安徽）通志》著録，無卷數。作霖講學宗朱熹，程恂其門人也。

甪居集

[清] 周瑄撰。瑄字式玉，號"桂岑"，桐城人。岐子。康熙間歲貢，候選教諭。事迹具《縣志·文苑傳》。光緒《（安徽）通志》著錄作"周煊"，又列明代，均誤，今據《縣志》著錄。瑄詩文得之家學，旁及書畫，無不工。甪居，其室名也。《周氏清芬集》錄文六篇、詩三首；《桐舊集》錄三首，蓋即采自《清芬集》；王爾綱《名家詩永》錄五律三首，爲《清芬集》所無，知其詩佚者多也。《縣志》又載有《秋懷詩》，《桐舊集》又載有《楚澤寄騷》。

翼經堂小草

[清] 黃中理撰。中理字逢泰，祁門人。康熙拔貢，官桃源知縣，甫抵任卒。事迹具《縣志·文苑傳》。光緒《（安徽）通志》著錄，無卷數。《縣志》本傳作"課草"。

松華館合集

[清] 方學成撰。學成字武工，號"松臺"，旌德人。康熙縣學廩生，雍正七年（《寧國府志》作"五年"，此據《縣志》）舉孝友端方，歷山東夏津、栖霞、武城、邱知縣，告歸。事迹具《縣志·文苑傳》。集凡十三種，曰《梅川文衍》、曰《華南先德述》、曰《履齋時文》、曰《春風堂試帖》、曰《學古偶錄》、曰《硯堂四六》、曰《栗山詩存》、曰《唱酬紀勝》、曰《讀黃合志》、曰《梅谿韻會》、曰《歲寒亭畫句》、曰《青玉閣詞》、曰《檀園雅音》，前有乾隆元年休寧潘偉序，蓋即刻於其時。光緒《（安徽）通志》作"《松華堂集》"，今據本書著錄。學成穎異嗜學，於書無所不窺，尤長詩古文。《縣志》錄序、賦各一篇、五古一首、七律二首。

借山堂詩集三十卷

[清] 周開官撰。開官字建六，宿州人。康熙廩貢，官州同事。事迹具《州志·儒林傳》。光緒《（安徽）通志》作"《借生堂集》"，無卷數，今據《州志》著錄。開官多聞强識。《州志》錄七古、七律各一首。

青遇堂詩集

[清] 吳寬撰。寬字敬五，號"青遇"，無爲州人。光義第七子。康熙時附貢，授廣西賀縣知縣，卒官。事迹具《州志·文苑傳》。光緒《（安徽）通志》著錄，無卷數。寬豪邁不羈，廣交游，持風雅酒盞、詩筒往來無間。《州志》錄五律二首。

梅齋詩集三卷

［清］程仕撰。仕字松皋，號“梅齋”，桐城人。芳朝嗣子。以廕補内閣中書，授福建建寧知府，罷歸，年四十四卒。事迹具《縣志•文苑傳》。詩三卷，《縣志》著録。《桐舊集》録十八首，據《程氏家傳》，仕詩已刊者，有與同縣陳焯、潘江落葉唱和詩，未刊者甚夥，皆佚。又《閩中草》，龍谿蔡壆序，亦未刊，又載其《贈益都趙執信罷官》詩云：“已作十年詞翰客，先應今日去長安。自來才子常閑散，原覺君多此一官。”又絶句云：“楓赤橙黄去建州，灘聲淼淼路悠悠。秋山無盡秋林遠，畫裏看僧出嶺頭。”又句云：“詩卷一囊蘭數本，三年應得罷官歸。”又云：“雞黍①争遺舊使君。”皆《桐舊集》所未載也。

一經樓詩集二卷

［清］朱世弼撰。世弼字翼公，號“築崖”，桐城人。監生。康熙間以河工勞授山東聊城縣丞、補福建閩安鎮鹽大使。事迹具《縣志•文苑傳》。光緒《（安徽）通志》載是集，無卷數，今據《縣志》著録。世弼力追唐音，松江倪永清選入《詩最》。《樅陽詩選》録十三首、《桐舊集》録一首。《縣志》又載有《集唐》二卷、《萬卷堂文集》一卷。

澹益軒詩草一卷

［清］孫一經撰。一經字子常，太平人。康熙監生，考授縣佐。事迹具《縣志•懿行傳》。一經性喜吟咏，弱冠即裒然成帙，名曰《適興集》，無何取而焚之，自是有所作輒棄去。是集一卷，乃其子所編。雲間葉未央、倪匡世評選，前有同縣陳常序，刊本甚精，惜久藏篋衍②，斷爛不少，蓋幾佚，僅存之本也。

碧岑詩草一卷　閩游草一卷

［清］程增撰。增字蝶莊，歙縣人。康熙間佐河督，導河稱職，聖祖南幸賜御書匾額并聯句詩。事迹具《縣志•士林傳》。集二種，各一卷，光緒《（安徽）通志》著録。

北征集

［清］程雲鵬撰。雲鵬字華仲，歙縣人。江夏籍歲貢。事迹具《縣志•文苑傳》。

---

① 雞黍：指餉客的飯菜，借指深厚的情誼。語本《論語•微子》：“止子路宿，殺雞爲黍而食之。”清方文《褉日與蔡芹溪同舟作》詩：“良朋咸在兹，先期命雞黍。”

② 衍：方形竹箱，盛物之器。清錢謙益《瞿五丈星卿挽詞》：“三世簪纓存舊德，百年篋衍遺經。”

雲鵬嘗匹馬窮河源，哀其詩爲是集。光緒《（安徽）通志》著録，無卷數。

金村詩稿

［清］余國祚撰。國祚，休寧人。康熙歲貢。光緒《（安徽）通志》著録，無卷數。

歲寒亭詩文稿

［清］葛士揆撰。士揆字端卿，號"存齋"，績溪人。康熙歲貢。事迹具《縣志·文苑傳》。光緒《（安徽）通志》著録，無卷數。《府志》載《存齋集》二卷，而無是集。《縣志》稱其尤精於《易》，詩文皆成一家言。

一竹居集

［清］曹繼參撰。繼參，石埭人。康熙歲貢。光緒《（安徽）通志》著録，無卷數。

古田小草

［清］周開農撰。開農字孝先，宿州人。恩貢。廷棟子。康熙歲貢。事迹具《州志·儒林傳》。光緒《（安徽）通志》著録，無卷數。《州志》録七律一首。

寶樹堂詩文全集

［清］何永紹撰。永紹字令遠，號"存齋"，桐城人。明布政如申孫。康熙間廩生。事迹具《縣志·文苑傳》。光緒《（安徽）通志》著録，無卷數。《龍眠古文》載方畿《寶樹堂詩序》（卷十五），稱其跌宕夷猶^①、風神蕭散，而流逸清麗，無叫呶^②激烈之氣，如見雅詩中怨誹不亂之遺，又謂令遠與予及二左（國棟、國材）、芥須（李雅）、木厓（潘江），彥昭（姚文焱）唱和爲詩，亡慮數千百，而又以其生平游歷諸篇別爲一集，似全集之外復有詩集別行。《龍眠風雅續集》録四十九首，亦稱其肆力詩文、汪洋浩瀚。卒後子方曾葷搜全集問世，似其集曾刻行。《桐舊集》録六首，然皆采自《（龍眠）風雅》也。

松軒聽雨集

［清］江日升撰。日升字以介，歙縣人。縣學廩生。事迹具《縣志·士林傳集》。

---

① 夷猶：猶豫遲疑不前。宋姜夔《湘月·五湖舊約》詞："暝入西山，漸喚我，一葉夷猶乘興。"

② 叫呶：音 jiào náo，叫嚷，吵鬧。

有自序，光緒《（安徽）通志》著録，無卷數。日升事兄最謹，序有云傳之子孫，俾知予兄弟自少至老長相親愛如此。其曰聽雨，仿蘇軾夜雨對牀意也。

藝游詩稿

［清］潘繼高撰。繼高字駿孫，號"顧邑"，婺源人。訓導華子。縣學廩生。事迹具《縣志·學林傳》。光緒《（安徽）通志》著録，無卷數。繼高早受庭訓，即知聖學之要，嘗以所著質①施璜，璜稱爲後學指南。

寫心集

［清］余華撰。華字積中，婺源人。道生子。縣學廩生。事迹具《縣志·學林傳》。光緒《（安徽）通志》著録，無卷數。《縣志》稱其多名言，皆自道所得。

笙次詩稿

［清］江鏞撰。鏞字笙次，黟縣人。康熙廩生。事迹具《縣三志·文苑傳》。詩爲安邱曹貞吉定，有貞吉及族人碧序。光緒《（安徽）通志》著録，無卷數。貞吉知黟縣，觀風拔鏞第一，稱其古體跌宕峭拔，近體傲岸蒼凉、清音幽韵，足與山川相答響云。《縣志》録詩一首。

游燕前後集　過秦草

［清］王肇撰。肇字紀修，蕪湖人。廩生。卒年四十九。事迹具《縣志·文學傳》。光緒《（安徽）通志》著録脱"前後"二字，今據《縣志》著録。《縣志》稱丹徒裴之仙携去評次，未幾裴亡，遂散失，蓋已佚也。

樂庵集

［清］任銓撰。銓字次皋，原姓汪，舒城人。廩生。事迹具《府志·文苑傳》。光緒《（安徽）通志》著録"銓"作"全"、"庵"作"安"，今據《府志》著録。銓博學工筆札，爲文雄深古雅，卓然成家。

養元集一卷

［清］朱衣點撰。衣點字繼伯，懷寧人。康熙諸生。事迹具《縣志·文苑傳》。光緒《（安徽）通志》載是集，無卷數，今據《縣志》著録。衣點負經世志，遇縣

---

① 質：問明，辨別。《禮記·中庸》："質諸鬼神而無疑。"

有大事輒發憤言之，忘其身之賤也。

牧心齋詩草

[清] 朱琳撰。琳字玉林，懷寧人。諸生。事迹具《縣志·篤行傳》。光緒《（安徽）通志》既載朱衣點《養元集》，又載琳《養元集》，誤。今據《縣志》著錄。琳讀書洞見本原，偶爲詩，皆娛情適性之作。

東魯西秦文集

[清] 鄧森雲撰。森雲字夢陽，桐城人。康熙縣學生，年八十二卒。事迹具《縣志·文苑傳》。光緒《（安徽）通志》著錄，無卷數。森雲遨游公卿間，所至倒屣①，知縣王凝命甚重之。

石門詩文集五卷

[清] 胡彌彈撰。彌彈字彥三，號"石隣"，桐城人。瓚孫、吳祚子。諸生。光緒《（安徽）通志》載《石門集》，無卷數，又列明代，今據《縣志》著錄。彌彈博學强識、克紹家學。宗緒，其子也。

片舫齋詩集三十卷

[清] 光標撰。標字霞起，號"虛舟"，桐城人。康熙縣學生。事迹具《縣志·文苑傳》。集三十卷，光緒《（安徽）通志》著錄。今光氏所藏稿本闕卷一至卷十五、存卷十六至三十，七律、絶句二體共六百二十八首，又刻本闕卷一至卷六、存卷七至十二，七律、絶句二體共三百七十七首，乃標來孫聰諧刻於湖北荆宜施道署者，以二本互勘，稿本有、刻本無者，二百八十一首（卷十六《一醉》、《漢高祖》、《火刦》、《水刦》、《雜感》第二首、《狂吟》第一首、《論易》、《論燕事》、《以先祖詩疏呈戴旡忝先生聞其修明史》、《不求》、《呂密》、《競渡有感》、《答婦問仿崪山先生體》共十三首，卷十七《閔大侄近詩》《徵痾》《讀女史》《讀朱字綠先生文集爲先給諫闡揚感而賦此》《畫眉》《黃鶯》《百舌》《絡緯》《花月吟》《酒》《晨起借書適有贈酒者》《松辦》《起二語夢中詩也因續其均》《守拙》《芳晨》《交道》《忘機》共十七首，卷十八《獨游蘭若》《題梵宮壁上》《郊游》《夜起》《醉卧》《夏日飲園中》《論古》《在故鄉》《與友談詩》《自吟哦》《池亭》《開顔》《客吟》《九日》《巨眼》《朋

---

① 倒屣：又作"倒履"，鞋倒穿。古人家居，脱鞋席地而坐。客人來到，因急於出迎，以至把鞋穿倒。後用以形容主人熱情迎客。典出《三國志》卷二十一《魏書·王粲傳》。清孔尚任《桃花扇·媚座》："吾輩得施爲，正好談心花底；蘭友瓜戚，門外不須倒屣。"

來》共十六首，卷十九《夜聽》《感懷并答友人索先世傳稿》《園中即景》《泳園》《同友人作》《堪笑》《愛吾廬》《閑中富貴此鏡湖詩中題也予愛而步均》《筆》《予刈髮即按摩拿睡》《安得》《解脫》《不閑》《史論》共十四首，卷二十《一身》《一塵》《憶舊游》《憶江樓》《與友感談往事借書園中》《戒烟》《第一流》《客況》《春望》《尋樂》《籬邊》《放顛》《書懷》《壽友人》《不出戶》《浣紗》《片舫園》共十七首，卷廿一《贈山中狂生》《丙戌除夕》《偶出遇齊赤文談心》《白髮翁》《夢客中送客》《別樣行藏》共六首，卷廿二《信天》《挽戴大蜀客》《齒落詩以謝之》《空法相》《宿山中》《陶然》共六首，卷廿三《自寺歸》《夜讀》《秉權》《浮生》《無計》《小閣》《小園》《今日》《借宿田家》《誦經》《夜》《烏衣巷》《逢友》《寓草庵》《緩步池邊》共十五首，卷廿四《白燕》《堪笑》《納燕》《送雁》《聽鶯》《聞鵑》《調鶴》《并蒂蘭》《祝齊天霞雙壽》《池邊松下》《寄方大伯奮》《半醉》《雪獅子》《同漁叟談》《與上人參》《題臥龍先生祠》《芙蓉杖》《鸚鵡》《憶舊游》《席上分均得杯字》《六任御寵客京師詩以代柬》《夢境》《黃杜鵑花》《白海棠》共廿四首，卷廿五《偶見》《贈別》《翻案》《漫吟》、《長門怨》、《閨怨》第二首、《夜坐》、《西施》、《綠珠》、《紡績婆》、《七夕》、《微醺午睡》、《露筋祠聞顯者郊游古刹》、《吊古》、《游趵突泉》、《溪邊》共十七首，卷廿六《愛梅》《琵琶怨》《積陰》《秦淮河》《瓶梅》《醉仙》《花影》《不平》《夜課》《三月初七夜成》《夏菊》《詰文》《蓮》《諸友移尊賞芙蓉》《碁盤石上垂釣》《子規》《女子》《盧生》《苧蘿》《癸未除夕》《托身》《留窮》《山洞偶題》《元微之詩云不是花中惟愛菊此花開盡更無花白樂天甚賞之予爲翻一案》共廿四首，卷廿七《隱臥》《勝於人》《憶杭州舊游》《但願》《演癡夢》《不平》《平生》《惜花》《別一天》《莫愁湖》《晚歸》《工詩未必窮》《菊花》《浮山仙人牀》《放歌》《橋東》《即景》《吟白詩》《咏棕樹》《賣花翁》《田舍翁》《題布袋羅漢象》共廿二首，卷廿八《愛書》《忙人》《留予》《吟詩八首》《論盜》《謾罵》《消愁》《奇緣》《桃源》《自笑》《僧顛》《深閨》《翻案》《蓮池大師》《誰知二首》《書喜》《荷錢》《花前》《覓詩》《蘭花》《半醉》《開卷》《池頭翠鳥》《送試》《靈臺》《愛聽》《近榻》《無心》《訪友》《尋僧》《奇計》共三十九首，卷廿九《坐蒲團》《斑竹》《舊日行樂圖》《贈乞兒》《庵中》《贈詩翁》《貞孃墓》《真隱》《時節》《未了緣》《衝寒妒友》《梅》《出處》《醉中有感》《千里酒》《閨情》《參悟》《樂閑》《出郭》《示野僧》《觀奕》《山寺》《尚友嚴子陵》《不知貧》《酒當茶》《清貧》共廿六首，卷三十《秋山開杜鵑花》《憶恒臺夜飲》《雨春》《咏金銀花》《惜落花》《蚊》《讀答蘇武書》《誅愁》《題詩均》《送竈》《衣敝》《咏榆錢》《紀瑞》《論古第二首》《池邊月》《爲西施解嘲》《擣衣》《素位》《焚香》《華清宮步唐人崔櫓均》《菊友》《遇友舊居有感》《客中》《看菊并閱何時三同嫂夫人咏菊詩》《題詩卷後》共三十五首）。刻本有、稿本無者，亦二十九首（卷七《春游》《戲贈不倒翁》《憂思》《寄張吉如》《水中牡丹花影》《偶成》《搔首》《夏日》《自笑》《秋懷》《遍游》《吟哦》《居城》《又一朝》《客中接兒輩近藝》《春日有感》《置園》《長歌》《偶論》《年來》《斗室深藏》《贈影》《客中新秋》《寄勉諸子侄》《偶述》《放言》《何問》、卷九《遣興二首》共廿九首）。又稿本卷二十四，有江皋評、卷三十有謝淳馬源評，刻本亦無之，餘字句亦多互異（《秦始皇》"三"作"千"、《狂夫》"誤"作"娛"、《杜鵑》"蟻"作"阻"、《快事》弟六句"懽"作"香"、《積雨》"陽"作"晴"、《自娛》首二句"庭前花發自年年，花下詩成又一編"作"花發庭前幾歲年，詩成花下若干編"、《醉後吟》弟一首收句"忽憶祖仇開國計，林頭劍吼憶專諸"作"最喜兒曹勸夜讀，案頭燈燼五更餘"、弟二首"蟻"作"阻"、"東"作"冬"、弟四首"又"作"多"、弟六首"愁"作"秋"、《以詩別上人》"元"作"無"、《丁酉科男成采鄉試中式》弟三首"吾"作"寒"、《書感》"冷"作"淪"、《最喜》"骨"作"性"、《年來》"執"作"把"、《自幸》"箇"作"尾"、《平生》"于"作"人"、《憶北游所見曾宿趙太史別墅》"棗栗"作"梨棗"、《夏杪拈得嘉字》"咫尺"作"只此"、《與李生言懷》"旋"作"桓"、《自由》"年"作"時"、《諧友人山居》"來"作"年"、《真如已》"累"作"淚"、《説夢》"常"作"長"、《松隱》誤《松影》、《緩行》"元"作"無"、《幽情》"屋"作"室"、《獨狂》"舫"作"航"、《柳影》"陌"作"白"、《清修》"那復攖閑累"作"便作超凡想"、《非隱》"便喜問"作"未敢訪"、"摘"作"喜"、《及時》"難"作"誰"、《賦得一陽初動處》"融"作"條"、《偶與友人談》"牖"作"有"、《田邊即景》"又"作"更"、《雪秀才》"前身"作"前生"、《白杜鵑花》"霜"作"雙""休"作"甘"、《郊外》"歷"作"聞"、《釀酒》"競"作"漓"、《獨坐》"攤"作"擁"、《睡》"石"作"上"、《前韻》"我"作"鬼"、《夢醒》"借問"作"老子""何"作"無"）。至刻本編第與稿本不同，疑刻本已删并爲十二卷，舊志所載乃稿本卷數耳。徐璈《桐舊集》錄十一首，載標自序稱年未弱冠讀先世素園、半園、梅軒諸集，吟興勃勃，於古人之所近，曰淵明、曰香山、曰放翁云云；璈亦謂其自寫天趣，得陶白遺意也。

風和軒詩文稿

［清］陶立撰。立字峴亭，號"卓庵"，桐城人。康熙間縣學生。事迹具《縣志·文苑傳》。光緒《（安徽）通志》作"《陶和軒詩文稿》"，而姓名作"陶立風"，今據《縣志》著録。立志在實學，潛心著述，其《過吳鳳翥夜話》云："文非載道何煩作，書不關心莫浪詮。"可以知其爲學宗旨也。《桐舊集》錄詩二首。

階木詩稿二卷西江唱和一卷文稿一卷

[清] 吳藹撰。藹字吉人，歙人。康熙間諸生。詩凡二卷，《西江唱和》一卷，乃與秣陵孫大經唱和之作，有黃承憲、朱觀二跋；文一卷，凡序八篇，有喻宗槿、徐景行總序、宋乾御、宋實穎、魏嘉諶、張守原序，惟各序皆稱《學古堂詩集》，喻序又稱以已刻初二集并未刻三四集，刪補彙帙屬序；徐序稱夏序初集、宋序二集、魏序三集、張序四集，此又彙訂爲一集，於全集得十之三而非全集，故名不同。藹論詩貴真、貴靜（見魏序），所作亦不出此旨云。

伴棠軒詩集

[清] 饒兆熊撰。兆熊字翼宸，歙縣人。府學生。卒年九十三。事迹具《縣志·士林傳》。光緒《（安徽）通志》著録，無卷數。兆熊好讀書，潛心訓詁，爲世所推。

環山詩鈔一卷

[清] 方士庶撰。士庶字洵遠，別號"環山"，亦號"小師道人"，歙人。江都籍康熙諸生。詩一卷，乃殁後其弟西疇所編，屬閔華訂定，前有乾隆十八年陳章序。士庶乾隆初游揚州，爲馬氏玲瓏山館上客，與章及屬鶚結吟社。章稱其每得一題，攢眉聳肩、艱苦出之，及成則渾淪無迹，五律尤擅場；華亦稱其吐棄凡近，獨標清勁，詩名爲畫所掩，惟又稱其有《環山詩集遺稿》四卷未刊，是士庶詩尚不止此也（見閔華撰傳）。

水南先生遺集六卷

[清] 程嗣立撰。嗣立初名城，字風衣，號"水南"，歙人。遷江蘇安東縣。康熙諸生。事迹具《縣志·文苑傳》。嗣立詩文不自收拾，遺稿二册乃其後人所輯，嘉慶十九年清江汪敬屬吳江郭麐刪去十二，并勘正其傳鈔之繆誤爲六卷刻之，卷一至卷三古今體詩、附詞，卷四至卷六文，首序、次辯、次論、次記、次傳、次墓志銘、次題跋、次書後、次説、次紀事、次祭文，有麐序及敬後序。嗣立詩出入魏晉，取裁唐賢，旁及宋黃陳諸家，文法韓歐。麐稱其詩質而不俚、新而不佻、縱橫排宕而不乖於矩矱、感慨栖戾、深嚬太息不涉於怨誹；文議論有根據、不爲枵然[①]無用之大言、沉悶不切之理語，尤稱其《送沈吏部入都序》，蔡鵬、陳於澱諸傳。敬其外曾孫也。

---

① 枵然：音 xiāo rán，虛大，空虛貌。明歸有光《上趙閣老書》："自顧其中枵然，無可以爲世用者。"

萬言閣詩鈔一卷

[清] 吳本和撰。本和字以平，號"聲中"，休寧人。康熙諸生。詩僅一卷，有程健學跋及其孫開育識語。程跋題嘉慶九年，當即刻於其時。本和游孫莪山、何義門、汪巡喜之門，淡於榮利，以觴咏自娛。據開育識語，乾隆五十三年大水，大父詩副本庋樓上，幸存僅鈔八十餘篇，先付剞劂，貧困不能全梓云云。是本和詩固不止此也。

遜志軒詩文稿

[清] 吳廷鎮撰。廷鎮字修五，休寧人。康熙間諸生。事迹具《府志·文苑傳》。光緒《（安徽）通志》著録，無卷數。廷鎮爲黌宫祭酒，游其門者多知名，汪由敦其最著也。

石汀集十卷

[清] 王佐撰。佐字微亭，宣城人。康熙府學生。事迹具《縣志·文苑傳》。光緒《（安徽）通志》載是集，無卷數，今據《縣志》著録。佐所作嘗取定於族祖兆曷，學使許汝霖、張廷樞試古學皆首拔之。張稱爲江左無雙。《宛雅三編》録一首。

句溪集

[清] 張宿撰。宿字緯一，號"嘿庵"，宣城人。康熙縣學生。事迹具《縣志·文苑傳》。光緒《（安徽）通志》著録，無卷數。考後天祜撰傳，宿幼穎悟，既長沈酣經史百家，尤工詩古文。《宛雅三編》録十四首。

石塘詩文遺集

[清] 梅班成撰。班成字石塘，宣城人。以俊子。康熙縣學生。光緒《（安徽）通志》著録作"梅班"，誤。《縣志》録詩一首。

淑艾集

[清] 沈廷謨撰。廷謨字又皋，宣城人。縣學生。事迹具《縣志·文苑傳》光緒《（安徽）通志》著録，無卷數。

陳孝詩集三卷

[清] 陳孝撰。孝字則仲，涇縣人。康熙縣學生。事迹具《縣志·藝術傳》詩三卷，光緒《（安徽）通志》著録。孝負才好奇，梅花百首，尤知名。

關中游草

[清] 陳應頫撰。頫字伯行，號"咦庵"，蕪湖人。縣學生。事迹具《縣志·文學傳》。光緒《（安徽）通志》著録，無卷數。應頫有《論中江及于湖非蕪湖辨》傳於時。

啖蔗齋詩草

[清] 湯聖侶撰。聖侶字右衡，蕪湖人。康熙縣學生。事迹具《縣志·文學傳》。光緒《（安徽）通志》著録"齋"，誤，集今據《縣志》著録。

辰懷軒詩文集

[清] 李菖撰。菖字中沚，合肥人。澹然子。縣學生。事迹具《縣志·人物志》。菖詩有《柏鬖亭》《客狼草》《遠廬吟歸》《自石頭吟》《鼻漾集》《鷗鴣聲》《雍門彈》《南窗囈餘》《雪皋吟》《倦還草》諸名；文有《辰懷軒全集》，此則其裔孫廷輝所刻也。光緒《（安徽）通志》作"《懷軒詩文集》"，李菖辰著，誤，今據《縣志》著録。菖讀書四頂山，博學嗜古、兼通内典。

耦莊草

[清] 何鳴撰。鳴字雲友，無爲州人。大觀弟。康熙諸生，卒年七十餘。事迹具《州志·文苑傳》。光緒《（安徽）通志》著録，無卷數。鳴性恬退耽吟咏，中年謝舉業，益肆力於詩。植梅百餘本，日哦其間，名章俊句流傳人口。耦莊，其所居名也。《州志》録七律一首。

篴洲詩集

[清] 沈可一撰。可一字次公，號"篴洲"，無爲州人。康熙諸生，年七十三卒。事迹具《州志·文苑傳》。光緒《（安徽）通志》著録"篴"誤"邃"，今據《州志》著録。可一博學淹雅，詩酒外無餘事。《州志》録七律一首。

樵逋集

[清] 陳廷樂撰。廷樂字子韶，號"樵逋"，無爲州人。康熙諸生。年八十六卒。事迹具《州志·文苑傳》。光緒《（安徽）通志》著録，無卷數。《州志》録七律二首。

金焦游草 偶然集

［清］傅時因撰。時因字因誰，號"酩酊道人"，無爲州人。諸生。事迹具《州志・文苑傳》。光緒《（安徽）通志》著録，無卷數，又以"因"爲"英"，今據《州志》著録。時因少負俊才，與兄時雍、弟時誨俱擅詩名。

森玉堂集

［清］劉開顔撰。開顔字容霽，阜陽人。康熙諸生。事迹具《縣志・文苑傳》。光緒《（安徽）通志》著録，無卷數。開顔七歲能詩，及長淡於進取，文酒自樂。《縣志》録賦、啓各一篇，稱其詩清遠絶塵。《府志》録詩二首。

濯秋園集

［清］湯敬躋撰。敬躋字式九，阜陽人。諸生。事迹具《縣志・文苑傳》。光緒《（安徽）通志》著録，無卷數。敬躋博學能文，述作甚富。《縣志》録五古一首、五律二首。

濯月亭詩稿 晴雪樓詩稿 兩山堂文集

［清］丁津撰。津字星瀾，宿州人。國學生。事迹具《州志・儒林傳》。光緒《（安徽）通志》著録，無卷數，又以"兩"爲"雨"，今據《州志》著録。津閉門窮經、不樂仕進。其集子育果携赴麻陽任，失於洞庭湖。《州志》録七律一首。

四顧山房集二卷 栗亭詩集六卷

［清］汪士鈜撰。士鈜原名徵遠，字扶晨，一字栗亭，歙縣人。康熙布衣。事迹具《縣志・詩林傳》。集二種，光緒《（安徽）通志》著録。士鈜工詩文。王士禎謂其"不見庵中僧，微雨潭上來"二語，不愧古人。《（清詩）別裁集》録三首。

木癭詩鈔

［清］鄭禎祥撰。禎祥字牧千，號"木癭"，歙人。熠長子。布衣。雍正末卒。詩有乾隆九年同縣汪樹琪序，同縣許公鸞刻。禎祥爲鄭旼高弟，同縣黃生亦引爲忘年交，又命子吕受業其門，其詩沉酣三唐，旁及宋元，有得於嚴羽味外味之旨。樹琪以擬明吴兆、程嘉燧云。

潁川文集二卷 聞和詩草一卷

［清］潘書馨撰。書馨字汝璜，號"潁川"，婺源人。康熙布衣。事迹具《縣

志・學林傳》。光緒《（安徽）通志》載是集，無卷數，今據道光《府志》著錄。書馨以體屢謝試事，著述自娛。朱豫《詩萃》錄其詩。

古雪山民詩後集八卷

［清］吳銘道撰。銘道字復古，號“古雪山民”，貴池人。應箕孫。孟堅第五子。康熙布衣。光緒《（安徽）通志》著錄脱“後”字，《縣志》脱“集”字，今據道光《（安徽）通志》著錄。銘道絶意仕進，游燕秦、兩浙以及雲南，所至爲上客，惟據《縣志》尚有《復古詩八集》十四卷、《復古文》六卷，舊志蓋僅錄其詩後集也。袁文揆《滇南詩略》、郎遂《池陽韵紀》皆錄其詩。

濯檐文集四卷

［清］范宋撰。宋字一范，桐城人。事迹具《縣志・文苑傳》。光緒《（安徽）通志》載是集，無卷數，又誤“宋”爲“宗”，今據《縣志》著錄。宋屢試不售，去舉業，治古文自左、國迄元、明，靡不涉歷，尤得力兩漢。歷燕、秦晋、閩越，訪其山川，勝迹悉紀以文。

天外談四卷

［清］石龐撰。龐字晦村，一字天外，太湖人。事迹具《縣志・文苑傳》。集四卷，《四庫存目》，道光、光緒《（安徽）通志》皆著錄。《禁（毀）書目》載應毀書有《天外談初集》，蓋別一書，非是集也。《縣志》錄賦二篇。

晦村初集二卷

［清］石龐撰。光緒《（安徽）通志》著錄，疑即禁書之《天外談初集》。《縣志》錄七古一首、五律二首、七律三首、七絶一首。

雪晴軒集

［清］宋和撰。和字介山，歙縣人。事迹具《縣志・文苑傳》。道光、光緒《（安徽）通志》皆著錄，無卷數。和本賈人，年三十始讀書爲文，四十學大就，爲韓菼、陳鵬年、孫勷、張大受、何焯所賞，謂非唐以下之文。王掞年八十索撰壽序，辭不能書，曰第欲君集中有此文耳。

歷候詩一卷

［清］宋和撰。光緒《（安徽）通志》著錄。

香祖集

〔清〕洪宫諧撰。宫諧字謂韶，歙縣人。康熙間人。事迹具《縣志·士林傳》。光緒《（安徽）通志》著録，無卷數。宫諧嘗應聘修《江南通志》，太守頻以乞文式①其間。

吟暉樓古文 晚甘園詩

〔清〕程茂撰。茂字蕁江，歙縣人。嗣立兄子。事迹具《縣志·文苑傳》。光緒《（安徽）通志》著録，無卷數。《縣志》稱其文俊傑廉悍，別樹一幟，詩亦奇峭幽鬱。

歷耕草

〔清〕許全治撰。全治字希舜，歙人。周仁孫、敏事子。年四十七卒。事迹具《縣志·詩林傳》。全治著述散佚，是集乃其子澄白所輯。附刻周仁《稽古堂詩》後，有乾隆十一年朱卉序。全治不應有司試。少交王宓草、黄非郋、晏菊人，俱詞壇老宿。卉稱其遇物感事，能直追所見以宣其心志，所得於天實多。

秀濯堂詩集四卷

〔清〕吳啓元撰。啓元字青霞，自號"三十六峰老農"，休寧人。乾隆初卒，年八十餘。《江南通志》及道光、光緒《（安徽）通志》皆載是集，無卷數，今據道光《府志》著録。啓元游秦蜀、吳越，刻意爲詩。

風聲集詩二十卷

〔清〕梅靚撰。靚字清老，號"崑陵"，又號"小孤山人"，又稱"江上詩人"，又號"旅翁"，宣城人。士玹子。事迹具《縣志·文苑傳》。光緒《（安徽）通志》著録《風聲集》《客吟》《卧吟》《餘吟》，無卷數。考《梅氏詩略》，《風聲集》詩文凡二部，詩有《客吟》《卧吟》《餘吟》共二十卷，是《風聲集》，乃詩文之總名，《客吟》《卧吟》《餘吟》又其詩之子目也，今據以著録。靚好吟躭游，嘗往來燕齊、楚粵間，所至輒有吟咏，數十年中足迹幾遍天下。《縣志》録三首、《宛雅三編》録二首。

---

① 式：榜様，楷模。《漢書·韓良傳》："式箕之門。"注："亦表也。"

聲聞詩鈔

[清] 曹晟撰。晟字集孔，號"韶聞"，貴池人。參芳季子。事迹具《府志·文苑傳》。《江南通志》及道光、光緒《（安徽）通志》皆著錄"聲"誤"馨"。按："聲"同"韶"，蓋即其號爲集名。郎遂《池陽韵紀》作"聲"，今據以著錄。晟游金陵與建初諸子以詩文名，先後聘修兩廣、雲南通志。王爾綱《名家詩永》、郎遂《池陽韵紀》皆錄其詩。

砌玉軒集

[清] 王爾綱撰。爾綱字紹李，建德人。年八十八卒。事迹具《縣志·文苑傳》。道光、光緒《（安徽）通志》皆著錄，無卷數。爾綱八歲能屬文，及長博通群籍，善詩歌。《縣志》稱其沉鬱頓挫、古藻陸離，而議論縱橫直空，千古名流争引重之。《名家詩永》卷十四錄三十首。

柯月堂集

[清] 施天騮撰。天騮字次騏，蕪湖人。天驊弟。事迹具《縣志·文學傳》。光緒《（安徽）通志》著錄，無卷數。天騮博學工文，名與兄埒，前輩如黎博庵俱願納交。天驊留楚不歸，騮作《并頭蘭賦》，辭采綿麗，寄寓深遠，及兄卒爲行狀，哀楚至不能讀。施偉長亦謂其文得騷雅之遺。

竹屏賸稿

[清] 戴衡撰。衡字次宗，號"竹屏"，六安州人。事迹具《州志·文苑傳》。集有桐城潘江序，光緒《（安徽）通志》著錄，無卷數。衡穎敏嗜古，詩文以典贍稱，卷帙甚富，身後散失，僅刻行是稿。《州志》錄記、序各一篇。

凌霜閣集二卷

[清] 方氏撰。氏，桐城徐正誼妻。《江南通志》及道光、光緒《（安徽）通志》皆著錄，無卷數，今據《縣志》著錄。

綉餘集

[清] 黃克巽撰。克巽，歙人。曰瑚女。《江南通志》及道光、光緒《（安徽）通志》皆著錄，無卷數。道光《（安徽）通志》"綉"作"綠"、"曰"作"目"，蓋形近，誤。《府志》亦作"綉"、作"曰"，今據以著錄。

崇古堂詩文集

〔清〕左亮采撰。亮采原名世鑣，字和仲，號"少齋"，桐城人。康雍間增貢生，選訓導。事迹具《續修縣志·文苑傳》。光緒《（安徽）通志》著録，"崇"誤"蒙"，今據《縣志》著録。亮采與同縣劉大櫆善，恬淡寡營，閉户著述，講求心性之學。

淡庵詩集

〔清〕何天復撰。天復字月驥，號"淡庵"，無爲州人。大觀子。府學生。事迹具《州志·文苑傳》。光緒《（安徽）通志》著録，無卷數。天復詩原本魏晋，高處直追陶謝。《州志》録七律一首。

善藏齋集四卷

〔清〕馬祜撰。祜字律周，號"雲巢"，康雍間監生。事迹具《縣志·文苑傳》。集四卷，張廷璐序。光緒《（安徽）通志》著録，無卷數，今據《縣志》著録。祜性敏悟、文采華贍、放懷文酒、詩格多拔俗。廷璐謂其清思逸韵、超然塵滓之外；王灼亦謂其近體新警可誦。《馬氏詩鈔》録三十七首、《桐舊集》録六首。

見山樓詩集

〔清〕戈琮撰。琮字耦蒼，廣德州人。太學生。年七十二卒。事迹具《州志·隱逸傳》。光緒《（安徽）通志》著録，無卷數。琮澹於進取，五十後足迹不入城市。子溱乾隆五十五年歲貢，則琮康雍時人也。

怡然詩鈔二卷

〔清〕胡惟垛撰。惟垛字松溪，休寧人。康雍間布衣，賈於廣濟。詩凡二卷，卷一《五十紀懷》七律八首，有汪作楫、鄭棟跋，附程元銓、詹冠卿、熊世清、傳戴鰲和韵。卷二古近體詩二十二首。游記一篇，附壽序一篇、壽詩十四首，蓋惟垛五十生日游廬山之作也。

風滿樓草 嶧山桐集

〔清〕蔡梅撰。梅字鶴招，無爲州人。康雍間布衣。事迹具《州志·隱逸傳》。光緒《（安徽）通志》著録，無卷數。梅常著白布衫，自稱"衣白者"。家貧好學、醉心詩歌，時藝[①]不屑也。《州志》録七律一首。

越布詩鈔

〔清〕劉容裕撰。容裕字舒溪，號"越布山人"，桐城人。起鳳次子。康雍乾間布衣，年七十四卒。事迹具《縣志·文苑傳》。容裕性簡素、工書畫、隱居不出。《澄響堂五世詩鈔》録七十九首、《桐舊集》録十首，字句多不同。

---

① 時藝:即時文、八股文。清蒲松齡《聊齋志異·嬌娜》:"公子呈課業,類皆古文詞,并無時藝。"

安徽通志稿·藝文考

集部十八　別集類十七

閔大全詩集文集

［清］閔大全撰。大全字書伯，號"負齊"，懷遠人。煥子。雍正元年恩貢，乾隆二年授南陵教諭。事迹具《縣志·耆舊傳》。光緒《（安徽）通志》著録，無卷數。大全解組[①]後，閉户著書，沉酣載籍[②]。

南濱集

［清］孫思棠撰。思棠字召詒，青陽人。雍正元年拔貢，江蘇贛榆縣訓導。事迹具《縣志·儒林（傳）》《（縣志）·懿行（傳）》二傳。光緒《（安徽）通志》著録，無卷數。

邃谷詩刪

［清］吳翔撰。翔字羽皋，號"邃谷"，青陽人。雍正元年舉人。事迹具《縣志·儒林傳》。光緒《（安徽）通志》著録，無卷數。翔師吳襄，隨入順天使院校文，患目疾歸。

位山全集

［清］徐文靖撰。文靖字位山，當塗人。雍正元年舉人，乾隆十六年會試特授翰林院檢討，年九十餘卒。事迹具前《國史·儒林傳》。光緒《（安徽）通志》著録，

---

① 解組：組，舊時官印上系結的絲繩。解組指解下官印，辭官卸任。也作"解龜"。宋梅堯臣《和酬裴君見過》："我昨謝銅章，解組猶脱屣。"

② 載籍：書籍，典籍。《後漢書·班固傳》："及長，遂博貫載籍，九流百家之言，無不窮究。"

無卷數。

志寧堂稿

[清] 徐文靖撰。凡四種，一爲五言排律，百二十韵并序，乃紀康熙二十九年、三十五年聖祖親徵噶爾丹事，壻胡寧蒼注；一爲《麥波》《菜花》二賦，乃康熙四十四年迎鑾所獻，後有自識，又《佛手柑》《石鼓賦》各一篇，《佛手柑賦》有黃蘭谷及弟鐸跋；一爲《語助七字詩》七律七首并序，乃康熙五十一年作，以"之、乎、也、者、矣、焉、哉"七字居每句之首，又續七字詩七律三首并序，以上皆子脊樞注，前有雍正三年自序及十三年盧秉純序，後有兄熙庵冠山題語，雍正三年子脊樞識語、六年弟克范後序、子榮樞識語、脊樞識語，即榮樞所注也。乾隆九年張鵬翀以刻本進呈，又再續七字詩七律四首并序，即康熙九年作，孫曦、㸑全注，後有鵬翀書後，爲其季子龍輔所注。一爲《湖居三十咏上下平韵》七律三十首，從子炳注，前有乾隆二年華亭黃之雋序，後有鵬翀及林令旭、吳騫、弟鐸、萬橚、蕭漢一、秦上達、朱嶽、馬陽、李鷥、何庭樹、邰廷樞、崔萬烜、庚銓題詩，共二十二首，又十二年炳識語。道光、光緒《（安徽）通志》皆未著錄。文靖以經學名，兼工詩賦，七字詩尤前人所無，惟《麥波賦》之前有《青山賦》一篇，下注"江南謝學院考取太平府超等第一名"，其賦每行十九字，板心有"試草"二字，與前四種每行二十字，板心有"志寧堂稿"四字者異，又《石鼓賦》後有徐必泰《石柱櫺星門賦》并序，爲其壻毛大鵬注。考必泰爲文靖之兄，所撰曰《冠山文集》，已著錄，又諸序跋於必泰無一語及，不知何以入此一篇也。

朱子古文讀本六卷

[清] 周大璋選評。大璋（字聘侯，號"筆峰"，桐城人。雍正二年進士，授浙江龍陽知縣、改江蘇華亭教諭，乾隆三年卒官，年六十八。事迹具《縣志·儒林傳》）有《左傳翼》，已著錄。是集六卷，光緒《（安徽）通志》著錄"詩文評類"，今改隸"別集"。

華林莊詩集四卷

[清] 姚孔鑭撰。孔鑭字梁貢，號"于巢"，桐城人。廩貢生，雍正初保舉人才不就。兄孔鍆嘗勸鐫所作詩，乃删存十之二三爲四卷，前有同縣方扶南序。《四庫存目》，道光、光緒《（安徽）通志》皆著錄。扶南稱其各體具備，上而漢魏晉宋、下而唐宋元明，其取材經疏、史傳、說部、詩話，其變化以杜爲主，李白、韓愈、任華、盧仝、蘇軾、陸游、元好問爲客。《桐舊集》錄八首。

松泉詩集二十六卷文集二十二卷

［清］汪由敦撰。由敦初名良金，字師茗（一作"敏"），號"謹堂"，休寧人。錢塘籍雍正二年進士，官至吏部尚書，乾隆二十三年卒，年六十七，贈太子太師，謚"文端"。事迹具前《國史·列傳》。詩按年編次，起康熙四十七年戊子迄乾隆二十三年戊寅（《四庫總目》謂迄丁丑。案：由敦雖卒於廿三年正月，而是集有戊寅正月三日《雪》詩一首，不得云迄丁丑也），都一千八百二十首。又卷六附張鵬翀七律一首，卷七附錢陳群七律二首、錢集齋五言排律一首，卷八附張廷玉五律八首、宋華金、鄂爾泰各七律一首，卷十三趙大鯨五古一首。文分體編次，首賦、次頌、次雅、次樂章、次議、次表、次策問、次書、次啓、次序、次記、次贊、次箴、次銘、次跋、次傳、次書事、次行狀、次行略、次神道碑、次墓志銘、次墓表、次祭文、次説、次雜記［案：《四庫（全書）》著録文集僅廿卷，無墓志銘、墓表、祭文三門，實止少二門，其云文集分廿三門，誤也］。都三百十一首，前載恩綸及乾隆四十三年趙翼序、錢維城撰傳。惟又一本，文僅二十卷，其卷二十即是本之二十二卷，又卷七無《上徐大司空論從祀書》及《答辰藩司垣》至《答某書》，凡九篇，又無卷端之《清高宗御製題句》及乾隆二十三年劉綸序，然卷十一之《敕撰元臣耶律楚材墓碑記》，亦是集所無，蓋二十卷之本，乃其子承霈編次進呈者，此則翼所重編也。光緒《（安徽）通志》著録文集二十卷，與《四庫（全書）》同，今據重編本著録。由敦以諸生薦修明史，旋成進士，所爲詩文大抵從容和厚、不佻不迫，足當雅正清醇之目。劉綸舉宋羅願之言，謂作文不在詞溢言苦，而在理高意古，惟由敦足當之，由敦雖謙讓，然亦謂其言爲知要也。王昶《湖海詩傳》録其詩、李祖陶《國朝文續編》録其文一卷。

丹巖文集　餘生草

［清］孫承祖撰。承祖字書烈，號"武亭"，全椒人。雍正二年舉人，官湖北松滋知縣罷歸。事迹具《縣志·文苑傳》。光緒《（安徽）通志》著録，無卷數。承祖耽心經史、工詩文。

芝田詩集

［清］王雲鶴撰。雲鶴字芝田，天長人。雍正二年舉人。事迹具《縣志》。光緒《（安徽）通志》著録，無卷數。

樸拙軒詩草

[清] 王淑旦撰。淑旦字穉明，號"樸庵"，建德人。雍正四年歲貢，官含山訓導。卒年八十二。事迹具《縣志·儒林傳》。光緒《（安徽）通志》著録脱"樸"字，又誤"旦"爲"樸"，今據《縣志》著録。淑旦顏軒曰"樸拙"，爲人不詭於俗，樸拙爲文，不驚乎時云。

望古齋詩文集

[清] 陳謹撰。謹字爾慎，號"庸勉"，潁上人。雍正四年歲貢。年八十卒。事迹具《縣志·文苑傳》。據縣人喬自福《紀事詩》，是集乃道咸間知縣鄱陽程珏刻。光緒《（安徽）通志》著録，無卷數。謹八歲誦《左氏春秋》，能解大義，少長以文名。同縣高澤生持議嚴峻，於時流鮮所稱引，獨許謹文爲有法，稱忘年交。慎俊撰傳，亦稱其詩頡頏王孟、文在歐曾、二蘇之間。《縣志》録文三篇、詩六首。

雙清閣剩草二卷

[清] 龔循撰。循字素文，桐城吳元安妻。道光、光緒《（安徽）通志》皆著録，無卷數及名字，光緒《（安徽）通志》又脱"安"字，今據《縣志》著録。考《桐舊集》，元安僑居江寧，雍正四年舉人，官至給事中，有《虛直齋詩鈔》，則循康雍間人也。

白灘集

[清] 鄭文熊撰。文熊字侶仲，涇縣人。雍正四年舉人。事迹具《縣志·文苑傳》。集有桐城周大璋序。光緒《（安徽）通志》著録，無卷數。《縣志》録賦一篇、詩二首。

自玉齋詩文全集

[清] 湯新俞撰。新俞字許公，太平人。雍正四年舉人。事迹具《縣志·文苑傳》。光緒《（安徽）通志》著録，無卷數。新俞工詩，對客揮毫、氣如河決，皆漱芳典籍，卓然可觀。

東閤剩稿一卷入塞詩一卷懷南草一卷豎步吟一卷叩舷吟一卷宜田彙稿一卷看蠶詞一卷松漠草一卷

[清] 方觀承撰。觀承字遐穀，一字宜田，號"問亭"，桐城人。式濟子。雍正監生，由平郡王記室賜中書銜，官至直隸總督加太子少保，乾隆三十七年卒官，年

七十一，謚"恪敏"。事迹具前《國史·列傳》。詩凡八卷，有錢陳群、沈德潛、陳兆崙序，爲《述本堂詩集》之一種。道光、光緒《（安徽）通志》皆著録《恪敏公集》十卷，卷數與此不合，今據本書著録。觀承少攖家難，其傷心拂鬱備見於出入關塞諸篇。陳群謂其道窮苦、紀風土，孺慕①溢於言表；德潛亦謂其詞達理舉、締搆謹嚴，一歸於和平温厚云。《樅陽詩選》録十一首、《桐舊集》録三十七首、《南州詩略》《湖海詩傳》、李富孫《鶴徵録》、袁枚《隨園詩話》、李調元《雨村詩話》、方世舉《蘭叢詩話》皆載其詩。

看蠶詞一卷

［清］方觀承撰。蠶自初生下簇常四十日而畢，觀承以所聞於越人者，作六言絕句四十首并爲之注，前有雍正五年叔騋序、乾隆十四年弟觀本序、後有觀承自跋、方槊如書後、仁和顧光跋。

述本堂詩續集五卷

［清］方觀承撰。凡五卷，分二子目，曰《薇香集》一卷、曰《燕香集》二卷、曰《燕香二集》亦二卷，乃乾隆元年丙辰至三十三年戊子之作，嘉慶間子維甸刻，前有嘉慶十四年姚鼐序，《四庫存目》。觀承雖貴，手不釋卷，好吟咏，凡督畿輔、使龍沙、障决流、籌過師，舉見詞間，鼐以匹唐張説、張九齡，蓋以名臣而兼詩人者也。

翠微山人集

［清］陳以明撰。以明字厚邨，天長人。以剛弟。諸生。雍正五年保舉授貴州安南知縣。事迹具《縣志》。道光、光緒《（安徽）通志》皆著録，無卷數。貴池陳竑《秀山志》録五古三首。

隨村遺集六卷

［清］施璟撰。璟字質存，號"隨村"，宣城人。閏章孫。雍正六年歲貢。事迹具《縣志·文苑傳》。詩爲杭世駿訂，分體編卷，首五古、次七古、次五律、次七律、次五排、次五絕、次七絕。一名《剩圃詩集》，前有乾隆元年福建吳芮序，四年刻。光緒《（安徽）通志》著録《賸圃集》，無卷數。璟以詩學世其家。芮稱其襟懷

---

① 孺慕：《禮記·檀弓下》："有子與子游立，見孺子慕者，有子謂子游曰：'予壹不知夫喪之踊也，予欲去之久矣，情在於斯，其是也夫。'"鄭玄注："喪之踊，猶孺子之號慕。"後謂對父母的哀悼、悼念。宋王安石《祭張安國檢正文》："君孝至矣，孺慕以至死。"

高曠、節奏自然。《宛雅三編》録十九首。

環圃樓詩

〔清〕杜賁璋撰。賁璋字于園，銅陵人。巍然子。雍正六年貢生，任常州府訓導，致仕歸卒。事迹具《縣志·文學傳》。光緒《（安徽）通志》著録，無卷數。《縣志》録七律一首。

懷抱集

〔清〕郝淳撰。淳字漁村，阜陽人。雍正七年歲貢，官江蘇碭山縣訓導。事迹具《縣志·文苑傳》。光緒《（安徽）通志》著録，無卷數。

梅庵文集

〔清〕蕭如尊撰。如尊字達夫，太湖人。雍正七年拔貢。事迹具《縣志·文苑傳》。光緒《（安徽）通志》著録，無卷數。

蘗齋詩文遺稿

〔清〕施念曾撰。念曾字得仍，宣城人。閏章曾孫。雍正七年拔貢，薦舉博學鴻詞。歷廣東興寧、新會、浙江余姚、德清知縣，升河南禹州知州，未任卒。事迹具《縣志·文苑傳》。光緒《（安徽）通志》著録，無卷數。《縣志》録詩四首。

散木山人詩集

〔清〕夏振祖撰。振祖，合肥人。雍正七年拔貢，十三年舉孝廉方正，官海州學正（《府志·選舉表》既載入雍正七年拔貢，又載入乾隆歲貢，必有一誤）。光緒《（安徽）通志》著録，無卷數。

涵齋詩集　吳越吟　太華吟

〔清〕方澤撰。澤字雲夢，號“涵齋”，桐城人。雍正七年舉人，以擇選授兩淮鹽大使。事迹具《縣志·文苑傳》。案：桐城有二方澤，其一字巨川，撰《待廬集》，爲魯䜣方氏，此則桂林方氏也。集有李光地序，光緒《（安徽）通志》著録，無卷數。澤少績學，師族人苞。《桐舊集》録六首。

海峰先生文十卷詩六卷

〔清〕劉大櫆撰。大櫆字才甫，一字耕南，號“海峰”，桐城人。雍正七年、十年兩舉副貢，乾隆元年舉博學鴻詞，十五年舉經學，皆不遇。官黟縣教諭，歸卒，年八十三。事迹具前《國史·文苑傳》。道光、光緒《（安徽）通志》皆著録。《海峰詩集》十二卷、文集八卷，《國史》本傳又載詩文各八卷，卷數互異。考蕭穆《敬孚類稿》，大櫆詩文有舊刊本，無評點，文不分卷，依類相附，首論著，自《辯異》至《讀萬石君傳》凡二十六篇；次書，自《與吳閣學書》至《答吳殿麟書》凡十一篇；次序，自《删録荀子序》至《皖江酬唱集序》凡七十五篇；次記，自《浮山記》至《如意寺記》凡二十八篇，内惟《黄山記》有圈點、句讀、評語；次傳，自《偃師知縣盧君傳》至《記楊節婦陸氏事》，凡三十五篇；次墓志銘、墓表，自《翰林院侍講張君墓志銘》至《知凌雲縣方君墓志銘》凡三十四篇、次《少宰尹公行狀》《章大家行略》；終以祭文、雜文，自《祭尹少宰文》至《胡氏賢母贊》，凡十九篇，共二百三十三篇（依上數當爲二百二十八篇，必有一誤），蓋大櫆官黟時所刻。姚鼐《與大櫆書》，文集雕刻、款式皆不佳，當即指此本，後門人方國手書文集定本刻行，此本遂不甚傳。方本凡八卷，大櫆弟琢所刻，卷一論著，卷二書，卷三贈送序，卷四書集序，卷五記，卷六傳，卷七墓志銘、墓表，卷八行狀、行略、祭文、雜文。就二本互校，舊本有方本無者，《答姚南青書》《與張閑中書》《左君文集序》《釋謔》凡四篇，舊本無方本有者，《續難言》《續泰伯高於文王》《答周君書》凡三篇，又方本之《春秋發微序》，即舊本之《春秋究遺序》，字句大同小異，惟文内“葉君書山”改“沈君兼山”，蕭穆謂方本所無之四篇，當是大櫆晚年所删，非方本有遺，至《春秋究遺》爲葉酉著，無大櫆此序，蓋大櫆本爲葉作序，未及用，及沈求序遂删改葉序，應之所言似得其實。方本之外，朱孝純曾刻於揚州，延吳定任校讎，遭亂板均毀，同治十三年族孫繼鳩貲重刊於河南并合刊其詩文，每篇自爲起訖篇，後有批評而以大櫆所撰《論文偶記》冠於集首，前列《國史·文苑傳》、吳士玉原序、光緒元年和州鮑源深序、後有劉琢跋，所據蓋即琢刻本。繼，開之子也。同時安徽巡撫滿洲英翰亦刻於皖，徐宗亮、鄭福照任編校，依姚選古文辭分類，并用古書首尾相銜法，次爲十卷，詩則依舊本，整比而刊落圈點文二百三十一篇，詩九百十四首，前有英翰序及吳士玉原序，文目後有宗亮跋。據徐跋所據，蓋即方本，今據以著録。大櫆游方苞門，姚鼐實從受古文法，然苞不爲詩，大櫆則詩文并工。鼐《古文辭類纂》録其文，後來雖不無異議，要不足爲大櫆病也。

一齋詩集六卷

[清] 倪之鐙撰。之鐙字司城，號“一齋”，桐城人。雍正貢生，以薦舉歷郿洋、南鄭知縣。事迹具《縣志·文苑傳》。據劉大櫆《倪司城詩序》，詩僅千餘篇，貧不能刻，嘉慶二十二年光聰諧從朱雅舊録本抄得二百八十七首，計於劉序所稱僅四之

一，然各體具備，因厘爲六卷，道光七年刻於荆南道署并序。《縣志》作“《高嵌集》十二卷”，疑其集原有是名也。大櫢謂其壯游黔蜀，詩尤雄放，極文章之變；聰諧謂其詩實，并大櫢無愧。徐璈《桐舊集》録六十五首。

浣溪詩文集

[清] 劉庭璵撰。庭璵字調湦，號“浣溪”，桐城人。縣學生。事迹具《縣志·文苑傳》。光緒《（安徽）通志》著録，無卷數。庭璵以梅花詩百首知名，問經於姚範、問詩法於劉大櫢，又受知與學使朱筠。筠稱其詩有方文風格。

環隅集八卷

[清] 胡宗緒撰。宗緒（字襲參，號“嘉遯”，桐城人。彌彈長子。雍正八年進士，官國子監司業。事迹具《縣志·儒林傳》）有《禹貢備遺增注》，已著録。是集賦一卷、詩四卷、文三卷，宗緒門人所刻，前有同縣吳直、周大璋、含山門人王善欉序，又列已刻未刻書目，凡百三十二卷，暨門人張先岸、張必剛等識語，又校勘門人姓氏凡五十六人，三序皆序其詩，王序題乾隆二年，集當刻於其時，詩又有商丘宋至、泰州繆沅、全椒吳闓、同縣曾旭、貴陽潘淳、江都喬松等評點。吳直謂其以風騷性情寫物色生態；周大璋謂其漱滌萬物、牢籠百態，翛然有出塵之致。其名環隅，謂所居環山之隅也。

玉禾山人集十卷

[清] 田實發撰。實發字玉禾，號“梅嶼”，合肥人。雍正八年進士，授知縣、改徐州府學教授。事迹具《縣志·人物傳》。是集十卷，卷一至卷八詩，卷各有子目，曰《趙樹村莊録》《龍舒集》《秦淮集》《黃蘗齋稿》《鴻影草》《霞鶩吟》《金臺游草》《梅嶼詩鈔》，都三百五十一首，楊中訥、魯一貞、倪岱序，卷九《綠楊亭詞》都九十首，王裒序，卷十賦三首，民國九年合肥王氏今傳是樓用李氏集虛草堂藏本影印，爲《廣德壽重光集》第一輯之第五種。光緒《（安徽）通志》著録《玉禾詩集》，無卷數，今據本書著録。實發爲許孫荃之甥，與同縣夏栩莊、許孫蓾、徐越江、許夢麒、王裒、蕭立亭、程印浦、倪岱等結詩社，又游李天馥之門。其詩仙才飈發，然不自寶愛，書畢輒棄。倪岱序所舉警句九聯，又陳毅《所知集》所録《水村》一絶，今皆不載集中，知所遺者多。《綠楊亭詞》舊志入“詞曲”，今從原集，不復分析焉。

雲舫繼述軒文鈔一卷

［清］釋一智撰。一智字廩峰，徽州人。黄山僧。是集一卷，有雍正十年程文光序。一智受知黄山雪莊老人，老人在日欲建十方常住，回首時以付一智。雲舫者，雪莊室名也。

報循堂詩鈔二卷

［清］馬樸臣撰。樸臣字春遲，號“相如”，桐城人。雍正十年舉人，考授内閣中書，乾隆元年薦舉博學鴻詞不第。事迹具《縣志·文苑傳》。詩二卷，凡百八十三首，子騰元輯，盧見曾序，馬樹華刻入《馬氏詩鈔》。光緒《（安徽）通志》著録《馬樸臣遺草》二卷，無集名，今據《馬氏詩鈔》著録。樸臣與同縣方貞觀善，貞觀寄懷云：“自入秋來常中酒，一從君去斷吟詩。”其沆瀣可想。見曾稱其言語妙天下，游浙與名公卿争執牛耳，所作傳播浙東西。天才極富，七步八乂[1]都不起草。陜西馬位於龍眠詩推樸臣、貞觀。位卒，見曾哭以詩，樸臣和云：“詩哭九原無寄處，書來萬里吊相知。”可以知其詩、可以知其人矣。毛奇齡、李富孫、杭世駿、鄭方坤、李調元、張維屏、光聰諧亦推許無異詞。沈德潜《（清詩）别裁集》録三首、徐璈《桐舊集》録三十八首。

偶景齋詩鈔二卷

［清］馬蘇臣撰。蘇臣字波賢，號“湘靈”，桐城人。霳第三子。雍正諸生，考授主簿。事迹具《縣志·文苑傳》。初蘇臣以雍正六年游雲南所爲詩曰《萬里吟》，揚州汪膚敏選刻十之四五，有膚敏及孫曰瑞序，觀保請録其全，擬續付梓并爲之跋。晚又自訂其稿，爲《湘靈詩鈔》，有乾隆二十八年劉大櫆序，光緒《（安徽）通志》著録《湘靈詩鈔》，無卷數，今據《馬氏詩鈔》著録。蘇臣少負雋才，與兄樸臣有機、雲之譽。膚敏謂其詩奇於山水；曰瑞謂其聲色取之韓蘇、參以黄庭堅，其隸事奥博，取境超曠[2]，又兼《盤隱》《觀海》而有之；大櫆謂其風翻雪涌、年老而氣不衰，必傳於世。馬樹華刻入《馬氏詩鈔》凡百九十八首，《桐舊集》録二十四首。

棣暉堂文集 碧梧書屋詩稿

［清］趙繼禾撰。繼禾號“鳳阿”，休寧人。浙江籍，雍正十年舉人。事迹具《府志·文苑傳》。光緒《（安徽）通志》著録，無卷數。

① 七步八乂：實爲“七步八叉”之誤，故“乂”應爲“叉”。相傳曹植七步成詩，温庭筠凡八叉手而賦成八韵。後因以“七步八叉”形容才思敏捷。

② 超曠：高遠曠達。清蒲松齡《聊齋志異·三仙》：“遇三秀才，談論超曠，遂與沽酒款洽。”

傅有宣詩文集

[清] 傅有宣撰。有宣字締懷，英山人。雍正十一年歲貢。事迹具《縣志·文苑傳》。光緒《（安徽）通志》著錄，無卷數。有宣天資敏捷，讀書一過不遺，年十五能文，尤好古集藏於家。《縣志》錄記二篇、五律一首、七律一首。

傅有寬詩文遺稿

[清] 傅有寬撰。有寬字締象，英山人。縣學廩生。事迹具《縣志·文苑傳》。光緒《（安徽）通志》著錄，無卷數。有寬生有異質，經史過目成誦，工詩古文，多有益名教。遺稿藏於家。《縣志》錄賦一篇。

懷坡詩鈔一卷

[清] 王洛撰。洛字仲涵，號"懷坡"，桐城人。編修大礽曾孫。雍正十一年進士，官至吏部稽勳司郎中，病歸。事迹具《縣志·文苑傳》。光緒《（安徽）通志》載是集，無卷數，今據《縣志》著錄。洛性穎慧、善詩文。吳琴甫謂其典麗似李商隱、桀驁似李賀。《桐舊集》錄十二首。

瀹靈集

[清] 王洛撰。光緒《（安徽）通志》著錄，無卷數。

蘊真閣詩集四卷

[清] 張若靄撰。若靄字景采，號"晴嵐"，桐城人。延玉長子。雍正十一年進士，官至內閣學士，乾隆十一年卒，年三十五。事迹附前《國史·列傳》。是集四卷，光緒《（安徽）通志》著錄，今惟玄孫紹華所印《晴嵐詩存》，有《蘊真閣稿》二卷，共詩五十八首，蓋非其全，又考歙曹學詩《香雪文鈔》卷一載《蘊真閣詩序》云："冲和有態，春山谷口之雲；冷潔無塵，秋水潭中之月；姑射之嫣然斂笑氣比芳蘭；洛妃之獨立含嚬鬢迷曉霧；七絃流水松風石上之琴；三日繞梁花雨樓中之笛。"又云："尋幽歷險，銜枚縋棧道之兵；奪隘摧堅，所拔幟度井徑之谷。蹴踏則橫行無敵，如萬騎之巡邊，精嚴而部勒①相招，似五師之出塞。"又云："清微閑遠數聲鶴唳；孤雲淡蕩空明幾點；鷗飛曲沼似幽人之躑躅；行歌於落葉空山，如古佛之跏趺説偈在荒藤深洞。"可以想見其詩焉。

---

① 部勒：部署，約束。喻對文章的謀篇布局。清惲敬《答鄧鹿耕書》："尊甫大人志文，敬因作意部勒，故用筆未得自然，下語亦不能堅定，心常嗛嗛。"

晴嵐詩存五卷

［清］張若靄撰。凡五卷，曰《觳音集》、曰《藕香書屋稿》各一卷、曰《蘊真閣稿》二卷、曰《佳夢軒集》一卷，都百三十九首。光緒間玄孫紹華編印并跋。

學古集四卷　學吟集十六卷

［清］劉中芙撰。中芙字馭寬，號"紫峰"，桐城人。雍正縣學生。事迹具《縣志·文苑傳》。光緒《（安徽）通志》載是集，無卷數，今據《縣志》著錄。中芙殫心古學，與同縣胡宗緒、王洛、周大璋、姚範、張若潭、葉故生友善。劉開，其玄孫也。《桐舊集》録二首。

陳琦古文偶存　三湖游草　門庵雜咏

［清］陳琦撰。琦，銅陵人。雍正十二年貢生，任江蘇高郵州訓導。光緒《（安徽）通志》著錄，無卷數。《縣志》録五、七律各一首。

破壁齋集　柳灣詩草　姑蘇游草　山左游草

［清］吳立撰。立字禮存，當塗人。騫弟。雍正十二年歲貢。年六十九卒。事迹具《縣志·文學傳》。光緒《（安徽）通志》著錄，無卷數。據《縣志》，立所著有《破壁齋大小題》，文汁似《破壁齋集》，爲時文。今姑依舊志著錄。

實齋詩鈔三卷

［清］翁鼐撰。鼐字紹梅，號"實齋"，先世休寧人，父大業游學六安家焉，雍正十二年歲貢，年七十七卒。事迹具《州志·文苑傳》。是集三卷，德州盧見曾序，子士挺、孫時俠刻。道光、光緒《（安徽）通志》皆作二卷，今據《州志》著錄。鼐研窮經史，惟以詩文自娛。見曾稱其優柔平中、深具風人之趣。陳毅録入《所知集》，《州志》録五古一首。

霧隱山房詩二卷

［清］汪淳修撰。淳修字默人，歙人。官湖北安陸、四川漢川知縣。詩二卷，都二百七十六首，有雍正十三年天長陳以剛、乾隆九年海昌查祥、三十四年淮南阮學濬序。淳修中年宗白蘇，晚尤近范陸。學濬謂其性真流露，自有君形者①存，非規規

---

① 君形：意謂統帥形貌之物，即"神"。漢劉安《淮南子·説林訓》："畫西施之面，美而不可説，規孟賁之目，大而不可畏，君形者亡焉。"

橅仿云。

張汝霖詩文集三十卷

[清] 張汝霖撰。汝霖（字雲澍，一字雲墅，號"柏園"，又號"西阪"，宣城人。宿孫、中聖子。雍正十四年拔貢，官至廣東澳門同知。事迹具《縣志·宦業傳》）有《澳門記略》，已著録。是集三十卷，光緒《（安徽）通志》著録。汝霖罷官年甫四十，父論以當勤著述，謹受命。及卒，韓城王杰志墓亦稱其學問淹瞻、覃思[①]著述云。《縣志》録詩十八首。

小山詩草

[清] 孫桂撰。桂字小山，青陽人。雍正十三年拔貢，考充國子監教習，歷廣東始興、陸豐知縣，署化州知州。事迹具《縣志·文苑傳》。光緒《（安徽）通志》著録，無卷數。

波餘集

[清] 周芬斗撰。芬斗字汝調，號"虛中"，亦號"知還"，桐城人。雍正十三年舉人，官福建平和知縣，因失察臺番降補四川叙州府經歷，署馬邊縣丞。事迹具《縣志·文苑傳》及《續修（縣志）·儒林傳》。光緒《（安徽）通志》著録，無卷數。考《周氏清芬集》，載《波餘集》乾隆十七年自序，乃其所作時文，然《桐舊集》載錢維城序，稱船至黑水洋，著作漂没，僅存詩文數册。詩則律入笙簧，思湛冰雪，是固不盡爲時文也，今仍依舊志著録。

入蜀集

[清] 周芬斗撰。光緒《（安徽）通志》著録，無卷數。考《周氏清芬集》載《入蜀集》自序，是集爲詩歌及序記、騈儷諸體。子書銓刻，序則作於乾隆三十年也。

餘慶堂詩文集

[清] 周芬斗撰。光緒《（安徽）通志》作"《餘慶堂集》"，今據《周氏清芬集·小傳》著録。芬斗與弟芬珮皆以文行知名，劉大櫆贈句云："龍眠舊日十才子，周郎豁達空其群。"人以爲知言。《清芬集》録文二卷，共四十七首，録詩一卷百零

---

① 覃思：亦作"潭思"。深思。清錢泳《履園叢話·耆舊·大紳先生》："好爲古文，覃思奥頤，游刃百家，積滿而流，沛然無阻。"

二首，《桐舊集》録詩五首。

大雅集

[清] 喬一興撰。一興，盱眙人。泗州籍雍正歲貢，官盧江訓導。事迹見《縣志·貢舉（志）》《（縣志）人物（志）》二志。光緒《（安徽）通志》著録，無卷數。

李嘯村近體詩選三卷

[清] 李菇撰。菇字嘯村，懷寧人。雍正諸生。事迹具《縣志·文苑傳》。詩三卷，卷上七律、卷中五律、卷下七絶，都百九十五首，乃盧見曾所選刻，前有乾隆二十一年秦大士序并見曾序。光緒《（安徽）通志》著録《李嘯村詩》三卷，今據本書著録。菇從江都閔華學詩，得其法，與同縣魯星村齊名，時號"二村"，最長近體。大士謂其娟秀宜人、刻鏤工巧；袁枚《隨園詩話》亦以"逋峭①"許之。

澡雪齋詩稿一卷

[清] 錢源逢撰。源逢字湘舟，號"鐵華"，桐城人。雍正間諸生。事迹具《縣志·文苑傳》。光緒《（安徽）通志》載是集，無卷數，今據《縣志》著録。考王灼《樅陽詩選》，《澡雪齋詩》分散數處，今幸合之，其書復完，是灼尚及見其集也。源逢與兄源啓齊名，隱於樅陽市後蘇山之麓，兄弟蒔花灌園、嘯歌自得，或勸之就試，賦詩云："善病多愁生早衰，年來別號署無爲。已知非璞慚三獻②，更耻爲傭詑五噫。淚血虦③存衫上漬，文心織膌鬢邊絲。何妨居易聊藏拙，未必天心不轉移。"《樅陽詩選》録七十首、《桐舊集》録十一首，其《同慎修德孚小飲池上》之第二首《樅陽詩選》題作"《出處》"，不知何以誤合也。

兒心集

[清] 曹緑裡撰。緑裡字因依，當塗人。諸生。事迹具《縣志·文學傳》。光緒《（安徽）通志》著録，無卷數。《縣志》作"《見心集》"。緑裡才思敏捷，詩皆出自性靈，惜多逸。

---

① 逋峭：本爲屋柱曲折貌。引申謂文章曲折多姿。清袁枚《答平瑶海書》："故於所爲文，勁折逋峭，能獨往來於天地間。"

② 三獻：三次呈獻。唐韓愈《孟生詩》："卞和試三獻，期子在秋砧。"明何景明《送石秀才下第還趙州》詩："荆玉已三獻，冀群當一空。"

③ 虦：音yuè，玷污。晋周處《風土記》："呼童净掃地，勿使虦月明。"

蕙圃樵人集

[清] 錢瑄撰。瑄字自西，號"槖齋"，無爲州人。府學生。年八十卒。事迹具《州志·文苑傳》。光緒《（安徽）通志》著録，無卷數。瑄襟期蕭爽、吟咏不輟。

翊翊齋文鈔一卷詩鈔一卷

[清] 馬翩飛撰。翩飛（字震卿，號"一齋"，桐城人。鳴鸞長子。雍正監生，乾隆元年舉孝廉方正，謝不就。事迹具前《國史·儒林傳》）有《讀易録》，已著録。是集文詩各一卷，翩飛自定，乾隆四十五年刻，道光十八年曾孫樹華又與《翊翊齋筆記》合刻，統名《翊翊齋遺書》，又刻其詩入《馬氏詩鈔》，有鄭忬、方東樹跋。光緒《（安徽）通志》著録翩飛《延景堂詩鈔》。案：《延景堂詩鈔》乃其子春生所撰，光緒《（安徽通）志》誤也，今據本書著録。翩飛學宗程朱，詩文皆不漫作。東樹謂其與安溪官獻瑶《石溪集》、吳江顧汝敬《研漁莊集》相若云。《桐舊集》録詩九首。

拙餘軒詩草十六卷

[清] 吳隆隮撰。隆隮字鄧又，號"退餘"，桐城人。監生，雍正間考授州同知。年八十四卒。事迹具《縣志·篤行傳》。集十六卷，爲《芸暉館四世詩鈔》之第一種。道光、光緒《（安徽）通志》皆著録。《縣志》作"十卷"。隆隮幼勤學工詩，久困場屋。方東樹《芸暉館四世詩鈔序》，稱其吟咏性情、攄述游歷，無忿怒愁苦之氣、哀怨佗傺之詞。《桐舊集》録五首。

紀年吟　德圃存草

[清] 潘瀚撰。瀚，盱眙人。監生，授州判。事迹見《縣志·人物志》。光緒《（安徽）通志》作"潘翰"，誤。今據《縣志》著録。

負疴吟　蓉坪詩草

[清] 劉方春撰。方春字書初，宣城人。縣學廩生。事迹具《縣志·文苑傳》。光緒《（安徽）通志》著録作"劉錫麟撰"，蓋因方春附錫麟傳而誤，今據《縣志》更正。方春善病耽吟，嘗著桂花百咏，縣令杜濱爲梓行，此二集則未刻。《宛雅三編》録十首，已稱《蓉坪草稿》甚富，身後未知存否？疑已佚矣。

博山亭集

[清] 王鶚來撰。鶚來，盱眙人。光緒《（安徽）通志》著録，無卷數。

閨房集一卷

〔清〕陳珮撰。珮字懷玉，天長人。江都諸生江昱妻。是集詩四十首、長短句十首，附傳誄及昱所作墓碣。《四庫存目》，道光、光緒《（安徽）通志》皆著錄，無卷數。光緒《（安徽）通志》作"天長江賓妻"，蓋因昱字賓谷而誤。《（清詩）別裁集》錄絕句二首。

春柳草堂詩稿 枕畔吟 聊存草

〔清〕王駿撰。駿字神駒，號"中垣"，蕪湖人。天祚孫，師禹子。雍乾間廩貢，即選訓導。事迹具《縣志·文學傳》。光緒《（安徽）通志》著錄，無卷數。據《縣志》，《春柳草堂詩》曾刊，《枕畔吟》《聊存草》則病中作也。

踵息軒詩集

〔清〕劉寅撰。寅字敬存，一字支三，號"計亭"，無爲州人。光宷孫，廷蒼次子。雍乾間府學廩生。事迹具《州志·文苑傳》。光緒《（安徽）通志》著錄，無卷數。《皖雅初集》錄八首、《州志》錄七絕一首。

卧雪堂詩集

〔清〕沈邁撰。邁字辭懌，號"洞泉"，無爲州人。雍乾間諸生。事迹具《州志·文苑傳》。光緒《（安徽）通志》著錄，無卷數。邁負性坦率、嗜飲耽佳。《皖雅初集》錄七律二首、《州志》錄七言排律一首。

蘭畹詩鈔一卷

〔清〕王圻撰。圻字惟三，號"蘭畹"，黟縣人。雍乾間縣學增生。桃源書院山長。事迹具《縣志·質行傳》。詩一卷，玄孫以寬藏。《縣志》錄一首（采訪冊）。

慕柳堂詩文集六卷

〔清〕吳宇定撰。宇定字虛白，桐城人。鳳占孫，壯南子。縣學生。事迹具《續修縣志·文苑傳》。光緒《（安徽）通志》著錄，無卷數，今據《縣志》著錄。宇定承父祖之業，益邃於學，遠近之士爭負笈從游。

冰涯詩文集

〔清〕劉文友撰。文友字承哉，號"冰涯"，宣城人。府學廩生。事迹具《縣志·文苑傳》。光緒《（安徽）通志》著録，無卷數。

南樓詩集

〔清〕吳之聯撰。之聯字一蜚，號“柳邨”，無爲州人。世基子。事迹具《州志·文苑傳》。光緒《（安徽）通志》著録，無卷數。《州志》作《柳邨詩集》。之聯嗜詩，不擅一體。南樓在鐵山，其所居也。《皖雅初集》録三首、《州志》録七律一首。

白雪草堂集　香谷詩鈔

〔清〕孫國榮撰。國榮字逸亭，壽州人。增貢，候選訓導。事迹具《州志·文苑傳》。光緒《（安徽）通志》著録，無卷數。《州志》作《白雲草堂文集》。國榮好學能詩，闢瑯琊山館，藏書甚富，又繼父志刻叢書百餘種。

安徽通志稿·藝文考

集部十九　別集類十八

松雲窩詩文集

〔清〕周登瀛撰。登瀛字漢升，太平人。乾隆元年恩貢。事迹具《縣志·文苑傳》。光緒《（安徽）通志》著録，無卷數。登瀛學宗朱熹，潛心於《易》，又精於象緯。

星閣文集十六卷

〔清〕趙青藜撰。青藜（字然乙，號“星閣”，涇縣人。濬次子。乾隆元年第一名進士，官至山東道監察御史，十三年乞病歸，年八十二卒，私謚“文毅”。事迹具前《國史·文苑傳》）有《讀左管窺》，已著録。是集十六卷，有臨川李紱序。道光、光緒《（安徽）通志》皆著録。青藜古文受學於方苞，風格似之苞，稱及門，有所祈嚮①，而可信其操行之終不迷者，惟青藜爲最云。

漱芳居詩集三十二卷　詩鈔檢存二卷

〔清〕趙青藜撰。凡三十二卷，又《詩鈔檢存》二卷，有自序，道光、光緒《（安徽）通志》皆著録，惟皆脱“檢”字，今據《縣志》著録。青藜詩自漢魏及宋元靡不畢貫，獨宗仰杜甫，晚乃歸於韓愈。趙友廣亦謂其得杜韓神髓，録入《蘭石詩鈔》。《趙氏淵源集》録百十三首、《縣志》録十一首。

---

① 祈嚮：嚮導，引導。章炳麟《訄書·訂文》：“志念祈嚮之曲折，其變若雲氣，而言或以十數。”

海桑園集

[清] 翟士吉撰。士吉字維效，涇縣人。諸生。事迹具《縣志·文苑傳》。光緒《（安徽）通志》著録，無卷數。士吉性嗜學，殫精詩文，與同縣趙青藜往來吟詩、論史，至數日不倦。《縣志》録五律一首。

塵外游草

[清] 釋能一撰。能一字天水，涇縣人。集有趙青藜、葉沃若序。道光、光緒《（安徽）通志》皆著録，無卷數。《縣志》録七律一首。

甄溪小稿八卷

[清] 趙守勳撰。守勳字書常，號“穆庭”，涇縣人。增廣生[①]。年六十卒。事迹具《縣志·文苑傳》。守勳所著甚多，貧不能刻。是集八卷，乃殁後門人所刻，有同縣趙青藜序，道光、光緒《（安徽）通志》皆著録。守勳工詩，自漢魏迄元明無不鑽研，五古專精三謝、七古嗣音韓愈。趙友廣録入《蘭石詩鈔》、《趙氏淵源集》録五十五首、《縣志》録五古、五律各二首。

秦游草

[清] 趙守勳撰。守勳族子友焜，官陝西高陵知縣，往依之詩，蓋其時作。光緒《（安徽）通志》著録，無卷數。守勳《游秦詩》，筆亦雄放。沈著人以比杜甫之入蜀云。

石冠堂詩文鈔六卷

[清] 張尹撰。尹（字旡咎，號“莘農”，桐城人。乾隆元年進士，官福建長樂知縣。事迹具《縣志·儒林傳》）有《經傳世案》，已著録。是集六卷，徐士林序。光緒《（安徽）通志》著録。此其後裔所藏，有文無詩，文亦僅一册，無卷數，自《幽蘭賦》至《題降乩文》，凡四十三篇，蓋非完帙。尹師方苞，而文不純似。士林稱其氣茂境清，自漢以來箋注及古作者體格源流悉合而匯之於文，其詩亦必於此依而永焉。《桐舊集》録詩六首。

遠峰亭文集六卷詩集八卷

[清] 張若潭撰。若潭字澄中，號“魚牀”，桐城人。文端公英孫、廷瑑子。乾

---

① 增廣生：即增生。《明史·選舉志一》：“一等前列者，視廩膳生有缺，依次充補，其次補增廣生。”

隆元年進士，官翰林院檢討，以疾歸。事迹具《縣志·文苑傳》。光緒《（安徽）通志》載《遠峰亭詩文集》，無卷數，今據《縣志》著録。《講筵四世詩鈔》《桐舊集》皆録其詩。

井遷文集七卷詩集六卷

［清］吳直撰。直（字生甫，一字景梁，號"井遷"，桐城人。乾隆元年舉人。事迹具《縣志·儒林傳》）有《四書雜辯》，已著録。據族孫逢盛撰傳暨族玄孫元甲序，直著述甚富，所存十不逮二三。道光丙申、丁酉間得文數十篇於縣人，張某合之逢盛所集，凡文百三十七首、詩百九十三首，編爲文七卷、詩六卷，道光三十年刻，然集中《答劉生書》有云近有三才説及傳記、雜文合舊所爲擇録爲七卷（此據道光甲申鄱陽陳方海所引，今集作"一卷"）。此書乃暮年作，似直文止有此數，逢盛等所云又未必然也。《縣志》本傳及《（縣志）·藝文》載文四卷、詩二卷，光緒《（安徽）通志》著録《吳直詩古文集》六卷，蓋據《縣志》，今據本書著録。直於方苞爲中表，劉大櫆從受學，苞亦極重其文。劉開撰傳謂學苞之醇厚而才過之，才不及大櫆之弘肆而學勝之，蓋兼有方、劉之長，但未各造其極。又蘇惇元《欽齋文集》有《吳生甫文序》，此乃不載，序云文法韓愈，頗得神韵，在李翱、皇甫湜間，又謂理純詞簡無支蔓語，蓋學宗朱子而尤深於《四書》，故能如此云。

皖國名迹賦七卷

［清］吳日莊撰。日莊字賁園，桐城人。直從弟。縣學生。事迹具《續修縣志·文苑傳》。集七卷，光緒《（安徽）通志》著録。日莊少負俊才，爲文尚馳騁，工論議。所居惜薪山房藏書甚富，嘗手抄經史百家，晚年病酒，猶著述不倦。

對鷗軒文集十五卷

［清］吳甌玉撰。甌玉字西（原缺），號"仁齋"，桐城人。直從子。府學增生。事迹具《縣志·文苑傳》。集十五卷，光緒《（安徽）通志》著録。甌玉有雋才能文，不屑事章句，隱於醫。

拾潑集六卷 樂常集十卷

［清］榮芳撰。芳字畏民，桐城人。事迹具《縣志·文苑傳》。光緒《（安徽）通志》著録"潑"作"殘"，今據《縣志》著録。芳潛心程朱之書，嘗以文質同縣吳直，則雍乾間人也。

古香堂詩稿二卷

〔清〕榮長春撰。長春，桐城人。芳子。事迹附芳傳。光緒《（安徽）通志》載是集，無卷數，今據《縣志》著録。

緑天書屋詩鈔二卷

〔清〕方城撰。城字宸山，號"西莊"，桐城人。中發第二子。乾隆間諸生。事迹具《縣志·文苑傳》。詩二卷，有章節及其兄雪泉序。道光、光緒《（安徽）通志》皆著録。城少罹族難，避於望江龍燮家，燮其婦翁也。《方氏詩輯》《桐舊集》皆録其詩。

善佛齋詩草二卷

〔清〕方根機撰。根機字省度，一字石鄰，號"善佛"，桐城人。城子。監生。詩二卷，有汪正修序，光緒《（安徽）通志》著録。正修稱其高淡幽遠、迥出意表。《桐舊集》録七首。

筠川詩文集

〔清〕汪士煌撰。士煌字君宣，休寧人。副貢。乾隆元年舉博學鴻詞，授翰林院庶吉士、改編修、督學河南。事迹見《府志·選舉志》。光緒《（安徽）通志》著録，無卷數。

沙河逸老小稿六卷

〔清〕馬曰琯撰。曰琯字秋玉，號"嶰谷"，祁門人，居江都。附貢生，候選主事、授道銜，乾隆元年舉博學弘詞不赴，事迹見前《國史·文苑傳》。是集六卷，乃卒後沈德潛删定，弟曰璐刻，有德潛及陳章二序，咸豐元年南海伍崇曜刻入《粵雅堂叢書》并跋。光緒《（安徽）通志》作詩文集六卷，誤，今據本集著録。曰琯結邗江吟社，與全祖望、程夢星、陶元藻、符葆森、姚世鈺、厲鶚、金農、符曾、陳撰、閔華及章唱和。德潛謂其斥淫崇雅、格韵并高；章謂其纏綿清婉、出入唐宋；崇曜亦謂其翛然絶俗。《（清詩）別裁集》《正雅集》《湖海詩傳》《淮海英靈集》《隨園詩話》《寄心盦詩話》并録其詩。《國史》本傳作集十卷。

南齋集六卷

〔清〕馬曰璐撰。曰璐字佩兮，號"半槎"，祁門人。曰琯弟。監生，候選知州，乾隆元年舉博學弘辭不赴。事迹具前《國史·文苑傳》。集六卷，乃曰璐自定，有杭世駿、蔣德二序，咸豐元年南海伍崇曜獲抄本刻入《粤雅堂叢書》并跋。光緒《（安徽）通志》作一卷，誤，今據本集著録。曰璐兄弟相師友，稱"二馬"，世駿以潔字目之，《詞科掌録》又稱其詩筆清削，崇曜亦以爲非阿好也。

奋經堂小稿詩一卷詞一卷

[清] 馬振仲撰。振仲字御張，一字經奋，祁門人。曰璐子。乾隆三十七年卒，年二十五。詩詞各一卷，乃其甥汪敬堂所輯，有閔華序、陳皋跋。華稱其清婉有幽致。

花溪詩文集

[清] 梅兆頤撰。兆頤字淑伊，宣城人。府學生。乾隆元年薦應博學鴻詞。事迹具《縣志·文苑傳》。光緒《（安徽）通志》著録，無卷數。《縣志》録詩五首。

睿齋文集

[清] 江永撰。永（字慎修，一字睿齋，婺源人。乾隆歲貢，二十七年卒，年八十二。事迹具前《國史·儒林傳》）。有《周禮疑義舉要》，已著録。考戴震撰《（江慎修先生）事略狀》（《戴東原文集》卷十二）、劉大櫆撰傳（《海峰文》卷五）、前《國史·儒林傳》《先正事略·經學傳》皆不言有文集，而《縣（志）》《府志》載之。道光、光緒《（安徽）通志》皆著録，無卷數。

春巖詩集五卷

[清] 王大啓撰。大啓字輔周，婺源人。乾隆廩生。早卒。事迹具《縣志·文苑傳》。光緒《（安徽）通志》著録，無集名，今據道光《府志》著録。大啓師同縣江永，爲校讎《鄉黨圖考》。

雙池文集六卷詩集六卷外集四卷

[清] 汪紱撰。紱（初名烜，字燦人，號"雙池"，婺源人。明尚書應蛟玄孫。乾隆初諸生，二十四年卒，年六十八。事迹具前《國史·儒林傳》）有《易經詮義》，已著録。是集文、詩各六卷，又外集四卷，光緒《（安徽）通志》著録。考余元遴撰行狀、朱筠撰墓表皆載文、詩各六卷，而無外集，前《國史·儒林傳》《先正事略》所載卷數亦同。又考余龍光編年譜，載文集十卷、詩集六卷，又稱詩文未加

删定，間有少作已付丙丁[1]，而門人子弟私相傳寫，其稿得留，仍復入集云云。爲卷雖十六，亦無外集之名。又《遺書刊行錄》載道光十三年同縣洪鈞刊文集，安徽學政沈維鐈序，而不載卷數，惟又稱第七卷雜文之前原稿有記十篇遺未刻，則固不止六卷也。是本首經解、次論、次書、次柬、次序、次雜文、祭文、次傳、次雜著、次銘、次箴、次贊、次跋、次賦，凡十卷，前有沈維鐈序，蓋即洪刻本，疑外集四卷已并入文集爲十卷也，今姑仍舊志著錄。絨與江永同時，永學兼漢宋，其徒戴震始專崇漢學；絨則尊信朱熹，雖博極兩漢六代諸儒疏義，而一以"宋五子"之學爲歸，其文開示奧奧[2]、洞見本源、指事類情、自攄所蘊，惟其根於道者深，故其言亦中正而無流弊也。

見吾軒詩十二卷

［清］張若需撰。若需字樹彤，號"中峻"，桐城人。英孫，廷璐子。乾隆二年進士，官至翰林院侍講卒。事迹具《縣志·宦迹傳》。是集十二卷，乃卒後長子曾敞所次，集劉大櫆論定爲之序，道光、光緒《（安徽）通志》皆著錄。若需研究諸經，尤邃《周禮》，所爲文甚富，而長於詩。大櫆稱其雄直之氣與古作者頡頏。《桐舊集》錄二十三首。

從邁集

［清］張若需撰。考劉大櫆撰墓志，廷璐扈從東巡，若需侍行走塞外，經喀喇沁、敖漢、翁牛特、巴林、奈曼、科爾沁，以達瀋陽，往返六千里，有詩數十首，大櫆爲品次之，即是集也。光緒《（安徽）通志》作"行邁"，誤。

佛香閣詩八卷

［清］郭肇鐄撰。肇鐄字韵清，一字奉墀，全椒人。乾隆二年進士，官至翰林院侍講，以艱歸，服闋北上道卒。事迹具《縣志·文苑傳》。詩八卷，道光、光緒《（安徽）通志》皆著錄。肇鐄充史館纂修，十四年平定金川，進詩受上賞，選入《方略全書》，賜"鳳池良彥"四字。

---

　　[1] 丙丁：古人以天干配五行，丙丁屬火，故藉以指火爲"丙"或"丙丁"。宋蘇軾《思無邪齋贊》："化以丙丁，滋以河車。"

　　[2] 奧奧：音 yào ào，亦作"突奧"，室中東南和西南二隅。喻深邃、高深的境界。唐杜甫《秦州見敕目薛璩畢曜遷官》詩："文章開突奧，遷擢潤朝廷。"仇兆鰲注："突奧，深邃之意。"

嵐莊賸稿一卷

［清］吳履泰撰。履泰字交兩，號“嵐莊”，別號“乚厂”，宿松人。喆子。乾隆三年歲貢，候選訓導。履泰著作甚富，佚於兵燹。是集一卷，僅文十三篇、詩十一首，蓋後人所輯，故以賸稿名。

拂雲樓古文 僅軒詩鈔

［清］胡成喜撰。成喜字燕尹，當塗人。乾隆三年歲貢［《縣志》本傳作“雍正丁巳歲貢”。案：雍正無丁巳，此據《（縣志）選舉志》］，官霍山訓導，罷歸，年七十卒。事迹具《縣志·文學傳》。光緒《（安徽）通志》著錄，無卷數。

松陽女史詩二卷

［清］章玉照撰。玉照青陽吳名琅妻。詩二卷，道光《（安徽）通志》著錄。光緒《（安徽）通志》作一卷。考《青陽志·宦迹傳》，名琅字澹圃，乾隆三年舉人，歷官保德州知州、升惠州府知府，以老乞歸，則玉照乾隆間人也。

拙可詩存六卷

［清］陳元中撰。元中字□裳，定遠人。乾隆四年歲貢，選祁門訓導，未任。事迹具《縣志·文學傳》。詩六卷，光緒《（安徽）通志》著錄，元中絶交游、肆情詩酒、偃蹇①以老。

徐抒詩古文集

［清］徐抒撰。抒字宇涵，繁昌人。乾隆五年歲貢，候選訓導。事迹具《縣志·文苑傳》。光緒《（安徽）通志》著錄，無卷數，《縣志》作十數卷。抒博綜群書、務窮理窟，詩文高華名貴。

徐持詩古文集

［清］徐持撰。持，繁昌人。事迹具《縣志》。光緒《（安徽）通志》著錄，無卷數。《縣志》録七絶一首。

栲栳集 堅白集

［清］趙泉撰。泉字難涸，當塗人。乾隆六年歲貢，官桃源訓導。光緒《（安

---

① 偃蹇：猶困頓。《新唐書·段文昌傳》：“憲宗數欲親用，頗爲韋貫之奇詆，偃蹇不得進。”

徽）通志》著録，無卷數。《府志》稱其性疏曠、刻意攻詩。

泰然齋詩集四卷

[清]金榘撰。榘字其旋（見卷四《贈陳希廉》），號"絜齋"，全椒人。乾隆六年歲貢，官休寧教諭。詩係自訂，凡四卷，子兆燕刻，前有乾隆三十九年歙吳寧序、後有同縣吳烺跋，道光二十六年重刻。道光、光緒《（安徽）通志》皆作"泰然《參參集》"，無卷數，蓋書"齋"爲"壘"，又誤"壘"爲"參"，今據本書及《縣志》著録。榘與同縣吳檠、吳敬梓交密。論詩謂必先穩而後工，又謂古人不學而工，今人雖學不工，然建安、開寶、大曆非不學而工者，而不以"詩有別裁非關學也"之論爲然，其宗旨可知。吳烺謂其不拘一格、絕去依傍、獨抒性情、即景即事皆可爲詩，莫不有天然自得之趣，今觀其詩大概如烺所云。其壽吳敬梓三十并附吳半圜及弟兩銘作共三首，尤可與《儒林外史》參證也。

殘本容庵詩鈔四卷

[清]許應寬撰。應寬字湘右，號"容庵"，廬江人。乾隆六年優貢。事迹具《縣志·文學傳》。是集桐城疏氏所藏，缺卷一至卷四、存卷五至卷八，卷各有子目，卷五曰《寄東草》《巖居草》、卷六曰《在達草》、卷七曰《歸來草》、卷八曰《在達草》《歸來草》，乃乾隆十六年辛未至三十三年戊子之詩，卷八以後有無闕佚不可知，然就集中詩考之，乾隆戊子應寬年已七十七歲，疑是集不過八卷。光緒《廬江志·文苑傳》《（廬江志）藝文志》均載是集，而無卷數，又誤"應寬"爲"寬"，惟《選舉表》及《藝文·詩辭類》録《游冶父即事》一律，仍作"應寬"，爲不誤，其詩不在此四卷中，即卷五以前詩也，又卷六《書懷》詩自注集有《〈朱子性理吟〉注》《韵府提要》諸書云云。《縣志》除是集外，僅載應寬《愛日堂試草》《朱子性理吟集説》，而他無之，此亦可補其缺也。

詒穀堂文集

[清]葛高道撰。高道字岵瞻，號"鶴峰"，潛山人。乾隆六年舉人，揀選知縣，卒年七十一。事迹具《縣志·文苑傳》。光緒《（安徽）通志》著録，無卷數。

趙繼序詩古文集

[清]趙繼序撰。繼序（字芝生，號"易門"，休寧人。孝子曖仲子。乾隆六年舉人，事迹具前《國史·儒林傳》）有《周易圖書質疑》，已著録。光緒《（安徽）通志》載是集，無卷數。繼序肆力經學，以朱熹爲宗。

夢蕙草堂遺集

[清] 汪元均撰。元均字琴山，號"桐軒"，蕪湖人。乾隆六年舉人，歷知廣西修仁、興業、左州、養利、博白諸州縣。事迹具《縣志·文學傳》。光緒《（安徽）通志》著錄，無卷數。

四如軒稿 丈山文集

[清] 王守敦撰。守敦字履信，號"丈峰"，績溪人。乾隆六年舉人。事迹具《縣志·學林傳》。光緒《（安徽）通志》著錄，無卷數。守敦病時猶不釋卷，曰我樂此不爲疲也。

蕉葉軒詩集 放山居文集

[清] 趙昌國撰。昌國字黼平，涇縣人。乾隆六年舉人，年六十二卒。事迹具《縣志·文苑傳》。集有李綏序，光緒《（安徽）通志》著錄，無卷數。綏目以大家。《縣志》錄五、七律各一首。

玉照集二卷

[清] 胡承祝撰。承祝字華三，號"恂齋"，銅陵人。乾隆七年優貢，任江蘇蘇州府訓導。是集二卷，卷上《梅花》七律、卷下《梅花集句》七律各一百首，前有乾隆九年開泰序、八年錢塘張開士序、同縣錢景序、七年自序，蓋即刻於其時，道光四年重刻。《宋史·藝文志》載李祺《梅花百咏》一卷，佚弗傳。又端平中有張道洽者，作《梅花詩》三百餘首，亦僅《瀛奎律髓》錄數首，今存者惟元馮子振、釋明本《梅花百咏》一卷，至集句爲詩，則元郭豫亨《梅花字字香》前、後集各一卷，明童琥《集古梅花詩》四卷而已。承祝所作至百首，其集句則自唐以及清初王士禎、尤侗、施閏章諸人。開泰謂其鼎足郭、童；錢景謂其接武①中峰，殆非過許。玉照者，張功甫植梅三百樹環其堂，花時玉光朗映，因名堂曰玉照，故取以名其詩也。

輟耕書屋吟十卷

[清] 胡承祝撰。不分體，凡十卷，有嘉定曹仁虎序，是本乃原刻，惟序文僅存，今且如鶴鳴故事至曹仁虎拜書共七十字前闕。承祝官蘇州訓導，其詩亦作於蘇者爲多。王昶《湖海詩傳》、符葆森《正雅集》、陳蔚《齊山志》皆錄其詩，惟《齊

---

① 接武：繼承。宋曾鞏《議茶》："我國家勃興昌運，撫有方國，四聖接武，澤流生民。"

山志》又載有《擬蘇子美游齊山洞》七古一首，是集無之，是其詩佚者尚多也。

援鶉堂文集五卷詩集七卷

[清] 姚範撰。範（字巳銅，又字南青，一字石農，號"薑塢"，桐城人。士基孫、孔鏌子。乾隆七年進士，官翰林院編修，致仕歸，年七十卒。事迹具前《國史·文苑傳》）有《援鶉堂筆記》，已著録。範生平不肯著書，殁後四十年曾孫瑩乃掇拾爲是集，序而刻之，惟瑩所撰《姚氏先德傳》又作詩六卷，語出一人而互異，疑刻後又有所增輯也。道光、光緒《（安徽）通志》皆著録。範友同縣劉大櫆、江有龍、葉酉、王洛、方澤及天台齊召南、山陰胡天游、昭文邵齊燾、仁和杭世駿。詩文皆力追古人，得其閫奥。大櫆稱其窮幽陟險、動心駭聽，而義法不詭於前人。《桐舊集》録詩三十六首、《桐城文録》録文若干首。

玉芝堂詩文集九卷

[清] 邵齊燾撰。齊燾字叔宁，號"荀慈"。前《國史·文苑傳》及《先正事略》皆作"江蘇昭文人"，道光《府志》作"休寧人"，考齊燾題許鎔亭《新安江中唱和詩卷後》，云予生長虞山，家世黟歙。休寧縣有"黎陽村"，實惟重世晏安之舊，蓋即《府志》所據也。乾隆七年進士，官翰林院編修。集凡詩三卷、文六卷，乃其晚年自定，詩文皆不分體，《四庫存目》、光緒《（安徽）通志》著録，無卷數。齊燾於文慕晉宋，序其兄齊烈文，云清新雅麗，必澤於古；《答王太嶽書》云於綺藻豐縟之中，存簡質清剛之制，皆自道得力也。太嶽初亦爲駢文，及見齊燾作，嘆爲天授，遂輟不作，及卒鄭虎文志其墓，云君學於古，涵而揉之，去故遺迹，今古駢散殊體，詭製道通爲一；吳蕭則以爲未免溢美，而謂其規規前修、不失尺寸、標格崖岸，有以自遠云。蕭固知言者也。

禮耕書塾詩文雜著

[清] 施彰撰。彰字勝卿，號"絅齋"，婺源人。道合季子。乾隆七年進士，官内閣中書。事迹具《縣志·學林傳》。光緒《（安徽）通志》著録"塾"作"屋"，"著"作"集"，今據《縣志》本傳著録。彰學宗朱熹、日以《近思録》爲後進講授。

蔗圃詩文集

[清] 施煌撰。煌字士超，婺源人。府學廩生。年五十七卒。事迹具《縣志·文苑傳》。光緒《（安徽）通志》著録，無卷數。煌爲文原本經術，晚益研求五經及唐宋大家文，有心得輒自抄録，無時或休。

耕墅文集

[清] 翟思晊撰。思晊字及三,一字耕墅,別號"睡翁",又自稱曰"石灘",人稱曰"可亭",涇縣人。廩貢。乾隆七年官臨淮教諭,移疾歸。事迹具《縣志·文苑傳》。光緒《(安徽)通志》著錄,無卷數。耕墅者,其先有別業,在宣城。既以爲字,又以名集也。《桃花潭文徵》錄十五篇。

閑游詩草

[清] 翟思晊撰。同縣鄭相如序,光緒《(安徽)通志》著錄,無卷數。思晊從宣城施彥恪、太平王三綱游。彥恪爲閏章次子,詩宗唐人;三綱則宋陸游、楊萬里一派,師承既具有淵源。又游吳越、燕趙積成卷帙。相如稱其温柔敦厚從性情中來,聲韵、結搆、辭句皆工,唐宋不得而名是,又不爲派別囿也。《桃花潭文徵》錄七十六首、《縣志》著錄五律四首。

楚游詩草

[清] 張亦杕撰。亦杕字華平,晚號"方壺山人",來安人。乾隆九年舉人,官内閣中書、擢侍讀致仕。事迹具《縣志·文苑傳》。集有無錫秦潮序,光緒《(安徽)通志》著錄,無卷數,又以"杕"爲"抌",今據《縣志》著錄。潮稱其汪洋演迤、磅礴弘肆,有唐風人之遺。

有竹軒詩集

[清] 張亦杕撰。光緒《(安徽)通志》著錄,無卷數,又脱"有"字,今據《縣志》著錄。

四不軒古文 後白詩集

[清] 張錦標撰。錦標,來安人。亦杕次子。年二十餘卒。事迹具《縣志·文苑傳》。光緒《(安徽)通志》作"《四不軒稿後白集》",今據《縣志》著錄。錦標幼聰穎,詩尤奇肆。

澄溪遺稿三卷

[清] 路一清撰。一清字田見,懷寧人。乾隆九年副貢,卒年三十二。事迹具《縣志·文苑傳》。光緒《(安徽)通志》載是集,無卷數,今據《縣志》著錄。一清資敏嗜學,爲文不屑規仿。

春草堂文集

［清］光名揚撰。名揚字念庭，號"新葉"，桐城人。成采長子。乾隆九年、十七年兩科副貢，考取正黄旗官學教習，以教諭用。事迹具《縣志・孝友傳》。光緒《（安徽）通志》著録，無卷數。

瀟碧軒詩鈔四卷

［清］張若澄撰。若澄字鏡壑，號"默耕"，桐城人。廷玉次子。乾隆十年進士，官至内閣學士兼禮部侍郎，卒官。事迹具《縣志・宦迹傳》。光緒《（安徽）通志》載《瀟碧軒集》，無卷數，今據《縣志》著録。《桐舊集》録三首。

六江詩文集

［清］周芬佩撰。芬佩字汝和，號"紉齋"，桐城人。芬斗弟。乾隆十年進士，官浙江龍游知縣。事迹具《縣志・文苑傳》及《續修縣志・儒林傳》。光緒《（安徽）通志》作"《周芬佩文集》"，今據《周氏清芬集・小傳》著録。《桐舊集》載有《對牀吟》，乃與其兄唱和之作，非其全集。《清芬集》録文一卷，凡十三首；録詩一卷，凡二十首，《桐城文録》亦録其文。六江處桐城之東，昔傳江廣六百丈，因以名也。

寄廬集

［清］宋紀撰。紀字天民，號"豸庵"，蕪湖人。乾隆十年進士，授直隸衡水知縣，未期年卒。事迹具《縣志・文學傳》。光緒《（安徽）通志》著録，無卷數。《縣志》稱其文窮力追新、詩亦有奇氣。

松波遺稿

［清］宋遺撰。遺字山民，蕪湖人。紀弟。事迹具《縣志・文學傳》。光緒《（安徽）通志》著録，無卷數。無錫胡廷輔謂其出入白陸間，蓋與兄競爽[①]云。

溪上草堂集十二卷

［清］吳檠撰。檠字青然，號"岑華"，全椒人。乾隆十年進士，官刑部主事。事迹具《縣志・文苑傳》。集十二卷，有沈德潛序，道光、光緒《（安徽）通志》皆

---

① 競爽：相互争强、争勝，力求表現。南朝梁鍾嶸《詩品序》："自王、揚、枚、馬之徒，詞賦競爽，而吟咏靡聞。"

著録。檠初應鴻博試報罷，與桐城劉大櫆、葉酉善，同著名於時。考大櫆《海峰文集》亦有《吳青然詩序》（卷二），稱其居室人倫獨遭其變，其有無聊不適、悲愁憤嘆，一托於詩，然哀而不傷、怨而不怒，中聲清越，犂然①當於人心，逌然②愜於己志云。《（清詩）別裁集》録五古七律各一首。

姚堯民詩鈔二卷

［清］姚支莘撰。支莘字諟伊，號"堯民"，桐城人。孔鈞孫。乾隆初廩生。事迹具《縣志·文苑傳》。光緒《（安徽）通志》載是集，無卷數，今據《縣志》著録。支莘有異稟，書目十行下，一覽輒不忘，爲詩文率意立就，語句敏妙，曾擊鉢成詩③，鉢一聲絶一詩就，然性喜謔戲語，多詠嘲妻馬氏，爲焚其駁雜者數百篇，方東樹嘗手抄詩詞各一卷，後亦不存。《桐舊集》録十六首。

古愚詩存一卷

［清］馬嶽撰，子梁輯。嶽字堯佐，號"古愚"，桐城人。乾隆初諸生。事迹具《續修縣志·文苑傳》。光緒《（安徽）通志》著録《古愚詩鈔》，無卷數，今據《縣志》著録。《桐舊集》作《樺澗詩鈔》。嶽生而穎異，善詩文。張曾效謂其時有興會淋漓之作。《馬氏詩鈔》録十七首，《桐舊集》録四首。

花田詩鈔一卷

［清］馬春長撰。春長字培和，桐城人。乾隆初監生。詩一卷，有方庚跋。光緒《（安徽）通志》著録，無卷數，今據《縣志》著録。方跋稱遺稿散佚，所存無幾，然各體略備、佳境俱存，非淺學所及。潛山熊寶泰《藕頤類稿》摘其"雲癡歸不速，月滿出偏遲""人生動不如靜""鶴立全勝舞時"等句，今皆不在集中，知所佚固多也。《馬氏詩存》録十五首、《桐舊集》録七首，皆作"《花萼軒詩存》"。

壯游詩草

［清］王蘊渠撰。蘊渠字蓮峰，靈璧人。乾隆初官甘肅知縣、歷浙江嘉善、會稽、桐鄉、嵊、歸安知縣，升江蘇海防同知。事迹具《府志·政事傳》。光緒《（安徽）通志》著録，無卷數。

---

① 犂然：明察，明辨貌。清侯方域《贈丁掾序》："我徐公至則潔清而威嚴，犂然不可欺。"

② 逌然：閑適貌，自得貌。《列子·力命》："庇其蓬室，若廣厦之蔭；乘其華軺，若文軒之飾。終身逌然，不知榮辱之在彼也，在我也。"

③ 擊鉢成詩：指限時成詩。比喻詩才敏捷。清趙翼《自鳴鐘》詩："投籤常恐就睡酣，擊鉢不怕催詩惡。"

研堂集鈔

[清] 周榮光撰。榮光字懷臣，建德人。乾隆十一年歲貢。事迹具《縣志·儒林傳》。光緒《（安徽）通志》著録，無卷數。榮光兄弟相師友，研究經史、不專章句，爲長沙陳鵬年所推。攸縣彭廷梅録入《國朝詩選》。

待廬遺集三卷

[清] 方澤撰。澤字巨川，號"待廬"，桐城人。乾隆十二年優貢，八旗官學教習，候選知縣。事迹具《縣志·文苑傳》。據自序，詩凡十四卷，卷各有子目，曰《獨扑吟》，皆三十前作，存不及十一；曰《南村唱酬集》《長歌集》《後涉江吟》《江漢集》《旅繭集》《待廬吟稿》，皆三十後作，存十之二三；曰《南游草》《中天游草》《江漢後集》《倦還集》《假我吟》，皆五十後作，存十之六七，分體編爲四卷，仍以貧不能全刊，僅鎸其大概，曰《待廬詩緒》，後有澤孫續識語，《縣志》亦著録《待廬文鈔》一卷、《詩鈔》四卷。此本文一卷、古今體詩各一卷，而無"詩緒"名，蓋又重刻本也。澤與同縣姚範、葉酉、王洛等號"龍眠十子"，又與周振采、沈德潛等稱"江左七子"，姚鼐嘗從受業。範謂其文似明羅文，止詩似宋楊秘監。《桐舊集》録詩二十五首。

振川遺詩一卷

[清] 方源撰。源字紹川，一字振川，桐城人。澤叔弟。乾隆初布衣。事迹詳《縣志》。源嘗自定其詩曰《非非吟》，以書笥留逆旅失其稿，此爲兄澤所藏，原近百篇，曾孫宗誠請同縣劉宅俊删存四十餘首爲一卷，姚濬昌又爲録一通藏於家，有澤、宅俊、濬昌諸題跋，未刻。源少從兄學，博涉群書，爲詩不拘格律，直攄性情。濬昌稱其格超味永。《桐舊集》《古桐鄉詩選》皆録其詩。

出塞橐集四卷

[清] 夏之璜撰。之璜字寶傳，原名畹字湘人，晚號"考夫"，六安州人。乾隆十二年優貢，四十五賜舉人，時年八十二，又四年卒。事迹具《州志·文苑傳》。是集四卷，前有乾隆十八年寧化雷鋐序，德州盧氏雅雨堂刻，道光、光緒《（安徽）通志》皆著録。之璜搆惜陰書屋藏書萬卷，手披殆遍，運使盧見曾初知六安甚器之，後盧被議戍軍臺（乾隆五年），無肯從者，之璜慨然請行，往返萬里無難色。雷鋐稱其論興和、開平及河套諸形勢，皆關安危大計，蓋奇士也。

短檠齋詩鈔二卷

［清］馬濂撰。濂字牧僑，號“木齋”，桐城人。棠臣季子。乾隆十二年舉人，考授内閣中書，年三十六卒。事迹具《縣志·文苑傳》。詩二卷，張若澄序，光緒《（安徽）通志》著録，無卷數，今據《縣志》著録。若澄稱其清聲逸韻、超然塵滓①之外。《馬氏詩鈔》録二十四首，《桐舊集》録四首。

竹巖詩鈔

［清］趙良霖撰。良霖字蒼雨，號“築巖”，涇縣人。青藜次子，良震弟。乾隆十二年舉人，咸安宫教習，年四十五卒。事迹具《縣志·文苑傳》。集有會稽周長發序，道光、光緒《（安徽）通志》皆著録，無卷數，《縣志·藝文》“竹”作“築”。良霖近體純學三唐、七古法唐初、古體并宗漢魏，而以近體爲勝。長發稱其本諸性情、舒卷自如、吐屬隽永，獨其温柔敦厚之旨云。《趙氏淵源集》録四十三首、《縣志》録五律一首、七律二首。

宛陵詩草一卷

［清］鄧宗源撰。宗源字瀋川，號“星槎”，壽州人。乾隆十二年舉人，選寧國府學訓導，截取知縣，改授翰林院待詔。事迹具《州志·文苑傳》。光緒《（安徽）通志》著録，無卷數，今據《州志·藝文》著録。李兆洛《小山嗣音》録七十六首，《州志》録七律二首。

胡卧嶺自訂集

［清］胡梅撰。梅字松友，號“卧嶺”，定遠人。明東川侯海裔孫。乾隆十三年歲貢，官江蘇儀徵訓導。事迹具《縣志·文學傳》。光緒《（安徽）通志》著録，無卷數。東川侯好積書，至梅猶存十七萬卷，盡讀之，每屬草即自嫌皆古人所已説，務洗鍊、求新鑿，詩好次韓蘇韻，有奇氣而不襲其語。

野繭園詩古文集

［清］張裕釗撰。裕釗字幼穆，亦字又牧，號“樊川”，桐城人。乾隆十三年進士，官至國子監祭酒，乞歸，年八十一卒。事迹具《縣志·文苑傳》。光緒《（安徽）通志》著録，無卷數。裕釗少孤好學，過目不忘，暇與諸友爲詩文之會，每一篇出人争傳誦。《桐舊集》録詩二十八首。

---

① 塵滓：細小的塵灰渣滓。比喻世間煩瑣的事務。明李東陽《麓堂詩話》：“詩中有僧，但取其幽寂雅澹，可以裝點景致；有仙，但取瀟灑超脱，可以擺落塵滓。”

香雪文鈔六卷

[清] 曹學詩撰。學詩（字以南，號"震亭"，歙人。乾隆十三年進士，官麻城崇陽知縣。事迹具《縣志·文苑傳》）有《易蠡測》，已著録。是集凡六卷，首賦、次序、次祭文、次書、次傳、次啓、次狀、次記、次贊、次頌、次銘、次跋、次疏、次論、次誄、次表，都駢文二百十篇，前有汪由敦、吳瞻泰序，光緒《（安徽）通志》著録，無卷數，今據《本書》著録。惟據《目録》，卷一缺《憐牛賦》《煙波偶吟序》、卷二缺《來新剩草序》《張簡堂醯雞稿序》《金沙史悟岡詩文集序》《湘煙詞草序》《趙飲谷燭灰詞序》《南樓倡和詩序》《散花天女圖序》《山陰宗益夫乘風破浪圖序》、卷三缺《芍田梅花宴序》《送鄭萊公歸觀序》《北樓課士録序》《家蒼岑先生遺稿序》《嘐城楊益齋印譜序》《星源汪隱君壽序》《曹母潘太君八裘壽序》《張岳父冠英翁八裘壽序》、卷四缺《汪桐皋先生公祭文》《吳竹齋年伯祭文》《先王父松癡公百歲冥壽祭文》《稽相國節母楊太夫人祭文》《公祭曹母汪太君入主節孝祠文》《程母李太君公祭文》、卷五缺《采山程君傳》《張惻庵傳》《胡孝子傳》《退圃老人傳》《汪逸庵先生傳》、卷六缺《程母吳太君節壽徵詩啓》《程母路太夫人旌節徵詩啓》《朱虛庵徵詩啓》《石埭縣教諭朱公入名宦祠碑記》《紺珠堂詩跋》《鄭松蓮書跋》《朱象山印譜跋》《跋玉勾詞客》《告安定君文後》《書程詒昆遺稿後》《書鄭頃波傳後》《蟬葉草堂宴集圖後》①《募葬漂骸疏》《文帝閣疏》《募修豐隆庵疏》《募修黄山青蓮宇疏》《募修金山寺彌勒世尊疏》《唐四傑論》《擬聖廟告成慶云呈瑞加恩廣額謝表》②《擬山陵升祔謝表》③共四十八篇，除卷三所缺《星源汪隱君壽序》外，餘葉數皆不銜接，蓋非完帙。學詩《答方漪蘆論文書》④云："竊謂詞非鼎鑄，雖孤行亦覺癡肥⑤。倘其氣可盤旋，即儷語何妨奇宕？"宗旨可知。瞻泰亦謂其運奇宕之氣於比偶之中，蓋托體歐蘇而稍變其行貌者也。

香雪詩鈔

[清] 曹學詩撰。光緒《（安徽）通志》著録，無卷數。《皖雅初集》録近體三首。

---

① 據曹學詩《香雪文鈔》卷八（清乾隆十六年刻本）題爲：《蟬葉草堂宴集圖跋》。
② 據曹學詩《香雪文鈔》卷九（清乾隆十六年刻本）題爲：《聖廟告成慶雲呈瑞加恩廣額謝表》。
③ 據曹學詩《香雪文鈔》卷九（清乾隆十六年刻本）題爲：《山陵升祔謝表》。
④ 據曹學詩《香雪文鈔》卷七（清乾隆十六年刻本）題爲：《答方君漪蘆論文書》。
⑤ 癡肥：笨拙粗胖。形容書法作品字體凝重而不夠勁健有力。明謝肇淛《五雜俎·人部三》："顏書雖莊重而癡肥，無復俊宕之致。"

求是集

［清］袁國鳳撰。國鳳字丹育，號"固亭"，無爲州人。乾隆十五年歲貢，授江蘇阜寧縣訓導，年逾六十卒於官。事迹具《州志·文苑傳》。光緒《（安徽）通志》著録，無卷數。《州志》稱國鳳性敏捷，日課數十藝，王已山爲訂《求是集》行世，似是集爲制藝，今姑仍舊志著録。國鳳與蔣雍植、朱肆三并列"上江十子"，入胄監①，司成陸宗桓首拔之。

峨亭偶編　古芳吟

［清］劉維曜撰。維曜字經象，太湖人。乾隆十五年舉人，官韓城知縣。事迹具《縣志·文苑傳》。光緒《（安徽）通志》著録，無卷數。《縣志》録七律一首。

貽經堂文集

［清］劉維迴撰。維迴號"丹溪"，太湖人。乾隆增生。事迹具《縣志·孝友傳》》。光緒《（安徽）通志》著録，無卷數。

壽山存稿十二卷

［清］洪騰蛟撰。騰蛟字鱗雨，號"壽山"，婺源人。朝陽子。乾隆十五年舉人。五十六年卒，年六十六。事迹具前《國史·儒林傳》。光緒《（安徽）通志》載是集，無卷數，今據《國史》本傳著録。考王友亮《雙佩齋集·洪壽山傳》，騰蛟研窮經訓，尤嗜宋儒書。丁田樹、蔣雍植見其文亟與交，袁枚比之楊子行、井大春，阮葍村見其《黑水説》，嘆爲真讀書人，其見重時賢如此。友亮亦謂其詩文高簡有法。壽山其讀書處，因以自號也。

耕氓草

［清］趙良震撰。良震字修遠，號"耕氓"，涇縣人。青藜長子。乾隆十五年舉人，年五十七卒。事迹具《縣志·文苑傳》。光緒《（安徽）通志》著録，無卷數。良震少好學，率弟讀書石佛寺，杜門不出。《趙氏淵源集》録十一首。

雙桂堂稿八卷

［清］丁田樹撰。田樹字晋古，一字芷溪，懷寧人。乾隆十六年進士，官終兵部郎中，引疾歸。事迹具《縣志·文苑傳》。是集八卷，有雲南師範序，道光、光緒

---

① 胄監：國子監，亦指國子監的生員。清田蘭芳《明河南參政袁公墓志銘》："（袁可立子袁樞）年十二入州庠，見賞於督學何公應瑞，文章有聲場屋間，二十五以尚書登萊勞蔭入胄監。"

《（安徽）通志》皆著録。田樹與湯先甲、王燕緒、韋謙恒唱和。李調元《雨村詩
話》録其詩。

粤游草　北游草　蜀游草

［清］丁田樹撰。光緒《（安徽）通志》著録，無卷數。乾隆二十七年田樹爲四
川副考官，《蜀游草》蓋其時作也。

壺中嘯詩文集

［清］葉沃若撰。沃若字千里，涇縣人。乾隆十六年會試中式，未殿試卒。事迹
具《縣志·文苑傳》。光緒《（安徽）通志》著録，無卷數。《縣志》録七律一首。

杉亭集十卷

［清］吳烺撰。烺（字荀叔，號“杉亭”，全椒人。敬梓子。乾隆十六年召試舉
人，官至山西寧武府同知，以疾歸。事迹具《縣志·文苑傳》）有《五音反切圖
説》，已著録。是集十卷，有王鳴盛、錢大昕序，道光、光緒《（安徽）通志》皆著
録。烺應召試伸紙疾書，頃刻賦成，衆皆訝其敏速。考姚鼐《惜抱軒集》，亦有是集
序（卷四），謂其負儁才而有離世之志，雖無意進取而工於詩，又謂今之工詩者，如
貴介達官相對，盛衣冠、謹趨步而寡情實，若荀叔之詩則第如荀叔而已，則其詩可
知。王昶録入《湖海詩傳》。

筠坡詩草

［清］沈嗣進撰。嗣進字俊三，號“筠坡”，廣德州人。乾隆十七年選貢，候選
直隸州州判。事迹具《州志·文苑傳》。光緒《（安徽）通志》著録，無卷數。嗣進
幼爲祖洪所器，以親老絶意仕進，一編而外泊如也。

褚堂文集一卷

［清］方張登撰。張登字午莊，號“耘墨”，一號“褚堂”，桐城人。正瑗子。乾
隆十七年舉人，官甘肅平羅知縣、改主事。事迹具《縣志·文苑傳》。文僅十篇，裔
孫昌翰刻入《方氏七代遺書》。褚堂者，以《褚河南聖教序》而名也。

秋草文隨十卷後集八卷

［清］袁穀芳撰。穀芳字慧相，一字蕙纕，號“實堂”，宣城人。乾隆十七年舉
人，官江蘇震澤訓導、保舉知縣辭不就。事迹具《縣志·文苑傳》。光緒《（安徽）

通志》載《秋草文隨》，無卷數，又無後集，今據《縣志》著錄。穀芳與潛山張必剛講求史漢以來諸法，同時如袁枚、王鳴盛、錢大昕、朱筠、翁方綱、阮葵生、姚鼐、金榜、程晉芳皆以文字訂交，曹震鏞、曹銘、吳廷琛、潘世恩則其門人也。必剛謂其筆力近王安石、蘇洵。《縣志》錄一首。

歸廬（《縣志》本傳作"荎"）詩稿

［清］袁穀芳撰。光緒《（安徽）通志》著錄，無卷數。《縣志》錄一首。

元峰詩鈔二卷詩續鈔一卷

［清］胡承譜撰。承譜（字韵仲，號"元峰"，涇縣人。乾隆十七年舉人，歷廬江訓導、上元教諭，以疾歸。嘉慶初卒，年七十四。事迹具《縣志·文苑傳》）有《春秋五測》，已著錄。詩鈔二卷，有會稽周長發序，續一卷有大興朱筠序，光緒《（安徽）通志》著錄，無卷數。《縣志》本傳作"詩鈔四卷"，今據《縣志·藝文》著錄。承譜才大，老不廢學，嘗與趙守勳賦《尋梅》《品梅》《憶梅》詩，往復數四，層出不窮。官廬江時又取其地古迹、時事作"樂府數十餘首"，既病廢，趙紹祖刊《涇川叢書》成，猶賦四十韵寄之。《蘭言集》錄十三首，《縣志》錄四首，《府志》錄三首。

小山文集八卷

［清］鄧曰莘撰。曰莘字聚鎬，霍山人。乾隆十七年舉人。事迹具《縣志·文苑傳》。光緒《（安徽）通志》著錄鄧曰莘《古今文集》，無卷數，今據《縣志》著錄。曰莘性強記，有拈僻事發問者，能指某書某卷。文亦奧衍①不趨時好，生平寄情文酒，家雖中落，歌嘯自如。

墨仙詩文集

［清］周捷英撰。捷英字鵬薦，號"墨仙"，桐城人。大櫆長子。乾隆十八年拔貢，考授景山官學教習。事迹具《續修縣志·文苑傳》。光緒《（安徽）通志》著錄，無卷數，又作"周捷"，脱"英"字，《續修縣志·藝文》作《墨仙遺集》二卷，考《周氏清芬集》，錄捷英文一卷，凡二十篇；詩三卷，凡二百十一首；詞一卷，凡二十三首，是已不止二卷。文有《過江詩册自序》《墨仙近稿自序》，又《進稿二集自序》，凡三篇。《過江詩册》爲乾隆十七年作。《墨仙近稿》爲乾隆二十年作，凡百

---

① 奧衍：謂文章内容精深博大。宋秦觀《李狀元墓志銘》："其詞奧衍，有漢唐遺風。"

餘首。《清芬集·小傳》則稱其惜多散佚，惟迎鑾所獻文賦暨百韵詩選，載《南巡盛典》《墨仙文稿》《讀史詩稿》藏於家。《桐舊集》録詩五首，稱其有《妙香齋集》，内《史臆》一首下注"四十九首之一"，蓋即其讀史詩也。全詩見《清芬集》。

三餘草　趙大彦文集

[清] 趙植撰。植字大彦，桐城人。乾隆十八年拔貢，甫三十卒。事迹具《縣志·文苑傳》。光緒《（安徽）通志》既著録《三餘草》，又著録《大彦詩文集》，然《三餘草》即詩集也，今據《縣志》著録。植爲文根柢經史，旁及唐宋元明諸家。先輩如馬濂、張元泰、孫良志皆推之。

瑶山文集

[清] 黄駿撰。駿字子超，號"瑶山"，績溪人。乾隆十八年拔貢。事迹具《縣志·文苑傳》。光緒《（安徽）通志》著録，無卷數。《縣志》稱其博通經史，工詩賦，文則清奇濃淡，無不擅長。

悟臺遺草

[清] 馬騰蛟撰。騰蛟字海門，涇縣人。乾隆十八年拔貢。事迹具《縣志·文苑傳》。集有同縣趙青藜、太平張鍾玘序，光緒《（安徽）通志》著録，無卷數。《縣志》録七律二首、五絶一首。《（縣志）藝文》"悟"作"梧"。

洛川文集詩集

[清] 方懌撰。懌字牖民，懷遠人。簡子。乾隆十八年拔貢，選潁上教諭，卒於官。事迹具《縣志·耆舊傳》。光緒《（安徽）通志》作"楊懌"，蓋沿《府志》之誤，今據《縣志》著録。懌嗜讀成羸疾仍手不釋卷。

東湖詩古文集

[清] 汪士通撰。士通字宇亨，號"東湖"，黟縣人。乾隆十八年舉人，由會試明通榜[①]，官浙江蕭山知縣。事迹具《縣志·文苑傳》。詩有嘉慶元年青浦王昶序，光緒《（安徽）通志》著録，無卷數。昶稱其工詩善畫，嘗爲畫《三泖漁莊小册》并題二絶，又稱其性情蕭澹，爲令廉潔。詩雖不多，必傳無疑。《縣志》録詩四首、

---

① 明通榜：清雍正、乾隆年間，在會試落卷内選文理明通的舉人於正榜外續出一榜，名爲"明通榜"。清阮葵生《茶餘客話》卷二："近來會榜後，蒙恩於薦卷中擇文之佳者，發明通榜，以教職用……按明永樂初年，令會試下第文字稍優者除教官，其下者入監讀書，即明通榜之意。"

文二首。

公餘集一卷

[清] 汪士通撰。蓋知蕭山時作，前有乾隆三十二年會稽陶杏秀序，稱其托志詩歌、流連景物，得於勞形案牘之餘，非俗吏所能彷彿。

還讀堂詩文集

[清] 王漣撰。漣字修遡，號"省軒"，合肥人。原籍休寧。乾隆十八年舉人。事迹具《縣志·人物傳》。光緒《（安徽）通志》著録，無卷數。漣博學力行，以持敬爲本，父殁絶意進取，家居教授以終。

行矗文稿十卷

[清] 周仲連撰。仲連字潤民，霍山人。乾隆十八年舉人，官國子監學正，重宴鹿鳴六十年赴千叟宴。事迹具《縣志·文苑傳》。光緒《（安徽）通志》著録《行矗集》，無卷數，今據《縣志》著録。仲連嗜學工文，從游者經其指授，悉有規矩。

立夫賸稿拾遺二卷

[清] 余大中撰。大中（字藕亭，號"拙齋"，一號"立夫"，宿松人。士瓚子。乾隆十九年歲貢，官江蘇鎮洋訓導，四十四年秩滿致仕，年八十餘卒。事迹具《縣志·文苑傳》）有《校訂鄉黨圖考》，已著録。據《縣志》，大中文多佚。是集二卷，文二十四篇，抄本未刻。大中論文首氣骨神味，次體裁用筆，尤以氣爲主，其説今在集中。康熙後，宿松言古文者，當首推大中也。

本齋詩集

[清] 濮陽慎撰。慎字徽五，號"木齋"，廣德州人。模從弟。乾隆十九年選貢。事迹具《州志·文苑傳》。光緒《（安徽）通志》著録，無卷數，《州志》作"三册"。慎九歲能誦《魯靈光殿賦》，從模學詩一年而成。有傑句，陳毅録入《所知集》。《州志》録五古二首、五律一首。

耕遲文集十卷

[清] 程壎撰。壎字賡篪，又字讀山，歙縣人。乾隆十九年進士，選湖北嘉魚知縣，改鳳陽府教授。事迹具《縣志·文苑傳》。集十卷，光緒《（安徽）通志》著録。

耕遲詩集二十卷

［清］程壎撰。分二十子目，曰《知魚集》、曰《刻楮集》、曰《紀游草》、曰《春稿》、曰《雜稿》、曰《刻脂集》、曰《宦游吟稿》、曰《豫游新製》、曰《西江游草》、曰《后山詩稿》、曰《豐溪寓齋雜吟》、曰《松濤閣雜吟》、曰《松濤閣書舍詩稿》、曰《虹谿書屋偶吟》、曰《仰山書舍偶吟》、曰《讀山詩鈔》、曰《擬儋集》、曰《紀行詩稿》、曰《課楳編》、曰《坐花閣雜吟》，各一卷，光緒《（安徽）通志》著錄。

訒庵詩存一卷

［清］汪啓淑撰。啓淑字慎儀，號"秀峰"，又號"訒庵"，歙縣人。乾隆朝授例爲工部郎、擢兵部郎中。事迹具《縣志·文苑傳》。詩一卷，光緒《（安徽）通志》著錄。啓淑業鹽，寓錢塘，與顧之斑、朱璋、杭世駿、厲鶚唱和。

蘭谿櫂歌一卷

［清］汪啓淑撰。凡一百首，乃輯《蘭谿志》時所作，有乾隆二十年沈德潛序、張熙純題詞，道光、光緒《（安徽）通志》皆未著錄。啓淑是詩，蓋仿朱彝尊《鴛鴦湖櫂歌》而作，然彝尊多流連光景之詞，於志乘少所關係，啓淑則自山川、人物、民風、土俗、古迹、物産，一一臚列，且於前人所載補闕訂訛，乃與彝尊不同。德潛亦謂其語淺情深，興高韵遠，與彝尊殊其旨趣，同其逸響云。

篆香詩集

［清］李仁曾撰。仁曾字元建，廣德州人。乾隆二十年歲貢。事迹具《州志·文苑傳》。光緒《（安徽）通志》著錄，無卷數。仁曾讀書多慧解，性嗜飲，酒後爲文超逸有奇氣，與濮陽模交厚。《州志》錄五古一首。

汪瑶詩

［清］汪瑶撰。瑶字雲上，歙人。朱昂妻。道光、光緒《（安徽）通志》皆著錄，無卷數。《（清詩）別裁集》錄五古一首。

南莊文鈔八卷

［清］魯琢撰。琢字研山，號"南莊"，懷寧人。乾隆二十一年舉人，授雲南浪穹知縣，以病歸，改鳳陽府訓導。事迹具《縣志·文苑傳》。是集八卷，道光、光緒

《（安徽）通志》皆著録。琢爲文出入經史。南莊在縣治北，其所居也。

南莊詩鈔十卷

［清］魯琢撰。按年編次，自乾隆九年甲子至三十八年癸巳，凡三十年，都一千二百八首，有沈德潛序。光緒《（安徽）通志》作十四卷。據沈序，稱曩曾序其詩，此乃綜數十年舊作去取爲是集，疑十四卷爲初刻本也。論詩謂："不真則味不長，不淡則韵不遠，不古則氣不厚，不渾則神不完（見《張師範序》）。"又《寄王文治》云："寄語風流王内史，詩人今住盛唐山。"其自喜可知。德潛謂："其性情真摯，天才洋溢，源流同異，靡不該貫。"趙紹祖亦謂："其筆力雄健，諸體具美。五古出入韓蘇，尤爲人所莫及云。"《蘭言集》録十二首，陳毅《所知集二編》録八首。

緑蘿館遺詩

［清］黄浩浩撰。浩字嘯江，懷寧人。乾隆布衣。事迹具《縣志·文苑傳》。浩爲詩不樂示人，每一篇成輒焚其稿，既歿友人魯琢搜其散佚刻之。光緒《（安徽）通志》著録，無卷數。陳毅《所知集二編》録《春日書事》七律一首。

孝友堂詩鈔　東岡文稿

［清］江瀠撰。瀠字晴川，號"東岡"，旌德人。乾隆二十一年舉人。事迹具《縣志·文苑傳》。光緒《（安徽）通志》著録《孝友堂詩文集》，今據《縣志》著録。瀠從祖鳳鳴學於《四子書先儒語録》，尤極體究。其友吕光亭稱之。《皖雅初集》録七絶一首，《縣志》録記二篇、五律一首。

吹劍集

［清］汪立爍撰。立爍字質堃，號"南埠"，績溪人。乾隆二十年副貢。事迹具《縣志·文苑傳》。光緒《（安徽）通志》著録，無卷數。立爍尤精三禮，爲江永所推。

濠上唱酬集

［清］方儻撰。儻字東倈，號"漱泉"，歙人。據乾隆二十五年鮑倚雲跋，儻一應召試，筮仕臨淮，旋改官去，度非可以耤盤終者，是儻曾任鳳陽教官也。又稱其神峰高峻，無世俗語言意思時角險韵，彌復跌宕自豪。

檻雄集一卷

[清] 吳寧撰。寧字元侶，歙縣人。廩貢生。乾隆二十三年召試二等，候選訓導。事迹具《縣志・文苑傳》。光緒《（安徽）通志》著録，無卷數，今據《府志》著録。寧勤苦力學。乾隆《縣志》出其手者居多。

賓坻詩集四卷

[清] 何興祚撰。興祚字景賢，號"賓坻"，無爲州人。原籍浙江會稽，乾隆間布衣。詩係自編，凡四卷，卷各有子目，卷一曰《亦可齋稿》，詩九十六首，有曾有典序；卷二曰《結璞檢存》，詩九十七首，有龍舒任自舉序；卷三曰《清芬集》，詩一百零五首，有乾隆二十五年張廷珪題詞；卷四曰《紀行編》，詩八十五首，有乾隆二十九年華亭董均序，乾隆三十五年刻，前有乾隆二十四年王家符序及自序、後有古松、范克峻二跋，光緒《（安徽）通志》未著録。興祚論詩推李杜。家符謂其不强應酬、不事劃刻，意在餘不盡之味，不欲急索解人，而深婉綿邈，別有隽味，又皆原於其人，而非可襲取云。《皖雅初集》録七律一首。

新城伯子文集八卷

[清] 胡賡善撰。賡善（字受穀，歙人。乾隆二十四年舉人。事迹具《縣志・文苑傳》）有《春秋述傳》，已著録。是集八卷，首經說、次雜著、次碑頌、次告文、次祝文、次啓、次策對、次序、次碑記、次引跋、次傳、次墓志、次箴銘、次贊、次述略、次行狀、次祭文，前有姚鼐撰墓志銘，門人朱文翰序，又校刊門人百六十八人，後有弟賡香撰行狀、子良會跋，嘉慶四年刻，光緒《（安徽）通志》著録。賡善師方椉如，而友金榜。方矩然嘗謂椉如文骨不勝肉，蓋非守一先生之言者，又謂爲文當寢饋①古人而行以天趣，不甚樂爲考訂家言，集中所録率應群弟子問，如《論歲星》等篇是也。

揀金集

[清] 崔映秀撰。映秀字芝三，號"蘭亭"，太平人。明參政師訓六世孫。乾隆二十四年舉人。年四十六卒。事迹具《縣志・文苑傳》。光緒《（安徽）通志》著録，無卷數。映秀所著惟抒寫性靈、發揮理蘊，不爲雕琢艷異之詞，而天真爛熳，機趣自深。

---

① 寢饋：寢食，吃住。謂時刻在其中。清陳廷焯《白雨齋詞話》卷五："而究其（莊棫）得力處，則發源於《國風》《小雅》，胎息於淮海、大晟，而寢饋於碧山也。"

鶴汀詩文全集

[清] 江朝舉撰。朝舉字軒若，號"鶴汀"，全椒人。乾隆二十四年舉人。事迹具《縣志·文苑傳》。光緒《（安徽）通志》著録，無卷數。朝舉絶意仕進，以著述自娱，老而不倦。

延景堂詩鈔一卷

[清] 馬春生撰。春生（字宣和，號"復堂"，桐城人。翮飛長子。乾隆二十五年歲貢，候選訓導，年三十八卒。事迹具《縣志·儒林傳》）有《群經擇義》，已著録。是集一卷，有丁泰跋，光緒《（安徽）通志》著録，無卷數，又誤爲馬翮飛著，今據《縣志》著録。春生服膺宋儒，尤邃三禮，工詩文。丁泰稱其詞旨清雋，自寫性情；光聰諧亦謂其"嫩寒山色落詩瓢"，七字千古，惜王士禛未見之。《馬氏詩鈔》録四十七首，《桐舊集》録十首。

乃亨詩集四卷

[清] 馬春田撰。春田字情田，號"雨耕"，桐城人。翮飛叔子。乾隆廩貢。事迹具《縣志·文苑傳》。詩四卷，都三百四十四首，有洪亮吉、張曾獻跋。光緒《（安徽）通志》著録《乃亨集》，無卷數，今據《縣志》著録。春田客江寧，與姚鼐、張敔、袁樹唱和。亮吉謂其如春之宜人、冶之鑄物、自出機杼、一空依傍；曾獻謂其搖筆疾書，無不如志，短長高下皆宜；姚通意《賴古居詩話》謂其意必獨造、詞必已出，不斤斤似古而有時逼似古人，足以洗滌塵俗；朱雅謂其奇闢處平揖蘇黄。馬樹華刻入《馬氏詩鈔》。《桐舊集》録四十六首。

鋤經堂集十四卷 頤庵詩集

[清] 章守待撰。守待字眉二，一字觀頤，桐城人。乾隆二十五年歲貢。卒年八十七，門人稱爲"砥殖先生"。事迹具《縣志·文苑傳》。光緒《（安徽）通志》著録。守待力學以明道爲宗，尤粹於《四書》與《易》，旁及史、子，集亦各有體會。

蔚華堂詩古文集

[清] 曹孚撰。孚字非聞，號"偶寄"，歙縣人。乾隆二十五年歲貢。事迹具《縣志·文苑傳》。光緒《（安徽）通志》著録，無卷數。孚師淳安方棻如，而友同縣胡瑁、胡珊、潘宗碩、方需霖、胡賡善，時稱爲"六子"。曹坦、程延豐、曹榜、汪蘇輦皆出其門。《縣志》稱其肆力古文，得歐陽家法。

石鼓硯齋文鈔二十卷

［清］曹文埴撰。文埴字近薇，號“竹虚”，又號“薺原”，歙縣人。乾隆二十五年進士，官至户部尚書，乞養歸，年六十四卒，謚“文敏”。事迹具《縣志·宦迹傳》。是集二十卷，乃卒後子振鏞所裒集，首賜什、次恩綸、次嘉慶四年蔡新、五年畢沅圖二序，光緒《（安徽）通志》著録。文埴古文、駢體兼長，奏御之作多蒙褒獎，集中奏謝札子至百餘，知遇之隆，文章之盛，古未嘗有也。沅圖亦稱其事君之忠、事親之孝、持身之正，皆於其文見之。

石鼓硯齋詩鈔三十二卷

［清］曹文埴撰。有錢大昕序，光緒《（安徽）通志》著録。李調元録入《雨村詩話》。

直廬集八卷

［清］曹文埴撰。集凡八卷，詩三百三十四首，有乾隆六十年平湖沈初序。文埴詩學白蘇，以乾隆三十二年供奉南書房至五十二年始乞養歸，二十五年中恭和之作，特多顔曰“直廬”，紀榮遇也。

游笈集七卷

［清］江蘭撰。蘭字芳國，號“畹香”，歙人。貢生，應召試，官至兵部左侍郎，移疾歸，召赴河工入都卒。事迹具《縣志·宦迹傳》。集凡七卷，前有乾隆二十五年天台齊召南序，蓋即刻於其時。召南稱其氣清姿敏，才高趣深，所詣殆未可量。

抱瓮齋詩

［清］翟大程撰。大程字雲九，號“依巖”，涇縣人。思晊子。乾隆二十五年進士，由中書改外歷廣東鎮平、始興知縣，乞休歸。事迹具《縣志·文苑傳》。集有大興朱筠序，道光、光緒《（安徽）通志》皆著録，無卷數。大程早年恬退，故集以“抱瓮”名。趙友廣稱其精當雅净、氣體疏朗，録入《蘭石詩鈔》。《縣志》録五七律各一首，《蘭言集》録十九首。

羅浮紀游詩一卷

［清］翟大程撰。光緒《（安徽）通志》著録，無卷數，今據《縣志》著録。大程以事赴會城，舟次博羅，距羅浮不五十里，遂捨舟從之閲四宿而返，所至各紀一律并自序，然羅浮廣袤五百餘里，大程所游僅東南一隅而已。

滇吟 黔吟 燕吟 豫吟 白下吟

［清］崇士錦撰。士錦，天長人。乾隆二十五年進士，官河南禹州知州。集凡五種，光緒《（安徽）通志》著録，無卷數。

映劍集十一卷附吟弄集二卷

［清］濮陽模撰。模字窗耘，廣德州人。乾隆二十五年舉人。事迹具《州志·文苑傳》。集凡十一卷，附《吟弄集》二卷，三十三年刻，前有白門曹庚序，光緒《（安徽）通志》著録，無《吟弄集》，又誤"映"爲"映"，今據《州志》著録。模授徒橫山，州牧劉請見，托詞避去。庚稱其才高學博，性情空曠，故能兼該衆美，自成一家。《州志》録五古一首。

安徽通志稿·藝文考

集部二十　別集類十九

愛吾廬詩草

［清］吳葆孫撰。葆孫字梓林，號“竹坪”，涇縣人。乾隆間貢生，援例爲福建候補通判。事迹具《縣志·懿行傳》。詩皆三十前作，乾隆二十六年刻，同縣俞掄文序。

東橋詩草

［清］吳葆孫撰。亦三十前作，乾隆二十六年附刻其父《璞庵遺稿》後，同縣趙青藜序。

竹坪詩草二卷

［清］吳葆孫撰。詩凡二卷，卷上古體、卷下今體，都二百四十九首，乃前二刻以外之詩，有乾隆二十六黃淮俞掄文、趙青藜序，嘉慶二年子臺刻，有吳廷選、袁穀芳序、諸自穀題詞。據子臺識語，乾隆甲午後詩不下千餘篇，丙午毀於火，十不獲一，故集中所載歸田後較多。穀芳稱其和平閑適，有前集所未及者，使天假之年，何遽讓白陸云。竹坪者，葆孫性愛竹，築箖竹山房，故以名也。

待園詩鈔四卷　雅堂文鈔

［清］蔣雍植撰。雍植字秦樹，號“漁村”，懷寧人。乾隆二十六年進士，官翰林院編修卒。事迹具《縣志·仕業傳》。光緒《（安徽）通志》載《待園詩文集》，無卷數，今據《縣志》著録。雍植幼解四聲，五歲授毛詩，能舉大義。王昶《湖海

詩傳》録其詩。

恭壽堂詩文全集八卷

[清]姚棻撰。棻字香苴，號"鐵松"，桐城人。孫枝玄孫。乾隆二十六年進士，官至福建巡撫，嘉慶二年乞休歸，六年卒。事迹具前《國史·列傳》。是集八卷，道光、光緒《（安徽）通志》皆著録。據姚瑩《姚氏先德傳》載棻有《鐵松隨筆》《蒙求草》《讀易管窺》《宦轍檢存》各二卷、《別音正訛》《焚餘草》各一卷、《居官要語訓子録》一卷，都十一卷，而不言有是集，疑所謂全集者，即《（姚氏）先德傳》所載而去其一二種，非別有詩文集也。《桐舊集》録詩四首。

儷藻外集

[清]檀萃撰。萃字豈田，一字默齋，號"廢翁"，別號"白石"，又稱"草堂"，望江人。乾隆二十六年進士，補雲南禄勸知縣，坐虧銅劾罷。事迹具前《國史·文苑傳》。是集皆駢文，爲歙吳珏評、弟成注、男沐清校、屠紳序并刻，乾隆四十八年板沉川江，僅存底本。光緒《（安徽）通志》著録，無卷數。成字照唐，號"澹谿"，著有《澹谿叢言》，萃爲序，見《草堂外集》卷八。紳字笏巖，官知州。

草堂外集十五卷

[清]檀萃撰。《儷藻外集》板既沉川江，諸弟子乃裒舊作附以新製爲是集，卷一、卷二賦，卷三至卷五書啓，卷六至卷九序，卷十曰銘、曰辭、曰禳賽①、曰祭告，卷十一曰答、曰詛、曰約、曰募疏、曰狀、曰跋，卷十二曰祝、曰禱、曰贊、曰箴，卷十三碑，卷十四曰碑、曰墓志銘、曰薦祭②，卷十五祭吊，都百二十二篇，除卷十五前十篇，餘皆有注、書眉有批、評題下多注本事，文後附記者四、附傳者二，似萃所自爲，前有乾隆元年上虞徐立綱及雲谷老人、九鯉仙、五華先生、泰尚老人序，惟每卷首皆題重鎸《草堂外集》、天都吳并山原評本、滇南蝶會諸老重批、草堂衆弟子同參定，而無注者姓名。卷七獨題《儷藻外集》，江渚檀萃默齋著、天都吳珏并山評、弟成澹谿注、男沐清九雲校，與他卷異。又卷二之《桃花賦》、卷四之《復張進士書》、卷十三之《京都法華寺真誠禪師碑》《里社鄉約碑》共四篇爲目所無，題與目復多互異，惟按之文義當從題爲長，此係舊抄本，然徐立綱序稱鳩工雕刻、雲谷老人序稱重加批注以梓之、九鯉仙序亦稱重付剞劂，則是集固曾刻行也。

---

① 禳：音 ráng，祭名。祈禱消灾去邪除惡之祭。《左傳·昭公二十六年》："齊有彗星，齊侯使禳之。"賽：行祭祀禮以酬神。《史記·封禪書》："冬賽禱祠。"索隱："賽謂報神福也。"

② 薦：祭品。《禮記·祭義》："仲尼嘗奉薦而進親也。"

萃自謂爲文不能高，亦無取於高第，狗①時俗所好、或欲炫耀與爲炫耀、或欲諛頌與爲諛頌，或平、或奇、或簡、或繁，隨而曲傳，不以已與，所以常得售而有以自給；雲谷老人則謂其雖狗時好而有高古之氣，行乎其間，遠出伽陵、思綺諸家上，今觀其文雖未必勝陳維崧，而較章藻功實過之。又考萃所撰《滇南詩話》，雲谷老人爲山陰黃斌；九鯉仙爲黃佾，字次廬，福建舉人，歷署廣通、定遠知縣；泰尚老人爲李榮陛，字厚岡，官嵋峨知縣；五華先生爲黃宗傑，字勁葊。光澤拔貢，主五華書院，皆與萃爲蝶會者也。

滇南詩集十二卷

[清] 檀萃撰。萃舊有《執宜堂詩集》二十卷，寫正副二本，乾隆四十八年副本沉於川江，正本亦毀於家，而門人禄勸戴聖哲、新興馮承恩所録，尚得十之二三，益以續著至乾隆五十七年止，門人浪穹王藩、宜良嚴烺、昆明吳毓寶、晉寧段時恒等編爲古詩五卷、律詩七卷并附圈評、標注，改題是名，前有大可山人及嘉慶初元江陰屠紳序，又王藩等序共四篇。萃居滇垂二十年，共稱"滇南先生"。屠紳謂其別開生面，不受前人牢籠，以比陸游《劍南集》云。

望古集六卷

[清] 汪有典撰。有典（字啓謨，號"訂頑"，一號"咬菜居士"，無爲州人。國璿子。乾隆府學生，年七十一卒。事迹具《州志·文苑傳》）有《史外》，已著録。是集凡六卷，乃有典歿後陳承萃校刻，有乾隆二十七年江東杭楡序及自序，民國十六年縣人姚鑑得於故家敝籠中，然間有殘脱。記十五篇、七律二十七首，皆僅存其六，五、七絶則均無存，鑑乃仿姚鼐《古文辭類纂》例更訂後四卷類次，又增輯《振華齋詩集序》《廣三字經引》《收族弁言》《沈篷洲傳》《沈洞泉傳》，凡五篇附序傳二類後，都文九十四篇、賦二篇、詩二十三首，即於是年集貲重印并爲之序。惟據本集卷四《洪懿齋傳》，載《題壁》句云："雲霞宛照鋤花影，風雨如聞戰酒聲。"陳詩《皖雅初集》卷三十三載《移菊》一律，又縣人盧自濱稱髫年極愛有典《晏如室記》，鑑皆未搜及，知所逸尚多。有典長於史學、文亦有奇氣，其《二十二史序》謂《元史》多重復，至作佛事本紀必書《游皇城》入之《禮樂志》，與朱彝尊《上史館總裁書》同，《承重説嫡孫先後》《承重説除喪葬服》，説頗能酌情禮之宜，訂習俗之謬，惟《婚禮辨》引《禮》曰"婿免喪，女之父母使人請，婿弗取，而後嫁之"云云，爲記者之過，不知《禮》所云而後嫁之者，即嫁其婿非改嫁，而舊解之誤，

---

① 狗：同"徇"。順從、依從。《古今小説》："知縣又徇了顧僉事人情。"

有典蓋偶未察也。

卧雪集

[清] 朱點撰。點字啓謨，望江人。乾隆二十七年恩貢，年六十七卒。事迹具《縣志·儒林傳》。光緒《（安徽）通志》著録，無卷數。點天資沉敏，爲文揮筆立就，無拘苦態。《縣志》録"引言"一篇。

黄典詩文集

[清] 黄典撰。典字鴻語，太湖人。乾隆二十七年歲貢。事迹具《縣志·文苑傳》。光緒《（安徽）通志》著録，無卷數。典與同縣曹剛、余懿術倡明經學。集數十卷，其子變載入《都問序》，未逮卒稿，遂爲人所匿。《縣志》録七古一首。

養正詩文集

[清] 余懿術撰。懿術字葆君，太湖人。增監生。事迹具《縣志·文苑傳》。光緒《（安徽）通志》著録，無卷數。懿術師事同縣黄典，典亦引爲忘年交。《縣志》稱其佺携稿入都，未及付梓而卒，稿遂散失。

梯雲堂詩文集

[清] 吳賀竺撰。賀竺字西域，號"梯雲"，宿松人。乾隆二十七年歲貢，池州府訓導卒官。事迹具《縣志·文苑傳》。光緒《（安徽）通志》作"《梯雲詩草》"，又誤"賀"爲"學"，今據《縣志》著録。賀竺讀書鍾山，與秦大士友善。《縣志》稱其文獨藻繪，尤工詩。

韋庵集

[清] 檀自蔭撰。自蔭字玩青，號"韋庵"，望江人。乾隆二十七年舉人，歷靖江、句容教論，年八十六卒。光緒《（安徽）通志》著録，無卷數。考倪模撰傳，自蔭精三禮，與族叔萃齊名。合肥周大槐《海樵文鈔》亦稱其好學有文。模其門人也。

杜詩考證 韓文考證

[清] 檀自蔭撰。見倪模撰傳。光緒《（安徽）通志》著録，無卷數，又隸"集部·箋注類"，今改隸"別集"。

玉勾草堂詩集四卷

　　[清] 鄭澐撰。澐字晴波，號 "楓人"，歙人。江蘇儀徵籍乾隆二十七年舉人，三十年召試授内閣中書，官至浙江督糧道，以失察屬吏謫新疆，援免後遇慶典，給五品銜。事迹具《府志·宦業傳》。詩四卷，嘉慶十三年女夫休寧戴延介刻并序。《府志》作二十卷，今據本書著録。澐嘗校刊《杜甫全集》，其宗尚可知。陳鱣謂其以典籍之華，舒沉鬱之致。

戴東原集十二卷

　　[清] 戴震撰。震（字東原，休寧人。乾隆二十七年舉人，三十八年薦充四庫館纂修，四十年特命殿試，賜進士，改翰林院庶吉士，四十二年卒官，年五十五。事迹具前《國史·儒林傳》）有《尚書義考》，已著録。集本十卷，分體編次，都一百十六篇，曲阜孔繼涵刻爲《戴氏遺書》之一種，後附繼涵《吳太孺人墓志銘》一篇。武進臧在東、顧子述病其未備，增入文二十二篇爲十二卷，其編次略以意類分，不分體，而去孔繼涵一篇，乾隆五十七年段①玉裁刻并序，後附校記，光緒《（安徽）通志》著録。此本之後有光緒十年蛟川張氏刻本，又宣統渭南嚴氏刻本，附年譜、札記各一卷，今據段刻本著録。震深於經學，集中多説經之文。玉裁謂其學梗概，具見者是也。

偉堂詩鈔三十卷

　　[清] 趙帥撰。帥字元一，號 "偉堂"，涇縣人。良瓊子。乾隆二十七年舉人，任江蘇鎮江府訓導，升直隸安肅知縣，罷歸，年七十八卒。事迹具《縣志·文苑傳》。詩三十卷，有袁枚、王昶、沈初序。道光、光緒《（安徽）通志》皆著録。帥在鎮江十餘年，與郡中能詩者結社唱和。枚《隨園詩話》稱其《焦山》《青山》諸作，不愧唐人；昶稱其風味直接王士禛。《趙氏淵源集》録六十首，《桃花潭文徵》録三首，《縣志》録五古二首、五律一首。

雲樵詩鈔

　　[清] 釋達航撰。達航字雪帆，號 "雲樵"，涇縣人。住持縣遠渡水月庵，集有趙青藜序。道光、光緒《（安徽）通志》皆著録，無卷數。《縣志》録七律一首，《蘭言集》録八首。

---

　　① 叚：當爲 "段"。

懶雲詩鈔三卷

〔清〕趙友廣撰。友廣字穎存，號"懶雲"，涇縣人。青藜從孫。乾隆增監生。年八十卒。事迹具《縣志·文苑傳》。是集三卷，有族祖青藜、族父良霈序。道光、光緒《（安徽）通志》皆著録。友廣五古專精選體，七律意存別裁，不墮旁徑。《趙氏淵源集》録四十首，《桃花潭文徵》録七首。

龜山遺草二卷

〔清〕趙友璋撰。友璋字逸吾，號"龜山"，涇縣人。布衣。早卒。事迹具《縣志·文苑傳》。是集二卷，乃卒後其友汪珊所刻并序，光緒《（安徽）通志》著録。友璋性狷介①，耽吟咏。《趙氏淵源集》録七首，《縣志》録五古一首。

花韵軒咏物詩存三卷

〔清〕鮑廷博撰。廷博（字以文，歙人。乾隆諸生，嘉慶八年賞舉人，卒年八十餘。事迹具前《國史·文苑傳》）有《知不足齋叢書》，已著録。是集卷一七律九十首，内附詞一闋，又附錢塘魏之琇同作一首，又自題詩後一首，卷二夕陽七律二十首，附仁和沈景良、陽湖趙懷玉、古杭何琪、石門方薰、桐鄉金德輿、仁和鬱禮題後七律各一首，又附錢塘魏之琇同作四首、慈谿鄭竺、仁和沈景良、錢塘范廷甫、夏璜、仁和吳長元、戴鎬同作各一首，又自題詩後十首，卷三七律二十四首、七絶十二首，前有嘉慶十年阮元序，乃海寧陳慎初堂鈔本。本傳載有《花韵軒小稿》二卷、《咏物詩》一卷，當即是集。道光、光緒《（安徽）通志》皆未著録。廷博好學耽吟，一草一木流連竟日，夕陽詩尤工，袁枚、阮元皆呼爲"鮑夕陽"。元又稱其隸事淵雅，極體物之妙。惟本傳載嘉慶八年，廷博年八十六，逾年卒，阮序作於嘉慶十年，稱其年進八十，則嘉慶八年不得有八十六，阮與同時當不誤。又卷二《書沈景良夕陽詩後》，注云："景良字敬履，號'松町'，嘗輯元白斑詩，跋署'松町'，而不名。"《四庫全書》即著於録，何琪爲作傳，惜未之及。案：景良所輯，即《白斑湛淵集》，《四庫全書》載沈菘町輯而不詳其名，此亦可補其缺也。

隨月讀書樓集三卷

〔清〕江春撰。春字穎長，號"鶴亭"，歙縣人。僑居揚州。乾隆間總理監鹽

---

① 狷介：正直孤傲，潔身自好。《晋書·向秀傳》："以爲巢、許狷介之士，未達堯心，豈足多慕。"狷：耿直，固執。介：孤高，特出。

筴①，授布政使司銜。事迹具《縣志·義行傳》。詩凡三百二十首，卷下有《黃海游草》《深莊秋咏》二目，嘉慶九年子振鴻刻於揚州。春爲金壇王雲衢弟子，尤長於詩，與江都程夢星齊名，而與杭世駿、錢程群、曹仁虎、蔣士銓、金農、陳章、鄭燮、黃裕、戴震、沈大成、江立、吳烺、金兆燕唱和。吳錫麒謂其寄意高遠，氣度豁如。王昶録入《湖海詩傳》。

晴綺軒詩集一卷集句一卷

[清] 江昉撰。昉號"旭東"，又號"硯農"，別號"橙里"，歙縣人。春從弟，候選知府。事迹具《縣志·詩林傳》。是集一卷，詩一百三首；集句一卷，七絕九十首，皆集唐宋元明七言詞句爲之，前有自識，嘉慶九年兄子振鴻刻。昉師興化任陳晋，而友任大椿、齊召南、厲鶚、王又曾，暨兄春，諸賓客聯吟覓句無虚日。阮元謂其意境清遠，得宋人高格，集句妙思清響，如出己手；李保泰亦謂其幽夐②高介，躭山水之游，詩境亦約略近之。

玉華詩鈔一卷

[清] 江振鷺撰。鷺字苣堂，號"玉華"，歙縣人。昉子。鹽運同知銜。詩凡百五十一首，興化顧麟瑞序，嘉慶九年弟振鴻附刻《二江集》後。

文鋒遺稿一卷

[清] 江振先撰。振先字子野，號"文鋒"，歙縣人。春子。詩凡六十三首，嘉慶九年兄振鴻附刻《二江集》後，據振鴻撰墓碣，振先兩歲識文字，三歲讀毛詩，五歲入學即賦雨詩，乾隆四十九年仁廟③南巡，隨父迎駕，召對稱旨，時甫七歲耳，十二以痘殤，病時自言不合，作《游仙詩》以泄其閟，命焚其稿，僅存十之四，即振鴻所刻也。

小巢湖詩四卷

[清] 鮑善基撰。善基字致高，歙縣人。商籍諸生。事迹具《縣志·詩林傳》。道光《（安徽）通志》載是集，無卷數，今據光緒《（安徽）通志》著録。《府志·藝文》"湖"作"壺"。善基游迹半海宇，古體出入韓蘇，近體宗劉長卿。宋涵稱其

---

① 鹽筴：徵收鹽稅的政策法令。筴：同"策"。鹽務。清劉大櫆《誥贈通奉大夫程君傳》："故程君年二十，即奉其父命，理鹽筴於豫章。"

② 幽夐：音 yōu xiòng，幽深，深邃。唐段成式《酉陽雜俎·天咫》："游嵩山，捫蘿越澗，境極幽夐。"

③ 仁廟：清代可用廟號來代替清代君王，例如聖祖康熙，廟號爲"仁"，臣子在提及時亦可尊稱爲"仁廟"。

書事、述情，蒼凉壯激，可以仰窺前賢。

壽藤齋詩集三十五卷詩賸五卷古文十卷

［清］鮑倚雲撰。倚雲字薇省，號“蘇亭”，又號“退餘”，歙縣人。善基第三子。乾隆優貢[①]。事迹具《縣志·文苑傳》。倚雲工書，詩集稿本皆以行書自寫，中闕三卷，嘉慶十二年其孫桂星就手録三十二卷，選工摹刻，前有阮元序。道光《（安徽）通志》著録詩集三十五卷，無《詩賸》及古文，今據光緒《（安徽）通志》著録。《縣志》作“詩集四十卷”，蓋并《詩賸》五卷而言，惟古文作“三十卷”，與《通志》異。倚雲少以《紅豆歌》見賞於同縣吳瞻泰，年四十不赴舉，以經學授於鄉，金榜其弟子也。阮元稱其詩清微雅健，獨抒性情；姚鼐撰墓志銘亦謂其詩文皆有法，能見其才。

願學齋集

［清］鮑嘉命撰。嘉命字鸞書，歙縣人。倚雲次子。諸生。事迹具《縣志·文苑傳》。光緒《（安徽）通志》著録，無卷數。《縣志》作“《潛山集》”。嘉命與長子桂星，皆嘗問學於姚鼐，能世其家。

傳經堂詩鈔十二卷

［清］韋謙恒撰。謙恒字慎旃（“旃”一作“占”），號“約軒”，蕪湖人。乾隆二十八年一甲第三名進士，官終鴻臚寺少卿，告歸遽卒，年七十七。事迹具《縣志·文學傳》。集本三十四卷，乾隆五十五年遍檢諸集鈔十之三四，自乾隆七年始得詩一千有奇，凡十二卷并自爲序，時年已七十矣。光緒《（安徽）通志》著録作十卷，誤，今據本書著録。謙恒四歲受唐詩，年十一讀王維右丞集，已能吟咏，稍長博觀漢魏、三唐，旁涉宋金元明諸家，老而吟興不衰。王昶《蒲褐山房詩話》謂宣城詩派前推梅堯臣，後數施閏章，以嘽緩和平爲主。謙恒承鄉先生之學，不以馳騁見長。歐陽修序《宛陵集》謂古雅純粹；汪琬序《學餘集》謂簡切淡遠，舉似謙恒，可謂得其法乳[②]云。

傳經堂文集十四卷

［清］韋謙恒撰。光緒《（安徽）通志》著録。

---

① 優貢：清制，每三年各省學政於府、州、縣在學生員中選拔文行俱優者，與督撫會考核定數名，貢入京師國子監，稱爲優貢生。經朝考合格後可任職。與歲貢、恩貢、拔貢、副貢合稱“五貢”。

② 法乳：佛教語。喻佛法。謂佛法如乳汁哺育衆生。《涅槃經·如來性品》：“飲我法乳，長養法身。”

瓦厄山房館課鈔存二卷

［清］韋謙恒撰。光緒《（安徽）通志》著錄，脫"館"字、"鈔"字，今據《縣志》著錄。

惜抱軒詩集十卷詩後集一卷外集一卷

［清］姚鼐撰。鼐（字姬傳，一字"夢穀"，桐城人。乾隆二十八年進士，累官刑部郎中，乞病歸，嘉慶十五年重赴鹿鳴宴，加品銜，年八十五卒。事迹具前《國史·文苑傳》）有《左傳補注》，已著錄。是集古今體各五卷，都六百五十一首，乃鼐自定，初名《得五樓稿》，嘉慶三年刻乃易今名，六年刻文集又以詩集附後，十二年從子原綏刻於廣東，後集一卷未及刊而鼐卒，據嘉慶二十一年其子雉跋，乃雉所錄，經鼐删存者，都七十九首（跋作"八十八首"，誤），又補遺十六首，附詞四闋，外集則試帖四十首也，道光元年華亭姚椿刻。道光、光緒《（安徽）通志》著錄，無後集，今據本書著錄。鼐嘗謂詩道非一端，然要貴有才氣（雉跋）。其詩從明七子入，而以融會唐宋之體爲宗旨，尤能以古文法通之於詩。晚學蘇軾，多見道語。鼐自謂可附虞集；梅曾亮則謂以山谷之高奇，兼唐賢之蘊藉，豈集所可及；張裕釗又以鼐七律與施閏章五律、鄭珍七古并推爲一代之冠，然袁枚謂其七古雄厚；王文治謂其五古韵味尤勝；吳汝綸亦謂各體皆深古雅健，耐人尋繹，則所長固不僅七律也。王昶《湖海詩傳》、趙紹祖《蘭言集》、徐璈《桐舊集》皆錄其詩。

惜抱軒文集十六卷文後集十卷

［清］姚鼐撰。前後集皆分體編次，前集嘉慶六年刻，十二年從子原綏重刻於廣東，後集未及刊而鼐卒，道光元年姚椿刻，道光、光緒《（安徽）通志》皆著錄，惟以後集爲續集，則誤，今據本書著錄。鼐論文以内充而後發，理得而情當爲貴。嘗曰氣充而靜者，其聲閎而不蕩；志章以檢者，其色耀而不浮（答魯賓之書）。雖問法劉大櫆，然自以所得，爲文不盡用劉法也。與吳定居最久，有所作以示定，定所不可，輒竄易數四，必得當乃已。世謂方苞文以理勝，大櫆以才勝，學或不及鼐，乃理與文兼至；鮑桂星亦謂其淡逸閑遠，樹幟方、劉之外；朱仕琇於當世文少許可。獨心折鼐焉。惟蕭穆《敬孚類稿》載道光庚戌戴鈞衡得鼐《書大櫆詩集後》一文於京師，選入《桐城文錄》，而前後集皆未載，是鼐尚不無逸文也。王昶《湖海文傳》，李祖陶《國朝文錄》，黎庶昌、王先謙《續古文辭類纂》皆錄其文。

左東畬詩集

［清］左堅吾撰。堅吾字叔固，號"書華"，桐城人。浙江寧紹臺道周子。乾隆間監生，年四十八卒。事迹具《縣志·文苑傳》。光緒《（安徽）通志》著録，無卷數。堅吾幼從外祖劉大櫆學，姚鼐推重之，以爲不可及，然王灼撰墓表已稱索所著述不出，及卒無一存者，蓋已佚矣。《桐舊集》録一首。

小山詩集二卷文集二卷

［清］朱桂芬撰。桂芬字露青，號"小山"，桐城人。璣次子。乾隆間增生，年五十六卒。事迹具《縣志·文苑傳》。詩文各二卷，詩有王灼序，光緒《（安徽）通志》著録，無卷數，又誤"芬"爲"芳"，今據《縣志》著録。桂芬工詩文，尤長古體。王灼謂其於書無不窺，性情所托往往見之於詩，然氣格、神韵、音節、詞采皆合於古，與專宗性情者迥别；劉大櫆亦稱其雄渾豪放云。《樅陽詩選》録十七首、《桐舊集》録七首，内四首爲《樅陽詩選》所無（《游龍眠山》《懷二山姊夫梧州》《秦淮泛舟》二首之一、《花蕊夫人》），餘字句亦有小異。

紫石泉山房文集十二卷

［清］吳定撰。定（字殿麟，歙人。廩生。嘉慶元年舉孝廉方正，年六十六卒。事迹具前《國史·文苑傳》）有《周易集注》，已著録。是集十二卷，首論著、次書、次序、次記、次傳、次墓銘墓表、次權厝①志壙、志行略、次祭文，都百五十篇，乃定自訂，門人鮑桂星刻并序。前列國史《文苑傳》并事實、傳志。道光、光緒《（安徽）通志》皆著録，光緒十三年黟李宗煝重刻，有王先謙序。定師劉大櫆而友姚鼐、王灼、任大椿。文宗司馬遷及先秦諸子，集中言命、言性、言中、言權、言禮經諸制，灼以爲補儒先所未及；鼐亦以爲有益於風俗人心。王先謙録入《續古文辭類纂》。

紫石泉山房詩鈔三卷

［清］吳定撰。光緒《（安徽）通志》著録定詩集六卷。是集三卷，五古九十六首、五律五十首、五絶四十三首，嘉慶十五年門人鮑桂星刻。據鮑士貞跋，詩蓋定所抄示，故附刊文後，又謂定初學杜甫，繼乃刻意漢魏六朝，五言諸體之工置之古人集中，殆不可辨。王灼撰墓志亦謂其詩不多作，然原本騷雅，視盛唐以下蔑如也。

---

① 權厝：臨時置棺待葬。明徐師曾《文體明辯·墓志銘》："其未葬而權厝者，曰'權厝志'。"

松溪文集二卷

[清] 汪梧鳳撰。梧鳳字在湘，歙人。事迹具《縣志·士林傳》。是集文二十二篇，附程敦文一篇，乃次子灼所編，秀水鄰虎文、桐城劉大櫆定。據本集《送大櫆序》，梧鳳蓋師淳安方㮚如、婺源江永及大櫆，而友休寧戴震、鄭牧、同縣汪肇龍、程瑤田、方矩、金榜、吳紹澤師友，皆極一時之選。大櫆謂其胎息①史、遷，氣息歐、曾云。

聊復爾集八卷

[清] 鮑元侺撰。元侺字質人，黟縣人。乾隆縣學生。事迹具《縣續志·文苑傳》。集八卷，門人汪道寧編（見本集卷七），前有嘉慶廿三年歙羅尹孚序，子爽校刻（見本集卷八）。光緒《（安徽）通志》著錄，無卷數，今據本書著錄。劉大櫆官黟教諭，元侺從之游，其《送大櫆歸桐城》詩云："促席窮年意，傳衣②半夜心。喧言挈氈去，百倍淚盈襟。"（見本集卷二）又乾隆戊戌謁大櫆樅江，手授所著《經義發凡》藏之二十餘年，展讀墨迹如新，敬題其後詩云："記得蛟臺三日飲，傳衣親授一篇時。"羅序謂其經大櫆淵源指授，觀此二詩可知。又按前《國史·文苑傳》，大櫆卒於乾隆四十四年，戊戌爲乾隆四十三年，即大櫆卒前一年，櫆《至大經義發凡》僅見是詩，今不知尚存否也。

偃谷詩鈔一卷

[清] 朱集球撰。集球字韶鳴，號"偃谷"，黟縣人。縣學生。事迹具《縣志·文苑傳》。集球詩不自收拾，稿多散失，是集一卷，乃其友程堂所刻，前有施源序。光緒《（安徽）通志》著錄。集球及劉大櫆門，詩宗漢魏三唐，又與鄭牧及孫夢巖、汪燾、范瞻雲、林中蕙、程汝楫游，所造益深。源稱其得清剛雋上之氣，峭刻巉削③，噴玉霏珠。《縣志》錄二首。

芥舫集

[清] 程汝楫撰。汝楫字作舟，黟縣人。縣學生。事迹具《縣續志·文苑傳》。光緒《（安徽）通志》著錄，無卷數。汝楫得劉大櫆指授，詩宗唐人，晚近蘇陸，

---

① 胎息：猶師承，效法。清紀昀《〈陳後山詩鈔〉序》："然胎息古人，得其神髓，而不掩其性情，此後山之所以善學杜也。"

② 傳衣：傳授師法或繼承師業。宋黃庭堅《題山谷石牛洞》詩："司命無心播物，祖師有記傳衣。"

③ 峭刻：陡峭。形容文筆銳利。清鈕琇《觚賸·棫葉集》："雪木所著，《棫葉集》，冷艷峭刻，如其爲人。"巉削：山勢險峻陡峭。形容詩文風格峭拔。清施補華《峴傭説詩》二七："大謝山水游覽之作，極爲巉削可喜。巉削可矯平熟，巉削却失渾厚。"

而不違唐格。《游黄山》七律八首，爲黄鉞所賞。《縣志》録十六首。

晋希堂集二卷

[清] 潘瑛撰。瑛字蘭如，別號"十四洞天山人"，懷寧人。乾隆廩生，嘉慶十年卒。事迹具《縣志·文苑傳》。是集二卷，光緒《（安徽）通志》著録，《蘭言集》作八卷。瑛游江淮間，與亳州知州李廷儀、滁州詩人張葆光唱和，其詩戛戛獨造，自成一家。趙紹祖稱其高古雄健，古律并臻佳妙。《蘭言集》録十九首。

鐵巖遺草

[清] 查鋹（一作"永鋹"）撰。鋹字鐵巖，懷寧人。乾隆監生（一作"諸生"），年二十一卒。事迹具《縣志·文苑傳》。光緒《（安徽）通志》著録，無卷數。鋹九歲能屬文，好苦吟，復豪於飲。姚鼐稱其五七言有清韵；惲敬亦謂其伯仲[1]潘瑛，而惜其不永年云。陳毅録入《所知集》。

壽樗詩稿

[清] 勞崇（光緒《（安徽）通志》作"宗"，誤，此據《縣志》）煦撰。崇煦字竹如，懷寧人。諸生。事迹具《縣志·文苑傳》。光緒《（安徽）通志》著録，無卷數。崇煦從同縣潘瑛學，詩名亞於瑛，而清氣非瑛所及。

鶴鳴集六卷

[清] 方績撰。績（字展卿，一字青展，號"牧青"，桐城人。澤孫。諸生。年六十五卒。事迹具《縣志·文苑傳》）有《屈子正音》，已著録。是集六卷，卷一古體，卷二至卷六今體，都三百七十四首，附《演連珠》十首，乃其子東樹所編，道光十七年同縣光聰諧助貲刻於廣東，前有東樹集後述并謝聰諧詩，光緒十五年桐城方氏重刻。道光《（安徽）通志》作"《牧青堂詩》一卷"，姚鼐跋，光緒《（安徽）通志》皆作"《牧清堂詩鈔》六卷"，今據重刻本著録。績師劉大櫆、姚鼐，鼐子景衡又從受業，嘗酒酣自歌其詩文曰："當代自惜抱先生外，殆不復有知之者矣。"景衡撰傳稱其詩如噴雲霧、如錯采金、如蛟虯夭矯天半，來不可期，去不可度；聰諧謂其導源韓愈，有陳師道之沉鍊，而去其拙鈍；有楊萬里之警健，而去其粗屬，殆王安石、黄庭堅之亞云。《桐舊集》録六十二首，《古桐鄉詩選》録十九首。

---

① 伯仲：指兄弟間排行的次序，老大和老二。比喻事物不相上下。也形容才能相當，不相上下者。宋陸游《書憤》："出師一表真名世，千載誰堪伯仲間。"明蔣一葵《長安客話·碧雲寺》："大抵西山蘭若，碧雲、香山相伯仲。"

百藥山人稿　去多吟　蜀游集

〔清〕潘鴻寶撰。鴻寶字鼎如，號"柏庭"，一號"百藥山人"，桐城人。江來孫、恂子。乾隆監生。事迹具《縣志·孝友傳》。據其子相《與弟光泰書》，兄卸事後，擬檢父親詩稿，連《耆舊傳》寄至黔中，弟再校録付刊云云，似其集已刊行。道光間徐璈輯《桐舊集》録《蜀游詩》九首，蓋猶及見，咸豐亂後遂不可問矣。又考方東樹《考槃集文録·先友記》，鴻寶師事姚鼐，工書能詩，喜手抄書。子相仕爲縣州州判，迎養至蜀，遂卒於縣州，蓋鴻寶里居時與東樹父續尤契也。鴻寶又有《蜀道隨筆》及《耆舊傳》今亦不傳。

蘭泉文鈔

〔清〕陳兆騏（一作"麒"）撰。兆騏字仰韓，休寧人。乾隆附貢。道光八年卒，年六十九。事迹具《道光通志·文苑傳》。光緒《（安徽）通志》著録，無卷數。兆騏從姚鼐學，古文有師法。

吳珏詩古文集

〔清〕吳珏撰。珏字西玉，號"竝山"，歙縣人。乾隆二十八年進士，候補内閣中書。事迹具《縣志·文苑傳》。光緒《（安徽）通志》著録，無卷數。珏少負詩文名，嘗主講安定書院。

雨峰詩鈔七卷

〔清〕齊翀撰。翀字羽峰（一作"雨峰"），婺源人。乾隆二十八年進士，歷廣東始興、電白、高要知縣，升南澳同知，署嘉應州知州。事迹具《縣志·文苑傳》。是集七卷，分七子目，首《舊存草》、次《鳳游草》、次《晋游草》、次《北行草》、次《村居草》、次《嶺南雜詩》、次《入覲草》，都四百六十六首，有乾隆四十四年巴西李調元序，當即刻於其時。光緒初孫學裘重刻於揚州，有定遠方濬頤、吳縣潘曾綬序。考李調元《雨村詩話》，翀自謂生平得意詩以"蝴蝶有情春入夢，杜鵑無語夜開花"爲勝，其旨可知，然調元又謂其"爭道春來花一縣，何如秋熟米三錢"爲傑作，是其詩亦不專主一格也。

悔綺堂詩集

〔清〕洪鑾撰。鑾字步宸（一作"步蟾"），一字輅門，號"阮溪"，蕪湖人。乾隆二十八年進士，官至山東東平州知州，閲二載卒官。事迹具《縣志·文學傳》。是集乃弱冠時刻，有沈德潛序。光緒《（安徽）通志》著録，無卷數。鑾少負異才，其《春草》句云：“經雨過時應更長，無人種處自然生。”《長干寺》云：“一塔秋燈影六朝。”皆爲袁枚稱賞，德潛亦謂其心志性靈，形諸歌咏。陳毅《所知集》、李調元《雨村詩話》皆録其詩。

晴川彙稿

［清］葛宗舊撰。宗舊字率章，號“晴川”，潛山人。乾隆二十九年歲貢，官祁門訓導。事迹具《縣志·文苑傳》。光緒《（安徽）通志》著録，無卷數。宗舊嗜山水，所歷名勝古迹隨時著述，四十五年與修《縣志》。

留軒存稿

［清］張元泮撰。元泮字魯池，婺源人。乾隆二十九年歲貢，候選訓導。事迹具《縣志·文苑傳》。光緒《（安徽）通志》作“《留留軒存稿》”，今據《縣志》著録。元泮與戴震、鄭牧爲文章知己。《縣志》稱其著作多散佚，僅是集百十篇存於家。

日山文集四卷

［清］許新堂撰。新堂字鹿柴，桐城人。乾隆三十年歲貢。事迹具《縣志·文苑傳》。是集四卷，首考、次辯、次説、次議、次論、次讀、次序、次書後、次記、次書、次墓志、次傳、次雜著，都六十三首。據六世從孫鑾《遺集綴言》，蓋得之族弟拱宸家，鑾子鎮藩與其弟雨田《慎餘堂文集》合印爲《二許先生集》。新堂師同縣吳直，亦頗漸染於方苞，文多考證經史，惟《記姚休那逸事》謂明代舉鴻博不應，史可法聘參謀亦不就，與方叔邵善。一日自題碣云：“處士休那之墓。”無疾逝，未幾叔邵亦吟詩卒，則誤。案：休那名康，史可法備兵安、廬，舉應賢良方正不就，乃辟主其幕，其卒以清順治十年，自題墓碣云：“吊有青蠅①，幾見客來徐孺子；賦無白鳳②，免得書稱莽大夫。”而可法存時爲預題碑曰：“明讀書人姚康之墓。”又據《龍眠風雅》，叔邵之卒在崇禎十五年，先康卒且十一年，明末亦無舉鴻博事。新堂自言聞之叔邵後裔，蓋據所聞而未之考也。

---

① 吊有青蠅：死後只有青蠅來吊。比喻生前沒有知己朋友的人。《三國志·吴書·虞翻傳》裴松之注引《虞翻別傳》：“自恨疏節，骨體不媚，犯上獲罪，當長没海隅。生無可與語，死以青蠅爲吊客。”

② 白鳳：傳説中的神鳥。相傳漢揚雄著《太玄經》時夢吐白鳳。後因以比喻出衆的才華或才華出衆之士。宋梅堯臣《志來上人寄示酴醾花并壓磚茶有感》詩：“對花却酒煮香泉，强咏才慚非白鳳。”

夢華録一卷

［清］許新堂撰。皆游華山之作，凡五十六首，王起鵬序。《桐舊集》録二首。

慎餘堂文集四卷

［清］許雨田撰。雨田（字多亭，號"深稼"，桐城人。新堂弟。乾隆二十四年歲貢）有《及將子》，已著録。是集分體編次，首論、次辯、次説、次考、次記、次序、次傳、次志銘、次書後、次書事、次書、次祭文、次小品，凡四卷，都百三十一首。光緒《（安徽）通志》著録《慎餘堂古文》，無卷數。據六世孫鑾綴言，稱《慎餘堂古文》十二卷，得於族弟拱宸家，《縣志》亦作十二卷，而鑾子鎮藩所印，乃止四卷，殊不可解，今姑據印本著録。雨田師同縣吳直，方苞亦極稱之，謂不在魏禧、汪琬下，惟《雷宣遠傳》謂縉祚爲權奸所忌，嬌詔棄市。考《明史·雷縉祚傳》，縉祚乃賜自盡非棄市。又《錢鷗舫傳》有崑山徐司寇、合肥龔宗伯、商邱宋文康皆汲引人才，如吾鄉方密之、左子直、貴池吳次尾、宜興陳定生、商邱侯朝宗、寧都魏叔子、潁上劉公馘、沛閻古古、宛平王崑繩、博野顔習齋、蠡吾李恕谷相與聚於司寇家，群奉田間爲師云云。司寇蓋謂徐乾學、田間蓋謂錢澄之。案：乾學康熙九年進士，二十七年遷刑部尚書。次尾乙酉舉義死，朝宗卒於順治十一年，皆無緣聚於其家。密之子直爲田間之友，亦不得云奉以爲師，此則其誤之顯著者也。

十千居詩集六卷

［清］許雨田撰。光緒《（安徽）通志》著録，無卷數，今據《縣志》著録。

養癡詩鈔

［清］劉憲撰。憲字栖麓，號"養癡"，一號"硯溢"，桐城人。容裕第六子。乾隆監生。嘉慶十三年卒，年八十六。事迹具《縣志·文苑傳》。憲嘗入川督李世傑幕，所著詩《蜀道集》最工。《澄響堂五世詩鈔》録三十四首、《桐舊集》録五首，字句多不同。

水香村墅詩十二卷

［清］汪堂撰。堂字仲升，一字"磽巖"，歙人。堂得句即納諸詩筒，不復再閲，其友繆客船慫恿付梓，乃并前《春風草堂唱和詩》，擇其可者刻之凡十二卷，前有乾隆三十年自序。《縣志》著録，無卷數，今據本書著録。水香村墅，其所居也。

松翠小菀裘文集四卷詩集十二卷

［清］王佩蘭撰。佩蘭字紉以，又字錦汀，號"晋亭"，婺源人。乾隆三十年拔貢，蘇州府學訓導。事迹具《縣志·學林傳》。文卷一駢體、卷二至卷四散體，都六十六首，有嘉慶八年遂寧張問陶、九年元和陳鶴序。詩卷一、卷二曰《晋亭集》，卷三曰《華風集》，卷四曰《謀糧集》，卷五曰《培風集》，卷六曰《姑蘇集》，卷七曰《望遠集》，卷八曰《扁舟集》，卷九曰《楚游集》，卷十曰《同慶集》，卷十一曰《歸田集》，卷十二曰《歸田後集》，都三百七十五首，有嘉慶八年法式善、何道生序，十二年同縣俞大璋書後，子恩注刻。光緒《（安徽）通志》著錄《松翠小菀裘文集》及《晋亭詩集》，無卷數，今據本書著錄。佩蘭於詩愛選體及杜韓，於文喜左史柳王，與從叔友亮唱和相推重，而氣勢騰躍，所得與友亮異，生平著述於族譜、縣志，用力尤勤，文集所載志例六則，族譜異同通考十六篇，猶見梗概也。

蓮西閣詩草四卷附粲花齋詞影一卷

［清］汪燾撰。燾字石蘭，號"蘅洲"，黟縣人。乾隆三十年拔貢，歷江蘇鎮江府訓導、崇明縣教諭，請老歸。事迹具《縣志·文苑傳》。詩乃晚年自訂，删去少作，又甄存其半爲四卷，前有嘉慶十年自序。詞僅二十餘闋，附錄詩後并有自記，子光祺刻。光緒《（安徽）通志》著錄作一卷，誤，今據本書著錄。燾執贄劉大櫆授以唐人矩度，後又兼涉蘇黃，其淵源固有自也。

樹齋詩文鈔

［清］朱滋年撰。滋年字潤木，一字樹堂，號"晤琴"，又號"三十六峰外史"，當塗人。乾隆三十年拔貢，官來安教諭［《皖雅》作"訓導"，此據光緒《（安徽）通志》］。滋年家世能詩，曾見賞於梁國治。《皖雅初集》錄二首。

修吉堂詩文集

［清］潘宗碩撰。宗碩字在澗，歙縣人。邦協子。乾隆三十年舉人，私謚"恭文先生"。事迹具《縣志·文苑傳》。光緒《（安徽）通志》著錄，無卷數。宗碩師淳安方槱如，而程瑶田爲其弟子。槱如謂其文兼枚馬之長，贈之句曰："經術湛深千古事，文章流別一家言。"

藝圃偶存

［清］王會龍（《選舉表》作"龍"）撰。會龍字珠庭，合肥人。乾隆三十年舉人。事迹具《府志·文苑傳》。光緒《（安徽）通志》著錄，無卷數。會龍喜爲詩，

紆回雋永，不落時派。

詩賦新硎集

［清］李光瓊撰。光瓊字瑜華，廬江人。乾隆監貢，三十年、四十二年先後獻賦與召試。事迹具《縣志·文學傳》。光緒《（安徽）通志》著録，無卷數。《縣志》又載有《湖上園詩鈔》。

漱芳集

［清］李光玖撰。光玖字敦誼，廬江人。光瓊弟。乾隆廩生，三十年、四十二年先後獻賦與召試。事迹附《光瓊傳》。光緒《（安徽）通志》著録，無卷數。

校經齋詩集

［清］王懿修撰。懿修字仲美，又字勗嘉，號“春敷”，又號“春圃”，青陽人。乾隆三十一年進士，官至禮部尚書致仕，謚“文僖”。事迹具《縣志·宦績傳》。道光、光緒《（安徽）通志》皆著録，無卷數。考李調元《雨村詩話》，乾隆甲午調元副懿修典試廣東，同舟至清遠，《晚泊》聯句，李首唱云：“櫓聲伊軋又移灘。”王云：“宿鷺争飛響羽翰。”李云：“何處酒樓人對語。”王云：“一江燈影浸闌干。”李曰“浸”字佳則佳矣，惜上下未融成一片，欲爲换一字何如？王曰君且勿言容我試，猜“湧”字何如？李曰較“浸”字稍活，然而未也，王沈思良久，躍然曰得之矣，可各書掌以證，及啓視皆“動”字也。觀此則懿修之虚懷取益可知。又調元《皇華集》録懿修《北峽關》一首，末云：“秋風渡江去，高擷嶺南秀。”蓋亦典試時作也。

王春田詩文集

［清］王懋修撰。懋修字春田，青陽人。懿修弟。廩貢，署五河訓導。事迹具《縣志·文苑傳》。光緒《（安徽）通志》著録，無卷數。《縣志》録七律一首。

國子先生全集四十三卷

［清］金兆燕撰。兆燕字鍾越，號“棪亭”，全椒人。榘子。乾隆三十一年進士，官至國子監丞。事迹具《縣志·文苑傳》。集爲其次孫珉編，凡四種，曰《棪亭古文鈔》十卷，文百廿七首，曰《棪亭駢文鈔》八卷，文九十九首，皆分體，曰《棪亭詩鈔》十八卷，詩一千三百二十二首，不分體，曰《棪亭詞鈔》七卷，詞四百十首，又附嚴長明詞二首、王嵩高詞一首，共四十三卷，有彭啓豐、吳寧、吳寬、謝墉、沈德潛、吳錫麒序，唐赤子、彭湘懷、何聲金、汪軔、鄭來、戴亨、李葂、王又寧、

方求禮、殷成柱、江炎、釋汎、陳大文、吳省欽、閔華、梁同書、鮑之鍾、嚴長明、殷王制、王初桐、吳志鴻、陳鑾、陳繼昌、管通群題詞，戴均元、許乃普、觀瑞、王城跋。啓豐、德潛、錫麒皆序詩，寧序詞，寬、墉則序駢文也。據吳錫麒序、王城跋，詩十八卷，嘉慶十二年子臺駿刻於揚州，版旋毀，孫珉又重刻之。道光十六年珉補刊古文駢體及詞凡二十五卷，合爲全集，前有王鑄序。道光《（安徽）通志》僅著録《棕亭詩》十八卷，光緒《（安徽）通志》著録詩文集各十八卷，而以詞鈔七卷，析入詞曲，今據全集著録。兆燕夙愛王士禎、朱彝尊，後聞趙執信貪多愛好之論，始稍稍厭去之，爲尋源之學（卷十《慶芝堂詩集跋》）。唐赤子稱其駢散詩詞異曲同工，各不讓專家；啓豐、德潛尤稱其黃山詩；王昶《湖海詩傳》亦謂其奇崛可喜；錫麒謂其興來如贈，情往若答，縱橫排宕，不可以派別繩之，此最善狀其詩，即以評其駢散文，詩餘亦無不可也。

六吉堂詩稿

［清］張善佐撰。善佐字榕仙，亳州人。乾隆三十三年歲貢，官金匱訓導，卒於官。事迹具《州志·文苑傳》。光緒《（安徽）通志》著録，無卷數。善佐尤聰敏，讀書手自抄寫不下十餘種，學者以爲難。《州志》録《贈沈應庚》五古一首（見《孝友傳》）。

月湖文稿

［清］汪之鯉撰。之鯉，潛山人。乾隆三十三年舉人，歷福建崇安、直隸肥鄉知縣。光緒《（安徽）通志》著録，無卷數。

岵瞻詩文集

［清］趙文元撰。文元字殿南，太湖人。乾隆三十三年舉人。事迹具《縣志·文苑傳》。光緒《（安徽）通志》著録，無卷數。《縣志》稱其文出入李翱、孫樵兩家，詩宗李夢陽、何景明，音節近宋而以唐賢爲根柢云。又録七古一首、七律三首。

華溪草堂詩集一卷

［清］陳芳撰。芳字郁庭，青陽人。乾隆府學生。事迹具《縣志·文苑傳》。詩一卷，都百三十六首，又附其祖捷七律一首，爲《陳氏聯珠集》之第一種。光緒《（安徽）通志》著録，無卷數。芳自題詩卷云：“元詩宋句幾回過，却悔從前攻苦多。曾得松風流水意，左司冲澹右丞和。”其取法蓋在韋應物、王維二家。袁枚《隨園詩話》録其一絶云：“岸曲橋橫草樹萋，書堂佛寺水東西。溪亭日映闌干外，九十

九峰影盡低。"其詩今在集中，"草樹萋"作"綠樹齊"。《縣志》錄五律、五絕各二首、七律一首，潘瑛《詩萃》亦録其詩。

華溪草堂文集

[清] 陳芳撰。光緒《（安徽）通志》著録，無卷數。《縣志》録記一篇。

天柱詩草一卷

[清] 陳其名撰。其名字予聞，青陽人。芳族弟。乾隆三十三年舉人，官直隸平谷知縣，署昌平州知州。事迹具《縣志·宦績傳》。詩一卷，都百四十首，又附兄其位七律二首，爲《陳氏聯珠集》之第二種。《縣志》録七律一首。

塔影集一卷

[清] 僧禪渡撰。禪渡字一葦，青陽人。明永樂二年進士浙江按察司僉事吳淵之後，居九華山。集一卷，道光、光緒《（安徽）通志》皆著録。考陳其名《天柱詩草》，有《訪禪渡》七律一首，陳蔚《梅緣詩鈔》，有《贈禪渡》七古、七律各一首，又《題塔影集》五古一首，其詩有云："靈妙語圓通，變化筆夭矯。斂則須彌寬，放則滄海小。有時智慧珠，觀者嘆奇巧。有時歡喜園，讀者解煩惱。朗徹散千光，莊嚴羅七寶。悠然文字禪，義蘊窺難了。"

伴香閣詩集

[清] 方正澍撰。正澍字子雲，歙人。寄居江寧，乾隆廩生。集有乾隆五十一年嘉定錢坫序、三十三年叔勸題詞，惟江寧凌霄《快園詩話》稱正澍有《花韵山房集》，同縣江振鴻代梓，振鴻故後，其本不傳。集名與此異，《府志》作《子雲詩集》十卷。坫稱其天骨秀張，妙思奇發，以六代之元思，運三唐之華札；洪亮吉《北江詩話》亦稱其如另闢樓臺，廣饒佳麗。

白華詩文集八卷

[清] 唐寶樹撰。寶樹字春池，滁州人。乾隆三十三年舉人，官石埭教諭。事迹具《州志·義行傳》。集八卷，光緒《（安徽）通志》著録。

篠岑詩古文集

[清] 黃金臺撰。金臺字貯賢，號"篠岑"，又號"晚香"，廬江人。乾隆三十三年副貢，選建平教諭，道光中卒，年八十七。事迹具《縣志·文學傳》。光緒《（安

徽）通志》著錄，無卷數。金臺從姚鼐游，通漢宋儒先疏注，爲文多載道之言，鼐及孫星衍咸推之。《皖雅初集》錄詩一首。

小草偶存二卷

［清］吳璟侯撰。璟侯字叔琦，號"筠軒"，宣城人。乾隆三十四年進士，官四川永寧知縣，引養歸。事迹具《縣志·文苑傳》。是集二卷，乃其門人章孺覺所錄藏。光緒《（安徽）通志》著錄，無卷數。璟侯又有《筠軒詩稿》，爲門人張燾所藏。《縣志》錄五首。

斗南閣文集

［清］黃培撰。培字載鍾（一作"在中"），號"香巖"，廬江人。乾隆三十四年進士，年五十八卒。事迹具《縣志·文學傳》。光緒《（安徽）通志》作《南閣文集》，黃培斗著。蓋以"斗"字誤屬於名，《縣志·藝文》又作"黃位中著"，今據本傳著錄。培少穎慧，下筆數千言，後益覃思經典，爲文雄深雅健，學者奉爲楷模。

香巖續集

［清］黃培撰。光緒《（安徽）通志》著錄，無卷數。

一卷樓文集十卷詩集八卷

［清］程在嶸撰。在嶸字冠雲，號"霍岑"，霍山人。乾隆三十四年進士，歷廣西賀縣、宜山知縣、永康州知州，乞休歸，六十年赴千叟宴，年八十餘卒。事迹具《縣志·宦迹傳》。光緒《（安徽）通志》著錄《程在嶸詩文全集》，無卷數，今據《縣志》著錄。

藕濱詩集一卷

［清］許斌撰。斌字兼才，號"芷江"，桐城人。雨田子。府學生，嘉慶二十五年卒，年九十六。事迹具《縣志·孝友傳》。詩皆近體，前有自序，首云歲次閼逢攝提格，蓋嘉慶十九年甲戌也。

嶰崌山人集八卷

［清］汪軻撰。軻字可舟，婺源人。寓揚州。集八卷，爲軻自定，斷自五十歲以後，有乾隆三十五年杭世駿序并附世駿《與沈沃田書》。《四庫存目》，道光、光緒《（安徽）通志》皆著錄。世駿尤稱其《貝葉經歌》《老子像》絶句。

看錦樓文集　友巢軒詩集

[清] 周繩麟撰。繩麟字蕃裔，太湖人。乾隆三十五年歲貢。事迹具《縣志·文苑傳》。光緒《（安徽）通志》著錄，無卷數。

張瓶山集八卷

[清] 張輔贇撰。輔贇字弼宸，號“螺岑”，桐城人。乾隆三十五年舉人。事迹具《縣志·文苑傳》。光緒《（安徽）通志》載《張輔贇詩古文集》，無卷數。考李僊枝《抱犢山人集》，有是集序，稱輔贇著作不自收拾，又未付剞劂，僊枝就所藏五十前作次之，凡經説十、賦六、古文三十一、詩六十三，又選文評語後序六則、尺牘二題，曰《螺岑集》，然亦不能刊行。徐璈《桐舊集》作“《瓶山詩文集》”并載《黃金臺序》，集名與李序異，《續修縣志》亦載《張瓶山集》八卷，今據以著錄。輔贇少與江有龍同讀書，又與方澤同選《江左文甄》，尤爲學使觀保所重，嘗謂學所以明道，而賴文以著，非具雄深雅健之才，無以發廣大精微之理，故其文亦光明俊偉如其爲人。《桐舊集》錄詩十六首、《桐城文錄》錄文若干首。

南村詩集二卷

[清] 方光遠撰。光遠字蘭溪，號“南村”，一號“梅村”，又號“南谷”，桐城人。乾隆中監生。本姓許，以戶緜又姓方氏。事迹具《縣志·文苑傳》。詩原千餘首，有張輔贇、劉大櫆、陳大化序，民國十九年族孫蘭伯節抄古今體各一卷付印。光遠遍游吳楚，放情詩酒。大櫆謂兼六代三唐之勝；輔贇亦謂合王孟爲一手，五律有得於老杜云。《桐舊集》錄十二首。

抱犢山人詩集七卷附文一卷

[清] 李僊枝撰。僊枝字寶樹，號“天種”，易字“保墅”，又易“保樗”，號“抱犢山人”，桐城人。縣學生。是集八卷，卷一至卷三古體，卷四至卷七今體，卷八附錄雜文，前有袁枚序，乾隆四十九年刻。咸豐季年板毀，此爲貴池王雨人所藏，民國十六年從玄孫盛唐重印并序。僊枝師張輔贇、劉大櫆而友姚鼐，論詩宗杜甫、李白、韓愈、李賀、李商隱五家，盱眙王蔭槐《蠛廬詩鈔》卷八自題《黃鵠聽詩圖序》，云少游黃鵠山聞人誦“推窗驚鳥夢”句，惜未詢姓名。按：此即僊枝句。袁枚《隨園詩話》載僊枝得是句，以爲似賈島，隔五年聞蟲聲，乃續成之，其苦吟可知。吳德旋《聞見錄》謂其學大櫆而似之，姚鼐則謂爲詩自有性情，非其性情，雖學不能善，又謂其詩才奇逸，襟懷灑落，無纖毫塵俗，是僊枝性情固有獨到處，不必盡

學大櫆也。《桐舊集》録十八首。

東湖詩集十四卷

[清] 嚴青撰。青字遥青，號"東湖"，桐城人。乾隆縣學生。事迹具《續修縣志·文苑傳》。集凡十四卷，僅刻九卷，卷一古體，卷二至卷八今體，卷九前古體、後今體，乾隆三十五年汪元、項掄音、章調元、吳虬等爲引募刻，前有劉大櫆、周芬斗、孫良惇序暨自序。大櫆謂其泊然寡營，不爲科舉所蕩摇，不以得失而摧挫，肆志山水，率然而吟，蕭然而咏，樂之終身，卓乎！可傳於後云。《桐舊集》録十三首。

西溪詩草

[清] 丁珠撰。珠字貫如，號"星樹"，潛山人。乾隆三十五舉人，甘肅靈州知州，改靈璧訓導。事迹具《縣志·文苑傳》。光緒《（安徽）通志》著録，無卷數。此縣人郝如壞抄本，古近體詩一百十首，然《阻雨野泊》七絶題作四章，詩僅三首，又《壽李制軍》第十首，注予在上洋壽公有句云云，又《岳雲集》録珠《石牛古洞》七律一首，是本皆無之，又《竹石歌》七古原鈔注未完，《送仲兄歸里》七律缺末句，知此非完帙，且不無殘脱，又懷遠許所望《蔬園詩集》卷二《寄珠詩》，注載珠官陝西，因公罣誤，作《馬嵬坡詩》見賞於巡撫秦承恩、布政周增代謀開復改今職，又注載珠有"豔到海棠香不得"句，爲袁枚所賞，此本有《呈枚》《寄枚》二律，其《寄枚》云："自遇成連曲漸工，別來半月廢絲桐。"蓋即謂此也。

周鵬翥詩文集

[清] 周鵬翥撰。鵬翥字雲衢，太湖人。乾隆三十五年舉人，以三通館議叙授兵馬司正指揮，不赴。事迹具《縣志·文苑傳》。光緒《（安徽）通志》著録，無卷數。《縣志》作詩古文及駢體、詩餘數十卷，録碑記一篇、賦一篇。

濠上吟稿一卷

[清] 程瑶田撰。瑶田（字易田，又字伯易，改字易疇，自號"葺荷"，又自呼"葺翁"，或署"葺郎"，歙人。乾隆三十五年舉人，選江蘇嘉定教諭告歸，嘉慶元年舉孝廉方正，十九年卒，年九十。事迹具前《國史·儒林傳》）有《通藝録》，已著録。是集一卷，五古二十八首，乃鳳陽旅店所作，前有自序。光緒《（安徽）通志》著録，無卷數。民國二十二年安徽叢書編印處印入第二期叢書中，今據以著録。光緒《（安徽）通志》又載有《蓮飲集》《藤笈編》《非能編》三種，考《修辭餘鈔》

所載自序三種皆所作時文，今不録，然考前《國史·儒林傳》，載瑶田詩爲桐城劉大櫆所稱，有集十八卷，是其詩固不止此也。

修辭餘鈔一卷

［清］程瑶田撰。文一卷，都五十四篇，爲《通藝録》之一種，民國二十二年安徽叢書編印處印入第二期叢書中。道光、光緒《（安徽）通志》皆未著録。瑶田篤志治經，文其餘事，然辭氣淵雅，集中如《張擇端清明上河圖記》《趙子昂生卒記》《趙子昂碑刻紀年碎録》《困學紀聞》《論四始五際書後》，尤資考證。

讓堂亦政録一卷附嘉定贈別詩文一卷

［清］程瑶田撰。瑶田選嘉定教諭，以乾隆五十三年十月到官，五十六年七月去任，是録乃其任内所作，曰《聯扁》、曰《告示》、曰《節孝》《看語》、曰《詳稟》《尺牘》、曰《雜著》、曰《古今體詩》，都爲一編，取孔子是亦爲政之意，名曰亦政録，前有自序，附嘉定贈別詩文一卷，民國二十二年安徽叢書編印處刻入第二期叢書中。

程森崖文稿

［清］程杞撰。杞字獻可，號“森崖”，休寧人。乾隆三十五年舉人，嘉慶元年舉孝廉方正，八年卒，年七十九。事迹具《府志·文苑傳》。光緒《（安徽）通志》著録，無卷數。考程瑶田《修辭餘鈔》，有《程獻可傳》，稱其同出晋太守公，同生乙己，同年游庠食餼[①]，同舉於鄉，又稱其爲諸生時，以能文章名而不言有文集，今姑仍舊志著録。

香林集

［清］翟永檀撰。永檀字瓊九，號“雪窗”，涇縣人。士式孫、恩貢丞子。乾隆三十五年舉人，歷建平、山陽訓導，以憂歸。事迹具《縣志·文苑傳》。集有王秉韜、朱依魯序。光緒《（安徽）通志》著録，無卷數。永檀幼聰穎、善屬文，下筆千言，工詩畫。《縣志》録五古、五絶各一首。

---

① 游庠：就讀於府或州縣的學宫。庠，原是周代的鄉學，後泛稱學校。清黄蛟起《西神叢語·許世卿》：“館於嘉禾項氏，其子已游庠，督責之甚嚴。”食餼：指明清時經考試取得廩生資格的生員享受廩膳補貼。清蒲松齡《聊齋志異·餓鬼》：“入場，適是其題，録之，得優等，食餼焉。”何垠注：“餼，許既切，廩餼也。入泮後有廩禄，所謂食餼也。”

半癖山房詩文集

[清] 張慶撰。慶字虔勅，先本宛平人，以父游幕至亳，遂爲亳州人。事迹具《州志·文苑傳》。光緒《（安徽）通志》著録，無卷數。慶幼好學，於書無不讀，尤嗜史家言。乾隆三十六年助修《州志》。

伯初遺稿二卷

[清] 洪朴撰。朴字素人，號"伯初"，歙人。乾隆三十六年進士，官直隸順德知府，卒於任，年僅四十。事迹具《縣志·宦迹傳》。朴詩文散佚，是集文詩各一卷，皆視學湖北所作，前有弟梧序，嘉慶間刻，民國二十年冀州孫殿起得原書影印。《縣志》著録《伯初詩文鈔》，無卷數。《府志》作"詩文鈔"，各二卷，今據本書著録。朴與弟桐、梧先後登進士，有"三珠"之譽，又從戴震、金榜問業。王昶録入《湖海詩傳》。

貽軒詩集二卷

[清] 仇夢巖撰。夢巖字秋人，歙人。乾隆布衣。是集二卷，卷上五古、七古、五律、七律，卷下五絶、七絶、詞，又附《蝶仙》七絶一首，有嘉慶二十四年汪端光序，子銘旂刻。夢巖有讀《隨園詩話》呈袁枚詩云："自讀等身佳集後，吟髭始覺有詩痕。師承不識隨園路，夢裏模糊到白門。"宗仰可知。詞多集白石、玉田句如己出。端光稱爲絶技云。

寶景堂集

[清] 龔朝聘撰。朝聘字獻丹，號"澄庵"，合肥人。乾隆三十六年進士，選授甘肅成縣知縣，忤上官被議歸。事迹具《縣志·人物傳》。光緒《（安徽）通志》著録，無卷數。朝聘孝友力學，年七十餘未嘗廢書。

緗庭詩文鈔四卷

[清] 黃崇蘭撰。崇蘭字學存，懷寧人。乾隆三十六年舉人，歷蒙城訓導、涇縣教諭。事迹具《縣志·仕業傳》。光緒《（安徽）通志》載《湘庭詩文集》，無卷數，今據《縣志》著録。

近腐齋文七卷詩十卷

[清] 汪志伊撰。志伊（字莘農，號"稼門"，晚號"實夫"，桐城人。時芬子。乾隆三十六年舉人，官至左都御史、閩浙總督，嘉慶二十二年予告歸，明年卒，年

七十六。事迹具《縣志·宦迹傳》）有《奏稿》，已著録。道光、光緒《（安徽）通志》皆載《汪稼門詩文鈔》十卷，《縣志》載《稼門文集》十卷，無詩集。汪氏所藏原刻本前有志伊像并自題一律詩，文皆錢大昕、馮實庵、游碏田評點，惟其本已殘缺不能知其卷數多寡。姚鼐《惜抱軒文後集·稼門集序》稱志伊將入覲，以其文七卷、詩十卷視予，鼐同時爲作序，所言宜不誤，今據以著録。志伊學主程朱亦不薄陸王，惟以反身實踐爲宗。鼐稱其文爲儒家言詩，通乎古三百之誼，蓋當理切事而不在乎華辭者也。《桐舊集》録詩十一首、《桐城文録》録文若干首。

畫溪古文九卷詩集十六卷

［清］吴詢撰。詢字重約，一字湘麓，號“畫溪”，桐城人。乾隆縣學生。事迹具《縣志·儒林傳》。光緒《（安徽）通志》載《吴詢詩文集》，無卷數，今據《縣志》著録。詢年十三作《儒佛仙論》，先輩咸偉之。其學宗朱熹，亦兼取良知之説，與同縣汪志伊、張裕焜、吴貽咏、吴鏐、張驪、顧恂、左炎、張元泰、張鈞相切磋。吴賡枚、葉玢、吴庭輝則其門人也。《桐舊集》録詩十九首，《桐城文録》録文若干首。

屏山閣詩集四卷

［清］方雲卿撰。雲卿字怡雲，桐城人。以智玄孫女，同縣諸生吴詢妻，年逾七十卒。集四卷，前有詢序。道光、光緒《（安徽）通志》皆作《屏山詩草》，無卷數，又無名字，今據《縣志》及《桐舊集》著録。雲卿論詩宗唐，嘗曰昔人評唐賢七絶壓卷未有定論，以予觀之，其日長風暖、洞庭西望、西宮夜静乎，於詩少許可，獨喜族弟鏐詩，以爲今之孟六①，其旨可知。《桐舊集》録十三首。

陶詩析疑

［清］王大樞撰。大樞號“白沙”，一號“天山漁者”，太湖人。乾隆三十六年舉人，揀選知縣，以事戍伊犁，凡十三年赦歸，年八十七卒。事迹具《縣志·文苑傳》。光緒《（安徽）通志》著録“集部·箋注類”，無卷數，今改隸“別集”。據《縣志》，稿存介石山房待梓，今不知其存否也？

仰山文集

［清］汪廷榜撰。廷榜字士瞻，一作“自占”，號“仰山”，黟縣人。乾隆三十六

---

① 孟六：即孟浩然。王維有《送孟六歸襄陽》詩。

年舉人,授旌德訓導。嘉慶元年舉孝廉方正,賜六品頂戴。事迹具《縣志·儒行傳》。考俞正燮《汪先生事輯逸》,稱嘉慶四年寄文集屬校定,又稱八年七月病,亟以文付其族孫夢桂,又萬承風撰墓志銘,稱詩古文若干卷藏於家,疑其家未刻行。光緒《(安徽)通志》著錄,無卷數。廷榜肄業紫陽書院,見重於院長趙青藜,及讀書鍾山,交董以學、梅鋑、戴翼于、戴祖啓、侯學詩、梁巘,又交戴震、李惇。承風謂其爲學宗朱熹,而不苟爲依附於傳義集注,多所補正;正燮謂其文初喜馳騁,既沉思刻意爲短章,卒爲平正曉暢①,下一字或檢書數十種,務得其通,蓋得揚雄、韓愈意云。承風,其門人也。

溯洄草堂集

[清]汪履基撰。履基字存南,全椒人。乾隆三十六年舉人,四十五年召試授內閣中書。事迹具《縣志·文苑傳》。道光、光緒《(安徽)通志》皆著錄,無卷數。履基爲武進劉星煒高弟,星煒譚藝主清轉華妙,履基亦謂陳維崧學庾信,只見其叫豪;章藻功學徐陵,適形其寒弱,吳綺以下比之自鄶,持論如此,其文可知。縣人吳鼒嘗從受駢體文法,所選八家四六,本有履基及汪中合爲十家,後佚去。譚廷獻序鼒文集云學士定八家之文,逸"二汪"之作。"二汪",謂履基及中也。

望雲閣詩

[清]郭芬撰。芬字芝田,全椒人。汪履基妻。道光、光緒《(安徽)通志》皆著錄,無卷數,潘瑛錄入《詩萃》。

華川詩十八卷古文十卷

[清]吳貽澧撰。貽澧字澤在,號"華川",桐城人。生苗子。乾隆三十七年進士,官至雲南府同知、署澂江知府罷歸。事迹具《縣志·宦迹傳》。集有劉大紳序。道光、光緒《(安徽)通志》著錄《吳詒澧集》二十八卷,今據《縣志·藝文》著錄,惟《縣志》本傳又載詩十四卷、古文三集,無卷數,一書而所載互異,莫喻其故。《桐舊集》載有《開南》《冶餘》等集,則當爲其詩之子目也。貽澧詩有云:"詩亦勿太苦,詩亦勿太工。詩苦令人瘦,詩工令人窮。"似以餘事作詩者。然大紳稱其熟精選理,餘波綺麗,又稱其比事屬辭意切理盡,優游和平,俯仰自得,則其工又未嘗不自苦來也。《桐舊集》錄十九首。

---

① 曉暢:音 xiǎo chàng,明白通達。暢,通"暢"。清俞正燮《癸巳存稿·序》:"崧鶴善言辭,申明奧理,超邁曉暢。"

勉行堂詩集二十五集

[清] 程晉芳撰。晉芳 (初名廷鐄，字魚門，號"蕺園"，歙人。乾隆三十七年進士，官翰林院編修，四十九年卒，年六十七。事迹具前《國史·文苑傳》) 有《周易知旨編》，已著錄。是集晉芳手定，卷各有子目，卷一《籬東集》、卷二《春帆集》、卷三《索米集》、卷四《刻楮集》、卷五《白門春雨集》、卷六《桂宦集》、卷七八《小金臺集》、卷九至十一《拜書亭稿》、卷十二三《涉江集》、卷十四五《日下集》、卷十六《寄藤集》、卷十七《得酒集》、卷十八《照檻集》、卷十九《曰艾集》、卷二十《眚①集》、卷二十一《南船小草》、卷二十二《吳楚集》、卷二十三《楚豫集》、卷二十四《南曹暇稿》，自乾隆七年壬戌至三十七年壬辰六月，凡三十一年之詩，有乾隆三十一年昌平陳浩序，嘉慶二十三年鄧廷楨刻於西安并序，又翁方綱、袁枚撰墓志銘，據鄧序，悉仍手定稿本，惟《進御詩》別爲首卷，又聯句詩已刻入朱筠、曹仁虎諸集者，不重刻，又嗣子瀚所輯續集五卷，無作詩年月亦未編入，故僅二十五卷，又一本題《蕺園詩集》，僅一至十卷，除無卷首一卷及卷五有《結夏集》一目外，餘子目與此同，又卷一始乾隆癸亥，較此少一年，各卷之詩亦彼此互異，有此有彼，無此無彼有者，首尾無序跋，莫詳其故。考袁枚撰墓志暨前《國史·文苑傳》、《先正事略》、光緒《(安徽) 通志》，均載《蕺園詩集》三十卷，蓋并續集五卷而言，又翁方綱撰墓志載晉芳詩四十四卷。案：晉芳卒於乾隆四十九年，是集止於乾隆三十七年，距其卒尚十二年，不能遂無所作，似諸書所載三十卷亦非其全，今據本書著錄。晉芳出朱筠之門，而與袁枚、商盤唱和。方綱稱其詩善言情，纏綿往復，盛衰聚散，娓數百言，其《哭馮粹中》詩注君曾遇假仙於浙云云 (本集卷六)。案：馮粹中即吳敬梓《儒林外史》之馬純上，亦可證吳書雖小說，皆實有其人與事也。王昶錄入《湖海詩傳》。

勉行堂文集六卷

[清] 程晉芳撰。凡六卷，首論、次考、次辯、次説、次序、次記、次書、次讀、次書後、次書事、次跋、次傳、次墓志銘、次厝志、次祭文、次哀辭，都百六篇，嘉慶二十四年咸陽知縣吳蔗卿等醵貲刻，有陳鍾麟、鄧廷楨序、宋世犖識語。惟翁方綱撰墓志銘載文十六卷，袁枚撰墓志銘又載文十卷，卷數已互異，前《國史·文苑傳》、《先正事略》、光緒《(安徽) 通志》均作"十卷"，蓋皆據袁志。此本僅六卷，今據以著錄。晉芳學古文於劉大櫆，尤深信方苞之説。其學以程朱爲職志，文亦醇潔，有歐曾遺意。集中《正學論》有云："喜怒哀樂之中節，此情之本乎

---

① 眚：音 shěng，眼睛生翳長膜。《説文》："眚，目病生翳也。"宋范成大《晚步宣華舊苑》："目眚昏花燭穗垂。"

性者，如謂性所不得已，順之勿逆之，則嗜慾横决。"又云："今之學者得古書片言必寶而録之，坐論必《爾雅》《説文》《廣韵》諸書，考據必旁及金石、文字，訂日月、校識官、證瑣事，其於制度云爲安危治亂之旨，則爲齪齪①小夫。"尤切中利病。晋芳在當時號稱淹雅，而其言如此，可以想見其人也。光緒《（安徽）通志》作"勉行齋"，誤。

胡光琦古文詩集

［清］胡光琦撰。光琦字步韓，號"韞川"，婺源人。乾隆三十七年進士，授四川鹽亭知縣，以病歸，嘉慶十三年卒，年七十二。事迹具《縣志·儒林傳》。光緒《（安徽）通志》著録，無卷數。光琦學宗朱熹，詩文皆發抒至性，自成一家。

退滋堂集八卷

［清］謝登雋撰。登雋字金門，祁門人。乾隆三十七年會試中正榜，官至湖北宜昌知府。事迹具《縣志·宦績傳》。集八卷，法式善序，道光十一年刻。光緒《（安徽）通志》著録。登雋嘗充四庫館篆隷分校官，在官絶請托，暇與諸文士賦詩爲樂。

杖鄉集四卷

［清］汪偉撰。偉字克承，一字"念田"，黟縣人。乾隆諸生。以貲爲州判。事迹具《縣志·文苑傳》。偉以乾隆三十八年春養疴松泉，發篋得古今體詩若干首，即草本録爲四卷，卷一五古、七古，卷二五律，卷三七律，卷四五絶、七絶，都三百九十六首，題以杖鄉紀年且志幸也，前有是年夏自記，蓋即刻於其時。

胡清聚詩文集

［清］胡清聚撰。清聚（字思平，績溪人。廷璣第三子。乾隆歲貢，候選訓導，年七十三卒。事迹具《縣志·文苑傳》）有《四書注説參證》，已著録。光緒《（安徽）通志》著録是集，無卷數。據胡培系《（績溪金紫）胡氏（所著）書目》，已佚。

繩軒文集三卷

［清］胡匡憲撰。匡憲字懋中，號"繩軒"，績溪人。清聚第三子。縣學廩生。嘉慶七年卒，年六十。事迹具《縣志·文苑傳》。集三卷，光緒《（安徽）通志》著

---

① 齪齪：拘謹貌，謹小慎微貌。《史記·貨殖列傳》："而鄒魯濱洙泗，猶有周公遺風，俗好儒，備於禮，故其民齪齪。"

録，據胡培系《（續溪金紫）胡氏（所著）書目》，已佚。

樸齋文集

[清] 胡匡衷撰。匡衷（字寅臣，號"樸齋"，績溪人。清燾第四子。乾隆歲貢，候選訓導，年七十四卒。事迹具前《國史·儒林傳》）有《儀禮釋官》，已著録。光緒《（安徽）通志》著録是集，無卷數。《縣志》作"《樸齋存稿》"，據胡培系《（續溪金紫）胡氏（所著）書目》，已佚。

霽嵐集一卷

[清] 胡匡定撰。匡字性山，號"霽嵐"，績溪人。諸生。是集一卷。光緒《（安徽）通志》著録。據《（續溪金紫）胡氏（所著）書目》，已佚。

毅軒詩稿

[清] 吳主信撰。主信字孚蒼，號"毅齋"，宿松人。茭子。乾隆三十八年歲貢（《縣志》作"三十九年"，此據家傳），候選訓導。五十二年卒，年六十六。是集七古僅一首，餘爲七律、七絶，都百八十三首，前有從曾孫際昌撰傳，抄本未刻。

龍山草

[清] 李兆衍撰。兆衍字藩蕡，號"沃野"，蕪湖人。乾隆國學生，授鹽大使。事迹具《縣志·孝義傳》。是集乃廬墓時作，有沈德潛序。光緒《（安徽）通志》著録，無卷數。兆衍嗜學，絶意功名，乾隆三十八年徵遺書，所呈百餘種皆秘録。龍山在縣南，其母葬處也。

竹圃文集

[清] 方達撰。達字澗泉，懷寧人。乾隆三十九年舉人。事迹具《縣志·文苑傳》。光緒《（安徽）通志》著録，無卷數。達通貫經義，但資講授不自著書，文多應酬之作，其工者亦彬雅[①]可誦也。

環山堂詩文鈔三卷

[清] 張水容撰。水容字汲華，號"耻庵"，桐城人。乾隆三十九年舉人，官江蘇奉賢訓導，閱四年卒。事迹具《縣志·文苑傳》。光緒《（安徽）通志》載是集，

---

① 彬雅：猶儒雅。南朝梁劉勰《文心雕龍·時序》："自宋武愛文，文帝彬雅，秉文之德，孝武多才，英采雲搆。"

無卷數。《縣志》本傳作三卷，藝文又作二卷，"堂"作"樓"，今據本傳著録。水容師劉大櫆學詩文。汪志伊撰傳稱其詩春容自然，雖不免豐豔之作，而無理障[①]學障云。《桐舊集》録詩十二首，《桐城文録》録其文。

躬厚堂詩二卷 古文稿二卷

〔清〕汪鋼撰。鋼字允堅，號"鈍齋"，婺源人。心起子。乾隆三十九年舉人，五十四年授盱眙教諭。事迹具《縣志·學林傳》。光緒《（安徽）通志》載詩古文稿四卷，今據道光《府志》著録。鋼讀朱熹勉吕祖謙語，知躬厚薄責爲變化氣質，故以名堂并以名集也。

愚亭詩文鈔

〔清〕翁立準撰。立準字愚亭，懷寧人。乾隆四十年進士，母老不就銓[②]。事迹具《縣志·文苑傳》。光緒《（安徽）通志》著録，無卷數，《縣志》作數卷。稱其文清華流美，無世俗氣。

因樹齋文集

〔清〕何循撰。循字質厚（《桐舊集》作"原"），號"南陔"，桐城人。乾隆四十年進士，官翰林院編修，以忤掌院和珅休致。事迹具《縣志·宦迹傳》。光緒《（安徽）通志》著録，無卷數。《縣志》及《桐舊集》皆作"《因附齋集》"。

南轅詩草

〔清〕何循撰。光緒《（安徽）通志》著録，無卷數。《桐舊集》録六首。

---

① 理障：佛教語。謂由邪見等理惑障礙真知、真見。後也指詩作中陷於説理而少情趣的現象。朱自清《〈燕知草〉序》："這種'夾叙夾議'的體制，却并没有墮入理障中去。"

② 銓：量才授官，選擇官吏。《魏書·世宗紀》："而中正所銓，但存門第，吏部彝倫，仍不才舉。"

文典古籍叢書

安徽通志稿

藝文考 集部提要 整理 下

江增華 謝慶◎整理

安徽省高校人文社會科學重大研究項目（SK2018ZD022）成果

安徽省哲學社會科學規劃項目（AHSKHQ2021D03）成果

安徽師範大學學術著作出版基金項目資助出版

安徽師範大學出版社
ANHUI NORMAL UNIVERSITY PRESS

· 蕪湖 ·

安徽通志稿·藝文考

集部二十一　別集類二十

立堂文集

［清］石毓棟撰。毓棟字桌棻，號"立堂"，宿松人。乾隆四十二年拔貢，由四庫館議叙①選授六合教諭，卒官。事迹具《縣志·文苑傳》。是集毓棟歿後子繪刻於京師。光緒《（安徽）通志》著録，無卷數。《縣志》稱熟精三禮，文亦金貞玉粹，有臺館風。

萼樓近草

［清］金潤撰。潤，望江人。乾隆四十二年拔貢，官太和教諭。光緒《（安徽）通志》著録，無卷數。

秋圃詩鈔四卷

［清］黃煇撰。煇字耀廷，號"若亭"，一號"秋圃"，婺源人。乾隆四十二年拔貢，官陝西知縣，告歸卒，年六十六。事迹具《縣志·宦迹傳》。詩四卷，都四百七十八首，前有嘉慶十四年金匱楊芳燦序、太湖劉融題詞，又小像及王麟孫題《南歸圖》七絶三首，十六年刻。

星巖集

［清］俞獻撰。獻字可亭，黟縣人。乾隆四十二年拔貢，選句容訓導，署望江教

---

① 議叙：清制對考績優異的官員，交部核議，奏請給予加級、記録等獎勵，謂之"議叙"。清朱珪《吏部稽勛司郎中張君墓志銘》："乾隆庚子科舉人，議叙八品京官。"

諭。事迹具《縣志·文苑傳》。光緒《（安徽）通志》著録，無卷數。獻爲正燮之父，工駢體、隸事，尤熟掌故。《縣志》録詩二首。

對湖軒雜咏四卷 芳巖文鈔四卷

〔清〕左暄撰。暄字春谷，涇縣人。乾隆四十二年拔貢，任蒙城教諭。是集詩文各四卷。光緒《（安徽）通志》著録。趙紹祖《蘭言集》録五律二首，稱其詩不苟作，清穩有致。

聞喜堂詩集四卷題畫詩一卷詞一卷

〔清〕蔡邦烜撰。邦烜字月樵，合肥人。乾隆監生（他書或作"乾嘉間監生"，案：本集嘉慶元年丙辰王永烈題詞云："十年死別乍相逢，蕴藉人來一卷中。壯歲文章北斗下，吟魂終古大江東。携琴瓜步①誰橫笛，買棹漕川類斷蓬。江上黯然秋五字，至今何處哭西風。記得同舟碧水潯，中宵伏枕重呻吟。花殘不是因春雨，岫遠何當入暮陰。學士圖成閩有荔，中郎去後世無琴。分明志墓言猶在，掩卷彷徨百感侵。"玩此詩似邦烜殁已久，不得云乾嘉間監生也）。邦烜詩曾刻於乾隆四十二年，既悔之删去過半，殁後二十七年子家琬合舊刻及未刻編成四卷，又題畫一卷、詞一卷，前有徐世墊、朱耦序、陳毅、王永烈題詞、趙履廉像贊，後有家琬識語，嘉慶十八年刻。李家孚《合肥詩話》載《聞喜堂詩集》，今不傳，惟張維屏《詩人徵略》録《題淵明像》一首云云，又謂蔡邦甸與邦緻、邦霖齊名，號"三邦"，實則邦甸遜邦緻、邦緻又遜邦霖，可頡頏邦霖者，惟邦烜云云。陳詩《廬州詩苑》所録亦僅《題淵明像》一首，似亦未見其集。今案本集《題淵明像》，"晋人尚元虛"前尚有"本無適俗韵，安能嬰塵緣。但使樽有酒，何妨琴無絃。偶采東籬菊，亦愛北牕眠。後世慕芳躅，圖畫傳清妍"八句，"飲酒全其天"句下尚有"與道爲污隆②，豈得非名賢"二句，其爲邦烜自改，抑維屏所删，已不可考。又維屏《聽松廬詩話》載邦烜"傾仆萬足踐，苟延乃速死"二句。案：本集二句在《即事》五古中不連屬，"傾仆萬足踐"下尚有"蹂躪春泥花，升勺勝珠玉，骸骨委塵沙"三句，始接"苟延乃速死，難言施濟差"云云。家孚，合肥人，已云其集不傳此本，猶嘉慶原刻經咸豐之亂得逃劫火，不可謂非星鳳③也。

---

① 瓜步：地名。步，一作"埠"。山名，在南京市六合區東南，亦名桃葉山。水際謂之步，古時此山南臨大江，又相傳吳人賣瓜於江畔，因以爲名。

② 污隆：升與降。常指世道的盛衰或政治的興替。唐劉知幾《史通·載言》："國有否泰，世有污隆。"

③ 星鳳：景星和鳳凰。喻罕見珍奇或珍奇之物。清姚際恒《好古堂家藏書畫記》卷上："唐人畫在今日，希如星鳳，允稱鴻寶。"

蠹竹山房詩集二卷

[清] 侯坤撰。坤字礴石，號"竹愚"，無爲州人。乾隆四十二年選貢，授廣東鹽經歷，署廣東糧捕，分府潮州鹽運分司，卒官，年六十二。事迹具《州志·仕迹傳》。詩二卷，有張問陶序。道光、光緒《（安徽）通志》皆著録。坤有《水中梅影》前後四十首，傳誦一時，其警句云："清陰滿澗客初去，暝色一溪僧未歸。鶴鳴寒月舟依岸，驢背殘陽人渡橋。"張問陶贈詩云："去年燕市初相見，落落交情古狂狷。捧君一卷梅花詩，只覺寒香生筆硯。"謂此也。符葆森《正雅集》録二首，方澍《濡滇詩選》録九首，《州志》録七古一首、七絶二首，《皖雅初集》録五律三首。

鳩居詩集

[清] 蘇廷煜撰。廷煜字虛谷，蒙城人。乾隆四十二年拔貢，任巢縣教諭，升江寧府教授未赴。事迹具《縣志·宦迹傳》。光緒《（安徽）通志》著録，無卷數。廷煜與同縣姚顯相、熊體仁皆壽八九十，知府左輔易其居之名爲"三壽里"并爲之記，嘗贈句云："相見便無塵俗慮，此生共守歲寒心。"又稱其詩冲淡有蒼骨。

巽轂詩文集

[清] 左潢撰。潢字晴川，號"巽轂"，桐城人。乾隆四十二年舉人，歷歙、丹陽兩縣教諭。事迹具《續修縣志·文苑傳》。光緒《（安徽）通志》著録，無卷數。

瑞芝堂四六注釋八卷

[清] 左潢撰。凡八卷，卷一賦，卷二、卷三序，卷四題詞，卷五啓、卷六書，卷七記，卷八文、引、疏，又續補賦一篇、示一篇，都四十篇，前有嘉禾周升恒、新安程振甲、同縣許鯉躍序，嘉慶八年刻。注釋不言何人，疑潢自爲評點，則振甲所加也。升恒謂其以徐庾之綺麗，運以宋人之生動，擬之近代，蓋章藻功之亞也。

匯源堂集

[清] 何漢撰。漢，望江人。乾隆四十二年舉人。光緒《（安徽）通志》著録，無卷數。

鄂不草堂集四卷

[清] 金應璜撰。應璜字理函，歙縣人。雲槐次子。乾隆四十二年舉人，官中書，因病乞歸。事迹具《縣志·宦迹傳》。道光、光緒《（安徽）通志》載是集，無卷數，今據道光《府志》著録。

隱綉閑吟十二卷

［清］戴國恩撰。國恩字永霈，婺源人。乾隆四十二年舉人，閱二年卒。事迹具《縣志·文苑傳》。詩十二卷，光緒《（安徽）通志》著録。國恩受業舅氏洪騰蛟門，兼通象數家言。

洞天居士集

［清］孫泉雯撰。泉雯，青陽人。桂子。乾隆四十二年舉人，挑發浙江分水縣題補象山知縣。事迹具《縣志·文苑傳》。光緒《（安徽）通志》著録，無卷數。

思補山房詩文集

［清］戴沛霖撰。沛霖字覺斯，來安人。乾隆四十二年舉人，嘉慶元年選英山教諭，兩次俸滿保知縣，辭不就，年七十終於家。事迹具《縣志·文苑傳》。光緒《（安徽）通志》著録，無卷數。

聽月樓遺草二卷

［清］汪韞玉撰。韞玉字潛輝，一字蘭雪，休寧人。汪作霖姊、金潮室。乾隆四十三年卒，年三十六。詩凡二卷，都百三十四首，前有乾隆四十七年陸錫熊、秦潮，四十四年金成璉及汪滋畹序，四十三年汪淪原撰傳，吳省蘭、黃軒、吳蔚光、許立均、程澍、王京、黃世墂、王浦、汪森祖、汪法、金槳、金翀題詞，後有四十三年弟作霖跋，四十八年夫兄鑑書後，四十三年潮悼亡詩八絕并記。韞玉深於毛詩，嘗謂治詩當咀味其意旨，和諧其音節，以己之性情融會作者性情，久之詩人性情皆我性情，論詩如此，宗仰可知。其咏古烈女雜體，志尚亦可見也。

畫脂集二卷

［清］余元遴撰。元遴字秀書，號"松谿"，婺源人。華孫。乾隆廩生。四十三年卒，年五十五。事迹具前《國史·儒林傳》。集二卷，光緒《（安徽）通志》著録。

染學齋詩集十卷

［清］余元遴撰。卷一、卷二五古，卷三、卷四七古，卷五五律，卷六、卷七七律，卷八五絕，卷九、卷十七絕，都九百三十首，前載《通志·文苑傳》，咸豐二年刻。元遴游汪紱之門。其訓子詩云："根源湏自爲，瓣香景陶杜"，可以知其意之所

存矣。

西堂詩文集

[清] 余逢辰撰。逢辰字鏡淵，號"西堂"，婺源人。熊照子。增廣生。事迹具《縣志·文苑傳》。光緒《（安徽）通志》著録，無卷數。逢辰爲汪紱外孫，嘗手録紱書志景仰，又從從父元遴游。元遴，紱門人也。

梅谷詩鈔

[清] 施文鉅撰。文鉅字傳美，號"梅谷"，婺源人。諸生。事迹具《縣志·文苑傳》。光緒《（安徽）通志》著録，無卷數。文鉅十歲通五經，工詩古文，嘗校録汪紱遺書，皆端楷。

半憨詩文集

[清] 潘培撰。培字篤卿，婺源人。士鳳子。事迹具《縣志·文苑傳》。光緒《（安徽）通志》著録，無卷數。培私淑同縣汪紱，嘗著《先後天圖説》，累數千言。

湖山吟 啓蒙草 浙中新咏

[清] 張元撰。元字殿掄，婺源人。廩生。事迹具《縣志·文苑傳》。光緒《（安徽）通志》著録，無卷數。元嘗爲同縣張培風延入浙署課其孫，因與錢汝誠、鄭虎文講論詩文，皆折服。湖山爲婺源地名，元所居也。

梅賓詩鈔六卷

[清] 江紹蓮撰。紹蓮字依濂，號"梅賓"，歙人。乾隆縣學生，嘉慶十六年恩賜進士，國子監學正。事迹具《縣志·文苑傳》。紹蓮於乾隆四十三年曾刻詩集四卷，有武林俞甡序，又《隨月樓詩》《楚江吟》各一卷，嘉慶十七年綜前後數十年已刻未刻，得詩二千六百餘首，經沈既堂、王少林、汪敬堂、應叔雅、方子雲、顧藕怡諸人審定，取愜意者稍益以北游諸什，存六百餘首，分爲六卷刻之，有江銘識語、張鏐題詞及自識。紹蓮嘗以詩就正齊召南，得其許可。《嚶鳴集》《帆下録》《今詩所見集》均録其詩。

禮庭詩草一卷

[清] 吳筠撰。筠字禮庭，涇縣人。葆孫長子。乾隆諸生。早卒，詩僅一卷，有

乾隆四十三年杜翰英序，弟臺附刻葆孫《竹坪詩草》後。潘瑛稱其詩筆雄秀，五律尤擅長。

吳臺詩草五種

［清］吳臺撰。臺字位三，號“松溪”，涇縣人。葆孫次子。附貢。由兵馬司正指揮改湖南通判，署長沙府通判。事迹附《葆孫傳》。光緒《（安徽）通志》著録，無卷數。臺諸體俱佳，五言尤爲清老。趙紹祖《答洪亮吉詩》云：“長沙別駕才，五字頗自惜。”謂臺也。《蘭言集》録十七首。

深柳堂詩草無卷數

［清］吳臺撰。分體編卷，首五古、七古，次五律、七律、五絶、七絶，有嘉慶二年謝嘉修序，附刻其父葆孫《竹坪詩草》後。

百繪詩箋注無卷數

［清］吳臺撰。自《經神》至《詩魔》凡七律一百首，侄世錫、子世德注，又分注題字附卷末，前有楊志信序及自序，嘉慶二年刻。百繪者，謂狀物莫如繪，而能繪繪之，所不能繪者，又莫如詩也。

介亭文集六卷外集六卷詩鈔一卷

［清］江濬源撰。濬源（字岷雨，號“介亭”，懷寧人。乾隆四十三年進士。官至雲南知府攝迤南道，引疾歸，年七十四卒。事迹具《縣志·仕業傳》）有《于役迤南記》，已著録。是集文集、外集各六卷，詩鈔一卷，嘉慶十三年刻，遭亂板毁，同治十二年孫潮重刻并跋。濬源從劉大櫆游，聞詩、古文法。文如《請建明甘霖鄉祠》二書，《明周冕行實補遺》《甘霖史志補略》《張澤王來聘兩事略》，外集《上江中丞查》《復名宦鮑象賢書》均有關文獻，《邊防説》四篇言守邊利害尤具，詩爲由京至雲南作，附《南旋詩》廿七首，吳大廷序，所謂清雅拔俗是也。

闕元鼎詩文集

［清］闕元鼎撰。元鼎字藻軒，號“秋畹”，又號“藻仙”，又自名“小華僧”，六安州人。乾隆四十三年進士，年二十七卒。事迹具《州志·文苑傳》。光緒《（安徽）通志》著録，無卷數。元鼎生有夙慧，詩賦文詞不落時徑。朱筠贈句云：“蓼六

逸才大隱在，暹羅慧業①小華看。"《州志》稱詩文稿存於家，蓋未刻也。

如不及齋古文　小鄉嬛詩鈔

［清］章甫撰。甫字子卿，號"完素"，桐城人。乾隆四十四年舉人，官江西東鄉知縣。事迹具《縣志·文苑傳》。光緒《（安徽）通志》著錄，無卷數。《桐城文錄》錄其文。

醉草堂集

［清］陳枋撰。枋字馭驪，青陽人。芳族弟。乾隆四十四年舉人。陳秉烈《涍園詩鈔》有《哭枋詩》云："身被功名誤，緇塵②迫遠游。公車三度上，京洛五年留。有硯遺黃口，無詞慰白頭。傷心燕趙路，與櫬③返山邱。"秉烈，枋從弟也。《陳氏聯珠集》錄三十首，潘瑛錄入《詩萃》。

柳塘詩鈔一卷

［清］余逢時撰。逢時字際昌，黟縣人。乾隆四十五年恩貢。事迹具《縣志·文苑傳》。逢時師劉大櫆。《縣志》錄十四首（采訪冊）。

玉洞詩略一卷

［清］雷天銓撰。天銓字晉風，太湖人。乾隆四十五年歲貢。事迹具《縣志·文苑傳》。光緒《（安徽）通志》作"《玉潤詩草》"，今據《縣志》著錄。《縣志》錄七古一首、七律三首。

安玩堂詩文集二十卷

［清］程昌期撰。昌期字階平，號"蘭翹"，歙縣人。乾隆四十五年一甲第三名進士，官至侍講學士卒。事迹具《縣志·文苑傳》。是集二十卷。光緒《（安徽）通志》著錄，無卷數。昌期四歲入塾，見書即不肯釋，及長能背誦，注疏長於考據。《縣志》稱其文融貫經義，詩冲夷恬淡，頡頏韋孟云。

---

① 暹羅：音xiān luó，泰國的舊名。舊分暹與羅斛兩國，十四世紀中葉兩國合并，稱暹羅。元周達觀《〈真臘風土記〉總叙》："其國（真臘）北抵占城半月路，西南距暹羅半月程。"慧業：佛教用語。本指智慧的業緣。後多指對經典義理的研讀。清侯方域《與楠木大師書》："夫慧業之與貪業雖稍不同，其爲業一也。"

② 緇塵：比喻世俗的污垢。唐李益《答許五端公馬上口號》詩："晚逐旌旗俱白首，少游京洛共緇塵。"

③ 櫬：音chèn，棺材。古代多以梧桐木做棺，故也爲梧桐的別稱。

素脩堂文集二十卷 古今石齋詩前集後集共六十卷 小湖田樂府十四卷 寓物偶留四卷

［清］吴蔚光撰。蔚光字哲甫，號"竹橋"，休寧人。乾隆四十五年進士，翰林院庶吉士，散館後即乞假歸。事迹具《府志·文苑傳》。光緒《（安徽）通志》著録。

雪村詩鈔

［清］王元梅撰。元梅字玉和，號"遜庵"，貴池人。乾隆四十五年進士，官河南汝陽知縣。道光、光緒《（安徽）通志》皆著録，無卷數。元梅以詩賦名。《縣志》稱其初尚絢爛，後歸老確[①]。

端本堂詩文集

［清］潘大濟撰。大濟字用楫，太湖人。乾隆四十五年舉人。事迹具《縣志·儒林傳》。光緒《（安徽）通志》著録，無卷數。大濟嗜程朱書，與中表趙文楷交至篤。文楷集中詩與大濟唱和爲多。

清庚集

［清］李振新撰。振新字清庚，太湖人。乾隆四十五年舉人。事迹具《縣志·文苑傳》。光緒《（安徽）通志》著録，無卷數。《縣志》録五律三首。

是亦軒文集

［清］童嘉莘撰。嘉莘，望江人。乾隆四十五年舉人。光緒《（安徽）通志》著録，無卷數。

聽山堂古文 卷勺詩集

［清］任自舉撰。自舉［字學（《府志》作"鶴"，此據《縣志》）坡，號"盤築"，舒城人。乾隆歲貢。年六十七卒。事迹具《縣志·文苑傳》］有《離騷本意》，已著録。二集皆盱眙知縣郭起元刻。光緒《（安徽）通志》著録，無卷數，《縣志》作十餘卷。上元朱紹庭《詩萃續編》録其詩，《縣志》録文一篇。

---

① 老確:指文辭老練確鑿,不求藻飾。清吴汝綸《與楊伯衡論方劉二集書》:"夫文章之道,絢爛之後,歸於老確。望溪老確矣,海峰猶絢爛也。"

紅豆山房詩鈔

[清] 任鳴盛撰。鳴盛字思白，舒城人。兆葛子。乾隆四十五年舉人。事迹具《縣志·文苑傳》。光緒《（安徽）通志》著録，無卷數，《縣志》云兵燹散失。鳴盛嘗與諸名士聯吟，以鼓爲節，聲止詩成，詞意兼美。與同縣孫瘦生皆爲袁枚所賞。王鳳翽[①]謂其《周瑜城懷古》詩有陸游風趣，録入《松園詩話》。

挹青堂詩集八卷

[清] 竇國華撰。國華字霽堂，霍邱人。乾隆四十五年舉人，官至廣東肇羅道，嘉慶十九年入覲[②]道病假歸，尋卒，年六十四。事迹具《縣志·宦績傳》。國華詩初刻於廣西，凡千餘首，刻後復自改訂爲定本藏於家，壽州蕭景雲從定本中録三百篇刻之，遭亂俱佚，光緒十三年玄孫以蒐搜得三百五十首，又附録四十六首，訂爲八卷，十六年刻，前有左輔寧貴、吳貽沄、陳觀光、劉彬華、何元烺、韓崶及景雲等原序，又景雲及吳雙貴、王心一、朱一清、從孫汝楫、桂林題詞，爲《述善堂詩存》之第一種。

德風亭初集十三卷

[清] 王貞儀撰。貞儀（字德卿，江寧人，原籍泗州，宣化知府者輔女孫、錫琛女、宣城詹枚妻，嘉慶二年卒，年僅三十。事迹具《宣城志·雜記》及上元、江寧兩《縣志》《江寧府志》）有《曆算簡存》，已著録。貞儀存時，與吳江蒯夫人與齡往還，將歿屬其夫以手稿致蒯，後六年蒯以付嘉興錢儀吉，儀吉以歸上元朱緒曾，蔣國榜又抄自朱氏，刻入《金陵叢書·丁集》。凡文九卷、詩三卷、詞一卷，前有自序并小傳，後有緒曾、國榜跋。道光、光緒《（安徽）通志》著録皆作三十卷，又脱“德”字，今據《金陵叢書》著録。《宣城志》作“《鳳齋集》”，誤。貞儀九歲通十三經，長覽二十三史，七月卒業，其祖藏書七十五櫃，盡涉獵焉，尤精天文算法，下及醫卜、壬遁靡不通貫。緒曾跋稱雜文如《勾股三角解》《月食解》《地圓論》《地球比九重天論》《歲輪定於地心論》《日月五星隨天左旋論》《籌算易知自序》《曆算簡存自序》，皆足見天算大略，其《讀詩私箋跋》《韵學正訛序》《讀史偶序》《葬經闢異序》《醫方驗抄書後》，原原本本，見聞賅洽。詩五古如《吉林途中》，頗近選體，七古如《飼蠶詞》《擣練圖》《枯樹嘆》皆有篇法，近體亦多佳句。儀吉謂其詩

---

① 翽：音 huì，鳥飛聲。亦指鳥飛。顯揚。明吾邱瑞《運甓記·官誥榮封》：“名翽鸞誥，彤管已垂，裳焚翟茀，奄牙已輝。”

② 入覲：音 rù jìn，諸侯於秋季入朝覲見天子。亦指地方官員入朝覲見帝王宋曾鞏《賀韓相公赴許州啓》：“儵革金厄，已嚴入覲之裝；袞衣綉裳，行允公歸之望。”

文皆質實，説理不爲藻采，爲班昭後一人。惟朱跋稱二集六卷，瞿穎山有其書而未之見蔣跋，亦僅初集十三卷而云，瞿氏不知何許人，是二集之存否？已不可知矣。

綉帨餘箋十卷　女蒙拾誦一卷

［清］王貞儀撰。道光、光緒《（安徽）通志》皆著録"別集·閨秀類"，今改隸"別集"。道光、光緒《（安徽）通志》又録貞儀《象數窺餘》四卷，《曆算簡存》五卷，《籌算易知》《星象圖釋》各二卷，入別集，今別著録。

話雲軒咏史詩二卷

［清］曹振鏞撰。振鏞字懌嘉，號"儷笙"，歙人。文埴次子。乾隆四十六年進士，官至武英殿大學士加太傅銜，道光十五年卒，年八十一，謐"文正"。事迹具前《國史·大臣傳》。是集二卷，自周秦迄元明，都七律二百首，有嘉慶五年翁方綱、錢大昕、汪學金、謝登雋序。昔人咏史多有感而作，其專以史評入詩始唐胡曾，元楊維楨、明李東陽皆爲古史樂府，清尤侗明史樂府，亦擬其體，至謝啓昆乃爲咏史七律，然猶美刺并陳，正鏞用意略同啓昆，惟美善無刺惡，則與啓昆異耳。

金陵雜咏四卷

［清］王友亮撰。友亮字景南，號"東田"，中年自號"葑亭"，一作"葑町"，婺源人。上元籍乾隆四十六年進士，官至通政司副使，嘉慶二年卒，年五十六。事迹具前《國史·文苑傳》。乾隆三十二年友亮居白鷺洲，就《郡乘》所載，山屐所經者，仿高啓《姑蘇雜咏》例，分體咏之，中輟二十餘年，至五十七年始以友人勸卒業，計題二百三十、詩二百六十，凡四卷，有自序及五十九年吳錫麒序，光緒《（安徽）通志》著録。

視漕小草二卷

［清］王友亮撰。凡二卷，乃其奉命巡視南漕及途次所作，有嘉慶元年吳錫麒序，光緒《（安徽）通志》著録。

雙佩齋詩集八卷

［清］王友亮撰。友亮詩有《學詩集》《渡江集》各二卷，皆自序未刻。已刻者，有《金陵雜咏》《視漕小草》，皆吳錫麒序，《雜咏》并有自序，然皆非全集，據集序，全集幾及萬篇，存二千餘首，凡二十四卷，法式善、楊芳燦、何道生等刪存九百六十三首，吳嵩梁編爲八卷，嘉慶十年胡永焕刻於京師，有袁枚、法式善、楊芳

燦、何道生、張問陶、吳嵩梁、胡永焕諸序暨姚鼐撰墓志銘，光緒《（安徽）通志》著録，無卷數，今據本書著録。友亮十歲能詩。卒年五十六。是集自乾隆十七年壬申至嘉慶元年丙辰，凡四十五年，存詩蓋自十二歲始。其論詩謂中無所得，高談王孟韋柳爲欺人（見胡永焕序），袁枚多采其詩入詩話；世遂謂其詩格近枚，然枚暮年頽放，下筆不檢，友亮作書規之，因而改竄者不少（見法式善序），是友亮論詩雖主性靈，固不爲袁派所囿也。

雙佩齋文集四卷

[清] 王友亮撰。姚鼐志友亮墓，稱其古文六卷，此僅四卷，前有嘉慶十五年鼐序，爲刻詩集之後五年，其卷數不同，當是刻集時更訂也。光緒《（安徽）通志》著録，無卷數，今據本書著録。據墓志，乾隆之季京師士大夫有奉廣惠寺僧爲師者，友亮惡之作正師。鼐謂其卓然名論，有益世教，録本朝文者宜亟采入，又謂其議論正大，叙事有法，似程晋芳，然友亮文佳者，尚不止此，惟跋《事物紀原》謂《皇娥》《白帝子》之什，爲歌之始，則誤《皇娥白帝子歌》，見王嘉《拾遺記》，其詞浮艷，蓋出僞撰。《四庫書（目）提要》亦謂皇娥宴歌，上誣古聖，友亮引此，殆不免好奇之過也。

雙佩齋駢體文集一卷

[清] 汪友亮撰。子鳳生輯，嘉慶十六年以示吳錫麒并爲之序，爲姚鼐序文集之後一年。友亮論駢文，謂宜即景見情，得事外遠致，錫麒甚韙之，謂其不爲險字拗句，以求新異，而亦無俗調闌入其中，胎息既深，神明自異，足與前言相合云。

補梅書屋詩草一卷

[清] 王麟生撰。麟生字孔翔，號"香圃"，婺源人。友亮仲子。乾隆附貢，嘉慶二年卒，年三十一。事迹具《縣志·文苑傳》。詩僅八十五首，弟鳳生輯，法式善、張問陶定，有式善、問陶及陳用光序，附刻《雙佩齋詩集》後。麟生初師袁枚，既又從姚鼐論詩，詩日進，其早卒，固鼐所深悲也。

未齋詩存八卷

[清] 張曾獻撰。曾獻字小令，號"未齋"，桐城人。若駒子。乾隆四十八年召試舉人，官至山西分巡冀寧道署按察使，乞病歸，年八十六卒。事迹具《續修縣志·文苑傳》。是集八卷，光緒《（安徽）通志》作二卷，又誤"齋"爲"濟"，今據《縣志》著録。曾獻幼工詩，八歲時從外祖方世舉游，得"山自西來橫北郭，水

將南去繞東城"之句。世舉獎以詩云："莫說古今人不及，早於山谷更三年。"《桐舊集》錄七首。

春江詩稿二卷

〔清〕董潮青撰。潮青字芝林，號"春江"，婺源人。乾隆四十八年舉人。事迹具《縣志·文苑傳》。潮青好爲詩，不自收拾，僅存《初稿》《棄餘稿》二種，垂殁以付從弟鍊金，鍊金爲錄存二百餘篇，王灼、王苢孫復就鍊金所錄選得百三十餘篇，嘉慶十九年猶子桂敷重爲編校，增存三十餘篇，共百六十六篇，分爲二卷刻之。卷一皆少作《棄餘稿》，卷二則《初稿》也，有苢孫、灼、鍊金、桂敷等序。潮青少嗜李賀，有作務盡其才，既乃悉取少作焚之。苢孫謂其攀躋險艱，涉獵閎奧，自示餘勇，不顧蹉跌[1]；又謂其耆之篤作之勤，惜不待其成而殁，即其詩可知也。

望嶽樓詩二卷

〔清〕朱霈撰。霈字井南，號"約齋"，原名榮朝，字熙佐，黟縣人。乾隆四十八年舉人。事迹具《續志·文苑傳》。是集二卷，卷上古體、卷下今體，前有嘉慶四年百齡、六年秦瀛序，錢杖、胡長齡、黃鉞、韓廷秀、汪燾、鄧奇逢、孫起枏、陳克廣、吳濬、吳臺、邵明鉌、陳文煜、妹秀榮題詞，劉海峰、袁簡齋、王西莊、吳白華、姚姬傳、方坳堂、魯心齋、金竹汀、查篆仙、王鐵夫評語，七年刻。據卷下《次祖中丞秋夜集又一村》第七首自注，乾隆戊申曾刻《望嶽樓稿》，百齡序亦稱以續刻《望嶽樓詩》郵示。戊申爲乾隆五十三年，則此爲重刻而有所增入也。霈尤用力於詩，手抄漢魏至清詩凡數十卷，所著詩備諸家體裁，才力富有。"望嶽"謂黃山也。

萬里集

〔清〕胡先抱撰。先抱字省齋（一作"損齋"），涇縣人。廷鑾子。乾隆四十八年舉人，揀選知縣。事迹具《縣志·文苑傳》。先抱所作，隨手散去，子世琦掇其詩之存者爲是集，有嘉善謝墉序。光緒《（安徽）通志》著錄，無卷數。考朱琦《小萬卷齋文稿》卷十二，有胡損齋師《入蜀詩序》，稱先抱多病，詩罕作，作亦散佚，旋聞有《入蜀集》，祇百許首，皆近體，以藏故篋幸存，又稱其風骨清遒，淵源杜甫，絕去纖側，塗飾之習，其序作於世琦殁後，似別一集，非世琦所掇拾也。先抱少穎異，强記絕人，十歲時父授以二十一史，全書輒成誦，尤肆力於經，總諸家異

---

① 蹉跌：音 cuō diē，失足跌倒，比喻失誤。《後漢書·蔡邕傳》："專必成之功，而忽蹉跌之敗者也。"

同，折以己意，詩蓋其餘事。《縣志》録七絶二首，《府志》録七古一首。

經訓堂詩文集十六卷

　　［清］胡先座撰。先座，涇縣人。廩貢。集十六卷，光緒《（安徽）通志》著録。

書城詩草

　　［清］沈正侯撰。正侯字倫玉，青陽人。乾隆諸生。事迹具《縣志·文苑傳》。光緒《（安徽）通志》著録，無卷數。考袁枚《隨園詩話》，癸卯枚游九華，正侯方少年，候於五溪呈詩，枚録其佳句。癸卯乾隆四十八年也。

殘本蔬園詩集四卷

　　［清］許所望撰。所望字叔翹，號“蔬園”，懷遠人。本籍杭州（見卷一贈袁枚詩注）。乾隆增生。年八十餘卒。事迹具《府志·文學傳》。詩係抄本，僅四卷，乃乾隆四十九年甲辰至嘉慶八年癸亥二十年之作，都二百八十三首，前有序一篇，内多脱字并佚作者姓名。序載嘉慶六年教匪竊發於宿，所望上書鳳廬道，珠隆阿珠奇之，挾與偕往平賊（卷四有《宿州平紀事》七古一首），八年河南教匪蠢動，安徽巡撫胡克家屯兵太和，所望率鄉兵從胡，聞於朝欲官之，固辭乃止，是所望不僅以詩名。又集中有贈畢沅、袁枚、潘瑛、丁珠、沈欽韓、姚鼐、孫星衍、檀萃、馬瑞辰、師範諸詩，而與魯琢、魯璸、方于穀、劉開相接，皆一時勝流，其與鼐論詩七律云：“風人原不事刀圭[①]，手把黄金刮眼篦[②]。好景過來隨有悟，新詩得後再無題。閑雲遠岫供三昧，流水空山自一谿。從見南陽周茂叔，毫無拘苦落町畦[③]。”劉開《孟塗文集》有《蔬園詩集序》（卷七），稱其詩豪蕩有奇氣，與人相稱；檀萃亦推爲江北第一家（見《檀萃招集草堂詩》注），即其詩亦可知矣。《皖雅初集》録二首，爲是本所無。

----

　　① 刀圭：量藥的器具。形如刀，尾端尖鋭，中間下窪。亦代指“藥物”“醫術”。明瞿佑《剪燈新話·申陽洞記》：“吾君既獲仙丹永命，吾等獨不得霑刀圭之賜乎？”

　　② 黄金刮眼篦：即“金篦刮眼”之説，典出《涅盤經》卷八：“有盲人爲治目故，造詣良醫。是時，良醫即以金篦刮其眼膜。”指去除執著、障礙，使心眼明淨。比喻幡然醒悟。唐杜甫《秋月夔府咏懷》詩：“金篦空刮眼，鏡象未離銓。”

　　③ 町畦：本義田界。界域，界限。喻規矩，約束。又喻拘束，儀節。唐韓愈《南内朝賀歸呈同官》詩：“文才不如人，行又無町畦。”宋曾鞏《衛尉寺丞致仕金君墓志銘》：“君爲人簡易，無町畦。”

勺園詩草

[清] 劉澤菁撰。澤菁字竹溪，阜陽人。廩貢。光緒《（安徽）通志》著錄，無卷數。考田晉《四當軒詩》，卷一有《勺園看牡丹兼贈園主人竹溪前輩十截》，卷二有《壽劉竹溪八十詩》《竹溪招同勺園看梅花詩》《竹溪惠牡丹詩》。又案："壽詩"，作於道光六年，則澤菁，乾嘉間人也。

柏梘集一卷

[清] 王麟昌撰。麟昌字謙益，號"遠煦"，太平人，遷宣城。乾隆四十九年歲貢。是集一卷，嘉慶十年刻。《縣志》錄《深竹閑園詩集》《負暄吟》《大山游草》《槐里雜咏》《囊琴草》《岸舫詩鈔》凡六種，而無是集，疑麟昌集名甚多，此亦其一種也。麟昌學宗主靜，詩亦自抒天趣，不求工於字句。無錫稽璜驚爲罕見，洪亮吉亦有"廉正博雅"之稱。"柏梘"，宣城山名也。《皖雅初集》錄五古一首（采訪冊）。

吳雲樵詩四卷

[清] 吳芳培撰。芳培字霽非，號"雲樵"，涇縣人。乾隆四十九年進士，官終兵部左侍郎，道光二年予休致，旋卒，年七十。事迹具《縣志·名臣傳》。詩凡四卷，卷一五古、七古、五律，卷二、卷三七律，卷四七律、七絕，都四百三十八首，嘉慶七年刻，前有馬慧裕、富炎泰、法式善、吳錫麒序，汪學金、張問陶、趙良霭、王芑孫、姚持衡、崔景儀、胡承諄、何道生、徐書受、魏成憲、沈琨、顧問、章貽選、徐秉懿、熊寶泰、戚學標及越南黎光定、鄭懷德、吳仁靜、黃玉蘊、黎正路、阮嘉吉題詞，錫麒則專序七律也。同治四年孫朝宗重刻。芳培示次子杙學詩云："莫依窠臼莫依人，意忌平庸語忌陳。水有層瀾方活潑，石無奇相不精神。旁搜典籍材宜當，芟盡繁蕪筆自新。試向百花叢中看，最高梅格是清真。"（本集卷三）即其詩可知矣。

雲樵詩箋四卷

[清] 吳芳培撰。即《雲樵詩集》之詩而加之注，又五、七古，每首皆有評，餘亦多評語，爲詩集所無。注者，戴昶字靜庵、邵壐字鶴汀，皆其門人。

强學齋古文 蘭陔詩草

[清] 翟繩祖撰。繩祖字昭甫，又字蘭陔，號"補庵"，涇縣人。乾隆四十九年進士，任池州府教授告歸，年七十七卒。事迹具《縣志·文苑傳》。道光、光緒《（安徽）通志》皆著錄，無卷數。繩祖工制藝，詩謙甚不輕示人，然間一爲之正

復，清超絕俗，能者固無所不能也。趙紹祖《蘭言集録》六首、《縣志》録二首。

帶草堂集

［清］黃誥撰。誥字惇遠，合肥人。乾隆朝官直隸行唐縣巡檢，擢東明縣丞，以疾歸。事迹具《府志·宦績傳》。光緒《（安徽）通志》皆著録，無卷數。《府志·藝文》作《詩文集》。

魯星村詩鈔　管窺集

［清］魯璵撰。璵字七衡，號“星村”，懷寧人。琢弟。乾隆五十一年恩貢，歷無爲州、和州學正、徽州府教授。事迹具《縣志·文苑傳》。光緒《（安徽）通志》皆著録，無卷數。璵與琢稱“二魯”，又與李蕋稱“二村”，才力雖稍遜琢而氣清格老，句斟字酌，殆欲過之。沈德潛謂其清和古淡，漸幾自然；陳毅謂其多入晚唐三昧[①]；趙紹祖亦謂其吐屬清雅，絕去傖荒[②]，真詩人之詩。《所知集》二編，録入八首，又斷句十一韵，《蘭言集》録九首。袁枚、李調元并録入詩話。

蘭言集　甲週集　來復集

［清］李聲清撰。聲清字尚天，太湖人。乾隆五十一年歲貢，官江蘇溧水訓導。事迹具《縣志·文苑傳》。光緒《（安徽）通志》著録，無卷數。聲清所著，不自收拾，惟存有《蘭言》等集。《縣志》録七絕一首。

睿庵詩文集

［清］崔應爵撰。應爵字斯吉，太平人。乾隆五十一年歲貢，年七十七卒。事迹具《縣志·文苑傳》。光緒《（安徽）通志》著録，無卷數。應爵詩文追漢魏六朝。督學劉星煒、朱筠、秦潮皆賞之。

愚溪詩稿一卷

［清］張肇煥撰。肇煥字景華，號“愚溪”，無爲州人。乾隆五十一年第一名舉人，官建平縣學教諭。肇煥與阮元鄉榜同年，嘉慶十三年元再撫浙，求遺詩勒爲一卷梓行并序，稱其初學杜甫，出入晋魏樂府，兼取李東陽，晚乃變至蘇軾，又惜其

---

① 三昧：來源於梵語。奧妙，訣竅。謂屏除雜念，心不散亂，專注一境。是佛教的重要修行方法，借指事物的要領、真諦。宋周紫芝《竹坡詩話》：“集句近世往往有之，唯王荆公得此三昧。”

② 傖荒：音 chen huāng，意思是南人譏北地荒遠、北人粗鄙。後用以泛指荒遠僻陋之地。《宋書·杜驥傳》：“晚渡北人，朝廷常以傖荒遇之，雖復人才可施，每爲清塗所隔，坦以此慨然。”

未竟所學。趙紹祖《蘭言集》、符葆森《正雅集》均錄其詩。

飲江光閣詩鈔十二卷

［清］余鵬年撰。鵬年原名鵬飛，字伯扶，懷寧人。乾隆五十一年舉人，年四十餘卒。事迹具《縣志·文苑傳》。是集十二卷，光緒《（安徽）通志》著錄。《縣志》作十餘卷，然據陳世鎔《皖江三家詩鈔序》，是集存佚蓋已不可知矣。

枳六齋詩稿

［清］余鵬年撰。據陳世鎔《皖江三家詩鈔序》，稱所見鵬年草本，有《枳六齋稿》、有《飲江光閣詩鈔》，皆塗改淋漓，就其可辨識者，猶數百首，世鎔抄得《枳六齋稿》之半，原稿歸其僚婿蔣如鯤，索之不報，乃以所錄刻入三家詩鈔。今案：世鎔所刻凡五十四首，則原稿當百餘首也。鵬年幼從宦常州，爲沈德潛、儲麟趾所器，又游朱筠、王昶之門，而與黃景仁、孫星衍相角逐。其詩渾脫瀏漓，一往駿利，出入高啓、何景明間，江爾維尤推之。王昶錄入《湖海詩傳》。

息六齋文集四卷

［清］余鵬翀撰。鵬翀字少雲，別號“息六”，懷寧人。鵬年弟。乾隆諸生。年二十八卒。事迹具《縣志·文苑傳》。是集四卷，光緒《（安徽）通志》著錄。鵬翀甫五歲讀經史百子，上口不忘，間務博覽，爲詞章出語，必驚人，學使朱筠尤稱之。

息六齋遺稿三卷

［清］余鵬翀撰。據王昶《蒲褐山房詩話》，稱鵬翀詩舊存《朱氏鵬年錄》，得三卷，名《息六齋遺稿》云云，其言宜可信，惟《省（志）》《縣志》均載《息六齋文集》四卷，而無遺稿，似鵬翀詩外尚有文，抑即遺稿而卷數有差誤，皆不可知。陳世鎔輯《皖江三家詩》錄其詩五篇，附鵬年後，是即所謂遺稿三卷，今亦不知存否也。鵬翀往來燕晉，所遇名山水輒以詩寫之。其詩以格勝，落筆多仙語、鬼語，與其兄又不同也。

策心詩草一卷

［清］陳家勉撰。家勉字世扶，一作“滋鳧”，號“策心”，桐城人。乾隆間諸生。事迹具《縣志·文苑傳》。光緒《（安徽）通志》載是集，無卷數。今據《縣志》著錄。家勉年十餘以詩質劉大櫆，大櫆驚喜遍誦其警句，由是知名。王灼《悔生文集·陳家勉傳》亦稱其詩在王維、韋應物間，次亦不失爲孟郊、賈島云。《樅江

詩選》錄八十三首，《桐舊集》錄七首，字句多異。

悔生詩鈔六卷

[清] 王灼撰。灼字明甫，一字賓麓，號"晴園"，桐城人。乾隆五十一年舉人，歷祁門、東流教諭，謝病歸，年六十八卒。事迹具前《國史·文苑傳》。據方軫跋，詩原千餘篇，少作存十之一二，中歲存十之七八，分體編爲六卷，都五百三十四首，嘉慶十三年刻於安慶，末附劉大櫆、竇光鼐、朱珪、盧文弨、姚鼐、吳定、陳家勉、馬宗璉、鮑桂星諸評跋，原有吳定序，作於灼少時，此不載。道光、光緒《（安徽）通志》皆作"《賓麓詩鈔》四卷"，今據本書著録。灼從大櫆游，論詩主性情，兼重氣格、神韵、音節、詞采（《文集·朱小山詩序》），於清詩人推王士禛（《與姚花龍論詩》，又《文集·問花亭詩序》）。金壇白禮裁嘗書灼《任邱旅店詩》，贈都門某歌者，都人競相傳誦，而不知爲灼詩也。一日灼與惲敬過某户部，坐客皆談此聯之工，敬指灼向客曰聯句果工邪！此即若詩中語也，客皆驚起識灼（《文集·與張藥房書》），詩今在集中，然非灼極詣也。《桐舊集》錄四十首。

悔生文集八卷

[清] 王灼撰。凡八卷，八十一篇，分體編次，無序跋。道光、光緒《（安徽）通志》皆載《賓麓文鈔》四卷，今據本書著録。灼守方、劉宗法，論文自西漢後推韓、柳、歐、蘇、曾、王，外此則韓門之李、蘇門之晁及明之歸有光，而不取孫樵、皇甫湜（《與吳仲輪書》），集中論辯、讀子書後諸篇，及《答丁小雅書》，皆自抒所見，不爲苟同。王羹湖、鄭用牧、鄧石如、葉元習諸傳、佚聞遺事，多爲他書所未載，惟《衛武公論》，謂武公爲篡，蓋據《史記·衛世家》及孔穎達説，然司馬貞已謂遷采他説，爲此黟縣程鴻詔《有恒心齋集》，亦有此論。據《左傳正義》，引世本及詩序，證共伯之善終，武公之非篡，其説甚辯，此則不免疏於考也。

信芳文稿

[清] 何瑞龍撰。瑞龍字信芳，黟縣人。乾隆五十一年舉人。事迹具《續志·文苑傳》。光緒《（安徽）通志》皆著録，無卷數。考《縣志》，瑞龍精四書，文晚自擇所爲文二百餘篇，題曰《塾課存稿》，不言其别有文稿也，今姑依光緒《（安徽通）志》著録。

三十六峰草堂詩鈔六卷

[清] 疏枝春撰。枝春字晴墅，號"玉照"，桐城人。長清子。府學廩生。事迹

具《縣志·文苑傳》。是集分體編次，首五古、七古，次五律、七律，次五絕、七絕，凡六卷，前有山陽汪廷珍序，道光九年刻。集外詩二卷，曾孫藻輯并跋。據跋，枝春詩刻者十之二三，未刻者尚數百首，因編爲二卷，前有畢懷圖、周芬佩、劉大櫆、方杓等題識，未刻。光緒《（安徽）通志》著録《三十六峰草堂詩鈔》，無卷數，又無集外詩，今據本書著録。枝春少師劉大櫆、張尹。大櫆亟稱之，繼復師姚鼐，然鼐詩以淡雅爲宗，枝春則倜儻俊拔，得大櫆正派。袁枚《同人集》，徐璈《桐舊集》，文聚奎、戴鈞衡《古桐鄉詩選》皆録其詩。

三十六峰草堂文鈔十二卷

［清］疏枝春撰。板毀於亂。光緒《（安徽）通志》著録，無卷數。方宗誠録入《桐城文録》。

煙霞樓詩草一卷

［清］疏梅撰。梅號“鄂堂”，桐城人。長清子，枝春季弟。乾隆五十一年舉人，年三十二卒。事迹附《枝春傳》。詩一卷，都六十七首，未刻。據姚鼐撰墓碣，梅幼從兄學，又出朱筠兄弟之門，兼攻考證，文詞皆得塗轍，所長固不僅詩也。

春塘詩鈔

［清］周源渠撰。源渠字秀川，宿松人。縣學生。年三十八卒。事迹具《縣志·文苑傳》。光緒《（安徽）通志》著録，無卷數。源渠從姚鼐游，深見器重，及卒鼐聞而深悼焉。

北江文集詩集

［清］石渠閣撰。渠閣字步鎦，一字蘭臺，號“北江”，宿松人。乾隆五十一年舉人，官文水知縣，引疾歸。事迹具《縣志·文苑傳》。道光、光緒《（安徽）通志》皆著録，無卷數，又誤爲太湖人，今據《縣志》更正。渠閣鄉試出朱珪門，珪亟稱之。吳下詩人李琪過松，主其家唱和甚盛，師範《停雲館刻》録其詩。

孚吉堂文集二卷詩集四卷

［清］余宗英撰。宗英字伯雄，號“毅齋”，婺源人。乾隆五十一年舉人，明年卒。事迹具《縣志·學林傳》。文二卷、詩四卷。光緒《（安徽）通志》著録。宗英受業於同縣余元遴，究心《十三經》及《宋五子書》，而以朱熹爲歸，汪紱遺書，時有脫誤，宗英刊補爲多。

育松山房文集

[清] 詹考祥撰。考祥字騰飛，號"履庵"，婺源人。乾隆五十一年舉人，官高郵州訓導。事迹具《縣志·文苑傳》。光緒《（安徽）通志》著録，無卷數。

息園吟草二卷

[清] 詹考祥撰。凡二卷，據自述，檢生平篇咏，汰其應酬者十之八，最庸陋者十之四，合得如千首付剞劂。《氏似集》爲考祥自刻，又據道光十年侯雲松序，稱君下世之明年，令嗣郵《吟稿》索序，又似歿後乃刻行也。光緒《（安徽）通志》著録《息園詩集》，無卷數。

補餘堂詩集

[清] 戴大昌撰。大昌字泰之，婺源人。乾隆五十一年舉人，六十年大挑二等，歷舒城、懷遠、宣城教諭，年七十四卒。事迹具《縣志·文苑傳》。光緒《（安徽）通志》皆著録，無卷數。

補餘堂文集

[清] 戴大昌撰。有嘉慶二十一年涇趙紹祖序、二十五年汪廷珍書後。光緒《（安徽）通志》著録，無卷數。大昌與歙凌廷堪同官相善，嘗謂近數十年士人習氣，高談訓詁而鄙棄義理，尋繹鄭孔而菲薄濂洛，若予則情無適，莫祖無左右，折衷前哲，惟是之從，其宗旨可知。廷珍稱其《論春秋戰國》《論呂郤》《論孟嘗君》《論變法》《論秦隋二周》《論趙子崧》《論學》《論敬》《論友》《論詩》《論文》《論反切》《讀崧高》《讀前漢書》《讀日鈔》《辨大陰正閏誤》《駁改錯釋字譜》《頌陸大夫》《周孝侯題溉菊圖》諸篇，又謂《讀經》諸作，間有鄙意，所未服膺者，欲條舉相質，則其文之短長，亦可知矣。

爪雪詩集四卷

[清] 吳書升撰。書升字蓂秀，號"西桐"，別號"松門"，祁門人。乾隆歲貢。事迹具《縣志·文苑傳》。光緒《（安徽）通志》著録《爪雪居詩文》，無卷數。今據《縣志·藝文》著録。倪望重《錦城詩存》録五律二首。

松門晚稿

[清] 吳書升撰。光緒《（安徽）通志》著録，無卷數。

東溪古文集 古罍詩賦集

〔清〕吳雲山撰。雲山字蒼伯，號“古罍”，祁門人。書升長子。乾隆五十一年舉人。事迹具《縣志・文苑傳》。光緒《（安徽）通志》著録，無卷數。雲山鄉試出朱珪門，珪稱爲篤行君子。倪望重《錦城詩存》録七古一首。

春臺詩

〔清〕吳雲岫撰。雲岫字遠平（一作“屏”），號“春臺”，祁門人。書升次子。乾隆歲貢，官吳縣訓導，卒於任。事迹具《縣志・文苑傳》。光緒《（安徽）通志》著録，無卷數。倪望重《錦城詩存》録一百首。

據梧吟草

〔清〕巫薷撰。薷字芳洲，廣德州人。乾隆五十二年歲貢，肄業國子監，期滿候選訓導。事迹具《州志・文苑傳》。集爲韋謙恒、鄒曉屏所定。光緒《（安徽）通志》著録，無卷數。

尚友軒詩稿

〔清〕周夢霞撰。霞字兆和，號“錦如”，廣德州人。事迹具《州志・文苑傳》。光緒《（安徽）通志》著録，無卷數。《州志》作“《錦如詩略》”。夢霞幼穎悟，矢口成章，有解縉之目。

晚香園詩集

〔清〕濮陽鼎撰。鼎字季晦，號“退谷”，廣德州人。廩生。事迹具《州志・文苑傳》。詩凡三百首。光緒《（安徽）通志》作“《晚香集》”，今據《州志》著録。鼎耽吟咏，嘗闢園，多栽菊，號曰“晚香”，即以名其集。涇朱晦亭録入《江左詩鈔》。

靜齋遺稿不分卷

〔清〕朱理撰。理（字燮臣，號“靜齋”，涇縣人。乾隆五十二年進士，官終貴州巡撫，嘉慶二十四年卒官。事迹具《縣志・名臣傳》）有《奏疏》已著録。理喜吟咏，而稿隨手散去，歿後搜輯，惟扈從廑和諸什尚存。是集詩四十四首、文七首，乃其弟琤所校訂并爲之記，稱其閎博之氣，迥異山林寒儉云。《紫陽家塾詩鈔》録三十一首。

北譙詩文集八卷

[清] 吳定國撰。定國字丙薦，全椒人。乾隆五十二年會試乙榜，官內閣侍讀。事迹具《縣志·文苑傳》。集八卷，有朱珪序。光緒《（安徽）通志》著録，無卷數，今據《縣志》著録。

漁邱草堂詩二卷

[清] 姚汝頌撰。汝誦字韵清，又字嘯岑，和州人。乾隆五十三年歲貢，年未五十卒。事迹具《州志·文苑傳》。詩二卷，僅百餘篇，門人陳廷桂刻，有何忠相、孟成儒及廷桂序。光緒《（安徽）通志》皆著録，無卷數，又誤“村”爲“邨”，今據《州志》著録。汝頌詩不輕作，作則與同志魯山、周廷佐商榷，有未愜再三改定，必盡善然後已，故所存不多。廷桂謂其五七律似錢、劉，樂府欲闖漢魏之席。六朝，唐人不屑也。《歷陽詩囿》録九十四首。

靜庵文集四卷詩集六卷

[清] 左眉撰。眉（字良輿，一作“良宇”，號“靜庵”，桐城人。乾隆五十四年拔貢，候選州判，年七十三卒。事迹具《縣志·文苑傳》）有《尚書蔡傳正訛》，已著録。是集文四卷，都八十六首，詩六卷，都五百四十二首，乃眉親抄畀幼女者，道光十六年女夫方徵泰（後改名“寶質”）與眉子德慧等以底稿參訂，十九年刻，有門人大興徐松、同縣光聰諧及徵泰序、馬瑞辰題詞，咸豐版毀，同治十三年徵泰復以所藏初印本用活字排印，有仁和方德驤序。光緒《（安徽）通志》著録《左靜庵詩文集》十卷，今據本書著録。眉受學於邵晉涵、戴震，又受知於大興朱珪，然篤嗜詩文，力追方苞、劉大櫆。其《書苞集後》云：“世之講漢學者，徒役志於名物、度數，棄精華而寶糟粕，循枝葉而忘本根，先生其隱痛之矣。”（文集卷一）又《題蘭亭主人詩集》云：“海峰苦學杜，影響禁浮漂。獨許李空同，雄風湧波濤。黜哉錢虞山，索瘢何紛呶？遺稿直至今，日下沸蟐蜩。”（原注謂《隨園詩集》卷五）宗旨可知。文如《舜歌·南風説》，據王應麟《玉海》，而參以見聞，謂《舜歌·南風》正爲鹽池，乃前人所未發，詩則大櫆流派。徐璈《桐舊集》録三十八首，內《十二月十六日》一首，較本集少四句、《東鄰》一首，較本集少八句、《贈胡君》一首，較本集多一句，餘字句亦多異，疑璈所易也。《桐城文録》録其文。

雪堂文鈔二卷賦鈔一卷詩鈔二卷

[清] 崔綉撰。綉字黼宸，號“雪堂”，太平人。乾隆五十四年拔貢，官河南蘭

陽縣、北岸縣丞。是集文二卷、賦一卷、詩二卷，乃其子可亭編，有錢塘吳璈、三韓馬慧裕、青陽王懿修、涇（縣）吳芳培序及題辭。《縣志》錄《壯游草》及《剪商解》，而無是集。《剪商解》今在文鈔中。《皖雅初集》錄五律二首（采訪冊）。

舞鶴山莊集　小瀛洲吟稿　役西吟

［清］鮑蘭皋撰。蘭皋字香畹，青陽人。乾隆五十四年拔貢，授州判署，山東泰安府通判。事迹具《縣志·文苑傳》。光緒《（安徽）通志》著錄，無卷數。蘭皋與弟振飛唱和。《縣志》稱其文詞典麗，尤長於詩，錄五古二首。

湧泉山房集

［清］徐元勛撰。元勛，青陽人。增生。事迹具《縣志·文苑傳》。光緒《（安徽）通志》著錄，無卷數。《縣志》錄五律一首。

賞雨茅屋詩集

［清］王永烈撰。永烈，合肥人。乾隆五十四年拔貢。光緒《（安徽）通志》著錄，無卷數。同縣蔡邦煊《聞喜堂詩集》，有永烈題七律二首。

二石軒稿二卷

［清］宮樟撰。樟字喬望，號“鶴臞”，懷遠人。應麟孫。乾隆五十四年拔貢，歷阜陽訓導、福建建安知縣，乞病歸，嘉慶二十一年卒，年五十。事迹具《縣志·耆舊傳》。集二卷，有嘉慶十六年懷寧潘瑛序。光緒《（安徽）通志》著錄，無卷數，今據《縣志》著錄。樟官阜陽，日與其徒尋歐、蘇遺迹，吊古賦詩。瑛稱其恬愉澹冶似歐陽修。汪志伊撰墓志銘，亦稱其清嚴蒼健，格韵兩優，流輩罕匹云。

洗蓬仙館文集二卷

［清］林晋奎撰。晋奎字錫蕃，號“裕庵”，又號“念航”，自號“洗蓬山人”，懷遠人。乾隆五十四年拔貢，選建德教諭，援例捐升同知，署貴州桐梓、清平、仁懷知縣，以平反命案革職，擬戍旋免歸。道光六年卒，年五十六。事迹具《府志·文學傳》。是集二卷，前有嘉慶二十五年自序、道光二年閔瑞南錫才說、七年周天爵序，又王懷曾贈詩。《建德志·循吏傳》暨同治九年其孫之望附記，蓋即刻於其時。此本僅上卷，文二十七篇，乃縣人鄭秀松得於舊書攤者，有壽縣張之屏手跋。光緒《（安徽）通志》著錄《洗蓬山人集》，無卷數，今據本書著錄。晋奎遇忠孝節義事，輒爲立傳，集中如《明三忠傳》《鄭城傳》尤可補史缺。

叢桂堂集

[清] 方玉垣撰。玉垣字瑤圃，定遠人。乾隆五十四年選貢，官金山訓導。事迹具《縣志·文學傳》。集爲子銘盤刻。光緒《（安徽）通志》著録，無卷數。《縣志》稱其文律精審。

雲濤詩鈔二卷

[清] 王懋驤撰。懋驤，全椒人。肇奎兄。乾隆增生。事迹見《肇奎傳》。詩二卷。光緒《（安徽）通志》著録《懋驤文》。名與肇奎埒，而數奇不偶，以諸生終。

小容膝樓詩十一卷

[清] 王肇奎撰。肇奎字文叔，一字鶴嶼，全椒人。乾隆五十四年拔貢，選青陽教諭，嘉慶十二年乞病歸，十三年卒。事迹具《縣志·文苑傳》。是集十一卷，子城屬同縣許頤與六安徐啓山編校，道光二十二年女夫同縣金珉刻於南昌，前有同縣金鎮蕃序、金望欣撰傳，後有許頤及珉跋。道光《（安徽）通志》著録詩八卷、光緒《（安徽）通志》又著録詩古文集十二卷，蓋據《縣志》。案：是集附肇奎妻張佩蘭《吟香閣詩》一卷，而無古文，舊志皆誤也，今據本書著録。肇奎與滁州張葆光、同縣吳蕭齊名，又爲朱筠所知，招入四庫館，廷試時高宗賞其詩名第一。鎮蕃謂其古淡逼陶韋，超逸則李白；許頤亦謂其淵懿純質，不求過人，而藹然之輝，冲然之志，足以消鄙吝而平躁激云。

小容膝樓駢體文四卷

[清] 王肇奎撰。光緒《（安徽）通志》著録。

吟香閣詩一卷

[清] 張佩蘭撰。佩蘭，全椒人。王肇奎妻。嘉慶十三年卒。詩一卷，附肇奎詩後，亦金珉刻。道光、光緒《（安徽）通志》"別集·閨秀類"皆著録《吟香閣詩存》，無卷數，今據本書著録。潘瑛録入《詩萃》。

經畬堂集

[清] 江景綸撰。景綸字韻清，懷寧人。濬源子。乾隆五十四年舉人，卒年三十三。事迹具《縣志·文苑傳》。文凡數十篇。光緒《（安徽）通志》著録，無卷數。景綸讀書，從疑入悟，若有牖之者，稍長爲文，能驚其座人，同縣楊家洙、魯琢皆

稱之。

連城文集

〔清〕孟非襲撰。非襲字連城，懷寧人。乾隆五十四年副貢，年五十餘卒。事迹具《縣志·文苑傳》。光緒《（安徽）通志》著録，無卷數。非襲有異才，能記九經注疏，文稿散佚，得者每秘藏之。

吳海晏詩集九卷

〔清〕吳潮撰。潮字青來，號“海晏”，桐城人。乾隆五十五年恩貢，選授蒙城教諭。事迹具《縣志·文苑傳》。是集九卷。光緒《（安徽）通志》著録。潮詩宗唐賢。《桐舊集》録十首。

蘭石山房集

〔清〕袁琛撰。琛字蘭舫，青陽人。乾隆五十五年恩貢，嘉慶九年賜舉人，會試賜國子監學正銜，歷來安、績溪、鳳陽教諭。事迹具《縣志·選舉志》。光緒《（安徽）通志》著録，無卷數。

愼德堂文集

〔清〕詹起鵬撰。起鵬字次飛，婺源人。乾隆五十五年歲貢，官桐城教諭，乞養歸。事迹具《縣志·文苑傳》。光緒《（安徽）通志》著録，無卷數。起鵬薈萃諸經，尤深於《易》。

校禮堂文集三十六卷詩集十四卷

〔清〕凌廷堪撰。廷堪（字次仲，歙人。乾隆五十五年進士，選知縣，改寧國府教授，嘉慶十四年卒，年五十五。事迹具前《國史·儒林傳》）有《禮經釋例》，已著録。廷堪詩文原名《校禮堂初稿》，有乾隆六十年盧文弨序，殁後門人宣城張其錦復爲攟拾①，編爲文集三十六卷、詩集十四卷，文有嘉慶十七年甘泉江藩序，詩有嘉慶二十年潞河白鎔序。光緒《（安徽）通志》著録，無卷數。《府志》作詩集六卷，今據本書著録。廷堪慕其鄉江永、戴震之學，又從翁方綱、錢大昕、阮元游，然震不能爲詩與華藻之文，廷堪乃兼之。文弨謂其詩不落宋元以後，文則在魏晋之間；阮元亦謂其《九慰》《七戒》《兩晋辨亡論》《十六國名臣序贊》諸篇，上擬騷選，諸

---

① 攟拾：亦作“攈拾”。采集。清李調元《詩人主客圖序》：“然彼攟拾閎富，論者稱其精當無遺。”

説經之文，多發古人所未發，其尤卓然者，則《復禮》三篇云。

退思粗訂稿二卷

〔清〕朱文翰撰。文翰（字見庵，歙人。芜星子。乾隆五十五年進士，官至浙江溫處兵備道）有《名學類通》，已著録。是集二卷，卷一駢文、卷二古近體文，即散文，都四十六篇，前有自序，略謂己未春請急歸，明年館旌德毓文書院，取囊著汰存附以近作云云。己未，嘉慶四年也。光緒《（安徽）通志》著録《退思稿》，無卷數，今據本書著録。文翰師胡心泉而爲孔廣森之甥，學有淵源，駢文尤雅馴，與廣森近。光緒《（安徽）通志·儒林傳》載文翰有《退思初稿》《（退思）續稿》，所謂初稿，當即是編，惟《（退思）續稿》之存否？今已不可知耳。

舸齋經進文存

〔清〕朱文翰撰。光緒《（安徽）通志》著録，無卷數。

緑雨山房集

〔清〕方體撰。體字道坤，號"茶山"，績溪人。乾隆五十五年進士，官至湖北按察使，遷布政使，告病歸。事迹具《縣志》。光緒《（安徽）通志》著録，無卷數。

臺齋集四十卷年譜一卷

〔清〕黄鉞撰。鉞（字左田，當塗人。家蕪湖。乾隆五十五年進士，官至户部尚書致仕，道光二十一年卒，年九十二，贈太子太保銜，謚"勤敏"。事迹具前《國史·大臣傳》）有《奏疏》，已著録。是集四十卷，自乾隆三十七年迄道光十九年，先後凡六十八年，詩二千三百五十九首，前有嘉慶二十年自序及道光十年門人安邱劉耀椿序，又八十五歲像，并道光十四年自題。自卷一至二十七，嘉慶二十年刻，二十八至三十五，道光十年刻，三十六至四十，道光十九年刻，據自序，前二十七卷蓋鉞自定。又夏炘《景紫堂集》載鉞日課一詩，雖大忙必篝燈拈題足成，曰詩未必皆可存，多則可棄瑕録瑜，後葉雲素給諫爲删存十之六七，即今之《壹齋集》云云，疑葉所定，即後十三卷也。遭亂板毀，同治二年蕪湖許文深刻於廣東南海丞署。光緒《（安徽）通志》著録作六十卷，誤，今據本書著録。年譜一卷，鉞子富民編，同治五年補刊，鉞孫安謹取冠集首。鉞九歲能詩，年二十四見賞於學使朱筠，其《示侄孫安淳詩》云："是中却有由衷語，莫作談風説露看。"又云："平生愛學昌黎體，道得南山一字無。"瑞安孫衣言則謂雖蘇軾不能遠過，今觀其詩，蓋在韓蘇之間，古體尤與昌黎爲近。又原刻有《奏御集》二卷、《兩朝恩賚記》一卷、《賦》一卷、《畫品》一卷、《畫友錄》一卷、《游記》一卷、《泛漿錄》二卷、《蕭湯二老遺詩》合編爲一卷，共五十卷，以各卷已析出，故此以四十卷著錄焉。

奏御集二卷

〔清〕黄鉞撰。嘉慶五年鉞以户部主事、召直懋勤殿，逮改官翰林，至二十五年秋已二十年，奏御之作積至五六百篇，道光二年即其中可存者，錄爲二卷刻之。卷上詩百六首、卷下詩賦，共五篇，前有自序。

壹齋集賦一卷

〔清〕黄鉞撰。凡律賦十三首，其《五月披裘負薪賦》，據道光八年自記，乃八十歲時擬作。

韓詩增注證訛十一卷

〔清〕黄鉞注。據鉞子中民後序，鉞宗仰韓詩，以各家注猶有遺漏，且引據有未詳確者，取長洲顧嗣立删補本，日事點勘，增其未備，證其訛誤，自乾隆三十七年迨道光十一年乃成，二十八年中民刻於揚州二西堂，凡原本叙例、本傳、年譜、目錄及各家注，一如其舊，而以鉞所增證鐫書之上方，俾便區別。是本贉題，咸豐七年版藏四明鮑氏，蓋又重刻本也。

鶯鳴書屋詩文稿

〔清〕江日光撰。日光字暉宇，黟縣人。乾隆五十六年歲貢。事迹具《縣志·文苑傳》。光緒《（安徽）通志》著錄，無卷數。日光力學能文，江浙、江日修等推爲鶯鳴書屋會長。

西澗文稿

〔清〕趙春泉撰。春泉字脈塘，涇縣人。乾隆五十六年歲貢，嘉慶二十三年選授蕭縣訓導，卒官，年八十四。事迹具《縣志·文苑傳》。光緒《（安徽）通志》著錄，無卷數。春泉究心理學，嘗掌教水西書院，一時文行之士多出其門。

漱花軒詩草

〔清〕江之湘撰。之湘，鳳臺人。乾隆五十七年歲貢。事迹具《縣志·文苑傳》。光緒《（安徽）通志》著錄，無卷數。

思復堂文存一卷詩選一卷

[清] 姚景衡撰。景衡字根重，號"庚甫"，桐城人。鼐長子。乾隆五十七年舉人，江蘇泰興縣知縣罷歸。事迹具《續修縣志·文苑傳》。詩原數百篇，手編四卷，文亦二卷，有休寧陳兆麒序。舊藏同縣張汲之家，汲之以畀姚濬昌，濬昌各選爲一卷，同治十二年印於安福縣署。光緒《（安徽）通志》著録，無卷數，今據本書著録。景衡承家學，又從方績游。兆麒謂其子史、時事皆能入詩，文亦蹈乎大方。兆麒，鼐門人也。

綠滿園詩集十四卷　五代史樂府

[清] 董鍊金撰。鍊金，號"牧堂"，晚號"定香居士"，婺源人。浙江仁和籍乾隆五十七年舉人，年八十授太常博士。事迹具《縣志·文苑傳》。光緒《（安徽）通志》著録，"董"誤作"黃"，今據《縣志》著録。

小蓬萊山人詩稿

[清] 程組撰。組字仕紆，號"紉蘭"，婺源人。尚友子。乾隆五十七年舉人，授内閣中書，乞養歸。事迹具《縣志·學林傳》。光緒《（安徽）通志》著録，無卷數。組潛心宋儒之學，經史皆有著述。

韓詩拾遺四卷

[清] 黃啓甲撰。啓甲字辛也，號"甘林"，婺源人。恩子。乾隆五十七年舉人，揀選知縣。事迹具《縣志·文苑傳》。是集四卷，光緒《（安徽）通志》著録"總集類"，今改隸"別集"。啓甲性嗜學，惟下帷著書，不與外事。

問亭詩草七卷文鈔六卷

[清] 張鵠撰。鵠字穆生，桐城人。水容子。乾隆末縣學生。事迹具《續修縣志·文苑傳》。是集詩七卷，卷各有子目，曰《試餘草》《青村草》《金臺草》《楚游草》《課餘草》《春暉草》《浙游草》，乃乾隆五十八年癸丑至道光六年丙戌三十四年之詩，前有祝止堂、王惕甫、唐陶山、汪瑟庵、蔡成齋、王晴園、方石伍、朱芥生、汪均之、張晶園、周伯恬、尹吉生、許農生評語。文六卷，分體編次，卷一論、辨、議、解，卷二詩文序、贈送序、游集序、壽序，卷三記、紀行考，卷四書，卷五書後、題册跋，卷六碑、墓志銘、墓表、傳、祭文，每篇末評語，多出自王灼、方東樹，而灼尤多，皆道光七年刻。光緒《（安徽）通志》著録《問亭詩文鈔》十二卷，

《縣志·藝文》作文鈔八卷、詩鈔四卷，合之亦十二卷，今據本書著録。鵠幼承家學，童時即以詩請正王灼，論詩文推王士禛、方苞，而以徒逞才情爲非，又謂反復經傳子史，揣摩秦漢唐宋，覺古人規模，色相恍惚呈露，乃志命題握管，又趨之弗及，尤甘苦之言（見集中《寄王灼二書》），今觀其詩近體，頗近王士禛；文雖守方苞義法，然解經考史諸篇，具見根柢，亦足矯末流之失也。

惜餘軒詩四卷

［清］張履元撰。履元字端甫，涇縣人。乾隆五十八年歲貢，任震澤訓導。詩四卷。光緒《（安徽）通志》著録。履元師趙青藜，而與趙良霶、良霈、紹祖唱和，詩法杜韓，四十以後漸趨平淡，有近陶韋者。《蘭言集》録五首。

靜者居詩集六卷

［清］吳貽誠撰。貽誠字荃石，號“竹心”，桐城人。隆隅長子。就主簿職，歷直隸東安、靜海、新河知縣，卒官，年四十九。事迹具《縣志·宦績傳》。是集六卷，有方損齋序。道光、光緒《（安徽）通志》皆著録。貽誠秉家訓，幼即能詩，不以作吏廢。弟貽咏稱其道性情、紀民物，言皆有物；方東樹亦謂其多道民隱，似元結云；吳星槎録入《芸暉館四世詩鈔》。《桐舊集》録十二首。

芸暉館詩集二卷

［清］吳貽咏撰。貽咏字惠連，號“種芝”，桐城人。隆隅次子。乾隆五十八年第一名進士，官吏部主事，卒官，年七十一。事迹具《縣志·文苑傳》。集二卷，首有禮親王世子昭槤序。道光、光緒《（安徽）通志》皆著録，惟皆誤“暉”爲“軒”，今據《縣志》更正。貽咏詩宗盛唐。方東樹《延陵四世詩集序》稱其近高適、岑參、李白云。《桐舊集》録十九首。

種芝堂詩文集

［清］吳貽咏撰。光緒《（安徽）通志》著録，無卷數。《縣志》本傳作“《芸暉館詩文集》”。

瀚雲詩鈔八卷

［清］汪梅鼎撰。梅鼎字映琴，號“瀚雲”，休寧人。乾隆五十八年進士，官至浙江道御史。事迹具《府志·宦業傳》。集八卷，光緒《（安徽）通志》著録。道光《府志》載有《舟車小草》《皋橋穀詒詩集》，疑其集之子目也。梅鼎詩格在王孟間，

兼善鼓琴書畫。姚鼐謂爲董其昌再世。

吟紅閣詩鈔十二卷詞鈔三卷詞續鈔三卷

[清] 金翀撰。翀字振之，號“香涇”，休寧人。乾隆諸生，官板浦場鹽大使。詩係自訂，凡二千首 [據光緒《（安徽）通志》]，厘爲十二卷，前有丹徒王豫，錢塘吳錫麒、汪滋畹、汪梅鼎，海州許喬林序。許序題嘉慶八年，蓋即刻於其時。詞正續共六卷，爲吳錫麒評定，前有錫麒及新陽石文煒、海州許桂森、昭文吳蔚光、錫山吳邦基、休寧黃繼光序。光緒《（安徽）通志》著録《吟紅閣集》十二卷，蓋僅其詩，今據本書著録。翀早工詩詞，爲朱筠、鄭虎文所許。鬱不得志，一發於詩。喬林稱其五古探源正始，七古似吳偉業，近體不名一家，其得氣極腴者，尤屬逸品，詞多言情之作，洪朴所稱爲金九新聲，絶妙詞者也。

花語軒詩鈔一卷

[清] 金若蘭撰。若蘭字者香，休寧人。翀女。詩一卷，爲歙黃心盦評定，前有嘉慶十二年錢塘吳錫麒序，附刻翀《吟紅閣詩詞鈔》後。錫麒稱其《禽言》《樂府》諸篇，有雅音遠韵。

芥生詩選六卷續選六卷

[清] 朱雅撰。雅字歌堂，號“芥生”，桐城人。桂芬子。乾隆五十九年舉人，以揀選知縣改金壇教諭，卒官。事迹具《續修縣志·文苑傳》。雅生平作詩甚夥，是集分體編卷，都七百十九首，僅原稿十之三四，乃鮑桂星所選。續選多晚年之作，餘藏於家。光緒《（安徽）通志》著録。雅習聞劉大櫆《緒論》，又與王灼爲姻親，得所切摩而深懲，專主性情之説。徐璈謂其七言蒼莽雄直，欲與李夢陽爲勁對、五律祖述齊梁，古致穠鬱，別見風神；姚鼐亦謂五律勝於諸體。《桐舊集》録七十首。

王恬古今文

[清] 王恬（《府志》作“甜”，蓋避諱改）撰。恬字引修，壽州人。乾隆五十九年副貢。事迹具《州志·文苑傳》。光緒《（安徽）通志》著録，無卷數。恬邃經學，晚居一室以著述自娱。《州志》稱其端茂古厚[①]，動中典則。

---

① 端茂：端正美盛。宋蘇轍《官黃景職方郎官制》：“景質性端茂，學術有聞。”古厚：古樸而濃深。《儀禮·士冠禮》：“甘醴惟厚，嘉薦令芳。”宋曾鞏《贈別曲江貢士李安之五羊相訪》：“南中今士風，似不如古厚。”

衍波亭全集十四卷

[清] 楊瑛昶撰。瑛昶字米人，桐城人。乾隆諸生，由考職官至天津分司運、同權大名河間知府，年五十六卒。事迹具《縣志·文苑傳》。光緒《（安徽）通志》"別集類"著録。《衍波亭詩集》"詞曲類"著録、《衍波亭詞集》皆無卷數。《縣志》本傳則載《衍波亭詩詞全集》，《藝文（志）》作《衍波亭全集》十四卷。今據以著録。瑛昶年甫冠，受知於督學朱筠，每入都皆倒屣恐後。《桐舊集》録詩二十八首。

不易居詩鈔四卷

[清] 楊瑛昶撰。凡四卷，有乾隆六十年翁方綱序。方綱謂其瓣香王士禛而自抒藻采，不主一格，視株守士禛者不同。今案：集中《觀漁洋集詩》云："琅琊傑出執牛耳，詞壇頮首同聲皆。九京不作起掊擊，吹瘢索垢無完骸。"又云："羚羊挂角空色相，清言正復如君佳。韓碑柳雅不再見，誰取椽筆歸吾儕。"合之翁序，可以知其詩也。

春池文鈔十卷

[清] 許鯉躍撰。鯉躍（字春池，桐城人。乾隆六十年進士，選鎮江府學教授，卒官，年六十八。事迹具《續修縣志·儒林傳》）有《五經一得》，已著録。是集十卷，首論著、次序、次贈送序、次壽序、次書、次記、次題跋、次傳、次墓志、墓表、祭文，都九十七首，有鳩兹朱襄、江陰金諤、同縣左潢、丹徒王豫序，道光二十六年子鴻枚刻。光緒《（安徽）通志》著録《春池詩文集》，無卷數，今據本書著録。鯉躍從姚鼐游。王豫謂其文宗方苞，亦時近魏禧。《縣志》又載有《紀年詩集》。

肖巖詩鈔十二卷文鈔四卷

[清] 趙良霔撰。良霔（字肅徵，號"肖巖"，涇縣人。青藜第四子。乾隆六十年進士，授内閣中書，嘉慶四年引疾歸，年七十四卒。事迹具《縣志·儒林傳》）有《讀詩經》四卷，已著録。是集十二卷、文四卷，光緒《（安徽）通志》著録，無卷數，今據《縣志》著録。良霔承家學，詩文皆有法度。趙懷玉稱其宗法唐人，縱橫變化；洪亮吉謂其七古、七律尤勝。《趙氏淵源集》録九十五首。

台巖詩草四卷

[清] 趙良霂撰。良霂字雲起，號"台巖"，涇縣人。青藜第五子。乾隆縣學增廣生，年五十卒。事迹具《縣志·文苑傳》。詩凡四卷，前有嘉慶二年浙江姚梁序，長子雷生刻。道光、光緒《（安徽）通志》皆著録。良霂少承家學，與諸昆相師友，

尤工五言。梁稱其性情和粹，氣度夷曠①，意興機趣超朗，其詩可知。《趙氏淵源集》錄六十首、《縣志》錄四首。

釀古軒詩稿

[清] 吳元慶撰。元慶，無爲州人。光義玄孫。乾隆六十年進士，官刑部陝西司主事。事迹見《州志·選舉志》。光緒《（安徽）通志》著錄，無卷數。

香草堂集十卷

[清] 陳廷桂撰。廷桂（字子犀，號"夢湖"，和州人。乾隆六十年進士，官至奉天府丞兼提督學政，予告歸，年七十四卒。事迹具《州志·宦績傳》）有《尚書質疑》，已著錄。是集十卷，光緒《（安徽）通志》著錄，無卷數，又作"含山人"，今據《州志》著錄。蕭穆《敬孚類稿》卷十二《陳夢湖別傳》作十四卷。

香草堂詩略十一卷

[清] 陳廷桂撰。凡十一卷，前有臨川樂鈞、同里孟成儒序、李棻、聶銑敏、儲嘉珩、孫茂源及樂鈞等評跋，樂序作於嘉慶六年，當即刻於其時，此本僅一二兩卷，蓋非完帙，考蕭穆《陳夢湖別傳》載《香草堂詩略》十一卷，今據以著錄。廷桂詩宗盛唐，不染袁枚一派，古體如《行次呂堰》，近體如《襄陽荊門即事》《書感》《書事》等篇，皆指嘉慶初白蓮教匪事，《己未春書事》一首，則指嘉慶四年正月大學士襄勤公和珅罷免下獄事也。

問花亭初集八卷外集二卷

[清] 張敏求撰。敏求字燮甫，號"晁園"，桐城人。乾隆六十年恩科順天舉人，歷江蘇奉賢、甘肅漳縣知縣，道光三年以目疾告歸。事迹具《續修縣志·文苑傳》。初集分體編卷，卷一、卷二古體，卷三至卷八今體，外集不分體，前有唐仲冕、王芑孫、王灼、劉開序，後有陳桂堂、王愓甫、王灼、方于穀、王井叔、瞿子皋、朱雅、光聰諧、劉開、吳嵩梁、鮑桂星、姚瑩、陳小雲、黃嘯村評語，項中和跋，道光十二年刻。光緒《（安徽）通志》著錄《問花亭詩集》，無卷數，又無外集，今據本書著錄。樅陽詩人劉大櫆後有王灼、朱雅，敏求頡頏其間。劉開謂其高秀雄闊，跌宕生姿而情韵深婉；姚瑩嘗欲合倪之鐏、吳璆、王灼、朱雅爲五子詩選。陽湖陸繼輅亦推爲嘉道間一作者。惟據王井叔評語，敏求尚有《鱸鄉峴舟》等集。項中和

---

① 夷曠:平和曠達，閑適放達，平坦而寬闊。《晋書·傅玄傳贊》:"志厲强直,性乖夷曠。"

又稱其稿不自收拾，存者不及六七，是其詩尚多散佚也。

緑意軒遺稿

［清］徐眉撰。眉字六階，號"壽泉"，桐城人。之柱長子。乾隆六十年舉人，明年卒，年三十五。事迹具《縣志·文苑傳》。集爲甥蘇惇元及子寅刻，後有惇元、寅識語。光緒《（安徽）通志》著録，無卷數。眉試國子監，見賞於祭酒汪廷珍、法式善。詩由王士禛以溯唐之中盛。《和禮親王世子昭槤紅豆詞》，尤傳誦於時。《桐舊集》録二十八首。

小草山房詩文集

［清］馬惠撰。惠字秋水，祁門人。乾隆六十年舉人，補海州訓導，卒官。事迹具《縣志·文苑傳》。光緒《（安徽）通志》著録，無卷數。惠九歲能文，從同縣吳書升游，四十五年、四十九年兩次迎鑾獻詩賦，列二等。

鶴汀詩文稿

［清］許會昌撰。會昌字鶴汀，號"果園"，績溪人。乾隆六十年舉人，官江蘇溧陽訓導。光緒《（安徽）通志》著録，無卷數。會昌肄業國子監，爲大司成汪廷珍、法式善所賞。符葆森《寄心盦詩話》録其詩。

四甲集 五甲集 存吾集 唾餘集 雙清堂松谷詩鈔

［清］連鼎彝撰。鼎彝字牧九，阜陽人。乾隆六十年舉人。事迹具《縣志》。集五種。光緒《（安徽）通志》著録，無卷數。考田晋《四當軒詩》卷二，有《題連松谷聽松圖》及《和松谷病中留別》二詩，一作於道光七年、一作於道光二十年，并附《松谷留別詩》一首。所謂松谷，不知是否鼎彝也。

憶夢樓詩文集

［清］傅以城撰。以城字屏憲，號"翕翁"，英山（今屬湖北）人。乾隆六十年恩科舉人，揀選知縣，官蕪湖教諭。事迹具《縣志·文苑傳》。光緒《（安徽）通志》著録，無卷數。以城少穎悟，篤志績學，從弟以堦及余維燿皆出其門。《縣志》録七律一首。

歸雲詩集

［清］潘相撰。相初名襄，字孝寬，號"輔之"，一號"輔廷"，又號"雲巖"，

更號"霽軒"，又稱"歸雲山人"，桐城人。鴻寶長子。乾隆六十年副貢，累官順天西路刑錢同知署廣平府知府，以疾歸。事迹具《續修縣志·宦迹傳》。光緒《（安徽）通志》作潘有相，誤。相師同縣方績而友績子東樹，其自廣平告歸，繪《白雲歸岫圖》，遍徵題咏。既以爲號，又以名集。咸豐之亂，僅存題圖十首。馬瑞辰詩所謂"披圖十咏足超群"是也，又有《咏史詩》二百餘首，今亦不傳。

雪眉詩鈔四卷

[清] 胡成浚撰。成浚字在郊，亦字子深，號"雪眉"，黟縣人。乾隆末諸生。事迹具《縣三志·儒行傳》（《縣志》本傳作"戊子歲貢"，而《選舉志》無之，蓋誤）。集四卷，有胡元熙序。光緒《（安徽）通志》著錄，無卷數，今據《縣志》著錄。成浚友江麗田、葉介逸、孫笠人，自言少爲詩多率意，及見同縣朱霈，始以王孟韋柳爲趨。既師黃鉞，始知有韓杜門庭。鉞題其詩卷云："胡君寄我詩一編，五字長城堅不壞。却離文字妙語言，不事鋪揚炫光怪。"歙羅尹孚、涇包世臣亦稱之。《縣志》錄二十六首。

雪眉詩鈔一卷附詞鈔一卷

[清] 胡成浚撰。詩一卷，分古今體，乃嘉慶二年至五年作，與四年前後所鈔異例，故另爲一册，有二十二年顧元熙序。附詞一卷，乃嘉慶四年作，有巴樹穀序并自識。光緒《（安徽）通志·文苑傳》載有黃鉞序，而此無之，蓋非序是集也。

天美遺集

[清] 汪方鍾撰。方鍾字伯英，號"天美"，黟縣人。縣學生。事迹具《縣三志·文苑傳》。方鍾卒後所著詩賦、古今文及集唐詩多散佚，是集乃從子正海與族弟子所裒刻，有道光二十三年錢塘潘恭辰序。光緒《（安徽）通志》著錄，無卷數。方鍾從胡成浚學，《次龍井茶歌韵》，成浚奇賞之，又以詩見賞於學使胡敬，尤工駢文。俞正燮稱其讀書閎博，學有根柢，不獨文筆之佳。恭辰亦謂其温柔敦厚，胎息風雅，凡抑塞磊落之氣形諸悲歌，有感憤無怨怒云。《縣志》錄詩文各五首。

盧亭古文存

[清] 唐肇撰。肇字龕戴，號"盧亭"，廬江人。乾隆末縣學生。道光二十九年重游泮水。事迹具《縣志·文學傳》。光緒《（安徽）通志》著錄，無卷數。肇學有根柢，隱居教授。

湘雪軒詩四卷

〔清〕孫克依撰。克依，號"不庵"，又號"癡翁"，壽州人。貢生。嘉慶十二年以事繫獄，十三年謫福建將樂縣，十八年釋歸，道光五年卒，年七十一。事迹具《州志·文苑傳》。是集四卷，分四子目，卷一曰《南游集》，詩九十一首，有嘉慶十三年桐城姚鼐、十二年合肥周大槐序，又合肥施桂庭繪象暨嘉慶二十一年大槐題象及自題，卷二曰《息影集》，詩八十八首，卷三曰《煤餘集》，詩七十九首，附札三，乃繫獄時作，有嘉慶十三年、十八年周大槐二序，又嘉慶十八年自序，卷四曰《抱秋集》，詩八十九首，乃在福建五年所作，又附文二十首，皆嘉慶季年刻。咸豐板毀，光緒十六年曾孫傳晉重刻并跋。光緒《（安徽）通志》著錄《湘雪軒詩文集》，無卷數，今據本書著錄。克依詩宗杜甫。大槐謂其品章條貫有序、有物，又謂其用意深遠，筆有餘力。姚鼐亦謂其典雅古茂，得漢魏人氣韵云。

剩篘詩鈔十六卷

〔清〕孫元煌撰。元煌字剩篘，號"雲壑"，亳州人。乾隆附貢生。事迹具《州志·文苑傳》。元煌歿後，懷寧潘瑛得其子之媚手錄稿，以告知州灤州李廷儀，廷儀屬瑛選訂得百篇刻之，卷數篇目則仍其舊，有嘉慶二年廷儀、瑛二序。光緒《（安徽）通志》著錄。元煌性孝友，嘗迎父雲南馬龍州，跋涉萬里，凡山川景物之異，骨肉離合之情，咸寓於詩。廷儀謂其氣清詞麗，纏綿悱惻，至性過人，發於不自知。《州志》錄七古、五律各一首、七律八首、七絕四首。

筱村詩鈔

〔清〕金臺駿撰。臺駿，全椒人。兆燕子。乾隆增生。嘉慶元年舉孝廉方正，不就。事迹附《兆燕傳》。光緒《（安徽）通志》著錄，無卷數。

半遠山房詩集一卷

〔清〕吳灝撰。灝字溪梁，號"遠亭"，亳州人。乾隆廪貢，分發訓導，歷署太湖、望江、合肥、潁上、巢、南陵、建平、英山教諭，乞假歸。事迹具《州志·文苑傳》。是集一卷，嘉慶二年知州灤州李廷儀刻，前有廷儀及懷寧潘瑛二序。據瑛序，詩凡二百餘篇，此僅百三十五首，疑非完帙，然《州志》本傳及《藝文（志）》皆作一卷，又似所刻止此也。灝與孫吟秋、凌謙齋、張葆光及廷儀、瑛唱和。瑛稱其冲和閑雅，不務爲苟難而翛然塵外之致，有不可抗者，并錄入《詩萃》。半遠者，謂梅之潔、蘭之幽、菊之逸，各有高遠淡遠之趣，已欲得其半也。《州志》錄五古六首、七古二首。

紅蠶閣遺稿一卷

〔清〕方曜撰。曜字蓮漪，桐城人。書徵女，上元車持謙室。嘉慶初卒，年二十餘。是集詩詞共一卷，乃持謙所輯，有嘉慶十一年持謙序并題詞、十五年叔維旬序，又兄傳稱弟先甲、妹淑儀題詞。維旬稱其志和節雅，知爲瀟灑出塵之品。

集部二十二 別集類二十一

一枝草堂詩集三卷 夢花軒詩集一卷

[清] 石渠撰。渠字太青，號"雨香"，又號"夢花"，桐城人。韞光曾孫，樹楠子。乾隆縣學廩生。由方略館謄錄得主簿，借補直隸薊州吏目。事迹具《縣志·文苑傳》。集二種。光緒《（安徽）通志》著錄。渠丁母憂，絕意進取，益肆力於詩，與王文治、袁枚唱和。

遂初堂詩集二卷

[清] 何青撰。青字數峰，歙人。乾隆附監生。嘉慶初以軍勞，官廣東清遠、香山、西寧、饒平、澄海知縣，緣洋案戍伊犁，中途赦回。青詩不存稿，此乃從各選本錄出，凡二卷，都二百七十三首，前有吳鼐序及自序，後有江藩跋并詩二首，嘉慶二十年刻於揚州。青爲朱筠識拔，又受業王昶之門，詩名藉甚。昶《蒲褐山房詩話》稱其五言宗二謝、七言宗韓蘇，左規右矩，節族自然。江藩亦稱其出唐入宋，蓋乾嘉間一作者也。《湖海詩傳》《小倉山房詩話》《嚶鳴集》《帆下錄》《江浙二十家詩》均錄其詩。

森玉山房詩草

[清] 汪燮撰。燮字容若，號"復齋"，一號"藕花居士"，黟縣人。增貢生。議敘主簿。事迹具《縣志·尚義傳》及《縣三志·文苑傳》。光緒《（安徽）通志》著錄，無卷數。據王鳴盛《復齋詩稿序》，燮暇探黃海白嶽之勝，又往來吳越，作爲詩歌，刊定可繕寫者，凡三百餘篇，蓋即是集。《縣志》以《復齋詩稿》并著於錄，非

也。爕著《易説》及《金剛楞嚴解義》，詩特餘技。鳴盛稱其不事雕繢而遒勁，清新於穩順妥適之中，時見軒翥[1]之致，殆欲於范陸高置一座，若夫利人濟世之思、觀物察理之妙，觸處流露則又其所以爲詩者，別自有在云。

北蘿詩鈔一卷賦存一卷

［清］吳大昌撰。大昌字世其，號“春臺”，涇縣人。由廩貢入國子監，授試用訓導，署和州學正，年五十四卒。事迹具《縣志·文苑傳》。是集詩賦各一卷，詩有法式善序、賦有謝崧序。光緒《（安徽）通志》著録，《蘭言集》作“《北蘿草堂集》一卷”。大昌於詩推尤侗、王士禛、吳偉業、龔鼎孳、朱彝尊、宋琬、施閏章、趙執信、陳維崧、鄭爕、袁枚諸人。式善尤稱其《勵學》六篇。

歷陽集一卷

［清］吳大昌撰。蓋其署和州學正時作。光緒《（安徽）通志》著録。

夢醒集　效顰集

［清］李鳴撰。鳴字和聲，當塗人。乾隆貢生，官江蘇睢寧訓導。光緒《（安徽）通志》著録，無卷數。

孫玠詩集二卷

［清］孫玠撰。玠字古玉，號“柳村”，懷遠人。祚昌孫、維震子。援例爲州同知，署揚州糧河通判，乞養歸。事迹具《縣志·耆舊傳》。光緒《（安徽）通志》著録。《孫玠詩文集》，無卷數，今據《縣志》著録。玠佐督撫幕數十年，江督尹繼善尤善之。

愛棠詩存四卷

［清］吳鉞撰。鉞字愛棠，全椒人。歷知江蘇無錫、吳、邳等州縣，遷奉天同知，卒官。事迹具《縣志·宦迹傳》。詩四卷，道光、光緒《（安徽）通志》皆著録，惟“棠”皆作“堂”，今據《縣志》著録。鉞擢邳州時，吳人然[2]香送者不絶，鄒一桂爲繪《攀轅圖》，蓋乾隆時人也。

---

① 軒翥:飛舉。《楚辭·屈原·遠游》:“雌蜺便娟以增撓兮,鸞鳥軒翥而翔飛。”

② 然:當爲“燃”字。

藝山詩文集二卷

［清］鮑蒙撰。蒙字南笙，號"藝山"，和州人。職貢生。事迹具《州志·文苑傳》。光緒《（安徽）通志》載是集，無卷數，今據《州志》著錄。蒙詩文多不經意，而翛然有出塵之致。

翠柏齋詩集

［清］程鵬飛撰。鵬飛字千仞，號"振岡"，桐城人。乾隆歲貢。據從曾孫汝芬撰傳，鵬飛有《蕉窗雜咏》《鏡湖齋詩草》《藿言詩集》，兵燹板皆散失，《翠柏齋雜集》及《字括》兩書，猶爲汝芬珍藏。徐璈《桐舊集》錄詩四首，并載程祥發識語，蓋猶及見其集也。

桑嵐草堂詩稿

［清］楊懋業撰。懋業，休寧人。乾隆歲貢。光緒《（安徽）通志》著錄，無卷數。

也軒文稿

［清］胡際會撰。際會字雲驤，一字芸緗，黟縣人。歲貢。卒年八十（《縣志》本傳作"貢選"，《選舉志》不載，今不可考）。事迹具《縣三志·儒行傳》。光緒《（安徽）通志》著錄，無卷數。

半笠樵吟二卷　浙游詩集一卷

［清］章廷炯撰。廷炯字明也，號"梅坪"，績溪人。乾隆歲貢。事迹具《縣志·文苑傳》。光緒《（安徽）通志》載是集，無卷數，今據道光《府志》著錄。《縣志》稱其典贍刻畫①，不入甜俗②。

抱山集　白山集　汲古齋文集

［清］方竹撰。竹字瞻篆，號"白山"，績溪人。乾隆歲貢。事迹具《縣志·文苑傳》。光緒《（安徽）通志》著錄，無卷數，《縣志》載《抱山集》分初、二、三、四等集，又稱其文法柳宗元，參以選體，兼有陳子龍、夏允彝之勝，詩有杜甫意態，晚尤結體，自然不事斧鑿。

---

① 典贍：文辭典雅富麗。宋陸游《南唐書·喬匡舜傳》："弱冠能屬文，以典贍稱。"刻畫：謂精細地描摹，塑造。唐杜甫《白鹽山》詩："詞人取佳句，刻畫竟誰傳。"

② 甜俗：軟熟媚俗。清周坼《與濟叔論印章》："絕去甜俗谿徑，是濟叔本色。"

芥溪詩集六卷

［清］曹文正撰。文正字景范，號“芥溪”，績溪人。乾隆歲貢。事迹具《縣志·文苑傳》。集六卷，光緒《（安徽）通志》著録。文正博涉群書，尤長古文。

西莊文集

［清］葛惇榮撰。惇榮字臨雅，號“西莊”，績溪人。乾隆歲貢。事迹具《縣志·學林傳》。光緒《（安徽）通志》著録，無卷數。

鑒亭集

光緒《（安徽）通志》題清廬江夏起炯著。考《廬江志》，無夏起炯，惟《文學傳》有陳延炯，字耀文，號“鑒亭”，乾隆歲貢，選太湖訓導，著《樂真堂文集》，疑夏起炯爲陳延炯之誤，而不能定，今姑仍《舊志》著録。

霜林集

［清］夏起敏撰。起敏字瀠九，廬江人。諸生。事迹具《縣志·文學傳》。道光、光緒《（安徽）通志》皆著録，無卷數。起敏究心《性理（大全）》，《通鑑》《大學衍義》諸書。

驚休草

［清］夏起敏撰。光緒《（安徽）通志》著録，無卷數。

山水軒詩集二卷

［清］張賓撰。賓號“亭村”，無爲州人。歲貢。事迹具《府志·文苑傳》。光緒《（安徽）通志》作“《山水軒擬古》”，無卷數，今據《府志》著録。

翠竹軒詩草

［清］蔡以綸撰。以綸字傳舟，鳳陽人。乾隆歲貢，選授祁門訓導。事迹具《縣志·文苑傳》。光緒《（安徽）通志》著録，無卷數。以綸師同縣王鼎，手鈔七經，曉音律。鼎著《春秋翼注》缺定哀二公，爲續成之。

十友軒詩草

［清］胡寶光撰。寶光字硯傭，鳳陽臨淮鄉人。歲貢。事迹《鳳陽續志·文苑

傳》。光緒《（安徽）通志》著錄，無卷數。寶光隱居不仕，以裁成①後學爲急，問字者，名之曰腹笥②云。

瘴亭詩存一卷

［清］劉錫祉撰。錫祉字介蕃，號"劍峰"，改號"瘴亭"，鳳臺人。明昭信校尉昭之裔。乾隆歲貢。光緒《（安徽）通志》著錄，無卷數，今據《縣志》著錄。錫祉與常州管世銓交，内行淳篤，有華歆、陳紀之風。李兆洛《小山嗣音》錄五律六首，《壽州志》錄五律一首。

曉月吟稿

［清］劉恬（《府志》作"甜"，蓋避諱改）撰。恬字舒懷，號"桂麓"，壽州人。歲貢。事迹具《州志·文苑傳》。光緒《（安徽）通志》著錄，無卷數。恬清介自持，工行草書。亳州梁巘稱其蕭然澹雅。李兆洛《小山嗣音》錄五律一首、七律四首。

綠漪堂詩稿

［清］劉箱撰。箱字青鎖，霍邱人。鳳陽籍。歲貢。事迹具《縣志·文學傳》。光緒《（安徽）通志》著錄，無卷數。箱授徒講學，爲遠近所宗，嘗客京師，《寄子伊嘏詩》有"二千里外中秋月，十五年中一紙書"之句。綠漪堂者，箱家枕水浤而居，故以名也。

藥園集

［清］陶慎鏞撰。慎鏞字咏臺，號"藥園"，蕪湖人。大梁次子。優貢［《縣（志）·選舉志》不載，此據光緒《（安徽）通志》］。事迹具《縣志·文學傳》。光緒《（安徽）通志》著錄，無卷數。慎鏞子金榜嘉慶九年舉人，則慎鏞乾隆時人也。

小倉書屋詩文集

［清］曹錫鎮撰。錫鎮字鼎石，太湖人。乾隆廩生。年三十二卒。事迹具《縣志·文苑傳》。光緒《（安徽）通志》著錄，無卷數。錫鎮受知學使秦潮，爲文原本經術，尤善解經。

---

① 裁成:猶裁培。清汪弘隆《寄謝同門曹翼宸》詩:"豈信質分薄,裁成寡良師。"

② 腹笥:肚子所記的書籍有如書箱的藏書。宋楊億《受詔修書述懷感事三十韻》:"講學情田堉,談經腹笥虛。"

香雪詩鈔

〔清〕黄世塏撰。世塏字甘泉，休寧人。乾隆優廩生。事迹具《縣志·文苑傳》。光緒《（安徽）通志》著録，無卷數。

芬桂庭文稿

〔清〕程賡唐撰。賡唐字際虞，黟縣人。優廩生。事迹具《縣三志·儒行傳》。光緒《（安徽）通志》著録，無卷數。賡唐少從同縣汪之郊學，詩文古茂淵雅[①]。考《選舉志》，之郊乾隆元年舉人，則賡唐乾隆間人也。

龍門詩集

〔清〕孫垣撰。垣字象三，黟縣人。增生。事迹具《縣三志·文苑傳》。光緒《（安徽）通志》著録，無卷數。垣肄業金竹庵，從同縣程賡唐學。

龐夫雜詩一卷

〔清〕胡燨元撰。燨元字贊廷，號“龐夫”，績溪人。乾隆廩生。事迹具《縣志·學林傳》。光緒《（安徽）通志》載是集，無卷數，今據道光《府志》著録。燨元幼即工詩，紫陽山長沈榮仁取冠六邑，督學朱筠謂其能讀《封禪書》。

畫溪集二十四卷

〔清〕吳大紳撰。大紳字笏巢，涇縣人。廩生。事迹具《縣志·文苑傳》。是集二十四卷，光緒《（安徽）通志》著録，無卷數，又《縣志·藝文》作“《畫溪詩草》六卷”，與本傳異，莫詳其故，今仍以二十四卷著録。大紳詩學明高啓，賦法唐黄滔。《縣志》録五律四首。

消憂草

〔清〕吳讓恒撰。讓恒字立言，涇縣人。府學廩生。年二十四卒。事迹具《縣志·文苑傳》。集有青浦諸自穀序，光緒《（安徽）通志》著録，無卷數。讓恒未成童，游庠食餼，學使秦潮得其卷，疑爲老宿消憂者。讓恒患瘰疾數年，作詩自遣，故以名也。《縣志》録五律一首，《府志》録五、七律各一首。

---

① 古茂：古雅美盛。清蔣士銓《一片石·宴閣》：“沉鬱古茂，情文兼至。”淵雅：深遠高雅。明歸有光《二子字説》：“若其淵雅高尚，以道素自居，則士誠不可一日而無此。”

淡吟遺草

[清] 施長春撰。長春字淡吟，小字曼郎，號"小曼"，蕪湖人。乾隆廩生，年甫三十卒。事迹具《縣志·文學傳》。是集乃其兄長裕所編，有督學雙慶序。光緒《（安徽）通志》著錄，無卷數。長春幼從兄學，袁枚、秦大士皆有詩贈答。李調元錄入《雨村詩話》。

蔗尾集 蘭言集

[清] 施長春撰。光緒《（安徽）通志》著錄，無卷數。

養純詩集

[清] 李敦撰。敦字養純，鳳臺人。廩生。父歿以毀卒。事迹具《府志·文學傳》。光緒《（安徽）通志》著錄，無卷數。敦篤志勤學，藏經籍數千卷。

證是文集

[清] 楊道淵撰。道淵字一涵，號"松泉"，六安州人。廩生。事迹具《州志·文苑傳》。光緒《（安徽）通志》著錄，無卷數。

夢筆山房集

[清] 姚興麟撰。興麟字素傳，號"竺樓"，桐城人。乾隆中縣學增生，舉制科不就，年五十五卒。事迹具《縣志·文苑傳》。光緒《（安徽）通志》著錄，無卷數，又誤"夢筆"爲"夢夢"，今據《縣志》更正。興麟與無錫顧皋善，及卒皋爲之傳。大興朱珪亦稱其不愧儒者。《桐舊集》錄詩十首。

環峰詩稿

[清] 王清寧撰。清寧字瑞亭，黟縣人。增生。事迹具《縣三志·文苑傳》。光緒《（安徽）通志》著錄，無卷數。清寧搆環峰書舍，專意教授，余毓祥、姚森、俞正禧皆出其門。考《選舉志》，毓祥嘉慶九年舉人，二十二年進士、森道光元年舉人、正禧道光十七年舉人，則清寧乾隆時人也。

小築詩草

[清] 汪思道撰。思道字履堂，黟縣人。乾隆增生。事迹具《縣三志·藝術傳》。光緒《（安徽）通志》著錄，無卷數。思道嗜古文、能詩，又工古隸，與歙巴慰祖齊名。

冬青居士詩二卷

〔清〕余佐撰。佐字忠元，黟縣人。事迹具《縣三志·隱逸傳》。詩二卷，光緒《（安徽）通志》著錄。佐精易理，并工詩畫，友同縣孫蒙、孫學道、汪思道，山長劉鋆、訓導薛鳳煥嘗訪其廬論詩。

映雪樓集

〔清〕章葆文撰。葆文，青陽人。增生。事迹具《縣志·文苑傳》。光緒《（安徽）通志》著錄，無卷數。

涵齋詩文集

〔清〕趙有容撰。有容字振翰，懷寧人。諸生。事迹具《縣志·文苑傳》。光緒《（安徽）通志》著錄，無卷數。《縣志》稱其文恣肆汪洋，繼乃漱滌渣滓，進求雅醇。詩學盛唐，溫李以下弗善也。

韵梅集　東籬剩稿

〔清〕張梯雲撰。梯雲字根固，號“韵梅”，一號“改夫”，桐城人。乾隆間附貢生。事迹具《縣志·文苑傳》。光緒《（安徽）通志》著錄，無卷數。《桐舊集》錄二首。

陳松田文集一卷

〔清〕陳紀撰。紀字封亞，號“松田”，桐城人。乾隆諸生。事迹具《縣志·孝友傳》。文五十七篇，曾刻行，後縣人許鼎錄十篇入《陋室纂抄》，道光二十四年方宗誠輯鼎遺書，附刻鼎集後。宗誠謂其無意爲文，而詞旨淵厚，可味其言，祭祖刑家，接物之道，尤盡理協情；論學簡切通貫，語極平易而規模弘遠，非行道而有得者不能言焉。

西園遺稿一卷

〔清〕熊良翚撰。良翚字弼士，潛山人。乾隆諸生。事迹具《縣志·文苑傳》。集一卷，道光、光緒《（安徽）通志》皆著錄。良翚工詩，有“大曆十子”風格。陳毅錄入《所知集》，《縣志》又有《武陵游草》一卷。

東麓堂詩文詞稿

〔清〕汪景霞撰。景霞字仰昭，號"杏園"，黟縣人。乾隆縣學生。是集文詞各四、詩七十，有咸豐八年程鴻詔序（《有恒心齋文》卷六），從子璋刻。光緒《（安徽）通志》著錄，無卷數。景霞廬家山東麓下，種杏釀酒，晚居少霞山寺，與吳滄洲、萬松巖唱和。游觀東南山水，遂同航海，復由海門入泝江而上，登霍衡諸嶽，嘉慶十一年始歸。鴻詔稱其文從字順。《縣志》錄詩四首、文一首。

勉齋詩文集

〔清〕朱光閥撰。光閥字動門，號"勉齋"，黟縣人。縣學生。事迹具《縣三志·儒行傳》。光緒《（安徽）通志》著錄，無卷數。光閥讀書冠山，尤專力朱熹之學。《縣志》錄詩四首。

眉麓文稿

〔清〕葛士光撰。士光字輝楚，號"眉麓"，績溪人。縣學生。事迹具《縣志·學林傳》。光緒《（安徽）通志》著錄，無卷數。士光尤精尚書，有《禹貢注釋》。

破窗吟

〔清〕沈行泰撰。行泰字碩來，涇縣人。佳子。乾隆縣學生。事迹具《縣志·文苑傳》。行泰著作甚多，歿後散佚，是集詩百餘首，乃從孫長庚哀集付梓者，光緒《（安徽）通志》著錄，無卷數。行泰七歲能文，學使鄭江奇其才，其詩苦心孤詣，自言不知爲唐爲宋，但以不經人道爲佳，然其源實出宋人，當其意得詞從，尤與陸游爲近。趙友廣錄入《蘭石詩鈔》，趙紹祖《蘭言集》錄近體十四首，《縣志》錄七律二首。

東岸吟稿

〔清〕洪鈞撰。鈞，寧國人。乾隆諸生。光緒《（安徽）通志》著錄，無卷數。《皖雅初集》錄寧國洪均七絕一首，疑"均"即"鈞"也。

金山崖集

〔清〕舒庭交撰。庭交字棠蔭，原名堯章，字唐音，貴池人。乾隆諸生。光緒《（安徽）通志》著錄，無卷數。庭交貧無子，有贈金買妾者，悉以刻書。陳竑《秀山志》、潘瑛《詩萃》皆錄其詩。

書山文集　農閑集　三峰詩草

［清］錢希孔撰。希孔，青陽人。乾隆諸生。事迹具《縣志·文苑傳》。光緒《（安徽）通志》著録，無卷數。《縣志》録五律、五絕各一首。

松湖詩鈔

［清］沈含章撰。含章字韻卿，青陽人。乾隆諸生。事迹具《縣志·文苑傳》。光緒《（安徽）通志》著録，無卷數。潘瑛録入《詩萃》。

鳳岡詩文集

［清］姜元音撰。元音，青陽人。諸生。事迹具《縣志·文苑傳》。光緒《（安徽）通志》著録，無卷數。

瘖言草二卷

［清］李肇球撰。肇球字鳴衡，建德人。乾隆縣學生。事迹具《縣志·文苑傳》。詩二卷。光緒《（安徽）通志》著録，無卷數，今據《縣志》著録。肇球善屬文、工詩賦，學使朱筠以國士期之。

松門文集

［清］陶可循撰。可循字德輝，號“松門”，蕪湖人。一晟子。諸生。事迹具《縣志·文學傳》。光緒《（安徽）通志》著録，無卷數。

南村集

［清］陶有恒撰。有恒字太期，蕪湖人。可循子。縣學增生。事迹具《縣志·文學傳》。光緒《（安徽）通志》著録，無卷數。

綉囊集

［清］王鳳喈撰。鳳喈字鳴陽，號“桐圃”，又號“丹崖”，廬江人。道衛曾孫。乾隆縣學生。事迹具《縣志·文苑傳》。光緒《（安徽）通志》著録，無卷數。鳳喈嘗以詩賦受知於督學無錫秦潮，工七律，酷嗜陸游。弟鳳翩《松園詩話》録斷句二聊。

有所思集

［清］吕貞撰。貞字正也，號“漸齋”，一號“葭邨”，無爲州人。諸生。事迹具

《州志·隱逸傳》。光緒《（安徽）通志》著録脱"有"字，今據《州志》著録。貞喜爲詩，在晚唐宋人之間，然不自收拾，年逾四十始編次若干首，閲一年卒。

尚友齋詩集

［清］鍾成樂撰。成樂，號"五柳"，無爲州人。濟子。諸生。事迹具《州志·文苑傳》。光緒《（安徽）通志》著録，無卷數。成樂沉潜嗜學，所交皆知名。晚處江干，陶情詩酒以終。《州志》録五律一首。

筆談小草

［清］鍾伯重撰。伯重字自任，無爲州人。成樂孫。事迹附《成樂傳》。光緒《（安徽）通志》著録，無卷數。

竹甫詩鈔一卷

［清］周簠撰。簠字錦燦，號"竹甫"，壽州人。乾隆諸生。事迹具《縣志·文苑傳》。詩一卷，合肥周大槐序。光緒《（安徽）通志》著録，無卷數。今據《州志·藝文》著録。簠性狷介，博覽工詩。已覃思經學，詩輙不作。大槐稱其刻屈①似孟郊、瘦硬似黄庭堅，而咏古寫懷，輪囷②鬱勃，又若長劍倚天，外吐舌唾萬里云。《州志》録五古一律。

閑中吟一卷

［清］蕭珠撰。珠字德藻，號"赤水"，壽州人。諸生。事迹具《州志·文苑傳》。光緒《（安徽）通志》著録，無卷數，今據《州志》著録。珠好讀書，手抄經吏及百家文集，至老不倦。李兆洛《小山嗣音》録七律二首。

玩月樓遺詩

［清］汪雲翮撰。雲翮字南宇，一作"蘭雨"，黟縣人。貢生。事迹具《縣三志·文苑傳》。光緒《（安徽）通志》著録，無卷數。雲翮爲何瑞龍高弟，符葆森《寄心盦詩話》録其雜詩，云："譬彼江皋蘭，滋蔓累荆杞。願作芙蓉花，終不染泥滓。憂患何足云？敢云讀書始。"徽寧道張鳳翥嘗并其子承恩《蘿摩別墅詩文鈔》、孫彤雯《池上草堂遺集》序之。

---

① 刻屈：屈曲貌。唐韓愈《山南鄭相公樊員外酬答为诗依赋十四韵以献》："梁维西南屏，山厉水刻屈。"
② 輪困：屈曲盤繞的樣子。《史記·天官書》："若煙非煙，若雲非雲，鬱鬱紛紛，蕭索輪困，是謂卿雲。"

牧嵐小草

[清] 凌和鈴撰。和鈴，定遠人。奎光次子。乾隆太學生。事迹具《縣志·士行傳》。詩有學使朱筠序。光緒《（安徽）通志》著録，無卷數。和鈴工詩，與兄和鈞齊名。

景梅山房詩一卷

[清] 孫嘉瑜撰。嘉瑜字荆山，號“冷秋”，江蘇山陽人。其先人寓正陽鎮，遂爲壽州人。乾隆監生。事迹具《州志·文苑傳》。光緒《（安徽）通志》著録，無卷數，今據《州志》著録。嘉瑜少棄舉業，以書記游江淮間，爲金農、洪劍城所重。符葆森録入《正雅集》，《州志》録七律一首。

愛吾廬詩鈔一卷

[清] 吳鰲撰。鰲字龍海，號“潄瀾”，桐城人。乾隆間布衣。詩僅四十五首，皆近體，乃鰲卒前所録，前有自序。懷寧勞崇煦得遺稿於鰲友馬鏡宇，以示同縣潘瑛與貴池知縣澂縣周光隣，嘉慶六年光隣刻於貴池，有光隣、瑛、崇煦序，明年潛山熊寶泰在澂縣見其詩，喜“微軀病轉尊”句，改爲厭卷再刻之，并爲之傳。鰲家貧不娶，隱於薙髮而品甚高。潘瑛謂其清遠有自得之趣。寶泰亦謂其筆秀詞清，老於聲律云。《桐舊集》録六首，字句小異（《月夜聽馬鏡宇彈琴》作“《月夜聽人彈琴》”、《促織》第五句“庭”作“廊”、《重游西竺禪院》首句“三”作“二”、《寫懷》首句“盡日一身”作“晝日蕭閑”）。

冬花盦詩集

[清] 奚岡撰。岡字鐵生，別號“蒙泉外史”，黟縣人。錢塘籍乾隆布衣。嘉慶初舉孝廉方正不就。事迹具《縣志·文苑傳》。光緒《（安徽）通志》著録，無卷數。阮元《定香亭筆談》稱其曠達耿介，閉門謝客，詩抒寫性靈，超然絕俗如其人。

石門集

[清] 胡元輝撰。元輝字乾九，涇縣人。乾隆布衣。事迹具《縣志·文苑傳》。光緒《（安徽）通志》著録，無卷數。《縣志·藝文》作“文集”，本傳又有詩集、詞賦集。元輝天稟絕人，靡所不窺，詩文空所依傍。《府志》録五古一首。

退谷詩文集

[清] 朱敏聞撰。敏聞字衣言，號“仔薪”，當塗人。乾隆布衣。光緒《（安徽）

通志》著録，無卷數。《皖雅》録詩一首。

振華齋詩集二十卷

［清］吳元桂撰。元桂字秋邑，號“紫山”，無爲州人。世基孫、之聯長子。乾隆布衣。年七十六卒。事迹具《州志·文苑傳》。詩二十卷，凡數千首。光緒《（安徽）通志》著録，無卷數，今據《州志》著録。元桂少孤貧，感憤無聊，輒發爲詩，壯歲歷三巴、溯兩浙、入都門而詩益富。方澍稱其得白居易之和婉、陸游之警拔。《濡須詩選》録八十首、《州志》録七律三首、七絶一首。《皖雅初集》録十三首。

竹隝集

［清］張翀撰。翀字健翮，號“半隱”，鳳陽人。布衣。年八十餘卒。事迹具《縣志·文苑傳》。光緒《（安徽）通志》著録，無卷數。翀絶意進取，惟耽花竹，晚杜門讀書，人欲一見不可得。竹隝，其所居也。

玉榮詩集

［清］王淑辰撰。淑辰字玉榮，休寧人。楊瞻妻。《江南通志》及道光、光緒《（安徽）通志》皆著録，無卷數。道光《府志》“瞻”作“蟾”。

來青閣集

［清］端揆撰。揆，當塗人。《江南通志》及道光、光緒《（安徽）通志》皆著録，無卷數。

來青集四十卷

［清］李居撰。居，當塗人。集四十卷。《江南通志》及道光、光緒《（安徽）通志》皆著録。

竹香閣詩存二卷

［清］王字撰。字，當塗人。詩二卷。道光、光緒《（安徽）通志》皆著録。

覆瓿集一卷

［清］崔允文撰。允文字郁堂，太平人。集一卷。涇趙良霽序（采訪册）。

一枝草堂詩集

［清］韓琠撰。琠字昆山，黟縣人。事迹具《縣志·文苑傳》。光緒《（安徽）通志》著録，無卷數。《縣志》録二首。

雅安書屋文集二卷詩集四卷

［清］汪嫈撰。嫈字雅安，歙人。錫維長女，同縣程鼎調繼室、道光十三年進士，工部主事葆之母。是集文二卷，都五十篇，詩四卷，都三百八十一首，又附詩十五首，前有王翼鳳序，後有子葆跋，詩又有阮元、黃爵滋序，道光二十四年刻。嫈幼從黃秋平、張净因學，文不多作，而持論有根據。論詩謂非有真性情不能得詩之本原，亦頗能自踐其言云。

黹①餘小草一卷

［清］許燕珍撰。燕珍字儷瓊，號"靜含"，合肥人。孫荃曾孫女，福建龍溪知縣齊卓女，無爲州諸生汪鎮妻。事迹具《府志·才媛傳》。原集久佚，僅《擷芳集》録《白紵舞》《烏夜啼》《春閨有懷》四首。《閨秀正始集》録《古鏡》一首；《隨園詩話》録《元夜竹枝詞》一首。《雨村詩話》録《題半面畫竹》一首。《閨秀詩話》録《春草》四首。縣人楊開森搜得逸詩數首，又從無爲吳元桂《清詩備采》得詩十首，都三十一首，彙爲一卷并爲之序。燕珍年十二作《鸚鵡賦》，工麗典雅，兼工詞曲，有《保貞籫紅綃咏傳奇》亦佚。

曉月山房詩鈔二卷

［清］釋慧琳撰。慧琳字寰宗，乾隆間住持涇縣幕山小天竺，卒年三十二餘。事迹具《縣志·仙釋傳》。道光、光緒《（安徽）通志》皆著録，無卷數，今據《蘭言集》著録。慧琳以《望海詩》得名，游揚州與諸名士往還，迎鑾獻詩蒙獎賞。《蘭言集》録十三首，《縣志》録七律二首。

荻坪遺詩一卷

［清］羅長煦撰。長煦字愛陽，一字宵九，號"南皋"，別號"荻坪"，懷寧人。乾嘉間增監生，道光二十二年卒，年六十五。詩凡百二十五首，皆近體，附試律三十首，前有嘉慶七年桐城龍澂序，稿本未刻。長煦喜吟咏，與族子奈圃唱和，有《伴佛軒》《亦樂齋詩草》，澂汝言原名也。

---

① 黹：音 zhǐ，女紅的通稱。指刺繡、縫紉等事。

完白山人詩鈔一卷

［清］鄧石如撰。石如原名琰，避諱以字行，更字頑伯，自號"笈游道人"，又號"完白山人"，懷寧人。乾嘉間布衣。事迹具《縣志·隱逸傳》。詩一卷，都七十二首，末一首缺首二句。石如以書名，詩特偶然寄興。包世臣《完白山人傳》載，畢沅稱石如爲一服清凉散，今觀其詩，亦可想見其人焉。

清沁園詩賦鈔

［清］王瑯撰。瑯字芝生，桐城人。乾嘉間歲貢，官靈璧訓導。光緒《（安徽）通志》著録，無卷數。《桐舊集》録詩一首。

悦雲山房集十七卷

［清］劉敦元撰。敦元字子仁，號"竺生"，又號"桐溪竺曳"，桐城人。乾嘉間諸生。詩原刻於道光二十六年，遭亂散佚，光緒間，外孫徐世昌刻詩六卷，吳汝綸序，後又得詞一卷、駢文若干篇，賡續印行，最後乃從桐城姚氏得手定全稿，凡詩八卷，又附存一卷，都三百七十八首，駢文四卷，都三十首，詞四卷，都八十一首。詩有道光二十二年山左莊瑶、二十三年武進楊金監序，陳瑞琳、楊炳春、倪良燿、龔清彦、申清瑞、張用禧、馬瑞辰評語及自識，駢文有道光十九年桐鄉金安瀾、二十七年金閶陸慎言序，洪符孫、申清瑞評語，民國八年印，有吳闓生序、世昌跋、敦元題。《陳瑞琳詩集》云："作詩不必求形似，風水相遭自文理。性情印證通古今，各率天真歸腕底。"宗旨可知。駢文格不甚高，而氣殊動宕，詞多與南康謝學崇唱和，以視學崇《小蘇潭詞》，固在伯仲間也。

尺木居詩鈔

［清］左旋撰。旋字順之，涇縣人。乾嘉間縣學增生。年七十四卒。事迹具《縣志·文苑傳》。光緒《（安徽）通志》著録，無卷數。旋刻志讀書，善屬文。

少白詩鈔

［清］左庚撰。庚字少白，涇縣人。旋長子。廩貢。事迹附父旋傳。光緒《（安徽）通志》著録，無卷數。

芸庵詩集八卷

［清］劉開兆撰。開兆字肇啓，一字靜觀，號"芸庵"，南陵人。乾嘉間布衣。

事迹具《縣志・文苑傳》。集爲平湖張慶盛訂，得古今體詩五百有三首，析卷爲七，而以《消夏雜詩》百篇附後，凡八卷，前有慶盛及屈何炯序，嘉慶廿三年冢婦[1]陸氏刻。開兆少侍父杭州，與諸名士唱和。杭世駿和詩有"勾惹仙才費剡藤"句。慶盛謂其詩凡三變，少年歡欣和悦，中年激昂悲憤，晚年憂愁怨悱，又稱其蕴藉近唐，刻露近宋，至中晚以後則力摹元好問，而追杜甫，所謂窮而愈工者也。

寒蛩吟四卷

〔清〕崔汝瑚撰。汝瑚字金南，太平人。乾隆間布衣。聞生母喪，以毁卒。事迹具光緒《（安徽）通志・孝友傳》。是集四卷，有自序及湯金釗、周兆基、吳芳培、朱琦等序，子駿刻。光緒《（安徽）通志》著録。汝瑚詩多幽鬱；《采訪册》謂其屢蹶秋試。朱序則謂其不能博一衿，轗軻[2]以死。琦與汝瑚時近，宜可信。琦又謂汝瑚有《覆車懸鑑集》，洪亮吉序，未之見，蓋已佚矣。

悔生齋文稿一卷

〔清〕崔汝瑚撰。光緒《（安徽）通志》著録。

柳橐箋詩集

〔清〕張鳳翎撰。鳳翎字花村，自號"梅花秀才"，含山人。乾嘉間廩貢生。年四十卒。事迹具《和州志・文苑傳》。是集有汪廷珍序，兵燹散失。光緒《（安徽）通志》著録"橐"作"槖"。案："橐"見石鼓文，《説文》"橐"符宵反，與標同，舊志誤也。鳳翎髫齡即工韵語，嘗於試院中立和詩百餘韵，學使秦潮評爲天馬行空，不可羈勒。游金陵，袁枚招之不往，有《春日偶成》句云："燕飛乍雨乍晴時，掠水相呼過別枝。深緑如烟烟似雨，黄昏月挂一鈎絲。"《龍元間氣集》録二十一首。

慈竹蔭春館吟稿

〔清〕張鳳翎撰。《州志》本傳云爲母氏著也。光緒《（安徽）通志》著録，無卷數。

雪廬駢體文集

〔清〕張鳳翎撰。光緒《（安徽）通志》系《慈竹蔭春館吟稿》下，今據《州志》本傳著録。

---

① 冢婦：指嫡長子的正妻。唐白居易《續古詩十首》："冢婦獨守禮，群妾互奇邪。但信言有玷，不察心無暇。"
② 轗軻：坎坷。明陶宗儀《輟耕録・玉堂嫁妓》："時多困轗軻，事或忻遭逢。"

亦愛廬詩賦草

[清] 汪啓英撰。啓英字佑昆，號"蕃園"，六安州人。年八十一卒。事迹具《州志·文苑傳》。是集多少時應試之作。光緒《（安徽）通志》著録，無卷數。啓英以古學受知學使汪廷珍。《州志》録五古、七律各一首。

安徽通志稿·藝文考

集部二十三　別集類二十二

學語齋古文

［清］張夢瀛撰。夢瀛字楚洲，望江人。舉人。嘉慶元年舉孝廉方正，歷官廣德州、吳縣訓導。事迹具《通志·文苑傳》。光緒《（安徽）通志》著録，無卷數。

池上草堂詩集

［清］張炯撰。炯字季和，號“惺齋”，宣城人。汝霖子、燾弟。監生。嘉慶元年舉孝廉方正，議叙直隸州州同。事迹具《縣志·文苑傳》、光緒《（安徽）通志》著録，無卷數。姚鼐贈燾詩云：“宣城自古詩人地，張氏才多奕世①間。”謂燾與炯也。

强恕齋文賸無卷數

［清］章謙存撰。謙存（原名天育，字犀臺，銅陵人。廩生。嘉慶元年舉孝廉方正，官江蘇寶山訓導）有《經賸》，已著録。是集首策、次議、次擬奏、次論、次書後、次記、次狀略、次傳、次墓志銘、次序、次書、次跋、次《使足編》，都三十二篇，每篇自爲起訖，前有道光十年自記，惟葉數不銜接，以無別本可證，不知有無殘脱。謙存學有根柢，文亦簡潔有法，策議及《使足編》具見經濟，《李忠節傳》可補史闕，《校訂江灣里志序》《復毛飲蘭書》并徵史識，惟《使足編》原名《備荒通論》本別行，賀長齡曾録入《經史文編》，此則略有删潤也。謙存又有《詩賸》，見《文賸自記》，蓋與《文賸》同刻者，今存佚不可知。惟《文賸·喬木深蔭圖後記》

---

① 奕世：累世，代代。《後漢書·楊震傳》：“臣奕世受恩，得備納言。”李賢注：“奕猶重也。”

系五古一首，《籌賑事略》後附《荒政書成恭紀》七古一首。趙紹祖《蘭言集》稱其伉爽駿邁，如其爲人云。

浮槎山館詩集三卷

［清］史臺懋撰。臺懋字旬循，號"半樓"，合肥人。嘉慶監生。道光七年卒，年七十。事迹具《縣志·人物傳》。詩係自定，凡三卷，卷上古體，卷中、卷下近體，都二百七十一首，嘉慶二十三年浙江按察陽湖左輔刻。咸豐兵燹板毀，光緒末縣人李國模得舊本於皖城①冷攤，無序跋，民國十三年李國環重刻，有陳詩序。光緒《（安徽）通志》著錄《浮槎山房詩鈔》，無卷數，今據本書著錄。臺懋寢饋②陶、韋、王、孟、岑、柳及大曆十子，尤工五律，其詩自闢途徑，在合肥詩人中可以上繼李孚青，下啓徐子蒼。左輔、陸繼輅先後官合肥，皆一見如舊識。陸贈詩云："平梁一詩人，寒瘦若古木。蕭齋著此客，覺我亦非俗。"可以相見其人焉。浮槎山館，其所居名也。符葆森《正雅集》錄五律二首、王鳳翱《松園詩話》錄逸詩一聊、《縣志》錄五律三首。

耐寒齋詩鈔二卷

［清］程溶撰。溶字安波，號"西崖"，阜陽人。嘉慶歲貢。道光十七年重游泮水③。年八十餘卒。集凡二卷，詩二百三十一首，子其鋇等裒集并刻，前有道光廿二年同縣連鼎彝序、六安王履中撰傳。光緒《（安徽）通志》著錄，無卷數，今據本書著錄。溶師劉或之，而與或之族子澤菁及鼎彝爲三友，又與宮昕圃、彭甘亭、寧榕塢、甯止齋、劉汐村結星詩會。其《答客論詩》云："他肉裝身無血性，爲花剪綵乏生機。寄語江淮老詞客，詩家三昧賞音稀。"宗旨可知。鼎彝稱其學深養邃，當困頓無憀④之境，有和平大雅之音；山陽汪廷珍按試至潁，亦目爲"老才子"云。

清遠堂詩文集

［清］聞興瑯撰。興瑯字玉齊，英山（今屬湖北）人。嘉慶元年恩貢。年六十四卒。事迹具《縣志·文苑傳》。光緒《（安徽）通志》著錄，無卷數。興瑯研經史無間晨夕，好提獎後學，邑中知名士多出其門。《縣志》錄五古一首。

---

① 皖城：春秋皖國，東漢皖縣治所，城在皖水之北，故名皖城，在今安徽潛山市北，故皖城一般指潛山。

② 寢饋：本意寢食，吃住，引申爲"時刻在其中"。

③ 泮水：古代學宮前的水池，形狀如半月。《詩·魯頌·泮水》："思樂泮水，薄采其芹。"毛傳："泮水，泮宮之水也。"鄭玄箋："泮之言半也。半水者，蓋東西門以南通水，北無也。"後多以指學宮。

④ 憀：音liáo，依賴，寄托。《新唐書·突厥傳上》："利不室處，常設穹廬廷中，久鬱鬱不自憀。"

石柏山房詩存九卷

〔清〕趙文楷撰。文楷字逸書，號"介山"，太湖人。嘉慶元年一甲一名進士，官至山西雁平兵備道，十三年卒官，年四十八。事迹具《縣志·宦迹傳》。是集凡九卷，卷各有子目，卷首《經進詩》、卷一《礫存集》、卷二《于京集》、卷三《楚游草》《閩游草》、卷四《遣徵集》、卷五《槎上存稿》、卷六《獨秀草堂存稿》、卷七《木天近録》、卷八《補遺》，前有道光九年帥承瀛序，內《礫存（集）》《遣徵（集）》二集，前皆有自序，《槎上存稿》乃嘉慶五年冊封琉球時作，二十四年蕭山湯金釗曾付梓單行，後有金釗識語。道光《（安徽）通志》著録《槎上存稿》一卷，光緒《（安徽）通志》又著録《楚游稿》，無卷數，今據本書著録。文楷自言性好吟咏，十齡即能爲詩，今集中有六歲《咏百舌》云："桃花紅未了，百舌鬧春曉。能作百般聲，枝頭壓衆鳥。"又七歲《咏荷花》云："一葉復一葉，千枝更萬枝。昨宵霑雨露，開遍鳳凰池。"殆爲後來狀頭[1]之兆。孫橒《餘墨偶談》摘其律句，謂皆鍊意鍊句，繪色繪聲云。

獨秀草堂古今文

〔清〕趙文楷撰。光緒《（安徽）通志》著録脱"草"字。《縣志》録賦一篇。

四一居士文鈔六卷古今體詩二卷

〔清〕汪德鉞撰。德鉞（字崇義，號"鋭齋"，一字三藥，自號"雲田"，懷寧人。嘉慶元年進士，官至禮部員外郎保送御史，十三年卒，年六十一。事迹具前《國史·儒林傳》）有《七經偶記》，已著録。是集文六卷、詩二卷，首頌、次疏、次賦、次箴、次銘、次戒、次讀、次辯、次解、次狀、次啓、次示、次書、次贈序、次説、次議、次論、次策、次序、次題、次跋、次記、次碑記、次墓志銘、次傳、次書事、次贊、次祭文、次哀辭，都九十五首。又《古今體詩》二卷，乃歿後武進臧庸所編，後附桐城姚瑩撰墓志銘、德清蔡之定撰傳及庸撰行狀，道光十二年其子時漣刻於汀州。光緒《（安徽）通志》著録《德鉞詩古文》二卷，蓋《古今體詩》二卷之誤，今據本書著録。德鉞從舅氏楊家洙及潛山張必剛游，又先後受知於朱筠、紀昀、彭元瑞諸人。昀主會試得德鉞對策，大驚曰紀曉嵐亦有駁之者，竟拔之以其卷進呈（臧庸撰行狀、方于轂《拳莊詩鈔·挽德鉞詩》注），然鉞雖潛心考據，仍篤信宋儒，其論詩文主守前人矩矱，而復以巧思濬發[2]其間，集中如《請立肥城邱氏爲左氏博士議》《撫軍論》，尤關政教之大者。"四一居士"見德鉞自撰傳，謂琴書山

---

① 狀頭：即"狀元"。唐盧儲《催妝》詩："昔年將去玉京游，第一仙人許狀頭。"

② 濬發：從深處發出。唐柳宗元《祭楊憑詹事文》："實期濬發，再光文陛。誰謂昊天，遽兹降屬。"

水也。

儲南岡詩文集

〔清〕儲宜雅撰。宜雅，潛山人。嘉慶二年歲貢。光緒《（安徽）通志》著録，無卷數。

醉白樓詩稿

〔清〕項劻撰。劻字襄五，亦字畫石，太平人。嘉慶三年歲貢，道光五年賜舉人。劻詩不留稿，此爲其族雲從、植三等輯刻，有同縣方昭文序。光緒《（安徽）通志》著録《項襄五詩稿》，無集名，今據本書著録。劻詩宗唐，放而之蘇、黃，然不喜剽竊摹仿。涇趙良霈聞其“牛背一簑冷，山頭孤月黃”之句，遂造訪訂交。廬江王鳳翽《松園詩話》亦録其詩。

寄鴻堂詩文集十六卷外集六卷

〔清〕李宗傳撰。宗傳字孝曾，號“海帆”，桐城人。嘉慶三年舉人，官至湖北布政使，病歸旋卒，年七十三。事迹具《續修縣志·宦迹傳》。集十六卷、外集六卷，光緒《（安徽）通志》著録。《縣志·藝文》載詩集八卷、文集十卷、詩文外集六卷，又今所傳文集僅四卷，卷數互異，今姑仍舊志著録。

寄鴻堂文集四卷

〔清〕李宗傳撰。凡四卷，都百六十六篇，仲子喬枚曾以藏稿鎸板未行而亂作，板與書俱佚，次孫世芬有手抄本，惟卷四缺《輻車紀略跋》一篇，又《書陸清獻》《祭魏環極》文後缺末段，同治三年門人會稽宗稷辰等助貲刻於山東并爲之序，後有世芬跋。據卷二《屠道甫文集序》，道甫亦曾爲宗傳文集序，而抄本已佚去。光緒《（安徽）通志》作“詩文集十六卷”，《縣志·藝文》又作“文集十卷”，今據本書著録。宗傳爲僎枝從子，出姚鼐門，與陳用光、管同、梅曾亮、姚瑩相參質。稷辰謂桐城之文至方而潔，至劉而超，至姚而醇，宗傳本經準史，深邃廣博，發擄性真，闡揚名教，得師傳之醇爲多云。

許萊庵詩存

〔清〕許準撰。準字次安，號“萊庵”，桐城人。嘉慶三年舉人，官江蘇豐縣教諭。事迹具《續修縣志·文苑傳》。集有自序，光緒《（安徽）通志》著録，無卷數。準幼承庭訓，讀書目數行下，七歲能通大意，詩文畢岸①有奇氣。《桐舊集》録七首、《縣志》又載有《萊庵文存》。

石儂詩集

[清] 方秉澄撰。秉澄字石儂，原名遵巖，字子靖，號"竹吾"，一號"淑吾"，桐城人。嘉慶間廩貢生。事迹具《續修縣志·孝友傳》。光緒《（安徽）通志》著録，無卷數。秉澄意氣豪俊，與同縣李宗傳、朱雅、方東樹、馬瑞辰、徐鏞、左朝第、徐璈、張聰咸、劉開、光聰諧、吳孫珽、朱道文十數人，以文章道義相取，極一時之盛。《桐舊集》録七首，又謂其不自收拾，檢古詩數百首，以見梗概，疑已佚矣。

一家箴詩稿

[清] 汪元音撰。元音字雙人，潛山人。嘉慶三年舉人，江蘇無錫縣教諭。光緒《（安徽）通志》著録，無卷數。

吹壺詩草六卷　北徵詩草一卷　芝陽詩草一卷

[清] 余煌撰。煌字漢卿，號"星川"，婺源人。嘉慶三年舉人，截取知縣。事迹具《縣志·儒林傳》。光緒《（安徽）通志》載是集，無卷數，今據《縣志》本傳著録。煌博極群書，尤精天文、曆數。《縣志》稱其詩文高雅，又有《九九吟》一卷、《梅花書屋集唐》一卷。

雪鴻詩草

[清] 董汝成撰。汝成字謙受，號"秋園"，婺源人。嘉慶三年舉人，授石埭訓導，告歸。事迹具《縣志·文苑傳》。光緒《（安徽）通志》著録，無卷數。

讀畫樓詩集

光緒《（安徽）通志》題清涇縣吳休徵撰。考《涇縣志·宦業傳》載吳徵休字瑞清，號"个園"，嘉慶三年順天舉人，候補內閣中書，改陝西長武知縣，卒於官，年四十五。有詩稿數卷，而無吳休徵，疑"休徵"爲"徵休"之誤，今姑仍舊志著録。

---

① 畢岸：高傲而不屑隨俗。畢：同"傲"。

振裘詩文集

[清] 王承序撰。承序字振裘，全椒人。嘉慶三年舉人。事迹具《縣志·文苑傳》。光緒《（安徽）通志》著録，無卷數。承序善讀書，《周禮》《爾雅》皆有評點。

聽濤山房詩文集

[清] 王鳳翽撰。鳳翽字望雲，又字吉人，號“梧岡”，廬江人。道衛曾孫、鳳喈弟。嘉慶恩貢，候選訓導。道光十六年卒，年七十八。事迹具《縣志·文學傳》。光緒《（安徽）通志》著録，無卷數。《廬江詩雋》《廬州詩苑》《皖雅初集》皆録其詩。

拙齋集唐一卷

[清] 吳敬時撰。敬時字欽運，號“拙齋”，宿松人。葵孫、主信從子。嘉慶四年恩貢，候選直隸州州判。二十一年卒，年七十二。事迹具《縣志·文苑傳》。是集一卷，自一東至十五咸都七絶，百三十首皆集唐人句爲之，以祝其族兄歌亭八十壽者，内缺一東三首，前有同縣鄭書撰傳。

惜陰書屋文集四卷詩鈔十四卷

[清] 吳賡枚撰。賡枚字敦（一作“登”）虞，號“春蘢”，桐城人。貽咏長子。嘉慶四年進士，官至江西道監察御史。母憂歸，遂不出，年六十七卒。事迹具《縣志·文苑傳》。是集文四卷、詩十四卷，詩有同縣朱雅序。光緒《（安徽）通志》載《吳賡枚詩文集》，無卷數，今據《縣志》著録。賡枚論學宗朱熹，爲文多所發明。詩亦和平莊雅，類有道之言。《桐舊集》録三十一首。

粵游草 燕游草 漢上吟 求己齋集

[清] 趙玉撰。玉字藍生，號“虚舟”，桐城人。嘉慶四年進士，官湖北漢陽府知府，以疾歸，逾年卒。事迹具《縣志·宦迹傳》。光緒《（安徽）通志》著録，無卷數。玉涖漢陽六年歸，槖蕭然，惟書十數籠而已。

校經堂詩鈔二卷

[清] 馬宗璉撰。宗璉（字魯陳，號“器之”，桐城人。澤孫、嗣綽子。嘉慶四年會試中式，六年成進士，又一年卒。事迹具前《國史·儒林傳》）有《毛鄭詩訓詁考證》，已著録。是集二卷，詩百九十二首，有朱雅跋。光緒《（安徽）通志》著

錄，無卷數，又誤"璉"爲"濂"，今據本書著錄。宗璉少從舅氏姚鼐學，詩文早有聲譽，既乃精通古訓及地理之學。朱雅謂其於清新秀逸之中見俊偉雄深之度。馬樹華刻入《馬氏詩鈔》。《桐舊集》録二十首。

迂存遺文二卷附年譜二卷

[清] 倪模撰。模字預掄，自號"迂存"，望江人。嘉慶四年進士，鳳陽府學教授。道光五年卒，年七十六。年譜二卷，懷寧江爾維編。是集模曾孫文范所藏，朱德根重編。首解、次考、次辯、次論、次序、次贈序、次傳、次跋、次書、次記、次祭文，附駢文，都六十九首，光緒四年從曾孫文蔚刻於荆州府署，前有姚文田撰墓志、王引之撰墓表，末有文蔚書後。模師同縣檀自蔭，既通籍所交皆賢士大夫。姚鼐謂其治經術不規規於詞章，而詞氣醇茂，卓然正宗。《雷港源流考》《孔方兄傳》，尤其所稱賞也。

覺生詩鈔十卷咏物詩鈔四卷咏史詩鈔三卷感舊詩鈔二卷覺生詩續鈔四卷

[清] 鮑桂星撰。桂星字雙五，號"覺生"，自稱"黃海雪漁"，歙人。嘉慶四年進士，官終詹事府詹事。事迹具前《國史·列傳》。《(覺生)詩鈔》十卷，分體編次，前有嘉慶二十五年自序。《咏物詩鈔》四卷，補唐李巨山未備，皆五律。《咏史詩鈔》三卷，自周季札至明史可法，皆七律。《感舊詩鈔》二卷，自吳熊至吳邦俊，凡七十三人，皆五律。咏物、感舊亦各有自序，都千五百八十四首，皆自定。道光、光緒《(安徽)通志》皆著錄。《詩續鈔》四卷，方濬師等所編，一遵前詩例，惟卷四附《續感舊》五律十二首，都六百二十九首，首載《國史·列傳》及自撰《黃海雪漁傳》，方濬頤題詞、濬師序、夏家鏷及侄康跋，後附墓銘、年譜，同治四年刻。桂星師吳定、姚鼐。定爲劉大櫆高弟，論詩主格律，桂星守其説，兼采崑體[《(覺生)詩鈔》卷九《贈楷堂》注]。及落職居京師，詩益進。鼐嘗稱其能合唐宋之體，自成一家(陳用光撰墓銘)。王昶《湖海詩傳》、張維屏《詩人徵略》、方士淦《蔗餘偶筆》皆録其詩。昶謂可希風北地，惟《(覺生詩)續鈔》《感舊詩》謂劉開卒時，僅三十，則誤，劉卒，實已逾四十也。

不知不愠齋集四卷

[清] 吳孫斑撰。孫斑字子方，一字伯摺，桐城人。賡枚子。嘉慶監生，年四十一卒。事迹具《縣志·文苑傳》。光緒《(安徽)通志》著錄，無卷數。《縣志》作詩文各四卷，考姚瑩《東溟文集·吳子方遺文序》(卷二)，稱孫斑所作，頗放佚，存詩、賦、雜文若干篇，予彙爲四卷云云。集爲瑩所編，其言宜不誤，今據以著錄。

孫斑與同縣劉開、張聰咸、左朝第、方東樹及瑩爲友。從宦京師，游歙鮑桂星門，時方競言考證，孫斑獨辨其非，欲從事身心性命，其宗旨可知。瑩稱其文章雋曠，遠出塵俗。《桐舊集》錄詩二十九首。

汪桂詩文集

［清］汪桂撰。桂字薌林，婺源人。嘉慶四年進士，官至江西道監察御史，乞病歸。事迹具《縣志·學林傳》。光緒《（安徽）通志》著錄，無卷數。桂與同縣董桂敷爲道誼交，及卒桂敷爲銘墓。其文正大和雅，自以爲未足不欲存。

受經堂詩存一卷附存一卷

［清］胡秉虔撰。秉虔（字伯敬，號“春喬”，績溪人。匡憲長子。嘉慶四年進士，官至甘肅丹噶爾同知，道光十二年卒，年六十四。事迹具前《國史·儒林傳》）有《卦本圖考》，已著錄。光緒《（安徽）通志》載《秉虔詩集》，無卷數，又無附存詩，今據《（績溪金紫）胡氏（所著）書目》著錄，附存一卷，乃其長子培孝所撰。培孝字子承，附貢生，候選縣丞。

吴學士文集四卷詩集五卷

［清］吳鼐撰。鼐字山尊，號“及之”，一號“抑庵”，全椒人。嘉慶四年進士，官至侍讀學士，十四年乞養歸［光緒《（安徽）通志》作“丁艱歸”，誤］，年七十四卒。事迹具前《國史·文苑傳》。道光《（安徽）通志》載《抑庵文集》《精進心庵詩集》各八卷，光緒《（安徽）通志》則載《吳山尊詩文集》十六卷，《縣志》亦載《夕葵書屋詩文集》十六卷，集名雖異，卷數均爲十六。是集文四卷、詩五卷，乃鼐女夫薛春黎所輯，薛時雨、譚廷獻編訂，光緒八年江寧布政番禺梁肇煌刻。文集前有肇煌、廷獻序，詩集前有時雨序。考《縣志》，稱鼐門人劉逢禄、費廷瑛曾手錄類次二十餘卷。《夕葵書屋集》刻於道光中，經亂板毀，又肇煌序云其集世少傳者。廷獻序云自定之集不可復見，散佚之餘賴有此耳。時雨序亦云《夕葵書屋刻集》不可見傳者，僅此是十六卷之本佚已久也。鼐年二十一，從表兄汪履基學爲四六，私淑武進劉星煒，又從吳錫麒游，而交袁枚、孔廣森、曾燠、孫星衍、洪亮吉諸人，師友具有淵源。詩初效晚唐，晚乃歸於韓愈，然嘗自言文不可上木，著述多不自刊，又經兵亂，故所傳僅此云。張維屏《詩人徵略》、王昶《湖海詩傳》、趙紹祖《蘭言集》皆錄其詩。

涵春稿

[清] 饒芳撰。芳字亦芳，祁門人。嘉慶五年恩貢。事迹具《縣志·文苑傳》。光緒《（安徽）通志》著録，無卷數。芳爲吳書升門人，嘉慶元年舉孝廉方正不就。

芑田集十六卷

[清] 方甸撰。甸字季侯，號"芑田"，績溪人。竹次子。嘉慶五年歲貢。集十六卷。光緒《（安徽）通志》著録。《縣志》稱其工詩文，駢體尤擅長，與宋南渡諸名家伯仲。

小漁洋詩集

[清] 賀彝鼎撰。彝鼎字香岑，來安人。大福子。嘉慶五年舉人，官潁上訓導。事迹具《縣志·文苑傳》。光緒《（安徽）通志》著録，無卷數。《縣志》録《歸復雁塘田記》一篇。

簪巖文集　經畬詩草

[清] 焦淮撰。淮，太平人。嘉慶五年副貢，候選直隸州州判。光緒《（安徽）通志》著録，無卷數。

冠山園初稿一卷

[清] 朱裳撰。裳，一名承堂，字吉中，號"綉山"，黟縣人。事迹具《縣三志·文苑傳》。是集一卷，經其從父鍾抉擇自嘉慶元年至十年乃二十至三十之作，前有知縣鄒杰、同縣鮑元俍及從祖集球暨鍾序。光緒《（安徽）通志》著録，無卷數，今據《采訪册》著録。裳家貧作賈，然好吟咏，探禹穴[①]龍門，陟匡廬衡嶽，以舒其勃鬱。集球謂其揮灑淋漓，與古相葉，又謂詩弊有二，講性靈者，或流於空滑、野鄙；尊聲調者，或過於堆垜、粉飾，而吉中無是云。《縣志》録三首。

---

① 禹穴：指會稽宛委山。相傳禹於此得黃帝之書而復藏之。唐李白《送二季之江東》詩："禹穴藏書地，匡山種杏田。"王琦注："賀知章《纂山記》曰：黃帝號宛委穴赤帝陽明之府，於此藏書。大禹始於此穴得書，復於此穴藏之，人因謂之禹穴。"另說有二：一說相傳爲夏禹的葬地。在今浙江省紹興之會稽山。《史記·太史公自序》："二十而南游江、淮，上會稽，探禹穴。"裴駰集解引張晏曰："禹巡狩至會稽而崩，因葬焉。上有孔穴，民閑云禹入此穴。"另一說相傳爲夏禹決漢水時的住處。在今陝西省旬陽縣東。《大清一統志·興安府·古迹》："禹穴在洵陽縣東一百三十里。高八尺，深九尺。旁鐫'禹穴'二字。穴右有泉，味甚清洌。世傳禹決漢水時居此。"

宋鹿砦①詩集

［清］宋甡撰。甡②，望江人。嘉慶六年拔貢，官貴池教諭。光緒《（安徽）通志》著錄，無卷數。

逢溪遺集二卷近體詩三卷

［清］周啓元撰。啓元字逢其，號“春圃”，績溪人。嘉慶六年拔貢。事迹具《縣志·文苑傳》。集二鍾。光緒《（安徽）通志》著錄。《縣志》稱其詩文刻露清秀，法式善嘗延請於家。

青霞仙館遺稿一卷

［清］王城撰。城，原名厘，字伯堅，號“小鶴”，晚號“雪髯”，全椒人。肇奎子。嘉慶六年優貢，補廂藍旗教習，乞病歸。事迹具《縣志·文苑傳》。是集一卷，詩五十九首，附同縣金望欣七律五首。稿本藏縣人朱履信家，民國二十三年縣人金如山印，有二十二年葉伯青序暨《縣志》本傳。光緒《（安徽）通志》著錄《青霞仙館詩文集》，無卷數，《縣志·藝文》作二十八卷，考城女仲徽《題先嚴③詩態圖》原注，稱先君手訂詩文全集三十卷，後復厘爲十三卷，兵燹後燼，又稱先君殁後所抄訂全集存同里金醒家，後門人壽州孫小雲、揚州黃右爰各抄一部，兵亂均失，又稱外子司鐸肥水得公少作若干首，同里金滕又在黃芳谷處錄寄數十首云云，是城全集已佚。又考仲徽適同縣朱藜照，爲履信之曾祖，是本疑即藜照所得者，今據以著錄。城詩宗杜甫，融陶、謝、韓、蘇而擅其勝，學使汪廷珍、白鎔、賈允升俱器異其才。洪亮吉《北江詩話》云：“作詩寫景易，寫情難，寫性尤難，若王厘二斷句，直寫性者也。”詩云：“呼奴具朝餐，慰兒長途飢。關心雨後寒，試兒身上衣。兒飢與兒寒，重勞慈母心。天地有寒燠，母心隨時深。”青霞仙館者，城曾夢亮吉授以紺玉小印，文曰“青霞洞天秘笈”，遂名其館并以名集也。

竹鄰遺稿二卷附雜文一卷詞一卷

［清］金式玉撰。式玉字朗甫，歙縣人。嘉慶六年進士，改庶吉士，是年夏卒，年二十八。事迹具《縣志·文苑傳》。光緒《（安徽）通志》載《竹鄰集》，無卷數。道光《府志》作二卷，道光《（安徽）通志》亦無卷數，而注云附雜文一卷、詞一

---

① 鹿砦：音lù zhài，形似鹿角的築城障礙物。砦：同“寨”。
② 甡：音shēn，衆多的樣子。《説文》：“甡，衆生并立之貌。”《詩·大雅·桑柔》：“甡甡其鹿。”《傳》：“甡甡，衆多也。”
③ 先嚴：對已故的父親的稱呼。

卷，今依以著錄。式玉師張惠言而友洪亮吉，孫星衍、惲敬、董士錫皆推爲才士，及卒，敬撰《華表銘》。

錢竹齋題畫詩鈔

[清] 錢淇撰。淇，青陽人。希孔子。嘉慶六年進士，官國子監助教。事迹具《縣志·文苑傳》。光緒《（安徽）通志》著錄，無卷數。《縣志》"竹"作"行"。案："竹齋"當爲淇字，以《詩》淇澳、菉竹之義推之，疑《縣志》誤也。希孔善詩文，兼通繪事，淇蓋傳其家學云。

觀齋集十六卷

[清] 王澤撰。澤字潤生，號"子卿"，晚號"觀齋"，蕪湖人。嘉慶六年進士，官至江西贛州知府，署贛南道致仕，年八十三卒。事迹具《縣志·文學傳》。集十六卷。光緒《（安徽）通志》著錄。澤師當塗黃鉞，又游大興朱珪門，工詩畫，告歸後復交邵士爕昆季、謝登儁叔侄及侯坤、馬儁、施道光、巴慰祖、金鐸諸人。與鉞唱酬不絕，時有聯吟合畫諸作，傳爲韵事云。

琅嬛仙廬詩初集六卷

[清] 董桂山撰。桂山字小叢，號"香雪"，婺源人。嘉慶六年舉人，選青陽教諭。事迹具《縣志·文苑傳》。是集凡六卷。前有道光二年定香居士序，稱其論古諸什，獨出意見，不拾前人牙慧。定香，董鍊金號，其從父也。

近泉詩集

[清] 薛金臺撰。金臺字近泉，全椒人。嘉慶六年舉人。事迹具《縣志·文苑傳》。光緒《（安徽）通志》著錄，無卷數。金臺與弟耀鑫同治三禮，迄老弗倦。

笠沙詩集

[清] 黃士琦撰。士琦字雉崖，號"笠沙"，宿松人。嘉慶七年歲貢，候選訓導。事迹具《縣志·文苑傳》。是集各體皆備，光緒《（安徽）通志》著錄，無卷數。《縣志》稱其工於擬古、樂府，尤善爲初唐五言，風格遒上。

耐軒文集二卷

[清] 汪興伯撰。興伯字朝二，黟縣人。嘉慶七年歲貢。事迹具《縣三志·文苑傳》。光緒《（安徽）通志》載是集，無卷數，今據《縣志》著錄。興伯講學東山

寺，與兄興佐齊名。

筠碧山房稿

［清］袁鴻文撰。鴻文，青陽人。琛從子。嘉慶七年歲貢。事迹具《縣志·選舉志》。光緒《（安徽）通志》著錄脱"山"字，今據《縣志》著錄。

小萬卷齋文集二十四卷

［清］朱珔撰。珔（字玉存，號"蘭坡"，涇縣人。嘉慶七年進士，官至侍講，降編修，乞養歸。道光三十年卒，年八十二。事迹具前《國史·儒林傳》）有《説文假借義證》，已著錄。是集分體編卷，首賦、次釋、次解、次證、次辨、次考、次校、次説、次議、次書、次序、次跋、次書後、次記、次碑記、次傳、次書事、次頌、次贊、次銘、次神道碑、次墓碑、次墓碣、次墓志、次墓表、次行略、次行狀、次哀詞、次祭文，都四百五十八首，道光十九年刻。前有阮元、李宗昉序及自序，後有王成璐跋，板毀於亂，光緒十一年朱樹齋重刻。珔於文嗜唐韓、柳，兼取李華、梁肅、杜牧、孫樵，又謂宋人工持論、叙事則冗，王、李詰詘①，歸氏力屏，或專貴簡削弊，亦差垺然。珔本從事考證，則詰文亦以説經、考訂爲長，其觧字、解易、乾坤爻辭，用韵解毛傳、鄭箋，破字不破字辨，尤爲阮元、沈濤所推。成璐乃謂議論辨析、徵引浩博，非其至者殆不然也。

小萬卷齋詩稿三十二卷續稿十二卷遺稿一卷

［清］朱珔撰。前稿自嘉慶丙辰至道光戊子，凡三十三年，都二千四百五十首，編爲三十二卷，道光九年刻，有吳嵩梁、胡承珙序及自序，後有族侄鍾跋。續稿自道光己丑至戊戌，凡十年，都九百四十九首，編爲十二卷，道光十九年刻。遺稿原四卷，未刻，失其稿，光緒十一年朱樹齋重刻珔集，珔孫之埩僅搜得七十二首，編爲卷末一卷，乃道光己亥至戊申十年所作，後有之埩跋。據自序，曾覆舟失稿一册，乃編輯付梓，少作皆不存。嵩梁謂其醖釀既深，才力益狀，而詞旨温厚，咸出性情之正。趙紹祖錄入《蘭言集》，稱其取材甚富，而能運以清空之氣，諸體備善，五七古尤爲佳妙。

小萬卷齋經進稿四卷

［清］朱珔撰。首擬古樂府、次四言詩、次頌、次歌辭、次擬正大雅、次五言古

---

① 詰詘：滯塞，艱澀。章炳麟《文學説例》："間语者，间介於有用之语，似若繁冗，例以今世文法，又如詰詘难通。"

詩，乃嘉慶十年至二十四年所作，都一百三十五首，道光六年熊錫周刻，前有自序，道光十一年朱樹齋重刻。自序稱韓愈《聖德詩》、柳宗元《平淮雅》①典型具存，近乃務求繁猥，或賦擬回文，褻越②孰甚？其取則可知。《清文穎》録四言一首、歌辭二十六首。

華嚴集

[清] 章道鴻撰。道鴻字黼卿，青陽人。嘉慶七年進士，官翰林院編修。事迹具《縣志·文苑傳》。光緒《（安徽）通志》著録，無卷數。《縣志》録七律二首、七絶一首。

式怡堂詩文集

[清] 錢榛撰。榛字孚廷，桐城人。彝子。縣學生。事迹具《續修縣志·文苑傳》。光緒《（安徽）通志》著録，無卷數。榛束髮受父訓，潛心小學、近思録、性理諸書，旁及詩古文。其父著《七經概》《經疑》等書，榛亦時參心得，附原書後焉。

尚友齋詩文集

[清] 吴士弻撰。士弻字待揆，號“藕泉”，桐城人。嘉慶間縣學生。事迹具《續修縣志·文苑傳》。光緒《（安徽）通志》著録，無卷數。士弻受業同縣錢彝，經學、文章俱有師法，劉開其門人也。《桐舊集》録詩十一首。

逸齋詩文賸稿二卷

[清] 吴廷輝撰。廷輝字效陳，桐城人。泰和長子。嘉慶間縣學生。事迹具《續修縣志·文苑傳》。廷輝所著多散佚，僅存詩文、賸稿各一卷。光緒《（安徽）通志》著録，無卷數，今據《縣志》著録。廷輝與同宗士弻交最久，《易》《書》《詩》《春秋》《三禮》皆有纂述，又手抄《漢書》《明史》各一通。《桐舊集》録詩一首。

靜遠軒詩集

[清] 吴廷森撰。廷森字謁韓，桐城人。廷輝弟。年七十三卒。事迹具《續修縣志·文苑傳》。光緒《（安徽）通志》著録，無卷數。廷森與兄相師友，又與宗人士

---

① 據唐柳宗元《河東先生集》卷一《雅詩歌曲》（宋刻本）題爲：《平淮夷雅》。
② 褻越：輕慢而違礼。清谭献《金元诗录序》：“感威柄之褻越，悼徵赋之繁重。”

蕭爲石交①。既不得志於有司，惟以詩酒自娛。

半字集二卷

［清］方東樹撰。東樹（字植之，桐城人。績子。諸生。咸豐元年卒。事迹具前《國史·儒林傳》）有《漢學商兌》，已著錄。是集古今體各一卷，都百餘首，道光十二年自編并序。其名半字者，以佛書有半字、滿字義，以別小乘、大乘，志力不足，學未至也。十三年同縣胡方朔刻於廣州，亂後板毀，李鴻章刻於同治八年，有管同、梅曾亮、沈欽韓、姚瑩題詞；光緒十五年其孫龍光重刻，有其父績《論詩》一首、姚蕭評二則，管同、梅曾亮、張際亮、馬沅、姚景衡、姚瑩、馬瑞辰、姚柬之、姚元之贈詩，又馬瑞辰評、胡方朔識語，皆李刻所無。即管同、沈欽韓評亦與李刻小異，疑本胡刻所有，而李刻去之也。東樹十一歲即效范雲作《慎火樹詩》，今在集中，其《寄羅月川詩》，自謂東坡《寄劉孝叔》後七百年不多有，管同、沈欽韓亦以爲信，惟年譜載是集，《齊山》及《池陽雜詩》皆三十七歲作，自序謂裒錄四十後作，蓋約略之詞也。

王餘集一卷

［清］方東樹撰。東樹既定《半字集》，復取所棄詩彙爲一帙，先古體、後今體，都七十一首，有道光十二年自序。案：行略及年譜，是集原未刻，李刻亦未及，至光緒十五年其孫龍光乃刻之。王餘②者，昔吳王食鱠棄餘江中，復得生活，世目爲王餘也。

考槃集三卷

［清］方東樹撰。古體二卷、今體一卷，皆自定，附錄遺詩十四首，則其子聞所增，都一百八十四首，原刻毀於亂，李鴻章刻於同治八年，前有梅曾亮、鄧廷楨題詞各二則，其孫龍光又刻於光緒十五年，較之李刻卷二多《寄唐魯泉》五古一首、卷三多《重別石甫》五律、《東山書院題壁》七絕各一首，而無附錄十四首，又梅曾亮、鄧廷楨題詞僅各一則，而有董國華五古一首，又年譜載晚年詩，名《考槃集》，隨時刊刻，起道光十三年癸巳迄二十八年戊申五古二卷、七律一卷云云。今案：卷二實有七古一首、卷三實有五律一首、七絕八首，然皆戊申後作。東樹論詩之旨具

---

① 石交：交誼堅固的朋友。宋黃庭堅《和邢惇夫秋懷》之七："萬里投諫書，石交化豺虎。"

② 王餘：魚名。《文選·左思〈吳都賦〉》："雙則比目，片則王餘。"劉逵注："王餘魚，其身半也。俗云：越王鱠魚未盡，因以殘半棄水中，爲魚，遂無其一面，故曰王餘也。"清全祖望《韓溝關王廟》詩之三："百牢猶共王餘薦，一飯休教籠稻荒。"或云王餘即鰈魚，亦曰版魚。

所撰《昭昧詹言》，又自信其詩特深，以爲逾於文。梅曾亮、毛嶽生、張際亮亦皆以爲不可及云。

儀衛軒遺詩二卷

[清] 方東樹撰。凡二卷，光緒十五年其孫龍光刻，惟卷一《韶州曲江江口墮水絕句十四首》①，已見李刻，餘皆李刻所無。光緒《（安徽）通志》著錄詩集五卷，蓋即半字、考槃二集，而無《王餘（集）》及是集。儀衛軒者，東樹慕蘧瑗五十知非，衛武公耄而好學，因以爲名也。

考槃集文錄十二卷

[清] 方東樹撰。道光二十二年門人戴均衡輯錄，東樹自爲序，未刻。同治六年從弟宗誠選錄百有三篇，首論、次雜著、次序、次書後題跋、次書、次贈序壽序、次記、次傳、次墓志祭文、次家譜序、傳志、哀詞、終制，凡十二卷，附駢文、年譜各一卷，題曰《儀衛軒文集》，有宗誠識語，又卷首有蘇惇元撰傳及《崇祀鄉賢錄》《通志·儒林傳》，卷末有許丙椿跋，李鴻章等贈資刻。光緒《（安徽）通志》著錄《方儀軒文集》十二卷，又外集一卷，即是本外集，蓋即所附駢文也。又光緒十五年其孫龍光刻本，凡二百三十九篇，題曰《考槃集文錄》，編卷雖亦十二，然記在贈序前，墓志後有墓表一目，卷十二即駢文，又無蘇傳、許跋、崇祀錄，年譜亦另刊，似爲戴編之舊，然案之宗誠識語，所稱篇數實少八篇，莫詳其故，又據年譜，東樹年二十八自訂少作文曰《櫟社雜編》，今案：是本所錄，如《天道論》《用人論》皆自注少作，蓋即雜編之文。欲觀東樹之文，固當以是本爲備矣。東樹少承家學，又從姚鼐游久，於文慕曾鞏、朱熹，嘗自言其文於姚門不及管同、梅曾亮，曾國藩以其言爲不欺，然又謂其學非二君所及，固自成爲東樹之文。管同亦謂其無不盡之意，無不達之詞，東樹雖謙讓，亦自謂能類是也。

劉孟塗集四十三卷

[清] 劉開撰。開（字明東，一字孟塗，桐城人。縣學生。年四十一卒。事迹具前《國史·文苑傳》）有《論説補注》，已著錄。是集文十卷、詩前集十卷、後集二十二卷、駢體文二卷，惟詩後集原缺第八卷，實止四十三卷，道光六年姚柬之刻。道光、光緒《（安徽）通志》皆作詩集十六卷，後集二十四卷，散體文、駢體文各八卷，今據本書著錄。開年十四以書謁姚鼐，與方東樹、梅曾亮、管同稱"姚門四

① 據清方東樹《儀衛軒詩集》卷五（清同治七年刻本）題爲：《舟過韶州曲江江口墮水有對月遺悶雜書絕句十四首》。

傑"，雖早卒，詩文已足名家。方宗誠謂其天才弘肆，光氣煜爚①。王先謙《續古文詞類纂》録其文、《桐舊集》《古桐鄉詩選》皆録其詩。

孟塗遺詩二卷

[清] 劉開撰。子繼輯。光緒十五年刻，前有盱眙王錫元序。

儲光襮文集

[清] 儲光襮撰。光襮字燕勛，潛山人。嘉慶歲貢。事迹具《縣志·文苑傳》。光緒《（安徽）通志》著録，無卷數。光襮致力左、國、秦漢、唐宋諸家，爲文力進先正，爲姚鼐所賞。

窺園文集二卷詩集二卷

[清] 王揚舉撰。揚舉字澤寰，號"窺園"，桐城人。嘉慶府學生。是集文、詩各二卷，係再從孫魯編訂并序。文首序跋、次書、次贈序、次傳狀、次碑志、次雜記、次贊、次賦、次哀祭，有吳綱庵、桂半杭、錢捷先評語。詩首五古、七古，次五律、七律、五絶、七絶，有吳綱庵、桂半杭、劉孟塗、錢捷先、左訥夫、吳陳渚、張東培評語，光緒十七年活字印，惟據蕭穆《與王階平尺牘》，謂曾見舊抄本有許丙椿跋及從子恂撰行狀，又傳一篇，而刻本失載，屬其補入，今此本仍無之，蓋猶穆所見刻本。揚舉師同縣鮑文、左根萊、池陽劉薌泉，好讀文選，詩效韓蘇二家，而詩爲勝。劉開贈詩云："昌黎手抉天章後，細錦紛紛落塵土。君從何處拾得之，織就雲霞燦星斗。"蓋亦謂其詩也。

橘園詩集二卷附惕齋文集

[清] 王奕枰撰。奕枰字樹蕙，號"橘園"，桐城人。揚舉仲弟。詩凡二卷，首古體、次近體，有同縣張聰埍及再從孫魯序，光緒十七年聚珍版印。奕枰初宗白居易、李商隱、陸游，目廢後好邵雍、陳獻章、王守仁。是編多目廢後作，少作不過一二。劉開贈揚舉詩云："太華少室相低昂"，兼謂奕枰也。《惕齋文（集）》僅四篇，乃奕枰子恂所撰。恂字（原缺）平，號"惕齋"，咸豐間陷賊，陰書約官軍事泄不屈死。前亦有從子魯序，其左烈女傳、窺園行狀爲方宗誠所稱。

---

① 煜爚：光輝燦爛，光耀。晋摯虞《思游賦》："要華電之煜爚兮，佩玉衡之琳琅。"

住真草堂詩鈔二卷瘦月詞附鈔一卷

[清] 汪正榮撰。正榮初名正變，字友吾，號"夬之"，桐城人。志伊第五子。嘉慶諸生。年三十九卒。事迹具《縣志·文苑傳》。詩二卷，都二百餘篇、附詞十八闋，有自序及兄正鋆序。道光《（安徽）通志》著録詩鈔二卷、詞一卷，光緒《（安徽）通志》亦著録詩鈔二卷，而別録詞一卷於詞曲，今據本書著録。正榮友法式善、伊秉綬、張問陶，其冲夷簡遠，諸人皆自謝弗及。據自序，少好吟咏，迄今三十有八，忽忽無成，因舉生平所爲詩，檢鈔二百餘篇付梓云云，是正榮詩固不止此。又集中《答論詩》云："門户紛紛論總偏，此中真意倩誰傳。漫言宋代輸唐代，敢道前賢畏後賢。死句未容參妙法，好詩難得是天然。從來國豔無成格，秋菊春蘭各自妍。"其宗旨亦可知。又所撰《詩況》，自況其詩云："峭石兩三，新篁八九，遠渚鳴榔，夕陽高柳。"陳鴻壽則謂此其自況云："爾未足以盡其詩，乃更廣之云'春波綠平，春叢紅笑，新月銜山，寫此娟妙，清散罷彈，紫芳終覿，望極町畦，依然崖壁'。"（《桐舊集》引此，作陳用光之言，誤）又包世臣《藝舟雙楫·江爾維七峰詩序》，以正榮、爾維及歙方輈爲"皖三家"，其見重當時亦可知。《桐舊集》録十首，惟《寄君遠》三四句，"感"作"意"、"聊"作"廖"，《題蘇文忠墨迹》收句"速"作"遠"，則誤也。

壬子集六卷

[清] 汪鎮光撰。鎮光字信成，號"星石"，桐城人。志伊冢孫。嘉慶間諸生。道光二年卒，年三十九。事迹具《縣志·文苑傳》。鎮光詩本數千首，嘗自録存數百首，卒後五年叔正榮與同縣方于穀刪存四百二十六首爲六卷刻之，前有道光六年正榮序。道光、光緒《（安徽）通志》皆作八卷、《縣志》又作十卷，今據本書著録。鎮光三歲即解四聲，集中有《詩弊》五古十六首，其目曰"分門户、別唐宋、填故實、習俚俗、押險韵、集成句、黜穠豔、喜冗長、立條教、狗聲病、貌高古、僞窮愁、務關係、多忌諱、襲句調、好叠韵"，宗旨可知。汪正榮《詩況》爲鎮光詩舉似曰："秋山多怨、海棠何香、吹九靈簫、踞七寶牀"，鎮光恒誦之以爲知言。壬子，爲乾隆五十七年，鎮光方九歲，存詩自是始，因以名集也。《桐舊集》録十四首。

四十賢人集一卷

[清] 熊文泰撰。文泰字端人，潛山人。良翬孫，會玹子。監生。事迹具《縣志·文苑傳》。集一卷，道光、光緒《（安徽）通志》皆著録。文泰工五言，自詡長城人，亦以長卿目之。

春草閑房詩二卷賦一卷

［清］熊文泰撰。光緒《（安徽）通志》作詩賦三卷，今據《縣志·熊會玈傳》著錄。

藕頤類稿二十卷外集七種

［清］熊寶泰撰。寶泰字善惟，一字芸眉，潛山人。文泰弟。諸生。事迹具《縣志·文苑傳》。集凡二十卷，卷一至卷四古體詩，卷五至卷八今體詩，卷九、卷十詞，卷十一至十四序，卷十五記，卷十六、十七傳，卷十八辨，卷十九論、贊、解、考、跋，卷二十書、書事、啓、墓表、銘、祭文。外集七種，曰《別體詩》七首，曰《消夏雜咏詩》五律百首、《消寒咏古詩》七絶百首，曰《梅豪亭一百韵》七古一首，曰《三國志·小樂府箋注》，曰《閑居戲吟箋注》，曰《別體文》一篇，前載武穆淳、戚學標、昵（疑誤）玉亭、賈約園、吳肯哉、吳惺溪書而無序。道光、光緒《（安徽）通志》皆著錄，惟外集作四卷，今據本書著錄。穆淳尤稱其序事、考辨之文，詩亦新巧而不纖佻。

畹香詩鈔一卷

［清］張淑撰。淑字蘭仲，懷寧人，潛山熊寶泰室。詩僅一卷，有嘉慶八年吳芳培序，附刻寶泰《藕頤類稿》後。

王米人詩草三卷

［清］王蒙泉撰。蒙泉字浚渠，桐城人。嘉慶九年歲貢，選徽州教諭，年八十三卒。事迹具《續修縣志·文苑傳》。光緒《（安徽）通志》著錄，無卷數，今據《縣志》著錄。蒙泉詩宗王孟。《縣志》又載有《尺牘》四卷。

愛餘文集

［清］王宗瑞撰。宗瑞字輯卿，號"約川"，婺源人。嘉慶九年歲貢，道光元年舉孝廉方正。事迹具《縣志·學林傳》。光緒《（安徽）通志》著錄，無卷數。宗瑞教人以朱熹《學規》及《小學》《近思錄》爲鵠，嘗入山陽汪廷珍學幕，廷珍贈詩云："文希崑山踪，學守紫陽教。"又謂人曰"王君去吾失一鑑"云。

淑雪山房詩集

［清］袁淑文撰。淑文，青陽人。琛從子。嘉慶九年歲貢。事迹具《縣志·選學志》。光緒《（安徽）通志》著錄，無卷數。

飲虹堂詩稿

〔清〕劉國筠撰。國筠字湘浦，太湖人。嘉慶九年舉人，官至貴州仁懷廳同知，署思州府知府，乞病歸卒。事迹具《縣志·文苑傳》。集有道光二十三年自序，子本橶等刻。光緒《（安徽）通志》著録，無卷數。國筠垂髫學詩，既從汪廷珍游，兼講體格，然所得隨手抛棄，十不過存四五，大抵歡愉之言，少愁苦之言多也。

五石瓠齋遺稿二卷

〔清〕胡世敦撰。世敦字兼山，涇縣人。嘉慶九年舉人，陝西淳化縣知縣，年九十二卒。事迹具《縣志》。世敦所作，隨手散佚。自陝歸諸子始稍緝綴，兵亂復燼，所存才什一，凡文三十九首，詩一百四首，分爲二卷，同治十一年子文珍刻，有朱榮實跋。榮實謂其文不亞同縣朱琦，胡承珙、包世臣少許可亦推之。

燕中草

〔清〕王錕撰。錕字子和，號“劍谿”，廣德州人。歲貢。錦芳子。嘉慶九年舉人。事迹具《州志·文苑傳》。光緒《（安徽）通志》著録，無卷數，今據《縣志》著録。錕工詩文，受知於知州胡文銓，汪廷珍亦亟賞之。《州志》又載有《金谷初春》《我愛廬詩集》《（我愛廬）詞集》，俱散佚。

四蟲軒詩文集

〔清〕鄧宗彝撰。宗彝字子裳，號“六舟”，六安州人。嘉慶九年舉人，官宿松訓導，奉諱歸，年七十卒於家。事迹具《州志·儒林傳》。光緒《（安徽）通志》著録《鄧宗彝詩文集》，無集名。考《州志》，載宗彝所著已刊，而毀於兵燹者，爲《六舟文集》《四蟲軒》《零刻雙清詩社草》，凡三種，又合肥吳克俊《八友咏》，有云：“析理洞時務，億事無不中。才器固非常，風度亦殊衆。如何謝鐸歸，室家仍屢空。遺興托蟲言①，妙香自供奉。”爲宗彝作也。克俊原注，云刻有《四蟲軒詩文》，又似《四蟲軒》爲其集之總名，克俊與同時，宜不誤也，今據以著録。

謙山詩鈔四卷

〔清〕朱鍾撰。鍾字質亭，黟縣人。嘉慶九年副貢。事迹具《續志·文苑傳》。是集四卷，有乾隆五十五年吳郡施源題辭、六十年同郡方輔序，即六十年刻，惟方

---

① 蟲言：上古的語言文字。借指上古時期。南朝陳徐陵《陳公九錫文》：“自古蟲言鳥迹，混沌洪荒，凡或虔劉，未此殘酷。”

序稱乾隆壬子寄示所刻初集，近復覽其《登岱》《渡河》《咏懷古迹》諸篇，因書其卷首，促續刻之。壬子爲乾隆五十七年，是此集之前已有初集，又考《黟縣三志》，載孫效曾《謙山詩鈔序》，稱其詩六卷，是集僅四卷，又無孫序，疑其詩陸續付刊，孫所序又續刻本也。光緒《（安徽）通志》著録，無卷數，今著本書著録。鍾讀書黃山五載，又游吳楚、鄒魯，結納多知名。方輔稱其企仰大家，卓然自立，蒼勁渾厚，得江山之助。效曾亦稱其肆力李、杜、韓、蘇，而得其胾①云。《縣志》録二首。

養泉遺詩六卷

［清］朱鑽撰。鑽字錫章，號“養泉”，涇縣人。嘉慶九年副貢，援例爲候選知縣。事迹具《縣續志·文苑傳》。鑽病中曾以草本屬兄珩點定，既歿，其弟紀堂、鎔堂復請珩評定刻之，前有嘉慶十八年珩序及同縣趙良霶序。鑽喜爲詩，每有作必先示珩而後出，珩稱其飢驅憂患，未能大肆於古，遺稿可録者僅此，又稱其彈丸脱手，雅合自然，七古時有縱筆，近歲語多衰颯，爲汰其甚者云云，即其詩可知矣。《紫陽家塾詩鈔》録三十五首。

崇鄭堂詩文集

［清］馬瑞辰撰。瑞辰（字元伯，桐城人。宗璉子。嘉慶十年進士，官終工部員外郎，道光二年以薦舉貽誤，戍黑龍江旋釋歸，咸豐三年殉難，年七十九。贈道銜。事迹具前《國史·儒林傳》）有《毛詩傳箋通釋》，已著録。光緒《（安徽）通志》載是集，無卷數。《續修縣志》作《崇鄭堂詩鈔》數十卷，毀於兵燹。考方東樹有三題馬元伯《樹薐堂詩》三十三卷七律一首，集名與此異，東樹與同時宜不誤，疑崇鄭爲其詩文合集名也。東樹詩云：“感異篇多哀國老，閔時歌半述民勞。”又注云卷中咏二事最多，瑞辰殉難後詩文佚不傳，即東樹詩可以知其概焉。

薦青詩集

［清］姚元之撰。元之（字伯昂，號“薦青”，又自稱“竹葉亭生”，桐城人。原綬子。嘉慶十年進士，官終內閣學士兼禮部侍郎銜，道光二十三年以原品致仕，咸豐二年卒，年七十七。事迹具前《國史·大臣傳》）有《竹葉亭筆記》，已著録。是集分體編次，首五古、次樂府、次七古、次五律、次七律、次五絶、次七絶，都七百二十五首，前有道光二十三年族弟瑩序。光緒《（安徽）通志》著録，無卷數。元之問學於族祖鼐。瑩稱其雅托唐音、縣邈其思、俊逸其氣、清詞麗句，不絶於篇。

---

① 胾：音 zì，切成的大塊肉。《禮記·曲禮》：“左肴右胾。”注：“肴，骨體也；胾，切肉也。肴在俎，胾在豆。”

使瀋草

[清] 姚元之撰。乃于役瀋陽時作，前有道光二年吳嵩梁、鮑桂星題記及自識。

清貽館遺稿二卷

[清] 石葆元撰。葆元字聿臻，號“鏡心”，宿松人。之琮子。嘉慶十年進士，官翰林院編修，乞養歸。事迹具《縣志·名賢傳》。集凡二卷，上卷詩六十餘首，下卷文二十篇，前錄朋舊題贈壽、挽詩，文後附家傳及《崇祀鄉賢錄》，乃子廣均所編并有識語，道光二十九年刻。光緒《（安徽）通志》著錄，無卷數，今據本書著錄。葆元詩文不多，構類都根柢性情，發抒蘊蓄，其與穆彰阿兩書，孫開府、朱中丞各一書，極中當時之弊，惜穆不能用也。

夢陔堂詩文集四十九卷

[清] 黃承吉撰。承吉字春谷，歙縣人（《通志·藝文》作“婺源人”，此據《通志·文苑傳》）。江都籍嘉慶十年進士。集四十九卷。光緒《（安徽）通志》著錄。承吉以詩文名，尤長音韻、訓詁之學。

自知室詩文集

[清] 董桂敷撰。桂敷字宗邵，號“筱槎”，婺源人。嘉慶十年進士，官翰林院編修，二十四年以疾歸，年五十八卒。事迹具前《國史·儒林傳》。光緒《（安徽）通志》著錄，無卷數。桂敷學宗程朱，尤推尊汪紱，謂得朱子真傳，顏其室曰“自知”，蓋重在躬行實踐也。

求是堂詩文集二十八卷駢體文六卷

[清] 胡承珙撰。承珙字景孟，號“墨莊”，涇縣人。先抱子。嘉慶十年進士，官臺灣兵備道兼提督學政加按察使司銜。事迹具前《國史·儒林傳》。集二十八卷、又駢文六卷，乃病劇時自定，詩有同縣朱珔序。光緒《（安徽）通志》著錄。《蘭言集·小傳》作詩鈔八卷，則其二十卷，爲文也。承珙少以詩賦鳴，比登第喜精研考訂，詩法李白、蘇軾。珔謂其才學兼濟；趙紹祖則稱其清氣流行，如不著力而自然入妙。《蘭言集》錄十四首；符葆森《正雅集》亦錄其詩。

秦中文集

[清] 陳大訓撰。大訓字藏書，號“言川”，宿松人。嘉慶初以團練功，授浙江

樂清縣典史。年九十六卒。事迹具《縣志·文苑傳》。是集乃由川適陝軍中諸作。光緒《（安徽）通志》著録，無卷數。

樂尉文稿

［清］陳大訓撰。乃官樂清典史時作。光緒《（安徽）通志》著録，無卷數。

陳言川詩集

［清］陳大訓撰。光緒《（安徽）通志》著録，無卷數。

燕臺詩草 浙游草

［清］李春撰。春字暢然，合肥人。嘉慶初諸生。由中書授浙江嚴州府同知，歷署西防烏鎮、知嚴州府事，以艱歸。事迹具《府志·宦績傳》。光緒《（安徽）通志》著録，無卷數。春與同縣蔡邦霖、吳克俊時有賡和①。《國朝詩鐸》録五古一首。

曉滄山房詩集

［清］袁洲文撰。洲文，青陽人。琛子。嘉慶十二年舉人。官歙縣教諭。事迹具《縣志·文苑傳》。光緒《（安徽）通志》著録，無卷數。

雙溪書屋詩

［清］袁江文撰。江文字錦泉，青陽人。廩生。事迹具《縣志·文苑傳》。光緒《（安徽）通志》作"袁江"，誤，今據《縣志》著録。

希齋詩存四卷文鈔二卷

［清］高學濂撰。學濂字孔受，號"希之"，無爲州人。嘉慶十二年舉人，歷四川江安、巴華陽知縣、資州、直隸州知州。詩本千餘篇，删存四卷，分十五子目，卷一曰《車中吟》《芝嶼草》《南游草》《西江游草》《飛鳧集》，卷二曰《西征集》《味辛草》《重雨集》，卷三曰《漢安集》《江州集》《野獲集》，卷四曰《近光集》、曰《資中集》、曰《味辛後草》、曰《閑閑集》，都古今體八百首，乃嘉慶十三年至道光九年所作，有李宗傳、朱錫穀、陳仲良序及自序，郭彬圖、李湘、蔣一鑑題辭。文二卷，亦李宗傳序，皆道光二十二年刻。方澍《濡須詩選》録四十六首，趙紹祖《蘭言集》、陳詩《廬州詩苑》皆録其詩。

---

① 賡和：續用他人原韵或題意唱和。清陳夔龍《夢蕉亭雜記》卷二："詩載松壽堂《大梁集》中，賡和者廿餘人。"

水西閑館詩二十卷

[清] 程虞卿撰。虞卿字趨人，號"禹山"，天長人。嘉慶十二年舉人，虞卿以嘉慶元年謁鐵保於都門，刻有《都門旅草》，四年秋從鐵保於瀋陽，刻有《遼海詩鈔》，五年秋還都，鐵保招入漕督署，刻有《南歸集》，越四載，主文津講席，刻有《淮雨賸編》，二十五年以山陽許肇祁、鄭士康請合諸刻、編年爲一集，凡二十卷，前有自序。光緒《（安徽）通志》著録，無卷數，今據本書著録。虞卿年十六即能詩，好李賀險語，然旋作旋毀，無存稿。既因鐵保得交一時名卿及海内知名之士，所作遂夥，客淮上尤久，蓋數千里旅寓之踪，數十年交游之衆，皆可於是集見之也。

水莊閑舫詩鈔

[清] 程虞卿撰。光緒《（安徽）通志》著録，無卷數。

燕臺旅草四卷

[清] 程虞卿撰。凡四卷，按年編次，自嘉慶元年丙辰至四年己未，都一百八十三首，門人鄭醴刻，前有自序。原編於《都門唱和詩》後，今析出著録。虞卿自言少嗜詩酒，節飲後得句，無復豪氣，今觀其詩仍多豪氣，不盡如所云也。

虛牝集

[清] 王雨春撰。雨春字用軒，天長人。嘉慶十二年舉人。事迹具《縣志》。光緒《（安徽）通志》著録，無卷數。《皖雅》録五律一首。

生還詩草一卷

[清] 方士淦撰。士淦（字蓮舫，定遠人。嘉慶十二年召試舉人，官浙江湖州知府，緣事戍伊犁，越二年釋回。事迹具《縣志·仕績傳》）有《蔗餘偶筆》，已著録。是集一卷，乃戍伊犁釋回之詩。光緒《（安徽）通志》著録，無卷數，今據《縣志》著録。

啖蔗軒詩三卷

[清] 方士淦撰。士淦從鮑桂星受辭章之學，喜爲詩，不多存稿，守湖以前類皆散佚，晚年存亦無幾。是集三卷，乃其子濬頤所輯，同治十年刻，有莫友芝序、楊懋建跋。惟士淦自撰年譜載有《生還小草》，濬頤撰墓表載有《古錞于齋吟稿》《撫松書屋唱和詩》，今皆未見，疑已并入是集矣。

可久處齋詩集八卷文集八卷

［清］馬樹華撰。樹華（字公實，號"篠湄"，桐城人。邦基長子。嘉慶十二年副貢，官河南汝寧府汝南通判，乞養歸。咸豐三年殉難，年六十八。事迹具《續修縣志·忠節傳》）有《闡幽彙記》，已著録。是集詩不分體，都七百二十二首，文依體編次，都一百十篇。據從子起升撰行狀，詩集八卷，已刊，文集八卷，未刊成，咸豐兵燹，板皆無存，惟存稿本，此則重刊本也。樹華師姚鼐而友方東樹、姚瑩、朱道文、徐璈、馬瑞辰，詩文亦得力於鼐爲多，文如《辨夏瑗公門户大略雜志》《書詹大刀事》《錢田間逸事》《歷代年號考略序》《桐城選舉記序》《闡幽彙記序》《馬氏詩鈔序》《嶺南隨筆序》《樅陽詩選序》《吳兵部集序》《龍眠識略序》《桐舊集序》《論修縣志四書》《答徐六驤書》《答汪孟慈二書》《與丁叔雨書》《吳公家傳》及諸書後、題跋，多關明末遺事及掌故，求之近代，蓋全祖望《鮚埼亭集》之流亞也。

艾堂詩集

［清］劉宗儉撰。宗儉字根黃，桐城人。新發孫。嘉慶十二年副貢。事迹具《續修縣志·文苑傳》。光緒《（安徽）通志》著録，無卷數。

屏山文集　高湖雜吟

［清］詹維翰撰。維翰字亦廉，號"屏山"，婺源人。嘉慶十三年歲貢（《縣志》本傳作十七年壬申，此據《選舉志》）。事迹具《縣志·文苑傳》。光緒《（安徽）通志》著録，無卷數。

東溟文集六卷外集四卷文後集十四卷文外集二卷

［清］姚瑩撰。瑩（字石甫，號"明叔"，晚號"展和"，又號"幸翁"，桐城人。嘉慶十三年進士，官至廣西湖南按察使，咸豐二年卒，年六十八。事迹具前《國史·文苑傳》）有《東溟奏稿》，已著録。文集六卷，首論、次説、次辯、次序、次贈序、次書後、次跋、次書、次記、次傳、次行狀、行略、次墓志銘、墓表、次賦、次祭文，都七十八篇。外集四卷，首説、次記、次序、次壽序、次書、次記、次傳、次墓志銘、次文、次判、次告示、次論、次引，都四十二篇，皆自訂，初刻於福建，有山陽汪廷珍題辭及道光元年同縣方東樹序。道光十二年裒前後所作，損益次序，復刊於江陰，武進李兆洛、寶山毛嶽生任編校，有兆洛識語，惟去廷珍題辭。二十九年續刻近著，復檢廷珍舊題，冠文集之首，并附自記。文後集十四卷，首論説、次議狀、次書牘、次贈序、次序記、次書後、次傳狀、次碑文、次墓志銘、次雜文，

都百五十篇。文外集二卷，首考、次議狀、次書、次序、次記、次壽序、次札論，都二十七篇，道光三十年刻於金陵。咸豐二年板毀，同治六年子濬昌刻於安福縣署，爲《中復堂全集》之第一、第二種。光緒《（安徽）通志》著録，無外集，今據本書著録。瑩爲編修，範曾孫而及從祖鼐之門，傳其家學，文善持論，指陳時事利病，自謂吾集未可以文論，當純疵并存，俾覽者得其生平。東樹亦謂其自抒所得，不苟求形貌之似云。

後湘詩集九卷二集五卷續集七卷

［清］姚瑩撰。詩集九卷，卷一、卷二五古，卷三、卷四七古，卷五五律，卷六、卷七七律，卷八五言長律，卷九五、七言絶句，都五百十八首，初刻於福建，有山陽汪廷珍題辭、鄱陽陳方海序及嘉慶十九年自序，道光十二年重刻於江陰，去廷珍題辭。二集五卷不分體，都二百二十一首，亦道光十二年刻。續集七卷，不分體，有道光二十三年建寧張際亮序，暨二十九年自記，三十年刻於金陵。咸豐二年毀於兵，同治六年子濬昌重刻於安福縣署，爲《中復堂全集》之第三、第四、第五種。瑩詩自明七子，宗盛唐，論詩主不強作，以風籟爲喻。李兆洛謂其體兼質文，詞必廉潔，不佻詭①以害才，不傀麗②以蕩心。際亮則謂其才雄一世云。

中復堂遺稿五卷遺稿續編二卷

［清］姚瑩撰。遺稿五卷，卷一文、卷二至卷四狀、卷五尺牘，共六十八首，同治四年子濬昌刻并有識語，爲《中復堂全集》之第十二種，續編二卷，卷一狀、卷二書，共五十首，附金匱《華翼綸書》一首，爲全集之第十三種。瑩以咸豐元年授廣西按察使，贊理軍務。稿中書狀，皆在軍時作，凡一時地勢兵形及調和諸將、撫勵士卒諸事，猶可考見。

沙鷗集

［清］方保升撰。保升原名求升，字玉班，桐城人。詹事拱乾玄孫、奕箴曾孫、湖南巡撫世儁子。嘉慶十三年進士，翰林院庶吉士告歸。事迹具《續修縣志·文苑傳》。光緒《（安徽）通志》著録，無卷數。保升性高潔，不鶩浮華，嘗以詩酒自娛。《縣志》又載有《損齋文稿》。

---

① 佻詭：輕浮詭異。清平步青《霞外攟屑·小說不可用》："謔庵文體纖仄，中郎亦涉佻詭，皆非古文正法眼藏。"
② 傀：怪異。《廣韵·平聲·灰韵》："傀，怪異。"《文選·郭璞·江賦》："珍怪之所化産，傀奇之所窟宅。"麗：華美。《楚辭·宋玉·招魂》："被文服纖，麗而不奇些。"

夢畹詩文集五十八卷

[清] 張節撰。節字心在，號"夢畹"，歙縣人。嘉慶歲貢。事迹具《縣志·文苑傳》。光緒《（安徽）通志》載是集，無卷數，今據《縣志》著録。節八歲能詩，十餘歲咏梅花，汪存寬驚爲奇才。

率真草堂詩集四卷

[清] 張廷静撰。廷静字地山，歙縣人。節子。府學廩生。事迹具《縣志·文苑傳》。光緒《（安徽）通志》載《地山詩集》，無卷數，今據《縣志》著録。道光《府志》又載有《新安名勝詩》一卷。

風山宦游草八卷

[清] 張廷誥撰。廷誥字納言，號"風山"，歙人。節子。嘉慶十三年進士，直隸行唐知縣。事迹附《縣志·文苑傳》。詩凡八卷，自嘉慶十五年孟夏起至道光六年仲夏止，凡十七年詩，九百三十九首，前有自序并編校姓名七十九人，道光七年刻。據自序，庚午孟夏教授淮郡，丙子仲冬赴選，戊寅孟夏蒞行唐，壬午秋襄理永定河工，乙酉歲暮丁憂，丙戌夏初南歸，即其宦游之踪迹也。

荷薪文集

[清] 許嗣容撰。嗣容字保城，號"蓮衣"，六安州人。嘉慶十三年進士，歷順天南路廳同知，調深州升知府，請假歸，年六十四卒。事迹具《州志·宦績傳》。光緒《（安徽）通志》著録，無卷數。嗣容初爲太學博士，朱珪嘗就談經義，竟夜忘返。季芝昌、喬松年皆侍聽焉。

種菊山房詩草四卷

[清] 唐緒良撰。緒良字紳甫，含山人。嘉慶十三年進士，歷萊蕪、樂陵知縣，被劾戍邊。事迹具《和州志·文苑傳》。詩四卷，光緒《（安徽）通志》著録。緒良陶情詩酒，兼工書畫。兵亂子死，詩稿無存，然邑中後學猶時誦其斷句。《龍亢間氣集》録五首。

筆花詩文稿

[清] 李麟章撰。麟章字曰功，號"灑雲"，婺源人。承武子。嘉慶十三年舉人。事迹具《縣志·文苑傳》。光緒《（安徽）通志》著録，無卷數。麟章嗜學工吟咏，爲文湛深經術，不拾人牙慧。

管情三義八卷

[清] 包世臣撰。世臣（原名世繩，字慎伯，涇縣人。嘉慶十三年舉人）有《中衢一勺》，已著錄。此爲《安吳四種》之第三種，賦、詩各三卷，詞一卷，又《濁泉編》一卷，爲赴官途中之詩，道光甲辰印行。咸豐辛亥刊板，癸丑毀於兵，同治十一年世臣子誠再刻於湖北，即此本。世臣少負才名，大興朱珪以賈生相許，嗣與王仲瞿、張翰風、李申耆、劉申甫諸人游，聞見益廣，嘗於曾燠席上和百均詩，同座驚絶。自序謂弱冠才思風發，存稿逾千，自屬張翰風删定，則效翰風爲詞，又謂少好選詩、選賦，似有得於作者之意，即其詞涉哇靡，要皆義存諷論云云。其曰管情三義，取記禮樂之設，管乎人情，又詩有六義，取其三，謂風賦興也。

廣英堂遺稿一卷

[清] 包慎言撰。慎言有《公羊曆譜》，已著錄。是集一卷，初僅文十二篇，乃咸豐十一年儀徵劉毓崧所裒集，同治八年同縣洪汝奎續得家傳、哀詞二篇，合爲十四篇，毓崧子壽曾等醵金付梓并跋。慎言客揚州，久與寶應劉寶楠及毓崧父文淇爲道義交，其學深於詩，嘗條舉鄭氏實翼毛，而正義誤説者十餘事，中年兼治公羊，以《禮記·中庸》爲《春秋》綱領，欲取公羊義疏證《中庸》而未有成書，惟取兩漢書曆志所述殷曆，作《公羊曆譜》以正杜氏《長曆》之謬，又博采漢唐以前説《論語》者，斷以己意，爲《論語溫故錄》二書，亦僅有傳鈔本，餘悉佚不可見，是集除所增二篇外，皆考訂經史之作，尚可見所學大旨也。

寄槎詩集

[清] 胡沛澤撰。沛澤字耆雲，號"寄槎"，涇縣人。嘉慶十三年舉人，二十五年會試報罷，將歸以詩集屬同縣朱珵删定并爲之序。光緒《（安徽）通志》著錄，無卷數。沛澤少喜飲，兼喜吟，興發輒爲五七言以寫意。珵謂其隨事賦形，不屑屑追琢摹仿，又謂詩境無盡。今之所存即可爲後之所删，則其詩可知。

宛谿集五卷

[清] 王光彦撰。光彦字彦子，太平人，遷宣城。麟昌孫。嘉慶十三年舉人。是集五卷，論五十九、序六十六、記七十一、書四十、傳十一、志二、箴一、銘十、贊十、辭四、賦十一、題二十七、跋五，都三百十七首，乃縣人王祖襄所藏，有其祖祥儲評點，惟已殘缺不少，無他本可資校補。光彦淵源家學，尤潛心性理，所爲文頗自喜，謂韓愈外無北面者。新城陳希曾、華亭王慶麟皆稱之（《采訪册》）。

黄嶽集三卷

[清] 王光彦撰。詩三卷，都五百四十餘首，有陳希曽、洪組玉序，翁方綱、吳嵩梁、惲敬、姚鼐、洪亮吉、王芑孫、秦潮、王鳴盛、王蔚宗、王昶、施晋、張問陶、趙翼、許文雄、王慶麟題咏，道光九年刻。光彦詩亦規樠韓愈。是集凡外間已知與不及憶者，皆不録，蓋尚非其全也（《采訪册》）。

西溪偶録不分卷

[清] 何彤文撰。彤文原名焕文，字芰亭，一字青蓮，南陵人。嘉慶十三年副貢，歷佐湖南郴州、靖州、嶽州，權興寧知縣，護衡州知府。事迹具《縣志·文苑傳》。是集首論、次序、次記、次説、次書、次啓、次詩，乃彤文自訂，前有道光十八年宋翔鳳序，當即刻於其時。彤文爲姚鼐高弟，録中論治河、治淮、治漕與湖南水利諸篇，皆關時用。詩僅數章，以別著有《叢桂山房詩存》，此乃集外詩也。

深柳堂文集　耕餘詩草

[清] 郜嶷撰。嶷字湘南，五河人。士藻子。嘉慶十四年歲貢。事迹具《縣志·文苑傳》。光緒《（安徽）通志》著録，無卷數。《縣志》録七律一首。

石笏齋詩鈔一卷

[清] 徐鏞撰。鏞字咏之，桐城人。嘉慶十四年進士，官至太僕寺卿，道光二十年告病歸。事迹具《續修縣志·宦迹傳》。詩不存稿，是集一卷，凡百餘首，乃殁後其子豐玉抄録，同縣光聰諧選并序，道光二十七年刻於貴州。聰諧稱其詩境屢變，初踔厲風發，光氣迫人，繼變爲淳涵和粹，令人挹溯不盡云。

稼墨軒文集一卷詩集九卷外集二卷

[清] 光聰諧撰。聰諧（字律元，一字栗原，桐城人。嘉慶十四年進士，官至直隸布政使，引疾歸，卒年七十九。事迹具《續修縣志·宦績傳》）有《易學》，已著録。詩文皆聰諧自訂，道光初刻於湖北荆宜施道署，後由直藩歸里，續增文二十餘篇，詩近八百篇，復檢舊作，更訂增輯付刊。文集前有自序，咸豐兵燹續增詩文底稿尚存，集板亦散佚無多，光緒二年孫進修就初刻更訂兩本參校補刊，惟卷八《飛雲巖詩》後脱六行、卷九《懷人詩》脱《王澹淵》一首，以底本已失，無從抄補。光緒《（安徽）通志》著録《稼墨軒詩文集》，無卷數，今據本書著録。聰諧自序引

越女①、魯男子及管輅②語意，似偏重天分，又謂韓愈詎有師承。按之愈集論文諸語，似亦不然，至自謂文僅如羅願，詩僅如許渾，則自許尚非夸云。

閑齋詩前編三卷後編四卷

[清] 光聰誠撰。聰誠字存之，桐城人。縣學生。議叙太常寺典簿。事迹具《續修縣志・孝友傳》。前編三卷，卷一古體，卷二、卷三今體，後編四卷，不分體，乃咸豐避亂時作，同治九年子熙刻於安慶，有馬平、王拯序。光緒《（安徽）通志》著録《光閑齋詩集》，無卷數。聰誠爲聰諧之弟，與兄同游名勝，酬唱成帙，其詩似不及聰諧，然如題同縣潘相《白雲歸岫圖》七古，聰諧固難爲兄也。

梅麓文集二十四卷

[清] 齊彦槐撰。彦槐字夢樹（《縣志》作字"蔭三"），號"梅麓"，婺源人，徙居宜興。翀子。嘉慶十四年進士，官至江蘇候補知府，丁母憂不復仕，道光二十一年卒，年六十八。事迹具前《國史・文苑傳》。彦槐著作不自愛惜，子學裘以所藏草稿手録成卷，二十二年先刻詩九卷，有道光六年東鄉吳嵩梁序、嘉善黃安濤撰傳，二十四年冬續刻古文八十八首、賦三十首、試帖百餘首，有二十五年徐其志序及學裘識語。咸豐板毀，僅存詩集，光緒初重刻，有定遠方濬頤序（《二知軒文存》卷十六）。惟據學裘識語，有少作詩數卷未梓，又據濬頤撰墓表（《二知軒文》卷三十四）載詩集十六卷，知少作已續刊。光緒《（安徽）通志》著録詩文集二十六卷，今據《縣志》著録。彦槐從姚鼐受作文法，袁枚見其詩驚爲逸才，學使汪廷珍亦推爲皖中獨步。嘗謂漢儒之經，非宋儒之理。不明宋儒之理，非漢儒之經不實，蓋猶本姚氏緒論。爲文根柢經術，又精研天官家言，發梅文鼎、江永未盡之蘊。文如《冲山記》《論開濬吳淞泖湖劉河各事宜》《復林則徐問勸民》《買米説》《與程恩澤論鹺務》諸書，皆察核形勢，勘利病，剴切周至，無不盡之言。詩胎息杜甫，出入韓蘇，多撫時感事，有爲而作，如《衙齋書壁》十九首，及《紀災詩》《龍尾車歌》皆是也，又工駢體、律賦，官翰林時曾擬唐賦十首進呈，載《清文穎續編》。其言經濟者，載《經世文編》及《昭代叢書》。梅麓者，婺源有梅源山，其所居也。

---

① 越女：漢趙曄《吳越春秋・句踐陰謀外傳》，越有處女，精劍術，國人稱善。越王句踐謀復吳仇，乃聘女問劍戟之術。女將見王，道逢老翁自號袁公，試女劍術，袁公不能敵，後變爲白猿而去。既見王，王加女號爲"越女"，使教軍士。後借指越國的美女，亦泛指一般的美女。唐張籍《酬朱慶餘》詩："越女新妝出鏡心，自知明豔更沉吟。"

② 管輅：三國魏術士。字公明，平原（今山東平原西南）人。應清河太守華表召爲文學掾，官至少府丞。幼年好天文，及長，精通《易》與占卜。相傳其自知壽不過四十七八，年四十八果卒。後人以爲才高、不壽，且無貴仕的典型。

海樵文鈔二卷詩鈔一卷

[清] 周大槐撰。大槐字蔭堂，號"海樵"，合肥人。治昌子。嘉慶歲貢（《府志·選舉表》列道光），道光元年舉孝廉方正。事迹具《府志·文苑傳》。是集文二卷、詩一卷，前有自序，嘉慶二十一年壽州孫于京刻。道光、光緒《（安徽）通志》皆著錄《海樵文集》，無卷數，又無詩集，今據本書著錄。大槐年十一治古文，三十外爲詩，名與婺源齊彥槐埒，時稱"二槐"，汪廷珍謂南槐春華，北槐秋實云。

延秋閣賸稿一卷

[清] 趙景淑撰。景淑字筠湄，合肥人。淮陰都司鵲棠女，未字，道光元年卒，年二十五。嘉慶二十五年景淑自次其十年之詩，凡百二十餘首，署曰《筠湄小稿》，有弟對瀓序。卒後爲婢誤焚，此乃對瀓從散稿錄出，復爲之序，然較原稿佚已大半，道光二十四年附刊《小羅浮館全集》後，民國十二年縣人楊開森得殘本，錄寄同縣李國環其室吳瓊華重印并序，又附錄許燕珍二首於後，即今本。景淑十四能詩，宗晚唐及宋，間效李賀，於清推王士禛、惲壽平、李孚青，而詆明七子絕少生氣，宗旨可知。延秋閣者，以壁懸唐孝女畫菊名也。孫詩樵《餘墨偶談》錄其詩。

左宮詩文集

[清] 左宮撰。宮字君賜（《縣志》作字"東賜"，此據《左氏譜》），號"翕之"，桐城人。朝第兄。事迹具《續修縣志·儒林傳》。光緒《（安徽）通志》著錄，無卷數。宮苦心力學，七十年如一日，學者有疑難，就問悉舉以應。《縣志》稱其集兵燹無遺。《左氏譜》載《雲溪詩集》，無文集。

滃餘詩集

[清] 左朝第撰。朝第字筐（一作"匡"）叔，號"復庵"，一號"偉庵"，桐城人。宮弟。嘉慶十五年舉人，揀選知縣，年六十三卒。事迹具《續修縣志·儒林傳》。光緒《（安徽）通志》著錄"滃"作"浥"，今據《縣志》著錄。《縣志》又稱其所撰稿本多散佚，則其集已不存也。《桐舊集》錄二首。

傅巖詩集四卷

[清] 張聰咸撰。聰咸字阮林，一字小阮，號"傅巖"，桐城人。曾敭[1]孫，元位子。嘉慶十五年舉人，覺羅官學教習，十九年卒，年三十二。事迹具《縣志·文苑

---

① 敭：音 yáng，同"揚"。《集韻》："揚，古作敭。"

傳》。集四卷，後有同縣胡方朔識語。光緒《（安徽）通志》著録，無卷數，今據《縣志》著録。聰咸初以詩文見賞於姚鼐，及見段玉裁、阮元，又爲音韵考證之學，且時出己見，與言漢學者角勝，蓋不欲僅以詩見然。其詩宗法杜甫，鼐嘗嘆其有雄傑氣；徐璈則謂其苦追杜陵，庶幾具體，惜年之不永，未能心手相副云。《桐舊集》録三十二首。

五雲書屋詩鈔

[清] 韋偉人撰。偉人字子英，號“蘭襟”，太湖人。嘉慶十五年舉人，道光十五年大挑一等，歷湖南辰陽、永順、龍溪知縣，署浦市通判。事迹具《縣志·文苑傳》。詩有全椒金望欣序。光緒《（安徽）通志》著録，無卷數。太湖自趙文楷後，多爲詩者，偉人尤傑出。嘗東登泰山，北極榆關析津，南浮沅湘望九疑，得江山之助，其詩不名一格而宛轉附物，怊悵切情。望欣謂其近劉長卿、高啓云。

寥天一齋詩四卷

[清] 趙席珍撰。席珍字子聘，號“響泉”，合肥人。嘉慶十五年舉人，道光八年官旌德教諭，二十年卒於官。事迹具《府志·文苑傳》。詩爲席珍自訂，卷一四言、五言，卷二七言，卷三五律，卷四七律，卒後四年，族父對澂刻并序，此則縣人李國璩所藏抄本也。光緒《（安徽）通志》著録，無卷數，又誤“齋”爲“室”，今據本書著録。席珍少負奇氣，有不可一世之概，詩亦戛戛獨造，無一語剿襲雷同[①]，古體尤勝。

浴蘭齋詩集十卷

[清] 蔡邦霖撰。邦霖原名邦淳，改邦寧，再改今名，字熙萬，號“靜遠”，合肥人。嘉慶歲貢。道光元年舉孝廉方正。事迹具《府志·隱逸傳》。是集十卷，卷各有子目，曰《小山初稿》《（小山）二稿》，各二卷，《趣園吟稿》一卷，《同雲吟稿》二卷，《夢雲吟稿》《西湖吟稿》《夢雲後稿》，各一卷，都四百八十五首，乃同縣趙席珍所定并序，縣人楊開森得於冷攤，録副貽李國璩，然爲蟲鼠所傷，頗多缺葉。光緒《（安徽）通志》著録《浴蘭齋集》，無卷數，今據本書著録。席珍謂其初操唐音，四十後旁涉諸家，能極其變。潘瑛《詩萃》録五首，亦謂清妙似孟浩然。

---

① 剿襲：音 chāo xí，剽竊他人作品；因襲照搬。清黄宗羲《明儒學案·卷六一》：“今人之言，大抵剿襲之言。”

浴蘭齋賦鈔四卷

[清] 蔡邦霖撰。凡四卷，都二十七首，道光二年刻。民國十五年王弢文得於合肥冷攤，以贈縣人楊開森，開森并爲之序。邦霖賦學六朝及唐人小品。趙席珍、汪廷珍、左輔皆稱之。

聽雨軒詩集

[清] 林鼎奎撰。鼎奎字默庵，懷遠人。嘉慶十五年舉人，官貴池訓導。事迹具《府志·政事傳》。光緒《（安徽）通志》著録，無卷數。

瀟湘吟草二卷綿汾詩賦草二卷

[清] 林士佑撰。士佑字保卿，懷遠人。晉奎子。乾嘉間諸生。事迹具《府志·文學傳》。光緒《（安徽）通志》著録《瀟湘詩草》《賦草》各二卷。考林之望《洗蓬仙館跋》（《荆居書屋文集》卷上），稱同治六年承乏①甘肅鞏秦階道②携先君《瀟湘吟草》《綿汾詩賦草》各二卷到任，值督辦南路軍務，署中不戒於火，盡成灰燼，是其集已佚也。

師山詩文集

[清] 朱汝璜撰。汝璜字渭卿，當塗人。舉人，官海門廳訓導，卒官。光緒《（安徽）通志》著録，無卷數。

留餘軒文集

[清] 朱德祺撰。德祺，當塗人。滋年子。拔貢。光緒《（安徽）通志》著録，無卷數。

涵虛室詩草

[清] 唐徵鑠撰。徵鑠字振甫，當塗人。拔貢，用教諭。光緒《（安徽）通志》著録，無卷數。

皖蘭遺稿

[清] 魯芳撰。芳，當塗人。優貢。光緒《（安徽）通志》著録，無卷數。

---

① 承乏：承繼空缺的職位。後多用作任官的謙詞。《左傳·成公二年》："敢告不敏，攝官承乏。"杜預注："言欲以己不敏，攝承空乏。"晉潘嶽《秋興賦》："攝官承乏，猥厠朝列。"

② 鞏秦階道：建於康熙二年，民國元年廢。位於今天水市秦州區。

栖碧山詩草

[清] 徐彬撰。彬，當塗人。歲貢。光緒《（安徽）通志》著録，無卷數。

懷青山館詩文集

[清] 馬壽齡撰。壽齡字鶴船，當塗人。廩貢，試用訓導，以知縣用。光緒《（安徽）通志》著録，無卷數。

寄愁草

[清] 王鉞撰。鉞字子堅，當塗人。諸生。事迹具《縣志·文學傳》。光緒《（安徽）通志》著録，無卷數。鉞初失怙家貧，績學以詩文自勵。

瀆蒙草

[清] 陶之鉞撰。之鉞字左簧，學者稱“石田先生”，當塗人。縣學廩生。事迹具《縣志·文學傳》。光緒《（安徽）通志》著録，無卷數。

紅雨亭稿　采石山房集

[清] 魯逢年撰。逢年字蘭友，當塗人。縣學增生。事迹具《縣志·文學傳》。光緒《（安徽）通志》著録，無卷數。

畫舫居詩集二卷

[清] 鍾泗傳撰。泗傳，當塗人。增生。詩二卷。道光、光緒《（安徽）通志》皆著録。

安徽通志稿·藝文考

集部二十四　別集類二十三

忍冬藤齋集八卷

〔清〕吳昌言撰。昌言字宣甫，號“薑村”，涇縣人。嘉慶十六年歲貢，未幾卒。事迹具《縣志·文苑傳》。是集八卷，賦二十餘首，餘爲詩，有同縣朱珤序。道光、光緒《（安徽）通志》皆作六卷，今據《涇縣續志》及《蘭言集》著録。昌言最工小賦，詩尤敏捷。初以十臺詩得名，然與從弟奎同刻《聽雨樓詩鈔》，不以入選。珤謂其胸羅卷軸，極意馳騁，終歸繩墨，賦運斤①成風，辭麗以則。趙紹祖亦謂其詩筆俊爽，各體俱純粹無疵，七律極意錘鍊，而不無愁苦之音。《蘭言集》録二十三首。

卧雪軒文集

〔清〕吳懷恩撰。懷恩，涇縣人。昌言弟。諸生。事迹附《昌言傳》。光緒《（安徽）通志》著録，無卷數。《縣志》作《卧雲軒詩集》，今姑仍舊志著録。

果齋詩鈔二卷

〔清〕胡方朔撰。方朔字漢臣，號“小東”，桐城人。嘉慶十六年進士，官廣州府知府。道光十三年卒於任，年四十三。事迹具《續修縣志·宦績傳》。詩二卷，刻於廣東。光緒《（安徽）通志》著録，無卷數。方朔與同縣張聰咸、光聰諧、徐璈、姚瑩相切劘。懷寧陳世鎔稱其格律翩翩，情思濯濯，如輕綀素綃，纖塵不著。《桐舊集》録二十六首。

---

① 運斤：亦作“運釿”。揮動斧頭砍削。喻技藝的高超。陳毅《湖海詩社開徵引》：“嗟予生也魯，空有運斤意。”

自怡詩草

[清] 仇琨撰。琨字芳瀾，號"定園"，太湖人。嘉慶十六年進士，歷知雲南嵩明、河陽、會澤、羅次諸州縣。事迹具《縣志·文苑傳》。光緒《（安徽）通志》著錄，無卷數。

程恩澤詩文集十卷

[清] 程恩澤撰。恩澤字雲芬，號"春海"，歙縣人。昌期子。嘉慶十六年進士，官至户部右侍郎卒。集十卷，光緒《（安徽）通志》著錄。恩澤幼穎異，毀齒①經傳皆成誦，尤好讀書，剖析疑義，同縣曹文埴、金榜皆以爲非凡才。詩文雄深博雅，於金石書畫，考訂尤精審。

李振榮進呈詩

[清] 李振榮撰。振榮字效曾，太湖人。廩貢生，候選訓導。事迹具《縣志·文學傳》。詩凡一百八首，乃嘉慶十六年仁宗幸五臺時所呈。光緒《（安徽）通志》著錄。

觀泉詩鈔二卷

[清] 程文囿撰。文囿（字灌泉，一字觀泉，歙人）有《醫案》，已著錄。是集二卷，有嘉慶十七年鮑桂星序，蓋經桂星删定者。桂星稱其清而逸、婉而裁，不事鈎章②，自然入格。

荆樂園詩文集

[清] 余陳烈撰。陳烈，號"芥舟"，壽州人。占鼇次子。嘉慶廩貢，歷署天長、休寧、桐城教諭、訓導，乞養歸，年七十三卒。事迹具《州志·文苑傳》。光緒《（安徽）通志》著錄，無卷數。陳烈博學工詩，築荆樂園別墅，與昆季吟咏其中。法式善録入《（梧門）詩話》、陳毅録入《所知集》。

培遠堂詩稿四卷

[清] 余陳猷撰。陳猷，號"鳧舟"，壽州人。陳烈弟。嘉慶十七年歲貢。年八

---

① 毀齒：指兒童乳齒脱落，更生恒齒。借指兒童七八歲的年紀，童年。清方苞《七思》："憶小生分棠之鄙，兄束髮兮餘毀齒。"

② 鈎章：即鈎章棘句。形容文辭艱澀拗口。唐韓愈《貞曜先生墓志銘》："鈎章棘句，掐擢胃腎。"鈎：彎曲。章：章節。

十一卒。事迹具《州志·文苑傳》。詩四卷，光緒《（安徽）通志》著録。陳猷詩與兄齊名。江寧陳毅録入《所知集》、蒙古法式善録入《（梧門）詩話》。

殘本羅雀山房詩存二卷

［清］吳克俊撰。克俊字菊坡，晚號"蔗翁"，又號"晚遂老人"。嘉慶監生。咸豐二年卒，年八十。事迹具《府志·文苑傳》。詩原刻於道光季年，遭亂板本俱佚。光緒《（安徽）通志》著録，無卷數。此爲王尚辰所藏，曰《意行編》、曰《越游草》，乃原集之第三、第四卷，民國二年曾孫炳塗等并所輯《畫梅詩》七首、聯句一首、詞一首重印。克俊爲"城東七子"之一。陸繼輅選入《沘水蘭言集》。

夢餘草一卷

［清］謝裔宗撰。裔宗字子城，無爲州人。嘉道間貢生。據蔡邦霖《東山草堂詩集序》，裔宗詩脱稿輒散去，蓋邦霖所選僅一卷，附其祖《鳳毛舉安詩》後。裔宗與邦霖及吳克俊交。華亭張興鏞謂其狷介類鳳毛，而詩格不同。方澍謂其一氣揮灑，妙造自然，尤長五律。《濡須詩選》録四十一首、陳詩《廬州詩苑》録十一首。

隨定詩草

［清］張孝存撰。孝存字子務，合肥人。增生。事迹具《府志·藝術傳》。同縣吳克俊跋，未刻。孝存善畫蘭竹。吕賢基贈詩云："范叔無聊寒守一，鄭虔有幸絶推三。"克俊稱其近體清醇婉約，得白、陸神髓，古體專主性情，吾鄉詩人定添置一座云。

東溪詩鈔四卷

［清］方宫聲撰。宫聲原名夢松，字象三，一字子固，號"東溪"，桐城人。嘉慶十八年拔貢，尋卒。事迹具《縣志·文苑傳》。光緒《（安徽）通志》載宫聲《黄海集》《小嬭嬛閣詩》《學海棠樓詩存》《黛龍逸稿》凡四種，疑爲其集之子目，今據《縣志·藝文》著録。宫聲幼嗜學，詩文精贍，學使湯藩、汪廷珍、徐頲皆重之。邵淵耀《詩品》謂如春鶯引吭，圓美悦耳；汪正榮《詩況》復爲之舉似曰美人援鏡，碧桃斜暉，蕙風徐引，林華亂飛。方于穀録入《方氏詩輯》，謂其詩横放明麗，風骨頗振，若遂以《疑雨集》"玉臺體"目之，非知宫聲者，合此數説，可以知其詩矣。《桐舊集》録二十四首。

蜀道集二卷

［清］何順之撰。順之字菊垞，銅陵人。嘉慶十八年拔貢，官户部主事。是集二卷，都二百二十餘首，乃道光二十二年二月至十月作前，有二十二年自序，蓋即刻於其時。遭亂散佚，民國九年從孫守中得原刊本於青陽阮氏，十一年重刻并跋。據自序，道光二十一年自編，詩起嘉慶九年甲子迄道光二十一年辛丑四月，分十六集，凡八十卷，名曰《吾生草》，是年十月入蜀舟覆新灘，失詩四册，存者亦殘斷拉雜，不可復識，故是集仍編爲《吾生草》卷八十一、八十二也。

聽秋館詩集

［清］譚琨撰。琨字珍涵，合肥人。嘉慶十八年拔貢，選祁門教諭。年八十一卒。事迹具《府志・宦績傳》。光緒《（安徽）通志》著録，無卷數。

梅緣詩鈔二卷

［清］陳蔚撰。蔚字豹章，青陽人。芳從弟。廩貢。道光元年舉孝廉方正。事迹具《縣志・文苑傳》。詩二卷，卷一末有缺葉，仍存詩二百三十五首，又附朱筠七律三首，趙翼、洪亮吉七律各一首，爲《陳氏聯珠集》之第四種。蔚游朱筠門，又嘗入鎮海將軍覺羅永德幕。集中如《題李忠節傳》《展伯建公衣冠墓》，皆關史事。梅緣者，蔚於廬江小礫山築別墅植梅百餘株，以自號也。《縣志》録七絶一首。

蘭陂賸稿一卷

［清］吳荔娘撰。荔娘字絳卿，福建莆田人。青陽陳蔚妾，早卒。詩一卷，近體三十三首，附陳蔚《梅緣詩鈔》後。道光、光緒《（安徽）通志》皆著録。荔娘之卒，洪亮吉爲壙志。袁枚、趙翼、魯璸皆稱之。蔚《題賸稿詩》云：「賸稿殘箋不忍看，偶吟佳句淚闌干。埋香葬玉尋常事，閨閣能詩再得難。」蘭陂者，蒲陽地名，其所居也。

涔園詩鈔一卷

［清］陳秉烈撰。秉烈字魯濱，青陽人。蔚族弟。乾嘉間增生。事迹具《縣志・文苑傳》。詩一卷，都百零五首，爲《陳氏聯珠集》之第七種。光緒《（安徽）通志》著録，無卷數。秉烈師族兄，其名爲洪亮吉所稱。潘瑛録入《詩萃》。

一峰集

［清］陳有俊撰。有俊字秀民，青陽人。其名族子。縣學生。事迹具《縣志・儒

林傳》。光緒《（安徽）通志》著録，無卷數。其名《天柱詩草》，有《哭有俊詩》，云："粉本何年學趙黄，冰綃三尺畫秋光。誰知就裡春將盡，暗托寒蟬咽夕陽。"是有俊又工畫也。

梅田詩草一卷

［清］陳壤撰。壤字綉輿，青陽人。芳子。嘉慶十八年舉人，官懷寧訓導。事迹具《縣志·文苑傳》。詩一卷，前缺十二葉，仍存詩百五十六首，又附洪亮吉七古一首，徐桂馨五律一首，陳其位五絶一首，爲《陳氏聯珠集》之第八種。壤爲洪亮吉門人。潘瑛録入《詩萃》。

又次堂詩集

［清］陳壤撰。光緒《（安徽）通志》著録，無卷數。

百花庵吟稿

［清］陳垌撰。垌字樂郊，青陽人。芳子。國學生。事迹具《縣志·文苑傳》。《陳氏聯珠集》録二十五首。

尺園詩草

［清］徐桂馨撰。桂馨字一蟾，青陽人。增生。事迹具《縣志·文苑傳》。光緒《（安徽）通志》著録，無卷數。同縣陳壤《梅田詩草》附《秦淮泛月次韵》一首，其詩云："疏雨散溪烟，黄昏上畫船。人迎桃葉渡，月近桂花天。秋意驚昌谷，新詩續惠連。江干半窺面，風調憶前年。"

蟎廬詩鈔十卷

［清］王蔭槐撰。蔭槐字子和，號"味蘭"，本丹徒人，以父銘賈於盱眙，遂移籍焉。嘉慶十八年舉人，大挑二等，選貴池訓導，目疾不就。事迹具《縣志·人物志》。是集原名《過學齋詩鈔》，僅四卷，有道光九年同縣汪云任序，十二年刻，又五年續刻二卷，有道光十四年長沙陶澍、十七年江陰夏翼朝、十八年武進李兆洛序，二十二年取前刻删補，始嘉慶八年至道光二十二年，凡四十年，得詩八卷，更今名，有泗州傅桐序，又自二十三年至二十七年得詩二卷，都八百五十九首，此則光緒七年重刻本也。光緒《（安徽）通志》著録，無卷數，今據本書著録。蔭槐弱冠以詩名，與王豫、王效成稱"江左三王"，又與效成稱"盱眙二王"，晚年目失明，作詩尤富。阮元《江浙詩存》、符葆森《（國朝）正雅集》、王豫《群雅集》皆録其詩。

補蘿書屋駢體文

〔清〕張開來撰。開來字引生，自號"石頭翁"，含山人。嘉慶十八年舉人。事迹具《和州志·文苑傳》。光緒《（安徽）通志》著録，無卷數。

古堂詩鈔

〔清〕王璥撰。璥字華峰，號"古堂"，定遠人。顯謨子。嘉慶十八年恩賜舉人。事迹具《縣志·文學傳》。璥善讀書，雖習見無不得，間爲文亦無堅不入，無結不解也。

定川草堂詩集三卷

〔清〕張文泩撰。文泩字子淵，歙人。集有二子目，曰《三燭草》一卷，詩百首，乃嘉慶十八年追和其叔父六亭《百花吟》，限燭三條而成者，有齊彦槐序，兄文圃跋及自識，吳守攄刻。曰《北游草》二卷，乃道光十一年北上所作，前有自識。彦槐稱其韜龥咏吟，至老不輟，不矜言家數而學有本原，不故爲艱深而語無淺率，天懷高曠。讀書多，行路遠，復得花木泉石以養其旨趣，所著皆卓卓可傳。

陶門弟子集

〔清〕蔡家琬撰。家琬字右峨，合肥人。邦煊子。嘉道間江西候補知縣。是集刻於江西，前有嘉慶十九年自序，略謂年逾半百，結習在詩，不忍聽其散佚，今就未忘者録而存之，都爲一集，上下五十年間，哀樂咏吟，大都如是云云。陶門弟子者，據《合肥詩話》，家琬服膺陶潛，自稱陶門弟子，遂名其集。其以陶門爲家琬字，是集爲其門弟子詩彙刻者，誤也。《大觀亭志》録七律一首。

雞肋詩集　聽鸝館文集

〔清〕戴宗榘撰。宗榘字方壺，來安人。沛霖子。嘉慶十九年歲貢。光緒《（安徽）通志》著録，無卷數。《縣志》録文二篇。

賜硯齋集十二卷

〔清〕龍汝言撰。汝言原名潋，字子嘉，號"濟堂"，桐城人。嘉慶十九年一甲一名進士，官終兵部員外郎，道光九年卒，年五十二。事迹具《續修縣志·文苑傳》。集凡十二卷，卷一、二《進獻詩》，卷三、四《進獻賦》，卷五《奏御詩文》，卷六《古體詩》，卷七《近體詩》，卷八《擬古賦》《古賦》《律賦》，卷九《散體文》，卷十《駢體文》，卷十一《書啓》，卷十二《試體詩》，前有道光十六年涇縣朱琦序。光緒《（安徽）通志》著錄，無卷數，今據本書著錄。汝言幼穎悟，能詩文。琦稱其剬緝奎藻[①]，如無縫天衣，賦閎深肅括，館閣體裁，卓絶流輩，附存若干卷，稍涉山林之氣者，復彬彬可誦云云。案：汝言曾集清高宗《味餘書屋句叠上下平六十韵》進呈，即序所謂剬緝奎藻者也。

別本賜硯齋集四卷

[清] 龍汝言撰。卷一古體詩、卷二近體詩、卷三古賦詩、卷四律賦，無序跋，惟賾題道光戊戌年刊，受業陸建瀛敬題。戊戌爲道光十八年，距琦作序僅二年，疑即建瀛所刻，然與前本多寡不同，殊不可解。徐璈《桐舊集》錄二十首，字句復多互異（《山中》第五句“隨意”二字，《桐舊集》作“墜枝”。《雜詩》第三句“在”字，《桐舊集》作“行”。又“行”字，《桐舊集》作“蹊”。第四句“倒影”二字，《桐舊集》作“影向”。第五句“靜”字，《桐舊集》作“方”。第六句“奔”字，《桐舊集》作“忽”。第八句“濯足載歌咏”，《桐舊集》作“豈復涓涓境”。第十句“不”字，《桐舊集》作“何”。《冉冉孤生竹》第九句“胡”字，《桐舊集》作“終”。《明月何皎皎》第五句“歸入”二字，《桐舊集》作“人歸”，第六句“塵音”二字《桐舊集》作“音塵”。《晋白紵舞歌》第一句“遡”字，《桐舊集》誤“還”。第七句“摇顫”二字，《桐舊集》缺。《斜陽》末句“素”字，《桐舊集》作“鳴”。《曉出皖城》第六句“紜紜”二字，《桐舊集》作“沄沄”。《春詞》第四首第二句“細字已字”《桐舊集》作“小字點字”。《春日雜咏》第六首《山家》第四句“柴門”二字，《桐舊集》作“門關”。第十一首《曉起》首句“一”字，《桐舊集》作“滿”。《效六朝小詩八首爲劉順伯題雙姝買花圖》，《桐舊集》題僅“買花圖”三字。《龍王廟後山晚眺》，《桐舊集》題僅“晚眺”二字。）其爲所據本不同，抑璈所改，今亦不可考。

樗亭詩集八卷

[清] 徐璈撰。璈（字六驤，桐城人。嘉慶十九年進士，官終山西陽城知縣，道光二十一年卒。事迹具《續修縣志·宦迹傳》）有《詩經廣詁》，已著錄。是集凡八卷，前七卷生前刻，後一卷璈卒後，甥蘇惇元刻，光緒《（安徽）通志》著錄。璈懲世俗鹵莽[②]、流易二弊，選格必分正變，選字必分雅俗，而性情所抒，時有超詣。

---

① 剬：音duān，斷齊，切斷。《廣雅·釋詁一》：“剬，斷也。”緝：同“輯”，會合，收集。元稹《苦樂相倚曲》：“轉將深意諭旁人，緝綴疵瑕遺潜説。”奎藻：指帝王詩文書畫。宋岳珂《桯史·宣和御畫》：“（康與之）書一絶於上曰：‘玉輦宸游事已空，尚餘奎藻繪春風。’”

② 鹵莽：也作“魯莽”。冒失，粗疏。

同時端木國瑚、鮑桂星、陳世鎔、王灼、姚柬之皆稱之。《桐舊集》録九十七首。

樗亭文鈔四卷

　　［清］徐璈撰。分體編次，首賦、次七、次説、次序、次引、次書後、次壽序、次記、次疏、次書、次公牘、次銘、次贊、次傳、次哀詞、次祭文，都六十一首，凡四卷後，附方東樹撰墓志銘，道光二十二年甥蘇惇元校刻并記，即璈卒之明年也。光緒《（安徽）通志》著録。璈少從兄眉學，於書靡不窺。惇元稱其作詩文屬草①甚速，駢散文初宗文選，後乃兼仿唐、宋、元、明諸家。

秋舫詩存

　　［清］齊康撰。康字晋藩，號“菊溽”，又號“秋舫”，婺源人。彦槐從子。嘉慶十九年進士，官江蘇淮安府學教授。事迹具《縣志·學林傳》。康詩不存稿，此乃其友及其子收存者，是正於盛子履、徐畫江、丁柘塘及彦槐，道光十一年刻，前有自序。

立經堂詩鈔八卷

　　［清］胡世琦撰。世琦字瑋臣，號“玉鐎”，涇縣人。先抱子。嘉慶十九年進士，歷山東費縣、曹縣知縣，加同知銜，罷歸。光緒《（安徽）通志》著録，無卷數，今據《蘭言集》著録。世琦負才慷爽，詩亦豪宕勁健，如其爲人，洪亮吉極推重之。趙紹祖《蘭言集》録九首。

菜香小圃館課詩一卷

　　［清］楊殿邦撰。殿邦字翰屏，號“叠雲”，盱眙人。泗州籍嘉慶十九年進士官，至漕運總督，咸豐三年奉命駐瓜洲，以揚州陷革職，擬成留營辦理勸捐團防，九年卒於軍，恩賞道銜，邮贈太僕寺卿銜。事迹具《縣志·人物志》。是集一卷，試律五十三首，前後無序跋。殿邦有《菜香小圃詩集》《心太平居文集》，今未見。

芝霞閣學吟一卷附詩餘一卷哀猿吟一卷

　　［清］熊象慧撰。象慧字芝霞，潛山人。賓泰季女、涇吳墨仙妻。《學吟全稿》，原有嘉慶十九年賓泰序。二十五年墨仙從父世登取七絶百首加之評點，又删定舊著《哀猿吟》附之，以《哀猿吟》亦皆七絶也，道光元年刻於四川廣安州，有世登序。

---

　　① 屬草：即“屬草稟”，猶起草。清戴名世《先君序略》：“其爲文不屬草，步階前數回即落筆。”

象慧數歲讀《論語》，稍長讀《通鑑》，能得其文義，其《哭三娣王吟秋詩》，尤爲戚鶴泉稱賞。

補齋遺詩一卷

[清] 熊象黻撰。象黻，潛山人。集一卷。道光、光緒《（安徽）通志》皆著録。《縣志·文苑傳》作“熊象黼《補亭詩》一卷”。

忝生草四卷

[清] 熊象援撰。象援，潛山人。集四卷。道光、光緒《（安徽）通志》皆著録。

華陽山房詩鈔六卷

[清] 方元泰撰。元泰字通甫，號“雪蓮”，績溪人。按察體次子。嘉慶二十年山東候補鹽運判，旋乞養歸。元泰初集凡千首，刻於嘉慶二十一年，有文登畢亨序及自序。初集以後所作尚數千首，晚自定，稿未刻，是集乃其甥邵兑齋等編録，未竟之本，僅什之二三四，同治六年彌甥邵潛携至浙江，布政楊昌濬刻，而以初集及十九歲以前之作附焉，前有昌濬序，後有潛跋。光緒《（安徽）通志》著録，無卷數。元泰與畢亨論詩，有云：“郊島嫌太寒，元白非正格。盧駱與王楊，自成一家説。李杜起中流，韓蘇繼其迹。韋柳饒丰姿，神韵獨超逸。數子皆我師，書與離騷七。”其誦法可知。亨謂其力造古人，開拓境宇，爲漢蘇李、魏曹劉、唐李白之嗣音。昌濬亦謂其少作規仿李白，抗席黃張，中年以後，似又勝之。黃張，謂黃景仁、張問陶也。

招鶴堂詩六卷

[清] 蕭景雲撰。景雲字亦喬，號“雪蕉”，壽州人。嘉慶二十一年歲貢，道光元年舉孝廉方正，未試卒。事迹具《州志·文苑傳》。詩六卷，已刻。道光、光緒《（安徽）通志》皆著録。景雲爲亳州梁巘高弟，又受知於竇光鼐，延入學幕，盡攬浙東西之勝。嘗著論古今利弊數萬言，有目以詞人者，輒曰士安能從曹、劉、沈、宋丐餘名哉？鍵户[①]著述，家無宿儲泊如也。《州志》録七古二首、七律一首。

---

① 鍵户：關閉門户。清施朝幹《任侍御墓表》：(任大椿一生)“惟鍵户讀書，不肯謁權貴。”

耕漁小憩詩賦二卷　秋窗蛩吟集一卷

〔清〕孫克佐撰。克佐，號"竹田"，壽州人。嘉慶二十一年優貢，二十三年召試二等，歷安慶府、南陵、蒙城、潛山等縣學官，選歙縣訓導，以軍務加國子監學正銜，咸豐九年卒。事迹具《州志·文苑傳》。光緒《（安徽）通志》著録，無卷數，又無"詩賦"二字，今據《州志》著録。

七峰詩稿二卷

〔清〕江爾維撰。爾維字季持，號"七峰"，懷寧人。濬源子。嘉慶二十一年舉人。事迹具《縣志·文苑傳》。據陳世鎔《皖江三家詩序》，稱爾維篇什極富，歲芟月削，十才留一二，因點定以爲今本云云，是原本固不止此也。望江倪良燿擬别刊專行，請包世臣爲序，同治十三年爾維子潮重刻并取藏篋所遺，補編於末，前有錢林序而無包序。光緒《（安徽）通志》著録，無卷數。爾維詩近李白、孟浩然，亦或取資孟郊，而不至於澀，亦時似皮日休、陸龜蒙而無細碎之弊，姚甹極賞之，尤與世鎔善，每有作輒相商榷。世鎔謂其一字未安，改竄數四，病中猶呻唔不絶，其苦吟可知，惟包序述良燿之論，謂汪之順、余鵬年非爾維匹，又謂其詩有窺於柔厚之旨，不及歙方巖夫而軼桐城汪奐之云云。巖夫、奐之詩未得見，未知於爾維何如？之順詩境在陶杜間，姚甹謂其清韵悠邈，與錢澄之并，良燿乃謂非爾維匹，未可爲知言，世臣從而和之，殊不可解。重刻本不載包序，意亦以其言之過也。

園西詩草

〔清〕李振銓撰。振銓字園西，太湖人。嘉慶二十一年舉人。事迹具《縣志·文苑傳》。光緒《（安徽）通志》著録，無卷數。《縣志》又載有《三秀草堂文集》。

杏軒集八卷

〔清〕胡貞幹撰。貞幹字時棟，涇縣人。承珙從孫。嘉慶二十一年舉人。年二十六卒。事迹具《縣志·文苑傳》。集八卷，有張茝序。道光、光緒《（安徽）通志》皆著録。貞幹熟精選理，年未二十，詩文及駢語皆追溯前賢，不同流俗。趙紹祖《蘭言集》録三首。

定庵詩鈔

〔清〕王晉槐撰。晉槐字樹三，一字春卿，全椒人。嘉慶二十一年舉人，歷浙江餘杭、於潛知縣，卒於官。事迹具《縣志·宦績傳》。光緒《（安徽）通志》著録，無卷數。

清惠堂集十卷

〔清〕金望欣撰。望欣字禹谷，全椒人。嘉慶二十一年舉人，以知縣需次甘肅題補古浪縣，未任卒。事迹具《縣志·文苑傳》。是集文二卷，都三十餘篇，詩六卷，都四百餘首，附詩餘二卷，爲十卷，乃道光十九年門人黄錫慶録，江寧陳穆堂編，有錫慶識語。光緒《（安徽）通志》著録《清惠堂文賦詩集》，無卷數，今據本書及《縣志》著録。望欣篤行嗜學，爲吳文鎔所傾倒，所撰《周易漢唐古義》《春秋以來日月食草》，楊以增爲付梓。袁昶嘗語人曰全椒如金兆燕、吳鼒、薛時雨，皆能以詞章雄於時，而根柢經史學有心得者，惟望欣一人，即其人可知矣。

寫笠軒詩鈔

〔清〕金望欣撰。是集乃其初集，有王絅齋、馮玉溪序。

清惠堂外集

〔清〕金望欣撰。乃文賦、試帖詩，爲書賈所刻。

筆峰書屋詩集一卷

〔清〕金望華撰。望華字子春，全椒人。望欣弟。事迹具《望欣傳》。光緒《（安徽）通志》著録，無卷數，又以"峰"爲"山"，今據《縣志》著録。

崔騏詩文雜著四卷

〔清〕崔騏撰。騏字伯弁，太平人。嘉慶二十一年副貢，官舒城教諭。事迹具《縣志》。集四卷，光緒《（安徽）通志》著録。據《采訪册》載騏《尋樂軒雜體文》二卷，其文爲論、爲議、爲函、爲行狀、爲序、爲記、爲跋、爲銘、爲壽文、祭文，僅二十六首，疑即舊志所録之文，而其詩已佚矣。

湘鄉詩稿

〔清〕林士綸撰。士綸，懷遠人。嘉慶二十一年副貢。事迹具《府志·文學傳》。光緒《（安徽）通志》著録，無卷數。

暢園詩存二卷　聽鸝吟榭詩鈔二卷

〔清〕孫克修撰。克修字竹君，壽州人。嘉慶監生。二十一年順天鄉試，薦卷挑取謄録，選授浙江横浦場鹽大使，卒於官，年七十。事迹具《州志·文苑傳》。光緒

《（安徽）通志》著録，無卷數，又"詩鈔"作"詩文集"，今據《州志》著録。克修善畫工詩。暢園，所搆別墅也。

如不及齋詩集

[清] 楊用澍撰。用澍字子俊，號"潤生"，自號"小赤壁山樵"，六安州人。太學生。嘉慶二十一年鄉試挑謄録，就職布政司經歷，官至廣西鎮安府通判。事迹具《州志·宦績傳》。光緒《（安徽）通志》著録，無卷數。

拳莊詩鈔八卷續鈔五卷

[清] 方于穀撰。于穀字石伍，桐城人。根機長子。嘉慶歲貢。事迹具《續修縣志·文苑傳》。詩原二十餘卷，内《荆襄吳越游草》四卷，爲人竊去，又芟削過半，僅存八卷，自乾隆四十一年丙申至嘉慶二十二年丁丑。續鈔五卷，自嘉慶二十三年戊寅至道光十二年壬辰，前後凡五十七年，詩一千四百二十五首，原名《稻花齋詩鈔》，以移居拳莊，又名《拳莊詩鈔》，前有顧日新序，後有張宗輝跋。據跋，姚鼐、汪志伊皆爲作序，此乃不載，鼐集亦無之。光緒《（安徽）通志》著録《拳莊詩鈔》，無卷數，又無《續鈔》，今據本書著録。于穀與王灼、吳賡枚、張敏求爲文字交，姚鼐亦雅重之。日新稱其導派新城，後乃上窺歷代，變換形貌。按：集中論詩絕句云："漁洋大旨推韋孟，邢（子愿）郎（湛若）邊（庭實）高（子業）句亦工。忘却昌黎和玉局，論詩馬上太忽忽。"則其詩之不專學士禛可知。拳莊，在龍山其所居也。

拳莊賦鈔四卷飼經堂四六六卷

[清] 方于穀撰。光緒《（安徽）通志》著録《拳莊賦鈔》《飼經堂駢體文》，無卷數，今據《縣志》著録。

東園詩鈔十二卷

[清] 凌泰封撰。泰封字瑞臻，號"東園"，定遠人。嘉慶二十二年一甲第二名進士，官浙江杭州府知府，兼署金衢嚴道，罷歸，咸豐五年卒，年七十三。事迹具《縣志·仕績傳》。泰封詩甚富，是集十二卷，乃其自訂，僅選十之三卷，各爲子目，曰《感秋叢草》、曰《一麈漫唱》、曰《煎茶吟》、曰《後煎茶吟》、曰《解組閑謳》、曰《六客堂續唱》、曰《北觀小草》、曰《再續漫唱》、曰《再續煎茶吟》、曰《續解組閑謳》、曰《歸舟欸乃》、曰《九石山房吟稿》，起道光元年至二十六年詩六百七十首，以吳西穀、方士淦書與詩弁首，咸豐四年刻，旋毀於亂，光緒十四年孫夢魁重

刻，有倪文蔚、衛桂森二序暨夢魁跋。光緒《（安徽）通志》著録，無卷數，今據本書著録。泰封少負俊才，見賞於學使汪廷珍。詩工於叠均，層出不窮，其才固不可及也。

存真詩集

〔清〕羅銘撰。銘字繼倫，號“楚江”，宿松人。嘉慶二十三年歲貢，選潁上縣訓導，未任卒。事迹具《縣志·文苑傳》。光緒《（安徽）通志》著録，無卷數。銘善同縣汪桂月，深究性理諸書。《縣志》稱其詩尤雋妙，又有《敦本堂文集》。

觀心齋詩集

〔清〕朱家庚撰。家庚字靜生，號“子長”，含山人。嘉慶二十三年舉人，官四川達縣知縣，以疾歸。事迹具《和州志·宦績傳》。光緒《（安徽）通志》著録，無卷數。家庚幼耽吟咏，至老不倦，以詩酒自娛。《龍亢間氣集》載嚴寶翰《題觀心齋詩集》云：“茫茫塵海耐心觀，萬里行吟眼界寬。自古詩人多入蜀，於今名士肯拋官。歸來松菊餘三徑，老去風騷據一壇。許我韓門窺衆妙，論才翻自笑郊寒。”寶翰字西園，亦含山人也。

經畬堂詩集

〔清〕胡暉吉撰。暉吉，休寧人。嘉慶二十四年進士，官池州府教授。光緒《（安徽）通志》著録，無卷數。

滄粟遺稿四卷

〔清〕胡暉祥撰。暉祥，休寧人。諸生。集四卷，光緒《（安徽）通志》著録。《通志·文苑傳》作“《滄粟齋遺稿》”。

春及草廬詩文集

〔清〕許棻撰。棻字廣存，一字春及，黟縣人。縣學生。事迹具《縣三志·文苑傳》。光緒《（安徽）通志》著録，無卷數。棻肄業宏文書院，爲浙撫阮元首拔。自浙歸，與隣縣胡暉吉、饒勛，同縣韓玫、朱輅、朱鍾唱和，所作《語燕篇》《棄樹吟》，采入《江左詩鈔》《縣志》録二首。

研六室文鈔十卷補遺一卷

〔清〕胡培翬撰。培翬（字載屏，號“竹邨”，績溪人。嘉慶二十四年進士，官至户部主事。道光二十九年卒，年六十八。事迹具前《國史·儒林傳》）有《儀禮正義》，已著録。文本三百餘篇，除《燕寢考》與《研六室雜著》，阮元刊入《清經解》（見行狀及胡先翰識語），外餘俱未梓行。培翬擇有關經義者，得八十五篇，編爲文鈔十卷，道光十七年刻於涇川書院，有朱琦序，胡先翰、先頮識語。遭亂板毀，光緒四年從弟培系重刻并增文六篇，爲補遺一卷，而列墓志、行狀於前，有從孫晋垁識語。光緒《（安徽）通志》著録，無卷數，今據本書著録。培翬承其祖匡衷之傳，師同郡汪萊、凌廷堪，會試又出王引之門，而與郝懿行、胡承珙、陳奐、汪飴孫相切磋，師友淵源，實極一時之選，其文援引賅博，條達明畫，如與張阮林、洪筠軒、胡墨莊、包孟開諸書，皆與其《燕寢考》相輔翼，雖不欲馳騁文壇，而穿穴經旨，自然淵茂，固異於浮華無實、空疏無據者也。

漱芳堂詩

[清] 桂樹叢撰。樹叢字薌巖，貴池人。嘉慶二十四年舉人，揀選知縣。光緒《（安徽）通志》著録，無卷數。

悔軒詩稿

[清] 方銘彝撰。銘彝字丹六，號“悔軒”，定遠人。玉垣第三子。嘉慶二十四年舉人，官至刑部郎中，年六十致仕，尋卒。事迹具《縣志·仕績傳》。光緒《（安徽）通志》作“梅軒”，今據《縣志》著録。彝穎悟嗜學，博覽經史，兼精數學。

紉蘭室稿

[清] 金涓撰。涓字春渠，全椒人。望欣族子。嘉慶二十四年舉人。事迹具《望欣傳》。光緒《（安徽）通志》作“《紉蘭軒詩文》”，今據《縣志》著録。涓年十五究群經，善詩賦。

補種梅花書屋詩鈔四卷

[清] 汪烜撰。烜字東白，號“小亭”，全椒人。嘉慶二十四年舉人，任靈璧訓導，卒於官。事迹具《縣志·文苑傳》。集四卷，有同縣金望欣序。光緒《（安徽）通志》著録，無卷數，今據《縣志》著録。烜初喜李商隱，最工香奩，及壯專學蘇軾、元好問，得其神似。

見獵集雜體詩一卷

[清] 吳棨撰。棨字戟門，號“小園”，盱眙人。淮長子。諸生。事迹附《淮

傳》。詩一卷，未刻已佚。《縣志》載《見獵集》，無卷數，今據《采訪冊》著録。榮詩派近王士禎。

蕉窗吟稿

［清］吳楷撰。楷字端夫，號"次山"，盱眙人。淮次子。嘉慶二十四年順天舉人，官至廣西百色同知，署泗城知府。道光二十七年卒於任。事迹具《縣志·人物志》。是稿藏於家，兵燹無存（采訪冊）。

嘯村詩集四卷

［清］黃文炳撰。文炳字耕樂，桐城人。安泰子。嘉慶二十四年例貢，歷甘肅寧州、安西州知州、慶陽知府、安肅兵備道。事迹具《續修縣志·宦績傳》。光緒《（安徽）通志》著録，無卷數，今據《縣志》著録。

攄抱軒詩鈔十卷

［清］汪桂月撰。桂月字秀林，號"玉民"，晚號"養園"，宿松人。嘉慶二十五年恩貢，候選教諭，道光元年舉孝廉方正，授六品銜。咸豐元年卒，年七十九。事迹具前《國史·儒林傳》。詩四百八十八首，子維誠以脱稿先後厘爲八卷，又續編二卷，詩百六十一首，前有石希恕序及自序，道光二十年刻。光緒《（安徽）通志》著録，無卷數，今據本書著録。希恕謂其以性情爲詩，雖悲戚歡愉不名一狀，而一歸於忠孝仁愛，不失温柔敦厚之旨。

亦寄齋文存十二卷

［清］汪桂月撰。文百五十三首，卷十二，外集則駢文也。有石廣均序及自序，咸豐二年子維誠刻於青陽學署。光緒《（安徽）通志》著録，無卷數，今據本書著録。廣均謂其雖不規規橅仿，然真理、真氣流溢楮墨間，洵所謂載道之文。

凹堂詩草一卷

［清］陳墊撰。墊字熟之，號"凹堂"，青陽人。蔚子。廩貢生，候選訓導。事迹具《縣志·文苑傳》。詩一卷，都一百七十八首。光緒《（安徽）通志》著録，無卷數，今據《陳氏聯珠集》著録。墊師陽湖洪亮吉、全椒王肇奎。亮吉尤稱之。

榆塞吹蘆集四卷

［清］陳墊撰。詩四卷，都二百零九首，乃客榆關戎幕時作，前有江都王豫序、

儀徵阮亨、荆溪儲徵甲評語。光緒《（安徽）通志》著録，無卷數，今據本集著録。徵甲謂其雄渾蒼涼，縱橫蕭瑟，而思親懷鄉諸作，又復纏綿根觸。阮亨又摘其佳句入《珠湖草堂筆記》。

銕門詩草一卷

[清] 陳堅撰。堅字愷庭，青陽人。蔚從子。嘉慶二十五年恩貢，官廬江教諭。詩一卷，都五十三首，又附曾祖捷五律、五絶各一首，爲《陳氏聯珠集》之第七種。《曉起》《雲巢》《孝陵》三首，爲洪亮吉所稱。

雲泉詩草

[清] 陳埼撰。埼字靖之，青陽人。蔚從子。事迹具《縣志·文苑傳》。《陳氏聯珠集》録二十九首。

虛航集一卷

[清] 陳域撰。域字越之，青陽人。蔚從子。國學生。事迹具《縣志·文苑傳》。詩一卷，都三十五首，爲《陳氏聯珠集》之第六種。《小礫山莊》一首，爲洪亮吉所稱。

諫亭詩草一卷

[清] 陳坡撰。坡字景蘇，青陽人。蔚從子。廩貢。歷合肥、桐城、寧國教諭、廬州府教授。事迹具《縣志·文苑傳》。詩一卷，都一百三十八首，乂附朱文翰、張曾虔七律各二首，洪亮吉七律一首。光緒《（安徽）通志》著録，無卷數，今據《陳氏聯珠集》著録。坡師亮吉、文翰，尤爲二人所稱。

澗南詩草

[清] 陳磊撰。磊字石三，青陽人。蔚從孫。縣學生。事迹具《縣志·文苑傳》。《陳氏聯珠集》録二十五首。

壺園全集二十四卷

[清] 徐寶善撰。寶善字廉峰，歙人。嘉慶二十五年進士，官終翰林院編修。是集賦鈔二卷，詩鈔選十卷，五代新樂府一卷，詩外集六卷，試帖初刻、二刻各一卷，雜著三卷，都二十四卷。詩鈔選分六子目，曰《擔笈集》《萍梗集》《木天集》《于役集》各一卷，曰《寄巢集》《遷瀛集》各三卷，都二百五十首，又附金光杰、彭邦

疇、曾燠、鄭祖琛詩，凡五首，每集各有小序，乃顧蒓、陳筠心、汪全泰、黄爵滋等選定，前有顧蒓、黄爵滋序、鮑桂星、杜煦、吳嵩梁、羅士菁、張維屏、顧翰評語，後有道光十八年爵滋跋。《五代新樂府》廿二首，子正導注，前有小序，又程恩澤、張魯峰、潘德輿、梅曾亮、吳榮光、徐啓山、黄爵滋、李方赤、張際亮、王曉林評語。《詩外集》六卷，乃子志導等編，皆未入詩鈔選者，後有志導跋。《試帖初刻》三十二首，附七言排律十首，前有《試帖巵言》九則，道光十四年彭邦疇評選并序。《（試帖）二刻》四十四首，道光十七年金殿珊、馬沅評選，前有沅序，皆子志導、志恭注。《雜著》三卷，卷一進奉文字，卷二尺牘，卷三過庭録，有梅曾亮序。光緒《（安徽）通志》著録徐寶善詩賦、文鈔、外集、雜著，十卷，誤，今據本書著録。寶善少師陳用光，會試又出黄鉞門。詩宗漢魏三唐（過庭録），而深嫉袁趙一派（尺牘《上黄左田》），唐人於李杜外，專攻韓詩數年，雖涉獵宋元而不輒學（尺牘《與劉梅生》），又自言鞠明究曛、疲心思於五七字，以遂所樂（尺牘《與俞焜》），其取徑甚正，用力亦甚勤。《尺牘》及《過庭録》論詩頗多精語，尤可鍼砭世俗也。

友石山房詩文集一卷

［清］程式金撰。式金字子堅，一字友石，初字寅伯，黟人。大興籍。桂馥子。嘉慶二十五年進士，歷四川鹽亭、遂寧、高華陽、宜賓、成都知縣，升叙永廳直隸同知，道光六年父憂歸，七年卒，年四十六，卒後三年特授甘肅蘭州知府。事迹具《縣三志·宦業傳》。是集一卷，已刻。光緒《（安徽）通志》著録，無卷數，今據其子鴻韶所撰家傳著録。式金爲詞章，初務美麗，繼乃深於言理，自言觀雲而悟爲文之法，又有雜文二十九首、筆記三十三則，刻於鴻韶《有恒心齋文》前。

禄餘堂文集

［清］朱襄撰。襄原名一貫，字雲溪，號“唯齋”，蕪湖人。嘉慶二十五年進士，官至兵部右侍郎、東河總督。卒官，年五十一。事迹具《縣志·宦績傳》。光緒《（安徽）通志》著録作“《綠堂文集》”，誤，今據《縣志》著録。襄以宋儒道學惟朱熹獨得其大。仁宗嘗賜“學粹性天”章褒之。

思補齋詩鈔二卷附年譜無卷數

［清］徐廣縉撰。廣縉字仲升，祖籍太和，遷河南鹿邑。嘉慶二十五年進士，官至湖廣總督，咸豐二年以武昌失陷革職，宣統元年奏復原官。事迹具前《國史·大臣傳》。詩皆罷職後作，陳重編爲二卷，都三百九十二首，光緒八年刻。民國六年其

孫崇慎重刻，年譜係自定，宣統二年排印。廣縉功名雖不終，然歷官皆要地。錄存是集，可考見當時情事也。

歸雲集　習勤軒古文

［清］歐陽泉撰。泉字省堂，來安人。嘉慶二十五年進士。光緒《（安徽）通志》著錄，無卷數。道光八年知縣劉廷槐重修《縣志》，泉與焉。

菉園詩草四卷

［清］張賡謨撰。賡謨字竹淇，號“菉園”，晚號“癡聾叟”，桐城人。嘉慶諸生。咸豐十一年卒，年七十餘。詩凡四卷，卷四曰《焦桐集》，皆咏咸豐時事，寓言桐城焦土也。光緒五年子爔刻，有江有蘭序及諸家評語、題詞。賡謨詩學陸游，與族子敏求唱和，名相埒。光聰諧謂其於問亭不愧爲仲容，於問花不愧爲處仲，都官之緒，彌遠彌振。案：問亭爲張鵠、問花爲敏求，其曰都官，蓋賡謨始祖，本宣城梅氏遷桐之連城，遂爲連城張氏也。陳詩《皖雅初集》錄五首。

四當軒詩鈔二卷

［清］田晋撰，孫酉山箋注。晋字欐山，阜陽人。歲貢。酉山字石渠，其門人也。詩二卷，卷一爲嘉慶十年至二十五年作，卷二爲道光四年至二十年作，都百七十一首，卷二附連松谷七絶一首（目錄作“百七十六首”，誤，卷二目錄重出五首），酉山所注卷一僅《劉武穆公祠》一首、《金陵懷古》十首，卷二僅《書王敬則傳後》一首，《懷古》除第一及第七至第十等首外，餘皆有自評，前有道光十八年懷遠許所望序，蓋即刻於其時。光緒《（安徽）通志》著錄，無卷數，今據本書著錄。晋師同縣劉汐村而友劉澤菁、程溶、邢嶼、李鈞澤諸人。自言昔作《懷古》詩，以爲梁之亡，由於武帝好佛，朱異納叛，正德通逆，湘東觀望，及細讀《梁書》《南史》，而知胥由簡文自用，并附原作於改作後，俾知凡事必求其實，不可自欺欺人云云，其苦吟可知。所望謂其苦思孤詣，磊落抑塞之概一寓於詩，而風格與唐孟郊、宋延年相似云。

潁谷詩草

［清］邢嶼撰。嶼字潁谷，阜陽人。布衣。光緒《（安徽）通志》著錄，無卷數。考田晋《四當軒詩》卷二，有《同潁谷出游詩》《避暑詩》，又潁谷《見過詩》《招食鮦魚詩》《同潁谷修褉詩》《題潁谷畫石詩》，則嘉道間人也。

雲閣遺草

[清] 李鈞澤撰。鈞澤字雲閣，阜陽人。光緒《（安徽）通志》著録，無卷數。考田晉《四當軒詩》卷二，有《同雲閣避暑詩》《修禊詩》《喜雲閣》《見過詩》，則嘉道間人也。

田輝山詩草三卷古文草一卷

[清] 田廷玉撰。廷玉字荊璞，號"輝山"，阜陽人。厚第三子。諸生。光緒《（安徽）通志》著録《田輝山遺草》，無卷數，今據《田氏譜》著録。廷玉兼精醫術，著有《傷寒集成》。

蘭言閣詩集

[清] 張鈞樂撰。鈞樂，阜陽人。廩貢，官徽州府教授。光緒《（安徽）通志》著録，無卷數。

松田詩存　强恕堂賦鈔

[清] 陳亮采撰。亮采，阜陽人。廩生。光緒《（安徽）通志》著録，無卷數。

蕭然自得齋詩集八卷碧琅玕館詩餘一卷附隨筆一卷

[清] 徐漢蒼撰。漢蒼字荔庵，合肥人。嘉慶縣學增生。道光元年舉孝廉方正。同治中卒，年七十餘。事迹具《府志·文苑傳》。是集古體三卷，今體五卷，都八百六十八首，又詩餘一卷、隨筆一卷，光緒二年恩錫刻，有方東樹、程恩澤、李兆洛、陳文述、陸繼輅、梅曾亮等序跋、題詞。光緒《（安徽）通志》著録《碧琅館詩鈔》，無卷數，今據本書著録。漢蒼與同縣史臺懋齊名，有"長徐瘦史"之稱。東樹謂其才思綺麗，氣韵清雄；曾亮則謂植之非妄嘆者。趙紹祖録入《蘭言集》，又謂其有《潤州集》，疑原有是名，後已并入此集。《隨筆》載咸豐廬州城守及江忠源軼事甚詳，則其所目擊也。

數峰詩集八卷

[清] 吳階泰撰。階泰字公安，號"數峰"，桐城人。考授州同知。事迹具《縣志·文苑傳》。光緒《（安徽）通志》載《過嶺》《愚溪》《浮湘》《浮海》《燕游》《北歸》諸集，疑即是集之子目，今據《縣志·藝文》著録。階泰屢試不售，從事詩

酒，游歷所經題咏殆遍，吊古諸什，尤極排奡①一時，多推重之。

嶺南集

[清] 方諸撰。諸字墨卿，號“勿庵”，桐城人。嘉慶間歲貢，候選訓導。事迹具《續修縣志·文苑傳》。是集乃諸少時游廣東作。光緒《（安徽）通志》著録，無卷數。《桐舊集》録六首。

世德堂文集八卷

[清] 徐大理撰。大理，潛山人。歲貢。集八卷，光緒《（安徽）通志》著録。

然青樓草

[清] 劉宗任撰。宗任字華園，望江人。嘉慶歲貢。事迹具《通志·文苑傳》。光緒《（安徽）通志》著録，無卷數。宗任考訂諸書，寒暑無間。《通志》稱其著述散佚，惟是集行世。

張立本詩文存二卷

[清] 張立本撰。立本，望江人。嘉慶歲貢，官江蘇金匱訓導。集二卷，光緒《（安徽）通志》著録。

藻雲齋集

[清] 吳龍錫撰。龍錫字懷萬，休寧人。歲貢。事迹具《府志·文苑傳》。光緒《（安徽）通志》著録，無卷數。龍錫爲文原本經術，問難執贄者盈門。

梅村詩箋

[清] 吳昌齡撰。昌齡字京少，休寧人。歲貢。事迹具《府志·文苑傳》。光緒《（安徽）通志》著録“集部·箋注類”，今改隸“別集”。昌齡與兄鶴齡有“三吳”之目，居家講授，郡人士爭贄其門。

敦復齋文集八卷

[清] 陳世恩撰。世恩字玉衡，號“古愚”，石埭人，居貴池。嘉慶恩貢。年七十四卒。是集八卷，卷一至卷三書，卷四序，卷五記，卷六、卷七説，卷八題跋、

---

① 排奡：音 pái ào，驕縱，傲視。清王士禛《漁洋詩話》卷上：“季木天才排奡，目空一世。”

書後、贊傳、行述、祭文、行略，都八十一篇，乃貴池蔣淦生輯，胡惇典編，有惇典序及撰傳，光緒三十二年縣人凌聚雲等醵貲刻，前有三十一年周馥序并凡例四則，後有曾孫用之跋。光緒《（安徽）通志》著錄《陳古愚文集》，無卷數，今據本書著錄。世恩學宗王守仁，集中與人書及答書，多講學語，文亦能自道其所得。敦復齋者，孫氏別業，在李家圩，其授徒處也。

竹軒集三卷

［清］張葆光撰。葆光字仲子，號“竹軒”，滁州人。嘉慶歲貢（此據《州志》本傳，《選舉志》不載）。事迹具《州志·文苑傳》。集三卷，馮秋山刻於亳州。光緒《（安徽）通志》著錄。《州志·藝文》作四卷。葆光嘗往來吳越、走京師、客宣府，所遇悉發於詩。與黃景仁齊名。余鵬翀謂景仁以天勝，葆光以學勝。潘瑛謂其熟於風騷、漢魏樂府，五古風格獨高，七古今體出入盛唐諸家，不落中晚以下。《州志》錄五古、七古、七律各一首。道光《（安徽）通志》作《竹溪集》，誤。

賸園文集詩集

［清］余其楚撰。其楚字于翹，號“賸園”，霍山人。嘉慶歲貢，官懷遠縣教諭，以老乞休，年八十二卒。事迹具《縣志·文苑傳》。光緒《（安徽）通志》著錄，無卷數。其楚手抄十三精①，尤精於《易》，爲文曲折奧衍，集毀於亂。

程鴻詩文集三十六卷

［清］程鴻撰。鴻字心齋，霍山人。嘉慶歲貢，官望江縣教諭。事迹具《縣志·儒林傳》。集三十六卷，光緒《（安徽）通志》著錄。鴻潛心理學，作十六箴自警，爲文能補注疏所未備，尤耽吟咏。與同縣吳廷棟、劉春巖聯詩社，稿毀於亂。

金宮山詩文集

［清］金月桂撰。月桂字宮山，霍山人。嘉慶歲貢。光緒《（安徽）通志》著錄，無卷數。

觀澗閣詩文集

［清］程握蘭撰。握蘭字循陔，又字御香，號“南村”，黟縣人。嘉慶廩貢生，署壽州學正、太平府訓導。事迹具《縣三志·質行傳》。光緒《（安徽）通志》著

---

① 精：當爲“經”。

録，無卷數。握蘭嘗館黃本驥於觀蘭閣相唱和，繪蘭心圖，本驥爲之記。

琴士文鈔六卷詩鈔十二卷

[清] 趙紹祖撰。紹祖字繩伯，號“琴士”，涇縣人。滁州籍。希文孫。嘉慶廩貢，試用訓導，歷廣德州、滁州學正，道光元年舉孝廉方正，授六品頂戴。有《新舊唐書互證》，已著録。是集文六卷，首原、次論、次説、次解、次辯、次記事、次言、次書、次記、次序、次行述、次墓志銘、次銘、次祭文、次書後六十二篇，有道光十二年陽湖趙仁基序。詩十二卷，首樂府、次小樂府、次五古、次七古、次五律、次七律、次五絶、次六絶、次七絶，共八百八十一首。惟《趙氏淵源集》載紹祖《古墨齋文鈔》四卷、《詩鈔》十卷，集名、卷數與此互異。《（趙氏）淵源集》爲紹祖所輯，不應有誤，疑“古墨齋”乃其原名，卷數則刻時有所增訂也。紹祖九歲能文，爲伯祖青藜所賞，既受知朱筠，乃專力考訂。朱珔謂其史論識力卓然。魯璿謂其讀史樂府，多取史中成語湊合而成，其用意乃使人於言外領之，蓋其學本長於史也。

林屋山人詩文集

[清] 許頤撰。頤字知白，全椒人。嘉慶廩貢。事迹附《王城傳》。集爲六安徐啓山選刻。光緒《（安徽）通志》著録，無卷數。

敦睦堂文集

[清] 田浚撰。浚字匯泉，學者稱“養正先生”，宿松人。增貢生，年五十九卒。事迹具《縣志·儒林傳》。光緒《（安徽）通志》著録，無卷數。浚以經學受知汪廷珍、李宗昉、王鼎、廖鴻荃，史評皆延居學幕。《縣志》稱其根柢經術，論説考辯尤工。

澤癯吟草一卷

[清] 汪爲光撰。爲光字令愷，號“蓼斯”，晚號“碌士”，桐城人。正宗子。嘉慶附貢。事迹具《續修縣志·義行傳》。詩一卷，前有龔自閎撰傳、汪瀛、汪士鐸、王宗誠、魏源、喻均、張邦淦、高頌禾序跋、題詞，鈔本未刻。士鐸謂其藹然而溫，悄然而哀，讀其詩，可知其人之溫厚。

聽讀軒詩稿

[清] 張儀運撰。儀運字應韶，號“鳳墀”，建德人。嘉慶附貢，援例授浙江候

補縣丞，署秀水主簿，乞養歸，年八十三卒。事迹具《縣志·宦績（傳）》《（縣志）義行（傳）》二傳。光緒《（安徽）通志》著録，無卷數。《縣志》稱其父子兄弟唱和一堂。

始留草詩集

［清］吳蘭芬撰。蘭芬字春田，休寧人。明禮子。附監生。事迹具《縣志》。光緒《（安徽）通志》著録，無卷數。蘭芬紹述家學，嘗隨父入都，爲山陽汪廷珍所重。

鶴鳴堂詩集八卷

［清］曹子龍撰。子龍字臥雲，壽州（今爲縣）人。嘉慶廩生。年二十八卒。事迹具《州志·文苑傳》。集八卷，光緒《（安徽）通志》著録。《州志》作“鳴鶴”。子龍九歲能文，尤工詩。寄居金陵，與合肥蔡邦霖、史臺懋爲友。臺懋盛稱其詩，有“一代詩中將，今推曹子龍”句。邦霖謂其學王、孟、韋三家，得其神理。蔡集附載五律并聯句七律各一首，《州志》録七古一首。

蘆花館詩稿

［清］陳文杰撰。文杰原名肇遷，字香仙，亳州人。廩生。事迹具《州志·文苑傳》。光緒《（安徽）通志》著録，無卷數。文杰年十一《咏金鍼菜》詩，爲知州裴振所器，長益力學，以贏疾終。

養初堂詩集十八卷

［清］馮震東撰。震東字筼少，又字少渠，一作“少癯”，號“浡脩”，滁州人。嘉慶廩生。道光元年舉孝廉方正，選廣西岑溪知縣，歷署懷集、籐、天河、上思，調凌雲、隆安，擢湖北鶴峰州，未赴卒。事迹具《州志·文苑傳》。集有吳錫麒序。光緒《（安徽）通志》著録，無卷數。孫詩樵録入《餘墨偶談續集》。

馮震東駢體文

［清］馮震東撰。光緒《（安徽）通志》著録，無卷數。

采山集三卷 晋游詩二卷

［清］程榮撰。榮字次桓，婺源人。增廣生。事迹具《縣志·文苑傳》。光緒《（安徽）通志》載是集，無卷數，今據《縣志》著録。道光《府志·藝文》作

"《采山集》二卷"。榮幼好學，至老彌篤。詩文尤工雅，求文者恒屨滿户外。

蘭畹吟稿

［清］湯如金撰。如金，繁昌人。增生。事迹具《縣志·尚義傳》。光緒《（安徽）通志》著録，無卷數。

汪道鑾詩文集

［清］汪道鑾撰。道鑾字梟音，繁昌人。縣學增生。卒年四十餘。事迹具《縣志·文苑傳》。光緒《（安徽）通志》著録，無卷數。《縣志》録七古一首，又稱其詩文散佚，存稿一編。

澄懷堂詩集二卷

［清］吳南田撰。南田以字行，桐城人。縣學生。事迹具《縣志·文苑傳》。道光、光緒《（安徽）通志》皆作"《澄懷詩》二卷"，今據《縣志》著録。南田少孤，鮮兄弟，無意功名，吟咏自適。

卧游集

［清］張贇撰。贇字越萬，桐城人。縣學生。事迹具《縣志·文苑傳》。《江南通志》及道光、光緒《（安徽）通志》皆著録，無卷數。贇購書萬卷，批纂不輟，尤專心《易》理。

瑟玉文集

［清］方輔聖撰。輔聖字子陵，號"晦齋"，桐城人。縣學生。事迹具《縣志·文苑傳》。光緒《（安徽）通志》著録，無卷數。輔聖沉酣於古，抉摘奥穾①，不爲剽販塗澤之學，詩文皆真氣溟涬②，成一家言。

桂軒文集　詩雅　旅草

［清］楊鑄撰。鑄字夢予，桐城人。縣學生。事迹具《縣志·文苑傳》。光緒《（安徽）通志》著録，無卷數。

---

① 奥穾：音 ào yǎo，室隅深處，亦泛指堂室之内。也指奥妙精微之處。清惲敬《重刻序》："若夫是書之精微博大，足以發軒歧之奥穾，通天地之門户。"

② 溟涬：天地未形成前，自然之氣混混沌沌的樣子。泛指自然之氣。唐皮日休《反招魂》："承溟涬之命兮，付餘才而輔君。"

天柱山房不焚草

［清］金承闇撰。承闇，潛山人。諸生。年八十二卒。事迹具《縣志·文苑傳》。光緒《（安徽）通志》著録，無卷數。《縣志》稱其善詩，古文千言立就。

方天曙詩集

［清］方日早撰。日早字天曙，望江人。可選第三子。府學生。年四十三卒。事迹具《縣志·儒林傳》。道光、光緒《（安徽）通志》著録，無卷數。日早爲知府張苗所知。《縣志》稱其詩文深厚，抉極理奧。

吟古鏡齋詩集二十六卷

［清］潘世鏞撰。世鏞字東甫，歙人。嘉慶諸生。集凡二十六卷，都二千五百九十五首，有道光二十一年兄世恩序。世鏞游踪所至，悉寓於詩，而一出以性情。世恩稱其淡然曠然，無絲毫憂戚之感。同縣朱文翰《退思粗訂稿》有是集書後，亦稱其詩主性靈，多情至語，紀游諸什，尤多慨忼①俊逸②之作云。

有籟集

［清］吳應選撰。應選字安倩，號“周虛”，休寧人。縣學生，授訓導。事迹具《府志·文苑傳》。光緒《（安徽）通志》著録，無卷數。

雙桂樓稿

［清］江榮祖撰。榮祖字仁仲，婺源人。諸生。事迹具《縣志·學林傳》。光緒《（安徽）通志》著録，無卷數。道光《府志·藝文》作“江榮”，誤。榮祖高文粹行，學者稱爲“弘毅先生”。

屲江詩集

［清］孫廷冕撰。廷冕字冠賢，一字菽苴，晚號“屲江”，黟縣人。嘉慶諸生。道光十二年卒。事迹具《縣三志·藝術傳》。光緒《（安徽）通志》著録作“屲山”，誤，今據《縣志》著録。考程鴻詔《有恒心齋文·孫廷冕、吳錫光合傳》（卷八），廷冕好書畫、古印，見稱於孫星衍、俞正燮。《屲江印譜序》，正燮作也。又稱錫光藏廷冕未刻詩，屬爲删校成帙，復手寫淨本，將以壽諸木未果而卒。鴻詔撰傳，蓋在

---

① 忼：同“慷”。

② 俊逸：英俊灑脱，超群拔俗。唐杜甫《春日憶李白》詩：“清新庾開府，俊逸鮑參軍。”

同治四年，其集既未刻，今又六十餘年，吳氏所藏之寫本存否亦不可知？《縣志》録二首。

芷塘詩鈔

[清] 汪錫純撰。錫純字自堂，黟縣人。縣學生。事迹具《縣三志·文苑傳》。光緒《（安徽）通志》著録，無卷數。錫純耽書史數十年，不履城市，終日吟咏自娱。《縣志》録十一首。

半畝園集

[清] 包元音撰。元音字琴逸，涇縣人。諸生。集有宋鎔序。光緒《（安徽）通志》著録，無卷數。《縣志》録五古一首。

程雪門遺詩二卷

[清] 程耀堃撰。耀堃字晦卿，小字芳林，號“雪漁”，別號“雪門”，涇人。嘉慶諸生。年三十餘卒。耀堃詩不存稿，卒後子培蓀等請潘耀文、潘雲谷搜輯，僅得十之二三，道光九年刻，前有趙紹祖、吳臺及耀文序。紹祖謂其有似唐初四子者，有似中晚者，亦間有近李白者。

帶經堂詩文鈔

[清] 黄觀光撰。觀光字若愚，合肥人。諸生。以子先瑜貴，贈翰林院庶吉士。事迹具《府志·義行傳》。光緒《（安徽）通志》著録，無卷數。先瑜咸豐二年進士，則觀光嘉道間人也。

炊餘録一卷寄感篇一卷

[清] 沈若湉撰。若湉字惜齋，合肥人。嘉慶縣學生。事迹具《府志·文苑傳》。集各一卷，《寄感篇》附詩餘十五闋，又補遺詩二十八首，民國十二年孫德棻印。若湉與趙席珍、蔡邦霖結詩社，嗜吟咏，不事雕飾，近白居易、楊萬里。

曾園詩集二卷

[清] 夏雲撰。雲字爲霖，號“奇峰”，合肥人。嘉慶縣學生。事迹具《府志·文苑傳》。詩二卷，道光、光緒《（安徽）通志》皆著録。雲少承家學，弱冠以詩名。懷寧潘瑛謂其五言古今體，并超妙絶俗，録入所選《詩萃》。陽湖陸繼輅亦録入《淝水蘭言集》。王鳳翽《松園詩話》又摘其《春柳驚》句，云：“雙扉白板漁人宅，

十里紅橋燕子天。"

查山遺稿

[清] 吳嘉榮撰。嘉榮字伊桓，含山人。諸生，考授州同知。事迹具《和州志·文苑傳》。光緒《（安徽）通志》著録，無卷數。嘉榮博學工文，尤邃於詩。

桁青閣詩集

[清] 于恂撰。恂字漢升，繁昌人。武學生。事迹具《縣志·文苑傳》。集爲晚年所訂。光緒《（安徽）通志》著録無"詩"字，今據《縣志》著録。恂負才無可見，乃肆志詩文，著述極繁，皆散佚。

樵唱小稿四卷

[清] 鮑寬撰。寬字經畬，黟縣人。元佷子。嘉慶監生。事迹具《縣三志·文苑傳》。集四卷，有程鴻詔序。光緒《（安徽）通志》著録，無卷數，今據《縣志》著録。元佷游劉大櫆門，著《聊復爾集》。鴻詔序云宗武能精選理，嗣響少陵、斜川，實號詩人，繼聲玉局，謂此也。

將就山房詩草

[清] 葉鉏撰。鉏字耕雲，六安人。國學生。光緒《（安徽）通志》著録，無卷數。鉏工詩，與程汝薆、胡燾唱和。《州志》載鉏贈王潯詩，云："明德守中和，養素愛空谷。希風當姬孔，束身慎幽獨。了無近俗情，雅有鑄人術。隸農病夏畦，見之且清穆。"則嘉道間人也。

窮吟集

[清] 胡廉撰。廉字郭昕，號"伴山"，桐城人。嘉慶間處士。有《桐城山水紀略》（見《桐城志》），已著録。據陳澹然《窮吟集序》，《窮吟集》四卷，乃廉子烜所撰。咸豐之亂，廉詩集已亡，僅從《桐舊集》得詩數首附之《窮吟集》云云，是《窮吟集》雖附廉詩，而其集固非廉撰。又案：《桐舊集》録廉詩七首，稱其有《窮吟集》并録烜詩十六首，稱其有《目畊軒詩稿》，《桐舊集》成於咸豐前，或仍及見廉父子詩集，似當不誤，今無他書可證，姑依《桐舊集》著録，而著其疑俟考焉。

目畊軒詩稿

[清] 胡烜撰。烜字籽書，號"拙夫"，桐城人。廉子。嘉道間處士。《桐舊集》

錄詩十六首。又附七言摘句八聯，并載張敏求評語，稱其竹枝詞遠追夢得、近揖鐵崖。

淡仙詩草

［清］馬平和撰。平和字坦若，亳州人。布衣。事迹具《州志·文苑傳》。光緒《（安徽）通志》作《淡山仙詩草》，誤，今據《州志》著録。平和詩有陶韋風致。

左敼古文二卷　峨雪詩集八卷

［清］左敼撰。敼字念臣，號"懷陶"，桐城人。之柳子。事迹具《縣志·文苑傳》。文二卷、詩八卷，光緒《（安徽）通志》著録。敼承家學，工吟咏，尤嗜山水，極三江岷峨之勝，所致欷歔①憑吊，形諸翰墨。

張孔蘊詩集

［清］張孔蘊撰。孔蘊字柱臣，號"月塘"，桐城人。事迹具《縣志·文苑傳》。詩編年爲次。光緒《（安徽）通志》著録，無卷數。《縣志》作"二十餘卷"。孔蘊詩學李賀，間仿西崑。

江上草四卷　囊中草十卷　杏園草六卷

［清］吳虬撰。虬字仭翔，號"清波"，桐城人。事迹具《縣志·文苑傳》。集三種，光緒《（安徽）通志》皆著録，惟《江上草》亦作"十卷"，今據《縣志》更正。虬家貧，嘗不舉火，吟咏不輟。家藏書甚富，盡傷其半，乃嘆曰："吾以書爲命，書之傷，死之兆也。"乃焚於白湖之濱，爲文以送之，慟哭而返，果於是年卒。《縣志》載有《春閨思集唐》一卷、《咏梅集唐》百首。

許玉峰集二卷

［清］許鼎撰。鼎（字子秀，號"玉峰"，晚更名魯，桐城人。懋昭子。道光二十二年卒，年六十一。事迹具前《國史·儒林傳》）有《正志》《正學》二録，已著録。是集二卷，首論辯、次書牘，多三十年前作，卒後其甥劉元佐輯録，道光二十四年門人方宗誠編，咸豐元年宗誠與文漢光、戴鈞衡、馬三俊刻。十年毁於亂，同治五年重刻，即此本。鼎學宗程朱，文亦多論學之作。又宗誠以"二録"與此合刊爲三卷，"二録"既析入"子部"，故此以二卷著録焉。

---

① 欷歔：感慨、嘆息。宋柳永《木蘭花慢》詞："皇都，暗想歡游，成往事，動欷歔。"

卮亭詩草

［清］吳昌萃撰。昌萃，桐城人道光、光緒《（安徽）通志》皆著録，無卷數。

因樹軒詩集六卷

［清］吳生燮撰。生燮，桐城人。詩六卷。道光、光緒《（安徽）通志》皆著録。《縣志》作十卷。

菜根軒古文

［清］丁廷樞撰。廷樞（字虎臣，號“星船”，別號“惺園子”，又號“東郭生”，桐城人。事迹具《續修縣志·文苑傳》）有《易經纂要》，已著録。光緒《（安徽）通志》載是集，無卷數。此抄本二册，乃其後人所藏一册，題曰《星船古文》凡七十二篇（内《觀稼軒記》《游金庭洞記》二篇乃駢文，實七十篇）；一册題曰《暮影軒古文》，凡四十一篇，皆不分卷。據廷樞《胠篋吟自序》（詩集卷五），中年著有古文六十餘首，道光庚申（案：道光無庚申，疑是戊申之誤，乃道光二十八年也）至楚，門人李屺青取去付梓，工未浚，遭壬子（咸豐二年）之難灰燼，是廷樞存時其文佚者已多。此二册是否即舊志所録，今不可考，然其家所藏止此，其餘蓋已不可問矣。廷樞師同縣張敏求而婿於左眉，又友姚瑩、方東樹、戴鈞衡、劉開、姚柬之、光聰諧、馬樹華、左朝第、姚元之、龍汝言、張鵠、江有蘭、許丙椿諸人。論學宗程朱，兼推陸王，亦喜談經濟，於同時人頗推姚瑩，惟不以講漢學者爲然。文頗有才氣，其《達摩碑跋》一篇，爲以前金石家所未收，亦可資考證也。

蒹葭秋水樓詩集八卷

［清］丁廷樞撰。光緒《（安徽）通志》著録，無卷數，今據《縣志》著録。據《胠篋吟自序》，中年著有詩後集四百餘首，皆遍歷各省所得者，門人李屺青付梓未竣，遭難灰燼，惟餘《中州集》三百餘首，俱咏史，各作本年夏月取出删改，竟爲人盜去，是其詩佚者尤多。此抄本二册，亦其後人所藏，題曰《星船詩集》，凡五卷，都五百六十五首，大抵道咸時作，然按之時事先後，不無倒置。卷二又有《避難草》一目，似尚未經編定者，是否即舊志所録，今不可考。然廷樞中年之詩既遭毀竊，得此固可見其概云。

蒹葭秋水樓駢體文二卷

［清］丁廷樞撰。凡三十六篇。光緒《（安徽）通志》未著録。廷樞雅負才氣，

就其鄉作者論之，可於劉開、左潢間置一席云。

新園文集

〔清〕柳大勛撰。大勛，潛山人。光緒《（安徽）通志》著録。

綉谷詩鈔

〔清〕盧宗禄撰。宗禄，潛山人。光緒《（安徽）通志》著録。

孤竹詩集

〔清〕陳延撰。延，潛山人。光緒《（安徽）通志》著録。

卧松雪舫遺稿二卷

〔清〕徐煒撰。煒，歙人。集二卷，道光《（安徽）通志》著録。光緒《（安徽）通志》"松下"有"雲"字。

豹隱堂集不分卷

〔清〕趙城撰。城字藕湖，婺源人。據光緒十年吳鶚序，稱鶚年逾古稀，則嘉道間人也。是集多論史之作，其《駁子由論》，謂予於詩文自知才學不及，不敢與古人抗，至分别淑慝於古人，少有所長，雖三蘇多見其未善處，今觀其集，固如其所言云。

吟秋館詩稿四卷續稿二卷

〔清〕朱葆元撰。葆元字季真，涇（縣）人。琦第五子。詩凡四卷，同治二年刻，有陳葆魯序、顧文彬、丁述鴻、牟嗣龍題詞。續稿二卷，葆元殁後，子善，增孫承曾輯，光緒五年刻，有佺仲林序，馮桂芬、諸可權、吳承修、族孫寬成題詞。葆元家居，結詩社唱和，所作守中唐律度，不以馳驟見長。

兩間草堂集二卷

〔清〕張元榜撰。元榜字杏村，旌德人，居蕪湖。事迹具《縣志·流寓傳》。集本十六卷，光緒《（安徽）通志》著録。據《縣志》，兵間散佚，其子善政搜輯，得二卷，今依以著録。元榜嘉慶間游廣西，撰《灕江紀游》，謂人曰不數十年兵事，其始此乎後果驗①。

柳溪草堂詩集

[清] 徐之程撰。之程字伴樵，繁昌人。事迹具《縣志·隱逸傳》。光緒《（安徽）通志》著録，無卷數。之程隱居峨鎮，好讀書，放浪詩酒間。《縣志》録七律二首。

自好堂詩古文稿

[清] 徐克范撰。克范字堯民，繁昌人。之駒季子。事迹具《縣志·文苑傳》。光緒《（安徽）通志》著録，無卷數。克范少讀書馬仁山，博聞强識，與同縣洪瀛互持壇坫，知名士多出其門。《縣志》録文六篇。

秋影軒詩 齊魯游草 東歸草 墙東吟

[清] 楊巘撰。巘字橫嶽，號“陟庵”，繁昌人。事迹具《縣志·文苑傳》。巘所著皆散佚，縣人徐若蘭求得，編次珍藏。光緒《（安徽）通志》著録，無卷數。巘負才潦倒，日事車塵驢背間，故詩亦多沈鬱激昂。《縣志》録七絶一首、七律二首。

肩山集一卷

[清] 謝枞樹撰。枞樹，泗州（今爲縣）人。事迹具《州志·文苑傳》。光緒《（安徽）通志》著録，無卷數，今據《州志》著録。

磊園集

[清] 周才撰。才字爾録，泗州人。之正子。事迹具《州志·文苑傳》。光緒《（安徽）通志》著録，無卷數。

此君草堂詩稿

[清] 尤殿光撰。殿光，泗州人。事迹具《州志·文苑傳》。光緒《（安徽）通志》著録，無卷數。

明璫集一卷

[清] 許仲儀撰。仲儀，合肥人。嘉慶時女士，字同縣李氏，未嫁卒。詩一卷，

---

① 驗:同“驗”。

道光、光緒《（安徽）通志》皆著録。《合肥詩話》録《曉發官亭》句，云："亂山圍古驛，曉月淡孤村。"惟"許"作"徐"，疑《（合肥）詩話》誤也。

存悔軒文存二卷續存稿二卷詩鈔一卷

[清] 張遇春撰。遇春字愧農，桐城人。嘉道間縣學生。事迹具《續修縣志·文苑傳》。光緒《（安徽）通志》載是集，無卷數，今據《縣志·藝文》著録。遇春少好學，兼習詩古文詞，晚避亂山中以鬱卒。

待園詩鈔七卷

[清] 江有蘭撰。有蘭字怡之，號"待園"，桐城人。嘉道間諸生，以保舉署黟縣教諭，歸卒，年七十。詩編年分卷，自道光九年己丑至同治九年庚午，凡四十二年，都四百八首，同治五年刻於江寧，前有合肥李鶴章、無錫錢勗、甘泉李肇增、同縣徐宗亮序，方東樹、湯貽汾、侯雲松、文聚奎、馬三俊、戴鈞衡、姚瑩、丁延樞、馬起升、許丙椿、許奉恩、趙世暹、王尚辰、蔣敦復、趙熙文、倪文蔚、陳彞、鮑源深、莊忠棫、劉瑞芬評語。惟方宗誠《柏堂集》有《待園詩序》，此乃不載。有蘭受詩法於同縣張敏求、方東樹，又私淑劉大櫆、姚鼐，於唐宋推杜、黃，於清喜朱彝尊，所作《采石》《西湖》諸詩尤有名。東樹不輕許人，亦謂其格高氣空，詞清意遠，雄傑之概，凌躒一切。宗誠嘗索書其詩，曰："予詩在胸中未出，此豈吾詩邪？其不自足又如此"，至曂題六卷，詩乃七卷，蓋初刻止於同治五年丙寅，後又增刻丁卯至庚午之詩爲七卷也。

煉雪山房詩集八卷

[清] 曹孔灼撰。孔灼字凱卿，號"東麓"，桐城人。嘉道間縣學生。是集五七古、五七絶、五七律，各一卷，又補遺七律二卷，附五言排律二首，共八卷，有道光八年張觀海序，光緒八年門人彭元照釀貲刻於山東并序。此則民國二十一年從曾孫振玉抄本也。

詒翼堂文集二卷

[清] 胡笴撰。笴（字克生，號"東潭"，桐城人。嘉道間增生。事迹具《續修縣志·儒林傳》）有《周易温故所知録》，已著録。光緒《（安徽）通志》著録，無卷數，今據《縣志》著録。笴講求經術，通達治體，每取經書本文，反復尋繹，然後研究儒先義疏，教人先實行，後文藝，文蓋其餘事也。

桂林山房詩鈔 咏古詩集

[清] 朱培文撰。培文字質齋，黟縣人。嘉道間增生。事迹具《縣三志·文苑傳》。集爲培文自訂，有教諭殷紹伊、訓導朱駿聲序。光緒《（安徽）通志》著録，無卷數。培文爲文敏捷，尤長於詩。游蘇、浙、贛、粵，所交多知名，駿聲稱其多江山之助云。《縣志》録二首。

遯齋文集

[清] 余嘉會撰。嘉會字克修，黟縣人。學彬第二子。嘉道間附貢生。事迹具《縣三志·文苑傳》。光緒《（安徽）通志》著録，無卷數。嘉會師族兄毓祥，嗜學能文。

鶴舫詩詞二卷

[清] 石芝撰。芝字眉士，績溪人。嘉道間府學生。詩詞各一卷，病篤寄其友齊章，乞序於齊彦槐而卒，道光二十年刻。光緒《（安徽）通志》著録《鶴舫詩鈔》，而無詞，又無卷數，今據本書著録。吳賡枚、徐璈長《紫陽書院》，芝皆游其門。彦槐稱其詩妥貼排奡，略似施閏章。詞綺麗纏綿，有南唐、宋人遺韵云。

播琴軒詩稿

[清] 陸森撰。森，和州人。嘉道間優附生。事迹具《州志·孝友傳》。光緒《（安徽）通志》著録，無卷數。

浪談齋詩稿一卷

[清] 胡際瑶撰。際瑶字美堂，號"春帆"，黟縣人。嘉道間監生。事迹具《縣三志·質行傳》。光緒《（安徽）通志》著録，無卷數，今據《縣志》著録。順德羅惇衍撰傳，稱際瑶雖業商，然於詩書皆能明大義，舟車往返，必載書自隨，遇山水名勝，或吟詩寄興云。

陟岵集 息影集

[清] 李玉書撰。玉書原名綬，字素亭，鳳臺人。嘉道間監生（《府志》作"諸生"）。事迹具《縣志·孝友傳》。光緒《（安徽）通志》著録作"明人"，誤，今據《縣志》更正。玉書性至孝，父客死福建，年十五徒步數千里，負骸歸葬。《縣志》録四十四首。

釀齋詩文稿二卷

〔清〕鮑東里撰。東里字師僑，號“古村”，和州人。嘉道間例貢生。事迹具
《州志·儒林傳》。集二卷，光緒《（安徽）通志》著録。東里邃於古學，不求仕進。
源深其子也。

陳檢討四六補注

〔清〕鮑東里補。光緒《（安徽）通志》著録，無卷數。

碧波詩選二卷

〔清〕胡恩溥撰。恩溥字澍生，桐城人。嘉道間布衣。恩溥詩不自收輯，道光二
十九年春檢舊稿删汰未竣而疾革，遺命請方東樹、蘇惇元選定，存古今體各一卷，
都五十八首，明年子淳同門人張傅籛校刻，有姚瑩及東樹、惇元序、方宗誠撰哀詞，
後有淳跋。姚瑩謂其五古得從陶謝，七律亦有風格。東樹稱其氣味、音節，頗類陶
謝。惇元則謂於詩家宗派，窮源竟委，莫名一家，氣格尤沉鬱傲兀，今觀集中有效
陶、和陶及讀曹植、劉琨、陶潛、顏延之、謝靈運、謝惠連、謝朓、鮑照、江淹、
何遜、常建、劉禹錫、賈島、韋莊、邵雍、文天祥、謝枋得、劉辰翁、嚴羽諸集詩，
可以證惇元之言不虛也。

未園詩集

〔清〕吳璠撰。璠，號“蘊堂”，合肥人。鍾孫，之泉子。嘉道間布衣，以子毓
芬貴，贈榮祿大夫。事迹具《府志·義行傳》。光緒《（安徽）通志》著録，無卷
數。璠藏書數千卷，丹鉛點勘不倦。

竹佃集二卷

〔清〕王竑鄴撰。竑鄴字近漳，太平人。居宣城。光彥長子。是集二卷，首五
古、七古，次五律、七律、七排、五絶、七絶，都六百四十二首。竑鄴與弟鬱、邵、
邴皆以詩鳴，鬱、邵皆諸生，邴道光五年拔貢，蓋能承其家學者也（《采訪册》）。

安徽通志稿·藝文考

集部二十五　別集類二十四

石圃詩稿

〔清〕滕立言撰。立言，懷遠人。道光元年恩貢。事迹附《府志·文學傳》。光緒《（安徽）通志》著録，無卷數。

艾軒詩稿

〔清〕朱學孔撰。學孔，懷遠人。道光歲貢。事迹附《府志·文學傳》。光緒《（安徽）通志》著録，無卷數。

退思軒詩稿

〔清〕姚肇修撰。肇修，懷遠人。道光歲貢。事迹附《府志·文學傳》。光緒《（安徽）通志》著録，無卷數。

修竹館詩稿

〔清〕宋敬修撰。敬修，懷遠人。歲貢（《府志·文學傳》作"歲貢"，《選舉表》不載）。事迹附《府志·文學傳》。光緒《（安徽）通志》著録，無卷數。

佩芳詩稿

〔清〕陳德馨撰。德馨字佩芳，懷遠人。諸生。事迹附《府志·文學傳》。光緒《（安徽）通志》著録，無卷數。

魏介夫詩稿

[清] 魏維廉撰。維廉字介夫，懷遠人。監生。事迹附《府志·文學傳》。光緒《（安徽）通志》著録，無卷數。

自怡小草　嚶鳴小草

[清] 沈桂撰。桂字雲溪，懷遠人。事迹具《府志·文學傳》。光緒《（安徽）通志》著録，無卷數。道光十五六年間，桂與同縣滕立言、朱學孔、姚肇修、宋敬修、魏維廉、陳德馨爲“七老會”，又作“五百歲壽朋會”。楊元吉贈聯云：“合編甲子三千字，同閱春秋五百年。”時稱勝事。

覆瓿集雜體詩二卷　紅梅書屋賦鈔一卷

[清] 吳淳撰。淳字靜瀾，號“茗園”，盱眙人。淮族弟。道光元年恩貢。事迹具《縣志·人物志》。詩二卷、賦一卷，《縣志》著録。淳少有才思。鳳陽萬廣淵、定遠邵賓門咸推之，晚病風痺仍不廢吟咏（《采訪册》）。

魚山詩鈔

[清] 田穎撰。穎字銘卿，號“魚山”，宿松人。道光元年舉人。年七十八卒。事迹具《縣志·文苑傳》。光緒《（安徽）通志》著録，無卷數。穎於諸經義疏，淹貫無遺。湯金釗、周天爵皆延課子弟，同縣石鏡潢亦出其門。《縣志》稱其集未刻。

四養齋詩稿三卷

[清] 俞正燮撰。正燮（字理初，黟縣人。教諭獻子。道光元年舉人。二十年卒，年六十六。事迹具前《國史·儒林傳》）有《癸巳類稿》，已著録。是集三卷，乃其子懋穎所搜集，咸豐二年從子懋麟刻於黟縣，有程鴻詔跋。光緒《（安徽）通志》著録，無卷數。正燮於文選、全唐詩皆有評，古今人集，俱有丹墨，蓋亦深於詩者，然自記云詩甚不佳，已付字簍，忽見詩中、世上儘多善悟人，因復存之。汪文臺日記則謂其既有類稿，復有詩卷，何其神勇，惟據正燮日記，《捉蟲》《補韈》二首，與集互異，又代李雲舫、潘中堂五律一首、題畫二首，此刻皆無之，則其詩遺失亦多。《縣志》録十七首。

畫梅雜咏一卷

[清] 余鴻撰。鴻字雪江，黟縣人。事迹具《縣三志·質行傳》。鴻與俞正燮、余毓祥、姚森爲“四友”，工詩畫，尤愛畫梅，每畫必題，有咏梅詩二百餘首，毀於

兵，其子毓龍、良弼等輯爲一卷。光緒《（安徽）通志》著録，無卷數。《縣志》録一首，又有《黃山游草》一卷。

瑞硯齋詩賦

［清］胡積城撰。積城字書門（《選舉志》作"字子峻"），一字竹巖，黟縣人。道光元年舉人，官至戶部員外郎。事迹具《縣三志·文苑傳》。光緒《（安徽）通志》著録，無卷數，又訛"瑞"爲"端"，今據《縣志》著録。積城工詩文，歸田後吟咏自娱。

蕉窗吟稿

［清］潘肇書撰。肇書字軒臣，涇縣人。道光元年舉人。光緒《（安徽）通志》著録，無卷數。

笑園詩偶存

［清］王塀撰。塀字二石，合肥人。道光元年副貢，就職州判，發河南署睢寧廳通判。事迹具《府志·文苑傳》。光緒《（安徽）通志》著録《笑園詩存》，無卷數，今據本書著録。塀與全椒王城交莫逆，時稱"二王"。詩筆縱橫，不拘繩墨。

何仲山詩集六卷文集六卷

［清］何文甫撰。文甫字册樊，號"仲山"，宿松人。廩貢生。年七十二卒。事迹具《縣志·文苑傳》。詩文各六卷，未刻。光緒《（安徽）通志》著録，無卷數，今據《縣志》著録。《縣志》又載道光二十九年大水屋傾稿失，是其集已佚矣。

彬庵文集十二卷 樧[1]木林詩二卷

［清］錢之選撰。之選字文青，號"彬庵"，青陽人。縣學生。事迹具《縣志·儒林傳》。集二種。道光、光緒《（安徽）通志》皆著録。《縣志》稱其詩宗陶潛，文摹蘇軾。

蜣丸集五十卷 心言集五卷 九華日（一作"目"）游集二卷

［清］錢之選撰。光緒《（安徽）通志》著録。《縣志》録五律一首，稱其窮經述古，日居九華山房，吟咏不輟。

---

① 樧：古同"杉"。

朱魯存遺集十卷

[清] 朱道文撰。道文字魯存（一作"魯岑"），桐城人。道光諸生。咸豐七年卒，年七十三。事迹具前《國史·儒林傳》。方宗誠序。所作未嘗示人，年五十赴洪都，稿没於水，又二十年積詩文數卷，咸豐三年又毀於亂，其後避居。魯碔授經縣東鄉，有作亦不存稿，門人蕭穆隨得隨録，合之往年殘稿，得文三十首、詩四百三十一首，宗誠次爲文二卷、詩八卷，并爲之傳，又有吳廷棟、方潜跋，子兆蘭擬刻未果，抄本藏宗誠家。光緒《（安徽）通志》既著録《朱魯岑詩文集》十卷，又著録《遺集》八卷，誤，今據本書著録。道文晚與潜、宗誠交莫逆，其學精通老莊而歸重程朱，以天人不偏廢憂樂，宜并行爲宗主。其論文主協於義適於用，本於性情之不容遏，而發於光華之不容掩（《與舒伯魯書》），而不以駢散分高下，持論頗通。集中文多論文、論政，詩九、十兩卷，多傷亂之作。廷棟謂其光明俊偉，超然自得，憫時病俗，溢於言外，有莊周之曠，邵雍之樂云。

竹泉詩文集

[清] 柯華輔撰。華輔字竹泉，歙人。諸生。咸豐元年舉孝廉方正，辭不就。光緒《（安徽）通志》著録，無卷數。華輔子鉞，由道光二十九年拔貢，中咸豐元年舉人，則華輔嘉道間人也。

望湖軒詩賦

[清] 戴蘭芬撰。蘭芬字畹香，天長人。道光二年一甲一名進士，歷翰林侍讀學士。事迹具《縣志》。光緒《（安徽）通志》著録，無卷數。

伯山文集八卷詩集十卷附日記一卷

[清] 姚柬之撰。柬之（字幼樗，一作"佑之"，桐城人。道光二年進士，官至貴州大定府知府，引疾歸。事迹具《續修縣志·宦績傳》）有《易録》，已著録。是集文八卷，首經説、次史説、次集説，都二百零三條，次説、次論、次對、次篇、次稟、次議、次約、次書、次啓、次序、次記、次傳、次書後、次書事、次跋、次始末、次疏、次事略、次神道碑、次墓志銘、次祭文、次哀詞、次賦，都百二十八首，内書闕四首，實百二十四首，又卷五附詳稿一首。詩十卷，首和陶、次五古、次五律、次五言排律、次五絶、次七古、次七律、次七絶，都一千四百十五首，又卷四附李光地、魏學洢排律二首，後有舒孟蘭、張琦、張維屏、張敏求、曾燠、劉開等題跋（又有稱準宜記元記儀□謹識，建襄呈稿者，不詳何人）。日記自道光二十

二年十二月二十三迄次年二月十四，則其補廣東揭陽知縣時所記也。道光二十八年門人内鄉王檢心刻并序。光緒《（安徽）通志》著録《姚伯山詩文集》十八卷，無《日記》，今據本書著録。惟據文集卷五《上某師書》，家居取舊讀經史，仿顧炎武《日知録》例，編爲一書，有補所未及者，有證所自出者，惟篇帙浩繁，歲不我與，不知能否卒業云云，蓋即是集之經史等説，本別自爲書。公牘既入集，日記所載《答揭陽佐貳書》《論揭陽書役檄》，乃未收詩集，卷二《贈劉孟涂》一首，又見卷三，編次似不無可議。至詩集卷二《丞相嶺》一首，卷六《別情洲》一首，《度藍關懷陳樸亭》一首，均與日記所載有異同（《日記·丞相嶺》首句注云："庾嶺有張子壽祠。"顏曰"丞相祠堂"，集無。《別情洲》第三句"雨歇南山成積翠"，《日記》作"來積聚"，又五句注，《日記》僅"東莞人"三字，六句《日記》無注。《度藍關》首句"麥"字，《日記》作"黍"。第四句"歷"字，《日記》作"送"。第六句注，《日記》作"謂陳樸亭，予與樸亭在中州，均以憂去官"），當是柬之自改，又詩集卷六《舟中感懷》第九首注云："賓谷中丞序予詩集。"賓谷，曾燠字也。今詩後有燠題七古一首，而無序，疑編集時佚之。柬之師從祖鼐而友劉開諸人，詩文皆有奇氣，其《書鼐九經説後》（卷八），謂鼐爲用其短，蓋非專崇其師説者，又《書李漁十種後》（卷八），謂《巧團圓》一種，爲其十一世從祖孫棐作，亦可廣異聞也。

仿燕亭詩稿一卷

[清] 疏筤撰。筤字渭傳，號"菉莊"，桐城人。枝春子。道光二年進士，歷浙江壽昌、永嘉、武康、餘姚知縣，以事戍陝西卒。事迹附《枝春傳》。詩一卷，子啓所輯。

筆耕書屋詩賦草

[清] 王煜撰。煜字絅齋。滁州人。道光二年進士，官至國子監祭酒，二十二年乞養歸，咸豐二年卒。事迹具《州志·文苑傳》，是集未梓。光緒《（安徽）通志》著録，無卷數。《州志》録五古、七律各一首，七絕四首。

棄餘草一卷

[清] 潘光泰撰。光泰原名群，字長文，號"稚青"，晚號"退翁"，桐城人。鴻寶次子、相弟。道光二年順天舉人，歷貴州天柱、貴定、清鎮、安平、遵義知縣，二十一年告歸，二十六年卒，年六十八。事迹具《續修縣志·宦績傳》。是集遭亂佚，此乃其後人所輯抄本未印。光泰師方績而友其子東樹，又婿於胡虔，師友具有淵源。考鄭珍《巢經巢集》，有《送光泰歸桐城序》、莫友芝《邵亭遺文》亦有《送

光泰序》及傳，皆極稱其治行如魯恭、卓茂，固不必以詩傳也。

鋤梅山房詩稿

[清] 汪德謨撰。德謨，蕪湖人。道光二年舉人，官亳州學正。光緒《（安徽）通志》著録"汪"作"王"，今據《縣志》著録。

煮字軒詩鈔

[清] 馮科掄撰。科掄，全椒人。道光初歲貢（《縣志·選舉表》次道光四年前）。事迹見《王承序傳》。光緒《（安徽）通志》著録"煮"誤"壽"，今據《縣志》著録。

李川衡詩文雜集

[清] 李川衡撰。川衡字越岑，懷寧人。道光五年歲貢。年六十一卒。事迹具《縣志·文苑傳》。光緒《（安徽）通志》著録，無卷數。川衡博通經籍，尤邃於《易》。

曼翁懷古集

[清] 方維翰撰。維翰，旌德人。道光五年拔貢。光緒《（安徽）通志》著録，無卷數。

仙源文集十卷　浣思堂賦草

[清] 崔沅撰。沅，太平人。道光五年拔貢，七品小京官。集二種，光緒《（安徽）通志》著録。

禮部遺集九卷

[清] 黃富民撰。富民字小田，當塗人。鉞季子。道光五年選貢，官至禮部郎中。同治五年卒，年七十三。卷各有子目，曰《過庭小稿》《誓墓餘稿》各一卷，曰《避弋小草》二卷，皆自定，曰《萍軒小草》二卷、《詞草》一卷，南匯張文虎刪定，又《放外集》《例附律賦試帖》各一卷，共九卷。前有同治九年文虎識語、十一年瑞安孫衣言序。文虎謂本其家法，實導源白居易，人與世皆具集中。衣言亦謂步趨其父而精新要眇，獨有所得，如蘇軾之有過也。

藤緑山房詩鈔

［清］方炳撰。炳字月生，桐城人。道光五年舉人，官江蘇江都知縣，病卒。事迹具《續修縣志·宦績傳》。光緒《（安徽）通志》著録，無卷數。

師水齋全集十八卷

［清］崔預撰。預（字晋元，號"師水"，太平人。道光五年舉人）有《易鑑》，已著録。是集十八卷，卷一至四雜文、卷五至十八古今體詩，有青陽陳蔚、儀徵阮亨序，原刻已燼，其子瑗卿重刊，有知縣馬翊宸、合肥李鶴章序。光緒《（安徽）通志》著録《師水齋集》，無卷數，今據本書著録。預好游覽，晚長陝西耀州書院，頗以義理訓士，然其文亦間涉考證。符葆森《寄心盦詩話》，尤稱其詩，謂其融化意景，淳涵音韵，蔚爲大觀云。

景紫堂文集十四卷

［清］夏炘撰。炘（字心伯，一作"欣伯"，號"毅甫"，當塗人。鑾子。道光五年舉人，婺源教諭，以軍功保内閣中書加四品銜，潁州府教授。同治十年卒，年八十三。事迹具前《國史·儒林傳》）有《易君子以録》，已著録。是集凡十四卷，首考、次解、次辨、次論、次説、次讀、次序、次跋、次書後、次記、次書、次啓、次傳、次墓志銘、次行述事略、行略、次告文、上梁文、祭文、吊文，都百五十八篇，門人婺源汪瑞霖編，前有瑞霖識語，咸豐五年刻，爲《景紫堂全書》之一種。光緒《（安徽）通志》著録。炘年十九友胡培翬，授以讀注疏之法，遂由詩、禮以及群經，文亦多説經之作，然服膺程、朱，不獨於沅[1]元《論語論仁論》。（卷一《鄭氏三禮注讀如考》、卷六《論語論仁論忠告叙》、卷十一《論論語論仁論書》、戴震《孟子字義疏證》、卷十一《論孟子義疏證書》）李紱《朱子晚年全論》（卷十一《論朱子晚年全論書》）諸書加之駁正，雖深於朱學，如陳清瀾、陸隴其、王懋竑諸人，猶謂《學蔀通辨前編》上卷爲異説所蒙，《三魚堂集·答秦定叟書》沿通辨之説（卷十《論學蔀通辨》及《三魚堂集書》）。懋竑《白田草堂雜著》頗多轇轕[2]不清之處（卷十一《論自由草堂雜著書》），其辨析可謂至精，惟《王祜光傳》，謂鄭成功畔逆遺嗣，其父刀爼之不恤，則當時立論宜然，不足爲炘病也。

---

① 沅:當爲"阮"。

② 轇轕:亦作"轇輵""轇葛"。交錯、雜亂,引申为纠纏不清。東漢王延寿《魯灵光殿賦》:"洞轇轕乎其无垠也。"

夏仲子集十八卷

[清] 夏炘撰。炘字卯生，當塗人。炘弟。年五十二卒。事迹具前《國史·儒林傳》。是集凡六卷，卷一、二讀宋元明以來諸儒書，卷三針砭漢學諸君，卷四至卷六多述經史，道光十四年炘自編并序，十七年以質姚瑩、李兆洛、毛嶽生，瑩并爲之序，二十年復加整理，目錄後有自記，咸豐五年弟燮刻於鄱陽官廨①，後附所撰行狀。光緒《（安徽）通志》著錄，無卷數，今據本書著錄。炘承家學，未成童已讀閻、顧、江、戴諸書，又聆凌廷堪、程瑤田、汪萊議論而友宋因培、温葆淳、俞正燮、江有誥諸人，其學從聲音、訓詁入。中年治諸經注疏，而歸宿於理學。論文謂劉大櫆養之深，故達之廣。方苞、姚鼐鎔於理學、經學，又不得僅以文人目之，宗旨可知（卷六《與姚瑩書》）。卷一《乾隆以後學術論》《學術有用無用辨》，於戴震、盧文弨、江聲、錢大昕、洪亮吉、程瑤田、王念孫、王引之、段玉裁、臧琳、惠士奇、惠棟、余蕭客、錢塘任大椿、江永、孔廣森、汪中、劉臺拱、孫星衍、張惠言、紀昀、秦蕙田、翁方綱、朱珪、王鳴盛、王昶、阮元等，不稍假借，而於戴震之《孟子字義疏證》、凌廷堪之《復禮》三篇、阮元之《論語論仁論》，直以爲賊經害道，朱珪規以排斥太過，恐開門户之見，不恤也，然炘雖宗程朱，而《書程後議第七冊弁言》，又謂惠氏一門之漢《易》，王鳴盛之《尚書》，胡渭之《禹貢》，陳啓源之《毛詩》，江永之《三禮》，均大有功於漢儒，至《跋呂新吾集》，則直著其不讀書之失，《四禮疑》爲疑所不當疑，固非於理學有所偏狗。姚瑩謂其與方東樹所撰《漢學商兑》若合符節，蓋不盡然，惟卷二《讀張清恪各種》，謂《四庫全書》止收清恪《居濟一得》，其餘俱未録入，卷三《讀〈四庫全書提要〉》，謂張楊園、李二曲、魏環溪、刁蒙吉、左翊宸、耿逸庵諸儒，皆卓然理學，無片紙隻言録入四庫，則誤。案："清恪"爲張伯行謚，《四庫（全書）》除録《居濟一得》外，并録其《學歸類編》《困學録集粹》《道南源委》《道統録》《伊洛淵源續録》《小學集解》《二程注録》《續近思録》《性理正宗》《廣近思録》《濂洛關閩書》《正誼堂集》《濂洛風雅》諸書；張楊園名履祥，《四庫（全書）》録《張考夫遺書》。李二曲名顒，《四庫（全書）》録其《四書反身録》《二曲集》。魏環溪名象樞，《四庫（全書）》録其《寒松堂集》。刁蒙吉名包，《四庫（全書）》録其《易酌》《四書翊注》《潛室札記》《用六集》《斯文正統》諸書。耿逸庵名介，《四庫（全書）》録其《中州道學編》《理學要旨》諸書，僅左翊宸無之，炘蓋未之考也。

---

① 廨：舊時官吏辦公的地方（使用於漢代，常稱郡廨、公廨）。《晋書·徐寧傳》："上岸見一室宇，有似廨署。"

括春軒駢體文十卷

[清] 房聚五撰。聚五字東壁，一字披垣，桐城人。道光五年副貢。事迹具《續修縣志·文苑傳》。是集十卷，光緒《（安徽）通志》著録，無卷數，今據《縣志》著録。聚五博學能文。《縣志》又載有《文鈔》二卷。

蘭園詩集四卷續集一卷

[清] 許麗京撰。麗京字務滋，一字綺漢，桐城人。道光六年進士，歷浙江安吉、陝西安定、雒南知縣、署耀州、商州知州。事迹具《續修縣志·文苑傳》。是集四卷，乃官浙前作，刻本毀於兵燹。光緒《（安徽）通志》著録《續集》一卷，乃官陝西後作，有道光十七年自序，曾孫鎮藩得抄本於其姑劉氏付印并有識語。麗京五歲能詩，從伯祖斌學，授以離騷、漢魏以迄清諸家詩。自序謂不分門户，而以發於性情，根於學術，得於境界爲主云。

亦園詩鈔六卷

[清] 石廣均撰。廣均字方墀，號“榘生”，宿松人。葆元子。道光六年進士，授兵部主事，乞養歸，咸豐十一年卒。事迹具《縣志·名賢傳》。有《内訟齋隨録》，已著録。是集凡六卷，都四百六十首，同縣汪維誠序，咸豐三年刻。廣均承家學，又受學於維誠父桂月，以聖賢之道相勗，詩特其緒餘。維誠稱其華而不靡，樸而彌文，格調、音節、氣味均非浪使才情者比云。

亦園遺集

[清] 石廣均撰。凡古文數十篇，皆乞歸後三十六年中所作，未刻。光緒《（安徽）通志》著録，無卷數。

白圭堂詩鈔六卷續鈔六卷

[清] 江之紀撰。之紀字修甫，號“石生”，婺源人。道光六年進士，官金匱知縣，母歿以毁卒。事迹具《縣志·宦績傳》。詩鈔原八卷，有吳錫麒、曾燠序，嘉慶十七年刻。續鈔有梁章矩序，朱琦、毛鼎亨題詞，既以其中猶有少作，續鈔亦有未盡當意者，擬刪改重刻未遂而卒，板亦毁於兵燹，至孫人鏡乃擷其精英，各六卷，都八百二十五首，有同治元年何兆瀛、三年夏炘序、道光十四年子碧馨志語、光緒十九年刻。吳序題《鷗波小草》，蓋其詩初名也。光緒《（安徽）通志》著録《白圭堂詩集》，無卷數，今據本書著録。之紀少爲汪廷珍、吳錫麒、盧文弨、阮元所賞，又師洪梧、曾燠，師友淵源，頗極一時之選。其《論詩》三首云：“氣欲撼山嶽，力

難舉百鈞。肺腑不能達，焉得語清新。乃知韓蘇筆，關天非由人。”“千金買匕首，殺人血一縷。砥砆雖山積，難與拱璧伍。下筆不自休，惜哉傅仲武。”“何侯方丈食，苦無下箸處。昆陽百萬軍，星散難統馭。下士駭且僵，識者笑弗顧。”又二絶云：“朝爲百賦暮千詩，敏贍無如崔立之。究竟但留蚯蚓在，何曾一字是蛟螭。”“鉛華洗盡見佳人，萬古羲娥景自新。孤負好奇徐彦伯，篠驂虯戶杠艱辛。”其宗旨可知。錫麒稱其淡遠清深，軼出時俗之外。惲敬亦謂於巉刻老勁中寓和平温厚之意，尤賞其《王昭君》《楊太真》二絶。今案：其《咏昭君》云：“聞道長安戮畫工，君王恩比禮賢濃。當時蕭傅銜冤死，事後何曾罪顯恭。”《咏太真》云：“仙山塵刧兩茫茫，釵盒空勞遠寄將。肯憶長生殿中語，何忠半臂未應忘。”敬蓋非妄嘆者，惟據夏序，之紀有《鄭風補箋》二卷，《史通》《濟陽江氏人物考》各數十卷，均毀於兵燹，又文集見其子碧罄跋、《太極圖説》見《縣志》，均未刻，亦不知其存否也。

荷薪文後集

　　[清] 許前軫撰。前軫字星來，號“琴舫”，六安州人。嗣容長子。道光六年進士，官翰林院編修，道光末假歸卒於家，年五十八。事迹具《州志·宦績傳》。光緒《（安徽）通志》著録，無卷數。

槐軒詩集

　　[清] 徐德榮撰。德榮，建德人。道光六年歲貢。事迹具《縣志·文苑傳》。光緒《（安徽）通志》著録，無卷數。《縣志》稱其幼嗜學，及長博涉經史，晚寄情詩酒云。

拙修室詩集一卷

　　[清] 吳廷棟撰。廷棟（字彦甫，號“竹如”，霍山人。道光六年拔貢，官至刑部右侍郎，同治五年因病請開缺，十二年卒，年八十一。事迹具《縣志·宦迹傳》）有《拙修集》，已著録。詩爲廷棟自訂，原在《拙修集》中，刻集時，以萬斛泉言删去，光緒九年四月倪文蔚得抄本刻於河南，同年九月方宗誠又刻入《拙修集續編》，今以兩本互勘，倪本《山居雜咏》後有《秋日雜咏》八首，爲方本所無。方本《懷人詩》後有《題采蘭圖》一首，《和太常仙蝶》後，仍有詩三首，亦倪本所無，其他編次、先後、字句同異又互有出入。廷棟少居桐城，從陳家勉游。家勉工詩，爲劉大櫆弟子，後以篤志程朱，遂不復多作文。蔚謂其格調高朗，於此事實曾致力，不得以理學掩之是也。

中和游草二卷

〔清〕姚度撰。度字伯貞，號“小舫”，桐城人。詩二卷，乃侍父宦游作，前有道光六年高琳識語、張元襲序、張曾虔題詞、張漁襌、朱雅、吳賡枚、姚皖薑、姚覲閭評語，抄本未刻。高琳謂其清微雋永，有《空明閣家風》，惟《謁方斷事公祠序》云：“前明進士”，又詩注云：“公絕命詞，有無愧孝孺師”之句，考《龍眠風雅》，方斷事名法，建文元年舉人，非進士，絕命詞有“無慚正學師”句，而非“無愧孝孺師”，度所稱引均誤。中和者，湖北黃州府屬縣。空明閣，姚士陛集名也。

竹莊詩文集二十四卷

〔清〕汪澤撰。澤字手存，績溪人。歲貢。咸豐十年城陷遇害，贈布政司知事銜，蔭子入監事。事迹具《縣志》。集二十四卷，光緒《（安徽）通志》著錄。

績溪雜感詩注釋

〔清〕汪澤注釋。《績溪雜感詩》者，康熙間知縣秀水高孝本撰，凡五古三十首，有湘潭陳鵬年序，未刻。道光六年澤得縣人胡氏抄本爲之校注，又附錄詩五、《名宦傳》一，別爲《建置沿革考》一篇，證會稽、鄣郡分合，末附宋縣令趙企詩事，補志乘未備，咸豐稿佚，同治初女夫金庭訓得胡培系所藏轉寫本，刻於杭州，有昇州何兆瀛序。孝本詩述民風土物甚詳，尤致意於瘠土貧民，凋風敝俗，澤注亦頗有考據。

居易軒詩草

〔清〕曹霖撰。霖字養吾，貴池人。道光八年歲貢。光緒《（安徽）通志》著錄，無卷數。考章鶴齡《靜觀書屋詩集》，卷七有《過訪霖寓齋》及《贈答詩》三首，其贈詩有云池上風騷的世家，蓋自宋曹立甫至清，曹氏以風雅自命者，代不絕人也。

碧雲山房詩集

〔清〕孫清黼〔光緒《（安徽）通志》作“黻”，此據《州志》〕撰。清黼字章白，壽州人。道光八年優貢，八旗官學教習，早卒。事迹具《州志·文苑傳》。光緒《（安徽）通志》著錄，無卷數。《州志》錄古體五首、近體十一首。

味塵軒詩集十三卷詩餘二卷

〔清〕李文瀚撰。文瀚字雲生，宣城人。道光八年舉人，官至四川夔州知府。事迹具《縣志·宦業傳》。詩分五子目，曰《我誤集》《他山集》皆二卷，曰《筆耒集》三卷，曰《西笑集》四卷，曰《聽鳳集》二卷，乃道光四年甲申至二十四年甲辰所作，有周儀暐、李如金、黄秩林、吳嘉洤等題跋。詩餘二卷，有道光二十三年自記并諸家評跋。儀暐稱其天才灝汗，奇氣盤鬱，沉浸久之，當與古作者抗衡。

食字齋文集四卷

[清] 朱鳳鳴撰。鳳鳴字曉山，號“蠹仙”，阜陽人。道光八年舉人，揀選知縣。咸豐七年四月欽差大臣勝保令招撫捻匪張樂行等，被脅不屈遇害，贈知府銜。集爲門人王則僑等編次，文九十二篇，附詩四十六首，前有勝保、王則僑序暨則僑所撰行狀，光緒五年楊錫溥刻。勝保謂其實事求是，蔪爲有用之言。

靜園詩集

[清] 李汝琦撰。汝琦，合肥人。道光八年副貢。光緒《（安徽）通志》著録，無卷數。

挹爽樓文稿　花竹齋詩集

[清] 李國杞撰。國杞字午林，號“南叔”，太湖人。道光九年進士，官至翰林院侍講學士，卒官。事迹具《縣志·宦績傳》。光緒《（安徽）通志》著録，無卷數。

陶靖節集補注

[清] 章煒撰。煒字元城，號“琯香”，廬江人。廷梁長子。道光九年進士，由刑部郎中擢河南道御史，歷吏科給事中，丁憂歸。事迹具《縣志·文學傳》。光緒《（安徽）通志》著録，無卷數。《縣志》又載有《涵翠山房雜咏》。

香草閣文存詩存

[清] 徐啓山撰。啓山字鏡溪，六安州人。道光九年進士，歷工部主事、東河同知通判，引疾歸。咸豐三年侍郎吕賢基督安徽團練奏起爲副，是年十月舒城陷，投池卒，年六十三贈道銜。事迹具《州志·宦迹》《（州志）忠節》二傳。光緒《（安徽）通志》著録，無卷數。啓山卒前題詩璇源館壁，云：“笑指璇源水，清流赴此身。完忠今日事，討賊又何人？願與良朋共，同爲殉國臣。一庭標止水，千古仰芳塵。”《州志》録碑記一篇、七律一首。

欽齋詩文鈔十二卷

[清] 蘇惇元撰。惇元（字厚子，號"欽齋"，桐城人。監生。咸豐元年舉孝廉方正不就，賜六品冠服，七年卒，年五十七。事迹具前《國史·儒林傳》）有《四禮從宜》，已著録。光緒《（安徽）通志》著録《欽齋詩文鈔》十二卷，據《續修縣志·藝文》，乃文鈔八卷、詩稿四卷，桐城方氏所藏刻本，僅文十七篇，無卷數，每篇自爲起訖，篇末間附評語，詩僅古體二卷，共八十首，文詩均無序跋，蓋非完帙。考廬江黄業良《緑蕉紅藕山房文集·致劉少涂書》，云："厚子古文刻本，弟同治初寓皖親見，存翁朱筆點勘，甚屬精當，原板既毁，他日重刻遵存翁閲本最佳，望告强甫兄，即請存翁檢還云云。"是原刻已毁，其集存否今不可知，姑仍舊志著録。惇元師方東樹，古文宗方苞。嘗謂文不足明道析理則爲虛浮之文。其詩文主修詞、立誠，不涉旁蹊曲徑，蓋恪守桐城家法者。少涂名繼，劉開之子。存翁謂方宗誠。强甫名求莊，惇元子也。

欽齋尺牘二卷

[清] 蘇惇元撰。桐城方氏藏稿本未刻。考《續修縣志·藝文》著録《尺牘》四卷，則此本尚非其全。《縣志》又載有《題跋》一卷。

柏溪詩鈔二卷

[清] 張同準撰。同準字柏溪，桐城人。道光初諸生。是集二卷，有同治六年同縣許丙椿、七年合肥李鶴章二序，蓋即刻於其時。同準少應府試，以《平定西域凱歌》得名。許柄椿謂其清空一氣，猶守太傅遺法。太傅謂張英也。

水西咏雪齋詩稿六卷

[清] 趙炳文撰。炳文字人虎，又字豹堂，號"悔生"（見卷一《自遣》及《三十初度》自注），涇人。道光初諸生，中書科中書。詩凡六卷，卷各有子目，曰《嘔心集》《粲花集》《雞蹠集》《倚墙集》《苦匏集》《緷纏集》，前有胡培翬序，顧翰、馬壽齡、韓印、湯國泰題詞、湯詩後題，道光二十四年當即刻於其時。炳文師培翬及同縣朱琦。幼耽吟咏。韓印謂其才與氣赴，長篇叠均挽强貫札，餘亦可入摘句圖云。

味腴齋文集二十二卷

[清] 汪維誠撰。維誠字訒夫，號"省吾"，宿松人。桂月子。道光十一年舉人，官湖北松滋知縣、保補缺，後以同知直隷州用。同治元年卒。事迹具《縣志·仕迹

傳》。光緒《（安徽）通志》著録，無卷數，又誤"汪"爲"王"，今據《縣志》著録。維誠幼侍父讀，又與同縣石廣均爲總角交[①]，喜讀宋儒語録，蓋能承其家學者也。又有《詩鈔》三十三卷。

蕊香文鈔

[清] 吳誦芬撰。誦芬字蘭府，號"梅生"，祁門人。道光十一年舉人，歷署湖南溆浦、龍山知縣，改蕪湖教諭，咸豐五年在籍帶團殉難。事迹具《縣志·忠義》《（縣志）宦績》《（縣志）文苑》三傳。光緒《（安徽）通志》著録，無卷數。倪望重《錦城詩存》録詩四首。

湯若荀詩文集

[清] 湯若荀（《府志》本傳作"荀"，《選舉表》又作"旬"，而注云《通志》作"荀"，然以其字穎川，推之作"荀"爲是）撰。若荀字穎川，懷遠人。道光十一年舉人。事迹具《府志·文學傳》。光緒《（安徽）通志》著録，無卷數。

蕉窗詩鈔

[清] 齊學裘撰。學裘字子冶，易字蕉窗，號"玉谿"，婺源人。彦槐次子。道光諸生，府知事。集有道光十一年江之紀、徐墫，十四年潘光，十八年仲綸，二十年汪仲洋，二十三年陸機序，李兆洛、湯雲林、盛大士、朱福田、徐墫、史麟、余最、王士杰、史復善、鄒汝濟、黃若濟、練廷璜、董國華、戴公燮、顧承、余煌、馮焯題辭，張井、王斯年、盛大士、徐墫、王鳳生、楊鑄、王士杰、黃均、吳德旋、黃安濤跋。學裘淵源家學，論詩謂"作詩如作人，宜真不宜假"，其詩可知。安濤謂其古體勝近體，長歌勝短章。蕉窗者，窗前種蕉百十本，繪圖曰《蕉隱》，既以爲字，又以名詩也。

陳竹書詩文集

[清] 陳穎函撰。穎函字怡庭，號"竹書"，宿松人。道光十二年進士，官福建平和知縣，乞歸。事迹具《縣志·仕迹傳》。光緒《（安徽）通志》著録，無卷數。

循蘭館詩存六卷

[清] 盧先駱撰。先駱字傑三，號"半溪"，合肥人。道光十二年進士，授廣東

---

① 總角交：童年相交的好友。清沈復《浮生六記·坎坷記愁》："琢堂名韞玉，字執如，琢堂其號也，與余爲總角交。"

龍川知縣，丁艱旋卒。事迹具《府志·文苑傳》。是集六卷，卷各有子目，曰《絮影集》《泉賞集》《徽懷集》《石橋集》《消寒集》《望雲集》，乃同縣趙席珍所定，前有席珍序、陸繼輅題詞，遭亂世鮮傳本，此縣人李國瓌抄本，中亦多闕字。光緒《（安徽）通志》著錄，無卷數，今據本書著錄。先駱喜爲詩，不加雕琢。席珍謂其勇於割愛，少年緣情與中年投贈之作，皆無復存，則其存者可知。《合肥詩話》《廬州詩苑》皆錄其詩。

紅樓夢竹枝詞一卷

[清] 盧先駱撰。先駱應府試。知府申瑶拔置第二，招飲宿署中，有精本《紅樓夢》，達旦題詩百首。考《循蘭館詩存·陸繼輅題詞》，有"新編乍貴三都紙"句，原注謂君時刻《竹枝詞》百首，知此爲詩存外單行本也。民國十九年縣人李國瓌以所獲錄本重印，有王樞序。

執硯齋集

[清] 汪振基撰。振基字艮山，潁上人。道光十二年進士，官至翰林院侍讀，援例以道員候選。事迹具《縣志·仕績傳》。光緒《（安徽）通志》著錄，無卷數。

老藤軒詩文集

[清] 印兆金撰。兆金字薜裳，盱眙人。道光十二年歲貢。事迹具《縣志·人物志》。光緒《（安徽）通志》著錄，無卷數。兆金家貧好爲詩，杜門篤學，無問寒暑，有所得輒隨筆記之。

月樵詩集

[清] 王士杰撰。士杰字穉凡，號"卓庵"，婺源人。道光十二年舉人。事迹具《縣志·學林傳》。光緒《（安徽）通志》著錄，無卷數。士杰學兼漢宋，座主湯金釗贈聯，稱其晰理究精，勵學深奧云。

正聲集四十六卷

[清] 翟漱芳撰。漱芳字潤之，號"藝圃"，涇縣人。道光十二年舉人。光緒《（安徽）通志》著錄，無卷數。

仰山堂詩文集十二卷

[清] 翟漱芳撰。凡三十二卷，光緒《（安徽）通志》著錄。考朱琦《小萬卷齋

文稿》卷十一有《仰山堂集序》，稱其子持全集來質，又稱其素喜説經、三江、九江、昆侖、積石之原委，穿貫詳明，極徵博洽，漢唐諸儒傳授流派，尤悉掾史議、水利策，閎達中仍具謹嚴。他作雖稱心，而道胥中條理，不爲艱深、縟麗，爽豁胸臆云云，似其集僅文而無詩，今姑仍舊志著録。

小蓬萊詩鈔

[清] 胡光岱撰。光岱字竹林，涇縣人。道光十二年舉人。光緒《（安徽）通志》著録，無卷數。光岱與同縣朱葆元唱和。

文思堂詩文集

[清] 方恩露撰。恩露，號“雨培”，桐城人。苞來孫。道光十二年副貢，就職直隸州州判，咸豐三年殉難。事迹具《續修縣志·忠節傳》。光緒《（安徽）通志》著録，無卷數。恩露嘗主講扶溝書院，有聲。

嘯月山房詩集四卷

[清] 桂青萬撰。青萬字鷟文，貴池人。道光歲貢，官宣城訓導。集本二卷，有江都王豫序及學詩自箴語，嘉慶二十四年刻。閲十年爲道光八年删原刻十之二三，并增近作爲四卷，前有自記，十四年刻。青萬論詩主從開寶上溯漢魏。秦瀛謂有古人遺音。盱眙王效成亦謂其古調獨彈。

惇裕堂文集四卷

[清] 桂超萬撰。超萬（字丹盟，貴池人。青萬弟。道光十三年進士，官至福建糧儲道，署按察使，同治二年卒於任，年八十。事迹具前《國史·循吏傳》）有《宦游紀略》，已著録。超萬文不存稿，是集乃引疾家居所編，後又入以近作，凡四卷，都七十八篇，有徐宗幹序及自序，同治五年刻。光緒《（安徽）通志》著録。超萬循吏，似不必以文鳴，然如《夏遵道遺書辨》《羅尚忠被誣辨》《曹大鎬碑記》《請旌明末殉節諸臣狀》，亦頗有關文獻也。

養浩齋詩集九卷續集五卷

[清] 桂超萬撰。超萬詩本四卷，有汪廷珍、周系英、秦瀛、陸繼輅、鄧顯鶴、周儀暐、姚學壎、楊慶琛、何順之、沈濤、桂文燿、朱壬林、李星沅、林揚祖、黄恩彤、李象鵾、福濟、沈第、兄青萬、弟載萬、曹應鐘評語，道光六年刻。是集九卷，有汪廷珍等評語十五則。續集五卷，有徐士芬等評語八則，同治五年刻。光緒

《（安徽）通志》著録詩集十四卷，不分前續集，今據本書著録。據黄恩彤評語，庚子夏奉使出樂城，既讀其詩文刊本，復示以未刻詩五卷云云。庚子爲道光二十年，知道光所刻僅四卷，至同治乃合刻爲九卷也。超萬少學詩，即誦法漢魏盛唐，鄙袁枚一派（文集《青山詩萃序》），其《答李周南》，云："近日王袁導靡曼，群流日逐洪濤衝。樅陽一柱難障海，幾人來叩鍾山鐘。"王袁謂王文治、袁枚。樅陽謂姚鼐，其宗旨可知。又卷四《送陳潤霖》注云："生讀書山寺，雷雨墻圮，得吴次尾所藏兵書數卷。"續集卷一《訪華家村》注云："華嶽，貴池人。《宋史》作'西華人'誤。"亦可以廣異聞、資考證。秦瀛《江浙詩存》録八十七首、吴月霄《天奇閣集》録三十六首。

存存山館詩草二卷

［清］桂載萬撰。載萬字子穀，貴池人。青萬弟。廩貢，官太平府學訓導。集凡二卷，前有道光二十七平兄超萬序。光緒《（安徽）通志》著録《存存詩稿》，無卷數，今據本書著録。載萬幼聰穎，從超萬問業，嘗謂袁枚詩佻，黄景仁詩俗，其取法可知。超萬詩云："東坡譽子由，當時或疑之。後世誦其文，賢者固無私。"爲載萬作也。

漱芳園詩集

［清］戴宏恩撰。宏恩字叠峰，合肥人。道光十三年進士，歷湖南城步、興寧知縣，以禁罌粟忤上官，戍軍臺閱三年代歸，主講廬州、無爲、巢縣、泗州等書院，年七十四卒。事迹具《府志·文苑傳》。光緒《（安徽）通志》著録，無卷數。

雲卧山房詩草八卷續編一卷

［清］戴宏恩撰。凡八卷，續一卷，卷各有子目，曰《辭湘草》《出塞草》《赤城草》《河干草》《漱芳集》《居巢集》《括囊集》，自道光二十年庚子至咸豐五年乙卯，續編自咸豐六年丙辰至同治三年甲子，凡二十三年之作，光緒十年從子昌言刻。《合肥詩話》《廬州詩苑》皆録其詩。

潔華館詩集

［清］程榮功撰。榮功字仲敷，歙人。祖洛次子。舉人。集有鮑源深序。讀史諸作，尤拳拳於兵事、餉事。

初桄齋詩集二卷

[清] 程梯功撰。梯功，歙人。祖洛第四子。道光十四年舉人。咸豐十一年卒。年四十九。詩本自訂，洪筱圖藏山中，毀於兵燹，此爲鮑寄琴所藏手錄稿，起道光九年迄咸豐十年，凡三十二年之詩，原附柯華輔七絶一首、許海秋七律一首，又從其侄柏梁處得數首，同縣鮑增祥、江濟厘爲二卷，有同縣柯華輔序、許長怡跋，同治三年刻。光緒《（安徽）通志》著錄《程梯功詩集》，無集名、卷數，今據本書著錄。梯功與華輔唱和，論詩有云："理透何妨俗，才高亦損人。"其旨可知。華輔謂其濃不失纖，新不傷巧。

少巖全集

[清] 夏思恬撰。思恬原名思油，字涵波，號"少巖"，銅陵人。道光十四年舉人，蕪湖儒學教諭。光緒《（安徽）通志》著錄，無卷數。

少巖詩稿

[清] 夏思恬撰。自卷一至卷四，凡四卷，乃嘉慶二十一年丙子至道光七年丁亥十二年之作，同治三年廬陵劉履祥刻，前有自序并履祥序。劉序稱詩千三百餘首，少壯家居多秀麗之作，中年足迹半天下，格調益高，晚遭世艱，悲壯蒼凉云云。此本詩二百八十四首（卷一附兄雨薰五律一首），按之劉序所稱，僅十分之二強，又自序後題同治三年十月，此本止於道光七年，自道光八年下距同治三年，凡二十六年，豈能遂無所作，顯非完帙。又朱伸林《古月軒詩》卷五，《夏少巖示癸丑後詩賦贈七古》，有先生之詩凡三變，及少年獻賦《游金門》"驅車屢過鄒平道，中年寄迹遼海邊"諸句。癸丑，爲咸豐三年，亦可爲思恬詩不止此之證。思恬詩筆秀麗，蓋如劉序所云，惟卷一《樓山行》，云："聞道金陵就義日，正氣巖巖見顔色。"樓山，爲明吳應箕別業，詩蓋爲應箕作。案：《應箕年譜》順治二年冬清兵攻泥灣，應箕兵潰走山中被執，行至距郡十餘里之石灰沖，賦絶命詞就刑。是應箕實死於池州，思恬謂死於金陵，則誤也。

增訂少巖賦草二卷

[清] 夏思恬撰。每篇後有評，或略注所用典故。

盾鼻吟草不分卷

[清] 林士班撰。士班字竹溪，號"補齋"，晚號"箕簹老人"，懷遠人。道光十四年舉人，選東流教諭，以軍勞歷官陝西漢中、西安知府，署陝安兵備道。士班原

有《思補齋詩集》，已刻，此乃道光二十二年壬寅至同治十年辛未之作前，有陸大
梀、何璟、唐李杜、金安清、高均儒、陳國瑞、孫衣言、黃鬻先、李慎、何廷謙、
方濬頤、袁保恒、秦茂林、□掄、凌彝銘、管晏、沈際清、戴文海、徐維誠諸題識。
未刻。

本性齋詩稿

［清］葛潤薴撰。潤薴字豐澤，號“蘭渚”，蒙城人。道光十四年舉人。事迹具
《縣志·儒林傳》。光緒《（安徽）通志》著録，無卷數。《縣志》録記一篇。

俞粹純詩文集

［清］俞粹純撰。粹純字熙文，號“問樵”，婺源人。升潛孫。道光十五年恩貢，
選陝西乾州州判、升知州。事迹具《縣志·文苑傳》。光緒《（安徽）通志》著録，
無卷數。粹純少讀書鍾山書院，山長姚鼐、孫星衍、朱琦皆重之，同縣朱錫珍、洪
軒，其門人也。

求志居集三十六卷

［清］陳世鎔撰。世鎔（字大冶，一字雪樓，懷寧人。道光十五年進士，歷甘肅
岷州知州、隴西古浪知縣、擢同知，引疾歸，年八十七卒。事迹具《縣志·仕業
傳》）有《周易廓》，已著録。是集古今體詩二十二卷，都七百九十九首。雜文十四
卷，都九十六篇，道光二十五年刻。《縣志》作詩二十卷、文十六卷者，誤。世鎔九
歲賦《雁字詩》，云：“不作人間字，長留天上文。”十四歲又賦《迎江寺塔》，云：
“江心一片影，終古不隨流。”其詩肆而能斂，質而能腴。林則徐遣戍過古浪見所作
《華山諸詩》，手録達旦，其爲時重如此。雜文如《論兵事諸書》，亦多關係。

立誠軒詩一卷

［清］呂賢基撰。賢基（字鶴田，旌德人。飛鵬子。道光十五年進士，官至工部
左侍郎。咸豐三年回籍督辦團練，駐舒城，是年十月城陷殉難。贈尚書銜，謚“文
節”，事迹具前《國史·大臣傳》）有《奏議》，已著録。是集一卷，附文一篇，乃
曾孫美璟所裒集，民國二年刻於上海，有吳江沈兆奎序及美璟識語。《皖雅初集》録
三首，謂其七古奔放似大蘇。

槐卿遺稿六卷附録一卷政績六卷

［清］沈衍慶撰。衍慶字槐卿，石埭人。道光十五年會試中式，明年殿試成進

士，歷江西金谿、興國、安義、泰和、鄱陽知縣。咸豐三年七月殉難，年四十一，贈道銜。事迹具前《國史・循吏傳》。遺稿凡六卷，卷一賦、卷二詩、卷三四書牘、卷五書啓、卷六雜著。附録則上諭、奏摺、傳紀、逸事、挽詩、祠聯之屬，前有桂丹盟、楊恒春序、夏燮識語、單懋謙題詞。政績亦六卷，卷一示諭，卷二興國、安義判牘，卷三、四泰和判牘，卷五、六鄱陽判牘，前有自記，後附樂平知縣李仁元死事紀略及軼事，則與衍慶同殉者也。前有劉繹序，均桂丹盟、夏燮編定，同治元年刻。衍慶以循良稱，今觀其書牘，猶可見其盡心民事，固不徒以忠節顯也。

鴻雪樓詩集十二卷續集八卷

[清]沈善寶撰。善寶字湘佩，浙江錢塘人。義寧州州判琳女。道光十五年進士山西太原知府來安武應暘繼妻，同治間卒。是集十二卷、續集八卷，則夫婦唱和之作也，道光末刻。咸豐板毀，今僅存四卷。善寶年十二工詩。父卒，家被籍没，飄泊江淮間，鬻詩文養母，故其詩多鬱勃之氣。七古如《石鼓歌》《謁表忠觀》《夢游大海》諸篇，皆遠追蘇軾。律詩亦清矯拔俗，不涉纖佻。梁紹壬《兩般秋雨盦隨筆》、孫橒《餘墨偶談》皆録其詩。

余龍光文集二十四卷詩集七卷外集六卷

[清]余龍光撰。龍光，號"蕭山"，婺源人。元遴孫。道光十五年舉人，歷江蘇婁、崑山、元和、青浦知縣，罷歸。事迹具前《國史・儒林傳》。集三十七卷，光緒《（安徽）通志》著録。龍光早歲讀陸王書，於陳亮、葉適事功、馬端臨《（文獻）通考》、顧炎武《（亭林）遺書》，皆能得其要略，後乃淵源家學，篤志程朱。謂汪紱尊信朱子，其言或太盡、太急切，然欲救時俗岐誤，其設心良苦，蓋紱與江永俱爲婺人，所推永學兼漢宋，其徒戴震始專崇漢學，詆斥程朱，故龍光云然也。

龍山詩草

[清]崔文泰撰。文泰，太平人。道光十五年舉人，官來安教諭。光緒《（安徽）通志》著録，無卷數。

敦艮吉齋詩存二卷

[清]徐子苓撰。子苓字叔偉，一字毅甫（一作"易甫"），號"西叔"，一號"默道人"，又號"龍泉老牧"，晚號"南陽老人"，合肥人。道光十五年舉人，同治五年援例授和州學正，甫一年告歸。事迹具《府志・文苑傳》。詩按年編次，起道光九年己丑訖同治四年乙丑，凡三十七年，都五百三十五首，同治五年英翰刻於潁州

并序，又馮志沂序、陳克家、孫鼎臣、何紹基、魯一同、姚瑩、言南金、胡志章題詞暨自序。以初刻多訛，同治十年再刻於皖。光緒元年板毀於火，十二年長子源伯重刻。子苓與同縣朱景昭、王尚辰，號"三怪"，古體導源漢魏，近體學高岑，亦間涉王孟，以較朱王，固未能定其先後也。

敦艮吉齋文存四卷

[清] 徐子苓撰。文係自訂，不分體，都一百五十三首，有翁同書序、黃長森、管樂、程鴻詔題詞，光緒十二年長子源伯刻。子苓文上窺西漢，自成別派，雖嘗從姚瑩游，然不專學桐城也。

浩然堂詩集六卷

[清] 江開撰。開字龍門，廬江人。宛平籍道光十五年順天舉人，歷陝西紫陽、咸陽、富平知縣，擢知府，同治初卒。事迹具《縣志·宦績傳》。詩六卷，都四百三十首，有山陽潘德輿、固始蔣湘南序，道光季年刻，咸豐十一年重刻。開詩宗盛唐，於李白、岑參為近。德輿謂其豪宕自喜，實蘄合乎雅音，不妄逞才氣。惟初刻本有《鏡聽詞》《烏夜啼》《安期生祠》諸篇重刻本無之，蓋以少作刪去也。

養性軒燹餘小草二卷雜著拾遺一卷

[清] 王靜涵撰。靜涵字曉江，號"虛齋"，舒城人。道光十五年舉人，咸豐初選授南陵教諭。光緒初卒，年七十餘。事迹具《縣志·宦績傳》。是集詩二卷，前有劉秉璋序、沈人俊、曹楞題詞。文一卷，前有沈人俊序、瞿鴻機撰傳、許湘祥撰墓銘，又沈人俊題後、子承熙撰行述，光緒十四年承煦刻於浙江鎮海縣署。《靜涵全集》千餘首，兵亂焚失，惟存渡江一册，文亦僅晚年酬應之作。秉璋謂其少學陶潛，樂府近漢魏，渡江以後則駸駸[1]登杜甫之堂云。《皖雅初集》錄三首。

攬雲山房詩文集

[清] 孫樹南撰。樹南，號"晴軒"，壽州人。炳圖次子。道光十五年順天舉人，十六年會試挑取謄錄，議叙知縣，二十六年卒，年四十四。事迹具《州志·文苑傳》。光緒《（安徽）通志》著錄，無卷數。樹南隨父宦京師，與諸名人相砥礪。《州志》稱其詩文清雋。

---

① 駸駸：漸進貌。明喬世寧《何先生傳》："國初尚襲元習，宣正以來，駸駸如宋矣。"

望三益齋詩文鈔十卷

[清] 吳棠撰。棠字仲儒，號"棣華"，盱眙人。道光十五年恩科舉人，官至四川總督，光緒二年引疾歸，旋卒，謚"勤惠"。事迹具前《國史·列傳》。詩曰《爐餘吟》《公餘吟》各二卷、附詞一卷，又《謝恩摺》一卷、雜文四卷，同治十三年刻於成都使署，前有同治十年黃雲鵠、二年錢振倫序、孫衣言、魯一同、彭毓棻、吳爲楫、薛時雨、陳爾幹、朱在勤等題識。雲鵠謂其蘊抱宏深，宅衷悱惻，忠愛之懷，溢於言表，惟以振倫。雲鵠所撰棠父墓表、家傳，一同代撰《敵愾同仇八約》，均編入《雜文》卷中，則殊乖體例也。

敦艮齋詩存

[清] 秦茂林撰。茂林字翰卿，號"竹人"，盱眙人。道光十五年舉人。歷河南商城、武安、葉、安陽、洛陽知縣，同治六年卒官。事迹具《縣志·人物志》。詩有光緒十三年山陽徐嘉序。序稱秦生其增以王考《敦艮齋詩》來爲擇十之五，趣先付粹，則詩即嘉所定也。茂林邃於史學，尤工詩。嘉謂其指陳時事，婉篤肫復如元結（《采訪冊》）。

伊蒿室集九卷

[清] 王效成撰。效成字子頤，號"雪脁"，集題"約甫"，當是其別號，盱眙人。道光十六年恩貢，二十六年自湛淮水死，年五十餘。事迹具《縣志·人物志》。效成嘗自刊其文，既歿門人又刊其《軒霞詞》一卷，板皆無存，咸豐二年李方伯將刊其詩，遭亂未果，五年縣人吳棠得王蔭樾抄本并初稿總九冊，裁其復蔓，得文六卷、詩二卷、詩餘一卷，都爲一集刻之，有咸豐五年山陽魯一同序，詩有武進李兆洛序，詞有道光二十四年傅桐、十五年王錫麟序。光緒《（安徽）通志》著錄，無卷數，又脱"室"字，今據本書著錄。效成與吳嵩、李兆洛善，二人深引重。一同謂其文經事綜物，出入賈董，劣亦杜牧、孫樵。詩長於樂府，詞精潤多可歌者，惟據王蔭槐《蟫廬詩鈔》，效成集原名《親雅堂》，又附效成《都梁四咏》四首、《酬子和雪後見奇》一首、《偶園小亭晚坐同子和》一首，此皆不載，是其詩不無散佚也。

半軒詩存一卷

[清] 陳作霖撰。作霖字韞山，本福建永春人，嘉慶初其父芝溪游宦來皖，始爲合肥人。是集詩二十八首、附詞三闋，又附《顧晴軒詩》四首，前有咸豐五年彭維梓序、道光十八年李汝璥、十六年兄福寶、咸豐九年戴家麟題詞，乃同縣謝禹臣所藏，民國二十二年以授其曾孫東原，抄本未印。

子餘詩存一卷

[清] 陳慶蕃撰。慶蕃字子餘，合肥人。作霖從子。是集詩三十二首、附詞十八闋，亦謝禹臣所藏，民國二十二年授其從孫東原，抄本未印。

江上小蓬萊吟舫詩存十八卷詩餘二卷

[清] 葉坤厚撰。坤厚原名法，字湘筠，懷寧人。道光十七年拔貢，歷河南許州知州、彰德府知府、彰衛懷、南汝光道，加布政司銜，年八十八卒。事迹具《縣志·仕業傳》。詩凡四千九百七十五首，有光緒二年毛昶熙序、九年呂懋采跋。詞有咸豐十一年楊秉璋序，光緒九年子伯英刻於陝西藩署。《縣志》作詩二十卷，誤，今據本書著錄。坤厚六歲能詩，自壯逮老存稿等身。懋采謂其本諸性情，達乎政事，讀其詩，可知其政云。

鋤月山房詩集

[清] 楊承啓撰。承啓字振之，懷遠人。道光十七年選貢（《府志·選舉表》作"道光辛酉選貢"。按道光五年爲乙酉、十七年爲丁酉、二十九年爲己酉，而無辛酉，又表載承啓選貢，次乙酉選貢潘綉後，己酉選貢林之材前，知辛酉爲丁酉之誤也）。事迹具《府志·文學傳》。光緒《（安徽）通志》著錄，無卷數。承啓家貧借書讀，日盡數函。

璞山存稿十二卷

[清] 曹藍田撰。藍田字琢之，號"璞山"，銅陵人。道光十七年舉人，選潁上教諭、叙守城功加六品銜用知縣，咸豐十一年卒，年四十八。集凡十二卷，卷一經說，卷二、三史論，卷四議，卷五書後，卷六策，卷七書，卷八雜著，卷九紀行，卷十潁上城守日記，卷十一芻蕘末議，卷十二芻蕘餘議，乃弟翰田子榮綬所輯，前有同治五年禮部覆奏、方宗誠撰傳、同治三年徐子苓撰墓誌銘、張謇及翰田序，後有光緒二十一年榮綬識語。《城守記》有楊德亨書後，二十二年刻。藍田讀書務實踐，兼闡良知之説，經說不主一家，多近宋儒。史論近王夫之，而無宕激已甚之論，卷七以下多關咸豐兵事，其謂池太二郡，宣歙之藩籬。宣歙二邑，蘇浙之門户，今聽賊盤踞池太，上倚安慶形勢，下通金陵聲息，勢不至進，寇宣歙轉犯蘇浙不止，後悉驗，固異於空言無實者也。

謝家山人集四卷

[清] 唐瑩撰。瑩原名金波，字子瑜，晚號"謝家山人"，當塗人。道光十七年舉人，官懷寧教諭，光緒十年卒，年七十二。詩曰《楚游草》《寓皖草》各二卷，懷寧鄧藝孫校訂，前有胡志章、聯元二序及自訂年譜，後有鄧藝孫書後，光緒十年刻於安慶。方昌翰撰行略（《虛白室文鈔》卷二）作六卷，蓋誤。瑩詩文不自愛惜，而詩存稍多。論詩謂苟無感發性情之處，雖奄有①古人所長，亦可以無作（見《鄧藝孫書後》）。藝孫謂其思清節暢，其至者油然、曠然，出於塵俗之表云。

福波詩文集

[清] 王敬恩撰。敬恩原名用賓，字薦卿，號"福波"，廣德州人。道光十七年舉人，咸豐三年大挑二等選績溪訓導，十年入曾國藩祁門幕，克復徽州、安慶，保升知州，旋卒。事迹具《州志·文苑傳》。光緒《（安徽）通志》作"王敬思"，蓋以形近而誤，今據《州志》著錄。敬恩性豪邁，文思敏捷，頃刻千言。《皖雅初集》錄詩一首。

叢雲精舍詩

[清] 朱藜照撰。藜照字筠生，全椒人。道光十七年舉人，任合肥訓導，升鳳陽教授，以軍勞叙知縣。事迹具《縣志·文苑傳》。光緒《（安徽）通志》著錄，無卷數。黃錫麒選入《蔗根集》梓行。

木石軒詩文集十二卷

[清] 張觀曾撰。觀曾字少芝，號"柘圃"，建德人。儀運長子。道光優廩生，年三十六卒。事迹具《縣志·文苑傳》。光緒《（安徽）通志》著錄，無卷數，今據《縣志》著錄。觀曾與弟觀美相師友，文名噪一時，《縣志》稱其藏稿盈篋，後被兵燹，是其集已佚也。

寄影軒詩鈔十八卷

[清] 張觀美撰。觀美字硯秋，又字粹之，晚號"寄影老人"，建德人。儀運次子。道光十七年副貢，官至廣東羅定州知州，年六十七卒。事迹具《縣志·宦績傳》。詩係自編，凡十八卷，卷一至卷三曰《焚餘集》，卷四、五曰《爪雪集》，卷六曰《北上詩草》，卷七曰《聽刁集》，卷八、九曰《海田集》，卷十曰《海田續稿》，

---

① 奄有：全部占有。

卷十一曰《豐山寄影小草》，卷十二曰《庚辛集》，卷十三、四曰《禪山吟稿》，卷十五曰《禪山續稿》，卷十六曰《禪餘詩草》，卷十七曰《瀧州集》、卷十八曰《丁戊集》，乃咸豐三年癸丑至光緒四年戊寅之作，内卷二附徐夢庚五律二首，卷四附高得齋七律一首、章絅庵七律二首，卷十三附妻□氏七律二首，卷十八附錢贊七律二首。除《丁戊集》外，每集前皆有小序，光緒四年子颿康等刻於廣東，前有吳贊誠、黃紹昌、潘貞敏序，吳存義、邵亨豫、丁壽祺、胡文田、錢贊題詞，後有颿康跋，惟據卷一小序，癸丑以前之詩，咸豐十年毀於火，故是編始於癸丑，又據颿康跋，丁丑詩遺失，此乃颿康所輯，僅存十之四五，至周馥撰傳（《周愨慎文集》卷二）稱詩稿十六卷，卷數與此異，莫詳其故。觀美論詩有云："聽到玲瓏度妙音，溪間流水樹間禽。宮商諧暢皆天籟，始識無心勝有心。"（卷十）所作亦不出此旨也。

敬修堂文集

[清] 楊摛藻撰。摛藻字樸庵，石埭人。道光十八年進士，官刑部主事，乞養歸，以軍勞保升員外郎，再加四品卿銜，年六十四卒，贈光禄寺卿銜。事迹具《縣志》。光緒《（安徽）通志》著録，無卷數。摛藻主講皖南北書院，不立講學名而躬允蹈之，軍興辦五縣團練，集中兵事論言時事書，皆其時作也。

愚荃敝帚二卷

[清] 李文安撰。文安本名文玕，字式和，號"玉泉"，一號"愚荃"，合肥人。道光十八年進士，官至邢部郎中，記名御史，咸豐三年以王茂蔭奏保回籍協剿，叙功以知府用，四年卒於軍，年五十五，贈道銜。事迹具《府志·宦績傳》。詩凡二種，卷上曰《貫垣紀事》，七絶五十四首，官刑部提牢時作。卷下曰《村居雜景》，七絶五十首，歸里後作，有戴鴻恩、趙昀、章萃含序。《貫垣紀事》又有汪廷燮、章瓊序，王燮堂題詞。《村居雜景》有梁萼涵、何慎修、吳德清題跋，咸豐元年子鶴章刻於廬州，板毀於亂，同治四年子瀚章覓得完本，明年安徽布政吳坤修重刻，有鶴章、坤修二跋。文安自謂耑①主紀事，不計工拙。趙昀謂其不以詩名，而胸次浩落，時見歌咏，和平渾厚，肖其爲人云。

李光禄公遺集八卷

[清] 李文安撰。文安原有《愚荃敝帚》，光緒間子昭慶益以賦詩、經義、家書、雜著，編爲賦四卷，詩、文各二卷，刻於江寧，後有孫經述跋。《廬州詩苑》《合肥

---

① 耑：音 zhuān，同"專"。

詩話》皆録其詩。

顧庸集十二卷

[清] 方潛撰。潛（字魯生，本名士超，桐城人。同治七年卒，年六十。事迹具前《國史·儒林傳》）有《毋不敬齋全書》三十一卷，已著録。是集文十二卷，按年編次，除卷一爲咸豐三年癸丑前作外，自卷二以下乃咸豐三年至同治六年丁卯作，前有自序，光緒十六年子敦吉刻於山東濟陽縣，爲全書中之第五種。潛始好釋老，既與吳廷棟游，乃篤信程朱。論文主神、理、氣三者，其次曰法（古文百篇序），宗旨可知。惟卷一《方氏支系述略》内載《方法不拜燕王篡位詔》，及方孔炤仕湖南巡撫云云。按：方法以不署名燕王登極賀表被逮自沉，孔炤巡撫湖廣非湖南。潛自述其先不知何以有此失，至卷九代吳廷棟草《金陵告捷》，益加敬懼，疏奉諭交弘德殿省覽廷棟《拙修集》，卷一亦載之。其曰顧庸，取《中庸》"庸德、庸言，言行相顧之義也"。

永矢集三卷

[清] 方潛撰。是集詩三卷，按年編次，乃咸豐三年癸丑至同治六年丁卯作，内卷一附朱道文七律三首、五古一首，前有自序，光緒十六年子敦吉刻於濟陽，爲全書中之第六種，惟卷二之《毋不敬齋銘》《張公殉節新樹辭》應入文集，編次不無可商。潛讀杜詩云："自古詞人多怪誕，誰追風雅得其真。三閭嗣響惟工部，莫作尋常文字論。"其宗仰可知。詩多贊惜忠節，亦間有逃禪語，蓋避亂，及與朱道文酬答之作。其曰永矢，取詩《考槃》，永矢弗忘義也。

黃山紀游詩草

[清] 孫良鑑撰。良鑑字鏡川，太平人。道光十九年舉人。是集首游紀、次詩，光緒《（安徽）通志》著録鏡川詩草，無集名，今據《采訪册》著録。良鑑於黃山某峰、某名、某石、某形，皆能搜奇選勝，蓋與方敬一《黃山游草》相頡頏。

瓜豁集二卷

[清] 王祥儲撰。祥儲字子餘，太平人。道光十九年舉人，以軍勞官江西知縣、代理南昌同知，補樂平知縣未任卒。事迹具《縣志》。是集多與當道暨朋僚書牘，光緒《（安徽）通志》著録。王祥儲存古雜文一卷，無集名，今據《采訪册》著録。集中多關兵事，如論咸豐六年三月間，當時號稱名將之前雲南開化鎮總兵都隆阿，由崇防撤退苦竹橋，又退至厚岸，火藥、軍裝盡棄資敵，衹任團勇作戰，死達千人，

傷者無算，涇、南陵相繼失守，又十月間都司余永椿、經歷蘇式敬由徽帶勇援剿時，團勇鏖戰萬肩嶺，正將得勢，忽後防苦竹橋告急，經團董九次請助不出，致團勇又死千餘，傷如之，燒屋無算，而總兵秦如虎、蕭知音相距密邇，擁兵不救，復乘夜越山而逃，軍裝、鉛藥全行委棄，縱敵兇掠，延燒十餘里，居民死亡枕籍云云，皆官書所不載。又論提督鄧紹良、周天受身先士卒，不避艱險，後皆殉節如所料。至於江西議荒政，以秦中丞質穀法，足救朱子社倉之窮，特爲補充意見條具辦法，亦有裨實用也。

玉堂詩草　亦有樓續編

［清］李步瀛撰。步瀛字文儁，建德人。道光十九年舉人，同治二年堡破自縊。事迹具《縣志》。光緒《（安徽）通志》著録，無卷數。

瑯峰草堂詩集十二卷

［清］葉霖蕃撰。霖蕃，休寧人。道光十九年副貢，浙江同知。詩十二卷，光緒《（安徽）通志》著録。

愚谷遺詩一卷

［清］潘拱辰撰。拱辰字瑯圃，號“海樓”，晚號“愚谷”，桐城人。光泰次子。道光監生，同治十年卒，年六十四。詩一卷，皆咸豐時作，抄本未刻。

方憬巖詩文集

［清］方奎炯撰。奎炯字潤之，一字昭甫，又字子明，號“憬巖”，桐城人。心簡長子。道光二十年進士，官至四川打箭爐同知卒。事迹具《續修縣志·宦迹傳》。光緒《（安徽）通志》著録，無卷數。

尚志居集九卷

［清］楊德亨撰。德亨（字仲乾，石埭人。貢生。光緒二年卒，年七十二。事迹具前《國史·儒林傳》）有《尚志居讀書記》，已著録。據方宗誠撰傳，是集原有十餘卷，宗誠删爲書五卷、雜著二卷、家訓一卷，又家訓補遺一卷，凡九卷并序，光緒八年遵義莫祥芝、新化游智開、鳳陽萬葉封、涇洪汝奎刻。德亨始好王守仁、李顒書，已讀羅澤南、倭仁、吳廷棟諸集，乃反求之程朱，故集中亦多論學之文。

遂園詩鈔六卷

[清] 趙昀撰。昀字岵存，號"遂園"，太湖人。道光二十一年進士，官至廣東惠、潮、嘉道署按察使。詩係自定，自道光七年丁亥至同治十三年甲戌，凡四十八年，編爲六卷，前有光緒元年自序，二年正月刻。據自序，檢敝籠殘失及半，就所存復汰其蕪者、率者、纖者、雕鑿者、敷衍酬應者，什五六云云，是其詩原不止此。陳啓邁謂其隊仗精整，氣格高華，有太原公子氣象。遂園者，虛擬其景，爲詩六十四首紀之，猶戴名世之意園也。

蘿摩別墅詩鈔一卷

[清] 汪承恩撰。承恩字殿華，號"冀階"，別號"招鶴山人"，黟縣人。雲翮子。道光朝議叙同知。光緒八年卒，年八十有三。事迹具《縣四志·文苑傳》。是集一卷，乃錢塘潘恭辰所定，皆四十以前作，道光十九年刻，前有麗江瞿溶序（《黟縣三志》卷十五之六），據戴之傑撰別傳（《黟縣四志》卷十四），仍有續鈔藏於家，又程鴻詔撰詩文集序（《有恒心齋文》卷六），亦稱并見諸老未見之詩百四五十篇，蓋其詩尚有續鈔，而刊行者則止此也。光緒《（安徽）通志》著錄《蘿摩墅詩文集》，無卷數，又脫"別"字，今據《縣志》及《采訪册》著錄。承恩從齊彦槐受詩法，説詩不喜黃庭堅，瞿溶比之白居易，尤稱其《留侯玉印》《古銅箭鏃》《讀秦本紀》《（讀）晉書》《泊毛家堰》《宣城道中》《讀醫書》《觀捕魚》諸篇。俞正燮亦謂其律句秀逸，七古似北宋大家。鴻詔則謂其時值艱難，繫懷家國，則香山而少陵風格日上。篇幅較闊，則北宋而盛唐云。《縣志》錄二十一首。

蘿摩別墅文鈔

[清] 汪承恩撰。據汪潤烈撰傳（《黟縣四志》卷十四），承恩晚歲家居，手訂詩古文及雜著藏於家，蓋未刻行，又程鴻詔撰詩文集序，稱所見散體十三、駢體十二，散體規矩高曾①、骨肉師友、徵考文獻，自寄襟期，駢體隸事抒詞，有宋人之質而汰其冗，具齊梁之豔而削其靡。謝永泰撰詩文鈔序（《黟縣三志》卷十五之六），亦稱其文清超拔俗云。《縣志》錄三首。

碧杉草堂詩集十九卷

[清] 何承熙撰。承熙字伯秋，號"橘州"，桐城人。道光二十三年舉人。事迹具《續修縣志·文苑傳》。詩係自定，自嘉慶十六年辛未至道光二十八年戊申，凡三

---

① 規矩高曾：高曾，曾祖。比喻遵循前人的法則。《文選·班固·西都賦》："商循族世之所鬻，工用高曾之規矩，粲乎隱隱各得其所。"

十八年，删去十之二，存一千二百七十六首，二十九年刻成，前有張寅、許丙椿、舒燾、張嵩齡序。燾、嵩齡其門人也。光緒《（安徽）通志》作六卷，《縣志》又作《碧山野屋詩文集》十卷，今據本書著録。承熙論詩不主何代、何人，惟務絶其不雅者，一切靡曼妖冶之音絶口不道（見張寅序），所作亦不出此旨也。

燼餘集古文一卷

［清］李培撰。培字菉園，桐城人。道光二十三年舉人，歷天長、績溪、宣城教諭。是集一卷，首考辯、次論著、次序、次記、次書、次傳、次雜記，都三十六篇，前有同治十年自序，光緒二年刻。培五十四歲以前之文盡棄於天長李氏，此乃掇拾於敝箧及朋輩、生徒者，故以燼餘名也。

借緑軒遺草二卷

［清］石繩幹①撰。繩幹字瞻淇，號“竹侯”，宿松人。廣均子。道光二十三年舉人、內閣中書，咸豐二年卒，年三十五。事迹具《縣志·文苑傳》。是集詩二卷，乃卒後廣均所定并序，附刻《亦園詩鈔》後。

桐華舸詩鈔八卷續鈔八卷遺詩一卷明季咏史詩一卷褒忠詩一卷

［清］鮑瑞駿撰。瑞駿字桐舟，又號“漁梁山樵”，歙人。道光二十三年舉人（此據本集，《皖雅》作“咸豐壬子”，誤），歷山東館陶、黃知縣，擢候補知府。詩鈔八卷，道光六年丙戌至同治五年丙寅四十一年之作，都千八十八首，又附兄康七律一首，有同治二年王鴻朗、五年汪鴻逵及四年兄康序，又小像及自贊。同治五年刻續鈔八卷，同治六年丁卯至光緒三年丁丑十一年之作，都八百首，又附張菹貞絶句二十四首、趙新七律四首，有光緒三年王鴻朗、二年程桓生序，後有光緒三年自跋。光緒三年刻遺詩一卷，光緒四年戊寅至八年壬午作，都六十三首，光緒十年子鼎輯刻并跋。《明季咏史詩鈔》自史可法至紙衣翁七律百零五首，有同治二年王鴻朗序。《褒忠詩》自僧格林沁至妓女青蓮、碧蓮七律百零七首，有光緒三年王鴻朗序。瑞駿十歲賦《晚眺》詩，有“晚煙遮遠村”句，今集中詩即始此。自言宗法杜甫，輔以李白、韓愈、孟郊、蘇軾四家，又謂得孟郊輔杜甫，而貌爲閎肆者，不得而托其論如此，其詩可知。菹貞字琴秋，瑞駿繼室也。

---

① 原文模糊，此據（光緒）《重修安徽通志》卷二百四十八（清光緒四年刻本）補正“石繩幹，宿松舉人，內閣中書。遇強暴逼人以妻償逋者，出金俾還其券。道光戊申、己酉奉父廣均命兩辦鄉賑，語人曰‘私財視若公財，多出一分，自家多盡一分心；公財視若私財，多惜一分，災民多沾一分惠。’”

草莽吟一卷

[清] 左長卿撰。長卿字紫庭，號"晴皋"，又號"鳳皇山樵"，桐城人。道光二十三年副貢，候選直隸州州判。詩凡五十三首，咸豐避亂時作，前有自序、後附左枳僑、文漢光、王廷玠、張佳齡等題跋，詩多紀死節士女。枳僑謂其師法杜甫，又據枳僑、佳齡跋，長卿尚有《雲香館詩集》，今不知尚存否也？

巢仁齋詩賦集六卷

[清] 張永觀撰。永觀字宅培，號"叔安"，宿松人。道光二十四年歲貢。事迹具《縣志·文苑傳》。光緒《（安徽）通志》載是集，無卷數，今據《縣志》著錄。

知德軒文鈔二卷詩鈔四卷

[清] 汪錚撰。錚字鐵庸，初名觀光，字叔瞻，桐城人。道光二十四年進士，即用知縣分發廣東，旋卒，事迹具《續修縣志·儒林傳》。文卷一、散體卷二、駢體都三十四首，有胡德璜、李清鳳、方宗誠序、彭洋中撰傳。詩曰《磊吟草》，都三百五十八首，經桂丹盟、陳岱雲點定，有董醇、石贊清、王榕吉序，蔣超伯、汪振基、葉名澧、潘丙煒、諸崇儉、張樸、周灝題詞，咸豐六年子先培刻於定州并跋。《縣志·藝文》作詩文鈔各二卷，誤。錚學務心得，不分主漢宋。戴鈞衡謂其《革鹽商議》可入《經世文編》，詩楚游諸作尤勝。宗誠亦謂其文精實樸，重學有根柢，選入《桐城文錄》。

二知軒詩鈔十四卷續鈔八卷

[清] 方濬頤撰。濬頤字子箴，定遠人。道光二十四年進士，官兩淮鹽運使。詩原三千餘首，嘉應楊懋建分編爲三，曰《正集》《別集》《外集》，又擇尤爲詩鈔十四卷，自道光戊子至同治乙丑，凡三十七年存詩二千零四首，同治五年刻於廣州，有懋建例議并序。又林昌彝、陳澧、李光廷、張清華、王拯序、蔣超伯跋。續鈔起同治丙寅至己巳凡四年詩，一千一十九首。濬頤初由王士禛上追白陸，又寢饋杜、韓、蘇三家（楊懋建序），其《喜謙齋至》詩云："欺人勿聽徐陵語，少陵何嘗作詩苦。"原註云："毅甫教君詩，以生澀爲上。"（續鈔卷八）案：謙齋爲王尚辰、毅甫爲徐子苓，皆合肥詩人。觀其所論，則其取徑可知。澧謂其"巨篇連章、橫翔捷出、狹韵僻字、鑿險縋幽，雕刻窮纖微，鏗鏘中宮徵"，所評蓋得其實云。林昌彝采入《海天琴思録》。

二知軒文存三十四卷

[清] 方濬頤撰。首論、次書後、次議、次辯、次説、次讀子、次卮言、次序、次書、次記、次書事、次問、次銘贊、次傳、次事略、次志銘、次碑、次行狀、次墓表、次祝文，都六百二十七首，光緒四年刻於四川，前有自書一律。據許奉恩目録、書後，濬頤六十始偶作文，合舊作僅三十餘首，越明年博覽子史各爲書後，或論長篇曰一首、短篇三五首，不等而求，序記、傳贊、銘志及來往牋牘絡繹不絕，乃編爲此集，時僅期年有半云云。濬頤於文不主宗派之説，集中議、序、記、書事、傳志、碑狀、墓表諸體，關掌故、資異聞者頗多，惟《答人問東林始末書》，又有紀載失傳、事迹剟述，如曹于汴、鄭三俊等，流爲二氏，如態開元、姜埰、方以智輩云云。案：于汴、三俊，《明史》均有傳，不得云紀載失傳，埰亦見《明史》，無爲僧事，濬頤未必不見《明史》，而所言如此，不知其何所據也。

忍齋和陶詩二卷

[清] 方濬頤撰。光緒七年濬頤居合肥，欲人爲詩而無題，乃仿東坡和陶，以此自課，不三旬成帙，後附《歸去來辭》集字五律十首，并自爲書後，孫燕昭刻。

夢園賦槧一卷附試帖一卷

[清] 方濬頤撰。凡賦十篇，後附試律百八十首，乃歸田後課子之作，有吳丙湘書後，光緒十一年刻於揚州。

暢情書屋詩集

[清] 徐志恭撰。志恭，歙人。寶善次子。道光二十四年舉人，官內閣中書。光緒《（安徽）通志》著録，無卷數。

璞山詩文鈔

[清] 王璋撰。璋字特泉，黟縣人。道光二十四年舉人，揀選知縣。事迹具《縣三志·文苑傳》。光緒《（安徽）通志》著録，無卷數。《縣志》録詩二首。

知白齋詩草

[清] 李蓮撰。蓮字少青，巢縣人。道光二十四年舉人，官六安州儒學教諭。詩有《湖上吟》《滄海吟》《燕趙吟》《江上吟》四目，湖上、江上各約一卷，滄海僅四首，燕趙僅二首，皆不能成卷，又《湖上吟》內《遣懷》《食豆》《挽江中丞》《白雲歌》《題拈花》《小照戰場》《流民嘆》《續五噫》諸篇，有合肥徐子苓手批評語，稿

本未刻。《居巢詩徵》錄七十六首。

補拙軒詩稿

〔清〕朱業書撰。業書字勤甫，號"儉堂"，涇縣人。道光二十四年副貢。光緒《（安徽）通志》著錄，無卷數。業書詩筆老成，不屑軟膩，頗似其父。《紫陽家塾詩鈔》錄十一首。

師竹山房詩

〔清〕張名標撰。名標，青陽人。道光二十五年歲貢。事迹具《縣志·文苑傳》。光緒《（安徽）通志》著錄，無卷數。

愚谷遺稿一卷

〔清〕張大觀撰。大觀字巨卿，號"愚谷"，銅陵人。道光二十五年進士，江西新昌縣知縣，任滿乞休歸。大觀著作甚夥，遭亂十失八九。是集凡二卷，詩二百四十首，附文二十四首，乃其孫良楷等所輯，前有吳引孫序，民國八年印於浙江。光緒《（安徽）通志》著錄，無卷數，今據本書著錄。大觀論詩主自然（《何補樓詩序》），又謂韓愈《石鼓》、盧仝《月蝕》，自然者自在，白居易詩老嫗皆解，豈非從艱辛中來（《跋何慎齋詩後》），所作亦不出此旨也。

荆居書屋文集一卷詩集一卷

〔清〕林之望撰。之望字伯穎，一字遠村，懷遠人。晋奎孫，士佑子。道光二十五年進士，官至湖北布政使，乞病歸，卒年七十三。事迹具《府志·政事傳》。文詩各一卷，乃子介湋所輯。文三十三首，前有光緒十四年姪介弼撰傳，詩百五十一首，前有民國八年姪介弼序，後有介湋跋，民國十六年印。之望五歲能詩，集中七古、七律較多，亦以此二體爲長，至《江左二林文集》載之望文有《漢哀帝宋英宗明世宗三朝議禮辨》一篇，爲是本所無，則十六年後所續得也。

望雲書屋詩稿

〔清〕潘桂撰。桂字月丹，號"小山"，一號"辛崖"，潁上人。道光二十五年進士，官禮部主事，三十年卒，年三十三。事迹具《縣志·文苑傳》。光緒《（安徽）通志》著錄，無卷數。桂幼慧，讀書目數行下，稍長喜爲詩文。濰陳介祺撰傳，稱其浩瀚雄偉縱橫處，直造韓蘇之室。高崇瑞《嘒引集》錄詩三十七首、《縣志》錄二首。

蘇復庵詩文鈔

［清］蘇求敬撰。求敬字懋甫，號"復庵"，桐城人。惇元次子。縣學生。咸豐八年卒，年二十七。事迹具《續修縣志·儒林傳》。光緒《（安徽）通志》著録，無卷數。求敬堅苦力學，尤研究宋儒書。蕭穆撰哀辭，謂其詩文俱有前賢遺軌（《敬孚類稿》卷十二）。

學靜軒詩集

［清］楊調元撰。調元字孟均，號"靜庵"，宿松人。道光二十六年恩貢，歷來安、滁州、東流教諭，咸豐初以籌辦軍需保知縣。事迹具《縣志·文苑傳》。光緒《（安徽）通志》著録，無卷數。調元兼工書畫。《縣志》稱其五言瓣香王維。

鋤經堂詩文集四卷

［清］方清漣撰。清漣字璧江，號"敬孚"，宿松人。道光二十六年舉人，咸豐元年、同治四年兩舉孝廉方正，皆不赴，官滁州學正，同治五年卒，年六十一。事迹具《縣志·儒林傳》。光緒《（安徽）通志》載是集，無卷數，今據《縣志》著録。

鳳山文集八卷　雲厂詩鈔四卷

［清］陳誥撰。誥字魯庵，績溪人。道光二十六年舉人。事迹具《縣志》。文八卷，詩四卷，光緒《（安徽）通志》著録，誥博覽群書，尤嗜毛詩。

敬亭山房詩集

［清］董正暘撰。正暘字信如，宣城人。道光二十六年舉人。事迹具《縣志·文苑傳》。光緒《（安徽）通志》著録，無卷數。

紅杏山房詩存四卷

［清］項兆麟撰。兆麟字昭亭，太平人。道光二十六年舉人，同治十二年卒。是集四卷，乃其子伯堂編次，有咸豐九年石埭楊摘藻序、同治十二年自序，六安涂宗瀛初刻於江寧，門人孫立三再刻於婺源，光緒十六年族子肇坤又刻於湖北并跋，即此本。自序謂"壯游金陵，北過齊魯燕趙，西望潼關，南渡江湘，發諸歌咏，亂離以還，長歌當哭"云云。肇坤又稱其學宗程朱，然其詩却不涉理語，合之自序，可見其概云。

補竹軒詩集三卷文集六卷

[清] 鮑源深撰。源深字穆堂，號"花潭"，晚號"澹庵"，和州人。道光二十七年進士，官至山西巡撫告歸，光緒十年卒。事迹具《州志·宦績傳》。詩集三卷，據自序，存稿始道光二十八年，同治十三年始加删編，光緒十年又續編歸田後作，合爲三卷，後有沈祥龍題詞。文集六卷，首奏疏凡二卷，次辯、次説、次論、次序、次祭文，共一卷，次記、次書，共一卷，次墓表、次傳、次誄、次書事、次跋、次書後、次題詞，共一卷，次公牘一卷，無序跋。詩如《過壺口序》，據所目覩并参之《地理今釋》，頗資考證（序云壬申冬，閱河防至吉州龍王辿緣山，遥聞奔流聲如雷，又覩空中水沫若煙靄冥濛，詢之輿人，曰壺口也。下山至其地，有深潭在大河中，河流至此直下數十丈，倒灌其中，如酒之懸注於壺也。乃嘆厥名維肖，注經者曰山名皆擬度之詞耳，惟《地理今釋》云壺口在吉州西南七十里，黄河之水注其中，如壺然，爲得之）。文如《請緩園明園工疏》《論貴州苗匪諸書》《書黄平州知州楊杏農死節事》《書遵義平匪事》《書云南提督滿洲孝順自殺事》，皆關時事。《皖雅初集》録詩一首。

味外味軒詩集三卷　辛壬癸甲吟四卷

[清] 米倬撰。倬字漢章，滁州人。道光二十七年舉人，官福建上杭知縣。事迹具《州志·文苑傳》。集二種，光緒《（安徽）通志》著録，無卷數，今據《州志》著録。倬與同州王煜齊名。《州志》録《辛亥吟》七古一首、《壬子吟》七律四首。

困學齋文存二卷

[清] 張承華撰。承華（字舜卿，號"蓉溪"，桐城人。道光諸生，主講河南許州聚星書院凡三十年，以老辭歸，光緒十二年卒，年七十八。事迹具蕭穆撰墓志銘）有《三頌考》，已著録。是集二卷，凡經説三十九篇、雜著十五篇，乃承華自定，有葉坤厚、喬松年、姚思贊、方昌翰序及自序，光緒二年刻。承華自言經説半係前賢所未言，間有已言，更爲發明之者。蕭穆亦稱其能持漢宋之平，不苟爲異同，惟求心之所安，又謂其説經之作，確有根據，非苟與先儒立異云。

完璞齋文集

[清] 余鳳書撰。鳳書，號"雲石"，婺源人。道光二十八年歲貢，就職訓導。事迹具《縣志·文苑傳》。光緒《（安徽）通志》著録，無卷數。鳳書學宗程朱，於宋元後學術異同，多所辨證。

完璞齋詩集

[清] 余鳳書撰。與子銓桂《吟薇閣詩》合刊，縣人江峰青爲作序。光緒《（安徽）通志》著録，無卷數。

帶耕堂遺詩五卷卷首一卷

[清] 蒯德模撰。德模（字子範，一字蔗園，合肥人。附貢，官至四川夔州知府，光緒三年卒於官，年六十。事迹具前《國史·循吏傳》）有《吳中判牘》，已著録。是集五卷，江寧程先甲編，卷首一卷，則所録碑傳之屬，民國十八年刻於江寧。德模嗜吟咏，風格在白陸間，集中如《僕女謠》《讞局行》《比租行》《徵漕行》《厘卡行》《夔城紀事》《送診公所散給棉衣》諸篇。金壇馮煦謂可爲天地生民吐氣，蓋不事雕飾、仿效，并其性情、政事，亦見之於言者也。

吳徵君遺集二卷

[清] 吳廷香撰。廷香字奉璋，一字蘭軒，廬江人。道光二十九年優貢，咸豐元年舉孝廉方正，四年殉難，贈四品卿銜。事迹具《縣志·忠節傳》。廷香著述甚富，兵火散佚。是集二卷，乃仲子長慶所捃拾，凡詩八十六首、文六首，爲咸豐三四年作，同治元年刻，前有徐子苓序并撰墓志，後有長慶書後。子苓謂其詩清亮婉激，感時閔亂之作居多，其《上巡撫李嘉端言團練》，推原於倉儲爲戰守之本，尤爲知言。

紫葳蕤吟館賦鈔

[清] 崇蔚然撰。蔚然，天長人。道光二十九年拔貢。光緒《（安徽）通志》著録，無卷數。

徵息齋遺詩二卷補遺一卷詞録一卷補録一卷

[清] 潘慎生撰。慎生字子育，懷寧人。宛平籍道光二十九年順天舉人，年四十餘卒。事迹具《縣志·文苑傳》。慎生殁後，著作散佚，旌德江順詒、同縣方朔各有存稿，朔謀刻未果，二人相繼殁，稿皆不可得，光緒十一年縣人姜筠得殘稿，合之潘氏所藏，編爲詩二卷、補遺一卷、詞一卷，詩凡百六十二首、詞八闋，有邊保樞序。詞原名《緑笙囊詞稿》，有邊袖石題詞，光緒十三年邊保樞刻於杭州并跋，宣統二年閩縣李畬曾重印，增補録一卷，詩二十七首。案：定遠方濬頤《二知軒詩鈔》有《和慎生黑窰廠感懷》七律四首、《金陵曲》五絶七首，又邊袖石每誦慎生"一片

南朝春影，問夕陽何處紅多"句，謂不減南宋（邊保樞跋），今原詩及全闋均不見是集，知所佚已多。保樞謂其詩胎息漢魏，托體盛唐，近賢中無是詣，又瀋頤《題徵息齋》有云："衰草粘天風捲地，不須更憶柳郎中。"雖零縑片玉，光氣自不可掩也。

蓉洲初集六卷

[清] 戴鈞衡撰。鈞衡（字存莊，號"蓉洲"，桐城人。道光二十九年舉人，咸豐五年卒，年四十二。事迹具前《國史·文苑傳》）有《書傳補商》，已著録。是集六卷，詩三百十二首，道光十九年刻。光緒《（安徽）通志》著録。鈞衡初從朱雅、張敏求游，好橅漢魏、陶潛、李白、王孟、明七子之言，嗣游方東樹門，詩乃一變，兹集所載與敏求之《問花亭集》，猶淵源相接也。

味經山館詩鈔六卷

[清] 戴鈞衡撰。自道光十九年己亥至三十年庚戌，凡十二年，原四百餘篇，删存二百九首，咸豐二年門人王祜蕃刻，刻後又删五首，前有自題并方東樹、光聰諧、文漢光、孫鼎臣、喬松年、江有蘭、方宗誠、馬三俊、徐子苓、馬瑞辰、張煒評語，祜蕃跋。光緒《（安徽）通志》著録兹集，所録皆已游方東樹門，用《昭昧詹言》説，力去客氣、假象者也。

味經山館文鈔四卷

[清] 戴鈞衡撰。凡四卷，文六十首，咸豐三年刻，前有方宗誠序并自序。光緒《（安徽）通志》著録。鈞衡文初學劉大櫆，繼從方東樹游，乃以姚鼐《古文辭類纂》爲宗。

味經山館遺文三卷遺詩二卷尺牘二卷

[清] 戴鈞衡撰。鈞衡遭難後，舉未刻書付同縣方宗誠，凡文三卷，都二十二首，宗誠爲序，詩二卷，都百四十一首，乃咸豐元年辛亥至五年乙卯所作，有馮焌元、邊保樞、徐子苓、鄭福照識語，邊浴禮跋，又尺牘二卷，均未刻，抄本藏宗誠家。文皆感時論事，表章忠義節烈之作，詩亦多關兵事。保樞謂其風格高爽，真氣往來。子苓謂其沉欝遒宕。福照尤推其七律，謂得杜甫作用。

自賞軒詩鈔

[清] 王待聘撰。待聘字樹屏，號"太素"，宿松人。道光二十九年舉人，咸安宮教習用知縣，保知州銜，年五十五卒。事迹具《縣志·文苑傳》。光緒《（安徽）

通志》著録，無卷數。待聘居李宗義幕，賓主唱和甚盛。

知白齋詩鈔四卷

[清] 江人鏡撰。人鏡字雲彦，號“蓉舫”，一作“容方”，婺源人。之紀孫。道光二十九年順天舉人，官至兩淮鹽運使。事迹具《縣志·名臣傳》。詩四卷，爲方濬頤、濬益删定，有光緒十四年鐵嶺楊儒序，十九年刻於揚州運署，明年又校勘重刻，有湘陰郭慶藩序、漢陽葉名澧、關中王恮、善化李壽蓉、瀨陽史書青、儀徵張丙炎、湘潭歐陽述題詞。人鏡於詩推杜甫（見集中《讀杜詩》），論詩有云：“務詩如務名，得失終一悔。用意勿求全，好者留以待。人然我亦然，唯期有我在。”又云：“詩以作而傳，不以傳而作。因時寫吾情，何事費繩削。除却三百篇，大半束高閣。”宗旨可知。楊儒亦謂其遇屢遷，其旨一致，有得於溫柔敦厚之誼云。

有恒心齋文十一卷詩七卷駢文六卷詞二卷曲一卷外集二卷

[清] 程鴻詔撰。鴻詔（字伯敷，號“黟農”，黟縣人。大興籍。式金子。道光二十九年舉人，銓雞澤教諭，以軍勞保至按察使山東補用道。事迹具《縣四志·儒行傳》）有《夏小正集説》，已著録。詩文皆分體編卷，駢文有同治十一年休寧吴文楷序，外集則集句，詩文均刻於同治間。鴻詔受經於同縣俞正燮、汪文臺，受駢文法於山陰夏照。其《讀梅曾亮柏梘山房集》，云：“少小好駢語，癖與先生同。中焉窺周秦，貌似難爲工。羞稱唐宋文，派別在舒桐。”又自謂學詩四十年不下數千首，不似古者不足存，酷似者尤不足存，惟不似却似而適爲吾詩者存之，宗旨可知，然曾亮從姚鼐游，衍桐城之緒，鴻詔長於掌故考訂，亦近正燮《癸巳類稿》也。

竹瑞堂詩鈔十八卷

[清] 黄德華撰。德華字仲和，號“印川”，黟縣人。道光二十九年寧國府學教授，咸豐二年引疾歸。詩係自定，凡十八卷，卷各有子目，卷一曰《山居粗訂稿》，附薛桐軒《紈扇賦》一首，卷二曰《皖上往來稿》，附子士幹同作五律二首，卷三、四曰《淮海游草》，卷五曰《小蓬萊寄廬集》，卷六、七曰《元暉青蓮隣屋集》，卷八、九曰《瑣尾吟》，卷十曰《乘槎小草》，卷十一、十二曰《瑣尾續吟》，卷十三、十四曰《檐曝吟》，卷十五曰《庚申集》，卷十六曰《四喜集》，卷十七曰《後四喜集》，卷十八曰《留耕集》，都一千五十五首，前有桂青萬、顧翂序，馮志沂、姜起鈞、程鴻詔、許懋和、俞正燮、張仁法等題詞、評語，後有趙對澂跋。《乘槎小草》《庚申集》《四喜集》《後四喜集》《留耕集》前皆有自記，同治三年刻，省立圖書館藏是集稿本，無十六至十八三卷，又無桂青萬、顧翂序、俞正燮評，又張仁法（即

廉臣名）評僅一則，與刻本互勘，多詩十五首（卷一多《贈友人省親江右》七律二首、《偶作》五古二首、《金陵作》七律二首，卷八多《有感》五古一首，卷九多《鄱陽賊退》七絕一首，刻本《懷人》七絕廿首，此多廿一、廿二二首，刻本卷十三《感事》七律一首，此多第一首，又多《勸學篇》五古一首、《咏瓶中蓮花》七絕一首，刻本《田家樂》七律一首，此多第一首，刻本卷十四《感事》七絕一首，此多第一首），蓋刻時刪去者。德華師朱文翰，喜爲詩，尤多紀咸豐兵事。對澂謂其不獨詩可傳，事亦可傳也。

竹瑞堂詩續集三卷

［清］黃德華撰。分二子目，卷一、卷二曰《重上小蓬萊稿》，卷三曰《補蹉跎齋集》，前有同治九年方宗誠序，稿本未刻，乃省立圖書館所藏，又一本多詩百零五首（卷一多《將赴皖》七律一首、《謁余忠宣墓》五絕多第一首，又《題焚香讀畫圖》五律一首、《黑土》七絕一首、《江上曉望》七絕多第一首、《聞家鄉有警》七絕多第一首、又《江西賊平》五絕一首、《寄廬爲風雨所破》七絕一首、《南極老人石》五律一首、《蝙蝠石》五律一首、《食笋》七古一首、《食蔞蒿》七古一首、《城隍廟殘碑》五古一首、《聞補發徽防軍餉》七古一首、《螳螂》五律一首、《大龍山下作》七絕一首、《題西施入吳圖》七絕多第一首、《題昭君和番圖》七絕多第二首、又《游地藏庵》五律一首。卷二多《近得二石》五律二首，《黃梅賊退》七絕一首，《喜友蘭至》五律一首，《苦雨》七絕一首，《浴佛日作》七絕一首，《贈葛坪》五律一首，《感賦》五絕多第三、四、五，共三首，又《涉水》七絕二首、《余忠宣家祠舊碑》七古一首、《苦熱》七律一首、《望雨》七絕三首、《遇市》七絕一首、《紀所聞》七絕一首、《游燕子洞》七古一首、《答雲琴》五律一首、《次均答雲琴》七古一首、《四疊九字均》七古一首、《五疊九字均》七古一首、《丁卯二月聞警》七絕二首、《登大觀亭》五律一首、《望雨》七古一首、《早起》五律一首、《五月初二日雨》五律一首、《五月菊》五律一首、《連日大雨》五律一首、《厚本莊古槐》五律一首、《八月初九酷熱》七絕一首、《十五日又作》七絕一首、《煖手壺長短句》一首、《破日》五古一首、《消寒詞》除《湯壺煖鍋》外多六首、《醉鍾馗圖》七絕多第二首、《南望》七絕一首、《苦雨》七絕一首、《方相侲》五絕多第二首、《贈李西園》五律一首、《甕齏》七絕一首、《剪菖蒲》五律一首、《晤吳菖坪》七絕二首、《一言》五律一首、《楚人》四言絕一首、《悼鳥》四言絕一首、《題先正事略》五律多第二首、《題讀書尚友圖》五律一首、《望大觀亭》五律一首、《苦熱》七古一首、《大風感賦》七絕一首、《七夕》七絕四首、《大雨》五律一首、《題草蟲畫冊》七絕二首、《謝汪如海撰行略》五律一首、《九日登大觀亭》五律一首、《大水》五律一首、《觸目》五

律一首、《寄廬題壁》五律一首、《寄廬作》五律多二至四三首、《野眺》五律多第二首、《遣興》五律一首、《冬溫》七絕一首、《梅花》五律一首、《柬家藍玉》七絕三首、《大雪》七絕一首、《有客》五律一首、《寒夜》五律一首、《城隍廟告成》五律一首），而此本卷三《貴池道中》以下六十七首，亦別本所無，又此本卷一《哥甕阿羅漢》五絕，別本乃七絕，卷二《題畫》及《題潯陽送客圖》二首，有題無詩，而別本有之，亦可資互證也。

小攄詩草

［清］王系梁撰。系梁字卓珊，五河人。道光三十年恩貢。年六十七卒。事迹具《縣志·文苑傳》。系梁屢薦不第，遂著書自娛。《縣志》録七絕八首。

雙梔軒詩集

［清］周鑌撰。鑌字嵐峰，號“品三”，宿松人。道光三十年歲貢，候選訓導。年六十二卒。事迹具《縣志·文苑傳》。光緒《（安徽）通志》著録，無卷數。《縣志》稱其集兵燹無存。

知不足軒詩鈔

［清］張詔撰。詔字棠署，祁門人。道光三十年歲貢。事迹具《縣志·文苑傳》。光緒《（安徽）通志》著録，無卷數。

香雪堂詩稿

［清］程汝梅撰。汝梅，貴池人。道光三十年拔貢。光緒《（安徽）通志》著録，無卷數。

蔭園詩鈔十四卷

［清］江觀濤撰。觀濤字海門，號“竹孫”，歙縣人。錢塘籍諸生。是集五、七古各一卷、五律二卷、七律三卷、五絕一卷、七絕四卷、補遺二卷，都四千餘首，前有道光三十年同縣曹彭洛序、咸豐元年嘉定葛其仁序，又咸豐十年曹彭洛序、同治十一年張德堅序，又題詞凡五十二人，共詩九十四首、詞一闋，同治八年刻。案：觀濤有《自訂拳勺軒詩鈔》十三卷及《自訂詩鈔》二十卷。兩詩曹彭洛前序，又有裒至九百首，釐爲十六卷語，集名卷數與此互異，《采訪冊》又載《拳勺軒詩》，有許長怡序，蓋別一集，此則張德堅所選定也。觀濤與曹彭洛論詩云：“詩以真爲主，無分中晚唐。意深詞反淺，節短韻宜長。漢魏多含蓄，風騷善抑揚，此中三昧旨，

運用妙能藏。"又《自訂詩鈔》云："專主性靈求氣韵，不矜格調逞才華。"宗旨可知。同縣黃衡以詩名少許，可獨嘆服觀濤，以元好問相況。

柏堂集九十四卷

［清］方宗誠撰。宗誠（字存之，桐城人。道光末縣學生。同治間以薦官直隸棗強知縣，光緒六年假歸，十三年給五品卿銜，十四年卒，年七十一。事迹具前《國史·儒林傳》）有《讀易筆記》，已著錄。集分七編，始名《毛溪居士集》，改題《畫眉山人集》，再改今名。前編十四卷，文九十四篇，道光十八年丁酉迄咸豐三年癸丑冬作。次編十三卷，文百二十二篇，咸豐三年冬迄九年己未春作，均光緒六年刻。續編二十二卷，文二百二十二篇，咸豐九年己未迄同治八年己巳冬作。後編二十二卷，文百七十一篇，同治八年己巳冬迄光緒六年庚辰夏作，均光緒七年刻。餘編八卷，文八十六篇，光緒六年冬迄十一年乙酉作。補存三卷，文二十篇，乃諸編未載者，均光緒十二年刻。外編十三卷，皆論學、論事、書札，自光緒十九年己亥迄光緒十年甲申作，光緒十年刻。宗誠從同縣許鼎及從兄東樹游，於文喜賈、董、韓、歐、曾、歸、方、姚諸家。錢泰吉謂其議論開拓而能謹嚴，叙事詳贍而能簡潔。汪士鐸亦謂其論學近方苞云。

毅齋遺集五卷

［清］方培濬撰。培濬字哲甫，號"毅齋"，桐城人。宗誠子。監生。早卒。集五卷，有宗誠及黃彭年序，光緒十二年刻，附《柏堂集補存》後。

潔園詩稿一卷

［清］鄭福照撰。福照（字容甫，號"潔園"，桐城人。道光縣學生。光緒二年卒，年四十五）有《春秋日食考》，已著錄。是集一卷，乃道光二十九年至光緒二年作，前有徐宗亮、吳汝綸、方希孟、方士貞、方濤、徐子苓、王尚辰評語，馬復震、許蕙藷題詞，同縣姚濬昌與胡恩溥《碧波詩選》同刻，民國十八年子宗僑重印，爲《潔園遺著》之一種。福照從江有蘭、方東樹游，其撰東樹年譜，自言十六、七時初學爲詩，得讀《昭昧詹言》，稍辨塗轍，歲庚戌以所作謁東樹蒙獎譽，遂時承講授云云。東樹謂其出語似黃庭堅，蓋能守其師說者也。

雜文僅存一卷

［清］孫雲錦撰。雲錦（字海岑，桐城人。道光末縣學生。以軍勞官至河南開封知府。光緒十八年卒，年七十二）有《宦游偶錄》，已著錄。是集一卷，文十一首。

宣統二年門人通州張謇印，爲《孫先生遺書》之第三種。雲錦雖不以文名，亦不與人論文，然同時如方宗誠、吳汝綸、徐宗亮皆極贊許。汝綸謂其策論似蘇氏父子，宗亮亦謂其極揮斥之致。

安徽通志稿·藝文考

集部二十六　　別集類二十五

殘本延清堂詩存二卷

〔清〕張丙撰。丙原名延邠，字娛存，號“漁村”，合肥人。道光恩貢。事迹具《府志·文苑傳》。丙詩毀於兵，僅存二卷，其一尚完好，題曰《鮑臺集》，其一卷首已闕損，不可知其集名，民國四年從玄孫庚叔重印，後附詞七闋。光緒《（安徽）通志》著錄《延青堂集》，無卷數。丙年十三賦《明遠臺懷古歌》，操筆立就，與同縣趙席珍、王埗、盧先駱、吳克俊、蔡邦甸、戴宏恩，號“城東七子”。詩瓣香蘇、陸，晚近韋、柳，詞宗姜夔。陸繼輅官合肥教諭時選入《淝水蘭言集》。丙又有《延清堂文集》《延清堂南北曲》，均毀於兵。

桐花軒詩文集

〔清〕孫桂森撰。桂森，號“小山”，壽州人。道光恩貢。事迹具《州志·文苑傳》。光緒《（安徽）通志》著錄，無卷數。

鑄錯軒雜體詩二卷

〔清〕萬廣淵撰。廣淵字海文，一字宬臣，盱眙人。鳳陽籍道光恩貢。詩二卷，毀於兵燹（《采訪册》）。

晚香齋漫吟

〔清〕吳山撰。山字春樹，望江人。道光歲貢。事迹具《通志·文苑傳》。光緒《（安徽）通志》著錄，無卷數。

居易齋駢體文二卷詩集四卷

［清］吳懋瓚撰。懋瓚字希薛，休寧人。道光歲貢。駢體文二卷、詩四卷，光緒《（安徽）通志》著録。懋瓚善吟咏、工畫。

雲巢詩集

［清］朱鶴書撰。鶴書字鳴皋，號“雲巢”，涇縣人。歲貢。光緒《（安徽）通志》著録，無卷數。朱琦稱其短樂府最高古，各體亦俱能入勝。《紫陽家塾詩鈔》録四十一首。

陳笨生詩鈔

［清］陳芝撰。芝字笨生，石埭人。道光歲貢。光緒《（安徽）通志》著録，無卷數。

一琴齋詩集

［清］趙士純撰。士純號“復齋”，舒城人。元音子。道光歲貢。事迹具《縣志·文苑傳》。光緒《（安徽）通志》著録，無卷數。士純幼從父學，晚益得於誠明、復初之旨，爲詩文渾脱有天籟。

濱湖詩草

［清］陳新沐撰。新沐號“浣香”，巢縣人。道光歲貢。事迹具《府志·文苑傳》。光緒《（安徽）通志》著録，無卷數。新沐善吟詩，多咏巢之名勝，全稿失於兵燹。《府志·選舉表》作“新汰”。

强恕齋詩草

［清］高曾祝撰。曾祝字梅谿，鳳陽人。道光歲貢，以團練守城保知縣五品銜，改就教諭。事迹具《縣志·文苑傳》。光緒《（安徽）通志》著録，無卷數。

琴軒詩稿

［清］任玉書撰。玉書字瑞麟，鳳陽臨淮鄉人。歲貢。事迹具《鳳陽續志·文苑傳》。光緒《（安徽）通志》著録，無卷數。

夢回齋詩集

［清］楊榮袞撰。榮袞字綉君，號“竹士”，懷遠人。如蘭第五子。道光歲貢，

候選訓導。事迹具《府志·文學傳》。光緒《（安徽）通志》著録，無卷數。榮衮工詩及駢文，又致力天文、句①股之學。

楊樹善詩文集

［清］楊樹善撰。樹善字玉符，懷遠人。模聖孫、敷子。歲貢。事迹具《縣志·耆舊傳》。光緒《（安徽）通志》著録，無卷數，《縣志》作百餘卷。

四香齋詩草

［清］方德注撰。德注字愚溪，鳳臺人。道光歲貢，咸豐元年舉孝廉方正，補英山訓導，歸卒。事迹具《壽州志》《鳳臺縣志·義行傳》。光緒《（安徽）通志》著録，無卷數。《州志·藝文》作《四香亭吟草》。

清音詩集八卷

［清］胡廷璋撰。廷璋字奉宜，靈璧人。歲貢。事迹具《府志·文學傳》。集八卷，光緒《（安徽）通志》著録。《皖雅初集》録一首。

退省居詩草

［清］佘滋撰。滋，來安人。道光歲貢。光緒《（安徽）通志》著録，無卷數。

稻齋書屋詩草

［清］王光植撰。光植字蒔門，霍山人。道光歲貢。事迹具《縣志·文苑傳》。光緒《（安徽）通志》著録，無卷數。光植才學雄博，善詩賦。

聚奎閣文集

［清］胡勝琦撰。勝琦字玉屏，英山（今屬湖北）人。道光歲貢，年八十六卒。事迹具《縣志·儒林傳》。光緒《（安徽）通志》著録，無卷數。

蕉雪窗詩集

光緒《（安徽）通志》著録作"清合肥寧鍼著"，考《廬州府志·義行傳》，載"霍緘，合肥人，優貢（《選舉志》不載，此據本傳），著《蕉雪窗詩文集》"，而無寧鍼，《藝文》又以霍緘、寧鍼并著於録，疑寧鍼即霍緘，以形近誤也，今姑仍舊志

---

① 句:應爲"勾"字。

著録。

十年讀書室遺詩一卷

[清] 胡培系撰。培系（字子繼，號"霞塢"，績溪人。廩貢，官寧國府訓導。光緒十四年卒官，年六十七）有《儀禮宮室提綱》，已著録。是集七絶三十二首，每首并自注其事，乃光緒五年旋里時作，稿藏族人晉接處，民國二十三年族裔在淵轉録付印，有在淵及在渭二跋。培系詩多述事，頗關族鄉掌故。十年讀書室，其齋名也。

四持軒詩鈔二卷

[清] 方士㵧撰。士㵧字羲梅，一字庚眉，號"調臣"，定遠人。道光廩貢，歷太湖、東流教諭、署潁州府教授未上。咸豐七年督勇守壽州，積勞病卒，年五十五，贈都察院經歷。事迹具《縣志·仕績傳》。是集二卷，詩三百三十八首，附趙昀七律二首、從子瀋頤五律十二首、仇恩榮七律四首、黃典五七古一首、楊組榮、孫登年七律各二首，乃其子瀋師所鈔，同治八年刻於廣東肇羅道署，有候官林昌彝序并瀋師所撰行狀。光緒《（安徽）通志》著録，無卷數，今據本書著録。士㵧於詩喜三李，晚兼效白居易、陸游，尤究心蘇軾，不堆砌典籍，惟主性靈。昌彝亦謂其似居易及元結也。

懷雨樓詩集

[清] 孫長和撰。長和號"小雲"，壽州人。廩貢，歷池州府黟縣訓導，告歸。咸豐元年舉孝廉方正旋卒。事迹具《州志·文苑傳》。光緒《（安徽）通志》著録，無卷數。長和能詩兼善隸書。其去黟也，同官元和朱駿聲贈詩，有"莘老詩篇風格勝，過庭書譜漏痕多"之句。

西園吟草

[清] 章廣雲撰。廣雲，滁州人。廩貢。光緒《（安徽）通志》著録，無卷數。

梅花百咏一卷

[清] 姜鳳儀撰。鳳儀字滓鎔，懷寧人。道光廩生，同治間官四川廣安州知州。詩皆七言絶句，民國十二年孫繼襄印。據劉葆常跋，鳳儀治經，詩詞非所好，著述甚富，今已不存，此其少作也。

霞山文集

[清] 周尚文撰。尚文字聖從，號"霞山"，績溪人。廩貢。事迹具《縣志·學林傳》。光緒《（安徽）通志》著録，無卷數。尚文嘗肄業國子監，大司成譽爲"江南名宿"。

實圃文集　近古香詩集

[清] 胡履坦撰。履坦字遵道，績溪人。廩貢。事迹具《縣志·學林傳》。光緒《（安徽）通志》著録，無卷數。履坦從武進楊希曾游，學使梁國治謂其文似《國策》。

緑蘿山莊詩集一卷

[清] 郭澤禮撰。澤禮字望溪，舒城人。道咸間廩貢。詩一卷，首五古、七古，次五律、七律、五絶、七絶，都百七十三首，未刻。合肥楊德炯見而録之，有民國十年楊開森序。開森，德炯長子也。澤禮性澹逸，嗜游覽，詩亦得山水清音。開森謂舒城詩人沈本陞後以澤禮爲最。陳詩亦謂有中唐風味，録入《廬州詩苑》《皖雅初集》。

列岫樓詩集三十六卷

[清] 汪甲撰。甲字小山，全椒人。道光廩貢。事迹具《縣志·文苑傳》。光緒《（安徽）通志》著録《列岫樓詩文集》，無卷數，又誤"汪"爲"江"，今據《縣志》著録。甲少席①先産，不求仕進，與朋輩更相觴咏。列岫樓者，建於南山之麓，其所居也。

萬里新草八卷

[清] 汪甲撰。詩凡數千首，皆游豫、鄂、川、陝時作。光緒《（安徽）通志》著録，無卷數，又誤"汪"爲"江"，今據《縣志》著録。

吉金貞石盦文集　一枝巢詩鈔

[清] 孫家毅撰。家毅字小楚，鳳臺人。優廩生。咸豐初以軍勞歷國子監典簿、光禄寺署正正分部主事員外郎加道銜、授山東兗州、甘肅、寧夏知府，以道員用，積勞卒，贈太常寺卿銜。事迹具《壽州志·武功傳》。《鳳臺志·文苑傳》光緒

---

① 席：疑爲"襲"。

《（安徽）通志》著録，無卷數。家毅善摹鍾鼎文，兼精篆刻。

斗垣詩初集四卷

［清］文漢光撰。漢光字焕章，原名聚奎字鍾甫，號"斗垣"，桐城人。道光廩生［光緒《（安徽）通志》作"貢生"，查《選舉表》未載，或是"廩貢"］，咸豐元年舉孝廉方正，賞六品服，以軍勞賞光禄寺署正銜，九年卒，年五十二。事迹具《續修縣志·文苑傳》。詩四卷，卷一、二古體，卷三、四今體，都二百十七首，前有道光二十一年張敏求、咸豐三年方宗誠序，方東樹、毛嶽生、朱雅、光聰諧、阮元、劉宅俊、張際亮、姚元之評語，李時溥、姚瑩、戴鈞衡題詞，吳廷香跋。縣人文質彬、吳我泉藏抄本，民國二十一年程庸青募貲石印。漢光從方東樹、朱雅、張敏求、房聚五游，又誦法劉大櫆，識其宗派。東樹謂其取法正宗，直書胸臆，無一毫客氣假像，所以可貴云。

藕孔餘生集二卷

［清］文漢光撰。皆咸豐避亂時作，光緒《（安徽）通志》著録。是本僅詩三十二首，乃縣人方宗誠所得殘帙，同治八年刻，前有宗誠序并所撰《權厝①志》及徐宗亮撰哀詞，又吳我泉所藏抄本詩七十四首，較方刻多五十三首，然方刻有抄本無者亦十首。考蕭穆《敬孚類稿》卷十二《文斗垣事略》，穆蓋嘗録副本，其本今不可見，抄本雖較方刻增多，然亦未必遂爲完帙也。

桐蔭書屋詩草二卷

［清］楚炳然撰。炳然字南野，無爲州人。道光廩生，咸豐元年舉孝廉方正。集凡二卷，前有咸豐二年劉潯序，鄒樹培、毛立之題詞，又道光二十三年涇吳栴、吳熙、吳鶚等序。

黄山紀游詩草一卷 瑯玕山詩集一卷

［清］方昭文撰。昭文字子章，號"蘊山"，太平人。廩生。咸豐元年舉孝廉方正，以軍勞獎六品頂戴，六年督團陣亡，照六品官例賜祭葬，襲雲騎尉、祀昭忠祠。事迹具《縣志》。集二種，各一卷。光緒《（安徽）通志》著録方昭文詩稿一卷，無集名，今據《采訪册》著録。昭文詩不甚修飾，而氣體頗兀傲不群。

---

① 權厝：臨時置棺待葬。明徐師曾《文體明辯·墓志銘》："其未葬而權厝者，曰'權厝志'。"

一葉草堂詩鈔

[清] 濮嵩慶撰。嵩慶字桐樓，號"咏高"，蕪湖人。道光廩生，以軍勞保知縣加同知，歷江寧通判、青浦知縣。光緒二十六年卒官，年八十。事迹具《縣志·宦績傳》。是集起咸豐三年迄同治八年，凡十七年之作，光緒十二年長子文彬刻於黃州，有石首傅上瀛序、黃岡王增榮及文彬跋。嵩慶以《行軍萬言策》爲監利王柏心所賞，薦之曾國藩，檄佐鮑超軍，所歷吳、越、贛、楚、豫、魯，皆有詩，大抵感慨時事者居多。一葉草堂，孫衣言所題也。

南谿別墅詩文稿

[清] 朱鏡蓉撰。鏡蓉字和甫，一字晋康，自號"小懵"，黟縣人。承珪子。道光廩生，以《輪海疆經費議》，叙中書科中書銜。事迹具《縣三志·尚義傳》。鏡蓉文字不自排比，又遭兵火，是集乃其子汝濟等所輯，有同治十年程鴻詔序（《有恒心齋文》卷六）。光緒《（安徽）通志》著錄，無卷數。鏡蓉師朱駿聲，爲刻《説文通訓定聲》。鴻詔撰傳稱其好詞翰，得佳書，讀恐後。築別墅冠山之陽，與時賢文宴吟嘯其間，賦詩以壁於石，又稱其《恕字説》，談理甚通，《別墅記》叙事入妙云。《縣志》錄詩二十首、文二首。

涉亂草

[清] 姜學達撰。學達字拙生，太湖人。廩生。事迹具《縣志·文苑傳》。光緒《（安徽）通志》著錄，無卷數。學達師舅氏李燦，博涉經史，尤工詩。

曹剛古文詩賦集

[清] 曹剛撰。剛字體乾，太湖人。廩生。年五十七卒。事迹具《縣志·文苑傳》。光緒《（安徽）通志》著錄，無卷數。剛論詩慕白居易。其集數十卷，已彙輯就梓，旋毀於火。《縣志》錄五古一首。

西園詩文稿

[清] 朋長義撰。長義字元宰，太湖人。孝子。世嵩長子。廩生。事迹具《縣志·文苑傳》。光緒《（安徽）通志》著錄，無卷數。長義有夙慧，讀書過目不忘，爲文力追古人，不同苟作。

管梧岡詩集　白門游草　中州游草

[清] 管成鸞撰。成鸞字彩若，望江人。縣學廩生。年六十卒。事迹具《縣志·

儒林傳》。光緒《（安徽）通志》著録，無卷數。成鸞才學淹貫，詩文皆清俊拔俗。《縣志》録七古一首。

杏雨堂詩四卷

［清］魯斁撰。斁，望江人。廩生。光緒《（安徽）通志》著録，無卷數。

梅花百咏四卷

［清］江蔚文撰。蔚文，字叔霞，又字農書，號"小浦"，歙人。玉子。道光廩生。年四十五卒。

輟耕吟稿五卷課徒試帖二卷

［清］倪偉人撰。偉人字子楨，號"倥侗"，又號"邨生"，祁門人。人穆長子。縣廩學生。是集五卷，不分體，都六百四十七首，乃偉人自定，有道光二十四年、二十七年自序，光緒十六年長子望重重加删訂，刻於浙江，前有潘衍桐、許懋和序，陳璚題詞，後有望重識語。試帖二卷，光緒二十四年刻，前有望重識語。自序稱《覽夫于亭問答》及《詩觸》等編，始知詩必求之音節，而主以氣格，亦欲規規於氣、韵、神三者，不願濫觴袁枚云云，其祈嚮可知。《皖雅初集》録二十九首，謂其詩學三唐，各體俱善，七律閎深隽遠，無美不臻云。

敦復堂文集二卷

［清］倪偉人撰。卷上散體，卷下駢體，共十一篇，其《寒食禁烟説》，據《左傳》《史記》，證介推被焚之誣，又據《星經》及《周官》，證禁烟爲戒火之盛，與顧炎武《日知録》之説（卷廿五"介子推"條）相同。

偶有軒詩鈔四卷

［清］陳鴻猷撰。鴻猷字長谷，祁門人。道光諸生。詩四卷，同縣倪偉人序。偉人《輟耕消暑録》又載鴻猷平日每稱緣情綺靡一言，故其詩多近温李，又稱其詩業經梓行，近有《春日即事》云："掃地長楊三月雪，灑空春雨一天花。"《過某處士宅》云："嬌兒學語呼牀近，侍女擎香换鴨先。"不减晚唐佳境。

眉峰遺草一卷

［清］胡培濬撰。培濬字子深，號"眉峰"，績溪人。甘肅貴德廳籍道光諸生。詩一卷，僅數十首，乃培濬自甘肅寄其從子肇昕者，前有肇昕序。《（績溪金紫）胡

氏（所著）書目》著録。

如不及齋詩存二卷

［清］胡肇昕撰。肇昕字曉庭，一字篠汀，績溪人。培孝長子。廩生。光緒《（安徽）通志》著録《如不及齋詩文集》，無卷數，今據《（績溪金紫）胡氏（所著）書自①》著録。

後癸酉集

［清］胡肇昕撰。光緒《（安徽）通志》著録，無卷數。《（績溪金紫）胡氏（所著）書目》有《武林游草》一卷，而無是集。

齋中讀書詩一卷

［清］胡肇昕撰。凡五古十七首，皆説經之作，光緒二十五年從子晋接，族孫廣植、在淵等刻并爲之注。績溪胡氏自匡衷、秉虔、培翬皆以經學顯，肇昕爲秉虔孫、培翬從子，是編所論經學諸家類，皆兩世師友，故叙述特爲詳確，由此可辨歷代學術之流別，不僅便初學誦習已也。

錦溪詩鈔

［清］桂連琯撰。連琯，貴池人。超萬第三子。廩生。光緒《（安徽）通志》著録，無卷數。

得一詩集

［清］桂連璹撰。連璹，貴池人。諸生。光緒《（安徽）通志》著録，無卷數。

西溪詩文稿四卷　寸草軒詩集四卷　西峰外集四卷　士室集二卷

［清］歐陽莪撰。莪字秀（一作“季”）芳，建德人。道光廩生。事迹具《縣志·文苑傳》。集四種，共十四卷，光緒《（安徽）通志》著録。

紅雪山房詩文集

［清］陳龍爕撰。龍爕字克諧，定遠人。廩生。事迹具《縣志·文學傳》。光緒《（安徽）通志》著録，無卷數。龍爕經術湛深，其文純而後肆。

---

① 自:應爲“目”。

楓亭詩文集

［清］金墀撰。墀字仲丹，鳳臺人。廩生。事迹具《府志·孝友傳》及《壽州志·文苑傳》。光緒《（安徽）通志》著録，無卷數。

江上吟一卷附遺稿一卷

［清］黄典五撰。典五字叙之，號"琴士"，全椒人。道光廩生。咸豐殉難。事迹具《縣志·忠節傳》。典五詩凡四千餘首，五十後并其文，顏曰《海舫存稿》，毀於亂。是集一卷，乃道光二十六年客東流之作，光緒二年門人方濬師刻并序，後附遺稿，則濬師所輯也。方士淦謂其詩格在白蘇間。

集唐詩百首

［清］武友蕃集。友蕃，來安人。舉人。孝欽子。道光廩生。詩皆七律。盱眙吳棠刻於成都。友蕃傳家學。著作甚富，歿後皆佚。吳棠其門人也（《采訪册》）。

散齋文稿爾爾軒詩集

［清］王鳴之撰。鳴之字桐階，霍山人。廩生。事迹具《縣志·文苑傳》。光緒《（安徽）通志》著録，無卷數。鳴之於六經子史皆細加評點，集毀於亂。

修養窩耕餘偶筆三卷

［清］朱開撰。開字庚南，一號"問楳①"，懷寧人。道光增生。事迹具《縣志·文苑傳》。集三卷，卷首經説三十三首、卷二文二十一首、卷三詩百三十六首，乃其侄鴻遠等編，光緒二十一年刻。

漱泉詩草四卷

［清］姚漣撰。漣字錦堂，桐城人。府學增生。年八十九卒，私謚"惠獻"。事迹具《續修縣志·義行傳》。詩四卷，乃晚年客舒城作。光緒《（安徽）通志》著録，無卷數，今據《縣志》著録。《縣志》又載有《古文》四卷。

東皋文鈔一卷駢體文一卷詩鈔二卷

［清］王以寬撰。以寬字恕生，號"馭和"，黟縣人。登瀛子。道光增生，保訓

---

① 楳:音 méi,古同"梅"。

導。事迹具《縣三志·文苑傳》。光緒《（安徽）通志》著録《東皋詩文鈔》，無卷數，今據《采訪册》著録。以寬嘗兩上曾國藩書，陳時務。《縣志》録詩五首、文六首。

未信録文集　南樓偶興詩集

［清］胡從聖撰。從聖字思諫，績溪人。增廣生。事迹具《縣志·學林傳》。光緒《（安徽）通志》著録，無卷數。從聖潛修積學，每有所得輒見詩歌，其《晝靜》詩云：“石榴墻角微紅漏，萬象方芽子細看。”又嘗作《喪戒浮屠説》，屬子孫務遵家禮。

杏林古文六卷詩賦六卷

［清］戴求頌撰。求頌，旌德人。增生。古文詩賦各六卷，光緒《（安徽）通志》著録。

揖山軒詩集

［清］楊備生撰。備生，石埭人。府學增生。光緒《（安徽）通志》著録，無卷數。

王時柄詩古文集

［清］王時柄撰。時柄字子樞，合肥人。縣學增生。事迹具《府志·儒林傳》。光緒《（安徽）通志》著録，無卷數。時柄攻苦積學，尤邃於經史，遇有疑義輒録而辨論之。詩格力追漢魏。

枕經堂文鈔二卷

［清］方朔撰。朔字小東，號“頑仙”，懷寧人。道光府學附貢，以軍勞保江蘇候補知州。事迹具《縣志·文苑傳》。是集二卷，有道光二十六年沈維鐈序，戴鈞衡、梅曾亮、朱琦、姚瑩、方潛、宗稷辰、莫友芝、蕭穆等題辭，文後亦間附批評。朔論學宗程朱，論文宗姚鼐，所作乃不盡似。方潛謂其文有過於闞陸王處，宜嚴爲刪節，今集中無之，蓋已從其説也。

枕經堂駢文一卷

［清］方朔撰。文十四篇，皆二十歲前後作，前有石屏朱黼、溆浦舒燾、烏程鈕福疇、無錫顧翃、長白斌良、上元梅曾亮、儀徵汪廷儒諸評跋。朔序李次玉駢文，

有云："本朝駢文可上接乎六代，而才力瑰奇，首推石笥，意恉博奧，再出卷葹。"石笥、卷葹爲胡天游、洪亮吉集名，其取則可知，福疇亦謂其必躋二稚，以天游字稚威、亮吉字稚存也。

停琴佇月軒詩集無卷數

［清］程煦撰。煦字蘇生，號"垚①民"，桐城人。道光附貢，候選訓導。詩係自定，前有自序，民國二十年孫蘭蓀印。煦歷主河南各書院，篆隸尤有名。自序謂人各具性情，吾性情中有不可遏之勢，則假筆以抒之。所謂自鳴天籟，不問其何者爲李。何者爲杜云。

庸晦堂詩集二卷

［清］方葆馨撰。葆馨字召青，桐城人。道光附貢。是集乃其孫壽衡所輯，本四卷，光緒二十五年門人姚濬昌訂爲二卷，都百六十五首，前有咸豐十一年、光緒二十六年門人徐宗亮序記并濬昌跋，光緒二十六年刻。葆馨初不爲詩，遭亂乃爲之，多感懷時事之作。

吕朝颺詩文集

［清］吕朝颺撰。朝颺，旌德人。附貢。光緒《（安徽）通志》著録，無卷數。兵燹無存。

晚香齋詩集二卷

［清］曹元愷撰。元愷，貴池人。附貢生。光緒《（安徽）通志》載是集，無卷數，今據《縣志》著録。

虛白室文鈔四卷

［清］方昌翰撰。昌翰字宗屏，號"滁儕"，桐城人。道光附監生，以軍勞官河南新野知縣。是集按年編次，初刻於光緒十三年丁亥，僅三十六篇，繼增刻十六篇，又續刻三十六篇，自道光二十八年戊申至光緒二十二年丙申，凡四十九年，都八十八篇，前有譚獻序并自識。昌翰自謂爲文謹守義法，引證務期確鑿，稱善必如分量（《致裕庚書》），惟久居幕府，文代作者多，内《重濬勺金河記》，又見尹耕云《心白日齋集》，蓋稿存尹處，編集者不知而誤入也。

---

① 垚：音yáo，古同"堯"。山高。多用於人名。

虚白室詩鈔十四卷

[清] 方昌翰撰。編年分卷，卷各有子目，曰《春明集》一卷、曰《避地草》《梁園集》各二卷、曰《磨盾集》《漢廣集》各一卷、曰《遂初集》五卷、曰《琴歌集》二卷，自道光二十七年丁未至光緒二十二年丙申，凡五十年，都四百六十七首。昌翰自謂幼好古歌行及漢魏六朝暨唐宋以來諸家，而以詩之壞極於明李、鍾、譚，乾嘉間一二負時譽者，以性靈言詩，便於空疏剽竊，無復温柔敦厚之旨，其意蓋謂袁枚、趙翼。喬松年題詞，謂其五古深於文選，七古直造北宋，蓋能不落袁、趙窠臼者也。

蘭言集

[清] 周拜颺撰。拜颺字賡言，太湖人。附監生。事迹具《縣志·孝友傳》。光緒《（安徽）通志》著録，無卷數。《縣志》録七律一首。

淡園文集一卷

[清] 馬徵慶①撰。徵慶（初名徵麟，字素臣，一字鍾山，又號“淡園居士”，懷寧人。道光諸生，以軍勞歷保訓導、教諭、直隸候補知縣加同知銜，仍請以教職歸，部銓選歷舒城訓導、太平教諭，乞養歸。光緒十九年以巡撫沈秉成奏保獎五品卿銜，是年卒，年七十三。事迹具《縣志·儒林傳》）有《周易正蒙》，已著録。是集一卷，首叙、次解、次辯、次答問、次説、次贈序壽序、次書、次記、次銘、次墓志銘墓表、次行述行略、次傳、次贊、次祭文、次牒、次啓，都五十七篇，附制藝六篇，光緒十五年自刊，字體多從説文，民國十八年從孫林影印。徵慶深於經學，集中多書序及解經之文。李鴻章《重刻李兆洛地理韵編序》，即其代作也。

春雨樓詩存十二卷

[清] 葉仲庸撰。仲庸字夢桃，號“熙侯”，懷寧人。道光諸生。同治末湖北候補同知。詩十二卷，自道光二十五年乙巳至同治十年辛未，凡二十七年所作，前有黄岡梅見田序，稿本未刻。仲庸論詩有云：“牡丹畫出仗胭脂，七寶樓臺亦擅奇。秋實春華難并論，家丞庶子有參差。”觀其所論，似不薄春華而重秋實者，其詩可知。

---

① 慶：音lín，同“麐（麟）”。《正字通·鹿部》：“慶，同‘麐’。”

左企石詩古駢體文

［清］左企石撰。企石字蘿存，桐城人。府學生。事迹具《續修縣志·文苑傳》。光緒《（安徽）通志》著録，無卷數。企石家貧嗜學，繕寫經史子集凡數十百種，至老神明不衰。

響山堂詩集

［清］丁鞏撰。鞏字書白，桐城人。府學生。事迹具《續修縣志·義行傳》。光緒《（安徽）通志》著録，無卷數。鞏穎敏好學，藏書甚富，尤以身體力行爲重。

越潭詩草

［清］劉曾撰。曾字效尠，桐城人。府學生。事迹具《續修縣志·文苑傳》。光緒《（安徽）通志》作“劉會”，今據《縣志》著録。

璞庵詩鈔六卷

［清］劉光聯撰。光聯，桐城人。曾子。光緒《（安徽）通志》載是集，無卷數，今據《縣志》著録。

抱膝吟四卷

［清］方林昌撰。林昌字復生，桐城人。道光諸生。入其甥馬復震營，保訓導，以勞疾歿於軍。事迹具《續修縣志·忠節傳》。光緒《（安徽）通志》著録，無卷數，又誤爲“昌林”，今據《縣志》著録。林昌性孤僻，喜吟咏，又有勇，力能舉五百觔石。

方念軒詩文集

［清］方寶埕撰。寶埕字貞甫，桐城人。宮聲次子。上元籍諸生。事迹具《續修縣志·孝友傳》。光緒《（安徽）通志》著録，無卷數。寶埕嗜學工詩文。咸豐初從兄鍾吕被誣下獄，求免求代皆不得，乃同入獄慰之。《縣志》又載有《粲花偶吟》《瀟湘草》。

逍遥園詩集

［清］許鯤撰。鯤字少鵬，桐城人。縣學生。事迹具《續修縣志·文苑傳》。光緒《（安徽）通志》著録，無卷數。鯤好吟咏，初喜李白、韓愈，晚尤愛陶潛、杜甫，所爲詩多法之，嘗謂作詩必約六經之旨，運以班馬之筆，始足快意云。《縣志》

又載有《淡寧樓集》。

小亭初集六卷

[清] 程際雲撰。際雲字縈之，號"小亭"，桐城人。道光諸生。詩分體編卷，都五百二十三首，同治七年刻，有楊澄鑒、吳寶尊序，范康、王炯跋。際雲師同縣房聚五，尤爲徐璈所知，其詩得先正遺軌。案：際雲父瀛有《分嵐小閣詩鈔》，徐璈錄入《桐舊集》，詩固其家學也。

蘭苕館詩鈔十一卷

[清] 許奉恩撰。奉恩（字叔平，桐城人。丙椿子。諸生，以軍勞保知縣）有《里乘》，已著錄。是集分體編卷，首雜體、次五古七古各一卷、次五律七律各四卷，都五百四十一首，光緒十一年望江倪文蔚刻，前有文蔚及舒燾序，梅曾亮、湯貽汾、包世臣、丁廷楗、汪朝瑞、虞運楗、方濬頤題詞，李國杞、倪良燿、侯雲松、湯貽汾、梅曾亮、萬藕舲、張之萬、姚瑩評語，民國十九年族玄孫方斐重印并跋。徐宗亮《善思齋文續鈔》有《許叔平詩序》，此乃不載。據倪序，集中大半遭亂後作，未見者尚數百首，錄其菁華先付剞劂云云，是原集尚不止此也。曾亮謂其可繼劉開。

知求知齋遺集六卷附錄二卷

[清] 李乙然撰。乙然原名宣，字通甫，號"粥僧"，又號"桐敷"，桐城人。道光諸生。乙然曾刻有《冠前詩存》，都九十八首，外稿本三冊，皆草書，中多塗乙重復且不無殘脱，民國二十一年從孫德膏屬長沙陳朝爵、縣人姚孟振合刻本稿，本編爲六卷，卷一曰《冠前詩存》，卷二、卷三曰《潼陽游草》（《游草》原二卷，僅存下卷，孟振以其詩較多，仍分爲二卷），卷四曰《蘆中吟》，乃咸豐三年癸丑二月至四月作，都四十首，卷五曰《癸甲集》，卷六曰《補遺》附斷句，《補遺》多道光二十六年前後作。附錄二卷，卷一爲《應試詩文》、卷二則雜文二篇，并所錄乩詩也。據許光黼撰傳，乙然五歲能分四聲，童時賦詩驚其長老，尤嗜説文，嘗試《〈説文（解字）〉與〈爾雅〉相表裏説》，爲學使羅惇衍所賞，其文今在集中，又《縣志》載乙然有《稽古山房詩文集》，或當時尚有別本，今已不可見矣。

默齋詩草二卷

[清] 左廣虞撰。廣虞字夑南，號"默齋"，桐城人。道光諸生。詩二卷，乃子兆薇、元履所編，有光緒十一年何鎔序，當即刻於其時。廣虞嘗游臺灣，卷一《謁寧靖王墓》，自注鄭成功擁立寧靖王據臺灣。康熙十四年將軍施琅渡臺，王不屈自

緇，五妃從之云云。考合肥鄭達《野史》，無文《寧靖王傳》。王諱術桂，字天球，太祖第十五子、遼王之後，初授輔國將軍，崇禎十七年進鎮國將軍，唐王時嗣長陽王改封寧靜王。鄭成功取臺灣，王來臺灣，成功以王爲宗室之冠，有大事坐王於左，宣而行之，然令出可否，專決於成功。清使來王西向坐，成功西坐東向，癸亥夏鄭兵敗，乃書所歷艱虞，冠帶佩綬自縊死，時八月癸丑也。元妃羅先卒，有五姬先一日死，命葬大林。寧靜，蓋即寧靖。徐鼒《小腆紀年》亦作“靖”，據此則王雖居臺灣，成功固未嘗擁立，黃宗羲《賜姓始末》亦云獨怪吾君之子，匿於其家，不能奉之以申大義，更可證無擁立之事，至施琅渡臺事，在康熙二十二年八月，此云十四年亦誤。寧靜王不見《明史》，鄭達書未刻，世罕知者，贋虞游臺灣，猶有此誤，故備著之資互證焉。

天華詩草

［清］雷豐聲撰。豐聲字宣遠，太湖人。諸生。事迹具《縣志·文苑傳》。光緒《（安徽）通志》著録，無卷數。豐聲好學深思，晚尤好《易》。

南岡趣園草

［清］童良毓撰。良毓，望江人。諸生。光緒《（安徽）通志》著録，無卷數。

培荆閣詩集十卷文集十卷

［清］余含芳撰。含芳字芬亭，號“夢塘”，婺源人。道光諸生。事迹具《縣志·文苑傳》。光緒《（安徽）通志》載是集，無卷數，今據《縣志》著録。含芳中年客廣東，適海疆多故，前後上策萬餘言，總督祁墳、巡撫梁寶皆奇其才。

自怡集二卷

［清］程慶齡撰。慶齡字自耕，黟縣人。道光縣學生。事迹具《縣三志·孝友傳》。集二卷，有咸豐六年族子鴻詔序。光緒《（安徽）通志》著録，無卷數，今據《縣志》著録。鴻詔稱其咏史、紀事、寫懷諸篇，揉古函今，攄胸發臆。咏物記游，又如張華之志、陸璣之疏、道元之注、賈耽之圖，而出以韵語焉。《縣志》録文、詩各一首。

卍①軒詩文集

〔清〕汪學橿撰。學橿字星吉，又字卍軒，黟縣人。旂子。道光縣學生。事迹具《縣三志·文苑傳》。光緒《（安徽）通志》著録，無卷數。《縣志》稱其著寇毀無存，子騫輯遺詩藏於家，是其集已佚也。學橿從劉鋆學，又受知於學使胡開益、徐頲、朱士彦。《縣志》録詩七首。

横溪詩稿

〔清〕程聖高撰。聖高字德章，黟縣人。諸生。事迹具《縣三志·文苑傳》。光緒《（安徽）通志》著録，無卷數。

醉雪齋詩稿

〔清〕江鳳藻撰。鳳藻字麗彬，黟縣人。諸生。事迹具《縣三志·文苑傳》。光緒《（安徽）通志》作《雪齋詩稿》，今據《縣志》著録。鳳藻與王德徵、王刻山、江愚溪、江佩舫爲詩友，有王前之目。

衲被集三十五卷

〔清〕汪華浚撰。華浚字秀芳、又字嘯園，黟縣人。縣學生。事迹具《縣三志·文苑傳》。集三十五卷。光緒《（安徽）通志》著録作《嘯園集》三十二卷，集名與此不同，卷數亦不合，今依光緒《（安徽）通志》著録。

惜分軒文集五十卷

〔清〕胡銘琦撰。銘琦字又韓，號“芥園”，績溪人。諸生。事迹具《縣志·學林傳》。集五十卷，光緒《（安徽）通志》著録。《縣志》稱其文有青選之目。

舫西存稿二卷

〔清〕周紹濂撰。紹濂字訪溪，號“舫西”，績溪人。諸生。事迹具《縣志·學林傳》。光緒《（安徽）通志》載是集，無卷數，今據《縣志》著録。

遥遥小草詩草一卷　春韭秋菘館詩草一卷

〔清〕周懋原撰。懋原字淵甫，績溪人。諸生。詩二種，各一卷，光緒《（安徽）通志》著録。懋原嗜吟咏，金石碑版，考核尤精。

---

① 卍：音 wàn，名詞。佛身上的異相之一，表示吉祥無比。印度傳説以爲是有德者的標識。卍字之形，諸書亦不統一，也作“卐”。唐代武則天爲其定音爲“wàn”。《龍龕手監·雜部》：“卐，音萬。是如來身有吉祥文也。”

錦川小稿 游齊雲山詩草

［清］汪藻撰。藻字少章，績溪人。諸生。光緒《（安徽）通志》著録，無卷數。

靜觀書屋詩集七卷

［清］章鶴齡撰。鶴齡字子襄，號"六峰"，貴池人。道光諸生。年五十七卒。詩原千餘首，遭亂散佚，門人同縣劉瑞芬曾得數十首於桂禮堂處，刻之曰《居易堂殘稿》。是集七卷，都五百九首，乃門人桐城劉雲璐所藏，同治十三年瑞芬刻於安慶，前有同治十二年同縣金秉彝、十三年沅陵吳大廷序，桐城徐宗亮撰傳，後有光緒元年瑞芬跋。民國八年瑞芬子世珩復刻入《貴池先哲遺書》并跋。鶴齡詩每訂一卷，必屬秉彝刪定，其《讀清布衣諸老詩絶句》，有吳嘉紀、沈用濟，集中五古、五律二體有頗似二人者。大廷亦謂其意清氣逸云。

添一盧詩集

［清］阮式玉撰。式玉字警庵，貴池人。縣學生。光緒《（安徽）通志》著録，無卷數。《縣志》稱其激昂感概，無靡靡之音。

養拙居賸稿

［清］楊德碩撰。德碩字闇如，石埭人。一肮七世孫。諸生。事迹具《縣志》。光緒《（安徽）通志》著録，無卷數。

蘇梅仙詩集

［清］蘇佩撰。佩字珩齊，晚號"梅仙"，石埭人。諸生。事迹具《縣志》。光緒《（安徽）通志》著録，無卷數。

靜遠（一作"園"）齋唱酬集 一醉園詩集

［清］楊玉輝撰。玉輝，建德人。事迹具《縣志·文苑傳》。光緒《（安徽）通志》著録，無卷數。玉輝篤學喜吟咏。

苣香室詩草

［清］楊和蘭撰。和蘭，蕪湖人。諸生。光緒《（安徽）通志》著録，無卷數。

卧雲集　萬松樓集

[清] 楊林撰。林字綺南，合肥人。諸生。事迹具《府志·隱逸傳》。光緒《（安徽）通志》著録，無卷數。林幼穎悟，誦讀一過不忘，閉户著書，不履城市者三十年。

陳毓賢古今體詩二十卷

[清] 陳毓賢撰。毓賢字春溪，巢縣人。府學生。事迹具《府志·文苑傳》。集二十卷，光緒《（安徽）通志》著録。毓賢課徒之外，惟耽吟咏。《府志》稱其著有《伴寂草》《隨意吟》，兵燹散失。《居巢詩徵録》七律一首。

桂香書屋詩集

[清] 錢璋撰。璋號“達卿”，巢縣人。諸生。早卒。事迹具《府志·文苑傳》。光緒《（安徽）通志》著録，無卷數。

小初詩稿三十卷

[清] 王之藩撰。之藩字小初，鳳陽人。道光諸生。以軍勞官江西瑞安、南康、廣信、南昌、虔州、臨江等府知府，補缺後以道員用加鹽運使銜。詩凡三十卷，按年編次，自咸豐五年乙卯至光緒十三年丁亥，凡三十三年，都二千五百十九首，前有薛時雨、孫桐生序，馮詢、蔣嘉榖、周長森、張修府題詞。自卷一至卷四刻於同治元年、自卷五至卷十七刻於光緒元年、自卷十八至卷二十九刻於光緒十二年，皆有自序，卷三十爲十三年作，蓋十二年後又有續刊也。自序稱壬戌（同治元年）以前之作未暇删選，特以二十餘年出處行藏於是乎寄，謂爲日記亦無不可云。

譙中詩草

[清] 張之藻撰。之藻字仲文，懷遠人。諸生。年九十九卒。事迹具《縣志·文學傳》。光緒《（安徽）通志》“譙”作“樵”，今據《府志》著録。之藻工吟咏，書效米芾，兼善養生術。

岱源詩稿一卷

[清] 陳衍洙撰。衍洙字岱源，定遠人。道光諸生，以軍勞官江蘇知府。詩舊别爲《風帆》《聽鼓》《戎馬》《河上》《宦游》諸集，今都爲一卷，有張謇、王賓、韓天馴序，光緒三十年印於通州。

茗樵集 鳳栖草 編年草

［清］馬亨祥撰。亨祥字嘉甫，太湖人。龍第三子。貢生。事迹具《縣志·文苑傳》。光緒《（安徽）通志》著錄作"馬亨"，誤。《縣志》錄七律一首。

片石集一卷

［清］龍彪撰。彪字錦回，望江人。貢生。集一卷，光緒《（安徽）通志》著錄。

問竹軒文集 游蘇詩草

［清］童蒙亨撰。蒙亨，望江人。貢生。光緒《（安徽）通志》著錄，無卷數。

蓉湖詩鈔

［清］汪濱撰。濱，旌德人。貢生。光緒《（安徽）通志》著錄，無卷數。

小輞川詩集

［清］王世溥撰。世溥（字育泉，合肥人。道光貢生。咸豐元年舉孝廉方正，以軍勞議叙知州，九年卒，贈知府銜。事迹具《府志·儒林傳》）有《周易同異辨》，已著錄。光緒《（安徽）通志》載是集，無卷數。世溥詩學杜甫，得其遒麗。《廬州詩苑》錄其《自固鎮赴宿州道中即事》云："蟹河春雨歇，虹縣夕陽多。"小輞川，在逍遥津上，世溥所營別墅也。

青箱餘論一卷

［清］王世溥撰。僅文十二篇，後附逸事七則，則錄同時人尺牘、筆記，與世溥有關者，光緒二十三年刻。

五峰草堂詩集

［清］劉濂撰。濂字石樵，鳳臺人。貢生。事迹具《府志·方技傳》。光緒《（安徽）通志》著錄作"壽州人"，今據《府志》著錄。濂善著色大障山水，人謂媲美青笠。

龍灣草堂詩稿

［清］汪正塈撰。正塈字載吾，桐城人。監生。道光中議叙鹽知事。光緒《（安徽）通志》著錄，無卷數。

棗園詩集

[清] 丁焕撰。焕字克六，桐城人。道光太學生。事迹具《續修縣志·孝友傳》。光緒《（安徽）通志》著録，無卷數。考《桐舊集》録丁焕詩六首，載焕字子高，號“梅岑”，乾嘉間諸生。有《梅岑詩集》，蓋同名而別一人，今仍依舊志著録。

馬背船脣集八卷　虛生白室詩文鈔二卷　槃阿集四卷

[清] 疏長庚撰。長庚字蔭松，號“北山”，桐城人。道光監生，以團練功保江蘇候補直隸州知州。《馬背船脣集》詩文各四卷、《虛生白室詩文鈔》各一卷、《槃阿集詩文》各二卷，均未刻。長庚少游燕秦、晋楚、吴越，晚乃自放山水間，喜爲詩，憂患所經，輒形篇什。

懷山詩集

[清] 陳于謙撰。于謙字公益，太湖人。監生。年八十四卒。事迹具《縣志·文苑傳》。光緒《（安徽）通志》著録，無卷數。《縣志》録七律二首。

曹應鍾詩文稿

[清] 曹應鍾撰。應鍾字念生，又字耳山，歙人。監生。咸豐元年舉孝廉方正不就。事迹具《縣志·隱逸傳》。光緒《（安徽）通志》著録，無卷數。應鍾博通經史，善古文、詩賦，所著數十卷，未刊。

啗敢覽①館稿一卷

[清] 曹應鍾撰。僅文四篇、詩十一首，同治十一年潘祖蔭刻并序。考歙江觀濤《蔭園詩鈔》前《懷人》詩注，稱應鍾精篆隸，尤長鍾鼎，詩極古淡，寓武林最久，好栖古刹，年七十餘談詩不倦云云。又《懷應鍾》詩云：“高懷真放曠，老態未頹唐。自得古人意，不趨時世妝。沉酣都漢魏，陶寫到羲皇。著作等身富，名山鄭重藏。”潘序亦稱詩文一册於黃孝侯處得見，愛其古雅，有考證遂付諸梓，是應鍾所撰，固不止此也。應鍾嘗客吴式芬幕，爲評考金石，集中《題漢泥封印册》七古，即式芬所藏。祖蔭所謂古雅，有考證當即指此也。

---

① 敢覽：即“橄欖”。

古松山詩集十卷

〔清〕江景清撰。景清，歙人。監生。詩十卷。光緒《（安徽）通志》著錄，無卷數。

墨淚蘭詩

〔清〕方啓大撰。啓大字裕昆，號"廣居"，歙縣人。國學生。事迹具《縣志·文苑傳》。光緒《（安徽）通志》著錄，無卷數。啓大以《毛詩》入國學，兼通六經。

煮雪草堂詩集

〔清〕李璋撰。璋號"春園"，巢縣人。布衣。事迹具《府志·文苑傳》。光緒《（安徽）通志》著錄，無卷數。

抱獨山人詩集二卷

〔清〕方聞撰。聞字伯言，更字鍊秋，桐城人。東樹子。事迹具《續修縣志·孝友傳》。方宗誠序。光緒《（安徽）通志》著錄，無卷數，今據本書著錄。聞承父祖緒餘，又多見先輩，晚遭亂時賦詩自適，嘗倚杖山谿間，俯仰長吟。宗誠謂其幽寂平淡，造於自然。

堅白石齋初集四卷續鈔二卷別庵集二卷雲窩山莊集四卷堅白石齋文存二卷

〔清〕張煒撰。煒字星宗，號"小石"，桐城人。元輅子。咸豐四年卒。事迹具《續修縣志·文苑傳》。光緒《（安徽）通志》著錄《堅白石齋集》《別庵集》《雪窩山莊集》，無卷數，又無《續鈔》及《（白石齋）文存》，今據《縣志·藝文》著錄。煒幼有神童稱，詩文皆宗法姚鼐，暇與二三知己飲酒、賦詩爲樂。

周魏軒文集

〔清〕周道煥撰。道煥，桐城人。光緒《（安徽）通志》著錄，無卷數。

任甫詩草一卷

〔清〕張邦彥撰。邦彥字仲尹，號"任甫"，桐城人。據其子之杓跋，邦彥原有詩文二册，與其父《陋坳軒全集》編爲《鶴陰合稿》，未刻毀於兵。是集乃其少作，同治元年之杓得於廬江吳若儂家，光緒八年刻，有楊澄鑒、張犧序，左賦都、姚繼勉、劉昌運評語。邦彥學於同縣劉宅俊而友戴鈞衡、文漢光。論詩以有氣魄、音節、風調、格律且不失風人之旨者爲正。澄鑒亦謂其思邀情婉、節和音雅云。

星垣遺集

［清］談兆熊撰。兆熊字錫蘭，號“星垣”，桐城人。名會子。據其弟彝龢《春暉書屋詩鈔序》，兆熊詩被水淹没，僅其母記五首，刻於詩鈔之前。兆熊傳其父學，五律直追盛唐，較其父又似略變。

雨川初集六卷

［清］談彝龢撰。彝龢字西園，號“雨川”，桐城人。兆熊弟。詩凡六卷，都三百四十首，附其父兄詩後，統名《春暉書屋詩鈔》。彝龢客游吳、豫、陝、鄂，所至寫懷吊古，多愁苦之音。

葆貞閣詩集

［清］沈氏撰。氏，太湖路鋆妻。光緒《（安徽）通志》著録，無卷數。

樂靜詩文稿

［清］鮑邦倫撰。邦倫字時憲，歙人。事迹具《縣志》。集凡十三種。光緒《（安徽）通志》著録，無卷數。邦倫通經史、兼善鍼砭術。樂靜，其自號也。

方塘吟稿

［清］江源塾撰。源塾，黟縣人。事迹具《縣三志·文苑傳》。光緒《（安徽）通志》著録，無卷數。

豸峰集

［清］吳［光緒《（安徽）通志·文苑傳》作“呂”］廷華撰。廷華，旌德人。光緒《（安徽）通志》著録，無卷數。

山輝閣詩鈔

［清］吕煌撰。煌，旌德人。光緒《（安徽）通志》著録，無卷數。

蘭草山房詩稿

［清］王承亨撰。承亨，旌德人。光緒《（安徽）通志》著録，無卷數。

楊溪詩草

[清] 孫輔撰。輔字友仁，太平人。孝子。宗魁子。集有咸豐初金陵吳雙序，同縣周汝霖評點。雙謂其近體研鍊，純任自然（《采訪冊》）。

晚香亭詩集

[清] 葉世乾撰。世乾，合肥人。光緒《（安徽）通志》著録，無卷數。

鑑溪詩草

[清] 周兆權撰。兆權號“鑑溪”，巢縣人。事迹具《府志·文苑傳》。光緒《（安徽）通志》著録，無卷數。

對山四部稿

[清] 馬紹周撰。紹周字又周，定遠人。事迹具《縣志·文苑傳》。光緒《（安徽）通志》著録，無卷數。紹周少貧輟學，後乃爲壯游，借書讀之，遂淹通經史百家，肆情山澤，有所得輒寄諸詩文。胡梅嘗稱爲乘天地之化機，從吾心之所欲，履騷雅而不僭犯，俗俚而不撓，蓋不屑屑於古，而有我作古者也。《縣志》録七絶一首。

長嘯齋詩草

[清] 孫貫撰。貫字徹中，壽州人。事迹具《州志·文苑傳》。光緒《（安徽）通志》著録無“齋”字，今據《縣志》著録。

雪巘詩集

[清] 陸熙撰。熙字際皥，蒙城人。勛弟。事迹具《縣志·儒林傳》。光緒《（安徽）通志》著録，無卷數。熙與兄同隱西里唱和。汪雨若贈詩云：“自昔雲間推二陸，於今龍鳳又成雙。”

漁山詩集

[清] 胡姚撰。姚，天長人。光緒《（安徽）通志》著録，無卷數。

簪花室詩集

[清] 孫塏撰。塏字松岑，原名壽銘，休寧人。僑居杭州。官詹事府主簿（《通志·選舉仕籍表》作“西域兵馬司正指揮”，此據《文苑傳》）。光緒《（安徽）通

志》著録，無卷數。堉咸豐三年應詔，陳時事四條，奉諭下所司議辦，則道咸間人也。

曉帆詩選二卷

［清］馬汝舟撰。汝舟字曉帆，懷寧人。增生。事迹具《縣志·文苑傳》。光緒《（安徽）通志》著録是集，無卷數，又隸“總集”，今據《縣志》著録。汝舟工詩。曾國藩復安慶試士首拔之，授以任不就。

少莊詩鈔一卷

［清］疏的撰。的字同一，號“少莊”，桐城人。筐第六子。道咸間諸生。的幼負雋才，有詩文數百首，多散佚，僅存詩一卷。

練溪詩稿

［清］江清撰。清字近人，原名文藻，黟縣人。道咸間縣學生。事迹具《縣三志·文苑傳》。集有同治三年程鴻詔序。光緒《（安徽）通志》著録，無卷數。清少學於從祖志伯，又從錢塘洪珏授作文法。《縣志》録一首。

池上草堂遺集

［清］汪彤雯撰。彤雯字季卿，黟縣人。雲翮孫，承恩第三子。道咸間縣學生，卒年三十。事迹具《縣三志·孝友傳》。彤雯卒後，其詩與雲翮《玩月樓遺詩》、承恩《蘿摩別墅詩文鈔》合梓，張鳳疇爲總序。光緒《（安徽）通志》作《池上詩鈔》，今據《縣志》著録。彤雯七歲能詩，與兄彬雯、喬雯唱和。《縣志》録八首。

愛亭詩鈔

［清］王世禄撰。世禄字奕蕃，合肥人。諸生。事迹具《府志·義行傳》。光緒《（安徽）通志》著録“禄”作“福”，今據《府志》著録。世禄善吟咏。漕督周天爵嘗延課其子，則道咸間人也。

放懷堂詩古文

［清］楊志傳撰。志傳字石門，桐城人。貢生。光緒《（安徽）通志》著録，無卷數。志傳從同縣吳士鼎學，蓋道咸間人也。

讀畫山房詩鈔一卷　聽香居吟草一卷

〔清〕王壽雲撰。壽雲字根石，懷寧人。道咸間布衣。事迹具《縣志·文苑傳》。光緒《（安徽）通志》著錄，無卷數，今據《縣志》著錄。壽雲甘貧力學，尤長於詩。安慶陷後，時見吟咏，病篤自焚其稿，所存二集，皆其子所拾襲也。

惜靜山房遺稿二卷

〔清〕查戌培撰。戌培字容焕，號"石隄"，一號"白雲樵者"，桐城人。道咸間布衣。詩二卷，前有陳澹然題詞，唐法言序，末附孫慈撰傳，抄本未刻。

庚辛遺稿

〔清〕洪承熙撰。承熙字虞卿，歙人。道咸間布衣。同治初卒，年二十六，詩僅八十二首，乃咸豐十年庚申十一年辛酉作，光緒二十五年子儒印，有長洲朱孔彰序及儒跋。孔彰稱其澂澹①幽逸②。

竹林堂遺稿一卷

〔清〕阮爾昌撰。爾昌字鈞韶，舒城人。道咸時布衣。詩一卷，首古體、次今體，都九十四首，又附王鏡齋、程玉卿等七律共四首，乃女夫合肥汪韜所錄，未印。《合肥詩話》錄五律一首。

種桐書屋詩集一卷

〔清〕沈桂撰。桂字丹崖，無爲州人。道咸間布衣。詩僅一卷，前有同治十三年閒縣李宗羲序，賵署光緒九年正月朝鮮金允植題，當即刻於其時。惟陳詩《廬州詩苑》載桂有《師竹山房詩集》，子朝宗爲吳武壯公長慶司軍儲，搜刻遺集一卷云云。集名與此互異，而所錄詩九首及所摘四聯又均在是集中。案：宗羲序稱既存其孤，復求得遺詩，謀布於代，似亦嘗擬刻其詩。又案：前《國史·列傳》，光緒八年六月朝鮮內亂，長慶率營馳赴，朝宗既司軍儲，自當隨往，是集題賵既爲朝鮮人，又用朝鮮紙印，似即其子所刻。特集名歧出，莫詳其故耳。桂長於五律及絕句，有雅人深致。陳選所錄字句間與本集異（《至建德即事》五律，"古風淳"作"土風貧"；《宴碧梧仙館》絕句，"來意"作"滋味"，"便捲"作"捲起"；《舟中》絕句，"千"作"萬"；《古意》絕句，"薄"作"惡"；《偶成》七律，"古"作"壞"；《自題畫册》絕句，"輕"作"炊"；《閑眺》絕句，"罷"作"醒"）疑爲陳所易也。方澍《濡須

---

① 澂澹："澂"同"澄"。清靜淡泊。宋蘇舜欽《送韓三子華還家》詩："襟懷兩澄澹，炯炯抱明玉。"

② 幽逸：猶隱逸。《後漢書·冲帝紀》："庚戌，詔三公、特進、侯、卿、校尉，舉賢良方正、幽逸修道之士各一人。"

詩選》録五十三首。

守一齋詩詞三卷

［清］胡文鎬撰。文鎬字次豐，號“苢香”，黟縣人。是集三卷，卷上古近體詩、卷中擬唐人試帖、卷下詞，前有咸豐九年徽州知府海虞楊沂孫序、八年兄文銓序，光緒元年春刻。沂孫稱其不襲古人之貌，反復委縟必盡其意，而條鬯①指趣如見胸臆，足以自名其家。

續忘齋詩存一卷

［清］張宗軾撰。宗軾字南坡，舒城人。詩一卷，都六十二首，《感懷》一首原缺末二句，抄本無序跋。詩有《吊定遠知縣周怡芳》一首作於咸豐九年，蓋道咸間人也。

種梅書屋詩略一卷

［清］翟英撰。英字鶴卿，號“梅溪”，無爲州人。道咸、同光間布衣。英詩稿盈尺，半毀於亂，此係自定，僅一卷，前有光緒六年自序，後有程佐衡跋，三十年刻。英所居名怡園，與邑人結詩社唱和，其詩頗任性靈，近袁枚一派。

朱霞書屋詩草二卷

［清］劉覲璋撰。覲璋一名茂桂，字禮堂，號“一山”，別號“南山樵”，巢縣人。道咸同光間布衣。詩按年編次，自同治十二年癸酉至光緒二十六年庚子，凡二十八年，前有方碩輔序及題詞，後有洪希邁、褚德紹後序并附傳狀，光緒三十一年子原道印。孫同康《四朝詩史》、陳詩《廬州詩苑》皆録其詩。

翰馨書屋賦餘二卷

［清］章邦元撰。邦元字午峰，銅陵人。道咸同光間人。賦原二百餘首，佚於兵燹，卒後子家祚搜輯僅得三十首，皆晚年課徒改作，光緒十三年刻，前有楊長年、沈祥龍序，後有朱昌鼎、張堅、陳世垣、劉世瑋及家祚跋。據是集後《遺著書目》，又有古文四卷、古今體詩二卷，未刻。

---

① 鬯：音 chàng，古代祭祀、宴飲用的香酒，用鬱金草合黑黍釀成。通“暢”。條鬯：暢達。宋王安石《兵部員外郎馬君墓志銘》：“及出仕，所至號爲辦治。論議條鬯，人反复之而不能窮。”

安徽通志稿·藝文考

集部二十七　別集類二十六

汲修堂詩文集十二卷

［清］馬肇元撰。肇元（號"鹿坪"，一作"六坪"，桐城人。廩貢，咸豐元年舉孝廉方正，賜六品頂戴，三年殉難。事迹具《續修縣志·忠節傳》）有《周書年月考》，已著録。光緒《（安徽）通志》載是集，無卷數，今據《續修縣志》著録。肇元嘗入安徽、河南學使及陝西巡撫幕，又主講河南大梁、安徽廬陽、江蘇正誼各書院。其學澤古深，亦不戾時。

春臺詩文集

［清］王廷燮撰。廷燮字烈光，號"春臺"，婺源人。宗瑞子。縣學生，咸豐元年舉孝廉方正。事迹具《縣志·文苑傳》。光緒《（安徽）通志》著録，無卷數。廷燮講學遵朱熹。《縣志》稱其文真氣洋溢，胥①從至性流出。

篁韵山房詩鈔

［清］周圭撰。圭字立廷，祁門人。縣學廩生。咸豐元年舉孝廉方正，力辭免。年四十八卒。事迹具《縣志·孝友傳》。光緒《（安徽）通志》著録，無卷數，又無"山房"二字，今據《縣志·藝文》著録。圭績學有文名，幼與歙胡心蓮交厚，胡守饒郡招弗往。

---

① 胥：都，皆。《詩·小雅·角弓》："爾之教矣，民胥效矣。"

棣華堂詩文集

〔清〕金蔚藍撰。蔚藍字岱晴，霍山人。月桂次子。咸豐元年恩貢。事迹具《縣志·文苑傳》。光緒《（安徽）通志》著錄，無卷數。蔚藍幼與兄蔚蟾同肄業塾中，爲諸生，即不屑事帖括，於天文、地理、算學無師承而得其秘，尤精先秦時事。

馬徵君遺集六卷

〔清〕馬三俊撰。三俊字命之，號"融齋"，桐城人。咸豐元年優貢，又舉孝廉方正，四年六月率勇戰死，年三十五。事迹具《續修縣志·忠節傳》。集爲同縣方宗誠編，卷一雜著、卷二書札、卷三詩、卷四至卷六經義，每類皆按年編次，其以經義入集，蓋援宋劉安節《（劉）左使集》、劉安上《（劉）給諫文集》之例，卷首則奏稿諭旨及宗誠撰傳也，同治三年子復震刻於浙江，前有左宗棠、薛時雨序，後有宗誠及戴鈞衡、方潛、文漢光、吳鉞、戴鼎和題跋。光緒《（安徽）通志》著錄，無卷數，今據本書著錄。三俊從同縣方潛、方東樹游，於文推西漢，於詩推十九首及陶潛，然專事心學，不喜著述，又不自收拾，故所存止此也。

縷冰集

〔清〕余述祖撰。述祖字宗承，號"小黼"，婺源人。龍光長子。咸豐元年舉人，候補工部郎中，升用道，年三十九卒。事迹具《縣志·文苑傳》。光緒《（安徽）通志》著錄，無卷數。

朱芙初詩草

〔清〕朱蔚文撰。蔚文字魯卿，桐城人。咸豐八年殉難。事迹具《續修縣志·忠節傳》。光緒《（安徽）通志》著錄，無卷數。蔚文家貧力學，喜吟咏。室屢空晏如①也。

鋤經堂遺集一卷

〔清〕胡在田撰。在田字雨公，績溪人。咸豐間避地絶粒卒。事迹具《縣志》。集一卷，光緒《（安徽）通志》著錄。

中隱堂詩八卷

〔清〕方炳奎撰。炳奎字月樵，懷寧人。咸豐二年進士，官至廣西平樂府知府。

---

① 晏如：安然自若的樣子。清沈欽圻《除夕書事》詩："入夜四壁清，此心真晏如。"

事迹具《縣志·仕業傳》。詩凡八卷，卷各有子目，曰《鈍吟草》《消寒草》《出山草》《燕游草》《河上①草》《粤游草》《投戈草》《退食草》，都四百七十五首，前有同治五年自記，蓋即刻於其時。炳奎自言少孤失學，無所師承，然所接如符葆森、張寅、許丙椿、鄧傳密、潘慎生、方朔諸人，皆一時勝流。又云："詩以言志，一人自有一人之詩。"其旨趣亦可知。陳詩《皖雅初集》録《燕臺覽古》一首，五、六"白玉有田爲廢隴，黄金無色剩高臺"，此作"白璧有田成廢隴，黄金無價剩高臺"，當是後來所改也。

兩强勉齋詩存四卷

[清] 倪文蔚撰。文蔚字豹岑，自稱"七鳳山樵"，望江人。咸豐二年進士，官終河南巡撫。事迹具前《國史》本傳。是集四卷，《家居至京宦》一卷、《秦中游草》一卷、《幕游至還京》一卷、《外遷以來》一卷，都二百九十四首，乃文蔚自定，光緒九年刻於桂林。自序云："八齡學詩，治經之暇，輒事吟咏，游踪所至，間亦有作，雖不敢言詩，而生平精神、面目、境遇、性情皆在焉。"

兩疆勉齋文存二卷

[清] 倪文蔚撰。凡二卷，上卷曰經説、曰奏議、曰序跋、曰贈序，下卷曰傳狀、曰碑志、曰雜記、曰哀祭，都八十四篇（内《荆州府志小序》凡十三篇、《跋懷仁集》《書聖教序》凡三篇），光緒十一年刻於廣東巡撫署，無序跋，經説凡六篇，如《釐降二女解》，謂"釐來"古通用"釐降"即"來降"。《彭蠡説》，據《史記·封禪書》謂"彭蠡"即"巢湖'。《三江説》謂分江水不可謂之南江，南江出自中江。《九江説》，謂九江屬尋陽。《雲夢説》謂庭洞，即禹貢之云敷淺。《原東陵説》謂敷淺原即廬山，東陵爲今池州山，皆持之有故，言之成理。同時陳澧頗推之，奏議僅二篇，下注代字。文蔚曾參嚴樹森幕，疑即代樹森作也。

懷研齋吟草一卷

[清] 吕錦文撰。錦文字絅齋，一字壽棠，號"簡卿"，旌德人。飛鵬孫、賢基長子。咸豐二年進士，官至翰林侍讀。是集一卷，詩凡百二十九首，乃游江西及北上之作，其時則同治二年至七年，内附金秉彝七律六首、七絶一首，釋智舷七絶十首，無名氏五律一首。詩尾或書眉間有秉彝評語，又附文一首，民國二年孫美璟附刻《賢基集》後。

---

① 河上：黄河邊。《史記·范雎蔡澤列傳》："秦攻韓汾陘，拔之，因城河上廣武。"司馬貞索隱引劉氏云："此河上蓋近河之地，本屬韓，今秦得而城。"

剪紅閣詩草二卷

[清] 張莒馨撰。莒馨，含山人。咸豐二年進士，山西雁平兵備道，同縣慶錫綸妻。是集二卷，都二百數十首，有民國二年無錫張懋績序，蓋即刻於其時。此本僅五古、五律、七律、五絕、七絕等體，都七十首，又詞四闋，乃合肥楊開森所擇録并有識語。

味雪樓詩集一卷

[清] 慶鳳亭撰。鳳亭字湘筠，含山人。咸豐二年進士，山西雁平兵備道，錫綸長女，適江西上饒盧雁洲不一年而寡。是集一卷，有宣統三年丹徒王家侯序，蓋即刻於其時。此本古近體詩四十三首、詞九闋，有合肥楊開森所録。

桐華閣詩草三卷

[清] 慶鳳輝撰。鳳輝字筠仙，含山人。錫綸次女，適胡氏。是集三卷，有民國元年廣東王恩鑄、瀏陽曹典初序，從子雨霆刻。合肥楊開森游含山得於冷攤，已殘闕不全，乃録爲一卷，都古近體詩八十八首，斷句七聯，又詞四闋并爲之序。

芸香閣詩草一卷

[清] 慶佩芸撰。佩芸，含山人。知府之金女，贅同縣王氏子。同治四年隨宦直隸柏鄉縣，卒於署，年二十四。是集一卷，乃卒後之金所輯，前有同治七年古逎[1]趙文濂序，虞山趙靜芬、靜芳，毗陵吳凌雲題詞，後有同治六年之金《重過柏鄉厝所感賦》四首。同治七年刻此本僅五律、七律、七絕三體，都八十六首，乃民國二十四年，合肥楊開森從所得舊刊本擇録。

存雅齋咏史詩

[清] 江本培撰。本培字固堂，懷寧人。咸豐二年歲貢，八年賜舉人，國子監學正銜。卒年八十八。事迹具《縣志·文苑傳》。詩凡三千餘篇。光緒《（安徽）通志》著録，無卷數。《縣志》作數十卷。

緑蔭軒遺集六卷

[清] 胡佩芳撰。佩芳字誦芬，又字雲舲，晚號"拙荇"，祁門人。咸豐二年歲

---

① 逎:古縣名,一作"酒"。漢置。治所在今河北淶水縣北。北周大象二年廢。漢封匈奴降王陸强爲逎侯於此。趙文濂(1805—1889年)字鯉門,淶水人,而自署"古逎"。

貢，注選訓導，八年卒，年五十六。事迹具《縣志·文苑傳》。是集六卷，卷一、二古今體詩，卷三、四試帖，卷五、六律賦，前有同治六年饒恕良、十二年程鴻詔、光緒十四年吳得英、二十三年趙繼元序，顧震撰像贊、墓志銘，子廷琛刻。光緒《（安徽）通志》載《拙莽詩鈔》《綠蔭軒賦稿》，皆無卷數，今據本集著録。佩芳嘗親炙[1]梅抱蒃、桂丹盟，得其傳授。繼元謂其稱心而言，和平蘊藉，尚非過譽也。

無夢軒文集二卷家書一卷

[清] 朱景昭撰。景昭（字默存，合肥人。咸豐二年優貢，以軍勞保候選直隸州州同。光緒四年卒，年五十六。事迹具《府志·文苑傳》）有《讀詩札記》，已著録。是集文二卷，都六十六篇，家書一卷，都四十五通，乃其弟本昭所輯，民國二十二年孫家珂印，爲《無夢軒遺書》之第五、第六種。景昭《復彭耘清書》云某爲文遲速不能自主，要在自得而已，始必有所甚苦意，不以爲厭，更進而求之，脱稿之初，未嘗不以爲快，久而疑之，又久而決然非之，更求於古，所云與道大適者，不有所見不敢漫以誣古人，不有所感不敢率以自誣，且違吾心之所本，有如是累年不敢自信，向所謂急而與之角不得，乃緩而俟之，以庶幾其一悟者某之學如此，又云摹而不似，所傷猶淺，摹而似之，已大傷乎，吾之真又患見異而思遷，而顧未有以自定也，蓋其自道所得如此，中多涉咸豐兵事，亦頗資考索也。

無夢軒詩集一卷

[清] 朱景昭撰。景昭詩二千餘篇，經亂皆不存，是集一卷，首古體、次今體，都百四十九首，乃咸豐八年戊午至同治元年壬戌所作，又附戊午前詩二十三首，前有同治元年自序、同治十年徐子苓識語，民國二十二年孫家珂印爲《無夢軒遺書》之第八種。景昭九歲能詩，與徐子苓、王尚辰齊名，爲“合肥三怪”之一。爲詩好言法，取脉絡通暢，又謂詩外無餘意，句中只一面，決非好詩，而以填布時事、極詞逞快爲二病。子苓謂其刻意辟俗，出入王孟、高岑。景昭亦自謂詩有獨到處云。

消三餘齋詩集

[清] 余慶年撰。慶年，來安人。咸豐二年舉人。光緒《（安徽）通志》著録，無卷數。

---

① 親炙：指直接受到傳授、教導。《孟子·盡心下》：“非聖人而能若是乎，而況於親炙之者乎？”

張錫嶸詩文集

[清] 張錫嶸撰。錫嶸原名錫榮，字敬堂，靈璧人。咸豐三年進士。官翰林院編修，同治四年兩江總督曾國藩奏保治軍，六年正月以援陝殉難，贈侍講學士。事迹具《府志·忠節傳》。光緒《（安徽）通志》著録，無卷數。考蕭穆《敬孚類稿》，卷十二有《錫嶸事略》，稱錫嶸登第後，益沉酣古學，頗有著述，即在軍中尚露抄雪纂①，勤學益力，殉難後均散佚無存，惟所著《孝經章句》《孝經問答》《讀朱就正録》及《續録》，三書爲其門人長安蔣善譬所藏，同治九年盱眙吳棠刻於蜀中。又考吳棠《望三益齋文》，卷三《張敬堂遺書跋》，所刻者亦僅《孝經章句》《讀朱就正録》《孝經問答》三書。《府志·藝文》於著録以上三書外，又著録《詩經問答》及《慎終瑣言》一卷，均不言其有詩文，惟同縣單培初《對松軒詩草》卷六，《得敬堂張公詩草叙》稱朱君雲卿得其詩草一卷寄予，是錫嶸固有詩集，但未刻耳。

味經得雋齋詩文集

[清] 薛春黎撰。春黎字稚農，號“淮生”，全椒人。咸豐三年進士，歷官編修御史，晋四品卿銜，典江西試，卒闈中。事迹具《縣志·名臣傳》。光緒《（安徽）通志》著録，無卷數。春黎與吳廷棟、王茂蔭、尹耕雲、何璟講明體用，慨然有撥亂之志。

藤香館詩鈔四卷

薛時雨撰。時雨字慰農，一字澍生，晚號“桑根老人”，全椒人。咸豐三年進士，官至浙江杭州府知府，署糧儲道，引疾歸。事迹具《縣志·宦績傳》。詩係自編，凡四卷，自咸豐四年甲寅至同治六年丁卯，都九百五十一首，前有秦緗業、陳鍾英序，吳昆田、李慈銘題詞，後有汪鳴鑾跋、趙銘後序、譚獻書後、張景祁跋，同治七年刻，光緒三年板毁於火。

藤香館詩續鈔四卷

[清] 薛時雨撰。自同治七年戊辰至十二年癸酉，都一千一百十二首。

藤香館詩删存四卷附詞删存一卷

[清] 薛時雨撰。據目録，原編詩都一千九百八十六首，删存八百六十一首，乃

---

① 露抄雪纂：指長年累月的抄寫纂輯。形容不畏寒暑、艱苦不停地著述。露、雪：象徵一年四季的日日夜夜。抄：同“鈔”，抄寫。纂：編輯。

咸豐四年甲寅至光緒三年丁丑之作，原編詞曰《西湖櫓唱》、曰《江舟欸乃①》，都三百十六調，刪存百六十五調，光緒五年刻，前載秦緗業、陳鍾英、馬譽驄、趙銘序，譚獻、張景祁跋及自識并像贊、行狀，後有袁昶、劉壽曾、秦際唐、馮煦書後、譚跋，凡二行狀，則光緒十一年子葆樑補刊也。時雨性警敏，九歲能詩，其《詩境》七律云："詩境如雲半在空，但經鍊冶總能工。翻新意怵他人奪，絕妙詞防舊句同。"又《寄景祁絕句》云："閑吟也自尋歸宿，私淑香山向往陶。"（均見卷三）景祁則謂其不規規於格律，而滂沛浩瀚，一暢其所欲言，於蘇爲尤近云。張應昌采入《詩鐸》、蔣敦復《芬陀利室詞話》摘其詞甚多。

樂稼山房外集三卷

[清] 章相撰。相字汝調，號"晦堂"，桐城人。縣學生。光緒十三年卒，年六十八。是集文二卷，都六十二首，詩一卷，都六十三首，抄本未刻。

補拙軒吟草一卷

[清] 李昭慶撰。昭慶字幼荃，合肥人。文安第六子。入貲爲員外郎，改候選道，以軍勞官至記名鹽運使，同治十二年卒，年三十九，贈太常寺卿銜。事迹具《府志·武功傳》。光緒《（安徽）通志》著錄《補拙軒詩文集》，無卷數，今據《合肥詩話》著錄。昭慶平居，手不釋卷。《廬州詩苑》《皖雅初集》皆錄七絕一首、《合肥詩話》錄七絕二首。

浪鷗集二卷

[清] 靳光泗撰。光泗字逸珊，舒城人。漢循吏朱邑之後，改姓靳。同治補行咸豐五年恩貢，候選州判，光緒十一年卒，年七十四。事迹具《縣志·文苑傳》。是集詩二卷，都二百八十首，附壽序一篇，又附朱鹿賓詩七首，前有同治元年霍山陳明增序及評語、題詞，又虞山錢禄豐評語，桐城葉榮、霍山陳春第題詞，宣統二年次子宗朴印爲《同懷詩鈔》之第一種。

巧雲遺草一卷

[清] 崔巧雲撰。巧雲，太平人。署雲南迤西道紹中季女。咸豐五年順天舉人廣德州學正同縣趙光鑑妻。年二十七卒。詩一卷，乃光鑑所裒集，咸豐刻（《采訪冊》作"咸豐辛卯刻"，案：咸豐但有辛亥、乙卯、辛酉，而無辛卯，疑辛卯爲乙卯

---

① 欸乃：象聲詞。搖櫓聲。

之誤）。

退一步齋文集四卷詩集十六卷

[清] 方濬師撰。濬師（字子嚴，定遠人。咸豐五年舉人，直隸永定河道署按察使）有《蕉軒隨錄》，已著錄。是集文四卷，首論説，次行狀、行略，次傳，次墓志銘、墓表，次序，次記，次題跋書後，次書，次祭文哀辭，都九十九篇。詩分十二子目，曰《童牙集》《緑天前集》《緑天後集》共一卷，曰《避兵集》《北上集》《鳳閣前集》《鳳閣後集》共一卷，曰《粤行集》一卷，曰《嶺西公餘集》凡六卷，曰《端水揚帆集》一卷，曰《春暉延慶集》凡五卷，曰《出岫集》一卷，乃道光二十三年癸卯至光緒十四年戊子，五十六年之作，都一千零二十二首，又附兄濬頤七古一首（卷八）、七律四首（卷五、卷十六）、瑞昌七律四首（卷六）、蘇廷魁五律一首、七絶五首、七律二首（卷七），光緒十七年馬佳松椿印并序，三十年子臻喜等刻。文集後有從子臻峻跋。濬師生平服膺袁枚（卷七《讀題襏館唱和集》詩注），然不喜規仿摹擬（文集序）。文如《讀鵙巢論》《引繩批根説傳》《鶉觚集序》《題東坡》《書歸去來辭墨迹後》《書漢票簽中書舍人題名後》《復潘伯寅書》均關考證及掌故，詩尤精力所萃。松椿謂其宦轍所至，皆足以增長才力，揮斥文藻而出以鍛鍊成爲學人之詩，尚非過譽也。《皖雅初集》錄詩一首。

北戌草二卷

[清] 張光藻撰。光藻字翰泉，廣德州人。咸豐六年進士，同治九年簡任天津府知府，是年九月因教案發黑龍江效力，十一年援減釋歸。是集二卷，卷一紀游酬贈之作，卷二《龍江紀事》，七絶百二十首，前有自序，後附《津案始末》《倭仁密疏》，光緒二十三年猶子颷生刊，有錢文驥序、自序，稱賦性不耐吟咏，謫戌乃借以自遣，至《龍江紀事》則本嘉慶間銀庫主事宗室西清所撰。《龍江外紀》擇其有關典制，足資談柄①者咏之，外紀未刊行，藉此亦可知大概也。《州志》錄文三篇、詩二首。

海雲詩鈔十三卷

[清] 方江撰。江原名奎煥，字山甫，號“海雲”，桐城人。咸豐間四川知縣。詩十三卷，不分體，有咸豐七年何紹基、十年江開、道光二十六年方遵陸序。江論詩謂造物者以戛戛獨造，爲文章故道有統，而五經文體不同，孟子願學孔子，而七

---

① 談柄：話柄，被人拿來做談笑資料的言行。唐白居易《論嚴綬狀》：“且嚴綬在太原之事，聖聰備聞，天下之人，以爲談柄。”

篇不仿論語，文章之道，以我往來，否則後人無可論其世，何以知其人？集中《適會篇》及《續適會篇》，尤暢發此旨，今觀其詩亦皆戛戛獨造，如其持論也。

南明詩稿

〔清〕吳爾慶撰。爾慶字吉雲，桐城人。咸豐八年由陝西縣丞擢浙江麗水知縣，同治元年卒官。事迹具《續修縣志·宦績傳》。光緒《（安徽）通志》著錄，無卷數。

花南戔屋詩文稿

〔清〕程永祥撰。永祥字雲書，休寧人。咸豐九年舉人，十年帶團陣亡。事迹具《縣志》。光緒《（安徽）通志》著錄，無卷數。

黃陂別業古文二卷駢文二卷倚碧山房詩草四卷賦稿二卷

〔清〕汪浚撰。浚字淵如、一作阮如，號“竹琴”，黟縣人。咸豐九年舉人，揀選知縣。事迹具《縣志·儒行傳》。集四種，共十卷，光緒《（安徽）通志》著錄。浚師同縣項廷植。《縣志》稱其文法歐蘇，詩賦法溫李，錄文二首、詩二十三首。光緒《（安徽）通志》又著錄浚《半畝園同人草》二卷，今改隸“總集”。

醉月山房詩草一卷

〔清〕胡晉文撰。晉文字焕章，績溪人。咸豐諸生。光緒十六年歲貢。民國五年卒，年八十二。詩一卷，乃從子運中編輯，有民國二十一年族弟晉接、族孫在淵序及運中跋，二十二年印。詩多寫景述懷。晉接謂其《自題小照》二首，幾於見道。

曉江遺稿一卷

〔清〕崔尊彝撰。尊彝字曉江，太平人。官至雲南布政使，光緒八年入覲歿於途中，年四十四。尊彝稿多散失，存者又爲蠹蝕，其子逢霖就字尚可辨者，錄爲一卷，起咸豐五年迄光緒八年，皆在雲南所作。

獄燈小稿三卷

〔清〕趙光祖撰。光祖字紫瑜，別號“一笠山人”，太平人。咸豐初以貲官廣東定安知縣罷歸，又以家難繫獄將遣戍黑龍江，旋奉旨免發。是集三卷，卷上古近體、卷中懷人百絕句、卷下秋咏七律百首，有合肥李經義、懷遠高錫基、桐城許惠序。其友醵貲刻（《采訪冊》）。

還天詩草一卷附家居要言一卷

［清］吳之鸞撰。之鸞字仿仙，晚號"還天"，無爲州人。咸豐初諸生。光緒三十三年子禮端等印。

浣霞軒詩稿一卷寓草二卷試帖拾遺一卷

［清］朱驤成撰。驤成字雲衢，涇人。伸林子。同治三年補行咸豐十一年拔貢江西知縣。詩皆咸同間作（《詩稿》有咸豐四年詩、《寓草》卷二有同治九年庚午詩），前有劉敬中題詞，吳煥采、吳紹烈識語，附刻《伸林集》後。

過庭集一卷

［清］朱馺成撰。馺成字季良，涇人。伸林子。詩皆近體，附刻《伸林集》後。

耕餘集二卷

［清］靳學汶撰。學汶，號"遜泉"，舒城人。光泗弟。同治補行咸豐十一年恩貢候選教諭，光緒元年舉孝廉方正不就，十九年卒，年七十一。事迹具《縣志·文苑傳》。是集詩二卷，都二百五十九首，附南陵牧僑七律八首、七古一首，前有咸豐九年自序、同治四年鄧澤培序，又葛鍾秀、周福康、韋毓秀序，從子淦傑題後，宣統二年從子宗朴印爲《同懷詩鈔》之第二種。

幼迂詩鈔四卷

［清］倪釗撰。釗（字幼迂，無爲州人。咸豐十一年拔貢，官定遠教諭告歸，民國九年卒，年八十六）有《廣高士傳》，已著録。是集凡四卷，乃釗自訂。卷一曰《漆室餘吟》，同治二年以前作，卷二曰《星郵偶紀》，同治十一年至十三年作，卷三曰《東城游草》，光緒四年以後作，卷四曰《南野新編》，光緒十四年以後作，前有光緒二十年程佐衡、劉更新序，當即印於其時，後有劉更壽跋及釗識語。釗詩學白居易。陳詩謂其長於述事，以議論勝。《廬州詩苑》録四首、方澍《濡須詩選》録三十首。

原不爲名存草一卷

［清］汪守性撰。守性字抱真，號"赤君"，桐城人。爲光孫。詩一卷，抄本未刻。和州鮑源深稱其咏物時近西崑。

生白室生吟稿一卷

［清］汪守忱撰。守忱字據真，號"丹甫"，晚號"澹夫"，桐城人。監生，咸豐末以軍勞保江蘇即補知縣。詩一卷，附詞十闋，前有方澍撰傳、何錫之、江有蘭、鮑源滋、鮑源焞、劉孔齡、姚永概題詞，抄本未刻。永概謂其《將赴西江》一律，風調可追前輩。

思無邪齋詩存八卷

［清］宮爾鐸撰。爾鐸字農山，別號"抱璞山人"，懷遠人。思晉從子。咸同間以軍勞官陝西延安知府。集凡八卷，分六子目，曰《删餘集》一卷、《一麾集》二卷、《青門集》一卷、《歸來集》二卷、《舟車集》《河華集》各一卷，都五百六十四首，前有同治十二年自序及廣陵毛鳳枝序，則皆序《一麾集》也，光緒二十年門人封鑑圻等校刻。爾鐸自言幼好爲詩，苦無師承，及從合肥徐子芩游，告以當先辨雅俗，始漸知去取《離騷》《（古詩）十九首》外，魏則曹植、晉則陶潛、唐則高岑、李韓，而以杜爲大宗，舊所愛概屏去，其取法可知。鳳枝稱其舉所歷之境寓之於詩，尤致意民生，憂樂時事得失云。

邐園存稿四卷

［清］章法護撰。法護，來安人。官禮部主事。是集四卷，刻否不詳。法護以理學名，詩文大半散佚，存者僅此而已。

六十自壽巴言

［清］李普潤撰。普潤字肖鶴，阜陽人。咸豐朝援例爲府經歷，以軍勞保知縣，又以辦賑勞保直隸州知州，歷河南桐柏、商水、林、唐、温，江蘇高淳、真知縣。是集七律三十首并自注，乃光緒二十四年作，前有夏文源撰壽序及澎澤歐陽霖、長白松麟、海昌孫世經序，高淳王樹穀、阜陽朱柱清、蘇城，高淳施文熙、新安唐光照、阜陽趙鴻、如皋鄭壽彤、高淳劉芬、王嘉賓及吳榮榮、從子國桓、武昌吕承瀚、長白恩芳書後，王樹穀印。

深柳讀書堂詩稿八卷

［清］陳濤撰。濤字松甫，一字晉山，和州人。增生，咸豐間以軍勞保五品藍翎，選用教諭。事迹具《州志·文苑傳》。光緒《（安徽）通志》著錄。濤性豪邁，詩文皆超拔可誦。

雪蕉書屋近體詩存四卷　戰餘吟一卷

[清] 王煊撰。煊字焕齋，太平人。咸豐朝入周天受營，保守備加都司銜。二集皆從軍後作，有同縣方敬一序，從子昭俊刻。煊嘗作《落花詩》三十首，時有"王落花"之目。天受殉節，始去爲汗漫游，久之無所遇歸卒。詩亦多磊落骯髒，言爲心聲，理固爾也（《采訪冊》）。

知耻齋文集　課耕園詩集

[清] 吳輝祖撰。輝祖，涇縣人。援例爲候補州吏目，任聊城典史。光緒《（安徽）通志》著録，無卷數。

澹巖遺集二卷

[清] 李聯奎撰。聯奎字澹巖，合肥人。咸豐恩貢。同治元年舉孝廉方正不赴。光緒十七年巡撫陳彝、學使錢桂森合疏薦績學篤行，賞光禄寺署正銜，二十一年卒，年七十三。聯奎自言初學爲歌行，爲同學持去，遭亂爲紀時詩，又毀於火，後避地江南所爲詩文，名《南游存稿》云云。此爲其孫凌雯所輯，先文後詩，凡二卷，民國十四年印。聯奎崇尚理學，詩文似其餘事，然如《村居》《貧家樂》等篇，亦頗近儲光羲也。

寄吾山館詩略一卷拾遺一卷巢湖紀變一卷

[清] 崔璧撰。璧字寶城，巢縣人。冕玄孫。咸豐恩貢，三舉孝廉方正不就。光緒中卒，年七十四。詩共三卷、拾遺一卷，其侄爾梅所輯。《巢湖紀變》一卷，皆咏咸豐時事，原百首，遭亂存七十七首。《居巢詩徵》《廬州詩苑》皆録其詩。

耐庵賦鈔一卷文集一卷

[清] 許光黼撰。光黼字子良，號"耐庵"，桐城人。咸豐歲貢，是集賦六篇，同治十二年刻。文二十篇，同治十三年刻，前均有自序。據自序，文不下千餘篇，即嚴選亦不下數百篇，以無貲故所刻止此也。

程昉捷詩集四卷

[清] 程昉捷撰。昉捷字葵墩，績溪人。歲貢。事迹具《縣志》。詩四卷，光緒《（安徽）通志》著録。

魯齋遺集

［清］章鴻逵撰。鴻逵，績溪人。歲貢。光緒《（安徽）通志》著録，無卷數。

籬月山房詩四卷

［清］潘綸恩撰。綸恩，涇人。咸豐歲貢。詩四卷，光緒《（安徽）通志》著録，無卷數。

巽峰館詩

［清］崔應魁撰。應魁，太平人。咸豐歲貢。光緒《（安徽）通志》著録，無卷數。

晚香亭詩鈔四卷

［清］蔡邦甸撰。邦甸字篆青。咸豐歲貢。詩爲邦甸自定，光緒十八年猶子家旺印於天津，前有李鴻章序。李家孚《合肥詩話》録其詩，謂邦甸與族人邦絿、邦寧，稱"三邦"，實則邦甸遜邦絿，邦絿又遜邦寧，可與邦寧頡頏者，惟邦煊云云。按：李鴻章序，今見《吳汝綸集》，蓋汝綸代撰也。

陔南吟館詩草一卷附子來蕙詩一卷

［清］齊德鏈撰。德鏈字瀛仙，無爲州人。歲貢。是集凡詩數十首，詩餘六関，其子晴泉等所輯，光緒二十年印，前有同州倪釗序。來蕙字秌生，德鏈長子，諸生。才而早卒，遺詩十餘首，附後《陔南吟館》者，德鏈侍宦盱眙時所命名也。

指所齋文集四卷駢體文一卷

［清］高錫基撰。錫基字月川，號"玉谷子"，懷遠人。歲貢，選太平訓導。年八十卒。事迹具《府志·文學傳》。文集凡四卷，都六十八篇，駢文一卷，都十二篇光，緒十六年刻，前有番禺馮焌光、歷城蔡錫齡序。錫基與桐城戴鈞衡、蕭穆游，頗負才氣，其《沿河築壘議》《兵不可輕增減議》《召募宜近議》《安省宜添設州縣議》《代諸圩乞救書》，皆關咸豐兵事，懷遠志傳及大事記亦有關文獻。其名指所取易繫辭。辭也者，各指其所之之義也。

因遇山房詩集四卷

［清］高錫基撰。《指所齋文集》卷一載自序云："予初學元白，繼學李杜，兼及

儲王韓孟，旁涉温李冬郎^①，而於五古則學漢魏，久之一無所學，因題爲詩遇境成詠，因名詩集曰'因遇山房'，蓋取因方成珪遇圓成璧之意。"

梧生詩鈔十卷

［清］傅桐撰。桐字味琴，號"梧生"，盱眙人。咸豐歲貢。事迹具《縣志·人物志》。詩凡十卷，前有道光二十一年武林章福嚴序。桐學詩於盱眙王蔭槐、效成兄弟，得其雄傑。《皖雅初集》録五首。

梧生文鈔十卷

［清］傅桐撰。皆駢文，前有道光二十五年王效成序、二十六年包世臣序。效成謂其將由東京而子雲、淮南，以極吳越語；世臣亦謂其熟精選理，雖治聲色，省體勢而壁壘堅深，波濤鼓盪，滄湄山尊，不過世臣固不輕許者也。

芸香閣稿

［清］汪夔撰。夔，休寧人。舉人。光緒《（安徽）通志》著録，無卷數。

且吟集

［清］楊幨撰。幨字樞臣，休寧人。廩貢，候選内閣中書。光緒《（安徽）通志》著録，無卷數。

修業堂詩文鈔

［清］翟廷珍撰。廷珍，涇人。廩貢。光緒《（安徽）通志》著録，無卷數。

翟檀詩集一卷文集二卷

［清］翟檀撰。檀字石田，涇人。廩貢。事迹具《縣志》。詩一卷、文二卷，光緒《（安徽）通志》著録。檀潛心性理，年逾八十好學不倦。

世澤堂詩文三卷

［清］盛應春撰。應春字與偕，懷寧人。廩生。事迹具《府志·文苑傳》。集三卷，光緒《（安徽）通志》著録。應春性至孝，以古君子自命，著作力追先正。

---

① 冬郎：唐代詩人韓偓的小名。宋錢易《南部新書》乙："韓偓，即瞻之子也，兄儀。瞻與李義山同年，集中謂之韓冬郎是也。故題偓云：'七歲裁詩走馬成。'冬郎，偓小名。偓，字致光。"

紫荆山房初稿 涇江風俗謠（《縣志》作"涇口"）病中吟草

［清］石兆嵩撰。兆嵩字德峻，宿松人。廩生。年三十九卒。事迹具《縣志·儒林傳》。光緒《（安徽）通志》著録，無卷數。據《縣志》，初稿爲文謠及吟草爲詩，抄本未刻，毀於咸豐兵燹。

心安軒詩稿

［清］吳光孝撰。光孝，休寧人。廩生。光緒《（安徽）通志》著録，無卷數。

吟窗草 南州草 礫鳴集 觀雲集

［清］黃啓興撰。啓興字石香，婺源人。廩生。事迹具《縣志·文苑傳》。光緒《（安徽）通志》著録，無卷數。《縣志》作十餘卷。

芸香書屋存稿

［清］程國泰撰。國泰字養吾，一字安甫，黟縣人。大增孫。廩生。事迹具《縣三志·文苑傳》。光緒《（安徽）通志》著録，無卷數。《縣志》稱其詩文皆有師法。

鋤經山房文稿

［清］周畿撰。畿，績溪人。廩生。光緒《（安徽）通志》著録，無卷數。

霽嵐集

［清］左丙熙撰。丙熙，涇人。廩生。光緒《（安徽）通志》著録，無卷數。

婆溪詩集

［清］譚鳴盛撰。鳴盛，太平人。廩生。光緒《（安徽）通志》著録，無卷數。

浮槎山房詩稿五卷

［清］郭道清撰。道清字笛樓，合肥人。咸豐間廩生，以軍勞官山東披縣知縣。是集五卷，卷各有子目，曰《棠湖社草》一卷、曰《行間草》二卷、曰《出山草》《宦游草》各一卷，都四百二十一首，光緒十七年刻。

書巢吟草 消寒詩帖

［清］程學金撰。學金字式如，婺源人。增貢生，援例官户部主事。事迹具《縣志·文苑傳》。光緒《（安徽）通志》著録，無卷數。《縣志》稱其喜仿徐庾、温李。

黄雲海古近體詩

［清］黄雲海撰。雲海字用敷，號“蓮峰”，祁門人。增貢生，以軍勞保即選訓導加鹽提舉銜。光緒《（安徽）通志》著録，無卷數。

耕硯堂詩鈔

［清］程泰履撰。泰履字福田，號“雨江”，一號“也癡”，盱眙人。增貢生，候選訓導。是集未刻，原稿曾孫復藩藏（《采訪册》）。

樂耕堂詩八卷

［清］洪賓蕙撰。賓蕙，休寧人。增生。詩八卷，光緒《（安徽）通志》著録。

芝山詩文集

［清］朱丕燾撰。丕燾，黟縣人。增生。光緒《（安徽）通志》著録，無卷數。

錦川文集

［清］許祥雲撰。祥雲，績溪人。增生。光緒《（安徽）通志》著録，無卷數。

誠教堂詩文集三卷

［清］王思孝撰。思孝字慕堂，涇人。增生。事迹具《縣志》。集三卷，光緒《（安徽）通志》著録。思孝博覽經史，尤精於《易》。

倚園詩鈔

［清］潘藻撰。藻，涇人。增生。光緒《（安徽）通志》著録，無卷數。

蕴石齋詩文稿

［清］崔允升撰。允升，太平人。增生。光緒《（安徽）通志》著録，無卷數。

黄山白嶽紀游詩

［清］程芝雲撰。芝雲，休寧人。附貢，知州（《通志·選舉仕籍表》作“中書”，此據《文苑附傳》）。光緒《（安徽）通志》著録，無卷數。

桃源院長詩鈔一卷

［清］胡兆聯撰。兆聯字殿升，黟縣人。附貢生，桃源書院山長。事迹具《縣四志·儒行傳》。兆聯無子，卒後遺書散佚，宅亦易主，同治六年有修葺其宅者，族人文鬱得詩一册，蠹食過半，以《樵貴谷詩選》校之，知爲兆聯作，程朝儀序而行之，稱其獨抒性情，不矜藻繪，從容温雅，如見其人。《縣志》錄一首（《采訪册》）。

聽松軒詩鈔

［清］查際華撰。際華，涇人。附監生。光緒《（安徽）通志》著錄，無卷數。

雲松書塢集　自長吟集

［清］黎雨稼撰。雨稼字耕書，懷寧人。諸生。事迹具《縣志·文苑傳》。光緒《（安徽）通志》著錄無“書”字，今據《縣志》著錄。雨稼詩蒼潔幽秀，五古尤長。

榆門集

［清］黎漆撰。漆字超顏，一字渭北，懷寧人。雨稼弟。諸生。事迹附《雨稼傳》。光緒《（安徽）通志》著錄，無卷數。《縣志》作詩集。

修如堂稿　輯韵救窮草

［清］阮懋棠撰。懋棠字召樹，懷寧人。工部涵子。諸生。事迹具《縣志·文苑傳》。光緒《（安徽）通志》著錄，無卷數。懋棠讀書梅渚二十年，究心史學。

劉家塿詩古文集

［清］劉家塿撰。家塿字若冲，懷寧人。諸生。事迹具《縣志·文苑傳》。光緒《（安徽）通志》著錄，無卷數。家塿少從望江曾京學，不屑世俗之文，晚絕人事，著書自娛，歿無子，所著皆散亡。

窮愁集

［清］于穀撰。穀字嘉禾，懷寧人。諸生。事迹具《縣志·文苑傳》。光緒《（安徽）通志》著錄，無卷數。穀於書靡不涉覽，然只取給爲詩。

春苗集

［清］胡嘉禾撰。嘉禾，休寧人。諸生。光緒《（安徽）通志》著錄，無卷數。

漁莊詩鈔

[清] 汪大謨撰。大謨，休寧人。諸生。光緒《（安徽）通志》著録，無卷數。

寸知齋詩鈔二卷駢體文二卷

[清] 方榮瀚撰。榮瀚，休寧人。府學生。詩文各二卷，光緒《（安徽）通志》著録。

樂志堂詩稿四卷

[清] 吳聯銓撰。聯銓，休寧人。附生。詩四卷，光緒《（安徽）通志》著録。

澹林文集

[清] 潘士瀛撰。士瀛字文登，婺源人。縣學生。事迹具《縣志·文苑傳》。光緒《（安徽）通志》著録，無卷數。士瀛幼讀南華[①]，文思大進，儲書數千卷，涉獵淹貫，鄉先正有大手筆悉委屬焉。

愈愚詩文集

[清] 俞瑞撰。瑞，黟（縣）人。附生。光緒《（安徽）通志》著録，無卷數。

紀游詩鈔

[清] 程廷治撰。廷治，績溪人。諸生。光緒《（安徽）通志》著録，無卷數。

玉田小集

[清] 許道輝撰。道輝，績溪人。諸生。光緒《（安徽）通志》著録，無卷數。

紫陽山房詩文集四十八卷

[清] 胡景燦撰。景燦字明若，績溪人。諸生。集四十八卷，光緒《（安徽）通志》著録。景燦文宗歐陽修、詩宗韓愈，因自號“叔黎子”，與弟景灯均知名。

惜陰窗詩文集

[清] 潘文江撰。文江，涇人。諸生。光緒《（安徽）通志》著録，無卷數。

---

① 南華：《南華真經》的省稱，即《莊子》的別名。

天海堂詩集 賦鈔

［清］潘陸才撰。陸才，涇人。諸生。集二種，光緒《（安徽）通志》著録，無卷數。

亦樂齋詩文集

［清］朱培撰。培，涇人。諸生。光緒《（安徽）通志》著録，無卷數。

北山詩草

［清］董廷梁撰。廷梁，涇人。諸生。光緒《（安徽）通志》著録，無卷數。

藘廬詩草

［清］汪學瑗撰。學瑗，涇人。諸生。光緒《（安徽）通志》著録，無卷數。

幻［光緒《（安徽）通志·文苑傳》作“岫”］青詩草

［清］汪學瑜撰。學瑜，涇人。諸生。光緒《（安徽）通志》著録，無卷數。

半舫草堂集

［清］翟立方撰。立方，涇人。諸生。光緒《（安徽）通志》著録，無卷數。

享帚集

［清］翟逢吉撰。逢吉，涇人。諸生。光緒《（安徽）通志》著録，無卷數。

灌書園詩集

［清］潘仲素撰。仲素字應庵，涇縣人。縣學生。事迹具《縣志·文苑傳》。光緒《（安徽）通志》著録，無卷數。仲素博學多聞，晚益潛心經史。

淡遠軒詩集三十卷

［清］吳寅撰。寅，涇人。諸生。詩三十卷，光緒《（安徽）通志》著録。

鐵硯齋詩鈔二卷補遺一卷

［清］朱澐撰。澐字廉昉，號“了盦居士”，涇人。南昌籍咸豐諸生。詩凡三卷，民國六年子實甫印。徐紹熙及從弟驤成序。

養晦軒遺稿二卷

〔清〕陳文治撰。文治字輔臣，太平人。諸生。詩二卷，袁太華序，同縣孫璧文刻。文治八歲即工詩文。太華謂其清詞麗句，簇簇生新。璧文亦謂其詞華情致，議論能令讀者鼓舞。馬徵慶録入《仙源書院書目》（《采訪册》）。

自怡悦齋詩存一卷附漱潤齋詩餘一卷

〔清〕王映薇撰。映薇字紫垣，合肥人。咸豐諸生，官教諭。詩一卷，都二百餘首，附詞四十餘闋，同治七年黐德模刻并序。映薇與德模友，德模官長洲知縣、蘇州知府皆爲司記室。德模稱其性靈既贊，格律自高。《合肥詩話》《廬州詩苑》皆録其詩。

冶父山詩鈔四卷

〔清〕吳量才撰。量才字敬夫，廬江人。贊誠族弟。咸豐諸生，同治時佐吳長慶幕，保候選知縣。光緒中卒，年垂八十。詩四卷，曰《歲寒呻吟草》、曰《歲寒分咏》、曰《紀游草》、曰《待除草》，有光緒十六年暨陽蔣彤、道州毛祥壽、涇翟英元，十八年新安洪紹朋，二十年銅陵王模，二十一年績溪章正甲序及自序，鍾崇基、朱銘盤、張盛典、洪釗題詞。是本僅《歲寒呻吟草》一卷，都三十七首，又附盧鈺七律二首，盧坦孫、程文卿兄躍川七律各一首，蓋非完帙。《縣志》録七律二首，《皖雅初集》録《繡溪亭晚眺》一聯，其全詩固在是卷也。

名勝志詩集二卷

〔清〕陶星烜撰。星烜字煒生，泗州人。咸同間諸生，詩皆紀游之作，卷上燕趙齊魯，卷下吳越荆楚，游必有詩，或先之以記，民國十五年子春霆印。姚永概謂其多豪壯之音。

竹圃詩草

〔清〕李勛撰。勛字紹杺，懷寧人。監生。事迹具《縣志·篤行傳》。光緒《（安徽）通志》著録，無卷數。勛性嗜古，博覽群書，時爲詩歌嘯自適，所交多知名，往還酬唱，老而彌篤，有齒宿才新之譽。

近園詩鈔八卷

〔清〕方昌煌撰。昌煌，休寧人。監生。事迹具《縣志》。詩八卷，光緒《（安徽）通志》著録。

緑蕉紅藕山館文集四卷詩集一卷

［清］黄業良撰。業良字仰范，廬江人。金臺從子。監貢。同治元年舉孝廉方正，賜六品頂戴。光緒中卒，年垂七十。是集文四卷、詩一卷。文分體編次，首雜著、次序、次傳、次書，都六十八篇，詩皆近體，都百零六首，前有方宗誠序，未刻。業良學宗程朱，而與合肥徐子苓、王尚辰，桐城蕭穆、徐宗亮、劉繼及宗誠等游，文多關咸豐兵事。論詩於漢推蘇、李，建安於晋六朝推陶、謝、江、鮑，於唐推陳子昂、韋、柳、王維、李、杜、韓，於宋元推歐、蘇、元好問，於清推吳偉業，其持論固甚正也。

賃春草一卷

［清］汪嘉清撰。嘉清字石泉，黟縣人。咸同間布衣。詩凡百餘首，陽湖錢鏐删定并序，光緒十三年刻。嘉清隱於市廛，性耽吟咏，雖未窺古人堂奥，亦頗能抒寫性情也。

半松軒遺詩二卷

［清］劉慶雯撰。慶雯字喬三，懷寧人。年十三殤。事迹具《縣志·文苑傳》。詩二卷，光緒《（安徽）通志》著録。慶雯年十一作《春賦》數千言，所爲五言雜詩論古有識，山居詩幽邃不類人間語。

梅龍閣詩集

［清］黄衡撰。衡字任帆，歙人。事迹具《縣志·文苑傳》。光緒《（安徽）通志》著録，無卷數。衡幼有神童之目，一試不售，遂肆力詩文詞。

葉風詩文集

［清］葉風撰。風字維風，休寧人。家霍山。升子。光緒《（安徽）通志》著録作“葉升”，誤。

閑存集 漸江竹枝詞 符離竹枝詞

［清］鄭重光撰。重光，休寧人。官宿州訓導。光緒《（安徽）通志》著録，無卷數。

儲雲山舍詩稿

［清］吳炳撰。炳，休寧人。光緒《（安徽）通志》著録，無卷數。

履心集

［清］吳宗信撰。宗信，休寧人。光緒《（安徽）通志》著録，無卷數。

雅存堂集

［清］趙時胍撰。時胍，休寧人。光緒《（安徽）通志》著録，無卷數。

香雪居稿

［清］黃文彪撰。文彪，休寧人。光緒《（安徽）通志》著録，無卷數。

雪舟詩集

［清］戴泰運撰。泰運，休寧人。光緒《（安徽）通志》著録，無卷數。

借竹樓詩集

［清］戴文柱撰。文柱，休寧人。光緒《（安徽）通志》著録，無卷數。

嚼梅花館詩二十卷

［清］潘精一撰。精一，涇人。詩二十卷，光緒《（安徽）通志》著録。

農隱詩鈔二卷

［清］潘良秋撰。良秋，涇人。詩二卷，光緒《（安徽）通志》著録。

安亭詩文集

［清］左康撰。康，涇人。光緒《（安徽）通志》著録，無卷數。

拙齋詩草

［清］李越撰。越，涇人。光緒《（安徽）通志》著録，無卷數。

舌耘齋詩稿

［清］朱坤元撰。坤元，涇人。光緒《（安徽）通志》著録，無卷數。

仙源峻節歌一卷

［清］項善寶撰。善寶，太平人。詩一卷，皆紀咸豐時城陷殉節士女。仙源，太平別名也（《采訪冊》）。

閑居偶集

［清］湯玉成撰。玉成字碧山，太平人。是集皆集句詩，有同縣李馥、湯時美、馮季喬序（《采訪冊》）。

羨魚詩草二卷

［清］殷霖撰。霖字恕生，號“桂修”，合肥人。詩本二卷，同治間毀於火，僅存古今體二十二首。周家謙跋，稱其清雋淡雅，有王孟逸趣，未刻。

劫餘小錄一卷

［清］徐元叔撰。元叔字亨甫，合肥人。子苓仲子。年十九卒。事迹附《子苓傳》。詩凡六十二首、銘十四首、書二首，附刻子苓集後。元叔幼慧嗜學，生際亂離，詩亦清峭澈楚①，不似少年所爲也。

醒南醉北齋詩草

［清］金鎮南撰。鎮南，全椒人。光緒《（安徽）通志》著録，無卷數。

金石樓詩鈔

［清］金珉撰。珉字璞生，全椒人。兆燕次孫。事迹見《兆燕傳》。光緒《（安徽）通志》著録，無卷數。

---

① 澈楚：疑爲“激楚”之誤，待考。激楚，形容聲音激昂凄切。

安徽通志稿·藝文考

集部二十八　別集類二十七

湘庭詩稿一卷

[清] 陳芷馨撰。芷馨字湘亭，蒙城人。同治歲貢，光緒六年卒，年五十八。事迹具《縣志·儒林傳》。詩一卷，都百餘首，乃從孫鳴傑所輯，前有民國二十四年甥張桂蕚序及鳴傑撰行述，抄本未刻。芷馨有閑寫句云："詩學淵涵①，味有酸鹹。未歷其境，願無多談。"又云："境外有境，如透重關。自矜峻嶺，忘却高山。"又云："學淺浮靡，何足爲才。杜老詩聖，萬卷得來。"又云："好毁寡譽，卑人自尊。公戴持平，實獲我心。"又云："好言性靈，豈無典型。倉山一老，字字經營。"公戴，謂劉體仁；倉山，謂袁枚。觀其所論，蓋雖重學殖而亦不廢性靈者也。

敬孚類稿十六卷

[清] 蕭穆撰。穆字敬甫，一字敬孚，桐城人。同治初縣學生。是集分體編次，都二百四十三篇，前有同治元年太康李濬、十二年烏程施補華、光緒十年桐廬袁昶序，光緒三十二年刻，惟編次多可議，如《貞壽堂贈言序》不入書序而入贈序；跋與記既分爲二，又以《記金正希年譜》《記錢田間年譜》入跋、《記朝鮮板祖庭事苑》附錄本書雲門、雪竇小注，而以附錄入目，卷十爲傳、附事略，卷十一爲墓表、志銘，卷十二又爲傳、附事略、哀詞，卷十三又爲傳、附事略，又以丁節婦贊入之，又以序略、事略、哀詞入雜記，脱句誤字尤多，蓋是集乃穆卒後其友醵資所刻，其爲原稿抑刻時之誤？今無別本可證，皆不可知。據穆《與溥玉岑書》②，稱早游同縣

---

① 淵涵：包容，深涵，深廣。明胡應麟《詩藪·周漢》："唐虞之詩，太音希聲，至《商頌》而百代詩法淵涵矣。"

② 據清蕭穆《敬孚類稿》卷四《書》（清光緒三十三年刻本）題爲：《與溥玉岑大司空書》。

乾嘉諸老之門，又問業吳越耆舊，以朝章國故爲問學大宗，客上海二三十年，專留心四方文獻，所著各種不下四五百卷，草創略具，尚待隨時增加，以無力蓄鈔，胥①另錄清本②，謹將書目另列一單云云。是穆所撰卷帙甚富，或尚待增加或未録清本。是集十六卷，以所云四五百卷論之，僅占三十分之一。又案：卷五《跋陳忠裕年譜》③稱"鄭鄤獄，昔人記載多端，予別有彙編論之④。"又卷十四《記鄭鄤獄》稱《陳忠裕年譜》所述與諸名公相反，顧炎武詩至詆爲宵人⑤，予舊已著論辟之⑥，卷十五《滕王閣記》稱游百花洲作記云云⑦，論與記今皆不見集中，是即以文論亦不無闕佚。穆長於考證，其文多關文獻及朝章國故，如其所言。惟卷二《孫學顏麻山集序》稱學顏師事方日新，後與方澤、胡田、吳易光、易正作同人堂⑧配祀日新於朱子云云⑨。考方宗誠撰《日新傳》，稱日新與方澤、胡田、吳易光同祀朱子，澤所爲《同仁堂記》特詳，是祀朱子者即日新，又學顏《破戒吟》有《寄日新》五律一首，《破戒吟》乃學顏遭難後作，更可證學顏繫獄，日新尚存，無由以之配祀，又卷四《答姚麗山書》稱史可法《答清攝政王書》不類康作是矣⑩，又謂康當日必有擬作，則非。考姚鼐撰康墓表，稱康入可法幕，檄文多爲世稱，然旋歸里，得免揚州之難，是可法鎮揚，康已辭歸，亦無由爲之擬作，百密一疏，乃向來著述家所不免，固不必爲穆諱也。

晚學齋詩初集二卷二集十二卷續集一卷文集二卷外集四卷

[清]鄭由熙撰。由熙字曉涵，一字伯庸，號"歠嵐"，一號"堅庵"，歙人，寄籍江寧（見馮序）。同治優貢［案：《晚學齋二集》卷四《再用旅感韵贈李芊仙士棻

---

① 胥：文言副詞。皆，都。《角弓》："爾之遠矣，民胥然矣。爾之教矣，民胥效矣。"

② 清本：指校正謄寫或付印的文稿本。

③ 據清蕭穆《敬孚類稿》卷五《跋》（清光緒三十三年刻本）題爲：《跋陳忠裕自撰年譜》。

④ 鄭鄤，字謙止，號"峚陽"，明代常州橫林人。據清蕭穆《敬孚類稿》卷五《跋》（清光緒三十三年刻本）文爲："至峚陽一獄，昔人記載多端，予別有彙編論之，茲不贅。"

⑤ 據清顧炎武《亭林詩文集》卷四（四部叢刊景清康熙本）題爲：《陸貢士來復（武進人）述昔年代許舍人曦草疏攻鄭鄤事》。文爲："雛蜀交争黨禍深，宵人何意附東林。"宵人：小人，壞人。《莊子·列御寇》："宵人之離外刑者，金木訊之；離内刑者，陰陽食之。"郭象注："不由明坦之塗者，謂之宵人。"

⑥ 據清蕭穆《敬孚類稿》卷十四《記事》（清光緒三十三年刻本）文爲："《陳忠裕公年譜》所述，與諸名公之論相反，《顧亭林詩集》有《陸貢士來復代昔許曦草疏攻鄭》至詆爲宵人，余舊已著一論，各辭而闢之此不具述。"

⑦ 據清蕭穆《敬孚類稿》卷十五《雜記》（清光緒三十三年刻本）題爲：《游滕王閣記》。

⑧ 同人堂：當爲"同仁堂"之誤。見下文"澤所爲《同仁堂記》特詳"。

⑨ 據清蕭穆《敬孚類稿》卷二《書序贈序壽序》（清光緒三十三年刻本）題爲：《孫麻山先生遺集後序》。

⑩ 據清蕭穆《敬孚類稿》卷四《書》（清光緒三十三年刻本）文爲："而史忠正公《答攝政睿親王》一書，當時曾與禮賢館中諸徵士商訂而成，諸徵士各有擬稿，或云史公此書亦出休那先生，今觀史公集中此書議，既正大、文氣雄傑、沉痛往復百折，殊不類休那先生之作，大抵史公參之衆議。"

附士菜和作》第二首注云："君優行會考出湘鄉門下，謂由熙也。"又由熙《蓮漪詞》，有同治辛未年愚弟汪宗沂跋。據光緒《（安徽）通志·選舉表》，宗沂乃同治優貢，亦可爲由熙優貢之證。《選舉表》載由熙於同治補行咸豐恩貢，内恐誤]。以軍勞保知縣，歷江西瑞金、新昌、靖安知縣。詩編年不分體，初集二卷，自咸豐三年癸丑至同治十一年壬申，都二百四十七首，附二首，有同治二年鄧繹、五年馮譽驄序。二集十二卷，自同治十二年癸酉至光緒二十一年乙未，都九百四十七首，附三十一首，有光緒十七年新建喻震孟序并光緒二十四年自序。續集一卷，都五十首，則乙未以後作也，前有自序。文二卷，首記、次傳、次論、次説、次序、次壽序、次書、次墓銘、次贊、次銘、次箴、次題辭、次書後、次跋、次駢文，都八十二首，前有光緒二十三年自序。外集四卷，則先儒語録、識小隨録、楹聯録存、贈答詩翰也，前有光緒二十四年自序，皆光緒二十四年刊於靖安縣署，惟壬申以前詩曾付刊，此刪存二卷爲初集。由熙於詩推曹植、陶潛、杜甫、韓愈、蘇軾、陸游（見二集卷二《祭詩辭》），又謂嚴羽爲詩人，言詩其旨趣可知。又自謂始好駢儷，追交馮譽驄、鄧繹，乃稍窺古文涯涘，亦如其所言也。

十花小築詩鈔四卷

[清] 余本愚撰。本愚字古香，休寧人。同光間以軍勞歷署浙江金華、杭州知府、杭嘉湖道，卒官。詩凡四卷，乃道光十五年乙未至光緒九年癸未四十九年之作，有馮一梅序，胡文田、譚鈞培題詞，光緒十一年刻。集中如《丹桂咏》《獅子謡》《雜兵謡》《聞見篇》《桃花行》《痛思篇》《收私篇》《擬行行重行行》《申江新樂府》皆關時事。其《丹桂咏序》稱廉驥元字惺齋（鄭由熙《晚學齋集·木樨香曲》作"字星瞻"），籍隸河南（陳澹然《江表忠略》作"順天寧河舉人"），以大挑權歙篆云云。《獅子謡序》載唐治知祁門擒奸民，陳獅子將置諸法，邑紳乞免，卒勾賊陷城，以巨索貫侯兩掌挽之，臠割以死云云，皆與他書不同，可以備參考也（《江表忠略》卷五，祁門奸民陳隱鱗通寇道之，四年正月祁門陷執降，知縣唐治不可禮焉，遂絶食，而黟令方納降寇告之，治怒罵不絶，遂與巡檢鍾普塘駢死）。

逸園詩稿 一卷

[清] 曹崇慶撰。崇慶，號"逸園"，歙人。同治三年舉人，官宣城教諭。詩一卷，民國二十年外孫汪定執印，爲《慕雲集存》之第二種。

古月軒詩存五卷西江泛宅集三卷文存二卷

[清] 朱伸林撰。伸林字引之，號"鏡湖"，涇人。同治三年舉人，十三年選霍

山儒學教諭，光緒二年乞休。詩存五卷，乃毀於咸豐十年，而追錄者《泛宅集》三卷，爲避亂西江之作，卷首《清芬宛在錄》，則其父廷模遺詩三首及朱琦所撰墓銘、書事、遺文、序、挽詩之屬也，前有胡壽椿、胡友梅、朱寬成序，朱葆元、朱寬成、朱念孫、楊承澍、楊大猷、朱昱中題詞，夏思泚、余振麟題識，文有朱宗介識語，光緒十年刻。伸林從族祖琦游，爲校刊《詁經文鈔》《古文彙鈔》二種，詩亦得力於琦爲多。琦輯《紫陽家塾詩鈔》錄十七首。

蓉裳文稿一卷

[清] 周贇撰。贇字蓉裳，寧國人。同治三年舉人，光緒末官徽州府教授。文十一篇，民國二十年門人歙汪定執印，爲《慕雲集存》之第三種。贇長於記事，《仙人洞記》《山門記》《千頃山天池記》，尤善狀山水奇境。

屫山詩鈔無卷數

[清] 張盛典撰。盛典字聰史，廬江人。同治三年舉人，候補內閣中書。光緒中卒，年八十餘。詩無卷數，內有浪淘沙詞一闋，又附錢紹雲、俞酒泉、鍾伴琴七律各一首，吳春帆五律二首，孫式榮七紀①一首，陳茂杰排律四首、七律一首，程瑞熊五律四首，前有郭承紳、黃光彬序，李鴻章、丁瑋、陸鼎翰、錢鏻評語，後有王中林題詞。盛典詩抒寫性情，頗有天趣。屫山瀕臨白湖，其所居也。《廬州詩苑》錄一首。

存齋詩草二卷

[清] 胡肇齡撰。肇齡字與九，別號“存齋”，績溪人。培夏子。恩貢。光緒二十二年卒，年六十五。詩起同治四年迄光緒二十一年，凡三十一年，都七十一首，民國十五年子晉接印，有光緒二十三年同縣邵作舟、民國七年黟胡元吉序。胡嘉謨撰傳，涇吳焯跋并識語。肇齡好程朱學，未嘗有意爲詩。作舟謂其言質音和，蓋《擊壤集》之流。

吳先生文集四卷詩集一卷

[清] 吳汝綸撰。汝綸（字摯甫，桐城人。同治四年進士，歷知直隸深、冀二州，署天津知府，謝病去。主講蓮池書院，光緒二十七年加五品卿銜，充大學堂總教習，二十九年卒，年六十四）有《易說》，已著錄。是集文二百二十七篇，詩二百

---

① 七紀:當爲“七律”之誤。

八十二首，附試帖四首、詞四首，又附聯語一卷，乃其子闓生所編，光緒三十年賀濤等刻爲《吳先生全書》之第三、第四種。據姚永概撰行狀，汝綸日手一卷，評論得失，一以文詞高下爲準，以爲文者，實吾國歷聖相禪之至寶，苟具閎博精偉之識，其爲文未有不燦然可觀，獨古人之文，或其辭高、或拘束時忌，微言孤旨，往往匿於篇章之中，非好學深思者不能發。今新學日出不窮，苟能兼收并畜，皆足助我化裁損益之道，彼深閉固絕與震駭以爲不可及者，皆由識之不足其於文事，或未深造云云。永概游汝綸門，稱高弟，所述蓋得其真也。

吳摯甫尺牘五卷補遺一卷諭兒書一卷

[清] 吳汝綸撰。卷一，起同治十年訖光緒二十四年，凡百八十餘首，爲汝綸自選。卷二，二十四、二十五兩年蓮池書院所作，凡九十八首。卷三，二十六年避地及二十七年在京所作，凡百四首。卷四，二十八年一歲所作，凡八十四首。卷五，公牘、駢體五十五首、補遺六十一首、諭兒書五十五首，皆其子闓生所録。汝綸居官盡心民事，及主講蓮池，上自軍國大謀，下至州縣之政，與夫生徒問學往來簡牘尤多，文集所不詳者，皆可於此考見也。

李長吉詩評注四卷外集一卷

[清] 吳汝綸評注。汝綸有舊鈔本。李賀詩嘗爲勘正兼疏釋大意，又頗采諸家説附益之，後有子闓生跋，民國十一年武强賀性存刻。

韓翰林集三卷香奩集三卷補遺一卷

[清] 吳汝綸評注。韓翰林者，唐韓偓也。汝綸讀偓詩，考論其出處本末甚詳，前有冀州趙衡序，後有子闓生跋，民國十一年武强賀性存刻。

耐閑軒焚餘詩存

[清] 徐魁士撰。魁士字小帆，廬江人。同治四年恩貢。詩百零五首，抄本未刻。《廬州詩苑》録《苦雨》一首，即集中《積雨雜咏》之第一首，“不爲澤”作“乃爲厄”，又《書齋雨望》摘句，即《春齋雨望感事述懷》之第二首。

對松軒詩草八卷

[清] 單培初撰。培初字立齋，號“松軒”，靈璧人。同治四年補諸生。詩八卷，卷二有詞六闋，前有光緒二年沈榘序及十一年自序，抄本未刻。對松軒者，所居數

百武①，有孤松，因以名也。

大潛山房詩鈔一卷

［清］劉銘傳撰。銘傳（字省三，合肥人。同治初以軍勞授直隸提督，封一等男，光緒中授臺灣巡撫加太子少保兵部尚書銜，十七年乞病歸，二十一年卒，年六十，諡“壯肅”。事迹具前《國史·列傳》）有《奏議》，已著録。是集一卷，原刻於同治間，有同治五年曾國藩題語，民國元年其孫朝叙以原板漫漶②改付排印，前有銘傳遺像，後有朝叙跋，十一年孫重再印，前有陳衍序。據朝叙跋，銘傳歸田後詩，尚數百首未刻，則是集乃其少作也。國藩謂其七律有單行之氣，於杜牧爲近，蓋得之天事者多。《合肥詩話》録二首、《廬州詩苑》録四首，其《乙未冬絶筆》一首，即是集所無也。

紅韵閣遺稿無卷數

［清］闞壽坤撰。壽坤字德嫻，合肥人。闞鳳樓女，方承霖室，年二十七卒。此爲承霖所輯，首賦、次詩附《聯珊小草》、次詞附《家書》，光緒五年刻，即壽坤卒後一年也。

幸餘求定稿十二卷

［清］姚濬昌撰。濬昌字孟成，號“慕庭”，晚號“幸餘”，桐城人。瑩子。以貲爲府經歷、保知縣，歷江西湖口、安福，湖北南漳、竹山知縣。光緒二十六年卒，年六十八。是集濬昌自定，凡十二卷，乃道光二十六年丙午至光緒十五年己丑四十四年之詩，都一千七十七首，前有莫友芝、徐子苓、孫衣言、汪士鐸、張裕釗、徐宗亮、范當世、馬其昶諸題序，光緒十六年刻。濬昌師莫友芝，於詩獨有天得。友芝謂其風格略取明七子，而不僅七子之貌。吳汝綸撰墓銘亦謂其兼取古人以自成體云。

五瑞齋詩鈔六卷

［清］姚濬昌撰。案：濬昌詩初刊者曰《幸餘求定稿》十二卷，又《五瑞齋詩續抄》九卷，子永樸等又本濬昌意，録其最盛者，仿王士禎《精華録》例，別爲六卷，即此本也。

---

① 武：量詞，半步。《國語·周語下》：“夫目之察度也，不過步武尺寸之間。”
② 漫漶：模糊不可辨別，猶迷茫不清。元張可久《紅綉鞋·題惠山寺》曲：“舌底朝朝茶味，眼前處處詩題，舊刻漫漶看新碑。”

五瑞齋遺文一卷

[清] 姚濬昌撰。文僅十七首，大抵從所刊書序、跋及諸子私録者，合爲一卷，前有民國元年子永概記。

寄傲軒兵燹拾遺覆瓿稿無卷數

[清] 汪承簋撰。承簋[1]字繼之，號“慕陶”，祁門人。是集首論、次序、次記、次疏、次啓、次引、次傳、次事略、次行述、次墓志銘、次墓表、次書後、次贊、次跋、次説、次檄，都三十三篇，前有同治五年歙吳得英序及自序，鈔本未刻。其曰兵燹拾遺者，以兵後十失七八，此乃於朋好處得之并近著爲是帙，故應酬之作特夥。

了拙軒未定文稿無卷數

[清] 汪承簋撰。首讀經史子集書後跋、次額跋[2]、次論、次序、次記、次啓、次説、次傳、次題象、次祭文、次柬、次志銘狀述哀辭，都百八十篇，乃同治五年至光緒二十一年之作，存什之四五并前稿遺漏者，爲是編前有自序。

了拙軒續稿無卷數

[清] 汪承簋撰。都二十五篇，乃光緒二十二年以後作，不分類。

了拙軒未定詩稿無卷數

[清] 汪承簋撰。首古風、次律句、次絶句，都百九十二首，前有光緒二十一年自序。

了拙軒雜著稿無卷數

[清] 汪承簋撰。銘四首、偈一首、題圖一首，又詩三首，乃光緒二十一年以後作。

善思齋文鈔九卷詩鈔七卷文續鈔四卷詩續鈔二卷

[清] 徐宗亮撰。宗亮（字晦甫，号“椒岑”，桐城人。豐玉子，襲騎都尉，光緒三十年卒）有《黑龍江述略》，已著録。詩文皆自訂，分體編卷，惟詩鈔卷七爲詩

---

① 簋：音 fǔ，古代盛食物的竹制方形器具。《儀禮・公食大夫禮》：“左擁簠梁。”

② 額：店鋪或廳堂正面或頂部挂的有字的板、牌匾。額跋：即爲額而作的跋文。

餘。文續鈔卷四爲修書序例，光緒間刻。宗亮少病痱[1]，發憤著書。姚永概謂其文雄健，有法度；張裕釗、吳汝綸皆絶重之。

古銜樓梅花律句一卷

［清］許維漢撰。維漢字卓人，桐城人。是集一卷，前有丁卯夏五自序，蓋即刻於其時。丁卯同治六年也。

陶詩集律一卷

［清］許維漢撰。摘陶潜句成詩，得五律三十二首，前有光緒七年自序。

一粒山房水中梅影集句二卷

［清］左扶常撰。扶常字敬堂，桐城人。集句二卷。都上下平韵七律三十首，爲同縣王謨評、子樹德注，前有同治六年同縣疏夢逺序，後有王謨跋，光緒八年樹德刻并有識語。據序，尚有《一粒山房詩草》六卷未刻。

澹齋詩文稿不分卷

［清］齊光國撰。光國字訏謨，號“澹齋”，桐城人。同治六年舉人，以軍勞保知縣、改兩淮鹽大使。詩文皆族子望愚所輯，詩文凡數百篇，皆抄本未刻。光國與吳汝綸游，汝綸知深州嘗聘長文瑞書院并助修州志。詩如《題殷補竹山水》《火輪船歌》《書姚石甫〈康輶紀行〉後》，皆有才氣，七律亦時擬陸游。

味秋館詩鈔五卷

［清］夏文菼撰。文菼字雪湄，休寧人。同治六年舉人。是集編年分卷。卷各有子目，曰《爐餘集》、曰《北馬南船集》分上下卷、曰《少休集》、曰《歸休集》，乃道光二十八年戊申至光緒五年己卯所作，前有陳啓泰、汪淵序，光緒末子慎大印，民國四年重印。

玉塘集選二卷

［清］孫璧文撰。璧文字玉塘，太平人。同治六年舉人。璧文好集文選，顧以爲酬應之文，隨作隨棄，中年始掇拾，編爲二卷，光緒中刻。集選者，清有南海許賓衢，然論者猶謂其駢儷雖工，負振無力，且僅七篇亦難成帙。黃之雋《香屑集自

---

① 病痱：患風癱之症。《東觀漢記·馮魴傳》：“南宮復道多惡風寒，老人居之且病痱。”

序》，集全唐文有增有減，亦非集句正宗。璧文則虛字，皆仍舊貫，不稍增減，并世如宜都楊守敬、鐵嶺楊子通，皆謂非許氏所及云（《采訪冊》）。

巢湖紀變燼餘附雜詩共一卷

［清］崔瑩撰。瑩字諧六，巢縣人。璧弟，同治六年舉人。《巢湖紀變》皆咏咸豐時事，原百二十首，遭亂存二十六首，雜詩原二百餘首，僅存四十首，又記一首，乃其子爾梅所輯。《居巢詩徵》《廬州詩苑》皆録其詩。

黄溪書屋吟草三卷

［清］劉德儀撰。德儀字雨亭，五河人。同治間以軍勞保直隸知縣，改南河同知。光緒二十六年卒。詩原編六卷，都四百八十首，有同治六年周馥題詞、光緒十四年自叙、十九年南豐劉庠序，三十年長汀江瀚删存百七十六首，編爲三卷，有柯逢時及瀚序、沈雲沛跋、子淇識語。德儀編詩示子文沆云：“偏向性靈卑粉飾，爲求新穎雜詼諧。”其旨可知。瀚稱其雋句名章，爛然溢目，雖有稍涉平易者，要與俗格迥殊，又有文集及隨筆未刻。

儒窗詩草二卷邊家山房詩文鈔四卷

［清］疏繼廣撰。繼廣字席珍，一字儒亭，號“漢卿”，桐城人。長庚長子，同治初入李鴻章軍，以功補山東樂安知縣、候補直隸州知州。《儒窗詩草》二卷、《邊家山房詩文鈔》各二卷，均未刻。繼廣論詩有云：“若非人籟無天籟，用典須防瑟柱膠。脱口如生詩最好，性靈語不費推敲。”所作大概不出此旨。邊家山，其所居名也。

靜觀堂詩文賸稿二卷

［清］趙繼元撰。繼元字養齋，太湖人。同治七年進士，江蘇候補道。事迹具《縣志·宦績傳》。集凡二卷，卷上詩、卷下文，前有馮煦序，民國十一年子曾蕃刻。繼元生道光初，詩多紀咸豐亂事，文僅二十餘篇，論史居大半，尤致意母后、宦官，似有感而發者。馮煦謂其質而不野，麗而不纖，文亦如其詩云。

玉汝詩集抄存一卷

［清］胡廷瑮撰。廷瑮字星石，號“玉汝”，祁門人。佩芳仲子。同治七年進士，歷四川筠連、射洪、通江、威遠知縣，升直隸知州告歸。光緒三十七年卒，年七十六。詩一卷，共四十餘首，乃門人成都郭壔源所抄，光緒十七年刻於成都并跋。壔

源同治九年舉人，廷琭同考所取士也。

味經堂詩集十二卷

［清］胡廷琭撰。凡十二卷，卷各有子目，曰《春暉堂稿》《厲吉集》《蓬蒿集》《居游集》《觀過集》《憂畏集》《天邊片雲集》《履貞稿》《又天邊片雲集》《望鄉集》《知返齋集》《游心太初集》，乃道光二十九年己酉至光緒二十九年癸卯所作，前有民國七年金壇馮煦、寶應胡金淦序，江西劉祖善題詞，桐城楊逢春撰墓志銘，後有汪桂馨撰行狀，民國十九年印。廷琭歷宰四縣，皆有聲，詩其餘事。馮煦謂其於流連景物之中，寓勤恤民隱①之意是也。

春草堂詩稿六卷

［清］胡廷珏撰。廷珏字涵卿，號“問軒”，祁門人，佩芳第三子。入貲爲光禄寺署正加五品銜，年五十六卒。詩皆近體，乃咸豐二年至光緒十六年作，前有楊逢春序及所撰墓表，卷三、卷六皆有兄廷琭識語，光緒三十年弟廷琛刻於如皋。

擇雅堂初集駢文一卷

［清］許惠撰。惠字慧軒，桐城人。光黼子。諸生，同治七年以軍勞賞五品銜、署無爲學官。是集駢文一卷，首賦、次書、次頌、次銘、次祭文、次贊，都十七首，乃咸豐十一年辛酉至同治九年庚午所作，前有男騫校記，同治九年刻。

擇雅堂二集詩八卷

［清］許惠撰。凡古近體詩八卷，自光緒四年戊寅至十三年丁亥，存十之六七，都四百十八首，乃四十一至五十歲作，光緒十三年吳守訓等醵貲②刻於湖北，前有方昌翰、管樂、李鶴雲序及諸家評語、題詞，後有張炯、趙光祖、李乘時、方傳均等題跋，男雲騫識語。惠七齡即解音律，嗜吟咏，是集所録大抵以才氣見長，與其叔《奉恩蘭苕館詩》相近。又據李序及雲騫識語，自咸豐六年丙辰至光緒三年丁丑存十之三四爲初集，乃十九歲至四十所作，未刻，其稿本不知尚存否也。

---

① 勤恤：憂憫，關懷。《宋書·裴松之傳》：“出爲永嘉太守，勤恤百姓，吏民便之。”民隱：民衆的痛苦。清孫嘉淦《三習一弊疏》：“懷保之願宏，而後知民隱難周。”

② 醵貲：亦作“醵資”。籌集資金。清陳康祺《燕下鄉脞録》卷十六：“秀水朱氏曝書亭，久廢爲桑田……嘉慶間，阮儀徵視學按臨，醵貲重建。”

宦游小草六卷補遺四卷又一卷

［清］姚謙撰。謙字守和、一字小園，又號"九華山樵"，貴池人。瀚子。同光間以軍勞官江西候補知縣。詩六卷，卷一五古、卷二七古、卷三五律、卷四七律、卷五五絕、卷六七絕，都五百四十首，有同治八年洪雅、曾璧光，九年同縣劉瑞芬序及自序，并例言四則，光緒十三年刻。補遺四卷，卷一五古七古五律、卷二卷三七律、卷四五絕七絕，都二百二十四首，前有自序，十四年八月刻。又補遺一卷，僅五律、七律、七絕三體，都五十二首，十四年十月刻，其卷數爲第十一，則合前十卷計之也。

叢桂山房詩鈔二卷

［清］許鑾撰。鑾字芸青，桐城人。同治九年舉人，光緒間官全椒教諭。詩二卷，自同治三年至光緒十八年，都五百十七首，民國十七年子蘭伯印。

怡廬詩鈔二卷

［清］吳炳祥撰。炳祥字吉府，盱眙人。棠子。同治九年舉人，光緒二十年署江蘇鹽巡道。詩係自定，凡二卷，都百七十三首，乃光緒四年戊寅至二十五年己亥作，又附汪達鈞詩二十九首，寶廷、張廷傑、陶鎔詩各一首，前有達鈞序，後有佺增僅識語，二十六年刻。達鈞稱其和平融漾，不襲一家而衆美咸備，蓋望《三益齋》之詩教云。

味無味齋詩集

［清］吳炳仁撰。炳仁字蒓甫，盱眙人。棠從子。附貢，官至江蘇揚州府知府。是集名見六合汪達鈞《日長山靜草堂詩存》，原稿藏於家（《采訪冊》）。

第七泉山館詩集一卷

［清］沈續熙撰。續熙字湘農，合肥人。若湉第三子，同治十年進士，授刑部主事告歸，光緒季年卒，年九十三。是集一卷，民國十二年子德芬印。續熙傳父詩學，不樂仕進。第七泉在所居浮槎山頂，歐陽修所品目也。《合肥詩話》《廬州詩苑》皆錄其詩。

鴻漸軒詩集無卷數

［清］徐方泰撰。方泰字階平，號"幼穆"，廬江人。同治十二年拔貢，考取八旗教習，宣統末官湖南道州知州。詩係抄本，有《南徵詩》《都門雜詩》《湘中雜詩》

《皖江雜詩》《鳳陽雜詩》等目，後附文四篇，未刻。

十萬琳瑯閣詩存四卷詞存三卷賦存一卷詩續存三卷

［清］方燕昭撰。燕昭字伯融，號“藥初”，定遠人。濬頤孫。同治十三年拔貢，選授內閣中書。是集詩存四卷，一曰《含飴集》，自咸豐十一年辛酉至同治十二年癸酉，都二百三十七首，卷四附啓一首，乃八歲至二十歲作，前有何紹基識語、陳克劬序，又首載《詩學淺話》五十八則，同治十二年刻於揚州。詞存三卷，一曰《紅牙館詩餘刪存》，前有克劬弁言。賦存一卷，凡二十餘篇，前有自序，均同治十三年刻。詩續存三卷，自同治十三年甲戌至光緒三年丁丑，都二百七十首，卷二附游記二首，乃二十一歲至二十四歲作，前有自序，光緒三年刻於四川。燕昭家世能詩，此所存雖少作，然才氣發越，固與其年相稱也。

醉經堂詩集二卷

［清］胡廷琛撰。廷琛字綏卿，又號“瘦青”，祁門人。同治十二年舉人，官江蘇江寧知縣，升特用知府，罷歸卒。詩二卷，子清隼編，有宣統二年武昌柯逢時序。

集其清英集一卷

［清］許懋和撰。懋和字質人，又字雲琴，黟人。同治十二年舉人。事迹具《縣四志·文苑傳》。懋和篤嗜文選，嘗錄選中諸人所作，令各爲集，十七八歲時即集句爲此體，經亂稿佚。是集詩文共二十八首，皆亂後所集，前有父琛識語暨發凡八則，又同縣黃德華題詞，光緒二年刻。《縣志》著錄《集文選詩文集》，無卷數，今據本書著錄。懋和以選體賦及集選詩受知於羅惇衍、馬恩溥，其送曾國藩及恩溥詩并序，一時尤競相傳寫，自謂虛字悉依原文，一語數見者，皆采選中迭見之詞人，篇各殊，并非復用，不注作者姓名及篇目。其名集其清英者，取蕭統序中句也。

槃盦詩鈔二卷

［清］周家謙撰。家謙字六皆，晚（號）“槃叟”，合肥人。提督盛波長子。同治十二年舉人，官內閣中書。民國十四年卒，年七十三，私謚“文穆”。家謙詩散不自檢，歿後長子行原搜校逾半歲，始次爲二卷，乃同治十二年癸酉至民國九年庚申作，有馮煦、李恩綬序及煦所撰墓志銘，後有張文運跋，十七年刻。家謙詩不專一家，而妍雋有深致，馮煦亦盛推之。

印雪軒詩稿一卷

[清] 胡鴻澤撰。鴻澤字陶軒，涇人。同治十三年進士，江西龍南、上饒知縣。詩一卷，朱俊彥、王麟書序。

松石齋詩草三卷詩續三卷

[清] 周懋泰撰。懋泰字階平，績溪人。咸同間布衣。詩草三卷，起咸豐十年庚申迄光緒二十一年乙未，都二百二十一首，乃懋泰自訂并序，二十二年刻。詩續亦三卷，上卷注自丙申至癸卯作，然按之詩尚有甲辰八首、丁未六首、戊申七首、辛亥一首，實止於宣統三年，蓋後所增入也。懋泰自言少耽吟咏，中遭喪亂，憂時嘆逝，與足迹所到友朋贈答皆見於詩。

正聲集無卷數

[清] 陳獬撰。獬字去惡，改字冷髯，號"二峰"，懷遠人。同治末官來安教諭。詩有二本，一光緒十年門人田庚排印本，凡百零七首，前有田庚序；一抄本，詩八十二首，附歐陽鏡人、熊鞠生詩二首，前有張之屏撰傳。抄本詩與印本不同，合之約可得二卷，蓋其詩尚不止此也。序稱獬興到弄筆，輒拋去不自收拾；傳稱其豪縱①，滑稽好吟，往往語含諷刺。

懷園詩鈔二卷

[清] 葉元吉撰。元吉字子謙，懷寧人。諸生，光緒二十七年卒。事迹具《縣志·文苑傳》。元吉詩多散佚，是集乃歿後其子崇岵以寄合肥李經達，經達與縣人楊鑾坡同訂爲二卷，卷下附郭慎七絕一首，則元吉妻所作也，前有經達、鑾坡序及李經鈺題詞，二十八年刻。元吉論詩謂必精於學識，成於所遇，至規撫前人，必性之相近，宗旨可知。經達謂其深遠古淡，似梅堯臣，而閑情歸正，較堯臣之間尚奇巧似又過之。懷園，其所居名也。

越中吟草一卷

[清] 徐廷颺撰。廷颺字舜卿，廬江人。同治府學增生，民國九年卒，年七十三。詩一卷，乃光緒十一年、十二年館杭州時作，惟卷末十二首爲返里後所作，都九十五首，附常曙東七律二首，民國二十三年印。

---

① 豪縱：豪放任性，不受拘束。《宋史·邵亢傳》："賦詩豪縱，鄉先生見者皆驚偉之。"

晚吟草二卷

〔清〕李汝振撰。汝振字桂生，號“小山”，阜陽人。詩二卷，有民國八年李維源、林介弼序，十年印。介弼稱其得白、陸神髓。

也是園詩鈔五卷

〔清〕吳毓芬撰。毓芬字伯華，合肥人。諸生，同治中官江蘇候補道加按察使銜，乞養歸。詩爲毓芬自定，用楊萬里例，卷各標題，曰《爐餘吟》《載途吟》《磨盾吟》《歸田吟》《循陔①吟》，凡五卷，都五百四十四首，光緒二十四年子兆楣刻，俞樾序。毓芬從同縣戴鴻恩游，詩尚議論也。是園在巢湖濱，其所居也。《合肥詩話》《廬州詩苑》皆録其詩。

味香齋詩草一卷還山詩草一卷鴻泥吟草一卷籬東百咏一卷

〔清〕疏藻撰。藻字行可，號“伯言”，又號“鑑堂”，桐城人。筏孫。同治廩貢。據其孫密跋，《味香齋詩》已失去，僅存四十餘首，《籬東百咏》則《咏菊》七律，前有自序，均未刻。

蕢山堂詩草無卷數

〔清〕方士貞撰。士貞字言五，一作巖伍，壽州人。避亂家鳳臺。同治廩貢，候選教諭。事迹具《縣志·文苑傳》。詩凡三百餘首，仲兄棣生擬刻未果，光緒二十三年同縣靳裕昆訪得所録副本，次其先後并爲之跋。士貞弱冠以詩名，與合肥朱景昭、王尚辰，桐城徐宗亮唱和，多憂時感事之作。新建吳坤修贈詩“兄弟才名震八公”，謂士貞及其從弟希孟也。

息園詩存九卷

〔清〕方希孟撰。希孟字嶧民，一字小泉，晚號“天山逸民”，壽州人。同治廩貢，分省補用鹽運同。詩爲希孟自訂，按年編次，自咸豐五年至宣統二年，凡五十六年，民國二十一年印。希孟十歲賦落葉詩，驚其長老。生平足迹遍天下，張裕釗、盛昱、馮志沂、樊增祥、易順鼎、王樹枏皆與唱酬，推爲作者。

---

① 循陔：《詩·小雅》有《南陔》篇。毛傳謂：“《南陔》，孝子相戒以養也。”其辭失傳，晋束皙乃據毛傳爲之補作。《文選》卷十九有束皙《補亡詩》：“循彼南陔，言采其蘭。眷戀庭闈，心不遑安。”李善注：“循陔以采香草者，將以供養其父母。”後因稱奉養父母爲“循陔”。

劫灰集一集

［清］陳雲章撰。雲章字亦昭，合肥人。同治貢生。年八十四卒。詩本四卷，皆咸豐三年避亂作，附詞三闋，八年毀於兵燹，此乃録其記憶者，故名劫灰，光緒十三年重刻，有豐潤張佩綸序。《合肥詩話》《廬州詩苑》皆録其詩。

謙齋初集二卷二集二卷三集二卷續集一卷

［清］王尚辰撰。尚辰字謙齋，號"伯垣"，別號"五峰"，又號"木雞老人"，晚自號"遺園"，合肥人。同治貢生，以軍勞授翰林院典簿，晋五品卿銜。詩原數千首，方瀎頤、瀎師、徐子苓、戴鈞衡、董漱鏡、孫衣言、馮志沂、方希孟、譚廷獻等爲删存千餘首，英翰擬刻，旋殁失其稿，追憶僅得七八，光緒二十三年清泉黄雲刻。每卷各有子目，初集曰《逍遥夢影録》《苕華小草》、二集曰《循陔集》《負米[①]吟》、三集曰《五峰雜咏》《蜻游草》、續集曰《壺中吟》，乃道光二十二年壬寅至光緒二十二年丙申作，有周天爵等序跋、評語暨自序。尚辰少倜儻負奇氣，與同縣徐子苓、朱景昭齊名，時人目爲"三怪"。詩學中晚，近白居易，得其閑適。論詩謂宜特立，勿拘前賢家數，致蹈窠臼，亦能如其所言也。

別本謙齋續集二卷

［清］王尚辰撰。此本無丙申詩，乃光緒二十三年丁酉至二十七年辛丑作，惟自《流民嘆》以下亦前本所無，又續補十九首，爲二十八年壬寅詩，蓋尚辰即卒於是年也。

蝸隱庵雜作一卷

［清］王尚辰撰。凡文八篇，附佚事八則，則采同時人筆記有關尚辰事者。尚辰嘗説降苗沛霖，其紀沛霖及李世忠始末兩篇，尤有關兵事也。

葆閑齋詩集二卷晚學齋初稿一卷葆閑齋詩賸一卷詞一卷

［清］計如張撰。如張字奇庵，廬江人。同治貢生。集凡五卷，抄本未刻。如張《題方于穀拳莊詩集後》云："我奉拳莊香一瓣，愛他風格自清新。"宗旨可知。于穀，桐城人也。《廬州詩苑》録四首并摘句内《過黄仰范山居留宿》一首，爲集中所無，《山行》一首"石滑"作"綱覆"。

----

① 負米：謂外出求取俸禄錢財等以孝養父母。《孔子家語·致思》："子路見於孔子曰：'負重涉遠，不擇地而休；家貧親老，不擇禄而仕。昔由也，事二親之時，常食藜藿之實，爲親負米百里之外。'"

還讀軒詩草無卷數

[清] 吳旭東撰。旭東字士林，號"嘯亭"，桐城人。同治增生。據盛夢仙撰傳，旭東游齊魯、燕趙、吳越，發爲歌詩。是本僅有《吳越詩》而無齊魯、燕趙，是其詩尚不止此也。抄本未刻。

斷鐵集二卷

[清] 徐炳勛撰。炳勛字靜夫，號"硯芸"，歙縣人。同治間縣學生，候選訓導。是集詩文各一卷，民國十七年子家修印。炳勛爲方濬頤營鹾業垂四十年，集中《較秤謠》一篇，可以考光緒初鹽棧掣秤之弊也。

澹雅居小草一卷

[清] 王德名撰。德名字修甫，合肥人。尚辰次子。監生。早卒。詩爲譚獻所賞，附尚辰集後。

枚孫遺草一卷

[清] 王德棻撰。德棻字薌甫，號"枚孫"，合肥人。尚辰季子。縣學生。早卒。德棻嘗侍父出游，所至賦詩唱和，亦附尚辰集後。

甘蠖軒小草一卷

[清] 方馨撰。馨字筱松，無爲州人。澍之兄，同治諸生，詩僅一卷，前有劉照書序、司徒播題詞、倪釗跋。

愚山遺集五卷

[清] 賀元衡撰。元衡字元珍，宿松人。同光間廩貢。是集凡五種，一《陟屺堂詩草》，五十五首，有光緒元年自序；一《喪明詩草》，百三十一首；一《咏古試律》，百零九首。又《贈答詩》三十三首，文十三篇，乃從子屛國等所輯，有民國二十三年同縣佘春甲序，未刻。

燼餘遺稿二卷

[清] 范康撰。康字小康，號"拙夫"，桐城人。同光間縣學增生，候選訓導。原稿五卷，都七十餘篇，燼於火，次子甲胸續輯得二十篇，次爲二卷，民國六年印。中如《策捻匪》《議厘捐》《滅洋煙》《設糧櫃》《阻小缸窰》《築堤》《復朱邑祀典》，皆關地方利弊。

枕流軒詩稿一卷

〔清〕范康撰。凡百六十三首，民國六年子甲胸印。

草草草堂隨筆一卷

〔清〕方大熾撰。大熾字子山，祁門人。同光間諸生。詩一卷，附聯語，民國九年印。

塵海浮鷗詩集二卷

〔清〕李從龍撰。從龍字元之，無爲州人。同光間諸生。詩凡二卷，按年編次，乃光緒七年辛巳至民國元年壬子所作，方澍、盧自濱序，二十四年印。澍謂其興之所至，振筆直書，不暇別去，取忖得失，可以想見其詩云。《濡須詩選》錄百五十一首。

韓隱廬詩鈔五卷補遺一卷

〔清〕黃瑞蓮撰。瑞蓮字少白，號“嘯伯”，黟縣人。樹田子。同光間布衣。事迹具《縣四志·文苑傳》。詩五卷，又補遺一卷，有侯官黃嘉爾序、番禺潘飛聲、歙許世球題詞（均見《縣志》），上虞潘晉恩刻。瑞蓮服賈馬當，交桐城陳澹然、彭澤高軒舉，復居潯陽以醫自晦，與浮梁汪龍光，同縣孫奇、胡蘊山唱和。《縣志》錄八首（《采訪册》）。

小癡詩草一卷

〔清〕施森柏撰。森柏字小癡，合肥人。桂庭子。同光間布衣。森柏詩稿散佚，僅其友楊楚堂錄存二十五首。《皖雅初集》《合肥詩話》皆錄其詩。

味菜堂詩集四卷外集二卷

〔清〕汪淵撰。淵字時甫，號“詩圃”，績溪人。詩四卷，卷一、卷二古體，卷三、卷四近體，都四百三十三首，前有光緒十九年杭州譚獻序，又程承澍、胡樹芳題詞，二十三年刻。外集二卷，皆叠韵詩詞，詞百十六闋、詩有至五十五叠者，止於宣統二年，有江都徐兆豐、歙吳承煊序，民國四年刻。獻稱其托興之篇，微顯有本末，贈答之咏，切直而幽婉，游覽之作，觀感而不琱落，倚聲倜雅與詩不殊，獻固知言者也。

綉橋詩存

[清] 程淑撰。淑字秀喬，號"綉橋"，休寧人。金鑑女，績溪汪淵繼妻。淑詩不存稿，是集古今體九十一首，《觀梅同詩圃聯句》一首，附詞二十一闋，集詞三闋，乃歿後淵從書葉及針綫帖中搜得者，前有徐乃昌序、繆荃蓀題詞，淵撰傳及《詩圃摭談》三則，民國八年子澤鏊、澤鑾印。集詞三闋。又附淵《麝塵蓮寸集》，徐乃昌録入《續閨秀詞選》。

和陶詩三卷

[清] 鮑時基撰。時基字叙眉，歙人。官貴州黔西州知州，詩凡三卷，内缺十三首（《問來使》一首、《戊申歲六月遇火》一首、《丙辰歲八月中於下潠田舍穫》一首、《飲酒》缺第五首、《再和飲酒》缺第三首、《有會而作》一首、《四時》一首、《擬古》缺第五首、《雜詩》缺第十二首、《咏貧士》缺第七首、《咏二疏》一首、《咏三良》一首、《咏荆軻》一首，共缺十三首）。餘字句亦多缺佚，後有民國十四年同縣洪汝怡跋，未刻。時基年未四十即歸，寄情詩酒，故和陶獨多。

蒹葭草堂詩集無卷數

[清] 林之蘭撰。之蘭字谷生，號"畹秋"，懷遠人。士班次子。由功臣館謄録議叙鹽大使。詩係抄本，前有其父士班及高錫基、方載重、李恩綬、方承宣、袁保恒、方濬頤、俞克敏、王尚辰、江誼超、周次元、楊啓昭、張之屏諸題識。據李恩綬詩注，令尊近刊《思補齋詩》未葳[①]，聞大集附後云云，似是集亦曾刊行。恩綬録入《眉洲寶筆》。

海南詩草

[清] 吳夢元撰。夢元字佐卿，涇人。歲貢，官石埭訓導兼教諭。詩凡二十七首，古體僅一首。其名海南者，以曾客臺灣然。後有《江灘夜泊》《由金陵開江》二首，則固不盡作於臺灣也。

評花小史

[清] 崔國琚撰。國琚字蘭生，太平人。附貢。是集詩四十首，仿唐司空圖《詩品》分群芳品爲二十四，如梅花仙品、水仙名品、杏花貴品、桃花華品之類，每花先弁以小序，後繫以詩，其他諸近體附焉（《采訪册》）。

① 葳：音 chǎn，完成，解決。《方言》卷十三："葳，敕戒備也。"又："葳，解也。"《左傳》文公十七年："十四年七月，寡君又朝，以葳陳事。"

還山吟

[清] 崔舲撰。舲字半帆，又號"藥粕老人"，太平人。集有翟英元序。舲好遠游，足迹遍西南諸省。既聽鼓應官，仍不廢吟咏（《采訪冊》）。

碧潭笑林賦草

[清] 湯日新撰。日新字式齋，太平人。賦五十篇，有李秀文序，湯時美跋（《采訪冊》）。

耕心堂遺集無卷數

[清] 龍德撰。德字中亭，甘肅古浪人。移家桐城，旋卒。是集詩文共七冊，大抵皆講學語稿本，未編。

安徽通志稿·藝文考

集部二十九　別集類二十八

靜然齋雜著一卷行年録一卷附女賢鍾賢滿遺稿

〔清〕吕鳳岐撰。鳳岐原名烈芝，更名鳳麒，再更今名，字瑞田，別號"石柱山農"，旌德人，居六安。偉桂第四子。光緒三年進士，官翰林院編修，督山西學政，十一年任滿假歸，告病不出，二十一年卒，年五十九。鳳岐卒後詩文散佚，是集文十四首、詩一首、聯語①五十三。《行録》則自撰年譜也，前有吳鬱生序，民國二十三年女賢紛印并跋，後附女賢鍾詩四首、賢滿詩九首。賢鍾字蕙如、鳳岐長女，任江蘇第一女子師範校長，民國十四年卒，年五十一。賢滿字坤秀，鳳岐季女，事母不字②，任天津吉林女學教員，民國三年卒，年二十七。賢鍾有《清映軒詩詞稿》四卷、賢滿有《撤珥集》一卷，皆佚。

玉山文集二卷

〔清〕周馥撰。馥〔字玉山，建德人。以軍勞官至兩廣總督，光緒三十三年乞歸，民國十年卒，年八十五。事迹具前《國史》本傳〕有《易理匯參》，已著録。是集二卷，首論、次辨、次説、次議、次序、次書後③、次跋、次題、次偶書、次書事、次書、次記、次墓志銘、次碑、次傳、次祭文，都五十五篇，民國十二年子學熙等刻爲全集之第四種。馥少以代人《啓事》，見賞於李鴻章，其後歷官從事與相終始，集中如《貨幣議》《書補救北運河水患事》《書補救山東黃河事》《書補後救永定

---

① 聯語：對聯，俗稱對子，又稱聯語、聯句、楹帖、楹聯。

② 不字：女子未嫁。《易經·屯卦》："女子貞不字，十年乃字。"

③ 書後：文體名，文體之一，寫在他人著作後，對他人著作有所説明或評論，性質與跋相似。蘇軾有《書〈曹孟德傳〉後》，爲其濫觴。

686

河患事》，皆關時用，至《戴孝侯詩序》《書朝鮮約章後》《書戴孝侯傳後》《聶忠節公傳》，尤與甲午、庚子兩役有關，爲治國聞者所取資也。

玉山詩集四卷

［清］周馥撰。初爲鄧嘉緝、于式枚訂正，始咸豐十年庚申迄宣統三年辛亥，存八百餘首，爲四卷，式枚并爲之序，民國九年益以壬子後作，仍爲四卷，前有自序，即於是年印行，明年馥歿，子學熙等以庚申正月後至辛酉九月所作十三首附後，都九百二十四首，民國十一年刻爲全集之第五種。馥自言少愛唐詩，行役所至輒題數語，生平事迹略具，其《過膠州澳》一首，流傳至海外譯成英文，尤詩壇之佳話也。

澹無爲齋詩稿五卷

［清］方淵如撰。淵如字深甫，桐城人。東樹孫。詩凡古體二卷、今體三卷，都四百九首，乃弟濤所編，光緒二十七年刻。徐宗亮《善思齋文鈔》有《方深甫詩序》，此乃不載。宗亮謂其沉思孤往，鑿險而出，無聲色之可娛悅，而其俯仰獨至之情，輒令人流連，慨嘆不能已已，顧以拙自安，不與物爲推移，知其人、重其業者，蓋寡以是時名弗耀，於和甫其推挹甚至。弟濤亦謂其習聞大父緒論，自把筆學詩即能矯然拔俗，不屑撏撦填砌①云。

一卷石齋詩鈔四卷

［清］方龍光撰。龍光字和甫、一字荷浦，桐城人。淵如弟。光緒間官山西歸化廳撫民同知。詩編年不分體，集首《咏蟬》五古，乃十二歲作，前有和州鮑源深、合肥張樹聲、攸縣龍汝霖及從祖宗誠題詞。龍光自言不妄談詩，不輕易作詩，不願與人唱和詩，又謂偶爾撰述，似覺有得，含毫伸紙去古便遠，尤甘苦之言。源深謂其詩律謹嚴，妙得家法；宗誠又謂其文得司馬韓歐妙處，議論文無愧劉賁、杜牧，是龍光固不僅能詩也。

雪莊山農詩稿不分卷

［清］光秉仁撰。秉仁字心穀，號“存庵”，聰諧曾孫，桐城人。監生。光緒間舉鄉飲大賓。民國元年卒。秉仁隱居不仕，詩亦冲澹清逸，稱其爲人。雪莊在披雪洞旁，其先世別業也。

---

① 撏撦：拾取收集。唐柳宗元《裴瑾崇豐二陵集禮後序》：“由是累聖山陵，皆撏撦殘缺，附比倫類，已乃斥去，其後莫能徵。”填砌：謂詩文創作堆砌辭藻。清周亮工《書影》卷三：“迂疏者以淺俚爲古樸，填砌者以六朝爲冶麗。”

潄藝山房詩存一卷

[清] 霍翔撰。翔字騫甫，廬江人。光緒五年順天舉人，官工部郎中。詩一卷。據其子虜培跋，生平詩文甚夥，宣統二年毀於兵燹，茲編得之灰燼中，分體編次，首五七古、次五七律、次七絕，都百三十首，民國四年印。吳保初《師友緒餘》錄一首。

醉芸館詩集一卷

[清] 李經世撰。經世字丹崖，合肥人。鴻章從子，光緒六年進士，官翰林院編修，十七年卒，年四十一，贈侍讀銜。是集一卷乃其弟經鈺所輯，附丹陽女史《紅花埠題壁》七絕二首，有光緒二十六年祁門胡廷琛、二十八年懷寧陳同禮、三十一年同縣周家謙序，懷寧葉元吉、合肥張華斗、懷寧楊鑾坡、當塗張孔鎔、廬江吳保德、上元顧祖彭、顧祖蔭、廬江陳詩、合肥陸鵬舉、江陰章鍾亮、太湖李德星、袁祖光、懷寧郝琼、合肥周行原題詞、弟經鈺、經達，侄國棣、靖國題，後子國模、國楷跋，二十九年印於安慶。《廬州詩苑》《皖雅初集》《合肥詩話》皆錄其詩。

退補樓偶吟草三卷續吟草一卷

[清] 王承煦撰。承煦字子暄，舒城人。光緒六年會試中式，九年補應殿試成進士，歷浙江上虞、鎮海知縣，納貲爲候補道，假歸卒。事迹具《縣志·宦績傳》。詩凡三卷，按年編次，自光緒二年丙子至二十年甲午，都五百有七首，有章鑾坡序，鍾謨、程凱勛題詞。續一卷，乃二十一年乙未作，都七十餘首，前有自序，均光緒二十一年排印。

黃州宦游草

[清] 濮文彬撰。文彬字平山，蕪湖人。嵩慶長子。監生。光緒初官至湖北黃梅知縣。詩皆登山臨水、憂時傷事、感舊懷人之作，有光緒七年程子嘉、十一年劉煥奎序。石首傅上瀛，黃安劉煥奎，棗陽亢兆彬，江夏陳寶樹，嘉魚熊觀國，大冶朱麒，黃岡曾錫齡，長沙方穀，江夏李鴻鄴，涇潘兆基，京山林錦春，涇胡維祺、胡有根，和州徐步雲，當塗孟濟良，黃岡楊鴻鈞、周繪藻，貴池俞懋基，桐城張國蘭題詞。文彬在黃州起閣於赤壁東，偏顏曰"留仙"，又於官廨後構亭曰"守隅"，公餘觴咏其中，其集所以名也。

鵬南文鈔十五卷附達齋存稿六卷

[清] 胡嗣運撰。嗣運字鵬南，績溪人。在田子。光緒八年副貢。文十五卷，首

論、次解、次考、次辨、次説、次序、次跋、次書後、次記、次傳、次贊，乃嗣運自訂，有胡宣鐸、許鳴盛、張攀桂序，光緒二十三年刻。附《達齋存稿》六卷，嗣運第三子，榮珂撰。榮珂字秉同，號"叔璋"，光緒諸生，二十一年卒。稿六卷，乃其兄榮鏐所輯，有雲南錢正圜序。

鵬南詩鈔十二卷

[清] 胡嗣運撰。凡十二卷，卷首擬白居易新樂府，卷一、卷二古體，卷三至卷七今體，卷八至卷十試帖，卷末補遺及子榮珂雜咏、孫昌佑《和秋漁雜唱》，又卷五附子榮瑄七律、七絕各二首，卷六附長子榮鏐七絕十八首，卷七附徐爲柄、錢正圜、馬鶴生、周汝富、葛貞、歐陽翯挽榮珂七絕共四十四首，光緒二十四年刻，前有二十六年自序。昌佑字啓周，榮珂之子。《秋漁雜唱》乃望江余㮰①原唱本，七絕八首，昌佑十七疊，都百三十六首。

鵬南文鈔補遺十二卷附錐股齋存稿四卷秋漁雜唱一卷

[清] 胡嗣運撰。首議、次論、次策問、次記、次説、次議、次序、次表、次賦，凡十二卷，義論、策問多附長子榮鏐、次子榮瑄作。《錐股齋存稿》四卷，首論、次義、次説、次辨，乃嗣運孫昌佑撰，光緒三十三年印。《秋漁雜唱》亦昌佑撰，已附《鵬南詩鈔》卷末，茲蓋因文稿復爲附印也。

送懷堂集一卷

[清] 金家驥撰。家驥字仲遠，廬江人。光緒間縣學廩生。二十七年卒，年三十七。是集文二十三首、詩四首，縣人陳詩所輯，與其弟家驊合編爲《金氏二妙集》，詩弟善印。陳詩撰傳，稱家驥善屬文，尤耽釋典，醉後爲文操簡立就，論史如老吏斷獄②云。

龍池山館集一卷

[清] 金家驊撰。家驊字子開，號"逸塵"，廬江人。光緒間諸生。二十七年卒，年三十。是集文四首、詩八首，亦陳詩所輯。與其兄齊名。文學桐城，詩亦奇逸有致，馬其昶、吳保初皆重之。家驥撰墓志稱其稿不自收拾，所存酬應之作，非殊絕者，所自爲文多可喜，詩總數十百首，則自謂可者，然純駁互見，就其精到之處，

---

① 㮰：音jié，斗拱，柱上支持橫梁的方木。《文選·王命論》："㮰桍之材，不荷棟梁之任。"

② 老吏斷獄：斷獄，舊指審理判決案件，察獄訟之詞，以詔司寇斷獄弊公，致邦令。形容有豐富經驗的人，判斷是非又快又准。

頗足追踪古人云。

華胥赤子詩集十卷

［清］方鑄撰。鑄（字子陶，號"劍華"，自號"槃陀育叟"，桐城人。奎炯四子，出嗣叔父江，光緒九年進士，官至度支部郎中，民國八年卒，年六十九）有《周易觀我》，已著録。是集十卷，民國十一年印，爲《華胥赤子遺集》之一種。内卷十有頌四首，應入文集，則編者誤也。鑄十歲時父教之作詩，初學杜甫，既玩味《古詩源》，乃晤三百篇之旨（弟旭撰行狀）。晚自撰《華胥赤子傳》云："少喜作詩，既學佛乃屏不作，然猶時時夢作之。"其夢中詩云："混沌中間走，休言打不開。水流花放後，跳出此圈來。"又云："海水飛上天，天作玻璃濕。我似隔玻璃，風濤終不及。"又云："行云流水不關渠，天上商量有明月。"又云："桃花門外水漫漫，匹馬西來欲渡難。踏破玻璃千尺影，看人全不畏深寒。"又云："青山幾度感春雷，山外行人尚未回。留得山中好明月，又煩通夢賦歸哉！"又云："紫閣秋來夜不扃，石壇高處欲通靈。沈沉海霧空濛裏，望見西南第一星。"皆不類人世語，又嘗作《牧犢詞》云："雲在高林月在山，漫言衣食不相關。老來精力摧頹甚，坐看兒童放犢還。"自注云：陶詩"人生歸有道，衣食固其端。孰是都不營，而以求自安。人如陶公，猶不能不以衣食爲念，老不能耕作，見童牧犢亦喜，其爲衣食之源云云"。鑄詩固不必學陶，而其神理、意境有類陶者，此不當以牝牡驪黃[①]論也。

華胥赤子文集一卷尺牘一卷

［清］方鑄撰。民國十一年印爲《華胥赤子遺集》之二種。鑄九歲讀《聊齋志異》，輒以己意評論，所見過於成人。既由《孟子》通古文，於書無不讀，抉精采華，以發爲文章（弟旭撰行狀）。是集所録皆温醇雅潔，雖不以文名，考其所至，或非專家所能及也。

金粟齋遺集八卷卷首一卷

［清］蒯光典撰。光典字禮卿，一字季述，又自號"金粟道人"，合肥人。光緒九年進士，官至候補四品京堂。宣統二年卒，年五十四。事迹具《清史稿·列傳》。是集文六卷，都二十三首，詩二卷，都九十三首，附詞四闋，乃兄子壽樞所輯，門

---

① 牝牡驪黃：指相駿馬不必拘泥於外貌及性別。相傳古代擅相馬的伯樂年老，推薦九方皋爲秦穆公求駿馬。求得後，穆公問何馬，九方皋回答是黃色母馬，穆公派人看是黑色公馬，於是責備九方皋。待馬取來，果然是天下稀有的良馬。典出《列子·説符》。後比喻觀察事物要瞭解實質真相，而不能單純着眼於表面。牝牡：音 pìn mǔ，雌雄。驪：黑色。

人程先甲編，卷首則所録傳狀之屬，前有先甲序，後有侄壽田、壽樞跋，民國十八年刻於江寧。光典八歲能詩，及侍父宦游，師友皆當世耆宿，言學以六書、九數爲樞紐，尤究心江永、戴震、金榜、程瑤田四家之言，謂與西來科學同符塗軌。文雖不多，然如《上德宗皇帝書》《文王受命改元稱王辯證》《憲法演説》《論鐵路》《議兵》諸篇，皆關政學之大。詩初學明七子，後宗李商隱，然在光典尚爲餘事也。

張桐峰詩集一卷

[清] 張文謨撰。文謨字桐峰，桐城人。光緒諸生。民國九年卒，年七十三。詩本六百餘首，自選存九十二首，臨卒以付次子蘊華，民國十三年印。

南陔詩草一卷松齋詩草一卷

[清] 佘奎光撰。奎光字星垣，宿松人。西美次子，附生。《南陔詩草》一卷，都百二十二首，皆父母歿後所作，有光緒十二年自序及查兆桂序。《松齋詩草》一卷，都八十六首，附賦四篇，無序跋，抄本未刻。

松灣老人文集拾遺一卷賦草拾遺二卷

[清] 佘先舉撰。先舉字至誠，號"虞樵"，宿松人。西美第四子。光緒廩貢。民國十二年卒，年七十二。是集文一卷，凡九篇，又附其祖應操《風虎寨紀事》一篇。賦二卷，共二十九篇，前有同縣段增禄撰墓志銘，乃其子春甲所編，抄本未刻。文如《宿松官湖軼事》《宿松諸寨紀略》及《答問元史和林》，皆關掌故及考證。

鞠隱詩存一卷

[清] 夏慎大撰。慎大字湄生，休寧人。光緒十一年拔貢，山西候補知府。詩凡一卷，光緒末活字印，民國四年加入近作重印。

寓生居詩存二卷

[清] 吳兆榮撰。兆榮字次符，合肥人。毓芬仲子。光緒十一年拔貢，候選知縣。民國十一年卒，年七十二。詩二卷，按年編次，自光緒十九年癸巳迄民國九年庚申，凡二十八年，前有自序。《合肥詩話》《廬州詩苑》皆録其詩。

樂春居吟稿二卷

[清] 孫緒撰。緒字承庵，懷寧人。光緒十一年舉人，即補山東鹽大使。詩本千餘首，存三百九十二首，前有自序，光緒三十四年印。

滋樹室全集六卷

[清] 李經達撰。經達字郊雲，別號“拙農”，合肥人。鴻章從子，經鈺弟。光緒諸生，以貲官刑部郎中，改道員分江西。二十八年卒，年三十五。是集六卷，卷一至卷四詩，自光緒十四年至二十八年作，卷五集外詩，自光緒十一年至二十六年作，附詞三十九闋，卷六文十七篇、賦一篇，前有全椒金家慶序、同縣張華斗題詞，三十年刻於江寧。

滋樹室遺集二卷

[清] 李經達撰。凡二卷。據《合肥詩話》，全集雕版校讎委某君，某君妄爲竄改，盡失其真，辛亥版亦毀，民國十二年諸子删文賦、詩餘，專取詩原稿，厘爲二卷重印於上海，前有廬江陳詩序、新建夏敬觀及詩題詞各一首，後有民國四年廬江吳保德及十二年子國榛、國檀、從衍跋。經達論詩稱梅堯臣，集中詩自光緒甲午後多言時事。《廬江詩苑》《皖雅初集》皆録其詩。

網舊聞齋調刁集二十卷

[清] 方守彝撰。守彝字倫叔，號“賁初居士”，又號“清一老人”，桐城人。以貲爲太常寺博士。民國十三年卒，年七十八。是集編年分卷，自光緒六年庚辰至民國十三年甲子，凡四十五年，詩一千二百九十七首，乃守彝自定，前有姚濬昌、吳汝綸、魏繇、吳闓生、陳三立、胡遠濬、沈曾植、姚永概等評語并自記，民國十四年印。守彝自言初學詩不敢示人，慕庭丈一日索歸，批評之喜得老輩一言，自壯遂肆力焉。叔節題句有云：“人言儀衛傳家學，自說曹溪一滴甘。”謂此淵源也，然三立謂其取徑造格雅近北宋，於其鄉先生以詩鳴者又別樹幟，又謂儀衛論詩嘗推曾南豐，所作亦頗效之，今讀此卷，體勢意態，猶接淵源，似與惜翁派有別。慕庭爲濬昌字，叔節爲永概字。曹溪一滴，守彝雖以自詡而實未必然也。

醉緑惜紅吟草一卷

[清] 江峰青撰。峰青字省三，號“湘嵐”，婺源人。光緒十二年進士，官至江西審判廳丞。是集一卷，皆七律。其曰“醉緑惜紅”者，乃和許星臺《緑牡丹》、沈甘溪《落花》各三十首也，光緒二十七年刻。

感秋吟

[清] 江峰青撰。乃和合肥李靖國《菊花》七律，靖國原唱本十二首，峰青五續

至六十首，前有自序，光緒三十一年刻於南昌。

浪游浪墨

[清] 江峰青撰。古今體百十六首，前有自序，光緒三十三年刻於南昌。自序謂予來江西七年，丙午以咨調去贛，一年中三至鄂再游，春申兩泛舟吳閶，溯錢塘、走薊門、趨浮梁、十涉彭蠡，一返家園，幅員七八省，輪蹄二萬里，不可謂非浪游，而耳目所聞見，往往托諸歌咏，亦不可謂非浪墨云。丙午光緒三十二年也。

石交吟

[清] 江峰青撰。宣統二年峰青於市肆得石峰，高不逾六寸、寬不及四寸，而天然景物，可名者凡四十，因命曰"潛峰"，繫以詩，後有《夢游潛峰記》一首。

還山草

[清] 江峰青撰。都古今體百八十九首，乃辛亥由江西審判廳丞奉母還山迄民國八年之作。

睫闇詩鈔十卷續集七卷

[清] 裴景福撰。景福（字伯謙，號"睫闇"，霍邱人。光緒十二年進士，歷廣東陸豐、番禺、潮陽、南海知縣，被議戍新疆，民國任安徽政務廳長，十五年卒。事迹具《縣志·文學傳》）有《河海昆侖錄》，已著錄。是集按年編卷，卷各有子目，曰《吳船集》《嶺雲集》《西徵集》《化城集》各二卷，《東歸集》《風泉集》各一卷，前有姚永概、張雋、冒廣生序，民國三年印於安慶。續集曰《風泉集》下卷，乃民國七年後作，曰《耕淮集》四卷，曰《淮隱集》二卷，乃十年春還鄉至十四年冬作，都五百八十五首，又附李灼華七律一首，七絕、五律各二首，子淑七絕二首，詩尾間綴孫履道及秦鑑古、吳觀岱評注，前有葉恭綽序，十八年金保權印并小傳識語。景福論詩推陶潛、杜甫、李白、韓愈、蘇軾，次則李商隱、陸游、元好問，而以知道為歸（張雋序）。永概謂其境略同杜蘇，詩亦得力於杜蘇為多。

夢痕集一卷

[清] 裴景綬撰。景綬字仲若，號"潛庵"，霍邱人。景福弟。詩不存稿，僅近體二十七首，後有景福識語，謂有奇氣壯彩，附印《睫闇續集》後。

遠心軒詩存一卷

〔清〕姚永楷撰。永楷字閑伯，桐城人。濬昌長子。光緒諸生。早卒。詩凡七十八首，前有吳汝綸、馬其昶題記，附濬昌《五端齋詩續鈔》後。

慎宜軒文十二卷詩九卷

〔清〕姚永概撰。永概字叔節，號"幸孫"，桐城人。濬昌第三子。光緒十四年第一名舉人，選太平教諭未赴。民國十二年卒，年五十八。永概詩文初印於光緒三十四年，凡五卷，有馬其昶序，再印於民國八年，各八卷。詩有膠州柯劭忞及兄永樸序，文有閩林紓、新城王樹枏序，此本文十二卷，民國十一年刻；詩九卷，民國二十年印。永概從吳汝綸游，汝綸謂其才氣俊逸，句皆騰躍紙上，雖百鈞萬斛而運之甚輕，蓋能紹其家學者也。

弨樓遺集三卷

〔清〕張士珩撰。士珩（字楚寶，號"弨樓"，一號"竹居"，又號"冶衲"，合肥人。光緒十四年舉人，歷官直隸江南候補道，賞四品卿衘。民國六年卒，年六十一）有《元和篇》，已著錄。是集三卷，都八十八篇，多遯世後作，乃其子繼垕所輯，審定於馬其昶，前有其昶撰墓志、繼垕撰行述及徐世昌序，後有劉朝望、郭熙楞及繼垕跋，民國十二年刻於北京。士珩師孫衣言、汪士鐸而友俞樾、秦際唐、顧雲、陳作霖、鄧嘉緝諸人。嗜史漢文選，尤專精《漢書》，晚嗜佛老，亦頗資以爲文。王闓運、馮煦皆重之。

竹居小牘十二卷

〔清〕張士珩撰。據自序，原有《味古齋尺牘》數卷，又《也園尺牘》數册，皆無存。竹居成始偶抄書稿，名曰《竹居小牘》，然佚者尤夥，存者祇十餘卷，光緒二十九年刻。士珩喜讀《左（傳）》《國（語）》及兩漢詔令，其《致黃仲弨書》，尤爲孫衣言所稱。

朔南吟紀二卷

〔清〕史德本撰。德本字友柏，合肥人。臺懋族孫。光緒歲貢，宣統元年舉孝廉方正。德本有《論書絕句》及《集陶詩》各一卷，已刻。是集二卷，有民國二年李經方序、五年陳厚植題詞，又王尚辰跋，抄本未刻。德本年逾四十始爲詩。尚辰謂其自寫性情，不假雕琢，與同縣周家謙、江雲龍頡頏^①。

環翠續搆文鈔二卷詩鈔三卷雜鈔一卷

[清] 葛鍾秀撰。鍾秀字逸峰，又字逸民，舒城人。光緒十四年舉人。文二卷，卷一附張士珩文二篇，前有民國元年士珩序。詩三卷，卷一五古、七古，卷二五律、七律，卷三五絶、七絶，又附張士珩五古九首、五律七首、七律一首，弟雙峰七律一首，劉原道七律二首，龔雨蒼七律一首，前有民國元年劉原道序。雜鈔一卷，乃詩文、聯語之屬，不分次第，前有自序。環翠續搆者，以四世祖聞孫環翠山房而名也。《廬州詩苑》録五古一首。

師二明齋遺稿四卷

[清] 江雲龍撰。雲龍字叔潛，更字潛之，一字潤之，號“靜齋”，合肥人。光緒十五年進士，署徐州府知府。雲龍詩文不留稿，散佚過半。是集卷一詩，卷二文，卷三詩餘，卷四聯語，乃其子彞藻所輯，有張文運序，民國十年印於上海。雲龍豪放不羈，詩文亦如其人。其曰師二明者，乃自題所居室，謂孔明、淵明也。

瓊州雜事詩

[清] 程秉釗撰。秉釗字公勛，號“蒲孫”，績溪人。光緒十六年進士，選翰林院庶吉士。詩凡七絶百首，乃光緒十二年在汪鳴鑾廣東學幕時作，前有鳴鑾序，十三年刻。

程蒲孫遺集

[清] 程秉釗撰。子宗沂編，曰《瓊州雜事詩》、曰《少思長室文存》、曰《知一齋尺牘》、曰《龔學齋古今體詩》、曰《丹荃館詩餘》，有民國十七年蔡元培序，稱其文師汪中、劉逢禄，參以龔自珍駢文，涉洪亮吉及董基誠、祐誠兄弟藩籬而去其雕鏤瑣屑。詩典實雅麗不讓馮班，詞則與周邦彥、周密旨趣相協。龔學齋者，以嗜自珍《定庵集》而名也。

龍慧堂詩二卷

[清] 劉慎詒撰。慎詒字遜甫，號“龍慧”，貴池人。瑞芬孫。光緒諸生，江蘇候補知府。民國十五年卒，年五十三。慎詒詩不自矜惜，又遭火，稿多散佚，李國

---

① 頡頏：本意鳥飛上飛下、跳躍的樣子。《文選·歸田賦》：“交頸頡頏，關關嚶嚶。”引申爲不相上下，互相抗衡。《晋書·文苑傳》：“頡頏名輩，并綜采繁縟。”

松父子曾輯爲二卷，印於民國十二年，嗣更增輯起光緒二十二年訖民國十五年，存四百餘首，有國松序及陳三立、陳詩、周達、李家煌題詞，十七年重印。慎詒論詩主性情，無門戶派別，其句法時學三立，三立亦亟稱之。

勞謙室文集三卷詩集無卷數

[清] 胡遠濬撰。遠濬（字潤如，懷寧人。光緒十七年舉人，大挑教職。民國二十二年卒）有《易述》，已著錄。是集文三卷，目錄載論辯八首、序跋二十八首（案：序跋內載《莊子詮詁序》，例蓋以一則爲一首，然自《讀禮運》至《題芮永恭遺墨寶》三十一首）、書二十二首、贈序五首、傳志八首、詞三十首（頌贊、哀誄、吊祭諸文），民國十六年印。詩無卷數，乃光緒三十二年至民國十年所作，二十一年印。遠濬之學欲融貫儒、佛、老三家爲一，而通以西來科學於老莊，皆有纂述。詩文雖餘事，要皆其所學之流露也。

苔園詩錄四卷

[清] 程霨撰。霨字甘園，休寧人。光緒十七年舉人，官度支部主事。詩分體編卷，卷一五古、卷二七古、卷三五言近體、卷四七言近體，都三百五十七首，有宣統元年陳澹然、王述祖序，袁祖光、孫雄題詞，宣統元年印。霨年十一登洋山磯望江作歌，又曾刻燭二十分即席和鄧繹五古韵，其敏捷可知。述祖亦謂其不主一格，奇氣噴溢云。

澡雪山房文集二卷

[清] 董毓蘭撰。毓蘭字春圃，宣城人。光緒十七年舉人。十八年卒，年六十餘。是集二卷，文三十三篇，而史論居三之二，前有光緒二十一年崔國霖序，後有光緒三十四年朱孔彰及子繩燾識語，光緒三十四年刻。孔彰稱其魯肅、顏含、魏徵諸論，識過古人。毓蘭又有《半樵山人詩集》十八卷，《集陶》一卷，《詩牌雅集》一卷，皆未刻。

順所然齋詩五卷文二卷後集三卷

[清] 張雲錦撰。雲錦字綺季，晚號“漁村”，合肥人。樹聲從子。光緒貢生，官湖北候補道。民國十四年卒，年六十八。詩自光緒二年丙子至三十二年丙午，存三百餘首，三十三年印。文六十餘首，又附其兄文六篇，三十四年印。後集詩二卷，凡百餘首，文一卷，三十首，民國十三年印，皆有自序。《合肥詩話》《廬州詩苑》皆錄其詩。

未焚草

[清] 吳保初撰。保初字彥復，號"善臣"，又號"君遂"，晚號"瘦公"，廬江人。武壯公長慶仲子，光緒間以蔭官刑部主事。民國二年卒，年四十五。詩乃光緒八年壬午至二十四年戊戌之作，內附陳澹然、童挹芳、吳俊、文廷式五律各一首，壽富①答啓五古排律、七律各一首，陳瀏五古、七律各一首，鄭孝胥、周汝鈞、成昌、高式樨、張光烈、張謇、陳詩、男世清七律各一首，陳乃賡七律四首，左紹佐、李鴻烈七律各二首，闕名小啓一首，全中基七律三首，江雲龍五律三首、七絕一首，鮑心增五律二首，孫佩蘭、女弱男五絕各二首，兄保德七古一首，前有陳澹然弁言。寶廷、張謇、周彥昇、金（原缺）、郝（原缺）、朱銘盤、范當世、裴景福、江雲龍、左紹佐、壽富、文廷式、黃秀北評語及自序，後有兄保德及陳詩題詞、王尚辰跋并詞，光緒二十四年印。保初性耽吟咏，哀樂過人，又師寶廷、鄭孝胥，論詩於三百篇後推陶潛，宗旨可知。梁啓超《（廣）詩中八賢歌》，保初其一也。

北山樓集一卷

[清] 吳保初撰。凡五十九首，即《未焚草》中之詩，前有張文運序及自序，兄保德及陳詩題詞，光緒二十五年印。

高卧軒詩文集五卷

[清] 賀欣撰。欣字筱舫，宿松人。光緒十八年進士，歷工部吏部主事、截取直隸州知州，宣統二年乞養歸。是集分三子目，曰《初隱集》一卷，爲文、爲詩、爲詞、爲聯，乃光緒二十一年假歸後作。曰《朝隱集》三卷，卷一文、卷二上爲詩、爲詞、爲聯，卷二下爲詩、爲聯，乃光緒三十二年入都銷假後作，又附和詩及題冊、送行諸作。曰《終隱集》一卷，爲文、爲詩、爲詞、爲聯，乃宣統二年呈請開缺後作，前有吳梓楠、姜蔭森序及自序，民國二年印。

抱潤軒文集二十二卷

[清] 馬其昶撰。其昶字通伯，桐城人。光緒諸生，以貲爲中書科中書，三十四年舉人才，授學部主事，入民國充清史總纂，十五年以病歸，十八年卒，年七十五。有《易費氏學》，已著錄。文爲其昶自定，光宣間曾印於安慶，民國十二年刻於北京，增多近百篇，都二百二十二篇，乃光緒二年至民國十二年作。其昶從吳汝綸、

---

① 壽富：愛新覺羅氏，字伯茀（一作"伯福"），號"菊客"，滿洲鑲藍旗人。

張裕釗游。少作已爲吳、張稱許。自謂爲文不求之經是無本之學，取法可知。抱潤軒者，汝綸取北齊顏之推詩名其軒，因以名集也。

屋裏青山詩鈔三卷

［清］章絧撰。絧原名士筠，字竹虛，更名錫嘉，再更今名，字素五，號"觸虛"，桐城人。光緒縣學生。民國十一年卒。詩凡三卷，卷一依體類次，卷二不分體，卷三《夢稿》，自元年壬子迄三年甲寅。據自序，多得於夢中，故名，十二年印。

自怡軒稿二卷

［清］潘澤撰。澤字文濤，初名毓蘭，字似馨，號"瑞芝"，一號"質卿"，桐城人。光緒廩貢。民國元年卒，年四十四。是集詩文各一卷，澤自編，抄本未刻。

漱石亭謄稿一卷

［清］王駒撰。駒初名駿，字少甫，舒城人。承煦子。光緒十八年補諸生，二十年病卒，年二十九。詩凡一卷，附詞三首、雜著四首，前有章鑾坡序、劉體蕃題詞，光緒二十一年附印承煦詩後。

慧宜遺稿一卷

［清］戴淑雲撰。淑雲字慧宜，舒城人。民國二年卒，年四十二。詩一卷，都百十四首，乃光緒二十三年至三十二年作，前有題詞四首，合肥汪韜録本未印。

雲山寄意軒文鈔三卷詩一卷

［清］金家慶撰。家慶字子善，全椒人。光緒諸生，是集文三卷，首古賦、次祭文、次銘、次書、次擬表、次贊、次經説、次書後、次史論、次策、次論説，都四十四篇。詩一卷，都一百零一首，皆其子承祚所輯。家慶以畫名，詩文亦有清逸之氣，《田疇論》尤具特識。

鳳溪遺稿一卷

［清］余受之撰。受之號"鳳溪"，潛山人。光緒十九年舉人，年四十五卒。事迹具《縣志·文苑傳》。是集一卷，文三十篇、詩二首，乃民國二十三年從子誼密所輯并序，抄本未刻。

友古堂詩集二卷

[清] 李經鈺撰。經鈺字連之，號"庚餘"，別號"逸農"，合肥人。光緒十九年舉人，援例爲郎中、改河南候補道，乞病歸。民國十一年卒，年五十六。事迹具其子國璪所撰行狀。集二卷，皆近體，起光緒十六年庚寅迄其卒，凡三十三年之詩，有陳詩、張文運序，吳學廉及詩題詞，子國璪印。經鈺初學王士禎，後改宗蘇、黃。文運謂其稱情澤古，辛亥後尤悲鬱云。

舊讀不厭齋己未詩稿一卷

[清] 單溥元撰。溥元字士惠，號惠宇，合肥人。光緒二十年進士，授内閣中書改江蘇候補同知，年逾六十卒。是集一卷，乃民國八年作，前有自序，十一年其孫濂印。溥元論詩謂杜尚有矩矱可尋，李則騰擲無方尤難學，又謂五七言亦文之一體，若學有根柢，於古文有研究者，爲則必高。其自爲詩，雖間趨妍華，亦不流卑。近惟序謂三十後多吟咏酬唱之作，年約成卷，是集詩尚不止此也。

嶺南吟稿二卷

[清] 方澍撰。澍字六嶽，無爲州人。光緒二十年舉人，官浙江鹽大使。民國十九年卒，年七十四。集凡二卷，乃光緒壬辰、癸巳兩年游廣東時作，活字印。澍詩有才氣，其《宋陸秀夫墓》七古并附墓辨，亦頗有考證。陳詩《尊瓠室詩話》摘其《冬暮客次》《遣意》二首、《粵中咏古》三首，謂其寫粵中風物殊肖，惟曾游粵者方知之。

寄鴻書廬吟草四卷蓼辛集二卷

[清] 李國桓撰。國桓字伯驄，號"胡青"，別號"古愚子"，又自署"拈花笑者"，潁上人。阜陽籍。德潤子。光緒初諸生，候選教諭，宣統三年委署鳳陽教諭未赴，民國十三年卒，年六十一。《寄鴻書廬吟草》四卷，卷一至卷三詩，卷四賦八，論四，書後、擬表、幛詞各一，詞三，又卷一附兄一橋二首，季父肖鶴三首，沈辛安二首，胡嵋孫、張怡齋各一首，又詞五闋，卷二附兄宜樵一首、汪林軒八首、陳睡逸一首，卷三附陳牧農、陳睡怡各二首，張怡齋一首，梁笙譜、汪逸叟各四首，弟隽元二首。《蓼辛集》二卷皆詩，卷一附梁笙譜二首，曾萊峰四首，黃玉堂二首，黃紹階、曾駁聲、金幼齋各四首，張芳山十首，王秀升二首，叔祖濟川四首，張怡齋二首，附詩除弟隽元爲五律、五絕外，餘皆七律，抄本未刻。

梅村詩鈔一卷

[清] 余際春撰。際春字興仁，號"梅村"，潛山人。光緒二十一年進士，官至山東膠州知州，年五十一卒。事迹具《縣志·宦迹傳》。詩三十首皆近體，抄本未刻。

存吾春館詩集

[清] 童挹芳撰。挹芳字茂倩，合肥人。光緒初諸生，官陸軍部主事，民國二十一年卒，年七十四，私諡"憲文"。詩首四言古、次五言古、次七言古、次雜言古、次五言律、次七言律、次五言絕、次七言絕，都百八十四首，乃廬江陳詩所編定并序，又同縣楊開森題詞，抄本未刻。又一本乃其族孫君逸所錄，與此小異，七古無《建武鏡歌》一首，五律無《餞藹青表兄》四首、《贈吳彥復》一首，七絕無《春日久雨》第二首，而五古之《夏日步梧桐下》一首、雜言古之《轉應詞》一首以及詩餘二十闋，亦此本所無，今以陳詩編定本著錄。挹芳詩學唐人，古體尤工。《合肥詩話》錄五首。

潁濱居士集十卷附錄一卷

[清] 竇蔭蒸撰。蔭蒸（字子厚，霍邱人。懌祁第六子。光緒附生，二十四年報捐訓導，署繁昌訓導，三十二年捐升知縣，分山東署單縣知縣，民國元年以病免歸。事迹具《縣志·宦績傳》）有《家範》一卷，已著錄。是集十卷，分七子目，曰《癡園草》《東樓草》各二卷，曰《繁昌草》《還山草》《北地草》各一卷，曰《清音草》二卷，曰《話舊草》一卷，始光緒八年至民國九年，共詩九百餘首，乃蔭蒸自訂。附錄一卷，則文十七篇也，前有江瑞圖序及自序，爲《竇氏四隱集》之第一種。自序稱既冠學詩，專注性靈，及得沈德潛《說詩晬語》，少窺門徑，然間有所作，不過自適己志，即其自道可以知其詩已。

存誠山房詩集四卷文集七卷

[清] 竇以㸑撰。以㸑字子立，霍邱人。懌祁第八子。光緒廩貢，官吏部司務，吏部裁例得截取同知不就，年四十六卒。事迹具《縣志·文學傳》。是集詩四卷，都百七十四首，文七卷都七十餘篇，乃其兄蔭蒸所裒輯，前有呂璜及蔭蒸序并小傳，民國十七年印爲《竇氏四隱集》第三種。

愛日軒詩草一卷

[清] 竇以燕撰。以燕字子翼，霍邱人。懌祁第九子。光緒辛丑、壬寅間援例爲

湖北府經歷，改山東用河工勞擢補用知縣，辛亥謝病歸，民國三年卒，年四十。事迹具《縣志·宦績傳》。是集一卷，乃其兄蔭蒸所編，前有蔭蒸序并小傳及光緒二十三年自撰小引，又子貞光後序，民國十七年印爲《寶氏四隱集》之第四種。

千倉詩史初編

[清] 李宗棠撰。宗棠字蔭伯，晚易名蔭柏，自署“千倉舊主”“千倉髯隱”“千倉醉翁”，阜陽人。玉方子。納貲①爲户部郎中，改江蘇候補道。民國十二年卒，年五十五。詩原三千餘首，辛亥毀於兵，民國元年追憶錄存合近作，共得四百三十四首，題曰《千倉詩史初編》，乃光緒二十年至民國元年之作，前有從父汝振序及自序，又夢僧劍道人撰傳并小像，是年印於上海。卒後子和溥檢遺稿得詩七百二十八首重印并跋，是爲全編。宗棠詩皆有指，并自注其事，生平歷史略備。千倉，其里居名也。

舒摯甫集六卷

[清] 舒紹基撰。紹基字摯甫，號“養初”，懷寧人。光緒監生，以辦賑勞累保至江蘇候補道，年三十七卒。事迹具《縣志·仕業傳》。集凡詩四卷，曰《固庵自定草》，光緒十六年至三十一年作，有自序及跋。詞一卷，曰《人天清籟集》，有弟繼芬序，附《養初子筆記》一卷，有自序，共六卷，宣統元年子怡堂印。

孝烈遺集一卷

[清] 潘志淵撰。志淵字夢男，桐城人。世莊次女、同縣張濟孫室。宣統元年殉姑自經，卒年二十九。是集一卷，首遺書及絕命詞、次詩、次家書、次日記，乃其兄田所編。志淵遺書囑以身服殮葬於姑側，勿請旌進祠作佛事，遺貲充公益事，其識操尤高，不徒以文字重也。

尚友吟一卷

[清] 程朝儀撰。朝儀（字仲威，號“抑齋”，黟人。廩生。光緒二十六年河南巡撫于蔭霖保人才，三十四年安徽巡撫馮煦舉耆儒碩彦，宣統元年安徽巡撫朱家寶奏充古學堂監督。事迹具《縣四志·儒林傳》）有《四書改錯改》，已著錄。是集取正史隱逸之士，彙其傳爲一集，而系以詩。以自有傳者爲正編，散見各傳者爲續編，名行不甚著者爲附編，而不系以詩。詩皆七絕，有一人一首至四人一首者，詩意未

---

① 納貲：封建時代入仕（做官）的一種途徑。即通過繳納財物和金錢的辦法取得官爵。

盡，間附案語，然如《漢書》之鄭子真、嚴君平、班嗣，《後漢書》之閔仲叔、荀恁、魏桓、薛孟嘗等，皆散見各傳者，仍采入正編，而不編者《晋書》凡八人、《宋書》凡三人、《齊書》凡二人、《梁書》凡三人，亦隱寓進退之意，前有凡例十一則。《縣志》著録《十七史逸士吟》二卷，蓋即是集。此爲門人黃敦禮抄本，《唐書》僅續編無正編及附編，蓋非完帙，又凡例兩稱二十四史而所咏實止十七史，亦以《縣志》爲得。敦禮字緯仁，亦黟人。縣學生。年四十餘卒，有《緯仁遺書》三卷。

鐵華詩鈔一卷

[清] 徐經綸撰。經綸字鐵華，石埭人。光緒二十八年舉人，民國四年卒，年三十七。詩一卷，前有胡遠濬序，裴景福、方守彝書，又經綸致守彝書，後有徐建生跋，民國五年印於安慶。據徐跋，經綸詩十九自删棄，所存不及三百篇，儕輩勸付剞劂，每笑謝之，其不自足如此，然景福、守彝、遠濬皆盛推之。雖早卒，已自足傳也。

鬱葱葱齋詩稿十四卷補遺一卷夢餘集三卷詞稿一卷

[清] 汪韜撰。韜（原名承繼，字孝述，一字嘯碩，合肥人。光緒二十八年舉人，江北陸軍學堂畢業，歷任陸軍部軍械司兵器科科長，民國二十四年卒，年六十二）有《歷代年號表》，已著録。是集十四卷，分十子目，卷一曰《初學集》，卷二、卷三曰《蓉城集》，卷四曰《苕華集》，卷五至卷七曰《循陔集》，卷八曰《投筆集》，卷九曰《淮陰集》，卷十曰《北征集》，卷十一曰《江行集》，卷十二、十三曰《秣陵集》，卷十四曰《京塵集》，乃光緒十六年秋至民國十二年冬所作，卷十五補遺，乃光緒二十年秋至宣統元年冬所作，都一千百二十一首，又卷十一附佘念宸七律二首、卷十三附左仍豪七律二首、周實七律十六首，卷十五附董翰青、戴淑雲七律各二首。原名《嘯劍室詩草》，有民國十五年自識。《夢餘集》三卷，無題七律百四十首，乃光緒十六年至三十年所作，爲嘯劍室之外編，前有宣統元年山陽周實序，邯隱、崔鶚、左仍豪、雙蘭、周實、陶際唐、張桓、徐承蔭、張無病、張志衡題及自序，又題後七絶二首。詞稿一卷，都七十八闋，乃光緒二十年春至民國十三年春所作，原名《嘯劍室詞稿》，以上皆稿本未印。《合肥詩話》録七律一首。七絶三首。

鬱葱葱齋詩稿二卷附詞一卷

[清] 汪韜撰。凡二卷，都三百七十九首，乃光緒二十六年至民國元年所作，附詞一卷，都二十六闋，乃光緒二十八年至民國十三年所作。據自識，十五學詩，十九始留稿，自壬辰至辛亥已二千餘首，辛亥秋斷自庚子，録詩八百餘首、詞五十闋，

民國十五年夏復刪詩爲二卷，附詞一卷，即此本。然其詩詞皆已見《鬱蔥蔥齋詩詞稿》內，稿本未印。

吴莊生文稿二卷

[清] 吴靖撰。靖字莊生，桐城人。年二十一卒。文凡二十三篇。民國十五年印。其《兩院議員俸給議》作於民國元年，頗爲一時傳誦。

冶溪詩鈔一卷

[清] 方壽昌撰。壽昌字筱亭，定遠人，遷居合肥。民國二十三年卒，年六十二。詩一卷，都百三十七首，有十九年合肥劉紹綸序、朱紹良題詞、楊開森撰傳，抄本未刻。壽昌客亳州，與湯杏泉、沈嘯衫唱和，晚益肆力於詩，所賦《遼陽行》《泥餺飥鼠妖》等篇皆自關時事。

瀛雨書屋詩文十六卷

[清] 楊椿年撰。椿年字光陛，號“蔚喬”，桐城人，居廬江。光緒三十年賜進士，國子監學正。據吴學廉撰傳，宣統末集毀於兵，僅存文四篇、詩十九首，未刻。

曲廬遺稿二卷

[清] 方壽衡撰。壽衡字丹石，桐城人。光緒三十二年優貢。詩不存稿，是集古今體各一卷，乃卒後子侃所輯。

兆芝賸玉一卷

[清] 汪定基撰。定基字兆芝，歙人。是集詩三十七首、文十六篇，民國二十年弟定執印爲《慕雲集存》之第三種。

脩月遺稿一卷

[清] 吴卯撰。卯字脩月，歙人。汪定執妻。詩皆近體，都三十三首，有光緒三十二年德清俞樾、三十三年宣城周贊序，吴蔭培題詞。

讀史紀事詩二卷

[清] 王炯炎撰。炯炎字燮陽，舒城人。歲貢。詩二卷，《三讀晋書》八十四首，卷二《讀宋史》，百六十一首，内除七律六首、五七言排律各一首，餘皆七絶，有一人二首至四首者，有二人至四人一首者，又有二人二首者，詩雖紀事多著議論，亦

間注其事於句下，又毛寶一首，謂放龜者非寶，乃寶在武昌時之軍人，王祐一首，據畢士安《王旦傳》及《廣輿記》《弘簡録》，謂"祐"當作"祜"，亦兼涉考證也。

漫與集二卷

［清］何雲藻撰。雲藻字子翔，號"蠖叟"，又號"晞愈子"，鳳陽人。光緒國學生。以貲官郎中。是集二卷。其一皆古體，前有自序，又王賓等題詞二首，民國二年白狼陷六安，板毀於火，卷下不分體，宣統元年、民國二年至五年所作，又雜著五篇，前有題詞二十三首，民國五年印，然卷下之詩，有已見前卷者，則以前板已毀，復載之也。

四雪亭詩文遺稿二卷

［清］李澤同撰。澤同字普卿，一字浦青，盱眙人。廩生。年甫六十卒。是集二卷，乃卒後其家所輯。澤同學宗程朱，立身行事以顧炎武、李顒爲圭臬。嘗曰讀經不熟、訓詁不精、不敢操筆墨，讀史不熟、胸懷不廓、不敢下議論，故生平不多作，作亦不甚留稿。四雪亭者，澤同嘗欲築以貯藏書而未逮也（《采訪册》）。

退守軒詩草

［清］李錫斌撰。錫斌字文甫，蒙城人。增生。詩二百十一首，鈔本未刻。

知足齋遺稿一卷

［清］蔡雲瑞撰。雲瑞字蓬仙，晚號"知足翁"，合肥人。光緒諸生。是集一卷，民國十八年子沛霖印。張文運謂其取能道意，不爭工拙。《合肥詩話》録其詩。

攬茝山房詩草

［清］熊士縝撰。士縝字子椵，晚號"橐駞道人"，壽縣人。光緒間補鳳臺縣學生。民國初卒。是集詩不分卷，附詞二十闋，乃其弟子周所輯，抄本未刻。士縝嘗受知沈濤園，又與林旭唱和，詩詞皆有豪邁之氣。

留癡堂詩草二卷

［清］李元撰。元初名元英，字太初，蒙城人。光緒縣學生。事迹具《縣志·方技傳》。詩本四册，失其二。此本二卷，共百五十九首，有劉宏宇序及子少初所撰事略，民國十七年印。

柳峰山房詩鈔一卷文集四卷

［清］疏嗣廣撰。嗣廣字儒珍，號“漢臣”，桐城人。繼廣弟。光緒監生。集凡五卷，未刻。

金僊館詩草

［清］吕美璟撰。美璟字宋庭，號“菊坪”，旌德人。賢基曾孫，錦文孫、紹祖子。光宣間官湖北知府，署荊門州知州，辛亥挂冠寓上海卒。《皖雅初集》附七律一首。

梅僧詩稿一卷

［清］金承光撰。承光字伯耀，號“梅僧”，全椒人。峘次孫，家慶長子。光宣間布衣。民國八年卒。事迹具《縣志·文苑傳》。詩僅四十六首。乃其弟承祚所輯，有民國九年方守敦序、嚴復題詞，抄本未刻。守敦稱其原本家學，自抒清韵①。

潛莊詩偈一卷

［清］葛懷民撰。懷民（字曼生，懷寧人。宣統元年拔貢）有《讀莊隨筆》，已著錄。是集一卷，民國十九年子世平印於太原，爲《潛莊叢著》之一種。懷民晚年好道，詩多自寫天機，其曰詩偈者，以後附《梵修小偈》二十首也。

石莊小隱詩八卷文二卷

［清］光開霽撰。開霽原名超，字孟超，更名積厚，再更今名，字夢巢，一字慕巢，桐城人。聰諧玄孫。光緒監生，宣統元年舉孝廉方正，民國十九年卒，年五十九。是集詩八卷，都五百五十四首，開霽自定，二十三年子大中印。文二卷，亦自定，未印。開霽家世能詩，亦頗法其鄉姚鼐詩，如《留别馬曷堂》《哭女翠》《題潘瑨華菖蒲海棠圖》《桐城公園》，文如《書錢淑人志表》《傳贊册閔述》諸篇，皆不失典型。石莊，其所居名也。

雅古堂詩集六卷

［清］方世立撰。世立字孝朗，别號“怡雲居士”，桐城人。集凡六卷，卷一五古，卷二七古，卷三五律，卷四、卷五七律，卷六絶句，都三百四十九首，民國十四年印。世立游宦吉林，詩多述塞外風景，《銅人歌》一首尤擅場。

---

① 清韵：清雅和諧的聲音或韵味。喻指鏗鏘優美的詩文。前蜀韋莊《李氏小池亭》詩：“家藏何所寶，清韵滿琅函。”

解虛軒遺詩二卷附雜文一卷

[清] 方亮撰。亮字孝徹，桐城人。守敦仲子。民國二十四年卒，年四十二。詩二卷，凡百餘首，附文一卷，凡八篇，有同縣姚永概、世父守彝、懷寧胡遠濬、徐天閔，長沙陳朝爵諸評語。亮於詩取謝靈運、杜甫、韓愈三家，而謂其表情至富，取法最密，所作之詩，亦多富於情感云。

問淞詩存一卷

[清] 李國樞撰。國樞字仲璿，號"問淞"，合肥人。經鈺仲子。民國十四年卒，年二十六。詩一卷，乃兄國瓔所輯并印，前有別傳及歙吳承烜，廬江陳詩，同縣蔡慶澤、楊開森、兄國棣、國瓔、國榛，歙吳清麗題詞。國樞詩效王士禎，又問業陳詩，與兄國榛、國榮賡和。問淞亦詩所名也。《廬江詩苑》《合肥詩話》皆錄其詩。

吳君婉遺詩

[清] 吳肖縈撰。肖縈字君婉，桐城人。吳復振女，同縣光大中妻。早卒。詩不留稿，僅存十七首，大中爲印行。《游菱湖》《憶石莊》二首，尤有風致。

元符詩草一卷

[民國] 王天培撰。天培字元符，合肥人。日本陸軍學校畢業，辛亥九月任皖軍都督。詩僅七律、七絶二體，都四十一首，又詞九首，十九年子理權印。

燼餘集無卷數

[民國] 孫毓筠撰。毓筠（字少侯，號"夬庵"，壽縣人。民國元年任安徽都督）有《國學講演録》，已著録。是集文六篇，詩僅五、七律二體，都一百五十四首，附詞四闋，乃光緒三十三年繫獄時作，門人段雲等所録，爲《夬庵獄中集》之一種，未刻。據段雲跋，獄中文多散失，覓得十二篇，毓筠又删其半，詩不下三百餘首，六月以前諸作均爲人取去，此則六月後作，其《書桐城馬月樵語録後》，謂其講學宗羅汝芳，亦教人閲《楞嚴》《金剛》諸經，其所自認爲本心者，仍屬一時光影，與禪家真參實悟相去千里云云。案：月樵名昌縈，字宵夫，原名桂馥，光緒十四年順天舉人，語録未刊行，僅見是集。至張植生，亦籍桐城，謂爲四川人，則誤也。

鄭贊臣遺詩一卷

[民國] 鄭芳蓀撰。芳蓀字贊臣，壽縣人。清光緒諸生。民國元年任安徽内務司

長。詩凡九十三首，七律、七絕、五絕三體，爲多七古，僅五首抄本未刻。

蓮心室遺稿一卷

〔民國〕俞富儀撰。富儀字寶娥，婺源人。俞祖馨女，同縣郎盛富妻。盛富早卒，一子復夭，富儀旋亦病卒，年二十七。詩凡百餘首，歿後祖馨編訂，弁以哀挽詩詞及傳略，十九年印。富儀幼承祖訓，三歲誦唐詩上口，十歲已能吟咏，然不多作，夫歿乃復爲之，然皆哀怨之音也。

恬然詩集四卷

〔民國〕汪祖荃撰。祖荃字雲樵，太平人。諸生。詩四卷，同縣盛魯序，從子士珩校刻（《采訪册》）。

一杯詩集一卷

〔民國〕畢紹森撰。紹森字玉堂，自號"一杯"，太平人。母疾禱神乞代，不驗以毀卒。詩一卷，乃兄鑫校訂，有太倉唐奇序、同縣盛魯撰傳。紹森年十二能文，既承父志服賈[①]，猶不廢呫嗶[②]，錄其詩所以存其人也（《采訪册》）。

一粟樓遺稿二卷

〔民國〕李家孚撰。家孚字子淵，合肥人。年十九卒。集凡二卷，卷上經義史論，卷下古近體詩，乃民國十一年壬戌至十六年丁卯作，其父國瑝印於十七年，首列家傳、墓碣，二十年重印增詞一闋，而附家傳、墓碣於末。家孚幼慧嗜學，雖早卒，詩文已斐然可觀，其《合肥雜咏》二十四首，尤有關掌故也。

---

① 服賈：經商。宋張世南《游宦紀聞》卷六："今之遠宦及遠服賈者，皆曰天涯海角。"

② 呫嗶：音 tiè bì，猶占畢。後泛稱誦讀。田北湖《論文章源流》："漢興試士，呫嗶之徒，相率應制，以博禄位。"

安徽通志稿·藝文考

集部三十　總集類一

淮南王群臣賦四十四篇

《漢書·藝文志》著録，無作者姓名，道光、光緒《（安徽）通志》皆録入"別集"，今改隸"總集"。考王逸《楚辭（章句）·招隱士》，章句云："《招隱士》者，淮南小山所作，淮南王安博雅好古，招懷天下之士，自八公之徒，分造辭賦，以類相從，或稱小山，或稱大山，猶詩有小雅、大雅。"又《淮南大略》云："養士數千，高材者八人，蘇非、李尚、左吴、田由、雷被、伍被、毛被、晉昌，號曰'八公'。"當即此諸人所作也。

魏武帝露布九卷

魏太祖武皇帝編，凡九卷。鄭樵《通志》著録、光緒《（安徽）通志》著録同。

文粹一百卷

［宋］姚鉉纂。鉉有文集，已著録。是集一百卷，卷一至卷九古賦，卷十至十八詩，卷十九至二十二頌，卷二十三、二十四贊，卷二十五至三十上表奏書疏，卷三十下策，卷三十一至三十三下文，卷三十四至三十八論，卷三十九至四十二議，卷四十三至四十九古文，卷五十至六十五碑，卷六十六至七十銘，卷七十一至七十七記，卷七十八箴誡銘，卷七十九至九十書，卷九十一至九十八序，卷九十九、卷一百傳録紀事。卷十四、十五、十六、十七、十九、二十六、三十、三十三、四十四、五十五各分上下，每體更列子目，前有自序。據自序，遍閱群集十年始就，蓋成於大中祥符四年，又據晁公武《（郡齋）讀書志》，初采唐文編爲五十卷，後增廣爲百

卷。謫連州時，好事者建樓貯之，吏苦寫錄，私噀^①鹽水，冀其速壞，後以火焚樓，時未鏤板也。鉉既歿，其子嗣復以書上獻，詔藏內府。至寶元二年臨安進士孟琪始爲雕板，語詳殿中侍御史吳興、施昌言後序，是爲北宋初刻本，每葉二十八行、行二十五字，迨紹興九年正月臨安府重行開雕，標題始加"唐"字，後列監雕者林憼、周公才、蘇彥忠，重校者劉嶸、陳之淵、王遜、周孚先、梁宏祖、朱敦儒、王榕、張澄等衔名凡十一行，是爲南宋重刻本。《郡齋讀書志》《直齋書錄解題》《宋史·藝文志》皆著錄，道光、光緒《（安徽）通志》著錄同。元刻有"恬裕齋"本，仍紹興之舊，而標題去"唐"字。又有五十卷殘本，每葉二十六行、行二十五字，見《愛日精廬藏書志》。明刻有晉藩本、嘉靖三年姑蘇徐焴本、朱知烊本、蘇州程氏家塾本、嘉靖六年張大輪本。金明時大字本，或題《唐賢文粹》，或題《重校正唐文粹》，而張本較勝。又清何焯兄弟有校紹興本、王芑孫有手校明刻小字本。顧廣圻有《文粹辨證》、郭麐有《文粹考異》，其書或未刻行，或已散佚，光緒十三年秋仁和許增、譚獻各得江蘇官局重刻本，以校唐人舊集訛敚^②溢目，乃取《文苑英華》《通典》《新（唐書）》《舊唐書》《全唐文》《全唐詩》洎各家行世別集，一一對勘成新校本，光緒十六年刻行，字悉依北宋初刻，有光緒十四年譚獻序、光緒十七年八月許增綴言十則，并續刊郭麐《文粹補遺》二十六卷附後，今據以著錄。鉉纂是集，意在上嗣文選，自言以古雅爲命，不取侈言曼詞，其旨可知，惟分目瑣碎，又以《項羽廟碑》別爲奸雄，殊不滿人意，至所錄盧仝《門銘》《櫛銘》《文苑英華》皆系羅袞，則所據之本，或有異同，要未可遽以爲誤也。

高僧詩一卷

〔宋〕楊傑編，傑有《無爲集》，已著錄。是集一卷，《宋史·藝文志》著錄、光緒《（安徽）通志》著錄同。

滁陽慶曆集十卷

〔宋〕徐徽編。徽字仲元，自號"獨山居士"，全椒人。嘉祐四年進士，授承議郎、知無爲軍，遷提舉利州，改常平，以佐朝散郎致仕。事迹具《縣志·文苑傳》。徽集慶曆以來文詞可傳者爲一編，名曰《滁陽慶曆集》，凡十卷，紹聖中曾肇謫守爲之序。《直齋書錄解題》《文獻通考》《宋史·藝文志》皆著錄，道光、光緒《（安徽）通志》皆著錄同。徽致仕居縣獨山，曾肇典滁與結文字交。《宋史·藝文志》又著錄曾肇《滁陽慶曆前集》十卷。

---

① 噀：音xùn，（含着液體）噴，噴水。《後漢書·郭憲傳》："忽面向東北，含酒三噀。"
② 訛敚：指文字的錯誤、脱漏。清龔自珍《與人箋》："孟蜀以來，槧本繁興……輾轉訛奪，流布浸廣。"

止戈堂詩一卷

[宋] 程邁編。邁有《漫浪編》，已著録。邁紹興初知福州，平建州賊葉濃、楊勃、范爲等，因以武庫爲"止戈堂"。是集一卷，即一時諸公題咏之詩也。《宋史·藝文志》著録，光緒《（安徽）通志》著録同。《桐江詩話》録汪藻二詩云："此老胸中百萬軍，暫勞試手犬羊群。山頭不復望廷尉，柱下何須用惠文。解帶爲城聊戲劇，賣刀買犢便耕耘。三山勝處開華屋，千載人傳舊使君。""千里閩山驛騎飛，天書趣解海邊圍。異軍方逐蒼頭起，元帥徐將白羽揮。翻就鐃歌春犒滿，收還烽火夜開扉。向來萬事關兵氣，都作風光座上歸。"

胡氏棣華稿[①]

[宋] 胡侃、胡伸編。侃始名侔，婺源人。紹季子。崇寧二年進士，通判辰建二州。伸字彥時，紹次子。紹聖二年進士，官至知無爲軍。事迹具《縣志·文苑傳》。是集乃侃去官與諸從唱和之作，《江南通志》及道光、光緒《（安徽）通志》皆著録，無卷數。

於越題咏三卷

[宋] 吳珏編。珏字崑生，全椒人。崇寧進士，官翰林編修。事迹具《縣志·文苑傳》。是集三卷，李并序。《宋史·藝文志》著録，光緒《（安徽）通志》著録同。珏有異才，文極博麗，曾舉弘詞科。

滁陽慶曆後集十卷

[宋] 吳珏、張康朝、王言恭同編，凡十卷，蓋續徐徽《滁陽慶曆集》而作，有宣和四年唐恪序，末及紹興則後人所續也。陳振孫《（直齋）書録解題》著録。《文獻通考》作"吳珵、王彥恭"，《宋史·藝文志》作"吳班"，道光《（安徽）通志》作"吳珵"，蓋據《（文獻）通考》。考《縣志·選舉表》，珵元祐舉經明行修而無傳，珏傳載有是集，光緒《（安徽）通志》也作"珏"，今據《（直齋）書録解題》著録。

五制集一卷

[宋] 朱翌編。翌有《猗覺寮雜記》，已著録。是集一卷，《宋史·藝文志》著

---

① 棣華：《詩·小雅·常棣》："常棣之華，鄂不韡韡。凡今之人，莫如兄弟。"後因以"棣華"喻兄弟。

録，光緒《（安徽）通志》著録同。

江西詩派一百三十七卷續派十三卷

［宋］呂本中撰。本中有《春秋集解》，已著録。是集共一百五十卷，前有自序，梓於厭原山[①]中。陳振孫《（直齋）書録解題》、馬端臨《文獻通考》皆著録，《宋史·藝文志》作《江西宗派詩集》百十五卷，曾紘《江西續宗派詩集》二卷。光緒《（安徽）通志》著録同《宋史》，今據《（直齋）書録解題》著録。考劉克莊《後村集·江西詩派序》，本中作“江西宗派”，自黃庭堅下凡二十六人，内何（一作“袁”）顒（字人表）、潘大觀（字仲達），有姓名而無詩。詩存者二十四家，王直方（字立之）詩絕少，餘二十三家稍多，其次第則首黃庭堅、次陳師道（字履常，一字無已）、韓駒（字子蒼）、徐俯（字師川）、潘大臨（字邠老）、洪朋（字龜父）、洪芻（字駒父）、洪炎（字玉父）、夏倪（字均父）、謝逸（字無逸）、謝薖（字幼槃）、林敏修（字子仁）、林敏功（字子來）、晁冲之（字叔用）、汪革（字信民）、李彭（字商老）、僧如璧（號“倚松道人”，即饒節，字德操）、僧祖可、僧善權、高荷（字子勉）、江端本（字子之）、李錞（字希聲）、揚符（字信祖，案：“揚”原作“楊”，鮑廷博據宋刻《劉後村集》校正）。呂本中又謂舊本以本中居師道上，非是，今以繼宗派庶不失本中初意云云。又王應麟《小學紺珠》亦載“江西詩派”，自黃庭堅下列陳師道、潘大臨、謝逸、洪朋、洪芻、饒節、祖可、徐俯、林敏修、洪炎、汪革、李錞、韓駒、李彭、晁冲之、江端本、揚符、謝薖、夏倪、林敏功、潘大觀、王直方、善權、高荷、呂本中二十五人。以二書互校，《後村集》所載之何顒爲《小學紺珠》所無，次第亦異，於劉、王皆宋末人，不知各何依據。又胡仔《苕溪漁隱叢話》與《山堂肆考》，有何顗（“顒”“顗”形近，疑必有一誤，然以字人表推之，似作“顒”爲是）而無高荷，且列洪朋於徐俯之後，《豫章志》有高荷、何顒，而無何顒，呂本中復不在二十五人之中，疑爲傳鈔之誤。清康熙間江西張泰來撰《江西詩派圖録》名氏次第遵《小學紺珠》，人各爲傳，共二十五人。王士禛《江西詩派圖跋》（《蠶尾集》卷十）則謂劉克莊不爲王直方傳，江端本傳太略，張泰來補直方傳，亦不甚詳，又不爲端本傳，高荷傳太略，而據晁説之《嵩山集》（一名《景迂生集》）《王直方墓志》《壽昌縣君劉氏（端本母）墓志》《江端禮（端本兄）墓志》及葉夢得《石林詩話》、范公偁《過庭録》（皆載高荷事）以補之，然本中所録，實不皆江西人〔陳師道彭城人，韓駒陵陽人，潘大臨黃州人，夏倪、林敏修、林敏功蘄人，晁冲之開封人，江端本陳留圉城人，李彭南康人，祖可京口人，高荷京西人，

---

① 厭原山：南昌名勝，又名西山、南昌山、洪崖山。

又案：江端本，《劉克莊詩派序》作開封人，此據晁説之《江端禮墓志》，張泰來《（江西詩派）圖録》作臨川人］，同時如曾幾乃贛人，又與本中以詩往還而不入派，其去取之意，今不可曉。又考本中所撰《紫微詩話》，其專論庭堅詩者，惟歐陽季默一條，餘皆因他人而及，而於張載、程頤之類，亦備載焉，實不專於一家。又極稱李商隱《重過聖女祠》《嫦娥》二詩，亦未嘗不兼采西昆，自方回等"一祖三宗"之説興，而江西乃不可復合耳。

南嶽唱酬集一卷附録一卷

［宋］朱熹、張栻、林用中同撰。熹有《周易本義》，已著録。栻字敬夫，號"南軒"，綿竹人。用中字擇之，號"東屏"，福建古田人。嘗從熹游，熹以乾道三年秋訪栻湘水，偕游南嶽，自甲戌至庚辰凡七日得詩一卷，前有栻序，附録一卷，則熹與用中書三十二篇、用中遺事十條及熹所作字序二首，清《四庫（全書）》及道光、光緒《（安徽）通志》皆著録。惟熹《東歸亂稿序》，稱得詩百四十餘首，栻序亦云百四十九篇，而此本所録止五十七題，以熹大全集參校所載，又止五十題，亦有大全集所有而此本失載者。又每題皆三人同賦，以五十七題計之，亦不當云百四十九篇，又卷中聯句往往失去姓氏、標題，其他詩亦多依熹集中之題，至有題作《次敬夫韵》，而詩實爲栻作者，則傳寫訛誤脱佚也。

游山唱和詩一卷

［宋］陳天麟編。天麟有《攖寧居士集》，已著録。是集一卷，《宋史·藝文志》著録、光緒《（安徽）通志》著録同。

發蒙弘綱三卷

［宋］羅黃裳編。黃裳，池州人。咸淳中官番禺守。集三卷，凡五言詩十二篇、古文三十篇。清《四庫存目》，道光、光緒《（安徽）通志》皆著録。古文皆擇關於蒙養者，然皆鄉塾習誦之文。

唐文辨

［宋］朱丙編。丙，濠州人。《江南通志》及道光、光緒《（安徽）通志》皆著録，無卷數。

文選顏鮑謝詩評四卷

［元］方回撰。回有《續古今考》，已著録。是集四卷，取《（昭明）文選》所

錄顏延之、鮑照、謝靈運、謝惠連、謝朓之詩，各爲論次，諸家書目皆不著錄，惟《永樂大典》載之，清《四庫（全書）》錄入"總集"，道光《（安徽）通志》同，光緒《（安徽）通志》入"詩文評"。

瀛奎律髓四十九卷

[元] 方回選。凡四十九卷，回選唐宋五七言近體，分四十九類，曰登覽、曰朝省、曰懷古、曰風土、曰升平、曰宦情、曰風懷、曰宴集、曰老壽、曰春日、曰夏日、曰秋日、曰冬日、曰晨朝、曰暮夜、曰節序、曰茶、曰酒、曰著題、曰梅花、曰賦雪、曰月、曰晴雨、曰變體、曰拗字、曰閑適、曰送別、曰陵廟、曰旅況、曰邊塞、曰宮閫、曰忠憤、曰山巖、曰川泉、曰庭宇、曰論詩、曰技藝、曰遠外、曰消遣、曰兄弟、曰子息、曰寄贈、曰遷謫、曰疾病、曰感舊、曰俠少、曰釋梵、曰僊逸、曰傷悼，以一類爲一卷并附注及圈點，前有至元二十年自序，明成化間龍遵得抄本付梓并爲之序，後又再梓於建陽，然初刻難得，建陽本多訛字。清康熙四十九年長洲陳士泰取兩本對勘重刻，并借何焯所藏屠守居士閱本參校，而闕其漫漶者、卷數悉依原本，惟據《梅花類小序》（序云："今摘其尤異者，尾於著題詩之後，而雪、月、晴雨，又尾於後。"）次梅花類於著題類之後，總目後有識語，而刪圈點及龍序，原注涉及圈點者亦并刪去，同時石門吳之振刻本注作夾行旁有圈點，前載龍序與陳本不同，又紀昀批本亦載原圈點而加批評與圈點，雖與回同涉言詮，然觸類引伸，未始不資啓發也。

宛陵群英集十二卷

[元] 汪澤民、張師愚同編。澤民有《宛陵稿》，已著錄。師愚字仲愚，寧國人。領鄉薦（案：《府志·文苑傳》：師愚與弟師曾皆好學工詩，先後領延祐、天曆鄉薦，似指其兄弟言。《四庫總目》作"兩領延祐、天曆鄉薦"，恐誤）。事迹具《府志·文苑傳》。是集原二十八卷，自宋初迄元代，得詩千三百九十三首，乃澤民晚居宣城時所輯，同縣施璇刻。久佚，清四庫館從《永樂大典》各韻內裒集，共得七百四十六首，作者百二十九人，厘爲十二卷，其人之爵里、事迹可考者，俱補注於姓名之下，不可考者，闕之，其《永樂大典》失載人名，無可參補者，則分類附錄於後。道光、光緒《（安徽）通志》皆著錄。師愚與弟師曾并從澤民游，澤民禮下之，嘗稱生平畏友有"二張"云。

楓林類選小詩一卷

[明] 朱升編。升有《周易旁注》，已著錄。是集一卷，皆錄五言絕句，始漢魏

終晚唐，分三十八體，曰直致、曰情義、曰工緻、曰清新、曰高逸、曰富麗、曰艷冶、曰凄涼、曰衰暮、曰曠達、曰豪放、曰俊逸、曰清潤、曰沈著、曰邊塞、曰宮怨、曰閨情、曰客況、曰離別、曰悲愁、曰異鄉、曰感舊、曰癡想、曰寄贈、曰嘅嘆、曰消遣、曰諷諫、曰頌善、曰戲嘲、曰懷古、曰景物、曰風土、曰時事、曰樂府、曰風人、曰問答、曰摘句，而附閨閣、仙鬼詩於末，實三十九門。清《四庫存目》，道光、光緒《（安徽）通志》皆著録。

皇明雅音三十卷

[明] 游芳遠編。芳遠有《溝斷集》，已著録。是集三十卷，光緒《（安徽）通志》著録作"游芳"，今據《縣志》著録。

柳黄同聲集二卷

[明] 杜桓編。桓字宗表，徽州人。是集二卷，以元柳貫詩三十九首、黄溍詩十二首，合爲一集，溍詩後并載虞集諸人題跋，宣德四年刻。清《四庫存目》，道光、光緒《（安徽）通志》皆著録。貫、溍皆桓鄉人也。

新安文粹十五卷

[明] 金德玹撰、蘇大重訂正。德玹字仁本，休寧人。事迹具《縣志·隱逸傳》。大有《甕天集》，已著録。是集十五卷，卷十五則大自載其詩文。清《四庫存目》，道光、光緒《（安徽）通志》皆著録。《府志》作"金德玹《新安文輯》十卷、蘇大《新安文粹》十五卷"。德玹家貧嗜學，訪先達遺書三十餘種，是集成於景泰、天順間，與程敏政《新安文獻志》同時作，略有先後，所録之文不及《（新安）文獻志》之博，而亦有《（新安）文獻志》所不載者，二書固相表裏也。

明詩正音十卷

[明] 蘇大輯。乃洪武以來詩。《江南通志》及道光、光緒《（安徽）通志》皆著録，無卷數。《明詩綜》及《縣志》皆作《皇明正音》，《府志》作《明正音》十卷，今據以著録。考朱彝尊《靜志居詩話》，已謂訪之不得，疑已佚矣。

留芳集

[明] 王繼憲編。繼憲，黟縣人。光緒《（安徽）通志》題明王俊德撰。考《縣志》，繼憲父俊得字大本，永樂十三年進士，官至廣東左布政使卒，又載弘治十四年南京工部尚書淳安胡拱辰《留芳集序》，稱俊得薨六十餘年，第四子繼憲年登八十，

收藏公之餘迹、誥命、勅書、都察院吏部考語、户部亞卿保章并同時縉紳大夫鄉里親友贈賀詩文、行狀、墓志銘、挽詩、祭文，謄成一帙，名之曰《留芳集》云云。是此集乃繼憲所編，非俊得所撰也。舊志以爲俊得撰，入“別集”，又以“得”爲“德”皆誤，今據《縣志》更正并改入“總集”。

元明正音

[明] 孫陽編。陽有《蚓鳴稿》，已著録。光緒《（安徽）通志》著録是集，無卷數。《縣志》作《皇明正音》，與蘇大所輯名同，《府志》不載。

新安文粹

[明] 孫陽編。與金德玹、蘇大所編名同。光緒《（安徽）通志》著録，無卷數。《府志》不載。

咏史集解七卷

[明] 程敏政編、林喬松注。敏政有《宋遺民録》，已著録。是書取古人咏史之作，依代編次，自三代迄宋末，止七絕一體，然亦有本非咏史而因類編入者，又有改竄原題者。喬松，晋江人，其注是集，則官景寧知縣時也。清《四庫存目》，道光、光緒《（安徽）通志》皆著録。

新安文獻志一百卷

[明] 程敏政撰。采南北朝以後文章、事迹關於新安者，自卷一至六十爲甲集，皆其鄉先達詩文，略依真德秀《文章正宗》之例分類輯録。自卷六十一至一百皆先達行實，不必盡出郡人論撰，分神迹、道原、忠孝、儒碩、勛賢、風節、才望、吏治、遺逸、世德、寓公、文苑、材武、烈女、方技十五目。中有應行考訂者，敏政復以己意參核附注。清《四庫（全書）》及道光、光緒《（安徽）通志》皆著録。

唐氏三先生集二十八卷附録三卷

[明] 程敏政編。凡元唐元《筠軒集》詩八卷、文五卷。明唐桂芳《白雲集》詩五卷、文二卷。唐文鳳《梧岡集》詩文各四卷，前列諸集原序，後附傳記、銘志，稿成毀於火，正德十三年唐氏裔孫澤濂得其副於程師魯重爲補輯，徽州知府張文林刻。清《四庫存目》，道光、光緒《（安徽）通志》皆著録。三集已録入“別集”，惟《白雲集》實詩四卷、文三卷。《梧岡集》實詩四卷、文六卷，此則依《四庫（全書）》著録也。

皇明文衡九十八卷

[明] 程敏政編。首檄、次詔、次制、次誥、次册、次遣祭文、次賦、次騷、次樂府、次琴操、次表箋、次奏議、次議、次論、次説、次解、次辯、次原、次箴、次銘、次頌、次贊、次七、次策問、次問對、次書、次記、次序、次題跋、次雜著、次傳、次行狀、次碑、次神道碑、次墓碑、次墓志、次墓表、次哀誄、次祭文、次字説爲類，凡四十（《四庫（總目）提要》作“三十八”），内目録，注闕者騷一首（提要失載）、琴操一首、表四首、奏議十首、辯一首、頌一首、贊二首、策問一首（提要失載）、記十三首（提要作“十一首”）、序十五首、題跋四首、雜著二首（提要作一首）、傳七首（提要作“一首”）、神道碑十一首、墓碑（提要作“墓碣”）四首、墓志八首、墓表一首（提要作“二首”）、哀誄一首（提要失載）、祭文二首，共闕八十九首，又目録未注闕而實闕者，卷四嶽正代《祀濟瀆樂章》十八首、唐肅之《荆操》一首、王達《前旌操》《後旌操》二首，又目録注闕實不闕者，卷三十四楊士奇《虎丘雲巖寺重修記》一首，益以補闕之三十首，實祇闕七十九首，前有敏政自序，後有嘉靖六年盧焕重刻序。考《明史·藝文志》、清《四庫（總目）提要》均載是書九十八卷，此本補闕之文，乃列爲九十九及一百卷，疑即重刻所爲。敏政謂可備史氏收録清廟咏歌著述考證，言尚非夸，惟歸安陸心源《皕宋樓藏書志》載康熙三年葉道穀跋，有敏政承伊川之教，攻掊眉山《（皇明）文衡》一書，取材亦專以道學爲宗旨，於有明他選固自出群，若較漢唐以來諸選家則瞠乎其後云云，合之敏政自序，則是選之短長可見矣。

齊山詩集七卷

[明] 釋祖浩、道瑫同編。祖浩，貴池齊山寺僧，道瑫其徒也。是集七卷，采唐杜牧以下齊山詩并附雜著、記序，成於弘治七年。清《四庫存目》，道光《（安徽）通志》著録“集部·方外類”，今依光緒《（安徽）通志》入“總集”。

來蘇吴氏原泉詩集八卷

[明] 吴宗周編。宗周字子旦、一字良弼，別號“石岡”，晚號“白賁人”，宣城人。柔勝八世孫、文常第四子。弘治九年進士，官至江西臨江府知府，乞休歸，年七十三卒。事迹具《縣志·儒林傳》。宗周以先世文多散逸，命子侄旁搜類聚，附以己作，編爲八卷，有江文敏序。光緒《（安徽）通志》著録。《江南通志》、道光《（安徽）通志》皆作《原泉集》，無卷數，又入“别集”，誤。其名原泉，示有本也。

程氏繩武集

[明] 程曒編。曒有《耽竽稿》，已著録。光緒《（安徽）通志》著録是集，無卷數。

秦漢精華 六朝文膽

[明] 詹維修撰。維修有《雲寥樂府》，已著録。《江南通志》、道光《（安徽）通志》皆著録二集，無卷數。

黄山合集

[明] 金憲、金表編。憲有《天香館集》，已著録。表，憲弟也。事迹附憲傳。《江南通志》及道光、光緒《（安徽）通志》皆著録，無卷數。

蓬萊觀海亭集十卷

[明] 潘滋編。滋有《桃穀集》，已著録。觀海亭，在登州蓬萊閣，爲觀海市之地。嘉靖二十九年滋爲登州府推官，承臺檄輯古來詩賦、碑記爲一集，凡作者百十七人。清《四庫存目》，道光、光緒《（安徽）通志》皆著録。

九華山詩集二卷

[明] 柯喬編。喬字遷之，青陽人。嘉靖八年進士，授行人，考選爲貴州道監察御史，補福建按察司僉事罷歸。事迹具《縣志·理學傳》。是集二卷，《江南通志》及道光、光緒《（安徽）通志》皆著録。喬於所居雙峰下構雙峰草堂，又創陽明書院於化城寺右，甘泉書院於中峰，復築精舍於陽明書院之右，王守仁嘗賦詩贈之。

唐宋元名表四卷

[明] 胡松編。松有《滁州志》，已著録。是集四卷，乃松視山西學政所選，前有自序。清《四庫（全書）》及道光、光緒《（安徽）通志》皆著録。明代二場用表，松蓋選此爲士子程式也。

郴州文志七卷

[明] 王心編。心字惟一，號"兩山"，自號"後隅子"，龍江衛籍天長人。嘉靖十七年進士，官湖南郴州同知。事迹具《縣志·人物志》。心既輯《郴（州）志》六卷，又與郴州諸生袁大邦等集古今文之爲郴作者，分命制、紀載、議論、咏歌四類，

凡七卷。清《四庫存目》，道光、光緒《（安徽）通志》皆著録。

泰山搜玉四卷

[明] 袁稽編。稽字大賓，號"玉田"，懷遠人。嘉靖歲貢，歷山東高苑知縣、泰安州知州、以瀋府長史致仕。事迹具《縣志·耆舊傳》。是集四卷，采嘉靖乙卯（三十四年）後泰山碑銘、詩文爲一帙。清《四庫存目》，道光、光緒《（安徽）通志》皆著録。稽知泰安，嘗修泰山十八盤，是集亦其時所輯也。

徽郡詩八卷

[明] 陳有守、汪淮、李敏同編。有守有《六水山人詩集》、淮有《汪禹乂詩集》、敏有《浮邱山人集》，已著録。是集八卷，創始嘉靖三十六年，成於三十八年，共得作者百四十六人，詩七百五十四首，皆斷自明初，而有守等三人之詩亦附於末。清《四庫存目》，道光、光緒《（安徽）通志》皆著録。考《江南通志》及道光、光緒《（安徽）通志》"別集類"皆載李敏《新安詩集》，無卷數。又考《府志·李敏傳》載敏與陳有守、汪淮共撰《新安詩集》，蓋即是集。舊志入"別集"，又專屬之敏一人，皆誤也。

古文箋釋

[明] 從任撰。任字子重，號"仁齋"，繁昌人。嘉靖縣學增生，入太學，選江南按察司照磨、晋湖廣黄州府經歷，罷歸，萬歷十四年卒，年五十七。事迹具《縣志·文苑傳》。光緒《（安徽）通志》著録"箋注類"，無卷數，今改隸"總集"。任與耿定向、焦竑、張緒、夏廷美、王德孺、周子敬、鄒汝海交，尤嚴事定向，及卒，竑爲志墓。性嗜書，天官、律曆、戰陣、醫藥、太乙、奇門、遁甲、六壬皆探得其要。竑稱其心思挺出，陳編宿説貫穿披剥，又稱其明師良友，追隨講解，其箋釋必有可觀。《縣志》稱所著藏於家，蓋未刻也。

岳陽紀勝彙編四卷

[明] 梅淳編。淳有《一鶴齋文集》，已著録。初元釋天鏡輯録岳陽樓石刻諸詩，其本久佚，嘉靖中有取岳陽題咏與洞庭分爲二集者，蕪雜無次，淳乃合洞庭、君山、岳陽諸作爲一編，共十五部，又雜著一部，即外紀之類。清《四庫存目》，道光、光緒《（安徽）通志》皆著録。

艷林詞府

[明] 馮世學編。世學，盱眙人。光緒《（安徽）通志》著錄，無卷數。《縣志》稱世學以詩文稱於時，他不詳。考馮應京之父名世登，當與世學爲兄弟行，則隆慶時人也。

清粹録

[明] 楊嘉猷編。嘉猷字元（一作“原”）忠，別號“蓋齋”，晚自稱“養拙子”，懷遠人。濂季子。萬曆四年舉人，官至貴州鎮遠府知府，四十五年卒，年六十七。事迹具《縣志·英賢傳》。《江南通志》及道光、光緒《（安徽）通志》皆著錄，無卷數。嘉猷從楊復所受良知之學，又從馮從吾游，何如寵撰墓志銘及《縣志·藝文志》皆載有是録。

順則集八卷

[明] 程文潞編。文潞字希古，歙人。是集八卷，輯程氏先世遺詩，自後唐程炳迄明程百教，凡百有四人，成於萬曆十年。清《四庫存目》，道光、光緒《（安徽）通志》皆著錄其人，但分時代不詳，仕履以別有譜牒在其名。順則，取順帝之則意也。

古樂苑五十二卷附衍録四卷

[明] 梅鼎祚輯。鼎祚有《才鬼記》，已著錄。是集五十二卷，據郭茂倩《樂府詩集》補其缺佚，正其訛舛。始黄虞迄隋，第一卷首別標前卷，若《卿雲》《盒山》《商歌》《獲麟》等篇，郭本入歌謠者，悉爲厘正。末附《衍録》四卷，記名賢論著、品藻及作者名氏行履，有新安汪道昆序。清《四庫（存目）》及道光、光緒《（安徽）通志》皆著錄。《江南通志》又載有《唐樂苑》三十八卷。

歷代文紀二百四十八卷

[明] 梅鼎祚輯。凡《皇霸文紀》十三卷，録上古迄秦之文；《西漢文紀》二十四卷，以《史記》《漢書》爲主，而雜采他書附益之；《東漢文紀》三十二卷，除正史外，廣采隸刻碑銘，有古鹽陳泰來序；《三國文紀》二十四卷（《魏文紀》十八卷、《蜀文紀》二卷、《吳文紀》四卷），有崇禎八年豫章李右讜序；《西晉文紀》二十卷，所録多討論禮典，獎勵風俗者，有崇禎三年詹應鵬序；《宋文紀》十八卷，編纂之體略同漢晉，後附無名氏及吐谷渾等國奏表，有崇禎十年應天巡按御史晉陽張煊、寧國府知府燕中周維新、婁東張溥序，乃其孫朗中所請者；《南齊文紀》十卷，

輯蕭氏一代之文兼及金石諸刻；《梁文紀》十四卷，多取之《梁書》《南史》及諸家文集；《陳文紀》八卷，輯武帝以下諸家文而殿以姚最《讀書品》；《後魏文紀》二十卷（《寧國府志》作三十卷），有崇禎十五年四明徐之垣、豫章漆嘉祉序；《北齊文紀》三卷，采正史及《文苑英華》《藝文類聚》《通鑑》諸書，自高歡迄鄭元偉止；《後周文紀》八卷，庾信居其五以上，二紀有崇禎十一年周鑣序；《隋文紀》八卷，所録唐初諸家作，有爲姚鉉《文粹》所未收者，未載梁神泘等十二人，則以時代未詳，統附於此也；《釋文紀》四十五卷，録唐以前釋氏之文及諸家爲釋氏作者，卷一《梵書》，卷二至四十三爲東漢至隋之作，四十四、四十五則無名氏時代者，每人名下各注爵里，每篇題下各注事實，有崇禎四年從弟膺祚序，即膺祚所參訂也。鼎祚存時僅刻至西晉止，歿後至崇禎十年張烜、周維新始爲次第開雕，有崇禎二年陳繼儒序及吳伯與序。黃虞稷《千頃堂書目》所載鼎祚文紀十一種外，《三國（文紀）》《東晉（文紀）》《後魏（文紀）》三紀俱不列卷，《釋文紀》止稱十五卷，清《四庫（總目）》著録亦無《三國（文紀）》《東晉（文紀）》《後魏（文紀）》三紀，天禄琳瑯所儲有三國而無南齊、梁陳、北齊、後周、隋至北魏一代兩本俱闕，惟錢塘丁丙《（善本書室）藏書志》所録止闕《東晉（文紀）》一紀，其書蓋得自宣城李之郇，今據以著録。考陳繼儒序、王世貞序，馮惟訥《詩紀》成，以示繼儒曰：“盍不纂文紀以配之。”繼儒謝不敏，鼎祚乃力任而成是書，雖牴牾[1]罅漏[2]往往而有，然上起古初、下窮八代，考唐以前之文，固莫備於是矣！道光、光緒《（安徽）通志》皆著録。《江南通志》又載有《古文紀》三百七十一卷。

漢魏詩乘二十卷

[明]梅鼎祚編。凡二十卷，以馮惟訥《古詩紀》爲藍本，而間有賡益，其名曰乘者，以評騭論世而名之也，前有萬曆十一年自序，蓋即刻於其時。清《四庫存目》，道光、光緒《（安徽）通志》皆著録。《江南通志》又有《八代詩乘》四十五卷。

書記洞詮一百六十卷

[明]梅鼎祚編，凡一百六十卷，仍楊慎《尺牘清裁》之舊，起周秦迄陳隋，然慎書僅八卷，此則二十倍之。《（四庫）總目》載《補遺》四卷，有録無書。清《四庫存目》，道光、光緒《（安徽）通志》皆著録，《府志》作一百六十卷。

---

① 牴牾：抵觸，矛盾。引申爲用言語頂撞、冒犯。唐劉知幾《史通·六家》：“況左右配屬，班荀之與鄭戴，又各牴牾。”
② 罅漏：裂縫，漏洞。宋蘇軾《錢塘六井記》：“於是發溝易甃，完緝罅漏，而相國之水大至。”

宛雅八卷

［明］梅鼎祚編。凡八卷，録唐天寶至明正德宣城之詩，自劉太冲至貢紀國，都九十一家，詩六百五十九首，前有隆慶六年自序，蓋即刻於其時。入清板佚，順治十四年寧國府同知螺川李士琪重刻。《四庫存目》作十卷，九十二家，誤。《府志》及道光、光緒《（安徽）通志》著録同《四庫（存目）》，今據本書著録。其曰宛雅者，據《史記正義》，漢改丹陽郡徙郡宛城，爲後宣州地，故宣得稱宛也。

里音

［明］張應泰編。應泰有《史疑》，已著録。應泰取唐許棠以下至同時諸人詩纂爲是集，一名《涇獻遺音》，前有自序。道光、光緒《（安徽）通志》皆著録。清龍溪侯世潅知涇縣取《里音》廣之爲《賞音》四卷，昆山徐開禧爲之序，世潅并作詩以紀其盛，有云："東山稱物望，簡編留氏姓。"東山，應泰號也。

宣城右集二十八卷

［明］湯賓尹纂。賓尹有《睡庵稿》，已著録。是集二十八卷，乃排纂有宣以來之文，前有天啓七年吳興門人韓敬序，云其紀自鼎朝以迄昭祀，其人自璋冕以洎褐庚，其結體自典號以達風謡，其分門自碑版以臻箋簫，他若井邑之興建，川麓之娱游，繢金碧於緇黄之宮，剪榛莽於津塗之吏，莫不搖兹不律，壽以貞珉，上下二千餘年，縱横五百餘里。其曰右集，取右史記言意也。

漢魏名家

［明］汪士賢編。士賢，歙人。是集所録自漢董仲舒迄周庾信，凡二十二家，萬曆中刻。清《四庫存目》無卷數，道光、光緒《（安徽）通志》》著録同。《府志》作《漢魏二十家集》七十五卷。

四六爭奇八卷

［明］許以忠輯。以忠有《愛日齋集》，已著録。是編凡八卷，所録皆明人啓事。卷八有《以忠與姜君婚啓》一首，卷端題春穀許以忠，則漢縣名也。前有萬曆庚申孟夏上浣秣陵程堯功序（案：庚申爲萬曆四十八年，是年七月帝崩，當時廷議是年八月以前爲神宗萬曆四十八年，八月以後爲光宗泰昌元年，序在庚申孟夏，神宗尚未崩也）。序内稱"養恬君"，當是以忠之號。嘉慶十三年、光緒二十五年《南陵志》均未著録，惟嘉慶《縣志·文苑傳》載以忠駢儷文爲世稱，所選四六，北方學者爭

相傳誦，即指此書也。

古表選十二卷

［明］張一卿編。一卿有《續史疑》，已著録。是集十二卷，輯六朝末逮元表章，分八門，曰賀、曰進上、曰辭讓、曰謝官、曰陳請、曰詔賜謝恩、曰遷謫謝恩、曰乞休陳情，末附補遺九篇，凡本題事實及引用典故皆略爲注釋，前有凡例，蓋爲場屋擬表作。清《四庫存目》，道光、光緒《（安徽）通志》皆著録。考《涇縣志·藝文》，載有《古今表》《古今表箋》二目，《古今表》有浙東錢士升題詞，《文苑傳》又載有《古今表箋選》，而無是集，疑即一書而記載偶異也。

廣陵逸韵集

［明］陳所履編。所履，潁上人。天啓貢生，官江蘇通州訓導、升建平教諭，年七十餘卒。事迹具《縣志·文苑傳》。光緒《（安徽）通志》著録，無卷數。所履少能詞章，善吟咏，與修《縣志》。縣人高澤生撰《醲社諸老傳》（《縣志》卷十一），所履其一也。

西園遺稿無卷數

［明］汪茂槐編。茂槐字廷植，績溪人。歲貢，授宜陽主簿。是集凡二種，一宋汪晫《康範詩集》，一宋汪夢斗《北游詩集》，皆已著録。茂槐爲二人裔孫，復合刻之，又以蘇軾贈汪罩，蘇轍贈汪琛、汪宗臣諸人之詩爲外集附後。清《四庫存目》，道光、光緒《（安徽）通志》皆著録。西園者，汪氏所居里也。

古逸詩載

［明］麻三衡編。三衡字孟璿，宣城人。布政溶孫。諸生（《明詩綜》作“選貢”）。從故山東巡撫邱祖德起兵，應金聲攻郡城不克，被執死於市。事迹具《明史·邱祖德傳》。光緒《（安徽）通志》著録，無卷數，又“逸”作“遺”，今據《江南通志》及道光《（安徽）通志》著録。

唐詩摘鈔四卷

［明］黃生選評。生有《字詁》，已著録。是集四卷，卷一五律，百五十二首；卷二五絶，七十一首；卷三七絶，百零二首；卷四七絶，百四十首，前有清康熙二十四年自序，程志淳訂正并刻。生以唐人近體窮工極巧，有問詩者，輒以先之其選，務約、務精、務顯易，故中晚視初盛爲多，并標舉篇法、句法、字法，惟據朱之荆

《增訂唐詩摘鈔序》，稱得白山黃氏《唐詩摘鈔》一卷於吳力行，今春邵達夫於坊間獲紫峰《程氏訂正刻本》，售以贈予，其評選與力行所示者，雖有繁簡之殊，而意不相遠云云。此本各卷第一葉題"紫峰程志淳訂正"，蓋即之荊所見本也。

藝文幸存録

[明] 許楚撰。楚有《青巖集》，已著録。《江南通志》及道光、光緒《（安徽）通志》皆著録是集，無卷數，且皆作清人，今改列明代。

遺民集

[明] 許楚輯。《江南通志》及道光、光緒《（安徽）通志》皆著録是集"別集"，無卷數。考《青巖集》卷十二有《徵明遺民詩文啓》一篇，《縣志》亦稱楚跳身吳越間，每遇山川城郭，輒廣詢耆舊，網羅孤忠逸尚，以揚風烈，則是集不得入"別集"也，今改隸"總集"。

韓蘇文尤二卷

[明] 張膽選。膽字貢赤，休寧人。隱於黟之天潛山，年逾八十卒。事迹具《縣志·隱逸傳》。是集二卷，光緒《（安徽）通志》著録。膽偕汪有光、汪覺斯講道三十餘年，人比之元儒倪士毅，曾輯《文統定傳》《治統定傳》《道統定傳》，毀於兵火，晚年始選是集。知縣廖連山甚加贊賞，欲序以傳之。

賦紀五十卷

[明] 梅朗中輯。朗中有《書帶園集》，已著録。是集五十卷，皆唐以前賦，編校垂竣而卒。光緒《（安徽）通志》著録。

儷蘅集

光緒《（安徽）通志》著録，題施天騹撰。天騹字河采，蕪湖人。明崇禎縣學廩生。入清隱居，年未五十卒。是集乃其弟天驌所輯，江西施偉長刻，有施閏章及偉長序。考閏章序，稱偉長以《儷蘅集》見屬，一爲其從叔求公，一爲宗人河采，詩賦共若干篇，二子生不同地，而佗傺略同，又皆喀血死云云（《學餘文集》卷六），是《儷蘅集》非天騹一人作也，今改隸"總集"。天騹擁書數千卷，暇則招友朋觴咏無虛日，留楚中五載，知名士莫不締交；閏章亦稱其篤學強記，遇事輒書。偉長旅食於蕪，樂與之游，且分粟相餉云。

唐代詩選

[明] 吳國鼎編。國鼎有《邁園集》，已著録。光緒《（安徽）通志》著録是集，"唐"作"歷"，今據《縣志》著録。

古樂府四百篇 志觳録

[明] 殷雲霄編。云霄，鳳陽人。《江南通志》及道光、光緒《（安徽）通志》皆著録，無卷數。

宋元詩集注四卷

[明] 寧世魁撰。世魁字敬仲，阜陽人。諸生。事迹具《縣志·文苑傳》。是集四卷，光緒《（安徽）通志》著録列清代，今據《縣志》著録。世魁嗜古文辭，邃於經學。

貞白家風録五卷

[明] 鄭澹成纂。澹成字雪痕，歙人。旼之父也。先是鄭鯨曾彙先世遺詩成集，成化二年燬於火，後重訂《林泉唱和集》，詩亦散失，僅序存稿中，澹成乃創爲兹選，凡列名《新安名族志》者十有一，詩存者七、亡者四，并搜得前所遺逸與後所未及者，詩存者七十有六，合得八十七人，自十一世鄭千齡至二十四世鄭雲澍，編爲五卷，前有發凡三則并目次，後附鄭門張大姑《女小學歌》，清康熙四年校刻。《女小學歌》，分女學、婦道、母道、處變、總論五目，前有蒲汀漁者序。

安徽通志稿·藝文考

集部三十一　總集類二

龍眠風雅集六十四卷

[清]潘江輯。江有《六經蠡測》，已著録。是選始順治五年秋，初與同縣方授共事，已刻、未刻約得六十餘種，顏曰《龍眠明詩選》，授旋病殁。庚子、辛丑間，又與同縣錢澄之、姚文燮共事，亦沮於異議，乃獨力搜求閲三十年而成。姚文然、程芳朝捐貲助梓，程、姚相繼殁，又自鬻産貸金，於康熙十七年刻成，所録起方法迄釋弘智，編次略依時代，女士即附其夫族或母族，不另爲卷，殿以寓公①、道釋，凡四百人，人各系以小傳，惟卷六十四之釋弘智即卷四十三之方以智，實三百九十九人，又卷三之劉璽、檀鬱、方克、王朝楨，據續集凡例，乃輯續集時訪得補入，故初印本無之，前有毛甡、宋實穎、施閏章、吳道新、陳焯、李雅、許來惠序，又凡例十六則，乾隆四十五年被禁銷毀，今所知者有桐城姚氏、馬氏、方氏、潘氏藏本，然各有殘缺，惟南洋中學藏本較完。光緒《（安徽）通志》著録作一百卷，蓋并續集二十八卷而言，非確數，今據本書著録。桐三百餘年之詩，從未彙成合集，是選實爲開山厥後，《桐舊集》《樅陽詩選》《古桐鄉詩選》皆繼此而起者，然康熙以前之詩，要不能不於此取資。施閏章謂知人論世，與《汝南先賢（傳）》《襄陽耆舊（傳）》相伯仲，蓋不獨揚風扢雅②，亦徵文考獻之資也。

---

① 寓公：古指失其領地而寄居他國的貴族。後凡流亡寄居他鄉或別國的官僚、士紳等都稱"寓公"。明馮夢龍《東周列國志》："於是待以寓公之禮，別以他璧及他馬贈之。"

② 揚風扢雅：音 yáng fēng jié yǎ，品評詩文。扢：頌揚。清趙翼《廿二史札記》卷三十："諸人嘗寓其家，流連觴咏，聲光映蔽江表。此皆林下之人揚風扢雅，而聲氣所屆，希風附響者，如恐不及。"

龍眠風雅續集二十八卷

[清] 潘江輯。前集成於康熙戊午，此則戊午後續逝之作，刻於康熙二十八年，起姚文然至釋照賢并附自作詩一卷，共百五十六人，編次一依前例，前有張揔、張英序；次凡例十二則，又次總目，題桐城潘江蜀藻輯，男仁樹、仁標、仁樾，孫義炳、義烈、義熾、義熙、義燾、義（原缺）校，後列編次門人凡二十人，内卷十五之李雅詩原係抄補，卷二十五之姚士陞、方膏茂，總目各注嗣刻二字而無詩，又缺卷二十六上之姚文燮、許來惠，卷二十六下之劉鴻都、姚文勛、光廷瑛、左之柳，卷二十七之程鳳、釋照賢，凡十人。自方膏茂至程鳳皆見《桐舊集》，姚文燮、文勛又見《古桐鄉詩選》，惟卷二十六原分上下所錄詩宜多。《桐舊集》除錄姚文燮詩二十八首外，餘僅一首或數首。《古桐鄉詩選》錄文勛詩四首、文燮詩十一首，然有爲《桐舊集》所無者，今悉據以補入，其傳則先錄《桐舊集》所引，再采他書補之又初印本卷二十一汪崑詩較此本多三葉，詩十五首，今亦據以抄補，至姚士陞、釋照賢之詩，既不見《桐舊集》，他書亦無可考。又張揔序缺第十二行至二十二行，共二百五十二字，均無從抄補。風雅前集故家或有藏者，至續集則絕罕，蕭穆藏書至富，亦謂生平未覿，嘆爲至寶，雖殘缺彌可珍貴也。

別本龍眠風雅續集二十六卷

[清] 潘江輯。序例同前本，惟卷三無戴宏韞、李之輪、陶剛、吳子宓、劉澤、方期勛、周蔚，卷六無謝錫、左國治、汪甘來，卷十無節婦孫氏，卷十四無楊臣鄰、楊嘉謨，卷十六無姚士墊、何爌、齊亮、程烈，卷十七無方中通、陳舜英，卷十九無潘翟，卷二十無姚鳳翻，卷二十一無陳嘉懿、戴芳、齊翰、方在庭，卷二十三無陳徽鑑、王廷元、楊臣諷，卷二十五有楊森、姚文焱，無方綏遠、姚士陞，與前本互異，卷二十六不分上下，即前本之卷二十七無姚文燮、許來惠、劉鴻都、姚文勛、光廷瑛、左之柳，亦無程鳳、釋照賢，又無卷末潘江，僅一百一十九人，較前本少三十七人，又總目題木厓潘江蜀藻輯，無男仁樹等名，後列編次門人有王趙弁以奏，無謝漢雲倬、劉允升延譽，僅十九人，亦與前本不同，又闕卷十五至十八及二十五，共五卷，此蓋初印本，今并錄兩本，著其同異，俾後有考焉。

龍眠古文一集二十四卷

[清] 李雅、何永紹同輯。雅有《白描齋詩文集》、永紹有《寶樹堂詩文集》，已著錄。永紹蓄此意十年，至康熙二十一年彙成編帙，二十二年秋刻成，首奏疏凡五卷，次論一卷，次議策一卷，次書二卷，次贈送序二卷，次詩文序四卷，次壽序二卷，次記三卷，次傳二卷，次碑、表、志、祭文一卷，次賦頌、箴銘、贊啓、札子、

引跋、雜著，附吳道新文共一卷，前有吳道新、潘江、王凝命、張英序并小傳、例目。原版久佚，道光間徐璈、吳廷輝各得一本，而吳本較多數十篇，因據以重刻，後有廷輝跋并助刻姓名三十一人，集內作者起姚旭迄吳道新共九十四人，文四百十二篇，內《齊傑傳》重出，實九十三人，又有目無文，凡三十二篇，實三百八十篇（凡例下注文三百三十五首，當即徐本），惟所闕之文目下注嗣刻者四篇，蓋當時原未刻入，其未注嗣刻之二十八篇，葉數亦銜接，知非後來殘失，又文次與目次多不同，題與目復多互異，然按之本文如齊傑《送曹晴雪序》，題與文均作《晴峰姚孫槼》，《李香巖春秋文受序》題與文均作《香巖姚康左母袁夫人七十序》，題作《六十方拱乾方老人七十自序》，題作《甦老人姚文然祭宋文石》，文題作《艾石又郡伯送新》，題作《送郡伯新姚孫森》，方坦庵《龍眠記跋》題作《龍井圖跋》，知均爲目誤，惟《孫槼》題作《孫槼》，則未知也孰是，是集所錄自明景泰至清康熙其無專集而已佚者，賴此以存什一。光緒《（安徽）通志》未著錄，蓋不知有此書也。

本族光復集

［清］戴昭編。昭有《垂虹集》，已著錄。光緒《（安徽）通志》著錄是集，無卷數，又列明代，今據《縣志》及《府志》著錄。

古文從吾錄　古詩鼎選

［清］雲輝蕚編。輝蕚，廣德州人。光緒《（安徽）通志》著錄，無卷數，又列明代，今據《縣志·藝文》著錄。

宛雅二編八卷

［清］蔡蓁春、施閏章同編。蓁春字大美，一字象山，號"芹溪"，宣城人。諸生，年六十五卒。閏章有《矩齋雜記》，已著錄。梅鼎祚《宛雅》始唐迄明正德末，嘉隆以還又百餘年，蓁春慮其將佚乃廣搜，屬閏章嚴拔，閏章芟者十之三，入者十之一，於嘉靖得十二人、隆萬得四十三人、天崇得十八人，自梅守德至劉炳，都七十三人，詩四百五十一首，以續鼎祚之書。閏章、蓁春各爲之序，蓁春并有識語，順治十四年寧國府同知螺川李士琪刻，府學教授吳門陸壽名校，士琪、壽名亦各有序。《四庫存目》，道光、光緒《（安徽）通志》皆著錄。蓁春交陳子龍、吳應箕、沈士柱、麻三衡、黃虞稷、陳洪綬、曾異撰、萬時華、方文、蕭雲從、梅朗中、宋琬、高咏、梅磊諸人，晚與閏章獨善。自序謂集之在嘉、萬者佚三之一，過此不繼則不亡者幾希，又謂去取近乎李唐，板籍散佚，恕錄存目，其旨可知，惟自序又謂得人五十有奇，李士琪序及施念曾、張汝霖所輯三編，凡例亦皆稱是集五十餘人，

《四庫（總目）提要》又稱六十五家，皆與本書所録七十三人之數不合，則莫詳其故也。

唐詩韵匯

[清] 施端教編。端教有《讀史漢翹①》，已著録。《四庫存目》載是集，無卷數。稱其采唐人近體諸詩，隸以上下平韵，前有王震序，又列之明代，道光、光緒《（安徽）通志）》著録同。考《盱眙志·藝文》，載是集，有查繼佐、林古度、王度、陳璜、俞綬、黄廷才、胡應麟序，而無王震序。查、林、陳、俞、黄、胡諸序皆稱其所取僅唐人七律一體，陳序又稱三十卷，惟俞序稱是編首之以譜序其系，繼之五律、七絶統其全，而七言律先成，似七律之外尚有五律、七絶等體。然據俞序，其書蓋始順治十六年，成於康熙二年，胡序作於康熙二十年，仍止七律一體，殆不可解。至端教順治七年歲貢，官宣城訓導，十六年遷山東范縣知縣，凡九載，入爲東城兵馬司指揮，則列明代者，誤也。

宋元詩會一百卷

[清] 陳焯編。焯有《滌岑詩文集》，已著録。是集一百卷，自合稿專集，以至山經、地志所載，稗史、野乘所收，靡不薈萃，於宋得四百三十人、於元得二百八十七人（《四庫（總目）提要》作"九百餘家"，疑"九"爲"七"之誤，此據潘江《宋元詩會序》），仿元好問《中州集》、錢謙益《列朝詩集》例，人立一傳，詳其爵里、生平，於兩代之史時有補正。《四庫（全書）》及道光、光緒《（安徽）通志》皆著録。曹學佺、潘訒叔皆有《宋元詩選》，什登一二，吳綺亦僅遴三之一，是集幽顯不遺，犁然具備，又《宋史》成於脱脱，《元史》成於宋濂，於勝國名賢事迹類多挂漏，即宋末遺民，如鄭所南、謝枋得亦略焉弗詳。焯於論詩之中兼寓作史之識，尤可爲論世知人之助也。

宋金元詩永二十卷補遺二卷

[清] 吳綺選。綺有《嶺南風物記》，已著録。是集二十卷，又補遺二卷，選宋金元詩，合爲一集，前有康熙十七年自序及凡例。《四庫存目》、光緒《（安徽）通志》著録。綺自言所選諸篇，要不與李唐風格有別云云，故頗能刊除宋人生硬之病與元人縟媚之失也。

---

① 翹：啓發。《禮記·儒行》："蠹而翹之。"

唐池上詩人八卷

〔清〕劉廷鑾編。廷鑾有《梅根集》，已著録。是集八卷。《江南通志》及道光、光緒《（安徽）通志》皆著録。

明詩爾雅

〔清〕劉廷鑾編。《江南通志》及道光、光緒《（安徽）通志》皆著録，無卷數。

詩顛八卷

〔清〕劉廷鑾編。凡八卷，《江南通志》及道光、光緒《（安徽）通志》，皆著録。

古文尤雅

〔清〕張潮編。潮有《焦山古鼎考》，已著録。光緒《（安徽）通志》著録是集，無卷數。

慎墨齋詩選

〔清〕許孫荃選。孫荃有《華嶽堂集》，已著録。是集乃抄選他人之作。《江南通志》作《慎墨堂詩集》入"别集"，誤。

詩苑天聲二十一卷

〔清〕范良撰。良字眉生，休寧人。是集選漢至明之詩，爲五類，曰《樂章》、曰《應制》、曰《應試》、曰《朝堂》、曰《館課》，各冠以小引，卷首列參訂姓氏，凡五百九人。《四庫存目》，道光、光緒《（安徽）通志》皆著録。

祁詩合選十卷

〔清〕陳希昌、方玉縉、倪淵侍、汪起鴻同輯。淵侍有《拙庵詩集》，已著録。希昌字秉文、玉縉字兆玉、起鴻字用羽，祁門人。希昌、玉縉皆康熙歲貢。是集自宋迄清初，分類編次，卷一五古、卷二七古、卷三五律、卷四七律、卷五五言排律、卷六七言排律、卷七五絕、卷八七絕、卷九雜體、卷十補遺。惟卷五饒光之《挽馬六禮孝廉》似不當入五排，卷九之汪克明《題淵明對菊圖》非四言，又以六言絕爲六言古，汪文錫之《裁衣曲》應入七古，而標七言換均體一目，編次不無可商，此本闕卷四七律，又倪望重《錦城詩存》載胡士著序，是集稱其詩有馨芬者、有幽深者、有高峻雋異者，皆獨往獨來於性情間，此本亦無之，至所載光時亨詩六首（卷一五古四首、卷九三言一首、四言一首），除《西湖懷古》一首外，餘五首爲《龍眠風雅》及《桐舊集》所無。時亨雖籍桐城，其先固祁門人也。

明詩定

［清］黃昌衢編。昌衢字康謠，婺源人。例貢考授教職，年三十四卒。事迹具《縣志·文苑傳》。光緒《（安徽）通志》著録，無卷數。昌衢游張夏之門，所交皆一時知名。

樵貴谷詩存八卷補遺一卷

［清］程功輯。功有《天咫閣詩文集》，已著録。是集八卷，又補遺一卷，皆黟一縣之詩，所録自宋孫抗以下凡百八十八人，詩千四百八十三首，前有同縣黃元冶及康熙四十年吳鷁序，門人胡士育録稿編校并書後，同志醵金刻，凡六月刻成。道光、光緒《（安徽）通志》皆未著録。功輯是集，搜羅不遺餘力，或得之方輿紀載之中、或索之故老家乘之内，積三十餘年而後成帙，惟以人存詩，不甚論工拙，後數十年知縣孫維龍復就是選分別去取，擇其有合體格者，十得三四，而王楫、黃元冶①、朱絃則從其專稿增入若干首，又益以時賢之作，都爲一編，名曰《樵貴谷詩選》凡七卷，然功創始之勞，究不可没也（《采訪册》）。

雪鴻詩集

［清］金先知、金夢先同撰。先知字覺公，潛山人。諸生。夢先其兄也。光緒《（安徽）通志》入“別集”，無卷數，今改入“總集”。夢先六歲能詩，十歲善屬文，康熙二十二年聘修《江南通志》，著書數百卷，而以朱熹之學爲主。

京華搜玉集三十二卷

［清］程瑞祊編。瑞祊有《飄風過耳集》，已著録。是集三十二卷，光緒《（安徽）通志》著録。瑞祊康熙四十四年獻賦入成均，與任邱龐塏、東明袁佑、曲阜孔尚任唱酬。

儷體文鈔

［清］程元愈編。元愈字偕柳，歙人，徙居宣城。康熙廩生。事迹具《縣志·文

---

① 前文爲“黃元冶”，此又爲“黃元治”，考光緒《重修安徽通志》卷一百八十六（清光緒四年刻本），當爲“黃元治”。原文如下：“黃元治字體仁，黟縣。副貢。四庫館議叙通判，初任平遠府改判大理府入爲宗人府經歷，歷刑部郎中，出知澂江府事。”

苑傳》。光緒《（安徽）通志》著錄，無卷數。元愈從馬文開游，博涉群籍，能詩賦，尤工駢體。梅庚重其才，妻以女。朱彝尊、王士禛亦亟稱之。

昭明詩選輯注

[清] 程元愈編。光緒《（安徽）通志》著錄，無卷數。考《宛雅三編》，卷十八有元愈《同東巖大兄删補昭明詩選輯注紀事》一首，其詩云：“吾鄉紫陽公，學詩著大旨。章句以爲綱，訓詁以爲紀。因之及楚辭，傳注總一揆。嘗欲摘韵語，上下遍經史。八代三唐餘，兼收用表裏。此書惜未就，缺陷待後起。還誰翼風雅，一編纂劉履。選本仍簫梁，衰益半由已。箋補唐六臣，義竊取朱子。別裁固云佳，亦多句下死。不以辭害意，吾聞子輿氏。穿鑿成紛挈，烏在精選理。予來文選巷，吊古尋樓址。無復曹秘書，教授於斯矣。差幸德不孤，延州來伊邇。觀風本上才，趨廷況濟美。清言妙王謝，如屑霏塵尾。玉樹殊亭亭，乃許兼葭倚。柴桑疑與析，琴張笑相視。斷簡出坦之，商榷爲經始。起例重發凡，新幟煥舊壘。昭明如可作，何論呂與李。敢矜季緒辨，利病好攎掎。實慕韓昌黎，師古惟其是。要之以蠡測，滄溟一贏耳。庶竭謀亦獲，潤色仗東里。須懸呂覽金，倘貴洛陽紙。綺麗雖餘波，祭川則先委。竚揚雅頌聲，直繼風騷軌。練江溯星源，流風尚粉梓。君當補詩亡，予更執筆俟。鼓吹休明朝，以兹爲噈失。”案：元劉履之《風雅翼》，有《選詩補注》八卷，其詮釋體例悉以朱熹《詩集傳》《楚辭集注》爲準，元愈蓋就履書删補爲是編。坦之，劉履字。東巖則歙吳瞻泰號也。

古今樂府原始

[清] 王爾綱編。爾綱有《砌玉軒集》，已著錄。是集，道光、光緒《（安徽）通志》皆著錄，惟脱“原始”二字。考郎遂《池陽韵紀》，卷八羅異士《挽爾綱詩》，注作《古今樂府原始》，異士與爾綱同時，當不誤，今據以著錄。

名家詩永十六卷

[清] 王爾綱評選。凡十六卷，卷十五爲香奩，卷十六爲方外，附外國香奩，内分閨淑、釐女、才妓三目，方外内分禪林、羽士、星士、女冠四目，都九百三十九人，又再見者十三人，所錄皆明末清初人詩，各人姓名下注字、號及某省縣人，詩有圈點批評，爾綱之詩即附十四卷末，而不列目。惟卷十二所錄戴思孝至張其緒凡十九人，爲目錄所無，而卷十二目錄所載之吳御、陳壽，又無其詩，至卷十二所錄章傳道、王爾績之詩，與卷十一所錄二人之詩全同，則重出也，此本自第六葉卷六目錄起，缺序例。及卷一至卷五目錄、卷三第三十九葉以後亦缺，今無別本可證，

不能知其所缺多少。道光、光緒《（安徽）通志》皆未著録。《縣志》稱爾綱以表微自任，凡海内詩文有未傳者，悉采録之，今所録有其集已不傳，或雖傳而已殘缺者，頗賴此以存其略，惟郎遂《池陽韵紀》卷八，吳文御《挽爾綱詩》，注稱有二集未梓，同人期乃武績成之。乃武名爾緯，爲爾綱弟。又沈思倫《挽爾綱詩》注亦云二集書成未梓，又舒慇有《寄懷爾綱》，并訂二集垂成詩。《縣志》亦載有二集，其梓否及存佚，今已不可知矣。

池陽韵紀今集初編十六卷

[清] 郎遂編輯。遂（字趙客，貴池人。康熙諸生，游太學，年逾八十卒。事迹具《府志·文苑傳》）有《杏花村志》，已著録。是集十六卷，卷一、二五古，卷三、四七古，卷五、六五律，卷七、八七律，卷九排律，卷十排律、五絶，卷十一七絶、五絶，卷十二缺，卷十三五絶、七絶，卷十四七絶，卷十五缺，卷十六詩餘，皆録關於池州者，自公卿迨布衣、方外，每人姓名下注字、號及某省、縣人或略歷（亦有不注者），其録自全集者并注集名，詩後間附記贊、説、傳，或遂識語。姜展詩前并載吳非序，凡《杏花村志》未登者，皆載是編，而關於齊山、九華者，以另有《齊華拾遺》，不多載，王爾綱《名家詩永》已録者，亦不再見，前有康熙三十九年廣濟金德嘉序，又凡例九則暨其子封識語，後有江表跋。道光、光緒《（安徽）通志》皆未著録。遂初擬合歷代詩文爲一編，名曰《池陽翰藻》，嗣因卷帙甚佟，乃分詩文爲二，而先以是集，意在藉詩存史，以補《縣（志）》《府志》之缺略。惟據其子識語，稱編中摘取多者，如方文《嵞山集》、江一經《書種堂集》、宗觀《山響齋集》、吳非《甲申甲集》、楊森《後笑齋詩遜》①、孔尚大《道之園集》、寧峒《布帽山人遺詩》、姜展《石林農者藏稿》，俱係秘本云云。考之編中所録，除吳非十五首、方文七首、姜展三首、孔尚大二首外，江一經、宗觀、楊森、寧峒皆一首，似不得爲多，又卷八之首即爲附王爾綱《學舫説》，其前應尚有詩，又卷九僅一葉，卷十一、十四、十六皆僅二葉，卷十一既爲七絶，復有五絶，與前十卷編次體例亦異，然考之全編，除凡例二葉，卷一、卷六第一葉，卷二第一、第二葉外，餘皆無葉數，又除卷一、卷二、卷六前三行標某書某卷某人編輯及某體詩外，餘亦無之，不能知其有無脱簡或錯簡。凡例又稱吳應箕列前集、鄭三俊、劉城、吳鐘詩之作於前朝者列前集、作於本朝者列今集云云，卷六第一行又注"今集初編"四字，似是集尚有前集或二編，至章永祚《南湖集》，卷五有《池陽韵紀序》，而此不載，其爲未刻或佚去，今亦不可考也。

---

① 楊森著有《文遜》《詩遜》《後笑齋集》，據《（光緒）重修安徽通志》卷三百四十四，清光緒四年刻本。

唐四家詩八卷

[清] 汪立名編。立名有《鐘鼎字源》，已著録。是集八卷，唐四家者，王維、孟浩然、韋應物、柳宗元也，前有自序。《四庫存目》《清文獻通考》著録，道光、光緒《（安徽）通志》皆未著録。立名謂四家詩爲宋元人鼻祖，學宋元詩者，當仍於唐詩求之，故以此矯其弊云。

典裘購書吟

[清] 吳騫編。騫有《粤東懷古》，已著録。康熙間騫官國子監丞，嘗以歲除行道中，解所被裘市《宋金元明四朝詩選》以歸，自爲七言，和者詩各一體，由近及遠，彙爲是編，前有康熙四十四年嘉定張大受、青陽吳襄序。

古文約選無卷數

無編輯人姓名，前有清雍正十一年三月和碩果親王序，有予爲是篇語，又有果親王府選刻印。考蘇惇元《方苞年譜》，雍正十一年三月奉果親王教選兩漢及唐宋八家古文，刊授成均諸生，乾隆初詔頒各學官，蓋據本書及《學政全書》。又戴鈞衡編苞集，録《古文約選序例》入集外文，據此知文爲苞選，序例亦苞代作，序稱坊刻無善本，《古文淵鑑》非始學所能遍觀，乃約選兩漢書疏及唐宋八家爲是編，於韓取者十二、於歐十一、餘六家或二十、三十取一，兩漢書疏則百之二三，所選有圈點及分評、總評，然亦有圈點無評或并無圈點者。其不選三傳、語、策、史、漢以其當全讀；不選周末諸子，以其體製亦別，又謂辨古文氣體必至嚴乃不雜，清澄之極乃發光精，始學而求古、求典必流偽體，故《客難》《解嘲》《賓戲》《典引》《封禪》皆不録，韓、歐、王志銘録變調及別生議論者，各三數篇，以叙事義法，備於左史，又於柳歐蘇曾王不合者，略指其瑕，而諸家之義，枝詞冗者、鈎劃於旁，俾觀者別擇其義，例大概如此。苞論文主義法，此雖爲始學計，然途徑既正，由此以求左史、公穀、語策之義法，六經語孟之旨，固無難也。

粤西詩載二十五卷粤西文載七十五卷附粤西叢載三十卷

[清] 汪森編。森有《小方壺存稿》，已著録。森官桂林通判，以輿志多闕，略取歷代詩文有關其地者，自載籍至金石記録成帙，歸田復借朱彝尊藏書薈萃訂補，成詩載二十四卷、附詞一卷、文載七十五卷，又以軼聞瑣事可補地記者，別爲叢載三十卷。《四庫（全書）總目》《清文獻通考》皆著録，道光、光緒《（安徽）通志》著録同。

清詩品二十五卷

[清] 陳以剛、陳以樅、陳以明同選，章廷鐘、陳維戊參校。以剛有《燭門詩》、以明有《翠微山人集》，均已著録。以樅字季思，以剛兄弟。廷鍾字銅峰，以剛門人。維戊字北垞，以剛子也。是集二十五卷，自吳偉業始，卷二十二、二十三方外，二十四、二十五閨閣，前列參訂姓氏金壇王澍等七十六人并雍正十二年以剛自序，蓋即刻於其時。道光、光緒《（安徽）通志》皆未著録。以剛是選於雍正三年始事秋浦，旋以主教鍾山及纂輯《江南通志》，未遑卒業，至十一年春再返秋浦，乃取所藏諸集彙選付梓，計前後閱十年乃成，所選以發抒性情、淵源理義爲正宗，亦以徵文獻備采擇也。

文選考注

[清] 凌賡臣撰。賡臣有《餖飣集》，已著録。光緒《（安徽）通志》著録"集部·箋注類"，無卷數。今改隸"總集"。

涇川文載八十七卷

[清] 鄭相如輯。相如有《虹玉堂集》，已著録。是集八十七卷，有魏廷珍序，業付梓而相如歿，子亦早逝，工遂輟且不無遺失，至曾孫維屏乃命二子手録重校刻之，有同縣朱琦序。道光、光緒《（安徽）通志》皆著録。涇縣之文隋以前無考，唐、宋、元代有文儒，明中葉《水西會講》多衍王守仁餘緒，顧敷茈振藻、迭見競起，逮萬應隆諸人與復社相應和，號稱極盛。相如所輯雖不能無漏，然洊[①]經兵燹，每虞殘闕，得相如網羅舊聞而始散者、聚幽者、明厥功固甚巨也。

唐詩別僑十數卷

[清] 左斅撰。斅有《古文》已著録。光緒《（安徽）通志》"集部·箋注類"著録《唐詩別訛》，無卷數，今據《縣志》本傳著録，并改隸"總集"。

江關集一卷

[清] 方世舉撰。光緒《（安徽）通志》著録"別集"，無卷數，今據《縣志》著録。考馬曰璐《南齋集·懷息翁詩》（卷五），原注云息翁近刻《江關集》，多同人唱和作，其詩云："孟郊有句因韓愈，嚴武編詩附杜陵。"則是集非世舉一人之作，

---

① 洊：音jiàn，古同"薦"。再，屢次，接連。

今改隸"總集"。

名家詩選八卷

〔清〕吳藹選。藹有《階木詩稿》，已著録。是選以清人爲限，先古詩、次律詩、次排律、次絕句，前有凡例六則，其人自公卿以及隱逸，附以緇流①、羽士②、閨秀、名媛。其詩則唐音宋節兼收，并折衷於當代名選及專稿，惟不用評點，又謂詩無定格，總以抒寫性靈，出入風雅爲佳，可以知其選詩之旨也。

增訂漢魏唐詩摘抄八卷

〔清〕吳廷焯選評。廷焯有《遜志軒詩文集》，已著録。是集唐近體四卷，凡五律百三十一首、五絕五十二首、六絕六首、七律七十三首、七絕二十五首；漢魏古體二卷，凡五古四十三首、七言雜體三十八首；唐古體二卷，凡五古十二首、七言雜體二十五首，乃因黄生《唐詩摘鈔》而作者，乾隆初休寧朱之荆加之增删集注，并黄生所選刻之。光緒《（安徽）通志》著録，無卷數，今據本書著録。黄生所選僅唐近體無古體，廷焯既增選唐近體四卷，又益以漢魏唐古體各二卷，惟唐五古僅取杜甫一家，七古亦僅兼取李白，意蓋以古詩自漢魏而下，惟李杜能得其宗也。

清閣詩選

〔清〕翟賜履編。賜履字非熊，涇人。縣學附生。事迹具《縣志·文苑傳》。集爲太湖魯之裕序并刻，光緒《（安徽）通志》録入"總集"，無卷數。考《桃花潭文徵·小傳》及《縣志·藝文》，皆作《清閣詩集》，疑非"總集"而不能定，今姑仍舊志著録。賜履散金收書，經史外凡可經世者，無不博覽詳究，詩不爲漢魏下，五言古律獨造微詣。《桃花潭文徵》録四十九首。

古文合選

〔清〕王肇編。肇有《游燕前後集》，已著録。光緒《（安徽）通志》著録是集，無卷數。《縣志》稱其手録藏於家，則未刻也。

鳴和集

〔清〕宣葵及子之杞同選。葵，繁昌人。康熙縣學生。之杞，雍正十年歲貢。事

---

① 緇流：僧徒。僧尼多穿黑衣，故稱。明謝榛《四溟詩話》卷四："或謂吻合禪機，前身亦緇流中人也。"
② 羽士：道士的別稱。羽，含有"飛升"之意。舊時因道士多求成仙飛升，故名。《西游記》第七十三回："黄芽白雪神仙府，瑶草琪花羽士家。"

迹具《縣志·文苑傳》。光緒《（安徽）通志》作《和鳴集》入"別集"，今據《縣志》作"鳴和"，并改隸"總集"。

八代詩選

　　[清]程謹編。謹有《望古齋詩文集》，已著録。光緒《（安徽）通志》載是集，無卷數。

七律正宗四卷

　　[清]劉大櫆編。大櫆有《海峰詩文集》，已著録。是集四卷，光緒《（安徽）通志》著録。

歷朝詩約選九十三卷

　　[清]劉大櫆纂。所録五古始漢蘇李，七古始魏陳琳，五律始齊梁以下諸人，七律始初唐沈宋，五絶始漢人《枯魚過河泣》，七絶始唐初無名氏《送別詩》，歷漢魏六朝、唐宋、元明至清乾隆間丹徒鮑皋止，凡五古十八卷、七古十四卷、五律十五卷、七律十八卷、五絶七卷、七絶二十卷，内五十七卷分上下，實九十三卷。五律自序，有齊梁古詩漸流爲律，然以入古詩則卑，以入律詩則美，學律詩者，宜溯源於此，故於楊慎《律祖》①之外，取齊梁以後近律之作，不顧其本意、斷續如何，一概截爲八句，使學者摘句玩索，若以爲删改前人則謬矣云云。至唐宋以下古詩亦時有删節，篇删二句、四句至十數句不等，雖李杜韓蘇不免，清人詩字句未安，或直爲改訂，當時僅有傳抄本，咸豐兵燹，抄本亦多不全，蕭穆得藏册二三十卷，中有姚鼐手抄四册，曾國藩曾許代刊及搜得全書，而國藩已逝，中江李眉生、沅陵吳桐雲、貴池劉芝田、黟李爰得先後擬刊，均未遂。光緒二十年穆與吳汝綸募貲刻於金陵書局，穆并任校勘，至二十三年落成，惟此書有標録無序例，全編評語亦僅百餘條相傳，原編本有序例一卷，後人轉寫遺落，或又云此編手録自玩，無意傳世。考大櫆《與姚鼐札》，有生平看古書，多有標録少批評，以批評滯於語句，不能盡文字之妙云云。今此編有標録少批評，正與札合。至五律小序明云：使學者摘句玩索，不得云手録自玩，無意傳世也。惟不録杜甫五言長律，殊不可解，不知有無闕佚。清代詩選推王士禎《古詩選》、姚鼐《今體詩鈔》。王選有序例，無標録、批評，姚選有標録而批評半涉考據，又所抄各詩均由是編録出，且兩選均於朝代不全。是編自漢迄清，苟屬正宗，無不備載。曾國藩推爲精博，從來選家未有，蓋知言云。

---

　　① 楊慎《五言律祖》，有明九芝山房刻本。

宛雅三編二十四卷

〔清〕施念曾、張汝霖同編。念曾有《蘖齋詩文遺稿》、汝霖有《澳門志略》，皆已著録。汝霖於雍正十年約念曾再續《宛雅》，至乾隆八年乃發凡起例，撰啓徵詩，明年益購諸書考訂編輯，又五六年始成。卷一補唐三人，卷二至卷四補五代一人、宋三人、元五人、明三十人，皆前二刻所無者，卷五至卷十九録清朝二百十五人，卷二十録閨閣，明一人、清三人，羽士元一人，釋子唐至清十六人，伎女唐一人，都二百七十九人，詩千四百零一首，卷二十一録齊至清聯句、宋至明逸句，卷二十二至二十四録歷朝詩話百六十八則，又於各姓氏下采史傳、傳記、墓志、《縣（志）》《府志》及軼事之見他書者，録之并節録序跋、評論於各家小傳之後。前有念曾、汝霖同撰凡例十則及識語，又乾隆八年同縣劉方藹序、十四年汝霖自序，蓋即刻於其時。《四庫存目》，道光、光緒《（安徽）通志》皆著録。鼎祚《宛雅》自唐至明正德末，歷千年僅得九十一人，蓁春、閭章續編始嘉隆迄天崇百餘年間，亦僅得七十三人，是集由明末以迄乾隆初，亦百餘年而人且浮於前、續兩編之數而所補唐至明凡四十二人，閨閣、方外又前二集所未收，又附聯句、逸句、詩話，實視前二集爲完備。據汝霖序，書之成，念曾已前殁，不及見，搜輯之功當以汝霖爲多矣。

白沙風雅八卷

〔清〕張達輯。達字蕉衫，蕪湖人。康雍乾間布衣。卒年八十餘。事迹具《縣志·文學傳》。是集録江蘇儀徵一縣之詩，始明成化二年進士柳琰以至同時人，凡百餘家，編爲八卷，前有雍正二年自序及乾隆元年姑熟武亮序。道光、光緒《（安徽）通志》皆未著録。達每出游必過儀徵，與其文人才士無不契合，乃即所嘗酬答、行笈所録與邑人共訂此集，而其地之山川、土田、人物、政教風化，亦因以略見焉。

述本堂詩集十八卷

〔清〕方觀承編。觀承有《東閣剩稿》，已著録。是集凡十八卷，曰《依園詩略》一卷、《星硯齋存稿》一卷、《垢硯吟》一卷、《葆素齋集》三卷、《如是齋集》一卷，皆觀承祖登嶧撰。曰《陸塘初稿》一卷、《出關詩》一卷、《龍沙紀略》一卷，皆觀承父式濟撰。曰《東閣剩稿》一卷、《入塞詩》一卷、《懷南草》一卷、《竪步吟》一卷、《叩舷吟》一卷、《宜田彙稿》一卷、《看蠶詞》一卷、《松漠草》一卷，皆觀承撰。前有乾隆二十年方槑如序。《四庫存目》《清文獻通考》著録，道光、光緒《（安徽）通志》著録同。

焦山紀游集一卷

［清］馬曰琯等編。曰琯有《沙河逸老小稿》，已著録。乾隆十三年冬，曰琯及弟曰璐偕錢塘厲鶚、仁和杭世駿、錢塘陳章、長洲樓錡、歙方士庭、儀徵閔華、江都陸鍾輝，凡九人同游焦山，留三日夕，人各賦詩七首、聯句一首，次爲一卷，屬鶚序而刊之。道光三十年南海伍崇曜刻入《粤雅堂叢書》并跋，謂其與顧阿瑛《玉山紀游》後先輝映。

林屋唱酬録一卷

［清］馬曰琯等編。乾隆十七年春曰琯偕弟曰璐，友陳章、閔華、樓錡自揚入吴，過惠山，歷武邱，憩明瑟園，攀天平，歷支硎，俯寒泉，躡華山，上靈巖，陟鄧尉，由天池石壁渡太湖，探石公、包山、林屋、縹渺峰，消夏灣諸勝，飲明月坡而返，各得詩五十餘首，編爲一卷，有沈德潛序，道光三十年南海伍崇曜刻入《粤雅堂叢書》并跋，又附録杭世駿所撰《曰琯小傳》。德潛謂其體格各殊，性情自契，林壑、雲日、煙霞、魚鳥盡歸寸楮間，可云不負斯游。

訥谿外集三卷

［清］周元錡輯。元錡，太平人。明周恭節公怡六世孫。元錡既於乾隆元年重刻《周恭節公全集》二十六卷并年譜一卷，復輯當時朝野名流與恭節問道、論學或酬唱題贈之作爲是集，雖掇拾畸零，而恭節師友淵源，學術本末，皆可於此見之。訥谿，恭節號也（《采訪册》）。

秦漢文選

［清］左亮編。亮字存耕，涇人。乾隆三年舉人，七年會試，明通榜任東流教諭，遷常州教授致仕，年八十四卒。事迹具《縣志·文苑傳》。光緒《（安徽）通志》著録，無卷數。《縣志》稱所著藏於家，蓋未刻。

古文羽豐集

［清］余德恬編。德恬字懷靜（一作靖），號“泉溪”，婺源人。乾隆六年舉人，揀選知縣。事迹具《縣志·學林傳》。光緒《（安徽）通志》著録，無卷數。德恬與施瓛、趙玉講明心性之旨，旁及天文、曆律、陰陽推算、鄉試對策，以開方法，推王畿内外田之數，爲典試李紱所賞。

昭代詩針十六卷

[清] 吳元桂編。元桂有《振華齋集》，已著録。是選始乾隆三年秋，越十年乃成，同宗元安復出所得相與參訂，删繁補遺，共成一十六卷，得詩二千四百九十三首，每卷皆先古體後律絶，諸人名下僅載甫①號、籍貫及集名、事實出處，未悉者缺之，年世後，先爵里，次第亦不詳叙，詩亦無圈點評語，末附元桂父子、元安兄弟詩，卷十六則方外、閨秀也，前有乾隆十三年元桂自序、十四年元安序，又例言十二則。元桂序稱付諸開雕，元安序稱捐貲付梓，蓋即刻於其時。光緒《（安徽）通志》著録，無卷數，今據本書録。元桂自言以清真雅正爲準，凡感憤、譏誹、雷同、形似、浮艷、淫靡或其人有干物議②者，皆屏弗録，雖不分杜隱而意在闡幽。巨公如魏裔介、馮溥、梁清標、李霨、熊賜履、陳廷敬；名家如王士禎、施閏章、宋犖、朱彝尊、宋琬、尤侗，亦皆從略。至通籍前朝，鼎革晦迹者，亦不攟入，以成其志。其名詩針，取爲詩學指南，以存詩家的派也。

濡須詩志初集四卷二集六卷

[清] 吳元桂編，乃五十歲後所輯。光緒《（安徽）通志》著録，無卷數，今據《縣志》著録。

昭明文選集解五十卷

[清] 鄧曰政撰。曰政字在虞，霍山人。乾隆恩貢。事迹具《縣志·儒林傳》。是集五十卷，光緒《（安徽）通志》著録"集部·箋注類"，無卷數，今據《縣志》著録并改隸"總集"。曰政沉浸宋五子書，於經史皆有著述。《縣志》稱其稿藏數櫃，子之馼守之，蓋未刻也。

擷芳集八十卷

[清] 汪啓淑輯。啓淑有《訒庵詩存》，已著録。是集八十卷，專輯清閨秀詩，附以無名氏暨仙鬼，共十類，作者二千家有奇，每人先列小傳，繼以省志、縣志、詩話、説部，其有行狀、墓志、詩集序跋者，亦節録焉。草創甫定，遭火失其原本，僅就存者授梓，前有乾隆五十年沈初、倪承寬序及自撰凡例六則。道光、光緒《（安徽）通志》皆未著録。啓淑自言足迹所至，有流傳佳句必録而藏之，至於地志、家乘、叢編、雜記所載，無不遍采，其用力蓋甚勤，又謂貞女烈婦、殉節絶命

---

① 甫：對古代男子的美稱。《儀禮·士冠禮》："伯某甫，仲叔季，唯其所當。"

② 物議：衆人的議論，多指非議，批評的輿論。《北史·齊高祖神武帝本紀》："王若厭伏人情，杜絶物議，唯有歸河東之兵……止戈散馬，各事家業。"

之篇，雖詞意模率而正氣自不可掩，誠恐選家不録，故彙爲一編云云，是又有關風教，不僅爲吟弄之資也。

古文楷法

［清］魯琢編。琢有《南莊詩鈔》，已著録。是編乃琢授其諸弟及子者，凡文百八十八篇，有乾隆二十九年自序并例言十一則，四十一年歙洪性理刻并序。所録《左傳》最多，評亦特詳，《史記》次之，韓愈又次之，餘僅略爲采入，惟不録老莊諸子及詞賦，至李斯《上秦逐客書》、李陵《答蘇武書》則附載焉。大旨以法爲主，而以評時文之法，評之於文之筋節、脈絡及主意，皆細爲指出，而注解從略。雖家塾課本，然爲初學計，未始不善也。

蘭蕙林文鈔

［清］吳宁、吳寬同撰。宁有《檻雉集》，已著録。寬字二匏，號“豑苟”，歙人。宁弟。乾隆二十二年召試舉人，授內閣中書，改福建汀州府同知，未逾月卒。事迹具《縣志·文苑傳》。光緒《（安徽）通志》著録“別集”，題吳寬、吳宁著。考《縣（志·藝文）》《府志·藝文》，皆以是集系寬，不及宁，然《縣志·本傳》又稱寬與兄宁同著《蘭蕙林文鈔》，蓋即光緒《（安徽）通志》所據也，今依以著録并改隸“總集”，以符其實。

桃花潭文徵六卷

［清］翟大程輯。大程有《抱甕齋詩》，已著録。是集分四類：曰本宗，爲世居潭上之翟氏，自明翟臺至清翟守藩，凡八十三人，凡三卷；曰鄰族，爲同居潭上之萬氏，自明萬應隆至清萬斌，凡三人；曰流寓，皆客潭上者，自唐李白至清無名氏，凡五十一人；曰知交，皆與潭上人投贈者，自唐韓翃至清尤蔭，凡六十三人，以上三類各一卷，每類各有小序，每人各列小傳，所録則詩文、答問、詞賦之屬，前有乾隆三十八年趙青藜序及自序并總目，四十年刻。光緒三十年裔孫鳳翔等重刻，前有柯逢時序、後有鳳翔識語。桃花潭，以李白得名。集中所録翟氏詩文，有爲志乘不詳者，固賴此以存崖略也。

風雅聯珠四卷

［清］項章輯，同縣葉西定。章字簡亭，桐城人。西字書山，號“花南”，乾隆四年進士，官春坊左庶子，降補編修，以病假歸。事迹具前《國史·文苑傳》。是集四卷，皆選同時人詩，前有酉序及乾隆二十七年自序，蓋即刻於其時。道光、光緒

《（安徽）通志》皆未著録。章自言走四方，采佳什，六皖、三楚、潛川、鳩江諸君子，竟可其志；酉亦謂其爲人樸茂，不自安於流俗，以四十無聞，懼散千金求友於四方，可謂有志之士云。

古文輯要八十卷

〔清〕韋謙恒輯。謙恒有《傳經堂詩鈔》，已著録。是集八卷，光緒《（安徽）通志》著録。

古文辭類纂七十五卷

〔清〕姚鼐編。鼐有《三傳補注》，已著録。是編初纂於乾隆四十四年，分類十三，首論辨、次序跋、次奏議、次書説、次贈序、次詔令、次傳狀、次碑志、次雜記、次箴銘、次頌贊、次詞賦、次哀祭，一類而爲用不同者，則別爲上下編，然皆抄本。嘉慶季年興縣康紹鏞始以李兆洛本刻於廣東，兆洛實司校讎。道光五年吴啓昌又以所録本刻於江寧，同校者爲管同、梅曾亮、劉欽，然康刻乃鼐中年訂本，後時加審訂，詳爲評注，即圈點亦互有異同。吴本乃鼐晚年所授且命刻，時去其圈點，道光以來多據康本翻刻，吴本僅同治間湖南楊氏重刊而不甚行。至"纂"字本《漢書·藝文志》，自康本誤"簒"，幾無復知其本爲"纂"者，然兩本亦各有脱訛，滁州李承淵取兩本并有關各書互勘，又從蕭穆得鼐晚年圈點本，乃穆得之於蘇惇元，而惇元得之鼐少子雉者并增句讀，改從汲古閣板式，刻於光緒二十七年，又嘗就正於吴汝綸，板成後數數①刔改，不獨與康、吴兩本不同，即前後印訂亦頗殊異，其《校勘記》則成於三十二年秋，然考蕭穆《敬孚類稿·與溥玉岑書》，云下走家藏姚公晚年定本，又用二十餘年工力，所見宋、元、明、史漢及各家精本正其脱誤，又博考群書加之句讀，今爲鄉友借刊，已經完工云云，所言與李刻悉合，鄉友當即承淵。又考《吴汝綸集》，有《與穆論校勘》，是書尺牘與李刻所謂就正汝綸者亦合，疑李本實出蕭手。今以三本互校，李本大概據吴本而與康本有異同，有康本有李本無者，王安石《王常甫墓志銘》《王平甫墓志銘》、袁彦伯《三國名臣贊》凡三篇，有康本無李本有者，韓愈《尚書左僕射右龍武軍統軍劉公墓志銘》《集賢院校理石君墓志銘》《河南少尹裴君墓志銘》《扶風郡夫人墓志銘》、歐陽修《江鄰墓志銘》、王安石《秘閣校理丁君墓志銘》《大理丞楊君墓志銘》《員外郎仲君墓志銘》、東方朔《非有先生論》凡九篇，又《招魂》《大招》，康本入"詞賦"，李本入"哀祭"，至李本較康本多一卷，係以康本二十二卷分爲兩卷。道光、光緒《（安徽）通志》皆著

---

① 數數：屢次，常常。《漢書·李廣傳》："立政等見陵，未得私語，即目視陵，而數數自循其刀環。"

録七十四卷，亦可爲當時康本盛行之證。鼐自言聞古文法於劉大櫆，論文主神理、氣味、格律、聲色，又謂文無古今，惟其當所論良韙①。黎庶昌謂其纂次方、劉文，或爲世儒所非，蓋指吳敏樹與曾國藩書中之語，然鼐於文事深，是編尤其生平所致力，後來如國藩之《經史百家雜抄》、庶昌之《續古文辭類纂》，雖欲從事補苴，要不能出其範圍也。

五七言今體詩鈔十八卷

[清] 姚鼐編。因王士禛《古詩選》不及今體，補其闕而作，所録斷自唐人，分五、七言爲二集，集各九卷。五言首初唐、次盛唐、次李白、次杜甫、次中唐、次晚唐。七言首初唐、次盛唐、次杜甫、次中唐、次李商隱附溫飛卿、次晚唐五代、次宋初至王安石兄弟、次蘇軾黃庭堅附蘇門諸賢、次南宋，都十八卷，嘉慶三年刻於江寧，越十年復加删訂，績溪程邦瑞重刻。自序謂前未必盡合漁洋，後未必盡當學者，然正雅祛邪則吾説有必不可易者，其自許尚非過也。

古歙詩鈔

[清] 吳珏編。珏有《詩古文集》，已著録。光緒《（安徽）通志》著録是集，無卷數。

苔岑詩略二十二卷

[清] 朱滋年輯。滋年有《樹齋詩文鈔》已著録。是集二十二卷，乃其祖父三世所得師友投贈之詩，自沈德潛至朱汝濤四百十二人，前有嘉慶十五年自序。光緒《（安徽）通志》著録，無卷數，今據本書著録。滋年祖名輅，字質中，一字景山，號“鹿田”，乾隆諸生，著有《鹿田偶存》，是集卷一録其詩。滋年雖自謂目限方隅，然乾嘉兩朝之詩人亦大略具是也。

南州詩略

[清] 朱滋年編。光緒《（安徽）通志》著録，無卷數。

養正詩四卷

[清] 汪志伊輯。志伊有《近腐齋詩文集》，已著録。是集古體三卷、近體一卷，自唐虞逮清，擇其可以感發性情者，有子正榮跋。道光、光緒《（安徽）通志》皆

---

① 韙：對，是。《漢書·叙傳下》：“亡德不報，爰存二代，宰相外戚，昭韙見戒。”

著錄。

嚶鳴集六卷

〔清〕張節編，唐大椿、程嘉賢同訂。節有《夢畹詩文集》，已著錄。大椿字介亭，嘉賢字聲路，號"少伯"，皆歙人。初節彙編友朋贈答詩爲一帙，以示嘉賢，因共徵諸友詩集，繙輯付梓，大椿又增入首末二卷，前有節自序及乾隆三十六年嘉賢，三十七年大椿，三十八年大興朱筠、雲南徐碩士序。道光、光緒《（安徽）通志》皆未著錄。碩士謂其不序年、不論次、不附聲華、不尚先達。朱筠謂可與《新都秀運諸集》後先輝映云。

宋四六選二十四卷

〔清〕曹振鏞編。振鏞有《綸閣延暉集》，已著錄。是編所輯，凡六體，首詔一卷，次制四卷，次表五卷，次啓十三卷，次上梁文、樂語一卷，都七百六十六首。據南昌彭元瑞序及振鏞附識，是書本爲元瑞搜纂，乾隆四十年以授振鏞，乃參仿《文苑英華》《播芳大全》《翰苑新書》之例，編次成書，明年刻於翠微山麓。振鏞，蓋元瑞門人也。

文選詩賦參評十卷

〔清〕王貞儀撰。貞儀有《曆算簡存》，已著錄。是集十卷，道光、光緒《（安徽）通志》皆錄入"別集·閨秀類"，又脫"文選"二字，今據蕭穆撰傳（《敬孚類稿》卷十三）著錄。

增定唐宋五七言近體詩選四卷

〔清〕王灼編。灼有《悔生詩鈔》，已著錄。光緒《（安徽）通志》著錄是集，無卷數，又無"增定"二字，今據《縣志·儒林傳》著錄。

樅陽詩選二十卷

〔清〕王灼輯，凡二十卷，所選自錢澄之至灼，都百五十一人，内閨秀六人、方外十一人，都詩二千百二十八首，卷二十分上下，則灼所自選詩也。建寧張際亮假其稿於縣人朱雅，以告縣人南昌知府張寅刻於南昌府署，有道光十七年際亮、寅二序。惟際亮所假係草稿，無總目、序文，同時見存諸人，或僅標姓字，體例未能畫一。卷十九列道士王鳳鳴有小傳而無詩，又缺卷二十灼詩，寅自言官事劇，無暇訂補，即以其稿先行付梓。際亮序又誤以前十卷爲劉大櫆選刻，既竣，縣人馬樹華以語寅，寅遂屬以審定。樹華乃從縣人張敏求索取原本，敏求亦寫寄卷二十詩目俾之補刊，樹華更寄十九卷印本屬其照原書校改，於是遂爲定本，有道光二十年樹華序。咸豐板毀，光緒三十二年縣人方恪勸重刻并序。光緒《（安徽）通志》著録，無卷數，又誤"王灼"爲"汪灼"今據本書著録。

棣萼居詩文集

［清］朱脩、朱佩同撰。脩字德甫，號"靜庵"，涇縣人。苞子。乾隆五十四年拔貢，未廷試卒，年三十二。佩字衷度，號"勿崖"，脩弟。廩貢。年六十三卒。事迹具《縣志·文苑傳》。光緒《（安徽）通志》著録入"別集"，今改隸"總集"。《紫陽家塾詩鈔》録脩詩十四首、佩詩二十首，趙紹祖《蘭言集》録脩、佩詩各二首。

辛壬韓江唱酬集二卷

［清］洪梧編。梧字桐生，號"東弧"，歙人。乾隆五十五年進士，山東沂州府知府。集凡兩卷，乃嘉慶十六年辛未、十七年壬申客揚州唱酬之作，前有自序。

蕭湯二老遺詩合編二卷

［清］黃鉞編。鉞有《奏疏》，已著録。蕭湯二老者，明蕭雲從、湯燕生也。雲從有《易存》，已著録。燕生字元翼，號"巖夫"，太平人。諸生。雲從詩文集藏蕪湖沈氏，未刻，乾隆間鉞訪其後人，僅一擔水夫，旋老病死，詩僅七律一體，爲選存三十首。燕生有《商歌集》不傳，僅朱彝尊《明詩綜》載《赭山》二首，鉞又從簡翰裒集得六十篇，原附鉞《壹齋集》，後兹析出著録。雲從、燕生皆有高節，吉光片羽，固不必以多爲貴也。

國朝古文所見集

［清］陳兆騏編。兆騏有《蘭泉文鈔》，已著録。光緒《（安徽）通志》著録是集，無卷數。

歷陽詩囿十二卷

［清］陳廷桂編。廷桂有《尚書質疑》，已著録。是集十二卷，卷一至十一詩，録春秋江上漁父至清陳廷植七十八人，詩七百三十六首；卷十二詩餘，録宋張孝祥至清孟成儒六人，詞八十四首。又仿朱彝尊《（明）詩綜》《詞綜》例，人列仕履，雜引詩評，附以詩話，其殿以父國鳳、兄廷植之詩，則援唐元結《篋中集》、金元好

問《中州集》例也，前有道光十一年自序并凡例九則，末有絶句四首，蓋即刻於道光間，民國十年重印。廷桂謂咏物必小中見大，若略無寄興，一概删薙。又謂七律在諸體中至難，今世詩家動輒五十六字，惟其易視是以多作，極中時流之病，詩話尤多考證，有裨掌故。戴本孝《歷陽遺著》所載既不皆鄉里、吳本錫《歷陽風雅》未刻，其書亦亡，欲徵和州文獻者同非，是編莫屬也。

詩萃初集十卷二集十二卷

［清］潘瑛、高岑同輯。瑛有《晋希堂集》，已著録。岑字映苔，江蘇華亭人。瑛以沈德潛《（清詩）别裁集》迄於乾隆二十五年，乃補輯别裁未采者及四十餘年中已往、現在諸賢，自名公巨卿至山林逸士，凡數百家編爲初集十卷、二集十二卷，以繼别裁之後。各詩人名下采録志傳、詩話，綴以評論，亦與别裁例同。至科目、輩行先後，以隨到隨刻，祇就每卷中區别，惟所載有得自全集、選本者，有得自傳鈔、郵寄及平昔記憶者，故詳略不同，前有凡例十則及嘉慶九年青浦王昶序，蓋即刻於其時。《縣志》初集作九卷，今據本書著録。瑛游姚鼐門，得其指授，是選義取法戒，詞尚真醇，評論亦直抒所見，惟於女子及僧詩選録較嚴，則欲以維風教，防吾道也。

鐵硯山房稿

不著編輯人名，僅文二篇，一鄧石如《上安慶知府樊晋陳寄鶴書》，一石如子傳密《乞住惜陰書舍四松别業博山園啓》。石如文嶄崎有骨，傳密亦有父風。魏源謂將與《寄鶴書》并傳也。

鄧氏詩略

不著編輯人姓名。作者凡五人。曰世霖、曰一枝、曰石如、曰璹、曰傳密。世霖、璹各一首，一枝三首，石如七十二首，傳密十三首。璹，石如弟也。

講筵四世詩鈔十卷

［清］張曾虔輯。曾虔字吕環，號“蠢秋”，桐城人。乾隆貢生，官宿州訓導。是集十卷，所録爲張英暨其子廷瓚、廷玉、廷璐、廷瑑，孫若潭、若需、若靄、若澄，曾孫曾敞等十人應制之詩，以一人爲一卷，每卷皆先以小傳。其曰《講筵四世詩鈔》者，以諸人皆曾充經筵日講起居注官也。嘉慶三年刻於江寧，有朱珪、翁方綱、曾燠、沈業富、謝啓昆、吳貽咏、劉權之序。板毀於亂，光緒十九年裔孫紹棠重刻。故事講官缺自掌院學士兼充外詹事以迄編修檢討皆得入選，然有官歷坊局而

不得一充者，故仕宦以詞臣爲榮，而詞臣又以講官爲最切。張氏祖孫、父子接踵入直，尤爲希有之事。兹編標銜彙次，非第侈一門之盛，即康雍乾三朝之史，亦藉以互證焉，惟朱珪序文又見吳肅文集，則肅代珪作也。

歷朝詩學正宗

［清］張未堂編。未堂字偉瀾，婺源人。諸生。年七十四卒。事迹具《縣志·文苑傳》。光緒《（安徽）通志》著録，無卷數。未堂肄業紫陽書院，山長鄭虎文目以儁才，旋隨至嘉禾從學。《縣志》稱所著存於家，蓋未刻。

選詩傾液録二卷

［清］趙友廣編。友廣有《懶雲詩鈔》，已著録。是集有大興朱筠序。光緒《（安徽）通志》著録，無卷數，今據《趙氏淵源集》著録。友廣專精選體，《（趙氏）淵源集》稱是集爲其所選。《縣志》本傳又稱嘗注《選詩傾液録》，以訓後學，是又并爲之注也。

蘭石詩鈔八卷

［清］趙友廣編。凡八卷，皆清代涇人。詩有從父良霽序。光緒《（安徽）通志》著録，無卷數，今據《縣志》著録。友廣是集以續明張應泰《里音》、清侯世潅《賞音》之後，而精嚴過之，所録如胡蛟齡、鄭相如、周虬、葉居仁諸詩，無刻本者，皆賴以存。蘭石者，縣東山名。晋將軍俞縱死蘇峻亂之地也。

松竹憶梅録無卷數

［清］崔再盛編。乃再盛與兄時盛、弟恒盛之詩。時盛字松如、再盛字竹齋、恒盛字梅亭，太平人，皆乾隆布衣。隱於賈。恒盛早卒，時盛、再盛哭之，皆有詩。及時盛卒，再盛乃彙爲是編。時盛詩八首、再盛詩二十首附族弟繡一首、恒盛詩四首，嘉慶十七年時盛子璋刻，後附璋詩十七首，有馬翊宸、宋應文序及璋序，族弟繡題詞。

春暉書屋詩鈔七卷

［清］談名會及子兆熊、翰撰。名會字松筠，號“石峰”，桐城人。雍乾間諸生。兆熊字錫蘭，號“星垣”。翰初名彝醨，字西園，號“雨川”。名會曰《石峰遺集》詩十四首、兆熊曰《星垣遺集》詩五首、翰曰《雨川初集》，凡六卷，都三百四十首。前有殷署、陳運昌、方瞻淇題詞及翰自序，後有汪朝瑞跋。據翰序，名會、兆

熊詩皆被水淹没，僅《桐舊集》録名會詩十四首。又其母記兆熊詩五首，惟民國十六年影印之《桐舊集》，名會詩實止三首，此云十四首殊不可解，至以"松筠"爲名，名會爲字，又以"名"爲"明"，則《桐舊集》誤也。

集部三十二　　總集類三

金石文鈔八卷續鈔二卷

[清] 趙紹祖輯。紹祖有《新舊唐書互證》，已著録。是集八卷，首《夏峋嶁碑》至《唐內樞密使吳公墓志》，凡百三十二種。《續鈔》二卷，自《漢郙君開通褒余道碑》至《梁鎮東軍墻隍廟記》，凡三十二種，每種後各有識語或附倡和詩，有嘉慶元年自序并凡例十則，又嘉慶七年法式善序，蓋即刻於其時。兵燹板毀，咸豐十年從子書升擬刻，率子集成重校并爲之記，至光緒初集成乃刻之，有光緒二年吳縣潘祖蔭、十二年錢塘汪鳴鑾序。光緒《（安徽）通志》著録，無卷數，又無《續鈔》，今據本書著録。紹祖弱冠，即喜集金石文，思繼都穆《金薤琳瑯》，勒成一書，而十餘年間所輯不及百種，又多殘闕不可録，迨乾隆乙巳、丙午二歲始多得古碑舊拓得以考訂而手輯之，除都氏已刻及《干祿字書》《九經字樣》已有專刻者不録外，凡名人所撰刊入本集者，名聲顯赫，衆所共知者，法帖所刻翻摹不一者、釋典道藏各有板本者、鑿佛造像語言鄙俚者、殘闕太多不復可讀者、僧道墓碣無關義要者、顯然僞造以欺後世者皆不録。至隋以前古碑甚少，除造像諸記及斷爛不成文者外，有則登之。唐後則或以人、以事、以文、以書，否則悉從屏落，其過録必以副本互校，古字別體悉仍其舊，闕字雖灼然可知，亦不輕補。識語兼論人、論事、論文、論書，不專考辨。自乾隆三十九年至嘉慶十三年，更三十餘年以底於成，自言洪適《隸釋》所載存不二三，私冀千百年後予書尚存，則後之視今，亦猶今之視昔，書升則請書成不過五六十年，證以見存打本①，又多殘泐②，賴是得見遺文，蓋不必俟之千百年

① 打本：即拓本。清龔自珍《說衛公虎大敦》："道光辛巳，龔子在京師，過初彭齡尚書之故居，始得讀大敦之打本。"

② 泐：同"勒"。殘泐：指金石銘文殘損不全。

以後。式善亦謂其審核，實在穆上，差近陶宗儀《古刻叢鈔》云。

蘭言集十二卷

［清］趙紹祖抄，有目録，無序例，不知有無殘闕，所抄始袁枚終釋定志，凡一百十九人，每人皆具爵里而綴以詩話。其名蘭言，蓋皆及接之人，然亦有未及接，因請求而抄入者。紹祖論詩，頗推袁枚，自謂抄枚詩惟取其不戾古者，又以王昶述王豫之言斥枚纖巧游戲，大傷文體，以昶爲文人相輕，而豫實無此論（見卷十），今觀紹祖所抄枚詩，如“男兒此處難消受，天子親斟酒一杯。玉環領略夫妻味，從此人間不再生”等句，不免纖巧一派也。

趙氏淵源集十卷

［清］趙紹祖抄，凡十卷，所録自明趙司直《欹閣集》至清趙繩祖《肯堂詩鈔》，作者凡二十八人，爲集二十有七，都九百七首。詩前各載小傳、詩話，詩尾間綴評語，後附紹祖《消暑録》，乃考證之文，嘉慶間刻。遭亂板毀，光緒十三年趙默齋從路朝霖得初印本重刻於四川綦江縣署，前有朝霖及趙廷璜序。諸集雖各著録，然本集或已散逸，轉賴此以存其略也。

唐人詩品八十五卷

［清］鮑桂星輯。桂星有《覺生詩鈔》，已著録。是集八十五卷，以司空圖二十四品排次之，乃嘉慶二十年所輯，見年譜及陳用光撰墓志銘。道光、光緒《（安徽）通志》皆著録“詩文評類”，今改隸“總集”。

增訂唐詩摘鈔十六卷

［清］程鴻緒編。鴻緒字芝堂、又字杞塘，號“石琴”，休寧人。附貢。《唐詩摘鈔》四卷，乃明末黃生所選，有清康熙二十四年自序，程志淳刻。乾隆初休寧朱之荆得於同縣吳力行，并得程氏訂正刻本於邵達夫，合爲一編，又取吳廷鏌本，細加增删，益以唐古體及漢魏詩二卷，并爲一集，并集諸家説附以己意爲之注，仍其名曰《摘鈔》附於黃選之後，有乾隆三年自序及十五年汪士鍠、十八年汪由敦序。至嘉慶初增訂板已殘缺失次，鴻緒以之荆所選排律太簡，爰加校訂，益以長排，另集唐人試帖，纂注分編，并附黃生所撰《詩塵》及《杜詩説》《（唐詩）摘鈔》暨之荆《古叶通轉論》於後。其編次卷一五律，百八十七首；卷二五絶，八十四首；卷三七律，百十首；卷四七絶，百五十五首，以上四卷卷首皆題新安黃白山先生選評、閑園朱之荆增訂、杞塘程鴻緒重校。卷五五律，百三十一首；卷六五絶五十二首，六

絕六首；卷七七律，七十三首；卷八七絕，廿五首，以上四卷卷首皆題和村吳脩塢先生選評、閑園朱之荆集注、杞塘程鴻緒重校。脩塢，廷鋑號也。卷九五排四十八首，七排八首；卷十唐人試帖七十首，以上二卷卷首皆題心蓮吳智臨集注、杞塘程鴻緒參訂。卷十一漢魏五古四十三首，卷十二漢魏七言雜體三十八首，卷十三唐五古十二首，卷十四唐七言雜體二十五首，以上四卷卷首標題與卷五至卷八同。卷十五《詩塵》一卷、十六《詩塵》二附之荆摘鈔、黃生《杜詩説》句法、俗字、俗語及之荆《古叶通轉論》，卷首題新安黃白山先生著、杞塘程鴻緒增訂，前有嘉慶四年重訂小引及重訂凡例十三則，并載黃生、朱之荆、汪士鍠、汪由敦各序。據凡例，黃本評注爲朱氏增入者，別以實圈，杜詩雖主黃説，亦有出自別本及朱氏者，其實圈外之黃注，皆原刻所無，又黃本圈點爲朱所加，《詩塵》圈點爲鴻緒所加，惟此本較程刻摘鈔多七十一首（程刻五律百五十二首，較此本少三十五首；五絕七十一首，較此本少十三首；七律百零二首，較此本少八首；七絕百四十首，較此本少十五首），則朱氏據所得吳力行本也。廷鋑有《遜志軒詩文稿》，已著録。之荆字樹田，閑園其號也。

程氏所見詩鈔二十四卷

[清] 程鴻緒輯。凡二十四卷，前有嘉慶十二年程堂序及自序，蓋即刻於其時。道光、光緒《（安徽）通志》皆未著録。程氏自東晉忠佑公以官太守有政績，受賜田宅於新安，至宋元明益盛。成化中程敏政輯《程氏貽範》正續二集，嘉靖程峨山又訂《貽範集補》，然皆間采他氏表章，先世詩文非一家，全書其間雖有程晉侯之人物、文獻二志，而詩文仍多散見是集。所録始魏程曉，下逮清代，得數百家，以視《程氏文獻志》《人物志》《貽範集補》，所登詩人不啻①倍蓰②，其以所見名者，謂族大未克盡見也。

八家四六文鈔九卷

[清] 吳鼒鈔。鼒有《吳學士集》，已著録。八家者，錢塘袁枚《小倉山房外集》、昭文邵齊燾《玉芝堂文集》、武進劉星煒《思補堂文集》、曲阜孔廣森《儀鄭堂遺稿》、錢塘吳錫麒《有正味齋文續集》、南城曾燠《西漢漁隱外集》、陽湖孫星衍《問字堂外集》、洪亮吉《卷施閣文乙集》也，除鈔錫麒文二卷外，餘皆一卷，前有嘉慶三年自序，每集又各有題詞，《儀鄭堂稿》并載孫星衍原序。道光、光緒《（安

---

① 不啻：音 bù chì，不僅，何止。《後漢書·馮衍傳》："四垂之人，肝腦塗地，死亡之數，不啻太半。"
② 倍蓰：音 bèi xǐ，亦作"倍屣""倍徙"。謂數倍。倍：一倍。蓰：五倍。《孟子·滕文公上》："夫物之不齊，物之情也。或相倍蓰，或相什百，或相千萬。"

徽）通志》皆著録作八卷，誤，今據本書著録。諸家皆有集別行，鼐所鈔除曾燠外，已見燠所選《駢體正宗》，而所鈔之人則較燠爲隘。鼐自言應生徒之請所鈔，以平生師友或私淑者爲限，又謂於袁枚去其涉俗調近僞體者，於洪亮吉去其數典繁碎者。鼐本工四六文，故能擷其菁英，芟其榛楛①也。

文選集釋二十四卷

[清] 朱珔撰。珔有《説文假借義證》，已著録。是集二十四卷，前有珔自序及族子榮實序，後有珔子葆元跋，同治十二年刻。光緒《（安徽）通志》著録“集部·箋注類”，今改隸“總集”。據跋，是書有初撰稿、重訂本、最後定本三種，亂後俱佚，已購得初撰稿及重訂本後半部，而最後本卒不可得。是刻前十二卷，據初稿，後據重訂本，凡一千七百六十六條，自序謂援引曩哲，更多時賢，若夫管窺所及則不盡沿襲，餘亦慎甄擇戒，阿狗疑者仍從蓋闕。又謂近人如汪韓門、孫頤谷，雖彌罅塞漏，終屬寥寥，暇時札記，屢有增改，可想其用力之勤也。

清詁經文鈔六十二卷

[清] 朱珔輯。凡六十二卷，前有自序。光緒《（安徽）通志》著録。清代經學，《易》不重王弼、韓康伯，而推鄭之爻辰、虞之納甲、荀之乾升坤降，且上追孟喜、京房，力闢僞孔傳而從馬鄭真古文，并及歐陽夏侯所習伏生之今文。《詩》主傳箋，而不棄齊、魯、韓三家。《春秋》斥胡傳，亦不收啖助、趙匡，而援賈、鄭、服，以正杜注之誤。至“三禮”遵鄭注，猶裒集馬融、盧植、蔡邕諸家。《爾雅》沿郭璞，又摭拾樊光、李巡輩，以爲漢注，而其旨趣則約有典章，名物、訓詁、音韵數端，其關於典章者，若諸錦之《補饗禮》、任啓運之《肆獻祼饋食禮》、沈彤之《禄田考》、王鳴盛之《軍賦考》。關於名物者，如江永之《深衣考誤》，戴震之《車制圖解》、程瑶田之《通藝録》。關於音韵者，則顧炎武之《音學五書》、江永之《古韵標準》，而訓詁尤以清人爲最擅長，是集采各家文集、札記，率篇幅完善，亦兼取異同之説，迄二十餘年而成。珔自謂或因文而得經之梗概者，是也。

清古文彙鈔二百七十二卷

[清] 朱珔輯。初珔在史館與纂《文苑傳》，遇著述稿本輒私鈔録，由是隨地訪求經二十餘年，積成巨帙并自爲序，更閲十餘年積逾夥，道光二十五年吳江沈翠嶺許爲雕板，以初輯從寬，宜刪汰且合兩録爲一役頗繁，乃邀董琴南、楊芸士共事，

---

① 榛楛：音 zhēn kǔ，榛木與楛木。泛指叢生的雜木。喻平庸之物。《文選·陸機》：“彼榛楛之勿翦，亦蒙榮於集翠。綴《下里》於《白雪》，吾亦濟夫所偉。”李善注：“榛楛，喻庸音也。以珠玉之句既存，故榛楛之辭亦美。”

而張咏仙及子鼎并預參核，又自述刊布顛末爲新刻序，而以山東劉鴻翔序冠首。光緒《（安徽）通志》著録。琇自言鈔文與選文異，且論文不一轍，意在兼收并蓄，然上備文獻，中表幽隱，下佐稽覽，固舍是集莫屬也。

紫陽家塾詩鈔二十四卷

[清] 朱琇輯。凡二十四卷，乃涇縣朱氏一姓之詩，自明朱諭至清朱治成，百二十六人，詩千七百九十二首，每人各系略歷、詩話，詩并有圈點，卷二十一至卷二十四則附録琇及其子倖暨參訂朱鴻恩等詩，前有自序并凡例八則，道光十二年刻。版毀於亂，光緒十八年族曾孫幼拙重刻，前有朱琛序。涇縣輯一姓詩者，先有趙紹祖之《趙氏淵源集》，然《（趙氏）淵源集》僅二十餘人，詩多者至百許首。是集搜采較博，專備散逸，故人浮而詩從減。紫陽家塾者，在朱祠左側，以春秋祀文公并按月會課者也。

二江先生集十卷

[清] 江振鴻輯。振鴻字文叔。歙縣人。二江者，歙江春、江昉，本同祖兄弟。春所撰曰《隨月讀書樓集》凡三卷、昉所撰曰《晴綺軒集》《練溪漁唱》各二卷，又集《山中白雲詞》一卷，附江振鷺《玉華詩鈔》、江振先《文鋒遺稿》各一卷。振鷺昉之子、振先春之子也。前有李保泰、吳錫麒序，阮元撰合傳，嘉慶九年刻。考王昶《蒲褐山房詩話》，江都自馬曰琯兄弟後，嗜書好客者爲江春。城東南高阜名康山，相傳是康海遺迹，葺之以奉宸游館，沈大成於家及卒刊其《學福齋詩集》，其好事不多得云云。錫麒亦謂馬氏既衰，江氏兄弟起而承之，蓋非徒一家壎箎①之雅，亦以想邗上曩日聲華之舊，可以論世也。各集均已著録，兹復録入“總集”，以不没振鴻輯刻之勤焉。

石梁耆舊集

[清] 程虞卿編。虞卿有《水西閑館詩》，已著録。光緒《（安徽）通志》著録是集，無卷數。

桐城馬氏詩鈔七十卷

[清] 馬樹華輯。樹華有《闈幽彙記》，已著録。是集人各爲卷，其不能成卷者，彙爲卷末，作者凡七十二人，詩四千三百二十六首，始嘉慶十四年至道光十六年，

---

① 壎箎：音xūn chí，壎、箎皆古代樂器，二者合奏時聲音相應和。因常以“壎箎”比喻兄弟親密和睦。《詩·小雅·何人斯》：“伯氏吹壎，仲氏吹箎。”宋黃庭堅《送伯氏入都》：“豈無他人游，不如我塤箎。”

垂三十年乃編次付刊，前有道光十八年方東樹序及樹華識語。光緒《（安徽）通志》著録。考朱彝尊《明詩綜》，録桐城二十餘人，而無馬氏，沈德潛《（清詩）別裁集》亦僅載馬樸臣三詩，至潘江《龍眠風雅》，李雅、何永紹《龍眠古文》，率姓各數人，人各數篇，其一家之集，如張氏《講筵四世詩》、劉氏《澄響堂五世詩》、吳氏《芸暉館四世詩》、方氏《七代遺書》，又皆私其祖禰，不及旁宗，惟方于穀《方氏詩輯》人至百餘，詩至數千，是編幾與之埒。徐璈《桐舊集》遂據以入録，是則文獻所關，不僅爲一姓增重已也。

聽雨樓詩鈔

［清］吳昌言、吳奎同撰。昌言有《忍冬藤齋集》，已著録。奎，其族弟也。光緒《（安徽）通志》入“別集”，今改隸“總集”。

乾坤正氣集五百七十四卷

［清］潘錫恩輯。錫恩字芸閣，涇縣人。嘉慶十六年進士，官至南河河道總督，謚“文慎”。是集始於長洲顧沅、桐城姚瑩。道光十八年瑩過吳門見沅家藏前代忠義遺集甚多，因屬其編爲《乾坤正氣集》，約至臺灣梓行，以軍興不果，至二十三年瑩以屬錫恩，時僅六十三家，錫恩乃從文宗閣補抄并屬沅廣爲搜訪，自楚屈原至明朱集璜，共一百一家，每集各冠小傳，其例以殺身成仁爲限，僅止廢斥者不列，卷帙少者全刻，巨集衆共傳播者，録其有關係諸篇，至各集兼有詩文者，因顧沅已另編《乾坤正氣詩集》，此故不載。起道光二十三年迄二十八年，凡六年始刻竣，未及印而亂作，同治五年安徽布政使新建吳坤修始印一百部，光緒七年皖南道長白恭鏜續印若干部，均詳見各序中。

陳氏聯珠集十卷

卷端題全椒王肇奎采録。考洪亮吉有《湛清園夜宿爲陳明經蔚點定所輯聯珠集》詩（見陳坡《諫亭詩草》附録），則是集蔚所輯也。蔚有《梅緣詩鈔》、肇奎有《小容膝樓集》，均已著録。是集十卷，卷一陳芳《華溪草堂詩集》，卷二陳其名《天柱詩草》、陳枋《醉草堂集》，卷三、四陳蔚《梅緣詩鈔》附吳荔娘《蘭陂剩稿》，卷五陳秉烈《涔園詩鈔》，卷六陳域《虛航集》，卷七陳堅《鐵門詩草》，卷八陳壤《梅田詩草》，卷九陳坡《諫亭詩草》，卷十陳墊《凹堂詩草》、陳堉《雲泉詩草》、陳坰《百花庵吟稿》、陳磊《澗南詩草》，凡十四人，前有嘉慶七年王肇奎、洪亮吉序。自陳芳至陳磊所撰各集已録入“別集”，復存其名於“總集”，備考焉。

文選集注

[清] 楊景曾撰。景曾字蔭棠，號 "石林"，自號 "竹栗園丁"，六安州人。蕤長子。嘉慶歲貢（《州志·選舉志》作 "嘉慶二十年貢，本傳又作 "嘉慶壬申貢"，則十七年也），紫陽書院山長。事迹具《州志·文苑傳》。是集乃及門釀金授梓。光緒《（安徽）通志》著録 "集部·箋注類"，無卷數，今改隸 "總集"。《州志》作《文選集句》。

澄響堂五世詩鈔六卷

[清] 劉珖、劉叢蘭同輯。珖字萃和，叢蘭字露香，桐城人。五世詩鈔者，首劉儞昌詩八十九首，次儞昌弟儞芳詩十三首，次儞芳子鴻儀詩百五十七首，次鴻儀子起鳳詩十三首，次起鳳子容裕詩七十九首，次容裕子憲詩三十四首，附鴻儀文三十六篇，凡六卷，前有嘉慶十八年姚鼐序，後有方東樹及道光五年叢蘭識語，蓋即刻於其時。光緒《（安徽）通志》著録。鼐稱儞昌沉鷙、鴻儀流美、憲名貴足，爲世言詩家之楷範，奕世相衍比於鄞袁氏、豐氏云。

七言古詩誦節八卷

[清] 徐璈選。璈有《詩經廣詁》，已著録。是集八卷，見《樗亭文鈔·蘇惇元記》，未刻，光緒《（安徽）通志》著録。

桐舊集四十二卷

[清] 徐璈輯，凡四十二卷，先是同縣馬樹華擬輯《桐城詩録》未就，乃以所藏數十家悉歸之璈，又得原集三四百家，又選本、抄本，自明初至道光二十年，録詩七千七百餘首，作者一千二百餘人，仿《江蘇詩徵》例，分姓列卷，每姓冠以最前一人，餘略以時代爲序，并取縣志、府志、省志、詩話、文集於各人有關者，録之詩則各加評點，閱二十餘年抄成，道光二十年刻僅十數卷而璈卒，事遂中輟，又閱十年爲道光三十年樹華任募貲、蘇惇元任讎校，并搜補有名無詩之缺略，而以璈詩附徐氏之末，咸豐元年刻成，有璈、樹華、惇元、姚瑩、徐寅等序跋并例目，又二年毀於兵。光緒《（安徽）通志》著録。民國十六年縣人光雲錦得原刻本，集貲景印，後有雲錦跋并助貲姓名凡二十二人。考是集之前輯桐城詩者，有潘江《龍眠風雅》前、續兩集，所録自明初至康熙庚午，是集庚午以前雖取資《（龍眠）風雅》，而增損頗多，《（龍眠）風雅》所録如方是、方良、方禄、方照、方學聰、方學記、方學櫂、方大年、方大益、方大猷、方大式、方學御、方之璧、方若坤、方叔獻、方叔邵、方維嶽、方儀、方訥、方雨、方碩（以上前集）、方怡、方若斑、方景輿、

方若琮、方穎、方復、方殿英、方期勛、方逢月、方遷、方正言、方民牧（以上續集）、姚文㲄（前集）、姚士升、陳烈、謝漢（續集），盛氏、齊新、齊煜（前集）、齊烜（續集）、吳應道、吳用寬、吳兆鼎、吳日杲、吳德音、吳用釗、吳道合、吳兆武、吳熹、吳席、汪宗魯（以上前集）、汪甘來、何燉、趙曾（以上續集）、戴君擢、張秉貞、張克佐、張克偉（以上前集）、張學博（續集）、劉璽（前集）、劉日燿、劉澤（以上續集）、檀鬱（前集）、左其旋、左枚、左文詔、左文詩、李之輪、范韓（以上續集）、殷邦、王朝禎、王敬德（以上前集）、王登榜（續集）、程熙載（前集）、楊賦、楊鼎、潘仁樹、潘仁標、孫琦枝、孫氏、孫伯麟、都玠、丘景、黃永吉（以上續集），共八十五人，均未入錄。惟卷二之方若愫即《（龍眠）風雅前集》卷廿七之方若素，卷十七之何永棟即《（龍眠）風雅前集》卷二十八之何棟（案：《風雅小傳》，永棟乃棟原名），卷十八之丁巘即《（龍眠）風雅前集》卷六十二之丁舟巘（《風雅小傳》，舟巘字玉及，此作"玉友"，疑形近而誤），卷十九之戴耆煥即《（龍眠）風雅前集》卷四十七之戴耆映（風雅小傳，耆映字暵中，萬曆末諸生。此作字"暵中"，天啓間諸生），卷二十八之周永年即《（龍眠）風雅續集》卷二之周卜年，卷二十九之李在銓即《（龍眠）風雅續集》卷二之李銓（案：風雅小傳，在銓，乃銓原名）。又卷八陳堂謀，號"絡翁"，據潘義炳《念堂詩鈔》，"絡"乃"豁"之誤。卷十三吳德操之《聞劉念臺金天樞兩都憲同日蒙譴》，即卷二方其義《聞劉念臺掌憲金天樞僉憲同日蒙譴》，惟"上"作"下"、"情"作"行"，又《燕臺懷古》即其義之和李舒章《燕臺懷古》，惟"猶憶龍旗漠"作"萬里飄風自"、"飲"作"牧"、"直教臨"作"誰能窺"、"誰敢"作"終不"、"兵"作"夷"、"側席祇今勞聖主，諸臣何以策時艱"作"恢復諸臣多計議，早清鐵嶺賀蘭間"。卷三十四潘江之《寄劉爾雅》即《（龍眠）風雅續集》卷末之《自桐至定陶道中詩》，又《出紫荊關》第二首即《（龍眠）風雅續集》卷末之《寄劉爾雅》第二首，又《清明上河圖》與《（龍眠）風雅續集》卷末所載多不同。江，崇禎初諸生，誤爲康熙間諸生，《木厓集》誤爲《蜀藻集》。潘義炳康熙附監生，誤爲雍正諸生，潘鴻寶號"柏亭"誤爲"柏亭"。卷三十六《徐待聘傳》載"左旗馬賊死"，據蕭穆《敬孚類稿·左沇州傳》，左旗乃聞甲申之變不食死。卷三十八白筠、白篆爲白瑜之子，誤次瑜前。卷三十九厲吉之《簡友人》五律即《（龍眠）風雅前集》卷三十八厲貞之《春日以詩代柬招徐公悅》五律〔案：《（龍眠）風雅》有厲貞、無厲吉〕。許來惠字綏人，誤爲伊人，此類蓋不勝舉，其他字句亦多與《（龍眠）風雅》異，疑璇所刪改。蕭穆書是集後（《敬孚類稿》卷三），但病其擇之不精，而不知其錯誤之多，尤無能爲諱也。

桐城方氏詩輯六十七卷附拳莊詩鈔八卷續鈔六卷

[清] 方于穀輯。于穀有《拳莊詩鈔》，已著錄。是集六十七卷，卷一至卷十四，起方法訖方根機，爲于穀本支八代之詩；卷十五至卷二十一，起方正瑄訖方于昴；卷二十二至卷四十，起方以智訖方宫聲；卷四十一至四十二，起方大鉉訖方文；卷四十三，起方大欽訖方秉澄；卷四十四至五十八，起方兆及訖方傳穟，以上皆自方學漸分支，爲于穀本房，即通稱中一房之詩；卷五十九至六十七，起方佑訖方潮，爲方佑以下各房之詩，其人不分存殁，女士各附本生之後，都百三十人，詩五千零二十二首，後附于穀《拳莊詩鈔》八卷、《續鈔》六卷，前有嘉慶二十二年同縣汪志伊、廿五年兄受疇序，又凡例十六則，後有于穀跋，道光元年刻。道光、光緒《（安徽）通志》皆著錄。惟無《拳莊詩鈔》及《續鈔》，今據本書著錄。于穀是輯，積數十年居鄉客游，隨得必錄，且有索之數千里者，晚居拳莊，復從遠近各房搜得若干篇，所錄除家乘外，以潘江《龍眠風雅》、沈德潛《（清詩）別裁集》爲多，并采贈答之附刻他集者，詩前列小傳，有專刻或見選本者，依原本及選本，祗有寫本者，亦以數語略叙生平，他本及坊刻有不同，則覓底本酌錄或擇善而從。初輯本八十卷，臨刻復删十之二三爲六十七卷，又鬻田得數百金乃刻成。志伊謂傳一家之詩，數百年治亂之故俱存於是，蓋非過許。惟凡例稱天台（印）、少卿（克）俱無詩可采，望溪苞亦不以詩鳴。案：《龍眠風雅》卷三錄方克詩四首（據《龍眠風雅續集》凡例，克詩乃輯續集時補入，故稱得於宗譜中，目錄不載，初印本亦無之）。《桐舊集》卷一錄方印詩一首、卷三錄方苞詩十五首，于穀皆未搜及，又卷六十一之方道乾有《鸛雀樓詩集》五卷，卷六十七之方元澄即方玄成，有《鈍齋詩選》二十二卷，是集僅各錄一首，似亦未見其集。于穀固自言網羅未備，不足爲病，至《拳莊詩鈔》，跋作十卷與目錄異，凡例及跋均無《續鈔》刻本，《續鈔》又僅五卷，則莫詳其故也。

退學詩選

[清] 蕭景雲選。景雲有《招鶴堂詩選》，已著錄。是集乃霍邱寶守謙、守愚兄弟及守謙子榮昌之詩。守謙守瀛舫[①]，國華長子，道光二十四年卒，年六十八，有《紅藥園詩草》三卷。守愚字春坡，國華次子，道光六年卒，年四十八，有《槐蔭屋詩草》二卷。榮昌字文甫，官直隸知府，道光二十三年卒，年四十八，有《延綠閣遺詩》一卷。景雲既選國華《挹青堂詩》竣，復錄三人詩并付剞劂，前有嘉慶二十四年景雲序，稱守謙以情韵勝，守愚以氣格勝，榮昌以才力勝云。

---

① 守謙守瀛舫：當爲"守謙字瀛舫"。

謝琴文鈔一卷詩鈔四卷

〔清〕吳景潮編。景潮字憲文，號“素江”，歙人。錢塘籍嘉慶貢生。嘉慶二十年景潮得宋謝枋得《遺琴繪圖》，爲引徵詩，凡得文一卷、詩四卷，冠以遺像、琴圖并本傳、行實刻之。據《徵詩引》，琴修三尺四寸五分，額廣五寸，腰狹三寸四分，琴背有銘曰：“東山之桐，西山之梓，合而爲一，垂千萬古。”又題曰“號鍾”，下署疊山，分隸凡二十字。售者云：“得之燕郊土中。”梁紹壬《兩般秋雨盦隨筆》載景潮僑居杭州，掘土得謝文節琴長三尺四寸，額廣四寸者，誤。又考鮑桂星《詩續抄》卷三，有《和景潮原均》四律，是集卷四僅載桂星一律，蓋和均在後，未及刊入也。

駢體南鍼十六卷

〔清〕汪傳懿輯。傳懿字右文，號“絅庵”，安徽人，縣籍不詳，以祖官湖北漢陽仁義司巡檢占漢陽籍，嘉道間從九品銜，咸豐二年殉難，賜葬祭祀昭忠祠，從祀忠義祠。易本烺撰傳、張裕釗撰墓表，皆見其子家政所輯《忠義錄》。集凡十六卷，所錄自乾隆中年以後，分慶賀、陳謝二類。慶賀之子目二、陳謝之子目二十三，蓋其父從邸鈔中檢存者，傳懿復廣之爲是編，前有自序及渤海杜翰序，咸豐元年刻。二年板毀於亂，同治五年子家政重刻，有孫家鼐序、袁瓚跋。

古文鈔

〔清〕張孔蘊編。孔蘊有詩集，已著錄。是集見《縣志》本傳。光緒《（安徽）通志》著錄，無卷數。

文選增注

〔清〕吳昌齡撰。昌齡有《梅村詩箋》，已著錄。光緒《（安徽）通志》著錄是集，無卷數，又入“集部·箋注類”，今改隸“總集”。

續湖海詩傳

〔清〕朱鍾、胡元熙同編。鍾有《謙山詩鈔》，已著錄。元熙字叔咸，一字篆農，黟人。道光元年舉人，由光禄寺署正歷兵部郎中，浙江衢州、湖州、嘉興、嚴州、處州、杭州知府兼護糧漕道，引疾歸，咸豐七年卒，年七十一。事迹具《縣三志·宦業》《（縣三志）尚義》兩傳。據《縣續志·文苑傳》及《（縣）三志·尚義傳》。鍾仿王昶《湖海詩傳》，選刻時賢詩爲續集，纔數卷而卒，元熙輯成之。光緒《（安徽）通志》著錄，無卷數。

文選補注六卷

[清] 余舜臣撰。舜臣字卿五，黟人。道光元年舉人，二十八年以史館議叙選山東費縣知縣，咸豐二年乞休歸，卒於家。事迹具《縣三志·宦業傳》。光緒《（安徽）通志》著録"集部·箋注類"，無卷數，今據《縣志》著録并改隸"總集"。《縣志》稱屋毀於寇，所著皆佚。

東山草堂詩集三卷

[清] 蔡邦霖選。邦霖有《浴蘭齋詩集》，已著録。是集凡三卷，卷一曰《蠅吊軒集》，明謝鳳毛撰，有陳純儒及從孫邦光序。卷二曰《襄山詩草》，清謝舉安撰，有陳廷綸、汪有典序。卷三曰《夢餘草》，清謝裔宗撰。"三謝"皆無爲州人。舉安，鳳毛季子，裔宗，鳳毛族孫也，前有道光二年邦霖序，後有華亭張興鏞侄孫錫麒跋。光緒二十五年印。三集已各著録，然原集或不存，反藉是選以存其概，故復著之總集焉。

三壽詩集

[清] 戴喬齡、馮瑞章、武頑夫撰。喬齡字壽山，號"癡叟"，瑞章，號"拙翁"，頑夫名不詳，皆蒙城人。喬齡縣學附生。事迹具《縣志·孝友傳》。是集喬齡詩六十一首、瑞章詩十八首、頑夫詩十首，前有序并題詞三絶而無姓名，鈔本未刻。三人以咸豐三年冬晤於翠竹山房，賦詩唱和，因録其詩爲是集。其名三壽者，以三人一七十、一六十、一逾五十也。

息游咏歌一卷

[清] 夏炘輯。炘有《易君子以録》，已著録。是編因朱熹年譜別録有愛誦屈平《離騷》、諸葛亮《出師表》、陶潛《歸去來辭》并杜甫數語而作，又以熹所誦杜詩不可考，附以熹《齋居感興詩》二十首爲一卷，爲《養疴三編》之一，除熹詩無注外，餘皆考各本同異系於各字句下。《離騷》又采戴震注，分段并注音義，至俗本"指九天以爲正兮，夫唯靈脩之故也"句下有曰"黃昏以爲期兮，羌中道而改路"二句，炘謂當在"何所獨無芳草兮，爾何懷乎故宇"二句下。又據《文選》江淹《雜擬詩》注，改《歸去來辭》"或命巾車"爲"或巾柴車"。又以《宋書》《南史》及《文選》李善注，均謂潛義熙以前書晋年號，永初以下書甲子，今本自庚子至丙辰皆書甲子，乃唐以後傳刻之訛。前有自序，後有夏勤墉跋，刻入《景紫堂全書》。

登原題咏略四卷

［清］汪澤輯。澤有《竹莊詩文集》，已著録。是集四卷，卷首《歷朝題咏》姓名、爵里二十一條，卷一《歷朝文》十一首，卷二《歷朝詩》二十一首，卷三道光七年雜文五首，前有道光七年自序，蓋即刻於其時。光緒二十二年裔孫器勖等重刻，以修墓、立碑、祭文四首附卷末，而以胡培系所撰《（汪）澤事略》冠其端。光緒《（安徽）通志》著録"別集"，又脱"略"字，今據本書著録并改隸"總集"。登原者，華陽勝迹，唐越國公汪華城宅在焉，後有其先世墓，爲江南佳城第一，宋以降題咏甚多，澤就耳目所及，輯爲是編，以尚有佚者，故曰略也。

文選箋證三十二卷

［清］胡紹煐撰。紹煐（字耀廷，一字藥汀，號"枕泉"，績溪人。道光十二年舉人，官太和教諭，引疾歸，咸豐十年殉難）有《蠖説叢鈔》，已著録。紹煐以《文選》李善注擇焉不精，往往望文生訓，轉失本旨，清代治《文選》者十數家，惟金壇段玉裁、高郵王念孫由音求義，即義準音，能發前人所未發，乃即段、王所未及者，成箋證三十餘萬言，歷二十餘載，稿經數易，最後乃厘爲三十二卷，有朱右曾序及自序，咸豐間刻。旋毁於亂，僅存鈔本，同治十二年其子小泉以手鈔，間有訛奪，屬族父培系校勘，培系據所引各書逐一檢校，有爲己見所及者，亦間有考正并跋，光緒十三年胡氏世澤樓重印。光緒《（安徽）通志》著録"集部·箋注類"，今改隸"總集"。紹煐受"三禮"於族兄培翬，尤精聲音訓詁，又萃畢生精力以成是編，蓋不獨有功於李氏也。

宿游唱和草二卷

不著編輯人姓名。其詩則洪錫慶、潘世鏞作也。錫慶字菊人，歙人。世鏞有《吟古鏡齋詩集》，已著録。道光十三年十月錫慶奉檄攝宿州學正，招世鏞偕行，以是年十一月初啓，行明年二月交卸返歙，往返四閲月，得詩二卷。又附歙胡俊七律二首，績溪汪榛七絶八首，高郵宋茂初七古五首、四言一首、七律四首，江寧盧光綸五古一首、七絶三首，歙洪步蟾七絶三首，潘紹曾七律二首，洪天增七律六首、七絶二首，前有胡俊、胡華發序，歙胡正晋、正仁、程紹寬、紹寯、汪允中、休寧戴錫淳、汪熙醇、汪承詵、高郵周叙、王敬之、夏崑林、景大文題詞。

求志居唐詩選

［清］陳世鎔選。世鎔有《周易廓》，已著録。是編萃三百年作者兼收并蓄，而以杜甫、李白、白居易、韓愈爲得法外意所采最多，餘如陳子昂、張九齡、高適、

李頎、岑參、王維、孟浩然亦甄錄略具，然於陳之《感遇》、李之《古風》、杜之《出塞》、白之《秦中》，則竊取《文選》，錄阮籍《咏懷》十七首之義爲之要，刪韓之《南山》，退居補編《月蝕》列於附錄，又以杜之"詔從三殿去，碑到百蠻開"，爲凡近"野館濃花發，春帆細雨來"爲滯於句下，孟之"氣蒸雲夢澤，波撼岳陽城"爲意盡句中，賈島之"僧敲月下門"爲索然無味，皆不肯苟同，所錄各篇間附評論，有疑義亦略取時事疏證，惟不登宋明詩話。世鎔論詩以性情、格律相須爲用，不取時代、格調之説，而以質而不俚，婉而成章無戾，温柔敦厚之教爲主，所選即本此旨也。

皖江三家詩鈔四卷

[清] 陳世鎔編。三家者，明汪之順，清余鵬年、江爾維，皆懷寧人。之順曰《梅湖詩鈔》、鵬年曰《枳六齋詩鈔》各一卷，爾維曰《七峰詩稿》凡二卷，惟鵬年詩後附其弟鵬翀，詩五篇，道光十四年刻并序。遭亂板毀，同治十三年江潮重刻。潮，爾維子也。三集已各著錄，此所錄非其全，然本集或不傳，轉賴此以存概略焉。

棣華吟館殘編稿二卷

[清] 唐瑩編。瑩有《謝家山人集》，已著錄。此乃其兄金科，弟金玉、金鑑、金儀與瑩唱和之作。金科字莘田，監生，詩三首。瑩詩七十九首。金玉字湘帆，恩貢生，詩十首。金鑑字鏡潭，縣學生，詩六首。金儀字子度，拔貢生，詩七首。原編本八卷，遭亂遺失，追憶僅得二卷，光緒十年刻入《紅蕉館叢書》，爲《謝家山人集》之第一、第二卷。據瑩序，金科詩不常作，金鑑、金儀詩非所好，惟瑩與金玉所作較多，詩亦以二人爲勝也。

花窗夢影圖題咏六卷

[清] 程端本編。端本字大原，一字卓芸，又作倬雲，歙人。杭州籍諸生。《花窗夢影圖》者，端本屬汪彥宣繪，題者凡八十九人，前有端本識語、同縣胡正仁及湖濱老漁序、嘉定朱右曾題詞，後有方允鑲、程懋政跋，道光二年刻。"湖濱老漁"，程芝雲別號也。

古桐鄉詩選十二卷

[清] 文聚奎、戴鈞衡同輯，王祜臣編。聚奎後更名漢光，有《斗垣初集》、鈞衡有《書傳補商》均已著錄。祜臣字子甫，號"殿襄"，聚奎門人也。鈞衡性嗜詩，遇佳篇必錄，得三數十家，欲合梓之。道光十七年聞聚奎謀刊曾旭《桐子山農詩

鈔》，乃書約共事，所錄限桐城北鄉，得作者一百七十七家，詩一千一百有七首，編次略依時代、科名，詩前各系小傳，有方東樹、張敏求序，道光三十年刻。桐城選詩者，康熙間有潘江《龍眠風雅》正續集，道光間有徐璈《桐舊集》，然皆一縣之詩，惟嘉慶間王灼《樅陽詩選》始限南鄉一隅，是選實繼之而起，所錄之人必考之文獻，徵之見聞，非確爲鄉人不入，其先居是鄉而後徙、或先居他鄉而後至者，皆僅載其人之詩，不載其子孫及先世。其名古桐鄉者，據許琬説，以古桐鄉不出今北鄉境，因取以名，惟凡例載有知其里居而未得其詩者，如何唐、左國材、孫中衍、左霜鶴、胡彥三、孫用先、張輔贇、朱龍光、孫位山、張靜諸人。案：霜鶴即國材號，此以爲二人，誤。又《桐舊集》錄何唐詩二首、張輔贇詩十六首、左國材詩二首，而此云未得其詩，蓋《桐舊集》刻於咸豐初，聚奎等輯是集時，尚未得見也。

有恒心齋前集一卷

[清] 程鴻詔輯。鴻詔有《夏小正集説》，已著錄。此乃其曾祖陟洲、祖桂馥、父式金之文。據鴻詔撰家傳，陟洲字鳳泉，一字不村，黟縣人，廩生，有《天香書屋文》一卷。桂馥字月巖，一字笈雲，縣學生，有《拜楓草堂文》一卷。式金字友石，嘉慶廿五年進士，四川叙永廳直隸同知，有《友石山房詩文》一卷、《雜文筆記》一卷。是集陟洲文一首、桂馥文八首、式金文二十九首、筆記三十三則。又據鴻詔集後記，先世手澤①百不十存，以得拾遺文而彙集之爲幸，知各集已不存，此爲鴻詔所掇拾也。

桐山名媛詩鈔十一卷

[清] 吳希庸、方林昌同編。希庸，桐城人。林昌有《抱膝吟》，已著錄。是集十一卷，光緒《（安徽）通志》著錄。

唐詩析類集訓

[清] 曹錫彤編。錫彤字省齋，望江人。道光諸生。錫彤以唐詩注鮮善本，體尤未備，弱冠後從事是選，閱二十四年，七易稿，乃竣。分體，凡數百，所錄徵戌、遷謫、行旅、別離之作尤繁，其注用李善注《文選》例，正俗解之誤凡數百條，其詩題之稱某官某行未載名字者，博考注明，地理亦爲箋釋，選錄大旨則以溫柔敦厚爲主，不取初盛中晚之説，前有同治五年自序并凡例十則，歿後其子作鼎刻，後有族人栩跋。

---

① 手澤：先輩存迹。宋李清照《金石錄後序》："今手澤如新，而墓木已拱。"

西冷詩鈔

[清] 孫埁編。埁有《簪花室詩集》，已著録。光緒《（安徽）通志》著録是集，無卷數。

清四六大觀

[清] 王以寬編。以寬有《東皋詩文鈔》，已著録。光緒《（安徽）通志》著録是集，無卷數。據《縣三志·文苑傳》已毀於火。

謝氏三賢遺稿三卷

[清] 謝維甸輯。維甸字春郊。祁門人。道咸間諸生。"三賢"者，宋謝璉，明謝復、謝存仁也。璉所撰曰《竹山遺略》、復所撰曰《西山類稿》、存仁所撰曰《大涵賸存》，均已著録。原集已不存，僅賴是編以存崖略，故復録之"總集"焉。

唐詩類苑

[清] 汪棟編。棟字丹叔，婺源人。應蛟曾孫，斯醇次子。縣學廩生。事迹具《縣志·學林傳》。光緒《（安徽）通志》著録，無卷數。

青山詩選六卷

不著編者姓名。所録自姚瀚至劉瑞芬，凡十四人，内惟卷四之姜起鈞籍青陽，餘皆貴池人。道咸間瑞芬與諸人結青山詩社，是集六卷，即其同社所作。嘗訂正於桂超萬，合爲一編，越二十一年爲光緒元年，乃屬桐城徐宗亮覆校刊行，前有宗亮序。

黃海看雲圖題詞二卷

[清] 汪廷棟編。廷棟字芸浦，號"黃海山人"，歙人。道光諸生，咸同間入左宗棠幕，光緒六年權甘肅河州知州，九年請咨北上，途次疽發告歸，十二年復佐東三省練軍至二十年，年已六十五矣。先是光緒五年廷棟倩①長白達昌繪《黃海看雲圖》，至十八年題者既遍，王志修復爲繪第二圖。第一圖題者四十八人，詩七十八首、詞曲各一首，第二圖題者二十五人，記一首、詩四十六首，十九年更倩陳衍庶、王志修縮圖爲尺幅并按題詞之先後爲次第，編爲上下二卷，前有張英麟、白永修序

---

① 倩：請，央求，請人做某事。唐杜甫《九日藍田崔氏莊》："羞將短髮還吹帽，笑倩旁人爲正冠。"

及自序，後有自題五古并楊覲宸書後，二十年刻。

文選古字通訓補四卷拾遺一卷

[清] 呂錦文撰。錦文有《懷研齋吟草》，已著録。先是甘泉薛傳均取文選李注所標古字通借者，引《説文》以釋之，成《文選古字通疏證》六卷，而李注未及者猶多藏結，錦文乃推廣其例，於李注未及者，釋其假借旁通之由，凡得四百三十七條爲是編，前有自序并光澤、何秋濤、涇包慎言序，光緒二十七年孫美璟校刻。錦文少從大父學，多識前聞。秋濤稱其樹義確、析疑精、考證詳核，能即文辭以溯小學之原，勝宋婁氏《班馬字類》，不啻倍蓰云。

先正文鈔二卷

[清] 汪浚編。浚有《黄陂別業古文》，已著録。是集二卷，光緒《（安徽）通志》著録。

龍亢間氣集

無編者姓名。所録張鳳翎詩二十一首，唐承翰詩三十一首，晏宗望詩三十首，胡起瀾、韓曜臨詩各三首，唐縉良詩五首，朱家槐詩九首，胡長庚詩五首，唐學典詩七首，張夢笏詩八首，晏綵詩十九首，趙春元詩十一首（内禽言四首，誤入雜著），嚴寶翰詩二首，胡書禾詩五首，唐鍾龍詩三首，鮑源深詩四首，蔣女士貽美詩六首，斐女士詩四首，張女士詩十四首。附詩餘唐承翰二首，晏宗望三首，張夢笏一首，趙春元二首，朱國士二首，又附雜著唐承翰四首。除鮑源深爲和州人外，餘皆含山人，鈔本無序跋。又除張鳳翎《柳橐箋詩集》、唐縉良《種菊山房詩草》、鮑源深《補竹軒詩集》，已著録外。據《和州志》，唐承翰一名鳳池，字花笠，廩貢，有《洗心軒詩集》；韓曜臨字崑南，嘉慶二十三年舉人，有《冷翠軒詩集》；張夢笏字爽山，開來子，道光十五年舉人，壽州學正，有《瓶花餘艷詩集》，事迹均具《和州志·文苑傳》。晏宗望字秋水，道光十一年舉人，官山西垣曲知縣，咸豐三年城陷死之，有《漁子詩集》；胡書禾字稷生，江西候補按知事，咸豐六年帶練兵營潰，憂憤死，有《爨餘詩略》；嚴寶翰字西園，諸生，殉難，有《偷閑草詩集》，事迹均具《州志·忠節傳》。胡長庚字少白，道光三年進士，官山西汾州知府，有《少白詩存》，事迹具《州志·宦績傳》。又胡起瀾字春帆，嘉慶二十三年舉人，有《瓊閣詩鈔》；朱家槐字位三，號“虛曬”，縣學廩生，道光四年卒，有《惜陰書屋詩集》；唐學典字修甫，有《編蘆書屋詩集》；晏綵字白華，有《柳風梨月軒詩集》；趙春元字星符，有《只此略存詩集》；唐鍾龍字卧云，有《扣劍吟詩録》；朱國士字雲卿，有

《紅芙蓉館詩餘》。以上七人，《州志》皆無傳。斐女士、張女士并名不詳。龍亢者，南宋南齊時縣名，屬南豫州歷陽郡，今含山縣東南，故以名也。

紅曲山房祖孫詩集三卷

不著編人名氏。據鮑源深序，蓋即汪守忱所輯，至益以守忱詩則不知何人所爲也。詩凡三卷，曰《澤癯吟草》，汪爲光撰；曰《原不爲名存草》，汪守性撰；曰《生白室生吟稿》，汪守忱撰。抄本未刻，三集已分別著録，茲復存其名於“總集”。紅曲，則嶺名也。

清經世文續鈔

[清] 胡培系輯。培系有《儀禮宮室提綱》，已著録。先是邵陽魏源爲賀長齡輯《清經世文編》，成於道光六年丙戌，培系以同治元年避地入楚，距源成書之歲三十有六年，世勢民風不無變易，而一時名彥各出其議論以救敝補偏者，亦月異歲不同，暇就所見隨手鈔録，以爲魏氏之續，而曩時軼文墜簡有爲魏氏未見者，及前編生存諸人撰述有出於道光丙戌後者，亦悉采入，其體例一依前書，意在廣收博取，以待他日審定云。

績溪金紫胡氏家藏録

[清] 胡培系輯。培系曾輯先世撰述，共九卷，以歸其弟子書，咸豐十年縣城不守，子書亦歿，曩輯遂不可問，同治元年復取先人賸稿録而藏之，并附録當時友朋贈答及銘誄、傳記於後，即是本也。

風雨懷人録四卷

[清] 胡培系輯。凡四卷，培系所録師友撰著，自罹寇難十失五六，同治四年館武岡鄧氏，檢篋中存者，彙爲是集，以人存詩，不以詩存人，蓋沿青浦王昶《湖海詩傳》之例云。

車笠同盟集一卷

[清] 朱伸林録。伸林有《古月軒詩》，已著録。是集所録皆與伸林酬和之作，凡五古一首、七古四首、五律九首、七律五十六首，作者自朱宋湛至吳慎旃，凡十三人，而朱族居其六，附刻伸林集後。

古詩鈔二十卷

[清] 吳汝綸評選。汝綸有《易說》，已著錄。是集五古十二卷，自漢無名氏至唐張籍四十一家，詩千三百九首；七古八卷，自漢武帝至元虞集三十一家，詩五百二十九首，都二十卷，又原目一卷、附目四卷，民國十七年武強賀葆真刻，後有子闓生跋。王士禎《古詩選》不錄杜韓，曾國藩亦止十八家，汝綸就二本加以評點并考諸本同異，采諸家評論，折衷而取其長。闓生鈔輯，附以所增益蔡琰《悲憤詩》及劉楨、沈約、江淹、庾信、柳宗元、張籍各家爲是集，其稱方云而不名者，乃方東樹《昭昧詹言》之說，至原目七百六十一首爲最精本，附目千八百四十餘首，則闓生綜汝綸所嘗點定漢魏樂府、歌行及諸家專集爲之，不欲與此相混也。

二許先生集八卷

[清] 許鑾編。鑾有《叢桂山房詩鈔》，已著錄。二許者，伯曰新堂，所撰曰《日山文集》；季曰雨田，所撰曰《慎餘堂古文》，各四卷。據鑾《遺集綴言》，二集皆得之族弟拱宸家，至鑾子鎮藩始印行。吳汝綸序云：“兄弟并受學於吳直，又頗漸染於方苞，其爲文考經證史，叙述心志，往往出入意表。”二集本各著錄，茲復存其名於“總集”焉。

李翰林姑孰遺迹題咏類抄八卷

[清] 曹笙南輯。笙南字補陔，號“蔗生”，青陽人。同治九年賜副貢，官祁門、當塗儒學教諭。是編輯於光緒七年，凡六卷，又卷首上下二卷，卷首上爲李白姑孰文詩、下爲史傳集序贊論；卷一青山墓祠碑記；卷二青山墓祠詩；卷三采石樓祠碑記詩；卷四采石樓祠詩；卷五采石樓祠楹聯、畫壁詩、梅花石刻詩、石香爐詩；卷六采石墓亭詩、記采石磯詩、姑孰溪詩、脫靴圖贊詩，附古迹，光緒八年謫仙樓住持道衲方臥雲募印，前有知府沈鎔經、縣人鍾良駿及笙南序，後有臥雲識語。先是臥雲印太白樓楹聯既成，復以鈔輯遺迹題咏，請鎔經以屬，笙南乃據本集及《府(志)》《縣志》并親往青山、采石兩處搜求古碑、尋訪遺迹，與良駿所得縣人吳其琳《安巢鈔稿》合爲一編，其例以姑孰爲限，咏李白而不涉姑孰、咏采石而不涉李白者皆不錄。此錄詩文自唐至光緒初，因類分列，仍以時代爲先後，同時則以體分，其得自別集傳鈔及所訪之碑者，并注明所出。墓祠、樓亭則詳其建造興修之時代、人名，亦頗資考證也。

題襟館唱和集四卷

[清] 方濬頤編。濬頤有《二知軒集》已著錄。同治十年濬頤官兩淮鹽運使，會

江陰何杖傚居揚州，桐城許奉恩入其幕，道州何紹基、合肥王尚辰亦先後至，乃取邗上題襟①集，劉嗣綰寄曾燠韵首倡二律索和，又與奉恩、尚辰日拈題爲各體詩，自夏徂秋彙之得五百五十一首，作者凡五十四人，奉恩爲序，刻於次年壬申秋。

新安先集二十卷

[清] 朱之榛輯。之榛字竹石，浙江平湖人，原籍休寧。官江蘇按察使。初朱爲弼於道光十年刊朱蔚《春明吟稿》一卷、朱荃《香南詩草》一卷、朱英《史山樵唱》三卷、朱鴻猷《雲谷書堂詩》二卷，都爲《新安先集》，印本既勦，板復散失，咸豐二年朱善張就舊印本重刻，并增朱鴻旭《竹窗吟卷》，朱爲霖《西江吟草》，亦毀於兵，同治十二年之榛重刻於蘇州，又增入善張、善鳳、善寶凡二十二家，并各附小傳，即此本。凡例雖稱斷自遷浙一支爲限，而所錄朱昌周、朱昌緒乃在遷浙之前，其集又以新安名，示不忘本，故今仍著錄焉。

錦城詩存三卷

[清] 倪望重輯。望重（字仲榮，號"漁珊"，祁門人。偉人長子。同治十三年進士，歷浙江分水、淳安、諸暨、黃巖、臨海知縣）有《錦城紀略》，已著錄。是集以其弟望廑所得，并采《祁詩合選》及《祁門縣志》所載，於明得吳文貫、倪思輝、倪宗時、倪宗孔、倪宗維、胡士會、吳守謙、吳茂賢凡八人；於清得倪淵侍、胡士著、吳書升、吳雲山、吳雲岫、胡文魁、倪樹仁、倪世隆、吳誦芬、倪偉績、倪前定凡十一人，前載作者事略，有光緒二十五年自序，蓋即刻於其時。錦城者，處祁之西偏，望重所居渚口別名也。

于湖謝氏三世詩鈔三卷

[清] 謝登雋及曾孫葆和，玄孫立本撰。登雋（字才叔，又字金門，號"易堂"，又號"梅農"，祁門人。蕪湖籍乾隆三十七年中正榜，官至湖北宜昌知府，逾年卒，年六十二。事迹具《祁門志·宦績傳》《蕪湖志·流寓傳》）有《退茲堂集》，已著錄。葆和字養之、又字申甫，號"悔庵"，道光十九年舉人，以軍勞保儘先選用知縣恤贈知府。立本字培根，號"鈍叟"，光緒二年進士，歷河南通許、獲嘉知縣，升用知府。登雋《退茲堂詩集》，經亂板毀，其裔孫從舊家藏畫中錄出若干首，又得《極樂寺六詩》共二十八首，合以葆和《萱壽軒遺詩》三十九首，立本《可無詩存》四

---

① 題襟：抒寫胸懷。唐溫庭筠、段成式、余知古常題詩唱和，有《漢上題襟集》十卷（見《新唐書·藝文志四》、宋計有功《唐詩紀事·段成式》），後遂以"題襟"謂詩文唱和抒懷。清曹寅《程蕎堂至詩以慰之》："暫止題襟淚，江鄉近若何。"

十首，訂爲三卷，前有三世爵里志略及民國九年長沙程頌萬序，後有裔孫師宗識語。十三年印於武昌。頌萬謂登雋出入杜蘇，葆和稍近白陸，立本取關吏治，自出機杼，殆非過許。近人《皖雅初集》皆未錄，蓋未見是集也。

舊雨集

[清] 濮嵩慶輯。嵩慶有《一葉山房詩鈔》，已著錄。是集乃嵩慶游幕霆營與諸友唱和并門下請益之稿，仿王士禎《感舊集》，人繫小傳，光緒十二年子文彬編次、附刊嵩慶集後，前有黃岡楊鴻鈞序，後有文彬識語。

清文棟八卷

[清] 胡嘉銓輯。嘉銓字叔衡，黟人。集凡八卷，所錄自清初至清末，都七十人文百篇，皆取有關世教者，前有自序，光緒十二年印。宣統元年嘉定黃守恒重印并序。

池上姚氏詩鈔四卷

[清] 姚瀚輯。瀚字北海，一字竹園，自號"蝦湖"，亦"自棄人"，貴池人。同治間卒。道光五年瀚得姚相唐七律數章於楊林書屋，遂有編輯姚氏詩鈔之舉，嗣游廣東，中寢迨歸，乃再理前編成之，有道光十四年自序及同治二年山左李福泰序。歿後二十餘年子謙以遺命，附錄瀚詩及謙與弟遜讓并姚氏名媛詩，自明初至清光緒共得八十一人，詩四百十二首，釐爲四卷，又補遺姚濟詩十二首、姚謙詩二十四首、姚紹翰詩一首，其編次不計世次、年次，存人各有小傳，前有謙撰例言四則并序，光緒十三年刻。瀚與同縣汪林、劉仁、章凌、劉瑞芬、姚潛、姚琨結青山詩社，桂超萬尊爲騷壇圭臬。自言隨時采訪，到處搜羅，或得之志書、或得之文藝、或得之摹崖、或得之畫軸，其用力蓋甚勤，雖一家之集，固徵文獻者所取資也。

癸未重九宴集編一卷

[清] 孫點輯。點字君異，來安人。拔貢，知縣，光緒十三年調充駐日使館隨員，出使日本。大臣黎庶昌於光緒九年重九日會中東人士二十一人，於使署得文三篇、詩五十五首，庶昌序并刻，惟初刻詩文未分，且有遺未列名者，十四年庶昌再使日本，點爲釐訂付印，即此本也。

戊子重九宴集編一卷附枕流館雅集編一卷

[清] 孫點輯。光緒戊子黎庶昌再使日本，於是年重九會中東人士於使署，主賓

凡三十二人，得文五篇、詩六十四首，點爲之記。《枕流館雅集編》一卷，則日本重野安繹等公燕庶昌之作，主賓二十四人，得文六篇、詩二十八首，戊子爲光緒十四年點時隨使在東也。

嚶鳴館詩集四卷

［清］孫點輯。凡四卷，點與日本大鳥圭介、宮本小一、西島醇梅、犬養毅等唱和彙集成編，其《百叠集詩》爲一卷，則點自撰也，刻於日本東京。

岳雲集六卷

［清］劉廷鳳編。廷鳳字梧岡，原名鳴岐，潛山人。光緒十五年恩科舉人，民國元年官安徽實業司司長。集凡六卷，卷一至卷三文，卷四至卷六詩，前有自序，乃民國九年廷鳳修《潛山志》時編印，稱舊志二十四卷，藝文占其九，碑刻書目祇一卷，餘皆詩文，既乖體例，詳略又不得宜，因仿洪亮吉《涇縣志》例別爲單行本。凡舊志所載別擇存之，文集中新增一卷，皆取山川游覽或掌故足資考證者，詩增劉著二十四首，以其人爲舊志及省志所未載，從元好問《中州集》錄出云云。其名岳雲，以天柱古爲南嶽也。

師友緒餘一卷

［清］吳保初輯。保初有《未焚草》，已著錄。是編一卷，所錄詩文、書札自宗室寶廷至合肥王尚辰，凡二十六人，前有光緒二十五年保初識語，云檢往時師友贈答哀爲一集，雖一字之寡、千言之富，都存而錄之，志不忘也。

周氏清芬文集十四卷詩集二十四卷

［清］周元音、周大來、周雲章等同輯。元音字琴風、大來字綏之、雲章字叔慎，桐城人，皆光緒廩貢。集載三人字而不名，此則據周氏譜也。集凡文十四卷、詩二十四卷，皆輯周氏一姓之作，文始周岐終周啓源，凡十七人，詩始周岐終周懿德，凡四十九人，前有諸人小傳暨方宗誠序，後有周方林跋，光緒十九年刻。桐城之輯一姓著作者，前有《方氏詩輯》《馬氏詩鈔》，然皆有詩無文，此獨詩文并錄。諸人雖各有集，然經咸豐兵燹，已多散佚，實賴此以存梗槩，元音等搜討之功，尤不可沒也。

貴池二妙集四十七卷附錄四卷

［清］劉世珩編。世珩字聚卿，號“葱石”，貴池人。光緒二十年舉人，歷官江

南候補道度支部參議。"貴池二妙"爲吳應箕、劉城。朱彝尊《靜志居詩話》所謂伯宗、次尾"貴池二妙"，才氣亦相敵者也。應箕所撰曰《樓山堂集》凡二十七卷，城所撰曰《嶧桐集》凡二十卷，光緒間世珩得吳集夏刻本，又得劉集康熙刻本，校補合刻取彝尊語名之，又於吳集增入五律一首、劉集增入題後一首，均依體附入。附錄四卷，則傳記、序跋、年譜之屬，吳譜當塗夏燮譔，世珩重爲厘訂，劉本無譜，乃世珩所編，光緒二十七年刻成，有繆荃孫序及自序并跋。余懷序《嶧桐集》，謂當與《樓山集》合刻而迄未果，世珩乃於二百年後爲完此志。二集已各著錄，兹復錄入"總集"，以不没其表章先哲之功焉。

同懷詩鈔四卷

〔清〕靳宗朴編。宗朴字仲玗，舒城人。光泗次子。光緒諸生。是集凡二種，曰《浪鷗集》二卷，光泗撰；曰《耕餘集》亦二卷，光泗弟光汶撰，已著錄入"別集"。宣統二年宗朴校訂合印，署曰《同懷詩鈔》，有宗朴序及從孫鈴跋。

飛鳥遺音草堂詩二卷續集二卷

〔清〕碧潭子編。碧潭子，太平人。姓名不詳。集分八類，曰慶祝、曰贈行、曰哭吊、曰評芳、曰紀節、曰看會祀神、曰近作、曰和詩，蓋書肆所爲（《采訪册》）。

秦漢古文八卷

〔清〕李澤同編。澤同有《四雪亭詩文遺稿》，已著錄。是集八卷，仿曾國藩《經史百家雜鈔》例，録四史文之簡樸雅正者，間以史事附注（《采訪册》）。

唐詩絶句選一卷

〔清〕李澤同選。爲《啓蒙集》之第三種。

短篇古文選一卷

〔清〕李澤同選。皆取子書譬喻文字，爲《啓蒙集》之第四種。

居巢詩徵十卷

〔清〕劉原道輯。原道字立生，巢縣人。光緒諸生。是集十卷，起明初迄清季嘉道以前，就周鑑溪《居巢詩略》稍芟蕪雜，復增輯三四百首。流寓則起周漢迄今，共二百三十三家詩，三千餘首詩，前各系小傳，其例生存不錄入，爲衆棄詩雖佳，亦不録，又仿陳子龍選明詩意，語意疵纇均爲酌改，僻典奧旨間爲箋注，蓋歷二三十年而後成，前有馮煦序暨自序，民國十年印。

歷朝農桑詩集初編一卷正編二十三卷

[清] 吳國士編。國士字伯恒，桐城人。光緒布衣。民國二十三年卒，年六十餘。是集采古今農桑之詩，分爲二編。初編一卷，起唐堯迄隋，不分體。正編唐宋各四卷，元二卷，附金明五卷，清八卷。皆分體編次，樂章、樂府附四言，次五古附五言排律，次七古，次五律、七律，次五絶、六絶、七絶，每人有小傳并摘録原書詩評，或附己意，前有自序并例言八則，稿本未刻。

新玉臺詩鈔十六卷

[清] 吳國士編。唐及明清各四卷，宋元各二卷，皆分體編次，首五古、七古附排律，次五律、七律，次五絶、七絶，樂府即散見各體中，前有自序并例言五則，其名“新玉臺”以繼陳徐陵《玉臺新咏》而作也，稿本未刻。

青箱集

[清] 許美瓚編。美瓚字遲生，廬江人。是集爲許鳳翔及子大同、孫繼權暨美瓚之詩。鳳翔字尊榮，號“恂堂”，道光二十五年進士，官至福建邵武府同知，事迹具《縣志·宦績傳》，詩二首。大同字謂亭，道光二十六年舉人，江西候補知縣，詩三十九首。繼權字與之，光緒優貢，詩二十五首。美瓚詩四十六首附後，鈔本未印。鳳翔、大同、繼權詩均見《皖雅初集》。美瓚，繼權子也。

芷湖贈答詩鈔一卷

[清] 王裕承編。裕承字雨人，阜陽人。以軍勞官西城兵馬司副指揮，光緒二十六年改外歷雲南大姚、順寧、浪穹知縣，民國任鳳陽關監督，七年卒，年六十一。裕承以光緒三十一年三月任浪穹，宣統元年二月調省。是集一卷，乃裕承留別浪穹紳民七律四首，和者凡三十七人，又七古、五律各一首，七律二首，前有施文熙、杜國梁序及自序，旌德江懋勛題詞，民國七年印，附裕承遺詩五首，有弟承祜後序并詩，十五年重印。

竇氏四隱集二十四卷

[清] 竇蔭蒸編。凡二十四卷，前有吕璜序。蔭蒸仿竇常、（竇）群《（竇氏）聯珠集》故事，録己及弟以煦、以顯、以燕之作，總爲一編。蔭蒸曰《潁濱居士集》

十卷附録一卷，又家範一卷；以顯曰《存誠山房詩集》四卷、文集七卷；以燕曰《愛日軒詩草》一卷，以上三集均已著録"別集"。以煦之《潛廬集》，以生存未印，實止三人。四隱者，謂兄弟皆退隱，無仕進志也。

淮海遺音集四卷

[清] 汪韜輯。韜有《歷代年號表》，已著録。是集四卷，凡三種，皆韜亡友遺著。一《周烈士實遺稿》二卷，卷上詩百十七首、詞三闋，卷下文六首，前有柳棄疾撰傳，後附祭文一首、挽詩六首。一左仍豪《鏦鏦錚錚齋遺稿》一卷，詩四十首。一佘念宸《蘭坡遺稿》一卷，詩二十七首，統名《淮海遺音集》，有韜總序、分序，共三首，抄本未印。實字實丹，號"旡盡"，別號"和勁"，又自號"山陽酒徒"，原名桂生，字劍靈，更名式恭，再更今名，山陽人，兩江範學生，宣統三年九月舉義被害，年二十七。仍豪字漢鏦，一字漢冲，阜寧人，清拔貢。念宸一名偉民，字蘭坡，贛榆人，民國元年剿匪戰死，皆江北陸軍學堂學生，與韜同學者也。

蘭籹叢稿四卷

[清] 胡清瀚編。清瀚字文波，祁門人。廷琭子，集凡四卷，古今體詩二卷、文及尺牘各一卷，乃廷琭友朋贈答之作，前有民國十九年婺源江峰青序。蘭籹者，廷琭性愛蘭，家居時所搆也（《采訪册》）。

青山風雅集二卷

[民國] 何宗嚴、何養性同輯。宗嚴、養性皆桐城人。集凡二卷，據養性序，蓋從《龍眠風雅》《桐舊集》二書所載何氏詩録出，凡作者二十有七人，詩二百二十一首。上卷皆見《（龍眠）風雅》，而《桐舊集》增録其詩與小傳者，亦并入焉。下卷乃《桐舊集》所有，而《（龍眠）風雅》未及者。民國十二年印。其曰青山，則何氏遷桐始祖所宅也。

安徽通志稿·藝文考

集部三十三　詩文評類

續金鍼詩格一卷

[宋] 梅堯臣撰。堯臣有《宛陵集》，已著録。唐白居易有《金鍼詩格》三卷，堯臣游廬山宿西林，與僧希白談詩，因廣居易所述爲一卷，《郡齋讀書志》著録，《直齋書録解題》則謂大抵皆假托云。《江南通志》及道光、光緒《（安徽）通志》皆著録，無卷數。（案：《道光通志·詩文評》首録唐杜荀鶴《警句圖》一卷，光緒《（安徽）通志》無之。考《宋史·藝文志》，杜荀鶴《警句圖》一卷，乃强行父撰，道光《（安徽）通志》誤也，今依光緒《（安徽）通志》削，不録。）

優古堂詩話一卷

[宋] 吴开撰。开字正仲，全椒人（《四庫（總目）提要》作滁州人）。元豐進士，歷官禮部尚書，建炎後謫死。事迹見《宋史》及《縣志·文苑傳》。是集一卷，凡百五十四條，内除論雜文者七條、雜事二條、涉考證者十四條，餘皆論詩家用字、鍊句、相承變化之由，惟卷末楊萬里一條，時代不相及，或後人所竄入。清《四庫（全書）》著録，道光、光緒《（安徽）通志》著録同。

增修詩話總龜四十八卷後集五十卷

[宋] 阮閱撰。閱有《郴江百咏》，已著録。是集前集分四十六門（清《四庫書目》作"四十五"），後集分六十一門，所録書各一百種，前有李易、張嘉秀二序，

後有程珌跋，明嘉靖間宗室月窗道人刊。李序稱舊集頗雜，王條而約之①，彙次有義，芬結可尋，是已非閲之舊；程跋稱是録實抄録未傳之書，月窗殿下延珌校讎訛舛、芟剔重冗，然是書校刻甚劣，訛舛、重冗、觸處皆是，亦與所言不應。又胡仔《苕溪漁隱叢話序》謂閲編此詩總，乃宣和癸卯時禁元祐文章，故不載元祐以來諸公詩話，今按書中涉及司馬光、蘇黄諸人不一而足，乃不如仔所云。其稱詩總或取便文，《四庫（總目）提要》疑書名爲後來所改，亦未必然，惟改阮閲爲阮一閲，則不知何説耳。

苕溪漁隱叢話前集六十卷後集四十卷

［宋］胡仔撰。仔字元任，績溪人。舜陟子，以蔭官至奉議郎、知常州晋陵縣。後居湖州，自號“苕溪漁隱”。是集繼阮閲《詩話總龜》而作，前後集皆有自序。《直齋書録解題》《文獻通考》并著録，道光、光緒《（安徽）通志》》著録同。《宋史·藝文志》作前後集四十卷，仔序稱閲所載皆不録，二書相輔。北宋以前詩話略備，然閲書多録雜事，此則論文、考義居多，閲書多立門目，此則惟以時代爲先後，閲書惟采舊文，此則多附辯證實，較閲書爲勝，惟前集卷三十一載梅堯臣《書竄》詩與《詩話總龜後集》卷十一引《東軒筆録》同，蓋所采既多，亦不能盡避重復也。

風月堂詩話二卷

［宋］朱弁撰。弁有《曲洧舊聞》，已著録。是集二卷，前有庚申閏月自序，咸淳八年，月觀道人得於永城人朱伯玉家并跋。庚申爲紹興十年，蓋弁使金時作其稿，遺於燕京，度宗時始傳至江左也。清《四庫（總目）》及道光、光緒《（安徽）通志》皆著録。弁多記歐陽修、蘇軾、黄庭堅、陳師道、梅堯臣及諸晁遺事。又謂黄庭堅用崑體工夫造老杜渾成之地，爲論黄詩者所未及，首尾兩條，皆發明鍾嶸“思君如流水”既是即目“明月照積雪”，羌無故實之義，則其宗旨所在也。

四六話二卷

［宋］王銍撰。銍有《侍兒小名録補遺》，已著録。是集二卷，皆評論宋人表啓之文，前有宣和四年自序。《直齋書録解題》《文獻通考》著録，皆作一卷，今據清《四庫書目》著録。銍論但舉工巧，不尚氣格、法律，專論四六之書，此爲權輿。道光、光緒《（安徽）通志》皆著録。

①《天一閣書目》卷四之四（清嘉慶文選樓刻本）和《鐵琴銅劍樓藏書目録》卷二十四（清光緒常熟瞿氏家塾刻本）著録：“王條而約之。”而《四庫全書總目》卷一百九十五（清乾隆武英殿刻本）和《書林清話》卷七（民國郎園先生全書本）則著録：“月窗條而約之。”

紫薇詩話一卷

[宋] 呂本中撰。本中有《春秋集解》，已著録。是集一卷，清《四庫（總目）》及道光、光緒《（安徽）通志》皆著録。本中歷官中書舍人、權直學士院。詩家稱曰"呂紫薇詩話"，亦以爲名。

竹坡老人詩話三卷

[宋] 周紫芝撰。紫芝有《太倉稊米集》，已著録。是集三卷，州教官戴文舉出其編，遺郡丞魏公茂，丞轉示陸子東并鏤板於郡閣。時在丁亥六月，當爲乾道三年。《宋史·藝文志》及清《四庫總目》皆作一卷，蓋非完帙。道光、光緒《（安徽）通志》》著録同《四庫（總目）》，今據陸心源《皕宋樓藏書志》所載宋刊本著録。梅鼎祚稱其曲證旁引，譏彈笑粲，間有可喜。

山陰詩話一卷

[宋] 李兼撰。兼有《李孟達集》，已著録。是集一卷，《直齋書録解題》《文獻通考》并著録。《江南通志》及道光、光緒《（安徽）通志》皆著録，無卷數。

名僧詩話六十卷

[元] 方回撰。回有《續古今考》，已著録。是集六十卷，前有自序。《江南通志》、道光《（安徽）通志》皆著録，無卷數。光緒《（安徽）通志》作一卷，蓋據道光《府志》，今據《桐江集》所載自序著録。回以世道降下，乃有緇髡、魁異、傑特之士，埋没於敗衲者，何可勝數，因有感而爲是書。始丁丑、戊寅間，稍述一二，迨還桐江過錢塘搜訪古今僧集，訂以貝經、燈傳，至明年己卯緝成六十卷，而名士大夫詩話亦多參錯其間，意在扶植天命民彝，而非耽博溺異。丁丑爲景炎二年，戊寅、己卯爲祥興元、二年，蓋宋亡之歲也。

作義要訣一卷

[元] 倪士毅撰。士毅（字仲弘，學者稱"道川先生"，休寧人。良弼子，年四十六卒。事迹具《縣志·儒碩傳》）有《四書輯釋》，已著録。是編一卷，皆當時經義體例，在明《永樂大典》中。清《四庫（總目）》著録，道光、光緒《（安徽）通志》著録同。惟原序稱兼采謝氏、張氏説，《永樂大典》注其説，已載《舉業筌蹄》卷中，故不復録，而其卷適佚，然大旨則已具此矣。清盧文弨《補遼金元藝文志》、錢大昕《補元史藝文志》皆作《尚書作義要訣》四卷。

詩文講義

［元］曾仲埜撰。仲埜①，休寧人。光緒《（安徽）通志》著録，無卷數。

臞仙文譜八卷詩譜一卷詩格一卷

［明］寧獻王朱權撰。權有《神隱志》，已著録。是編八卷，又詩譜、詩格各一卷，《明史·藝文志》著録。

詩評一卷

［明］寧靖王朱奠培撰。《明史·藝文志》著録。

聞見詩律鈎玄

［明］孫陽撰。陽有《蚓鳴稿》，已著録。光緒《（安徽）通志》著録是集，無卷數，又脱“玄”字，今據道光《府志》著録。

詩家心法

［明］李爵撰。爵字從修，婺源人。事迹具《縣志·隱逸傳》。光緒《（安徽）通志》著録作祁門人，誤，今據《縣志》著録。爵尤耽詩，嘗病末習纖詭，以振興大雅而己任，恥落盛唐後口吻。汪方塘、王雅宜皆與往還酬唱，雅宜并爲撰傳。

詞林記

［明］胡尚英撰。尚英有《超凡文集》，已著録。光緒《（安徽）通志》載是集，無卷數。《縣志》“記”作“紀”。

詩塵二卷

［明］黃生撰。生有《字詁》，已著録。是集二卷，卷一首論立品、次論近體章法、句法、用字及起聯、結聯，次論七絶、五絶，次論意匠，次論古體，次通論。卷二皆答人問詩之語，卷末各有自識。原在生手定《一木堂外稿》中，嘉慶初休寧程鴻緒附刻《增訂唐詩摘鈔》後。道光、光緒《（安徽）通志》皆未著録。生自謂卷一皆詩家淺説，爲初學説法，卷二則或深或淺、亦粗亦精，爲初學進步計也。

---

① 埜：“野”的古字。《玉篇·土部》：“埜，古文野。”

杜詩説十二卷

〔明〕黄生撰。《清文獻通考》著録。

杜律評

〔明〕洪舫撰。舫字方舟，歙人。事迹具《縣志·遺佚傳》。光緒《（安徽）通志》著録，無卷數。舫室中奉杜甫木主①，朔旦②禮之，慨然有慕其人。

蠖齋詩話

〔清〕施閏章撰。閏章有《矩齋雜記》，已著録。是集二卷，《四庫存目》《清文獻通考》著録，道光、光緒《（安徽）通志》著録同。

鐵立文起二十二卷

〔清〕王之績撰。之績字懋公，旌德人。縣學附生。事迹具《縣志·文苑傳》。是集皆論文法，卷首文體通論。前編十二卷，自序至七，凡九十三種。後編十卷，自王言至論判，凡四十八種。大略采《文章辨體》《文體明辨》二書，而以己意參補之。《四庫總目》《清文獻通考》皆作宣城人，道光、光緒《（安徽）通志》著録同，今據《縣志》著録。之績是編并評注《才子古文》，皆丹徒張玉書鑒定、序其端，歙黄生深贊其文。鐵立，其齋名也。

詩説

〔清〕王贊育撰。贊育有《蘆瀨詩草》，已著録。光緒《（安徽）通志》著録是集，無卷數。

詩倫二卷

〔清〕汪薇撰。薇字思白，歙人。康熙二十四年進士，官至户部郎中，視學福建，以下考效力南河工畢告歸。事迹具《縣志·文苑傳》，是集二卷，光緒《（安徽）通志》著録。

吟閣資談九卷

〔清〕左斅撰。斅有《古文》，已著録。是集九卷，光緒《（安徽）通志》著録。

---

① 木主：也稱爲"神主"，木制的神主牌位。《史記·伯夷傳》："武王載木主，號爲文王，東伐紂。"

② 朔旦：舊曆每月初一。亦專指正月初一。宋洪邁《夷堅志》丁志卷七《華陰小廳子》："有一事將語使君，然吾祇役於邑中，來日朔旦，不可脱身，故乘休假馳至此。"

蘭叢詩話

[清] 方世舉撰。世舉有《春及草堂詩集》，已著録。世舉南歸過揚州，與從子觀承論詩，觀承記一小册，至是乃以所聞於師友及與群從往復者，録之成編，復取觀承所記，理而出之，而觀承之有當於心者亦入焉，時年八十五矣，前有自序，殁後觀承刻。道光、光緒《（安徽）通志》皆著録，無卷數。世舉謂前人詩話每以字句爲言，於體格異同、宗派正變、音韵是非，絶未之及。又謂古體皆有平仄，但非律體一定，又當間用對句，七古尤甚。杜韓有通篇對待者，劉原父謂韓愈以文爲詩，然五七古、長篇亦自有兼傳記、書序體者，不獨韓愈，作者亦不自覺云云。徐璈謂皆閱歷甘苦，心得之言是也。

輟鍛録一卷

[清] 方貞觀撰。貞觀有《南堂詩鈔》，已著録。是集一卷，皆論詩之語，光緒《（安徽）通志》著録。貞觀謂點綴、用事是兩項，用事有正用、側用、虛用、實用之別，最忌敷陳多於比興，咏嘆少於發揮。古人有一二語獨臻絶勝，後人萬莫能及，則一時興會所致，不能強得也。音韵之於詩所關甚重，蓋聲音感人最捷、入人最深，而其消息則甚微。立題以簡爲主，所以留詩地也。所謂語不驚人死不休者，非奇險怪誕之謂，或至理名言、真情實景、應手稱心，得未曾有，便可驚心動魄云云。徐璈謂與世舉所説皆足爲後學津筏，然世舉極推李賀，謂各體皆佳；貞觀則謂賀瑰詞、險語爲魔道，其見又不同也。

涇川詩話三卷

[清] 趙知希撰。知希有《環石齋詩集》，已著録。是編所録雖僅一縣，然舊聞軼事往往而在。趙紹祖刻入《涇川叢書》。

論文偶記一卷

[清] 劉大櫆撰。大櫆有《海峰集》，已著録。此其論文之語，大旨以神爲主、氣輔之，而貴奇、貴高、貴大、貴遠、貴簡、貴疏、貴變、貴瘦、貴華、貴參差、貴去陳言。又謂行文最貴者品藻，品藻最貴者曰雄、曰逸。書本單行，光聰諧曾刻入《龍眠叢書》，遭亂板毀，同治十三年劉繼重刊《海峰集》，編入卷一論著後刻之。

如圃詩話

[清] 魯琢撰。琢有《南莊文鈔詩鈔》，已著録。光緒《（安徽）通志》著録是

集，無卷數。

滇南詩話十四卷

[清] 檀萃撰。萃有《儀禮韻言》，已著録。是集十四卷，卷各有子目，卷一滇
會、卷二至卷五滇宦、卷六滇客、卷七滇友、卷八至卷十滇徒、卷十一滇庭、卷十
二滇淑、卷十三滇外、卷十四滇記。滇會者，皆與文宴之人。滇徒者，其門徒。滇
庭者，其二子。滇淑者，女士。滇外者，方外。滇記，則雜記也。除九、十兩卷外，
每卷皆有小序，而十一卷之序爲黃雲谷作。嘉慶五年刻，前有錢榮序。萃官雲南知
縣，罣吏①議罷，主五華書院先後垂二十年，人士多從之游，因與諸弟子言詩，此書
所由作也。

史漢唐宋文集評

[清] 程杞撰。杞有《程森崖文稿》，已著録。光緒《（安徽）通志》著録是集，
無卷數。

閑居詩話四卷

[清] 吳蔚光撰。蔚光有《素修堂文集》，已著録。是集四卷，光緒《（安徽）
通志》著録。

杜詩義法八卷

[清] 吳蔚光撰。凡八卷，光緒《（安徽）通志》著録。

唐律六長四卷

[清] 吳蔚光撰。凡四卷，光緒《（安徽）通志》著録。

駢體源流一卷

[清] 吳蔚光撰。凡一卷，光緒《（安徽）通志》著録。

---

① 吏：罣，音 guà，同"挂"。罣吏，即"挂吏"，即懸職待議，也就是把官職暫時交出來，同時停止俸祿，并等候朝
廷吏部的評議考核。評議後可能歸還官職，也可能貶謫或調離原職，更可能被罷免。往往因在職期間有瀆職、無政
績或遇事不作爲等問題而被彈劾舉報，於是進入"挂吏"的程式。嚴遂成《曹总兵文詔》："翻以怙勝挂吏議，拂衣一
叱遷大同。"

中隱軒詩話

〔清〕楊瑛昶撰。瑛昶有《衍波亭詩集》，已著録。光緒《（安徽）通志》載是集，無卷數。

聲調譜拾遺

〔清〕翟翬撰。翬字儀仲，涇人。繩祖從弟。乾隆諸生，卒年四十。事迹具《縣續志·文苑傳》。道光《（安徽）通志》著録，無卷數。南匯吳省蘭刻入《藝海珠塵續集》。

學律初步無卷數

〔清〕章謙存撰。謙存有《經膌》，已著録。是編爲課孫作。謂律句本於古詩，舉謝靈運、謝朓、何遜、庾信諸咏景句，釋其鍊意，鍊字之處而歸於以情會景，又自言以此授巨野田果，一日而能成句，其便初學可知。原在所撰《筆膌》中，今析出著録。

詩學類鈔

〔清〕陶可循撰。可循有《松門文集》，已著録。光緒《（安徽）通志》著録是集，無卷數。

竹溪詩話

〔清〕劉澤菁撰。澤菁有《勺園詩草》，已著録。光緒《（安徽）通志》著録是集，無卷數。

拳莊詩話四卷

〔清〕方于穀撰。于穀有《拳莊詩鈔》，已著録。光緒《（安徽）通志》著録是集，無卷數，今據《續修縣志·文苑傳》著録。

詩評

〔清〕程虞卿撰。虞卿有《水西閑館詩》，已著録。光緒《（安徽）通志》著録是集，無卷數。

習靜山房詩話四卷

〔清〕方保升撰。保升有《沙鷗集》，已著録。是集四卷，光緒《（安徽）通志》

著録。

藝舟雙楫六卷

［清］包世臣撰。世臣有《中衢一勺》，已著録。是編六卷，卷一至卷四論文，卷五、卷六論書，論文於古文外并論倚聲[①]、傳奇與八比[②]，前有自序，後有道光二十八年重校書後，爲《安吳四種》之第二種。世臣自言與人問答必直吐肝膈[③]，人事酬應卒不敢以所學徇人[④]，然卷三之《江季持詩稿序》稱倪蓮舫太守持《皖江三家詩》板本見示，并言汪平子、余伯扶非季持匹，擬别刻專行之，而請爲序，予受而讀之，太守之論蓋信云云。案：蓮舫名良燿，望江人。平子名之順、伯扶名鵬年、季持名爾維，皆懷寧人，三家之詩具在，蓮舫不得爲知言，世臣從而和之，不可謂非一失。論書依《四庫總目》例當入“子部·藝術”，今以其本爲一書，不便分析，并互見“子部”焉。

昭昧詹言十卷續八卷續録二卷

［清］方東樹撰。卷内題“副墨子闇解”，蓋其别號。東樹有《漢學商兑》，已著録。據年譜，《昭昧詹言》十卷，道光十九年撰。首通論，次漢魏，次阮籍，次陶潛，次謝靈運附謝惠連、顏延之，次鮑照，次謝朓，次杜甫、次韓愈、次黄庭堅，各一卷，皆論五古，前有道光十九年、二十、二十一年自記三則。《續昭昧詹言》八卷，道光二十一年撰。首通論，次初唐諸家，次盛唐諸家，次杜甫，次中唐諸家，次李商隱，次蘇軾、黄庭堅，各一卷，皆論七律，又附論諸家詩話一卷，前有道光二十一年自記一則。《昭昧詹言續録》二卷，首通論，次王維、李頎、高適、岑參、李白、杜甫、韓愈、歐陽修、王安石、蘇軾、蘇轍、黄庭堅、晁補之、陸游、元好問、虞集、吳萊，皆論七古。東樹詩文及他書刻於同治八年，此當亦其時所刻，光緒十七年方氏重刻，又民國七年方氏排印本，有補遺二十二則，并附解《招魂》及《陶詩附考》，爲續録第三卷。東樹論詩謂學古人當求之義理，蘊蓄本領，根源精神、氣脉，不可襲其形貌，宜力守韓愈陳言務去及黄庭堅隨人作計終後人語，而又以文

---

① 倚聲：指按譜填詞。詞的格律多根據前人的詞譜範律而來，所以填詞也稱爲“倚聲”。清趙翼《贈張吟蕷》詩：“倚聲絶藝似珠圓，鏤月裁雲過百篇。”

② 八比：八股文的别稱。排律六韵十二句中，除首尾兩韵外，中間四韵八句爲八比。四韵之始爲承題，又稱頷比；次稱頸比或中比；又其次稱腹比；其末稱後比。清紀昀《閲微草堂筆記·灤陽消夏録四》：“雷陽一老副榜，八比以外無寸長。”

③ 肝膈：亦作“肝鬲”。猶肺腑，比喻内心。宋曾鞏《壽丘山》詩：“我與二三友，歡言同幾席。神清軼埃壒，趣合盡肝鬲。”

④ 徇人：曲從或迎合他人。徇：音xùn。《朱子語類》卷五十七：“如爲善無真實懇惻之意，爲學而勉强苟且徇人，皆是不實。”

從字順，各識其職爲貴（鄭福照撰年譜）。又自比釋氏講經，先求通其詞意，惟解《招魂》《陶詩附考》，本別自爲書，排印本以入是編，非原書之舊矣。

詩況一卷

[清] 汪正榮撰。正榮有《住真草堂詩鈔》，已著録。是編所録乾嘉詩人，自姚鼐至邵淵穎，凡七十人，仿司空圖《詩品》，各以四言十六字況其詩，而正榮兄正鋆、侄鎮光及正榮附焉，前有陸繼輅序并自序，後有邵淵耀、陳用光、陳鴻壽、陸獻、詩畫禪頭陀、查揆、張夢騏、鄧顯鶴題跋。洪亮吉《北江詩話》有仿鍾嶸詩評一則，評騭同時詩人，并自評其詩此亦流亞也。

小桃源詩話

[清] 吳孫珽撰。孫珽有《不知不愠齋集》，已著録。光緒《（安徽）通志》著録是集，無卷數。

學詩小識　學詩集證

[清] 許棨撰。棨有《春及草廬詩文集》，已著録。光緒《（安徽）通志》著録是集，無卷數。

松園詩話二卷

[清] 王鳳翽撰。鳳翽[1]有《聽濤山房詩文集》，已著録。鳳翽曾謁袁枚，屬搜廬郡詩入詩話，歸後約編五十餘則，未寄而《隨園詩話》已刊成，因擬自編積數十年所得，至道光十年乃論次爲二卷并自序，未刻，今存其從曾孫幼亭家。鳳翽曾入同縣胡稷川東道幕，詩話中有《紀蜀事》一則，曰石砫土司馬宗大字南巖，乃女都督秦良玉玄孫，工詩，有《九日登西山》五古，云："九日登西山，邀賓出城郭。暫謝簿書忙，去踐林泉約。紆折上翠微，高與青天若。縱觀天宇曠，眼底皆邱壑。一水玉帶橫，千嶂紫煙著。草衰鳳（鳳凰山）自栖，山瘦獅（獅子埠）如搏。菊花開城市，喬木隱樓閣。遥望石砫峰，渺渺見雲脚。到來尋旗亭（西山即插旗山，舊有亭，先太保時建，今廢），歲久風雨削。昔年勤王旅，餱糧裹囊橐。徵播立首功，榆關聽宵柝。誅鉏[2]崇明黨，屏逐張羅惡。時聞白桿兵，褫却群寇魄。克紹伏波勛，老年猶

---

　　① 翽：音 huì，象聲詞。飛聲，飛。《説文·羽部》："翽，飛聲也。"《玉篇·羽部》："翽，翽翽，羽聲衆貌。"唐韓愈、孟郊《秋雨聯句》："毛羽皆遭凍，離褷不能翽。"

　　② 誅鉏：謂用鋤頭除去草茅。引申爲除滅，誅殺。鉏：音 chú。宋王明清《揮麈三録》卷三："今者考正是非，誅鉏謗讟，陰霾蔽蝕之際，然後赫然日月之光，旁燭四海，焜燿萬世，與天地合德於無窮也。"

虋鑠。既留竹帛名，尚蔭子孫爵。相傳有素琴，相隨有野鶴。對此清明候（《秋聲賦》："其容清明"），俾我襟懷拓。席地客共坐，彼此均脱略。任把萸酒斟，勝似帽吹落。一醉渾相忘，聊自樂其樂。"咸同間綿州孫桐生選《全蜀詩》，不知有此人此詩，則是編彌足貴也。

名媛詩話十六卷

[清] 沈善寶撰。善寶有《鴻雪樓詩集》，已著録。是集十六卷，所録皆嘉道間閨秀，加以品評（《采訪册》）。

宜園詩話

[清] 馮震東撰。震東有《養初堂詩集》，已著録。據《滁州志·藝文》，是編未梓，毀於兵。

藥坡詩話

[清] 王潯撰。潯字楚泉，號藥坡，六安州人。作謀長子。嘉慶諸生。年八十五卒。事迹具《州志·儒林傳》。光緒《（安徽）通志》著録，無卷數。

輟耕消暑録一卷

[清] 倪偉人撰。偉人有《輟耕吟稿》，已著録。是編皆論詩之語，亦頗涉考證，然有爲前人所已言者。

樂府古題要解輯補二卷

[清] 倪偉人輯。據毛晋所刻唐吳兢《樂府古題要解》，全載原文，而以補字別之，所補凡十七條。

續輯樂府題解一卷

[清] 倪偉人輯。自梁山操①至六么②，凡百十一題，皆吳本未備者，又俟考證十八題。

---

① 梁山操：古琴曲名。抒寫對父母的思念之情。舊題漢蔡邕《琴操·梁山操》："《梁山操》者，曾子之所作也……嘗耕泰山之下，遭天霖澤，雨雪寒凍……思其父母，乃作憂思之歌。"後亦稱《梁山吟》。唐元稹《桐花》詩："君若問孝理，彈作《梁山吟》。"

② 六么：音 liù yāo，樂曲名。以琵琶爲起調，其散序多攏撚，節奏繁急。也作"録要""綠腰"。曲牌名。南曲屬仙吕入雙調，字數與詞牌不同，用於過曲。北曲有黃鍾宮調、仙吕宮調二種，用於套曲中。

繹孟七卷

[清] 吳文翰撰。文翰字紫琳，桐城人。文翰述其父敬堂之訓及從祖貽澧之説，撰《繹孟》百有二篇，專評孟子之文，其例行間、篇後各有評句，旁有圈點，所取諸説悉注本條下，前有道光十四年同縣馬肇元序及自序，蓋即刻於其時。既以未成全書於道光二十六年續成，仍遵七篇之舊，厘爲七卷，前有劉定裕、張日晟、汪桂、謝益序及自序，二十九年刻。《漢書·藝文志》，列孟子儒家，自南宋取列四子書，遂尊之爲經，無以文論孟子者，然韓愈、柳宗元、蘇洵論文皆推孟子，固不自文翰始也。

雲石詩話

[清] 余鳳書撰。鳳書有《完璞齋詩文集》，已著録。光緒《（安徽）通志》著録是集，無卷數。

篠汀詩話

[清] 胡肇昕撰。肇昕有《如不及齋詩存》，已著録。光緒《（安徽）通志》著録是集，無卷數。《（績溪金紫）胡氏（所著）書目》未載

蓬萊船詩話一卷

[清] 周懋原撰。懋原有《遥遥小草》，已著録。是集一卷，光緒《（安徽）通志》著録。

斅園詩談八卷續編二卷

[清] 許丙椿撰。丙椿字農生，號"若秋"，桐城人。道光歲貢，同治六年賜舉人，卒年九十二。是集八卷，皆自録所作而叙其事之本末，爲詩話中創格，同治五年安徽布政吳坤修刻并序。續編二卷，方宗誠序。丙椿十歲能詩，及接吳錫麒、姚鼐，其《呈羅慎齋》："山中宰相①無官守，陸地神仙②有子孫"一聯尤傳誦於時。是編所録不獨生平，歷歷如見而數十年人物風流、當世好尚以及一時治亂、反復之事，皆可想像得之，尤盛衰得失之林也。

---

① 山中宰相：南朝梁時陶弘景，隱居茅山，屢聘不出，梁武帝常向他請教國家大事，人們稱他爲"山中宰相"。後比喻隱居的高賢。

② 陸地神仙：指隱士之類。元沈禧《一枝花·七月初六日爲施以和壽》套曲："人都道散消摇陸地神仙，我則道厭塵嚣箕山許由。"

陶杜詩説一卷

[清] 桂青萬撰。青萬有《嘯月山房詩集》，已著録。是集一卷，乃説晋陶潛、唐杜甫之詩，道光十四年附刻詩集後。光緒《（安徽）通志》著録"集部·箋注類"，無卷數，今據本書著録并改隸"詩文評"，以符其實。

小滄浪詩話四卷

[清] 張燮承撰。燮承有《寫心再存》，已著録。是編凡四卷，卷一曰詩教、曰性情、曰辨體、曰古詩、曰律詩、曰絶句，卷二曰樂府、曰咏物、曰論古，卷三曰取法、曰用功、曰商改、曰章法、曰用韵、曰用事、曰下字、曰辭意，卷四曰指疵、曰發微，所采自宋歐陽修《六一詩話》至清洪亮吉《北江詩話》凡四十九家，亦間參己説，前列所輯書目，後有咸豐元年自記，湯貽汾、侯雲松、朱英、張鴻卓等題識，咸豐九年古汲郡賀氏刻。燮承於詩喜嚴羽《滄浪詩話》，嘗用王士禛語合鍾嶸《詩品》、徐禎卿《談藝録》爲一册，以時服膺。其曰小滄浪者，則以時寓蘇州小滄浪館而名也。

衡皋詩話

[清] 黄衡撰。衡有《梅龍閣詩集》，已著録。光緒《（安徽）通志》著録是集，無卷數。

詩品

[清] 楊景曾撰。景曾有《文選集注》，已著録。是集曾刻行，光緒《（安徽）通志》著録，無卷數。

左史公穀秦漢唐宋八家評疏

[清] 錢仁起撰。仁起字班郎，號"緘齋"，桐城人。懷寧籍縣學增生。事迹具《縣志·文苑傳》。是集見本傳，光緒《（安徽）通志》著録，無卷數。

一鷗亭詩話

[清] 汪璜撰。璜字彩五，休寧人。寓吴縣。事迹具《府志·風雅傳》。光緒《（安徽）通志》著録，無卷數。

文論二十卷

[清] 江際和撰。際和字鳶天，黟人，縣學生。事迹具《縣三志·文苑傳》。是

集二十卷，光緒《（安徽）通志》著録。際和純孝、博學，過目不忘，兼善諸子之學。

餘園詩話

〔清〕鳳超然撰。超然，涇人，歲貢。光緒《（安徽）通志》著録，無卷數。

古文觀瀾

〔清〕陳常撰。常字功五，太平人。縣學廩生。事迹具《縣志·文苑傳》。是集乃館白下所撰。光緒《（安徽）通志》著録，無卷數。

宮閨叢話

〔清〕孫采芙撰。采芙，績溪胡培系繼妻。是編仿宋胡仔《苕溪漁隱叢話》例，采南宋迄清詩話傳記涉婦女者爲之（《采訪册》）。

論文八則

〔清〕邵作舟撰。作舟字班卿，績溪人。是編凡分八則，弁言第一、七本第二、四術第三、六體第四、十四法第五、六要第六、十妙第七、九害第八，民國十三年縣人程宗魯印并跋。七本者，曰格物致知以窮事理、曰博學好問以富見聞、曰浸淫古籍以高師法、曰沉潛涵泳以養氣機、曰講求體要以審施用、曰講求法度以清布置、曰講求用筆以極變化。四術者，曰立意、曰辨體、曰布局、曰修詞。六體者，曰肅穆典雅、曰雄駿英鋭、曰曲折奥衍、曰靈矯秀逸、曰纏綿委婉、曰潔净精微。十四法者，曰正筆、曰旁筆、曰原筆、曰伏筆、曰結筆、曰補筆、曰帶筆、曰鋪叙立案之筆、曰提掇呼應之筆、曰關鎖串遞之筆、曰斷制咏嘆之筆、曰詳略虚實之筆、曰賓主映射之筆、曰點綴傳神之筆。六要者，曰劃清層次以布大局、曰提掇呼應以挈綱領、曰窮源竟委以洞本末、曰反復推勘以極事變、曰剴切詳明以暢正面、曰引喻借證以助波瀾。十妙者，曰精、曰大、曰雅、曰整、曰雄、曰健、曰靈、曰鋭、曰秀、曰宕。九害者，曰時文、曰駢儷、曰險澀、曰經解、曰文集、曰尺牘、曰官文書、曰語録小説、曰佛老經咒。據自序，作舟十八九與趙之謙、程秉釗游，初號爲艱澀幽險及駢體之文，既乃寢饋六經、諸子、周秦、西漢，乃以所見著爲是編。又據程宗魯跋，作舟所撰尚有詩文集、《（邵氏）危言》、軍凡如等書。

習静軒詩話八卷續編二卷

〔民國〕方廷楷撰。廷楷字瘦坡，太平人。是編八卷、續二卷，列舉無識、偏見、好奇、濫收、狗情①五者爲大戒，謂免之者，惟朱彝尊、王昶兩家，然所録半屬同時南社諸人，其他罕及，似亦未脱門户之見也（《采訪册》）。

合肥詩話三卷

[民國] 李家孚撰。家孚有《一粟樓遺稿》，已著録。家孚始撰《廬陽詩話》，繼以一郡遼廣，易爲《合肥詩話》，又撰其族人詩，名《李氏詩話》，用《梅村詩話》例，先次其人行事，再刺取②其詩略加評語，不規規於年齒後先。家孚殁之明年，其父國璟哀遺稿分爲二卷，合《李氏詩話》都爲三卷，自清初迄并世凡二百十九家，并增目以便檢查，民國十八年印於蘇州。書中所稱引與近人陳詩所輯《廬州詩苑》相出入，頗資互證，惟卷中之劉延譽名允升，據《桐城志》及潘江《木厓文鈔》，蓋桐城人，而游李天馥之門者，以爲合肥人，則誤也。

---

① 狗情：曲從私情。明田藝蘅《留青日札·非文事》：“不許將庸常之人，狗情虚飾妄報。”
② 刺取：采取，選用。章炳麟《新方言》附《嶺外三州語》：“因刺取二家言，凡六十餘事，頗有發正，别爲一篇。”

安徽通志稿・藝文考

集部三十四　詞曲類

姑溪詞一卷

〔宋〕陳之儀撰。之儀有《姑溪居士集》，已著録。是集一卷，見陳振孫《（直齋）書録解題》，明毛晉刊本，凡四十調，共八十八闋，附和陳瓘、賀鑄、黄庭堅諸原作，後有晉跋。清《四庫（全書）》及道光、光緒《（安徽）通志》皆著録。

相山長短句二卷

〔宋〕王之道撰。之道有《相山集》，已著録。是集二卷，亦見《宋史・藝文志》。《無爲志》作一卷，清朱彝尊《詞綜》録《如夢令》一首。

竹坡詞三卷

〔宋〕周紫芝撰。紫芝有《楚詞贅説》，已著録。是集三卷，詞百四十八闋，有高郵孫兢序，初刻於潯陽，乾道九年次子琴以初刻訛舛甚多，親校重刻，又以續得佚稿《減字木蘭花》《采桑子》二篇附末并跋。清《四庫（總目）》及道光、光緒《（安徽）通志》皆著録。《（直齋）書録解題》作"一卷"，誤。紫芝自言少酷喜小晏詞，故所作時有似其體製者，蓋其詞本從晏幾道入，晚乃刊除穠麗，自爲一格。論者謂其斟酌於蘇軾、柳永，而欲躋秦觀之堂云。

于湖詞三卷

〔宋〕張孝祥撰。孝祥有《于湖集》，已著録。是集本數百篇，有陳應行、湯衡序。陳振孫《（直齋）書録解題》《宋史・藝文志》皆作一卷。黄昇《中興詞選》稱

《紫微雅詞》，則以孝祥曾官中書舍人也。明萬曆間毛晋據黄昇詞選所録二十四闋，益以四首刻入《百名家詞》中并跋。嗣見全集，乃删其重復，另編兩卷續之，共百八十餘闋，而首卷則未重刊。清《四庫（全書）》著録即此本。道光、光緒《（安徽）通志》著録同。考陳廷桂《歷陽詩囿》，據明末張弘開所刻《二張集》，録孝祥詞六十五首，弘開所見蓋足本。至《耆舊續聞》所載爲孝祥作者，乃《折叠扇》一詞，非《流水冷冷》一詞，《四庫（總目）提要》誤也。

洺水詞一卷

[宋] 程珌撰。珌有《洺水集》，已著録。珌詩餘二十一闋，已載集中。是集一卷，乃毛晋摘出别行之本。清《四庫存目》，道光、光緒《（安徽）通志》皆著録。珌詞出入蘇辛，中多壽人及自壽之作，至蕭歌通叶好坐同韵，則皆係鄉音也。

履齋詩餘一卷

[宋] 吳潛撰。潛有《履齋遺集》，已著録。潛原集久佚，詩餘一卷，爲明末宣城梅鼎祚所輯《履齋遺集》之第二卷。《江南通志》及道光、光緒《（安徽）通志》皆著録《履齋詞集》，無卷數。丁丙《（善本書室）藏書志》載前明録本亦一卷，今據以著録。潛與辛棄疾、吳文英、張元幹唱和，詞格亦近吳、張，在南宋詞家當爲巨擘，而明以來不甚傳誦者，殆爲功業所掩耳。

方壺詞三卷

[宋] 汪莘撰。莘有《方壺存稿》，已著録。是集三卷，有嘉定元年自序，蓋嘗刊板别行。裔孫璨等輯《方壺存稿》編入第八卷，清休寧汪森又從存稿摘出，與汪元量《水雲詞》合刊。《四庫存目》，道光、光緒《（安徽）通志》皆著録。

水雲詞一卷

光緒《（安徽）通志》著録題宋績溪汪徐著。案：清《四庫總目》"集部十八"著録宋汪元量《湖山類稿》五卷、《水雲集》一卷，載元量字大有，號"水雲"，錢塘人。清休寧汪森又以元量《水雲詞》一卷，與宋休寧汪莘《方壺詞》三卷合刊。《四庫（館臣）》録入《（四庫）存目》，道光《（安徽）通志》遂依《四庫（存目）》著録，光緒《（安徽）通志》乃析爲二，而以《水雲詞》爲績溪汪徐著，不知何據。考《績溪志·隱逸傳》稱徐字孟暘，號"清叟"，一號"斗山"，以詩文鳴，托迹江湖，與汪杏山唱和，詳見《水雲集》，而不言有《水雲詞》，惟道光《府志》著録績溪汪徐《水雲詞》一卷，或即光緒《（安徽）通志》所據，今姑仍舊志著録，而著其疑於此焉。

天籟集二卷

［金］白樸撰。樸字仁甫，又字太素，號“蘭谷”，真定人。樞密院判官寓齋仲子。甫七歲遭開興元年之難，父以事遠適，明年春京城變，元好問挈以北渡，數年寓齊，北歸父子卜築溧陽，元中統初開府史公將薦於朝，謝不就，其後人於明初由姑熟徙六安州。事迹具《州志·孝友傳》。是集二卷，凡二百篇，乃樸自定，前有元至元二十四年正議大夫行御史臺中丞王博文序，明洪武中助教江陰孫作、安丘教諭松江曹安撰像贊，李道純、陳霆題詞。又洪武十年孫作後序。清康熙三十九年州人楊希洛得於白氏裔孫以示朱彝尊，屬爲正誤，彝尊析爲二卷并序，四十九年刻，《四庫（總目）》著録。光緒十八年王佑遐重刻，删小像并摭遺，三十一年江陰繆荃孫以錢塘丁丙舊鈔本與楊本合校并跋，刻入《金人遺集》中。案：丁本亦二卷，惟《摸魚子》五闋楊本在上卷，鈔本在下卷爲異。其楊本脱，鈔本有者，如《奪錦標·得友人李友蔚書》[1]《水龍吟·兼簡盧師道》[2]《水調歌頭·十月海棠》均存小注。《奪錦標》之“慘哀音”“慘”字未脱，《滿江紅·同鄭都事復用前韵》“同”字未脱，《沁園春》之“世事就裏”“就裏”二字未脱，《燭影搖紅》之“環能解結合運同心誰表”十字未脱（疑有誤字）。又楊本誤，而鈔本不誤者。如《水龍吟·曹光輔和作》[3]“從今都付黃粱”，楊作“黃糧”；《念奴嬌》之“月娥”，楊作“嫦娥”；《滿庭芳序》“用寒删先韵”用下不增“無”字。又兩本不同而兩通者，如《秋色橫空》，楊本題《咏梅順天張侯毛氏以丈母命題索賦》，鈔本題《順天張侯毛氏以早梅命題索賦時壬子冬》。《石州慢》之“療飢賴有楚萍”不作“商芝”，荃孫悉據鈔本改正。光緒《（安徽）通志》著録作六安人，蓋據《州志》，今亦依以著録。樸兒時即親炙元好問，問爲學次第，好問贈之詩曰：“元白通家舊，諸郎獨汝賢。”謂樸也。尤留意長短句。博文謂其辭語遒嚴、情寄高遠、音節協和、輕重穩愜，凡當歌對酒、感事興懷，皆自肺腑流出，因以天籟名之。又謂其可繼好問，其詞可知。又考戴名世《南山集》卷二，亦有是集序，則其裔孫介希洛所請也。

吳宗儒詩餘一卷

［明］吳宗儒撰。宗儒有《巢雲軒詩集》，已著録。是集一卷，原附詩集後，清

①　據元白樸《天籟集》卷上（清覆元鈔本）題爲：《奪錦標·得友人王仲常李文蔚書》。

②　據元白樸《天籟集》卷上（清覆元鈔本）題爲：《水龍吟·送張大經御史就用公九日韵兼簡盧處道副使使寧國署按察司時》。

③　據元白樸《天籟集》卷上（清覆元鈔本）題爲：《水龍吟·曹光輔教授凡和三十首不能盡録姑記其一》。

《四庫存目》、道光《（安徽）通志》析出著録。

鴻雪居詩餘

［明］汪荀撰。荀字淑子，休寧人。縣學附生。鼎革棄去。事迹具《縣志·篤行傳》。光緒《（安徽）通志》著録，無卷數。《縣志》列清代，誤。

定山堂詩餘四卷

［清］龔鼎孳撰。鼎孳有《奏疏》，已著録。是集四卷，卷一曰《白門柳》，蓋爲姬人顧氏作；卷二曰《綺懺》兩卷，皆有鼎孳題詞；卷三以下爲康熙癸卯後《香嚴齋存稿》，前有康熙十二年丁澎序，吳興祚附刻詩集後。據鼎孳子士積詩集跋，有《香嚴》鏤板於南州語，似《香嚴》原有單行本，此又合刻之也。丁澎謂其淒心悄志，悱惻纏綿。周亮工謂其韵險而句彌工，和多而調愈穩。

藝香詞鈔四卷

［清］吳綺撰。綺有《嶺南風物記》，已著録。是集四卷，卷一小令，卷二小令、中調，卷三中調、長調，卷四長調，附詞餘九闋，乃吳琥綉所訂，乾隆四十一年刻爲全集之一種。光緒《（安徽）通志》著録《藝香詞》，無卷數，今據本書著録。綺自言所作填詞、小令，兒童、女子皆能習之。有毗陵閨秀日誦其"把酒囑東風，種出雙紅豆"二語，以爲秦七黃九[①]不過也，故又號"紅豆詞人"云。

六懷詞

［清］吳綺撰。光緒《（安徽）通志》著録，無卷數。

紅橋詞一卷

［清］何五雲撰。五雲字鵝亭，號"蜀隱"，合肥人。康熙十一年拔貢，官山東泗水知縣。五雲刻詞揚州，故以紅橋名。原刻已佚，縣人李家恒就廬陵聶先《名家詞鈔》所録五雲詞二十六首，益以王昶《清詞綜》所録五雲詞一首抽出印行，前載李天馥、王士禛、許嗣隆評語。天馥謂其兼有秦觀、張先、辛棄疾、蘇軾諸家之勝。

空明閣詞一卷

［清］姚士陛撰。士陛有《空明閣集》，已著録。是集一卷，道光末縣人光聰諧

---

① 秦七黃九:原指宋代文人秦觀和黃庭堅。秦觀在堂兄弟中排行第七，故稱"秦七"，黃庭堅在堂兄弟中排行第九，故稱"黃九"。後泛指文壇上齊名的詩人。

刻入《龍眠叢書》。遭亂板不全，闕第十一、第十二兩葉（每葉十八行，每行二十一字）今存詞五十闋。

柿葉草堂詩餘選

〔清〕鄭同甸撰。同甸有《柿葉草堂近體詩》，已著録。光緒《（安徽）通志》著録是集，無卷數。

靜軒詩餘四卷

〔清〕張廷玠撰。廷玠有《西游草》，已著録。是集四卷，見《縣志·藝文》。光緒《（安徽）通志》著録，無卷數，今據《縣志》著録。

蓼花詞

〔清〕余光耿撰。光耿有《一溉堂詩集》，已著録。是集有康熙三十二年桐城方正瑋序。光緒《（安徽）通志》著録，無卷數。正瑋稱其循聲按律，累黍不爽[①]；咏物諸作，研摹刻畫；托寄高遠、巧不傷雅、濃不病華。

後圃詞稿二卷

〔清〕李崶瑞撰。崶瑞有《後圃編年稿》，已著録。是集二卷，有康熙四十年雲間周彝、四十四年毗陵陳矗恒序。光緒《（安徽）通志》著録。周彝稱其窮力追新，極貌寫物，不求靡曼之巧，直取性情之真，睥睨辛、蘇，馮陵[②]姜、史。矗恒亦稱其不屑屑規撫古人，而自然成一家言，於聲律亦無病焉。

抹雲亭詞

〔清〕秦篆撰。篆，合肥人。咸長子。縣學生。事迹附父咸傳。光緒《（安徽）通志》作“《抹雲亭集》”，入“別集”，今據《縣志·藝文》及《府志》本傳著録。

緑楊亭詞一卷

〔清〕田實發撰。實發有《玉禾山人集》，已著録。是集詞五十八首，又續集詞三十二首，共一卷，有康熙三十四年同縣王襄序，爲《玉禾山人集》之第九卷。光緒《（安徽）通志》析出著録，無卷數，今據本書著録。

---

① 累黍不爽：猶言絲毫不差。

② 馮陵：凌駕，超越。宋沈遘《代人奏請更定科場約束狀》：“剽薄後進，則馮凌於上。”

實齋詞鈔一卷

〔清〕翁藻撰。藻有《實齋詩鈔》，已著録。是集一卷，道光、光緒《（安徽）通志》皆著録。《州志》載其子士挺、孫時俠刻《花草餘音》三卷，蓋亦所撰之詞，而無是集，今姑仍舊志著録。

龍眠雜憶八卷

〔清〕姚興泉撰。興泉字問樵，號“虚堂”，桐城人。縣學增生。事迹具姚瑩《姚氏先德傳》。集凡八卷，《憶江南》小令百五十闋。據乾隆四十五年自序，乃作於客河干時，既脱稿復爲詮釋并别爲時令、山水、人物、學校、花木、肴饌、慶吊、游宴八類，每類各有小序，民國十七年縣人孫蔭從同縣方氏得抄本印於上海，即此本。興泉雍乾間人。如謂紅白事皆以炆蛋①敬客，龍燈每節皆嵌珠球二顆，桐城學額二十五名，撥府十名，又向例餘撥府一名與懷寧，輪撥今專寓②桐城云云，皆與後來不同，足資考證。至謂椒園茶，乃明孫晉督薊遼時移植家山之椒園，即以爲名。堪輿史中宏，本豫章人，劉若宰，實桐城人，亦爲他書所未及，惟謂“惜陰亭”即“陶侃運甓③處”，“觀奕巖”俗誤“觀音巖”，皆未必然。案：侃監税樅陽，後人建亭取“惜陰”爲名，非即其“運甓處”。“觀音巖”亦名“大士巖”，屢見張英詩集。奕、音聲近，固不能斷爲孰誤。又《碧霞宮》注云：“宮在西郊，背山臨流。”案：《桐城志》，西郊有“太霞宮”，無“碧霞宮”，此蓋取與下句“黃葉”爲對，亦非事實。至謂鄉賢如方法等，皆勅建專祠并數及孫臨。案：臨明末監楊文驄軍，丙戌殉節浦城，時當改革并無勅建專祠事，疑爲傳鈔者羼入。又“山水類”《甲第荷龍光》一首似應入“人物”，“肴饌類”前六首均咏居處，有無脱誤，今不可考。自序謂俗言、俚語毋爲文飾，俾村夫里婦亦曉，然於風俗所從來，固徵文獻者所不廢也。

香谷詩餘

〔清〕孫國榮撰。國榮有《白雪草堂集》，已著録。光緒《（安徽）通志》著録《孫國榮詩餘》，無卷數，今據《縣志》著録。

嶰谷詞一卷

〔清〕馬曰琯撰。曰琯有《沙河逸老小稿》，已著録。是集一卷，詞四十二闋，

---

① 炆蛋：桐城、安慶等對五香茶葉蛋的俗稱。

② 寓：同“寓”。

③ 陶侃運甓：甓，音 pì，磚，古代又稱“瓴甓”。意思是陶侃無事時，不願悠閑自處，早晨將磚搬到屋外後，到晚上再搬回屋内。表示勤奮不懈，不懼往返重復。出自《晋書·陶侃傳》。宋方夔《夜坐苦蚊》：“當如運甓法，百匝不憚勤。”

亦卒後其弟曰璐所刻。咸豐元年南海伍崇曜刻入《粤雅堂叢書》。

南齋詞二卷

〔清〕馬曰璐撰。曰璐有《南齋集》，已著録。是集二卷，咸豐元年南海伍崇曜刻入《粤雅堂叢書》。

青玉閣詞一卷

〔清〕方學成撰。學成有《松華館合集》，已著録。是集一卷，除已見别集者不録，合先後所作鈔爲一册，附於詩存之末，前有乾隆二年自序，爲《松華館合集》之第十二種。道光、光緒《（安徽）通志》皆未著録。學成自言意求婉約，未極香柔，致欲豪雄，空餘壯激，思上脱香奩，下亦不落元曲，不失本色氣韵云。

緑陰槐夏閣詞四卷

〔清〕朱昂撰。昂字適庭，新安人。詞四卷，前有乾隆二十年青浦王昶序。道光、光緒《（安徽）通志》皆未著録。昂宗夔姜[①]、王沂孫、張炎、周密諸家。又曰考索七音十八調。昶稱其瀏然以清、子然以峭，於律尤細。

十千居詞集四卷

〔清〕許雨田撰。雨田有《慎餘堂文集》，已著録。是集四卷，見《縣志・文苑傳》及《藝文志》。光緒《（安徽）通志》著録，無卷數，今據《縣志》著録。

畬經堂詞一卷

〔清〕馬振仲撰。振仲有《畬經堂小稿》，已著録。詞一卷，前有江都閔華、錢塘陳皋序，甥汪敬堂刻。

聽奕軒小稿三卷

〔清〕方成培撰。成培字仰松，號"岫雲"，歙人。自華子。乾隆布衣。事迹具《縣志・士林傳》。是集三卷，分二子目，卷一曰《岫雲長短句》上，卷二曰《岫雲長短句》下，卷三曰《後巖籟雅》，有乾隆二十七年同縣程壎序，蓋即刻於其時。道光、光緒《（安徽）通志》皆未著録。成培幼病瘵，不能以舉業自奮，遂大肆力於倚聲。程壎謂其較一字於杪忽之間，辨一律於點拍之際，含毫邈然得詞家委蛇之妙。

---

① 夔姜：當爲"姜夔"。

玉句草堂詞三卷

［清］鄭澐撰。澐有《玉句草堂詩集》，已著録。是集三卷，嘉慶八年女夫休寧戴延介刻，有九年三月海寧陳鱣序。《府志》作二卷，今據本書著録。澐好爲詞，亦間露佗傺無聊之概。鱣稱其發纖濃於簡古，寄至味於澹泊，直欲躡玉田①、攀石帚②云。

練溪漁唱二卷集山中白雲詞一卷

［清］江昉撰。昉有《晴綺軒詩集》，已著録。《練溪漁唱》二卷，凡百十六闋，有沈大成序。集詞一卷，凡二十六闋，有金兆燕序，嘉慶九年兄子振鴻刻。昉慕姜夔、張炎。大成稱其筆不苟下，稿輒數易，苦心孤詣，善學古人。吳錫麒、阮元亦盛推之。練溪，在歙北鄉，江氏世居，故以名其詞云。

粲花齋詞影一卷

［清］汪燾撰。燾有《蓮西閣詩集》，已著録。是集一卷，僅二十餘闋，附録詩後，前有自記。道光、光緒《（安徽）通志》皆未著録。其名詞影者，謂詞之宮調失傳，惟依唐宋古調平正者爲之，粗具影響而已。

金椶亭詞鈔七卷

［清］金兆燕撰。兆燕有《國子先生全集》，已著録。是集七卷，有吳宁序，道光十六年次孫珉刻爲全集之第四種。光緒《（安徽）通志》著録。

周鵬翥詩餘

［清］周鵬翥撰。鵬翥有詩文集，已著録。光緒《（安徽）通志》著録是集，無卷數。《縣志》稱所著藏於家，蓋未刻。

余鵬翀詞曲遺稿二卷

［清］余鵬翀撰。鵬翀有《息六齋文集》，已著録。光緒《（安徽）通志》著録詩餘二卷，今據《縣志》著録。鵬翀詞學姜夔、蘇軾、辛棄疾，小令偶仿秦觀。

---

① 玉田：即張炎，字叔夏，號"玉田"，又號"樂笑翁"。臨安(今浙江杭州)人。
② 石帚：即姜夔，字堯章，別號"白石道人"，又號"石帚"。饒州鄱陽人。

小容膝樓詞二卷

〔清〕王肇奎撰。肇奎有《小容膝樓詩文集》，已著録。光緒《（安徽）通志》作“王肇奎詞”，無集名，今據《縣志》著録。

梅邊吹笛譜二卷

〔清〕凌廷堪撰。廷堪有《禮經釋例》，已著録。是集二卷，南海伍崇曜刻入《粤雅堂叢書》。光緒《（安徽）通志》未著録。廷堪論詞以南宋爲極，繼之者朱彝尊至厲鶚更極，其工後來居上。郭麐《靈芬館詩話》謂鶚專學姜、張，彝尊兼收衆體，不以鶚勝彝尊爲然。觀廷堪所論，則其詞可知。

衍波亭詞集

〔清〕楊瑛昶撰。瑛昶有《衍波亭全集》，已著録。光緒《（安徽）通志》載是集，無卷數。

煮石山房詞鈔一卷　妝臺雜咏一卷　鬻胡款乃一卷

〔清〕江臨泰撰。臨泰字雲樵，全椒人。乾隆末諸生，道光末重游泮水，年八十八，逾年卒。事迹具《縣志·文苑傳》。是集一卷，詞百十闋。有道光五年同縣汪甲序、十九年同縣金珉刻并序。又《妝臺雜咏》一卷，詞二十闋，有汪甲跋。《鬻胡款乃》一卷，詞三十三闋，無序跋。臨泰精天算、善造儀器，張作楠、齊彦槐皆延入幕。講求推步測量，然幼通音韵，有天授①。汪甲謂其合周、姜、史、吳而成一家。金珉亦謂其清麗澹遠，於律尤不失尺寸，殆非過許。《縣志》僅録天算諸書而不及此，蓋厄於兵燹，其書未盛行也。

清沁園詞鈔

〔清〕王瑯撰。瑯有《清沁園詩賦鈔》，已著録。光緒《（安徽）通志》著録是集，無卷數。

野雲詩餘一卷

〔清〕余煌撰。煌有《吹壺詩草》，已著録。是集一卷，光緒《（安徽）通志》著録，無卷數，今據《縣志》著録。

---

① 天授：上天所授，引申指與生俱有的稟賦。清李漁《閑情偶寄·詞曲·詞采》：“凡作詩、文、書、畫，飲酒，鬥棋，與百工技藝之事，無一不具夙根，無一不本天授。”

雪眉詞鈔一卷

[清] 胡成浚撰。成浚有《雪眉詩鈔》，已著録。是集一卷，前有巴樹穀序，附刻詩鈔後。成浚詞始嘉慶四年，積日成卷。樹穀稱其近宗朱彝尊，一洗浮縟、拗折之習云。

百萼紅詞二卷

[清] 吳蕭撰。蕭有《吳學士詩文集》，已著録。是集二卷，署"達園鋤菜叟倚聲"。達園，蕭別墅名也。蕭所填《一萼紅詞》，凡一百七首，初刻毀於兵，王寶齋藏有贗本，原稿藏薛時雨家，光緒五年合肥張士珩重刻。原有蕭自序，論一萼紅聲律異同，重刻時已漫滅，又原稿前載姜夔諸家詞，初刻削之，此亦據薛本補刻。

香無忝齋詞四卷

[清] 王城撰。城有《青霞仙館詩文集》，已著録。是集四卷，亂後佚。光緒《（安徽）通志》著録，無卷數，今據《縣志》著録。

水經閒舫詞鈔二卷

[清] 程虞卿撰。虞卿有《燕臺旅草》，已著録。是集二卷，前有道光二年門人許肇祁、曹根序，後有道光十一年文業跋，蓋即刻於其時。光緒《（安徽）通志》未著録。虞卿即席賦咏，文不加點。肇祁稱其比肩秦、柳，并鑾蘇、辛，調無不諧，體無不備。

銀藤花館詞四卷

[清] 戴延介撰。延介字受兹，號"竹友"，休寧人。是集凡四卷，前有嘉慶十三年吳錫麒序，當即刻於其時。延介與陶鳧香、王述庵、顧南雅、劉芙初、黃蕘圃、鈕非石、陳竹士、洪稚存、顧澗蘋、錢同人、董琴南往還唱和，皆一時勝流。錫麒謂其踵石帚之聲，闖玉田之室。

淮海扁舟集二卷

[清] 金望欣撰。望欣有《清惠堂集》，已著録。道光九年夏望欣與同志填詞消暑，久之成卷，因并擇舊作不乖譜律者百餘解，次言之短長爲上下二卷，前有自序及江都鄧立誠序。光緒《（安徽）通志》著録《清惠堂詞》，無卷數。《縣志》作二卷，蓋即是集，今據本書著録。望欣詞祖花間尊前，參以張炎、姜夔、晏殊、方千里、蘇軾、周邦彦諸家。立誠稱其協律取材各臻其妙，其名《淮海扁舟》，以作於揚

州者，十居其八也。

筆峰書屋詞稿

［清］金望華撰。望華有《筆峰書屋詩集》，已著録。光緒《（安徽）通志》著録是集，"峰"作"山"，今據《縣志》著録。

住真草堂詞一卷

［清］汪正榮撰。正榮有《住真草堂詩鈔》，已著録。道光《（安徽）通志》"別集類"著録《住真草堂詩鈔》二卷、《瘦月詞附鈔》一卷。光緒《（安徽）通志》録詞一卷於"詞曲類"。案：正榮詩鈔後有《瘦月詞附鈔》一卷，僅詞十八闋，疑光緒《（安徽）通志》著録之詞一卷，即詩鈔後所附之瘦月詞也。

楊瓛詩餘一卷

［清］楊瓛撰。瓛[①]有《秋影軒詩》，已著録。是集一卷，光緒《（安徽）通志》著録。

夢回齋詩餘一卷詞餘一卷

［清］楊榮袞撰。榮袞有《夢回齋詩集》，已著録。是集詩餘、詞餘各一卷，光緒《（安徽）通志》著録。

花影庵詞

［清］李國杞撰。國杞有《挹爽樓文稿》，已著録。光緒《（安徽）通志》著録是集，無卷數。

香草閣詩餘

［清］徐啓山撰。啓山有《香草閣文存》《（香草閣）詩存》，已著録。光緒《（安徽）通志》載是集，無卷數。

雙忠研齋詩餘一卷

［清］江開撰。開有《浩然堂詩集》，已著録。是集一卷，詞前有自序，與詩同刻。開言詞主勁氣直達，餘波四回。雙忠研齋者，以舊藏明黃忠端、鄒忠介二公遺

---

① 瓛：音huán，玉圭的一種，多用於人名。《說文解字·玉部》："瓛，桓圭，公所執。"

研名也。

冰玉詞

［清］朱藜照撰。藜照有《叢雲精舍詩》，已著録。光緒《（安徽）通志》作
"《叢雲精舍詞》"，今據《縣志》著録。

寄影軒詞稿六卷

［清］張觀美撰。觀美有《寄影軒詩鈔》，已著録。是集六卷。卷一曰《醉香吟
館詞草》、卷二曰《寄雲詞草》、卷三曰《丁香書屋詞草》、卷四至卷六曰《珠江詞
草》，前有同治八年自序。《寄雲詞草》又有咸豐十一年識語。自序稱無聊之極，歌
以當哭，音律深邃，非所熟習云。

讀雪軒詞一卷

［清］孫承勛撰。承勛字子勤，休寧人。詞一卷，前有道光十九年歸安陳丙綬
序，子朝洛刻。光緒《（安徽）通志》未著録。丙綬稱其幽雋清婉，近高觀國、史
達祖，而尤惜其不永年，所詣未竟也。

味塵軒詩餘二卷

［清］李文瀚撰。文瀚有《味塵軒詩集》，已著録。是集二卷，前有道光二十三
年自記并附諸友評跋，蓋即刻於其時。文瀚自言性耽度曲，往往侵畛域而不自知，
然詞律細而嚴，雖古人亦間有出入，要不必爲文瀚病也。

小羅浮館詞七卷附雜曲一卷

［清］趙對澂撰。對澂字野航，合肥人。道光廩貢，歷亳州、和州、池州學官，
補廣德州學正，擢知縣未行，城陷殉難。事迹具《府志·忠義傳》。詞凡七卷，附雜
曲一卷，前有道光二十三年金壇馮調鼎序，光緒《（安徽）通志》未著録。

古香凹詩餘二卷

［清］方濬頤撰。濬頤有《二知軒詩鈔》，已著録。是集凡二卷，卷上百五十七
闋，乃光緒八年秋至九年春作。卷七①二百二十七闋，乃十年一歲作，卷末皆有自
記，前有大城劉滋年序。又滋年及甘泉王茭、黃錫禧、殷如瓚，儀徵汪鋆、吳丙湘，

---

① 卷七：當爲"卷下"。

歙徐衡，江都郭晉超題詞，又徐衡後序，十年刻於揚州。瀟頤初不爲詞，六十七歲遂客揚州始與張榕園、汪鋆、汪炎、黃錫禧、吳丙湘、劉澗年等結"消寒詞社"，不三年成是集。其《淡黃柳》詞云："泥聲律，何如吐胸臆？務酣暢[1]、厭修飾、學蘇辛；難奪姜張席。"自記又謂"我用我法，自鳴天籟"，其取徑可知。澗年亦謂其豪放似蘇辛云。

佩蘅詞一卷補遺一卷

[清] 金泰撰。泰字改之，英山（今屬湖北）人。刑部尚書光悌孫。同治二年入李鴻章幕，旋卒。事迹具《縣志·文苑傳》。泰道光二十九年出都留詞稿一帙於懷寧潘慎生處，轉遺任邱邊浴禮，咸豐十一年浴禮刻於河南，僅一卷，前有浴禮序。然泰詞尚多，刻入《洺州唱和集》及《燕筑雙聲》者俱未及采，光緒十一年浴禮子保樞客武林，取《洺州唱和詞》《燕筑雙聲》及曩時郵寄者，共得三十四闋，編爲補遺一卷，又以前刻版存京師印行絕尠，遂并前一卷重刻之，後有保樞跋。泰詞筆芊綿、清麗，早見賞於郭麔，沈匏廬亦以《飲水》《側帽》相擬云。

雙橋小築詞存四卷集餘二卷

[清] 江人鏡撰。人鏡有《知白齋詩鈔》，已著錄。是集凡四卷，集餘二卷，則集唐人詩、宋人詞爲之，有方瀟益、史書青、張丙炎題詞，光緒二十年刻於揚州運署。人鏡詞兼取宋諸家之長，題下注效某體者，凡三十餘闋，其《珍珠帘》自注初稿首句下有"湘屏曲"三字，因細玩舊刻《夢窗詞》本及《詞譜》所載將三字删去，至草窗[2]、玉田所賦之，多三字者是又一體，又《玉京秋》自注此爲草窗自度曲。近有選本謂第一段"晚蟬淒切"下落"畫角吹寒"一句，第二段"翠扇疏"句，疏上落一"恩"字，論章法加一句一字似更整齊，而歌喉則音聲粘澀，不若詞律所載原詞之較爲輕圓云云。瀟益謂其審音辨律，尤見精嚴，應於聖與[3]、叔夏[4]兩家間，別跱高座者，殆謂此也。

潔園綺語一卷

[清] 鄭福照撰。福照有《春秋日食考》，已著錄。是集一卷，前有談思誠、徐宗亮、方士貞評語，姚瀟昌刊。民國十八年子宗僑重印爲《潔園遺著》之一種。宗

---

① 酣暢：指暢通，暢達。暢：音 chàng，通"暢"。
② 草窗：即周密，字公謹，號"草窗"，又號"四水潛夫""弁陽老人"等。宋元之交著名的文學家及文獻學家。
③ 聖與：即王沂孫，字"聖與"，號"碧山"，又號"中仙""玉笥山人"。
④ 叔夏：即張炎，字叔夏，號"玉田"，又號"樂笑翁"。臨安（今浙江杭州）人。

亮謂其清空婉約，以入厲鶚《樊謝集》，殆不復辨。

一枝巢詞鈔

［清］孫家毅撰。家毅有《吉金貞石盦文集》，已著錄。光緒《（安徽）通志》著錄是集，無卷數。

願爲明鏡詞稿二卷

［清］江順詒撰。順詒字秋珊，號“窳翁”，旌德人。詞凡二卷，有同治八年自序及同治十一年仁和譚獻序，懷寧楊鳳翔、上元童嘉梅、懷寧潘慎生、德清徐士騑、錢塘洪昌燕、江寧潘敦儼、合肥趙貽琛、桐城胡嗣福、族弟鍾璜、上元梅振宗、江都錢國珍等題詞。自序稱付之手民①，則其集已刻行也。順詒隱於簿尉，無以自見詞，由湘真②、飲水③而求梅溪④、竹山⑤。譚獻稱其玲瓏屈曲無靡曼奮末⑥之病，而又進以風喻、比興，則其詞可知已。

碧雲秋霞詞

［清］黃衡撰。衡有《梅龍閣詩集》，已著錄。光緒《（安徽）通志》著錄是集，無卷數。

藤香館詞刪存二卷

［清］薛時雨撰。時雨有《藤香館詩鈔》，已著錄。是集二卷，卷一曰《西湖櫓唱》，乃咸豐四年需次⑦浙江作，嗣有所作亦附入焉，十年浙陷，初稿十亡四五，同治四年既挂冠取初稿并近作爲一卷，仍其舊名。卷二曰《江舟款乃》，挂冠以後由浙歷蘇、皖、贛，復入浙之作，前皆有同治五年自序，蓋即刻於其時。時雨自言能直不能曲，以游迹所寄，姑存之以志吾過云。

---

① 手民：古時僅指木工。後指雕版排字工人。清胡鳳丹《重刻〈呂・東萊先生文集〉序》：“時余方搜求遺籍，擇其文之足以載道者，付諸手民。”

② 湘真：因明陳子龍《湘真詞》含“湘真”二字而以“湘真”代指陳子龍本人或者陳子龍詞集。

③ 飲水：因清納蘭性德《飲水詞》含有“飲水”二字而以“飲水”代指納蘭性德本人或者納蘭性德詞集。

④ 梅溪：因宋史達祖《梅溪詞》含有“梅溪”二字而以“梅溪”代指史達祖本人或者史達祖詞集。

⑤ 竹山：因宋蔣捷（字勝欲，江蘇宜興縣人），宋亡，他隱居竹山不仕，世稱竹山先生。因以“竹山”代指蔣捷本人或蔣捷詞集。

⑥ 奮末：謂樂終時聲音疾速。《禮記・樂記》：“粗厲、猛起、奮末、廣賁之音作，而民剛毅。”孫希旦《集解》：“猛起，謂樂之始剛猛；奮末，謂樂之終奮迅。”

⑦ 需次：舊時指官吏授職後，按照資歷依次補缺。

簪花室詞集

[清] 孫塏撰。塏有《簪花室詩集》，已著録。光緒《（安徽）通志》著録是集，無卷數。

讀雪軒詞

[清] 程芝雲撰。芝雲有《黄山白嶽紀游詩》，已著録。光緒《（安徽）通志》著録是集，無卷數。

木石山房詞鈔

[清] 程廷治撰。廷治有《紀游詩鈔》，已著録。光緒《（安徽）通志》著録是集，無卷數。

金石樓詞鈔

[清] 金珉撰。珉有《金石樓詩鈔》，已著録。光緒《（安徽）通志》著録是集，無卷數。

夢影詞六卷

[清] 王錫元撰。錫元（盱眙人。同治四年進士，官吏部主事）有《盱眙縣志稿》，已著録。是集六卷，凡四百五十四首，前有自序并邵長瀺、楊泰煥題詞，光緒二七年刻。錫元尤喜爲艷體。長瀺謂其嗣音王沂孫；泰煥謂其清脆如蔣捷，綿邈如張炎、濃麗如秦觀、柳永。

蓮漪詞二卷

[清] 鄭由熙撰。由熙有《晚學齋集》，已著録。由熙原刻詞二卷，光緒十五年合今舊作重加删訂，仍二卷刻之并自識，前有光緒十三年張鳴珂序，同治十年汪宗沂跋，光緒十三年、十四年譚獻、陶福履識語，應寶時、潘敦儼、許善長、汪綏之、馮永年、劉光焕、潘尚志題詞。鳴珂謂其取徑王沂孫、張炎，雖於周邦彦尚隔一間，而已視摹績綺靡者，判若霄淵云云。惟卷二《惜黄花慢》下闋"縱石填大海"句、"鬢絲唱老屯田"句與所撰《雁鳴霜》院本所載不同（《雁鳴霜》院本"縱"作"便"，"鬢絲唱老"作"淺斟醉倒"），當係由熙自改也。

遺園詩餘一卷

〔清〕王尚辰撰。尚辰有《謙齋集》，已著錄。是集一卷，前有方濬頤、李恩綬序及自序，譚廷獻、許惠、邊保樞、方濬益等評語。尚辰倜儻負奇氣，詞亦近蘇辛。遺園，其所居名也。

玫瑰香館詞鈔一卷

〔清〕許維漢撰。維漢有《陶詩集律》，已著錄。是集一卷，前有自序。維漢閱前哲詞句，偶効仿之，積久成帙，删存若干闋爲是集。

贅叟詞稿一卷

〔清〕李從龍撰。從龍有《塵海浮鷗詩集》，已著錄。詞原三卷，是本僅一卷，詞三十一闋，乃其友同縣盧自濱所選録，并有自濱識語及附記，未印。從龍所如不合，晚尤佗傺，遂以酒自戕，然其詞則頗有豪氣也。

藕絲詞四卷

〔清〕汪淵撰。淵有《味菜堂詩集》，已著錄。是集四卷，皆悼亡之作，前有光緒六年山陰王詒壽序，稱其婉麗凄惋，秀倩綿遠云。

麝塵蓮寸集四卷

〔清〕汪淵撰、程淑注。淑有《繡橋詩存》，已著錄。是集四卷，皆集詞句爲之，前有譚獻、許增、汪宗沂、程秉釗序及光緒十六年程淑序。詞之集句濫觴於蘇軾、黃庭堅、王安石及九重樂府之調笑[1]，至清朱彝尊輩而調始繁，然皆集唐詩爲之。集詞爲詞始於金谷遺音，而萬樹、江昉繼之，顧樹僅自壽數短闋，昉亦僅集《山中白雲》一卷，欲求慢令俱備，多至二三百闋者，蓋寡。淵就所見諸詞，掇其菁英，比其節奏而成。是集其句偶之工、聲律之細、氣格之渾成，一一如自己出，實爲前此所無。淑注詳訂出處，亦俾讀者有考焉。

右詞曲類詞集之屬。

選聲集三卷附詞韵簡一卷

〔清〕吳綺撰。綺有《嶺南風物記》，已著錄。是集小令、中調、長調各一卷，皆五代、宋人之詞，標舉平仄以爲式，其可平可仄者，字旁加方匡，餘則平仄不可

---

[1] 九重樂府之調笑：指《樂府雅詞》中轉踏調笑集句的"調笑令"，《樂府雅詞》注曰："宣和中，自九重傳出。"故言："九重樂府之調笑。"

易者也。其法仍自《填詞圖譜》而來，其第一體、第二體之類亦從其舊。附《詞韵簡》一卷，皆祖沈謙、毛先舒之説。《四庫存目》，道光、光緒《（安徽）通志》皆著録。

記紅集四卷

[清] 吳綺、程洪同撰。洪字丹問，亦歙人。綺所撰《選聲集》，諸體頗有缺遺，洪復爲校正，廣搜博采，按調選詞，以成是集。卷一單調、雙調、小令，卷二中調，卷三長調，卷四《詞韵簡》，前有康熙二十五年綺、洪二序。其曰記紅者，取昔人紅豆記歌之意也。道光、光緒《（安徽）通志》皆未著録。

詞潔六卷前集一卷

[清] 先著、程洪同輯。著字遷甫，四川瀘州人。洪與吳綺同撰《記紅集》，已著録。著、洪皆嗜詞，暇日發所藏諸家詞集，參以近人之選，次爲六卷，相與評論而録之，前有壬申四月著自序。道光、光緒《（安徽）通志》皆未著録。詞潔云者，恐詞之或即於淫鄙穢雜，而因以見宋人之所爲，固自有真。壬申，康熙三十一年也。

十五家詞三十七卷

[清] 孫默編。默字無言，休寧人。寓江都。康熙布衣。事迹具《府志·風雅傳》。是集吳偉業《梅村詞》二卷、梁清標《棠村詞》三卷、宋琬《二鄉亭詞》二卷、曹爾堪《南溪詞》二卷、王士禄《炊聞詞》三卷、尤侗《百末詞》二卷、陳世祥《含影詞》二卷、黃永《溪南詞》二卷、陸求可《月湄詞》四卷、鄒祇謨《麗農詞》二卷、彭孫遹《延露詞》三卷、王士禛《衍波詞》二卷、董以寧《蓉渡詞》三卷、陳維崧《烏絲詞》四卷、董俞《玉鳧詞》二卷，共十五家三十七卷。初刻於康熙三年，僅鄒祇謨、彭孫遹、王士禛三家，有杜濬序，至六年續以曹爾堪、王士禄、尤侗三家爲六家，有孫金礪序，七年又續以陳世祥、陳維崧、董以寧、董俞四家，有汪懋麟序，十五家之本定於十六年，有鄧漢儀序，凡閲十四年始成。《四庫（總目）》及道光、光緒《（安徽）通志》皆著録。

拗蓮詞

[清] 吳寧、吳寬同撰。寧有《檻雉集》，又與寬同撰《蘭蕙林文鈔》，已著録。光緒《（安徽）通志》著録是集，無卷數。《府志·藝文》作一卷，專系寬不及寧。考《縣志·文苑傳》，稱寬與兄寧同著《拗蓮詞》，蓋即光緒《（安徽）通志》所據也，今依以著録。

詞鯖一卷

［清］余煌撰。煌有《吹壺詩草》，已著録。光緒《（安徽）通志》著録《詞鯖》《咫聞録》，無卷數。考《縣志·儒林傳》載《詞鯖》一卷、《咫聞録》二卷，是《詞鯖》與《咫聞録》二書，《咫聞録》又似不屬於詞曲，舊志蓋誤合也，今據《縣志》著録。

合肥詞鈔四卷

［清］李國模輯。國模字方儒，號“筱崖”，合肥人。光緒佾生①，官山東補用道。集凡四卷，所録自龔鼎孳至李家恒，共五十二人、詞六百九十二首，又補遺五首，所采之書凡十七種。卷四王懋寬以下皆近人，張嫻婧以下則閨秀也，而國模及其弟國楷、妹淑琴、妻彭淑士、妾陳秀珠、女家懿所作，亦在其中，民國十九年印。

右詞曲類詞選之屬。

嘯餘譜十卷

［明］程明善撰。明善字若水，歙人。天啓中監生。是集十卷，總載詞曲之式，首列嘯旨、聲音、度數、律吕、樂府、原題一卷；次詩餘譜三卷，附致語；次北曲譜一卷，中原音韵及務頭一卷；次南曲譜三卷，中州音韵及切韵一卷，《明史·藝文志》著録。清《四庫存目》，道光、光緒《（安徽）通志》》著録同。其名嘯餘者，謂歌之源出於嘯也。

香研居詞塵五卷

［清］方成培撰。成培有《聽奕軒小稿》，已著録。是集五卷，前有乾隆四十二年程瑶田序。道光、光緒《（安徽）通志》皆未著録。成培從事於音律之學者十餘年，既考之經史以導其源，復博覽百家以達其流，鉤元提要以成是編。其謂工尺，即律吕樂器無古今，尤爲瑶田心折，蓋不惟詞家之圭臬也。

詞學集成八卷

［清］江順詒輯。順詒有《願爲明鏡室詞》，已著録。順詒初爲是書，有見必録，積數十年未成，既就正鐵嶺宗山，乃分爲八卷，卷一曰詞源、卷二曰詞體、卷三曰詞音、卷四曰詞均、卷五曰詞派、卷六曰詞法、卷七曰詞境、卷八曰詞品，爲易今

---

① 佾生：指考秀才雖未入闈但成績尚好者，選取充任孔廟中祭禮樂舞的人員。獲得佾生資格者下次考試不必參加縣試、府試，只參加院試即可，又稱“半個秀才”。佾：音yì。

名并序，又自撰凡例九則。書中率皆引證前人加以論斷，所引有刪無增，亦有全篇登載者，意在因均以求音，因音以求體，而知繁聲增字之所以然，惟於萬樹詞律不免詆譏，惜其書不甚行，今人但知有萬氏而已。

學宋齋詞韵

［清］吴烺、江昉、吴鏜、程名世同輯。烺有《五音反切圖説》、昉有《晴綺軒詩集》，已著録。鏜、韞亭，歙人。名世字篘榭，江都人。前有乾隆三十年全椒金兆燕序，稱其考核既精，删并更確。道光、光緒《（安徽）通志》皆未著録。

右詞曲類詞譜詞韵之屬。

瓊林雅韵不分卷

［明］寧獻王朱權編。權有《神隱志》，已著録。是書凡分十九韵，一穹窿、二邦昌、三詩詞、四丕基、五車書、六泰階、七仁恩、八安閑、九鷴[①]鸞、十乾元、十一簫韶、十二珂和、十三嘉華、十四硨磲、十五清寧、十六周流、十七金琛、十八潭巖、十九慊謙，襲元周德清《中原音韵》體例而易其名，前有自序，洪武三十一年刻。清《四庫存目》，道光、光緒《（安徽）通志》皆著録。

右詞曲類曲韵之屬。

雷峰塔傳奇四卷

［清］方成培撰。成培有《聽奕軒小稿》，已著録。是曲原本不知何人所撰，其事散見吴從先《小窗自紀》《西湖志》等書，乾隆三十六年淮商祝嘏開演，成培以其詞鄙調訛爲改其曲十之九，賓白十之七，求草、煉塔、祭塔等折，則終篇點竄，僅存其目，中又芟去八齣至夜話及首尾兩折與集唐下場，詩乃成培所增，前有三十八年自序，吴鳳山爲點校行之。成培自言遣詞命意，頗極經營，務使有裨世道而歸於雅正。雷峰塔者，吴越王妃所建，又名黄妃塔，旁有白蓮寺，明嘉靖時毁於火，至宋禪師鎮壓白蛇事其有無，蓋不足論云。

花裏鐘傳奇二卷

［清］劉竹齋撰。竹齋名不詳，阜陽人。嘉道間布衣。道光二十四年竹齋得鴇姥訓妓劇本，又聞某青樓買良爲娼，其女入門自縊死，因撰是劇。凡二卷，卷各五折，上卷曰標題、曰憐貞、曰鴇訓、曰世評、曰哭花；下卷曰募義、曰友助、曰説哄、

① 鷴：音 duān，一种獸。《説文》："角鷴，獸也。狀似豕，出胡休國。"

曰貞緷、曰義埋，前有道光二十八年同縣朱鳳鳴序，張持、沈樏題詞及道光二十四年自序。劇中紀峨字遠山，即作者自謂。朱賀世字鳴曉，即朱鳳鳴。杜季明字重炎，即鳳鳴序中之杜亦邨。張仲守字持貞，當即題詞之張持。其名花裏鍾者，以曾於古寺花下聞午鍾，爲之瞿然也。

酬紅記院本一卷

[清] 趙對澂撰。對澂有《小羅浮館詞》，已著録。是集一卷。都十齣，乃因嘉慶六年正月十九日四川女子鵑紅過交河縣富莊驛旅店，題詩六絶并序而作，前有王城、盧先駱序，又諸家題詞，凡四十三人。廣德陳蕚謂揚州黃氏家伶能演此劇，聲價倍重，可見其傾動一時也。

臙脂舄傳奇

[清] 李文瀚撰。文瀚有《味塵軒詩集》，已著録。是編凡十六齣，前有道光二十二年桐城許麗京、太倉周賡盛序及自序，趙之燡、錢文偉、凌樹棠、張篔、張訓銘、陳僅、馬國翰、沈廷貴題詞。蒲松齡《聊齋志異》卷十四載“胭脂一案”，爲宣城施閏章提學山東時所平反，文瀚取其事譜爲傳奇，又以閏章假神書背，使三人手背皆黑，將如之何？且提學非刑官，何以越俎定讞。胭脂固衈首，何以宥罪判婚，皆聊齋未圓之説，而爲補之，蓋非徒表章鄉先輩，且欲爲治獄者告也。

銀漢槎傳奇

[清] 李文瀚撰。因河決徐、豫而作，前有道光二十五年毗陵周騰虎、岐山武澄序及自序，徐元潤、許欽樨、馬國翰、張篔、陳僅、邊浴禮、姚詩雅、沈廷貴題詞并凡例。據武澄序，文瀚尚有《紫荆花傳奇》一種，今未之見。

霧中人院本一卷

[清] 鄭由熙撰。由熙有《晚學齋詩集》，已著録。此題“歙嵐道人”，其別號也。是曲一卷，自慶歸至霧脱凡十六齣，前有張檢之序、程秉銛識語、甘菊儔及志道人題詞，後有胡承謨跋，光緒十六年余鎔刻（見《晚學齋詩》二集卷九《留别余鎔》詩注），爲《晚學齋暗香樓樂府》之一種。據《晚學齋詩》二集卷一《霧雪行自序》，庚申秋避亂曹竹嶺寺，寺僧多田，流民就食者，衆賊利其貲，十二月十五日黎明冒雪至，忽大霧乃脱於難云云。《霧中人》蓋爲此作，庚申爲咸豐十年。書中之庚信懷由熙自謂，龔常字草市隱，張苕平陽君晉詢隱，李元度北鄉太史隱。宋夢蘭學

使，當指沈祖懋，字念農，時駐徽郡辦防堵，分見前《國史·列傳》及陳澹然《江表忠略》、黃德華《竹瑞堂詩鈔》中，皆實有其人與事也。

木樨香院本一卷

[清] 鄭由熙撰。凡一卷，自衙宴至香祭都十齣，前有自序及范金鏞題詞，後有余瑞璋後序，光緒十六年刻爲《晚學齋集暗香樓樂府》之一種。案：《晚學齋詩初集》卷一《木樨香曲》爲邑侯星瞻廉公驥元作。詩序稱公宰歙之明年三月城不守，署有桂樹自經死，賊退花盛開，予從郡人士祭其靈云云。事在咸豐五年，是曲即爲此作，惟休寧余本愚《十花小築詩》卷一《丹桂咏序》謂"驥元字惺齋"，與此異。又陳澹然《江表忠略》卷五，"廉"作"唐"，則以形近而誤。至本愚稱驥元籍河南，澹然又稱籍順天寧河，不知孰是？姑并著之俟考焉。

雁鳴霜院本一卷

[清] 鄭由熙撰。凡一卷，自聽讀至彙傳都八齣，前有劉光煥序及自序，許善良題詞并由熙和作。又善長《談塵》《賀雙卿事略》，後有余瑞璋跋，八齣之末又有由熙識語，光緒十六年刻爲《晚學齋集暗香樓樂府》之一種。據《談塵》及瑞璋跋，雙卿江蘇丹陽人，夙慧工詩詞、小楷，適金壇綃山周姓農家子，嘗見孤雁哀鳴投宿，爲孤雁詞調《惜黃花慢》云："碧盡遙天。但暮霞、散綺碎剪紅鮮。聽時愁近。望時怕遠孤鴻，一箇去向誰邊。素霜已冷蘆花渚，更休倩鷗鷺相憐。暗自眠。鳳皇縱好，寧是姻緣。凄涼勸你。無言趁、一沙半水且度。流年稻粱。初盡網羅正苦，夢魂易警幾處。寒煙斷腸可似嬋娟，意寸心裏多少纏綿。夜未閒。倦飛便宿，平田故是。"曲以雁鳴霜名，又以雙卿寫詩詞，以葉不以紙、以粉不以墨，故一名花葉粉。惟張學仁、王豫同輯之《京江耆舊集》卷十二載"雙卿字秋碧，金壇趙某室"，與此異。瑞璋跋稱曾遇其族人，所紀當不誤曲阿。詩綜載雙卿詩詞、事略，然自罹兵燹無重刊者，《潤州詩錄》不列事迹。《縣志》以綃山隸金壇，又不爲立傳，僅附見《藝文志》載所著有《雪壓軒集》，然其書亦不可見，得由熙被之聲歌，不可謂非幸也。

後緹縈南曲一卷

[清] 汪宗沂撰。宗沂有《周易學統》，已著錄。是曲一卷，自承歡至家慶都十齣，乃紀泰州孝女蔡蕙事，有劉貴曾序，陳作霖、朱紹頤、秦際虞、繆祐孫、朱孔彰、袁錦題詞，又袁錦跋，光緒十一年泰州夏嘉穀刻。蕙父孕琦爲仇家誣陷入死罪，康熙二十八年仁廟南巡，蕙上書鳴冤得雪。後歸繆澔，逾年卒，年二十八。四十八

年旌孝女，建坊立專祠，王士禛、費密、黃儀逋皆紀其事，海房劉恭甫撰傳。宗沂更參之揚州、泰州新舊志，撰爲此曲，雖體屬稗官，實意關風教也。

右詞曲類曲本之屬。

後 記

　　癸卯十一月隆冬之際，《安徽通志稿·藝文考·集部提要》整理工作基本完成，如釋重負，似有一股暖意瀰漫全身，頓感疲憊釋解；而書稿即將付梓，呈現於世，内心則又惴惴難安，唯恐謬誤偶現、訛舛仍在，却毫不自知，貽誤他人，愧對先賢，似又覺寒氣襲身，漸生凉意。而自我寬慰，自言整理工作中存在疏漏之處，雖實屬不當，但確在所難免，故而心境稍寬，姑且待之。

　　誠望方家不吝衷言賜教，糾訛勘誤，斧正成善，力求《安徽通志稿·藝文考·集部提要》經整理後，形成一部文本校勘無誤、標點準確、箋注精當，具有較高學術價值與應用價值的文獻著作，爲安徽地域文學、歷史文化深度研究夯實可靠的文獻史料基礎，爲考證作者生平事履、學術淵源、著作編纂、刊刻與版本源流、文學審美情趣、文學思想與風貌等相關問題的研究，提供可靠的綫索和豐富準確的文獻史料支撐，這確爲整理者初衷所願。

　　在《安徽通志稿·藝文考·集部提要》整理過程中，盡管整理者刻苦認真，盡可能利用現代科技手段廣泛搜尋相關電子文獻資源，仔細認真閱讀、甄選同時代人的詩文集、詩文評、筆記、方志、書目等，盡最大努力對之系統爬梳、輯録、校勘，解決《安徽通志稿·藝文考·集部提要》中存在的訛誤、引文缺漏等問題，但確實存在文獻體量龐大、數量衆多，且有的文獻年代久遠，一些未刊鈔本及稀見本難以尋找，校本文獻資料龐雜、零散等問題，要想竭澤而漁式地窮盡資料頗爲不易，總想以期他山之石，可以攻玉，則時有"巧婦難爲無米之炊"的難堪，再者因學識難當，目睹文字錯訛、斷句欠妥、注解不當等，則渾然不知，或難以糾錯勘正。

　　今後將繼續努力，提升自己的學養，希望能繼續從事安徽地域文化方面的研究工作，爲安徽哲學社會科學的繁榮發展添磚加瓦。

　　在《安徽通志稿·藝文考·集部提要》整理過程中，蘇州大學馬亞忠老師曾給予諸多寶貴建議，在此致以誠摯之敬仰！在課題申報及整理過程中得到張霞雲、康琳、朱敏等同仁的支持與幫助，在此向各位深表謝意！研究生謝慶同學參與整理工作，對你付出的辛勞，在此則道聲"辛苦了"。

　　本書出版得到安徽師範大學出版社孫新文主任及編輯李慧芳、蔣璐等人的極力幫助，正是你們認真負責的工作態度和極高的職業素養，使本書品質得以提升，在此對諸位的支持及對本書編輯、出版付出的辛勤勞苦，表示衷心的感謝，并致以深深的敬意！

江增華

記於癸卯年十一月十五日

書名索引

W